Herkens
Die Eigentumswohnung im Steuerrecht

Zusätzliche digitale Inhalte für Sie!

Dieses Buch bietet Ihnen mehr als nur eine gedruckte Version! Nutzen Sie die folgenden Möglichkeiten, die Ihnen für dieses Produkt in der NWB Datenbank zur Verfügung stehen.

Online-Version

Sie haben das gedruckte Exemplar Ihres Buches nicht zur Hand oder möchten etwas schnell recherchieren? Dann nutzen Sie die Online-Version Ihres Buches. Diese steht Ihnen nach Eingabe des folgenden Freischaltcodes direkt zur Verfügung.

Schalten Sie sich Ihre digitalen Mehrwerte direkt frei:

Scannen Sie den QR-Code **oder** rufen Sie die Seite www.nwb.de auf.
Geben Sie den Freischaltcode ein und folgen Sie dem Anmeldedialog. Fertig!

Ihr Freischaltcode

PITP-PUAC-JDMJ-QCMO-TDBR-V

www.nwb.de

Die Eigentumswohnung im Steuerrecht

Von

Jens Herkens, Aachen

nwb

ISBN 978-3-482-60011-1

1. Aufl. 2026

www.nwb.de
NWB Verlag GmbH & Co. KG
Eschstr. 22
44629 Herne
service@nwb.de

Satz: Reemers Publishing Services GmbH, Krefeld

Druck: Stückle Druck und Verlag, Ettenheim

Um eine gute Lesbarkeit zu gewährleisten, verwenden wir in Fachtexten in der Regel geschlechtsspezifische Personenbezeichnungen. Selbstverständlich sind damit alle Menschen gleichermaßen gemeint.

VORWORT

Grundsätzlich bildet ein Grundstück eine einheitliche zivilrechtliche Sache. Dies gilt auch dann, wenn sich auf dem Grundstück ein Gebäude mit mehreren Wohnungen oder Gewerbeeinheiten befindet. Durch das Wohnungseigentumsgesetz (WEG) ist es jedoch möglich, ein Grundstück rechtlich aufzuteilen und die einzelnen Wohnungen zusammen mit dem Bodenanteil als „Wohnungseigentum“ (§ 1 WEG) einem Eigentümer zuzuweisen. Umgangssprachlich wird diese Eigentumsform oft als „Eigentumswohnung“ bezeichnet. In Deutschland existieren ungefähr zehn Millionen solcher Einheiten. Das entspricht einem Viertel des gesamten deutschen Wohnungsbestands.

Die Besteuerungsfolgen aus dem Erwerb, der Nutzung oder der Veräußerung einer Eigentumswohnung im Sinne des Wohnungseigentumsgesetzes stellt die Praxis oft vor Herausforderungen. Nicht zuletzt das Verhältnis zwischen der Vielheit der Eigentumswohnungen einer Wohnanlage zu der Einheit der Wohnungseigentümergemeinschaft schafft Fragestellungen, die oft über die ohnehin bereits bestehenden Fragen der Immobilienbesteuerung hinausreichen.

Dieses Handbuch möchte einen umfassenden Überblick über alle wesentlichen Besteuerungsaspekte rund um die Eigentumswohnung bieten. Die Regelungen der Besteuerung werden grundlegend erläutert und daran anknüpfend die besonderen Fragestellungen behandelt, welche sich durch die zivilrechtliche Besonderheit des Wohnungseigentumsrechts ergeben.

Neben der Einkommensteuer (insbesondere für die selbstgenutzte und die vermietete Eigentumswohnung) werden die Bezüge zu Betriebsvermögen, Umsatzsteuer und Gewerbesteuer sowie Grundlagen zur Erbschaft- und Schenkungsteuer, Grunderwerbsteuer und Grundsteuer dargestellt. Der Inhalt konzentriert sich überwiegend auf typische Sachverhalte. Er bietet nicht nur den Berufsträgern und Mitarbeitern der Steuerkanzleien, sondern auch Wohnungsverwaltern und ambitionierten Wohnungseigentümern die Möglichkeit, zu den jeweiligen Sachverhalten und Besteuerungssituationen eine aktuelle und verständliche Erläuterung der Rechtslage zu erhalten.

Die Darstellung orientiert sich dabei in erster Linie an der Auffassung der Finanzverwaltung, um dem praktischen Anwender eine rechtssichere Orientierung im Besteuerungsverfahren zu geben. Abweichende Meinungen in der Literatur und die eigene Meinung des Verfassers werden ausdrücklich als solche gekennzeichnet. Wenn es zu einzelnen Gesichtspunkten noch keine Rechtsprechung oder Verwaltungsauffassung gibt, werden Lösungen vorgeschlagen, welche eine dogmatisch überzeugende oder aber zumindest praxisgerechte Lösung bieten können.

Die zahlreichen Beispiele in diesem Handbuch sollen helfen, die dargestellten Themen den konkreten Besteuerungssituationen zuordnen zu können.

Der Autor und der Verlag freuen sich auf Hinweise, Anregungen und Kritik zu diesem Handbuch.

Aachen, im März 2026

Jens Herkens

INHALTSÜBERSICHT

INHALTSVERZEICHNIS

IV. ÜBERTRAGUNG VON WOHNUNGSEIGENTUM IN DER EINKOMMENSTEUER

XII. UMSATZSTEUER BEI WOHNUNGSEIGENTUM

XIV. GRUNDERWERBSTEUER BEI WOHNUNGSEIGENTUM

ABKÜRZUNGSVERZEICHNIS

A

a. A.	anderer Ansicht
a. a. O.	am angegebenen Ort
abl.	ablehnend
ABl.	Amtsblatt (der Europäischen Union)
Abs.	Absatz
abzgl.	abzüglich
a. E.	am Ende
AEAO	Anwendungserlass Abgabenordnung
AEBewGrSt	Anwendungserlass zur Bewertung des Grundvermögens für die Grundsteuer
AEGrStG	Anwendungserlass zum Grundsteuergesetz
a. F.	alte Fassung
AfA	Absetzung für Abnutzung
AfaA	Absetzung für außergewöhnliche Abnutzung
AG	Amtsgericht/Aktiengesellschaft
AK	Anschaffungskosten
Alt.	Alternative
a. M.	andere Meinung
Anm.	Anmerkung
AnwBl	Anwaltsblatt (Zeitschrift; Jahr und Seite)
AO	Abgabenordnung
ArbGG	Arbeitsgerichtsgesetz
Art.	Artikel

B

BAG	Bundesarbeitsgericht
BauGB	Baugesetzbuch
BayGrStG	Bayerisches Grundsteuergesetz
BayLfSt	Bayerisches Landesamt für Steuern
BayObLGZ	Sammlung der Entscheidungen des Bayerischen Obersten Landesgerichts in Zivilsachen
BayRS	Bayerische Rechtssammlung
BB	Der Betriebs-Berater (Zeitschrift)
BeckRS	Beck-Rechtsprechungssammlung
BewG	Bewertungsgesetz
BezG	Bezirksgericht
BFH	Bundesfinanzhof

BFH/NV	Entscheidungen des Bundesfinanzhofs (nicht veröffentlicht)
BFH-Rev.	Revision beim Bundesfinanzhof
BGB	Bürgerliches Gesetzbuch
BGBl	Bundesgesetzblatt
BGH	Bundesgerichtshof
BGHZ	Entscheidungen des Bundesgerichtshofs in Zivilsachen (Band und Seite)
BMF	Bundesministerium der Finanzen
BR-Drucks.	Bundesratsdrucksache
bspw.	beispielsweise
BStBl	Bundessteuerblatt
BT-Drucks.	Bundestagsdrucksache
Buchst.	Buchstabe
BVerfG	Bundesverfassungsgericht
BVerwG	Bundesverwaltungsgericht
BW	Baden-Württemberg
bzw.	beziehungsweise

C

ca.	circa

D

DB	Der Betrieb (Zeitschrift)
DBA	Doppelbesteuerungsabkommen
d. h.	das heißt
DNotZ	Deutsche Notar-Zeitschrift (Zeitschrift)
DSGVO	Datenschutzgrundverordnung
DStR	Deutsches Steuerrecht (Zeitschrift)
DVBl	Deutsches Verwaltungsblatt (Zeitschrift)
DWW	Deutsche Wohnungswirtschaft (Zeitschrift)

E

EFG	Entscheidungen der Finanzgerichte (Zeitschrift)
EG	Erdgeschoss; Einführungsgesetz
eGbR	eingetragene Gesellschaft bürgerlichen Rechts
ErbbauRG	Erbbaurechtsgesetz
ErbStB	Der Erbschaft-Steuer-Berater (Zeitschrift)
ErbStG	Erbschaftsteuer- und Schenkungsteuergesetz
ErbStH	Erbschaftsteuer-Hinweise
ErbStR	Erbschaftsteuer-Richtlinien

ErbStRG	Erbschaftsteuerreformgesetz
EStDV	Einkommensteuer-Durchführungsverordnung
EStG	Einkommensteuergesetz
EStH	Einkommensteuer-Hinweise
EStR	Einkommensteuer-Richtlinien
etc.	et cetera
EÜR	Einnahmenüberschussrechnung
EuG	Gericht der Europäischen Union
EuGH	Europäischer Gerichtshof
EZ	Erhebungszeitraum

F

f.	folgend(e)
FA	Finanzamt
ff.	fortfolgend(e)
FG	Finanzgericht
FGG	Gesetz über die Angelegenheiten der freiwilligen Gerichtsbarkeit
FGO	Finanzgerichtsordnung
Fn.	Fußnote
FR	Finanz-Rundschau (Zeitschrift)

G

GBl.	Gesetzblatt
GBO	Grundbuchordnung
GbR	Gesellschaft bürgerlichen Rechts
GdWE	Gemeinschaft der Wohnungseigentümer
gem.	gemäß
GenG	Gesetz betr. die Erwerbs- und Wirtschaftsgenossenschaften
GewSt	Gewerbesteuer
GewStDV	Gewerbesteuer-Durchführungsverordnung
GewStG	Gewerbesteuergesetz
GewStH	Gewerbesteuer-Hinweise
GG	Grundgesetz für die Bundesrepublik Deutschland
ggf.	gegebenenfalls
GmbH & Co. KG	Gesellschaft mit beschränkter Haftung & Compagnie Kommanditgesellschaft
GmbHG	Gesetz betr. die Gesellschaften mit beschränkter Haftung
GmbHR	GmbH-Rundschau (Zeitschrift)

GNotKG	Gesetz über Kosten der freiwilligen Gerichtsbarkeit für Gerichte und Notare (Gerichts- und Notarkostengesetz)
grds.	grundsätzlich
GrESt	Grunderwerbsteuer
GrEStG	Grunderwerbsteuergesetz
GrStG	Grundsteuergesetz
GS Schl.-H.	Großer Senat des Finanzgerichts Schleswig-Holstein
GVBl.	Gesetz- und Verordnungsblatt
GWB	Gesetz gegen Wettbewerbsbeschränkungen

H

HFR	Höchstrichterliche Finanzsprechung
HGB	Handelsgesetzbuch
HGrStG	Hessisches Grundsteuergesetz
HK	Herstellungskosten
h. M.	herrschende Meinung
HmbGrStG	Hamburgisches Grundsteuergesetz
HmbGVBl.	Hamburgisches Gesetz- und Verordnungsblatt

I

i. d. F.	in der Fassung
i. d. R.	in der Regel
i. H. von	In Höhe von
ImmoWertV	Immobilienwertermittlungsverordnung
i. S. von	im Sinn(e) von
i. V. mit	in Verbindung mit

J

JStG	Jahressteuergesetz

K

Kfz	Kraftfahrzeug
KG	Kommanditgesellschaft; Kammergericht (Berlin)
KostO	Kostenordnung
KStG	Körperschaftsteuergesetz
KStH	Körperschaftsteuer-Hinweise
KStR	Körperschaftsteuer-Richtlinien
kWp	Kilowatt peak (Kilowatt Spitzenleistung)

L

LAG	Landesarbeitsgericht
LfSt	Landesamt für Steuern
LG	Landgericht
LGrStG	Landesgrundsteuergesetz
Lit.	Literatur
Ls.	Leitsatz
LSA	Lohnsteuer-Anmeldung
LSF	Lohnsteuerabzugsverfahren
LStR	Lohnsteuer-Richtlinien

M

m.	mit
MDR	Monatsschrift für Deutsches Recht (Zeitschrift)
m. E.	meines Erachtens
MiLoG	Mindestlohngesetz
mind.	mindestens
Mio.	Million
MittRhNotK	Mitteilungen der Rheinischen Notarkammer
m. w. N.	mit weiteren Nachweisen
MwStR	Mehrwertsteuer-Richtlinien
MwStSystRL	Mehrwertsteuer-Systemrichtlinie

N

n. F.	neue Fassung
NJ	Neue Justiz (Zeitschrift)
NJW	Neue Juristische Wochenschrift (Zeitschrift)
NJW-RR	NJW-Rechtsprechungs-Report (Zeitschrift)
Nr.	Nummer
nrkr.	nicht rechtskräftig
NV-Bescheinigung	Nichtveranlagungs-Bescheinigung
NWB	Neue Wirtschafts-Briefe
NWB EN-Nr.	Neue Wirtschafts-Briefe Eilnachrichten
NZG	Neue Zeitschrift für Gesellschaftsrecht (Zeitschrift)
NZM	Neue Zeitschrift für Miet- und Wohnungsrecht (Zeitschrift)

O

o. a.	oben angegeben
o. Ä.	oder Ähnliches

OFD	Oberfinanzdirektion
OG	Obergeschoss
OHG	offene Handelsgesellschaft
OLG	Oberlandesgericht
OLGE	Sammlung der Rechtsprechung der Oberlandesgerichte
OLGZ	Entscheidungen der Oberlandesgerichte in Zivilsachen (Zeitschrift)
OVG	Oberverwaltungsgericht

P

p. a.	per annum, pro Jahr
PartG	Parteiengesetz
PV	Photovoltaik

R

R.	Richtlinie
Rdn.	Randnummer
rkr.	rechtskräftig
Rspr.	Rechtsprechung
RVG	Rechtsanwaltsvergütungsgesetz
Rz.	Randziffer

S

S.	Seite
SGB	Sozialgesetzbuch
SGG	Sozialgerichtsgesetz
sog.	sogenannte/r/s
StBerG	Steuerberatungsgesetz
Stbg	Die Steuerberatung (Zeitschrift)
StBG	Steuerberatungsgesellschaft
StGB	Strafgesetzbuch
StPO	Strafprozessordnung
str.	streitig
st. Rspr.	ständige Rechtsprechung

T

Tz.	Textziffer

U

u.	und

u. a.	unter anderem; und andere
u. Ä.	und Ähnliche(s)
UR	UmsatzsteuerRundschau (Zeitschrift)
UStAE	Umsatzsteuer-Anwendungserlass
UStB	Umsatzsteuerberater (Zeitschrift)
UStDV	Umsatzsteuer-Durchführungsverordnung
UStG	Umsatzsteuergesetz
USt-VA	Umsatzsteuer-Voranmeldung
UmwG	Umwandlungsgesetz
UmwStG	Umwandlungssteuergesetz
UR	UmsatzsteuerRundschau (Zeitschrift)
usw.	und so weiter
u. U.	unter Umständen
UVR	Umsatzsteuer- und Verkehrsteuer-Recht (Zeitschrift)

V

v.	vom, von
VAG	Versicherungsaufsichtsgesetz
VBG	Verwaltungsberufsgenossenschaft
vGA	verdeckte Gewinnausschüttung
VermG	Gesetz zur Regelung offener Vermögensfragen
VersR	Versicherungsrecht (Zeitschrift)
VGH	Verwaltungsgerichtshof
vgl.	vergleiche
vorl.	vorläufig(e/r/s)
VorSt	Vorsteuer
VV	Vergütungsverzeichnis
VZ	Veranlagungszeitraum

W

WEG	Wohnungseigentumsgesetz
WEMoG	Wohnungseigentumsmodernisierungsgesetz
WJ	Wirtschaftsjahr
WoFlV	Wohnflächenverordnung

Z

z. B.	zum Beispiel
ZEV	Zeitschrift für Erbrecht und Vermögensnachfolge (Zeitschrift)
zfs	Zeitschrift für Schadensrecht (Zeitschrift)
Ziff.	Ziffer

ZMR	Zeitschrift für Miet- und Raumrecht (Zeitschrift)
ZPG	Zeitschrift für das Recht der Personengesellschaften und Einzelunternehmen (Zeitschrift)
ZPO	Zivilprozessordnung
ZUGFeRD	Zentraler User Guide des Forums elektronische Rechnung Deutschland
zzgl.	zuzüglich
ZZP	Zeitschrift für Zivilprozess (Zeitschrift)

LITERATURVERZEICHNIS

Monografien/Kommentare

B

Behrens/Wachter, GrEStG Kommentar, 2. Aufl. 2022

Bordewin/Brandt/Bode, EStG Kommentar, Loseblattwerk, 473. Aktualisierung 2025

Bunjes, UStG Kommentar, 24. Aufl. 2025

D

Drasdo/Elzer (Hrsg.), Münchener Handbuch des Wohnungseigentumsrechts, 8. Aufl. 2023

E

Erman, BGB, 17. Aufl. 2023

G

Grootens, Grundsteuergesetz, Bewertungsgesetz Kommentar, 3. Aufl. 2025

Grüneberg, BGB, 85. Aufl. 2026

H

Hau/Poseck, BeckOK BGB, Onlinekommentar

Herrmann/Heuer/Raupach, EStG/KStG Kommentar, Loseblattwerk, 336. Aktualisierung 2026

K

Kirchhof/Seer, EStG Kommentar, 24. Aufl. 2025

Küffner/Zugmaier, UStG Kommentar, Loseblattwerk, 189. Aktualisierung 2025

R

Rau/Dürrwächter, UStG Kommentar, Loseblattwerk, 219. Aktualisierung 2026

S

Schmidt, EStG Kommentar, 44. Aufl. 2025

Söffing/Micker, Die Betriebsaufspaltung, 10. Aufl. 2025

W

Wendt/Suchanek/Möllmann/Heinemann, GewStG Kommentar, 3. Aufl. 2025

Aufsätze

B

Behrens, Urteilsanmerkung zu BFH v. 21.7.2020 - IX R 26/19, BB 2021 S. 1057

Ders., Urteilsanmerkung zu BFH v. 7.10.2025 - IX R 26/24, BB 2026 S. 306

Bruschke, Steuerliche Behandlung einer Schenkung unter Auflage im Erbschaftsteuer- und im Grunderwerbsteuerrecht, UVR 2025 S. 252

C

von Cölln, Anzeigepflichten für Immobilieneigentümer nach Abgabe der Grundsteuererklärung, NWB 17/2023 S. 1243

D

Dachauer, Urteilsanmerkung zu BFH v. 16.9.2020 - II R 49/17, BB 2021 S. 800

Dorn/Mayer/Stein, Ertragsteuerliche Behandlung vermögensverwaltender Personengesellschaften, DStR 2025 S. 1969

Dorn/Weiss, Das Optionsmodell iSd § 1a KStG – eine Option für vermögensverwaltende Personengesellschaften?, DStR 2021 S. 2489

Drasdo, Die Erhaltungsrücklage im Erbschaft- und Schenkungsteuerrecht, DStR 2026 S. 394

F

Fraatz-Rosenfeld, Ansprüche einzelner WEG-Eigentümer auf bauliche Veränderungen im Wohnungseigentum, NWB 7/2025 S. 452

G

Grootens, Urteilsanmerkung zu BFH v. 12.11.2025 - II R 3/25, II R 25/24, II R 31/24, ErbStB 2026 S. 63

H

Hante/Mühlenstädt, Noch kein Werbungskostenabzug für Hausgeldzahlungen in die Erhaltungsrücklage, NWB 26/2025 S. 1774

Heinrichshofen, Umsatzsteuerliche Streitvermeidung bei Nebenkostenabrechnungen?, UVR 2025 S. 313

Hofele, (Neue) Rechte der Wohnungseigentümer nach der WEG-Reform, NWB 20/2021 S. 1462

Ders., Steuerliche Pflichten des Verwalters als Organ der WEG, NWB 35/2022 S. 2475

Ders., Besondere Gestaltungen der Gemeinschaft der Wohnungseigentümer, NWB 36/2023 S. 2499

Hummel, Zum zutreffenden Umgang mit Urteilen des Europäischen Gerichtshof – am Beispiel des angeblich in seiner derzeitigen Fassung nicht zu rettenden § 4 Nr. 13 UStG, UR 2021 S. 173

J

Jirmann, Erneut Steuererlasse in Milliardenhöhe für Erben von Großvermögen, www.netzwerk-steuergerechtigkeit.de (letzter Abruf: 7.9.2025)

K

Kaminski, Ausgewählte aktuelle Rechtsentwicklungen aus Gesetzgebung und Rechtsprechung, Stbg 2025 S. 361

Krumm, Fehlverhalten im Steuerrecht, FR 2024 S. 241

Küffner/Wernthaler, Urteilsanmerkung zu EuGH v. 17.12.2020 - C-449/19, UR 2021 S. 103

L

Lehmann, Die Erhaltungsrücklage nach dem Wohnungseigentumsgesetz in der Erbschaft- und Schenkungsteuer, DStR 2025 S. 2349

M

Mayer/Dorn/Stein, Leistungsbeziehungen zwischen vermögensverwaltenden Personengesellschaften und ihren Gesellschaftern, DStR 2025 S. 2703

Mediger, Neue Regeln für bauliche Veränderungen im RefE WEModG oder: „weniger ist mehr", NZM 2020 S. 269

N

Nieskens, Urteilsanmerkung zu EuGH v. 4.5.2023 - C-516/21, UR 2023 S. 441

S

Schmidt, Werden die Leistungen der Wohnungseigentümergemeinschaft an ihre Eigentümer umsatzsteuerpflichtig?, NWB 7/2021 S. 454

Schmidt, Die E-Rechnung bei Wohnungseigentümergemeinschaften und ihren Verwaltern, NWB 17/2025 S. 1168

Stein, Schenkungsteuerrelevanz von Lastentragung des Nießbrauchers beim Immobiliennießbrauch, DStR 2025 S. 2115

Stein/Dorn, Urteilsanmerkung zu FG Münster v. 14.11.2024 - 3 K 906/23 F, GmbHR 2025 S. 275

Stöckel, Hauptfeststellung der Grundsteuerwerte, NWB 21/2023 S. 1498

U

Ulbrich, Neue Rechtsprechung zur kürzeren tatsächlichen Nutzungsdauer von Gebäuden, NWB 30/2025 S. 2038

W

Wagner/Behrens/Krohn, Grunderwerbsteuer: Geplanter Vorrang der Anteilsvereinigung vor den Bewegungstatbeständen und weitere Neuerungen, DB 2026 S. 482

Wenke/Lüder, Die umsatzsteuerliche Behandlung von Wohnungseigentümergemeinschaften, Teil 1: Zivil- und umsatzsteuerrechtliche Fallstricke – zugleich Besprechung des BGH-Urteils v. 15.1.2025 - XII ZR 29/24, NWB 35/2025 S. 2396

Dies., Die umsatzsteuerliche Behandlung von Wohnungseigentümergemeinschaften, Teil 2: Gestaltungsüberlegungen betreffend die Option zur Umsatzsteuerpflicht, NWB 36/2025 S. 2475

Wichmann, Kritische Überlegungen zur sogenannten Atomisierung eines Gebäudes, BB 1990 S. 975

Wicke, Dogmatische Grundfragen des Wohnungseigentums, DNotZ 2025 S. 423

Widmann, Urteilsanmerkung zu EuGH v. 17.12.2020 - C-449/19, UR 2021 S. 103

Ders., Was sagt der EuGH, wenn er etwas sagt?, UR 2021 S. 253

Wohlfart, Urteilsanmerkung zu BGH v. 15.1.2025 - XII ZR 29/24, UStB 2025 S. 177

Wübbelsmann, Die Realteilung einer vermögensverwaltenden Personengesellschaft, DStR 2019 S. 2289

I. Das Wohnungseigentum im Zivilrecht

1. Das Wohnungseigentum nach dem Wohnungseigentumsgesetz

Das bürgerliche Recht geht grds. von einem einheitlichen Eigentum an einem Grundstück aus. Das Gebäude ist dabei ein wesentlicher Bestandteil des Grundstücks und bildet damit eine zivilrechtliche Einheit (§§ 93, 94 BGB).[1] Durch das Wohnungseigentumsgesetz[2] (WEG) kann ein Grundstück jedoch zivilrechtlich in separate Eigentumseinheiten aufgeteilt werden. Dadurch ist es möglich, dass die einzelnen Räume (z. B. Wohnungen) zusammen mit den darauf anteilig entfallenden Gemeinschaftsflächen (wie z. B. Flur, Treppenhaus und Keller) sowie dem anteiligen Grund und Boden als jeweils eigene Vermögensposition bestehen. 1

Wohnungseigentum entsteht in der Praxis meistens durch die Teilungserklärung eines Alleineigentümers (z. B. Bauträgers) des Grundstücks (§ 8 WEG). Rechtlich zulässig ist auch eine Teilungsvereinbarung zwischen den Miteigentümern eines Grundstücks (§ 3 WEG). Dann wird das bisher rechtlich einheitliche Grundstück in „Wohnungseigentum" im Sinne des WEG umgewandelt. Im Grundbuch wird das bisherige Grundbuchblatt des ungeteilten Grundstücks geschlossen und für jedes durch die Teilung entstehende Wohnungseigentum ein neues Grundbuchblatt als „Wohnungsgrundbuch" (Wohnzwecke) bzw. „Teileigentumsgrundbuch" (keine Wohnzwecke) eröffnet (§§ 7, 8 Abs. 2 WEG).[3] 2

Das „Sondereigentum" bezeichnet das alleinige Eigentum des jeweiligen Wohnungseigentümers (z. B. an den Wohnräumen). Davon abzugrenzen ist das übrige Objekt, welches dann nach § 1 Abs. 5 WEG gemeinschaftliches Eigentum darstellt, das allen Wohnungseigentümer gemeinsam gehört (Miteigentum). 3

1 Diese Dogmatik geht zurück auf das römische Recht. Dazu ist von dem römischen Rechtsgelehrten Gaius der lateinische Rechtsgrundsatz „Superficies solo cedit" (übersetzt in etwa: „Die Oberfläche/der Überbau folgt dem Boden") überliefert (vgl. auch Wicke, DNotZ 2025 S. 423 f.).

2 Eingeführt mit dem Gesetz über das Wohnungseigentum und das Dauerwohnrecht v. 15.3.1951, BGBl 1951 I S. 175. Hintergrund war der große Wohnungsbedarf nach dem Zweiten Weltkrieg. Durch den Erwerb eines „eigenheimähnlichen Teils eines größeren Hauses" (BR-Drucks. 75/51 Anlage 2 S. 1) wurde es für viele Menschen attraktiv(er), selbst als Eigentümer in den Wiederaufbau des Wohnbestands zu investieren (und dafür Kredite aufzunehmen), als dies in der Rolle von Mietern der Fall gewesen wäre. Gleichzeitig überstieg diese individuelle Investitionsbereitschaft häufig die Möglichkeiten potenzieller Bauherren, die Eigentümer rechtlich ungeteilter Grundstücke waren.

3 Es gilt ergänzend zur Grundbuchordnung (GBO) die Verordnung über die Anlegung und Führung der Wohnungs- und Teileigentumsgrundbücher (WGV).

4 In einem Aufteilungsplan wird festgelegt, welche Grundstücksteile zu welchem Sondereigentum gehören und was im Übrigen zum gemeinschaftlichen Eigentum aller Wohnungseigentümer gehört. Zudem ist der Miteigentumsanteil der Wohnungseigentümer an dem gemeinschaftlichen Eigentum nach § 3 WGV i. V. mit § 47 GBO im Wohnungsgrundbuch als zahlenmäßiger Bruchteil ausgedrückter Miteigentumsanteil an dem Grundstück zu bestimmen, was neben dem Anteil an dem Nutzen der Eigentumsanlage (§ 16 Abs. 1 WEG) vor allem für die Kostenverteilung überwiegend[4] maßgebend ist (§ 16 Abs. 2 WEG). Die Quote muss sich nicht zwingend an die Größe oder Fläche der einzelnen Einheiten halten, wird sich aber zumindest in den Fällen von vergleichbaren Wohneigentumseinheiten in einem Objekt regelmäßig danach richten. Wie das Verhältnis zwischen Sondereigentum und Miteigentumsanteil an dem gemeinschaftlichen Eigentum festgelegt wird und welche Gesichtspunkte dabei berücksichtigt werden, können die Wohnungseigentümer bestimmen.[5] Die Grenze liegt erst bei grob unbilligen, mit Treu und Glauben (§ 242 BGB) nicht zu vereinbarenden Ergebnissen.[6]

BEISPIEL „MITEIGENTUMSANTEIL": Eine Immobilie mit einem Ladenlokal im Erdgeschoss und drei Wohnungen in den drei Obergeschossen wird nach dem WEG in vier Wohneigentumseinheiten aufgeteilt. Alle Einheiten haben die gleiche Grundfläche von 150 m². Es wird

a) für jede Einheit ein Miteigentumsanteil von 2.500/10.000,

b) für das Teileigentum im Erdgeschoss 3.334/10.000 und für die übrigen drei Einheiten des Wohnungseigentums jeweils 2.222/10.000

eingetragen.

Grundsätzlich wird sich der in der Teilungserklärung dokumentierte Miteigentumsanteil an der Größe (i. d. R. Wohn-/Nutzfläche) der Einheiten orientieren oder diesen mathematisch entsprechen. Bautechnische Besonderheiten werden dabei oft nicht berücksichtigt, wenn z. B. eine Wohnung „in der Mitte" eines Objekts automatisch weniger Heizkosten erzeugt, da deren Außenwände im Vergleich zur Wohnfläche geringer sind als bei den übrigen Wohnungen. Daher ist die Variante a) der typische Fall, da sich die Quote an der Fläche der Einheiten orientiert. In Variante b) wurde möglicherweise berücksichtigt, dass die gewerbliche Nutzung des Erdgeschosses durch die faktisch höhere Nutzung des Objekts (z. B. wegen des Kundenverkehrs) einen angemessenen höheren Beitrag zu den Kosten über einen höheren Miteigentumsanteil zugewiesen bekommt.

5 Es ist nicht zwingend, dass jedes Wohnungseigentum einer Anlage verschiedenen Eigentümern gehört. Einer Person können auch zwei oder mehr Wohnun-

4 Durch die Gemeinschaftsordnung oder eine separate Vereinbarung kann die Kostentragung aber individuell für bestimmte Kostenarten abweichend vereinbart werden.

5 BGH, Urteil v. 18.6.1976 - V ZR 156/75, NJW 1976 S. 1976.

6 BGH, Beschluss v. 7.10.2004 - V ZB 22/04, NJW 2004 S. 3413 EAAAC-01783.

gen in derselben Wohnungseigentümergemeinschaft gehören. Nach einer Teilungserklärung des Alleineigentümers (§ 8 WEG) ist es immer (zunächst) so, dass alle Einheiten derselben Person gehören.

Wird das Sondereigentum als Wohnung (zu Wohnzwecken) genutzt, wird das 6
Eigentum als „Wohnungseigentum" bezeichnet. Die nicht zu Wohnzwecken dienenden Räume des Gebäudes (z. B. Nutzung für gewerbliche oder freiberufliche Zwecke) werden als „Teileigentum" bezeichnet (§ 1 Abs. 1 WEG). Für das Teileigentum gelten jedoch die Vorschriften über das Wohnungseigentum entsprechend (§ 1 Abs. 6 WEG). Wenn hier von Wohnungseigentum die Rede ist, gelten die Aussagen grds. auch für das Teileigentum.

Die „Gemeinschaft der Wohnungseigentümer" (GdWE) oder „Wohnungseigen- 7
tümergemeinschaft" ist eine eigene rechtliche Person (§ 9a WEG). Dieser Verband besteht aus allen Wohnungseigentümern als dessen Mitgliedern und ist das zentrale Entscheidungsorgan für die Angelegenheiten der Gemeinschaft. Er ist mit der Verwaltung des gemeinschaftlichen Eigentums beauftragt (§ 18 Abs. 1 WEG). Regelmäßig wird die GdWE durch einen Verwalter gerichtlich und außergerichtlich vertreten (§ 9b WEG).

Durch das Wohnungseigentumsmodernisierungsgesetz v. 16.10.2020 (WEMoG)[7] 8
wurde das Wohnungseigentumsrecht zum 1.12.2020 reformiert. Die nachfolgende Darstellung bezieht sich auf das aktuelle Recht.[8]

2. Die Zuordnung des Eigentums und die Rechtsbeziehungen zueinander

a) Wohnungseigentum

Das Wohnungseigentum (§ 1 Abs. 2 WEG) besteht aus drei Elementen, die zu- 9
sammen eine rechtliche Einheit[9] (Wohnungseigentum) bilden:

1. Das Miteigentum (§ 1008 BGB) an dem Gemeinschaftseigentum eines Grundstücks;
2. Das Sondereigentum an Räumen (z. B. einer Wohnung) bzw. an dem Grundstücksteil eines Grundstücks (§§ 1 Abs. 2, 3 Abs. 1 WEG);

7 Wohnungseigentumsmodernisierungsgesetz v. 16.10.2020, BGBl 2020 I S. 2187.

8 Zu den Änderungen durch die Reform des WEG zum 1.12.2020 vgl. Hofele, NWB 20/2021 S. 1462 XAAAH-78565.

9 Diese Struktur kann auch mit der Formel der „dreigliedrigen Einheit von Miteigentum, Sondereigentum und Mitgliedschaftsrecht" zusammengefasst werden, vgl. Wicke, DNotZ 2025 S. 423, 427, 430 m. w. N.

3. Das Mitgliedschaftsrecht an der Gemeinschaft der Wohnungseigentümer (§ 9a WEG).

10 Das Miteigentum, das Sondereigentum und die Mitgliedschaft an der Wohnungseigentümergemeinschaft sind untrennbar miteinander verbunden und können z. B. nur zusammen übertragen werden.

b) Wohnungseigentümer

11 Der Wohnungseigentümer ist der Inhaber des Wohnungseigentums. Dies kann z. B. eine natürliche oder juristische Person sein. Es ist aber auch zulässig, dass eine rechtsfähige Personengesellschaft oder eine Personengemeinschaft der Wohnungseigentümer ist. Am Wohnungseigentum selbst kann wiederum Miteigentum bestehen.

BEISPIEL „WOHNUNGSEIGENTÜMER": Eine Immobilie ist nach dem WEG in fünf Wohneigentumseinheiten aufgeteilt. Wohnungseigentümer sind:

- EG-Wohnung: Herr H;
- 1. OG-Wohnung: Herr M und Frau F (Beide Personen sind als Miteigentümer am selben Wohnungseigentum anzusehen.);
- 2. OG-Wohnung: X-GmbH & Co. KG;
- 3. OG-Wohnung: AB-eGbR;
- DG-Wohnung: Y-GmbH.

c) Teileigentum

12 Das Teileigentum (§ 1 Abs. 3 WEG) ist wie das Wohnungseigentum zu behandeln (§ 1 Abs. 6 WEG). Es bezieht sich jedoch nicht auf Wohnraum, sondern auf eine andere Nutzungsform (insbesondere für gewerbliche oder freiberufliche Zwecke wie z. B. als Büro oder Ladenlokal).

d) Sondereigentum

13 Jede Wohnung steht im Sondereigentum des jeweiligen Wohnungseigentümers (§ 1 Abs. 2 WEG). Das Sondereigentum ist nicht lediglich ein Nutzungsrecht an den Räumen, sondern ein „Volleigentum" daran. Sondereigentum kann im Grundsatz nur an abgeschlossenen Räumen bestehen (§ 3 Abs. 3 WEG). Erforderlich ist daher eine Bescheinigung der zuständigen Baubehörde für das Grundbuchamt, dass die Wohnungen oder sonstigen Räume in sich abgeschlossen sind (Abgeschlossenheitsbescheinigung nach § 7 Abs. 4 WEG). Ein Stellplatz „im Freien" gilt jedoch auch als Raum (§ 3 Abs. 1 Satz 2 WEG)

und ist daher auch sondereigentumsfähig. Zu Sondereigentum im Betriebsvermögen siehe →Rz. 597 f.

Es ist auch Sondereigentum an Außenanlagen möglich, die weder einen Raum darstellen noch die Stellplatzeigenschaft erfüllen. Dies betrifft in der Praxis vor allem Terrassen und Gärten, welche somit auch sonderrechtsfähig sind (§ 3 Abs. 2 WEG). Im Gegensatz zu Räumen und Stellplätzen können Freiflächen jedoch kein eigenes Sondereigentum begründen, sondern nur ein bestehendes Sondereigentum (z. B. Wohnung) „ergänzen".[10] 14

BEISPIEL „SONDEREIGENTUM": Eine Immobilie ist nach dem WEG in drei Wohneigentumseinheiten aufgeteilt. Frau F ist Wohnungseigentümerin der Erdgeschosswohnung (Sondereigentum), zu der nach dem Aufteilungsplan auch eine Terrasse gehört. Die Terrasse gehört damit zum selben Sondereigentum wie die Räume der Erdgeschosswohnung und steht nicht im gemeinschaftlichen Eigentum. Der Garten ist aber keinem Wohnungseigentum zugeordnet und gehört damit zum gemeinschaftlichen Eigentum aller drei Wohnungseigentümer.

Alle Teile des gesamten Grundstücks, die nicht im Sondereigentum der jeweiligen Wohnungseigentümer stehen, sind das gemeinschaftliche Eigentum (§ 1 Abs. 5 WEG). 15

e) Gemeinschaftliches Eigentum

„Gemeinschaftliches Eigentum" (§ 1 Abs. 5 WEG) bezeichnet das gesamte Grundstück selbst (den Grund und Boden) und das Gebäude der Wohnungseigentümergemeinschaft, welches nicht im jeweiligen Sondereigentum steht und an dem demzufolge alle Wohnungseigentümer gemeinschaftlich beteiligt sind. Das gemeinschaftliche Eigentum ist Bruchteilseigentum.[11] Die Wohnungseigentümer haben über ihr Wohnungseigentum das Recht, das gemeinschaftliche Eigentum (mit) zu nutzen. Dies ist z. B. evident bei dem Weg durch das Treppenhaus, um zur eigenen Wohnung (Sondereigentum) zu gelangen. Auch ein Mieter der Wohnung hat das Recht, das gemeinschaftliche Eigentum zu nutzen.[12] 16

---

10 Denkbar wäre es, dass ein Stellplatz (ohne Wohnung) als Sondereigentum mit gemeinschaftlichem Miteigentum als Teileigentum i. S. des § 1 Abs. 2 WEG begründet wird; Hügel in BeckOK, BGB; Hau/Poseck, § 3 WEG Rz. 12 (Stand: 1.11.2025).

11 Hügel in BeckOK, BGB; Hau/Poseck, § 3 WEG Rz. 2 (Stand: 1.11.2025).

12 OLG Düsseldorf, Beschluss v. 15.6.2004 - I-3 Wx 97/04, NJW-RR 2005 S. 163: Der Mieter einer im Sondereigentum stehenden Wohnung oder eines Ladenlokals ist im gleichen Umfang wie der Eigentümer selbst berechtigt, das gemeinschaftliche Eigentum mit zu gebrauchen, soweit es mit der Nutzung der von ihm gemieteten Räume zusammenhängt.

BEISPIEL „GEMEINSCHAFTLICHES EIGENTUM": Eine Immobilie ist nach dem WEG in drei Wohneigentumseinheiten aufgeteilt und verfügt über einen Garten. Herr H, Herr K und Frau E sind die jeweiligen Wohnungseigentümer. Da nach dem Aufteilungsplan bis auf die Wohnungen kein Sondereigentum begründet wurde, steht das gesamte Grundstück (bis auf die Wohnungen) im gemeinschaftlichen Eigentum. Der Garten ist keinem Wohnungseigentum zugeordnet und gehört damit auch zum gemeinschaftlichen Eigentum aller drei Wohnungseigentümer. Daher können z. B. alle Wohnungseigentümer (vorbehaltlich besonderer Regelungen) den Garten nutzen. Für die Gemeinschaftsflächen (z. B. Flure, Waschkeller, Treppen) gilt dies ohnehin.

17 Die Abgrenzung zwischen dem Sondereigentum und dem Gemeinschaftseigentum ist im Einzelfall schwierig und wird letztlich durch den Bundesgerichtshof entschieden. So stehen z. B. folgende Gegenstände und Bestandteile im gemeinschaftlichen Eigentum:

- Fenster,[13]
- Wohnungseingangstüren,[14]
- Dach,
- Gebäudefassade,
- Zentralheizung (mit Heizwasserleitungen bis zum Anschluss beim Sondereigentümer).[15]

18 Bei Balkonen ist die Rechtslage im Detail strittig.[16]

19 Gerade bei der Frage der baulichen Veränderung und der Kostenverteilung ist es wichtig, ob sich ein Gebäudeteil im Sondereigentum oder im gemeinschaftlichen Eigentum befindet.

f) Sondernutzungsrecht

20 Von dem Sondereigentum ist das Sondernutzungsrecht zu unterscheiden. Ein Sondernutzungsrecht ist das Recht eines Wohnungseigentümers, einen bestimmten Teil des gemeinschaftlichen Eigentums allein nutzen zu dürfen. Während Sondereigentum ein alleiniges Eigentum (insbesondere an bestimmten Räumen) darstellt, wird durch ein Sondernutzungsrecht lediglich ein Nutzungsrecht an einem Teil des Gemeinschaftsvermögens begründet. Ein typischer Anwendungsfall von Sondernutzungsrechten ist ein Stellplatz für Fahrzeuge im gemeinschaftlichen Eigentum, der einer Eigentumswohnung zuge-

13 BGH, Urteil v. 14.6.2019 - V ZR 254/17 LAAAH-22545 = NJW 2019 S. 3780.

14 BGH, Urteil v. 25.10.2013 - V ZR 212/12 SAAAE-49961 = NJW 2014 S. 379.

15 BGH, Urteil v. 8.7.2011 - V ZR 176/10 PAAAD-88868 = NJW 2011 S. 2958.

16 Dazu LG Itzehoe, Hinweisbeschluss v. 13.3.2020 - 11 S 46/19, ZMR 2020 S. 683 m. w. N.

ordnet ist. Da durch das WEMoG[17] die Sondereigentumsfähigkeit auf Freiflächen erweitert wurde (§ 3 Abs. 2 WEG) und für Stellplätze in § 3 Abs. 1 Satz 2 WEG eine Raumfiktion geschaffen wurde, wird die praktische Bedeutung des Sondernutzungsrechts etwas eingeschränkt. Gleichwohl bestehen viele Sondernutzungsrechte weiter, welche bisher (vor der Reform) bereits bestanden haben. Zu Sondernutzungsrecht im Betriebsvermögen siehe →Rz. 599.

BEISPIEL „SONDERNUTZUNGSRECHT": Eine Immobilie ist nach dem WEG in drei Wohneigentumseinheiten aufgeteilt und verfügt über einen Garten. Herr H, Herr K und Frau E sind die jeweiligen Wohnungseigentümer. Nach der Teilungserklärung wurde für den Garten (gemeinschaftliches Eigentum) ein Sondernutzungsrecht zugunsten des jeweiligen Wohnungseigentümers der Erdgeschosswohnung (aktuell: Herr H) eingeräumt.

Der Garten ist zwar kein Sondereigentum – und damit gemeinschaftliches Eigentum aller drei Wohnungseigentümer –, gleichwohl hat nur Herr H das Recht, den Garten zu nutzen (Sondernutzungsrecht an diesem Teil des gemeinschaftlichen Eigentums).

g) Gemeinschaft der Wohnungseigentümer

Die „Gemeinschaft der Wohnungseigentümer" (GdWE) ist nicht nur die Summe aller Wohnungseigentümer. Vielmehr ist sie ein eigener Rechtsträger (sog. Verband), der Rechte erwerben, Verbindlichkeiten eingehen, vor Gericht klagen und verklagt werden kann (§ 9a Abs. 1 Satz 1 WEG). Die GdWE ist für die Verwaltung des Wohnungseigentums zuständig. Dies betrifft insbesondere die Erhaltung der Wohnanlage. Ist ein Verwalter bestellt (Regelfall), vertritt er dafür im Außenverhältnis die GdWE (§ 9b Abs. 1 Satz 1 WEG).[18] 21

Die Gemeinschaft der Wohnungseigentümer (GdWE) steht rechtlich gewissermaßen „neben" der Bruchteilsgemeinschaft der Wohnungseigentümer an deren Gemeinschaftseigentum und ist nicht mit dieser zu verwechseln. 22

Der Unterschied zwischen der GdWE wird z. B. daran deutlich, dass die GdWE (vertreten durch den Verwalter) einen Hausmeister für die Pflege der Wohnanlage arbeitsvertraglich einstellen kann. Der Abschluss des Arbeitsvertrags ist also nicht die Aufgabe der Gesamtheit aller Wohnungseigentümer. Dieser Hausmeister kann auch einer der Wohnungseigentümer sein.[19] Die GdWE tritt somit als eigener Rechtsträger gegenüber den Wohnungseigentümern auf. 23

---

17 Wohnungseigentumsmodernisierungsgesetz v. 16.10.2020, BGBl 2020 I S. 2187.

18 Hat die Wohnungseigentümergemeinschaft (ausnahmsweise) keinen Verwalter bestellt, wird sie durch alle Wohnungseigentümer gemeinschaftlich vertreten (§ 9b Abs. 1 Satz 2 WEG n. F.).

19 BAG, Urteil v. 6.3.2025 - 2 AZR 115/24 EAAAJ-89386 = BB 2025 S. 1076.

24 Die GdWE ist nicht Eigentümer des Gemeinschaftseigentums, sondern (nur) die (alleinige) Trägerin des Gemeinschaftsvermögens (§ 9a Abs. 3 WEG).

h) Wohnungseigentümerversammlung

25 Die Wohnungseigentümerversammlung (§ 23 WEG) ist das Beschlussorgan der GdWE. Typischerweise findet diese einmal im Jahr statt, um zumindest über die Jahresabrechnung nach § 28 Abs. 2 WEG (genau genommen über die Zahlungsverpflichtung daraus) abzustimmen. Dies entspricht der Pflicht, die Wohnungseigentümerversammlung mindestens einmal im Jahr einzuberufen (§ 24 Abs. 1 WEG). Es sind aber auch zusätzliche Eigentümerversammlungen zulässig (die entweder der Verwalter einberuft oder mindestens 25 % der Wohnungseigentümer beantragen). Die Einladung („Einberufung") kann nicht mündlich, sondern muss in (jeder Art von) Textform erfolgen (§ 24 Abs. 4 Satz 1 WEG). Dies kann ein Brief in Papierform sein, aber entsprechend § 126b BGB ist z. B. auch eine E-Mail ausreichend. Es sind dabei – mit regelmäßig mindestens drei Wochen[20] Vorlauf – der Ort und der Zeitpunkt der Versammlung sowie die Tagesordnungspunkte (Beschlussgegenstände)[21] anzugeben.

26 Die Wohnungseigentümer sind die Mitglieder dieses Beschlussgremiums. Der Verwalter nimmt als Versammlungsleiter (§ 24 Abs. 5 WEG) auch daran teil. Die Wohnungseigentümer können nach § 23 Abs. 1a WEG beschließen, dass die Versammlung nicht gemeinsam an einem Versammlungsort in körperlicher Präsenz, sondern stattdessen online stattfindet (virtuelle Wohnungseigentümerversammlung). Bei einer herkömmlichen Präsenzveranstaltung ist es nach § 23 Abs. 1 Satz 2 WEG aber auch möglich, dass sich einzelne Wohnungseigentümer online zuschalten (hybride Teilnahme, d. h. Online oder Präsenz). Über die in der Versammlung gefassten Beschlüsse ist unverzüglich eine Niederschrift aufzunehmen (§ 24 Abs. 6 Satz 1 WEG). Regelmäßig gibt es ein Protokoll, dass auch alle anderen relevanten Gesprächsthemen enthält. Eine verpflichtende Beschluss-Sammlung (§ 24 Abs. 7 WEG) hilft dabei, dass die gefassten Beschlüsse auch in Zukunft anerkannt und beachtet werden, da diese grds. fortgelten und auch zukünftige Wohnungseigentümer sich darüber informieren können.

27 Für die Beschlüsse der Eigentümerversammlung ist grds. nur die einfache Mehrheit erforderlich (§ 25 Abs. 1 WEG). Die Beschlüsse binden die GdWE und die einzelnen Wohnungseigentümer (z. B. für Baumaßnahmen). Sollte ein Be-

20 Die Frist der Einberufung soll, sofern nicht ein Fall besonderer Dringlichkeit vorliegt, mindestens drei Wochen betragen (§ 24 Abs. 4 Satz 2 WEG).

21 BGH, Urteil v. 13.1.2012 - V ZR 129/11, NWB 12/2012 S. 968 SAAAE-02753.

schluss gegen eine Rechtsnorm verstoßen, ist diese (von vornherein) nichtig und unwirksam (§ 23 Abs. 4 Satz 1 WEG). Dies betrifft nur Ausnahmefälle, bei denen durch einen Beschluss der Wohnungseigentümerversammlung gegen zwingendes Zivilrecht nach BGB bzw. WEG verstoßen wird. Wenn ein Beschluss aber „nur" rechtswidrig ist, muss dieser innerhalb eines Monats durch Klage gegen die GdWE vor dem zuständigen Gericht nach § 44 WEG angefochten werden. Sonst ist ein rechtswidriger (aber nicht nichtiger) Beschluss gleichwohl gültig.

BEISPIEL „BESCHLUSSMÄNGEL": Die Wohnungseigentümerversammlung mit der Teilnahme aller acht Wohnungseigentümer beschließt mit sieben Stimmen und 8.000 von 10.000 Miteigentumsanteilen, dass

a) der sich mit allen übrigen Wohnungseigentümern seit Jahren im Streit befindende Wohnungseigentümer Herr F (der dagegen stimmte) ab sofort seine Wohnung nicht mehr betreten darf, da dieser alle Nachbarn nachhaltig wegen Rauchens im Treppenhaus und lauter Musik in der Wohnung nerve;

b) die Jahresabrechnung und damit alle Einzelabrechnungen hinsichtlich der Nachzahlungen bzw. Minderung der Vorschüsse (Erstattung) für das Vorjahr genehmigt und damit wirksam werden, obwohl bei der Abrechnung der Heizkosten zum Nachteil von Frau H (die dagegen stimmte) ein Rechenfehler enthalten ist, der alle anderen Wohnungseigentümer begünstigt.

Zu a) Der Beschluss ist nichtig und damit automatisch unwirksam (§ 23 Abs. 4 Satz 1 WEG), da Herrn F die Nutzung seines Wohnungseigentums nach § 16 Abs. 1 WEG und seiner Stellung als Inhaber des Eigentums- und Mitgliedschaftsrecht (§§ 1, 9a WEG) nicht versagt werden kann. Herr F könnte gerichtlich die Nichtigkeit klarstellend feststellen lassen (Nichtigkeitsklage nach § 44 Abs. 1 Satz 1 WEG).

Zu b) Der Beschluss ist rechtswidrig, da die Kosten unzutreffend aufgeteilt werden. Frau H soll Kosten tragen, die sie nicht verursacht hat und ihr nicht materiell nach §§ 16, 28 WEG zuzurechnen sind. Gleichwohl ist der Beschluss gültig, solange er nicht durch rechtskräftiges Urteil für ungültig erklärt wird (§ 23 Abs. 4 Satz 2 WEG). Frau H muss gerichtlich durch eine Klage den Beschluss für ungültig erklären lassen (Anfechtungsklage nach § 44 Abs. 1 Satz 1 WEG).

i) Verwalter

Der Verwalter der GdWE vertritt die GdWE im Außenverhältnis (§ 9b WEG). Bis 28
auf den Erwerb von Grundstücken und der Darlehensaufnahme ist dessen Befugnis nicht einschränkbar. Im Innenverhältnis ist er aber der GdWE verpflichtet (§ 27 WEG). Über die Bestellung und Abberufung des Verwalters beschließen die Wohnungseigentümer (§ 26 Abs. 1 WEG). Rechtlich zu unterscheiden sind:

- Organstellung:

  Der Verwalter ist im Außenverhältnis wirksamer Stellvertreter für die GdWE[22] (z. B. um einen Handwerker zu beauftragen). Die Bestellung kann auf höchstens fünf Jahre vorgenommen werden (§ 26 Abs. 2 Satz 1 WEG), aber jederzeit abberufen werden (§ 26 Abs. 3 Satz 1 WEG).

- Verwaltervertrag:

  Der Verwalter schließt mit der GdWE einen schuldrechtlichen Vertrag über seine Tätigkeit ab und erhält dafür regelmäßig eine Vergütung. Dieser Vertrag ist unabhängig von der organschaftlichen Bestellung, aber enthält regelmäßig Kündigungsklauseln, damit ein Gleichlauf zur Verwalterstellung nach dem WEG möglich ist.

j) Gemeinschaftsvermögen

29 Das „Gemeinschaftsvermögen" (§ 9a Abs. 3 WEG) bilden die Sachen und Rechte, die der GdWE selbst (und nicht anteilig den Wohnungseigentümern) gehören. Da die GdWE als eigener Rechtsträger Eigentum und Verbindlichkeiten erwerben kann, sind diese ihr selbst zuzuordnen.

30 Der für die Praxis bedeutsamste Fall des Gemeinschaftsvermögens sind die Guthaben auf den Bankkonten, welche die GdWE innehat. Das werden in der Praxis oft ein Girokonto für den laufenden Zahlungsverkehr und Spar- oder Festgeldkonten sein, um die Mittel aus der Erhaltungsrücklage anzulegen (siehe zur Besteuerung der Erträge →Rz. 210 ff.).

BEISPIEL „BANKKONTEN": Die GdWE unterhält bei der B-Bank sowohl ein Kontokorrentkonto für den laufenden Zahlungsverkehr (Eingang des Hausgelds und Zahlung der laufenden Kosten) sowie ein Sparkonto (Anlage der Erhaltungsrücklage).

Beide Konten (und damit die Bankguthaben) gehören zum Gemeinschaftsvermögen der GdWE.

31 Irreführend ist nach hier vertretener Auffassung die Formulierung, dass „die Erhaltungsrücklage" zum Gemeinschaftsvermögen gehört. Die Rücklage selbst ist keine eigene rechtliche Vermögensposition, sondern eine rechnerische Teilmenge des (Geld-)Vermögens der GdWE. Die nach § 19 Abs. 2 Nr. 4 WEG normierte Erhaltungsrücklage bildet den Anlass, Geldmittel für zukünftige Instandhaltungen anzusparen. Die aus diesem Grund an die GdWE gezahlten Gelder der Wohnungseigentümer sind Gemeinschaftsvermögen und werden

22 Zu den steuerrechtlichen Pflichten des Verwalters vgl. Hofele, NWB 35/2022 S. 2475 IAAAJ-20732.

i.d.R. als Bankguthaben verwaltet, womit wiederum das Bankkonto selbstverständlich zum Gemeinschaftsvermögen gehört.

Es ist auch anderes Vermögen denkbar, welches dem Gemeinschaftsvermögen zuzuordnen ist, so z.B. ein Rasenmäher, den die GdWE für die Gartenpflege erworben hat.[23] Schulden sind als negatives Gemeinschaftsvermögen ebenso denkbar. 32

BEISPIEL „VERBINDLICHKEITEN": Die Heizungsanlage der Gemeinschaft wird von einem Sanitärbetrieb am 10.5.2025 gewartet. Nachdem die Rechnung eingegangen ist, zahlt der Verwalter vom Bankkonto der GdWE den Rechnungsbetrag von 200€ am 4.7.2025.

Nachdem die Zahlungspflicht (Forderungsanspruch) entstanden war, hatte die GdWE eine eigene Verbindlichkeit, die (erst) durch die Zahlung erloschen ist.

Das Gemeinschaftsvermögen (der GdWE) ist vom gemeinschaftlichen Eigentum (der Wohnungseigentümer) zu unterscheiden. Da beide Begriffe ähnlich klingen, besteht dabei eine Verwechslungsgefahr. 33

k) Abgrenzung der Rechtsträger und des Vermögens

Das Recht des Wohnungseigentums im Sinne des WEG kennt verschiedene Rechtsträger und Vermögenssphären, die auseinandergehalten werden müssen. 34

Die Wohnanlage besteht aus Sondereigentum, das jedem Wohnungseigentümer allein gehört, und im Übrigen aus dem gemeinschaftlichen Eigentum, das allen Wohnungseigentümer zusammen als Bruchteilseigentümer gehört. Die GdWE ist ein eigenständiger rechtlicher Verband und nicht mit der Gesamtheit aller Wohnungseigentümer gleichzusetzen. Der GdWE gehört daher nicht (!) das gemeinschaftliche Eigentum an der Wohnanlage. Ihr gehört aber (allein) das sog. „Gemeinschaftsvermögen" (insbesondere die Bankguthaben der GdWE). 35

23 Es können bewegliche Sachen (z.B. Gartengeräte, Heizöl, PKW) und unbewegliche Sachen (z.B. das Eigentum an einem Nachbargrundstück, das nicht zum Gemeinschaftsvermögen gehört) zum Gemeinschaftsvermögen i.S.des §9a Abs.3 WEG gehören, vgl. Wicke in Grüneberg, BGB, 85.Aufl. 2026, §9a WEG Rz.1.

36 Die folgende Abbildung skizziert die Rechtslage:

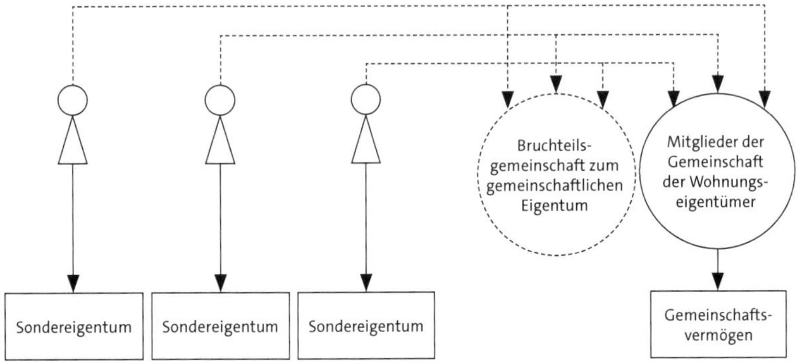

3. Begründung von Wohnungseigentum

a) Allgemeines

37 Wohnungseigentum nach dem WEG entsteht nicht automatisch, sondern muss als Abweichung zum Regelfall des einheitlichen Eigentums an einem Grundstück aktiv herbeigeführt werden. Dabei kommen zwei verschiedene Rechtsakte in Betracht: der Teilungsvertrag (§ 3 WEG) und die Teilungserklärung (§ 8 WEG).

b) Teilungsvereinbarung (§ 3 WEG)

38 Durch eine vertragliche Einräumung nach § 3 WEG kann Wohnungseigentum begründet werden. In diesem Fall teilen die Miteigentümer eines bisher zivilrechtlich ungeteilten Grundstücks durch einen Vertrag untereinander das Grundstück in separate rechtliche Einheiten als Wohnungseigentum (bzw. Teileigentum) im Sinne des WEG. Danach sind die bisherigen Miteigentümer des ungeteilten Grundstücks nunmehr jeweils Wohnungseigentümer der GdWE bzw. Sondereigentümer der ihnen jeweils vertraglich eingeräumten Wohnung.

c) Teilungserklärung (§ 8 WEG)

39 Durch eine Teilungserklärung nach § 8 WEG kann ebenfalls Wohnungseigentum begründet werden. In diesem Fall teilt ein Alleineigentümer das bisher zivilrechtlich ungeteilte Grundstück in separate rechtliche Einheiten als Wohnungseigentum (bzw. Teileigentum) im Sinne des WEG durch eine Erklärung

gegenüber dem Grundbuchamt auf. Danach ist der Alleineigentümer der alleinige Wohnungseigentümer aller Einheiten (von denen er – z. B. als Bauträger – dann Einheiten veräußern kann).

d) Wohnungsgrundbuch

Durch die Begründung des Wohnungseigentums wird für das geteilte Grundstück das bisherige Grundbuchblatt im Grundbuch geschlossen und für die neu entstehenden Einheiten ein besonderes Grundbuchblatt (Wohnungsgrundbuch bzw. Teileigentumsgrundbuch) angelegt (§ 7 Abs. 1 WEG ggf. i. V. mit § 8 Abs. 2 WEG). 40

e) Aufteilungsplan und Abgeschlossenheitsbescheinigung

Die Aufteilung und Zuordnung der Räume zu den einzelnen Wohnungseigentümern (Sondereigentum und gemeinschaftliches Eigentum) ergibt sich aus dem Aufteilungsplan der zuständigen Baubehörde (§ 7 Abs. 4 Satz 1 Nr. 1 WEG). 41

Da Sondereigentum (im Grundsatz)[24] nur an abgeschlossenen Räumen begründet werden kann, ist dafür eine Abgeschlossenheitsbescheidung (§ 7 Abs. 4 Satz 1 Nr. 2 WEG) des zuständigen Bauamts erforderlich. 42

4. Erhaltung und bauliche Veränderungen des Wohnungseigentums

a) Erhaltung (Instandhaltung und Instandsetzung)

Wie jede Immobilie muss auch das Wohnungseigentum instandgehalten werden. Wenn ein Schaden entstanden ist, wird dieser repariert (instandgesetzt). Das WEG bezeichnet die „ordnungsmäßige Instandhaltung und Instandsetzung“ als „Erhaltung“ (§ 13 Abs. 2 WEG) und grenzt diese von „baulichen Veränderungen“ ab, die „über die ordnungsmäßige Erhaltung des gemeinschaftlichen Eigentums hinausgehen“ (§ 20 Abs. 1 WEG). Zum Abzug der Aufwendungen als Werbungskosten bei Vermietungseinkünften siehe →Rz. 288 ff. 43

Für die Erhaltungsmaßnahmen (Objektbewirtschaftung) ist kein Beschluss der Wohnungseigentümer notwendig, sondern diese ergeben sich aus der regulären Verwaltung. Die Kosten der Erhaltung werden (grds.) nach dem 44

24 Ausnahme: An Stellplätzen kann eigenes Sondereigentum nach § 3 Abs. 1 Satz 2 WEG und damit separates Wohnungseigentum begründet werden. Bestimmte Außenflächen (z. B. Terrassen und Gärten) können zudem mit „echtem“ Raum-Sondereigentum (Wohnung) verbunden werden (§ 3 Abs. 2 WEG).

Verhältnis der Miteigentumsanteile auf die Wohnungseigentümer verteilt (§ 16 Abs. 2 Satz 1 WEG).

BEISPIEL „ERHALTUNG ODER BAULICHE VERÄNDERUNG": Die Wohnanlage der Eigentümergemeinschaft verfügt über eine zentrale Heizungsanlage (Gastherme), die alle Wohnungen versorgt. Die Heizungsanlage

a) wird jährlich gewartet;

b) wird repariert, da diese einen Defekt hat;

c) wird ausgebaut und im Rahmen eines Umbaus der Wohnanlage durch eine Wärmepumpe ersetzt.

Zu a) Die Wartung der Anlage ist eine Maßnahme der Instandhaltung, die nicht beschlossen werden muss.

Zu b) Die Reparatur der Anlage stellt eine Instandsetzung dar, die nicht beschlossen werden muss.

Zu c) Der Austausch der Heizungsanlage stellt eine bauliche Veränderung dar, die von der Eigentümerversammlung beschlossen werden muss (§ 20 Abs. 1 WEG i. V. mit § 25 Abs. 1 WEG).

b) Bauliche Veränderungen

aa) Bauliche Veränderung durch Beschluss der Eigentümerversammlung

45 Baulichen Veränderungen gehen über die ordnungsmäßige Erhaltung des gemeinschaftlichen Eigentums hinaus (§ 20 Abs. 1 WEG). Da es sich hierbei oftmals um „größere" Maßnahmen handelt, die dauerhaft die Substanz des Wohnungseigentums verändern und regelmäßig zu höheren Kosten als bei Erhaltungsaufwendungen führen, werden diese Projekte eigenständig in §§ 20, 21 WEG geregelt.

46 Die Eigentümerversammlung hat über bauliche Veränderungen einen Beschluss zu fassen. Im Grundsatz reicht dafür ein Mehrheitsbeschluss aus, denn nach § 25 Abs. 1 WEG entscheidet die Mehrheit der abgegebenen Stimmen bei der Wohnungseigentümerversammlung. Dabei hat jeder Wohnungseigentümer eine Stimme (§ 25 Abs. 2 Satz 1 WEG). Es ist also keine Einstimmigkeit für bauliche Veränderungen erforderlich (wie man vielleicht annehmen könnte). Einzelne Wohnungseigentümer können daher überstimmt werden. Einen Schutz bzw. Ausgleich für die Wohnungseigentümer, welche nicht mit der baulichen Veränderung einverstanden sind, sieht das WEG jedoch vor (dazu gleich Näheres). Auch bei der Kosten- und Nutzungsverteilung werden die Interessen der Wohnungseigentümer gesetzlich abgewogen.

bb) Beschluss und Zustimmung zur baulichen Veränderung

Bei den baulichen Veränderungen ergeben sich verschiedene Fallgruppen, die unterschieden werden können: 47

1. Bauliche Veränderungen, die prinzipiell im Interesse aller Wohnungseigentümer sein können:

   Im Grundsatz werden bauliche Veränderungen von der GdWE selbst vorgenommen und erfolgen auf Initiative einzelner Wohnungseigentümer. Das kann z. B. die Umgestaltung der Hausfassade, die Erneuerung des Treppenhauses oder der Einbau einer neuen Zentralheizung sein. Ob die jeweilige Maßnahme sinnvoll ist, entscheidet letztlich die Eigentümerversammlung durch den erforderlichen Mehrheitsbeschluss (§ 20 Abs. 1 WEG). Wenn die Maßnahme aber einen Wohnungseigentümer „unbillig benachteiligt", ist nach § 20 Abs. 4 WEG sein Einverständnis zwingend erforderlich (z. B. hört nur er die Geräusche eines an der Hausfassade anzubringenden Klimageräts an seinem Fenster[25]).

2. Bauliche Veränderungen, die im Interesse eines Wohnungseigentümers stehen:

   Ein einzelner Wohnungseigentümer hat das Interesse, eine bauliche Veränderung herbeizuführen. Das wäre z. B. der Anbau eines Balkons an seine Wohnung. Auch hier reicht zwar ein Mehrheitsbeschluss (§ 25 Abs. 1 WEG), hierzu müssen aber auch die von der Maßnahme direkt beeinträchtigten Wohnungseigentümer zustimmen (§ 20 Abs. 3 WEG).

3. Bauliche Veränderungen, die gesetzlich privilegiert sind:

   Bei einigen gesetzlich privilegierten Baumaßnahmen hat ein Wohnungseigentümer nach § 21 Abs. 2 WEG einen Zustimmungsanspruch.[26] Das sind:

   - Umbau für den Gebrauch durch Menschen mit Behinderungen (z. B. Rampe im Eingangsbereich),
   - Ladeinfrastruktur für elektrisch betriebene Fahrzeuge (z. B. Wallbox),
   - Maßnahme zum Einbruchsschutz (z. B. Alarmanlage),
   - Anschluss an ein Telekommunikationsnetz „mit sehr hoher Kapazität" (z. B. Glasfaseranschluss),
   - Stromerzeugung durch Steckersolargeräte (z. B. „Balkonkraftwerk").

25 Mediger, NZM 2020 S. 269.

26 Dazu Fraatz-Rosenfeld, NWB 7/2025 S. 452 TAAAJ-84566.

Über die konkrete Durchführung (das „wie“) beschließt jedoch dann die Gemeinschaft.

4. Bauliche Veränderungen, die die Wohnanlage grundlegend umgestalten, dürfen nicht beschlossen und gestattet werden (§ 20 Abs. 4 WEG). Das wäre z. B. ein Anbau, der das Erscheinungsbild der Wohnanlage deutlich verändert.

cc) Kostentragung und Nutzungsrecht nach baulichen Veränderungen

48 Bei baulichen Veränderungen ist auch die Frage wichtig, welche Wohnungseigentümer deren Kosten zu tragen haben (aber auch, wem die Nutzungen daraus zustehen). Damit beschäftigt sich § 21 WEG.

49 Für die baulichen Veränderungen, die einem Wohnungseigentümer gestattet werden (z. B. Balkonanbau) oder die auf sein Verlangen als privilegierte Maßnahme nach § 20 Abs. 2 WEG durch die GdWE durchgeführt wurden (z. B. E-Ladepunkt), hat derjenige Wohnungseigentümer die Kosten zu tragen, der die Maßnahme verlangt (§ 21 Abs. 1 WEG). Dann stehen aber auch nur diesem Wohnungseigentümer die Nutzungen zu (z. B. darf nur er den E-Ladepunkt nutzen).

50 Abgesehen von diesen baulichen Veränderungen im Einzelinteresse haben nach § 21 Abs. 3 WEG im Grundsatz nur diejenigen Wohnungseigentümer die Kosten zu tragen, welche dem Beschluss auf der Wohnungseigentümerversammlung zugestimmt haben. Die Kosten sind dann nach dem Verhältnis ihrer Anteile (§ 16 Abs. 1 Satz 2 WEG) allein von diesen Wohnungseigentümern zu tragen (und diesen stehen dann auch nur die Nutzungen zu).

51 Von diesem Grundsatz gibt es aber eine wichtige Ausnahme nach § 21 Abs. 2 WEG: Bei einem Mehrheitsbeschluss von mehr als zwei Dritteln der abgegebenen Stimmen und der Hälfte aller Miteigentumsanteile *oder* wenn sich die Kosten innerhalb eines angemessenen Zeitraums amortisieren, haben alle (auch die nicht zustimmenden) Wohnungseigentümer die Kosten anteilig (nach dem Verhältnis ihrer Anteile i. S. von § 16 Abs. 1 Satz 2 WEG) zu tragen. Der Gesetzgeber geht davon aus, dass bei einer besonders hohen Zustimmung oder bei einer wirtschaftlich vernünftigen Maßnahme nicht einzelne Wohnungseigentümer von den Kosten ausgenommen werden sollen. Da die Maßnahme dann wohl sinnvoll ist und alle Wohnungseigentümer zumindest von der Wertsteigerung der Wohnanlage profitieren (können), wird in diesen Fällen der nicht zustimmende Wohnungseigentümer zu der anteiligen Kostenübernahme gezwungen.

BEISPIEL „BAULICHE VERÄNDERUNG": Die GdWE besteht aus acht Wohnungseigentümern. Herr F hat einen Miteigentumsanteil i. H. von 1.500/10.000 (15 %). Die vollzählige Eigentümerversammlung stimmt mit sieben Stimmen und 85 % der Miteigentumsanteile (bis auf Herrn F) dem Bau eines Vordachs am Eingang der Wohnanlage zu.

Der Beschluss wurde mit der Mehrheit der abgegebenen Stimmen beschlossen (§ 25 Abs. 1 WEG) und wird daher durchgeführt (§ 20 Abs. 1 WEG). Da die Entscheidung mit mehr als zwei Dritteln der abgegebenen Stimmen und der Hälfte aller Miteigentumsanteile beschlossen wurde, sind die Kosten von allen Wohnungseigentümern (also auch von Herrn F) zu tragen. Herr F muss daher 15 % der Kosten übernehmen.

5. Die Finanzen des Wohnungseigentums und deren Abrechnung

a) Buchführung der Wohnungseigentümergemeinschaft

52 Die GdWE unterliegt mit ihren Einnahmen und Ausgaben sowie dem ihr zuzurechnenden Vermögen und den Schulden des Gemeinschaftsvermögens (§ 9a Abs. 3 WEG) keiner Buchführungspflicht im herkömmlichen Sinne wie z. B. nach §§ 238 ff. HGB. Jedoch ist die GdWE (und damit in erster Linie der Verwalter) im Rahmen der ordnungsmäßigen Verwaltung dazu verpflichtet, die zivilrechtlichen Vorgaben des WEG zu erfüllen. Im Ergebnis sind daher einige Prinzipien der „ordnungsmäßigen WEG-Buchführung" ähnlich zur regulären kaufmännischen Buchführungspflicht. So sind die Einnahmen, Ausgaben und Vermögensverhältnisse zeitnah zu „verbuchen" (aufzuzeichnen) und die Ergebnisse nachvollziehbar darzustellen.[27] Sämtliche Unterlagen (z. B. Rechnungen, Kontoauszüge, Protokolle) sind aufzubewahren.

53 Der Entwicklung und Darstellung des Wirtschaftsplans, der Jahresabrechnung und des Vermögensberichts kommt eine wesentliche Bedeutung zu. Der Verwalter hat eine geordnete und übersichtliche Einnahmen- und Ausgabenrechnung vorzulegen. Diese muss für einen Wohnungseigentümer auch ohne Hinzuziehung fachlicher Unterstützung verständlich sein.[28]

b) Kostenverteilung

54 Die Kosten der GdWE hat jeder Wohnungseigentümer im Grundsatz nach dem Verhältnis seines Miteigentumsanteils zu tragen (§ 16 Abs. 2 Satz 1 WEG). Zu den Kosten gehören insbesondere die Verwaltung des gemeinschaftlichen Gebrauchs des gemeinschaftlichen Eigentums (z. B. Gebäudeversicherung, Hei-

27 Ähnlich OLG Schleswig-Holstein v. 26.4.2007 - 2 W 216/06, ZMR 2008 S. 665.

28 BGH, Urteil v. 27.10.2017 - V ZR 189/16 TAAAG-70704 = NJW 2018 S. 942 unter I. 2. a) aa).

zungswartung, Treppenhausreinigung). Die Wohnungseigentümer können jedoch für einzelne Kosten oder Kostenarten eine abweichende Verteilung beschließen (§ 16 Abs. 2 Satz 2 WEG).

c) Wirtschaftsplan

55 Die laufenden Kosten werden finanziert, indem auf der Grundlage eines für jedes Jahr aufzustellenden „Wirtschaftsplans" (§ 28 Abs. 1 Satz 1 WEG) von den einzelnen Wohnungseigentümern „Vorschüsse zur Kostentragung" (Hausgeld) zu leisten sind. Bei den Vorschüssen aufgrund des Wirtschaftsplans als laufende Vorauszahlungen auf die Kosten handelt es sich um das zentrale Finanzierungselement der GdWE, da diese gewährleisten, dass die für die Bewirtschaftung der Anlage notwendigen Mittel bereitstehen.[29] Die Abrechnung anhand der tatsächlichen Kosten des Jahres (alle Einnahmen und Ausgaben) ergeben sich dann aus der „Jahresabrechnung" (§ 28 Abs. 2 WEG).

56 Die Einzahlungen (Vorschüsse) stellen für vermietende Wohnungseigentümer (aus dem Privatvermögen) bei Abfluss (§ 11 Abs. 2 EStG) Werbungskosten zu den Einkünften aus Vermietung und Verpachtung (§§ 9, 21 EStG) dar. Das gilt aber nicht für die anteiligen Vorschüsse für die Zuführung zur Erhaltungsrücklage.[30]

d) Jahresabrechnung

57 Nach Ablauf des jeweiligen Jahres beschließen die Wohnungseigentümer über „die Einforderung von Nachschüssen oder die Anpassung der beschlossenen Vorschüsse" (§ 28 Abs. 2 Satz 1 WEG). Der Verwalter stellt dazu eine „Abrechnung über den Wirtschaftsplan (Jahresabrechnung)" auf (§ 28 Abs. 2 Satz 2 WEG).

58 Die Jahresabrechnung ist eine reine Einnahmen- und Ausgabenrechnung.[31] Es wird also nicht bilanziert oder es werden keine Aufwendungen und Erträge abgegrenzt. Es kommt auf die tatsächlichen Zahlungszeitpunkte der Einnahmen und Ausgaben an.

---

29 BGH, Urteil v. 20.9.2024 - V ZR 235/23 PAAAJ-75935 = NJW 2024 S. 3296 unter III. 2. b) aa). Im Hinblick auf den Anspruch der GdWE auf Zahlung der beschlossenen Vorschüsse (und zu den Rücklagen) ist ein Zurückbehaltungsrecht des Wohnungseigentümers nach § 273 Abs. 1 BGB für gegenläufige Ansprüche gegenüber der GdWE (z. B. wegen noch ausstehender Jahresabrechnungen) ausgeschlossen. Zulässig wäre aber eine Aufrechnung von Geldansprüchen nach § 387 ff. BGB (BGH, Urteil v. 14.11.2025 - V ZR 190/24 YAAAK-06255, juris).

30 BFH, Urteil v. 14.1.2025 - IX R 19/24 UAAAJ-86018 = BFH/NV 2025 S. 452. Erst bei tatsächlicher Mittelverwendung entstehen Werbungskosten.

31 BGH, Urteil v. 11.10.2013 - V ZR 271/12 DAAAE-49512 = NJW 2014 S. 145.

Eine wichtige Ausnahme vom reinen Zu- und Abflussprinzip nach dem WEG gibt es jedoch für die Abrechnung der Heizkosten. Da die Heizkostenverordnung auch für die Wohnungseigentümergemeinschaft unmittelbar gilt und insoweit die Kosten verbrauchsabhängig aufgeteilt werden, ist wie folgt zu unterscheiden:[32] 59

- In die Jahresgesamtabrechnung sind alle im Abrechnungszeitraum geleisteten Zahlungen, die im Zusammenhang mit der Anschaffung von Brennstoff stehen, aufzunehmen.
- Für die Verteilung in den Einzelabrechnungen sind dagegen die Kosten des im Abrechnungszeitraum tatsächlich verbrauchten Brennstoffs maßgeblich. Der Unterschiedsbetrag ist in der Abrechnung verständlich zu erläutern.

Formal beschlossen wird nicht über die Jahresabrechnung als solche, sondern lediglich über die Abrechnungsspitze (Nachzahlung oder Erstattung). Eine rechtliche Besonderheit ist dabei der Erstattungsfall: Wenn der Saldo zwischen den beschlossenen Vorschüssen (Einnahmen) für das abzurechnende Wirtschaftsjahr und den tatsächlichen Kosten des Wirtschaftsjahres negativ ist, entsteht kein eigener Erstattungsanspruch. Vielmehr werden dann die Vorschüsse nachträglich gemindert. Dies hat für die GdWE den Vorteil, dass diejenigen Wohnungseigentümer mit rückständigen Vorschüssen nicht von einer Erstattung profitieren, ohne die rückständigen Vorschüsse gezahlt zu haben. 60

Die Höhe der konkreten Einnahmen und Ausgaben der Jahresabrechnung ist vor allem für bilanzierende Wohnungseigentümer relevant, da ein wichtiger Teil der Aufwendungen und Erträge aus dem Wohnungseigentum (vor allem aus dem gemeinschaftlichen Eigentum) sich daraus ergeben. 61

Die Darstellung der Höhe von haushaltsnahen Handwerkerleistungen oder Dienstleistungen (§ 35a EStG) ist kein unmittelbarer Bestandteil der Jahresabrechnung.[33] Gleichwohl wird in der Praxis der vom Verwalter auf Grundlage der Rechnungen der Dienstleister ermittelte Anspruch i. S. des § 35a EStG zusammen mit (oder als Anlage zu) der Jahresabrechnung ausgewiesen. Die Finanzverwaltung verlangt, dass die Kosten entweder „in der Jahresabrechnung gesondert aufgeführt“ oder „durch eine Bescheinigung des Verwalters nachgewiesen“ werden.[34] 62

32 BGH, Urteil v. 17.2.2012 - V ZR 251/10 GAAAE-06159, NJW 2012 S. 1434.

33 AG München, Urteil v. 27.2.2018 - 483 C 10766/16 WEG, ZMR 2018 S. 542 unter 4. b) (5) der Entscheidungsgründe.

34 BMF-Schreiben v. 9.11.2016 - IV C 8 - S 2296 b/07/10003 :008, BStBl 2016 I S. 1213 Rz. 47 JAAAJ-21799.

e) Erhaltungsrücklage

63 Die Wohnungseigentümergemeinschaft soll eine Erhaltungsrücklage[35] bilden (§ 19 Abs. 2 Nr. 4 WEG). Dadurch werden Gelder angespart, damit im Fall einer größeren (teuren) Instandhaltung oder Instandsetzung der Anlage tatsächlich genug Mittel vorhanden sind, um diese zu bezahlen. Bauliche Veränderungen sind nicht aus der Erhaltungsrücklage zu zahlen, sondern zusätzlich durch den oder die Wohnungseigentümer im Bedarfsfall zu leisten.

64 Eine gesetzliche Pflicht zur Ansammlung einer Erhaltungsrücklage besteht streng genommen nicht. Eine Erhaltungsrücklage könnte sogar durch eine Vereinbarung der Wohnungseigentümer oder bereits durch die Teilungserklärung ausgeschlossen werden.[36] Durch § 19 Abs. 2 Nr. 4 WEG wird nur statuiert, dass die Erhaltungsrücklage zu einer ordnungsmäßigen Verwaltung gehört.[37] Welches Ansparziel für die Erhaltungsrücklage angemessen ist, bestimmt sich vor allem nach der Größe, dem Zustand und dem Alter des Objekts und der sich daraus wirtschaftlich abzuleitenden (voraussichtlichen) zukünftigen Kosten der Erhaltung und Instandsetzung. Bei der jährlichen Zuführung zur Erhaltungsrücklage haben die Wohnungseigentümer gleichwohl einen weiten Ermessensspielraum. Nur wesentlich überhöhte oder zu niedrige Ansätze widersprechen einer ordnungsmäßigen Verwaltung.[38]

65 Die Zuführung zur Erhaltungsrücklage wird durch die GdWE beschlossen und ist dann ein Teil der Vorschüsse nach § 28 Abs. 1 WEG. Die jeweilige Einzahlungshöhe der Wohnungseigentümer orientiert sich an dem Miteigentumsanteil an der Wohnungseigentümergemeinschaft. Wenn später eine (größere) Erhaltungsmaßnahme finanziert werden muss, kann die (teilweise) Verwendung der Mittel – und damit die Entnahme aus der Erhaltungsrücklage – beschlossen werden.

BEISPIEL „ERHALTUNGSRÜCKLAGE": Die Eigentümerversammlung beschließt, im Rahmen der Vorschüsse neben dem laufenden Hausgeld auch monatliche Einzahlungen auf die Erhaltungsrücklage durch alle Wohnungseigentümer entsprechend ihrem Miteigentumsanteil. Zum 31.12.2024 beträgt die gesamte Erhaltungsrücklage 20.000 €. Im Februar 2025 muss die zentrale Heizungsanlage nach einem Defekt für 5.000 € repariert werden. Die GdWE kann durch Beschluss die erforderliche Zahlung aus der Erhaltungsrücklage entnehmen.

---

35 Nach der bis zum 30.11.2020 geltenden Rechtslage: „Instandhaltungsrückstellung" (§ 21 Abs. 5 Nr. 4 WEG 2007).

36 Wicke in Grüneberg, BGB, 85. Aufl. 2026, § 19 WEG Rz. 20.

37 Drasdo in Drasdo/Elzer, Münchener Handbuch des Wohnungseigentumsrechts, 8. Aufl. 2023, § 16 Rz. 4.

38 LG Karlsruhe, Urteil v. 26.7.2024 - 11 S 82/23, ZWE 2025 S. 92.

Die Mittel der Erhaltungsrücklage können auf einem separaten Bankkonto angespart werden. Es ist aber auch zulässig, als GdWE nur ein einziges Konto zu führen, über das auch die laufenden Einnahmen und Ausgaben zur Verwaltung der Wohnanlage abgewickelt werden.[39] Alle Bankkonten auf den Namen der GdWE (also auch die Mittel aus der Erhaltungsrücklage) gehören zivilrechtlich der GdWE selbst (Gemeinschaftsvermögen nach § 9a Abs. 3 WEG). 66

Die steuerrechtliche Behandlung der Erhaltungsrücklage ist zusammenfassend im Wesentlichen wie folgt: 67

- Die Zuführung zur Erhaltungsrücklage rechtfertigt erst dann einen Werbungskostenabzug bei den Einkünften aus Vermietung und Verpachtung, wenn und soweit die GdWE die zurückgelegten Mittel tatsächlich für Erhaltungsmaßnahmen verausgabt.[40] Die Einzahlungen in die Erhaltungsrücklage sind somit zunächst steuerrechtlich neutral, können aber später (bei Mittelverwendung) als Werbungskosten abgezogen werden, sofern das Wohnungseigentum dann vermietet ist. Bei einem bilanzierenden Wohnungseigentümer mit dem Wohnungseigentum als Wirtschaftsgut des Betriebsvermögens ist die Erhaltungsrücklage als Forderung zu aktivieren und bei einem „Verbrauch" der Mittel insoweit aufwandswirksam auszubuchen.[41]
- Der bei Erwerb einer Eigentumswohnung im Kaufpreis enthaltene rechnerische Anteil für die Erhaltungsrücklage gehört nicht zu den Anschaffungskosten der Eigentumswohnung.[42] Gleichwohl ist für Zwecke der Grunderwerbsteuer der vereinbarte Kaufpreis als Bemessungsgrundlage nicht um die anteilige Erhaltungsrücklage zu mindern.[43]

39 BGH, Urteil v. 4.12.2009 - V ZR 44/09 ZAAAD-38068 = NJW 2010 S. 2127 unter II. 2. c) bb).

40 BFH, Urteil v. 14.1.2025 - IX R 19/24 UAAAJ-86018 = BFH/NV 2025 S. 452, zur aktuellen Rechtslage ab dem 1.12.2020 durch das Wohnungseigentumsmodernisierungsgesetz v. 16.10.2020, BGBl 2020 I S. 2187. Zur Rechtslage davor schon BFH, Beschluss v. 8.10.2012 - IX B 131/12 CAAAE-22638 = BFH/NV 2013 S. 32; BFH, Beschluss v. 9.12.2008 - IX B 124/08 AAAAD-08079 = BFH/NV 2009 S. 571; BFH, Urteil v. 26.1.1988 - IX R 119/83, BStBl 1988 II S. 577 CAAAA-92596. Ebenso OFD Frankfurt a. M., Verfügung v. 9.11.2022 - S 2211 A-12-St 214 RAAAJ-32205 = DStR 2023 S. 281.

41 BFH, Beschluss v. 5.10.2011 - I R 94/10, BStBl 2012 II S. 244 NAAAE-00562, und BFH, Urteil v. 15.1.2026 - IV R 19/23 YAAAK-10418, juris.

42 H 7.3 „Anschaffungskosten" EStH.

43 BFH, Urteil v. 16.9.2020 - II R 49/17, BStBl 2021 II S. 339 NAAAH-69239. Die davon abweichende Verwaltungsübung aufgrund der früheren Rechtsprechung (BFH, Urteil v. 9.10.1991 - II R 20/89, BStBl 1992 II S. 152 NAAAA-93936) ist nur anzuwenden, wenn der Notarvertrag vor dem 20.5.2021 geschlossen worden ist (Koordinierte Erlasse der obersten Finanzbehörden der Länder v. 19.3.2021, BStBl 2021 I S. 621 SAAAH-75243).

- Die Erhaltungsrücklage gehört nach Auffassung der Finanzverwaltung aber zum Verwaltungsvermögen i.S. von § 13b ErbStG. In Erbschaft- und Schenkungsteuerfällen ist bei der Übertragung von Wohnungs- oder Teileigentum somit die Höhe der Erhaltungsrücklage zu ermitteln und neben dem übertragenen Wohnungs- bzw. Teileigentum als gesonderte Kapitalforderung zu erfassen.[44]
- Die Zinsen aus der Anlage der Erhaltungsrücklage (z.B. bei einer Bank als Sparguthaben) stellen nach Verwaltungsauffassung[45] bei den Wohnungseigentümern Einkünfte aus Kapitalvermögen (§ 20 Abs. 1 Nr. 7 EStG) dar.

f) Sonderumlage

68 Außerhalb der laufenden Hausgeldzahlungen und den Zuführungen zur Erhaltungsrücklage kann es z.B. wegen eines höheren Finanzierungsbedarfs erforderlich sein, eine zusätzliche Einzahlung durch die Wohnungseigentümer an die GdWE zu fordern (Sonderumlage).[46] Die Sonderumlage muss von den Wohnungseigentümern beschlossen werden. Die Sonderumlage stellt einen Nachtrag zum Wirtschaftsplan dar, dessen Einnahmen zusammen mit den übrigen Vorschüssen in die Jahresabrechnung einbezogen werden.[47]

69 Eine Sonderumlage kann (ebenso wie die Zahlungen in die Erhaltungsrücklage) erst dann steuerrechtlich bei den Einkünften aus Vermietung und Verpachtung abgezogen werden, wenn die Mittel der Umlage für die Wohnungseigentümergemeinschaft verausgabt werden.[48]

g) Vermögensbericht

70 Der Verwalter hat nach Ablauf jedes Jahres einen „Vermögensbericht“ zu erstellen, der den Stand der Erhaltungsrücklage (und ggf. weiterer beschlossener Rücklagen) und eine Aufstellung des wesentlichen Gemeinschaftsvermögens enthält (§ 28 Abs. 4 WEG). Typischerweise wird der Vermögensbericht zusammen mit der Jahresabrechnung erstellt.

---

44 OFD Frankfurt a.M., Verfügung v. 9.6.2020 - S 3800 A-036-St 710 YAAAH-65466 = ErbStB 2020 S. 353.

45 R 21.2 EStR.

46 Dazu Wicke in Grüneberg, BGB, 85. Aufl. 2026, § 28 WEG Rz. 21 m.w.N.

47 Breiholdt in Drasdo/Elzer, Münchener Handbuch des Wohnungseigentumsrechts, 8. Aufl. 2023, § 20 Rz. 82 f.

48 Niedersächsisches FG, Urteil v. 28.6.2005 - 13 K 613/03 QAAAC-49463; bestätigt durch BFH, Beschluss v. 21.10.2005 - IX B 144/05 VAAAB-71696 = BFH/NV 2006 S. 291.

6. Wohnungseigentum verkaufen, verschenken oder vererben

Das Wohnungseigentum kann grds. – wie bei anderen Grundstücken auch – übertragen werden. So kann das Wohnungseigentum z.B. gegen einen Kaufpreis an einen Erwerber veräußert werden. Eine Schenkung (z.B. als vorweggenommene Erbfolge) ist ebenfalls möglich. Die Formvorschriften des BGB und der GBO sind dabei einzuhalten. 71

Zu beachten ist aber, dass in manchen Fällen der Wohnungseigentümer zur Veräußerung seines Wohnungseigentums der Zustimmung anderer Wohnungseigentümer oder eines Dritten bedarf (§ 12 WEG). Ob dies im Einzelfall so ist, ergibt sich aus der konkreten rechtlichen Ausgestaltung des Sondereigentums. 72

Wenn der Wohnungseigentümer stirbt, geht das Wohnungseigentum durch Gesamtrechtsfolge auf den oder die Erben über (§ 1922 BGB). 73

7. Wohnrecht am Wohnungseigentum

An dem Wohnungseigentum kann zivilrechtlich ein Wohnungsrecht (§ 1093 BGB) bestellt werden. Damit kann einer Person das dingliche (und persönliche) Recht gesichert werden, die Eigentumswohnung (i.d.R. lebenslang) allein als Wohnraum zu nutzen. Dies umfasst auch die eigene Familie oder Pflegepersonen für die eigene Betreuung. Für die Rechte und Pflichten verweist das Gesetz auf die Regelungen zum Nießbrauch. 74

Der Wohnungsberechtigte darf die Wohnung (im Grundsatz) aber nicht vermieten. Dafür wäre ein Nießbrauchrecht (§§ 1030 ff. BGB) geeignet. 75

In den §§ 31 ff. WEG ist eine rechtlich eigenständige Möglichkeit enthalten, am Wohnungseigentum ein „Dauerwohnrecht" zu begründen. Dies ist dem Wohnrecht im Sinne des BGB ähnlich, aber in der Praxis nicht weit verbreitet.[49] 76

8. Nießbrauch am Wohnungseigentum

An dem Wohnungseigentum darf zivilrechtlich ein Nießbrauch (§§ 1030 ff. BGB) bestellt werden. Der Nießbrauch wird als dingliches (und persönliches) Recht zugunsten einer Person in das Grundbuch eingetragen und „belastet" dann das Eigentum des Wohnungseigentümers. Dadurch kann der Nießbrau- 77

49 Elzer in Drasdo/Elzer, Münchener Handbuch des Wohnungseigentumsrechts, 8. Aufl. 2023, § 46 Rz. 2.

cher (Berechtigter) „die Nutzungen der Sache [...] ziehen" (§ 1030 Abs. 1 BGB) und daher das Wohnungseigentum nicht nur selbst, sondern in jeder Hinsicht nutzen, also insbesondere auch vermieten.

78 Regelmäßig wird der Nießbrauch dem Berechtigten (Nießbraucher) lebenslang eingeräumt. Der Nießbrauch erlischt dann mit dem Tode des Nießbrauchers (§ 1061 BGB). Es könnte aber auch eine kürzere Zeitspanne vereinbart werden (z. B. eine Laufzeit von zehn Jahren).

79 Der Eigentümer kann das Wohnungseigentum unter den allgemeinen Voraussetzungen übertragen oder vererben. Der Nießbrauch besteht dann unter dem neuen Grundstückseigentümer fort.

80 Dem Nießbraucher stehen die „Früchte" des Wohnungseigentums zu. Das sind insbesondere die Mieteinnahmen aus einer Vermietung.

81 Das BGB regelt eine Aufteilung der Pflichten zur Kostentragung zwischen Eigentümer und Nießbraucher. Nach § 1041 Satz 1 BGB hat der Nießbraucher „für die Erhaltung der Sache in ihrem wirtschaftlichen Bestand zu sorgen". Dabei hat der Nießbraucher aber nur solche Ausbesserungen und Erneuerungen zu zahlen, sofern sie zur gewöhnlichen Unterhaltung der Sache gehören (§ 1041 Satz 2 BGB). Somit liegen regelmäßige Erhaltungsaufwendungen (z. B. Heizungswartung) beim Nießbraucher und außergewöhnliche Instandhaltungen (z. B. Heizungserneuerung) beim Eigentümer. Öffentliche Abgaben (z. B. Grundsteuer) und die Wohngebäudeversicherung sind vom Nießbraucher zu leisten (§§ 1045, 1047 BGB).

82 Die Kosten können vertraglich anders aufgeteilt werden, was bei der Vermietung des Wohnungseigentums relevant sein kann, da (von Ausnahmen abgesehen) nur der Nießbraucher Werbungskosten bei den Vermietungseinkünften abziehen kann.

83 Da der Nießbrauch nicht nur am Sondereigentum (Alleineigentum), sondern auch am gemeinschaftlichen Eigentum als besondere Form des Miteigentums begründet wird, sind die zivilrechtlichen Einzelheiten der Rechte und Pflichten vom Eigentümer zum Nießbraucher und diese wiederum zur GdWE im Detail umstritten. Im Grundsatz geht die Pflicht zur Übernahme der laufenden Kosten für die Verwaltung und Unterhaltung des Objekts (§ 16 Abs. 2 WEG) auf den Nießbraucher über. Außergewöhnliche Kosten hat – im Grundsatz – der Eigentümer zu tragen, da im Zweifel nach der gesetzlichen Regelung des § 1041 BGB (nur) der Nießbraucher den Erhaltungsaufwand zu tragen hat. Außergewöhnliche Kosten (z. B. Erneuerung) hat dann der Wohnungseigentümer zu tragen. Die Kostentragung des Wohnungseigentums sollte schon aus die-

sem Grund selbst dann zwischen Wohnungseigentümer und Nießbraucher vertraglich geregelt werden, wenn die gesetzliche Kostenaufteilung des BGB klargestellt werden soll. Im Verhältnis zur GdWE ist jedoch der Eigentümer Schuldner der Hausgeldzahlungen.[50]

In der Wohnungseigentümerversammlung hat nicht der Nießbraucher, sondern der Wohnungseigentümer das Stimmrecht.[51] Sofern dies nach der jeweiligen Teilungserklärung zulässig ist, könnte der Wohnungseigentümer dem Nießbraucher aber dafür eine Vollmacht erteilen. 84

Ein Nießbrauch entsteht zwischen nahen Angehörigen insbesondere durch zwei Varianten: 85

- Der Nießbrauch kann vom Eigentümer für eine andere Person (Nießbrauchberechtigten) bestellt werden (Zuwendungsnießbrauch). Das Eigentum an der Eigentumswohnung wird somit nicht „bewegt", sondern es werden lediglich sämtliche Nutzungsrechte vom bisherigen „Volleigentümer" an eine andere Person übertragen.
- Der Nießbrauch wird dem bisherigen Eigentümer im Zuge der Eigentumsübertragung auf eine andere Person (Nießbrauchberechtigten) eingeräumt (Vorbehaltsnießbrauch).[52] Das Eigentum an der Eigentumswohnung wird somit „bewegt", aber sämtliche Nutzungsrechte bleiben beim bisherigen „Volleigentümer".

9. Erbbaurecht und Wohnungseigentum

Grundsätzlich gehört das Gebäude auf einem Grundstück zum einheitlichen Eigentum des Grundstücks (§§ 93, 94 BGB). Durch ein Erbbaurecht kann das Eigentum an einem Bauwerk (Gebäude) auf einem Grundstück von dem Grundstück (auf dem es steht) sachenrechtlich getrennt werden. Daraus ergeben sich zwei separate Rechtspositionen: 86

1. Das Grundstück (der Grund und Boden) gehört weiterhin dem Eigentümer (Erbbauverpflichteter). Das Grundstück ist aber rechtlich mit dem Erbbaurecht belastet. Das Gebäude auf dem Grundstück gehört rechtlich nicht zu diesem Grundstück.
2. Der Erbbauberechtigte ist Inhaber des Erbbaurechts. Das Gebäude auf dem Grundstück stellt einen wesentlichen Bestandteil dieses Rechts dar und bil-

50 BGH, Urteil v. 27.9.1978 - V ZR 128/76, MDR 1979 S. 390.
51 BGH, Beschluss v. 7.3.2002 - V ZB 24/01 SAAAC-01787 = NJW 2002 S. 1647.
52 BMF, Schreiben v. 30.9.2013 - IV C 1 - S 2253/07/10004, BStBl 2013 I S. 1184 Rz. 39 AAAAE-45949.

det damit eine rechtliche Einheit. Da das Erbbaurecht ein Recht am Bauwerk vermittelt, stellt es ein grundstücksgleiches Recht dar. Das Erbbaurecht kann wie ein reguläres Grundstück veräußert, vererbt oder mit einer Grundschuld belastet werden.

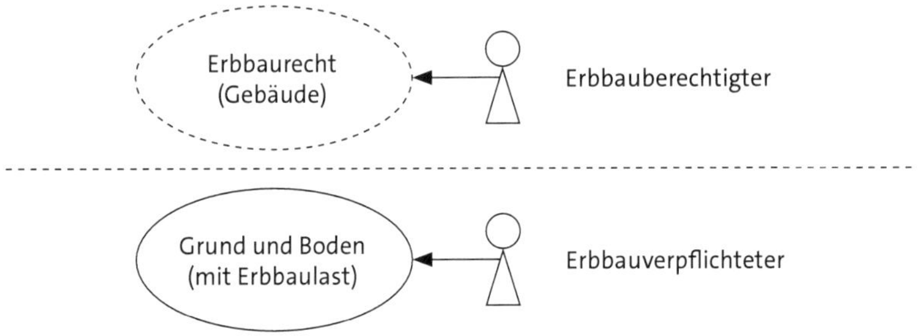

87 Das Erbbaurecht wird durch einen Vertrag zwischen dem bisherigen Volleigentümer und dem Erbbauberechtigten begründet. Der Erbbaurechtsverpflichtete erhält für die Duldung des „fremden" Bauwerks auf seinem Grundstück und des damit verbundenen Ausschlusses seiner eigenen Nutzungsmöglichkeit des Grund und Bodens einen (laufend oder einmalig zu zahlenden) Erbbauzins, der wirtschaftlich einer Miete für den Grund und Boden gleichkommt. Die Einzelheiten aus dem Rechtsverhältnis zwischen dem Grundstückseigentümer (Verpflichteten) und dem Erbbauberechtigten ergeben sich aus dem „Gesetz über das Erbbaurecht" (ErbbauRG).

88 Auch an einem Erbbaurecht (statt an einem regulären Grundstück mit Gebäude) kann Wohnungseigentum begründet werden. Durch § 30 WEG wird in diesen Fällen das Rechtsverhältnis der Erbbauberechtigten untereinander geregelt. In § 30 Abs. 1 WEG wird das Sondereigentum für Wohnzwecke als „Wohnungserbbaurecht" und das Sondereigentum an den nicht zu Wohnzwecken dienenden Räumen als „Teilerbbaurecht"[53] bezeichnet.

89 Einzelne Gebäudeteile können dem Sondereigentum und im Übrigen dem gemeinschaftlichen Eigentum zugeordnet werden. Im Gegensatz zum „normalen" Wohnungseigentum gibt es hier aber keinen dazugehörenden Grund und Boden, da dieser im Eigentum des Erbbauverpflichteten steht.

53 Der gesetzliche Begriff des „Teilerbbaurechts" mag etwas irreführend sein, da man vermuten könnte, es handele sich um ein Erbbaurecht, das nur einen Teil des Grundstücks oder Bauwerks betrifft. Dies erklärt sich aber aus der Ableitung der Bezeichnung als „Teileigentum" für das „normale" Sondereigentum an den nicht zu Wohnzwecken dienenden Räumen (§ 1 Abs. 3 WEG).

10. Aufhebung der Gemeinschaft (Umwandlung in Regeleigentum)

Prinzipiell ist das Wohnungseigentum an einem Grundstück auf Dauer angelegt. Daher kann z. B. kein Wohnungseigentümer die Aufhebung der Gemeinschaft (wie bei einer Bruchteilsgemeinschaft nach § 749 Abs. 1 BGB) verlangen (§ 11 Abs. 1 Satz 1 WEG). Es ist jedoch möglich, das Wohnungseigentum an einem Grundstück insgesamt zu beenden und in das ungeteilte Regeleigentum nach dem BGB zu überführen (Aufhebung der Gemeinschaft). Dazu müssen alle Wohnungseigentümer gemeinsam beschließen, ihr Sondereigentum aufzuheben (§ 4 Abs. 1 WEG). Dadurch werden alle Wohnungsgrundbücher des Objekts geschlossen (§ 9 Abs. 1 Nr. 1 WEG) und für das nunmehr ungeteilte Grundstück ein neues (einheitliches) Grundbuchblatt angelegt (§ 9 Abs. 3 WEG). Danach sind die ehemaligen Wohnungseigentümer gemeinsam Miteigentümer des gesamten (ungeteilten) Grundstücks als Bruchteilsgemeinschaft (§§ 741 ff. BGB) entsprechend ihrer bisherigen Miteigentumsanteile (§ 11 Abs. 3 WEG).[54] 90

Wenn einem einzigen Rechtsträger sämtliche Wohnungseigentumseinheiten des Objekts gehören, kann dieser gegenüber dem Grundbuchamt die Aufhebung des Wohnungseigentums verlangen (§ 9 Abs. 1 Nr. 2 WEG). Auch hier wird das Wohnungsgrundbuch geschlossen und ein reguläres Grundbuchblatt für das Grundstück angelegt. Danach ist er Alleineigentümer des nunmehr ungeteilten Grundstücks.[55] Sofern ein einziger Wohnungseigentümer alle Einheiten (z. B. von anderen Wohnungseigentümern) hinzuerwirbt, bedeutet das aber nicht die automatische Aufhebung des Wohnungseigentums. Erforderlich bleibt der Antrag dieses Inhabers aller Einheiten gegenüber dem Grundbuchamt. 91

Von der kompletten Auflösung (Aufhebung) der Wohnungseigentümergemeinschaft ist das Ende einer einzelnen Einheit des Wohnungseigentums zu unterscheiden. Es ist z. B. unter bestimmten Voraussetzungen zulässig, ein Wohnungseigentum mit einem anderen Wohnungseigentum zu verbinden, so dass ein Wohnungseigentum rechtlich endet. Dies ist z. B. denkbar, wenn zwei räumlich übereinanderliegende Eigentumswohnungen demselben Woh- 92

54 Dies hat die umgekehrte Wirkung einer Teilungsvereinbarung nach § 3 WEG, bei der Miteigentümer das ungeteilte Regeleigentum eines Grundstücks in separate Einheiten des Wohnungseigentums umwandeln.

55 Dies hat die umgekehrte Wirkung einer Teilungserklärung nach § 8 WEG, bei der ein Alleineigentümer das ungeteilte Regeleigentum eines Grundstücks in separate Einheiten des Wohnungseigentums umwandelt.

nungseigentümer gehören und diese bautechnisch verbunden werden (z. B. durch einen Durchbruch mit Verbindungstreppe). Dann endet z. B. das Wohnungseigentum der unteren Wohnung und wird als zusätzliches Sondereigentum und mit entsprechend erhöhtem Miteigentumsanteil der oberen Wohnung zugeordnet.

II. Selbstgenutztes Wohnungseigentum in der Einkommensteuer

1. Steuerermäßigung für Arbeitsleistungen im Haushalt (§ 35a EStG)

a) Einführung: Steuerermäßigungen nach § 35a EStG

Aufwendungen für bestimmte „haushaltsnahe" Beschäftigungsverhältnisse, 93
Dienstleistungen und Handwerkerleistungen können bei der Einkommensteuer des Wohnungseigentümers bzw. Mieters einer Eigentumswohnung in bestimmter Höhe als Steuerermäßigung angesetzt werden (§ 35a EStG). Hiermit ist keine Minderung des zu versteuernden Einkommens verbunden, sondern es wird die tarifliche Einkommensteuer in bestimmter Höhe gemindert.

Hintergrund für die Einführung des § 35a EStG war die Bekämpfung der 94
Schwarzarbeit, welche durch die Steuerermäßigung und die dafür erforderliche Rechnungsstellung und unbare Zahlungspflicht der Aufwendungen (§ 35a Abs. 5 Satz 3 EStG) bekämpft werden soll.[56] Daher sind nur die Arbeitskosten abzugsfähig, die insbesondere von den Materialkosten abzugrenzen sind (§ 35a Abs. 5 Satz 2 EStG).

Eine wesentliche Voraussetzung für die Steuerermäßigung ist, dass die Leis- 95
tungen im Zusammenhang mit der Nutzung der Wohnung zu eigenen Wohnzwecken stehen.[57] Sofern die Leistungen z. B. für eine vermietete Eigentumswohnung erbracht werden, sind die Aufwendungen in voller Höhe als Werbungskosten bei den Einkünften aus Vermietung und Verpachtung (§§ 9, 21 Abs. 1 Nr. 1 EStG) abzugsfähig und nicht (zusätzlich auch) nach § 35a EStG begünstigt (§ 35a Abs. 5 Satz 1 EStG). Der Mieter kann aber dann den anteilig in seinen gezahlten Nebenkosten enthaltenen Aufwand i. S. des § 35a EStG bei seiner Einkommensteuer ansetzen.[58]

Die Arbeiten bzw. Dienstleistungen müssen „in einem Haushalt" erbracht 96
werden (§ 35a Abs. 4 Satz 1 EStG). Nach dem vom BFH entwickelten „räumlich-funktionalen Haushaltsbegriff"[59] können dabei auch Dienstleistungen außerhalb des Gebäudes (z. B. im Garten), aber auch jenseits der Grund-

56 BT-Drucks. 15/91 S. 19.
57 Pflege- und Betreuungsleistungen in Alten- und Pflegeheimen sind auch begünstigt.
58 BFH, Urteil v. 20.4.2023 - VI R 24/20, BStBl 2023 II S. 906 RAAAJ-43899.
59 BFH, Urteil v. 21.2.2018 - VI R 18/16, BStBl 2018 II S. 641 HAAAG-86027.

stücksgrenze (z. B. Winterdienst auf dem Gehsteig) als haushaltsnahe Dienstleistung i. S. des § 35a EStG begünstigt sein.

97 Es gibt drei Kategorien von Tätigkeiten, die begünstigt sind:

1. Haushaltsnahe Beschäftigungsverhältnisse (§ 35a Abs. 1 EStG),
2. Haushaltsnahe Dienstleistungen (§ 35a Abs. 2 EStG),
3. Handwerkerleistungen (§ 35a Abs. 3 EStG).

98 Bei den ersten zwei Tätigkeitskategorien (Beschäftigungsverhältnisse nach § 35a Abs. 1 EStG und Dienstleistungen nach § 35a Abs. 2 EStG) muss es sich um Tätigkeiten handeln, die ansonsten üblicherweise von Familienmitgliedern erbracht werden, im unmittelbaren räumlichen Zusammenhang zum Haushalt durchgeführt werden und dem Haushalt dienen. Bei der dritten Tätigkeitskategorie (Handwerkerleistungen nach § 35a Abs. 3 EStG) kommt es nicht darauf an, ob diese Leistungen üblicherweise von Haushaltsmitgliedern ausgeführt werden. Es sind insoweit also alle denkbaren Handwerkerleistungen begünstigt, die auch über die Kenntnisse und Fertigkeiten eines ambitionierten Heimwerkers oder einer Heimwerkerin hinausgehen. Gleichwohl ist zu beachten, dass die Handwerkerleistungen immer in einem Haushalt – also im oder am Haus – erbracht werden müssen.

99 Für den Zeitpunkt der Steuerermäßigung ist der Veranlagungszeitraum der Zahlung maßgebend. Das Abflussprinzip des § 11 Abs. 2 EStG gilt auch für § 35a EStG.[60] Bei regelmäßig wiederkehrenden Ausgaben, die innerhalb eines Zeitraums von bis zu zehn Tagen nach Beendigung bzw. vor Beginn eines Kalenderjahres fällig und geleistet worden sind, werden die Ausgaben dem Kalenderjahr zugerechnet, zu dem sie wirtschaftlich gehören.[61]

b) Beschäftigungsverhältnisse (§ 35a Abs. 1 EStG)

100 Zu den „haushaltsnahen Beschäftigungsverhältnissen" (§ 35a Abs. 1 EStG) gehören Tätigkeiten in einem Arbeitnehmerverhältnis nach § 8a SGB IV (Minijob),[62] welche im privaten (eigenen) Haushalt des Steuerpflichtigen erbracht werden. Dazu gehören z. B. Kochen, Waschen, Bügeln, Putzen und Gartenpflege. Dazu

60 Krüger in Schmidt, EStG, 44. Aufl. 2025, § 35a EStG Rz. 28.

61 BMF, Schreiben v. 9.11.2016 - IV C 8 - S 2296 b/07/10003 :008, BStBl 2016 I S. 1213 Rz. 44 OAAAF-86930.

62 Geringfügige Beschäftigung i. S. des § 8a SGB IV.

gehören aber auch die Pflege, Versorgung und Betreuung von Kindern sowie von kranken, alten oder pflegebedürftigen Personen.[63]

Dem jeweiligen selbstnutzenden Wohnungseigentümer (oder dessen Mieter) stehen 20 % der Aufwendungen (aber max. 510 €) als Steuerermäßigung nach § 35a Abs. 1 EStG zu. 101

Durch das Haushaltsscheck-Verfahren der Minijobzentrale (Deutsche Rentenversicherung Knappschaft-Bahn-See) in Essen wird die sozial- und steuerrechtliche Abwicklung des privaten Arbeitsgebers gewährleistet. Bei Verwendung eines Haushaltsschecks bescheinigt die Einzugsstelle (Minijobzentrale) dem Arbeitgeber (Privathaushalt) zu jedem Jahresende den Zeitraum, für den Beiträge zur Rentenversicherung gezahlt wurden, sowie die Höhe des Arbeitsentgelts, des von ihm getragenen Gesamtsozialversicherungsbeitrags und der Umlagen (§ 28h Abs. 4 SGB IV). Dies ist ein ausreichender Nachweis bei geringfügigen Beschäftigungsverhältnissen im Privathaushalt.[64] 102

Obwohl bei Verwendung eines Haushaltsscheck-Verfahrens die Beiträge für die Monaten Januar bis Juni am 31. Juli des laufenden Jahres und für die Monate Juli bis Dezember am 31. Januar des folgenden Jahres fällig sind (§ 23 Abs. 2a SGB IV), lässt es die Finanzverwaltung[65] zu, dass auch die im folgenden Jahr erst fälligen Beiträge (einheitlich mit dem darauf entfallenen Arbeitsentgelt) insgesamt für das vorherige Jahr abgezogen werden können. Insoweit wird das Abflussprinzip des § 11 Abs. 2 EStG aus Vereinfachungsgründen nicht beachtet. 103

BEISPIEL „HAUSHALTSNAHES BESCHÄFTIGUNGSVERHÄLTNIS": Herr H ist Inhaber einer selbstbewohnten Eigentumswohnung, für deren wöchentliche Reinigung er Herrn R als Minijobber (§ 8a SGV IV) mit einem Arbeitsvertrag beschäftigt und ihm dafür monatlich einen festen Arbeitslohn auf sein Bankkonto überweist. Herr H nimmt am Haushaltsscheck-Verfahren der Minijobzentrale (Deutsche Rentenversicherung Knappschaft-Bahn-See in Essen) teil. Diese bescheinigt ihm die gezahlten Arbeitsentgelte zzgl. der pauschalen Sozialversicherungsbeiträge und Steuern für das Kalenderjahr 2024 i. H. von 3.000 €.

LÖSUNG: Herr H kann die Aufwendungen für das haushaltsnahe Beschäftigungsverhältnis nach § 35a Abs. 1 EStG grds. i. H. von 20 % (von 3.000 € = 600 €), aber maximal i. H. von 510 € (Höchstbetrag) als Steuerermäßigung bei seiner Einkommensteuer für den VZ 2024 ansetzen.

63 BMF, Schreiben v. 9.11.2016 - IV C 8 - S 2296 b/07/10003 :008, BStBl 2016 I S. 1213 Rz. 5 OAAAF-86930.

64 BMF, Schreiben v. 9.11.2016 - IV C 8 - S 2296 b/07/10003 :008, BStBl 2016 I S. 1213 Rz. 37 OAAAF-86930.

65 BMF, Schreiben v. 9.11.2016 - IV C 8 - S 2296 b/07/10003 :008, BStBl 2016 I S. 1213 Rz. 44 OAAAF-86930.

104 Bei sozialversicherungspflichtigen haushaltsnahen Beschäftigungsverhältnissen, für die das allgemeine Beitrags- und Meldeverfahren zur Sozialversicherung gilt und bei denen die Lohnsteuer pauschal oder nach Maßgabe der persönlichen Lohnsteuerabzugsmerkmale erhoben wird, sowie bei geringfügigen Beschäftigungsverhältnissen ohne Haushaltsscheck-Verfahren gelten für die Steuerermäßigung die allgemeinen Nachweisregeln nach § 35a Abs. 5 Satz 3 EStG.[66]

105 Die Wohnungseigentümergemeinschaft kann für Arbeiten für das gemeinschaftliche Eigentum (z. B. für die Flurreinigung oder die Gartenpflege) keine Person nach § 8a SGB IV beschäftigen, da die GdWE selbst keinen privaten Haushalt führt. Diese Aufwendungen aus einem Arbeitsverhältnis mit der GdWE kann aber als „haushaltsnahe Dienstleistung" i. S. des § 35a Abs. 2 EStG begünstigt werden.[67]

c) Dienstleistungen (§ 35a Abs. 2 EStG)

106 Haushaltsnahen Dienstleistungen i. S. des § 35a Abs. 2 Satz 1 EStG sind Leistungen, die eine Nähe zur Haushaltsführung aufweisen oder damit im Zusammenhang stehen. Das sind Tätigkeiten, die normalerweise Haushaltsmitglieder erledigen und für die fremde Dritte beschäftigt werden oder für die eine Dienstleistungsagentur oder ein selbständiger Dienstleister in Anspruch genommen wird.[68] Zu den haushaltsnahen Dienstleistungen gehören auch geringfügige Beschäftigungsverhältnisse, die durch die GdWE für die Erhaltung des gemeinschaftlichen Eigentums eingegangen werden.[69]

107 Eine Liste begünstigter haushaltsnaher Dienstleistungen enthält die Anlage 1 des BMF-Schreibens v. 9.11.2016[70] zur Steuerbegünstigung nach § 35a EStG.

66 BMF, Schreiben v. 9.11.2016 - IV C 8 - S 2296 b/07/10003 :008, BStBl 2016 I S. 1213 Rz. 38 OAAAF-86930.

67 BMF, Schreiben v. 9.11.2016 - IV C 8 - S 2296 b/07/10003 :008, BStBl 2016 I S. 1213 Rz. 7 OAAAF-86930.

68 BMF, Schreiben v. 9.11.2016 - IV C 8 - S 2296 b/07/10003 :008, BStBl 2016 I S. 1213 Rz. 11 OAAAF-86930.

69 BMF, Schreiben v. 9.11.2016 - IV C 8 - S 2296 b/07/10003 :008, BStBl 2016 I S. 1213 Rz. 11 OAAAF-86930.

70 BMF, Schreiben v. 9.11.2016 - IV C 8 - S 2296 b/07/10003 :008, BStBl 2016 I S. 1213 Anlage 1 OAAAF-86930.

Begünstigt nach § 35a Abs. 2 EStG sind z. B.: 108

- Treppenhausreinigung,
- Fensterreinigung,
- Gartenpflege[71] (z. B. Rasen mähen, Hecke schneiden, Unkraut entfernen),
- Heizungswartung,[72]
- Beseitigung einer Toilettenverstopfung,
- Winterdienst.

Dem jeweiligen selbstnutzenden Wohnungseigentümer (oder dessen Mieter) 109 stehen 20 % der Aufwendungen (aber maximal 4.000 €) als Steuerermäßigung nach § 35a Abs. 2 EStG zu.

BEISPIEL „HAUSHALTSNAHE DIENSTLEISTUNG": Frau F ist Inhaberin einer selbstbewohnten Eigentumswohnung im Erdgeschoss der Wohnanlage. Für die Reinigung ihrer Fenster beauftragt sie zweimal im Jahr eine Firma und regelmäßig einen Gärtner, der den gesamten Garten pflegt, für den Frau F aus ihrem Wohnungseigentum ein Sondernutzungsrecht hat. Das gemeinschaftliche Eigentum wird durch eine Reinigungsfirma für das Treppenhaus, den Keller und die Flure gepflegt.

LÖSUNG: Frau F kann die Aufwendungen für haushaltsnahe Dienstleistungen (§ 35a Abs. 2 EStG) i. H. von 20 % (aber maximal i. H. von 4.000 €) als Steuerermäßigung bei ihrer Einkommensteuer ansetzen. Dies gilt sowohl für die von ihr in Auftrag gegebenen Dienstleistungen für ihr Sondereigentum (Wohnung) bzw. Sondernutzungsrecht (am Garten) als auch für die anteilig auf sie entfallenden Aufwendungen für das gemeinschaftliche Eigentum, das durch die GdWE beauftragt ist.

Der Abzug nach § 35a Abs. 2 EStG gilt nur für Arbeitskosten (§ 35a Abs. 5 Satz 2 110 EStG). Soweit in dem Rechnungsbetrag Materialkosten enthalten sind, ist keine Begünstigung zulässig. Fahrtkosten zählen jedoch zu den begünstigten Aufwendungen.[73]

d) Handwerkerleistungen (§ 35a Abs. 3 EStG)

Nach § 35a Abs. 3 EStG sind alle handwerklichen Tätigkeiten für Renovierungs-, 111 Erhaltungs- und Modernisierungsmaßnahmen für einen Haushalt begünstigt. Dies gilt unabhängig davon, ob es sich um regelmäßige Renovierungen oder kleine Reparaturen handelt, die auch oft durch Haushaltsmitglieder selbst er-

71 Tätigkeiten des Garten- und Landschaftsbaus (z. B. neue Gartengestaltung) stellen aber Handwerkerleistungen nach § 35a Abs. 3 EStG dar.

72 Eine Heizungsreparatur (nach einem Defekt) ist aber eine Handwerkerleistungen nach § 35a Abs. 3 EStG.

73 BMF, Schreiben v. 9.11.2016 - IV C 8 - S 2296 b/07/10003 :008, BStBl 2016 I S. 1213 Rz. 39 OAAAF-86930.

ledigt werden, oder um „große“ Erhaltungs- und Modernisierungsmaßnahmen, die im Regelfall nur von Fachkräften durchgeführt werden.[74] Es ist gleichgültig, ob es sich bei den Handwerkertätigkeiten um Erhaltungs- oder Herstellungsaufwand handelt. Neubaumaßnahmen (Errichtung der Wohnanlage bis zur Fertigstellung) sind jedoch nicht begünstigt.[75]

112 Sowohl Handwerkerleistungen am Sondereigentum als auch am gemeinschaftlichen Eigentum sind begünstigt. Hierbei wird nach der Person des Auftraggebers unterschieden. Der Wohnungseigentümer ist für sein Sondereigentum und die GdWE ist für das gemeinschaftliche Eigentum zuständig. Soweit ein Wohnungseigentümer die Kosten für eine „bauliche Veränderung“ (vgl. § 20 WEG; siehe dazu →Rz. 45 ff.) zu tragen hat (vgl. § 21 WEG; siehe dazu →Rz. 48 ff.), sind auch die darin enthaltenen Arbeitskosten nach § 35a Abs. 3 EStG begünstigt.

113 Dem jeweiligen selbstnutzenden Wohnungseigentümer (oder dessen Mieter) stehen 20 % der Aufwendungen (aber maximal 1.200 €) als Steuerermäßigung nach § 35a Abs. 3 EStG zu.

114 Der Abzug nach § 35a Abs. 2 EStG gilt nur für Arbeitskosten (§ 35a Abs. 5 Satz 2 EStG). Fahrtkosten zählen jedoch zu den begünstigten Aufwendungen.[76]

Es sind daher vor allem die Materialkosten herauszurechnen – was sich regelmäßig aus der Rechnung ergibt – welche der leistende Handwerksbetrieb ausstellt. Eine Schätzung des Anteils der Arbeitskosten durch den Wohnungseigentümer ist nach Verwaltungsauffassung unzulässig.[77]

BEISPIEL „HANDWERKERLEISTUNGEN“: Frau F ist Inhaberin einer selbstbewohnten Eigentumswohnung mit einem Miteigentumsanteil an der Wohnanlage von 10.000/ 50.000 (20 %). Ein Malerbetrieb renoviert im Jahr 2024 ihre Wohnung für insgesamt 3.000 €. Davon entfallen nach der Rechnung auf den Arbeitslohn 2.500 €. Nachdem im Sommer 2024 die gemeinschaftliche Heizungsanlage einen Defekt hatte, wurde diese von einem Heizungsbaubetrieb für insgesamt 2.000 € repariert (davon entfielen laut Rechnung 500 € auf den Arbeitslohn und 1.500 € auf ein Ersatzteil).

---

74 BMF, Schreiben v. 9.11.2016 - IV C 8 - S 2296 b/07/10003 :008, BStBl 2016 I S. 1213 Rz. 19 OAAAF-86930.

75 BMF, Schreiben v. 9.11.2016 - IV C 8 - S 2296 b/07/10003 :008, BStBl 2016 I S. 1213 Rz. 19, 21 OAAAF-86930.

76 BMF, Schreiben v. 9.11.2016 - IV C 8 - S 2296 b/07/10003 :008, BStBl 2016 I S. 1213 Rz. 39 OAAAF-86930.

77 BMF, Schreiben v. 9.11.2016 - IV C 8 - S 2296 b/07/10003 :008, BStBl 2016 I S. 1213 Rz. 40 OAAAF-86930.

LÖSUNG: Frau F kann die Aufwendungen für die Handwerkerleistungen (§ 35a Abs. 3 EStG) i. H. von 20 % (aber maximal i. H. von 1.200 €) als Steuerermäßigung bei ihrer Einkommensteuer ansetzen. Dies gilt sowohl für die von ihr in Auftrag gegebene Renovierung ihrer Wohnung (Sondereigentum) als auch für die anteilig auf sie entfallenden Aufwendungen für die Heizungsanlagenreparatur (gemeinschaftliches Eigentum). Es sind jeweils nur die Arbeitskosten begünstigt. Diese betragen 2.500 € (Arbeitskosten der Renovierung) zzgl. 100 € (20 % Miteigentumsanteil von 500 € des Arbeitslohns für die Heizungsreparatur), somit für Frau F insgesamt 2.600 € für den VZ 2024. Die anzusetzende Steuerermäßigung nach § 35a Abs. 3 EStG beträgt 2.600 € x 20 % = 520 € und überschreitet nicht den Höchstbetrag von 1.200 €.

e) Aufteilung wegen teilweiser Nutzung zu eigenen Wohnzwecken

Die Steuerermäßigungen nach § 35a EStG können nur in Anspruch genommen werden, soweit die Aufwendungen nicht Betriebsausgaben, Werbungskosten, Sonderausgaben oder außergewöhnliche Belastungen darstellen (§ 35a Abs. 5 Satz 1 EStG). Damit wird eine Doppelvergünstigung vermieden. 115

BEISPIEL „TEILWEISE NUTZUNG ZU WOHNZWECKEN": Frau F ist Inhaberin einer selbstbewohnten Eigentumswohnung und nutzt einen Raum der Wohnung (flächenanteilig 20 %) als häusliches Arbeitszimmer für ihre Tätigkeit als selbständige Steuerberaterin.

LÖSUNG: Frau F kann die Aufwendungen, welche auf die gesamte Wohnung entfallen (z. B. Treppenhausreinigung und Heizungswartung), i. S. des § 35a EStG nur i. H. von 80 % bei Steuerermäßigungen berücksichtigen. 20 % der Kosten sind ggf. als Betriebsausgaben bei ihren freiberuflichen Einkünften als Steuerberaterin zu berücksichtigen (insoweit aber Beschränkung durch § 4 Abs. 5 Nr. 6b EStG beachten).

f) Höchstbeträge

Für die einzelnen Tätigkeitskategorien des § 35a EStG bestehen unterschiedliche Höchstbeträge: 116

Art der Leistung	Norm	Aufwandsbegünstigung	Höchstbetrag
haushaltsnahe Beschäftigungsverhältnisse	§ 35a Abs. 1 EStG	20 %	510 €
haushaltsnahe Dienstleistungen	§ 35a Abs. 2 EStG	20 %	4.000 €
Handwerkerleistungen	§ 35a Abs. 3 EStG	20 %	1.200 €

117 Diese gelten je Veranlagungszeitraum und Tätigkeitskategorie. Nicht ausgeschöpftes Begünstigungsvolumen kann weder vor- noch zurückgetragen werden.[78] Der Ausgleich eines nicht voll ausgenutzten Volumens auf einen Volumenüberhang zwischen den Kategorien ist ebenfalls unzulässig. Soweit die begünstigten Aufwendungen den jeweiligen Höchstbetrag übersteigen, sind diese daher steuerlich verloren.

g) Nachweis der Aufwendungen und Zeitpunkt der Steuerermäßigung für Sondereigentum

118 Voraussetzung für die Inanspruchnahme der Steuerermäßigungen für haushaltsnahe Beschäftigungsverhältnisse (ohne die Minijobs nach § 35a Abs. 1 EStG), haushaltsnahe Dienstleistungen und Handwerkerleistungen (§ 35a Abs. 2, 3 EStG) ist nach § 35a Abs. 5 Satz 3 EStG, dass der Wohnungseigentümer für die Aufwendungen eine Rechnung erhalten hat und die Zahlung auf das Konto des Erbringers der Leistung erfolgt ist.[79]

119 Die Rechnung des Dienstleisters bzw. Handwerkers ist eine materiell-rechtliche Abzugsvoraussetzung nach § 35a Abs. 5 Satz 3 EStG und nicht lediglich ein Beweismittel.[80] Hieraus ergibt sich eine zivilrechtliche Verpflichtung des Handwerkers zur Rechnungsausstellung.[81]

120 Die formalen Anforderungen an die „Rechnung" werden in § 35a EStG nicht definiert. Eine ordnungsmäßige Rechnung mit allen Merkmalen i. S. des § 14 UStG wird wohl nicht erforderlich sein. Es müssen sich aber alle wesentlichen Angaben (Leistungsbeschreibung, Entgelt, Leistender und Leistungsempfänger, Ausführungsdatum) daraus ergeben. Aus den Angaben in der Rechnung muss grds. auch der Anteil der Arbeitskosten ermittelbar sein.[82] Eine Anlage zur Rechnung oder eine nachträgliche Erläuterung des Handwerkerbetriebs werden vermutlich ausreichend sein und von den Finanzämtern akzeptiert. Eine

78 BMF, Schreiben v. 9.11.2016 - IV C 8 - S 2296 b/07/10003 :008, BStBl 2016 I S. 1213 Rz. 56 OAAAF-86930.

79 Durch eine geänderte Formulierung in § 35a Abs. 5 Satz 3 EStG durch Art. 4 Nr. 9 des Jahressteuergesetzes 2024 (JStG 2024), BGBl 2024 I Nr. 387, setzen ab dem 1.1.2025 (Art. 56 Abs. 7 JStG 2024) alle Aufwendungen des § 35a EStG eine Rechnung und die Zahlung per Überweisung (unbar) voraus. Dies war eine gesetzgeberische Reaktion auf das BFH-Urteil v. 12.4.2022 - VI R 2/20 BAAAJ-17351 = BFH/NV 2022 S. 982, zu einer bestimmten Konstellation bei ambulanten Pflegeleistungen nach § 35a Abs. 2 Satz 2 Halbsatz 1 EStG (BT-Drucks. 20/13419 S. 236).

80 Vorgelegt werden muss die Rechnung aber nur auf Nachfrage des Finanzamts.

81 Zivilrechtlicher Anspruch nach § 259 BGB i. V. mit § 242 BGB, Koss, BB 2017 S. 2209 f.

82 BMF, Schreiben v. 9.11.2016 - IV C 8 - S 2296 b/07/10003 :008, BStBl 2016 I S. 1213 Rz. 40 OAAAF-86930.

eigene Aufteilung im Wege der Schätzung des Wohnungseigentümers lässt die Finanzverwaltung aber nicht zu.[83]

Der Rechnungsbetrag muss zwingend auf einem Konto des Leistenden bei einem Kreditinstitut gutgeschrieben werden.[84] Daher wird eine Zahlung über einen Online-Zahlungsdienstleister (z. B. PayPal) möglicherweise nicht für Zwecke des § 35a EStG anerkannt. Das wäre nach hier vertretener Auffassung aber zulässig, sofern das Zahlungsdienstkonto erkennbar betrieblichen Zwecken dient (und damit dem Finanzamt bekannt sein kann), weil es z. B. auf dem Rechnungsdokument oder der Website des Betriebs als Zahlungssystem benannt wird. 121

Die Steuerermäßigung ist für den Veranlagungszeitraum der Zahlung anzusetzen, da das Abflussprinzip des § 11 Abs. 2 EStG auch für § 35a EStG anzuwenden ist.[85] 122

BEISPIEL „BEZAHLUNG DER RECHNUNG": Frau F ist Inhaberin einer selbstbewohnten Eigentumswohnung. Ein Malerbetrieb renoviert im Jahr 2024 ihre Wohnung für insgesamt 3.000 €. Davon entfallen nach der Rechnung v. 5.12.2024 auf den Arbeitslohn 2.500 €. Frau F zahlt die Rechnung

a) am 23.12.2024,

b) am 4.1.2025.

LÖSUNG: Frau F kann die Aufwendungen für die Handwerkerleistungen (§ 35a Abs. 3 EStG) i. H. von 20 % der Arbeitskosten (2.500 € x 20 % = 500 €) als Steuerermäßigung bei ihrer Einkommensteuer ansetzen. Es kommt auf den Zeitpunkt der Zahlung an. Im Fall a) ist es VZ 2024 und in Fall b) ist es VZ 2025.

Eine Zahlung kann auch bereits vor der Leistung erfolgen. Dafür muss aber darauf geachtet werden, dass der Handwerksbetrieb eine Rechnung für die Vorauszahlung gestellt hat. Sonst wäre die Zahlung für § 35a EStG verloren.[86] 123

h) Nachweis der Aufwendungen und Zeitpunkt der Steuerermäßigung für gemeinschaftliches Eigentum

aa) Problemstellung

Bei den Zahlungen durch die GdWE für die laufenden Kosten der Wohnanlage und die Erhaltung des gemeinschaftlichen Eigentums stellt sich die Frage, wie 124

83 BMF, Schreiben v. 9.11.2016 - IV C 8 - S 2296 b/07/10003 :008, BStBl 2016 I S. 1213 Rz. 40 OAAAF-86930.

84 BFH, Beschluss v. 9.6.2022 - VI R 23/20, BStBl 2022 II S. 666 MAAAJ-21182, für den Fall der Aufrechnung durch Belastung des Gesellschafterverrechnungskontos des Steuerpflichtigen bei der leistungserbringenden GmbH.

85 BMF, Schreiben v. 9.11.2016 - IV C 8 - S 2296 b/07/10003 :008, BStBl 2016 I S. 1213 Rz. 44 OAAAF-86930.

86 FG Düsseldorf, Urteil v. 18.7.2024 - 14 K 1966/23 E UAAAJ-73865 = EFG 2024 S. 1760 (rkr.).

die Voraussetzung in §35a Abs.5 Satz3 EStG für die Inanspruchnahme der Steuerermäßigungen auszulegen ist, wonach „der Steuerpflichtige für die Aufwendungen eine Rechnung erhalten" haben „und die Zahlung auf das Konto des Erbringers der Leistung" erfolgt sein muss. Die Rechnung (z.B. des Handwerksbetriebs) lautet auf die GdWE (als Auftraggeber) und die Zahlung wird aus dem Gemeinschaftsvermögen der GdWE geleistet. Anspruchsberechtigt ist aber der jeweilige Wohnungseigentümer.

bb) Nachweis der Aufwendungen

125 Die Rechnung als solche muss nach Verwaltungsauffassung[87] nicht durch alle Wohnungseigentümer (in Kopie) vorgehalten werden. Dazu gilt Folgendes:

126 Besteht ein Beschäftigungsverhältnis zu einer Wohnungseigentümergemeinschaft (z.B. bei Reinigung von Gemeinschaftseigentum) oder ist die GdWE Auftraggeber der haushaltsnahen Dienstleistung bzw. der handwerklichen Leistung, kommt für den einzelnen Wohnungseigentümer eine Steuerermäßigung in Betracht, wenn in der Jahresabrechnung (§ 28 WEG; siehe →Rz. 57ff.) folgende drei Punkte abgebildet sind:[88]

1. Die im Kalenderjahr unbar gezahlten Beträge sind nach den einzelnen Kategorien des § 35a EStG gesondert aufgeführt.
2. Der Anteil der steuerbegünstigten Kosten ist ausgewiesen (Arbeits- und Fahrtkosten).
3. Der Anteil des jeweiligen Wohnungseigentümers wird individuell errechnet (i.d.R. nach dem Miteigentumsanteil).

127 Wenn die Wohnungseigentümergemeinschaft einen Verwalter bestellt hat und sich die Angaben nicht aus der Jahresabrechnung ergeben, kann der Nachweis durch eine Bescheinigung des Verwalters über den Anteil des jeweiligen Wohnungseigentümers erfolgen. Ein Bescheinigungsmuster enthält die Anlage2 des BMF-Schreibens v.9.11.2016.[89]

128 Es sind somit zwei Nachweisarten zulässig:

- informatorischer Zusatz zu der Jahresabrechnung,
- Bescheinigung des Verwalters.

---

87 BMF, Schreiben v.9.11.2016 - IV C 8 - S 2296 b/07/10003 :008, BStBl 2016 I S.1213 Rz.47 OAAAF-86930.

88 BMF, Schreiben v.9.11.2016 - IV C 8 - S 2296 b/07/10003 :008, BStBl 2016 I S.1213 Rz.26 OAAAF-86930.

89 BMF, Schreiben v.9.11.2016 - IV C 8 - S 2296 b/07/10003 :008, BStBl 2016 I S.1213 Anlage2 OAAAF-86930NWB .

cc) Zeitpunkt der Steuerbegünstigung

Für die Steuerermäßigung nach § 35a EStG stellt sich die Frage nach dem zutreffenden Begünstigungszeitpunkt (Abfluss i.S.des § 11 Abs. 2 EStG), da aus dem Gemeinschaftsvermögen der GdWE (§ 9a Abs. 3 WEG) gezahlt wird und damit der Zeitpunkt der Zuordnung der Zahlung zum einzelnen Wohnungseigentümer geklärt werden muss (zum gleichen Problem bei Vermietungseinkünften siehe →Rz. 271 ff.). 129

Nach dem BMF-Schreiben v. 9.11.2016[90] gilt dazu Folgendes: 130

- Aufwendungen für regelmäßig wiederkehrende Dienstleistungen (wie z. B. Reinigung des Treppenhauses oder Gartenpflege) werden grds. anhand der geleisteten Vorauszahlungen (Vorschüsse nach dem Wirtschaftsplan) im Jahr der Vorauszahlungen berücksichtigt.
- Einmalige Aufwendungen (wie z. B. Handwerkerrechnungen) sind dagegen erst im Jahr der Genehmigung der Jahresabrechnung[91] anzusetzen.

Es sei aber nicht zu beanstanden, wenn Wohnungseigentümer die gesamten Aufwendungen erst in dem Jahr geltend machen, in dem die Jahresabrechnung[92] im Rahmen der Eigentümerversammlung genehmigt worden ist. Die Entscheidung, die Steuerermäßigung hinsichtlich der Aufwendungen für die regelmäßig wiederkehrenden Dienstleistungen im Jahr der Vorauszahlung (Vorschuss) und für die einmaligen Aufwendungen im Jahr der Beschlussfassung oder alternativ für die gesamten Aufwendungen die Steuerermäßigung erst im Jahr der Beschlussfassung in Anspruch zu nehmen, hat jeder einzelne Eigentümer im Rahmen seiner Einkommensteuererklärung zu treffen.[93] 131

Diese Wahlrechte und Vereinfachungsmöglichkeiten des BMF hat der BFH im Ergebnis nicht beanstandet.[94] 132

Soweit einmalige Aufwendungen durch die Entnahme aus der Erhaltungsrücklage finanziert werden, können die Aufwendungen 133

90 BMF, Schreiben v. 9.11.2016 - IV C 8 - S 2296 b/07/10003 :008, BStBl 2016 I S. 1213 Rz. 47 OAAAF-86930.

91 Diese Formulierung des BMF ist überholt, da die Jahresabrechnung (vom Verwalter) nur „aufgestellt" und lediglich die Abrechnungsspitze formal beschlossen wird.

92 Diese Formulierung des BMF ist überholt, da die Jahresabrechnung (vom Verwalter) nur „aufgestellt" und lediglich die Abrechnungsspitze formal beschlossen wird.

93 BMF, Schreiben v. 9.11.2016 - IV C 8 - S 2296 b/07/10003 :008, BStBl 2016 I S. 1213 Rz. 48 OAAAF-86930.

94 BFH, Urteil v. 20.4.2023 - VI R 24/20, BStBl 2023 II S. 906 Rz. 34 RAAAJ-43899.

- im Jahr des Abflusses aus der Rücklage oder
- im Jahr der Genehmigung der Jahresabrechnung[95] (die den Abfluss aus der Rücklage enthält)

berücksichtigt werden.

dd) Steuerermäßigung für die Mieter der Eigentumswohnung

134 Für die zeitliche Berücksichtigung von Nebenkosten bei Mietern der Eigentumswohnung gelten diese Grundsätze entsprechend.[96] Hierzu hat der BFH[97] entschieden, dass regelmäßig davon ausgegangen werden könne, dass die im laufenden Jahr gezahlten Nebenkostenvorauszahlungen auf die steuerbegünstigten Leistungen entfallen, soweit die Nebenkostenvorauszahlungen die anteilig auf den Mieter entfallenden Ausgaben des Vermieters bzw. der GdWE für die haushaltsnahen Dienstleistungen bzw. Handwerkerleistungen decken.

2. Steuerermäßigung für energetische Maßnahmen (§ 35c EStG)

a) Voraussetzungen der Steuerermäßigung nach § 35c EStG

135 Für bestimmte energetische Baumaßnahmen an Gebäuden kann ein Teil der dafür entstandenen Aufwendungen als Steuerermäßigung nach § 35c EStG geltend gemacht werden. Die Steuerermäßigung mindert die tarifliche Einkommensteuer.

136 Folgende energetische Maßnahmen sind nach § 35c Abs. 1 Satz 3 EStG begünstigt:

1. Wärmedämmung von Wänden,
2. Wärmedämmung von Dachflächen,
3. Wärmedämmung von Geschossdecken,
4. Erneuerung der Fenster oder Außentüren,
5. Erneuerung oder Einbau einer Lüftungsanlage,
6. Erneuerung der Heizungsanlage,

---

95 Diese Formulierung des BMF ist überholt, da die Jahresabrechnung (vom Verwalter) nur „aufgestellt" und lediglich die Abrechnungsspitze formal beschlossen wird.

96 BMF, Schreiben v. 9.11.2016 - IV C 8 - S 2296 b/07/10003 :008, BStBl 2016 I S. 1213 Rz. 47 OAAAF-86930.

97 BFH, Urteil v. 20.4.2023 - VI R 24/20, BStBl 2023 II S. 906 Rz. 46 RAAAJ-43899.

7. Einbau von digitalen Systemen zur energetischen Betriebs- und Verbrauchsoptimierung,
8. Optimierung bestehender Heizungsanlagen, sofern diese älter als zwei Jahre sind.

Weitere Voraussetzungen sind, dass das Gebäude 137

- älter als zehn Jahre[98] ist (§ 35c Abs. 1 Satz 2 EStG) und
- zu eigenen Wohnzwecken genutzt wird (§ 35c Abs. 2 EStG).

b) Zeitpunkt und Höhe der Förderung

Förderungsfähig sind bei § 35c EStG nicht nur die reinen Arbeitskosten (wie z. B. bei § 35a EStG), sondern alle entstandenen Aufwendungen (einschließlich der Materialkosten).[99] 138

Für den Zeitpunkt der Steuerermäßigung nach § 35c EStG kommt es auf das Kalenderjahr des „Abschlusses der energetischen Maßnahme" an (§ 35c Abs. 1 Satz 1 EStG). Die energetische Maßnahme i. S. des § 35c EStG ist nicht bereits mit deren Fertigstellung, sondern erst mit der vollständigen Zahlung des Rechnungsbetrags auf das Konto des Erbringers der Leistung abgeschlossen.[100] 139

Die Förderung der einzelnen Maßnahme läuft über drei Jahre und ist wie folgt zu berücksichtigen: 140

Erstjahr (Abschluss der Maßnahme)	7 % der Aufwendungen	maximal 14.000 €
Zweitjahr	7 % der Aufwendungen	maximal 14.000 €
Drittjahr	6 % der Aufwendungen	maximal 12.000 €

Somit können über drei Jahre insgesamt 20 % der Aufwendungen einer Maßnahme als Steuerermäßigung angesetzt werden. Gedeckelt wird die Steueranrechnung aber bei Aufwendungen von 200.000 €, da 20 % davon 40.000 € betragen und dies die Summe der drei Jahreshöchstbeträge ist. 141

Die Steuerermäßigung ist auf die tarifliche Einkommensteuer begrenzt. Übersteigt der für die Maßnahme ermittelte Steuerermäßigungsbetrag die tarifliche 142

98 Die 10-Jahresfrist ist „taggenau" vom Beginn der Herstellung des Gebäudes bis zum Beginn der energetischen Maßnahme zu berechnen (BMF, Schreiben v. 21.8.2025 - IV C 1-S 2296-c/00004/018/050, BStBl 2025 I S. 1609 Rz. 22 YAAAJ-98593).

99 BMF, Schreiben v. 21.8.2025 - IV C 1-S 2296-c/00004/018/050, BStBl 2025 I S. 1609 Rz. 44 YAAAJ-98593.

100 BFH, Urteil v. 13.8.2024 - IX R 31/23, BStBl 2024 II S. 869 NAAAJ-76468.

Einkommensteuer (vermindert um die sonstigen Steuerermäßigungen) der steuerpflichtigen Person (Anrechnungsüberhang), so kann dieser Anrechnungsüberhang nicht in andere VZ vor- bzw. zurückgetragen werden.[101]

143 Sofern ein Energieberater mit der planerischen Begleitung oder Beaufsichtigung der energetischen Maßnahmen beauftragt worden ist, sind auch diese Aufwendungen begünstigt, allerding mit 50 % der Aufwendungen (§ 35c Abs. 1 Satz 4 Halbsatz 2 EStG).

144 Die Steuerermäßigung nach § 35c EStG ist unzulässig, soweit die Aufwendungen als Betriebsausgaben, Werbungskosten, Sonderausgaben oder außergewöhnliche Belastungen berücksichtigt worden sind (§ 35c Abs. 3 Satz 1 EStG). Die Steuerermäßigung ist zudem ausgeschlossen, wenn für die energetischen Maßnahmen eine Steuerbegünstigung nach § 10f EStG oder nach § 35a EStG in Anspruch genommen wird oder es sich um eine öffentlich geförderte Maßnahme handelt, für die zinsverbilligte Darlehen oder steuerfreie Zuschüsse in Anspruch genommen werden (§ 35c Abs. 3 Satz 2 EStG).

c) Wohnungseigentum als begünstigtes Objekt

145 Jedes einzelne Wohnungseigentum (Eigentumswohnung) gilt als ein begünstigtes Objekt (§ 35c Abs. 5 EStG i. V. mit § 35c Abs. 1 EStG).[102] Anspruchsberechtigt ist grds. der bürgerlich-rechtliche Eigentümer an der Wohnung (Sondereigentum) in Verbindung mit dem Miteigentumsanteil an dem gemeinschaftlichen Eigentum.[103] Denkbar wäre aber auch, dass ein wirtschaftlicher Eigentümer (§ 39 Abs. 2 Nr. 1 Satz 1 AO) statt des zivilrechtlichen Eigentümers die Förderung erhält.[104]

146 Berücksichtigungsfähig sind alle Aufwendungen für die Maßnahme, die sowohl das Sondereigentum als auch das gemeinschaftliche Eigentum betreffen.[105]

---

101 BMF, Schreiben v. 21.8.2025 - IV C 1-S 2296-c/00004/018/050, BStBl 2025 I S. 1609 Rz. 26 YAAAJ-98593.

102 BMF, Schreiben v. 21.8.2025 - IV C 1-S 2296-c/00004/018/050, BStBl 2025 I S. 1609 Rz. 1 YAAAJ-98593. So schon BT-Drucks. 19/14338 v. 22.10.2019 S. 22.

103 BMF, Schreiben v. 21.8.2025 - IV C 1-S 2296-c/00004/018/050, BStBl 2025 I S. 1609 Rz. 5 f. YAAAJ-98593NWB .

104 BMF, Schreiben v. 21.8.2025 - IV C 1-S 2296-c/00004/018/050, BStBl 2025 I S. 1609 Rz. 5, 8 YAAAJ-98593.

105 BMF, Schreiben v. 21.8.2025 - IV C 1-S 2296-c/00004/018/050, BStBl 2025 I S. 1609 Rz. 42 YAAAJ-98593.

Die dem Wohnungseigentümer zuzurechnenden Kosten ermitteln sich nicht immer nach dem Miteigentumsanteil am Gemeinschaftsvermögen.[106] Es kommt auf die konkrete Kostenverteilung für bauliche Veränderungen (§ 20 WEG), den damit zusammenhängenden Kosten (§ 21 WEG) und dem dazu ergangenen Beschluss der Wohnungseigentümer an. Die konkrete Lastenverteilung kann von der allgemeinen Aufwandsverteilung abweichen.[107] Im Regelfall wird gleichwohl die Kostenverteilung für Aufwendungen am Gemeinschaftseigentum (z. B. Außenfassade oder Heizungssystem) alle Wohnungseigentümer zu gleichen (Miteigentums-)Anteilen treffen. 147

BEISPIEL „ENERGETISCHE MAßNAHME": Eine Immobilie ist in drei Wohneigentumseinheiten aufgeteilt. Zwei Eigentumswohnungen werden von den Eigentümern zu eigenen Wohnzwecken genutzt. Die Heizungsanlage wird im Jahr 2024 durch eine Wärmepumpe ersetzt und das Gebäude gedämmt. Die begünstigten Aufwendungen betragen 240.000 €. Nach dem WEG und dem Beschluss der Wohnungseigentümerversammlung sind die Kosten im Verhältnis der Miteigentumsanteile zu verteilen.

Auf jede Eigentumswohnung entfallen Aufwendungen i. H. von

240.000 € x 1/3 = 80.000 €.

Jedem selbstnutzenden Eigentümer sind Aufwendungen von 80.000 € zuzurechnen, die den jeweils nutzbaren Höchstbetrag von 200.000 € nicht übersteigen. Die selbstnutzenden Wohnungseigentümer können die Steuerermäßigung nach § 35c EStG wie folgt jeweils geltend machen:

2024: 80.000 € x 7 % = 5.600 €

2025: 80.000 € x 7 % = 5.600 €

2026: 80.000 € x 6 % = 4.800 €

Wenn an einem bisher rechtlich ungeteilten Gebäude erstmals Wohnungseigentum begründet wird (z. B. durch eine Teilungserklärung nach § 8 WEG), entstehen dadurch keine neuen Objekte i. S. des § 35c EStG (Objektidentität). Die Steuerermäßigung setzt sich aber in den (nur rechtlich) „neuen" Wohnungen fort. Die bereits nach § 35c EStG in Anspruch genommene Steuerermäßigung für das rechtlich ungetrennte Objekt mindert dann folgerichtig den Höchstbetrag der Steuerermäßigung für die Eigentumswohnungen.[108] 148

106 So aber BMF, Schreiben v. 21.8.2025 - IV C 1-S 2296-c/00004/018/050, BStBl 2025 I S. 1609 Rz. 42 YAAAJ-98593.

107 Urban in Bordewin/Brandt, EStG, § 35c Rz. 376 (Stand: 7/2021).

108 BMF, Schreiben v. 21.8.2025 - IV C 1-S 2296-c/00004/018/050, BStBl 2025 I S. 1609 Rz. 29 YAAAJ-98593.

d) Objektbezogene Deckelung

149 Die Förderung nach § 35c EStG kann für mehrere einzelne Maßnahmen an einem begünstigten Objekt in Anspruch genommen werden. Es gibt jedoch einen objektbezogenen Höchstbetrag der Steuerermäßigung von 40.000 € (§ 35c Abs. 1 Satz 5 EStG).

150 Der maßnahmenbezogene Höchstbetrag entspricht dem objektbezogenen Höchstbetrag von 40.000 €. Auch mehrere (ggf. zeitlich versetzte) Maßnahmen sind pro Objekt nach § 35c Abs. 1 Satz 5 EStG auf 40.000 € Steuerermäßigung begrenzt.

151 Wenn die Eigentumswohnungen mehreren Personen gehören (z. B. Ehegatten als hälftige Miteigentümer), wird der gesamte Höchstbetrag auf die Personen rechnerisch aufgeteilt (§ 35c Abs. 6 EStG). Der objektbezogene Höchstbetrag wird also nicht nach der Anzahl der Miteigentümer vervielfacht. Bei zusammenveranlagten Ehegatten oder Lebenspartnern ist keine Aufteilung der Aufwendungen bzw. des Höchstbetrags nach dem Verhältnis ihrer Miteigentumsanteile erforderlich.

152 Ein Steuerpflichtiger kann für mehrere Objekte (nacheinander oder gleichzeitig) jeweils die Förderung nach § 35c EStG erhalten. Dafür muss aber der Steuerpflichtige für den konkrete VZ eine „ausreichende" tarifliche Einkommensteuer erzielen, um diese mit der Steuerermäßigung nach § 35c EStG zu kompensieren. Es handelt sich nicht um eine Steueranrechnung i. S. des § 36 EStG, die zu einem finanziellen Definitiveffekt führt. Im Einzelfall muss errechnet werden, auf welches Objekt welche Begünstigung entfällt.[109]

e) Bescheinigungsverfahren

153 Die jeweilige energetische Maßnahme muss von einem Fachunternehmen ausgeführt werden.

154 Der Nachweis über die begünstigten Maßnahmen wird durch eine nach amtlichem Muster vorgeschriebenen Bescheinigung geführt. Diese kann entweder von dem ausführenden Fachunternehmen oder von bestimmten anderen Personen (z. B. einem Energieberater) ausgestellt werden (§ 35c Abs. 1 Satz 6 f. EStG). Im BMF-Schreiben v. 23.12.2024[110] werden die formalen Voraussetzun-

109 Dazu wird in BMF, Schreiben v. 21.8.2025 - IV C 1-S 2296-c/00004/018/050, BStBl 2025 I S. 1609 Rz. 32 YAAAJ-98593, ein Zahlenbeispiel dargestellt.

110 BMF, Schreiben v. 23.12.2024 - IV C 1 - S 2296-c/20/10003 :008, BStBl 2025 I S. 39 TAAAJ-82865.

gen für die Maßnahmen näher dargestellt, die nach dem 31.12.2024 begonnen wurden. Zudem ist das amtliche Muster der Bescheinigung dort angehängt und es werden die einzelnen Punkte dazu erläutert. Darin wird auch auf die vorherigen BMF-Schreiben[111] hingewiesen, welche die Bescheinigungsmuster für die Maßnahmen in den Jahren ab 2020 enthalten.

155 Bei energetischen Maßnahmen an Wohnungseigentum können die Aufwendungen für das Sondereigentum und das anteilige gemeinschaftliche Eigentum geltend gemacht werden. Die Bescheinigung kann entweder für die einzelne Eigentumswohnung oder für das gesamte Wohngebäude ausgestellt werden.

156 Wird eine Bescheinigung für das gesamte Wohngebäude ausgestellt (Gesamtbescheinigung), sind die Aufwendungen anzugeben, die (nur) das gesamte Wohngebäude betreffen, zusätzlich (ggf. in einer Anlage) die Höhe der nach ihren Miteigentumsanteilen auf die jeweiligen Berechtigten entfallenden Aufwendungen zu vermerken und die auf das Sondereigentum einzelner Wohnungen entfallenden Aufwendungen den konkreten Wohnungseigentümern zuzuweisen.[112]

157 Hat die GdWE einen Verwalter bestellt (Regelfall), ist er in der Gesamtbescheinigung (anstelle der Eigentümer) zu nennen. Dann reicht es aus, wenn der Verwalter die Kosten nach den Miteigentumsanteilen aufteilt und jeder Wohnungseigentümer eine Kopie der Gesamtbescheinigung erhält.[113]

158 Die Bescheinigungskosten gehören zu den begünstigten Aufwendungen (§ 35c Abs. 1 Satz 4 EStG).

111 Maßnahmenbeginn 2020: BMF, Schreiben v. 31.3.2020 - IV C 1 - S 2296-c/20/10003 :001, BStBl 2020 I S. 484 GAAAH-45789; Maßnahmenbeginn 2021 oder 2022: BMF, Schreiben v. 15.10.2021 - IV C 1 - S 2296-c/20/10003 :004, BStBl 2021 I S. 2026 WAAAH-92953; Maßnahmenbeginn 2023 oder 2024: BMF, Schreiben v. 26.1.2023 - IV C 1 - S 2296-c/20/10003 :006, BStBl 2023 I S. 218 ZAAAJ-32169, zuletzt geändert durch BMF, Schreiben v. 6.2.2024 - IV C 1 - S 2296-c/20/10003 :006, BStBl 2024 I S. 237 RAAAJ-59555.

112 BMF, Schreiben v. 23.12.2024 - IV C 1 - S 2296-c/20/10003 :008, BStBl 2025 I S. 39 Rz. 22 TAAAJ-82865.

113 BMF, Schreiben v. 23.12.2024 - IV C 1 - S 2296-c/20/10003 :008, BStBl 2025 I S. 39 Rz. 23 TAAAJ-82865.

3. Steuerbegünstigung für Baudenkmale und Gebäude in Sanierungsgebieten sowie städtebaulichen Entwicklungsbereichen (§ 10f EStG)

a) Grundlagen der Vorschrift des § 10f EStG

159 Der Gesetzgeber fördert durch § 10f EStG Aufwendungen für bestimmte, zu eigenen Wohnzwecken genutzte Immobilien, welche als besonders förderungswürdig angesehen werden. Die Zielrichtung ist der steuerliche Anreiz für den Denkmalschutz und die Wohnraumerhaltung.[114] § 10f EStG nimmt dabei Bezug auf §§ 7i und 7h EStG (vgl. →Rz. 412 ff. bzw. →Rz. 394 ff.), welche insbesondere für vermietete Objekte eine vergleichbare Förderung in Form von erhöhten Abschreibungen regeln (Parallelvorschrift).

160 Es werden nach § 10f EStG zwei Kategorien von Gebäuden gefördert:

- Baudenkmale (vgl. auch § 7i EStG),
- Gebäude in Sanierungsgebieten und städtebaulichen Entwicklungsbereichen (vgl. auch § 7h EStG).

b) Gebäude eines Baudenkmals

161 Das Gebäude muss nach den jeweiligen landesrechtlichen Vorschriften ein Baudenkmal sein. Die Baumaßnahme muss zur Erhaltung des Gebäudes als Baudenkmal oder zu seiner sinnvollen Nutzung erforderlich sein (§ 7i Abs. 1 Satz 1 EStG).

c) Gebäude in Sanierungsgebieten und städtebaulichen Entwicklungsbereichen

162 Durch § 10f EStG i. V. mit § 7h EStG werden Herstellungskosten für Modernisierungs- und Instandsetzungsmaßnahmen an einem Gebäude in einem (förmlich festgelegten) Sanierungsgebiet oder in einem städtebaulichen Entwicklungsbereich begünstigt. Zuschüsse mindern die Bemessungsgrundlage.

114 BFH, Urteil v. 26.4.2023 - X R 4/21, BStBl 2023 II S. 870 Rz. 36 VAAAJ-45016, mit Hinweis auf die Gesetzesbegründung zum Wohnungsbauförderungsgesetz v. 22.12.1989, BStBl 1989 I S. 505 (BT-Drucks. 11/5680 S. 9).

d) Nutzung zu eigenen Wohnzwecken

Die Wohnung muss für das jeweilige Jahr des insgesamt zehnjährigen Begünstigungszeitraums zu eigenen Wohnzwecken genutzt werden (§ 10f Abs. 1 Satz 2 EStG). Nur dann wird für das entsprechende Jahr der Sonderausgabenabzug gewährt. 163

Die Wohnung muss nicht die Hauptwohnung des Wohnungseigentümers darstellen. Es ist auch eine nur gelegentlich aufgesuchte Wohnung begünstigt. 164

Unschädlich ist es, wenn die Wohnung anderen Personen (z. B. Angehörigen) teilweise (aber nicht ganz) unentgeltlich zu Wohnzwecken überlassen wird (§ 10f Abs. 1 Satz 4 EStG). Zulässig wäre es auch, neben einer teilweisen Selbstnutzung zu Wohnzwecken den anderen Teil der Wohnung zu vermieten. Dann wäre zu beachten, dass nur die anteilig selbstgenutzte Wohnfläche nach § 10f EStG und die übrige Fläche durch die erhöhte AfA nach § 7h EStG bzw. § 7i EStG begünstigt wird. 165

e) Höhe des Sonderausgabenabzugs

Die Aufwendungen für Baumaßnahmen an dem Gebäude können (nach den allgemeinen Grundsätzen) zu Herstellungskosten oder Erhaltungsaufwand führen. In beiden Fällen werden die Aufwendungen wie Sonderausgaben behandelt: 166

- Herstellungskosten nach § 10f Abs. 1 EStG,
- Erhaltungsaufwand nach § 10f Abs. 2 EStG.

In beiden Fällen können die Aufwendungen der Baumaßnahme – unabhängig von Zeitpunkt der Zahlung – ab dem Kalenderjahr des Abschlusses der Maßnahme für insgesamt 10 Jahre in Folge jeweils i. H. von bis zu 9 % als Sonderausgaben abgezogen werden. Damit sind bis zu 90 %[115] der Aufwendungen abzugsfähig. Es kommt somit letztlich für Zwecke des § 10f EStG nicht auf die Abgrenzung zwischen Herstellungskosten und Erhaltungsaufwand an, da die Rechtsfolgen gleich sind.[116] 167

115 Die ursprüngliche 100%-Förderung wurde mit Wirkung ab 1.1.2004 auf 90 % gekürzt durch das Haushaltsbegleitgesetz 2004 v. 29.12.2003, BGBl 2003 I S. 3076. Dies erfolgte aus fiskalischen Gründen nach der „Rasenmähermethode" auf Grundlage des sog. Koch/Steinbrück-Papiers mit Vorschlägen zum Subventionsabbau.

116 BFH, Urteil v. 19.2.2019 - X R 17/18 TAAAH-21057 = BFH/NV 2019 S. 801 unter II. 2.

168 Für eine volle Steuerwirksamkeit der Sonderausgaben müssen im jeweiligen VZ so hohe Einkünfte erzielt werden, dass sich die Sonderausgaben voll auswirken und nicht – ggf. teilweise – ins Leere gehen.

f) Bescheinigungsverfahren

169 Die jeweiligen Voraussetzungen sind durch Bescheinigungen der zuständigen Behörden nachzuweisen.

170 Eine Abstimmung mit der Denkmalbehörde und eine entsprechende Bescheinigung sind erforderlich (§ 7i Abs. 1 Satz 6 EStG).

171 Die Förderung ist personenbezogen und endet insbesondere dann, wenn das Objekt nicht mehr zu eigenen Wohnzwecken genutzt oder auf einen anderen Eigentümer übertragen wird.

g) Objektverbrauch

172 Jeder Steuerpflichtige kann die Förderung nach § 10f EStG „nur bei einem Gebäude" in Anspruch nehmen (§ 10f Abs. 3 Satz 1 EStG). Für das Verständnis dieser Gesetzesformulierung kommt es auf die „mitzulesende" Betonung an: „[...] nur bei *einem* Gebäude [...]". Diese Beschränkung bedeutet, dass der Steuerpflichtige von der Begünstigung des § 10f EStG in seinem Leben nur einmal Gebrauch machen kann (personenbezogener Objektverbrauch).[117]

173 Ehegatten können § 10f EStG aber bei insgesamt zwei Objekten abziehen (§ 10f Abs. 3 Satz 2 EStG). Dies gilt unabhängig davon, welcher Ehegatte Eigentümer der Gebäude ist.[118] Höchstrichterlich ungeklärt ist, ob ein Erbe die jährlichen Abzugsbeträge nach § 10f EStG fortsetzen kann, wenn der Erblasser innerhalb des zehnjährigen Abzugszeitraums verstirbt und der Erbe das Gebäude anschließend zu eigenen Wohnzwecken nutzt.[119]

h) Anwendung auf Wohnungseigentum

174 Durch § 10f Abs. 5 EStG ist die Steuerbegünstigung „auf Eigentumswohnungen entsprechend anzuwenden". Dabei gilt das Wohnungseigentum als ein „Zählobjekt" im Rahmen des personenbezogenen Objektverbrauchs i. S. von § 10f

117 BFH, Urteil v. 24.5.2023 - X R 22/20, BStBl 2023 II S. 866 EAAAJ-45441.

118 Kulosa in Schmidt, EStG, 44. Aufl. 2025, § 10f Rz. 14.

119 Das FG Sachsen-Anhalt, Urteil v. 24.7.2024 - 1 K 903/21, EFG 2025 S. 853 (BFH-Rev.: X R 23/24), hält den Abzug beim Erben für unzulässig, da es für den Sonderausgabenabzug nach § 10f EStG keine Rechtsnachfolge gebe, die – wie z. B. bei der AfA nach § 11d EStDV – ausdrücklich gesetzlich geregelt sei.

Abs. 3 Satz 1 EStG. Beim Miteigentum von mehreren Personen an einer Eigentumswohnung stellt jeder Anteil ein eigenes Objekt dar (§ 10f Abs. 4 Satz 1 EStG).[120]

Die begünstigten Aufwendungen für das gemeinschaftliche Eigentum werden dem Wohnungseigentümer nach den allgemeinen Kostenregelungen des WEG anteilig zugerechnet und stellen anteilig die begünstigten Aufwendungen i. S. des § 10f EStG dar. 175

BEISPIEL „BEGÜNSTIGUNG FÜR EIN DENKMAL": Ein Baudenkmal ist in drei Wohneigentumseinheiten aufgeteilt. Eine Eigentumswohnung wird von den Eigentümern Frau A und Herrn B (Miteigentümer) zu eigenen Wohnzwecken genutzt. Im Jahr 2024 wird eine Fassadensanierung (gemeinschaftliches Eigentum) abgeschlossen, für die die zuständige Denkmalbehörde begünstige Aufwendungen i. H. von insgesamt 60.000 € bescheinigt hat.

Frau A bzw. Herr B können für die VZ 2024–2033 jeweils einen Betrag i. H. von 60.000 € (gesamte begünstigte Aufwendungen) x 1/3 (Miteigentumsanteil im Sinne des WEG) x 50 % (Miteigentumsanteil an der Eigentumswohnung) x 9 % (Begünstigungssatz p. a.) = 900 € wie Sonderausgaben geltend machen (§ 10f EStG).

4. Steuerbegünstigung für schutzwürdige Kulturgüter ohne Einkünfte oder eigene Wohnzwecke (§ 10g EStG)

a) Allgemeines zu § 10g EStG

Wenn bestimmte „schutzwürdige Kulturgüter" weder vermietet, betrieblich verwendet noch zu eigenen Wohnzwecken genutzt werden, können Herstellungskosten oder Erhaltungsaufwendungen für das Objekt nach § 10g EStG als Sonderausgaben gefördert werden. Werden aus dem Gebäude Einkünfte erzielt, ist § 7i EStG anzuwenden (siehe →Rz. 412 ff.). Wird das Gebäude zu eigenen Wohnzwecken genutzt, ist § 10f EStG vorrangig anzuwenden. § 10g EStG ist eine Auffangvorschrift, um die Erhaltung bestimmter Kulturgüter steuerrechtlich zu fördern. 176

Es handelt sich i. d. R. um Sonderfälle wie z. B. Liebhaberei (Tätigkeit ohne Gewinnerzielungsabsicht), Leerstand der Wohnung oder deren unentgeltliche Überlassung. 177

120 Ehegatten können § 10f EStG aber bei insgesamt zwei Eigentumswohnungen abziehen (§ 10f Abs. 3 Satz 2 EStG).

b) Gebäude als Kulturgut

178 Gebäude als Kulturgüter i.S.des § 10g EStG sind

- Gebäude oder Gebäudeteile, die nach den jeweiligen landesrechtlichen Vorschriften ein Baudenkmal sind (§ 10g Abs. 1 Satz 2 Nr. 1 EStG),
- Gebäude oder Gebäudeteile, die für sich allein nicht die Voraussetzungen für ein Baudenkmal erfüllen, aber Teil einer nach den jeweiligen landesrechtlichen Vorschriften als Einheit geschützten Gebäudegruppe oder Gesamtanlage sind (§ 10g Abs. 1 Satz 2 Nr. 2 EStG).

179 Die Gebäude (Kulturgüter) müssen der wissenschaftlichen Forschung oder der Öffentlichkeit zugänglich gemacht werden (§ 10g Abs. 1 Satz 2 Halbsatz 2 EStG).[121]

c) Anwendung auf Wohnungseigentum

180 § 10g EStG ist auch auf Kulturgüter in der Rechtsform als Eigentumswohnung oder Teileigentum anzuwenden (§ 10g Abs. 4 Satz 1 EStG).

d) Baumaßnahme

181 Die Maßnahme muss nach den Bestimmungen der Denkmalpflege erforderlich sein und mit den zuständigen Behörden (vor allem der zuständigen Denkmalbehörde) abgestimmt werden (§ 10g Abs. 1 Satz 3 Halbsatz 1 EStG). Dabei ist § 7i Abs. 1 Satz 1–4 EStG sinngemäß anzuwenden (§ 10g Abs. 1 Satz 3 Halbsatz 2 EStG).

e) Sonderausgabenabzug

182 Die begünstigten Aufwendungen der Baumaßnahme können – unabhängig vom Zeitpunkt der Zahlung – ab dem Kalenderjahr des Abschlusses der Maßnahme für insgesamt 10 Jahre in Folge jeweils i.H.von bis zu 9 % als Sonderausgaben abgezogen werden. Damit sind bis zu 90 % der Aufwendungen abzugsfähig (sofern sich die Sonderausgaben steuerlich auswirken).

---

121 Es sei denn, dem Zugang stehen zwingende Gründe des Denkmal- oder Archivschutzes entgegen (§ 10g Abs. 1 Satz 2 Halbsatz 2 EStG).

f) Bescheinigungsverfahren

Die zuständige Denkmalbehörde[122] hat zu bescheinigen, dass es sich um ein Kulturgut handelt und die Aufwendungen erforderlich sind. 183

5. Berufliche Tätigkeit in der Eigentumswohnung (Arbeitszimmer und Tagespauschale)

a) Werbungskostenabzug durch die berufliche Nutzung der Wohnung

Durch eine berufliche Tätigkeit in der häuslichen Wohnung entstehen unter 184 bestimmten Voraussetzungen abzugsfähige Werbungskosten zu den mit der Tätigkeit zusammenhängenden Einkünften. Ein typisches Beispiel ist die Nutzung eines Raumes der Eigentumswohnung als Arbeitszimmer für die Einkünfte aus nichtselbständiger Tätigkeit (§ 19 EStG). Darüber hinaus können Kosten des Homeoffice aber auch dann als Werbungskosten anzusetzen sein, wenn kein bautechnisch abzugrenzendes Zimmer, sondern nur ein Teil eines Raumes dauerhaft für die jeweilige Tätigkeit (z. B. die Arbeitsecke eines Wohnzimmers) oder ein Raum nur zeitweise für die jeweilige Tätigkeit (z. B. der Küchentisch) genutzt wird.

Die anzusetzenden Kosten werden durch § 4 Abs. 5 Satz 1 Nr. 6b EStG (Arbeits- 185 zimmer) und § 4 Abs. 5 Satz 1 Nr. 6c EStG (Tagespauschale) geregelt. Diese originär für betrieblich genutzte Räume anzuwendenden Normen sind durch § 9 Abs. 5 Satz 1 EStG auch auf die Überschusseinkünfte anzuwenden. Es sind zwei verschiedene Kategorien für den Werbungskostenabzug zu unterscheiden:

- Die anteiligen Kosten für ein Arbeitszimmer können insgesamt abgezogen werden. Dies betrifft aber nur die Fälle eines separaten Raumes, in dem aus qualitativer Sicht die gesamte berufliche Tätigkeit erbracht wird (Ausnahmefall). Denkbar sind auch Konstellationen, bei denen der Raum gar nicht in die Kategorie des Arbeitszimmers fällt, da dieser nicht in die übrige häusliche Sphäre eingebunden ist (z. B. durch regelmäßige Kundenbesuche in dem Raum).
- Die Kosten können nur pauschaliert mit 6 € je Nutzungstag abgezogen werden (Tagespauschale). Dies betrifft vor allem Fälle, bei denen der qualitative Tätigkeitsschwerpunkt nicht im Arbeitszimmer liegt, sowie alle Fälle von nicht ausschließlich beruflich genutzten Räumen (z. B. Arbeitsecken).

122 Im BMF-Schreiben v. 4.6.2015, BStBl 2015 I S. 506 UAAAE-92552, werden mit Stand April 2015 die zuständigen Bescheinigungsbehörden aufgelistet.

186 Zur ertragsteuerlichen Beurteilung der betrieblichen bzw. beruflichen Nutzung einer häuslichen Wohnung hat das BMF mit Schreiben v. 15.8.2023[123] die Verwaltungsauffassung ausführlich dargestellt.

b) Arbeitszimmer (§ 4 Abs. 5 Satz 1 Nr. 6b EStG)

187 Zunächst ist zu berücksichtigen, dass die Abzugsregelung nur dann anzuwenden ist, wenn es sich um einen bautechnisch abgrenzbaren Raum handelt, der seiner Lage, Funktion und Ausstattung nach in die häusliche Sphäre des Steuerpflichtigen eingebunden ist und dort büromäßige Denk-, Text-, Rechen-, Lese- oder Organisationsarbeit erledigt wird. Eine kreative Designer- oder Künstlertätigkeit in dem Arbeitszimmer ist aber ebenso denkbar. Der Raum muss ausschließlich (oder nahezu ausschließlich) zu betrieblichen und/oder beruflichen Zwecken genutzt werden. Nur eine private Mitbenutzung von weniger als 10 % ist unschädlich.[124]

188 Sollte der Raum kein „Arbeitszimmer" sein (weil z. B. die private Mitbenutzung zu hoch oder der Raum nicht baulich abgeschlossen ist), kann statt der tatsächlichen Kosten nur die Tagespauschale (§ 4 Abs. 5 Satz 1 Nr. 6c EStG) angesetzt werden.

189 Es sind aber auch Fälle denkbar, in denen der Raum nach seiner Funktion kein Arbeitszimmer in der „häuslichen Sphäre" darstellt. Dies kann z. B. bei einem Lagerraum oder einer Werkstatt der Fall sein. Ebenso ist auch ein Raum mit regelmäßigem Kunden-, Patienten- oder Mandantenverkehr kein solches Arbeitszimmer. In diesen Fällen ist die Abzugsbeschränkung i. S. des § 4 Abs. 5 Satz 1 Nr. 6b EStG nicht anzuwenden. Damit sind die anteiligen Raumkosten nach den allgemeinen Grundsätzen abzugsfähig.

190 In die häusliche Sphäre eingebunden ist ein als Arbeitszimmer genutzter Raum regelmäßig auch dann, wenn er sich zwar nicht unmittelbar in der privaten Wohnung, aber im gleichen Wohnhaus (zumindest auf derselben Etage) befindet.[125]

c) Mittelpunkt der gesamten beruflichen Betätigung

191 Die gesetzliche Regelung zum Arbeitszimmer (§ 4 Abs. 5 Satz 1 Nr. 6b EStG) ist keine Ausweitung des Werbungskostenabzugs, sondern eine (mögliche) Ein-

123 BMF, Schreiben v. 15.8.2023 - IV C 6 - S 2145/19/10006 :027, BStBl 2023 I S. 1551 BAAAJ-46602.

124 BMF, Schreiben v. 15.8.2023 - IV C 6 - S 2145/19/10006 :027, BStBl 2023 I S. 1551 Rz. 3 BAAAJ-46602.

125 BFH, Urteil v. 26.2.2003 - VI R 125/01, BStBl 2004 II S. 72 PAAAA-71918.

schränkung. Ohne eine solche Regelung wären die auf ein Arbeitszimmer entfallenden Kosten voll als Werbungskosten abzugsfähig, weil sie beruflich veranlasst sind. Wenn ein Raum (fast) ausschließlich für die Einkünfteerzielung genutzt wird, können jedoch die anteilig auf das Arbeitszimmer entfallenen tatsächlichen Kosten nur dann als Werbungskosten abgezogen werden, wenn das Arbeitszimmer „den Mittelpunkt der gesamten betrieblichen und beruflichen Betätigung bildet" (§ 4 Abs. 5 Satz 1 Nr. 6b Satz 2 EStG).

Der Mittelpunkt der gesamten betrieblichen und beruflichen Betätigung bestimmt sich nach dem inhaltlichen (qualitativen) Schwerpunkt der Tätigkeit.[126] Dem zeitlichen (quantitativen) Umfang der Nutzung des häuslichen Arbeitszimmers kommt im Rahmen dieser Würdigung lediglich eine indizielle Bedeutung zu.[127] 192

BEISPIEL „QUALITATIVER SCHWERPUNKT": ▶ Frau A ist Richterin am Finanzgericht und nutzt einen Raum in ihrer Eigentumswohnung ausschließlich für ihre Tätigkeit als Finanzrichterin. Zu Besprechungs- und Verhandlungsterminen fährt sie überwiegend zum Gericht, hat aber auch Onlinekonferenzen aus ihrem Arbeitszimmer. Aktenarbeit leistet sie überwiegend aus ihrem häuslichen Arbeitszimmer und gelegentlich auch in ihrem Dienstzimmer bei Gericht. Der zeitliche Umfang ihrer Tätigkeit im Arbeitszimmer beträgt 70 % (und zu 30 % im Gericht).

Der Mittelpunkt der gesamten betrieblichen und beruflichen Betätigung bildet nicht das häusliche Arbeitszimmer, da dort zwar die zeitlich überwiegende, aber nicht die für die inhaltliche Arbeit prägende (qualitative) Tätigkeit als Finanzrichterin geleistet wird.

Wenn ein Steuerpflichtiger aber nur eine betriebliche oder berufliche Tätigkeit ausübt und diese aus qualitativer Sicht gleichwertig sowohl im häuslichen Arbeitszimmer als auch an außerhäuslichen Arbeitsorten erbringt, so liegt der Mittelpunkt der gesamten betrieblichen und beruflichen Betätigung dann im häuslichen Arbeitszimmer, wenn der Steuerpflichtige mehr als die Hälfte der Arbeitszeit im häuslichen Arbeitszimmer tätig wird.[128] 193

d) Kostenabzug beim Arbeitszimmer

Die anteilig auf das Arbeitszimmer entfallenen tatsächlichen Kosten können nur in den (Ausnahme-)Fällen als Werbungskosten abgezogen werden, wenn 194

126 BMF, Schreiben v. 15.8.2023 - IV C 6 - S 2145/19/10006 :027, BStBl 2023 I S. 1551 Rz. 12 BAAAJ-46602.

127 BMF, Schreiben v. 15.8.2023 - IV C 6 - S 2145/19/10006 :027, BStBl 2023 I S. 1551 Rz. 13 BAAAJ-46602.

128 BMF, Schreiben v. 15.8.2023 - IV C 6 - S 2145/19/10006 :027, BStBl 2023 I S. 1551 Rz. 14 BAAAJ-46602.

das Arbeitszimmer „den Mittelpunkt der gesamten betrieblichen und beruflichen Betätigung bildet“ (§ 4 Abs. 5 Satz 1 Nr. 6b Satz 2 EStG).

195 Die auf die Wohnung (Sondereigentum) oder das übrige Gebäude (gemeinschaftliches Eigentum) entfallenden Kosten sind regelmäßig nach dem Verhältnis der Nutzfläche des häuslichen Arbeitszimmers zu der gesamten Fläche der Wohnung (einschließlich des häuslichen Arbeitszimmers) aufzuteilen (Aufteilungsquote nach Flächenanteilen).[129] Zubehörräume wie z. B. ein Kellerraum (egal, ob im Sonder- oder Gemeinschaftseigentum) sind dafür nicht zu berücksichtigen.

196 Zu den abzugsfähigen Kosten gehören insbesondere:

- Gebäudeabschreibung,
- Erhaltungsaufwand,
- Gebäudeversicherung,
- Schuldzinsen aus Fremdfinanzierung,
- Grundsteuer,
- öffentliche Abgaben (z. B. Müll und Abwassergebühren),
- Wasser- und Stromkosten,
- Raumreinigung.

197 Die flächenmäßige Aufteilung betrifft sowohl die Kosten des Gemeinschaftseigentums als auch des Sondereigentums. Es muss sich aber um Kosten handeln, die der gesamten Wohnung zuzuordnen sind (z. B. die Renovierungskosten des Treppenhauses). Soweit es sich um Kosten handelt, welche nur dem Arbeitszimmer oder nur der übrigen Wohnung zuzuordnen sind, werden diese vorrangig zugeordnet.

198 Bei Aufwendungen im Sondereigentum sind daher zu unterscheiden:

- Kosten, die unmittelbar für das Arbeitszimmer aufgewendet werden (z. B. Kosten der Ausstattung wie Tapeten, Teppiche, Fenstervorhänge, Gardinen und Lampen),[130] sind insoweit voll abzugsfähig.

129 BMF, Schreiben v. 15.8.2023 - IV C 6 - S 2145/19/10006 :027, BStBl 2023 I S. 1551 Rz. 9 BAAAJ-46602.

130 BMF, Schreiben v. 15.8.2023 - IV C 6 - S 2145/19/10006 :027, BStBl 2023 I S. 1551 Rz. 7 BAAAJ-46602.

- Kosten, die für einen Raum im Sondereigentum anfallen, der ausschließlich oder mehr als in nur untergeordnetem Umfang privaten Wohnzwecken dient (z.B. Küche, Bad und Flur im Sondereigentum), sind nicht abzugsfähig.[131]

BEISPIEL „KOSTEN ARBEITSZIMMER": Frau F nutzt in ihrer Eigentumswohnung (insgesamt Wohnfläche 100 m²) einen Raum (Fläche 15 m²) ausschließlich als berufliches Arbeitszimmer für ihre Tätigkeit als IT-Betreuerin für ein Versicherungsunternehmen. Sie arbeitet nahezu ausschließlich in ihrem häuslichen Arbeitszimmer und fährt nur zweimal im Jahr zur Hauptstelle ihres Arbeitgebers. Im Jahr 2025 sind für die gesamte Wohnung Aufwendungen i.H.von 7.000€ entstanden (u.a. für Gebäude-AfA, Versicherung, Grundsteuer, Abwasser und Heizungswartung). Darin nicht enthalten sind die Kosten für ein Fenster des Arbeitszimmers i.H.von 2.000€, das auf Veranlassung von Frau F ausgetauscht wurde und für das sie die Kosten selbst zu tragen hatte. Zudem hat Frau F ihr Wohnzimmer renoviert und dafür 500€ gezahlt.

LÖSUNG: Den Mittelpunkt der gesamten betrieblichen und beruflichen Tätigkeit bildet das häusliche Arbeitszimmer, da dort sowohl zeitlich als auch inhaltlich der Schwerpunkt ihrer Arbeit liegt. Die auf das Arbeitszimmer entfallenden Aufwendungen sind voll abzugsfähig (§4 Abs.5 Satz1 Nr.6b Satz2 EStG). Grundsätzlich sind die gesamten Kosten nach dem Flächenschlüssel aufzuteilen, so dass 15% (15 m² zu 100 m²) der gesamten Aufwendungen als Werbungskosten bei ihrer nichtselbständigen Tätigkeit als Arbeitnehmerin (§19 EStG) abzugsfähig sind. Wenn die Kosten direkt zuzuordnen sind, werden diese nicht in den Flächenschlüssel einbezogen. Daher sind den Arbeitszimmerkosten die Renovierungskosten des Wohnzimmers gar nicht und die Kosten des neuen Fensters im Arbeitszimmer voll zuzuordnen. Die abzugsfähigen Kosten des Arbeitszimmers betragen daher: 7.000€ x 15% (Flächenanteilskosten) zzgl. 2.000€ (Individualkosten) = 3.050€.

Die Arbeitsmittel, welche sich im Arbeitszimmer befinden (z.B. Schreibtisch, 199
Bürostuhl und Computer), sind ohnehin nach den allgemeinen Regelungen abziehbar und nicht bei den Kosten des Arbeitszimmers einzubeziehen.

Alternativ kann ohne einen konkreten Kostennachweis ein Betrag i.H.von 200
1.260€ (Jahrespauschale) für das jeweilige Nutzungsjahr abgezogen werden (§4 Abs.5 Satz1 Nr.6b Satz3 EStG). Wenn das Arbeitszimmer nicht ganzjährig beruflich genutzt wird, ist der Jahresbetrag zu „zwölfteln", so dass er nur für jeden vollen Kalendermonat angesetzt werden kann (§4 Abs.5 Satz1 Nr.6b Satz4 EStG).

e) Nutzung durch mehrere Personen

Wenn mehrere Personen das Arbeitszimmer gemeinsam nutzen (z.B. Ehegat- 201
ten für ihre jeweilige Arbeit), sind die Voraussetzungen des §4 Abs.5 Satz1

131 BFH, Urteil v.14.5.2019 - VIII R 16/15, BStBl 2019 II S.510 OAAAH-24031.

Nr. 6b Satz 2 EStG bezogen auf die einzelne Person zu prüfen. Jede nutzende Person kann dann „seine" ihm zuzurechnenden Aufwendungen abziehen.[132]

f) Keine ausschließlich berufliche Raumnutzung

202 Sofern die Tätigkeit

- nicht in einem separaten Raum (Arbeitszimmer), sondern lediglich in einem Teil des Raumes (Arbeitsecke)[133] oder
- in zeitlicher Hinsicht zu mehr als 10 % auch privat genutzt wird,

sind nicht die tatsächlichen Kosten, sondern lediglich eine „Tagespauschale" abziehbar (§ 4 Abs. 5 Satz 1 Nr. 6c EStG).

g) Tagespauschale (§ 4 Abs. 5 Satz 1 Nr. 6c EStG)

203 Sofern für die berufliche Tätigkeit in der häuslichen Eigentumswohnung der Kostenabzug nach der Arbeitszimmerregelung (§ 4 Abs. 5 Satz 1 Nr. 6b EStG) nicht anzuwenden ist, kann die Regelung zur „Tagespauschale" (§ 4 Abs. 5 Satz 1 Nr. 6c EStG) genutzt werden. Für jeden Tag, in dem der Steuerpflichtige tatsächlich in seiner Eigentumswohnung beruflich tätig wird, kann er – im Grundsatz – 6 € als Werbungskosten ansetzen. Die tatsächlichen Kosten sind dabei nicht relevant. Der Abzug der Tagespauschale ist für ein Kalenderjahr auf den Höchstbetrag von 1.260 € gedeckelt. Diese Regelung gilt ab dem VZ 2023.[134]

204 Für den Ansatz der Tagespauschale sind zwei Fälle zu unterscheiden:

205 **Fall des § 4 Abs. 5 Satz 1 Nr. 6c Satz 1 EStG:**

Die Tagespauschale kann für jeden Kalendertag abgezogen werden, an dem die berufliche Tätigkeit in zeitlicher Hinsicht überwiegend[135] in der häuslichen Wohnung ausgeübt und keine außerhalb der häuslichen Wohnung belegene erste Tätigkeitsstätte (regelmäßig beim Arbeitgeber) aufgesucht wird. Außentermine und Dienstreisen zum Kunden an diesem Tag sind unschädlich, sofern die zeitliche Grenze (50 %) nicht überschritten wird. Es kommt in diesem Fall nicht darauf an, ob der Steuerpflichtigen einen anderen Arbeitsplatz (z. B. ein Büro bei seinem Arbeitgeber) hätte nutzen können.

---

132 BMF, Schreiben v. 15.8.2023 - IV C 6 - S 2145/19/10006 :027, BStBl 2023 I S. 1551 Rz. 19 BAAAJ-46602.

133 BFH, Beschluss v. 27.7.2015 - GrS 1/14, BStBl 2016 II S. 265 UAAAF-48793.

134 Jahressteuergesetz 2022 v. 16.12.2022, BGBl 2022 I S. 2294.

135 BMF, Schreiben v. 15.8.2023 - IV C 6 - S 2145/19/10006 :027, BStBl 2023 I S. 1551 Rz. 27 BAAAJ-46602.

Fall des § 4 Abs. 5 Satz 1 Nr. 6c Satz 2 EStG: 206

Sollte der Steuerpflichtige neben der Arbeit im Homeoffice und ggf. neben einer Außendiensttätigkeit an diesem Tag auch seine „erste Tätigkeitsstätte" (regelmäßig beim Arbeitgeber) aufsuchen, kann er gleichwohl die Tagespauschale abziehen, wenn ihm für die berufliche Tätigkeit „dauerhaft kein anderer Arbeitsplatz" als sein häuslicher Arbeitsplatz zur Verfügung steht. In diesen Fällen kommt es nur darauf an, dass der Steuerpflichtige an dem jeweiligen Tag überhaupt (wenn auch im geringen Umfang) zu Hause tätig wird. Auf eine zeitliche Grenze ist dann nicht zu achten.[136]

h) Nutzung des Arbeitszimmers außerhalb des Berufs (z. B. für Vermietungseinkünfte)

Ein Arbeitszimmer oder ein Teil eines Raumes der Wohnung (Arbeitsecke) kann 207
für sämtliche Arten der Einkunftserzielung genutzt werden. Auch in diesen Fällen gelten die Grundsätze des § 4 Abs. 5 Satz 1 Nr. 6b EStG bzw. § 4 Abs. 5 Satz 1 Nr. 6c EStG. In Betracht kommen vor allem die Vermietungseinkünfte (§ 21 EStG) und die Kapitaleinkünfte (§ 20 EStG).

Die Raumnutzung muss nicht für die Erzielung der Einkünfte (z. B. aus Vermie- 208
tung und Verpachtung) erforderlich sein.[137] Auch wenn die Tätigkeiten im Arbeitszimmer gering sind, können diese abzugsfähig sein. Es ist oft eine Beweisfrage, ob der Raum tatsächlich (fast) ausschließlich nur für diese Tätigkeiten genutzt wird oder die private Mitnutzung zu hoch ist.

BEISPIEL „ARBEITSZIMMER FÜR VERMIETUNGSEINKÜNFTE": Herr V ist Rentner und nutzt in seiner Eigentumswohnung (insgesamte Wohnfläche 100 m²) einen Raum (Fläche 15 m²) nach seinen Angaben fast ausschließlich für die Verwaltung seiner drei vermieteten Immobilien. Den Schreibtisch in diesem Arbeitszimmer nutzt er ca. für vier Stunden im Monat für die Vermietungstätigkeit (z. B. Onlinebanking, Schriftverkehr und Telefonate mit Mietern, Handwerken bzw. Gärtnern, Änderung von Mietverträgen). Private Korrespondenz mache nur zehn Minuten im Monat aus, da er dafür ansonsten den Wohnzimmertisch nutze.

136 BMF, Schreiben v. 15.8.2023 - IV C 6 - S 2145/19/10006 :027, BStBl 2023 I S 1551 Rz. 31 BAAAJ-46602.

137 BFH, Urteil v. 8.3.2017 - IX R 52/14 KAAAG-46835 = BFH/NV 2017 S. 1017.

LÖSUNG: Wenn die Angaben von Herrn V stimmen, liegt der Mittelpunkt der gesamten betrieblichen und beruflichen Tätigkeit in dem häuslichen Arbeitszimmer. Die anteiligen Kosten sind voll als Werbungskosten bei den Einkünften aus Vermietung und Verpachtung abzugsfähig (§ 4 Abs. 5 Satz 1 Nr. 6b Satz 2 EStG). Es ist unerheblich, dass Herr V den Raum nicht zwingend benötigt, da er die Tätigkeiten auch in seinem Wohnzimmer erledigen könnte. Es ist eine Beweisfrage, ob das Finanzamt den Angaben von Herrn V zu seiner geringen privaten Mitbenutzung des Arbeitszimmers folgt.

209 Wenn kein steuerrechtlich anzuerkennendes Arbeitszimmer besteht, kann die Tagespauschale (§ 4 Abs. 5 Satz 1 Nr. 6c EStG) anzusetzen sein, wenn an dem jeweiligen Tag diese nicht für andere Einkünfte (z. B. als Arbeitnehmer) anzusetzen ist.

6. Erträge aus dem Gemeinschaftsvermögen

a) Auffassung der Finanzverwaltung

210 Wenn aus dem Gemeinschaftsvermögen Einkünfte erzielt werden, sind diese nach Auffassung der Finanzverwaltung den Wohnungseigentümern zuzurechnen. Den wichtigsten Fall in der Praxis stellen die Erträge aus der Anlage des Geldvermögens aus dem Gemeinschaftseigentum der GdWE (insbesondere der Erhaltungsrücklage) dar. Erträge aus solchen Bankguthaben (z. B. Zinsen aus Sparguthaben oder Festgeldkonto) sind nach Verwaltungsauffassung[138] den Wohnungseigentümern unmittelbar (quotal nach deren Miteigentumsanteilen) als Einkünfte aus Kapitalvermögen (z. B. bei Zinsen nach § 20 Abs. 1 Nr. 7 EStG) zuzurechnen.

211 Oftmals wird es sich um geringe Erträge handeln, die zudem noch auf alle Wohnungseigentümer aufzuteilen sind. Der Kapitalertragsteuerabzug von 25 % auf diese Erträge (§§ 43 ff. EStG) durch das kontoführende Kreditinstitut darf auch dann nicht unterbleiben, wenn nur geringe Kapitalerträge anfallen.[139]

212 Regelmäßig handelt es sich bei diesen Erträgen um gemeinschaftlich erzielte Einkünfte, die gesondert und einheitlich festzustellen sind (§ 180 Abs. 1 Satz 1 Nr. 2 a) AO). Da es sich aber i. d. R. um einen Fall von geringer Bedeutung handelt, kann von der Feststellung abgesehen werden (§ 180 Abs. 3 Satz 1 Nr. 2 AO). In diesen Fällen reicht es aus, dass der Verwalter die anteiligen Einnahmen aus Kapitalvermögen auf die Wohnungseigentümer aufteilt und diesen mitteilt (z. B. im Rahmen der Jahresabrechnung).[140] Die Anrechnung der einbehaltenen Kapitalertragsteuer (nach § 32d Abs. 4 oder 6 EStG) bei den einzelnen Woh-

138 R 21.2 EStR.

139 NWB BMF, Schreiben v. 14.5.2025 - IV C 1-S 2252/00075/016/070, BStBl 2025 I S. 1330 Rz. 294 VAAAJ-91718.

140 BMF, Schreiben v. 16.5.2025 - IV C 1-S 2401/00008/014/051, BStBl 2025 I S. 1388 Rz. 21 YAAAJ-91889.

nungseigentümern ist nur zulässig, wenn dem zuständigen Finanzamt neben der Mitteilung über die Aufteilung der Einnahmen und der Kapitalertragsteuer eine Kopie der Steuerbescheinigung des Kreditinstituts vorgelegt wird.[141] Die Kapitalerträge und die Kapitalertragsteuern können aber (bei Bedarf) auch nach § 180 Abs. 1 Satz 1 Nr. 2 Buchst. a AO gesondert und einheitlich festgestellt werden. Dann ist die Original-Steuerbescheinigung dem Feststellungsfinanzamt einzureichen (und es sind keine Kopien der Steuerbescheinigung für die Wohnungseigentümer erforderlich).[142]

BEISPIEL „KAPITALERTRÄGE AUS GEMEINSCHAFTSVERMÖGEN": An einer GdWE sind fünf Wohnungseigentümer mit einem Miteigentumsanteil von je 200/1.000 beteiligt. Das Geld aus der Erhaltungsrücklage wird auf einem Sparkonto angelegt und zum Ablauf des Jahres 2025 werden daraus insgesamt Zinsen i. H. von 100 € (vor Kapitalertragsteuerabzug) erzielt. Die Bank bescheinigt dem Verwalter die Zinserträge und die Steuerabzugsbeträge durch eine Steuerbescheinigung. Der Verwalter fügt der Jahresabrechnung für das Jahr 2025 eine Anlage bei, in der die Zinsen, Steuerabzüge und der auf jeden Mitunternehmer zu je 20 % entfallende Anteil ausgewiesen sind. Die Wohnungseigentümer können im Rahmen ihrer Einkommensteuererklärung für den VZ 2025 die Kapitaleinkünfte (je 20 €) und die darauf lastenden Steuerabzüge berücksichtigen. Sofern z. B. der Sparer-Pauschbetrag nach § 20 Abs. 9 EStG (1.000 €) noch nicht durch andere Kapitaleinkünfte ausgeschöpft ist, kann der Steuerabzug nach § 32d Abs. 4 EStG angerechnet werden.

b) Eigene Auffassung

Die Auffassung der Finanzverwaltung berücksichtigt nicht die steuerrechtliche Auswirkung der vollen Rechtsfähigkeit der GdWE nach § 9a WEG. Nach hier vertretener Auffassung werden die aus dem Gemeinschaftsvermögen (§ 9a Abs. 3 WEG) erzielten Einkünfte der GdWE selbst zuzurechnen sein. Bei den Einkünften aus dem Gemeinschaftsvermögen geht es gerade nicht um Einkünfte aus dem gemeinschaftlichen Eigentum (§ 1 Abs. 5 WEG). Die Einkünfte aus dem gemeinschaftlichen Vermögen (z. B. die Vermietung eines Teils des Gartens) erzielen die Wohnungseigentümer als Bruchteilseigentümer gemeinschaftlich. Die GdWE ist insoweit nur für deren Verwaltung zuständig (§ 18 Abs. 1 WEG). Das Gemeinschaftsvermögen (§ 9a Abs. 3 WEG) gehört aber nicht den Wohnungseigentümern, sondern allein dem voll rechtsfähigen Verband der Wohnungseigentümer in Form der GdWE (§ 9a Abs. 1 WEG). Denkbar wäre es zwar, steuerrechtlich das Gemeinschaftsvermögen – und damit auch die daraus erzielten Einkünfte – an- 213

141 BMF, Schreiben v. NWB 14.5.2025 - IV C 1-S 2252/00075/016/070, BStBl 2025 I S. 1330 Rz. 290 VAAAJ-91718.

142 BMF, Schreiben v. 16.5.2025 - IV C 1-S 2401/00008/014/051, BStBl 2025 I S. 1388 Rz. 22 YAAAJ-91889.

teilig nach Bruchteilen den Wohnungseigentümern zuzurechnen. Dies ergibt sich für rechtsfähige Personengesellschaften (z. B. eine KG) aus § 14a Abs. 2 Nr. 2 AO i. V. mit § 39 Abs. 2 Nr. 2 Satz 1 EStG. Jedoch gelten GdWE (§ 9a WEG) nicht als rechtsfähige Personengesellschaften, sondern „nur" als rechtsfähige Personenvereinigungen (§ 14a Abs. 2 Nr. 3 AO). Nach hier vertretener Auffassung ist § 39 Abs. 2 Nr. 2 Satz 1 AO auch nicht analog auf GdWE anzuwenden. Die Zinsen aus Bankguthaben aus der Anlage der Erhaltungsrücklage sind daher nicht als Einkünfte aus Kapitalvermögen anteilig und unmittelbar den Wohnungseigentümern zuzurechnen (so aber R 21.2 Abs. 2 EStR). Nach hier vertretener Auffassung unterliegt die GdWE ab dem 1.1.2024 als rechtsfähige Personenvereinigung (§ 14a Abs. 3 Nr. 3 AO) daher nach § 3 Abs. 1 KStG unmittelbar selbst der Körperschaftsteuer, da deren Einkommen aus dem Gemeinschaftsvermögen weder nach dem KStG noch nach dem EStG unmittelbar bei einem anderen Steuerpflichtigen (den Wohnungseigentümern) zu versteuern ist.

BEISPIEL „EIGENE AUFFASSUNG": An einer GdWE sind fünf Wohnungseigentümer mit einem Miteigentumsanteil von je 200/1.000 beteiligt. Das Geld aus der Erhaltungsrücklage wird auf einem Sparkonto angelegt und zum Ablauf des Jahres 2025 werden daraus insgesamt Zinsen i. H. von 100 € (vor Kapitalertragsteuerabzug) erzielt.

Die GdWE ist rechtsfähig (§ 9a Abs. 1 WEG) und erzielt aus ihrem Gemeinschaftsvermögen (§ 9a Abs. 3 WEG) Einkünfte aus Kapitalvermögen (§ 20 Abs. 1 Nr. 7 EStG). Die GdWE unterliegt damit aber weder nach § 1 EStG der Einkommensteuer noch nach § 1 KStG der Körperschaftsteuer, da die GdWE insoweit kein Rechtsträger ist, auf den die dort geregelten Voraussetzungen passen. Eine mitunternehmernschaftliche Einkünfteerzielung und nachfolgende Zurechnung an die Wohnungseigentümer nach § 15 Abs. 1 Nr. 2 EStG scheidet hier schon deshalb aus, da die GdWE insoweit nicht gewerblich (sondern vermögensverwaltend) tätig ist. Eine Bruchteilsbetrachtung nach § 39 Abs. 2 Nr. 2 Satz 1 AO scheidet nach hier vertretener Auffassung aus, da die GdWE keine „rechtsfähige Personengesellschaft" ist und das Bankguthaben den Wohnungseigentümern auch nicht „zur gesamten Hand" zusteht. Nach § 3 Abs. 1 KStG sind u. a. Personenvereinigungen körperschaftsteuerpflichtig, wenn „ihr Einkommen weder nach diesem Gesetz [KStG] noch nach dem Einkommensteuergesetz unmittelbar bei einem anderen Steuerpflichtigen zu versteuern ist". Die GdWE ist eine solche Personenvereinigungen (§ 14a Abs. 3 Nr. 3 AO), deren Einkommen (hier: Kapitaleinkünfte) weder nach dem KStG noch nach dem EStG bei den Wohnungseigentümern zu versteuern ist. Die GdWE unterliegt daher nach hier vertretener Auffassung gem. § 20 Abs. 1 Nr. 7 EStG i. V. mit §§ 3 Abs. 1, 8 Abs. 10 KStG der Körperschaftsteuer mit 15 % (§ 23 Abs. 1 KStG).[143] Durch den „eigenen" Sparer-Pauschbetrag der GdWE i. H. von 1.000 € (§ 20 Abs. 9 EStG) ergibt sich aber keine Steuerbelastung.

143 Der Abgeltungssteuersatz nach § 32d Abs. 1 EStG (25 %) ist als einkommensteuerrechtliche Tarifvorschrift nicht auf die Körperschaftsteuer anzuwenden (BT-Drucks. 16/11108 S. 28).

III. Vermietetes Wohnungseigentum des Privatvermögens in der Einkommensteuer

1. Vermietungseinkünfte aus einer Eigentumswohnung

Einkünfte aus Vermietung und Verpachtung werden nach der Definition des § 21 Abs. 1 Satz 1 Nr. 1 EStG aus „unbeweglichem Vermögen, insbesondere von Grundstücken, Gebäuden, Gebäudeteilen [...]" erzielt. Die Vermietung einer Eigentumswohnung im Privatvermögen führt daher bei der vermietenden Person (i. d. R. der Wohnungseigentümer) zu Einkünften aus Vermietung und Verpachtung (§ 21 Abs. 1 Satz 1 Nr. 1 EStG). 214

Die Einkünfte aus Vermietung und Verpachtung ermittelt sich als Überschuss der Einnahmen über die Werbungskosten (§ 2 Abs. 2 Satz 1 Nr. 2 EStG). Es gilt das Zu- und Abflussprinzip (§ 11 EStG). 215

Zu den Einnahmen gehören insbesondere die Mieteinnahmen einschließlich der Nebenkosten. Alle Aufwendungen, die im Zusammenhang mit der Vermietung der Eigentumswohnung stehen, sind als Werbungskosten abzuziehen. Dazu gehören insbesondere die Gebäudeabschreibung, laufende Instandhaltungsmaßnahmen, laufende Unterhaltskosten, Versicherung und Schuldzinsen aus der Fremdfinanzierung der Wohnung. 216

2. Mitvermietung von mehreren beweglichen Gegenständen

Die „Mitvermietung" von beweglichen Wirtschaftsgütern (z. B. Möbel)[144] wird als „Sachgesamtheit" ebenfalls als Einkünfte aus Vermietung und Verpachtung (nach § 21 Abs. 1 Satz 1 Nr. 2 EStG) besteuert. Es werden dann „parallel" Einkünfte nach § 21 Abs. 1 Satz 1 Nr. 1 EStG aus dem Grundstück und nach § 21 Abs. 1 Satz 1 Nr. 2 EStG aus der Sachgesamtheit erzielt. 217

3. Abgrenzung zur betrieblichen Vermietung

Wenn sich das Wohnungseigentum in einem Betriebsvermögen befindet, sind sie der (anderen) Einkunftsart zuzurechnen, zu der das Betriebsvermögen gehört (§ 21 Abs. 3 EStG). 218

144 BFH, Urteil v. 27.7.2004 - IX R 73/01 QAAAB-40270 = BFH/NV 2005 S. 192 unter II. 1.

BEISPIEL „VERMIETUNG IM BETRIEBSVERMÖGEN": Herr A ist Inhaber eines Schreinereibetriebs und vermietet eine Lagerhalle auf dem Schreinereigrundstück an eine Privatperson.

LÖSUNG: Herr A erzielt aus der Vermietung Einkünfte aus Gewerbebetrieb (§ 15 EStG), wenn es sich bei dem Grundstück, auf dem die Lagerhalle sich befindet, um Betriebsvermögen seines Einzelunternehmens handelt.

219 Wenn eine Vermietung mit Sonderleistungen (z. B. Reinigung der Wohnung) verbunden ist und die Mieter relativ schnell wechseln, kann es sich nach den Umständen des Einzelfalls um eine gewerbliche Vermietung handeln. Solange nicht „zu hotelmäßig" vermietet wird, handelt es sich aber um Einkünfte aus Vermietung und Verpachtung.[145]

BEISPIEL „MÖBLIERTE VERMIETUNG": Herr B vermietet eine möblierte Eigentumswohnung für jeweils mehrere Monate an wechselnde Mieter. Sonderleistungen über die Vermietung hinaus werden nicht erbracht.

LÖSUNG: Herr B erzielt aus der Vermietung der Eigentumswohnung inklusive der Möbel Einkünfte aus Vermietung und Verpachtung nach § 21 Abs. 1 Satz 1 Nr. 1 und 2 EStG.

220 Die Vermietung von umfangreichem Grundbesitz führt selbst dann nicht zu gewerblichen Einkünften, wenn die Verwaltungsaufgaben umfangreich sind und eine büromäßige Organisation erfordern.[146]

4. Zurechnung der Vermietungseinkünfte

a) Vermietung von Wohnungseigentum an Dritte

221 Durch die Vermietung von Eigentumswohnungen (oder auch von Praxis- und Geschäftsräumen im Teileigentum) erzielt der jeweilige Wohnungseigentümer „allein" Einkünfte (i. d. R. aus Vermietung und Verpachtung, § 21 Abs. 1 Nr. 1 EStG). Die übrigen Wohnungseigentümer der GdWE sind insoweit davon nicht betroffen. Das gilt auch hinsichtlich des „automatisch mitvermieteten" Gemeinschaftseigentums.

222 Auch wenn mehrere Wohnungseigentümer ihre jeweilige Eigentumswohnung vermieten, ist dafür keine gesonderte und einheitliche Feststellung (§ 180 Abs. 1 Satz 1 Nr. 2 AO) durchzuführen.[147] Eine „parallele" Vermietung jeder einzelnen Wohnung ist keine gemeinsame Vermietung der Wohnungen.

---

145 R 15.7 Abs. 3 Satz 2 EStR und BFH, Urteil v. 21.8.1990 - VIII R 271/84, BStBl 1991 II S. 126 unter 2. a) RAAAA-93495.

146 BFH, Urteil v. 21.8.1990 - VIII R 271/84, BStBl 1991 II S. 126 unter 2. a) RAAAA-93495.

147 FG Köln, Urteil v. 22.1.2020 - 3 K 1065/16 MAAAH-57049.

BEISPIEL „VERMIETUNG DURCH MEHRERE WOHNUNGSEIGENTÜMER": Frau A, Herr B und Herr C sind Wohnungseigentümer derselben Wohnanlage und vermieten ihre Eigentumswohnungen zu Wohnzwecken.

LÖSUNG: Frau A, Herr B und Herr C erzielen jeweils aus der Vermietung der Eigentumswohnungen Einkünfte aus Vermietung und Verpachtung nach § 21 Abs. 1 Satz 1 Nr. 1 EStG. Es ist keine gesonderte und einheitliche Feststellung i. S. von § 180 Abs. 1 Satz 1 Nr. 2 AO, da A, B und C die Einkünfte nicht „gemeinschaftlich" erzielen. Es ist unerheblich, dass sich die Vermietung zumindest auf dasselbe gemeinschaftliche Eigentum bezieht.

Da die Vermietungseinkünfte nicht nur mit der Vermietung des Sondereigentums (Wohnung), sondern auch mit der damit verbundenen Vermietung des anteiligen gemeinschaftlichen Eigentums (Mitberechtigung der Nutzung des Treppenhauses etc.) verbunden sind, ist es nach Auffassung des BFH[148] denkbar, dass die gemeinschaftlichen Kosten der Wohnungseigentümer nach § 180 Abs. 2 AO gesondert und einheitlich festgestellt werden. Regelmäßig wird dies aber nicht praktikabel sein, da die Aufteilung der Kosten zwischen Sondereigentum und gemeinschaftlichem Eigentum oft nur aufwendig zu ermitteln wäre (z. B. bei der Zuordnung der Gebäude-AfA zwischen Sondereigentum und Gemeinschaftseigentum). Gleichwohl wäre es möglich, die Kosten für die Instandhaltung des gemeinschaftlichen Eigentums (z. B. Treppenhausreinigung, Heizungswartung) separat festzustellen. 223

Wenn derselbe Wohnungseigentümer mehrere Einheiten derselben Wohnanlage hält und diese vermietet, ist ebenfalls keine gesonderte und einheitliche Feststellung (§ 180 Abs. 1 Satz 1 Nr. 2 AO) durchzuführen. Es gibt keine andere Person, der auch aus diesen Wohnungen Einkünfte zuzurechnen sind. 224

BEISPIEL „VERMIETUNG MEHRERER WOHNUNGEN": Frau A ist Wohnungseigentümerin von drei Eigentumswohnungen in derselben Wohnanlage und vermietet diese zu Wohnzwecken.

LÖSUNG: Frau A erzielt aus allen vermieteten Eigentumswohnungen Einkünfte aus Vermietung und Verpachtung nach § 21 Abs. 1 Satz 1 Nr. 1 EStG. Es ist keine gesonderte und einheitliche Feststellung i. S. von § 180 Abs. 1 Satz 1 Nr. 2 AO durchzuführen, da die Einkünfte nicht „gemeinschaftlich" erzielt werden.

b) Vermietung von Gemeinschaftseigentum durch die GdWE

Wenn Gemeinschaftseigentum durch die GdWE an Dritte vermietet wird, erzielen die Wohnungseigentümer gemeinschaftliche Einkünfte, die nach § 180 Abs. 1 Satz 1 Nr. 2 AO gesondert und einheitlich festzustellen sind. Die Ein- 225

148 BFH, Urteil v. 27.4.1982 - VIII R 131/80, BStBl 1982 II S. 636 unter II. 3. b) und c) MAAAB-02495.

künfte sind nicht der GdWE zuzurechnen, da diese nur als Vermieter im Außenverhältnis für die Wohnungseigentümer auftritt.

BEISPIEL „VERMIETUNG VON GEMEINSCHAFTSEIGENTUM": Ein Telekommunikationsunternehmen zahlt der GdWE aufgrund eines Vertrags eine monatliche Miete für die Nutzung des Dachs der Wohnanlage, um darauf einen Funkmast zu betreiben.

LÖSUNG: Die Wohnungseigentümer erzielen aus der Vermietung des Dachs der Wohnanlage (Gemeinschaftseigentum) Einkünfte aus Vermietung und Verpachtung nach § 21 Abs. 1 Satz 1 Nr. 1 EStG. Es ist eine gesonderte und einheitliche Feststellung i. S. von § 180 Abs. 1 Satz 1 Nr. 2 AO durchzuführen, da die Einkünfte gemeinschaftlich erzielt werden.

c) Vermietung an andere Wohnungseigentümer

226 Die Vermietung einer Wohnung an einen anderen Wohnungseigentümer derselben Wohnanlage ist zulässig und steuerrechtlich unter den allgemeinen Voraussetzungen anzuerkennen.

BEISPIEL „VERMIETUNG AN ANDERE WOHNUNGSEIGENTÜMER": Frau A ist Eigentümerin des Teileigentums im Erdgeschoss (Ladenlokal). Herr B wohnt in der Wohnung im Obergeschoss als Wohnungseigentümer. Nachdem der Vormieter ausgezogen ist, vermietet Frau A das Ladenlokal an Herrn B für seinen Gewerbebetrieb (Einzelhandel mit Angelzubehör).

LÖSUNG: Frau A erzielt aus der Vermietung des Teileigentums Einkünfte aus Vermietung und Verpachtung nach § 21 Abs. 1 Satz 1 Nr. 1 EStG.

d) Vermietung zwischen Miteigentümern

227 Die Vermietung einer Wohnung an einen Miteigentümer an dem Wohnungseigentum ist nur insoweit steuerrechtlich anzuerkennen, als der mietende (nutzende) Miteigentümer diese Wohnung quotal über seinen Miteigentumsanteil hinaus nutzt.[149]

BEISPIEL „VERMIETUNG AN EINEN MITEIGENTÜMER": Frau S und Herr B sind als Geschwister je zur Hälfte Miteigentümer einer Eigentumswohnung, welche sie von ihrer Mutter geerbt haben. Herr B nutzt die Wohnung allein zu eigenen Wohnzwecken und überweist seiner Schwester (Frau S) aufgrund eines ordnungsgemäßen Mietvertrags monatlich die Hälfte einer fremdvergleichsgerechten Miete.

LÖSUNG: Frau S erzielt Einkünfte aus Vermietung und Verpachtung nach § 21 Abs. 1 Satz 1 Nr. 1 EStG aus der entgeltlichen Überlassung des hälftigen Miteigentumsanteils an der Eigentumswohnung. Frau S kann die auf sie entfallenen Kosten (laufende Aufwendungen, Erhaltungsaufwendung) und die Hälfte der Gebäude-AfA als

149 BFH, Urteil v. 18.5.2004 - IX R 49/02, BStBl 2004 II S. 929 LAAAB-24828.

Werbungskosten ansetzen. Herr B nutzt die Wohnung zur Hälfte aus eigenem Recht als Miteigentümer und zur anderen Hälfte als Mieter und kann keine Kosten steuerrechtlich absetzen.

Erzielen Miteigentümer aus der gemeinsamen Vermietung ihres Wohnungseigentums an Dritte gemeinschaftlich Einkünfte aus Vermietung und Verpachtung, so sind diese Einkünfte den Miteigentümern grds. entsprechend ihren Miteigentumsanteilen zuzurechnen. Dies gilt unabhängig davon, ob und in welchem Umfang die Miteigentümer die übrigen Räumlichkeiten des Objekts jeweils selbst nutzen.[150] Soweit Teile des Wohnungseigentums an Dritte vermietet (oder unentgeltlich überlassen) werden, wird nur hinsichtlich des „restlichen" Wohnungseigentums geprüft, zu welchem Anteil ein Miteigentümer dieses nutzt. Nur soweit ein Miteigentümer diesen Teil überquotal nutzt, kann von einer steuerrechtlichen Vermietung (bei einer vereinbarten Entgeltlichkeit) ausgegangen werden. 228

BEISPIEL „VERMIETUNG AN MITEIGENTÜMER UND DRITTE": Ein mehrgeschossiges Geschäftshaus ist in Teileigentum im Sinne des WEG aufgeteilt. An dem Teileigentum im 1. OG mit 200 m² Bürofläche sind Herr Cengiz und Frau Meier je zur Hälfte Miteigentümer. Herr Cengiz nutzt davon 80 m² (anteilig 40 %) für seine freiberufliche Rechtsanwaltstätigkeit. Die übrige Fläche von 120 m² (anteilig 60 %) vermieten die Miteigentümer an eine Versicherungsgesellschaft. Herr Cengiz zahlt Frau Meier aufgrund eines ordnungsgemäßen Mietvertrags monatlich eine fremdvergleichsgerechte Miete für die Hälfte der von ihm selbstgenutzten Fläche (rechnerisch 40 m²).

LÖSUNG: Man könnte für die Vermietung an die Versicherungsgesellschaft auf die Idee kommen, dass Herrn Cengiz von der gesamten Bürofläche vorrangig sein selbstgenutzter Anteil (40 %) zugeordnet wird und er daher nur 10 % und Frau Meier die übrigen 50 % der Bürofläche an die Versicherungsgesellschaft vermieten. Dies trifft aber nicht zu.

Der BFH[151] vertritt für solche Konstellationen vielmehr folgende Auffassung: Herr Cengiz und Frau Meier erzielen gemeinschaftlich Einkünfte aus Vermietung und Verpachtung nach § 21 Abs. 1 Satz 1 Nr. 1 EStG aus der Vermietung der Bürofläche (120 m²) an das Versicherungsunternehmen. Sie können daher gemeinsam 60 % aller Kosten des Teileigentums (einschließlich Gebäude-AfA) als Werbungskosten absetzen. Die Einkünfte sind insoweit gesondert und einheitlich festzustellen (§ 180 Abs. 1 Nr. 1 a) AO).

Die von Herrn Cengiz selbstgenutzte Bürofläche (80 m²) nutzt er zur Hälfte aus eigenem Recht als Miteigentümer und zur anderen Hälfte als Mieter von Frau Meier. Insoweit erzielt Frau Meier (zusätzlich und allein) Einkünfte aus Vermietung und Verpachtung. Sie kann die darauf entfallenden Kosten einschließlich der Gebäude-AfA (im Verhältnis: 1/2 x 80 m² zu 200 m²) als Werbungskosten ansetzen. Herr Cengiz

150 BFH, Urteil v. 18.5.2004 - IX R 49/02, BStBl 2004 II S. 929 LAAAB-24828.

151 BFH, Urteil v. 18.5.2004 - IX R 49/02, BStBl 2004 II S. 929 LAAAB-24828.

kann die Mietzahlung einschließlich Nebenkosten an Frau Meier (für den angemieteten Raumanteil) sowie die auf ihn als Miteigentümer für „seinen" Flächenanteil (1/2 x 80 m² zu 200 m²) entfallenden Kosten (einschließlich Gebäude-AfA) als Betriebsausgaben abziehen.

e) Vermietung durch vermögensverwaltende Gesellschaften

229 Wenn der Wohnungseigentümer eine vermögensverwaltende Gesellschaft ist, wird die Vermietung an deren Gesellschafter insoweit nicht steuerrechtlich anerkannt, als der Gesellschafter an der Gesellschaft beteiligt ist. Soweit der Gesellschafter an der Gesellschaft beteiligt ist, ist ihm das Wohnungseigentum ertragsteuerrechtlich nach § 39 Abs. 2 Nr. 2 AO zuzurechnen. Eine Vermietung „an sich selbst" ist insoweit nicht möglich.[152]

BEISPIEL „VERMIETUNG DURCH PERSONENGESELLSCHAFT AN GESELLSCHAFTER": Frau S und Herr B sind zu je 50 % Gesellschafter der S+B eGbR, welche Wohnungseigentümerin eines Ladenlokals (Teileigentum) ist. Herr B nutzt das Ladenlokal als Eiscafé. Daher vermietet die S+B eGbR das Teileigentum fremdvergleichsgerecht an ihn. B möchte die gesamte Mietzahlung als Betriebsausgaben seines Eiscafés (Gewerbebetrieb) abziehen.

LÖSUNG: Herrn B ist das Teileigentum über die vermögensverwaltende eGbR zur Hälfte zuzurechnen (§ 39 Abs. 2 Nr. 2 AO). Insoweit vermietet B steuerrechtlich betrachtet 50 % „an sich selbst". Er kann 50 % der Miete und 50 % der Kosten des Teileigentums (einschließlich 50 % der Gebäude-AfA) als Betriebsausgaben seines Gewerbebetriebs abziehen. Er hat keine Vermietungseinkünfte zu besteuern.

Frau S erzielt Einkünfte aus Vermietung und Verpachtung nach § 21 Abs. 1 Satz 1 Nr. 1 EStG aus der entgeltlichen Überlassung des auf sie entfallenden Anteils an der eGbR. Frau S hat somit 50 % der gesamten Mietzahlung von B als Einnahmen anzusetzen. Sie kann die auf sie entfallenen Kosten (einschließlich der Gebäude-AfA) ebenfalls zu 50 % als Werbungskosten ansetzen. Es findet keine gesonderte und einheitliche Feststellung i. S. des § 180 Abs. 1 Nr. 2 a) AO der Vermietungseinkünfte statt, da nur Frau S diese Einkünfte erzielt.

f) Zwischenvermietung über Personengesellschaft bei Miteigentum

230 Sofern Miteigentümer am Wohnungseigentum zusammen zusätzlich Gesellschafter einer vermögensverwaltenden GbR sind, werden die Vermietungen als Miteigentümer an die GbR nur steuerrechtlich anerkannt, als sich die Quoten der jeweiligen Anteile nicht decken (§ 39 Abs. 2 Nr. 2 AO).

152 BFH, Urteil v. 27.11.2024 - I R 19/21, BStBl 2025 II S. 501 unter II. 5. b) (1) NAAAJ-90124 m. w. N; Mayer/Dorn/Stein, DStR 2025 S. 2703 f.: Die Vermietung der vermögensverwaltenden Personengesellschaft an den Gesellschafter ist steuerrechtlich entsprechend der Beteiligungsquote des Nutzenden als Quasi-Eigennutzung zu behandeln.

BEISPIEL „VERMIETUNG VOM MITEIGENTÜMER AN BETEILIGUNGSIDENTISCHE GBR": Frau S und Herr B sind als Geschwister je zur Hälfte Miteigentümer von einem Ladenlokal im Teileigentum (WEG). Herr B möchte das Ladenlokal als Eiscafé nutzen. S und B gründen daher die S+B eGbR, welche das Teileigentum fremdvergleichsgerecht anmietet. Durch einen weiteren Mietvertrag wird das Teileigentum an B (weiter-)vermietet (Entgelt ebenfalls fremdvergleichsgerecht). B möchte die gesamte Mietzahlung als Betriebsausgaben seines Eiscafés (Gewerbebetrieb) abziehen.

LÖSUNG: Herrn B ist das Miteigentum an dem Teileigentum über die vermögensverwaltende eGbR zur Hälfte zuzurechnen (§ 39 Abs. 2 Nr. 2 AO). Insoweit vermietet B steuerrechtlich betrachtet 50 % „an sich selbst". Er kann nur 50 % der Miete (und 50 % der Kosten des Teileigentums einschließlich Gebäude-AfA) als Betriebsausgaben seines Gewerbebetriebs abziehen. Er hat keine Vermietungseinkünfte zu besteuern.

Frau S erzielt Einkünfte aus Vermietung und Verpachtung nach § 21 Abs. 1 Satz 1 Nr. 1 EStG aus der entgeltlichen Überlassung des hälftigen Miteigentumsanteils an dem Teileigentum. Frau S hat 50 % der gesamten Mietzahlung von B als Einnahmen anzusetzen. Sie kann die auf sie entfallenen Kosten (einschließlich der Gebäude-AfA) ebenfalls zu 50 % als Werbungskosten ansetzen.

g) Wechselseitige Vermietung von Wohnungseigentum

Eine wechselseitige Vermietung von Wohnungseigentum ist zivilrechtlich zwar 231 zulässig. Sofern es aber für eine solche Überkreuzvermietung keinen außersteuerlichen Grund gibt, ist er ertragsteuerrechtlich nicht anzuerkennen (Gestaltungsmissbrauch nach § 42 AO).[153]

BEISPIEL „ÜBERKREUZVERMIETUNG": Frau A und Herr B sind zu je 1.000/10.000 (10 %) Miteigentumsanteile Wohnungseigentümer einer Wohnanlage. Jedem gehört dort eine gleich große und gleichwertige Eigentumswohnung. A und B schließen zwei gegenläufige Mietverträge (mit fremdüblichen Bedingungen und Entgelt) ab: A vermietet die ihr gehörende linke Wohnung im EG an B zum Wohnen. B vermietet die ihm gehörende rechte Wohnung im EG an A zum Wohnen. Da A und B die Anschaffung des Wohnungseigentums jeweils fremdfinanziert haben, ergäbe sich für beide aus einer steuerrechtlich anzuerkennenden Vermietung ein Verlust.

LÖSUNG: Der Sinn der wechselseitigen Vermietung der Eigentumswohnungen besteht darin, gegenüber dem Finanzamt den Tatbestand der Vermietung und Verpachtung nach § 21 Abs.1 EStG zu verwirklichen und auf diese Weise die Aufwendungen für die private Lebensführung als steuerlichen Vermietungsverlust geltend machen zu können. Der Einkommensbesteuerung von A und B ist nach § 42 AO (Gestaltungsmissbrauch) der tatsächliche wirtschaftliche Vorgang, ohne die unangemessene Gestaltung durch das Mietverhältnis, zugrunde zu legen. Dies führt dazu, dass A und B sich so behandeln lassen müssen, als hätten sie die Eigentumswohnungen nicht vermietet. Infolgedessen haben beiden nicht den Tatbestand des § 21 Abs.1 EStG verwirklicht.

153 BFH, Urteil v. 19.6.1991 - IX R 134/86, BStBl 1991 II S. 904 HAAAA-93870.

5. Absicht der Einkünfteerzielung (Prüfung der Liebhaberei)

232 Wenn aus der Vermietung Verluste resultieren, stellt das Finanzamt oft die Frage, ob diese als (negative) Einkünfte steuerrechtlich angesetzt werden dürfen. Auch bei den Vermietungseinkünften nach § 21 EStG ist es erforderlich, dass eine Absicht zur Einkünfteerzielung besteht. Gerade bei der verbilligten Vermietung an Angehörige könnten steuerwirksame Verluste produziert werden, die dann mit anderen (positiven) Einkünften verrechnet werden. Es ist somit zu prüfen, ob mit der Vermietung die Einkünfteerzielung beabsichtigt wird oder es sich um „Liebhaberei" handelt. Bei einer auf Dauer angelegten Vermietung einer Eigentumswohnung ist aber grds. und typisierend von der Absicht auszugehen, einen Einnahmeüberschuss zu erwirtschaften.

233 Ein gegen die Einkünfteerzielungsabsicht sprechendes Beweisanzeichen liegt aber dann vor, wenn eine Wohnung innerhalb eines engen zeitlichen Zusammenhangs nach der Anschaffung oder Herstellung veräußert oder selbst genutzt wird und innerhalb dieser Zeit nur ein Werbungskostenüberschuss erzielt wird.[154] In der Regel ist eine Haltefrist von bis zu fünf Jahren erforderlich.

BEISPIEL „ZEITNAHER EINZUG NACH ERWERB UND VERMIETUNG":[155] A erwirbt zum 1.1.2022 eine gebrauchte Eigentumswohnung, die er zunächst fremdvermietet. Zum 31.12.2025 kündigt er das Mietverhältnis wegen Eigenbedarfs. Nach der Renovierung (Kosten insgesamt 30.000 €) zieht A selbst in die Eigentumswohnung ein.

Dass A das Mietobjekt innerhalb von fünf Jahren seit der Anschaffung tatsächlich selbst nutzt, spricht gegen eine auf Dauer angelegte Vermietungstätigkeit. Wenn A nicht ausreichend darlegen kann, dass er den Entschluss zur Selbstnutzung erst nachträglich gefasst hat, ist anhand einer Prognose zu prüfen, ob er aus der befristeten Vermietung einen Totalüberschuss erzielen konnte.

234 Bei einer ausschließlich an Feriengäste vermieteten und in der übrigen Zeit hierfür bereitgehaltenen Ferienwohnung (also ohne Selbstnutzung) ist grds. und typisierend von der Absicht des Wohnungseigentümers auszugehen, einen Einnahmeüberschuss zu erwirtschaften, wenn das Vermieten die ortsübliche Vermietungszeit von Ferienwohnungen – abgesehen von Vermietungshindernissen – nicht erheblich (d. h. um mindestens 25 %) unterschreitet.[156] Die Ferienwohnung (die nicht selbst genutzt wird), muss daher zur Annahme einer Einkunftserzielungsabsicht mindestens zu 75 % der ortsüblichen Auslastung von Ferienwohnungen vermietet sein.

---

154 BMF, Schreiben v. 8.10.2004, BStBl 2004 I S. 933 Rz. 7.

155 Beispiel ähnlich wie BMF, Schreiben v. 8.10.2004, BStBl 2004 I S. 933 Rz. 7.

156 BFH, Urteil v. 12.8.2025 - IX R 23/24, BStBl 2025 II S. 997 FAAAK-02025.

BEISPIEL „FERIENWOHNUNG": In der Gemeinde G werden nach statistischen Erhebungen zur Vermietung angebotene Ferienwohnungen im Durchschnitt an etwa 200 Tagen im Kalenderjahr tatsächlich vermietet. Dann muss eine konkrete Ferienwohnung mindestens an 150 Tagen im Jahr vermietet sein, damit trotz Verlusten eine Einkunftserzielungsabsicht unterstellt werden kann.

Bei der Vermietung von Gewerbeimmobilien (z. B. bei Teileigentum) wird die Einkünfteerzielungsabsicht nicht typisierend vermutet, sondern ist originär festzustellen.[157] 235

6. Mietverträge mit nahestehenden Personen (steuerrechtliche Anerkennung)

Mietverträge mit nahestehenden Personen sind i. d. R. der Besteuerung dann nicht zugrunde zu legen, wenn die Gestaltung oder die tatsächliche Durchführung nicht dem zwischen Fremden Üblichen entspricht.[158] Maßgebend ist die Gesamtheit der objektiven Gegebenheiten.[159] Wichtig ist u. a. die zivilrechtlich wirksame und klare Vereinbarung der Mietbedingungen (z. B. Miethöhe, Zahlungspflichten) und deren tatsächliche und nachweisbare Durchführung (z. B. regelmäßige und pünktliche Zahlung über ein Bankkonto). Sollte das Mietverhältnis steuerrechtlich nicht anerkannt werden, erzielt der Vermieter keine Einkünfte aus Vermietung und Verpachtung. 236

7. Verbilligte Vermietung (Kürzung der Werbungskosten)

An Angehörige oder befreundete Personen wird das Wohnungseigentum oftmals unter dem Marktpreis vermietet. Nach den allgemeinen Grundsätzen des Einkommensteuerrechts ist dann die Vermietung steuerrechtlich nach dem Verhältnis der tatsächlichen Miete zur Marktmiete in einen entgeltlichen und einen unentgeltlichen Teil aufzuteilen. Dies hat dann zur Folge, dass die Werbungskosten nur insoweit (d. h. quotal) abzugsfähig sind, als die Vermietung den entgeltlichen Teil entspricht. Dies ist z. B. der Fall, wenn Teileigentum verbilligt überlassen wird. 237

BEISPIEL „VERBILLIGTE VERMIETUNG EINES LADENLOKALS": Der Mieter M eines Ladenlokals (Teileigentum) ist mit dem Eigentümer (Vermieter) V befreundet und zahlt daher statt angemessenen 1.000 € Miete nur 700 € Miete im Monat.

Die gesamten Werbungskosten von V für das Teileigentum sind nach der Entgeltlichkeitsquote nur im Verhältnis von 70/100 (d. h. zu 70 %) abzugsfähig.

157 BFH, Urteil v. 9.10.2013 - IX R 2/13, BStBl 2014 II S. 527 HAAAE-61856.

158 BFH, Urteil v. 7.5.1996 - IX R 69/94, BStBl 1997 II S. 196 QAAAA-95769.

159 BFH, Urteil v. 28.6.2002 - IX R 68/99, BStBl 2002 II S. 699 SAAAA-89326.

238 Für vermietete Wohnungen (zu Wohnzwecken genutzte Eigentumswohnungen) gibt es in § 21 Abs. 2 EStG eine Sonderregelung:

- Beträgt das Entgelt (Miete) weniger als 50 % der ortsüblichen Marktmiete, so ist die Nutzungsüberlassung in einen entgeltlichen und einen unentgeltlichen Teil aufzuteilen (§ 21 Abs. 2 Satz 1 EStG).
- Beträgt das Entgelt (Miete) bei auf Dauer angelegter Wohnungsvermietung mindestens 66 % der ortsüblichen Miete, gilt die Wohnungsvermietung als entgeltlich (§ 21 Abs. 2 Satz 2 EStG).

239 Wenn und soweit die Vermietung nicht als vollentgeltlich anzusehen ist, sind die Werbungskosten (einschließlich AfA) in Höhe der anteiligen Unentgeltlichkeit zu kürzen. Dies gilt auch für die Mittelverwendung aus der Erhaltungsrücklage in Zeiten einer verbilligten Vermietung, obwohl die Erhaltungsrücklage in Zeiten einer fremdüblichen (vollentgeltlichen) Vermietung gebildet wurde.[160]

BEISPIEL „VERBILLIGTE VERMIETUNG UND ERHALTUNGSRÜCKLAGE": Frau F vermietete eine Eigentumswohnung bisher zu einem fremdüblichen Mietpreis und zahlte über mehrere Jahre der Vermietung insgesamt 5.000 € in die Erhaltungsrücklage ein. Nachdem ihr Mieter ausgezogen ist, vermietet Frau F die Eigentumswohnung ab dem 1.1.2026 an ihren Sohn S zu einer Miete von nur 40 % im Vergleich zur fremdüblichen Miete. Im Jahr 2026 wird das Treppenhaus renoviert und die Renovierungskosten werden aus der Erhaltungsrücklage bezahlt. Auf Frau F entfallen anteilig 1.000 €.

Frau F erhält einen Werbungskostenabzug im Jahr 2026 aus der Verwendung der Erhaltungsrücklage, da sie die Eigentumswohnung zu diesem Zeitpunkt vermietet. Da sie aber nur zu 40 % entgeltlich vermietet, kann sie die auf sie entfallenden Kosten von 1.000 € nach § 21 Abs. 2 EStG nur i. H. von 400 € (40 %) als Werbungskosten bei den Vermietungseinkünften ansetzen.

240 Bei einem Entgelt zwischen 51 % und 65 % ist keine der beiden Alternativen des § 21 Abs. 2 EStG anwendbar und eine Überschussprognose erforderlich.[161] Wenn diese positiv ausfällt (Gesamtüberschuss wird prognostiziert), sind die Werbungskosten voll abzugsfähig. Bei einer Negativprognose sind die Werbungskosten aufzuteilen.

241 Die ortsübliche Marktmiete umfasst die ortsübliche Kaltmiete zzgl. der nach der Betriebskostenverordnung umlagefähigen Kosten.[162] Diese wird mit der tatsächlich vereinbarten Miete zzgl. Nebenkosten („Warmmiete") verglichen.

---

160 Hante/Mühlenstädt, NWB 26/2025 S. 1774, 1778 OAAAJ-93725.

161 Dazu BMF, Schreiben v. 8.10.2004 - IV C 3 - S 2253 - 91/04, BStBl 2004 I S. 933 CAAAB-27624.

162 R 21.3 Satz 2 EStR.

BEISPIEL „VERBILLIGTE WOHNUNGSVERMIETUNG": Der Mieter M einer Eigentumswohnung ist mit dem Eigentümer (Vermieter) V befreundet und hat mit ihm einen unbefristeten Mietvertrag geschlossen. Danach zahlt er statt der angemessenen 1.000€ Miete im Monat nur

a) 700€,

b) 600€,

c) 400€.

LÖSUNG: Zu a) Die Entgeltlichkeitsquote beträgt 700€/1000€ (70%), so dass die Werbungskosten voll abzugsfähig sind, da die Quote über 66% liegt (§ 21 Abs. 2 Satz 1 EStG).

Zu b) Die Entgeltlichkeitsquote beträgt 600€/1000€ (60%), d.h. zwar weniger als 66%, aber mehr als 50%, so dass keine der beiden Alternativen des § 21 Abs. 2 EStG zutrifft. Daher ist nach den Grundsätzen des BMF v. 8.10.2004, BStBl 2004 I S. 933, eine Überschussprognose erforderlich: Wenn diese positiv ist, sind die Werbungskosten voll abzugsfähig. Bei einer Negativprognose sind die Werbungskosten nur zu 60% abzugsfähig (40% also nicht abzugsfähig).

Zu c) Die Entgeltlichkeitsquote beträgt 400€/1000€ (40%), d.h. weniger als 50%, so dass die Werbungskosten nur in Höhe der Entgeltlichkeitsquote (zu 40%) abzugsfähig sind (60% sind also nicht abzugsfähig).

8. Geringfügige Teilvermietung

Werden Teile einer selbst genutzten Eigentumswohnung vorübergehend vermietet und übersteigen die Einnahmen hieraus nicht 520€ im VZ, sieht die Finanzverwaltung nach R 21.2 Abs. 1 Satz 1 EStR aus Vereinfachungsgründen von der Besteuerung der Einkünfte ab.[163] Wenn aus der Vermietung Verluste erzielt werden, kann der Wohnungseigentümer aber auf die Vereinfachung verzichten. 242

BEISPIEL „GERINGFÜGIGE TEILVERMIETUNG": Frau F vermietet ein Zimmer in ihrer selbst genutzten Eigentumswohnung während der Frankfurter Buchmesse im Jahr 2024 an einen Messebesucher und erzielt daraus Einnahmen von 200€.

LÖSUNG: Da die Mieteinnahmen unter 520€ liegen, brauchen die Einkünfte nach R 21.2 Abs. 1 Satz 1 EStR nicht versteuert zu werden. Wenn die zeit- und raumanteiligen Kosten höher als die Einnahmen sind, könnte Frau F aber daran interessiert sein, auf die Vereinfachung zu verzichten und den Verlust bei ihrer Einkommensteuer 2024 anzusetzen.

163 Dies gilt ebenso für eine vorübergehende Untervermietung von Teilen einer angemieteten Eigentumswohnung, die im Übrigen selbst genutzt wird (R 21.2 Abs. 1 Satz 2 EStR).

9. Vermietungseinkünfte bei Nießbrauch an Wohnungseigentum

a) Nießbrauch an Wohnungseigentum

243 Wenn an einer vermieteten Eigentumswohnung ein Nießbrauch (§§ 1030 ff. BGB) bestellt ist (siehe dazu →Rz. 77 ff.), tritt der Nießbraucher in die Vermieterstellung des Eigentümers ein (§ 567 BGB). Die Mieteinnahmen stehen dem Nießbraucher zu. Auch bei Wohnungseigentum im Sinne des WEG liegt die mietvertragliche Zuständigkeit beim Nießbraucher. Für das Sondereigentum (als Alleineigentum) ergibt sich dies unmittelbar aus den Regelungen des Nießbrauchs. Für das gemeinschaftliche Eigentum ergibt sich dies aus § 1066 Abs. 1 BGB, nach der ein Nießbraucher die Rechte ausübt, die sich „aus der Gemeinschaft der Miteigentümer in Ansehung der Verwaltung der Sache und der Art ihrer Benutzung ergeben“.

244 In der Praxis wird der Nießbrauch überwiegend als Gestaltungsmittel der vorweggenommenen Erbfolge eingesetzt. Oft übertragen Eltern auf ihre Kinder ein Grundstück unter Vorbehalt des Nießbrauchs oder räumen diesen ein Nießbrauchsrecht an einem Grundstück ein. Das erfolgt regelmäßig unentgeltlich.

245 Bei einem entgeltlich bestellten Nießbrauch zahlt der Nießbrauchsberechtigte für die Nutzungsbefugnis einen einmaligen oder laufenden Gegenwert.

b) Vermietungseinkünfte aus dem Nießbrauch

246 Der Nießbraucher erzielt aus vermietetem Wohnungseigentum Einkünfte aus Vermietung und Verpachtung (§ 21 Abs. 1 Nr. 1 EStG).[164] Der Eigentümer hat dementsprechend keine Vermietungseinkünfte zu versteuern.[165] Der entgeltliche Verzicht auf den Nießbrauch durch eine Abfindungszahlung des zivilrechtlichen Wohnungseigentümers an den (bisherigen) Nießbraucher stellt nach geänderter Auffassung des BFH[166] für den Nießbraucher eine steuerpflichtige Entschädigung für entgehende Einnahmen aus Vermietung und Verpachtung dar (§§ 24 Nr. 1 Buchst. a EStG i. V. mit § 21 Abs. 1 Satz 1 Nr. 1 EStG).

---

164 BMF, Schreiben v. 30.9.2013 - IV C 1 - S 2253/07/10004, BStBl 2013 I S. 1184 Rz. 41 AAAAE-45949.

165 BMF, Schreiben v. 30.9.2013 - IV C 1 - S 2253/07/10004, BStBl 2013 I S. 1184 Rz. 23 AAAAE-45949.

166 BFH, Urteil v. 10.10.2025 - IX R 4/24 MAAAK-05864 = DStR 2025 S. 2831; a. A. BMF, Schreiben v. 30.9.2013 - IV C 1 - S 2253/07/10004, BStBl 2013 I S. 1184 Rz. 58, 60, 65 AAAAE-45949, entsprechend der vorherigen BFH-Rechtsprechung (BFH v. 25.11.1992 - X R 34/89, BStBl 1996 II S. 663 unter 1.b IAAAB-04851).

Da nur diejenige Person Werbungskosten abziehen kann, die in eigener Person die Einkünfte aus Vermietung und Verpachtung erzielt und die Kosten in eigener Person trägt,[167] kann (nur) der Nießbraucher Werbungskosten abziehen. Der Nießbraucher kann somit alle Aufwendungen für das Wohnungseigentum als Werbungskosten absetzen, die ihn betreffen. Soweit der Eigentümer Kosten trägt, gehen diese ins Leere.[168] 247

In der Praxis wird oft die Kostentragung individuell zwischen dem Nießbraucher und dem Eigentümer vereinbart. Es ist z. B. ein „Bruttonießbrauch" zulässig, bei dem sich der Nießbrauchbesteller verpflichtet, die den Nießbraucher nach §§ 1041, 1045, 1047 BGB treffenden Kosten und Lasten zu tragen, so dass dem Nießbraucher die Bruttoerträge verbleiben.[169] 248

c) AfA bei unentgeltlich bestelltem Nießbrauch

Bei der AfA-Berechtigung für den Gebäudeanteil des Wohnungseigentums bei einem unentgeltlich bestellen Nießbrauch (vorweggenommene Erbfolge) ist wie folgt zu unterscheiden: 249

- Vorbehaltsnießbrauch: Der Vorbehaltsnießbraucher behält als ehemaliger Eigentümer seine AfA-Berechtigung.[170] Diese geht nicht auf den neuen Wohnungseigentümer über.[171]

BEISPIEL „VORBEHALTSNIEßBRAUCH": Frau M überträgt eine vermietete Eigentumswohnung unter Vorbehalt des Nießbrauchs an ihren Sohn S.

LÖSUNG: Frau M bleibt zivilrechtlich auch nach der Eigentumsübertragung auf ihren Sohn Vermieterin und erzielt aus der Vermietung der Eigentumswohnung weiterhin Einkünfte aus Vermietung und Verpachtung (§ 21 Abs. 1 Nr. 1 EStG). Die Gebäude-AfA kann Frau M weiter abziehen. Soweit aber ihr Sohn Aufwendungen der Wohnung zu tragen hat (z. B. Instandsetzungskosten), können diese weder von Frau M noch von Sohn S als Werbungskosten abgezogen werden.

---

167 BMF, Schreiben v. 30.9.2013 - IV C 1 - S 2253/07/10004, BStBl 2013 I S. 1184 Rz. 21 AAAAE-45949.

168 BMF, Schreiben v. 30.9.2013 - IV C 1 - S 2253/07/10004, BStBl 2013 I S. 1184 Rz. 24, 45 AAAAE-45949.

169 BMF, Schreiben v. 30.9.2013 - IV C 1 - S 2253/07/10004, BStBl 2013 I S. 1184 Rz. 14 AAAAE-45949. Der Bruttonießbrauch beeinträchtigt nicht die steuerrechtliche Vermieterstellung (BFH, Urteil v. 13.5.1980 - VIII R 128/78, BStBl 1981 II S. 299 YAAAB-02131).

170 BMF, Schreiben v. 30.9.2013 - IV C 1 - S 2253/07/10004, BStBl 2013 I S. 1184 Rz. 42 AAAAE-45949.

171 Erst wenn der Vorbehaltsnießbraucher stirbt und der Nießbrauch wegfällt, kann der „Volleigentümer" die dann noch verbleibenden Rest-AfA abziehen.

- Zuwendungsnießbrauch: Die bisherige Gebäude-AfA geht durch einen Zuwendungsnießbrauch nicht auf den Nießbraucher über, so dass weder der Nießbraucher noch der Wohnungseigentümer die AfA geltend machen kann.[172]

BEISPIEL „ZUWENDUNGSNIEßBRAUCH": Herr V räumt seiner Tochter T den Nießbrauch an einer vermieteten Eigentumswohnung ein. Das Wohnungseigentum verbleibt bei Vater V.

LÖSUNG: Tochter T tritt in die Stellung als Vermieterin der Eigentumswohnung ein und erzielt zukünftig daraus Einkünfte aus Vermietung und Verpachtung (§ 21 Abs. 1 Nr. 1 EStG). Die Gebäude-AfA kann T nicht abziehen, aber alle Aufwendungen der Wohnung, soweit sie diese zu tragen hat. Sofern Vater V Aufwendungen entstehen (z. B. Instandsetzungskosten), können diese weder von Vater V noch von Tochter T als Werbungskosten abgezogen werden.

d) AfA bei entgeltlich bestelltem Nießbrauch

250 Bei einem entgeltlich bestellten Zuwendungsnießbrauch (i. d. R. zwischen fremden Dritten) tritt der Nießbraucher in die Vermieterstellung ein und erzielt Einkünfte aus Vermietung und Verpachtung aus der Vermietung an den Mieter. Der Wohnungseigentümer (Nießbrauchbesteller) erzielt zwar weiterhin Vermietungseinkünfte, jedoch nicht mehr aus der Vermietung des Wohnungseigentums an den Mieter, sondern aus der Überlassung des Wohnungseigentums an den Nießbraucher.

251 Beim Nießbraucher stellt das für den Nießbrauch geleistete Entgelt Werbungskosten bei seinen Vermietungseinkünften dar. Wenn laufende Zahlungen auf die Lebenszeit des Berechtigten vereinbart wurden, sind nach Verwaltungsauffassung[173] die Aufwendungen für den Erwerb des Nießbrauchs nach § 11 Abs. 2 Satz 3 EStG auf die mutmaßliche Lebenszeit der betreffenden Person (nach der jeweils aktuellen Sterbetafel des Statistischen Bundesamts, § 14 Abs. 1 BewG) zu verteilen, sofern diese mehr als fünf Jahre beträgt.[174]

---

172 BMF, Schreiben v. 30.9.2013 - IV C 1 - S 2253/07/10004, BStBl 2013 I S. 1184 Rz. 19 AAAAE-45949. Soweit der Nießbraucher allerdings (nachträgliche) Herstellungskosten trägt, sind diese bei ihm nach den allgemeinen Grundsätzen als AfA abzugsfähig.

173 BMF, Schreiben v. 30.9.2013 - IV C 1 - S 2253/07/10004, BStBl 2013 I S. 1184 Rz. 26 AAAAE-45949.

174 Nach der Rechtsprechung des BFH, Urteil v. 26.11.1996 - IX R 33/94 SAAAB-38114 = BFH/NV 1997 S. 643 (dort unter 3.a) führt das Entgelt zu Anschaffungskosten des Nießbrauchrechts. Dieses Recht kann nach § 7 Abs. 1 EStG (nicht als Gebäude nach § 7 Abs. 4 EStG) auf die voraussichtliche Laufzeit des Nießbrauchs (i. d. R. nach der Lebenserwartung des Berechtigten) abgeschrieben werden. So auch Kulosa in Schmidt, EStG, 44. Aufl. 2025, § 7 Rz. 73.

Der Berechtige am Nießbrauch (Wohnungseigentümer) hat das Entgelt für den Nießbrauch als Einnahmen aus Vermietung und Verpachtung bei Zufluss (ggf. bei einer Einmalzahlung nach § 11 Abs. 1 Satz 3 EStG verteilt) zu versteuern. 252

BEISPIEL „ENTGELTLICH BESTELLTER NIEẞBRAUCH": ► Herr H räumt Herrn E den Nießbrauch an einer vermieteten Eigentumswohnung gegen eine monatliche Zahlung auf die Lebenszeit von Herrn H ein.

LÖSUNG: ► Herr E tritt als Nießbraucher in die Stellung als Vermieter der Eigentumswohnung ein und erzielt zukünftig daraus Einkünfte aus Vermietung und Verpachtung (§ 21 Abs. 1 Nr. 1 EStG). Die Gebäude-AfA kann Herr E nicht abziehen, aber alle Aufwendungen der Wohnung, soweit er diese zu tragen hat. Die monatlichen Zahlungen stellen bei Herrn H Einnahmen und bei Herrn E Werbungskosten bei deren Einkünften aus Vermietung und Verpachtung dar.

e) Vermietung an den Arbeitgeber

Wenn der Wohnungseigentümer seinem Arbeitgeber ein Arbeitszimmer oder sonstige Räume (Homeoffice) vermietet, stellt sich die Frage, wie die daraus erzielten Mieteinnahmen beim vermietenden Arbeitnehmer (Wohnungseigentümer) zu qualifizieren sind. 253

Nach dem BMF-Schreiben v. 18.4.2019[175] gilt dazu Folgendes: 254

- Dient das Arbeitszimmer bzw. Homeoffice in erster Linie dem Interesse des Arbeitnehmers, führt die Mietzahlung des Arbeitgebers zu Arbeitslohn (§ 19 EStG), da diese eine Gegenleistung für die Arbeitskraft des Arbeitnehmers darstellt. Es handelt sich damit nicht um Einkünfte aus Vermietung und Verpachtung (§ 21 Abs. 3 EStG). Ein gewichtiges Indiz liegt darin, wenn der Arbeitnehmer im Betrieb des Arbeitgebers über einen Arbeitsplatz verfügt und die Tätigkeit im Arbeitszimmer bzw. Homeoffice vom Arbeitgeber nur gestattet oder geduldet wird.
- Wenn die Ausgestaltung der Mietvereinbarung sowie auch die tatsächliche Nutzung des Arbeitszimmers bzw. Homeoffice maßgeblich und objektiv nachvollziehbar von den Bedürfnissen des Arbeitgebers geprägt wird, handelt es sich um Einkünfte aus Vermietung und Verpachtung (§ 21 EStG).

Dafür sprechen vor allem folgende Anhaltspunkte: 255

- Für den Arbeitnehmer ist im Unternehmen kein geeigneter Arbeitsplatz vorhanden.

175 BMF, Schreiben v. 18.4.2019 - IV C 1 - S 2211/16/10003 :005, BStBl 2019 I S. 461 MAAAH-15447.

- Der Arbeitgeber hat für anderen Arbeitnehmer entsprechende Verträge mit Dritten geschlossen, sofern die anderen Arbeitnehmer kein Arbeitszimmer/Homeoffice selbst anbieten können.

10. Im Ausland ansässige Wohnungseigentümer

256 Wenn der Wohnungseigentümer im Ausland ansässig ist, unterliegen die Vermietungseinkünfte aus der (inländischen) Eigentumswohnung gleichwohl i.d.R. der deutschen Einkommensteuer. Deutschland hat zwar nur dann ein Besteuerungsrecht, wenn die aus der Eigentumswohnung erzielten Einkünfte nach § 49 EStG der beschränkten Einkommensteuerpflicht unterliegen. Zu den inländischen Einkünften eines beschränkt Einkommensteuerpflichtigen (§ 1 Abs. 4 EStG) gehören aber u. a. die Einkünfte aus Vermietung und Verpachtung aus unbeweglichem Vermögen (wie eine Eigentumswohnung) im Inland (§ 49 Abs. 1 Nr. 6 EStG).

257 Zusätzlich ist in Fällen mit einer Auslandsbeziehung zu prüfen, ob Deutschland mit dem Ansässigkeitsstaat des Wohnungseigentümers ein Doppelbesteuerungsabkommen (DBA) geschlossen hat, welches das nach dem Einkommensteuergesetz bestehende Besteuerungsrecht möglicherweise in dem konkreten Fall einschränkt oder ausschließt. Als Vertrag mit anderen Staaten über die Besteuerung geht ein DBA den Steuergesetzen vor (§ 2 Abs. 1 AO). Nach vielen DBA wird die Besteuerung von Einkünften aus unbeweglichem Vermögen grds. dem Staat zugewiesen, in dem das Vermögen liegt (Belegenheitsstaat).

BEISPIEL „WOHNUNGSEIGENTÜMER IM AUSLAND": ► Frau N wohnt in Maastricht (Niederlande) und ist Eigentümerin einer Eigentumswohnung in Aachen (Deutschland), welche sie vermietet.

LÖSUNG: ► Frau N ist nur mit ihren inländischen Einkünften (§ 49 EStG) in Deutschland beschränkt steuerpflichtig (§ 1 Abs. 4 EStG). Als Vermieterin der Eigentumswohnung erzielt sie Einkünfte aus Vermietung und Verpachtung (§ 21 Abs. 1 Nr. 1 EStG). Die Eigentumswohnung stellt inländisches unbewegliches Vermögen nach § 49 Abs. 1 Nr. 6 EStG dar. Daher unterliegen diese Einkünfte dem deutschen Besteuerungsrecht. Nach dem zusätzlich zu prüfenden DBA-Deutschland/Niederlande (dort: Art. 6 Abs. 1) wird das Besteuerungsrecht für Einkünfte aus unbeweglichem Vermögen dem Staat zugewiesen, in dem das Vermögen belegen ist. Daher unterliegt Frau N mit den Vermietungseinkünften aus der Eigentumswohnung in Deutschland der (beschränkten) Einkommensteuerpflicht.

11. Zeitpunkt der Besteuerung von Einnahmen und Ausgaben

a) Zu- und Abflussprinzip (§ 11 EStG)

Im Grundsatz sind die Einnahmen (insbesondere die Mieteinnahmen) und die Werbungskosten im Zahlungszeitpunkt anzusetzen. Es kommt im Grundsatz nicht darauf an, für welchen Zeitraum gezahlt wird. Für regelmäßig wiederkehrende Einnahmen und Ausgaben gibt es aber eine Sonderregelung. 258

b) Wiederkehrende Einnahmen und Ausgaben

Regelmäßig wiederkehrende Einnahmen, die dem Wohnungseigentümer „kurze Zeit vor Beginn oder kurze Zeit nach Beendigung des Kalenderjahres, zu dem sie wirtschaftlich gehören, zugeflossen sind, gelten als in diesem Kalenderjahr bezogen" (§ 11 Abs. 1 Satz 2 EStG). Das gilt für regelmäßig wiederkehrende Ausgaben entsprechend (§ 11 Abs. 2 Satz 2 EStG). 259

Als „kurze Zeit" vor Beginn oder nach dem Ende des Kalenderjahres gilt einen Zeitraum von maximal zehn Tagen, d. h. v. 22.12. bis zum 10.1.[176] Die vertragliche Fälligkeit der Leistung muss ebenfalls in diesem 10-Tages-Zeitraum liegen.[177] 260

Regelmäßig wiederkehrende Einnahmen sind z. B. die vereinbarte monatliche Mietzahlung. 261

BEISPIEL „REGELMÄßIG WIEDERKEHRENDE EINNAHME": A vermietet eine Eigentumswohnung, bei der nach dem Mietvertrag der Mieter M die monatlich zu zahlende Miete immer bis spätestens zum dritten Werktag des jeweiligen Monats zu zahlen hat. Die Miete für Januar 2025 hat M bereits am 30.12.2024 an A per Bank überwiesen.

LÖSUNG: Die Mietzahlung für Januar 2025 ist bei Vermieter A erst für den VZ 2025 als Einnahme bei § 21 EStG anzusetzen, da die Mietzahlung eine regelmäßig wiederkehrende Einnahme ist und kurze Zeit vor Beginn des Kalenderjahres zugeflossen ist, zu der sie wirtschaftlich gehört.

ABWANDLUNG: Die Miete für Dezember 2024 (fällig: 3.12.2024) hat M erst am 8.1.2025 an A per Bank überwiesen.

176 BFH, Urteil v. 1.8.2007 - XI R 48/05, BStBl 2008 II S. 282 HAAAC-60086.
177 BFH, Urteil v. 16.2.2022 - X R 2/21, BStBl 2022 II S. 448 BAAAI-62442.

LÖSUNG DER ABWANDLUNG: Die Mietzahlung für Dezember 2024 ist bei Vermieter A erst für den VZ 2025 als Einnahme bei § 21 EStG anzusetzen. Die Mietzahlung ist zwar eine regelmäßig wiederkehrende Einnahme und zudem kurze Zeit nach Beginn des Kalenderjahres zugeflossen, zu dem sie wirtschaftlich gehört, jedoch liegt die Fälligkeit nicht innerhalb dieser kurzen Zeit.

262 Regelmäßig wiederkehrende Ausgaben sind z. B. Schuldzinsen eines Finanzierungsdarlehens. Ein typischer Fall sind auch die monatlichen Umsatzsteuervorauszahlungen[178] an das Finanzamt bei einer umsatzsteuerpflichtigen Vermietung.

BEISPIEL „REGELMÄSSIG WIEDERKEHRENDE AUSGABE": A vermietet ein Grundstück im Sinne des WEG umsatzsteuerpflichtig (Option nach § 9 UStG) an eine Bäckerei. A hat monatliche Umsatzsteuervorauszahlungen zu leisten, die bis zum 10. des Folgemonats fällig sind (§ 18 Abs. 1 UStG). Die Umsatzsteuervorauszahlung für Dezember 2024 (fällig am 10.1.2025) hat A am 8.1.2025 gezahlt.

LÖSUNG: Die Werbungskosten aus der Umsatzsteuervorauszahlung für Dezember 2024 ist für den VZ 2024 abzuziehen, da sowohl die Fälligkeit als auch die tatsächliche Zahlung innerhalb „kurzer Zeit" (bis zum 10.1.2025) liegen.

263 Bei der Umsatzsteuerzahlung ist die Fälligkeit für den jeweiligen Zeitraum zu beachten.

- Bei einer Dauerfristverlängerung verschiebt sich die Fälligkeit der Umsatzsteuervorauszahlung immer um einen Monat. Dann kann nur die Zahlung für November des Vorjahres (Fälligkeit am 10.1. des laufenden Jahres) steuerrechtlich dem Vorjahr zugeordnet werden. Die Zahlung für Dezember des Vorjahres (Fälligkeit am 10.2. des laufenden Jahres) kann auch dann nicht dem Vorjahr zugeordnet werden, wenn die Zahlung bis zum 10.1. des laufenden Jahres geleistet wird.[179]
- Bei quartalsweisen Anmeldungen liegt die Fälligkeit für das vierte Quartal des Vorjahres am 10.1. des laufenden Jahres, so dass auch hier der steuerrechtliche Rückbezug nach § 11 Abs. 2 Satz 2 EStG greift, wenn bis zum 10.1. gezahlt wird.

c) Vorauszahlungen (z. B. Disagio)

264 Vorauszahlungen auf Werbungskosten, die für mehr als fünf Jahren im Voraus geleistet werden, dürfen nicht sofort abgezogen werden. Der Aufwand ist auf den Zeitraum gleichmäßig zu verteilen, für den die Vorauszahlung geleistet

178 BFH, Urteil v. 1.8.2007 - XI R 48/05, BStBl 2008 II S. 282 HAAAC-60086.

179 BFH, Urteil v. 21.6.2022 - VIII R 25/20, BStBl 2023 II S. 154 KAAAJ-24476.

wird (§ 11 Abs. 2 Satz 3 EStG). Dies gilt aber nach § 11 Abs. 2 Satz 4 EStG nicht für ein Disagio für einen Kredit, sofern dieser der Höhe nach marktüblich ist. Bei typischen Bankfinanzierungen ist von einer Marktüblichkeit (und damit sofortigen Abziehbarkeit) auszugehen.[180]

Vermieter können eine Einnahmevorauszahlung des Mieters für mehr als fünf 265
Jahre auf den entsprechenden Zeitraum verteilt als Einnahmen versteuern (Wahlrecht nach § 11 Abs. 1 Satz 3 EStG).

d) Verteilung von Erhaltungsaufwand (§ 82b EStDV)

Nach § 82b Abs. 1 Satz 1 EStDV können „größere Aufwendungen für die Erhal- 266
tung von Gebäuden", die überwiegend Wohnzwecken dienen, abweichend von § 11 Abs. 2 EStG nicht im Zahlungsjahr sofort, sondern auch einen Zeitraum von wahlweise zwei bis fünf Jahren gleichmäßig verteilt werden. Teileigentum ist nicht begünstigt, da es nicht zu Wohnzwecken genutzt wird.

Diese Vorschrift gilt auch für die Verausgabung aus der Erhaltungsrücklage.[181] 267

BEISPIEL „VERTEILUNG VON ERHALTUNGSAUFWAND": A vermietet eine Eigentumswohnung, die im Mai 2025 für 5.000 € renoviert wird (Erhaltungsaufwand).

Bei der Einkommensteuer kann A den Aufwand wahlweise wie folgt abziehen:

- 5.000 € in VZ 2025 (Sofortabzug ohne § 82b EStDV),
- 2.500 € in VZ 2025 und 2026 (Abzug über zwei Jahre nach § 82b EStDV),
- 1.667 € in VZ 2025 bis 2027 (Abzug über drei Jahre nach § 82b EStDV),
- 1.250 € in VZ 2025 bis 2028 (Abzug über vier Jahre nach § 82b EStDV),
- 1.000 € in VZ 2025 bis 2029 (Abzug über fünf Jahre nach § 82b EStDV).

Unklar ist, wie hoch die Aufwendungen sein müssen, damit diese als „größere 268
Aufwendungen" gelten. Das Finanzamt wird hier vermutlich nicht kleinlich sein, wenn der BFH[182] sogar schon den Einbau von zwei Fenstern (Kosten in dem Fall aus dem Jahr 1983: 1.440 DM) begünstigte.

Die Verteilung der Erhaltungsaufwendungen kann zur teilweisen „Rettung" 269
von versehentlich nicht angesetzten Werbungskosten angewendet werden. Werden größere Erhaltungsaufwendungen im Jahr ihrer Entstehung nicht als Werbungskosten abgezogen und dieses Jahr bestandskräftig, können die Aufwendungen anteilig und gleichmäßig auf die folgenden Jahre des Verteilungs-

180 BFH, Urteil v. 8.3.2016 - IX R 38/14, BStBl 2016 II S. 646 PAAAF-75532.

181 So auch FG Nürnberg, Urteil v. 12.3.2024 - 1 K 866/23 SAAAJ-82138 = EFG 2025 (nachfolgende im Ergebnis bestätigt durch BFH, Urteil v. 14.1.2025 - IX R 19/24 UAAAJ-86018 = DStR 2025 S. 452).

182 BFH, Urteil v. 27.10.1992 - IX R 66/91, BStBl 1993 II S. 591 MAAAA-94554.

zeitraums verteilt werden.[183] Der auf das Jahr der Entstehung entfallende Anteil der Aufwendungen ist dabei aber verloren.

270 Wird die Eigentumswohnung während des Verteilungszeitraums veräußert, ist der noch nicht berücksichtigte Restbetrag im Jahr der Veräußerung als Werbungskosten abzusetzen (§ 82b Abs. 2 Satz 1 EStDV). Wenn die Wohnung nicht mehr vermietet (sondern z. B. selbst genutzt) wird, gilt dies ebenfalls (§ 82b Abs. 2 Satz 2 EStG). Verstirbt der bisherige Eigentümer innerhalb des Verteilungszeitraums, ist der noch nicht verbrauchte Teil im VZ des Todes als Werbungskosten im Rahmen der Einkünfte aus Vermietung und Verpachtung noch abzusetzen.[184]

e) Vorschüsse, Abrechnungsspitzen und Erhaltungsrücklage bei Wohnungseigentum

aa) Problemstellung

271 Bei den Einkünften aus Vermietung und Verpachtung (§ 21 Abs. 1 EStG) sind die Werbungskosten bei Abfluss zu berücksichtigen (§ 11 Abs. 2 EStG). Bei Vermietungsobjekten außerhalb des Wohnungseigentumsrechts (also im ungeteilten Regeleigentum des BGB) ist jeweils auf die Zahlung des Eigentümers abzustellen, dem im Veranlassungszusammenhang mit seiner Immobilie Kosten entstehen.

BEISPIEL „UNGETEILTES GRUNDSTÜCK": Herr A vermietet ein Einfamilienhaus und zahlt am 11.2.2025 an einen Handwerker 1.000 € für die Renovierung des Wohnzimmers.

LÖSUNG: Herr A kann die Erhaltungsaufwendungen (Renovierung des Wohnzimmers) für den VZ 2025 als Werbungskosten bei den Einkünften aus Vermietung und Verpachtung abziehen, da die Zahlung im Jahr 2025 abgeflossen ist.

272 Bei Wohnungseigentum im Sinn des WEG gilt dies zunächst einmal nur für die Ausgaben, die das Sondereigentum betreffen und vom Wohnungseigentümer selbst (und nicht von der GdWE) geleistet werden.

BEISPIEL „SONDEREIGENTUM": Herr B vermietet eine Eigentumswohnung und zahlt am 11.2.2025 an einen Handwerker 1.000 € für die Renovierung des Wohnzimmers.

LÖSUNG: Herr B kann die Erhaltungsaufwendungen (Renovierung des Wohnzimmers) für den VZ 2025 als Werbungskosten bei den Einkünften aus Vermietung und Verpachtung abziehen, da die Zahlung im Jahr 2025 abgeflossen ist.

183 BFH, Urteil v. 27.10.1992 - IX R 152/89, BStBl 1993 II S. 589 CAAAA-94553.
184 BFH, Urteil v. 10.11.2020 - IX R 31/19, BStBl 2021 II S. 474 CAAAH-76696.

Aufwendungen für das gemeinschaftliche Eigentum werden i.d.R. aus dem Gemeinschaftsvermögen der GdWE gezahlt. Die GdWE ist zumindest ab dem 1.12.2020 als voll rechtsfähige Person des Zivilrechts zu beurteilen (§ 9a WEG). Zudem ist zu berücksichtigen, dass die Wohnungseigentümer Vorschüsse auf die laufenden Kosten und Zuführungen zur Erhaltungsrücklage leisten (§ 28 Abs. 1 WEG; siehe →Rz. 57 ff.). Hier stellt sich daher die generelle Frage, in welchem Zeitpunkt und in welcher Höhe die Zahlungen *an* die GdWE und *durch* die GdWE den einzelnen Wohnungseigentümern steuerrechtlich zuzurechnen sind. 273

bb) Unterscheidung zwischen den Vorschüssen für laufende Kosten und der Erhaltungsrücklage

Die Finanzverwaltung[185] und der BFH[186] unterscheiden für den Zeitpunkt des Werbungskostenabzugs zwischen den laufenden Kosten (Vorschüsse nach § 28 Abs. 1 WEG; siehe →Rz. 55 f.) und der Zuführung bzw. Entnahme aus der Erhaltungsrücklage (§ 19 Abs. 2 Nr. 4 WEG; siehe →Rz. 63 ff.). Ein wesentlicher Grund besteht darin, dass die Zahlungen in die Erhaltungsrücklage (noch) keine Werbungskosten darstellen, da die Veranlassung mit den Vermietungseinkünften erst bei Mittelverwendung beurteilt werden soll. Erst dann fließen die Gelder originär steuerrechtlich gem. § 11 Abs. 2 EStG beim Wohnungseigentümer ab[187] und können (erst) im Zusammenhang mit Vermietungseinkünften (§ 21 EStG) als Werbungskosten (§ 9 Abs. 1 Satz 1 EStG) zu werten sein. Dies beugt auch der Gestaltung vor, durch überhöhte Zuführungen zur Erhaltungsrücklage einen steuerpolitisch nicht gerechtfertigten Werbungskostenabzug zu erlangen.[188] 274

BEISPIEL „ERHALTUNGSRÜCKLAGE BEI SELBSTNUTZUNG NACH VERMIETUNG": ▸ Herr G vermietet eine Eigentumswohnung und zahlte bisher 5.000 € in die Erhaltungsrücklage der GdWE ein, die noch nicht verwendet wurden. Zum 1.1.2026 zieht Herr G nach einer Eigenbedarfskündigung selbst in die Wohnung ein. Entsprechend dem Beschluss der Wohnungseigentümerversammlung v. 20.10.2025 wird das Treppenhaus im Frühjahr 2026 renoviert; hierfür wird die Erhaltungsrücklage verwendet. Auf Herrn G entfällt dabei ein Kostenanteil von 2.000 €. Die GdWE zahlt die Handwerkerrechnung am 2.4.2026.

185 OFD Frankfurt a. M., Verfügung v. 9.11.2022 - S 2211 A-12-St 214 RAAAJ-32205 = DStR 2023 S. 281.

186 BFH, Urteil v. 14.1.2025 - IX R 19/24, BStBl 2025 II S. 291 UAAAJ-86018.

187 Zivilrechtlich fließen die Gelder bei der Mittelverwendung durch die GdWE nicht beim Wohnungseigentümer, sondern aus dem Gemeinschaftsvermögen (§ 9a Abs. 3 WEG) der rechtsfähigen GdWE ab.

188 Hante/Mühlenstädt, NWB 26/2025 S. 1774, 1776 OAAAJ-93725.

LÖSUNG: Wenn die Zuführungen zur Erhaltungsrücklage schon als Abfluss nach § 11 Abs. 2 EStG zu beurteilen wären, hätte Herr G seine laufenden Einzahlungen in die Erhaltungsrücklage von insgesamt 5.000 € im VZ der jeweiligen Einzahlung als Werbungskosten bei seinen Vermietungseinkünften abziehen können, da deren Veranlassung auf die vermietete Eigentumswohnung beruhte. Herr G darf aber die Einzahlungen in die Erhaltungsrücklage nicht abziehen. Erst bei Mittelverwendung ist zu prüfen, ob zu diesem Zeitpunkt die Zahlungen durch Einkünfte (z. B. aus Vermietung und Verpachtung nach § 21 Abs. 1 Nr. 1 EStG) veranlasst sind. Dies ist im Zeitpunkt der Mittelverwendung (2.4.2026) nicht der Fall, da Herr G die Eigentumswohnung dann schon zu eigenen Wohnzwecken nutzt. Auf den Beschluss über die Renovierung am 20.10.2025 durch die Wohnungseigentümerversammlung (während seiner Vermietung) kommt es nach hier vertretener Auffassung nicht an.

275 Die Hausgeldzahlungen (Vorschüsse) der Wohnungseigentümer an die GdWE auf die laufenden Aufwendungen der Wohnanlage (z. B. für Wasser, Abwasser, Versicherung, Reinigungsleistungen und regelmäßige Wartungen) werden bei den Wohnungseigentümern bei Zahlung als sofort abzugsfähige Werbungskosten behandelt. Hierbei kommt es nicht darauf an, wann die GdWE diese Mittel tatsächlich für die Zahlung der Kosten verwendet. Nachzahlungen oder Erstattungen aus der Jahresabrechnung sind bei Zufluss bzw. Abfluss als Einnahmen[189] (Erstattung) bzw. Werbungskosten (Nachzahlung) anzusetzen.

BEISPIEL „LAUFENDE KOSTEN": Herr B vermietet eine Eigentumswohnung und zahlt nach dem Wirtschaftsplan (§ 28 Abs. 1 WEG) für 2025 Anfang jedes Monats als Vorschuss 300 € (insgesamt im Jahr 2025: 3.600 €) an die GdWE für die laufenden Kosten der Wohnanlage (ohne Zuführung zur Erhaltungsrücklage). Nach der Jahresabrechnung für 2025 im April 2026 betragen die auf Herrn B entfallende Kosten a) 3.800 € bzw. b) 3.200 €. Die Zahlung wird im Mai 2026 geleistet.

LÖSUNG: Die Zahlungen der Vorschüsse (300 € im Monat) stellen bei Abfluss Werbungskosten bei den Einkünften aus Vermietung und Verpachtung dar. Insoweit sind Herrn B im VZ 2025 Werbungskosten i. H. von 3.600 € zuzurechnen. Wann die GdWE die Mittel tatsächlich verwendet, ist insoweit nicht maßgebend. Die Abrechnungsspitze aus der Jahresabrechnung ist bei tatsächlicher Nach- bzw. Rückzahlung steuerwirksam.

Zu a) Herr B hat aus der Nachzahlung an die GdWE zusätzliche Werbungskosten i. H. von 200 € (3.800 € – 3.600 €) im VZ 2026.

Zu b) Herr B hat aus der Erstattung von der GdWE i. H. von 400 € (3.200 € – 3.600 €) im VZ 2026 negative Werbungskosten (bzw. Einnahmen).

275/1 Unter Berücksichtigung der BFH-Rechtsprechung[190] sind nach hier vertretener Auffassung jedoch auch Vorschüsse (oder Sonderumlagen) erst bei tatsächlicher Verausgabung durch die GdWE (z. B. für Strom, Wasser, Gebäudever-

189 BFH, Beschluss v. 13.7.2000 - VI B 184/99, BFH/NV 2000 S. 1470 DAAAA-65870 m. w. N.

190 BFH, Urteil v. 14.1.2025 - IX R 19/24, BStBl 2025 II S. 291 UAAAJ-86018.

sicherung, Treppenhausreinigung) beim Wohnungseigentümer als Werbungskosten entstanden und nach § 11 Abs. 2 EStG abgeflossen. Dies folgt daraus, dass alle Argumente des BFH, warum die Zahlungen in die Erhaltungsrücklage erst bei tatsächlicher Verwendung als Werbungskosten anzusetzen sind, genauso für die Vorschüsse auf die laufenden Kosten bzw. Sonderumlagen gelten:

- Die Zahlungspflicht der laufenden Vorschüsse auf Basis des Wirtschaftsplans oder einer Sonderumlage ergibt sich aus § 28 Abs. 1 WEG und ist – wie die Zahlungspflicht in die Erhaltungsrücklage – zunächst lediglich zivilrechtlich verursacht.
- Jede Einzahlung in das Gemeinschaftsvermögen (ob Vorschuss, Sonderumlage oder Erhaltungsrücklage) vermittelt dem Wohnungseigentümer einen wirtschaftlichen Anspruch auf Bezahlung künftiger Kosten.
- Auch bei laufenden Aufwendungen oder Sonderumlagen (z. B. für Handwerkerleistungen) ist es denkbar, dass diese als nachträgliche Herstellungskosten zu werten sind.
- Bei allen Einzahlungen in das Gemeinschaftsvermögen ist es nicht gesichert, dass die Mittel tatsächlich mit einer Vermietung im Zusammenhang stehen. Wird z. B. der Vorschuss aus Dezember 2025 erst im Januar 2026 durch die GdWE für laufende Kosten verausgabt und die Vermietung der Eigentumswohnung bereits zum 31.12.2025 beendet, wäre ein Werbungskostenabzug aus der Dezembereinzahlung (gemessen an der BFH-Dogmatik zur Erhaltungsrücklage) unzutreffend.

Es wäre daher vorzugswürdig, dass ein Werbungskostenabzug generell erst 275/2
möglich ist, wenn die Mittel aus dem Gemeinschaftsvermögen durch die GdWE tatsächlich (für vermietetes Wohnungseigentum) verwendet werden. Es sollte aus Prinzip keine Rolle spielen, dass die „zeitliche Verzögerung" der Mittelverwendung bei Vorschüssen regelmäßig nur einige Tage oder Wochen und bei der Einzahlung in die Erhaltungsrücklage regelmäßig aber einige Monate oder Jahre beträgt. Ein steuerrechtlicher Gleichlauf von laufenden Kosten und Verwendung der Erhaltungsrücklage bzw. Sonderumlagen hätte zudem den praktischen Vorteil, dass sich die gesamten Werbungskosten eines Jahres (aus dem gemeinschaftlichen Eigentum) aus der jeweiligen Jahresabrechnung ablesen lassen.

Höchstrichterlich geklärt ist zumindest: Wenn und soweit in den Vorschüssen 276
Zuführungen zur Erhaltungsrücklage enthalten sind, können diese noch nicht als Werbungskosten abgezogen werden. Im Zeitpunkt der Zahlung der Woh-

nungseigentümer an die GdWE ist die Zahlung auf die Erhöhung der Erhaltungsrücklage also steuerrechtlich neutral. Erst mit der tatsächlichen Mittelverwendung aus dem Gemeinschaftsvermögen für Erhaltungsaufwendungen (z. B. durch Zahlung einer Handwerkerrechnung) entstehen bei den einzelnen Wohnungseigentümern Werbungskosten. Wenn durch die Entnahme von Geldern aus der Erhaltungsrücklage (nachträgliche) Herstellungskosten finanziert werden, sind die Aufwendungen nicht sofort als Werbungskosten, sondern nur über die AfA abzuziehen. Dies ist auch der wesentliche Grund der BFH-Rechtsprechung[191] (zur damaligen Instandhaltungsrückstellung), welche die Verwaltungsauffassung schon seit langem bestätigt hatte. Durch das Urteil v. 14.1.2025 hat der BFH[192] diese Steuerrechtslage auch für das zum 1.12.2020 geänderte WEG bestätigt.

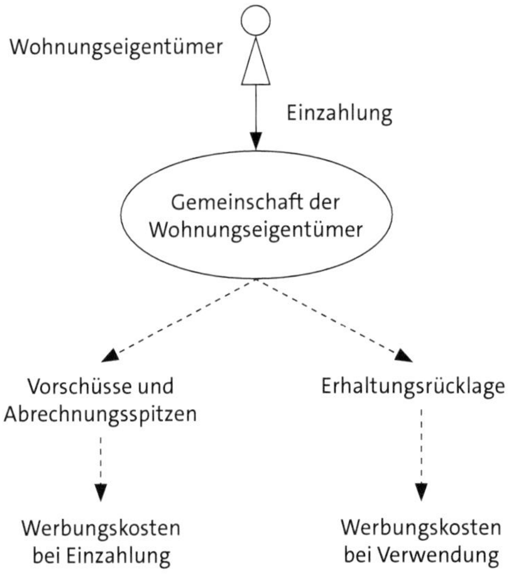

276/1 Bei einer Veräußerung der Eigentumswohnung verliert der bisherige Wohnungseigentümer die Berechtigung, aus den Einzahlungen in die Erhaltungsrücklage zukünftig einen Werbungskostenabzug zu erhalten. Der Erwerber übernimmt dafür die Erhaltungsrücklage als potenziellen „Speicher" für seinen

191 BFH, Urteil v. 26.1.1988 - IX R 119/83, BStBl 1988 II S. 577 CAAAA-92596. Bestätigt für die Rechtslage nach der Änderung des WEG durch das Gesetz zur Änderung des Wohnungseigentumsgesetzes und anderer Gesetze v. 26.3.2007, BGBl 2007 I S. 370, durch BFH, Beschluss v. 9.12.2008 - IX B 124/08 AAAAD-08079, und BFH, Beschluss v. 8.10.2012 - IX B 131/12 CAAAE-22638.

192 BFH, Urteil v. 14.1.2025 - IX R 19/24, BStBl 2025 II S. 291 UAAAJ-86018.

zukünftigen Werbungskostenabzug aus der Vermietung der erworbenen Eigentumswohnung. Bei einem Wechsel der Eigennutzung zur Vermietung (oder andersherum) gilt das gleiche Prinzip für denselben Wohnungseigentümer, der durch den Nutzungswechsel entweder erstmals einen Werbungskostenabzug erhalten kann (durch künftige Vermietung) bzw. nicht mehr erhalten kann (durch künftige Selbstnutzung).[193]

BEISPIEL „GEMEINSCHAFTSEIGENTUM": Die GdWE verfügt über eine Erhaltungsrücklage i.H.von 15.000€. Die letzte Einzahlung in die Erhaltungsrücklage war im Jahr 2023. Die GdWE zahlt am 11.2.2025 an einen Handwerker 1.000€ für die Renovierung des Treppenhauses (gemeinschaftliches Eigentum im Sinne des WEG). Dafür hatte die GdWE beschlossen, dass 1.000€ aus der Erhaltungsrücklage entnommen werden. Herr B vermietet eine Eigentumswohnung in der Wohnanlage und ist mit einem Miteigentumsanteil von 2.000/10.000 (20%) als Wohnungseigentümer beteiligt.

LÖSUNG: Die Einzahlungen in die Erhaltungsrücklage (bis zum Jahr 2023) waren für Herrn B steuerrechtlich neutral. Herr B kann aber nun die auf ihn entfallenden Erhaltungsaufwendungen (Renovierung des Treppenhauses) für den VZ 2025 i.H.von 200€ (20% Miteigentumsanteil an den 1.000€) als Werbungskosten bei den Einkünften aus Vermietung und Verpachtung abziehen. Da die GdWE die Zahlung im Jahr 2025 aus der Erhaltungsrücklage entnommen hatte, ist der anteilig auf Herrn B entfallende Betrag an diesem Tag bei ihm nach § 11 Abs. 2 EStG steuerrechtlich abgeflossen.

12. Einnahmen aus der Vermietung

a) Mieteinnahmen

Die steuerpflichtigen Einnahmen aus der Vermietung und Verpachtung (§ 21 Abs. 1 EStG) bestehen insbesondere aus Mietzahlungen aus der Vermietung der Eigentumswohnung. Dabei ist die „Warmmiete" (Miete einschließlich Nebenkostenvorauszahlungen) anzusetzen. 277

Die Nachzahlung aus der Nebenkostenabrechnung ist (bei Zahlung) ebenfalls eine steuerpflichtige Einnahme. Bei einer Nebenkostenerstattung an den Mieter (Rückzahlung) werden negative Einnahmen angenommen. 278

193 Hante/Mühlenstädt, NWB 26/2025 S. 1774, 1778 f. OAAAJ-93725.

b) Option zur Umsatzsteuer

279 Bei einer umsatzsteuerpflichtigen Vermietung (an Unternehmer mit der ausgeübten Option zur Umsatzsteuer nach § 9 UStG) gehört auch die vereinnahmte Umsatzsteuer zu den steuerpflichtigen Einnahmen.[194]

c) Veräußerung von Miet- und Pachtzinsforderungen

280 Einen Sonderfall betrifft die Steuerpflicht nach § 21 Abs. 1 Satz 1 Nr. 4 EStG. Danach sind „Einkünfte aus der Veräußerung von Miet- und Pachtzinsforderungen" steuerpflichtig. Dies gilt auch dann, wenn die Einkünfte im Veräußerungspreis der Eigentumswohnung enthalten sind und die Miet- oder Pachtzinsen sich auf einen Zeitraum beziehen, zu dem dem Veräußerer die Eigentumswohnung noch gehörte. Es handelt sich dabei oft um den „Mitverkauf" von rückständigen Miet- oder Pachtforderungen zusammen mit dem Wohnungseigentum. Dann ist ein Gesamtkaufpreis zwischen der abgetretenen Mietforderung und dem eigentlichen Grundstückskaufpreis aufzuteilen. Der bisherige Eigentümer erzielt daraus insoweit noch Vermietungseinkünfte und der Erwerber zieht auf der privaten Vermögensebene eine Forderung (i. d. R. steuerneutral)[195] ein.

BEISPIEL „MITVERKAUFTE MIETFORDERUNG": V veräußert zum 30.11.2024 an E eine Eigentumswohnung für einen Gesamtkaufpreis von 200.000 €. Mieter M hatte zum 30.11.2024 noch rückständige Mietverbindlichkeiten von 5.000 €, die V an E mitverkauft und abgetreten hatte. Den Kaufpreis zahlte E an V am 14.12.2024. M bezahlte an E am 15.1.2025 alle offenen Rückstände.

Der Veräußerungspreis für V (für ein privates Veräußerungsgeschäft nach § 23 EStG) bzw. die Anschaffungskosten für E (für die Abschreibung nach § 7 EStG) für das Grundstück beträgt bzw. betragen 195.000 €, da die anteilige Mietforderung abzuziehen ist. V erzielt am 14.12.2024 Einkünfte nach § 21 Abs. 1 Nr. 4 EStG aus der Zahlung für die Mietforderung durch E (5.000 €). E erzielt nur insoweit (reguläre) Einkünfte nach § 21 Abs. 1 Nr. 1 EStG aus den Mietnachzahlungen durch M, als durch die Zahlung durch M nicht die 5.000 € für die von V erworbenen Forderungen durch E realisiert werden (insoweit nur Forderungstilgung).

---

194 Der Zahlungsverkehr mit dem Finanzamt aus der Umsatzsteuer (Vorauszahlungen, Nachzahlungen und Erstattungen) ist jeweils als Einnahme bzw. negative Einnahme oder Werbungskosten anzusetzen.

195 Wenn der Erwerber nicht den vollen Betrag vom Mieter einziehen kann, erleidet er insoweit einen Verlust aus Kapitalvermögen nach § 20 Abs. 2 Nr. 2, Abs. 4 EStG. Beispiel: Eine rückständige Mietforderung von nominal 1.000 € wird zusammen mit dem Wohnungseigentum für einen anteilig auf die Forderung entfallenen Kaufpreis von 800 € erworben (der Kaufpreis berücksichtigte schon die schlechte Bonität des Mieters). Wenn die Mietforderung ausfallen sollte (z. B. wegen Insolvenz des Mieters), handelt es sich um eine Rückzahlung zu 0 € (§ 20 Abs. 2 Satz 2 EStG) und der Erwerber erleidet einen Verlust i. H. von 800 € aus Kapitaleinkünften.

d) Ersatz für Einnahmen

Zahlungen als Ersatz für entgangene oder entgehende Einnahmen sind ebenfalls als Einnahmen aus Vermietung und Verpachtung steuerpflichtig. Wenn z. B. ein Mieter vorzeitig den Mietvertrag beendet und mit dem Vermieter die Aufhebung gegen eine Abstandszahlung vereinbart, ist diese Zahlung beim Vermieter nach § 24 Nr. 1a EStG i. V. mit § 21 Abs. 1 Nr. 1 EStG steuerpflichtig.[196] 281

e) Zuschüsse an den Vermieter

Zuschüsse an den Wohnungseigentümer (Vermieter) stellen keine Einnahmen aus Vermietung und Verpachtung dar, sondern mindern die abzugsfähigen Werbungskosten.[197] 282

Bei einem öffentlichen oder von einem privaten Unternehmen geleisteten Zuschuss zu den Herstellungskosten des Gebäudes mindert der Zuschuss im Jahr der Bewilligung die AfA-Bemessungsgrundlage bzw. das AfA-Volumen des Gebäudes (R 21.5 Abs. 1 EStR). Der Wohnungseigentümer kann dann nur von dem insoweit geminderten Betrag abschreiben. 283

13. Kosten der Vermietung (Werbungskosten)

a) Typische und laufend entstehende Aufwendungen

Aus der Unterhaltung einer bewohnten Immobilie entstehen laufende Kosten, die durch die Vermietung veranlasst sind und als Werbungskosten i. S. des § 9 EStG (i. d. R. sofort) abgezogen werden können. Das sind insbesondere Aufwendungen für: 284

- Wasserversorgung,
- Heizungskosten,
- Gartenpflege,
- Wartungsleistungen (z. B. an der Heizungsanlage),
- Hausmeister,
- Winterdienst,
- Gebäudeversicherung,
- Vermieterhaftpflichtversicherung,

196 BFH, Urteil v. 21.8.1990 - VIII R 17/86, BStBl 1991 II S. 76 TAAAA-93798.
197 BFH, Urteil v. 26.3.1991 - IX R 104/86, BStBl 1992 II S. 999 LAAAA-94323.

- öffentliche Abgaben (so ausdrücklich auch § 9 Abs. 1 Satz 3 Nr. 2 EStG) wie insbesondere die Grundsteuer und die kommunalen Abgaben für Straßenreinigung, Müllabfuhr, Abwasser und Schornsteinfeger.

285 Für die Abzugsfähigkeit der Aufwendungen kommt es nicht darauf an, ob diese nach dem Mietrecht auf den Mieter umgelegt werden dürfen und durch die Nebenkostenvorauszahlungen bzw. nach der Nebenkostenabrechnung zu Mieteinnahmen führen. Der Veranlassungszusammenhang mit der Vermietung der Eigentumswohnung reicht für den Werbungskostenabzug aus.

286 Aus den umlagefähigen Kosten (welche der Mieter neben der „Kaltmiete" zu tragen hat) ergeben sich auf den gesamten Vermietungszeitraum gesehen im Ergebnis keine Auswirkung, da die Werbungskosten aus den laufenden Hausgeldzahlungen rechnerisch durch den Betriebskostenteil an der „Warmmiete" ausgeglichen werden. Es kommt insoweit zu zeitlichen Verschiebungen, die sich durch die Abrechnungsspitzen aus der Nebenkostenabrechnung ergeben.

287 Auch die Kosten für gelegentliche Fahrten zu der vermieteten Eigentumswohnung sind Werbungskosten i. S. des § 9 Abs. 1 Satz 1 EStG.[198]

b) Erhaltungsaufwand oder nachträgliche Herstellungskosten

aa) Allgemeines zur Abgrenzung von Erhaltungsaufwand zu nachträglichen Herstellungskosten

288 Bei Aufwendungen für Reparaturen, laufende Instandhaltung sowie kleine wie große Baumaßnahmen stellt sich die Frage, ob diese Erhaltungsaufwand darstellen und damit sofort bei Zahlung insgesamt als Werbungskosten abgezogen werden können oder ob sie zu nachträglichen Herstellungskosten am Gebäude führen und nur über die AfA verteilt als Werbungskosten abzugsfähig sind. Für Instandhaltungs- und Instandsetzungsaufwendungen innerhalb von drei Jahren nach Anschaffung der Eigentumswohnung gibt es mit § 6 Abs. 1 Nr. 1a EStG eine Spezialregelung. Für alle anderen Aufwendungen ist wie folgt zu differenzieren:

289 Im Grundsatz sind alle Aufwendungen sofort als Erhaltungsaufwand abzugsfähig, sofern ein bestehendes Objekt nur instandgehalten oder ein Schaden behoben wird.[199] Daher sind insbesondere die laufende Pflege der Eigentumswohnung bzw. die Aufwendungen am Gemeinschaftseigentum (wie die Wartung der Heizungsanlage, ein neuer Anstrich der Außenfassade oder neue

198 R 21.2 Abs. 4 Satz 4 EStR.

199 BMF, Schreiben v. 26.1.2026 - IV C 1-S 2253/00082/001/064, Rz. 1 PAAAK-09012.

Fenster) im Grundsatz als Bearbeitung der bestehenden Substanz oder dem Austausch der bestehenden Substanz als Erhaltungsaufwendungen sofort abzugsfähig.

Wenn die Maßnahmen (einzeln oder in der Gesamtheit) aber ein bestimmtes Maß übersteigen, führt dies zu nachträglichen Herstellungskosten des Gebäudes. Die Herstellungskosten eines Gebäudes umfassen nach der für alle Wirtschaftsgüter geltenden Regelung des § 255 Abs. 2 Satz 1 HGB Aufwendungen für dessen Herstellung, Erweiterung und über den ursprünglichen Zustand hinausgehende wesentliche Verbesserung.[200] Die Rechtsprechung hat dazu – in Anlehnung an diese handelsrechtlichen Grundsätze der Herstellungskosten – verschiedene Kategorien entwickelt, nach denen nachträgliche Herstellungskosten entstehen. Danach haben sich insbesondere folgende Fallgruppen der nachträglichen Herstellungskosten herausgebildet: 290

- Erweiterung und Anbau,[201]
- Aufstockung,
- nutzbare Fläche wird erweitert[202] (z. B. Satteldach statt Flachdach),[203]
- Mehrung der Substanz,[204]
- grundlegender Umbau, der zu einer Nutzungs- oder Funktionsänderung des Gebäudes führt,[205]
- wesentliche Standardhebung (über den ursprünglichen Zustand hinausgehende wesentliche Verbesserung),[206]
- faktischer Neubau durch Umbau der Altsubstanz nach Vollverschleiß.[207]

Sofern die Aufwendungen für die einzelnen Baumaßnahmen nicht mehr als 4.000 € (ohne Umsatzsteuer) betragen, kann dieser Aufwand aus Vereinfachungsgründen sofort als Erhaltungsaufwand abgezogen werden.[208] 291

Ein Abriss mit nachfolgendem Neubau stellt eine eigene Kategorie dar. Wenn das gesamte Gebäude abgerissen wird, ist der Restwert des AfA-Volumens voll 292

200 BMF, Schreiben v. 26.1.2026 - IV C 1-S 2253/00082/001/064, Rz. 27 PAAAK-09012.
201 BMF, Schreiben v. 26.1.2026 - IV C 1-S 2253/00082/001/064, Rz. 31 PAAAK-09012.
202 BMF, Schreiben v. 26.1.2026 - IV C 1-S 2253/00082/001/064, Rz. 32, 34–36 PAAAK-09012.
203 BFH, Urteil v. 15.5.2013 - IX R 36/12, BStBl 2013 II S. 732 MAAAE-42455.
204 BMF, Schreiben v. 26.1.2026 - IV C 1-S 2253/00082/001/064, Rz. 32, 37–39 PAAAK-09012, mit vielen konkreten Anwendungsfällen.
205 BMF, Schreiben v. 26.1.2026 - IV C 1-S 2253/00082/001/064, Rz. 30 PAAAK-09012.
206 BMF, Schreiben v. 26.1.2026 - IV C 1-S 2253/00082/001/064, Rz. 40–49 PAAAK-09012.
207 BMF, Schreiben v. 26.1.2026 - IV C 1-S 2253/00082/001/064, Rz. 29 PAAAK-09012.
208 R 21.1 Abs. 2 Satz 2 EStR.

abzuschreiben (§ 7 Abs. 1 Satz 7 EStG). Das Gebäude und damit das bestehende Wirtschaftsgut ist dann steuerrechtlich untergegangen. Dem neuen Gebäude, welches errichtet wird, werden als separates (neues) Wirtschaftsgut die für die Errichtung erforderlichen Herstellungskosten nach den allgemeinen Grundsätzen zugeordnet.

293 Wenn „mitvermietete" Wirtschaftsgüter steuerrechtlich nicht zum Gebäude gehören, sind diese bei einer Erneuerung separat zu beurteilen. So sind z. B. die Kosten für den Einbau einer neuen Einbauküche (Spüle, Herd, Einbaumöbel und Elektrogeräte) nicht als Erhaltungsaufwand an dem Gebäude zu beurteilen, da nicht ein bereits vorhandenes Teil des Gebäudes erneuert wird. Vielmehr gehört die Einbauküche nicht zum Gebäude, sondern ist ein eigenes Wirtschaftsgut, welches neu angeschafft wird. Die Abschreibungsdauer beträgt für Einbauküchen zehn Jahre.[209]

294 Wenn im Zuge von Baumaßnahmen, die zu nachträglichen Herstellungskosten führen, weitere Folgearbeiten anfallen, die „eigentlich" für sich gesehen als Erhaltungsaufwand gelten, stellen diese ebenfalls nachträgliche Herstellungskosten dar (Umqualifizierung).

BEISPIEL „AUSBESSERUNGSARBEITEN NACH WC-EINBAU": A baut in seiner Rechtsanwaltspraxis (Teileigentum) erstmals ein Gäste-WC ein, lässt danach den Flurboden neu verlegen und die Flurwand tapezieren, da der Flur durch den WC-Einbau „in Mitleidenschaft gezogen" wurde.

Der Einbau des Gäste-WC führt zu Herstellungskosten (ähnlich dem Fall des BFH v. 9.5.1995).[210] Die Arbeiten im Flur sind zwar lediglich die Erneuerung von Bestehendem, da sie aber durch die Arbeiten ausgelöst wurden, die zu Herstellungskosten führen, gelten sie als zusätzliche Herstellungskosten.

bb) Erweiterung und Anbau

295 Ein Anbau an bestehendem Wohnungseigentum (nach vorherigem Beschluss der GdWE) führt zu einer Erweiterung i. S. von § 255 Abs. 2 HGB. Dies führt zu einer Vergrößerung der nutzbaren Fläche.[211] Wenn z. B. ein Wintergarten an das Sondereigentum einer Wohnung im Erdgeschoss angebaut wird, handelt es sich dabei um nachträgliche Herstellungskosten.

BEISPIEL „ANBAU VON BALKONEN": Den Wohnungseigentümern A und B wird von der GdWE durch Beschluss gestattet, an ihre fremdvermieteten Wohnungen im Obergeschoss jeweils einen Balkon anzubauen. Die Kosten für den Anbau der Balkone von je 20.000 € tragen allein A bzw. B.

209 BFH, Urteil v. 3.8.2016 - IX R 14/15, BStBl 2017 II S. 437 LAAAF-87994.
210 BFH, Urteil v. 9.5.1995 - IX R 69/92, BStBl 1996 II S. 630 BAAAB-04849.
211 BMF, Schreiben v. 26.1.2026 - IV C 1-S 2253/00082/001/064, Rz. 32, 34–36 PAAAK-09012.

Auch soweit sich die Balkone nicht im Sondereigentum, sondern im gemeinschaftlichen Eigentum befinden,[212] sind A bzw. B in vollem Umfang eigene Aufwendungen entstanden, die als Werbungskosten bei den Einkünften aus Vermietung und Verpachtung abzugsfähig sind. Da durch den Balkonanbau die nutzbare Fläche[213] der Wohnungen vergrößert wird, handelt es sich um eine Erweiterung nach § 255 Abs. 2 Satz 1 HGB, die zu nachträglichen Herstellungskosten der Wohnungen führt.[214] Die Kosten für den Anbau der Balkone (je 20.000 €) können A und B daher nicht sofort bei Zahlung als Werbungskosten abziehen, sondern nur über die Gebäude-AfA abziehen.

cc) Aufstockung

Auch eine Aufstockung auf einem bestehenden Wohnungseigentum (nach vorherigem Beschluss der GdWE) führt zu einer Erweiterung i. S. von § 255 Abs. 2 HGB. Dabei wird z. B. eine neue Etage geschaffen. Wenn es sich um ein neues und eigenständiges Sondereigentum handelt, stellen die Aufwendungen keine nachträglichen Herstellungskosten von bestehendem Wohnungseigentum, sondern reguläre Herstellung für die Ersterstellung von neuem Wohnungseigentum dar. 296

dd) Mehrung der Substanz

Durch eine Substanzmehrung werden bisher nicht vorhandene Bestandteile oder Anlagen in ein Gebäude eingefügt und dadurch die Nutzungsmöglichkeit des Gebäudes erweitert.[215] Hierbei geht es nicht um Fälle, bei denen zugleich die nutzbare Fläche vergrößert wird. Vielmehr wird durch eine Baumaßnahme ohne Flächenerweiterung eine neue Funktion am Gebäude geschaffen, die bisher nicht vorhanden war. Es geht also nicht allein darum, dass nur die „Bausubstanz“ im materiellen Sinne erhöht wird. Wenn daher z. B. die Außenfassade zur Wärmedämmung verkleidet wird, führt dies zu „mehr Substanz“ in Form von „mehr Gebäudemasse“ sowie einer Wertsteigerung des Objekts. Gleichwohl wird dadurch lediglich die Funktion der schon vorhandenen Außenwand in seiner „Rolle“ als Wärmedämmung verbessert, ohne aber eine neue 297

212 Zum Abgrenzungsproblem vgl. LG Itzehoe, Hinweisbeschluss v. 13.3.2020 - 11 S 46/19, ZMR 2020 S. 683 m. w. N.

213 Die nutzbare Fläche ist in sinngemäßer Anwendung der Verordnung zur Berechnung der Wohnfläche v. 25.11.2003, BGBl I S. 234 (WoFlV) zu ermitteln, vgl. BMF, Schreiben v. 26.1.2026 - IV C 1-S 2253/00082/001/064, Rz. 35 PAAAK-09012. Zur Wohnfläche gehören auch die Grundflächen von Balkonen, wenn sie ausschließlich zu der Wohnung gehören (§ 2 Abs. 2 Nr. 2 WoFlV). Die Grundflächen von Balkonen sind dabei in der Regel zu 25 % (maximal zu 50 %) anzurechnen (§ 4 Nr. 4 WoFlV).

214 BMF, Schreiben v. 26.1.2026 - IV C 1-S 2253/00082/001/064, Rz. 36 PAAAK-09012, mit Hinweis auf BFH, Urteil v. 22.12.2012 - III R 37/09, BStBl 2013 II S. 182 QAAAE-08759.

215 BMF, Schreiben v. 26.1.2026 - IV C 1-S 2253/00082/001/064, Rz. 37 PAAAK-09012.

Funktion für das Gebäude zu erzeugen.[216] Dagegen ist z.B. für den Einbau einer Alarmanlage vom BFH entschieden worden, dass diese neue Funktion für das Gebäude als Substanzmehrung gilt. Weitere Anwendungsfälle sind insbesondere:[217]

- Errichtung einer Außentreppe,
- Anbringen einer Sonnenmarkise,
- Einbau einer Treppe zum Spitzboden,
- Einbau eines Kachelofens oder Kamins,
- Einbau einer Sauna.

ee) Grundlegender Umbau (Nutzungs- bzw. Funktionsänderung eines Gebäudes)

298 Bei einem Umbau von bestehendem Wohnungseigentum kann die Abgrenzung schwierig sein, ob der Umbau so wesentlich ist, dass es sich um nachträgliche Herstellungskosten in Form einer Substanzmehrung oder einer erweiterten Nutzbarkeit handelt. So führt der Umbau eines Großraumbüros in vier Einzelbüros unter Verwendung von Rigips-Ständerwerk sowie für die Anpassung der Elektroinstallation zu sofort abziehbaren Erhaltungsaufwendungen.[218] Wenn ein bisher einheitlicher Raum durch den Einbau von massiven Wänden in einzelne Räume unterteilt wird, spricht es aber dafür, dass vorher noch nicht vorhandene Substanz (die Wände) hinzugefügt wurde. Wenn eine bereits vorhandene Wand aber nur im Raum versetzt wird, handelt es sich um Erhaltungsaufwand.

BEISPIEL „UMBAU“: Im Erdgeschoss einer Wohneigentumsanlage befindet sind Teileigentum, das vom Wohnungseigentümer A bisher als Supermarkt vermietet wurde. Nachdem der Mieter gekündigt hatte und mit seinem Ladengeschäft ausgezogen ist, wird unter erheblichem Bauaufwand das Teileigentum zu einer Arztpraxis umgebaut und danach an Zahnärztin Z vermietet.

Wird ein Gebäude für eine andere als seine bisherige Nutzung unter erheblichem Bauaufwand in seinem Wesen dauerhaft verändert und so tiefgreifend umgestaltet (oder in einem solchen Ausmaß erweitert), dass die neu eingefügten Teile dem Gebäude das Gepräge geben und die verwendeten Altbauteile bedeutungs- und wertmäßig untergeordnet erscheinen, führt dies zu Herstellungskosten für ein „an-

216 BMF, Schreiben v. 26.1.2026 - IV C 1-S 2253/00082/001/064, Rz. 38 PAAAK-09012, mit weiteren Hinweisen auf einige Baumaßnahmen, die keine Substanzmehrung im steuerrechtlichen Sinne erzeugen und deren Aufwendungen daher sofort als Werbungskosten abziehbar sind.
BFH, Urteil v. 16.2.1993 - IX R 85/88, BStBl 1993 II S. 544 UAAAA-94534.

217 BMF, Schreiben v. 26.1.2026 - IV C 1-S 2253/00082/001/064, Rz. 37 PAAAK-09012.

218 BFH, Urteil v. 16.1.2007 - IX R 39/05, BStBl 2007 II S. 922 HAAAC-49132.

deres" Gebäude.[219] Das zur Zahnarztpraxis umgebaute Teileigentum ist daher ein neues Gebäude und dessen Umbaukosten sind nur im Wege der Gebäude-AfA abzuschreiben.

ff) Über den ursprünglichen Zustand hinausgehende wesentliche Verbesserung

Nach der Rechtsprechung des BFH[220] führt auch eine über den ursprünglichen Zustand hinausgehende wesentliche Verbesserung zu nachträglichen Herstellungskosten. Bei Wohngebäuden wird dies unterstellt, sofern die Bauarbeiten bei mindestens drei[221] von den vier folgenden zentralen Ausstattungsmerkmalen zu einer Erhöhung und Erweiterung des Gebrauchswerts (nach Umfang und Qualität) führen:[222] 299

1. Heizungsinstallation,
2. Sanitärinstallation,
3. Elektroinstallationen,
4. Fenster.

Bei jedem einzelnen Ausstattungsmerkmal muss es sich um einen Standardsprung handeln, bei dem sich durch die Baumaßnahme der betroffene Ausstattungsbereich von einem (formelhaft definierten)[223] „sehr einfachen Standard" auf einem „mittleren Standard" bzw. „sehr anspruchsvollen Standard" oder von einem „mittleren Standard" auf einen „sehr anspruchsvollen Standard" verbessert. Als Standardhebung von „sehr einfach" auf „mittel" ist z.B. der Austausch von Fenstern anzusehen, die erstmals Doppelverglasung haben. Als „ursprünglicher Zustand" gilt der Zustand eines Gebäudes zu dem Zeitpunkt, zu dem der Wohnungseigentümer das Gebäude hergestellt oder entgeltlich erworben hat. Bei unentgeltlichem Erwerb (z.B. durch Schenkung oder als Erbe) ist der Zeitpunkt maßgeblich, zu dem der Rechtsvorgänger das Gebäude hergestellt oder entgeltlich erworben hat.[224] Sofern sich danach somit 300

219 BMF, Schreiben v. 26.1.2026 - IV C 1-S 2253/00082/001/064, Rz. 30 PAAAK-09012.

220 BFH, Urteil v. 9.5.1995 - IX R 88/90, BStBl 1996 II S. 628, 630, 632, 637 AAAAA-95689; BFH, Urteil v. 10.5.1995 - IX R 62/94, BStBl 1996 II S. 639 RAAAA-95692; BFH, Beschluss v. 16.7.1996 - VI B 113/95, BStBl 1996 II S. 649 WAAAD-31300; BFH, Urteil v. 12.9.2001 - IX R 39/97, BStBl 2003 II S. 569, 574 CAAAA-89567; BFH, Urteil v. 22.1.2003 - X R 9/99, BStBl 2003 II S. 596 RAAAA-89575.

221 Es reicht schon die Standardhebung in zwei der vier Bereiche der zentralen Ausstattungsmerkmale, wenn diese im Zusammenhang erfolgt mit einer weiteren Baumaßnahme, die unabhängig davon zu Herstellungskosten führt (BMF, Schreiben v. 26.1.2026 - IV C 1-S 2253/00082/001/064, Rz. 48 PAAAK-09012).

222 BMF, Schreiben v. 26.1.2026 - IV C 1-S 2253/00082/001/064, Rz. 13, 47 PAAAK-09012.

223 BMF, Schreiben v. 26.1.2026 - IV C 1-S 2253/00082/001/064, Rz. 11 PAAAK-09012.

224 BMF, Schreiben v. 26.1.2026 - IV C 1-S 2253/00082/001/064, Rz. 41 PAAAK-09012.

bei mindestens drei (oder eben bei allen vier) Ausstattungsmerkmalen eine Standardhebung in zeitlicher Nähe ergibt, führen die Arbeiten zusammen zu nachträglichen Herstellungskosten.

BEISPIEL „STANDARDHEBUNG": A lässt im Frühjahr 2026 in seiner vermieteten Eigentumswohnung im Badezimmer zu der bisher nur vorhandenen Badewanne und dem WC erstmals ein Handwaschbecken und eine Dusche einbauen, die einfachverglasten Fenster durch Isolierglasfenster ersetzen sowie die Leistungskapazität der Elektroleitungen maßgeblich durch den Einbau eines leistungsfähigeren Sicherungssystems und von dreiphasigen Elektroleitungen erweitern und sieben weitere Steckdosen in der Wohnung installieren.

Die Wohnung hatte vorher einen sehr einfachen Standard, der durch den Umbau von drei zentralen Ausstattungsmerkmalen (Sanitär, Elektro, Fenster) auf einen mittleren Standard gehoben wurde.[225] Dies führt bei dieser Wohnung zu einer „über den ursprünglichen Zustand hinausgehenden wesentlichen Verbesserung", die zu nachträglichen Herstellungskosten des Gebäudes führt. Die Baukosten sind daher nicht mit deren Zahlung, sondern nur über die Gebäude-AfA als Werbungskosten bei den Einkünften aus Vermietung und Verpachtung abzugsfähig.

301 Bei Wohnungseigentum ist zu beachten, dass die Standardhebung sowohl im Sondereigentum als auch beim Gemeinschaftseigentum zu berücksichtigen ist. Die dafür relevanten vier zentralen Ausstattungsmerkmale (Heizung, Sanitär, Elektro, Fenster) sind in der Gesamtschau zu ermitteln, da sich die Herstellungskosten der Eigentumswohnung aus beiden Komponenten ergeben (können).

BEISPIEL „SONDER- UND GEMEINSCHAFTSEIGENTUM": A lässt im Februar 2025 in seiner vermieteten Eigentumswohnung ein komplett neues Badezimmer sowie erheblich besser isolierende Fenster einbauen (Sondereigentum). Im Mai 2025 wird nach einem Beschluss der GdWE die bestehende Heizungs-Gastherme durch eine moderne Wärmepumpe ersetzt (Gemeinschaftseigentum).

LÖSUNG: Wenn sich bei drei von den vier zentralen Ausstattungsmerkmalen (hier ggf. Heizungsanlage, Sanitäranlagen und Fenster) der Gebrauchswert der Eigentumswohnung deutlich erhöht, kann dies zu nachträglichen Herstellungskosten führen. Die Verbesserung des Heizungsstandards im Gemeinschaftseigentum ist dem Wohnungseigentum des A dafür zuzurechnen. Es handelt sich aber beim Austausch einer Gastherme in eine Wärmepumpe nicht um einen ausreichenden Standardsprung.[226] Daher führen die Baumaßnahmen nicht zu einer über den ursprünglichen Zustand hinausgehenden wesentlichen Verbesserung und führen somit nicht zu nachträglichen Herstellungskosten. Die Aufwendungen sind sofort abzugsfähig.

225 BMF, Schreiben v. 26.1.2026 - IV C 1-S 2253/00082/001/064, Rz. 20 PAAAK-09012.

226 BMF, Schreiben v. 26.1.2026 - IV C 1-S 2253/00082/001/064, Rz. 22 PAAAK-09012.

c) Finanzierungskosten (Schuldzinsenabzug)

Finanzierungskosten im wirtschaftlichen Zusammenhang mit der vermieteten Eigentumswohnung sind nach § 9 Abs. 1 Satz 3 Nr. 1 EStG ausdrücklich als Werbungskosten bei den Einkünften aus Vermietung und Verpachtung abzugsfähig.[227] Dies sind insbesondere Schuldzinsen an Kreditinstitute für Darlehen, die aufgenommen werden, um die Anschaffung bzw. Herstellung des Wohnungseigentums zu finanzieren.[228] Dazu gehören Zinsaufwendungen für die Finanzierung von nachträglichen Herstellungskosten oder Erhaltungsaufwendungen. Letztlich kann jeder Kreditzins als Werbungskosten abgezogen werden, sofern dessen Darlehensmittel für Werbungskosten ausgegeben werden. 302

BEISPIEL „KAUFPREISFINANZIERUNG DER EIGENTUMSWOHNUNG“: A erwirbt eine vermietete Eigentumswohnung, für deren Kaufpreis er bei der B-Bank einen Kredit aufnimmt.

Die Schuldzinsen an die B-Bank stehen im wirtschaftlichen Zusammenhang mit der Vermietung der Eigentumswohnung und sind daher als Werbungskosten (§ 9 Abs. 1 Satz 3 Nr. 1 EStG) bei den Einkünften aus Vermietung und Verpachtung abziehbar.

Auch nach einer Kreditverlängerung (Prolongation) oder der Umschuldung auf ein neues Darlehen (z. B. wegen eines Bankenwechsels) sind die Schuldzinsen weiterhin als Werbungskosten abzugsfähig, solange das Anschlussdarlehen nicht über den abzulösenden Restdarlehensbetrag des Altdarlehens hinausgeht.[229] 303

Schuldzinsen für die Baufinanzierung, die während der Herstellung anfallen, sind nicht in die Herstellungskosten des Gebäudes einzubeziehen. Die Schuldzinsen sind also nicht als Teil der Gebäudeherstellungskosten über die spätere AfA, sondern als vorweggenommene Werbungskosten sofort abzugsfähig.[230] 304

Die rechtliche Besicherung einer vermieteten Eigentumswohnung für die Kaufpreisfinanzierung einer selbst genutzten (anderen) Wohnung begründet keinen Einkünftezusammenhang und führt daher nicht zu Werbungskosten.[231] 305

227 BFH, Urteil v. 20.6.2023 - IX R 15/21, BStBl 2023 II S. 1103 Rz. 14 PAAAJ-51310.

228 BFH, Urteil v. 20.6.2023 - IX R 15/21, BStBl 2023 II S. 1103 Rz. 15 PAAAJ-51310.

229 BFH, Urteil v. 8.4.2014 - IX R 45/13, BStBl 2015 II S. 635 Rz. 25 KAAAE-64191.

230 Ein Wahlrecht, die „Bauzeitzinsen“ zu den Herstellungskosten des Gebäudes zu rechnen, besteht nicht bei den Überschusseinkünften, BFH, Urteil v. 7.11.1989 - IX R 190/85, BStBl 1990 II S. 460 FAAAA-93233.

231 BFH, Urteil v. 15.1.1980 - VIII R 70/78, BStBl 1980 II S. 348 EAAAA-91502; BFH, Urteil v. 29.7.1997 - IX R 89/94, BStBl 1997 II S. 772 PAAAA-96027.

BEISPIEL „EIGENTUMSWOHNUNG ALS SICHERHEIT": A erwirbt eine Eigentumswohnung, die er zu eigenen Wohnzwecken nutzen wird. Für deren Kaufpreisfinanzierung nimmt er bei der B-Bank einen Kredit auf. Die Bank lässt zur Darlehensbesicherung sowohl auf die erworbene Eigentumswohnung als auch auf eine dem A bereits gehörende und von ihm vermietete Eigentumswohnung eine Grundschuld in das jeweilige Grundbuch eintragen.

Die von A zu zahlenden Schuldzinsen an die B-Bank stehen im wirtschaftlichen Zusammenhang mit der selbst genutzten (neuen) Eigentumswohnung und sind auch nicht deshalb als Werbungskosten bei der vermieteten Eigentumswohnung abzuziehen, weil (auch) für diese Eigentumswohnung eine Grundschuld im sachlichen Zusammenhang mit dem Darlehen eingetragen wurde.

aa) Geldbeschaffungskosten

306 Neben den Entgelten für die Darlehnsgewährung (Zinsen, Bereitstellunggebühren, Disagio) sind auch Kosten für die Geldbeschaffung als Werbungskosten abzugsfähig. Das betrifft z. B. Kosten für ein Wertgutachten für die Bankfinanzierung, Vermittlungsprovision an einen Darlehensvermittler oder Grundbuchkosten für die Eintragung der Grundschuld.

bb) Zuordnung von Fremdkapital zur vermieteten Eigentumswohnung

307 Wenn Wohnungseigentum nur teilweise der Einkünfteerzielung (z. B. Vermietung) dient, stehen auch nur die Aufwendungen für das gesamte Wohnungseigentum anteilig mit der Einkünfteerzielung im Zusammenhang. Eine große praktische Bedeutung hat die Zuordnung von Schuldzinsen für die Finanzierung der Herstellung von Wohnungseigentum, das nur teilweise vermietet und im Übrigen selbst als Wohnung genutzt wird. Hier wird der Eigentümer regelmäßig daran interessiert sein, einen möglichst hohen Anteil der Schuldzinsen als Werbungskosten abziehen zu können.

308 Sollte die gesamte Investition (Herstellung des Gebäudes) fremdfinanziert werden, ist die Lösung verhältnismäßig einfach: Die Schuldzinsen aus der Finanzierung der Baukosten sind nur insoweit (verhältnismäßig) als Werbungskosten bei den Einkünften aus Vermietung und Verpachtung abziehbar, als diese (im Verhältnis der Miteigentumsanteile) auf die vermieteten Eigentumswohnungen entfallen.

BEISPIEL „KOMPLETTE FREMDFINANZIERUNG": A nimmt einen Bankkredit über 900.000 € auf, um die Herstellungskosten von drei Wohnungen in einem neuen, dreigeschossigen Gebäude zu finanzieren. Er teilt das Objekt in drei gleich große Eigentumswohnungen (Teilungserklärung nach § 8 WEG) und vermietet das erste und zweite OG. Im EG zieht er selbst ein.

LÖSUNG: A kann die Schuldzinsen zu 2/3 als Werbungskosten bei den Einkünften aus Vermietung und Verpachtung abziehen, da diese insoweit (nach den Miteigentums-anteilen) auf die Einkünfteerzielung entfallen.

Wenn die Herstellung des Gebäudes nicht nur (z. B. über einen Bankkredit) fremdfinanziert, sondern auch durch vorhandene Mittel (Eigenkapital) finanziert wird, wären die Schuldzinsen ebenfalls im Verhältnis der Miteigentumsanteile den Werbungskosten bei den Einkünften aus Vermietung und Verpachtung zuzuordnen und insoweit abziehbar. 309

BEISPIEL „TEILWEISE FREMDFINANZIERUNG OHNE ZUORDNUNG DER MITTEL": A nimmt einen Bankkredit über 800.000 € auf, um zusammen mit seinen vorhandenen Eigenmitteln von 100.000 € die Herstellungskosten von drei Wohnungen in einem neuen, dreigeschossigen Gebäude zu finanzieren. Er teilt das Objekt in drei gleich große Eigentumswohnungen (Teilungserklärung nach § 8 WEG) und vermietet das erste und zweite OG. Im EG zieht er selbst ein.

LÖSUNG: Die Schuldzinsen entfallen sowohl auf die fremdvermieteten Wohnungen als auch auf die eigengenutzte Wohnung. A kann die Schuldzinsen zu 2/3 als Werbungskosten bei den Einkünften aus Vermietung und Verpachtung abziehen, da diese insoweit (nach den Miteigentumsanteilen) auf die Einkünfteerzielung entfallen.

Um einen möglichst hohen Werbungskostenabzug der Schuldzinsen zu erreichen, können nach der BFH-Rechtsprechung[232] und der darauf aufbauenden Verwaltungsauffassung[233] die Eigenmittel vorrangig dem eigengenutzten Gebäudeteil zugeordnet werden. Dann entfallen die Schuldzinsen vorrangig (ggf. sogar vollständig) auf die vermieteten Gebäudeteile (Eigentumswohnungen). 310

Hierbei sind folgende Schritte zu beachten: 311

1. Aufwendungen, die ausschließlich einen bestimmten Gebäudeteil betreffen (z. B. für Bodenbeläge, Malerarbeiten oder Sanitärinstallationen in einer Eigentumswohnung), sind dem Sondereigentum gesondert zuzuordnen. Dieses erfolgt entweder durch den Bauunternehmer, sofern dieser darüber gesondert abrechnet, oder durch den Eigentümer in einer gesonderten Aufstellung der Kosten.
2. Kosten für das (übrige) Gesamtgebäude (z. B. Baugrube, Rohbau, Dach, Außenanstrich), sind den einzelnen Eigentumswohnungen nach dem Verhältnis der Miteigentumsanteile zuzuordnen.

232 BFH, Urteil v. 25.3.2003 - IX R 22/01, BStBl 2004 II S. 348 YAAAA-72054 m. w. N.
233 BMF, Schreiben v. 16.4.2004 - IV C 3 - S 2211 - 36/04, BStBl 2004 I S. 464 HAAAB-20684.

Zwischenergebnis:

Die Herstellungskosten werden (gedanklich) dem verschieden genutzten Wohnungseigentum zugeordnet. Um den wirtschaftlichen Zusammenhang zwischen den Schuldzinsen und den zugeordneten Herstellungskosten für die vermieteten Eigentumswohnungen zu schaffen, muss dieser Teil der Herstellungskosten mit den dafür aufgenommenen Darlehensmitteln bezahlt werden.

3. Von einem wirtschaftlichen Zusammenhang ist auszugehen, wenn von einem separaten Bankkonto („Baukonto") die Kosten für die vermieteten Gebäudeteile gezahlt werden und dieses Konto ausschließlich mit Darlehensmitteln ausstattet wird.

Ergebnis:

Soweit die Darlehensmittel für die separat der Vermietung zugeordneten Herstellungskosten verwendet werden, sind die Schuldzinsen voll abzugsfähig. Soweit die „gemeinschaftlichen Kosten" bezahlt werden, ist ein Schuldzinsenabzug anteilig zulässig.

BEISPIEL „TEILWEISE FREMDFINANZIERUNG MIT ZUORDNUNG DER DARLEHENSMITTEL": A nimmt einen Bankkredit über 800.000€ auf, um zusammen mit seinen vorhandenen Eigenmitteln von 100.000€ die Herstellungskosten von drei Wohnungen in einem neuen, dreigeschossigen Gebäude (insgesamt 900.000€) zu finanzieren. Er teilt das Objekt in drei gleich große Eigentumswohnungen (Teilungserklärung nach § 8 WEG) und vermietet das erste und zweite OG. Im EG zieht er selbst ein. Der Bauunternehmer weist die Herstellungskosten für die drei Wohnungen sowie für die übrigen Baukosten gegenüber A separat aus. Danach belaufen sich die Kosten für die Innenausstattung der vermieteten Wohnungen auf insgesamt 300.000€ und auf die selbst genutzte Wohnung 200.000€. Die übrigen Baukosten (400.000€) entfallen auf das gemeinschaftliche Eigentum. A hat zwei Bankkonten einrichten lassen, auf denen die Darlehen ihm ausgezahlt werden: Von einem Konto werden nur die Kosten für die vermieteten Wohnungen bezahlt (insgesamt 200.000€). Von dem anderen Bankkonto (Darlehensmittel 600.000€) werden die übrigen Baukosten gezahlt. Die Eigenmittel von A (100.000€) werden von einem anderen Konto an den Bauunternehmer überwiesen.

LÖSUNG: Die Herstellungskosten werden zugeordnet und die Darlehensmittel werden von separaten Konten aus direkt für die Zahlungen der zugeordneten Kosten verwendet. Die Herstellungskosten entfallen zu 300.000€ (Sondereigentum) und zu 266.667€ (2/3 des Gemeinschaftseigentums) auf die vermieteten Eigentumswohnungen. A kann zunächst die Zinsen i.H.von 300.000€ zu 800.000€ (d.h. 37,5% der gesamten Zinsen) insoweit voll abziehen. Insoweit werden die Darlehensmittel konkret zugeordnet. Das restliche Darlehen (600.000€) wird rechnerisch i.H.von 266.667€ für die vermieteten Wohnungen verwendet. Daher kann A zudem noch von den verbleibenden Schuldzinsen (62,5%) einen Anteil von 266.667€ zu

600.000 € abziehen (d. h. zusätzlich 27,8 %). Insgesamt kann A bei den Einkünften aus Vermietung und Verpachtung die Schuldzinsen in folgender Höhe als Werbungskosten abziehen: 37,5 % (für 300.000 €) zzgl. 27,8 % (für 266.667 €) = 65,3 % der gesamten Schuldzinsen.

Bei der Anschaffung von Wohnungseigentum sind die Zuordnungsanforderungen etwas geringer. Es müssen dafür nach außen hin erkennbar die Anschaffungskosten zugeordnet werden, die Eigen- und Fremdmittel können über das Notaranderkonto auch gemeinsam an den Veräußerer überwiesen werden. Bei einer „Direktzahlung" (ohne Notaranderkonto) an den Veräußerer ist darauf zu achten, dass mit den Fremdmitteln die „begünstigten" Anschaffungskosten (bzw. mit den Eigenmitteln die „nicht begünstigten" Anschaffungskosten) bezahlt werden. 312

BEISPIEL „ANSCHAFFUNG MIT FREMDFINANZIERUNG UND ZUORDNUNG DER EIGENMITTEL": A erwirbt eine Eigentumswohnung und nutzt 20 % der Fläche als Arbeitszimmer für seine freiberufliche Architektentätigkeit. Im Notarvertrag wird der anteilige Kaufpreis (entsprechend der anteiligen Wohnfläche) separat ausgewiesen. Zur teilweisen Kaufpreisfinanzierung nimmt A einen Bankkredit auf. Er setzt aber auch ein Sparguthaben zur Kaufpreistilgung ein.

LÖSUNG: Einer Zuordnung der Anschaffungskosten durch Aufteilung des Kaufpreises im notariellen Kaufvertrag nach der Fläche ist steuerrechtlich zu folgen, da die Aufteilung nicht zu einer unangemessenen Berücksichtigung des Arbeitszimmers führt. Die „Gesamtzahlung" des Kaufpreises über den Notar (Notaranderkonto) ist unschädlich.

cc) Vorzeitige Darlehensablösung

Löst ein Steuerpflichtiger seine Darlehensschuld vorzeitig ab, um sein bisher vermietetes Objekt lastenfrei übereignen zu können, kann er die dafür an den Darlehensgeber zu entrichtende Vorfälligkeitsentschädigung nicht als Werbungskosten bei den Einkünften aus Vermietung und Verpachtung, sondern nur bei einer – nach § 23 EStG steuerbaren – Veräußerung als Veräußerungskosten abziehen.[234] 313

dd) Schuldzinsen nach Veräußerung des Wohnungseigentums

Schuldzinsen, die auf Darlehen entfallen, welche der Finanzierung von Anschaffungskosten oder Herstellungskosten von vermietetem Wohnungseigentum dienen, können unter bestimmten Voraussetzungen auch nach der Veräußerung des Wohnungseigentums als (dann: nachträgliche) Werbungskosten abgezogen werden. Wenn und soweit das Darlehen nicht durch den Veräußerungserlös für 314

234 BFH, Urteil v. 11.2.2014 - IX R 42/13, BStBl 2015 II S. 633 IAAAE-67848.

das Wohnungseigentum getilgt wurde (oder hätte getilgt werden können), wird der Veranlassungszusammenhang zu den Vermietungseinkünften nicht gelöst. Soweit der Veräußerungserlös ausreicht, um die Darlehensschuld zu tilgen, ist kein Werbungskostenabzug (mehr) zulässig. Dieser Grundsatz des Vorrangs der Schuldentilgung beruht auf BFH-Rechtsprechung,[235] dem die Finanzverwaltung[236] gefolgt ist.

BEISPIEL „DARLEHEN NACH VERÄUSSERUNG": A veräußert seine vermietete Eigentumswohnung für einen Kaufpreis von 300.000 € und verwendet den Erlös für eine Sondertilgung des für die Anschaffung der Eigentumswohnung aufgenommenen Darlehens, das noch eine Restschuld von 340.000 € aufwies.

LÖSUNG: Die nach der Sondertilgung durch die Kaufpreisverwendung verbleibende Darlehensschuld von 40.000 € steht nicht (mehr) im Zusammenhang mit den (früheren) Vermietungseinkünften. A kann die darauf noch zu zahlenden Schuldzinsen als nachträgliche Werbungskosten bei den Einkünften aus Vermietung und Verpachtung ansetzen.

ee) Schuldzinsen nach unentgeltlicher Grundstücksübertragung

315 Überträgt der Wohnungseigentümer das Objekt unentgeltlich (aus privaten Gründen) auf eine andere Person (z. B. Angehörige) und behält dabei die aus der Anschaffung resultierenden Verbindlichkeiten zurück, sind die Schuldzinsen nicht mehr als Werbungskosten abziehbar.[237] Das Darlehen dient nunmehr der Finanzierung der Schenkung. Es können nicht die Grundsätze der Veräußerung gegen einen Kaufpreis angewendet werden, bei dem der Kaufpreis nicht ausreicht, um das Darlehen zu tilgen. Es handelt sich also nicht um einen „Veräußerungspreis von 0 €", der damit den vollen (weiteren) Schuldzinsenabzug zulässt.

BEISPIEL „DARLEHEN NACH SCHENKUNG": A überträgt ihre vermietete Eigentumswohnung an ihre Tochter T (vorweggenommene Erfolge). Das von ihr damals aufgenommene Kaufpreisdarlehen behält sie aber zurück.

LÖSUNG: Die Schuldzinsen aus dem Darlehen kann A nicht als nachträgliche Werbungskosten bei den Einkünften aus Vermietung und Verpachtung ansetzen.

235 BFH, Urteil v. 8.4.2014 - IX R 45/13, BStBl 2015 II S. 635 KAAAE-64191 m. w. N.

236 BMF, Schreiben v. 27.7.2015 - IV C 1 - S 2211/11/10001, BStBl 2015 I S. 581 XAAAE-97191.

237 BFH, Urteil v. 3.12.2024 - IX R 2/24 IAAAJ-89820 = DStR 2025 S. 896.

ff) Schuldzinsen ab der Eigennutzung

Wenn das Wohnungseigentum nach einer Vermietung nun zu eigenen Wohnzwecken genutzt wird, endet der Veranlassungszusammenhang von Schuldzinsen auf ein Darlehen aus der Finanzierung der Anschaffungs- bzw. Herstellungskosten. Ab dem Zeitpunkt der Selbstnutzung können keine Schuldzinsen mehr als Werbungskosten abgezogen werden. 316

gg) Schuldzinsen nach Umschuldung

Bei einer Ablösung eines Darlehens und einer Umschuldung auf ein neues Darlehen (z. B. nach Ablauf der Zinsbindungsfrist) wird der Zusammenhang mit der Erzielung von Einkünften nicht unterbrochen. Die Schuldzinsen auf das neue Darlehen sind – wie bisher – als Werbungskosten bei den Einkünften aus Vermietung und Verpachtung abziehbar. 317

14. Gebäudeabschreibung (AfA)

a) Abschreibung der Anschaffungs- oder Herstellungskosten

Die Anschaffungs- bzw. Herstellungskosten eines Gebäudes können im Wege der Absetzung für Abnutzung (AfA) abgeschrieben werden und stellen Werbungskosten bei den Einkünften aus Vermietung und Verpachtung dar. Dafür werden gesetzlich festgelegte Abschreibungsreihen definiert, welche eine feste Abschreibungsdauer definieren. Neben der „regulären" (linearen) AfA nach § 7 Abs. 4 EStG ist in bestimmten Fällen eine „Zusatz-AfA" (Sonderabschreibung, z. B. § 7b EStG; siehe →Rz. 387 ff.) oder – statt der regulären AfA – eine „erhöhte" AfA (insbesondere nach §§ 7i oder 7h EStG; siehe →Rz. 412 ff. bzw. →Rz. 394 ff.) möglich. 318

Die AfA beginnt bei einem Erwerb (Kauf) mit Übergang von Besitz, Nutzen und Lasten. Das Datum ergibt sich regelmäßig aus dem Kaufvertrag über das Wohnungseigentum. Im Herstellungsfall beginnt die AfA mit der Fertigstellung des Gebäudes. 319

Die AfA endet mit Abriss, Veräußerung oder unentgeltlicher Übertragung (Schenkung, Erbfall) bzw. setzt sich nach einer Einlage in ein Betriebsvermögen dort fort. 320

Auch für Gebäude im Privatvermögen (aus denen Einkünfte aus Vermietung und Verpachtung erzielt werden) ist die degressive Gebäudeabschreibung zulässig. Das Gesetz verweist über § 9 Abs. 1 Satz 3 Nr. 7 Satz 1 EStG allgemein auf „Absetzungen für Abnutzung und für Substanzverringerung, Sonderabschrei- 321 bungen nach § 7b [EStG] und erhöhte Absetzungen" und damit auch auf die AfA nach § 7 Abs. 5 bzw. 5a EStG.[238]

b) Anwendung der Gebäudeabschreibung auf Wohnungseigentum (§ 7 Abs. 5b EStG)

322 Nach § 7 Abs. 5b EStG sind die Abschreibungsregeln für Gebäude nach dem § 7 Abs. 4, 5, 5a EStG auch „auf Eigentumswohnungen und auf im Teileigentum stehende Räume entsprechend anzuwenden". Sie sind damit stets als selbständiges Wirtschaftsgut „Gebäude" zu qualifizieren.[239] Damit werden Gebäude des Wohnungseigentums genauso wie zivilrechtlich ungeteilte Gebäude abgeschrieben.

323 Bis zur Einführung der degressiven Gebäudeabschreibung nach § 7 Abs. 5a EStG n. F. durch das Wachstumschancengesetz war in § 7 Abs. 5a EStG a. F. der Inhalt des „heutigen" § 7 Abs. 5b EStG n. F. geregelt. Der § 7 Abs. 5a EStG a. F. ist inhaltlich somit zu § 7 Abs. 5b EStG n. F. geworden.[240]

324 Der Unterschied des Begriffs des „Wohneigentums" im Sinne des WEG zu demjenigen der (nicht im EStG definierten) „Eigentumswohnung" bzw. „im Teileigentum stehenden Räume" besteht darin, dass der Anteil am Grund und Boden steuerlich nicht zum Wirtschaftsgut der Eigentumswohnung bzw. der im Teileigentum stehenden Räume gehört.[241]

c) Anschaffungskosten des Wohnungseigentums

aa) Grundsätze zu den Anschaffungskosten von Grundstücken

325 Aus der Anschaffung der Eigentumswohnung resultierten (anteilige) Anschaffungskosten des Gebäudes, welche nach typisierten Regeln über bestimmte Zeiträume über die Absetzung für Abnutzung (AfA) als Werbungskosten abzugsfähig sind (§ 9 Abs. 1 Satz 3 Nr. 7 EStG i. V. mit § 7 ff. EStG).

326 Zunächst müssen die gesamten Anschaffungskosten des Grundstücks ermittelt werden. Dazu gehören auch die Anschaffungsnebenkosten (z. B. Grund-

238 Gleichwohl hatte der BFH, Urteil v. 7.6.1956 - IV 439/54 U, BStBl 1956 III S. 196 HAAAB-46047, für die AfA i. S. des § 7 Abs. 5 EStG entschieden, dass diese nur für Gebäude im Betriebsvermögen zulässig sei, vgl. Schumann, EStB 2025, S. 133, 135, 136, der mit Hinweis auf die BT-Drucks. IV/2008 S. 6 (v. 4.3.1964) die degressive AfA bei Gebäuden im Privatvermögen nicht für zulässig hält.

239 Pfirrmann in Kirchhof/Seer, 24. Aufl. 2025, § 7 EStG, Rz. 109.

240 Dazu auch BT-Drucks. 20/8628 S. 123.

241 Urban in Bordewin/Brandt, EStG, § 35c Rz. 374 (Stand: 7/2021).

erwerbsteuer). In einem zweiten Schritt sind die gesamten Anschaffungskosten auf den Grund und Boden sowie das Gebäude aufzuteilen. Dies ist wichtig, da nur der Gebäudeteil abgeschrieben werden kann.

Anschaffungskosten sind nach § 255 Abs. 1 HGB die Aufwendungen, die geleistet werden, um einen Vermögensgegenstand zu erwerben und ihn in einen betriebsbereiten Zustand zu versetzen (soweit sie dem Vermögensgegenstand einzeln zugeordnet werden können) sowie Nebenkosten und nachträgliche Anschaffungskosten. 327

Zu den typischen Anschaffungskosten eines Grundstücks zählen insbesondere: 328

- Kaufpreis des Grundstücks,
- Grunderwerbsteuer,
- Notarkosten (soweit vom Erwerber zu tragen),
- Grundbuchkosten (für die Grundstücksumschreibung im Grundbuch),
- Maklerprovision.

Notar- und Grundbuchgebühren gehören nicht zu den Anschaffungskosten des Grundstücks, wenn diese durch die Eintragung einer Grundschuld im Grundbuch (für die Sicherung eines Darlehens für die Finanzierung der Anschaffung) verursacht wurden. Diese sind als „Geldbeschaffungskosten" sofort als Werbungskosten abzugsfähig. 329

bb) Ermittlung der Anschaffungskosten des Gebäudes

Für die Berechnung der Gebäudeabschreibung muss der Gesamtkaufpreis der Eigentumswohnung auf den Grund und Boden sowie das Gebäude und ggf. auf weitere Wirtschaftsgüter (z. B. Außenanlagen, Erhaltungsrücklage, Einbauküche) aufgeteilt werden. Der anteilige Kaufpreis für den Grund und Boden ist nicht abschreibbar. Insbesondere für die AfA auf den Gebäudeanteil sind die anteilig darauf entfallenen Anschaffungskosten zu ermitteln. 330

Zunächst könnte man denken, diese Ermittlung sei relativ einfach, indem von dem Gesamtkaufpreis nur der anteilige Wert des Grund und Bodens (Fläche x Bodenrichtwert) abgezogen wird. Diese Restwertmethode ist jedoch unzulässig.[242] Es ist vielmehr der tatsächliche Gesamtkaufpreis (einschließlich Nebenkosten) im Verhältnis der (zu ermittelnden) Verkehrswerte des Grund und Bodens sowie des Gebäudes aufzuteilen.[243] 331

242 BFH, Urteil v. 10.10.2000 - IX R 86/97, BStBl 2001 II S. 183 OAAAA-88834.

243 BFH, Urteil v. 29.10.2019 - IX R 38/17, BStBl 2021 II S. 202 unter II. 3. b) GAAAH-48556.

332 Die Schätzung der Wertanteile erfolgt im Regelfall nach der ImmoWertV.[244] Das anzuwendende Verfahren für die Wertermittlung (Vergleichswert, Sachwert, Ertragswert) richtet sich nach dem Einzelfall. Daher gibt es keinen Vorrang eines Wertermittlungsverfahrens für eine bestimmte Gebäudeart. Dies hat der BFH zum Fall einer (als Ferienwohnung) vermieteten Eigentumswohnung entschieden.[245]

333 Eine ausdrückliche Kaufpreisaufteilung im notariellen Kaufvertrag ist für steuerliche Zwecke zulässig, wenn die realen Wertverhältnisse nicht in grundsätzlicher Weise verfehlt werden.[246] Es ist sinnvoll, im notariellen Vertrag über den Erwerb einer Eigentumswohnung die einzelnen Kaufpreisbestandteile darzustellen.[247] Es können dabei nicht nur zivilrechtlich eigenständig zu beurteilende Kaufpreisteile markiert werden (z. B. der Wert einer mitverkauften Einbauküche).

334 Ohne eine vertraglich fixierte Kaufpreisaufteilung sind die anteiligen Anschaffungskosten zu schätzen. Dazu kann ein Gutachten dienen (was jedoch oft teuer ist) oder es kann die Excel-Datei „Arbeitshilfe zur Aufteilung eines Gesamtkaufpreises für ein bebautes Grundstück" von der Website des BMF[248] genutzt werden. Diese ist ohne Registrierung und kostenlos zugänglich. Ein Vorteil der BMF-Arbeitshilfe besteht darin, dass die Finanzverwaltung den mithilfe der Excel-Datei ermittelten Aufteilung i. d. R. folgen wird.

335 In der Excel-Arbeitshilfe sind zu mehreren Datenfeldern Werte aus dem tatsächlichen Sachverhalt aus dem Erwerb der Eigentumswohnung (z. B. Kaufpreis, Baujahr, Wohnfläche, Bodenrichtwert) einzugeben. In der BMF-Arbeitshilfe wird jedoch nicht der Abzug der Erhaltungsrücklage von den Anschaffungskosten[249] berücksichtigt.[250] Die Datei liefert als Ergebnis eine Kaufpreisaufteilung. Das BMF erläutert in einer – ebenfalls auf der BMF-Website abrufbaren – Anleitung (PDF) ausführlich, welche Bedeutung der Inhalt der einzelnen Datenfelder hat und nach welchen Verfahren – abhängig von den Eingaben – die Werte ermittelt werden.

---

244 BFH, Urteil v. 20.9.2022 - IX R 12/21, BStBl 2024 II S. 61 unter II. 2. a) KAAAJ-29226.

245 BFH, Urteil v. 20.9.2022 - IX R 12/21, BStBl 2024 II S. 61 KAAAJ-29226.

246 BFH, Urteil v. 21.7.2020 - IX R 26/19, BStBl 2021 II S. 372 PAAAH-64928.

247 So auch Dachauer, BB 2021 S. 800, und Behrens, BB 2021 S. 1057.

248 https://www.bundesfinanzministerium.de/Datenportal/Daten/frei-nutzbare-produkte/Anwendungen/Kaufpreisaufteilung-Grundstuecke/Kaufpreisaufteilung-Grundstuecke.html = LAAAE-61859.

249 H 7.3 „Anschaffungskosten" EStH.

250 Hante/Mühlenstädt, NWB 26/2025 S. 1774, 1779 OAAAJ-93725.

cc) Anschaffungskosten des Gebäudeanteils bei Wohnungseigentum

Das Wohnungseigentum besteht zivilrechtlich aus dem Sondereigentum an der Wohnung und dem Miteigentum an dem gemeinschaftlichen Eigentum (Grund und Boden und übriges Gebäude). Steuerrechtlich besteht das Wohnungseigentum aus zwei Wirtschaftsgütern: 336

- Gebäude (Sondereigentum an der Wohnung und Miteigentumsanteil an dem gemeinschaftlichen Gebäude),
- Grund und Boden (Miteigentumsanteil).

BEISPIEL „ANSCHAFFUNG": A erwirbt eine Eigentumswohnung für Anschaffungskosten (einschließlich Erwerbsnebenkosten) von 150.000 €. Auf den Erwerb des anteiligen Grund und Bodens entfallen 30.000 €.

Die AfA-Bemessungsgrundlage des Gebäudes beträgt 120.000 €. In welcher Höhe dieser Wert auf das Sondereigentum und das anteilige gemeinschaftliche Eigentum entfällt, ist grds. unerheblich, da das dem A gehörende Wirtschaftsgut „Gebäude" einheitlich abgeschrieben wird (§ 7 Abs. 5b EStG.)

dd) Anschaffungskosten für Außenanlagen

Nicht zu den Anschaffungskosten des Gebäudes gehört der anteilige Kaufpreis für den Garten. Er ist ein separates Wirtschaftsgut mit einer AfA-Dauer von zehn Jahren (R 21.1 Abs. 3 EStR). Der Gartenzaun (oder auch Hecken als „lebende Umzäunung") gehören jedoch zu den Gebäudeanschaffungskosten. 337

Garagen, Wege zum Haus und Platzbefestigungen für Stellplätze gehören zu den Anschaffungskosten des Gebäudes.

ee) Miterworbene Erhaltungsrücklage

Die Anschaffungskosten der anteiligen Erhaltungsrücklage entsprechen dem Anteil an den geleisteten Einzahlungen.[251] Im Grundstückskaufvertrag kann ein anteiliger Kaufpreis für die (aus wirtschaftlicher Sicht) „miterworbene" Erhaltungsrücklage dokumentiert werden. Der Anteil für die Erhaltungsrücklage kann zwar nicht von der Bemessungsgrundlage für die Grunderwerbsteuer abgezogen werden.[252] Jedoch ist die Erhaltungsrücklage kein Teil der Anschaffungskosten des Wohnungseigentums. Sie ist vielmehr ein eigenes Wirtschafts- 338

251 BFH, Beschluss v. 5.10.2011 - I R 94/10, BStBl 2012 II S. 244 unter II. 2. b) NAAAE-00562.

252 BFH, Urteil v. 16.9.2020 - II R 49/17 NAAAH-69239. Für Fälle der Zwangsversteigerung hatte dies der BFH schon mit Urteil v. 2.3.2016 - II R 27/14, BStBl 2016 II S. 619 FAAAF-73091 entschieden.

gut[253] des Wohnungseigentümers, da sie ihm einen geldwerten Anspruch auf Bezahlung von Aufwendungen aus der Erhaltungsrücklage vermittelt.

BEISPIEL „ERHALTUNGSRÜCKLAGE BEI ERWERB": Herr E erwirbt von Frau V eine Eigentumswohnung, um diese für Wohnzwecke zu vermieten. Von dem Gesamtkaufpreis i. H. von 125.000 € entfällt nach dem notariellen Kaufvertrag auf eine Einbauküche 5.000 € und auf die anteilige Erhaltungsrücklage 3.000 €.

LÖSUNG: Ertragsteuerrechtlich erwirbt Herr E folgende Wirtschaftsgüter:

1. Das Gebäude (Sondereigentum und anteiliges gemeinschaftliches Eigentum), das nach § 7 Abs. 4 EStG abzuschreiben ist.
2. Den anteiligen Grund und Boden (anteiliges gemeinschaftliches Eigentum), der im Privatvermögen nicht abschreibbar ist.
3. Die Einbauküche ist zivilrechtlich regelmäßig eine von dem Grundstück getrennte Sache bzw. steuerrechtlich ein von dem Gebäude getrennt zu bewertendes (bewegliches und einheitliches) Wirtschaftsgut, das auf zehn Jahre abzuschreiben ist.[254]
4. Die Mittel aus der (anteiligen) Erhaltungsrücklage stehen zivilrechtlich als Gemeinschaftsvermögen (§ 9a Abs. 3 WEG) im Eigentum der GdWE. Herr E erwirbt aber weder die „anteilige Erhaltungsrücklage" als solche noch das „anteilige Bankguthaben", welches die Erhaltungsrücklage repräsentiert. Vielmehr erwirbt Herr E von Frau V eine Sachleistungsforderung gegenüber der GdWE, welche 3.000 € wert ist (Anschaffungskosten insoweit 3.000 €). Diese Forderung wird nicht abgeschrieben, sondern mindert bzw. erhöht sich, sofern in die Erhaltungsrücklage eingezahlt oder aus ihr entnommen wird. Wenn aus den Mitteln der Erhaltungsrücklage zukünftig Ausgaben für Erhaltungsaufwendungen geleistet werden, sind diese bei Herrn E als Werbungskosten bei den Einkünften aus Vermietung und Verpachtung anzusetzen.[255]

Bei der Bemessungsgrundlage für die GrESt ist zwar der Kaufpreisanteil für die Einbauküche (5.000 €), nicht aber der Anteil für die Erhaltungsrücklage (3.000 €) abzuziehen.[256]

d) Anschaffungsnahe Herstellungskosten (§ 6 Abs. 1 Nr. 1a EStG)

aa) Allgemeine Grundsätze zu den anschaffungsnahen Herstellungskosten

339 Grundsätzlich sind Aufwendungen für die Instandhaltung- oder Instandsetzung eines vermieteten Gebäudes als Werbungskosten sofort abzugsfähig (Erhaltungsaufwendungen). Wenn jedoch innerhalb von drei Jahren nach der An-

253 BFH, Beschluss v. 5.10.2011 - I R 94/10, BStBl 2012 II S. 244 unter II. 2. a) NAAAE-00562.

254 BFH, Urteil v. 3.8.2016 - IX R 14/15, BStBl 2017 II S. 437 LAAAF-87994.

255 So auch OFD Frankfurt a. M., Verfügung v. 30.3.2000 - S 2211 A-12-St II 23 IAAAA-78351 = DB 2000 S. 1102.

256 BFH, Urteil v. 16.9.2020 - II R 49/17 NAAAH-69239.

schaffung eines Grundstücks das Gebäude instandgesetzt oder modernisiert wird, gelten die Kosten nach § 6 Abs. 1 Nr. 1a EStG als nachträgliche Herstellungskosten des Gebäudes, sofern die Aufwendungen (ohne enthaltene Umsatzsteuer) 15 % der Anschaffungskosten des Gebäudes übersteigen. Durch § 9 Abs. 5 Satz 2 EStG ist § 6 Abs. 1 Nr. 1a EStG auch bei den Einkünften aus Vermietung und Verpachtung (§ 21 Abs. 1 Nr. 1 EStG) anzuwenden.

Hintergrund der Regelung ist der Erwerb von unsanierten Gebäuden, bei dem der Veräußerer die Instandsetzungskosten (mangels Vermietung) nicht mehr als Werbungskosten absetzen kann. Der Erwerber kauft somit zu einem geringeren Kaufpreis (unsaniert) das Objekt und könnte dann die Sanierungsaufwendungen sofort abziehen. Durch die Begrenzung in § 6 Abs. 1 Nr. 1a EStG werden saniert erworbene Objekte (mit höherem Kaufpreis) den unsaniert erworbenen Objekten (mit entsprechend niedrigerem Kaufpreis) gleichgestellt, da der Erwerber die Gesamtaufwendungen in beiden Fällen nur über die AfA geltend machen kann. 340

Aufwendung zur Herstellung der Betriebsbereitschaft (§ 255 Abs. 1 HGB) sind aber immer als Anschaffungskosten zu qualifizieren. Hierbei handelt es sich in erster Linie um Kosten, wenn das Objekt objektiv funktionsuntüchtig, d. h. für den Gebrauch wesentliche Teile nicht nutzbar sind.[257] 341

BEISPIEL „OBJEKTIV FUNKTIONSUNTÜCHTIG": Frau F hat im Jahr 2023 eine Eigentumswohnung erworben, die sie vermieten möchte. Da das Badezimmer weder über eine funktionsfähige Toilette noch ein Waschbecken oder eine Dusche verfügt, lässt sie das Bad umfassend modernisieren bzw. instandsetzen.

Die Aufwendungen sind Anschaffungskosten der Eigentumswohnung, da diese der Herstellung der Betriebsbereitschaft als Wohnung dienen.

Ein Gebäude ist subjektiv funktionsuntüchtig, wenn es für die konkrete Zweckbestimmung des Erwerbers nicht nutzbar ist. Aufwendungen für Baumaßnahmen für diese Zweckerreichung führen zu Anschaffungskosten.[258]

BEISPIEL „SUBJEKTIV FUNKTIONSUNTÜCHTIG": Frau F erwirbt Teileigentum, das bisher als Anwaltskanzlei genutzt wurde. Als neuen Mieter konnte sie eine Zahnarztpraxis gewinnen, für deren Zwecke sie die Räume umbaut.[259]

Die Aufwendungen sind Anschaffungskosten des Teileigentums, da diese der Herstellung der Betriebsbereitschaft aus Sicht von Frau F als Vermieterin dienen.

---

257 BMF, Schreiben v. 26.1.2026 - IV C 1-S 2253/00082/001/064, Rz. 7 PAAAK-09012.

258 BMF, Schreiben v. 26.1.2026 - IV C 1-S 2253/00082/001/064, Rz. 9 PAAAK-09012.

259 BMF, Schreiben v. 26.1.2026 - IV C 1-S 2253/00082/001/064, Rz. 10 PAAAK-09012.

bb) Drei-Jahres-Frist

342 Die Drei-Jahres-Frist beginnt mit dem Übergang von Besitz, Nutzen und Lasten an dem Grundstück (und z.B. nicht mit dem Datum des notariellen Kaufvertrags) und dauert von da an taggenau drei „Zeitjahre".[260] Es kommt nicht darauf an, welche Aufwendungen in diesem Zeitraum bezahlt wurden, sondern welche Aufwendungen aus Maßnahmen in diesem Zeitraum resultieren. Sofern Baumaßnahmen vor Ablauf der Drei-Jahres-Frist zwar begonnen, aber noch nicht vollendet wurden, sind die darauf entfallenden anteiligen Kosten einzubeziehen.[261]

cc) Einzubeziehende Aufwendungen

343 Unter „Instandsetzung und Modernisierung" eines Gebäudes i.S.von §6 Abs.1 Nr.1a EStG sind nach der Definition des BFH[262] „bauliche Maßnahmen zu verstehen, durch die Mängel oder Schäden an vorhandenen Einrichtungen eines bestehenden Gebäudes oder am Gebäude selbst beseitigt werden oder das Gebäude durch Erneuerung in einen zeitgemäßen Zustand versetzt wird". Damit sind sämtliche Aufwendungen für Baumaßnahmen umfasst, die im Rahmen einer innerhalb von drei Jahren nach der Anschaffung eines Gebäudes vorgenommenen Instandsetzung und Modernisierung anfallen. Dies können auch Aufwendungen zur Herstellung des betriebsbereiten Zustands, Standardverbesserungen an zentralen Ausstattungsmerkmalen oder auch lediglich Schönheitsreparaturen sein.[263] Dazu gehören u.a. die Kosten für die Instandsetzung oder Erneuerung der Sanitär-, Elektro- und Heizungsanlagen, des Bodenbelags, der Türen und Fenster, der Leitungen und Rohre. Durch §6 Abs.1 Nr.1a Satz1 EStG können somit Erhaltungsaufwendungen als nachträgliche Herstellungskosten umzuqualifizieren sein.

344 Es fallen aber nicht nur „echte Bauarbeiten" unter die maßgeblichen Aufwendungen, sondern auch Schönheitsreparaturen (vgl. dazu §28 Abs.4 Satz3 II. BVO) wie z.B. Tapezieren und Streichen von Wänden, Türen, Fenstern oder Heizköpern.[264] Es ist entgegen der früheren Rechtsprechung[265] nicht mehr erforderlich, dass diese Schönheitsreparaturen in einem engen räumlichen, zeit-

260 BMF, Schreiben v.26.1.2026 - IV C 1-S 2253/00082/001/064, Rz.62 PAAAK-09012.
261 BMF, Schreiben v.26.1.2026 - IV C 1-S 2253/00082/001/064, Rz.63 PAAAK-09012.
262 BFH, Urteil v.14.6.2016 - IX R 22/15, BStBl 2016 II S.999 RAAAF-82843.
263 BMF, Schreiben v.26.1.2026 - IV C 1-S 2253/00082/001/064, Rz.55 PAAAK-09012.
264 BFH, Urteil v.14.6.2016 - IX R 22/15, BStBl 2016 II S.999 RAAAF-82843.
265 BFH, Urteil v.25.8.2009 - IX R 20/08, BStBl 2010 II S.125 MAAAD-32832.

lichen und sachlichen Zusammenhang zu einer Instandsetzung und Modernisierung des Gebäudes stehen.[266]

Nicht einzubeziehen sind nach der gesetzlich definierten Ausnahme in § 6 Abs. 1 Nr. 1a Satz 2 EStG folgende Aufwendungen, welche daher nicht bei der 15%-Grenze zu berücksichtigen sind:[267] 345

1. Aufwendungen für Erweiterungen i. S. des § 255 Abs. 2 Satz 1 HGB. Wichtig: Diese Aufwendungen (z. B. für einen Anbau oder eine Aufstockung) sind zwar nicht bei den anschaffungsnahen Herstellungskosten i. S. des § 6 Abs. 1 Nr. 1a EStG zu berücksichtigen. Sie führen jedoch unabhängig von deren Höhe bzw. zeitlichen Nähe zur Anschaffung des Gebäudes ohnehin zu nachträglichen Herstellungskosten des Gebäudes. Gleichwohl sind diese Kosten bei der Ermittlung der 15%-Grenze auszublenden.
2. Aufwendungen für solche Erhaltungsarbeiten, die jährlich üblicherweise anfallen. Dazu gehören insbesondere die Wartung der Heizungsanlage oder die Beseitigung von Rohrverstopfungen.[268] Renovierungsarbeiten sind hiermit nicht gemeint (selbst wenn man z. B. jedes Jahr die Wohnung neu streichen würde).

Unvermutete Aufwendungen für die Behebung eines Renovierungsstaus oder verdeckter Mängel, die bei Anschaffung bereits vorhanden sind, werden bei § 6 Abs. 1 Nr. 1a EStG einbezogen.[269] 346

Kosten zur Wiederherstellung der Betriebsbereitschaft in Zusammenhang mit einem Schaden durch das schuldhafte Handeln eines Dritten sind aber nicht einzubeziehen, sofern sie im Zeitpunkt der Anschaffung nicht vorhanden und auch nicht „angelegt" waren, sondern später verursacht wurden.[270] Auch die Kosten für die Beseitigung eines Substanzschadens, der durch das schuldhafte Handeln des Mieters verursacht wurde, sind sofort abziehbar.[271] 347

BEISPIEL „SCHADEN DURCH MIETER":[272] Frau F hat im Jahr 2023 eine vermietete Eigentumswohnung erworben, die sich beim Besitzübergang in einem mangelfreien Zustand befand. Im Jahr 2024 zahlte der Mieter nicht mehr die Nebenkosten, so dass Frau F als Vermieterin das Mietverhältnis kündigte. Nach Rückgabe der Wohnung

266 So ausdrücklich BFH, Urteil v. 14.6.2016 - IX R 22/15, BStBl 2016 II S. 999 RAAAF-82843.

267 BMF, Schreiben v. 26.1.2026 - IV C 1-S 2253/00082/001/064, Rz. 60 PAAAK-09012.

268 BFH, Urteil v. 14.6.2016 - IX R 22/15, BStBl 2016 II S. 999 RAAAF-82843.

269 BFH, Urteil v. 13.3.2018 - IX R 41/17, BStBl 2018 II S. 533 EAAAG-88491.

270 BMF, Schreiben v. 26.1.2026 - IV C 1-S 2253/00082/001/064, Rz. 61 PAAAK-09012, mit Hinweis auf BFH, Urteil v. 13.3.2018 - IX R 41/17, BStBl 2018 II S. 533 EAAAG-88491.

271 BFH, Urteil v. 9.5.2017 - IX R 6/16, BStBl 2018 II S. 9 HAAAG-58607.

272 Beispiel angelehnt an den Fall aus der Pressemitteilung des BFH Nr. 61/2017 v. 4.10.2017.

stellte Frau F umfangreiche, von dem Mieter jüngst verursachte Schäden an der Eigentumswohnung fest (eingeschlagene Scheiben an Türen, Schimmelbefall an Wänden und zerstörte Bodenfliesen). Darüber hinaus hatte der Mieter einen Rohrbruch im Badezimmer nicht gemeldet. Dadurch war es zu Folgeschäden gekommen. Zur Beseitigung dieser Schäden wendete Frau F 20.000 € auf.

Zu den Herstellungskosten i. S. des § 6 Abs. 1 Nr. 1a Satz 1 EStG gehören zwar auch Aufwendungen für bauliche Maßnahmen, die für die Beseitigung verdeckter, im Zeitpunkt der Anschaffung des Gebäudes jedoch bereits vorhandener Mängel oder für die Beseitigung von bei Anschaffung des Gebäudes „angelegter", aber erst nach dem Erwerb auftretender, altersüblicher Mängel und Defekte anfallen. Jedoch sind Kosten für die Beseitigung eines Schadens, der im Zeitpunkt der Anschaffung nicht vorhanden und auch nicht „angelegt" war (sondern erst zu einem späteren Zeitpunkt durch den Mieter verursacht wurde), nicht den anschaffungsnahen Herstellungskosten zuzuordnen. Solche Aufwendungen können als Erhaltungsaufwand sofort abgezogen werden.

348 Nach dem Gesetzeswortlaut gilt § 6 Abs. 1 Nr. 1a EStG nur für solche Aufwendungen, die innerhalb von drei Jahren „nach" der Anschaffung vom Steuerpflichtigen getragen werden.[273] Damit sind z. B. Maßnahmen im Zeitraum nach dem Abschluss des Kaufvertrags bis zum Übergang von Besitz, Nutzen und Lasten nicht einzubeziehen (welche aber schon aus zivilrechtlicher Sicht mit dem Verkäufer abgestimmt werden sollten).

dd) Rechtsfolge der Umqualifizierung als nachträgliche Herstellungskosten

349 Die anschaffungsnahen Herstellungskosten i. S. des § 6 Abs. 1 Nr. 1a EStG des jeweiligen Jahres erhöhen die AfA-Bemessungsgrundlage mit Wirkung zum Beginn dieses Veranlagungszeitraums (R 7.4 Abs. 9 Satz 3 EStR). Die Aufwendungen können dann nicht sofort (bei Zahlung) als Werbungskosten abgezogen, sondern nur über die Nutzungsdauer des Objekts als zusätzliche Gebäudeabschreibung genutzt werden.

BEISPIEL „15%-GRENZE": A erwirbt zum 1.6.2022 ein Grundstück (Alleineigentum) für Gesamtanschaffungskosten von 500.000 €, von denen 400.000 € auf das Gebäude und 100.000 € auf den Grund und Boden entfallen. Im Jahr 2023 werden die Fenster und das Badezimmer im Gebäude erneuert (Kosten: 80.000 € ohne USt) und ab dem 1.10.2023 wird es vermietet.

Die Aufwendungen stellen zwar grds. sofort abzugsfähige Werbungskosten (Erhaltungsaufwendungen) bei den Einkünften aus Vermietung und Verpachtung dar, da bereits bestehende Substanz (Fenster und Bad) erneuert wird. Es handelt sich hier jedoch um anschaffungsnahe Herstellungskosten i. S. des § 6 Abs. 1 Nr. 1a EStG, da die (Netto-)Aufwendungen innerhalb der ersten drei Jahre seit Anschaffung (1.6.2022–

273 BFH, Beschluss v. 28.4.2020 - IX B 121/19 PAAAH-53150 = BFH/NV 2020 S. 870.

31.5.2025) i.H.von 80.000€ über der 15%-Grenze i.H.von 60.000€ (400.000€ Gebäudeanschaffungskosten x 15 %) liegen.

Die Aufwendungen gelten als zusätzliche (nachträgliche) Herstellungskosten des Gebäudes und erhöhen die AfA-Bemessungsgrundlage des Gebäudes von (bisher) 400.000€ um 80.000€ auf (neu) 480.000€. Dabei kommt es nicht darauf an, wann genau im Jahr 2023 die Kosten entstanden sind, da diese insoweit einheitlich als zu Beginn des VZ 2023 entstanden gelten (R 7.4 Abs. 9 Satz 3 EStR).

Wenn – abweichend von dem Beispiel – die Aufwendungen später als drei Jahre nach Anschaffung anfallen, sind diese als „normaler" Erhaltungsaufwand voll abzugsfähig, weil dann die Frist des § 6 Abs. 1 Nr. 1a EStG verstrichen ist. Wenn die Aufwendungen innerhalb der Drei-Jahres-Frist insgesamt unter der 15%-Grenze liegen, wären diese ebenfalls sofort abzugsfähig.

Da alle Aufwendungen innerhalb von drei Zeitjahren nach der Gebäudeanschaffung zusammenzurechnen sind, kann die 15%-Grenze auch im zweiten, dritten oder sogar vierten VZ nach dem VZ der Anschaffung (erst) überschritten werden. Die Aufwendungen sind in dem jeweiligen Jahr als nachträgliche Herstellungskosten zu berücksichtigen. Der Einkommensteuerbescheid des jeweiligen Jahres kann nach § 175 Abs. 1 Nr. 2 AO geändert werden, da die Überschreitung der 15%-Grenze ein rückwirkendes Ereignis darstellt.[274] 350

Sofern die Aufwendungen für die einzelne Baumaßnahme nicht mehr als 4.000€ (ohne USt) betragen, kann dieser Aufwand nach R 21.1 Abs. 2 Satz 2 EStR aus Vereinfachungsgründen als Erhaltungsaufwand abgezogen werden. 351

ee) Aufwendungen unterhalb der 15%-Grenze

Wenn die Summe der Aufwendungen nach § 6 Abs. 1 Nr. 1a EStG innerhalb von drei Jahren nach der Gebäudeanschaffung unter der 15%-Grenze liegt, bedeutet das nicht immer, dass die Aufwendungen als Erhaltungsaufwendungen sofort abzugsfähig sind. 352

Sofern die Aufwendungen innerhalb der drei Jahre seit Anschaffung die 15%-Grenze nicht überschreiten oder soweit Aufwendungen nach der 3-Jahres-Frist anfallen, ist nach allgemeinen Grundsätzen zu prüfen, ob die Kosten als Erhaltungsaufwand (sofort abzugsfähig) oder nachträgliche Herstellungskosten (Abschreibung) zu werten sind.[275] 353

So sind z. B. Kosten für Erweiterungen der Gebäudesubstanz (z. B. Anbau) oder eine wesentliche Verbesserung in den drei von vier Kernbereichen für eine 354

274 So ausdrücklich AEAO zu § 175 Tz. 2.4, Stichwort: „§ 6 Abs. 1 Nr. 1a EStG" und BMF, Schreiben v. 26.1.2026 - IV C 1-S 2253/00082/001/064, Rz. 68 PAAAK-09012.

275 BMF, Schreiben v. 18.7.2003 - IV C 3 - S 2211 - 94/03, BStBl 2003 I S. 386 IAAAA-81743.

Standardhebung (Heizung, Sanitär, Elektro und Fenster)[276] auch außerhalb der Anwendung von § 6 Abs. 1 Nr. 1a EStG „jederzeit" nach Anschaffung und – unabhängig von dessen Höhe – als nachträgliche Herstellungskosten zu qualifizieren. Die Finanzverwaltung prüft aber keine Standardhebung für die ersten drei Jahre nach der Anschaffung eines Gebäudes, wenn die Aufwendungen für die Instandsetzung und Modernisierung ohne die Umsatzsteuer insgesamt 15 % der Anschaffungskosten des Gebäudes nicht übersteigen.[277]

ff) Anwendung bei Wohnungseigentum

355 Für die 15%-Grenze der Anschaffungskosten kommt es nach Auffassung der Finanzverwaltung[278] auf das einzelne Wohnungseigentum an. Dies ist auch konsequent, da § 7 Abs. 5b EStG die Eigentumswohnung einem separat zu beurteilenden Gebäude gleichstellt.

356 Bei einem aus mehreren Einheiten bestehenden Gebäude ist nicht auf das gesamte Gebäude, sondern auf den jeweiligen selbständigen Gebäudeteil abzustellen, wenn das Gesamtgebäude in unterschiedlichen Nutzungs- und Funktionszusammenhängen genutzt wird.[279]

BEISPIEL „EIGENTUMSWOHNUNG": A erwirbt zum 1.3.2023 eine Eigentumswohnung für Anschaffungskosten (Gebäude) von 130.000 €, welche er vermietet. Im Jahr 2024 wird die Wohnung für 20.000 € zzgl. 3.800 € USt umfassend modernisiert (u. a. neues Badezimmer).

Die Aufwendungen gelten als Herstellungskosten des Gebäudes (Sondereigentum), da die 15%-Grenze (150.000 € x 15 % = 18.000 €) durch Kosten von 20.000 € überschritten wurde. Es kommt nicht darauf an, ob 15 % der Anschaffungskosten aller Eigentumswohnungen im Objekt unterschritten wird.

e) Anschaffungskosten durch Entnahme aus dem Betriebsvermögen

357 Wenn ein Gebäude zunächst Betriebsvermögen war und danach in das Privatvermögen entnommen oder überführt wurde, entspricht die (neue) AfA-Be-

276 BFH, Urteil v. 22.9.2009 - IX R 21/08 SAAAD-40097 = BFH/NV 2010 S. 846 unter II. 1. b) m. w. N.

277 BMF, Schreiben v. 26.1.2026 - IV C 1-S 2253/00082/001/064, Rz. 77 PAAAK-09012. Dies gilt nach dieser Verwaltungsanweisung aber nicht, wenn sich beim Erwerb eines Gebäudes mit mehreren Wohnungen der Standard für einzelne Wohnungen hebt oder die Instandsetzungsmaßnahme der Beginn einer Sanierung in Raten sein kann.

278 BayLfSt, Verfügung v. 24.11.2005 - S 2211 - 3 St 32/St 33 FAAAB-73359 = DB 2005 S. 2718.

279 BMF, Schreiben v. 20.10.2017 - IV C 1 - S 2171 c/09/10004 :006, BStBl 2017 I S. 1447 EAAAG-62071, mit Verweis auf die BFH-Urteile v. 14.6.2016 - IX R 25/14, BStBl 2016 II S. 992 BAAAF-82844, IX R 15/15, BStBl 2016 II S. 996 HAAAF-82842 und IX R 22/15, BStBl 2016 II S. 999 RAAAF-82843.

messungsgrundlage dem Entnahme- bzw. Überführungswert des Gebäudes (R 7.3 Abs. 6 EStR). Im Betriebsvermögen sind die stillen Reserven zu realisieren (bei einer Entnahme zum Teilwert nach § 6 Abs. 1 Nr. 4 EStG).

BEISPIEL „ANSCHAFFUNG": A hat in einem Ladenlokal (Teileigentum) ihren Optikerbetrieb unterhalten, bis sie zum 31.12.2024 ihren Betrieb aufgegeben hat (Betriebsaufgabe nach § 16 Abs. 3 EStG). Der Restbuchwert des Gebäudeteils hat 60.000 € und dessen gemeiner Wert 200.000 € betragen. Ab dem 1.1.2025 vermietet sie das Ladenlokal an ihren Nachfolger N und erzielt Einkünfte aus Vermietung und Verpachtung (§ 21 EStG).

LÖSUNG: Durch die Betriebsaufgabe versteuert A u. a. einen Gewinn aus dem Gebäude i. H. von 140.000 € (Überführungsgewinn durch Ansatz des gemeinen Wert nach § 16 Abs. 3 Satz 8 EStG). Die AfA-Bemessungsgrundlage des Gebäudes beträgt ab dem 1.1.2025 200.000 € (Überführungswert aus dem Betriebs- in das Privatvermögen).

f) Herstellungskosten des Wohnungseigentums

aa) Allgemeine Grundsätze zu Herstellungskosten eines Gebäudes

Wenn ein Gebäude neu errichtet wird, stellen „die Aufwendungen, die durch 358
den Verbrauch von Gütern und die Inanspruchnahme von Diensten für die Herstellung" entstehen (vgl. § 255 Abs. 2 Satz 1 HGB), Herstellungskosten des Gebäudes dar.

Es sind alle Kosten einzubeziehen, die nach einem weiten Verständnis mit dem 359
Neubau im Zusammenhang stehen. Dies sind insbesondere die Aufwendungen für Baumaterial, Maschinen, Werkzeug und den Handwerkerlohn. Einzubeziehen sind alle Aufwendungen für den Rohbau, Heizungsanlagen, Heizkörper, Bad, Grundstücksumzäunungen (einschließlich Hecken), feste Bodenbeläge (z. B. Fliesen), Anschluss an das Strom-, Gas- und Wassernetz, Garage. Dazu gehören auch die Kosten für den Architekten, Statiker, die Baugenehmigung, Vermessung und Baugrube.

bb) Beginn der Gebäudeabschreibung

Das Gebäude kann ab der Fertigstellung (Bewohnbarkeit im Sinne einer Be- 360
zugsfertigkeit) abgeschrieben werden. Dafür müssen die wesentlichen Bauarbeiten abgeschlossen sein. Eine Küche muss noch nicht vorhanden sein, aber die dafür erforderlichen Anschlüsse. Erforderliche Restarbeiten – wie z. B. Tapezieren oder Streichen der Wände, Einbau von Deckenlampen oder Innentüren – hindern nicht die „Fertigstellung".

cc) Grundstücksteilung zur Begründung von Wohnungseigentum

361 Durch die zivilrechtliche Teilung eines Grundstücks in Wohnungseigentum im Sinne des WEG entstehen zwar neue Wirtschaftsgüter (nach der Anzahl der geschaffenen Wohnungseinheiten) und es geht ein Wirtschaftsgut unter (das bisher ungeteilte Grundstück). Es setzen sich dabei die Herstellungskosten des Gebäudes (und die Anschaffungskosten des Grund und Bodens) in dem Wohnungseigentum steuerrechtlich fort. Es kommt dafür nicht darauf an, ob durch die Teilung das Wohnungseigentum „angeschafft" oder „hergestellt" wird.[280] Nach hier vertretener Auffassung handelt es sich um eine ertragsteuerrechtliche Rechtsnachfolge. Dies ergibt sich daraus, dass nach § 7 Abs. 5b EStG auf Gebäudeteile und Eigentumswohnungen bzw. im Teileigentum stehende Räume die AfA-Vorschriften des § 7 Abs. 4–5a EStG entsprechend anzuwenden sind. Damit wird die Eigenschaft des Grundstücksteils als Gebäude durchgehend angenommen. Es handelt sich zwar nicht um dasselbe Wirtschaftsgut, aber alle Attribute (z. B. Baujahr und anteilige Anschaffungs- oder Herstellungskosten) setzen sich in den neuen Wirtschaftsgütern fort.

362 So ist im Ergebnis vermutlich auch der BFH zu verstehen, wenn er in seinem Urteil v. 10.10.2017[281] (zur erhöhten AfA nach § 7h EStG) ausführt, dass die Umwandlung eines bisher ungeteilten Wirtschaftsguts „Gebäude" in mehrere (neu geschaffene) Wirtschaftsgüter „Eigentumswohnungen" lediglich die Aufspaltung einer bis dahin ungeteilten Rechtszuständigkeit für die gesamte Liegenschaft darstellt, die für sich allein in der Sache nichts Neues schafft.

BEISPIEL „TEILUNGSERKLÄRUNG NACH HERSTELLUNG": Herr H errichtet auf einem ihm gehörenden Grundstück ein Wohngebäude mit drei Wohnungen zu Herstellungskosten von insgesamt 900.000 €. Am 29.4.2025 wird das Grundstück durch eine Teilungserklärung nach § 8 WEG in drei gleichwertige Eigentumswohnungen aufgeteilt.

LÖSUNG: Herr H hatte vor der Teilung zwei Wirtschaftsgüter aus dem (noch ungeteilten) Grundstück: Grund und Boden sowie Gebäude. Durch die Teilung nach WEG sind drei Einheiten von Wohnungseigentum (§ 1 Abs. 2 WEG) rechtlich entstanden. Herrn H sind damit erstmals sechs Wirtschaftsgüter zuzurechnen: Drei Gebäude mit dem jeweils darauf entfallenden Grund und Bodenanteil. Die Wirtschaftsgüter am vorherigen ungeteilten Grundstück (Gesamtgebäude und ungeteilter Grund und Boden) sind weggefallen. Herr H hat die drei Eigentumswohnungen durch die Teilungserklärung weder angeschafft noch hergestellt. Vielmehr liegt eine ertragsteuerliche Rechtsnachfolge vor. Daher werden alle Merkmale des Gebäudes auf die drei Eigen-

280 Nach Wichmann, Stbg 2025 S. 1 (8), wird das Wohnungseigentum durch eine Teilung im Sinne des WEG auch für steuerrechtliche Zwecke i. S. des § 255 Abs. 2 HGB „hergestellt", da neue Wirtschaftsgüter geschaffen werden, welche originär durch die Teilung nach § 1 WEG entstehen und vorher noch keiner anderen Person zuzurechnen waren.

281 BFH, Urteil v. 10.10.2017 - X R 6/16, BStBl 2018 II S. 272 unter II. 3. a) aa) RAAAG-77118.

tumswohnungen übertragen (z.B. das Datum der Fertigstellung). Die Herstellungskosten verteilen sich auf die drei Gebäude (jeweils 300.000€). Ebenso werden die Anschaffungskosten des Grund und Bodens gleichmäßig aufgeteilt.

g) Lineare Gebäudeabschreibung (§7 Abs.4 EStG)

aa) Typisierte Abschreibung nach §7 Abs.4 Satz1 EStG

Bei vermieteten Gebäuden im Privatvermögen ist im Grundsatz folgende lineare AfA abzuziehen, deren AfA-Methode (Prozentsatz) vom Zeitpunkt der Fertigstellung des Gebäudes abhängt (§7 Abs.4 Satz1 Nr.2 EStG): 363

Zeitpunkt der Fertigstellung	AfA-Satz (p.a.)	Rechtsgrundlage
Bis zum 31.12.1924 fertiggestellt	2,5%	§7 Abs.4 Satz1 Nr.2 Buchst.c EStG
Zwischen 1.1.1925 und 31.12.2022 fertiggestellt	2,0%	§7 Abs.4 Satz1 Nr.2 Buchst.b EStG
Ab dem 1.1.2023 fertiggestellt	3,0%	§7 Abs.4 Satz1 Nr.2 Buchst.a EStG

Es ist somit das Baujahr und nicht das Anschaffungsdatum des Gebäudes entscheidend. 364

BEISPIEL „LINEARE ABSCHREIBUNG": A erwirbt zum 1.4.2023 eine am 1.10.2022 fertiggestellte und dann vermietete Eigentumswohnung mit anteilig auf das Gebäude entfallende Anschaffungskosten von 200.000€.

Das Gebäude ist mit 2% abzuschreiben (§7 Abs.4 Satz1 Nr.2 b) EStG), da es Baujahr2022 ist. Das Datum der Anschaffung (hier: 2023) ist dafür nicht entscheidend. Die AfA für den VZ2023 beträgt (nach §7 Abs.1 Satz4 EStG zeitanteilig) 200.000€x2%x9/12 = 3.000€.

Neben der linearen AfA nach §7 Abs.4 EStG kann zusätzlich eine Sonderabschreibung (z.B. nach §7b EStG) anzuwenden sein. 365

bb) Abschreibung nach der tatsächlichen Nutzungsdauer (§7 Abs.4 Satz2 ESG)

Grundsätzlich sind Gebäude im Privatvermögen nach den gesetzlich festgelegten Prozentsätzen nach §7 Abs.4 Satz1 Nr.2 EStG abzuschreiben. Nach §7 Abs.4 Satz2 EStG kann aber stattdessen das Gebäude nach der tatsächlichen (kürzeren) Nutzungsdauer abgeschrieben werden. Bei einem z.B. im Jahr2010 fertiggestellten Gebäude ergibt sich rechnerisch aus den anzuwendenden AfA-Satz von 2% (§7 Abs.4 Satz1 Nr.2 Buchst.b EStG) eine unterstellte Nutzungsdauer von 50Jahren. Sofern die tatsächliche Nutzungsdauer des Gebäudes weniger als 50Jahre beträgt, läge der AfA-Satz somit über 2%. 366

367 Normalerweise wird die tatsächliche Nutzungsdauer eines neuen Gebäudes eher länger als der gesetzlich typisierte AfA-Zeitraum sein. Dies wird vor allem in den Fällen anders sein, wenn ein altes Gebäude erworben wird, da die typisierte Abschreibung nach § 7 Abs. 4 Satz 1 EStG durch eine Anschaffung neu beginnt und insoweit nicht die ursprüngliche Herstellung oder die erste Anschaffung durch einen Voreigentümer berücksichtigt.

368 Die Finanzverwaltung verlangte ursprünglich mit BMF-Schreiben v. 22.2.2023 für den Nachweis einer kürzeren Nutzungsdauer die Vorlage eines aufwendigen Gutachtens eines öffentlich bestellten und vereidigten Sachverständigen für die Bewertung von Grundstücken.[282] Diese strenge Auffassung hat das BMF zwar aufgegeben und das vorherige BMF-Schreiben aufgehoben.[283] Ein Sachverständigengutachten einer dafür nachweislich qualifizierten Person (welche das Wohnungseigentum persönlich vor Ort begutachtet hat) ist aber nach der Praxis der Finanzverwaltung regelmäßig weiterhin erforderlich und muss für den Nachweis eine kürzere tatsächliche Nutzungsdauer für folgende „maßgebliche Determinanten" berücksichtigen:[284]

1. Technischer Verschleiß;
2. Wirtschaftliche Entwertung;
3. Rechtliche Nutzungsbeschränkungen.

369 Der BFH[285] hält ein Gutachten zwar auch für erforderlich, lässt aber die Darlegung einer kürzeren tatsächlichen Nutzungsdauer des Gebäudes durch jede sachverständige Methode zu, die im Einzelfall zur Führung des erforderlichen Nachweises geeignet erscheint. Der schlichte Verweis auf die modellhaft ermittelte Gesamt- und Restnutzungsdauer eines Gebäudes nach Maßgabe der

282 BMF, Schreiben v. 22.2.2023 - IV C 3 - S 2196/22/10006 :005, BStBl 2023 I S. 332 OAAAJ-34293. Die gesetzliche Normierung der Anforderungen an den Nachweis durch einen insoweit geänderten § 11c EStDV war durch das JStG 2024 geplant (BT-Drucks. 20/13157 S. 21–23), wurde aber nicht umgesetzt (vgl. auch Ulbrich, NWB 30/2025 S. 2038 IAAAJ-95522). Nachfolgend war dies zunächst im Referentenentwurf des BMF v. 4.8.2025 zur Änderung der EStDV vorgesehen, wurde aber letztlich ebenfalls nicht (durch die Siebte Verordnung zur Änderung steuerlicher Verordnungen, BGBl 2025 I Nr. 372 v. 29.12.2025) umgesetzt.

283 BMF, Schreiben v. 1.12.2025 - IV C 3 - S 2196/00040/006/008, BStBl 2025 I S. 2038 FAAAK-05794.

284 NWB Entsprechend BFH, Urteil v. 28.7.2021 - IX R 25/19 WAAAH-95921 = BFH/NV 2022 S. 108 unter II. 2. a).

285 BFH, Urteil v. 23.1.2024 - IX R 14/23, BStBl 2025 II S. 956 BAAAJ-66684. Nach Ansicht des FG Hamburg, Urteil v. 1.4.2025 - 3 K 60/23 IAAAJ-93484 (juris, vorl. nrkr.) kann auch ein privates Sachverständigengutachten Grundlage für die Schätzung einer verkürzten tatsächlichen Restnutzungsdauer sein. Das FG Münster, Urteil v. 2.4.2025 - 14 K 654/23 E IAAAJ-93484 = EFG 2025 S. 1153 (vorl. nrkr.), hält zumindest kein Gutachten eines Sachverständigen für erforderlich, der zwingend von einer nach DIN EN ISO/IEC 17024 akkreditierten Stelle als Sachverständiger zertifiziert worden ist, wenn sich seine Qualifizierung aus anderen Umständen ergibt.

betreffenden Immobilienwertermittlungsverordnung genügt aber auch dem BFH nicht.

h) Degressive Gebäudeabschreibung (§ 7 Abs. 5 und 5a EStG)

aa) Allgemeines zur degressiven Gebäudeabschreibung

Zur Förderung des Neubaus von Gebäuden ist aus steuerpolitischen Gründen 370 unter bestimmten Voraussetzungen statt der linearen AfA i. S. des § 7 Abs. 4 EStG eine degressive AfA (§ 7 Abs. 5 bzw. 5a EStG) zulässig (Wahlrecht). Die AfA-Beträge sind dabei nicht für jedes Jahr gleich (linear), sondern verringern sich nach einer bestimmten Methode.

bb) Abschreibung nach § 7 Abs. 5 EStG (auslaufendes Recht)

Die im Jahr 1964 erstmals eingeführte (und inzwischen mehrfach geänderten) 371 Vorschrift des § 7 Abs. 5 EStG für eine degressive Gebäude-AfA ist nach gesetzlich definierten Schemata für die einzelnen Jahre gestaffelt und nimmt nach bestimmten Zeitperioden ab (arithmetisch-degressive AfA). Diese AfA steht im Grundsatz dem Bauherrn (§ 15 Abs. 1 EStDV) als Hersteller zu. Es ist aber auch der Erwerber des Gebäudes begünstigt, sofern das Gebäude spätestens bis zum Ende des Jahres der Fertigstellung angeschafft wird (§ 7 Abs. 5 Satz 1 EStG). Wenn der Hersteller selbst noch (für das Erstjahr) eine degressive AfA abgesetzt hat, ist (nur) für dieses Jahr beim Erwerber keine degressive AfA zulässig (BFH-Auslegung[286] zu § 7 Abs. 5 Satz 2 EStG). Der Hintergrund ist, dass oftmals Neubauten zeitnah veräußert werden und so der Anreiz der degressiven AfA dadurch beim Erwerber verlorenginge. Ein (zu) später Erwerb (z. B. drei Jahre nach Neubau) sollte jedoch nicht privilegiert werden, da sonst kein Neubauanreiz, sondern lediglich ein Mitnahmeeffekt einträte. Daher wurde als Mittelweg (nur) der zeitnahe Erwerb bis zum Jahresende der Fertigstellung des Gebäudes begünstigt.

Neben einem „echten" Neubau sind auch umfassende Umbaufälle begünstigt. 372 Ein grundlegender Umbau eines Gebäudes steht aber nur dann einem Neubau gleich, wenn die neu eingefügten Gebäudeteile dem Gesamtgebäude das bautechnische Gepräge eines neuen Gebäudes verleihen (z. B. werden Fundamente, tragende Außen- und Innenwände, Geschoßdecken und die Dachkonstruktion ersetzt).[287]

286 BFH, Urteil v. 3.4.2001 - IX R 16/98, BStBl 2001 II S. 599 KAAAA-88990NWB , zu dem Fall, dass nicht der Hersteller, sondern der Ersterwerber eine Eigentumswohnung an einen Zweiterwerber veräußerte und der Ersterwerber die degressive AfA abgezogen hatte.

287 BFH, Urteil v. 31.3.1992 - IX R 175/87, BStBl 1992 II S. 808 QAAAA-94236.

373 Im Herstellungs- bzw. Anschaffungsjahr des Gebäudes ist die degressive AfA nach § 7 Abs. 5 EStG nicht zeitanteilig zu kürzen (voller AfA-Jahresbetrag). Sollte das Gebäude aber (noch) für den gesamten VZ vermietet werden (z. B. vorherige kurze Nutzung zu eigenen Wohnzwecken), ist die AfA aber nach allgemeinen Grundsätzen nur für den Zeitraum der Vermietung als Werbungskosten anzusetzen. Im Jahr der Veräußerung ist die degressive AfA gleichwohl immer nur zeitanteilig zulässig.[288]

374 Die degressive AfA für Wohngebäude nach § 7 Abs. 5 EStG wurde für Anschaffung bzw. Bauanträgen für neue hergestellte Gebäude bis zum 31.12.2005 begrenzt.[289] Es handelt sich daher bei § 7 Abs. 5 EStG insoweit um auslaufendes Recht. Die Bestandsfälle laufen aber bis zum Ablauf der jeweiligen AfA-Reihen weiter.

375 Relevant sind noch insbesondere folgende „Altfälle“:

AfA-Methode	Gebäudetyp	Bauantrag bzw. Kaufvertrag	AfA-Sätze
§ 7 Abs. 5 Nr. 3 Buchst. a EStG	Wohnzwecke	1.3.1989–31.12.1995	4 Jahre je 7 % 6 Jahre je 5 % 6 Jahre je 2 % 24 Jahre je 1,25 %
§ 7 Abs. 5 Nr. 3 Buchst. b EStG	Wohnzwecke	1.1.1996–31.12.2003	8 Jahre je 5 % 6 Jahre je 2,5 % 36 Jahre je 1,25 %
§ 7 Abs. 5 Nr. 3 Buchst. c EStG	Wohnzwecke	1.1.2004–31.12.2005	10 Jahre je 4 % 8 Jahre je 2,5 % 32 Jahre je 1,25 %

cc) Abschreibung nach § 7 Abs. 5a EStG

376 Durch das Wachstumschancengesetz[290] wurde gem. § 7 Abs. 5a EStG nach dem Auslaufen von § 7 Abs. 5 EStG wieder eine degressive Gebäudeabschreibung zugelassen. Nach der Gesetzesbegründung[291] soll aufgrund des akuten Wohnraummangels sowie der anhaltenden wirtschaftlichen Belastungen durch hohe Baukosten zur Förderung des Wohnungsbaus und zur Unterstüt-

288 BFH, Urteil v. 18.8.1977 - VIII R 93/74, BStBl 1977 II S. 835 ZAAAA-91278.

289 Gesetz zum Einstieg in ein steuerliches Sofortprogramm v. 22.12.2005, BGBl 2005 I S. 3682.

290 Wachstumschancengesetz v. 27.3.2024, BGBl 2024 I Nr. 108.

291 BT-Drucks. 20/8628 S. 122.

zung der Bauwirtschaft die Inanspruchnahme einer geometrisch-degressiven Abschreibung für Gebäude mit fallenden Jahresbeträgen befristet ermöglicht werden.

Die Abschreibung nach §7 Abs.5a EStG gilt über §7 Abs.5b EStG auch für Eigentumswohnungen. Das Gebäude kann zum Betriebsvermögen oder Privatvermögen gehören.[292] 377

Begünstigt ist der Herstellungsbeginn von Wohngebäuden ab dem 1.10.2023. Maßgebend ist das Datum der Bauanzeige (§7 Abs.5a Satz 2, 3 EStG). 378

Im „Anschaffungsfall“ von Wohngebäuden (z.B. von einem Bauträger) sind alle Erwerbe ab dem 1.10.2023 (Datum Notarvertrag) begünstigt. Damit auch in diesen Fällen nur neue Gebäude von der Norm umfasst werden, muss das Gebäude aber bis zum Ende des Jahres der Fertigstellung angeschafft werden. Dafür ist insoweit der Übergang von Besitz, Nutzen und Lasten des Gebäudes maßgebend.[293] 379

Nach derzeitiger Gesetzeslage ist die Begünstigung für Herstellungen bzw. Kaufverträge bis zum 30.9.2029 begrenzt. 380

Die AfA nach §7 Abs.5a EStG ist nicht wie bei §7 Abs 5 EStG nach bestimmten Jahresblöcken gestaffelt, sondern beträgt nach §7 Abs.5a Satz 4 EStG für jeden VZ einheitlich 5% von den Anschaffungs- bzw. Herstellungskosten (im Erstjahr) bzw. vom jeweiligen Restwert (in den Folgejahren) des Gebäudes. Die Abschreibung sinkt somit jedes Jahr geometrisch-degressiv. 381

Im Erstjahr ist die AfA nur zeitanteilig zulässig (§7 Abs.5a Satz 5 i.V. mit Abs.1 Satz 4 EStG).[294] 382

BEISPIEL „AFA NACH §7 ABS.5A ESTG“: A erwirbt zum 1.4.2024 eine zum 1.2.2024 fertiggestellte und dann vermietete Eigentumswohnung mit anteilig auf das Gebäude entfallenden Anschaffungskosten von 200.000€.

A kann wählen, ob er das Gebäude jährlich mit 2% von 200.000€ (linear) nach §7 Abs.4 Satz 1 Nr.2 b) EStG oder mit 5% vom jeweiligen Restwert nach §7 Abs.5a EStG abschreibt.

Bei der degressiven AfA nach §7 Abs.5a EStG beträgt z.B. die AfA für die ersten drei Jahre:

VZ 2024: 200.000€ x 5% x 9/12 = 7.500€ AfA (Restwert zum 31.12.2024: 192.500€);

VZ 2025: 192.500€ x 5% = 9.625€ AfA (Restwert zum 31.12.2025: 182.875€);

VZ 2026: 182.875€ x 5% = 9.144€ AfA (Restwert zum 31.12.2026: 173.731€).

292 Kulosa in Schmidt, 44.Aufl. 2025, §7 EStG Rz.213.

293 BT-Drucks.20/8628 S.122.

294 Bei der „alten“ degressiven AfA nach §7 Abs.5 EStG ist die AfA dagegen im Erstjahr ungekürzt zulässig (sofern durchgehend Einkünfte im Erstjahr aus dem Gebäude erzielt werden).

383 Durch diese Abschreibungsmethode wird das AfA-Volumen aus mathematischen Gründen nicht aufgebraucht, da immer nur 5% vom jeweiligen Restwert abgeschrieben wird. Der Steuerpflichtige kann daher zu jedem VZ zur linearen AfA nach §7 Abs.4 EStG wechseln (§7 Abs.5a Satz7 EStG).

384 Die weitere AfA bemisst sich nach dem Übergang zu §7 Abs.4 EStG *„vom Restwert und dem nach [§7 Abs.4 EStG] unter Berücksichtigung der Restnutzungsdauer maßgebenden Prozentsatz“* (§7 Abs.5a Satz8 EStG).

385 Diese Regelung ist wohl so zu verstehen, dass hierbei von der rechnerischen Gesamtnutzungsdauer von 33Jahren nach §7 Abs.4 Satz1 Nr.2 a) EStG (bei 3% p.a.) die Jahre abzuziehen sind, für die §7 Abs.5a EStG angewendet wurde.[295] Der Restwert des verbleibenden AfA-Volumens ist dann linear auf diese Restdauer zu verteilen. Sofern diese Restnutzungsdauer somit weniger als 20Jahre beträgt, ist der Wechsel sinnvoll, da dann der neue AfA-Satz über die gesamte Restlaufzeit über 5% liegt.

dd) Auswirkung einer Grundstücksteilung nach WEG

386 Da es für die Anwendung der degressiven AfA nach §7 Abs.5 bzw. 5a EStG auf das Datum der Fertigstellung ankommt, stellt sich die Frage, welche Auswirkung die Aufteilung eines (bisher ungeteilten) Grundstücks in Eigentumswohnungen nach dem WEG hat. Hierzu hat der BFH entschieden, dass die AfA nach §7 Abs.5 bei einer Eigentumswohnung nur in Anspruch genommen werden kann, wenn diese in bautechnischer Hinsicht fertiggestellt ist. Eine Eigentumswohnung wird nicht allein schon durch die rechtliche Umwandlung eines bestehenden Gebäudes in Eigentumswohnungen nach §8 WEG (neu) hergestellt.[296]

BEISPIEL „TEILUNGSERKLÄRUNG NACH AUSBAU“:[297] Die EheleuteE sind Miteigentümer eines Mehrfamilienhauses mit drei vermieteten Wohnungen. Im Jahr2023 bauen sie den Dachboden zu einer weiteren Wohnung aus und stellen diese noch im Jahr2023 fertig. Ab dem 1.3.2024 vermieteten sie die Dachgeschosswohnung. Im Juni2024 gaben die Eheleute die Teilungserklärung (§8 WEG) für das Grundstück ab. Das Wohnungseigentum für die vier Einheiten wurde ebenfalls im Juni2024 in das Grundbuch eingetragen.

---

295 So Kulosa in Schmidt, 44.Aufl. 2025, §7 EStG Rz.216, der zudem anmerkt, dass die Regelung in §7 Abs.5a Satz8 EStG missglückt sei. Der AfA-Satz für die Restwert-AfA ergebe sich gerade nicht aus den typisierten Werten von §7 Abs.4 EStG, sondern sei ein individueller Prozentsatz.

296 BFH, Urteil v.24.11.1992 - IX R 62/88, BStBl 1993 II S.188 JAAAA-94367.

297 Beispiel ähnlich wie der Fall des BFH, Urteil v.9.6.2005 - IX R 30/04 OAAAB-58637 NWB = BFH/NV2005 S.1795.

LÖSUNG: Die Eheleute haben mit dem Dachgeschossausbau keine Eigentumswohnung 2023 oder 2024 i. S. des § 7 Abs. 5a EStG „hergestellt“. Die Wohnung war bereits vor der Begründung des Wohnungseigentums ein unselbständiger Bestandteil des einheitlich zu fremden Wohnzwecken genutzten Wirtschaftsguts „Gebäude“ geworden. Die rechtliche Trennung des Grundstücks nach dem WEG führt weder zur Anschaffung noch zur Herstellung der Eigentumswohnungen.

i) Sonderabschreibung für Mietwohnungsneubau (§ 7b EStG)

Für neue, bisher noch nicht vorhandene Mietwohnungen kann der Gebäudeteil 387
des vermieteten Wohnungseigentums neben der linearen Abschreibung unter bestimmten Voraussetzungen zusätzlich nach § 7b EStG vier Jahre lang wahlweise mit bis zu 5 % abgeschrieben werden.[298] Begünstigt sind neue Mietwohnungen in neuen oder vorhandenen Gebäuden, zu denen auch Eigentumswohnungen zählen.[299]

Diese Sonderabschreibung ist an bestimmte Voraussetzungen geknüpft. Dies 388
sind insbesondere:

- Eine neue Mietwohnung (Förderobjekt) wird geschaffen (i. d. R. hergestellt bzw. im Herstellungsjahr angeschafft oder ein bestehendes Objekt zu Wohnraum umgebaut).
- Der Bauantrag[300] muss zwischen dem 1.9.2018 und dem 31.12.2021 oder zwischen dem 1.1.2023 und dem 30.9.2029[301] gestellt werden. Neue Wohnungen mit einem im Jahr 2022 gestellten Bauantrag werden somit faktisch von § 7b EStG ausgeschlossen.[302]

298 Eingeführt durch Art. 1 Nr. 2 des Gesetzes zur steuerlichen Förderung des Mietwohnungsneubaus v. 4.8.2019, BGBl 2019 I S. 1122. Verlängert für bestimmte energieeffiziente Gebäude durch das JStG 2022 v. 16.12.2022, BGBl 2022 I S. 2294.

299 BMF, Schreiben v. 21.5.2025 - IV C 3-S 2197/00009/011/024, BStBl 2025 I S. 1419 Rz. 18. Soweit dort neben Eigentumswohnungen auch „im Teileigentum stehende Räume“ als begünstigt aufgeführt werden, ist darauf hinzuweisen, dass Teileigentum i. S. des § 1 Abs. 3 WEG gerade nicht Wohnzwecken dient und daher aus dem Anwendungsbericht des § 7b EStG faktisch ausgenommen ist. Denkbar ist lediglich eine „zweckwidrige“ Wohnnutzung von Teileigentum.

300 In bestimmten Fällen ist das Datum der Bauanzeige oder der Beginn der Bauausführung maßgebend, vgl. BMF, Schreiben v. 21.5.2025 - IV C 3-S 2197/00009/011/024, BStBl 2025 I S. 1419 Rz. 8–15.

301 Für die Antragsfälle ab dem 1.1.2023 muss es sich bei dem Gebäude um ein „Effizienzhaus 40“ handeln, in dem die Wohnung sich befindet (§ 7b Abs. 2 Satz 1 Nr. 2 EStG).

302 BT-Drucks. 20/4729 S. 153.

- Die Wohnung wird mindestens zehn Jahre lang entgeltlich und langfristig[303] zu Wohnzwecken vermietet (Nutzungsvoraussetzung[304]).
- Die Herstellungskosten je Quadratmeter übersteigen nicht die Wertgrenzen (Baukostenobergrenze) von 4.100 €/m² (bis 31.12.2021) bzw. 5.200 €/m² (ab 1.1.2023).

389 Es ist nicht nur der Neubau einer Wohnung für die Sonderabschreibung begünstigt. Es reicht aus, dass durch Baumaßnahmen erstmals eine Wohnung geschaffen wird. Somit sind auch Aus- oder Umbauten begünstigt. Letztlich muss eine neue Wohnung geschaffen werden, die bisher nicht vorhanden war.[305] Es ist daher z. B. nicht ausreichend, dass eine Wohnung modernisiert wird. Ebenfalls ist es nicht nach § 7b EStG begünstigt, wenn durch einen Abbruch und anschließenden Neubau der zuvor vorhandene Bestand an Wohnungen auf dem Grundstück nicht vermehrt wird.[306]

BEISPIEL „NEUER WOHNRAUM“: Eine Immobilie besteht aus zwei Teileigentumseinheiten zu je 70 m². Das Teileigentum im EG wird als Versicherungsagentur genutzt. Das Teileigentum im OG wird als Steuerberatungsbüro genutzt. Das OG verfügt bereits über ein Badezimmer und eine Küche und ist damit als Wohnung i. S. des § 181 Abs. 9 BewG anzusehen. Das EG verfügt nur über ein WC mit Waschbecken. Beide Etagen werden umgebaut, um sie anschließend zu Wohnzwecken zu vermieteten. Im EG werden u. a. ein Badezimmer und eine Küche erstmals eingebaut.

Durch den Umbau wird im EG eine neue Wohnung geschaffen. Dabei ist es unschädlich, dass kein neues Wirtschaftsgut geschaffen wurde. Nur dieses Wohnungseigentum ist nach § 7b EStG begünstigt.

Für das Wohnungseigentum im OG reicht es nicht aus, dass dies nach dem Umbau erstmals zu Wohnzwecken vermietet wird. Die Wohnungseigenschaft wird im OG nicht erstmals begründet.

390 Wird eine neue Mietwohnung bis zum Ende des Jahres der Fertigstellung angeschafft, kann die Sonderabschreibung nur vom Erwerber in Anspruch genommen werden (§ 7b Abs. 1 Satz 3 EStG). Veräußert der Erwerber die neue Mietwohnung noch bis zum Ende des Jahres der Fertigstellung weiter,

303 Eine Nutzung für Beherbergungsleistungen ist schädlich (Mindestzeitraum des Mietvertrags: ein Jahr, vgl. BMF, Schreiben v. 21.5.2025 - IV C 3-S 2197/00009/011/024, BStBl 2025 I S. 1419 Rz. 35). Zu weiteren Einzelheiten vgl. BMF, Schreiben v. 21.5.2025 - IV C 3-S 2197/00009/011/024, BStBl 2025 I S. 1419 Rz. 36 f.

304 Sonst ist die Sonderabschreibung rückwirkend zu versagen und die Steuerbescheide sind zu ändern (§ 7b Abs. 4 EStG).

305 BMF, Schreiben v. 21.5.2025 - IV C 3-S 2197/00009/011/024, BStBl 2025 I S. 1419 Rz. 25.

306 BFH, Urteil v. 12.8.2025 - IX R 24/24 AAAAK-02472 = BFH/NV 2025 S. 1670.

kann nur der Zweit- bzw. Letzterwerber die Sonderabschreibung in Anspruch nehmen.[307]

BEISPIEL „ANSCHAFFUNG IM HERSTELLUNGSJAHR": ▸ Ein Investor lässt in einem neu errichteten Gebäude acht Wohnungen herstellen. Das Gebäude und auch die Wohnungen werden am 30.11.2020 (Bauantrag v. 10.5.2019) fertiggestellt. Der Investor begründet durch eine Teilungserklärung Wohnungseigentum an den Wohnungen und veräußert diese einzeln an verschiedene Erwerber. Sieben Wohnungen werden bis zum 31.12.2020 veräußert (Übergang Besitz, Nutzen, Lasten). Eine Wohnung wird am 16.1.2021 veräußert.

Nur die sieben Erwerber können die Sonderabschreibung nach § 7b EStG in Anspruch nehmen, welche die neue Wohnung bis zum 31.12.2020 rechtswirksam unter Erlangung der wirtschaftlichen Verfügungsmacht erworben haben. Für die am 16.1.2021 erworbene Wohnung kann der Erwerber keine Sonderabschreibung nach § 7b EStG geltend machen.

Wenn die Baukosten je Quadratmeter Wohnfläche 3.000 € (Bauantragsfälle bis 391
zum 31.12.2021) bzw. 5.200 € (Bauantragsfälle ab dem 1.1.2023) übersteigen, ist keine Sonderabschreibung zulässig (§ 7b Abs. 2 Satz 2 EStG). Für die Prüfung der Baukostenobergrenze müssen die gesamten Kosten auf die gesamte Fläche verteilt werden. Bei der Anschaffung oder Herstellung einer Eigentumswohnung ist die den Eigentumsrechten entsprechende Nutzfläche des erworbenen Anteils maßgebend.[308] Zur Ermittlung der Baukosten je m² Wohnfläche sind die abschreibungsfähigen Anschaffungs- oder Herstellungskosten durch die ermittelte gesamte Nutzfläche zu dividieren.[309]

Die Bemessungsgrundlage für die Sonderabschreibung nach § 7b EStG wird für 392
die Bauantragsfälle bis zum 31.12.2021 auf maximal 2.000 € und für die Bauantragsfälle ab dem 1.1.2023 bis zum 30.9.2029 auf maximal 4.000 € je m² Wohnfläche begrenzt (Förderhöchstgrenze nach § 7b Abs. 3 EStG).[310]

Die Sonderabschreibung nach § 7b EStG ist zusätzlich zur Abschreibung nach 393
§ 7 Abs. 4 zulässig und beträgt auf Antrag für vier Jahre jeweils (bis zu) 5 % der Bemessungsgrundlage. Nach dem Begünstigungszeitraum wird die reguläre Abschreibung neu berechnet (§ 7a Abs. 9 EStG).

307 BMF, Schreiben v. 21.5.2025 - IV C 3-S 2197/00009/011/024, BStBl 2025 I S. 1419 Rz. 5.
308 BMF, Schreiben v. 21.5.2025 - IV C 3-S 2197/00009/011/024, BStBl 2025 I S. 1419 Rz. 49.
309 BMF, Schreiben v. 21.5.2025 - IV C 3-S 2197/00009/011/024, BStBl 2025 I S. 1419 Rz. 52.
310 BMF, Schreiben v. 21.5.2025 - IV C 3-S 2197/00009/011/024, BStBl 2025 I S. 1419 Rz. 59.

j) Abschreibung bei Gebäuden in Sanierungs- und Entwicklungsgebieten (§ 7h EStG)

aa) Allgemeines zur erhöhten AfA nach § 7h EStG

394 Wenn sich Gebäude in einem förmlich festgelegten Sanierungsgebiet oder städtebaulichen Entwicklungsbereich befinden, können (abweichend von § 7 Abs. 4 und 5 EStG) Herstellungskosten für bestimmte Modernisierungs- und Instandsetzungsmaßnahmen acht Jahren jeweils bis zu 9 % und in den vier Jahren danach jeweils bis zu 7 % als erhöhte AfA abgeschrieben werden (§ 7h Abs. 1 Satz 1 EStG). Es handelt sich um eine erhöhte Absetzung (in Bezug auf § 7 Abs. 4 bzw. 5 EStG eine „Stattdessen-AfA"). Es ist keine Sonderabschreibung neben der regulären AfA (also keine „Zusatz-AfA").

395 Hintergrund der steuerrechtlichen Norm des § 7h EStG sind zwei baurechtliche Zwangsmaßnahmen an bestimmten Gebäuden:

- Nach den §§ 136 ff. BauGB kann ein Gebiet zur Behebung städtebaulicher Missstände wesentlich verbessert oder umgestaltet werden. Dies kommt insbesondere dann in Betracht, wenn in einem Gebiet die vorhandenen Gebäude nicht den Anforderungen an gesunde Wohn- und Arbeitsverhältnisse entsprechen (§ 136 Abs. 2 BauGB). Wenn die Kommune dafür eine sog. „städtebauliche Sanierungsmaßnahme" durchführt, soll dies u. a. dazu beitragen, dass die Siedlungsstruktur den Anforderungen an den Klimaschutz und den gesunden Lebens- und Arbeitsbedingungen der Bevölkerung entspricht (§ 136 Abs. 4 BauGB).
- Eine weitere baurechtliche Kategorie stellen sog. „städtebauliche Entwicklungsmaßnahmen" nach den §§ 165 ff. BauGB dar. Danach können Teile eines Gemeindegebiets aus bestimmten Gründen erstmalig oder neu entwickelt werden (§ 165 Abs. 2 BauGB).

396 Die Grundstückeigentümer werden zu solchen städtebaulichen Maßnahmen rechtlich verpflichtet. Durch die erhöhte AfA nach § 7h EStG soll diese Zwangsmaßnahme durch eine erhöhte Abschreibung steuerrechtlich begünstigt werden.

397 § 7h EStG ist nur für solche Gebäude anzuwenden, die der Einkünfteerzielung dienen (z. B. durch Vermietung). Wenn ein Gebäude zu eigenen Wohnzwecken genutzt wird, ist die Parallelvorschrift des § 10f EStG anzuwenden (siehe →Rz. 159 ff.).

bb) Voraussetzungen für § 7h EStG

Das Gebäude muss „in einem förmlich festgelegten Sanierungsgebiet oder städtebaulichen Entwicklungsbereich“ liegen (§ 7h Abs. 1 Satz 1 EStG). Der Begriff des „förmlich festgelegten Sanierungsgebiets“ findet sich ausdrücklich als Klammerzusatz in § 142 Abs. 1 Satz 1 BauGB wieder, nach dem die Gemeinde ein Gebiet durch Beschluss förmlich als Sanierungsgebiet festlegen kann, in dem eine städtebauliche Sanierungsmaßnahme durchgeführt werden soll. Auch ein städtebaulicher Entwicklungsbereich wird durch die Gemeinde förmlich festgelegt (§ 165 Abs. 3 BauGB). Die Gemeinde beschließt eine Sanierungssatzung (§ 142 Abs. 3 BauGB) bzw. Entwicklungssatzung (§ 165 Abs. 6 BauGB), so dass der jeweilige örtliche Bereich eindeutig feststeht und öffentlich bekannt ist. 398

Gefördert werden die Herstellungskosten für „Modernisierungs- und Instandsetzungsmaßnahmen i. S. des § 177 BauGB“ (§ 7h Abs. 1 Satz 1 EStG). Es sind nur Herstellungskosten an einem bestehenden Gebäude begünstigt, nicht hingegen der Neubau oder Wiederaufbau eines Gebäudes,[311] was gesetzlich durch § 7h Abs. 1a EStG klargestellt wird. Ein Anbau oder Ausbau ist nur insoweit begünstigt, als sich die Herstellungskosten dabei auf die Altbausubstanz beziehen.[312] 399

Wenn es sich um Erhaltungsaufwendungen handelt, sind diese sofort abzugsfähig (oder nach § 11a EStG über zwei bis fünf Jahre verteilt abzuziehen). 400

Neben den zwangsläufigen Herstellungskosten wird durch § 7h Abs. 1 Satz 2 EStG freiwilliger Mehraufwand für Maßnahmen gefördert, die der Erhaltung, Erneuerung und funktionsgerechten Verwendung eines Gebäudes dienen, das wegen seiner geschichtlichen, künstlerischen oder städtebaulichen Bedeutung erhalten bleiben soll. Dies betrifft Fälle, bei denen der Eigentümer nicht nur die erforderliche und zwingende Modernisierung durchführt, sondern sich darüber hinaus gegenüber der Gemeinde zu weiteren sinnvollen Baumaßnahmen verpflichtet hat. 401

cc) Anwendung auf Wohnungseigentum

Nach § 7h Abs. 3 EStG sind die Regelungen der erhöhten AfA auch auf Eigentumswohnungen und auf im Teileigentum stehende Räume entsprechend anzuwenden. Es ist bei einer Eigentumswohnung als „Objekt“ i. S. von § 7h EStG unerheblich, auf welchen (unselbständigen) Teil dieses Objekts die Aufwen- 402

311 BFH, Urteil v. 2.9.2008 - X R 7/07, BStBl 2009 II S. 596 unter II. 2. b) EAAAC-95767.

312 BFH, Urteil v. 2.9.2008 - X R 7/07, BStBl 2009 II S. 596 unter II. 3. a) bb) EAAAC-95767.

dungen entfallen, ob sie ausschließlich auf das Gemeinschaftseigentum oder ausschließlich auf das Sondereigentum getätigt wurden oder gemischten Charakter haben.[313] Es ist unschädlich, wenn Modernisierungs- und Instandsetzungsmaßnahmen i. S. des § 177 BauGB ausschließlich im Gemeinschaftseigentum, nicht jedoch im Sondereigentum anfallen oder umgekehrt.[314]

dd) Bescheinigungsverfahren

403 Die erhöhten Absetzungen nach § 7h EStG kann der Eigentümer nur in Anspruch nehmen, wenn er eine Bescheinigung über die Voraussetzungen von der zuständigen Gemeindebehörde erhält. Die Bescheinigung ist eine materiell-rechtliche Abzugsvoraussetzung und gilt als Grundlagenbescheid i. S. der §§ 171 Abs. 10, 175 Abs. 1 Satz 1 Nr. 1 AO. Eine ist daher unabhängig von ihrer Rechtmäßigkeit für das Finanzamt bindend. Dies gilt auch unabhängig davon, ob und in welchem Umfang die als begünstigt bescheinigten Aufwendungen auf das Sondereigentum oder das Gemeinschaftseigentum entfallen.[315] Ist jedoch offensichtlich, dass die Bescheinigung für Maßnahmen erteilt worden ist, bei denen die Voraussetzungen nicht vorliegen, hat die Finanzbehörde ein sog. „Remonstrationsrecht", d. h. sie kann die Gemeindebehörde zur Prüfung und Rücknahme (oder Änderung) der Bescheinigung bitten.[316]

404 Die Bescheinigung der Gemeinde stellt fest,

- ob das Gebäude in einem förmlich festgelegten Sanierungsgebiet oder städtebaulichen Entwicklungsbereich liegt,
- ob Modernisierungs- und Instandsetzungsmaßnahmen i. S. des § 177 BauGB bzw. § 7h Abs. 1 Satz 2 EStG durchgeführt wurden,
- in welcher Höhe begünstigte Aufwendungen entstanden sind,
- ob Zuschüsse aus Sanierungs- oder Entwicklungsfördermitteln gewährt worden sind.[317]

405 Aus dem BMF-Schreiben v. 21.1.2020[318] ergibt sich eine Übersicht über die Veröffentlichung der bundesländerspezifischen Bescheinigungsrichtlinie (Stand: Januar 2020).

313 BFH, Urteil v. 10.10.2017 - X R 6/16, BStBl 2018 II S. 272 unter II. 2. e) RAAAG-77118.
314 BFH, Urteil v. 10.10.2017 - X R 6/16, BStBl 2018 II S. 272 unter II. 3. RAAAG-77118.
315 BFH, Urteil v. 10.10.2017 - X R 6/16, BStBl 2018 II S. 272 unter II. 2. a) RAAAG-77118.
316 R 7h Abs. 4 Satz 4 EStR.
317 R 7h Abs. 4 Satz 1 EStR.
318 BMF, Schreiben v. 21.1.2020 - IV C 1 - S 2198-a/19/10004 :001, BStBl 2020 I S. 169 FAAAH-40529.

Die Bescheinigung ist objektbezogen auszustellen. Da nach § 7h Abs. 3 EStG die Regelung für Eigentumswohnungen entsprechend gelten, hat bei Gebäuden, die nach dem WEG aufgeteilt sind, die Bescheinigung sich auf die jeweilige Eigentumswohnung zu beziehen.[319] Bei einem aus mehreren Eigentumswohnungen bestehenden Gebäude muss somit für jede einzelne Eigentumswohnung eine Bescheinigung ausgestellt werden. 406

ee) Abschreibung nach § 7h EStG

Im Herstellungsjahr und den sieben Folgejahren können jeweils bis zu 9 % und in den nächsten vier Jahren jeweils bis zu 7 % der Herstellungskosten als AfA abgesetzt werden (§ 7h Abs. 1 Satz 1 EStG). 407

BEISPIEL „AFA NACH § 7H ESTG": Eine Immobilie ist in drei Wohneigentumseinheiten aufgeteilt und liegt in einem Sanierungsgebiet. Die jeweiligen Eigentümer hatten Aufwendungen für Sanierungsarbeiten i. S. des § 177 BauGB im Jahr 2024 (Herstellungsabschluss) zu tragen und eine Bescheinigung der zuständigen Behörde erhalten über jeweils 100.000 € begünstigte Herstellungskosten. Frau A vermietet ihre Eigentumswohnung.

LÖSUNG: Frau A kann die Aufwendungen wie folgt nach § 7h EStG abschreiben: VZ 2024–2031 mit 100.000 € x 9 % = 9.000 € p. a. und VZ 2032–2035 mit 100.000 € x 7% = 7.000 € p. a.

Wenn und soweit die Herstellungskosten durch Zuschüsse gefördert werden, wird die Bemessungsgrundlage insoweit gemindert (§ 7h Abs. 1 Satz 4 EStG). Der Eigentümer ist insoweit nicht wirtschaftlich belastet. 408

Auch Aufwendungen für eine Eigentumswohnung, mit der neuer Wohnraum geschaffen wird, kann begünstigt sein. Dabei muss sich die Maßnahme aber auf den Altbaubestand beziehen. Es ist unerheblich, ob und mit welchem Anteil die begünstigten Aufwendungen das Sondereigentum oder das Gemeinschaftseigentum betreffen.[320] 409

BEISPIEL „UMBAU UND AUFSTOCKUNG": Auf eine bestehende Wohnanlage (Altgebäude) wird eine Etage durch einen Bauträger aufgebaut und das Gebäude i. S. des § 177 BauGB modernisiert. Die Immobilie wird geteilt und die einzelnen Wohnungen werden als Wohnungseigentum veräußert.

---

319 BFH, Urteil v. 10.10.2017 - X R 6/16, BStBl 2018 II S. 272 unter II. 2. c) RAAAG-77118.

320 BFH, Urteil v. 10.10.2017 - X R 6/16, BStBl 2018 II S. 272 RAAAG-77118.
Ähnlich wie der Sachverhalt des BFH-Urteils v. 10.10.2017 - X R 6/16, BStBl 2018 II S. 272 RAAAG-77118.

LÖSUNG: ▶ Die auf die neu geschaffene Etage entfallenden Baumaßnahmen an dem gemeinschaftlichen Vermögen (Altsubstanz) sind nach § 7h EStG begünstigt. Es ist unerheblich, dass die Herstellungskosten für die neue Etage (sowohl das Sondereigentum als auch das dadurch geschaffene neue gemeinschaftliche Eigentum wie Dach und Wände) selbst nicht nach § 7h EStG begünstigt sind.

410 Nach Ablauf des 12-jährigen Begünstigungszeitraums (8 Jahre zu 9 % und 4 Jahre zu 7 %) ist ein eventuell verbleibender (ungenutzter) Restwert der Herstellungskosten zusammen mit der Bemessungsgrundlage des übrigen Gebäudes abzuschreiben (§ 7h Abs. 1 Satz 5 EStG).

411 Wenn die Baumaßnahmen nicht zu Herstellungskosten, sondern zu Erhaltungsaufwand führen, können die Kosten sofort als Werbungskosten abgezogen werden. Statt dem Sofortabzug kann der Erhaltungsaufwand auf Antrag des Wohnungseigentümers aber nach § 11a EStG gleichmäßig auf zwei bis fünf Jahre verteilt als Werbungskosten abgezogen werden.

k) Abschreibung bei Gebäuden als Baudenkmale (§ 7i EStG)

aa) Allgemeines zur erhöhten Abschreibung nach § 7i EStG

412 Wenn ein Gebäude ein Baudenkmal ist, werden bestimmte nachträgliche Herstellungskosten durch die Abschreibung nach § 7i EStG begünstigt. Statt der regulären AfA nach § 7 Abs. 4 EStG (linear) bzw. § 7 Abs. 5 oder 5a EStG (degressiv) können auf Antrag im Herstellungsjahr und den sieben darauffolgenden Jahren jeweils 9 % und in den vier Jahren danach jeweils 7 % dieser bestimmten Herstellungskosten als AfA abgesetzt werden.[321]

413 § 7i EStG ist die Parallelvorschrift zu § 10f Abs. 1 EStG, die bei Baudenkmalen anzuwenden ist, die zu eigenen Wohnzwecken genutzt werden (siehe → Rz. 159 ff.).

bb) Voraussetzungen für § 7i EStG

414 Ein Gebäude muss nach der landesrechtlichen Vorschrift („offiziell“) als Baudenkmal anerkannt sein. Die Voraussetzungen ergeben sich aus dem Denkmalschutzgesetz des jeweiligen Bundeslandes.

321 Durch das Haushaltsbegleitgesetz 2004 v. 29.12.2003, BGBl 2003 I S. 3076, wurde die Abschreibung aus fiskalischen Gründen von zehn Jahren (zu 10 %) auf 12 Jahre (8 Jahre zu 7 % und 4 Jahre zu 4 %) geändert.

Die Baumaßnahmen müssen „nach Art und Umfang 415

- zur Erhaltung des Gebäudes als Baudenkmal oder
- zu seiner sinnvollen Nutzung[322]

erforderlich" sein (§ 7i Abs. 1 Satz 1 EStG).

Entscheidungsbefugt ist dafür die jeweils zuständige Behörde, was aus ihrer Sicht unter dem Gesichtspunkt des Denkmalschutzes und der Denkmalpflege zur Erhaltung oder sinnvollen Nutzung des Denkmalgebäudes erforderlich ist. Grundlage ist dazu die Bescheinigungsrichtlinie des jeweiligen Bundeslandes.[323] Der Wohnungseigentümer müsste letztlich vor dem Verwaltungsgericht klagen, wenn er anderer Auffassung ist. 416

Wenn die Baumaßnahmen nicht zu Herstellungskosten, sondern zu Erhaltungsaufwand führen, können die Kosten sofort als Werbungskosten abgezogen werden. Statt dem Sofortabzug kann der Erhaltungsaufwand auf Antrag des Wohnungseigentümers aber nach § 11b EStG gleichmäßig auf zwei bis fünf Jahre verteilt als Werbungskosten abgezogen werden. 417

cc) Anwendung auf Wohnungseigentum

Durch § 7i Abs. 3 EStG und dem darin enthaltenen Rechtsgrundverweis auf § 7h Abs. 3 EStG ist § 7h EStG auf Eigentumswohnungen und auf im Teileigentum stehende Räume entsprechend anzuwenden. Das Gebäude des Wohnungseigentums muss dafür unter den allgemeinen Voraussetzungen als Denkmal anerkannt sein. Es ist sowohl das Sondereigentum als auch das anteilige gemeinschaftliche Eigentum begünstigt. 418

dd) Bescheinigungsverfahren

Vor Baubeginn muss sich der Eigentümer mit der zuständigen Denkmalschutzbehörde abstimmen (§ 7i Abs. 1 Satz 6 EStG). Zwingend erforderlich ist zudem eine Bescheinigung der zuständigen Denkmalschutzbehörde nach § 7i Abs. 2 EStG (Grundlagenbescheid[324]). Durch die Bescheinigung wird nachgewiesen, in welcher Höhe die Aufwendungen für die Baumaßnahmen zur 419

322 Eine sinnvolle Nutzung ist anzunehmen, wenn das Gebäude in der Weise genutzt wird, dass die Erhaltung der schützenswerten Substanz des Gebäudes auf Dauer gewährleistet ist (§ 7i Abs. 1 Satz 2 EStG).

323 Im BMF, Schreiben v. 21.1.2020 - IV C 1 - S 2198-a/19/10004 :001, BStBl 2020 I S. 169 NWB FAAAH-40529, ist eine Übersicht enthalten (Stand: Januar 2020).

324 So BFH, Urteil v. 13.9.2001 - IX R 62/98, BStBl 2003 II S. 912 KAAAA-69423, zur Vorgängerregelung nach § 82i EStDV.

Erhaltung des Gebäudes als Baudenkmal oder zu seiner sinnvollen Nutzung erforderlich sind.[325]

420 Die zuständige Behörde hat die Bescheinigung objektbezogen auszustellen. Bei Wohnungseigentum im Sinne des WEG ist die Bescheinigung für die jeweilige Eigentumswohnung auszustellen, so dass eine Bescheinigung für das Gesamt gebäude nicht genügt.[326] Die Verwaltungsbehörde kann die begünstigten Gesamtaufwendungen auf die einzelnen Eigentumswohnungen nach einem pauschalierenden Flächenmaßstab aufteilen, wenn der auf das Wohneigentum entfallende Miteigentumsanteil nach der Teilungserklärung der anteiligen Nutzfläche der Wohnung am Gesamtgebäude entspricht.[327]

ee) Abschreibung nach § 7i EStG

421 Die Bemessungsgrundlage der AfA bilden die begünstigten und bescheinigten Aufwendungen, welche nach den allgemeinen Grundsätzen (nachträgliche) Herstellungskosten darstellen. Der Begünstigungszeitraum beträgt 12 Jahre (8 Jahre zu 9 % und 4 Jahre zu 7 %).

BEISPIEL „AFA NACH § 7I ESTG": Eine Immobilie ist in drei Wohneigentumseinheiten aufgeteilt und als Baudenkmal anerkannt. Die jeweiligen Eigentümer hatten Aufwendungen für die Erhaltung des Gebäudes im Jahr 2024 (Herstellungsabschluss) zu tragen, welche nach der Bescheinigung der zuständigen Denkmalbehörde nach § 7i EStG begünstigt sind. Frau A vermietet ihre Eigentumswohnung.

LÖSUNG: Frau A kann die Aufwendungen wie folgt nach § 7i EStG abschreiben: VZ 2024–2031 mit 100.000 € x 9 % = 9.000 € p. a. und VZ 2032–2035 mit 100.000 € x 7 % = 7.000 € p. a.

422 Für die Aufteilung der Anschaffungskosten bei dem Erwerb eines denkmalgeschützten Objekts auf Grund und Boden sowie Gebäude gilt keine eigene Bewertungsmethode für Denkmäler. Daher ist dem Grund und Boden auch dann ein (wenn auch ggf. relativ geringer) Anteil an den Anschaffungskosten zuzuordnen, wenn durch den Denkmalschutz das Gebäude möglicherweise ewig auf dem Grundstück steht und der Grund und Boden damit faktisch nie mehr für eine andere Gebäudebebauung frei wird.[328] Allerdings sind – wie immer – alle relevanten tatsächlichen Gegebenheiten des konkreten Grundstücks – also auch denkmalbedingte Besonderheiten – zu berücksichtigen.[329]

325 Seit der Änderung durch das JStG 2020 v. 21.12.2020, BGBl 2020 I S. 3096, hat aber eine „offensichtlich rechtswidrige Bescheinigung" (§ 7i Abs. 2 Satz 1 EStG) keine Bindungswirkung.

326 BFH, Urteil v. 16.9.2014 - X R 29/12 KAAAE-80498 = BFH/NV 2015 S. 194.

327 OVG Sachsen, Urteil v. 8.12.2021 - 1 A 625/19 Rz. 26.

328 BFH, Urteil v. 7.10.2025 - IX R 26/24 VAAAK-04422 = BFH/NV 2026 S. 62.

329 Behrens, BB 2026 S. 306.

Die danach ermittelten Anschaffungskosten des Gebäudeteils des Baudenkmals sind regulär (nach § 7 Abs. 4, 5, 5a EStG) und nicht nach § 7i EStG abzuschreiben. Daher kann es interessant sein, zuerst zu kaufen und danach zu sanieren.[330]

15. Eigene Tätigkeit als Werbungskosten?

Werbungskosten entstehen nur durch eine Vermögenseinbuße (Aufwand), die der Wohnungseigentümer erleidet. Ein eindeutiges Beispiel von eigenem Aufwand wäre die Zahlung für einen Handwerker, der das vermietete Wohnungseigentum instand hält. Sofern aber der Wohnungseigentümer seine eigene Arbeitskraft einsetzt, entsteht ihm kein Aufwand im steuerrechtlichen Sinne und es sind keine fiktiven Lohnkosten als Werbungskosten absetzbar.[331] Selbst erworbenes Material ist gleichwohl abziehbar. 423

Wenn ein Wohnungseigentümer für einen anderen Wohnungseigentümer tätig wird, kann der andere Wohnungseigentümer den für die Arbeit gezahlten Lohn als Werbungskosten ansetzen. 424

BEISPIEL „EIGENE ARBEITSKRAFT BEI SONDEREIGENTUM": Der selbständige Malermeister A streicht sowohl die ihm gehörende und vermietete Wohnung als auch die Wohnungen des Eigentümers B (ebenfalls vermietet) und von Eigentümer C (selbst genutzt). B und C zahlen jeweils angemessene 500 € (darin für den Lohnanteil: 400 €) für die Malerarbeiten an A nach dessen Rechnungsstellung aus seinem Malerbetrieb. Alle Arbeiten betreffen das jeweilige Sondereigentum von A, B und C.

LÖSUNG: B kann die Aufwendungen aus den Malerarbeiten (500 €) als Erhaltungsaufwand bei seinen Werbungskosten aus Vermietung und Verpachtung ansetzen. C kann die anteiligen Lohnaufwendungen (400 €) als Steuerermäßigung nach § 35a Abs. 3 EStG (Handwerkerleistungen) ansetzen. A selbst kann aus seiner Arbeitsleistung keine Werbungskosten für seine vermietete Wohnung abziehen. Es ist ein „In-Sich-Geschäft", das steuerrechtlich nicht zu Aufwand oder Ertrag führt. In seinem Malerbetrieb hat er auch keine (kalkulatorischen) Betriebseinnahmen zu erfassen. Nur die verwendeten Mittel (z. B. Farbe und Pinsel) wären Entnahme (§ 4 Abs. 1 Satz 2 EStG) zum Teilwert (§ 6 Abs. 1 Nr. 4 Satz 1 EStG) im Gewerbebetrieb und gleichzeitig als Werbungskosten bei den Einkünften aus Vermietung und Verpachtung anzusetzen.

Wenn das Gemeinschaftseigentum bei der Arbeitsleistung betroffen ist, bei dem die GdWE die Auftraggeberin der Leistung ist, führt dies nach hier vertretener Auffassung zu abzugsfähigem Aufwand und steuerpflichtigen Ertrag in der Person des leistenden Wohnungseigentümers. Da die GdWE rechtsfähig ist 425

330 Pfirrmann in Kirchhof/Seer, 24. Aufl. 2025, § 7i EStG Rz. 4.

331 BFH, Urteil v. 1.10.1985 - IX R 58/81, BStBl 1986 II Rz. 142 DAAAA-97619.

und die Zahlungen von bzw. an die GdWE ab- bzw. zugeflossen sind, treten hier zwei verschiedene Rechtsträger auf, die Leistungen bzw. Gegenleistungen vereinbaren. Bei einer „normalen" Bruchteilsgemeinschaft bzw. Gesellschaft (z. B. GbR) stellen dagegen die auf den Leistenden entfallenden Zahlungen weder Aufwand noch Ertrag dar. Bei der GdWE ist dies aber wegen der Rechtsfähigkeit aus § 9a WEG anders.

BEISPIEL „EIGENE ARBEITSKRAFT BEI GEMEINSCHAFTSEIGENTUM": Der selbständige Malermeister A streicht die Fassade der Wohnungseigentümeranlage nach dem entsprechenden Beschluss der GdWE und dem Auftrag des Verwalters. A stellt für die Arbeiten insgesamt 3.000 € in Rechnung, was dann vom Bankkonto der GdWE gezahlt wird.

LÖSUNG: A erzielt nach hier vertretener Auffassung 3.000 € Betriebseinnahmen aus seinem Malerbetrieb (Einkünfte aus Gewerbebetrieb nach § 15 EStG). Die Einnahmen sind nicht um seinen Miteigentumsanteil am Objekt zu kürzen. Es kann den auf ihn entfallenden Anteil als Werbungskosten (bei Vermietung seines Sondereigentums) bzw. den Lohnanteil als Handwerkerleistung nach § 35a Abs. 3 EStG (bei Eigennutzung seines Sondereigentums) geltend machen.

16. Werbungskosten zeitlich außerhalb der Vermietung

a) Vorweggenommene Werbungskosten (vor Vermietung)

426 Vor dem Beginn der Vermietung (dem Beginn der Laufzeit des Mietvertrags) fallen regelmäßig bereits Kosten an (z. B. für eine Renovierung). Diese können als vorab entstandene Werbungskosten bei der Einkunftsart Vermietung und Verpachtung angesetzt werden, da diese schon im wirtschaftlichen Zusammenhang mit der Einkünfteerzielung stehen.[332]

427 Denkbar ist auch der Werbungskostenabzug für vergebliche Aufwendungen, wenn z. B. die beabsichtige Vermietung scheitert und das Wohnungseigentum selbst genutzt wird.[333] Hier trifft den Eigentümer die Last, den Sachverhalt dem Finanzamt glaubhaft zu machen.

b) Nachträgliche Werbungskosten (nach Vermietung)

428 Zwangsläufige Kosten nach dem Ende der Vermietung können Werbungskosten darstellen. Zu denken ist u. a. an Schuldzinsen aus der Anschaffung oder

332 BFH, Urteil v. 6.9.2016 - IX R 19/15 UAAAF-87349 = BFH/NV 2017 S. 19 unter II. 2. c) m. w. N.

333 Für den Fall des Abzugs von Schuldzinsen für ein gescheitertes Bauvorhaben: BFH, Urteil v. 5.11.2001 - IX B 92/01, BStBl 2002 II S. 144 FAAAA-89138.

Herstellung des Wohnungseigentums, wenn das Objekt verkauft wird, aber der Veräußerungserlös nicht ausreicht, die Schulden zu tilgen bzw. die Tilgung rechtlich nicht möglich ist.[334]

Renovierungskosten vor einer Veräußerung oder Eigennutzung des Wohnungseigentums können im Grundsatz nicht als nachträgliche Werbungskosten abgezogen werden. Eine Ausnahme ist aber zulässig für den Fall, dass ein Instandsetzungsgrund ein Schaden ist, der während der Mietzeit (insbesondere durch das Verhalten des Mieters) entstanden ist.[335] 429

c) Zwischenzeitlicher Leerstand (vorübergehende Nichtvermietung)

Wenn eine Wohnung zwischenzeitlich nicht vermietet wird (da z. B. gerade kein Mieter gefunden wurde oder die Wohnung renoviert wird), ist ein Werbungskostenabzug gleichwohl zulässig, solange der Eigentümer seine Vermietungsabsicht nicht (endgültig) aufgegeben hat.[336] Sofern eine Wohnung nach einer (auf Dauer angelegten) Vermietung leer steht, sind damit im Zusammenhang stehende Aufwendungen (z. B. die Gebäude-AfA) als Werbungskosten bei den Einkünften aus Vermietung und Verpachtung abziehbar. Solange sich der Eigentümer ernsthaft und nachhaltig um eine Vermietung der leerstehenden Wohnung bemüht, kann regelmäßig nicht von einer endgültigen Aufgabe der Absicht zur Einkünfteerzielung ausgegangen werden. Das gilt selbst dann, wenn er die Wohnung zugleich zum Verkauf anbietet. Für die ausreichenden Vermietungsbemühungen trägt der Eigentümer gegenüber dem Finanzamt die Feststellungslast.[337] 430

Zeigt sich aufgrund bislang vergeblicher Vermietungsbemühungen, dass für das Objekt kein Markt besteht und es deshalb nicht vermietbar ist, muss der Eigentümer (u. U. auch durch einen Umbau) einen vermietbaren Zustand des Objekts erreichen. Bleibt er untätig und nimmt den Leerstand auch künftig hin, spricht dieses gegen eine fortbestehende Absicht zur Einkünfteerzielung.[338] 431

334 Dazu ausführlich BMF, Schreiben v. 27.7.2015 - IV C 1 - S 2211/11/10001, BStBl 2015 I S. 581 XAAAE-97191.

335 BFH, Urteil v. 11.7.2000 - IX R 48/96, BStBl 2001 II S. 784 EAAAA-89066.

336 So auch ausdrücklich R 21.2 Abs. 3 EStR, wenn aus einem Objekt noch keine Einnahmen erzielt werden, z. B. bei einem vorübergehend leerstehenden Gebäude.

337 Zu dem Ganzen vgl. BFH, Urteil v. 9.7.2003 - IX R 102/00, BStBl 2003 II S. 940 TAAAA-72047.

338 BFH, Urteil v. 25.6.2009 - IX R 54/08, BStBl 2010 II S. 124 DAAAD-31918.

17. Schadem bei vermieteten Eigentumswohnungen

a) Schaden am Objekt durch den Mieter

432 Wenn der Mieter einen Schaden an der Eigentumswohnung verursacht, betrifft die Kostenregulierung die Vermögensebene, die im Grundsatz nicht zur Einkünfteerzielung gehört. Schadenersatzzahlungen des Mieters (oder seiner Haftpflichtversicherung) stellen damit zwar keine Einnahmen aus Vermietung und Verpachtung dar, aber mindern die Werbungskosten für die Schadensbeseitigung.

BEISPIEL „SCHADEN DURCH MIETER": Der Mieter der Eigentumswohnung verursacht im November 2024 einen Wasserschaden, den der Vermieter (Eigentümer) durch einen Handwerker reparieren lässt (Tapezier- und Bodenarbeiten) und dem Handwerker im Dezember 2024 dafür 2.000 € zahlt. Im Januar 2025 zahlt der Mieter dem Eigentümer 2.000 € als Schadenersatz.

Die Zahlung des Mieters an den Vermieter (Eigentümer) stellt keine Einnahmen aus Vermietung und Verpachtung dar, sondern mindert den Werbungskostenabzug. Somit kann der Eigentümer insoweit keine Werbungskosten für 2024 abziehen. Die Zahlung 2025 stellt keine steuerpflichtige Einnahme für den Eigentümer dar.

b) Gebäudeschäden (z. B. Brandschaden)

433 Durch einen Schaden an der Substanz der Eigentumswohnung (z. B. durch einen Brand) ist ggf. eine „Absetzung für außergewöhnliche technische oder wirtschaftliche Abnutzung" (AfaA) zulässig (§ 9 Abs. 1 Satz 3 Nr. 7 EStG i. V. mit § 7 Abs. 1 Satz 7 EStG). Bei einem (erforderlichen) Abriss des Objekts ist die AfaA unstreitig zulässig, da das Gebäude dadurch technisch zerstört wird (Substanzeinbuße am Wirtschaftsgut).[339] Anzusetzen ist die AfaA für das Schadensjahr als Werbungskosten.[340]

434 Wenn die Instandsetzungskosten durch den Schaden (im Regelfall) zu nachträglichen Herstellungskosten führen (Wiederherstellung der Betriebsbereitschaft) oder nach einem Abriss ohnehin unstreitig Herstellungskosten für einen Neubau sind, können die Aufwendungen für die Schadenbeseitigung nur über die Gebäude-AfA als Werbungskosten berücksichtigt werden.

435 Soweit die Wohngebäudeversicherung für den Schaden an den Wohnungseigentümer (bzw. an die GdWE) zahlt, sind diese als Einnahmen aus Vermietung und Verpachtung zu versteuern. Dies gilt aber nur insoweit, als die Einnahmen die entstandenen Werbungskosten (z. B. Zahlungen an den Mieter, für

339 BFH, Urteil v. 28.10.1980 - VIII R 34/76, BStBl 1981 II S. 161 XAAAA-91578.
340 BFH, Urteil v. 13.3.1998 - VI R 27/97, BStBl 1998 II S. 443 FAAAA-96227.

die Abbruchkosten[341] und die AfaA) insgesamt nicht übersteigen.[342] Soweit die Einnahmen über den Werbungskosten liegen (da oftmals der Neubauwert versichert ist), sind keine Einnahmen anzusetzen (steuerneutrale Vermögensebene). Die AfA-Bemessungsgrundlage oder das AfA-Volumen für die neuen Herstellungskosten nach dem Schadensfall werden gleichwohl nicht durch die Versicherungsleistung vermindert.[343]

BEISPIEL „FEUERSCHADEN": Durch ein defektes Elektrokabel ist im Keller der Immobilie im Jahr 2023 ein Feuer ausgebrochen, das alle Eigentumswohnungen des Objekts so zerstört hat, dass ein Abriss erforderlich ist. Die GdWE konnte durch die Leistungen aus der Wohngebäudeversicherung in 2025 einen Neubau finanzieren. Eigentümer A vermietet die ihm gehörende Eigentumswohnung auch nach dem Neubau. Bezogen auf Wohnungseigentümer A ergeben sich folgende (ggf. anteilige) Werte:

- AfA-Restvolumen des anteiligen Altgebäudes im Zeitpunkt des Brandschadens: 200.000 €;
- Entschädigungen (z. B. für Hotelkosten) an Mieter M: 10.000 €;
- anteilige Abbruchkosten des Objekts: 5.000 €;
- anteilige Herstellungskosten des Neubaus: 300.000 €;
- anteilige Leistung der Wohngebäudeversicherung: 315.000 €.

Für das Jahr des Brandschadens (2023) kann der Restwert des AfA-Volumens (200.000 €) als AfaA voll abgesetzt werden (§ 7 Abs. 1 Satz 7 EStG). Die Abbruchkosten (5.000 €) und die Zahlungen an den Mieter (10.000 €) sind bei Abfluss als Werbungskosten abzugsfähig. Die erst später ausgezahlte Versicherungsleistung (315.000 €) ist nur insoweit als Einnahme aus Vermietung und Verpachtung bei A steuerpflichtig, als diese den Werbungskosten aus dem Brandschaden betraglich entsprechen (hier in der Summe: 215.000 €). Der übersteigende Betrag (100.000 €) ist ohne steuerrechtliche Auswirkung. Die AfA aus den Herstellungskosten des Neubaus wird nicht gemindert.

18. Verbot einer beabsichtigen Nutzung des Wohnungseigentums

Wenn Wohnungseigentum nicht wie geplant (z. B. als Ladenlokal) genutzt wer- 436
den kann, da die Teilungserklärung der WEG dies nicht zulässt (z. B. Verbot einer gewerblichen Nutzung), führt das nicht zu einer außergewöhnlichen wirtschaftlichen Abnutzung des Gebäudes, die eine AfaA i. S. des § 7 Abs. 1 Satz 7 EStG rechtfertigt. Durch die Bindung des jeweiligen Wohnungseigentümers an die Beschlüsse oder die Teilungserklärung der GdWE ist dieser eben

341 BFH, Urteil v. 1.12.1992 - IX R 333/87, BStBl 1994 II S. 12 IAAAB-04838.
342 BFH, Urteil v. 1.12.1992 - IX R 333/87, BStBl 1994 II S. 12 IAAAB-04838.
343 BFH, Urteil v. 1.12.1992 - IX R 333/87, BStBl 1994 II S. 12 IAAAB-04838.

nicht – wie bei Alleineigentum – frei in seiner Nutzungsentscheidung und -möglichkeit. Wird z. B. nach den Vorschriften des WEG die Nutzung von erworbenen Gebäudeteilen als Wohnung untersagt, rechtfertigt dies nach Auffassung des BFH keine AfaA, wenn sich darin ein dem Kaufobjekt von vornherein anhaftender Mangel zeigt und die Parteien des Kaufvertrags die Gewährleistung hinsichtlich der Nutzungsmöglichkeiten der Sache ausgeschlossen haben.[344]

19. Abbruch des Gebäudes

a) Abbruch bei einer Bestandsimmobilie

437 Wenn das Gebäude abgebrochen wird (z. B. wegen einer zu alten Bausubstanz oder einem Vollverschleiß), kann der Restwert des AfA-Volumens im Abrissjahr voll als Werbungskosten (AfaA) abgesetzt werden (§ 7 Abs. 1 Satz 7 EStG). Die dafür erforderlichen Abbruchkosten (z. B. durch ein beauftragtes Abbruchunternehmen) sind ebenfalls sofort abzugsfähige (nachträgliche) Werbungskosten.[345]

b) Abbruch nach Grundstückserwerb

438 Wenn ein Gebäude erworben und (zeitnah) danach abgebrochen wird, ist zu differenzieren.[346]

aa) Erwerb mit Abbruchabsicht

439 Wenn das Grundstück bereits in der Absicht erworben wurde, es abzubrechen und das Grundstück neu zu bebauen, gehören der Restwert der AfA und die Abbruchkosten des Altgebäudes zu den Herstellungskosten des neuen Gebäudes. Die eigentlichen Herstellungskosten für das neue Gebäude gehören ohnehin zu den Herstellungskosten des Neubaus.

440 War das Altgebäude aber schon technisch oder wirtschaftlich verbraucht oder wertlos, werden der AfA-Restwert und die Abbruchkosten nur den Anschaffungskosten des Grund und Bodens und nicht den Herstellungskosten des Neubaus hinzugerechnet.

---

344 BFH, Urteil v. 14.1.2004 - IX R 30/02, BStBl 2004 II S. 592 TAAAB-22102.

345 BFH, Urteil v. 21.6.1963 - VI 330/61 U, BStBl 1963 III S. 477 QAAAA-90030; BFH, Urteil v. 28.3.1973 - I R 115/71, BStBl 1973 II S. 678 PAAAA-90882; BFH, Urteil v. 12.6.1978, BStBl 1978 II S. 620 VAAAA-91356.

346 Dazu H 6.4 „Abbruchkosten" EStH m. w. N.

bb) Erwerb ohne Abbruchabsicht

Sollte das Gebäude tatsächlich ohne Abbruchabsicht erworben worden sein, wären sowohl der Gebäudewert als auch die Abbruchkosten als nachträgliche Werbungskosten sofort abzugsfähig, wenn das Gebäude noch vermietet bzw. eine Vermietung ernsthaft beabsichtigt war. Dies wird einen Ausnahmefall darstellen. Wird mit dem Abbruch eines Gebäudes innerhalb von drei Jahren nach dem Erwerb begonnen, spricht der Beweis des ersten Anscheins nach Verwaltungsauffassung dafür, dass der Erwerber das Gebäude in der Absicht erworben hat, es abzureißen. Der Steuerpflichtige kann diesen Anscheinsbeweis durch den Gegenbeweis entkräften (z. B. dass es zu dem Abbruch erst aufgrund eines ungewöhnlichen Geschehensablaufs gekommen ist). 441

IV. Übertragung von Wohnungseigentum in der Einkommensteuer

1. Veräußerung von Wohnungseigentum

a) Privates Veräußerungsgeschäft bei Grundstücken (§ 23 Abs. 1 Nr. 1 EStG)

442 Im Grundsatz ist die Veräußerung einer Immobilie (und damit auch einer Eigentumswohnung) im Privatvermögen nur einkommensteuerpflichtig, sofern „der Zeitraum zwischen Anschaffung und Veräußerung nicht mehr als zehn Jahre beträgt“ (sog. privates Veräußerungsgeschäft nach § 22 Nr. 2 EStG i. V. mit § 23 Abs. 1 Satz 1 Nr. 1 Satz 1 EStG). Für die Steuerpflicht bei der Veräußerung einer Eigentumswohnung im Privatvermögen kommt es somit in erster Linie auf die Haltedauer an.

443 Als Veräußerungsgeschäfte i. S. des § 23 EStG werden neben den „normalen“ Grundstücksveräußerungen durch einen notariellen Kaufvertrag auch der Eigentumsverluste aufgrund einer Zwangsversteigerung angesehen.[347] Dagegen sind Fälle einer Enteignung oder Umlegung davon nicht betroffen.[348]

444 Sofern sich die Eigentumswohnung in einem Betriebsvermögen befindet, ist eine Veräußerung immer einkommensteuerpflichtig, da die Eigentumswohnung als Wirtschaftsgut dann den allgemeinen Regelungen für Gewinneinkünfte (§§ 4 Abs. 1 und 13, 15 bzw. 18 EStG) unterliegt.

---

347 BFH, Urteil v. 12.11.2024 - IX R 6/24, BStBl 2025 II S. 350 SAAAJ-86211, und (bei dem Fall einer Eigentumswohnung) Niedersächsisches FG, Urteil v. 7.12.2023 - 10 K 239/20 RAAAJ-92123 (juris, BFH-Rev.: VIII R 25/24).

348 BFH, Urteil v. 12.11.2024 - IX R 6/24, BStBl 2025 II S. 350 Rz. 17 SAAAJ-86211 m. w. N.

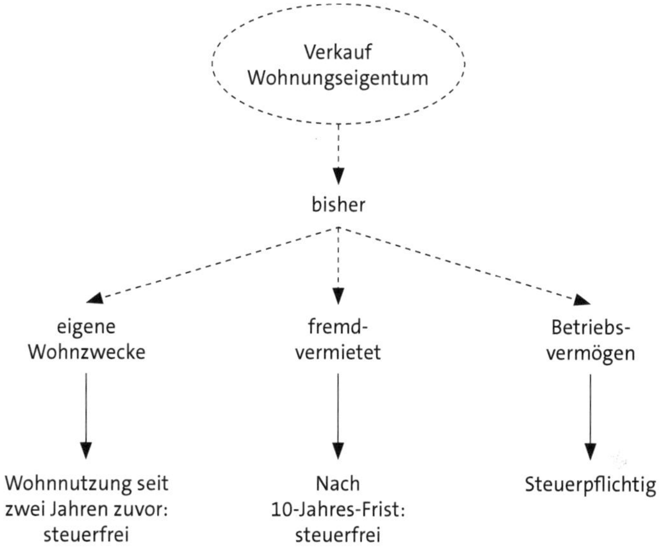

b) Keine Besteuerung bei Veräußerung selbstbewohnter Eigentumswohnungen

aa) Zeitraum der Selbstnutzung

Für selbst genutzte Grundstücke (auch für Eigentumswohnungen) besteht eine wichtige Ausnahme von der Steuerpflicht: Eine Veräußerung ist nicht einkommensteuerpflichtig, sofern diese entweder 445

- im Zeitraum zwischen Anschaffung bzw. Fertigstellung und Veräußerung ausschließlich *oder*
- im Jahr der Veräußerung und in den beiden vorangegangenen Jahren

zu eigenen Wohnzwecken genutzt wurde (§ 23 Abs. 1 Satz 1 Nr. 1 Satz 3 EStG). Die Nichtsteuerbarkeit erstreckt sich neben dem Gebäudeteil nach Verwaltungsauffassung auch auf den Anteil am Grund und Boden.[349]

Die Ausnahmeregelung des § 23 Abs. 1 Satz 1 Nr. 1 Satz 3 EStG hat den Zweck, die Besteuerung eines Veräußerungsgewinns bei Aufgabe eines Wohnsitzes (z. B. wegen eines Arbeitsplatzwechsels) zu vermeiden.[350] 446

349 BMF, Schreiben v. 5.10.2000 - IV C 3-S 2256-263/00, BStBl 2000 I S. 1383 Rz. 17.
350 BT-Drucks. 14/265 S. 181.

bb) Begünstigter Personenkreis

447 Für eine „Nutzung zu eigenen Wohnzwecken" muss die Eigentumswohnung im Grundsatz vom Eigentümer selbst bewohnt werden. Wenn dort auch andere Personen leben (z. B. Ehegatte oder Kinder), ist dies unschädlich, solange der Eigentümer dort auch selbst wohnt.[351]

BEISPIEL „NUTZUNG ZU EIGENEN WOHNZWECKEN": Frau F erwirbt im Jahr 2018 eine Eigentumswohnung und nutzt diese zusammen mit ihrem Lebensgefährten und dessen Sohn zu eigenen Wohnzwecken. Im Jahr 2025 veräußert sie die Eigentumswohnung.

Die Veräußerung ist nicht steuerpflichtig, da die Eigentumswohnung zwischen Anschaffung und Veräußerung ausschließlich zu eigenen Wohnzwecken genutzt wurde (§ 23 Abs. 1 Satz 1 Nr. 1 Satz 3 EStG). Die Mitnutzung der beiden anderen Personen ist unschädlich.

448 Eine unentgeltliche Überlassung (ohne gleichzeitige Selbstnutzung) ist nur begünstigt, wenn es sich um ein Kind handelt, für das der Eigentümer Anspruch auf Kindergeld oder einen Freibetrag nach § 32 Abs. 6 EStG hat.[352] Die Nutzung der Wohnung durch das Kind ist dem Eigentümer in diesem Fall als eigene Nutzung zuzurechnen, weil es ihm im Rahmen seiner unterhaltsrechtlichen Verpflichtung obliegt, für die Unterbringung des Kindes zu sorgen.[353]

BEISPIEL „UNENTGELTLICHE NUTZUNG ZU FREMDEN WOHNZWECKEN": Frau F erwirbt im Jahr 2020 eine Eigentumswohnung und überlässt diese bis zur Veräußerung im Jahr 2025 unentgeltlich

a) ihrer 20-jährigen Tochter T (die dort während ihres Studiums wohnt),

b) ihrer Mutter M.

LÖSUNG: Zu a) Die unentgeltliche Nutzungsüberlassung an Tochter T gilt als begünstigte Selbstnutzung, welche die Steuerpflicht der Veräußerung ausschließt (§ 23 Abs. 1 Satz 1 Nr. 1 Satz 3 EStG).

Zu b) Die unentgeltliche Nutzungsüberlassung an Mutter M gilt nicht als begünstigte Selbstnutzung. Damit ist die Veräußerung steuerpflichtig.

449 Überlässt der Eigentümer die Wohnung nicht ausschließlich einem einkommensteuerlich zu berücksichtigenden Kind unentgeltlich zur Nutzung, sondern zugleich einem Dritten (z. B. der Kindesmutter bzw. dem Kindesvater), stellt dies keine begünstigte Nutzung zu eigenen Wohnzwecken dar.[354] Ein Ehegatte nutzt seinen Miteigentumsanteil an der Eigentumswohnung nach einem trennungsbedingten Auszug nicht mehr zu eigenen Wohnzwecken i. S. des § 23

351 BMF, Schreiben v. 5.10.2000 - IV C 3-S 2256-263/00, BStBl 2000 I S. 1383 Rz. 22, und BFH, Urteil v. 14.2.2023 - IX R 11/21, BStBl 2023 II S. 642 unter II. 2. a) aa) YAAAJ-37544.

352 BMF, Schreiben v. 5.10.2000 - IV C 3-S 2256-263/00, BStBl 2000 I S. 1383 Rz. 23.

353 BFH, Urteil v. 24.5.2022 - IX R 28/21 DAAAJ-26042 = BFH/NV 2023 S. 20.

354 BFH, Urteil v. 24.5.2022 - IX R 28/21 DAAAJ-26042 = BFH/NV2023 S. 20.

Abs. 1 Satz 1 Nr. 1 Satz 3 EStG, wenn der geschiedene Ehepartner und das gemeinsame minderjährige Kind weiterhin dort wohnen.[355]

cc) Nutzung als Zweitwohnung

Die Besteuerungsausnahme ist nicht auf den Hauptwohnsitz beschränkt, sondern kann auch für Zweitwohnungen genutzt werden.[356] Dafür ist aber erforderlich, dass diese Eigentumswohnung tatsächlich nur vom Eigentümer (oder unentgeltlich durch andere Personen) genutzt und nicht z. B. vermietet wird (auch nicht vorübergehend).[357] 450

BEISPIEL „NUTZUNG ALS FERIENWOHNUNG": ▶ Frau F ist Eigentümerin einer Eigentumswohnung am Tegernsee für vorübergehende Urlaubsaufenthalte. Sofern sie sich nicht dort aufhält, wird die Wohnung nicht genutzt.

Die gelegentliche Selbstnutzung führt zu einer Nichtsteuerbarkeit nach § 23 Abs. 1 Satz 1 Nr. 1 Satz 3 EStG. Sollte sie – abweichend vom Beispiel – die Eigentumswohnung gelegentlich an Feriengäste vermieten, wäre die Befreiung nicht anzuwenden.

Eine eigene Nutzung im Rahmen einer doppelten Haushaltsführung ist ebenfalls begünstigt.[358] 451

dd) Nutzungsänderungen

Wird die Eigentumswohnung im Veräußerungsjahr vermietet, ist dies unschädlich, wenn der Wohnungseigentümer das Objekt zusammenhängend 452

- im Veräußerungsjahr zumindest an einem Tag,
- im ersten Vorjahr durchgehend sowie
- im zweiten Vorjahr zumindest einen Tag lang

zu eigenen Wohnzwecken genutzt hat.[359]

Es ist somit im Ergebnis nur eine zeitlich lückenlose Eigennutzung von einem Jahr und zwei Tagen erforderlich. Dabei muss aber das gesamte Mitteljahr durchgehend zur eigenen Wohnnutzung genutzt werden. Im zweiten Vorjahr und im Veräußerungsjahr ist jeweils nur ein einziger Tag ausreichend. 453

355 BFH, Urteil v. 14.2.2023 - IX R 11/21, BStBl 2023 II S. 642 YAAAJ-37544.
356 BFH, Urteil v. 27.6.2017 - IX R 37/16, BStBl 2017 II S. 1192 HAAAG-59871.
357 BMF, Schreiben v. 5.10.2000 - IV C 3-S 2256-263/00, BStBl I 2000 S. 1383 Rz. 22.
358 BMF, Schreiben v. 5.10.2000 - IV C 3-S 2256-263/00, BStBl 2000 I S. 1383 Rz. 22.
359 BFH, Urteil v. 3.9.2019 - IX R 10/19, BStBl 2020 S. 310 AAAAH-34431.

BEISPIEL „VERMIETUNG UND EIGENNUTZUNG": Herr K erwirbt zum 1.1.2018 eine vermiete Eigentumswohnung in Köln. Zum 1.12.2022 zieht er dort selbst ein (Eigenbedarf). Zum 1.1.2024 nimmt er jedoch einen neuen Job in München an und zieht dort hin. Er wohnt in der Kölner Eigentumswohnung noch bis Mitte Januar 2024, bevor er zum 1.2.2024 die Eigentumswohnung wieder vermietet und diese schließlich zum 1.10.2024 verkauft.

LÖSUNG: Die Veräußerung ist nicht steuerpflichtig, da Herr K die Eigentumswohnung zusammenhängend im Veräußerungsjahr (2024) zumindest an einem Tag (hier: einen halben Monat), im ersten Vorjahr (2023) durchgehend sowie im zweiten Vorjahr (2022) zumindest einen Tag (hier: einen Monat) zu eigenen Wohnzwecken genutzt hat (§ 23 Abs. 1 Satz 1 Nr. 1 Satz 3 EStG). Hätte Herr K – abweichend von dem Beispiel – die Wohnung z. B. schon ab dem 1.12.2023 vermietet, wäre die Ausnahme nicht anwendbar.

ee) Leerstand vor oder nach Selbstnutzung

454 Ein Leerstand vor Beginn der Nutzung zu eigenen Wohnzwecken ist unschädlich, wenn er mit der beabsichtigten Nutzung zu eigenen Wohnzwecken im Zusammenhang steht. Dies gilt auch für einen Leerstand zwischen Beendigung der Nutzung zu eigenen Wohnzwecken und Veräußerung der Eigentumswohnung, wenn die Veräußerungsabsicht nachweisbar ist.[360]

ff) Teilweise Nutzung als Arbeitszimmer

455 Wird eine zu eigenen Wohnzwecken genutzte Eigentumswohnung innerhalb der zehnjährigen Haltefrist veräußert, ist der Veräußerungsgewinn auch insoweit durch § 23 Abs. 1 Satz 1 Nr. 1 Satz 3 EStG von der Besteuerung ausgenommen, als er auf ein zur Erzielung von Überschusseinkünften genutztes häusliches Arbeitszimmer entfällt.[361]

BEISPIEL „VERÄUSSERUNG MIT ARBEITSZIMMER EINES ARBEITNEHMERS": Eine Lehrerin nutzt einen abgeschlossenen Raum in ihrer selbst genutzten Eigentumswohnung als Arbeitszimmer. Sie hat die Eigentumswohnung mit notariellem Kaufvertrag v. 11.9.2014 erworben und mit Vertrag v. 24.3.2023 veräußert (d. h. innerhalb von zehn Jahren). Der anteilig nach der Wohnfläche auf das Arbeitszimmer entfallende Gewinn beträgt 20.000 €.

Der Veräußerungsgewinn ist insgesamt nicht steuerpflichtig (§ 23 Abs. 1 Satz 1 Nr. 1 Satz 3 EStG).

456 Wenn das Arbeitszimmer für eine gewerbliche oder freiberufliche Tätigkeit genutzt wird, handelt es sich insoweit um Betriebsvermögen. Der auf das Arbeits-

360 BMF, Schreiben v. 5.10.2000 - IV C 3-S 2256-263/00, BStBl 2000 I S. 1383 Rz. 25.

361 BFH, Urteil v. 1.3.2021 - IX R 27/19, BStBl 2021 II S. 680 IAAAH-84233.

zimmer entfallende Veräußerungsgewinn ist dann unabhängig von § 23 EStG als Gewinneinkünfte steuerpflichtig.[362]

BEISPIEL „VERÄUẞERUNG MIT ARBEITSZIMMER EINES FREIBERUFLERS“: Ein selbständiger Steuerberater nutzt einen abgeschlossenen Raum seiner im Übrigen selbst genutzten Eigentumswohnung als Arbeitszimmer für seine freiberufliche Tätigkeit. Er hat die Eigentumswohnung mit notariellem Kaufvertrag v. 11.9.2014 erworben und mit Vertrag v. 24.3.2023 veräußert (d. h. innerhalb von zehn Jahren). Der anteilig nach der Wohnfläche auf das Arbeitszimmer entfallende Gewinn beträgt 20.000 €.

Der Veräußerungsgewinn ist nur insoweit nicht steuerpflichtig (§ 23 Abs. 1 Satz 1 Nr. 1 Satz 3 EStG), als er auf den Wohnraum entfällt. Das Arbeitszimmer ist dagegen als separates Wirtschaftsgut als Betriebsvermögen seiner freiberuflichen Steuerberaterpraxis durch die Veräußerung steuerpflichtig (§ 18 EStG).

gg) Vermietung einzelner Räume

Wenn einzelne Gebäudeteile (z. B. einzelne Räume) vermietet werden, sollte dies nach früherer Verwaltungsauffassung insgesamt (und nicht nur anteilig) schädlich sein. Denn es sei nur unschädlich, wenn Teile des Wirtschaftsguts einem Dritten unentgeltlich zu Wohnzwecken überlassen werden.[363] Entgegen der bisherigen Verwaltungsauffassung schließt die vorübergehende Nutzung einzelner Räume durch fremde Dritte (z. B. als Zimmer für Messebesucher) nach Auffassung des BFH[364] die Anwendung von § 23 Abs. 1 Satz 1 Nr. 1 Satz 3 EStG aber nicht insgesamt aus. Vielmehr sei der anteilige steuerbare Veräußerungsgewinn nach dem Verhältnis der Wohnflächen zueinander (durchgängig zu eigenen Wohnzwecken genutzte Wohnfläche zu vorübergehend zu fremden Wohnzwecken überlassener Wohnfläche) zu ermitteln. Die Finanzverwaltung hat sich der Auffassung durch die Urteilsveröffentlichung im Bundesteuerblatt angeschlossen. 457

Unklar ist aber, ob diese Grundsätze auch für die Vermietung einer Garage oder eines PKW-Stellplatzes gelten, die keinen Gebäudeteil darstellen. Vermutlich wird insoweit eine ähnliche Aufteilung nach Schätzungsgesichtspunkten denkbar sein. 458

---

362 Nach Auffassung des FG München, Urteil v. 16.10.2025 - 13 K 1234/22 UAAAK-08851, Rev. zugelassen (juris), beginnt mit der Entnahme eines bisher betrieblich genutzten Arbeitszimmers in das Privatvermögen (durch eine komplette Fremdvermietung der Wohnung nach vorheriger Selbstnutzung) keine neue 10-Jahresfrist nach § 23 EStG für diesen Bereich der Wohnung. Wenn somit die vermietete Eigentumswohnung erst nach mehr als zehn Jahren nach der Anschaffung im Privatvermögen veräußert wird, sei es unerheblich, wenn sich das Arbeitszimmer erst weniger als zehn Jahre im Privatvermögen des veräußernden Wohnungseigentümers befindet (keine wirtschaftliche Teilidentität).

363 BMF, Schreiben v. 5.10.2000 - IV C 3-S 2256-263/00, BStBl 2000 I S. 1383 Rz. 22 YAAAA-76811.

364 BFH, Urteil v. 19.7.2022 - IX R 20/21, BStBl 2023 II S. 234 YAAAJ-30879.

c) Veräußerung von vermietetem Wohnungseigentum

aa) Berechnung der Zehn-Jahres-Frist

459 Für die Fristberechnung des 10-Jahres-Zeitraums zwischen Anschaffung und Veräußerung kommt es auf die jeweiligen Beurkundungstermine der Notarverträge (schuldrechtliche Verpflichtungsgeschäfte) an.[365] Ein davon abweichender (späterer) Besitzübergang ist unbeachtlich. Auch eine aufschiebende Bedingung (§ 158 Abs. 1 BGB) ist insoweit für die Besteuerung nach § 23 Abs. 1 Satz 1 Nr. 1 EStG unerheblich.[366]

BEISPIEL „FRISTBERECHNUNG": Herr A erwirbt mit Notarvertrag v. 12.5.2015 eine Eigentumswohnung, welche er vermietet. Er verkauft die Eigentumswohnung mit Notarvertrag v.

a) 12.5.2025,

b) 11.7.2025.

Der Übergang von Besitz, Gefahr, Nutzen und Lasten ist nach der Vereinbarung im Kaufvertrag mit Kaufpreiszahlung am 12.8.2025.

Zu a) Die 10-Jahresfrist ist am 12.5.2025 noch nicht abgelaufen (sondern erst am 13.5.2025), so dass die Veräußerung nach § 23 Abs. 1 Nr. 1 EStG einkommensteuerpflichtig ist. Der spätere Besitzübergang (hier mit Kaufpreiszahlung am 12.8.2025) ist unbeachtlich.

Zu b) Die 10-Jahresfrist ist am 11.7.2025 bereits abgelaufen. Die Veräußerung ist nicht nach § 23 Abs. 1 Nr. 1 EStG einkommensteuerpflichtig.

460 Die Besteuerung erfolgt im dem Veranlagungszeitraum, in dem der Kaufpreis gezahlt wird.[367] Insoweit ist das Datum des Grundstückskaufvertrags nicht maßgebend.

bb) Auswirkung der Begründung von Wohnungseigentum

461 Ein zivilrechtlich einheitliches Grundstück kann durch Teilungserklärung des Grundstückseigentümers (§ 8 WEG) in Wohn- bzw. Teileigentum aufgeteilt werden. Denkbar ist auch die vertragliche Einräumung von Sondereigentum durch die Miteigentümer nach § 3 WEG. In beiden Fällen sind die daraus resultierenden Eigentumswohnungen mit dem vorherigen (Teil-)Grundstück für Zwecke des § 23 EStG identisch.[368] Dies betrifft auch die Übernahme des bisherigen Anschaffungszeitpunkts des ungeteilten Grundstücks. Die gesamten

365 BFH, Urteil v. 8.4.2014 - IX R 18/13, BStBl 2014 II S. 826 NAAAE-71574 m. w. N.

366 BFH, Urteil v. 10.2.2015 - IX R 23/13, BStBl 2015 II S. 487 SAAAE-87707.

367 BFH, Urteil v. 6.12.2016 - IX R 18/16, BStBl 2017 II S. 676 unter II.2.b) WAAAG-40817 m. w. N.

368 BFH, Urteil v. 23.8.2011 - IX R 66/10, BStBl 2013 II S. 1002 unter II. 2. FAAAD-95593; Hentschel in Herrmann/Heuer/Raupach, § 23 EStG, Rz. 111 „Teilung eines Grundstücks" (3/2024).

Anschaffungskosten sind im Verhältnis der Miteigentumsanteile auf die Eigentumswohnungen aufzuteilen.

cc) Unentgeltlicher Erwerb

Wenn die veräußerte Eigentumswohnung unentgeltlich durch Einzelrechts- 462
nachfolge erworben wurde (z. B. durch Schenkung als vorweggenommene Erbfolge), ist dem Erwerber u. a. der Anschaffungszeitpunkt des Rechtsvorgängers zuzurechnen (§ 23 Abs. 1 Satz 3 EStG). Das Gleiche gilt für Erwerbe durch Erbfolge (Gesamtrechtsnachfolge).

dd) Gebäudeherstellung nach Grundstücksanschaffung

Das Gesetz nennt in § 23 Abs. 1 Satz 1 Nr. 1 Satz 1 EStG „Grundstücke", die einer 463
Besteuerung unterliegen. Damit sind im Ausgangspunkt nach dem gesetzlichen Wortlaut sowohl der Grund und Boden als auch die darauf stehenden Gebäude und Außenanlagen zu verstehen. Ein „mitverkauftes" Gebäude als wesentlicher Bestandteil des Grundstücks (vgl. § 94 BGB) würde also ebenfalls der Besteuerung unterliegen. Wenn jedoch erst nach dem Erwerb eines unbebauten Grundstücks ein Gebäude errichtet und dann das bebaute Grundstück veräußert wird, wäre das Veräußerungsobjekt nicht (mehr) mit dem Erwerbsobjekt identisch.[369] Dies würde eine Besteuerung ausschließen. Daher werden nach § 23 Abs. 1 Satz 1 Nr. 1 Satz 2 EStG die Gebäude und Außenanlagen in die Besteuerung einbezogen, soweit sie seit der Grundstücksanschaffung errichtet, ausgebaut oder erweitert wurden. Dies gilt ausdrücklich auch für Eigentumswohnungen und im Teileigentum stehende Räume (§ 23 Abs. 1 Satz 1 Nr. 1 Satz 2 Halbsatz 2 EStG).

Dies bedeutet: 464

- Wenn eine bereits vorhandene Eigentumswohnung erworben und später veräußert wird, gilt die reguläre 10-Jahresfrist (Grundfall).
- Wird ein unbebautes Grundstück erworben und mit einer Wohnanlage bebaut, wird nicht nur der Gewinn für den Grund und Boden, sondern auch der Gewinn für die hergestellte Eigentumswohnung als privates Veräußerungsgeschäft besteuert, sofern zwischen dem Grundstückserwerb und der späteren Veräußerung nicht mehr als zehn Jahre liegen.[370]
- Wenn ein unbebautes Grundstück erworben, anschließend mit einer Wohnungseigentumsanlage bebaut und später als zehn Jahre nach dem Erwerb

369 Dazu BFH, Urteil v. 26.9.2023 - IX R 13/22, BStBl 2025 II S. 78 unter II.1.b) UAAAJ-56573 m. w. N.
370 BMF, Schreiben v. 5.10.2000 - IV C 3-S 2256-263/00, BStBl 2000 I S. 1383 Rz. 9.

des unbebauten Grundstücks eine Eigentumswohnung veräußert wird, ist der Gewinn nicht steuerpflichtig. Dies gilt auch in den Fällen, in denen zwischen der Herstellung (Fertigstellung) der Wohnanlage und der späteren Veräußerung der Eigentumswohnung noch keine zehn Jahre vergangen sind.

ee) Ermittlung des Veräußerungsgewinns

465 Der Gewinn (oder Verlust) aus dem privaten Veräußerungsgeschäft ermittelt sich aus der Differenz zwischen dem Veräußerungspreis für das Wohnungseigentum einerseits und den Anschaffungs- oder Herstellungskosten sowie den Werbungskosten (Veräußerungskosten) andererseits (§ 23 Abs. 3 Satz 1 EStG). Dabei ist zu beachten, dass sich die Anschaffungs- oder Herstellungskosten rechnerisch um Abschreibungen mindern, soweit sie bei der Ermittlung der Vermietungseinkünfte abgezogen worden sind (§ 23 Abs. 3 Satz 4 EStG).

466 Als Werbungskosten kommen die dazugehörigen Veräußerungskosten (z. B. für Gutachter oder Makler) in Betracht. Diese sind – abweichend vom Abflussprinzip des § 11 Abs. 2 EStG – in dem Kalenderjahr zu berücksichtigen, in dem der Veräußerungserlös zufließt.[371] Laufende Aufwendungen der Vermietung (z. B. Erhaltungsaufwand, Schuldzinsen, Grundsteuer), gehören zu den Einkünften aus Vermietung und Verpachtung (§ 21 Abs. 1 Nr. 1 EStG) und sind nicht bei § 23 EStG anzusetzen.

467 Wenn der Gewinn insgesamt unter 1.000 € liegt, bleibt dieser steuerfrei (§ 23 Abs. 3 Satz 5 EStG).

BEISPIEL „VERÄUßERUNGSGEWINN“: Frau F veräußert ihre vermietete Eigentumswohnung mit Notarvertrag v. 10.12.2024 mit Wirkung zum 31.12.2024. Der Veräußerungspreis von insgesamt 200.000 € wird am 20.1.2025 gezahlt. Von dem Kaufpreis entfallen 55.000 € auf den Bodenanteil, 140.000 € auf den Gebäudeteil und 5.000 € auf die Erhaltungsrücklage. Frau F hatte die Eigentumswohnung zum 1.1.2021 für Anschaffungskosten von insgesamt 170.000 € erworben (davon 42.000 € Bodenanteil, 125.000 € Gebäudeanteil und 3.000 € anteilige Erhaltungsrücklage). Der Gebäudeanteil wurde im Zeitraum 1.1.2021 bis 31.12.2024 i. H. von 125.000 € x 2 % x 4 Jahre = 10.000 € abgeschrieben und als Werbungskosten bei den Vermietungseinkünften (§ 21 Abs. 1 Nr. 1 EStG) als AfA angesetzt (§ 9 Nr. 1 Satz 3 Nr. 7 EStG). Frau F zahlte an einen Immobilienmakler eine Provision i. H. von 2.000 €.

LÖSUNG: Der Gewinn aus dem privaten Veräußerungsgeschäft aus der Eigentumswohnung (§ 23 Abs. 1 EStG) betrifft nur das Gebäude und den dazugehörige Bodenanteil und ermittelt sich wie folgt:

---

371 BFH, Urteil v. 17.7.1991 - X R 6/91, BStBl 1991 II S. 916 FAAAA-93875.

Veräußerungspreis (ohne Erhaltungsrücklage):		195.000 €
Anschaffungskosten (ohne Erhaltungsrücklage):	-	167.000 €
AfA (1.1.2021–31.12.2024):	+	10.000 €
Werbungskosten (Maklerprovision):	-	2.000 €
Steuerpflichtiger Veräußerungsgewinn i. S. des § 23 EStG:	**=**	**36.000 €**

Der Gewinn ist im VZ 2025 (Zufluss des Kaufpreises) zu versteuern.

Die „mitverkaufte" Forderung gegenüber der GdWE auf Bezahlung künftiger Ausgaben für das Wohnungseigentum (anteilige Erhaltungsrücklage) könnte zwar nach § 20 Abs. 2 Nr. 7 EStG als sonstige Kapitalforderung zu einem Gewinn oder Verlust führen. Auf den ersten Blick könnte man daher annehmen, dass Frau F einen Gewinn i. H. von 2.000 € erzielt, indem von dem anteiligen Veräußerungspreis (5.000 €) die Anschaffungskosten aus 2021 (3.000 €) abgezogen werden. Hierzu ist aber zu beachten, dass offensichtlich in der Zeit zwischen dem Erwerb der Eigentumswohnung im Jahr 2021 und deren Veräußerung 2024 sich die anteilig auf Frau F entfallende Erhaltungsrücklage im Saldo um 2.000 € erhöht hat. Dies bedeutet, es wurden (vermindert um eventuelle Entnahmen) mindestens 2.000 € von Frau F in die Erhaltungsrücklage eingezahlt, was ihre Anschaffungskosten auf die Forderung nachträglich erhöhte. Somit betragen die Anschaffungskosten (einschließlich der nachträglichen Anschaffungskosten) von Frau F aus der Forderung bei der Veräußerung der Eigentumswohnung 5.000 €, was zutreffend dem anteiligen Veräußerungspreis von ebenfalls 5.000 € entspricht. Somit hat Frau F im Ergebnis (der Höhe nach) einen Gewinn nach § 20 Abs. 2 Nr. 7 EStG von 0 € erzielt.

Wenn separate bewegliche Wirtschaftsgüter „mitverkauft" werden, können diese ebenfalls nach § 23 EStG steuerpflichtig sein. 468

BEISPIEL „VERÄUSSERUNG MIT EINBAUKÜCHE": Frau F veräußert ihre vermietete Eigentumswohnung im Jahr 2024. Von dem Veräußerungspreis entfallen 3.000 € auf eine mitvermietete Einbauküche, die Frau F im Jahr 2020 für 8.000 € angeschafft hatte.

Für Veräußerungsgeschäfte bei anderen Wirtschaftsgütern als Grundstücken beträgt die Frist im Grundsatz ein Jahr (§ 23 Abs. 1 Satz 1 Nr. 2 Satz 1 EStG). Bei vermieteten Wirtschaftsgütern erhöht sich der Zeitraum auf zehn Jahre (§ 23 Abs. 1 Satz 1 Nr. 2 Satz 4 EStG), so dass der Verlust aus der Mitveräußerung der Einbauküche eigentlich zu berücksichtigen wäre. Da die Küche jedoch ein Gegenstand des täglichen Gebrauchs ist (§ 23 Abs. 1 Satz 1 Nr. 2 Satz 2 EStG), entfällt der Ansatz.

ff) Eigentumswohnung im Vermögen einer Personengesellschaft

Wenn die Eigentumswohnung von einer grundstücksverwaltenden Personengesellschaft (z. B. GbR) gehalten wird, ist diese für Zwecke der privaten Veräußerungsgeschäfte steuerrechtlich als transparent zu behandeln. Nach § 23 Abs. 1 Satz 4 EStG gilt die Anschaffung oder Veräußerung einer Beteiligung an einer Personengesellschaft als Anschaffung oder Veräußerung der anteiligen 469

Wirtschaftsgüter. So ist für die Berechnung der 10-Jahresfrist sowohl auf den Erwerb bzw. die Veräußerung des Anteils an der Personengesellschaft als auch auf den Zeitpunkt der Anschaffung bzw. der Veräußerung der Eigentumswohnung durch die Personengesellschaft abzustellen. Die Gesellschafts- und Gesellschafterebene sind somit immer kombiniert zu betrachten.[372]

BEISPIEL „VERÄUßERUNG DURCH GBR": Frau F und Herr H sind zu je 50 % an der vermögensverwaltenden FH-GbR (Privatvermögen) beteiligt, die seit 2012 u. a. eine vermietete Eigentumswohnung in ihrem Vermögen hat. Frau F hat ihren GbR-Anteil im Jahr 2020 von Herrn Y erworben. Herr H ist seit Gründung an der FH-GbR beteiligt. Die FH-GbR veräußert die Eigentumswohnung im Jahr 2024.

Der anteilig auf Frau F entfallende Veräußerungsgewinn aus der Veräußerung der Eigentumswohnung ist bei ihr als privates Veräußerungsgeschäft steuerpflichtig, da der Zeitraum zwischen der Anschaffung ihres Anteils an der GbR (2020) und der Veräußerung der Eigentumswohnung durch die FH-GbR (2024) weniger als zehn Jahre betragen hat. Für Herrn H ist die Veräußerung nicht steuerpflichtig, da sein Anteil ihm insoweit seit 2012 (also seit mehr als zehn Jahren) zuzurechnen ist.

2. Schenkung (unentgeltliche Übertragung) von Wohnungseigentum

470 Das Eigentum an dem Wohnungseigentum kann unentgeltlich (insbesondere durch Schenkung nach § 516 ff. BGB) auf eine andere Person als neuen Eigentümer übertragen werden. Dies erfolgt in der Praxis oft bei der Vermögensübertragung an nahe Angehörige als vorweggenommene Erbfolge. Die notariellen Formvorschriften (§ 518 BGB) sind dabei zu beachten.

471 Bei einer unentgeltlichen Übertragung von vermietetem Wohnungseigentum des Privatvermögens wird für den Vermögensübergeber auch bei einer vermieteten Eigentumswohnung keine Einkommensteuer ausgelöst. Der Übergeber realisiert insbesondere kein privates Veräußerungsgeschäft i. S. des § 23 Abs. 1 Nr. 1 EStG, da es an einer Veräußerung (Entgeltlichkeit) fehlt.

472 Der Vermögensübernehmer wird neuer Eigentümer des Wohnungseigentums. Der neue Grundstückseigentümer hat somit keine eigenen Anschaffungs- oder Herstellungskosten aufgewendet. Das Einkommensteuergesetz bestimmt daher, welche Besteuerungsmerkmale das übertragene Wirtschaftsgut nunmehr beim Vermögensübernehmer erhält. Hierzu sind vor allem zwei Merkmale für die Besteuerung des neuen Wohnungseigentümers relevant:

372 BFH, Urteil v. 19.11.2019 - IX R 24/18, BStBl 2020 II S. 225 QAAAH-42556.

- Der Anschaffungszeitpunkt des Rechtsvorgängers wird für die Berechnung der 10-Jahresfrist dem unentgeltlichen Erwerber zugerechnet (§ 23 Abs. 1 Satz 3 EStG).
- Der Erwerber übernimmt die Gebäude-AfA des Rechtsvorgängers (§ 11d Abs. 1 EStDV).

BEISPIEL „SCHENKUNG": Mutter M überträgt mit Wirkung zum 1.7.2024 ihrer Tochter T eine vermietete Eigentumswohnung. Die Gebäudeanschaffungskosten von M haben seinerzeit 200.000 € betragen. Seit dem damaligen Erwerb bis zur Übertragung an T hat M zutreffend AfA bei ihren Vermietungseinkünfte i. H. von insgesamt 40.000 € bei einem AfA-Satz von 2 % geltend gemacht. T hat die Wohnung kurz nach dem Erwerb umfangreich renoviert (Aufwand: 40.000 €) und diese ab dem 1.10.2024 – wie geplant – wieder vermietet.

LÖSUNG: T hat die Eigentumswohnung (und damit auch den Gebäudeanteil) durch die Schenkung unentgeltlich erworben. Sie hat daher keine eigenen Anschaffungskosten aufgewendet, sondern übernimmt die AfA-Bemessungsgrundlage (Anschaffungskosten von M i. H. von 200.000 €) und den AfA-Satz (2 % p. a.) von M als der Rechtsvorgängerin (§ 11d Abs. 1 EStDV). T kann zukünftig nur noch das verbleibende AfA-Volumen der Rechtsvorgängerin M (200.000 € ./. 40.000 € = 160.000 €) abschreiben. Die Renovierungskosten sind als Erhaltungsaufwand sofort abzugsfähig. Die Aufwendungen stellen schon deshalb keine anschaffungsnahen Herstellungskosten i. S. des § 6 Abs. 1 Nr. 1a EStG dar, da T die Eigentumswohnung nicht „angeschafft", sondern lediglich „erworben" hat.

3. Teilentgeltliche Übertragung von Wohnungseigentum (gemischte Schenkung)

a) Teilentgeltlichkeit, da die Gegenleistung unter dem Verkehrswert des Wohnungseigentums liegt

Die Übertragung von vermietetem Wohnungseigentum kann als Schenkung 473
ausgestaltet werden, die mit einer Auflage (Belastung) verbunden ist. Ein typischer Fall einer solchen gemischte Schenkung ist die Übernahme einer Schuld durch den Grundstückserwerber (z. B. ein noch nicht abgezahlter Bankkredit aus der Grundstücksanschaffung).

Bei der teilentgeltlichen Übertragung von Wirtschaftsgütern des Privatver- 474
mögens (hier: Eigentumswohnung) erfolgt nach der ständigen BFH-Rechtsprechung für einkommensteuerliche Zwecke die Aufteilung in einen voll entgeltlichen und einen voll unentgeltlichen Teil.[373] Das Verhältnis bildet dabei die Gegenleistung zum Verkehrswert des übertragenen Wirtschaftsguts. Die An-

373 BFH, Urteil v. 12.12.2023 - IX R 15/23 UAAAJ-64151 = BFH/NV 2024 S. 664 Rz. 21.

schaffungskosten der Immobilie werden entsprechend dieser Entgeltlichkeitsquote aufgeteilt. Diese Grundsätze gelten auch für die Besteuerung nach § 23 EStG.[374]

475 In diesen Fällen ist der einheitliche Lebenssachverhalt steuerrechtlich aufzuteilen:

- Soweit der Vorgang als entgeltlich zu werten ist, veräußert der Übergeber das anteilige Grundstück und der Erwerber schafft das anteilige Grundstück an. Damit kann der Übergeber z. B. einen Gewinn aus einem privaten Veräußerungsgeschäft realisieren.[375] Der Erwerber hat insoweit eigene Anschaffungskosten, von deren Gebäudeteil er abschreiben kann.
- Soweit der Vorgang als unentgeltlich zu werten ist, schenkt der Übergeber das anteilige Grundstück an den Übernehmer. Damit realisiert der Übergeber insoweit keinen Gewinn aus einem privaten Veräußerungsgeschäft und der Erwerber hat insoweit keine eigenen Anschaffungskosten, sondern übernimmt die Gebäude-AfA des Übergebers nach § 11d Abs. 1 EStDV.

b) Anwendungsfall: Übernahme von Verbindlichkeiten

476 Ein typischer Fall der Praxis für teilentgeltliche Vermögensübertragungen stellt die Mitübertragung von Schulden dar. Regelmäßig handelt es sich dabei um noch nicht abgezahlte Bankdarlehen, die vom Vermögensübergeber zur Anschaffung oder Herstellung des Wohnungseigentums aufgenommen wurden. Die Übernahme der Schuld führt als Negativvermögen zu Anschaffungskosten, was steuerrechtlich die gleiche Wirkung hat, als hätte der Vermögensübernehmer in Höhe der übernommenen Schuld einen Teilkaufpreis für das Vermögen gezahlt.[376]

BEISPIEL „ÜBERNAHME VON VERBINDLICHKEITEN“: Mutter M überträgt mit notarieller Schenkungsurkunde v. 11.5.2024 mit Wirkung zum 1.7.2024 ihrer Tochter T eine vermietete Eigentumswohnung (Verkehrswert: 300.000 €). Die Tochter T übernimmt dabei auch den Kredit mit einer Restschuld von 100.000 €, den die Mutter M für die Kaufpreisfinanzierung aufgenommen hatte.

Die Übernahme der Bankverbindlichkeit führt zu einer gemischten Schenkung, da Tochter T die Eigentumswohnung nicht komplett unentgeltlich erhält, sondern dafür die Schuld übernehmen muss. Die Aufteilung (Entgeltlichkeitsquote) ermittelt sich

374 BFH, Urteil v. 12.12.2023 - IX R 15/23 UAAAJ-64151 = BFH/NV 2024 S. 664 Rz. 22.

375 Der Veräußerungsgewinn nach § 23 EStG ermittelt sich aus der Differenz zwischen dem Veräußerungspreis (z. B. übernommene Schuld) und den auf den entgeltlichen Teil entfallenden Anschaffungskosten (ermittelt nach dem Verkehrswert der Eigentumswohnung), vgl. BFH, Urteil v. 11.3.2025 - IX R 17/24 IAAAJ-92515).

376 BFH, Urteil v. 3.9.2019 - IX R 8/18, BStBl 2020 II S. 122 Rz. 14 AAAAH-39366 m. w. N.

nach dem Verhältnis der übernommenen Schuld (100.000 €) zum Verkehrswert der geschenkten Eigentumswohnung (300.000 €). Die Schenkung erfolgt daher zu 2/3 unentgeltlich und zu 1/3 entgeltlich. Tochter T schafft die Eigentumswohnung zu 1/3 an (Anschaffungskosten: 100.000 €). Zu 2/3 übernimmt Tochter T die AfA der Mutter (§ 11d Abs. 1 EStDV).

Im Erbschaftsteuer- bzw. Schenkungsteuerrecht wird bei der Übernahme von Verbindlichkeiten diese Belastung vom steuerpflichtigen Erwerb abgezogen.[377] Soweit die Übertragung entgeltlich erfolgt, unterliegt der Vermögensanfall mangels Bereicherung daher nicht der Besteuerung nach § 7 Abs. 1 Nr. 1 ErbStG. In die schenkungsteuerliche Bemessungsgrundlage geht im Ergebnis nur der unentgeltliche Teil des Rechtsgeschäfts ein. Mit Einkommensteuer aufgrund der Einordnung als privates Veräußerungsgeschäft wird hingegen nur der entgeltliche Teil des Rechtsgeschäfts besteuert.[378] 477

c) Anwendungsfall: Ausgleichzahlungen

Bei der vorweggenommenen Erbfolge werden oft mehrere Angehörige berücksichtigt. Sofern z. B. einem Kind eine Eigentumswohnung übertragen werden soll, kann dieses Kind dazu verpflichtet werden, einem Geschwister eine wertentsprechende („gerechte“) Ausgleichszahlung zu leisten. Diese Zahlung führt ebenfalls zu Anschaffungskosten. 478

BEISPIEL „AUSGLEICHSZAHLUNG“: Mutter M überträgt ihrer Tochter T eine vermietete Eigentumswohnung (Verkehrswert: 300.000 €) und verpflichtet sie, an ihren Bruder S einen angemessenen Ausgleich i. H. von 150.000 € zu zahlen.

Die Ausgleichszahlung führt zu einer gemischten Schenkung, da Tochter T die Eigentumswohnung nicht komplett unentgeltlich erhält, sondern dafür ihren Bruder S abfinden muss. Die Aufteilung (Entgeltlichkeitsquote) ermittelt sich nach dem Verhältnis der Ausgleichszahlung (150.000 €) zum Verkehrswert der geschenkten Eigentumswohnung (300.000 €). Die Schenkung erfolgt daher zu 1/2 unentgeltlich und zu 1/2 entgeltlich. Tochter T schafft die Eigentumswohnung zu 1/2 an (Anschaffungskosten: 150.000 €). Zu 1/2 übernimmt Tochter T die AfA der Mutter (§ 11d Abs. 1 EStDV).

d) Besteuerungsfolgen für Übergeber und Übernehmer bei einer vermieteten Eigentumswohnung

Der Vermögensübergeber realisiert ein privates Veräußerungsgeschäft aus der Schenkung einer vermieteten Eigentumswohnung, soweit die Übertragung als 479

377 R E 7.4 Abs. 1 Satz 1, 2 ErbStR.

378 BFH, Urteil v. 11.3.2025 - IX R 17/24 IAAAJ-92515 = DStR 2025 S. 1265 Rz. 29.

entgeltlich anzusehen ist und die allgemeinen Voraussetzungen des § 23 EStG (insbesondere die 10-Jahresfrist) erfüllt sind.

480 Der Vermögensübernehmer erzielt zukünftig die Vermietungseinkünfte und kann die Gebäudeabschreibung des Rechtsvorgängers (Vermögensübergeber) insoweit abziehen, als die Schenkung als unentgeltlich anzusehen ist. Für den entgeltlich erworbenen Teil hat der Übernehmer eigene Anschaffungskosten für das Gebäude, von denen er abschreibt.

BEISPIEL „BESTEUERUNGSFOLGEN": Mutter M überträgt mit Wirkung zum 1.1.2025 ihrer Tochter T eine vermietete Eigentumswohnung (Verkehrswert: 300.000 €). Die Tochter T übernimmt dabei auch den Kredit mit einer Restschuld von 100.000 €, den die Mutter M für die Kaufpreisfinanzierung aufgenommen hatte. Die Eigentumswohnung hatte M zum 1.1.2020 für Anschaffungskosten von insgesamt 250.000 € angeschafft, wovon 200.000 € auf das Gebäude entfielen. M schrieb das Gebäude mit 2 % p. a. ab.

Die Übernahme der Bankverbindlichkeit führt zu einer gemischten Schenkung. Die Entgeltlichkeitsquote nach dem Verhältnis der übernommenen Schuld (100.000 €) zum Verkehrswert der geschenkten Eigentumswohnung (300.000 €) beträgt:

- 2/3 unentgeltlich,
- 1/3 entgeltlich.

Besteuerung von Mutter M:

M realisiert ein privates Veräußerungsgeschäft für 1/3 der Eigentumswohnung, da die 10-Jahresfrist des § 23 Abs. 1 Nr. 1 EStG bei der Vermögensübertragung noch nicht abgelaufen ist. Die von Tochter T übernommene Bankverbindlichkeit stellt das Entgelt dar und wirkt wie ein Kaufpreis für 1/3 der Eigentumswohnung. Davon sind 1/3 der gesamten Anschaffungskosten der Eigentumswohnung abzuziehen (1/3 x 250.000 € = 83.333 €). Die von M bei ihren Vermietungseinkünften (§ 21 EStG) abgezogene Gebäude-AfA (für 2020–2024 insgesamt 200.000 € Gebäudeanschaffungskosten x 2 % AfA-Satz p. a. x 5 Jahre = 20.000 €) ist nach § 23 Abs. 3 Satz 4 EStG (aber ebenfalls nur zu 1/3, d. h. 6.667 €) hinzuzurechnen. Der Gewinn nach § 23 Abs. 1 Nr. 1 EStG ermittelt sich für Mutter M daher wie folgt:

Entgelt:		100.000 €
Anschaffungskosten:	-	83.333 €
Gebäude-AfA:	+	6.667 €
Gewinn § 23 Abs. 1 Nr. 1 EStG	=	**23.334 €**

Besteuerung von Tochter T:

Die Eigentumswohnung erwirbt T zu 1/3 entgeltlich und zu 2/3 unentgeltlich. Da T aus der vermieteten Eigentumswohnung ab dem 1.1.2025 Einkünfte aus Vermietung und Verpachtung erzielt (§ 21 Abs. 1 Nr. 1 EStG), kann sie die Gebäude-AfA als Werbungskosten abziehen. Hierzu sind zwei separate Abschreibungsreihen zu bilden. Für den unentgeltlich erworbenen Teil führt T die Gebäudeabschreibung von M zu 2/3 nach § 11d Abs. 1 EStDV weiter (d. h. 200.000 € x 2/3 x 2 % p. a. = 2.667 €). Mit der übernommenen Schuld hat T Anschaffungskosten für 1/3 der Eigentumswohnung i. H. von 100.000 € aufgewendet. Davon ist nur der Gebäudeteil abzuschreiben. Wenn der Gebäudeteil bei Übertagung am 1.1.2025 z. B. 80 % beträgt, kann T von 80.000 € (erworbener Gebäudeteil) insoweit zukünftig 2 % p. a. (§ 7 Abs. 4 Satz 1 Nr. 2 Buchst. a EStG) abschreiben.

4. Übertragung von Wohnungseigentum gegen wiederkehrende Leistungen

a) Grundsätze der Besteuerung von Veräußerungsrenten

Wenn Wohnungseigentum des Privatvermögens gegen die lebenslange Zahlung eines bestimmten Geldbetrags (Leibrente) übertragen wird, handelt es sich nach allgemeinen ertragsteuerrechtlichen Grundsätzen um ein Veräußerungsgeschäft.[379] 481

Hierbei ist zunächst zu bestimmen, welches Wertverhältnis die beiden Leistungen (Wohnung gegen Rente) zueinander haben. Daraus ergeben sich dann die einkommensteuerlichen Folgen, ob und zu welcher Quote das Wohnungseigentum veräußert oder unentgeltlich übertragen wurde. Dies ist für Veräußerer und Erwerber relevant, weil sich daraus die Besteuerungsfolgen ergeben können: 482

- Höhe des Veräußerungspreises bzw. der Anschaffungskosten des Wohnungseigentums (relevant für ein privates Veräußerungsgeschäft beim Übergeber und für die AfA-Bemessungsgrundlage beim Übernehmer);
- Höhe des Ertragsanteils aus den Leibrentenzahlungen (relevant für die laufende Einkünfteversteuerung beim Übergeber und für einen Werbungskostenabzug beim Übernehmer);
- Höhe einer anteiligen Unterhaltszahlung, die insoweit beim Übergeber und beim Übernehmer steuerrechtlich unbeachtlich ist.

b) Verhältnis der Leistung zur Gegenleistung

Für die Beurteilung der steuerrechtlichen Folgen der Vermögensübertragung gegen (lebenslange) Rentenzahlung kommt es auf das Wertverhältnis zwischen dem übertragenen Wohnungseigentum und dem Kapitalwert der (lebenslangen) Rente an. 483

379 BFH, Urteil v. 29.9.2021 - IX R 11/19, BStBl 2022 II S. 228 EAAAI-01269.

484 Hierzu sind vier Situationen zu unterscheiden, welche jeweils unterschiedliche Rechtsfolgen haben:

1. Der Kapitalwert der Rente entspricht (in etwa) dem Wert des übertragenen Wohnungseigentums (Wertausgleichsfall): Es handelt sich um ein vollentgeltliches Geschäft.
2. Der Kapitalwert der Rente ist geringer als der Wert des übertragenen Wohnungseigentums (Minderkapitalfall): Es handelt sich um ein teilentgeltliches Geschäft.
3. Der Kapitalwert der Rente ist höher als der Wert des übertragenen Wohnungseigentums (Mehrkapitalfall): Es handelt sich nur insoweit um ein vollentgeltliches Geschäft, als sich der Kapitalwert betraglich mit dem Wert des Wohnungseigentums deckt. Der darüber hinausgehende Kapitalwert stellt eine ertragsteuerrechtlich irrelevante Unterhaltsleistung dar.
4. Der Kapitalwert der Rente ist mehr als doppelt so hoch wie der Wert des übertragenen Wohnungseigentums (Extremfall): Es handelt sich insgesamt (!) um eine steuerrechtlich irrelevante Unterhaltsleistung.

485 Die laufenden Zahlungen sind dabei in den ersten drei Kategorien jeweils aufzuteilen: Ein Teil ist dem Kapitalwert zuzuordnen, der (aus Sicht des Übertragers) den anteiligen Kaufpreis bzw. (aus Sicht des Übernehmers) die anteiligen Anschaffungskosten des Wohnungseigentums repräsentiert. Der andere Teil stellt den Zinsanteil der Zahlungen dar, da kein Einmalbetrag für die Vermögensübernahme geleistet wird, sondern wiederkehrende Zahlungen über einen langen Zeitraum. Zu den Folgen der einzelnen Fallgestaltungen vgl. die nachfolgenden Abschnitte.

c) Kapitalwert der Rente entspricht dem Wert des Wohnungseigentums

486 Wenn der Kapitalwert der Rente (in etwa) dem Wert des übertragenen Wohnungseigentums entspricht, handelt sich um ein vollentgeltliches Austauschgeschäft. Der Vermögensübergeber (bisherige Eigentümer) überträgt das Wohnungseigentum gegen die wiederkehrenden Leistungen des neuen Eigentümers.

487 Der Kapitalwert ermittelt sich nach den §§ 14, 15 BewG. Dabei ist der Jahresbetrag der Leistung (Summe von zwölf Monatsraten) mit einem Vervielfältiger nach dem Lebensalter des Rentenberechtigten (§ 14 Abs. 1 BewG) zu multiplizieren. Für den Vermögensübergeber ergibt sich daraus der Veräußerungspreis des Wohnungseigentums, der bei diesem z. B. bei § 23 Abs. 1 Nr. 1 EStG zu be-

rücksichtigen ist. Beim Übernehmer stellt dieser Kapitalwert die Anschaffungskosten des Wohnungseigentums dar. Soweit diese Anschaffungskosten – nach den allgemeinen Grundsätzen – auf das Gebäude entfallen, bildet dies die AfA-Bemessungsgrundlage bei einer Wohnungsvermietung.

In jeder Ratenzahlung ist – steuerrechtlich betrachtet – neben dem „eigentlichen" Kaufpreisanteil (Kapitalanteil) auch immer ein Ertragsanteil enthalten. 488
Dem liegt die Überlegung zugrunde, dass bei der Veräußerung eines Wirtschaftsguts gegen (ggf. über viele Jahre zu zahlende) Kaufpreisraten immer auch wirtschaftlich ein Zinsanteil entfällt. Der Ertragsanteil (Zinsanteil) ermittelt sich nach dem gesetzlich definierten Prozentsatz aus § 22 Nr. 1 Satz 3 Buchst. a Doppelbuchst. bb EStG (abhängig vom Lebensalter des Rentenberechtigten bei Veräußerung) und führt beim Zahlungsempfänger zu sonstigen Einkünften. Wenn der Erwerber das Wohnungseigentum vermietet, stellt dieser Ertragsanteil Werbungskosten bei den Einkünften aus Vermietung und Verpachtung dar (§ 9 Abs. 1 Satz 3 Nr. 1 Satz 2 EStG).[380]

BEISPIEL „KAPITALWERT ENTSPRICHT GRUNDSTÜCKSWERT": Mutter M (65 Jahre) überträgt Tochter T eine vermietete Eigentumswohnung mit einem Verkehrswert von 300.000 € gegen eine Leibrente zugunsten von M. M erwarb die Eigentumswohnung innerhalb von zehn Jahren vor der Übertragung. Der Kapitalwert der Rente beträgt nach der Höhe der monatlichen Zahlung und dem Lebensalter von M zum Übertragungszeitpunkt 300.000 €.

Da der Kapitalwert der Rente dem Wert des übertragenen Wohnungseigentums entspricht, handelt sich um ein vollentgeltliches Veräußerungsgeschäft.

M versteuert ein privates Veräußerungsgeschäft nach § 23 Abs. 1 Nr. 1 EStG, dem der Kapitalwert (300.000 €) als Veräußerungspreis anzusetzen ist. Es ist aber erst und insoweit bei M zu besteuern, sobald die Summe der Kapitalanteile in den tatsächlich zugeflossenen Raten über den Anschaffungskosten (zzgl. Veräußerungskosten) von M liegen (Zuflussbesteuerung).

Bei T stellt der Kapitalwert (300.000 €) die Anschaffungskosten des gesamten Wohnungseigentums dar. Diese Anschaffungskosten sind nach den allgemeinen Grundsätzen zwischen dem Grund und Boden sowie dem Gebäude (AfA-Bemessungsgrundlage) aufzuteilen.

In jeder Ratenzahlung ist neben dem Kapitalanteil auch immer ein Ertragsanteil enthalten. Der Ertragsanteil beträgt hier für die gesamte Laufzeit 18 % (Prozentsatz aus § 22 Nr. 1 Satz 3 Buchst. a Doppelbuchst. bb EStG nach dem Lebensalter von 65 Jahren von M). M erzielt bei Zufluss jeder Rate i. H. von 18 % der Rate sonstige Einkünfte nach § 22 Nr. 1 Satz 3 Buchst. a Doppelbuchst. bb EStG. Bei T stellt dieser Ertragsanteil korrespondierend dazu Werbungskosten bei den Einkünften aus Vermietung und Verpachtung dar (§ 9 Abs. 1 Satz 3 Nr. 1 Satz 2 EStG).

380 BFH, Urteil v. 29.9.2021 - IX R 11/19, BStBl 2022 II S. 228 unter II. 4. b) EAAAI-01269.

d) Rentenkapitalwert ist geringer als der Wert des Wohnungseigentums

489 Wenn der Kapitalwert der Rente unter dem Wert des übertragenen Wohnungseigentums liegt, handelt sich um ein teilentgeltliches Geschäft. Anders formuliert: Der Sachverhalt ist aufzuteilen in einen voll entgeltlichen und einen voll unentgeltlichen Teil. Der Vermögensübergeber (bisheriger Eigentümer) überträgt das Wohnungseigentum nur (insoweit) vollentgeltlich gegen die wiederkehrenden Leistungen des neuen Eigentümers, als der Kapitalwert dem Grundstückswert betraglich entspricht. Soweit der Wert des Wohnungseigentums den Kapitalwert übersteigt, gibt es keine (anteilige) Gegenleistung. Daher wird dieser Teil (insoweit) unentgeltlich übertragen.

490 Aus dem entgeltlichen Teil resultiert ein Anschaffungs- und Veräußerungsgeschäft. Aus dem unentgeltlichen Teil ergibt sich eine Rechtsnachfolge.

BEISPIEL „KAPITALWERT GERINGER ALS GRUNDSTÜCKSWERT": ▸ Mutter M (65 Jahre) überträgt Tochter T eine vermietete Eigentumswohnung mit einem Verkehrswert von 300.000 € gegen eine Leibrente zugunsten von M. M erwarb die Eigentumswohnung innerhalb von zehn Jahren vor der Übertragung. Der Kapitalwert der Rente beträgt nach der Höhe der monatlichen Zahlung und dem Lebensalter von M zum Übertragungszeitpunkt 200.000 €.

Da der Kapitalwert der Rente (200.000 €) unter dem Wert des übertragenen Wohnungseigentums (300.000 €) liegt, handelt sich um ein teilentgeltliches Veräußerungsgeschäft.

Der Sachverhalt ist aufzuteilen im Verhältnis 200.000 € zu 300.000 €, d. h. das Wohnungseigentum wird zu 2/3 entgeltlich und zu 1/3 unentgeltlich übertragen. Die Rentenzahlungen sind vollständig dem entgeltlichen Teil zuzuordnen.

M versteuert ein privates Veräußerungsgeschäft nach § 23 Abs. 1 Nr. 1 EStG, dem der Kapitalwert (300.000 €) als Veräußerungspreis anzusetzen ist. M kann aber nur 2/3 ihrer Anschaffungskosten davon abziehen. Der Gewinn ist bei M erst zu besteuern, sobald die Summe der Kapitalanteile in den tatsächlich zugeflossenen Raten über den anteiligen Anschaffungskosten (zzgl. Veräußerungskosten) von M liegt (Zuflussbesteuerung).

Bei T stellt der Kapitalwert (300.000 €) die Anschaffungskosten für 2/3 des gesamten Wohnungseigentums dar. Diese Anschaffungskosten sind nach den allgemeinen Grundsätzen zwischen dem Grund und Boden sowie dem Gebäude (AfA-Bemessungsgrundlage) aufzuteilen. T übernimmt zu 1/3 die Anschaffungskosten, den AfA-Satz und das verbleibende AfA-Volumen von M (§ 11d EStDV).

In jeder Ratenzahlung ist auch ein Ertragsanteil enthalten. Dieser beträgt hier für die gesamte Laufzeit 18 % (Prozentsatz aus § 22 Nr. 1 Satz 3 Buchst. a Doppelbuchst. bb EStG nach dem Lebensalter von 65 Jahren von M). M erzielt bei Zufluss jeder Rate i. H. von 18 % der Rate sonstige Einkünften nach § 22 Nr. 1 Satz 3 Buchst. a Doppelbuchst. bb EStG. Bei T stellt dieser Ertragsanteil korrespondierend dazu Werbungskosten bei den Einkünften aus Vermietung und Verpachtung dar (§ 9 Abs. 1 Satz 3 Nr. 1 Satz 2 EStG).

e) Rentenkapitalwert ist höher als der Wert des Wohnungseigentums

491 Wenn der Kapitalwert der Rente den Wert des übertragenen Wohnungseigentums übersteigt, handelt sich zum einen um ein vollentgeltliches Geschäft. Der Vermögensübergeber (bisheriger Eigentümer) überträgt das Wohnungseigentum vollentgeltlich gegen wiederkehrende Leistungen des neuen Eigentümers. Der Kapitalwert der Rente ist aber nur insoweit dem Veräußerungsgeschäft zuzuordnen, als dieser betraglich dem Wert des Wohnungseigentums entspricht.

492 Soweit der Kapitalwert den Wert des Wohnungseigentums übersteigt, gibt es keine (anteilige) Gegenleistung, da das Wohnungseigentum nicht mehr wert ist. Daher ist dieser übersteigende Teil der Rente als nicht steuerbare Unterhaltsleistung anzusehen, die steuerrechtlich irrelevant ist (§ 12 Nr. 2 EStG). Es sind daraus keine Ertragsanteile steuerpflichtig oder abziehbar.

BEISPIEL „KAPITALWERT HÖHER ALS GRUNDSTÜCKSWERT": Mutter M (65 Jahre) überträgt Tochter T eine vermietete Eigentumswohnung mit einem Verkehrswert von 300.000 € gegen eine Leibrente zugunsten von M. M erwarb die Eigentumswohnung innerhalb von zehn Jahren vor der Übertragung. Der Kapitalwert der Rente beträgt nach der Höhe der monatlichen Zahlung und dem Lebensalter von M zum Übertragungszeitpunkt 500.000 €.

Da der Kapitalwert der Rente (500.000 €) den Wert des übertragenen Wohnungseigentums (300.000 €) übersteigt, handelt sich zwar um ein vollentgeltliches Veräußerungsgeschäft, dies gilt aber nur für den anteiligen (angemessenen) Kapitalwert von 300.000 €. Die übersteigenden 200.000 € gehören nicht zu dem Veräußerungsgeschäft, sondern stellen Unterhaltszahlungen dar, die steuerrechtlich irrelevant sind.

M versteuert ein privates Veräußerungsgeschäft nach § 23 Abs. 1 Nr. 1 EStG, bei dem nur der anteilige (angemessene) Kapitalwert (300.000 €) als Veräußerungspreis anzusetzen ist. Es ist aber erst und insoweit bei M zu besteuern, sobald die Summe der Kapitalanteile in den tatsächlich zugeflossenen Raten über den Anschaffungskosten (zzgl. Veräußerungskosten) von M liegt (Zuflussbesteuerung).

Bei T stellt nur der angemessene Teil des Kapitalwerts (300.000 €) die Anschaffungskosten des gesamten Wohnungseigentums dar. Diese Anschaffungskosten sind nach den allgemeinen Grundsätzen zwischen dem Grund und Boden sowie dem Gebäude (AfA-Bemessungsgrundlage) aufzuteilen.

In jeder Ratenzahlung ist neben dem Kapitalanteil auch immer ein Ertragsanteil enthalten. Der Ertragsanteil beträgt hier für die gesamte Laufzeit 18 % (Prozentsatz aus § 22 Nr. 1 Satz 3 Buchst. a Doppelbuchst. bb EStG nach dem Lebensalter von 65 Jahren von M). Es ist nicht die gesamte Rentenzahlung zu berücksichtigen. Nur soweit die Rente auf den angemessenen Teil entfällt (300.000 € zu 500.000 €, d. h. zu 3/5) erzielt M daraus bei Zufluss jeder Rate in Höhe von 18 % von 3/5 der Rate sonstige Einkünften nach § 22 Nr. 1 Satz 3 Buchst. a Doppelbuchst. bb EStG. Bei T stellt dieser Ertragsanteil (gesamte Rate x 3/5 x 18 %) korrespondierend dazu Werbungskosten bei den Einkünften aus Vermietung und Verpachtung dar (§ 9 Abs. 1 Satz 3 Nr. 1 Satz 2 EStG).

f) Rentenkapitalwert ist mehr als doppelt so hoch wie der Wert des Wohnungseigentums

493 Wenn der Kapitalwert der Rente den Wert des übertragenen Wohnungseigentums um mehr als das Doppelte übersteigt, handelt sich (zumindest nach Auffassung der Finanzverwaltung) weder um ein vollentgeltliches noch um ein teilentgeltliches Geschäft. Der Vermögensübergeber (bisheriger Eigentümer) überträgt das Wohnungseigentum voll unentgeltlich! Durch das deutliche Missverhältnis zwischen Leistung und Gegenleistung ist kein Veräußerungsgeschäft anzunehmen. Die wiederkehrenden Leistungen des neuen Eigentümers sind in voller Höhe (!) als Unterhaltsleistung anzusehen.

BEISPIEL „KAPITALWERT MEHR ALS DER DOPPELTE GRUNDSTÜCKSWERT": ▸ Mutter M (65 Jahre) überträgt Tochter T eine vermietete Eigentumswohnung mit einem Verkehrswert von 300.000 € gegen eine Leibrente zugunsten von M. M erwarb die Eigentumswohnung innerhalb von zehn Jahren vor der Übertragung. Der Kapitalwert der Rente beträgt nach der Höhe der monatlichen Zahlung und dem Lebensalter von M zum Übertragungszeitpunkt 700.000 €.

Da der Kapitalwert der Rente (700.000 €) mehr als doppelt so hoch ist wie der Wert des übertragenen Wohnungseigentums (300.000 €), handelt sich um einen voll (!) unentgeltlichen Sachverhalt. Die gesamte Rate ist Unterhaltsleistung und steuerrechtlich für M und T irrelevant (§ 12 Nr. 2 EStG).

M versteuert kein privates Veräußerungsgeschäft nach § 23 Abs. 1 Nr. 1 EStG. Vielmehr übernimmt T als Rechtsnachfolgerin die Anschaffungskosten und den Anschaffungszeitpunkt von M (§ 23 Abs. 1 Satz 3 EStG).

Bei T stellt der Kapitalwert (700.000 €) keine (!) Anschaffungskosten für das Wohnungseigentums dar. T übernimmt vielmehr durch die unentgeltliche Wertung des Sachverhalts die Anschaffungskosten, den AfA-Satz und das verbleibende AfA-Volumen von M (§ 11d EStDV).

Es sind weder für M ein Ertragsanteil aus den Raten als sonstige Einkünfte i. S. des § 22 Nr. 1 Satz 3 Buchst. a Doppelbuchst. bb EStG noch für T Werbungskosten bei den Einkünften aus Vermietung und Verpachtung i. S. des § 9 Abs. 1 Satz 3 Nr. 1 Satz 2 EStG abzuziehen.

g) Rechtslage bis 31.12.2007

Nach der bis zum 31.12.2007 geltenden Rechtslage konnten Zahlungen aufgrund von Vermögensübergaben von Grundstücken im Privatvermögen unter bestimmten Voraussetzungen[381] beim Vermögensübernehmern als Sonderausgaben (§ 10 Abs. 1 Nr. 1 Buchst. a) EStG a. F.) und damit korrespondierend beim Vermögensübergeber als sonstige Einkünfte (§ 22 Nr. 1 EStG a. F.) angesetzt werden. Dazu wurde auch die Entgeltlichkeit und damit ein Veräußerungsgeschäft negiert und eine unentgeltliche Vermögensübertragung angenommen. 494

Durch das JStG 2008[382] wurde dies insoweit reformiert, dass nur noch Betriebe, Teilbetriebe, bestimmte Anteile an Mitunternehmerschaften sowie bestimmte GmbH-Anteilsübertragungen ab dem 1.1.2009 gesetzlich privilegiert sind[383] (§ 10 Abs. 1a Nr. 2 EStG).[384] Privatvermögen ist seitdem nicht mehr begünstigt. Nur für die bis zum 31.12.2007 erfolgten begünstigten Vermögensübertragungen von Grundstücken im Privatvermögen (Altverträge) gilt für die Rentenzahlungen auch nach dem 31.12.2007 weiterhin die frühere Rechtslage.[385] 495

5. Übertragung von Wohnungseigentum mit Begründung von Wohnrecht oder Nießbrauch

a) Schenkung unter Auflage

Die unentgeltliche Übertragung von Wohnungseigentum als Schenkung kann mit einer zivilrechtlichen Auflage verbunden sein (§ 525 Abs. 1 BGB). Diese Verpflichtung trifft den Beschenkten, der diese Auflage aus dem Gegenstand der Zuwendung zu erfüllen hat. In der Praxis der vorweggenommenen Erbfolge bei Wohnungseigentum handelt es sich dabei insbesondere um die Bestellung eines Nießbrauchs oder Wohnrechts an der übertragenen Eigentumswohnung. Dies führt dazu, dass dem bisherigen Eigentümer (Vermögensübergeber) bestimmte Nutzungsrechte an dem Wohnungseigentum vorbehalten bleiben und der neue Eigentümer (Beschenkte) zwar zivilrechtlich in die Rechtsposition als Wohnungseigentümer gelangt, aber (noch) nicht von den Nutzungsvorteilen des Wohnungseigentums vollumfänglich profitiert. Eine Vermögens- 496

381 BMF, Schreiben v. 16.9.2004, BStBl 2004 I S. 922.

382 JStG 2008 v. 20.12.2007, BGBl 2007 I S. 3150.

383 Zu den Voraussetzungen ab 1.1.2009 vgl. BMF, Schreiben v. 11.3.2010, BStBl 2010 I S. 227.

384 Durch das Zollkodex-Anpassungsgesetzes v. 22.12.2014, BGBl 2014 I S. 2417, wurde die zum 1.1.2009 reformierte Version des § 10 Abs. 1 Nr. 1a EStG lediglich redaktionell aufgehoben und mit Wirkung zum 1.1.2015 durch § 10 Abs. 1a Nr. 2 EStG inhaltsgleich ersetzt.

385 BMF, Schreiben v. 11.3.2010, BStBl 2010 I S. 227 Rz. 81.

übergabe unter Vorbehalt des Wohnrechts (z.B. bei einer vom Vermögensübergeber selbstbewohnten Eigentumswohnung) oder unter Vorbehalt des Nießbrauchs (z.B. bei einer fremdvermieteten Eigentumswohnung) entspricht oft dem Versorgungsinteresse des Vermögensübergebers. Gleichzeitig kann aus erbschaftsteuerrechtlichen[386] oder unterhaltsrechtlichen[387] Erwägungen Vermögenssubstanz auf die nachfolgende Generation übertragen werden.

b) Steuerrechtliche Wirkung des Wohnrechts bzw. Nießbrauchrechts

497 Es handelt sich nur dann um eine Schenkung unter Auflage i.S.des § 525 Abs.1 BGB, sofern der Beschenkte nicht etwas für die Zuwendung leistet (wie bei der Gegenleistung bei einem Kaufvertrag), sondern die Leistung (Auflage) auf Grundlage der Schenkung und aus dem Wert der Zuwendung erfolgt. Diese Abgrenzung kann im Einzelfall schwierig sein. Geklärt ist dies aber für eine Grundstücksschenkung unter der Auflage der Nießbrauchsbestellung oder der Bestellung eines dinglichen Wohnungsrechts zugunsten des Schenkers (oder einer anderen Person).[388] Die zurückbehaltenen Nutzungsrechte stellen eine Nutzungsauflage dar.

498 Der kapitalisierte Wert der Nutzungsbeschränkung ist ertragsteuerrechtlich keine Gegenleistung für die Grundstücksübertragung und führt daher nicht zur Entgeltlichkeit (bzw. Teilentgeltlichkeit) der Eigentumsübertragung als privates Veräußerungsgeschäft i.S.des § 23 Abs.1 Nr.1 EStG. Schenkungsteuerrechtlich mindert ein Nießbrauchs- bzw. Wohnrecht aber die Bereicherung und wirkt dabei steuermindernd.[389] Die Abziehbarkeit der Auflagen bei der Schenkungsteuer hat aber wiederum nach § 3 Nr.2 Satz 2 GrEStG zur Folge, dass der Grundstückserwerb mit dem kapitalisierten Wert dieser Auflage der

386 Nach § 14 ErbStG werden mehrerer Erwerbe innerhalb eines Zeitraums von zehn Jahren zusammengefasst, die von derselben Person stammen. Dies verhindert vor allem die mehrfache Nutzung von persönlichen Freibeträgen (§ 16 ErbStG) für alle Schenkungen innerhalb des 10-Jahres-Zeitraums. Durch eine vorweggenommene Erbfolge, die mindestens zehn Jahre vor dem Erbfall liegt, kann so der persönliche Freibetrag faktisch verdoppelt werden.

387 Hier geht es insbesondere um die 10-Jahresfrist für die Vermeidung der Rückforderung wegen einer pflegekostenbedingten Verarmung des Schenkers (§§ 528, 529 BGB). Hierzu soll gestalterisch das Vermögen (z.B. Eigentumswohnung) einer potenziell zukünftig pflegebedürftigen Person rechtzeitig auf Angehörige übertragen (gesichert) werden, damit die künftig entstehenden Pflegekosten (soweit diese nicht die unterhaltsverpflichteten Personen treffen) von der Allgemeinheit getragen werden müssen. Dazu allgemein: BGH, Urteil v.16.4.2024 - X ZR 14/23 EAAAJ-66430 = NJW 2024 S.2110.

388 BFH, Urteil v.20.11.2013 - II R 38/12, BStBl 2014 II S.479, Rz.9 DAAAE-55574 m.w.N.

389 BFH, Urteil v.20.11.2013 - II R 38/12, BStBl 2014 II S.479, Rz.10 DAAAE-55574 m.w.N.

Grunderwerbsteuer unterliegt (sofern es sich nicht um eine Schenkung handelt, die nach § 3 Nr. 6 GrEStG steuerbefreit ist).

BEISPIEL „SCHENKUNG UNTER NIEßBRAUCHSVORBEHALT": Mutter M überträgt eine vermietete Eigentumswohnung zum 1.1.2025 an Tochter T mit der Auflage, dass der Mutter M der Nießbrauch an der Wohnung eingeräumt wird. Mutter M hatte die Eigentumswohnung im Jahr 2020 erworben.

Es handelt sich um eine Schenkung unter Nutzungsauflage. Das einzuräumende Nießbrauchsrecht stellt keine Gegenleistung im Sinne des EStG dar, so dass M kein privates Veräußerungsgeschäft i. S. des § 23 EStG zu versteuern hat.

Schenkungsteuerrechtlich hat Tochter T eine freigebige Zuwendung erhalten, die nach § 7 Abs. 1 Nr. 1 ErbStG steuerpflichtig ist. Dabei ist der kapitalisierte Wert des Nießbrauchs (berechnet auf die voraussichtliche statistische Lebenszeit von Mutter M) vom Wert der Eigentumswohnung abzuziehen.

Grunderwerbsteuerrechtlich ist die Grundstücksübertragung von der Mutter auf die Tochter insgesamt nach § 3 Nr. 6 GrEStG befreit, so dass § 3 Nr. 2 Satz 2 GrEStG nicht anzuwenden ist.

6. Erbfall und Erbauseinandersetzung mit Wohnungseigentum

a) Der Erbfall als unentgeltlicher Vermögenserwerb

Durch den Tod eines Menschen (natürliche Person) geht dessen Vermögen 499
durch Gesamtrechtsnachfolge unentgeltlichen auf den oder die Erben über (§ 1922 BGB). Wenn sich im Nachlass eine Eigentumswohnung befinden, tritt der Erbe oder treten die Erben in die Rechtstellung als Eigentümer ein.

b) Alleinerbe oder Erbengemeinschaft

Wenn nur eine Person als Erbe vorhanden ist, erbt diese Person das gesamte 500
Vermögen des Erblassers allein. Wenn zum Nachlass z. B. eine vermietete Eigentumswohnung gehört, würde der Alleinerbe als unentgeltlicher Rechtsnachfolger in die Fußstapfen des Erblassers treten und insbesondere die Gebäudeabschreibung fortführen.

Hinterlässt der Erblasser aber mehrere Erben, wird der Nachlass gemeinschaft- 501
liches Vermögen der Erben (§ 2032 Abs. 1 BGB). Damit wird das gesamte Vermögen des Erblassers zunächst automatisch allen Erben als Gemeinschaft zugeordnet. Die Erben bilden zwangsweise eine Gesamthandsgemeinschaft. Damit sind in der Praxis oft bestimmte Probleme verbunden, wenn sich die Erben nicht darüber einig sind, wie der Nachlass zu nutzen und zu verwalten ist.

BEISPIEL „ERBENGEMEINSCHAFT": Mutter M stirbt und wird von Tochter Anna, Tochter Berta und Sohn Cäsar zu gleichen Teilen beerbt. Der Nachlass besteht u.a. aus einer leerstehenden Eigentumswohnung. Anna möchte die Eigentumswohnung verkaufen. Berta und Cäsar wollen die Eigentumswohnung renovieren und danach vermieten.

Die Geschwister bilden eine Erbengemeinschaft, zu deren Gesamthandsvermögen u.a. die Eigentumswohnung gehört. Die Erbengemeinschaft ist damit die Wohnungseigentümerin.

Die Erben können über einen Nachlassgegenstand nur gemeinschaftlich verfügen (§ 2040 Abs. 1 BGB), so dass alle drei Erben einem Verkauf des Wohnungseigentums zustimmen müssen. Ein Verkauf der Wohnung scheitert an der dafür erforderlichen Einstimmigkeit.

Die Renovierung des Sondereigentums und dessen Vermietung ist eine Maßnahme ordnungsgemäßer Verwaltung, die mit einer Stimmenmehrheit der Erbanteile beschlossen werden kann (§ 2038 Abs. 2 Satz 1 BGB i.V. mit § 745 Abs. 1 BGB). Berta und Cäsar können zusammen mit ihren Stimmanteilen von 2/3 daher Anna überstimmen und die Eigentumswohnung durch die Eigentümergemeinschaft renovieren lassen und anschließend vermieten.

502 Eine Erbengemeinschaft kann zwar aus zivilrechtlicher Sicht letztlich unbegrenzt bestehen bleiben. Regelmäßig ist aber das Ziel, eine Erbauseinandersetzung zwischen den Erben zu erreichen und die Erbengemeinschaft aufzulösen. Jeder Miterbe kann ohnehin die Auseinandersetzung verlangen (§ 2042 Abs. 1 BGB). Den einzelnen Erben werden dadurch z.B. einzelne Vermögensgegenstände übertragen oder an Dritte veräußert. Durch Ausgleichszahlungen zwischen den Erben kann vielfach eine Vermögensverteilung entsprechend der wertmäßigen Erbquoten erreicht werden.

BEISPIEL „ERBAUSEINANDERSETZUNG": Vater V stirbt und wird von Ehefrau E, Tochter T und Sohn S beerbt. Der Nachlass besteht u.a. aus einer Eigentumswohnung. Tochter T würde die Eigentumswohnung gerne übernehmen. Daher setzen sich E, T und S vertraglich so auseinander, dass T die Eigentumswohnung erhält und E und S anderes Vermögen des Nachlasses erhalten.

Durch den Erbauseinandersetzungsvertrag wird u.a. das Wohnungseigentum auf T zu Alleineigentum übertragen und die Erbengemeinschaft aufgelöst.

c) Die Einkünfte des Alleinerben

503 Bei einem Alleinerben ist die Frage der Zurechnung der Einkünfte einfach zu klären: Alle bisher vom Erblasser erzielten Einkünfte sind ab dem Zeitpunkt des Todes dem Erben zuzurechnen. Bei einer vermieteten Eigentumswohnung erzielt der Erbe damit ab dem Todeszeitpunkt in eigener Person (als Vermieter) Einkünfte aus Vermietung und Verpachtung nach § 21 Abs. 1 Nr. 1 EStG. Die Gebäudeabschreibung des Erblassers führt er fort.

d) Die Einkünfte der Erbengemeinschaft

aa) Gemeinsame Einkünfteerzielung aus dem Nachlassvermögen

Mehreren Erben werden die Einkünfte aus dem Vererbten gemeinschaftlich zugerechnet. Die Erbengemeinschaft (§ 2032 BGB) wird (bis zu ihrer Auseinandersetzung) steuerrechtlich bei den Überschusseinkünften wie eine Bruchteilsgemeinschaft (§ 39 Abs. 2 Nr. 2 AO) und bei den Gewinneinkünften als Mitunternehmerschaft (§ 15 Abs. 1 Nr. 2 EStG) behandelt.[390] 504

Gehört ein gewerblicher oder land- und forstwirtschaftlicher Betrieb oder ein freiberufliches Unternehmen zum Nachlass, geht es durch den Erbfall aufgrund der Gesamtrechtsnachfolge (§ 1922 BGB) auf die Erbengemeinschaft über. Alle Miterben werden Mitunternehmer i. S. von § 15 Abs. 1 Satz 1 Nr. 2 EStG, da sie als Miterben ein Mitunternehmerrisiko tragen und die Mitunternehmerinitiative ausüben können. Dies gilt unabhängig von der Dauer der Erbengemeinschaft oder wie lange der Betrieb durch die Erbengemeinschaft fortgeführt wird. Die laufenden Einkünfte oder Gewinne aus der Betriebsveräußerung oder -aufgabe sind den einzelnen Miterben als Mitunternehmern nach dem allgemeinen Gewinnverteilungsschlüssel zuzurechnen, der sich bei den Miterben grds. nach ihren Erbteilen bestimmt (§§ 2038 Abs. 2, 743 Abs. 1 BGB).[391] 505

Bei einer vermieteten Eigentumswohnung erzielten die Erben ab dem Todeszeitpunkt in eigener Person anteilig in Höhe ihrer Erbquote (§§ 2038 Abs. 2, 743 Abs. 1 BGB) Einkünfte aus Vermietung und Verpachtung nach § 21 Abs. 1 Nr. 1 EStG.[392] Die Gebäudeabschreibung des Erblassers führten sie (je Erbe anteilig) fort. 506

BEISPIEL „VERMIETUNG DURCH ERBENGEMEINSCHAFT": Vater V stirbt am 30.4.2025 und wird von Ehefrau E zu 1/2 sowie von Tochter T und Sohn S zu je 1/4 beerbt. Der Nachlass besteht u. a. aus einer vermieteten Eigentumswohnung.

Die Vermietungseinkünfte sind Vater V bis zum 30.4.2025 zuzurechnen. Ab dem 1.5.2025 erzielen die Miterben E, T und S in Erbengemeinschaft die Vermietungseinkünfte. Die Mieteinnahmen und die Werbungskosten (z. B. die Gebäude-AfA) sind – im Zweifel zeitanteilig – auf die beiden Zeiträume aufzuteilen. Entsprechend der Erbquoten hat Ehefrau E die Einkünfte zu 1/2 und Tochter T bzw. Sohn S jeweils zu 1/4 zu versteuern.

390 BMF, Schreiben v. 14.3.2006 - IV B 2 – S 2242 – 7/06, BStBl 2006 I S. 253 Rz. 1.

391 BMF, Schreiben v. 14.3.2006 - IV B 2 – S 2242 – 7/06, BStBl 2006 I S. 253 Rz. 3.

392 BMF, Schreiben v. 14.3.2006 - IV B 2 – S 2242 – 7/06, BStBl 2006 I S. 253 Rz. 6.

bb) Rückwirkung der Teilung auf die Zurechnung der Einkünfte

507 Die gemeinschaftliche Einkünfteerzielung durch die Erben (als Erbengemeinschaft) und damit die Zurechnung der laufenden Einkünfte an die Miterben endet, wenn (bzw. soweit) sich die Miterben über das gemeinsame Vermögen auseinandersetzen (z.B. untereinander aufteilen).[393] Danach erzielt nur noch derjenige Erbe die Einkünfte aus der jeweiligen Einkunftsquelle, die an ihn übertragen wurde.

508 Die Finanzverwaltung lässt es allerdings zu, dass in den Fällen der Auseinandersetzung von Erbengemeinschaften eine steuerlich anzuerkennende Rückwirkung auf den Zeitpunkt des Erbfalls in engen Grenzen anzuerkennen ist. Dies liegt daran, dass die Erbengemeinschaft eine auf Teilung angelegte gesetzliche Zufallsgemeinschaft ist. Bei einer Auseinandersetzungsvereinbarung wird von der Finanzverwaltung daher i.d.R. eine rückwirkende Zurechnung laufender Einkünfte für sechs Monate (ab dem Todestag) anerkannt. In diesen Fällen können die laufenden Einkünfte daher ohne Zwischenzurechnung ab dem Erbfall ungeschmälert dem die Einkunftsquelle übernehmenden Miterben zugerechnet werden.[394]

509 Es reicht nicht aus, wenn die Miterben innerhalb der Billigkeitsfrist nur den Entschluss fassen, sich auseinanderzusetzen. Vielmehr muss innerhalb der Frist eine konkrete und bindende Vereinbarung über die Auseinandersetzung vorliegen. Diese Auseinandersetzungsvereinbarung muss den Übergang von Nutzungen und Lasten für die von dieser Auseinandersetzung betroffenen Wirtschaftsgüter auf den Zeitpunkt des Erbfalls festlegen und dies auch durchführen. Eine Wertfindung kann jedoch auch außerhalb der Frist erfolgen.[395]

BEISPIEL „VERMIETUNG DURCH ERBENGEMEINSCHAFT": Vater V stirbt am 30.4.2025 und wird von Ehefrau E zu 1/2 sowie von Tochter T und Sohn S zu je 1/4 beerbt. Der Nachlass besteht u.a. aus einer vermieteten Eigentumswohnung. Nach der Auseinandersetzungsvereinbarung der Erben v.11.9.2025 erhält Tochter T die Eigentumswohnung. Ihr sollen insoweit alle Mieterträge ab dem 1.5.2025 zustehen und sie hat alle Kosten ab diesem Zeitpunkt zu tragen. Die Erben fixieren ausdrücklich die rückwirkende Einkünftezurechnung aus der Eigentumswohnung an T ab dem Todestag.

Die Vermietungseinkünfte sind Vater V bis zum 30.4.2025 zuzurechnen. Eigentlich erzielen ab dem 1.5.2025 die Miterben E, T und S in Erbengemeinschaft die Vermietungseinkünfte gemeinschaftlich, bis die Eigentumswohnung an T zum Alleineigentum übergeht. Da die zeitnah geschlossene Vereinbarung aber die rückwirkende Kosten- und Nutzenzuordnung ab dem Erbfall zu T vorsieht, können die Mieteinkünfte auch steuerrechtlich ab dem 1.5.2025 nur T zugeordnet werden.

---

393 BMF, Schreiben v.14.3.2006 - IV B 2 – S 2242 – 7/06, BStBl 2006 I S.253 Rz.7.

394 BMF, Schreiben v.14.3.2006 - IV B 2 – S 2242 – 7/06, BStBl 2006 I S.253 Rz.8.

395 BMF, Schreiben v.14.3.2006 - IV B 2 – S 2242 – 7/06, BStBl 2006 I S.253 Rz.9.

e) Die Teilung des Erbes durch die Erbengemeinschaft

aa) Realteilung des Vermögens als steuerneutrale Übertragung

Wenn sich eine Erbengemeinschaft über eine Teilung des Nachlasses durch die Zuordnung einzelner Gegenstände an einzelne Erben einigt und das Eigentum an den Gegenständen entsprechend der geschlossenen Vereinbarung überträgt, stellt sich die Frage, wie dies steuerrechtlich zu werten ist. Man könnte auf die Idee kommen, dass dies entsprechend den allgemeinen ertragsteuerrechtlichen Grundsätzen zu anteiligen Anschaffungen bzw. Veräußerungen führt, da Miteigentumsanteile ausgetauscht werden. 510

BEISPIEL „ABGRENZUNGSFALL: AUFLÖSUNG VERMIETUNGS-GBR": ▶ Herr H und Frau F sind zu je 50 % an der vermögensverwaltenden HF-GbR beteiligt, die zwei gleichwertige Mietwohngrundstücke seit deren Anschaffung vor sechs Jahren vermietet (Privatvermögen). Da die HF-GbR aufgelöst werden soll, erhält jeder Gesellschafter eine Immobilie.

Im Rahmen der GbR waren H und F an beiden Immobilien zu je 50 % beteiligt. Durch die Teilung des Vermögens verlieren H und F an jeweils einer Immobilie das Miteigentum und erwerben dafür an der jeweils anderen Immobilie das Alleineigentum. Es handelt sich um einen Tausch von Miteigentumsanteilen. Aus ertragsteuerrechtlicher Sicht des § 23 EStG veräußern H bzw. F jeweils eine Immobilienhälfte als Entgelt für die jeweils erworbene Immobilienhälfte. Dies führt bei H und F jeweils zu einer Besteuerung als privates Veräußerungsgeschäft hinsichtlich der aufgegebenen Miteigentumshälfte und zur Anschaffung der hinzuerworbenen Miteigentumshälfte.

Der BFH[396] geht für die Auseinandersetzung einer Erbengemeinschaft von anderen Grundsätzen als für die Fälle von Personengesellschaften aus. Wird der Nachlass durch die Erbengemeinschaft ohne Zahlung von Abfindungen „real" geteilt, ist die Aufteilung kein entgeltlicher Vorgang, da es sich weder um einen Tausch von Miteigentumsanteilen an den einzelnen Gegenständen bzw. Wirtschaftsgütern des Nachlasses noch um einen Tausch eines Anteils an der Erbengemeinschaft gegen das Alleineigentum an den zugeteilten Gegenständen handelt. Es handelt sich vielmehr um die Erfüllung des durch die Auseinandersetzungsvereinbarung konkretisierten gesetzlichen Auseinandersetzungsanspruchs. Durch die Aufteilung entstehen daher weder Anschaffungskosten noch Veräußerungserlöse.[397] 511

396 BFH, Beschluss v. 5.7.1990 - GrS 4-6/89, BStBl 1990 II S. 837 DAAAA-93413.

397 BMF, Schreiben v. 14.3.2006 - IV B 2 – S 2242 – 7/06, BStBl 2006 I S. 253 Rz. 10, 22.

BEISPIEL „TEILUNG ERBENGEMEINSCHAFT OHNE AUSGLEICHSZAHLUNG": Tochter T und Sohn S sind zu je 50 % Erben nach ihrer Mutter M. Der Nachlass besteht aus folgendem Vermögen bzw. folgenden Verkehrswerten (nur Privatvermögen):

- Einfamilienhaus (von M selbst genutzt) 400.000 €,
- Eigentumswohnung (vermietet) 300.000 €,
- Aktiendepot 200.000 €,
- Bankguthaben 100.000 €.

T und S einigen sich, dass T das Einfamilienhaus und das Bankguthaben und dass S die Eigentumswohnung und das Aktiendepot übernimmt. Die Erbengemeinschaft zwischen T und S wird damit aufgelöst und durch die reale Teilung und Zuordnung der Vermögenswerte so aufgeteilt, dass jeder sein Erbe von jeweils 500.000 € wertmäßig erhält.

Die Vermögensgegenstände der Erbengemeinschaft werden insgesamt steuerneutral in das jeweilige Alleineigentum von T bzw. S übertragen. Die Hinzuerwerbe der halben Eigentumsanteile von T bzw. S sind ertragsteuerrechtlich nicht als Gegenleistungen für den Verlust der anderen hälftigen Eigentumsanteile zu werten. Bezogen auf die vermietete Eigentumswohnung bedeutet dies, dass S den halben Eigentumsanteil unentgeltlich hinzuerwirbt und sich dieser mit dem ihm schon seit dem Todestag von Mutter M zuzurechnenden halben Eigentumsanteil vereinigt. Sohn S erwirbt daher die Eigentumswohnung im Ergebnis insgesamt unentgeltlich von Mutter M. Daher führt Sohn S für die Vermietungseinkünfte die Gebäude-AfA von Mutter M fort.

bb) Entgeltlichkeit durch Ausgleichszahlungen

512 Bei der Aufteilung des Nachlasses durch die Erbengemeinschaft lassen sich Ausgleichzahlungen oftmals nicht vermeiden, um das Vermögen an der Erbquote orientiert (wertgerecht) auf die einzelnen Erben zu übertragen. Wenn und soweit zwischen den Erben ein Ausgleich für solche Wertdifferenzen in den zugeordneten Wirtschaftsgütern gezahlt wird, handelt es sich um eine entgeltliche Erbauseinandersetzung. Insoweit werden Wirtschaftsgüter veräußert bzw. angeschafft.[398]

513 Dies kann man dadurch veranschaulichen, dass gedanklich alle Erben um einen Tisch sitzen, auf dem die zu verteilenden Vermögensgegenstände stehen. Jeder Erbe hat vor sich einen Korb in der entsprechenden Größe seiner Erbquote. Das Volumen aller Körbe reicht exakt für den gesamten Nachlass. Die Erben einigen sich untereinander, wer welche Gegenstände aus dem Nachlass (aus der Erbengemeinschaft) übernimmt und legen die jeweiligen Gegenstände in ihre Körbe. Wenn ein Korb nicht voll wird, hat der jeweilige Erbe weniger genommen, als ihm nach seiner Erbquote zusteht. Wenn bei einem Erben die Gegen-

398 BMF, Schreiben v. 14.3.2006 - IV B 2 – S 2242 – 7/06, BStBl 2006 I S. 253 Rz. 14.

stände nicht komplett in seinen Korb passen (Überhang), hat er mehr zugeteilt bekommen, als ihm nach seiner Erbquote zusteht. Bei mindestens einem anderen Erben wird der Korb dann nicht voll sein. Wenn ein Erbe in seinem Korb einen Überhang hat (und damit seine wertmäßige Erbquote überschreitet), schuldet er demjenigen Erben einen Ausgleich, dessen Korb nicht voll ist. Damit kauft der Erbe den überhängenden Teil seiner erhaltenden Gegenstände dem anderen Erben ab. Jeder Erbe erwirbt nur insoweit unentgeltlich Nachlassgegenstände, als diese in seinen Korb passen und dadurch seine Erbquote erfüllt wird. Soweit der übernommene Nachlassgegenstand nicht (ganz) in den Korb passt, gehört er eigentliche den anderen Erben und der Erbe muss diesen Teil kaufen (entgeltlich erwerben). Bei mehreren Gegenständen im überfüllten Korb ist der Überhang auf alle zugeordneten Gegenstände verhältnismäßig aufzuteilen.

Die Erbauseinandersetzung mit Ausgleichszahlung kann danach in zwei systematische Schritte unterteilt werden: In Schritt 1 werden die Gegenstände den Erben so zugeordnet, wie sie diese tatsächlich erhalten. Soweit der jeweilige Erbe dadurch wertmäßig das erhält, was ihm rechnerisch zusteht, erhält der Erbe den jeweiligen Gegenstand unentgeltlich. Wenn und soweit der Erbe rechnerisch mehr erhält, als ihm nach seiner Erbquote zusteht (Überhang), steht ihm dieser Anteil *nicht als Erbe* zu. Daher muss der Erbe in Schritt 2 den ihm zugeordneten „Überhang" von den anderen Erben erwerben, indem er den bei der Verteilung der Gegenstände benachteiligten Erben diesen Teil durch die Ausgleichzahlung abkauft. 514

BEISPIEL „TEILUNG ERBENGEMEINSCHAFT MIT AUSGLEICHSZAHLUNG": Tochter T und Sohn S sind zu je 50 % Erben nach ihrer Mutter M. Sie erben ein Einfamilienhaus (von M bisher selbst genutzt) mit einem Verkehrswert von 300.000 € und eine Eigentumswohnung (vermietet) mit einem Verkehrswert von 500.000 €. Um das Erbe wertmäßig gerecht aufzuteilen, vereinbaren T und S, dass T das Einfamilienhaus erhält und von S als Ausgleich 100.000 € erhält, weil er die Eigentumswohnung übernimmt.

Die Erbauseinandersetzung ist nicht insgesamt unentgeltlich, weil die Wertunterschiede zwischen den zugewiesenen Vermögensgegenständen nicht aus dem Nachlass selbst ausgeglichen werden können. Da S durch die Eigentumswohnung einen Wert von 500.000 € erhält und T durch das Einfamilienhaus nur einen Wert von 300.000 €, zahlt S 100.000 € an T, damit im Ergebnis sowohl S als auch T zu je 400.000 € bereichert sind. 515

Ertragsteuerrechtlich betrachtet werden die Vermögenswerte zunächst steuerneutral so zugeordnet, wie T und S sich darüber geeinigt haben und es dem anteiligen Erbe wertmäßig entspricht. In diesem ersten gedanklichen Schritt werden die Vermögenswerte den Erben zugeordnet. In einem zweiten gedank- 516 lichen Schritt wird der „überhängende" Anteil an der Eigentumswohnung von T an S gegen die Ausgleichszahlung veräußert, was insoweit entgeltlich erfolgt. Dies bedeutet im Ergebnis Folgendes:

517 T wird das Einfamilienhaus (300.000 €) komplett steuerneutral zugeordnet, da ihr Gesamtwertanspruch (400.000 €) höher ist. Der übersteigenden Wertanspruch von T (100.000 €) bezieht sich steuerrechtlich gedacht auf 1/5 der Eigentumswohnung, die der T damit automatisch steuerneutral zugeordnet werden.

518 S erhält die Eigentumswohnung (500.000 €) nicht komplett steuerneutral zugeordnet, da sein wertmäßiger Erbanspruch von 400.000 € überschritten wird. Ihm wird die Eigentumswohnung daher nur zu 4/5 (400.000 €) steuerneutral zugeordnet.

519 Für das „fehlende 1/5" der Eigentumswohnung zahlt S an T 100.000 €. Insoweit erhält S die Eigentumswohnung nicht unentgeltlich, sondern entgeltlich. S schafft die Eigentumswohnung quotal an und leistet dafür Anschaffungskosten i. H. von 100.000 €.

cc) Schuldenübernahme als Ausgleichsmechanismus

520 Wenn sich Schulden im Nachlass befinden, kann solches Negativvermögen genauso wie Positivvermögen den jeweiligen Erben zugeordnet werden. Schulden haben dabei den Effekt, dass diese den wertmäßigen Anspruch auf die Erfüllung des Erbanteils nicht (wie bei Positivvermögen) erhöhen, sondern vermindern. Wenn und soweit Schulden übernommen werden, kann dieser Erbe somit umso mehr Positivvermögen übernehmen, ohne seinen Wertanspruch zu übersteigen. Schulden sind damit kein (!) Entgelt für das übernommene Positivvermögen und wirken nicht wie Ausgleichzahlungen.[399]

BEISPIEL „TEILUNG MIT SCHULDZUORDNUNG UND AUSGLEICHSZAHLUNG": Tochter T und Sohn S sind zu je 50 % Erben nach ihrer Mutter M. Sie erben eine Eigentumswohnung (vermietet) mit einem Verkehrswert von 300.000 € und eine Bankschuld von 200.000 €. T und S vereinbaren, dass T die Eigentumswohnung erhält, die Schuld übernimmt und an S als Ausgleich 50.000 € zahlt.

T werden – ertragsteuerrechtlich gedacht – in einem ersten Schritt sowohl die Eigentumswohnung als auch der Bankkredit vereinbarungsgemäß und steuerneutral zugeordnet. Die Zuordnung der Schuld ist keine Gegenleistung für die Zuordnung der Eigentumswohnung. Der rechnerische Saldo aus dem Wert der Eigentumswohnung (300.000 €) und der Schuld (200.000 €) von 100.000 € steht T und S je zur Hälfte zu. Bezogen auf die Eigentumswohnung werden S somit 5/6 (wertmäßig 250.000 €) und

399 BMF, Schreiben v. 14.3.2006 - IV B 2 – S 2242 – 7/06, BStBl 2006 I S. 253 Rz. 18.

T 1/6 (wertmäßig 50.000€) zugeordnet. Der Ausgleich von 50.000€ zahlt T an S rechnerisch somit für 1/6 der Eigentumswohnung, welche T im ersten Schritt automatisch zugeordnet wurde. S erhält die Eigentumswohnung somit im Ergebnis zu 5/6 unentgeltlich und zu 1/6 entgeltlich (Anschaffungskosten insoweit 50.000€).

dd) Teilung eines Mischnachlasses (Privat- und Betriebsvermögen)

Wenn sich im Nachlass sowohl Privat- als auch Betriebsvermögen befinden, gelten ebenfalls die Grundsätze der steuerneutralen Zuordnung der Gegenstände und die Wirkungen der Ausgleichzahlungen.[400] 521

BEISPIEL „TEILUNG EINES MISCHNACHLASSES": ▸ Tochter T und Sohn S sind zu je 50% Erben nach ihrer Mutter M. Sie erben eine vermietete Eigentumswohnung im Privatvermögen mit einem Verkehrswert von 500.000€, ein (bisher von M selbst genutztes) Einfamilienhaus mit einem Verkehrswert von 300.000€ und einen Schreinerbetrieb (Unternehmenswert 1.000.000€). T und S vereinbaren, dass S die beiden Immobilien übernimmt und T den Schreinerbetrieb erhält und an S einen Ausgleich von 100.000€ zahlt.

S werden die beiden Immobilien (insgesamt 800.000€) und T 9/10 des Schreinerbetriebs (900.000€) steuerneutral zugeordnet. Da T 1/10 des Schreinereibetriebs (100.000€) über ihren Erbanteil hinaus erhält, zahlt sie an S 100.000€ als Ausgleich, was zu Anschaffungskosten für 1/10 des Schreinereibetrieb führt. S erhält die Eigentumswohnung voll unentgeltlich.

f) Die Abschreibung der Eigentumswohnung nach der Teilung

Wie bei einer unentgeltlichen Übertragung einer (vermieteten) Eigentumswohnung zu Lebzeiten durch eine Schenkung ist auch bei einem Erbfall durch den Erben sowohl der AfA-Satz, die AfA-Bemessungsgrundlage als auch das verbleibende AfA-Volumen fortzuführen. Dies ist im Ergebnis vergleichbar mit § 11d Abs. 1 EStDV für Schenkungsfälle, der hier aber nicht anzuwenden ist. 522

BEISPIEL „VOLL UNENTGELTLICHER ERWERB DURCH DEN ERBFALL": ▸ Tochter T und Sohn S erben zu je 50% von ihrer Mutter M ein Einfamilienhaus, eine vermietete Eigentumswohnung und Bankguthaben (nur Privatvermögen). T und S teilen das Vermögen so auf, dass T die Eigentumswohnung übernimmt. Ausgleichszahlungen sind wegen dem Bankguthaben als Verteilungsmasse nicht erforderlich. Die Erbengemeinschaft wird damit aufgelöst.

Die Vermögensgegenstände der Erbengemeinschaft werden insgesamt steuerneutral in das jeweilige Alleineigentum von T bzw. S übertragen. Der Hinzuerwerb des halben Miteigentumsanteil an der vermieteten Eigentumswohnung durch T im Rahmen der Erbauseinandersetzung ist unentgeltlich. Zusammen mit dem von T schon seit

400 BMF, Schreiben v. 14.3.2006 - IV B 2 – S 2242 – 7/06, BStBl 2006 I S. 253 Rz. 32ff.

dem Todestag von M zuzurechnenden halben Miteigentumsanteils erwirbt T daher die Eigentumswohnung im Ergebnis insgesamt unentgeltlich.

T führt für ihre Vermietungseinkünfte die Gebäude-AfA von Mutter M fort.

523 Wenn und soweit für die vermietete Eigentumswohnung eine Ausgleichszahlung an andere Erben zu leisten ist, wird der darauf entfallende Teil der Eigentumswohnung entgeltlich erworben. Dabei ist darauf zu achten, dass der Anteil für den darin enthaltenen Grund und Boden herauszurechnen ist, da nur der Gebäudeteil abgeschrieben werden kann. Es ergeben sich zwei separate Abschreibungsreihen:

524 Soweit die Eigentumswohnung unentgeltlich erworben (geerbt) wurde, führt der Erbe die Abschreibung des Erblassers weiter.

525 Soweit die Eigentumswohnung entgeltlich erworben (durch eine Ausgleichszahlung abgekauft) wurde, ist die auf diesen Teil entfallende Gebäudeabschreibung aus den Anschaffungskosten (Ausgleichszahlung) zu ermitteln.

BEISPIEL „TEILWEISE ENTGELTLICHER ERWERB DURCH DIE ERBAUSEINANDERSETZUNG": Tochter T und Sohn S erben zu je 50 % von ihrer Mutter M eine vermietete Eigentumswohnung. T übernimmt die Eigentumswohnung und zahlt dafür an S als Ausgleich einen Geldbetrag in Höhe des halben Verkehrswerts der Eigentumswohnung. Die Erbengemeinschaft wird damit aufgelöst.

Der Hinzuerwerb des halben Miteigentumsanteils an der vermieteten Eigentumswohnung durch T im Rahmen der Erbauseinandersetzung ist entgeltlich, da T diese Hälfte gegen die Ausgleichszahlung erwirbt. T führt für ihre Vermietungseinkünfte die Gebäude-AfA von Mutter M zu 50 % fort und ermittelt für die hinzuerworbenen 50 % eine eigene AfA-Reihe.

V. Wohnungseigentum im Betriebsvermögen

1. Wirtschaftsgut als Betriebsvermögen

Betrieblich genutzte Wirtschaftsgüter gehören im Grundsatz zum Betriebsvermögen des jeweiligen Betriebs. Bei den meisten Wirtschaftsgütern kommt es für die Zuordnung zum Betriebsvermögen auf den Nutzungsanteil für betriebliche Zwecke an. Dies gilt insbesondere für bewegliche Wirtschaftsgüter. 526

Es gibt drei Kategorien solcher (insbesondere beweglicher) Wirtschaftsgüter: 527

- Wirtschaftsgüter sind „notwendiges Betriebsvermögen“, das ausschließlich und unmittelbar oder zumindest zu mehr als 50% für eigenbetriebliche Zwecke genutzt wird.[401]
- Bei einer betrieblichen Nutzung von 10% bis 50% können die Wirtschaftsgüter als „gewillkürtes Betriebsvermögen“ zugeordnet werden.[402] Der Steuerpflichtige kann entscheiden, ob er das Wirtschaftsgut dem Betriebsvermögen oder dem Privatvermögen zuordnet.
- Bei einer betrieblichen Nutzung von weniger als 10% (also bei einer privaten Nutzung von mehr als 90%), gehört das Wirtschaftsgut immer zum Privatvermögen.[403] Hierbei sind aber die anteiligen betrieblichen Kosten als Betriebsausgabe abzugsfähig (Aufwandseinlage).

BEISPIEL „BETRIEBLICHER PKW“: Frau F nutzt ihren im Januar 2025 erworbenen PKW zu 75% (nach der Fahrleistung) für ihre selbständige Tätigkeit als Versicherungsmaklerin und zu 25% für private Fahrten.

LÖSUNG: Der PKW gehört zum notwendigen Betriebsvermögen des Betriebs der Versicherungsagentur von Frau F, da dieses Wirtschaftsgut zu mehr als 50% zu betrieblichen Zwecken genutzt wird. Die PKW-Aufwendungen sind daher Betriebsausgaben und ein späterer Entnahmegewinn oder Veräußerungserlös des PKW gehört zu den betrieblichen Einkünften. Die private Nutzung ist als Entnahme zu versteuern.

Bei nicht konkret betrieblich nutzbaren (neutralen) Wirtschaftsgütern (z. B. Anteile an Kapitalgesellschaften) kommt es vorrangig auf den wirtschaftlichen Förderzusammenhang mit dem Betrieb an.[404] 528

401 R 4.2 Abs. 1 Satz 1, 4 EStR.

402 R 4.2 Abs. 1 Satz 6 EStR.

403 R 4.2 Abs. 1 Satz 5 EStR.

404 Dazu ausführlich BFH, Urteil v. 1.12.2020 - VIII R 21/17, BStBl 2021 II S. 609 AAAAH-79789 m. w. N.

2. Grundstücke im Betriebsvermögen

a) Grundstücke als Wirtschaftsgut des Betriebsvermögens

529 Grundstücke gehören nur dann zu einem Betriebsvermögen, wenn diese als Wirtschaftsgut dem notwendigen oder gewillkürten Betriebsvermögen eines Gewerbebetriebs (§ 15 EStG), einem der selbständigen Arbeit dienenden Betriebsvermögen (§ 18 EStG) oder einem land- und forstwirtschaftlichen Betrieb (§ 13 EStG) zuzuordnen sind. Ein wesentlicher Unterschied zu Grundstücken im Privatvermögen besteht darin, dass die stillen Reserven bei der Veräußerung unabhängig von der Haltedauer steuerpflichtig sind. Im Gegensatz zum Privatvermögen sind im Betriebsvermögen Teilwertabschreibung bei einer voraussichtlich dauernden Wertminderung zulässig (§ 6 Abs. 1 Nr. 1 Satz 2 und Nr. 2 Satz 2 EStG).

530 Sollten Grundstücke bisher unzutreffend nicht als Betriebsvermögen behandelt worden sein, sind diese bei bilanzierenden Steuerpflichtigen durch eine Bilanzberichtigung (§ 4 Abs. 2 Satz 1 EStG) in dem ersten verfahrensrechtlich noch offenen Wirtschaftsjahr einzubuchen.[405]

531 In der Praxis stellen Grundstücke (und damit auch Wohnungseigentum) insbesondere in folgenden Fällen Betriebsvermögen dar:

- Das Wohnungseigentum wird betrieblich genutzt (Anlagevermögen)[406] oder stellt Umlaufvermögen eines Betriebs dar (z. B. bei gewerblichem Grundstückshandel).
- Das Wohnungseigentum ist eine funktional wesentliche Betriebsgrundlage einer Betriebsaufspaltung (vgl. R 15.7 Abs. 5 EStR).

532 Bei betrieblich genutzten Grundstücken bzw. Grundstücksteilen gelten andere Aufteilungs- und Zuordnungskriterien als bei den übrigen (beweglichen) Wirtschaftsgütern. Bei beweglichen Wirtschaftsgütern bleibt die Einheitlichkeit des Gegenstands (z. B. des PKW) steuerrechtlich gewahrt und die Zuordnung zu einer Vermögenssphäre (z. B. zum Betriebsvermögen eines Gewerbebetriebs) hängt von dem Nutzungsanteil an diesem einheitlichen Wirtschaftsgut ab. Dagegen bewirkt ein zu verschiedenen Zwecken genutztes Grundstück, dass dieses Objekt in verschiedene Wirtschaftsgüter aufgeteilt wird. Diese separaten Wirtschaftsgüter sind dann einem (bestimmten) Betrieb oder dem Privatvermögen zuzuord-

405 R 4.4 Abs. 1 Satz 9 EStR.

406 Denkbar ist auch die teilweise Nutzung als Arbeitszimmer für einen Betrieb oder die Überlassung des Wohnungseigentums an eine gewerbliche Personengesellschaft (Sonderbetriebsvermögen).

nen. Eine Aufteilung des Grundstücks zwischen dem Gebäude und dem Grund und Boden ist zudem erforderlich. Grundstücke oder Grundstücksteile, die ausschließlich und unmittelbar für eigenbetriebliche Zwecke genutzt werden, gehören (regelmäßig) zum notwendigen Betriebsvermögen.[407] Der zum Gebäude gehörende Grund und Boden ist anteilig ebenfalls notwendiges Betriebsvermögen.[408]

b) Aufteilung in Grund und Boden sowie Gebäude

Ertragsteuerrechtlich besteht ein bebautes Grundstück mindestens aus zwei separaten Wirtschaftsgütern: Dem Gebäude und dem Grund und Boden. Dies ist schon deshalb der Fall, da der Grund und Boden aus der Natur der Sache heraus nicht untergehen kann und zudem als nicht abnutzbares Anlagevermögen nicht regulär im Wege der AfA abzuschreiben ist. Das auf dem Grundstück stehende Gebäude ist aber (als Anlagevermögen) abzuschreiben und kann auch untergehen (z. B. abgerissen werden). 533

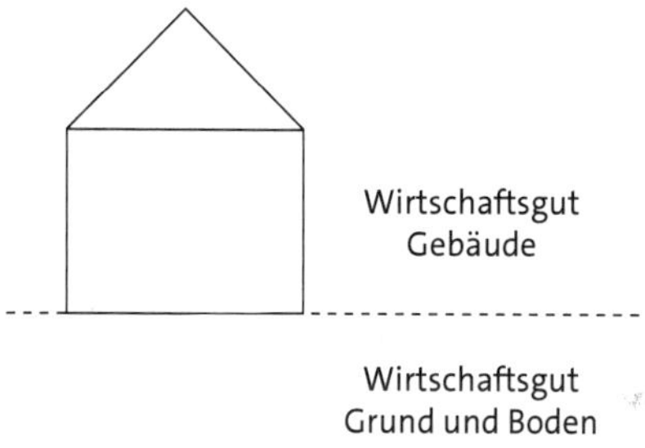

Auch bei Grundstücken im Umlaufvermögen (z. B. bei einem Unternehmen der Immobilienwirtschaft) ist ebenfalls die Aufteilung zwingend, da sich die Teilwerte der beiden Wirtschaftsgüter unterschiedlich entwickeln können (relevant für eine eventuelle Teilwertabschreibung bei voraussichtlich dauernder Wertminderung). 534

Die Unterscheidung zwischen dem Boden- und dem Gebäudeanteil eines bebauten Grundstücks gilt sowohl für das Privat- als auch das Betriebsvermögen. 535

407 R 4.2 Abs. 7 Satz 1 EStR.
408 R 4.2 Abs. 7 Satz 2 EStR.

c) Aufteilung des Grundstücks durch verschiedene Nutzungen in separate Wirtschaftsgüter

536 Das Gebäude wird in verschiedene Wirtschaftsgüter geteilt, wenn das gesamte Gebäude nicht für die eigenen betrieblichen Zwecke genutzt wird. Wenn und soweit ein Raum, eine Etage oder ein Bauteil eines Gebäudes anders genutzt wird oder es einer anderen Funktion dient, ist dieser Teil des Gebäudes als separates Wirtschaftsgut anzusehen.

537 Insgesamt ist zwischen vier verschiedenen Nutzungs- und Funktionszusammenhängen eines Gebäudes zu unterscheiden:[409]

1. Eigenbetriebliche Nutzung,
2. Fremdbetriebliche Nutzung,
3. Nutzung zu eigenen Wohnzwecken,
4. Nutzung zu fremden Wohnzwecken.

538 Diese Aufteilung basiert auf der Rechtsprechung des BFH.[410]

539 Jeder der (maximal vier) unterschiedlich genutzten Gebäudeteile stellt ein eigenes Wirtschaftsgut dar. Dabei werden alle im selben Zusammenhang genutzten Gebäudeteile zu einem einheitlichen Wirtschaftsgut zusammengefasst. Es kommt nicht darauf an, ob die zusammenzufassenden Teile räumlich zusammenhängen oder jeweils durch die gleiche Person (z. B. Mieter) genutzt werden. Die Zuordnung zu dem jeweiligen Wirtschaftsgut ist nicht räumlich, sondern funktional zu verstehen. Alles, was in einem Gesamtgebäude nach einer der vier möglichen Kategorien genutzt wird, gehört zum selben Wirtschaftsgut. Dies gilt z. B. auch, wenn räumlich getrennte Gebäudeteile in gleicher Weise genutzt werden. Dies hat u. a. dafür Bedeutung, dass ein einheitliches Wirtschaftsgut nur einheitlich entnommen oder eingelegt und nur einheitlich abgeschrieben werden kann.[411]

540 Alle Gebäudeteile, welche selbst nicht unmittelbar für die konkreten Zwecke verwendet werden (z. B. ein Treppenhaus), werden verhältnismäßig dem jewei-

409 R 4.2 Abs. 4 Satz 1 EStR.

410 BFH, Beschluss v. 26.11.1973 - GrS 5/71, BStBl 1974 II S. 132 unter C. II. 3. d) KAAAA-90917. Dagegen lehnt Wichmann, BB 1990 S. 975, die Aufteilung eines Gebäudes generell ab.

411 Ausnahmen gibt es dazu aber: Wenn z. B. ein Gebäudeteil an einen Arbeitnehmer aus betrieblichen Gründen vermietet ist (z. B. als Hausmeister), gehört dieser Gebäudeteil zwar zum einheitlichen Wirtschaftsgut des eigenbetrieblich genutzten Gebäudes (R 4.2 Abs. 4 Satz 2 EStR). Das anteilige Gebäude ist jedoch nach den Grundsätzen für Wohngebäude (§ 7 Abs. 4 Satz 1 Nr. 2 EStG) und nicht für Betriebsgebäude (§ 7 Abs. 4 Satz 1 Nr. 1 EStG) abzuschreiben.

ligen Wirtschaftsgut zugeordnet (i. d. R. nach den Nutzflächen der konkret verwendeten Räume).

Die Anschaffungs- oder Herstellungskosten des Gebäudes sind verhältnismäßig auf die verschiedenen Gebäudewirtschaftsgüter aufzuteilen. Bei gleich ausgestatteten Räumen wird regelmäßig nach dem Verhältnis der Nutzflächen aufgeteilt. 541

Der Grund und Boden des Grundstücks ist den verschiedenen Gebäudewirtschaftsgütern zuzuordnen. Der anteilige Grund und Boden wird dem Betriebsvermögen insoweit zugeordnet, als dieser mit dem Gebäudeteil im Betriebsvermögen zusammenhängt.[412] 542

Der Grund und Boden ist (wie das Gebäude) in bis zu vier separate Wirtschaftsgüter zu zerlegen. Hierbei geltenden folgende Grundsätze: 543

- Die tatsächlich mit dem Gebäude überbaute Fläche wird im Verhältnis der Gebäudewirtschaftsgütern (also i. d. R. nach den anteiligen Nutzflächen im Gebäude) aufgeteilt.
- Die übrigen Flächen (unbebaute Freiflächen) werden vorab einem Gebäudewirtschaftsgut zugeordnet, sofern eine konkrete Bodennutzung dem wirtschaftlich zuzuordnen ist (z. B. eine Parkfläche für die Kunden des eigengewerblichen Teils oder der Garten für die Nutzung des Gebäudes zu fremden Wohnzwecken).
- Alle nicht konkret zuordenbaren Freiflächen (z. B. der Weg von der Straße zum Eingang) werden (wie bei der überbauten Fläche) verhältnismäßig aufgeteilt.

BEISPIEL „VERSCHIEDENE NUTZUNGEN UND FUNKTIONEN EINES GEBÄUDES": Frau F gehört ein Wohn- und Geschäftshaus, das wie folgt genutzt wird:

- EG: Nutzung für das Einzelunternehmen von Frau F (Optikermeisterin);
- 1. OG links: vermietet an eine Anwaltskanzlei;
- 1. OG rechts: vermietet an eine Versicherungsagentur;
- 2. OG links: vermietet an eine Privatperson als Wohnung;
- 2. OG rechts: Nutzung durch Frau F als Büro und Lager für ihren Optikerbetrieb;
- DG: Nutzung zu eigenen Wohnzwecken durch Frau F.

Das Gebäude besteht aus vier verschiedenen Wirtschaftsgütern:

- eigenbetriebliche Nutzung (EG und 2. OG rechts). Es ist unerheblich, dass beide Gebäudeteile bautechnisch nicht nebeneinander liegen. Es handelt sich insoweit um ein einheitliches Wirtschaftsgut;

412 R 4.2 Abs. 7 Satz 2 EStR.

- fremdbetriebliche Nutzung (gesamtes 1.OG). Auch bei der Vermietung an zwei verschiedene Mieter handelt es sich um ein einheitliches Wirtschaftsgut;
- Nutzung zu fremden Wohnzwecken (2.OG links);
- Nutzung zu eigenen Wohnzwecken (DG).

Die Anschaffungs- oder Herstellungskosten eines gemischt verwendeten Gebäudes sind auf die jeweiligen Gebäudewirtschaftsgüter aufzuteilen. Dafür ist das Verhältnis der Nutzfläche eines jeweiligen Gebäudeteiles zur Nutzfläche des ganzen Gebäudes maßgebend, es sei denn, die Aufteilung nach dem Verhältnis der Nutzflächen führt zu einem unangemessenen Ergebnis (z.B. bei unterschiedlichen Geschosshöhen oder abweichender Ausstattung).[413] Der Grund und Boden ist demensprechend aufzuteilen, wenn dieser nicht (z.B. bei einem vorhandenen Parkplatz für die gewerblichen Nutzungen) separat zugeordnet werden kann.

Insgesamt besteht das gesamte Grundstück hier somit aus acht (!) verschiedenen Wirtschaftsgütern.

d) Zuordnung von Gebäude oder Gebäudeteilen zum Betriebsvermögen

544 Mit der nutzungsorientierten Aufteilung eines Grundstücks in separate Wirtschaftsgüter ist keine automatische Zuordnung dieser Wirtschaftsgüter zu einem Betriebsvermögen oder Privatvermögen verbunden. Dies ergibt sich in einem weiteren Prüfungsschritt. Klar ist zunächst, dass diejenigen Grundstücksteile, die ausschließlich und unmittelbar für eigenbetriebliche Zwecke genutzt werden und dementsprechend ein Wirtschaftsgut bilden, zum notwendigen Betriebsvermögen gehören.[414] Der zu diesem Gebäudeteil gehörende anteilige Grund und Boden ist ebenfalls notwendiges Betriebsvermögen desselben Betriebs.[415]

545 Grundstücke oder Grundstücksteile, die weder eigenbetrieblich noch zu eigenen Wohnzwecken genutzt werden, sondern z.B. zu Wohnzwecken oder zur gewerblichen Nutzung an Dritte vermietet sind, können als gewillkürtes Betriebsvermögen behandelt werden, wenn die Grundstücke oder die Grundstücksteile in einem gewissen objektiven Zusammenhang mit dem Betrieb stehen und ihn zu fördern bestimmt und geeignet sind.[416] Sofern es sich nicht um verlustbringende Gebäudeteile handelt und damit eine Stärkung des Betriebsvermögens und z.B. eine bessere Kreditfähigkeit der Immobilie gegeben ist, kommt eine Zuordnung zum Betriebsvermögen i.d.R. in Betracht.

413 R 4.2 Abs. 6 Satz 2 EStR.
414 R 4.2 Abs. 7 Satz 1 EStR.
415 R 4.2 Abs. 7 Satz 2 EStR.
416 R 4.2 Abs. 9 EStR.

e) Eigenbetrieblich genutzte Grundstücksteile von untergeordnetem Wert (§ 8 EStDV)

546 Nach § 8 Satz 1 EStDV brauchen eigenbetrieblich genutzte Grundstücksteile nicht als Betriebsvermögen behandelt zu werden, wenn ihre Größe nicht mehr als 30 m² oder ihr Wert nicht mehr als 40.000 € beträgt.[417] Es müssen nicht beide Voraussetzungen erfüllt sein, sondern es reicht, wenn eine der beiden Grenze nicht überschritten wird („... oder ..."). Diese Regelung betrifft sämtliche Gebäude- bzw. Bodenanteile, die aufgrund ihrer eigenbetrieblichen Nutzung als eigenständiges Wirtschaftsgut dem notwendigen Betriebsvermögen zuzuordnen sind. Aus praktischen Gründen sollte zunächst die 30-m²-Grenze geprüft werden, da diese i. d. R. einfacher zu bestimmen ist als die 40.000-€-Grenze.

547 Für die Grenze von 30 m² sind vermutlich die Nutzflächen des betrieblichen Gebäudeteils maßgebend.[418] Auf das Verhältnis zur Größe (Fläche) des gesamten Grundstücks kommt es nicht an. Daher sind die Voraussetzungen insoweit durch die eindeutige Quadratmeterangabe (30 m²) sicher bestimmbar. Fraglich ist jedoch, ob allein die Grundfläche maßgeblich ist oder ob, vergleichbar der Wohnflächenverordnung, z. B. Dachschrägen[419] (etwa bei einem freiberuflich genutzten Arbeitszimmer im Dachgeschoss) nur anteilig berücksichtigt werden.

548 Für die Wertgrenze von 40.000 € ist der Wert des Gebäudeteils und des anteiligen Grund und Bodens zusammenzurechnen.[420] Es wird wohl nur wenige Fälle geben, in denen der Wert des Grundstücksteils nicht mehr als 40.000 € beträgt, aber gleichzeitig 30 m² überschreitet. Rechnerisch ist dies nur bei einem Wert von weniger als 1.333 €/m² der Fall.[421]

549 Wenn beide Voraussetzungen erfüllt sind, hat der Eigentümer durch § 8 EStDV ein Wahlrecht. Er kann das Gebäude und den Grund und Boden

417 Die durch die Siebte Verordnung zur Änderung steuerlicher Verordnungen v. 19.12.2025, BGBl 2025 I Nr. 372, geänderten Grenzen (Größe: 30 m², Wert: 40.000 €) sind in allen offenen Fällen anzuwenden (§ 84 Abs. 1d Satz 1 EStDV n. F.). Die vorher maßgebenden Grenzen (Wertanteil 1/5 am Gesamtgrundstück, Wert: 20.500 €) sind nicht mehr maßgebend.

418 Vergleichbar zu R 4.2 Abs. 8 Satz 3 EStR zur vorher geltenden Regelung, nach der es auf die Nutzflächen ankam, ob 1/5 des Werts des gesamten Grundstücks überschritten wurde.

419 Die Grundfläche einer Dachschrägen wird erst ab einer Deckenhöhe von einem Meter (insoweit ab da zu 50 %) und ab einer Deckenhöhe von zwei Metern voll eingerechnet (§ 4 Wohnflächenverordnung).

420 So für die vorherige Fassung des § 8 EStDV nach R 4.2 Abs. 8 Satz 2 EStR.

421 Kaminski, Stbg 2025 S. 361 f.

- insgesamt seinem Betriebsvermögen (durch dessen Bilanzierung) oder
- insgesamt seinem Privatvermögen

zuordnen.

Für Wirtschaftsjahre, die vor dem 1.1.2026 beginnen, können die Aufwendungen für das Grundstück (insbesondere Gebäude-AfA) vorbehaltlich der Arbeitszimmerregelung in §4 Abs.5 Satz1 Nr.6b EStG auch dann als Betriebsausgaben abgezogen werden, wenn der Grundstücksteil nach §8 EStDV nicht als Betriebsvermögen behandelt wird.[422] Für Wirtschaftsjahre, die nach dem 31.12.2025[423] beginnen, können Aufwendungen, die mit dem Grundstücksteil in Zusammenhang stehen, nicht mehr abgezogen werden, sofern das Grundstück entsprechend dem Wahlrecht nach §8 Satz1 EStDV nicht als Betriebsvermögen behandelt wird (§8 Satz2 EStDV n.F.).

BEISPIEL „ARBEITSZIMMER ALS GEBÄUDETEIL VON UNTERGEORDNETEM WERT": Herr H erwirbt zum 11.2.2026 eine zu eigenen Wohnzwecken genutzte Eigentumswohnung mit einer Fläche von 100 m² und Anschaffungskosten i.H.von 300.000 €. Einen Raum von 15 m² (= 15 % der Wohnungsfläche und damit 45.000 € anteiliger Wert) nutzt er nicht zum Wohnen, sondern als Arbeitszimmer für seine freiberufliche Tätigkeit als Architekt.

Das Arbeitszimmer ist ein separates Wirtschaftsgut, da es wegen der freiberuflichen Nutzung in einem anderen Nutzungs- und Funktionszusammenhang zu der übrigen Wohnungsnutzung steht. Der Gebäudeteil (sowie der anteilige Bodenteil) stellen zwar eigentlich notwendiges Betriebsvermögen dar. Da die Größengrenze von 30 m² durch das Arbeitszimmer mit nur 15 m² nicht überschritten wird, hat Herr H das Wahlrecht, ob er das Arbeitszimmer als Betriebsvermögen behandelt (§8 Satz1 EStDV). Es kommt nicht mehr darauf an, ob bzw. dass der Wert des Arbeitszimmers über 40.000 € liegt, da nur eine der beiden Voraussetzungen des §8 Satz1 EStDV erfüllt sein muss. Die anteilig auf das Arbeitszimmer entfallenden Gebäudekosten sind nicht abzugsfähig, sofern Herr H diesen Gebäudeteil (Arbeitszimmer) nicht seinem Betriebsvermögen zuordnet (§8 Satz2 EStDV). Jedoch sind diese Kosten ggf. ohnehin nach §4 Abs.5 Nr.6b EStG nicht vollständig abzugsfähig. Sofern Herr H das Arbeitszimmer seinem Betriebsvermögen zuordnet, ist ein Entnahmegewinn, Betriebsaufgabegewinn oder Grundstücksveräußerungsgewinn gleichwohl steuerpflichtig.

f) Private Mitbenutzung von Grundstücken

550 Wenn Gebäudeteile (z.B. einzelne Räume) privat genutzt werden, stellen diese von vornherein ein eigenes Wirtschaftsgut dar bzw. gehören zum einheitlichen Wirtschaftsgut „Gebäudenutzung zu eigenen Wohnzwecken". Wenn haupt-

422 R4.2 Abs.8 Satz8 EStR i.V.mit R4.7 Abs.2 Satz4 EStR zu §8 EStDV a.F.

423 §84 Abs.1d Satz2 EStDV n.F.

sächlich betrieblich genutzte Gebäudeteile aber zeitweise (vorübergehend) privat genutzt werden, stellt sich die Frage, welche steuerrechtliche Auswirkung sich daraus ergibt.

Wenn das Grundstück (bzw. der Grundstücksteil) zeitweise privat genutzt wird, 551
bleibt es grds. bei der Zuordnung zum Betriebsvermögen. Die anteiligen Kosten sind dann aber als Entnahme (gewinnerhöhend) zu erfassen. Bei einer relativ hohen privaten Mitbenutzung kippt die betriebliche Zuordnung, so dass das Grundstück (bzw. der Grundstücksteil) dem Privatvermögen zuzuordnen ist. Die anteiligen betrieblichen Kosten sind dann jedoch als Aufwandseinlage (Betriebsausgabe) abzugsfähig. Eine zahlenmäßige (zeitmäßige) Abgrenzung der Rechtsprechung gibt es dazu – soweit ersichtlich – nicht. Die Finanzverwaltung behandelt Räume, die zu mehr als 10 % privat genutzt werden (z. B. als Arbeitszimmer), oft als Privatvermögen und lässt im Gegenzug den Abzug der anteiligen Aufwendungen zu. Hier besteht häufig ein Beweislastproblem in der Praxis, da es sich dabei regelmäßig um Räume handelt, die eher als Büroraum auch privat genutzt werden können als z. B. Werkstätten. Gleichwohl ist in allen Fällen der gleiche Maßstab anzulegen.

BEISPIEL „PRIVATE MITBENUTZUNG EINER WERKSTATT": Herr H ist hauptberuflich angestellter Ingenieur und ihm gehört eine zu eigenen Wohnzwecken genutzte Eigentumswohnung. Den dazugehörigen Kellerraum mit daran anschließender Garage (Sondereigentum) nutzt er grds. am Wochenende für sein Nebengewerbe (Restaurierung von Antiquitäten). Gelegentlich repariert und wartet er in den Räumen mit dem dort vorhandenen Werkszeug aber auch seinen alten Motorroller (Privatvermögen), den er für gelegentliche Spazierfahren nutzt.

Wenn H die Keller-/Garagenräume für sein Nebengewerbe häufig (z. B. an 20 Wochenenden im Jahr) und für sein Hobby nur gelegentlich nutzt (z. B. an zwei Wochenenden im Jahr), handelt es sich um Betriebsvermögen seines Restaurationsbetriebs. Er kann die anteilige auf den Keller und die Garage entfallenden Kosten (z. B. Gebäude-AfA) als Betriebsausgaben abziehen. Die anteilige Privatnutzung (hier z. B. 10 %) führt zur gewinnwirksamen Entnahme der anteiligen Kosten. Sollte H aber deutlich mehr an seinem Motorroller arbeiten (z. B. an fünf Wochenenden, d. h. anteilige Raumnutzung 20 %), wird das Finanzamt möglicherweise Privatvermögen annehmen. Dann würde der Grundstücksteil entnommen (stille Reserven versteuern), aber im Gegenzug 80 % der Kosten als Betriebsausgaben berücksichtigt (Aufwandseinlage).

g) Bauten als zusätzliches Wirtschaftsgut

Über die vier möglichen (verschiedenen) Nutzungs- und Funktionszusammen- 552
hänge eines Gebäudes (Eigen-/Fremdbetrieb und Eigen-/Fremdwohnzweck) hinaus kann eine weitere Separierung eines Gebäudeteils als eigenständiges Wirtschaftsgut gegeben sein. Ein Gebäudeteil ist als selbständiges Wirtschafts-

gut anzusehen, wenn es besonderen Zwecken außerhalb der eigentlichen Gebäudenutzung für die verschiedenen Nutzungs- und Funktionszusammenhänge dient.[424] Hierbei kann es sich um folgende Bauten bzw. Bauteile (Wirtschaftsgüter) handeln:

- Betriebsvorrichtungen (wesentliche Bestandteile eines Gebäudes, die aber nach § 68 Abs. 2 Nr. 2 BewG ein eigenes bewegliches[425] Wirtschaftsgut darstellen, da diese dem Gewerbe unmittelbar dienen, wie z. B. ein Lastenaufzug);[426]

BEISPIEL „BETRIEBSVORRICHTUNG": Frau F vermietet ein Teileigentum im Sinne des WEG (Werkshalle mit Büroräumen) an eine Autowerkstatt. Der Mieter baut nach Zustimmung von Frau F eine Hebebühne für die Reparatur von PKW in die Werkshalle ein, die bei Ende des Mietvertrags durch den Mieter wieder auszubauen ist.

Die Herstellungskosten für die Hebebühne sind im Betriebsvermögen des Mieters als separates bewegliches Wirtschaftsgut (Betriebsvorrichtung) zu aktivieren und nach § 7 Abs. 1 oder 2 EStG anzuschreiben.

- Scheinbestandteile (Gebäudebestandteil, der nur vorübergehend besteht, vgl. § 95 BGB, wie eine Trennwand, welche wieder abgerissen werden soll, was vor allem – aber nicht nur – bei Vermietungen gegeben sein kann);[427]

BEISPIEL „SCHEINBESTANDTEIL": Frau F vermietet ein Teileigentum im Sinne des WEG an eine Zahnarztpraxis. Der Mieter baut eine Trennwand in den Raum ein, um ein Wartezimmer für die Patienten zu schaffen. Bei Ende des Mietvertrags ist die Trennwand durch den Mieter auszubauen.

Die Herstellungskosten für die Trennwand sind im Betriebsvermögen des Mieters als separates bewegliches Wirtschaftsgut zu aktivieren und nach § 7 Abs. 1 oder 2 EStG anzuschreiben.

---

424 R 4.2 Abs. 3 Satz 2 EStR.

425 R 7.1 Abs. 3 EStR. Die Betriebsvorrichtungen werden daher nicht nach Gebäudegrundsätzen, sondern nach § 7 Abs. 1 oder 2 EStG abgeschrieben.

426 Zur Abgrenzung des Gebäudes von Betriebsvorrichtungen vgl. Gleichlautende Erlasse der obersten Finanzbehörden der Länder v. 5.6.2013, BStBl 2013 I S. 734.

427 R 7.1 Abs. 4 EStR.

- Ladeneinbauten und ähnliche Einbauten für betriebliche Zwecke;[428]

BEISPIEL „THEKE": Frau F vermietet ein Teileigentum im Sinne des WEG an einen Gastronomiebetrieb und erlaubt, dort eine zusätzliche Theke auf Kosten des Mieters einbauen zu lassen.

Die Herstellungskosten für die Theke sind im Betriebsvermögen des Mieters als Wirtschaftsgut zu aktivieren und auf sieben Jahre linear abzuschreiben.

- Mietereinbauten (Einbauten durch den Mieter und auf Kosten des Mieters in oder auf einem fremden Grundstück);[429]

BEISPIEL „SCHAUFENSTEREINBAU": Frau F vermietet ein Teileigentum im Sinne des WEG an einen Textilmarkt und erlaubt, in eine Außenwand zur Straße ein großes Schaufenster einbauen zu lassen.

Die Herstellungskosten für den Umbau sind wie ein Wirtschaftsgut zu behandeln und daher im Betriebsvermögen des Mieters als Wirtschaftsgut zu aktivieren und auf die voraussichtliche Nutzungsdauer linear abzuschreiben.[430]

Diesen „Zusatz-Wirtschaftsgütern" eines Gebäudes werden aber keinem Teil des Grund und Bodens zugeordnet. 553

Die begriffliche Unterscheidung der Einkommensteuerrichtlinien der Gebäudeteile ist nicht aus sich heraus verständlich. Die besonders genutzten und als separate Wirtschaftsgüter zu behandelnden Gebäudeteile (wie Mietereinbauten) werden als „selbständige Gebäudeteile"[431] definiert und damit von der übrigen Gebäudesubstanz abgegrenzt, die als „sonstige selbständige Gebäudeteile"[432] bezeichnet wird. Damit wird mit „sonstigen selbständigen Gebäudeteilen" der praktische Regelfall des Gebäudewirtschaftsguts bezeichnet und die „selbständigen Gebäudeteile" sind deren Ausnahme. Als „unselbständige Gebäudeteile"[433] werden wiederum die Gebäudeteile bezeichnet, die nicht unmittelbar einem bestimmten Zweck (z. B. durch konkrete Raumnutzung eines Betriebs), sondern „der eigentlichen Nutzung als Gebäude" dienen (wie z. B. ein Personenaufzug). 554

---

428 R 4.2 Abs. 3 Satz 3 Nr. 3 EStR: Ladeneinbauten, Schaufensteranlagen, Gaststätteneinbauten, Schalterhallen von Banken sowie ähnliche Einbauten, die einem schnellen Wandel des modischen Geschmacks unterliegen. Diese gehören zu den unbeweglichen Wirtschaftsgütern i. S. des § 7 Abs. 5b EStG, die daher nach Gebäudegrundsätzen abgeschrieben werden (R 7.1 Abs. 6 EStR). Eine siebjährige (kürzere) Nutzungsdauer nach § 7 Abs. 4 Satz 2 EStG – d. h. ein linearer AfA-Satz von 14 % p. a. – wird anerkannt (BMF, Schreiben v. 30.5.1996 - VV DEU BMF 1996-05-30 IV A 8-S 1551-35/96, BStBl 1996 I S. 643).

429 BMF, Schreiben v. 15.1.1976 - IV B 2-S 2133-1/76, BStBl 1976 I S. 66.

430 BFH, Urteil v. 15.10.1996 - VIII R 44/94, BStBl 1997 II S. 533 TAAAA-95917.

431 R 4.2 Abs. 3 Satz 3 Nr. 1–4 EStR.

432 R 4.2 Abs. 3 Satz 3 Nr. 5 EStR.

433 R 4.2 Abs. 5 EStR.

h) Außenanlagen

555 Getrennt (d.h. ohne eine bautechnische Verbindung) auf einem Grundstück stehende Baulichkeiten sind grds. gesonderte Wirtschaftsgüter.[434] Außenanlagen eines Gebäudes sind eigenständige unbewegliche Wirtschaftsgüter und kein Bestandteil des Gebäudes. Die Außenanlage selbst kann aber ein (eigenes) Gebäude sein und ggf. bei einem gleichen Nutzungs- und Funktionszusammenhang mit dem anderen (Haupt-)Gebäude ein einheitliches Gebäudewirtschaftsgut bilden.[435] Sie sind daher nicht automatisch Bestandteil des Gebäudes, sondern werden i.d.R. gesondert bewertet. Die Herstellungskosten bzw. die anteiligen Anschaffungskosten der Außenanlagen sind linear nach § 7 Abs. 1 EStG auf die geschätzte Nutzungsdauer abzuschreiben.

556 So sind insbesondere Hof- und Platzbefestigungen,[436] Zufahrten, Stellplätze und Umzäunungen von Betriebsgrundstücken keine Gebäudeteile, sondern selbständige unbewegliche Wirtschaftsgüter.[437]

557 Garagen (auch Carports) gehören bei einem in der Nähe liegenden Wohngebäude zum Gebäudewirtschaftsgut, da diese in dem gleichen Nutzungs- und Funktionszusammenhang stehen. Dies gilt nur dann nicht, wenn die Garage zu entfernt liegt und/oder es sich um einen sehr großen Wohnkomplex handelt.[438] Sollte die Garage aber betrieblich genutzt werden (z.B. als Werkstatt für einen Betrieb), handelt es sich um einen selbständigen Gebäudeteil i.S. des R 4.2 Abs. 4 EStR. Für eine betriebliche Zuordnung reicht es aber nicht, wenn ein betriebliches Fahrzeug darin geparkt wird, sofern die Garage höchstens zur Hälfte betrieblich und mindestens in gleichem Maße privat genutzt wird.[439]

558 Gartenanlagen (insbesondere Rasen, Pflanzen, Sträucher, Bäume, bauliche Abgrenzungen, Treppen und Stufen) gehören zu den Außenanlagen und werden als separates unbewegliches Wirtschaftsgut[440] linear nach § 7 Abs. 1 EStG i.d.R. über zehn Jahre abgeschrieben.

i) Gebäude auf fremdem Grund und Boden

aa) Problemstellung

559 Wenn ein Grundstückseigentümer auf seinem Grundstück ein Gebäude errichtet und es betrieblich nutzt, ist ihm dieses als eigenes Wirtschaftsgut „Gebäu-

434 BFH, Urteil v. 28.6.1983 - VIII R 179/79, BStBl 1984 II S. 196 JAAAA-91895.
435 BFH, Urteil v. 28.6.1983 - VIII R 179/79, BStBl 1984 II S. 196 JAAAA-91895.
436 BFH, Urteil v. 19.2.1974 - VIII R 20/73, BStBl 1975 II S. 20 XAAAA-91017.
437 BFH, Urteil v. 10.10.1990 - II R 171/87, BStBl 1991 II S. 59 QAAAA-93721.
438 BFH, Urteil v. 2.6.1999 - X R 16/96, BStBl 1999 II S. 596 VAAAA-96586.
439 BFH, Urteil v. 10.10.2017 - X R 1/16 - BStBl 2018 II S. 181 RAAAG-70586.
440 BFH, Urteil v. 30.1.1996 - IX R 18/91, BStBl 1997 II S. 25 JAAAA-95793.

de" zuzurechnen. Er kann die Herstellungskosten aktivieren und über die AfA als Betriebsausgaben abziehen. Der Grund und Boden stellt ebenfalls Betriebsvermögen dar. Bei einer Veräußerung des Grundstücks sind die stillen Reserven als Gewinn zu versteuern.

Wenn ein Betriebsinhaber aber auf einem ihm nicht gehörenden (fremden) 560 Grundstück aus eigenen Mitteln (und mit Zustimmung des Grundstückseigentümers) ein Gebäude errichtet, stellt sich die Frage, ob dem Betriebsinhaber dadurch ein Wirtschaftsgut zuzurechnen ist und wie sich der von ihm getragene Aufwand als Betriebsausgaben auswirkt. Diese Fälle ergeben sich oft bei Ehegatten, wenn ein Unternehmer-Ehegatte auf dem Grundstück des anderen Ehegatten ein Gebäude für seine eigenen betrieblichen Zwecke errichtet. Zwar könnte der Nichtunternehmer-Ehegatte das Gebäude zunächst selbst (auf eigene Kosten) errichten und das Gebäude dann an den Unternehmer-Ehegatten vermieten oder verpachten (was auch oft gemacht wird). Jedoch kann dies aus verschiedenen Gründen nicht gewollt sein (z.B. aus einer schenkungsteuerrechtlichen Problematik, wenn die Baukosten des Nichtunternehmer-Ehegatten gleichwohl von dem Unternehmer-Ehegatten bezahlt werden).

Dieses Problem stellt sich auch bei Bauten von Gesellschaften auf Grundstü- 561 cken ihrer Gesellschaft bzw. andersherum auch bei Bauten von Gesellschaften auf Grundstücken ihrer Gesellschafter.

bb) Bauten auf fremden Grundstücken bei Ehegatten

Nach der aktuell[441] gültigen Rechtsprechung des BFH[442] kann ein Ehegatte als 562 Betriebsinhaber seinen eigenen Aufwand (z.B. Herstellungskosten) für die Errichtung eines betrieblich genutzten Gebäudes auf einem anderen (oft dem Nichtunternehmer-Ehegatten gehörenden) Grundstück zwar nicht als Wirtschaftsgut, jedoch als Aufwandsverteilungsposten ansetzen.

Sofern die Ehegatten keine (!) ausdrückliche zivilrechtliche Vereinbarung über 563 einen Ausgleichsanspruch i.S.der §§951, 812 BGB treffen, steht das Gebäude sowohl zivilrechtlich als auch wirtschaftlich im Eigentum des Nichtunternehmer-Ehegatten (Privatvermögen).[443]

441 Früher wurde dies vom BFH anders gesehen: Nach dem BFH, Urteil v.14.5.2002 - VIII R 30/98, BStBl 2002 II S.741 PAAAB-04224, wurde ein Wirtschaftsgut als Gebäude auf fremden Grund und Boden angenommen, da der zivilrechtliche Aufwendungsersatzanspruch nach §§951, 812 BGB gegenüber dem Grundstückseigentümer zu wirtschaftlichem Eigentum führt. Beim Ende der Nutzung des Gebäudes wäre ein Gewinn als Differenz zwischen dem Ausgleichsanspruch und Restbuchwert (stille Reserven) zu versteuern.

442 BFH, Urteil v.9.3.2016 - X R 46/14, BStBl 2016 II S.976 XAAAF-72706.

443 BMF, Schreiben v.16.12.2016 - IV C 6-S 2134/15/10003, BStBl 2016 I S.1431 Rz.1.

564 Die Abschreibung des Aufwandsverteilungsposten kann zwar nicht nach § 7 Abs. 4 Satz 1 Nr. 1 EStG (für Wirtschaftsgebäude), aber immerhin nach § 7 Abs. 4 Satz 1 Nr. 1 EStG erfolgen. Stille Reserven werden in diesem Aufwandsverteilungsposten nicht gespeichert,[444] so dass bei einem Ende der betrieblichen Nutzung kein Gewinn versteuert wird, sondern lediglich der Ausgleichsposten erfolgsneutral wegfällt.[445]

cc) Gebäude auf Grundstück des anderen Ehegatten

565 Einen typischen Praxisfall stellt die Bebauung eines Grundstücks dar, das komplett dem anderen Ehegatten gehört. Der Unternehmer-Ehegatte errichtet auf eigene Kosten auf dem (für ihn zivilrechtlich „fremden") Grundstück ein Gebäude für seine betrieblichen Zwecke.

566 Hierbei ist dem Unternehmer-Ehegatten in Höhe seiner Herstellungskosten ein Aufwandsverteilungsposten zuzurechnen und abzuschreiben. Bei einem Grundstück im Wohnungseigentum im Sinne des WEG gilt das Gleiche.

BEISPIEL „GEBÄUDE AUF GRUNDSTÜCK DES ANDEREN EHEGATTEN": Frau F errichtet aus eigenem Vermögen ein Gebäude auf einem Grundstück, das ihrem Ehemann M allein gehört. Herr M stimmt der Bebauung zu, darüber hinaus treffen die Ehegatten keine weiteren Vereinbarungen. Das Grundstück wird nach WEG in Teileigentum (Erdgeschoss) und Wohnungseigentum (Obergeschoss) geteilt und ist zivilrechtlich M jeweils als Wohnungseigentümer zuzurechnen. Auf das Erdgeschoss, das von F für ihr als Einzelunternehmerin betriebenes Fitnessstudio genutzt wird, entfallen Herstellungskosten i. H. von 1.000.000 €.

567 Zivilrechtlich ist F das Gebäude nicht zuzurechnen, obwohl sie dessen Herstellungskosten getragen hat. Das zivilrechtliche Eigentum am Gebäude folgt dem Eigentum am Grundstück, was nicht für Regeleigentum im Sinne des BGB, sondern auch bei Wohnungseigentum im Sinne des WEG gilt. Nach der Rechtsprechung des BFH hat F auch keinen zivilrechtlichen Ausgleichsanspruch gegenüber M, da die Ehegatten dazu nichts vereinbart haben. Das Gebäude ist F somit auch nicht als wirtschaftlicher Eigentümerin i. S. des § 39 Abs. 2 Nr. 1 AO ertragsteuerrechtlich zuzurechnen. F ist aber ein betrieblicher Aufwandsverteilungsposten in Höhe ihrer Aufwendungen für die Herstellung des Erdgeschosses zuzurechnen (1.000.000 €), den sie nach § 7 Abs. 4 Satz 1 Nr. 2 EStG abschreiben (und als Betriebsausgaben ansetzen) kann.

568 Der Grund und Boden, welcher zivilrechtlich zum Teileigentum des Erdgeschosses gehört, stellt kein Betriebsvermögen von F dar und ist ihr auch nicht ertrag-

444 BMF, Schreiben v. 16.12.2016 - IV C 6-S 2134/15/10003, BStBl 2016 I S. 1431 Rz. 3.
445 BMF, Schreiben v. 16.12.2016 - IV C 6-S 2134/15/10003, BStBl 2016 I S. 1431 Rz. 7.

steuerlich zuzurechnen, da sie insoweit keine Aufwendungen geleistet hat. Der Grund und Boden gehört nur M.

Sollte F den Betrieb des Fitnessstudios einstellen (Betriebsbeendigung i.S.des 569
§16 Abs.3 EStG), endet der Betriebsausgabenabzug aus dem Aufwandsverteilungsposten. Ein Verlust aus dem Wegfall des Aufwandsverteilungsposten entsteht bei F nicht. Der noch nicht abgeschriebene Aufwandsverteilungsposten (Restwert) fällt erfolgsneutral weg (und wird M als Eigentümer des Teileigentum als Herstellungskosten zugerechnet).

Sollte M das Teileigentum (Räume des Fitnessstudios im Erdgeschoss) ver- 570
äußern und F das Gewerbe weiterhin (dann wohl auf Grundlage eines Mietvertrags mit dem neuen Eigentümer) betreiben, kann sie den Aufwandsverteilungsposten nach hier vertretener Auffassung weiter als Betriebsausgaben abziehen (abschreiben). Stille Reserven aus einem eventuellen Veräußerungsgewinn sind nicht F, sondern M (ggf. nach §23 Abs.1 Nr.1 EStG als privates Veräußerungsgeschäft[446]) zuzurechnen.

dd) Gebäude auf einem gemeinsamen Grundstück der Ehegatten

Sofern ein gemeinsames Grundstück von einem der beiden Ehegatten auf ei- 571
gene Kosten bebaut wird, ist zwischen dem zivilrechtlich eigenen Grundstücksteil und dem fremden Grundstücksteil zu unterscheiden:

Soweit der eigene Grundstücksteil betroffen ist, handelt es sich um den „Re- 572
gelfall", dass das Gebäude (und der Grund und Boden) ein „normales" Wirtschaftsgut darstellt.

Soweit der fremde Grundstücksteil (des Ehegatten) betroffen ist, handelt es 573
sich um einen Aufwandsverteilungsposten.

BEISPIEL „GEBÄUDE AUF EINEM GEMEINSAMEN GRUNDSTÜCK DER EHEGATTEN": Frau F errichtet aus eigenem Vermögen ein Gebäude auf einem Grundstück, das ihr zusammen mit ihrem Ehemann M gehört (je hälftiges Bruchteilseigentum). Das Grundstück wird nach WEG in Teileigentum (Erdgeschoss) und Wohnungseigentum (Obergeschoss) geteilt. Beide Einheiten stehen zivilrechtlich im Bruchteilseigentum von F und M (Wohnungseigentümer). Auf das Erdgeschoss, das von F für das von ihr als Einzelunternehmerin betriebene Fitnessstudio genutzt wird, entfallen Herstellungskosten i.H.von 1.000.000€.

446 Nach hier vertretener Auffassung kann M von dem gesamten Veräußerungspreis (für Grund und Boden und Gebäude) nur seine Anschaffungskosten für den Grund und Boden, aber nicht die „fremden" Herstellungskosten von F abziehen.

LÖSUNG: Zivilrechtlich ist F das Teileigentum im Erdgeschoss nur zu 50% zuzurechnen, obwohl sie dessen Herstellungskosten komplett getragen hat. Dieser hälftige (ihr auch zivilrechtlich zuzurechnende) Miteigentumsanteil stellt ein „echtes" materielles Wirtschaftsgut (Gebäude) dar, was Frau F mit den anteiligen Herstellungskosen (500.000€) aktivieren und als Wirtschaftsgebäude nach §7 Abs.4 Satz1 Nr.1 EStG abschreiben kann.

Die andere Hälfte des Teileigentums (M zivilrechtlich zuzurechnender Miteigentumsanteil) stellt für F einen Aufwandsverteilungsposten (500.000€) dar, den sie nach §7 Abs.4 Satz1 Nr.2 EStG abschreiben kann.

Der Grund und Boden, welcher zivilrechtlich zum Teileigentum des Erdgeschosses gehört, stellt nur zu 50% (entsprechend dem Miteigentumsanteil von F) Betriebsvermögen von F dar.

ee) Gebäude auf Grundstück der Gesellschaft oder des Gesellschafters

574 Es sind nicht nur „Ehegatten-Fälle" bei Bauten auf fremdem Grund und Boden denkbar, sondern auch die Bebauung eines Grundstücks einer Kapitalgesellschaft durch ihren Anteilseigner. Andersherum ist auch der Fall zu betrachten, dass eine Kapitalgesellschaft auf dem Grundstück des Anteilseigners ein Gebäude auf eigene Kosten errichtet und nutzt. Bei gewerblichen Personengesellschaften (Mitunternehmerschaften) ist dies auch denkbar.

575 Im Gegensatz zu den Fällen bei Ehegatten besteht zwischen Gesellschaft und Gesellschafter bei unentgeltlicher Bebauung eines fremden Grundstücks aus §§951, 812 BGB ein zivilrechtlicher Anspruch (bei Ende der Gebäudenutzung). Daher ist dem Träger der Herstellungskosten das Gebäude als wirtschaftliches Eigentum (§39 Abs.2 Nr.1 AO) zuzurechnen. Ein Aufwandsverteilungsposten wird nicht gebildet.

BEISPIEL „GEBÄUDE AUF GRUNDSTÜCK DES GMBH-ANTEILSEIGNERS": Frau F ist Alleingesellschafterin der A-GmbH. Auf einem Frau F gehörenden Grundstück errichtet die A-GmbH auf eigene Kosten mit Zustimmung von Frau F ein Einkaufszentrum. Sie teilt das bebaute Grundstück nach WEG in Teileigentumseinheiten. Die A-GmbH vermietet diese Einheiten an Gewerbetreibende. Die A-GmbH hat Herstellungskosten i.H.von 10.000.000€ für die Baumaßnahmen geleistet.

Das zivilrechtliche Eigentum am Gebäude folgt dem Eigentum am Grundstück, was auch bei Wohnungseigentum im Sinne des WEG gilt. Frau F wird dadurch automatisch auch Eigentümerin der aufstehenden Gebäude. Die A-GmbH hat aber gegenüber Frau F einen zivilrechtlichen Ausgleichsanspruch, da nichts Gegenteiliges[447] vereinbart wurde. Daher ist das Gebäude der A-GmbH als wirtschaftlicher Eigentümerin i.S.des §39 Abs.2 Nr.1 AO ertragsteuerrechtlich zuzurechnen sowie als „Bauten auf fremden Grundstücken" zu aktivieren und abzuschreiben.

447 Ein vertraglicher Ausschluss eines zivilrechtlichen Ausgleichsanspruchs würde zu einer verdeckten Gewinnausschüttung der A-GmbH an Frau F führen, da dieser aus dem Gesellschaftsverhältnis veranlasst wäre (§8 Abs.3 Satz2 KStG; §20 Abs.1 Nr.1 Satz2 EStG).

3. Aufteilung von Wohnungseigentum bei verschiedener Nutzung

Wenn es sich bei einzelnen Gebäudeteilen um Wohn- oder Teileigentum im Sinne des WEG handelt, stellt automatisch jede Einheit ein selbständiges Wirtschaftsgut dar. Auch wenn sich in dem Gebäude mehrere gleichartig genutzte Wohneigentumseinheiten des gleichen Eigentümers befinden, werden diese nicht – wie beim Regeleigentum – ertragsteuerrechtlich zusammengerechnet.[448] 576

Innerhalb der einzelnen zivilrechtlichen Wohneigentumseinheit wird aber nach den allgemeinen Grundsätzen des unterschiedlichen Nutzungs- und Funktionszusammenhangs i.S.des R4.2 Abs.4 EStR in separate Wirtschaftsgüter aufgeteilt. 577

BEISPIEL „AUFTEILUNG NACH WEG": Frau F gehört ein dreigeschossiges Grundstück, das sie wie folgt nutzt:

- EG: Nutzung für ihr Einzelunternehmen als Optikermeisterin;
- OG links: vermietet an eine Anwaltskanzlei;
- OG rechts: Nutzung als Lager und Büro für ihren Optikerbetrieb;
- DG: Nutzung zu ihren eigenen Wohnzwecken.

Mit Wirkung zum 30.6.2025 wird das Grundstück in drei Wohn- bzw. Teileigentumseinheiten (je Geschoss) nach WEG aufgeteilt.

Vor der Aufteilung nach dem WEG bestand das Gebäude aus drei Wirtschaftsgütern:

- eigenbetriebliche Zwecke (EG und OG rechts);
- fremdbetriebliche Zwecke (OG links);
- eigene Wohnzwecke (DG).

Durch die zivilrechtliche Aufteilung in drei Einheiten im Sinne des WEG ist jedes Geschoss (jedes Wohnungseigentum) zunächst als separates Wirtschaftsgut zu behandeln. Damit gehört die eigenbetrieblich genutzte Hälfte des OG nicht mehr zum eigenbetrieblich genutzten EG. Das Teileigentum im OG ist in zwei Wirtschaftsgüter (eigenbetrieblicher und fremdbetrieblicher Anteil) aufzuteilen. Ertragsteuerrechtlich ist dies neutral, da kein eigenbetrieblich genutzter Gebäudeteil entnommen wird, sondern im Betriebsvermögen verbleibt.

---

448 BFH, Urteil v. 9.6.2005 - IX R 30/04, BFH/NV 2005 S. 1795 unter II. 1. a) OAAAB-58637, und BFH, Urteil v. 29.9.1994 - III R 80/92, BStBl 1995 II S. 72 NAAAA-95355.

4. Anschaffung und Herstellung von Wohnungseigentum

a) Zugang von Wohnungseigentum durch Anschaffung

578 Bei der Anschaffung von Wohnungseigentum (bzw. Teileigentum), welches dem Betriebsvermögen zuzuordnen ist, sind die angeschafften Wirtschaftsgüter einzeln zu bewerten und abzuschreiben. Zunächst sind die gesamten Anschaffungskosten des Grundstücks (neben dem Kaufpreis auch dessen Nebenkosten wie insbesondere die Notar-, Grundbuchgebühren und Grunderwerbsteuer). Diese Kosten sind auf den Gebäudeteil und den Anteil für den Grund und Boden aufzuteilen. Somit sind (mindestens) zwei angeschaffte Wirtschaftsgüter mit den jeweiligen Anschaffungskosten zu bewerten und (bei bilanzierenden Wohnungseigentümern) zu aktivieren.

579 Für die Kaufpreisaufteilung gelten die Grundsätze wie bei Anschaffungen im Privatvermögen.

BEISPIEL „ERWERB VON WOHNUNGSEIGENTUM": Herr H erwirbt Teileigentum zum Kaufpreis von 300.000 €, das er für seinen Gastronomiebetrieb nutzen wird. Er hat zudem Anschaffungsnebenkosten (insbesondere Rechts- und Beratungskosten, Notar- und Gerichtkosten sowie Grunderwerbsteuer) i. H. von 40.000 € aufgewendet. Nach einem Gutachten entfallen auf den Grund und Boden 25 % der Anschaffungskosten.

LÖSUNG: Herr H schafft zwei Wirtschaftsgüter des Betriebsvermögens an: Den Grund und Boden und das Gebäude. Die gesamten Anschaffungskosten (340.000 €) sind aufzuteilen. Danach entfallen entsprechend dem Gutachten auf das Gebäude 255.000 € (75 %) und auf den Grund und Boden 85.000 € (25 %) der Anschaffungskosten.

b) Herstellung von Gebäuden bei Wohnungseigentum

580 Wohnungseigentum kann nicht im eigentlichen Sinne „hergestellt" werden, da der Grund und Boden immer schon vorhanden ist. Ein Gebäude des Wohnungseigentums kann dagegen (neu) hergestellt werden. Dies betrifft in erster Linie den „echten" Neubau auf einem bisher unbebauten Grundstück. Aber auch ein Neubau nach Abriss (z. B wegen Vollverschleißes) sowie ein grundlegender Umbau führen regelmäßig steuerrechtlich zu einem neu hergestellten Gebäude.[449]

581 Für das Gebäude sind die Herstellungskosten nach der grds. handelsrechtlichen Definition gem. § 255 Abs. 2 Satz 1 HGB zu bestimmen. Danach gehören

449 BFH, Urteil v. 23.11.2004 - IX R 59/03, BFH/NV 2005 S. 543 unter II. 1. a) KAAAB-42777 m. w. N.

dazu insbesondere die Aufwendungen für die Herstellung eines Gebäudes (und Aufwendungen für eine Erweiterung oder wesentliche Verbesserung des Gebäudes). Ein wichtiger Unterschied zur Ermittlung der Anschaffungskosten besteht darin, dass bei den Herstellungskosten neben den Einzelkosten auch Gemeinkosten einzubeziehen sind.

Für die Bestimmung des Umfangs der Herstellungskosten gelten im Betriebs- 582
vermögen dieselben Grundsätze wie im Privatvermögen.

5. Gebäudeabschreibung im Betriebsvermögen

a) Lineare Abschreibung

aa) Betrieblich genutztes Teileigentum (Wirtschaftsgebäude)

Sofern das Gebäude nicht Wohnzwecken dient und der Bauantrag nach dem 583
31.3.1985 gestellt wurde, wird die Gebäude-AfA nach § 7 Abs. 4 Satz 1 Nr. 1 EStG angesetzt. Sofern das Objekt bis zum 31.12.2000 angeschafft (oder im Herstellungsfall der Bauantrag gestellt) wurde, beträgt der AfA-Satz 4 % im Jahr (Übergangsvorschrift des § 52 Abs. 15 Satz 2 EStG). Für alle danach angeschafften/hergestellten Gebäude (ab 1.1.2001) beträgt der AfA-Satz 3 % im Jahr.

BEISPIEL „AFA WIRTSCHAFTSGEBÄUDE“: Das Ladenlokal (Teileigentum) der Wohneigentumsanlage (Baujahr: 1990) wird von Wohnungseigentümer A für seinen Angel-Shop genutzt. Er hat das Teileigentum

a) im Jahr 1999,

b) im Jahr 2009

erworben.

Zu a) Die Gebäude-AfA des Teileigentums ist durchgehend (auch ab dem Jahr 2001) mit 4 % p. a. anzusetzen.

Zu b) Die Gebäude-AfA des Teileigentum beträgt 3 % p. a.

Sofern ein Gebäude im Betriebsvermögen diese Voraussetzungen nicht erfüllt (weil der Bauantrag bis zum 31.3.1985 gestellt wurde oder das Gebäude Wohnzwecken dient), wird es i. d. R. nach § 7 Abs. 4 Satz 1 Nr. 2 EStG abgeschrieben.

bb) Zu Wohnzwecken genutztes Wohnungseigentum (Wohngebäude)

Bei Gebäuden im Betriebsvermögen, die nicht die Voraussetzungen nach § 7 584
Abs. 4 Satz 1 Nr. 1 EStG erfüllen, ist grds. die lineare AfA nach § 7 Abs. 4 Satz 1 Nr. 2 EStG anzuwenden, deren Prozentsatz vom Zeitpunkt der Fertigstellung des Gebäudes abhängt:

Zeitpunkt der Fertigstellung	AfA-Satz (p.a.)	Rechtsgrundlage
bis zum 31.12.1924 fertiggestellt	2,5 %	§ 7 Abs. 4 Satz 1 Nr. 2 Buchst. c EStG
zwischen 1.1.1925 und 31.12.2022 fertiggestellt	2,0 %	§ 7 Abs. 4 Satz 1 Nr. 2 Buchst. b EStG
ab dem 1.1.2023 fertiggestellt	3,0 %	§ 7 Abs. 4 Satz 1 Nr. 2 Buchst. a EStG

BEISPIEL „AFA WOHNGEBÄUDE": Die B-GmbH erwirbt zum 1.4.2022 ein Wohnungseigentum im Sinne des WEG und vermietet das aufgrund eines Bauantrags aus dem Jahr 2018 fertiggestellte Gebäude zu Wohnzwecken. Auf das Gebäude entfallen Anschaffungskosten i. H. von 200.000 €.

Das Gebäude ist mit 2 % p. a. abzuschreiben (§ 7 Abs. 4 Satz 1 Nr. 2 Buchst. b EStG), da es sich zwar im Betriebsvermögen befindet (eine GmbH hat nur Betriebsvermögen, § 8 Abs. 2 KStG), es aber zu Wohnzwecken genutzt wird. Die AfA für den VZ 2022 beträgt (nach § 7 Abs. 1 Satz 4 EStG zeitanteilig) 200.000 € x 2 % x 9/12 = 3.000 €.

b) Degressive Abschreibung

585 Aus steuerpolitischen Gründen ist unter bestimmten Voraussetzungen statt der linearen AfA i. S. des § 7 Abs. 4 EStG eine degressive AfA (§ 7 Abs. 5 bzw. 5a EStG) zulässig (siehe dazu →Rz. 370 ff.).

c) Sonderabschreibung

586 Sonderabschreibungen (z. B. nach § 7b EStG) sind eine „Zusatzabschreibung" neben der linearen oder degressiven AfA (siehe dazu →Rz. 387 ff.).

6. Teilwertabschreibung

a) Wertminderung als aufwandswirksame Abschreibung

587 Gebäude als Wirtschaftsgüter des Anlagevermögens sind steuerbilanziell im Grundsatz mit den Anschaffungs- oder Herstellungskosten abzüglich der AfA anzusetzen. Dieser Buchwert bildet den Wertansatz zum Ende des jeweiligen Wirtschaftsjahres (§ 6 Abs. 1 Nr. 1 Satz 1 EStG). Der Grund und Boden wird im Grundsatz mit den Anschaffungskosten bilanziert (§ 6 Abs. 1 Nr. 2 Satz 1 EStG), da dieser als nicht abnutzbares Wirtschaftsgut nicht planmäßig abgeschrieben werden kann.

588 Sollte der Teilwert des Grundstücks (Gebäude bzw. Grund und Boden) aufgrund einer voraussichtlich dauernden Wertminderung niedriger sein, so kann – statt dem fortgeführten Buchwert – dieser Wert in der Steuerbilanz ange-

setzt werden (§ 6 Abs. 1 Nr. 2 Satz 2 EStG für Gebäude und § 6 Abs. 1 Nr. 2 Satz 3 EStG für Grund und Boden). Dies führt zu einer aufwandswirksamen Teilwertabschreibung.

Der „Teilwert" ist – vereinfacht betrachtet – der aktuelle Verkehrswert für ein 589
Wirtschaftsgut, der diesem als Teil eines ganzen Betriebs zukommt.[450] Dementsprechend wird in § 6 Abs. 1 Nr. 1 Satz 3 EStG formuliert, dass der Teilwert der anteilige Kaufpreis ist, den ein gedachter Erwerber für einen weiterzuführenden Betrieb im Rahmen des Gesamtkaufpreises für das einzelne Wirtschaftsgut ansetzen würde. Ein „niedrigerer Teilwert" bezieht sich auf den bisherigen Bilanzansatz zum jeweiligen Bilanzstichtag. Dieser Teilwert muss für eine Teilwertabschreibung logischerweise unterhalb des aktuellen Buchwerts liegen. Zudem muss diese Wertminderung nach dem Gesetzeswortlaut voraussichtlich von Dauer sein.

b) Voraussichtlich dauerhafte Wertminderung

Eine „voraussichtlich dauernde Wertminderung" bedeutet ein voraussichtlich 590
nachhaltiges (und nicht nur vorübergehendes) Absinken des Werts des Wirtschaftsguts unter den maßgeblichen Buchwert.[451] Eine Ursache für eine (voraussichtlich dauernde) Minderung des Teilwerts ist bei Grundstücken z. B. eine Schadstoffbelastung. Hierbei ist aber zu beachten, dass eine für die Sanierungsverpflichtung gebildete Rückstellung das Potenzial für die Teilwertabschreibung mindert. In diesen Fällen darf der niedrigere Teilwert nur insoweit angesetzt werden, als die Wertminderung nach einer tatsächlich durchgeführten Grundstückssanierung voraussichtlich noch bestehen bleibt.[452]

BEISPIEL „GRUNDSTÜCK MIT ALTLASTEN":[453] Die Recycling-GmbH ist Eigentümerin eines mit Altlasten verseuchten Grundstücks (Anschaffungskosten und Buchwert des Grund und Bodens: 200.000 €). Zum 31.12.2024 ermittelt ein Gutachter den Wert des Grundstücks aufgrund der festgestellten Altlast mit 10.000 €. Aus umweltrechtlichen Gründen ist die Recycling-GmbH grds. verpflichtet, die Altlast zu beseitigen. Mangels akuter Umweltgefährdung wird die zuständige Behörde die Schadensbeseitigung jedoch erst fordern, wenn der Steuerpflichtige die derzeitige Nutzung des Grundstücks ändert. Die Bildung einer Rückstellung ist aus diesem Grund unzulässig.

450 Nach dem BFH, Urteil v. 21.9.2016 - X R 58/14, BFH/NV 2017 S. 275 unter III. 1. a) FAAAF-89538, entspricht der Teilwert i. d. R. dem Verkehrswert bzw. den Wiederbeschaffungskosten jedenfalls dann, wenn für einen gedachten Erwerber aus der funktionalen Bedeutung des Wirtschaftsguts im Rahmen des Gesamtbetriebs kein anderer Wert folgt.

451 BMF, Schreiben v. 2.9.2016 - IV C 6-S 2171-b/09/10002:002, BStBl 2016 I S. 995 Rz. 5.

452 BMF, Schreiben v. 11.5.2010 - IV C 6-S 2137/07/10004, BStBl 2010 I S. 495.

453 Beispiel ähnlich wie BMF, Schreiben v. 2.9.2016 - IV C 6-S 2171-b/09/10002:002, BStBl 2016 I S. 995 Rz. 12.

LÖSUNG: Die aufwandswirksame Teilwertabschreibung des Grund und Bodens i.H.von 190.000€ auf den Restwert (Teilwert) von 10.000€ ist zulässig. Es handelt sich um eine voraussichtlich dauernde Wertminderung (§6 Abs.1 Nr.2 Satz3 EStG). Zwar ist die Recycling-GmbH verpflichtet, die Altlast zu beseitigen. Allerdings ist nicht zu erwarten, dass sie in absehbarer Zeit behördlich zur Beseitigung des Schadens aufgefordert wird. Wird die Altlast später aber beseitigt und erhöht sich dadurch der Wert des Grundstücks, wird höchstens bis zu den ursprünglichen Anschaffungskosten zugeschrieben.

591 Für Wirtschaftsgüter des abnutzbaren Anlagevermögens wird nach der BFH-Rechtsprechung[454] eine voraussichtlich dauernde Wertminderung angenommen, wenn der Wert des Wirtschaftsguts zum Bilanzstichtag mindestens für die halbe Restnutzungsdauer unter dem planmäßigen Restbuchwert liegt. Für Gebäude bestimmt sich die verbleibende Nutzungsdauer nach der typisierten Nutzungszeit i.S.des §7 Abs.4 und 5 EStG.[455]

592 Den Steuerpflichtigen trifft für eine Teilwertabschreibung die objektive Beweislast (Feststellungslast) für einen niedrigeren Teilwertansatz.[456]

c) Teilwertzuschreibung nach Wertaufholung

593 Nach einer Teilwertabschreibung ist für jeden nachfolgenden Bilanzstichtag zu prüfen, ob der Teilwert noch gemindert ist. Sonst ist nach §6 Abs.1 Nr.1 Satz4 EStG (Gebäude) bzw. §6 Abs.1 Nr.2 Satz3 EStG (Grund und Boden) der Wert zwingend zuzuschreiben (Gebot der Wertaufholung). Die Wertaufholung wird auf die Anschaffungs- oder Herstellungskosten (abzüglich der AfA) begrenzt.

7. Sondereigentum und Sondernutzungsrecht bei Wohnungseigentum im Betriebsvermögen

a) Wirtschaftsgüter bei Wohnungseigentum

594 Sondereigentum (§1 Abs.2 WEG) ist das alleinige Eigentum eines Wohnungseigentümers (insbesondere an der ihm gehörenden Wohnung). Das Sondereigentum wird vom Gemeinschaftseigentum (§1 Abs.5 WEG) abgegrenzt, an dem ein Miteigentumsanteil besteht. Steuerrechtlich braucht für den jeweiligen Wohnungseigentümer nicht zwischen dem Sondereigentum und dem dazugehörigen Miteigentumsanteil am Gemeinschaftseigentum unterschieden werden. Das Sondereigentum am Gebäude wird nicht separat, sondern zusam-

454 BFH, Urteil v.29.4.2009 - I R 74/08, BStBl 2009 II S.899 GAAAD-26610.

455 BMF, Schreiben v.2.9.2016 - IV C 6-S 2171-b/09/10002:002, BStBl 2016 I S.995 Rz.8.

456 BFH, Beschluss v.15.6.2009 - I B 46/09, BFH/NV 2009 S.1843 unter II. 2. a) DAAAD-28967.

men mit dem Gemeinschaftseigentum des Wohnungseigentümers am jeweiligen Wohnungseigentum als einheitliches Wirtschaftsgut „Gebäude“ bilanziert.

Der Grund und Boden steht im gemeinschaftlichen Eigentum und ist dem Wohnungseigentümer als Miteigentümer anteilig als Wirtschaftsgut „Grund und Boden“ zuzurechnen. 595

Steuerrechtlich besteht jedes Wohnungseigentum somit (mindestens) aus zwei Wirtschaftsgütern: 596

- dem Gebäude (aus dem Sondereigentum an der Wohnung und dem Miteigentum an dem gemeinschaftlichen Gebäude) und
- dem Grund und Boden (dem Miteigentumsanteil an dem Grund und Boden als Gemeinschaftsvermögen).

BEISPIEL „WIRTSCHAFTSGÜTER BEI WOHNUNGSEIGENTUM“:[457] Frau F erwirbt für Anschaffungskosten (einschließlich Erwerbsnebenkosten) i. H. von 400.000 € ein Teileigentum, das sie eigenbetrieblich für ihre freiberufliche Rechtsanwaltstätigkeit nutzt. Auf den Erwerb des anteiligen Grund und Bodens entfallen davon 100.000 €.

LÖSUNG: Das Wirtschaftsgut „Gebäude“ besteht aus dem Sondereigentum am Teileigentum sowie aus dem anteiligen Gemeinschaftseigentum, soweit es auf das Gebäude entfällt. Es ist mit Anschaffungskosten i. H. von 300.000 € zu bewerten und abzuschreiben. In welcher Höhe dieser Wert auf das Sondereigentum und das anteilige gemeinschaftliche Eigentum (Gebäude) entfällt, ist unerheblich, da das Wirtschaftsgut „Gebäude“ einheitlich bilanziert und einheitlich abgeschrieben wird (§ 7 Abs. 5b EStG). Das Wirtschaftsgut „Grund und Boden“ besteht aus dem Miteigentumsanteil am zivilrechtlichen Gemeinschaftseigentum, soweit es auf den Grund und Boden entfällt, und ist mit Anschaffungskosten i. H. von 100.000 € zu bewerten.

b) Sondereigentum als separates Wirtschaftsgut

Sondereigentum ist grds. ein Bestandteil des einheitlichen Wirtschaftsguts „Gebäude“. Ein Gebäude kann aber nach allgemeinen Grundsätzen in bis zu vier verschiedene Wirtschaftsgüter aufgeteilt werden (nach dem Nutzungs- und Funktionszusammenhang, vgl. R 4.2 Abs. 4 EStR). So kann z. B. ein zu eigenen Wohnzwecken genutztes Wohnungseigentum teilweise für eine gewerbliche Tätigkeit genutzt werden. Dann wird das Gebäudewirtschaftsgut i. d. R. nach der Nutzfläche in den Teil des Privatvermögens (eigene Wohnzwecke) und in den Teil des Betriebsvermögens (gewerbliche Zwecke) aufgeteilt. Das Gemeinschaftseigentum (z. B. der Hausflur und das Treppenhaus) folgen dann dieser Aufteilung. Ebenso wird der Grund und Boden anteilig zugeordnet. 597

457 Beispiel ähnlich wie BMF, Schreiben v. 2.9.2016 - IV C 6-S 2171-b/09/10002:002, BStBl 2016 I S. 995 Rz. 12.

598 Es ist nach hier vertretener Auffassung aber auch denkbar, dass ausschließlich ein Teil des Sondereigentums (ohne anteiliges Gemeinschaftseigentum) als separates Wirtschaftsgut anzusehen ist. So kann ein Fahrzeugstellplatz, der als Sondereigentum (§ 3 Abs. 2 WEG) zum Wohnungs- bzw. Teileigentum gehört, wegen abweichendem (betrieblichem) Funktionszusammenhang zur (privaten) Wohnungsnutzung als eigenes Wirtschaftsgut qualifiziert werden.

BEISPIEL „STELLPLATZ IM SONDEREIGENTUM": Frau F erwirbt 2021 Wohnungseigentum für Anschaffungskosten i. H. von insgesamt 200.000 €, das sie zu eigenen Wohnzwecken nutzt. Dazu gehört ein Fahrzeugstellplatz im gleichen Sondereigentum zur Wohnung, dessen anteiliger Kaufpreis ca. 10.000 € beträgt. F nutzt den Stellplatz ausschließlich zum Parken eines Lieferwagens, der zu ihrem als Einzelunternehmen geführten Betrieb gehört. Im Jahr 2025 stellt sie ihren Betrieb ein (Betriebsaufgabe nach § 16 Abs. 3 EStG). Der anteilige Wert des Stellplatzes beträgt zu diesem Zeitpunkt 15.000 €.

LÖSUNG: Der Stellplatz bildet zwar mit der Wohnung ein zivilrechtlich einheitliches Sondereigentum, das mit demselben Miteigentumsanteil am Gemeinschaftseigentum verbunden ist. Ertragsteuerrechtlich wird ein Gebäude bei unterschiedlicher Nutzung in verschiedene Wirtschaftsgüter aufgeteilt (R 4.2 Abs. 4 EStR). Zwar wird die Wohnung nicht gewerblich, sondern für eigene Wohnzwecke genutzt. Der Stellplatz wird aber ausschließlich eigenbetrieblich genutzt, da der Lieferwagen (Betriebsvermögen) darauf geparkt wird.[458] Damit steht der Stellplatz als eigenes Wirtschaftsgut in einem anderen Nutzungs- und Funktionszusammenhang als die Wohnung und ist nach hier vertretener Auffassung notwendiges Betriebsvermögen des Betriebs von F. Eine Bilanzierung kann unterbleiben, wenn die in § 8 EStDV aufgeführten Grenzen unterschritten sind. Im Jahr 2025 ist durch die Betriebsaufgabe das Wirtschaftsgut „Stellplatz" zum gemeinen Wert (15.000 €) in das Privatvermögen zu überführen (§ 16 Abs. 3 Satz 7 EStG).

c) Sondernutzungsrecht

599 Das Sondereigentum ist von den Sondernutzungsrechten zu unterscheiden. Ein Sondernutzungsrecht ist das Recht eines Wohnungseigentümers, einen bestimmten Teil des gemeinschaftlichen Eigentums allein nutzen zu dürfen (z. B. eine Terrassen- oder Gartenfläche).[459] Steuerrechtlich hat der Sondernutzungsberechtigte über seinen Miteigentumsanteil hinaus kein wirtschaftliches Eigentum an dem ihm zur Nutzung überlassenen gemeinschaftlichen Eigentum.[460]

---

458 BFH, Urteil v. 10.10.2017 - X R 1/16, BStBl 2018 II S. 181, zum Fall einer Doppelgarage, in der sowohl ein betrieblicher als auch privater Pkw geparkt werden.

459 Dazu z. B. BGH, Urteil v. 8.4.2016 - V ZR 191/15, NJW 2017 S. 64 XAAAF-83074.

460 BFH, Urteil v. 5.7.2018 - VI R 67/15, BStBl 2018 II S. 798 KAAAG-97788.

BEISPIEL „STELLPLATZ ALS SONDERNUTZUNGSRECHT": Frau F erwirbt 2021 Wohnungseigentum für Anschaffungskosten i. H. von insgesamt 200.000 €, das sie zu eigenen Wohnzwecken nutzt. Dazu gehört ein Fahrzeugstellplatz als flächenmäßig im Teilungsplan festgelegtes Sondernutzungsrecht am Gemeinschaftseigentum. Der Kaufpreis des Wohnungseigentums war durch das Stellplatzrecht um ca. 6.000 € höher als ohne Stellplatz. F nutzt den Stellplatz ausschließlich zum Parken ihres Lieferwagens, der zu ihrem als Einzelunternehmen geführten Betrieb gehört. Im Jahr 2025 stellt sie ihren Betrieb ein (Betriebsaufgabe nach § 16 Abs. 3 EStG). Der anteilige Wert des Stellplatzes beträgt dann 10.000 €.

LÖSUNG: Das Sondernutzungsrecht ist unselbständiger Teil des Wohnungseigentums und mangels wirtschaftlichen Eigentums nicht separat bewertbar. Die anteiligen Anschaffungskosten von 6.000 € sind in die allgemeine Kaufpreisaufteilung des Wohneigentums zwischen Gebäude sowie Grund und Boden einzubeziehen. Durch die Betriebsaufgabe 2025 ist kein Entnahmegewinn am Sondernutzungsrecht zu besteuern.

8. Gemeinschaftseigentum und Gemeinschaftsvermögen bei Wohnungseigentum im Betriebsvermögen

Das „gemeinschaftliche Eigentum" (§ 1 Abs. 5 WEG) bezeichnet das Eigentum am Grundstück (Boden) und am Gebäude der Wohnungseigentümergemeinschaft, welches kein Sondereigentum ist und an dem alle Wohnungseigentümer daher als Miteigentümer beteiligt sind. Dies ist zu unterscheiden vom „Gemeinschaftsvermögen" (§ 9a Abs. 3 WEG), welches alle Sachen und Rechte betrifft, die der Wohnungseigentümergemeinschaft *selbst* (und nicht anteilig den Wohnungseigentümern) gehören. Beide Rechtbegriffen klingen ähnlich, aber betreffen zwei verschiedene Rechtspositionen. 600

Die steuerrechtliche Zurechnung des gemeinschaftlichen Eigentums (Grund und Boden sowie Gebäude) zum jeweiligen Wohnungseigentümer ist unstrittig. Höchstrichterlich ungeklärt ist aus ertragsteuerlicher Sicht aber die Zuordnung von Wirtschaftsgütern des Gemeinschaftsvermögens (z. B. das Bankguthaben auf Namen der GdWE). Dieses Vermögen steht im Eigentum der GdWE. Nach hier vertretener Auffassung sind die Wirtschaftsgüter des Gemeinschaftsvermögens der GdWE ab dem 1.1.2024 ertragsteuerrechtlich als rechtsfähige Personenvereinigung (§ 14a Abs. 3 Nr. 3 AO in der Fassung des Wachstumschancengesetzes) nach § 3 Abs. 1 KStG der Körperschaftsteuer zuzurechnen, da deren Einkommen aus dem Gemeinschaftsvermögen (weder nach dem KStG noch nach dem EStG) unmittelbar bei einem anderen Steuerpflichtigen (den Wohnungseigentümern) zu versteuern ist. Nach an- 601 derer (wohl überwiegend in der Praxis vertretener) Auffassung sind die Wirtschaftsgüter demgegenüber nach § 39 Abs. 2 Nr. 2 AO steuerrechtlich anteilig den Wohnungseigentümer zuzuordnen (Bruchteilsbetrachtung). Diese Auffassung berücksichtigt nicht, dass es sich gerade nicht um das gemeinschaftliche Eigentum (am Grundstück), sondern um das Gemeinschaftsvermögen (im Eigentum der GdWE) handelt. Nur wenn und soweit das gemeinschaftliche Eigentum durch alle Wohnungseigentümer gemeinschaftlich zur Einkünfteerzielung genutzt wird (z. B. wird ein Garten oder eine Garage im Gemeinschaftseigentum an Dritte vermietet), erzielt nicht die GdWE, sondern erzielen die Wohnungseigentümer (gemeinschaftlich) die Einkünfte.

BEISPIEL „RASENMÄHER IM GEMEINSCHAFTSVERMÖGEN": ▸ Frau F hat Teileigentum mit einem Miteigentumsanteil an der GdWE von 1.000/3.000 an einer WEG-Anlage und nutzt diese Einheit für ihre gewerblichen Zwecke. Herr H hat ebenfalls einen Miteigentumsanteil an der GdWE von 1.000/3.000 und vermietet sein Wohnungseigentum. Im Gemeinschaftsvermögen befindet sich (neben den Bankkonten) ein Aufsitzrasenmäher (gemeiner Wert: 3.000 €), der vom Hausmeister regelmäßig für den großen Garten genutzt wird.

LÖSUNG: ▸ Nach überwiegender Auffassung wird die AfA des Rasenmähers (anteilig nach dem Miteigentumsanteil) den Wohnungseigentümern zugerechnet. Sofern diese das Wohnungseigentum bzw. Teileigentum zur Erzielung von Einkünften nutzen, können diese die AfA als Werbungskosten (hier bei Herrn H für seine Vermietungseinkünfte) bzw. als Betriebsausgaben (hier bei Frau F für ihre gewerblichen Einkünfte) absetzen. Nach hier vertretener Auffassung entfaltet die GdWE eine steuerrechtliche Abschirmwirkung. Die AfA des Rasenmähers ist der GdWE selbst zuzurechnen. Würde die GdWE den Rasenmäher z. B. an Nutzer in der Nachbarschaft vermieten, wären ihr (und nicht den Wohnungseigentümern) die Einkünfte daraus (z. B. nach § 22 Nr. 3 EStG) zuzurechnen und die AfA (anteilig) abzuziehen.

9. Vorschüsse und Erhaltungsrücklage bei Wohnungseigentum im Betriebsvermögen

a) Vorschüsse und Zuführung zur Erhaltungsrücklage

602 Die laufenden Hausgeldzahlungen der Wohnungseigentümer bzw. Teileigentümer sind betrieblich veranlasst (§ 4 Abs. 4 EStG) und sofort als Betriebsausgaben abzugsfähig. Dagegen sind die Zahlungen in die Erhaltungsrücklage (noch) nicht als Betriebsausgaben abzugsfähig, sondern als Forderung (gegen die GdWE) zu aktivieren. Ertragsteuerrechtlich ist die Beteiligung an der Erhaltungsrücklage ein Wirtschaftsgut, so dass ein bilanzierender, betrieblich beteiligter Wohnungseigentümer seine Beteiligung an der Erhaltungsrücklage mit

dem Betrag der geleisteten und noch nicht verbrauchten Einzahlungen aktivieren muss.[461]

BEISPIEL „LAUFENDE VORSCHÜSSE UND ZUFÜHRUNG ZUR ERHALTUNGSRÜCKLAGE": Frau F nutzt ihr Teileigentum für ihre Tätigkeit als Apothekerin. Im Jahr 2025 zahlt sie gemäß der Beschlusslage monatlich 400 € laufende Vorschüsse (Hausgeld) und 100 € als Einzahlung in die Erhaltungsrücklage an die GdWE.

LÖSUNG: Die Vorschüsse sind als Betriebsausgaben sofort abzugsfähig. Die Einzahlungen in die Erhaltungsrücklage sind (noch) nicht als Betriebsausgaben wirksam, da diese zu einem (insoweit erhöhten) Anspruch von F gegenüber der GdWE auf zukünftige Erhaltungsmaßnahmen führen. F hat die gesamte Einzahlung des Jahres 2025 (1.200 €) als Forderung gegen die GdWE zu aktivieren.

Sofern der Wohnungseigentümer nicht bilanziert, sondern seinen Gewinn 603 nach § 4 Abs. 3 EStG durch Einnahmen-Überschussrechnung ermittelt, sind die Einzahlungen in die Erhaltungsrücklage ebenfalls nicht abzugsfähig. Dies ergibt sich aus der analogen Anwendung der BFH-Rechtsprechung[462] für die Fälle der Überschusseinkünfte, bei denen erst dann Werbungskosten (hier: Betriebsausgaben) entstehen, sobald die Erhaltungsrücklage tatsächlich verwendet wird.

b) Nachzahlungen oder Erstattungen aus der Jahresabrechnung

Nachzahlungen aus der Jahresabrechnung führen zu sofort abzugsfähigen Be- 604 triebsausgaben. Aus Erstattungen resultieren dementsprechend Betriebseinnahmen.

Bilanzierende Wohnungseigentümer haben bei voraussichtlichen Nachzahlun- 605 gen eine Rückstellung zum Ende des Wirtschaftsjahres zu bilden, für das die Jahresabrechnung Bedeutung hat. Insoweit führt schon die Rückstellung zu Betriebsausgaben, die periodengerecht verbucht werden. Bei der Einnahme-Überschuss-Rechnung (§ 4 Abs. 3 EStG) sind die Betriebsausgaben bei Zahlung steuerwirksam (§ 11 EStG).

BEISPIEL „JAHRESABRECHNUNG": Frau F nutzt ihr Teileigentum für ihre Tätigkeit als Apothekerin. Im Jahr 2025 wird die Jahresabrechnung für das Jahr 2024 von der Wohnungseigentümerversammlung beschlossen. Daraus

a) zahlt Frau F eine Nachzahlung i. H. von 200 €,

b) erhält Frau F eine Erstattung von 300 €.

---

461 BFH, Beschluss v. 5.10.2011 - I R 94/10, BStBl 2012 II S. 244 NAAAE-00562; FG Köln, Urteil v. 21.6.2023 - 2 K 158/20 IAAAJ-53249 (BFH-Rev.: IV R 19/23).

462 BFH, Urteil v. 14.1.2025 - IX R 19/24, BStBl 2025 II S. 291 UAAAJ-86018.

LÖSUNG: Da die Vorschüsse als Betriebsausgaben sofort abzugsfähig sind, gilt dies auch für Nachzahlungen (Betriebsausgabe). Erstattungen sind als Betriebseinnahmen anzusetzen.

c) Verwendung der Erhaltungsrücklage

606 Wenn und soweit die GdWE aus der Erhaltungsrücklage Gelder für Erhaltungsmaßnahmen verwendet, sind diese beim Wohnungseigentümer als Betriebsausgaben abzugsfähig. Insoweit ist bei bilanzierenden Wohnungseigentümern die Forderung gegen die GdWE aufwandswirksam zu mindern.

BEISPIEL „VERWENDUNG DER ERHALTUNGSRÜCKLAGE“: Frau F nutzt ihr Teileigentum für ihre Tätigkeit als Apothekerin. Im Jahr 2025 wird das Treppenhaus der WEG-Anlage renoviert (Erhaltungsaufwand). Auf Frau F entfällt nach ihrem Miteigentumsanteil im Sinne des WEG ein Anteil von 1.000 €.

LÖSUNG: Die Forderung gegen die GdWE ist um 1.000 € aufwandswirksam zu mindern.

607 Bei der Einnahme-Überschuss-Rechnung (§ 4 Abs. 3 EStG) entstehen durch die Verwendung der Erhaltungsrücklage abzugsfähige Betriebsausgaben im Zeitpunkt der Zahlung durch die GdWE.

d) Erhaltungsrücklage bei Kauf und Verkauf von Wohnungseigentum

608 Beim Erwerb von Wohnungseigentum gehört der im Kaufpreis enthaltene Anteil für das in der Erhaltungsrücklage angesammelte Guthaben nicht zu den Anschaffungskosten der Eigentumswohnung.[463] Der (einheitliche) Kaufpreis ist aufzuteilen und nur der um die anteilige Erhaltungsrücklage gekürzte Kaufpreis in die AfA-Bemessungsgrundlage einzubeziehen. Die anteilige Erhaltungsrücklage ist als Forderung neben dem Gebäude bzw. Grund und Boden zu bilanzieren. Wenn und soweit die Erhaltungsrücklage durch die GdWE verwendet wird, mindert sich die Forderung aufwandswirksam.

BEISPIEL „ERWERB VON WOHNUNGSEIGENTUM MIT ERHALTUNGSRÜCKLAGE“: Die A-GmbH erwirbt Wohnungseigentum zum Gesamtkaufpreis von 300.000 € und nutzt es für die Vermietung. Zum Zeitpunkt des Übergangs von Besitz, Nutzen und Lasten bestand eine Erhaltungsrücklage, die i. H. von 5.000 € auf den Veräußerer bzw. die Erwerberin (A-GmbH) entfiel.

463 OFD Frankfurt a. M., Verfügung v. 9.11.2022 - S 2211 A-12-St 214, DStR 2023 S. 281 RAAAJ-32205.

LÖSUNG: Die A-GmbH erwirbt drei Wirtschaftsgüter: Das Gebäude, den Grund und Boden und die Forderungen aus der Erhaltungsrücklage. Die Forderung ist mit 5.000 € zu aktivieren. Die Anschaffungskosten für das Grundstück betragen 295.000 € (und sind auf Gebäude sowie Grund und Boden aufzuteilen).

Bei der Veräußerung von Wohnungseigentum wird eine bestehende Forderung aus der Erhaltungsrücklage erfolgsneutral ausgebucht, da der anteilige Kaufpreis aus dem Gesamtkaufpreis betragsidentisch zu bestimmen ist. Die Forderung wird gewissermaßen wirtschaftlich immer mitverkauft. 609

BEISPIEL „VERKAUF VON WOHNUNGSEIGENTUM MIT ERHALTUNGSRÜCKLAGE“: Die A-GmbH veräußert Wohnungseigentum zum Gesamtkaufpreis von 300.000 €. Zum Zeitpunkt des Übergangs von Besitz, Nutzen und Lasten bestand eine Erhaltungsrücklage, die i. H. von 3.000 € auf die A-GmbH entfiel.

LÖSUNG: Die A-GmbH veräußert drei Wirtschaftsgüter: Das Gebäude, den Grund und Boden und die Forderungen aus der Erhaltungsrücklage. Die Forderung war unmittelbar vor dem Abgang mit 3.000 € zu aktivieren und gegen den gleich hohen anteiligen Veräußerungspreis erfolgsneutral auszubuchen. Der übrige Kaufpreis (297.000 €) entfällt auf das Gebäude sowie den Grund und Boden.

10. Veräußerung von Wohnungseigentum und Rücklage nach § 6b EStG

a) Veräußerung von Wohnungseigentum

Durch die Veräußerung von Wohnungseigentum (bzw. Teileigentum) des Betriebsvermögens scheidet dieses Wirtschaftsgut aus dem Betrieb gegen eine dafür erhaltene Gegenleistung (i. d. R. ein Kaufpreis) aus dem Betriebsvermögen aus. Die Differenz zwischen dem Buchwert des Grundstücks (dem Grund und Boden sowie dem Gebäude) und dem Veräußerungspreis sind die stillen Reserven, welche steuerwirksam realisiert werden. Der Buchwertabgang wird als Aufwand und der Kaufpreis wird als Erlös gebucht. 610

BEISPIEL „VERÄUSSERUNG VON WOHNUNGSEIGENTUM“: Frau F veräußert zum 31.12.2024 ihr betrieblich genutztes Teileigentum zum Kaufpreis von 400.000 €, das i. H. von 100.000 € auf den Grund und Boden und i. H. von 300.000 € auf das Gebäude entfällt. Zum 31.12.2024 ist der Grund und Boden mit 70.000 € und das Gebäude mit 350.000 € (vor Abgang) aktiviert.

LÖSUNG: Es werden zwei Wirtschaftsgüter des Betriebsvermögens veräußert und die stillen Reserven aufgedeckt (Grund und Boden 100.000 € - 70.000 € = 30.000 € sowie Gebäude 400.000 € - 350.000 € = 50.000 €).

b) Übertragung von stillen Reserven nach § 6b EStG

611 Durch § 6b EStG können die aus der Veräußerung von Grund und Boden sowie Gebäude aufgedeckten stille Reserven unter bestimmten Voraussetzungen auf andere Grundstücke (Reinvestitionsobjekte) übertragen werden.[464] Diese Regelung ist nicht nur auf bilanzierende Steuerpflichtige, sondern durch § 6c EStG auch auf Einnahme-Überschuss-Rechner (§ 4 Abs. 3 EStG) anwendbar.

612 Der Sinn diese Norm besteht nach der Gesetzesbegründung[465] darin, dass Grundstücke aus betrieblichen Gründen (z. B. Standortwechsel) ohne Steuerbelastung veräußert werden können, damit der Veräußerungserlös voll zur Neuinvestition zur Verfügung steht. Dies wird dadurch erreicht, dass die aufgedeckten stillen Reserven auf andere (vor kurzem dafür angeschaffte) Grundstücke übertragen werden oder anderenfalls in eine den steuerlichen Gewinn mindernde Rücklage eingestellt werden dürfen (für eine mittelfriste Übertragung bei einer Neuanschaffung).

c) Veräußerung von bestimmten Grundstücken

613 Als Veräußerung i. S. des § 6b EStG wird die entgeltliche Übertragung des Eigentums an einem zum Betriebsvermögen gehörenden Grundstück verstanden, wie insbesondere beim Verkauf (gegen einen Kaufpreis in Geld) oder dem Tausch (gegen ein anderes Grundstück).[466] Zwar führt auch eine Entnahme zur Aufdeckung der stillen Reserven. Dies ist aber nicht auf einen betrieblichen Leistungsaustausch zurückzuführen, sondern beruht vielmehr auf einer Überführung des Wirtschaftsguts in das Privatvermögen, was nach Sinn und Zweck des Gesetzes nicht nach § 6b EStG begünstigt ist.[467]

614 Voraussetzung für die Anwendung von § 6b EStG ist u. a., dass das veräußerte Wirtschaftsgut (Grund und Boden bzw. Gebäude) im Zeitpunkt der Veräußerung mindestens sechs Jahre ununterbrochen zum Anlagevermögen einer inländischen Betriebsstätte gehört hat (§ 6b Abs. 4 Satz 1 Nr. 2 EStG).

615 Die angeschafften oder hergestellten Reinvestitionsgrundstücke müssen zum Anlagevermögen einer inländischen Betriebsstätte gehören (§ 6b Abs. 4 Satz 1 Nr. 3 EStG). Die Reinvestition in Umlaufvermögen ist also nicht begünstigt.

464 Nach § 6b EStG sind auch andere Wirtschaftsgüter als Grundstücke begünstigt (z. B. Binnenschiffe oder Anteile an Kapitalgesellschaften), die hier aber nicht betrachtet werden.

465 BT-Drucks. IV/2400, S. 62.

466 BFH, Urteil v. 28.1.1981 - IV R 111/77, BStBl 1981 II S. 430 KAAAA-91620.

467 BFH, Urteil v. 29.6.1995 - VIII R 2/94, BStBl 1996 II S. 60 DAAAA-95675.

Der Anschaffung oder Herstellung von Gebäuden steht ihre Erweiterung, ihr Ausbau oder ihr Umbau gleich (§ 6b Abs. 1 Satz 3 EStG). Der Abzug nach § 6b EStG ist in diesem Fall nicht von dem Altbuchwert, sondern nur von dem Aufwand für die Erweiterung, den Ausbau oder den Umbau der Gebäude zulässig (§ 6b Abs. 1 Satz 4 EStG). 616

d) Direktverwendung oder Rücklagenbildung

Der Veräußerungsgewinn kann direkt auf ein Reinvestitionsobjekt übertragen werden, sofern dieses (frühestens) zu Beginn des vorangegangenen Wirtschaftsjahres angeschafft (bzw. ein Gebäude bereits hergestellt) wurde (§ 6b Abs. 1 Satz 1 EStG). 617

Im Wirtschaftsjahr der Veräußerung kann dabei bis zur Höhe des bei der Veräußerung entstandenen (und gebuchten) Ertrags von dem Buchwert des angeschafften Grund und Bodens bzw. des angeschafften oder hergestellten Gebäudes ein entsprechender Betrag aufwandswirksam abgezogen werden (§ 6b Abs. 1 Satz 1 EStG). Sofern also ein Reinvestitionsobjekt bereits zeitnah angeschafft (oder hergestellt) wurde, kann der aufzudeckende Gewinn direkt durch einen aufwandswirksamen Abzug im Ergebnis kompensiert werden (Direktverwendung). 618

Regelmäßig wird der Steuerpflichtige daran interessiert sein, einen möglichst hohen Anteil auf den Grund und Boden des Zielobjekts zu übertragen, da die dorthin übertragenen stillen Reserven (bis zur Veräußerung dieses Grundstücks) steuerneutral gespeichert werden können. Dagegen wirken sich auf ein Gebäude übertragene Gewinne durch die daraus resultierende geringere Abschreibung aus und werden somit faktisch ratierlich gewinnwirksam realisiert. Vor diesem Hintergrund ist gesetzlich geregelt, dass stille Reserven aus Gebäuden nicht auf Grund und Boden übertragen werden dürfen. Wichtig ist daher bei der Übertragung der stillen Reserven, dass zwischen Grund und Boden und dem Gebäude zu unterscheiden ist. Der Abzug ist bei neu angeschafftem Grund und Boden nur zulässig, soweit der Gewinn bei der Veräußerung von Grund und Boden entstanden ist (§ 6b Abs. 1 Satz 2 Nr. 1 EStG). Demgegenüber können auf neu angeschaffte oder hergestellte Gebäude sowohl die stillen Reserven aus veräußertem Grund und Boden als auch aus veräußerten Gebäuden übertragen werden (§ 6b Abs. 1 Satz 2 Nr. 3 EStG). 619

BEISPIEL „DIREKTVERWENDUNG": Frau F veräußert zum 31.1.2024 ihr betrieblich genutztes Teileigentum, das seit der Anschaffung am 30.11.2016 zum Anlagevermögen ihres Fahrschulbetriebs gehörte. Der auf den Grund und Boden entfallende Gewinn beträgt 50.000 € und der auf das Gebäude entfallende Gewinn beträgt 100.000 €.

Sie schaffte zum 1.6.2024 ein neues Grundstück an (Standortwechsel der Fahrschule) mit Anschaffungskosten des Grund und Bodens von 80.000 € bzw. des Gebäudes von 400.000 €.

LÖSUNG: Das Teileigentum gehörte mindestens sechs Jahre zum Anlagevermögen des Betriebs von Frau F. Sie kann daher die bei der Veräußerung aufgedeckten stillen Reserven auf das im selben Wirtschaftsjahr abgeschaffte Reinvestitionsgrundstück (was bei ihr zum Anlagevermögen gehört) übertragen. Frau F kann den Gewinn aus dem veräußerten Grund und Boden (50.000 €) auf den angeschafften Grund und Boden oder das angeschaffte Gebäude (oder jeweils teilweise) übertragen. Regelmäßig wird es (hier: vollständig) auf den neu angeschafften Grund und Boden übertragen, so dass dessen Buchwert aufwandswirksam von 80.000 € (Anschaffungskosten) um 50.000 € (Anwendung § 6b EStG) auf 30.000 € (neuer Buchwert) gemindert wird. Der Gewinn aus dem veräußerten Gebäude (100.000 €) kann nur auf das neu angeschaffte Gebäude übertragen werden. Insoweit wird der Buchwert des neuen Gebäudes aufwandswirksam um 100.000 € auf 300.000 € gemindert.

620 Eine Rücklage ist nur dann erforderlich, wenn bei der Grundstücksveräußerung noch kein Zielobjekt für die Gewinnübertragung vorhanden ist und daher in einer steuerbilanziellen Rücklage nach § 6b EStG gespeichert werden soll. Soweit also kein Abzug im Veräußerungsjahr möglich ist, kann eine den steuerlichen Gewinn mindernde Rücklage gebildet werden (§ 6b Abs. 3 Satz 1 EStG).

BEISPIEL „BILDUNG § 6B ESTG-RÜCKLAGE": Frau F veräußert zum 31.1.2024 ihr betrieblich genutztes Teileigentum, das seit der Anschaffung am 30.11.2016 zum Anlagevermögen ihres Fahrschulbetriebs gehörte. Der auf den Grund und Boden entfallende Gewinn beträgt 50.000 € und der auf das Gebäude entfallende Gewinn beträgt 100.000 €. Bis Ende 2024 hat sie noch kein neues Grundstück für den Standortwechsel angeschafft und zieht mit ihrem Betrieb bis auf Weiteres in gemietete Räume.

LÖSUNG: Das Teileigentum gehörte mindestens sechs Jahre zum Anlagevermögen des Betriebs von Frau F. Sie erfüllt daher insoweit die Voraussetzung des § 6b EStG. Da sie noch kein Reinvestitionsgrundstück angeschafft hat, kann sie aber aufwandswirksam zwei Rücklagen nach § 6b EStG bilden (50.000 € für den Grund und Boden und 100.000 € für das Gebäude).

e) Reinvestition nach Bildung der § 6b EStG-Rücklage

621 Sofern eine Rücklage nach § 6b Abs. 3 Satz 1 EStG gebildet wurde, kann diese Rücklage in künftigen Wirtschaftsjahren aufgelöst und von den Anschaffungs- oder Herstellungskosten von angeschafften bzw. hergestellten Grund und Boden bzw. Gebäuden abgezogen werden. Die Reinvestitionsfrist beträgt grds. vier Wirtschaftsjahre (§ 6b Abs. 3 Satz 2 EStG). Die Frist verlängert sich bei neu hergestellten Gebäuden auf sechs Jahre, wenn mit ihrer Herstellung vor dem Schluss des vierten auf die Bildung der Rücklage folgenden Wirtschaftsjahres begonnen worden ist (§ 6b Abs. 3 Satz 3 EStG).

BEISPIEL „AUFLÖSUNG § 6B ESTG-RÜCKLAGE NACH REINVESTITION": Frau F betreibt eine Fahrschule und hatte im Wirtschaftsjahr 2024 eine Rücklage nach § 6b Abs. 3 EStG aus einer Grundstücksveräußerung gebildet, die i. H. von 50.000 € auf veräußerten Grund und Boden und i. H. von 100.000 € auf das veräußerte Gebäude entfällt. Sie schafft zum 1.2.2026 ein neues Grundstück an mit Anschaffungskosten des Grund und Bodens von 80.000 € bzw. des Gebäudes von 400.000 €.

LÖSUNG: Das Teileigentum gehörte mindestens sechs Jahre zum Anlagevermögen des Betriebs von Frau F. Sie erfüllt daher insoweit die Voraussetzung des § 6b EStG. Da sie noch kein Reinvestitionsgrundstück angeschafft hat, kann sie aber aufwandswirksam zwei Rücklagen nach § 6b EStG bilden (50.000 € für den Grund und Boden und 100.000 € für das Gebäude).

LÖSUNG: Frau F hat innerhalb der gesetzlichen Vierjahresfrist Grund und Boden bzw. Gebäude angeschafft, das zu ihrem Anlagevermögen (Fahrschule) gehört. Sie kann die Rücklage nach § 6b EStG auflösen (insoweit steuerpflichtiger Ertrag von insgesamt 150.000 €) und einen gleich hohen aufwandswirksamen Abzug von den Buchwerten des angeschafften Grundstücks buchen. Der Gewinn aus Gebäude-Rücklage (100.000 €) kann nur auf das neu angeschaffte Gebäude übertragen werden. Insoweit wird der Buchwert des neuen Gebäudes aufwandswirksam um 100.000 € auf 300.000 € gemindert. Die Rücklage aus dem Grund und Boden könnte F auch auf das Gebäude übertragen. Jedoch wird es aus ihrer Sicht sinnvoller sein, den Abzug beim neu angeschafften Grund und Boden geltend zu machen, da insoweit sich die Gebäudeabschreibung nicht mindert. Sie wird daher i. d. R. den Buchwert des angeschafften Grund und Bodens aufwandswirksam von 80.000 € (Anschaffungskosten) um 50.000 € (Anwendung § 6b EStG) auf 30.000 € (neuer Buchwert) mindern.

f) Rücklagenauflösung ohne fristgerechte Reinvestition

Soweit eine § 6b EStG-Rücklage gewinnerhöhend aufgelöst wird, ohne dass ein 622
entsprechender Betrag durch eine begünstigte Reinvestition abgezogen wird, ist der Gewinn für jedes Wirtschaftsjahr, in dem die Rücklage bestanden hat, um 6 % des aufgelösten Rücklagenbetrags zu erhöhen (Gewinnzuschlag nach § 6b Abs. 7 EStG). Dies wird der Fall sein, wenn entweder innerhalb der (regelmäßig vierjährigen) Reinvestitionsfrist kein neues Objekt angeschafft wird oder die Anschaffungskosten (oder Herstellungskosten) nicht hoch genug sind, um die § 6b-EStG-Rücklage vollständig zu übertragen.

BEISPIEL „AUFLÖSUNG § 6B ESTG-RÜCKLAGE OHNE REINVESTITION": Frau F betreibt eine Fahrschule und hatte im Wirtschaftsjahr 2020 eine Rücklage nach § 6b Abs. 3 EStG aus einer Grundstücksveräußerung gebildet, die i. H. von 50.000 € auf veräußerten Grund und Boden und i. H. von 100.000 € auf das veräußerte Gebäude entfällt. Ein neues Grundstück hat sie nicht angeschafft (oder hergestellt), sondern nutzt seitdem ein Mietobjekt für ihren Betrieb.

LÖSUNG: Da Frau F nicht innerhalb von vier Jahren (§ 6b Abs. 3 Satz 2 EStG) nach der Bildung der Rücklage begünstigt reinvestiert hat, ist die Rücklage zum Ende des Wirtschaftsjahr 2024 gewinnwirksam (ohne Aufwandkompensation) aufzulösen. Zudem ist ein außerbilanzieller Gewinnzuschlag i. H. von 150.000 € (Rücklagenbestand) x 4 Jahre x 6 % = 36.000 € anzusetzen (§ 6b Abs. 7 EStG).

11. Einlage und Entnahme von Wohnungseigentum

a) Einlagen in das Betriebsvermögen

aa) Einlagen als Zuführung zum Betriebsvermögen

623 Wenn Wirtschaftsgüter angeschafft und sofort betrieblich genutzt werden, handelt es sich ab dem Zeitpunkt der Anschaffung bereits um Betriebsvermögen. Zunächst privat genutzte Wirtschaftsgüter werden erst dann zu Betriebsvermögen, sobald sie betrieblich genutzt werden. Dies führt ertragsteuerlich zu einer Einlage aus dem Privatvermögen in das Betriebsvermögen. Dementsprechend formuliert § 4 Abs. 1 Satz 8 Halbsatz 1 EStG, dass Einlagen alle Wirtschaftsgüter (Bareinzahlungen und sonstige Wirtschaftsgüter) sind, die der Steuerpflichtige dem Betrieb im Laufe des Wirtschaftsjahres zugeführt hat.

624 Durch die erstmalige betriebliche Nutzung eines bisher zu privaten Zwecken genutzten Grundstücks (Gebäude sowie Grund und Boden), wird dies zum notwendigen Betriebsvermögen des nutzenden Betriebs (R 4.2 (7) EStR). Dies stellt eine Einlage in das Betriebsvermögen dar. Es ist ausreichend, wenn ein Grundstücksteil oder nur ein Raum erstmals betrieblich genutzt wird. Dann wird dieser Grundstücksteil wegen des abweichenden Nutzungszusammenhangs zum übrigen (privat genutzten) Grundstücksteil als eigenes Wirtschaftsgut eingelegt. Der privat genutzte Grundstücksteil verbleibt im Privatvermögen.

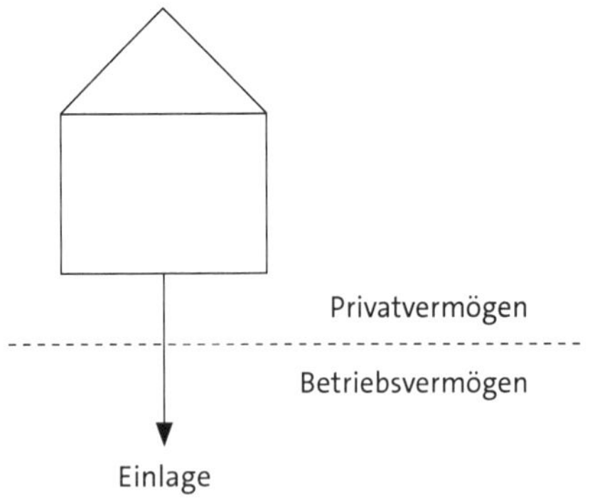

bb) Bewertung der Einlage

Eine Einlage ist im Grundsatz mit dem Teilwert zu bewerten (§ 6 Abs. 1 Nr. 5 Satz 1 Halbsatz 1 EStG) und in dieser Höhe erstmals als Wirtschaftsgut des Betriebs zu aktivieren (Einlagewert). Dabei sind die Anschaffungs- oder Herstellungskosten im Privatvermögen – im Grundsatz – unbeachtlich. 625

BEISPIEL „EINLAGE VON WOHNUNGSEIGENTUM (GRUNDFALL)": Herr H nutzt einen Raum (20 m²) seines zu eigenen Wohnzwecken zum 30.6.2018 angeschafften Wohnungseigentum (insgesamt 100 m²) ab dem 1.1.2025 ausschließlich für seine Versicherungsagentur. Das Wohnungseigentum hat zum 1.1.2025 einem Verkehrswert = Teilwert von 200.000 €, von dem 30.000 € auf den Grund und Boden entfallen.

LÖSUNG: Der Raum und der anteilige Grund und Boden stellen ab dem 1.1.2025 notwendiges Betriebsvermögen des Einzelunternehmens von H dar und sind zum Teilwert einzulegen. Der Wertansatz für das anteilige Gebäude (170.000 € x 20 % = 34.000 €) bildet zugleich dessen AfA-Bemessungsgrundlage. Der anteilige Grund und Boden ist mit 30.000 € x 20 % = 6.000 € zu bewerten.

Wenn das Wohnungseigentum jedoch innerhalb der letzten drei Jahre vor dem Zeitpunkt der Zuführung in das Betriebsvermögen aus dem Privatvermögen angeschafft oder hergestellt worden ist, werden als Einlagewert höchstens die Anschaffungs- oder Herstellungskosten angesetzt (§ 6 Abs. 1 Nr. 5 Satz 1 Halbsatz 2 Buchst. a EStG). Wird das Wohnungseigentum also innerhalb von drei Jahren nach Anschaffung bzw. (Gebäude-)Herstellung eingelegt, wird der Einlagewert auf die Anschaffungs- oder Herstellungskosten gedeckelt. Damit werden zeitnahe Wertsteigerungen während der Zugehörigkeit zum Privatvermögen als stille Reserven in das Betriebsvermögen einbezogen. 626

Für Gebäude gibt es eine zusätzliche Regelung in diesem Zusammenhang: Ist die Einlage ein abnutzbares Wirtschaftsgut, so sind die Anschaffungs- oder Herstellungskosten um Absetzungen für Abnutzung zu kürzen, die auf den Zeitraum zwischen der Anschaffung oder Herstellung des Wirtschaftsguts und der Einlage entfallen (§ 6 Abs. 1 Nr. 5 Satz 2 EStG). Diese Regelung betrifft somit nicht den Grund und Boden, da er nicht abnutzbar ist. 627

BEISPIEL „EINLAGE VON WOHNUNGSEIGENTUM INNERHALB VON DREI JAHREN NACH ANSCHAFFUNG": Herr H nutzt sein zum 1.1.2023 angeschafftes Wohnungseigentum ab dem 1.1.2025 erstmals betrieblich (Einlage). Zum Einlagezeitpunkt beträgt der Teilwert des Grund und Bodens 50.000 € und des Gebäudes 300.000 €. Die Anschaffungskosten von H für den Grund und Boden waren 40.000 € und für das Gebäude 250.000 €.

LÖSUNG: Das Gebäude und der zugehörige Grund und Boden stellen ab dem 1.1.2025 notwendiges Betriebsvermögen des H dar. Diese beiden Wirtschaftsgüter werden dadurch in das Betriebsvermögen eingelegt. Im Grundsatz ist zwar der Teilwert zum Einlagezeitpunkt der Einlagewert. Jedoch legt H das Wohnungseigentum zwei Jahre nach Anschaffung (also innerhalb von drei Jahren nach Anschaffung) in das Betriebsvermögen ein. Somit bilden die (fortgeführten) Anschaffungskosten die Obergrenze für den Einlagewert (§ 6 Abs. 1 Nr. 5 Satz 1 Halbsatz 2 Buchst. a, Satz 2 EStG).

Der Grund und Boden ist mit 40.000 € zu bewerten (Einlagewert).

Die Gebäudeanschaffungskosten sind um fiktive AfA für die Zeit im Privatvermögen zu mindern (250.000 € x 2 % x 2 Jahre = 10.000 €), um die fortgeführten Anschaffungskosten im Einlagezeitpunkt zu ermittelt (250.000 € Anschaffungskosten ./. 10.000 € AfA = 240.000 € Einlagewert). Der Einlagewert bildet die AfA-Bemessungsgrundlage.

cc) Einlage von Gebäuden nach vorherigen Einkünften im Privatvermögen

628 Durch die Einlage von Gebäuden aus dem Privatvermögen wird durch den im Betriebsvermögen anzusetzenden Einlagewert (Buchwert im Betriebsvermögen) ein Abschreibungsvolumen geschaffen, welches sich zukünftig über die AfA als Betriebsausgaben auswirkt. Im Grundsatz geht der Gesetzgeber davon aus, dass dem Steuerpflichtigen (Wohnungseigentümer) das AfA-Volumen zusteht, welches sich aus dem Einlagewert (also i. d. R. dem Teilwert) ergibt. Wenn aber mit dem Wohnungseigentum im Privatvermögen Einkünfte erzielt wurden (i. d. R. durch die Vermietung oder Verpachtung nach § 21 EStG) und danach in das Betriebsvermögen (z. B. durch erstmalige betriebliche Nutzung) eingelegt wird, profitiert der Steuerpflichtige ggf. doppelt von seinen (nur einmal geleisteten) Anschaffungs- oder Herstellungskosten. Im Extremfall ist es z. B. denkbar, dass ein Gebäude mit Anschaffungskosten von 100.000 € bei den Vermietungseinkünften voll als Werbungskosten abgeschrieben wurde und bei einem (angenommenen) Teilwert (Einlagewert) von ebenfalls 100.000 € dieses AfA-Volumen im Betriebsvermögen noch einmal erhält.

629 Wertsteigerungen zwischen der Anschaffung bzw. Herstellung des Gebäudes und dessen Einlage sind gleichwohl als AfA-Volumen im Betriebsvermögen zulässig, obwohl der Wohnungseigentümer insoweit keine (weiteren) Anschaffungs- bzw. Herstellungskosten für das Gebäude geleistet hat.

630 Der Gesetzgeber hat diese Situation dahingehend gelöst, dass zwar der Einlagewert grds. auch die AfA-Bemessungsgrundlage bildet. Jedoch sind für die Ermittlung der Bemessungsgrundlage der Gebäude-AfA die „darin enthaltenen" Anschaffungs- bzw. Herstellungskosten um die tatsächlichen Abschreibungen im Privatvermögen (bis zum Zeitpunkt der Einlage) zu mindern (§ 7 Abs. 1 Satz 5 EStG).[468] Mindestens sind aber die fortgeführten Anschaffungs-

468 Nach BT-Drucks. 14/23 v. 9.11.1998 S. 172 konnten vor der gesetzlichen Regelung Aufwendungen erneut als Abschreibungspotenzial nutzbar gemacht werden, ohne dass es einen sachlichen Grund für diesen Steuervorteil gab. In der Gestaltungspraxis sei dieser ungerechtfertigte Steuervorteil häufig genutzt worden.

bzw. Herstellungskosten anzusetzen. Soweit der Einlagewert unter den fortgeführten Anschaffungs- bzw. Herstellungskosten liegt, ist dieser (geringere) Wert für die AfA-Bemessungsgrundlage maßgeblich und der Wertverlust des Gebäudes (mangels zulässiger Teilwertabschreibung im Privatvermögen) für den Wohnungseigentümer steuerrechtlich verloren.

In den Fällen des § 7 Abs. 1 Satz 5 EStG kann der Einlagewert (Bilanzwert) somit von der AfA-Bemessungsgrundlage abweichen. Wichtig ist es daher in diesen Fällen, den Einlagewert (geregelt durch § 6 Abs. 1 Nr. 5 Satz 1, 2 EStG) von der Höhe der AfA-Bemessungsgrundlage (§ 7 Abs. 1 Satz 1, 5 EStG) zu unterscheiden. Hilfreich ist z. B. das BMF-Schreiben v. 27.10.2010,[469] welches den Zusammenhang zwischen Einlagebewertung und Abschreibung durch Fallbeispiele erläutert. 631

BEISPIEL „EINLAGE VON WOHNUNGSEIGENTUM (GEBÄUDE) NACH VERMIETUNG IM PRIVATVERMÖGEN": Herr H hat zum 1.1.2020 ein Gebäude im Wohnungseigentum angeschafft (Anschaffungskosten des Gebäudes: 100.000 €) und dieses im Privatvermögen vermietet. Ab dem 1.1.2025 wird das Wohnungseigentum von ihm eigenbetrieblich genutzt (Einlage in das Betriebsvermögen). Zum Einlagezeitpunkt beträgt der Teilwert des Gebäudes 130.000 €. Die Gebäude-AfA (Werbungskosten) während der Vermietungszeit (2020–2024) hat insgesamt 10.000 € betragen.

LÖSUNG: Das Gebäude wird zum 1.1.2025 mit dem Teilwert (130.000 €) in das Betriebsvermögen des H eingelegt und daher mit diesem „Startwert" bilanziert (§ 6 Abs. 1 Nr. 5 Satz 1 EStG). Die AfA-Bemessungsgrundlage bestimmt sich bei einer Einlage aus dem Privatvermögen in ein Betriebsvermögen grds. nach dem Einlagewert und tritt daher in diesen Fällen an die Stelle der Anschaffungs- oder Herstellungskosten.[470] Von diesen 130.000 € wäre somit eigentlich abzuschreiben. Jedoch wurde das Gebäude vor der Einlage zur Einkünfteerzielung (Vermietung) im Privatvermögen genutzt. Daher mindert sich die AfA-Bemessungsgrundlage in Höhe der Abschreibungen im Privatvermögen um 10.000 € auf 120.000 €.[471]

HINWEISE ZUM BEISPIEL: Beträgt der Teilwert zum 1.1.2025 z. B. nur 95.000 €, wird dieser Einlagewert für die AfA-Bemessungsgrundlage nicht voll um die AfA von 10.000 € gemindert, da die fortgeführten Anschaffungskosten (100.000 € ./. 10.000 € = 90.000 €) die Untergrenze bilden (vgl. § 7 Abs. 1 Satz 5 EStG). Die AfA-BMB beträgt dann 90.000 €.[472]

Sofern der Teilwert bei Einlage die fortgeführten Anschaffungskosten unterschreitet, ist gleichwohl dieser (niedrigere) Wert anzusetzen. Wenn z. B. der Teilwert zum

469 BMF, Schreiben v. 27.10.2010 - IV C 3-S 2190/09/10007, BStBl 2010 I S. 1204.

470 BMF, Schreiben v. 27.10.2010 - IV C 3-S 2190/09/10007, BStBl 2010 I S. 1204 Rz. 1.

471 Dazu BMF, Schreiben v. 27.10.2010 - IV C 3-S 2190/09/10007, BStBl 2010 I S. 1204 Rz. 3, mit einem ähnlichen Beispiel.

472 Dazu BMF, Schreiben v. 27.10.2010 - IV C 3-S 2190/09/10007, BStBl 2010 I S. 1204 Rz. 4, mit einem ähnlichen Beispiel.

1.1.2025 80.000€ beträgt, ist dies sowohl der Einlagewert (Bilanzwert) als auch die AfA-Bemessungsgrundlage.[473]

Bei Einlagen innerhalb von drei Jahren nach Anschaffung oder Herstellung (im Beispiel bei einer Gebäudeanschaffung zum 1.1.2023) wird durch §6 Abs.1 Nr.5 Satz1 Buchst. a, Satz2 EStG schon der Einlagewert auf die fortgeführten Anschaffungskosten gedeckelt, so dass die Deckelung des AfA-Bemessungsgrundlage nach §7 Abs.1 Satz5 EStG nicht mehr angewendet wird.[474]

dd) Veräußerung nach Einlage als nachgelagerte Besteuerung gem. §23 EStG

632 Die Veräußerung eines Grundstücks im Privatvermögen innerhalb von zehn Jahren nach dessen Anschaffung führt zu der Besteuerung als privates Veräußerungsgeschäft (§23 Abs.1 Satz1 Nr.1 EStG), sofern nicht bestimmte Ausnahmen (vor allem: Nutzung zu eigenen Wohnzwecken) greifen. Die vorherige Einlage eines Grundstücks in das Betriebsvermögen und dessen nachfolgende Veräußerung aus dem Betriebsvermögen würde eine Besteuerung der im Privatvermögen gebildeten Werterhöhung verhindern. Dies ergibt sich einerseits daraus, dass das Grundstück mit dem (höheren) Teilwert eingelegt wird und bei der betrieblichen Veräußerung dadurch keine stillen Reserven besteuert werden und andererseits der Grundtatbestand des §23 Abs.1 Satz1 Nr.1 EStG für Betriebsvermögen nicht anwendbar ist. Daher regelt §23 Abs.1 Satz5 Nr.1 EStG, dass die Einlage eines Grundstücks aus dem Privatvermögen in ein Betriebsvermögen besteuert wird, wenn das Grundstück innerhalb von zehn Jahren nach der ursprünglichen Anschaffung aus dem Betriebsvermögen heraus veräußert wird (Ersatztatbestand). Dabei wird der Einlagewert (Teilwert) als Veräußerungspreis fingiert und die fortgeführten Anschaffungskosten für die Ermittlung des Veräußerungsgewinns davon abgezogen (§23 Abs.3 Satz2 EStG). Die Besteuerung erfolgt nicht rückwirkend für den VZ der Einlage, sondern in dem VZ, in dem der tatsächliche Veräußerungspreis gezahlt wird.

633 Wichtig ist, dass die Einlage zunächst nicht zu einer fiktiven Grundstücksveräußerung nach §23 Abs.1 Satz5 Nr.1 EStG führt. Nur wenn innerhalb von zehn Jahren nach der ursprünglichen Anschaffung das Grundstücks tatsächlich veräußert wird, handelt es sich um ein privates Veräußerungsgeschäft. Die im Betriebsvermögen eventuell gebildeten stillen Reserven sind zusätzlich nach den allgemeinen Grundsätzen zu besteuern. Die Zehn-Jahres-Frist wird durch die Einlage nicht unterbrochen, sondern läuft weiter. Selbst bei einer nachfolgenden Entnahme des Grundstücks zurück in das Privatvermögen führt eine

473 Dazu BMF, Schreiben v.27.10.2010 - IV C 3-S 2190/09/10007, BStBl 2010 I S.1204 Rz.5, mit einem ähnlichen Beispiel.

474 BMF, Schreiben v.27.10.2010 - IV C 3-S 2190/09/10007, BStBl 2010 I S.1204 Rz.6.

tatsächliche Veräußerung innerhalb von zehn Jahren nach der ursprünglichen Anschaffung zu eine Besteuerung nach § 23 Abs. 1 Satz 5 Nr. 1 EStG.

BEISPIEL „EINLAGE VON WOHNUNGSEIGENTUM UND VERÄUSSERUNG (§ 23 ESTG)": Frau F hat zum 1.1.2018 Wohnungseigentum angeschafft und im Privatvermögen vermietet (Anschaffungskosten insgesamt 200.000 €). Der Teilwert zum 1.1.2025 bei Einlage in den Betrieb von Frau F beträgt 400.000 € (Grund und Boden und Gebäude). Die abgezogene Gebäude-AfA für 2018–2024 beträgt 20.000 €. Zum 1.1.2026 beträgt der gesamte Buchwert (nach AfA für 2025) für das Wohnungseigentum 395.000 €. F veräußert das Wohnungseigentum (aus dem Betriebsvermögen) zu diesem Zeitpunkt zu einem Kaufpreis von insgesamt 500.000 € (Zahlung am 11.2.2026).

LÖSUNG: Frau F erzielt neben einem betrieblichen Veräußerungsgewinn (§ 15 EStG) auch Einkünfte aus einem privaten Veräußerungsgeschäft (§ 23 Abs. 1 Satz 1 Nr. 1 i. V. mit Satz 5 Nr. 1 EStG), da zwischen der Anschaffung des Wohnungseigentums (1.1.2018) und dessen Veräußerung (1.1.2026) weniger als zehn Jahre liegen. Der Gewinn wird wie folgt aufgeteilt:

Betrieblichen Veräußerungsgewinn (§ 15 EStG): Die im Betriebsvermögen entstandenen stillen Reserven als Differenz zwischen dem Buchwert (395.000 €) und dem tatsächlichen Veräußerungspreis (500.000 €) wird als betrieblicher Gewinn (105.000 €) besteuert.

Die auf die Zeit im Privatvermögen entfallende Wertsteigerung, als Differenz zwischen den ursprünglichen Anschaffungskosten (200.000 €) und dem Einlagewert (400.000 €), wird als privates Veräußerungsgeschäft besteuert. Dabei ist die AfA im Privatvermögen (20.000 €) nach allgemeinen Grundsätzen gewinnerhöhend zu berücksichtigen (§ 23 Abs. 3 Satz 4 EStG). Der Gewinn nach § 23 Abs. 1 Satz 1 Nr. 1 i. V. mit Satz 5 Nr. 1 EStG beträgt somit

400.000 € ./. 200.000 € + 20.000 € = 220.000 €,

der im VZ 2026 bei Zufluss des tatsächlichen Kaufpreises (11.2.2026) zu besteuern ist.

b) Entnahmen aus dem Betriebsvermögen

aa) Entnahme als Rechtsfolge außerbetrieblicher Verwendung

Entnahmen bezeichnen alle Wirtschaftsgüter (Barentnahmen, Waren, Erzeug- 634
nisse, Nutzungen und Leistungen), die der Steuerpflichtige dem Betrieb für sich, für seinen Haushalt oder für andere betriebsfremde Zwecke im Laufe des Wirtschaftsjahres entnommen hat (§ 4 Abs. 1 Satz 2 EStG). Diese sind somit alle Wertabgaben aus einem Betrieb in die private (oder zumindest betriebsfremde) Sphäre eines Steuerpflichtigen. Entnahmen werden mit dem Teilwert bewertet (§ 6 Abs. 1 Nr. 4 Satz 1 EStG), was zur Realisierung von stillen Reserven führt. Nutzungsentnahmen sind mit den Selbstkosten zu bewerten (H 6.12 „Nutzungen" EStH), so dass insoweit lediglich die anteiligen Betriebsausgaben kompensiert werden.

635 Die „Entnahme“ (eines Wirtschaftsguts oder von Nutzungen und Leistungen) beschreibt keine Handlung, sondern ist die steuerrechtliche Rechtsfolge eines Tatbestands, der zu einer Entnahme führt. Eine Entnahme setzt grds. eine willentliche Handlung[475] voraus, welche vor allem aus einer geänderten Nutzung (z. B. Privatnutzung) oder einer Veränderung der Eigentumsverhältnisse (z. B. Schenkung an nahestehende Personen) resultiert. Als Rechtsfolge wird z. B. ein Wirtschaftsgut vom Betriebsvermögen zum Privatvermögen. Sofern das Wohnungseigentum Betriebsvermögen bleibt (z. B. bei nur geringfügiger oder kurzzeitiger Privatnutzung), werden die Nutzungen entnommen.

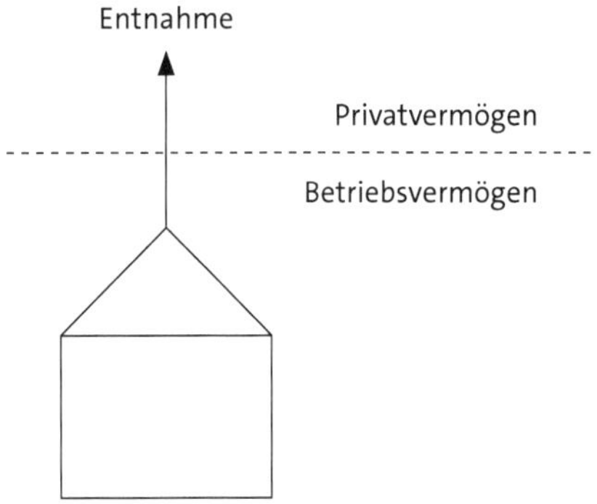

636 Bei Grundstücken haben Nutzungsentnahmen einen geringen praktischen Anwendungsbereich, da im Gegensatz zu beweglichen Wirtschaftsgütern das Grundstück durch eine private Teilnutzung (z. B. eines Raumes oder Gebäudeteils) von vornherein dem Privatvermögen zugeordnet wird, so dass insoweit keine Entnahme anzusetzen ist.

BEISPIEL „ENTNAHME VON WOHNUNGSEIGENTUM“: ▶ Herr H nutzt einen Raum seines Wohnungseigentums nicht mehr für seine Versicherungsagentur, sondern nunmehr nur zu eigenen Wohnzwecken.

LÖSUNG: ▶ Der privat genutzte Raum stellte bis zur Entnahme ein separates Wirtschaftsgut (Gebäude) im Betriebsvermögen dar. Mit der Nutzungsänderung wird er in das Privatvermögen entnommen und ist anschließend Teil des einheitlichen Wirtschaftsguts „Gebäude“ im Privatvermögen.

475 BFH, Urteil v. 9.8.1989 - X R 20/86, BStBl 1990 II S. 128 CAAAA-93085.

bb) Bewertung der Entnahme

Bei der Entnahme von Wohnungseigentum wird dieses mit dem Teilwert bewertet (§ 6 Abs. 1 Nr. 4 Satz 1 EStG). Die Differenz zwischen dem Buchwert und Teilwert (Entnahmewert) führt zu einem betrieblichen Entnahmegewinn. 637

BEISPIEL „ENTNAHME VON WOHNUNGSEIGENTUM": Frau F schenkt zum 1.1.2025 ihr Teileigentum, welches sie für ihr Gewerbe als Einzelhandel für Schreibwaren nutzt, ihrer Tochter T. Der Buchwert zum 1.1.2025 beträgt 300.000 € (Gebäude) bzw. 100.000 € (Grund und Boden) und der Teilwert beträgt zu diesem Zeitpunkt 400.000 € (Gebäude) bzw. 150.000 € (Grund und Boden).

LÖSUNG: Das Teileigentum wird aus dem Betriebsvermögen in das Privatvermögen (letztlich in das Vermögen von Tochter T) entnommen. F versteuert einen Entnahmegewinn i. H. der stillen Reserven von 150.000 €.

Wird Wohnungseigentum entnommen, wird eine damit zusammenhängende (betriebliche) Verbindlichkeit automatisch zu Privatvermögen und ebenfalls (insoweit aber steuerneutral) entnommen.[476] 638

Bei einer Betriebsaufgabe (§ 16 Abs. 3 EStG) ist das Wohnungseigentum mit dem gemeinen Wert in das Privatvermögen zu überführen (§ 16 Abs. 3 Satz 7 EStG), der von dem Teilwert abweichen kann. 639

cc) Entnahme in das Privatvermögen als fiktive Anschaffung

Die Entnahme gilt als (fiktive neue) Anschaffung (mit dem Entnahmewert als Anschaffungskosten) im Privatvermögen, was z. B. für ein nachfolgendes privates Veräußerungsgeschäft nach § 23 Abs. 1 Satz 2 EStG ausdrücklich geregelt ist. Durch § 23 Abs. 3 Satz 3 EStG tritt in diesen Fällen an die Stelle der Anschaffungs- bzw. Herstellungskosten der (nach § 6 Abs. 1 Nr. 4 EStG oder § 16 Abs. 3 Satz 7 EStG) angesetzte[477] Entnahmewert. 640

Bei einer Vermietung nach der Entnahme stellt der Entnahmewert die AfA-Bemessungsgrundlage des Gebäudes im Privatvermögen dar. 641

BEISPIEL „ENTNAHME VON WOHNUNGSEIGENTUM": Frau F nutzt ihr Teileigentum ab dem 1.1.2025 nicht mehr für ihren Sportartikeleinzelhandel wegen ihrer Betriebsaufgabe. Sie vermietet es ab diesem Zeitpunkt an einen anderen Gewerbetreibenden. Der Buchwert zum 1.1.2025 beträgt 300.000 € (Gebäude) bzw. 100.000 € (Grund und Boden) und der Teilwert bzw. gemeine Wert beträgt zu diesem Zeitpunkt 400.000 € (Gebäude) bzw. 150.000 € (Grund und Boden).

---

476 R 4.2 Abs. 15 EStR.

477 Es kommt nicht auf den materiell zutreffenden, sondern auf den tatsächlich im Steuerbescheid für die Entnahme angesetzten Wert an (BFH, Urteil v. 22.2.2021 - IX R 13/19, BFH/NV 2021 S. 1169 QAAAH-86099).

LÖSUNG: ▸ Das Wohnungseigentum wird durch die Betriebsaufgabe zum gemeinen Wert in das Privatvermögen von Frau F überführt (§ 16 Abs. 3 Satz 7 EStG). Die stillen Reserven im Gebäude (100.000 €) und im Grund und Boden (50.000 €) sind als Teil des Betriebsaufgabegewinns steuerpflichtig. Der Entnahmewert (Überführungswert) der Wirtschaftsgüter gilt als Anschaffungskosten im Privatvermögen. Die Vermietung des Grundstücks führt zu Einkünften aus Vermietung und Verpachtung. Die Gebäude-AfA bemisst sich nach dem gemeinen Wert von 400.000 €.

VI. Gewerblicher Grundstückshandel

1. Grundsätze zum gewerblichen Grundstückshandel

Wenn Privatpersonen Grundstücke veräußern, ist dies keine gewerbliche Tätigkeit, wenn der Rahmen einer privaten Vermögensverwaltung nicht überschritten wird. So ist der Verkauf einer (einzigen) Eigentumswohnung aus dem Privatvermögen nur nach § 23 Abs. 1 Nr. 1 EStG einkommensteuerpflichtig, wenn die Veräußerung innerhalb von zehn Jahren nach dem Erwerb erfolgt und die Eigentumswohnung nicht zu eigenen Wohnzwecken genutzt wurde. Sollten aber mehrere Grundstücke durch eine Privatperson veräußert werden, stellt sich die Frage, ob diese Tätigkeit in der Gesamtschau die Vermögensverwaltung übersteigt und zu einem Gewerbebetrieb führt. 642

Für die Abgrenzung einer gewerblichen Tätigkeit von der privaten Vermögensverwaltung kommt es nach der Rechtsprechung des BFH[478] darauf an, ob „die Ausnutzung substanzieller Vermögenswerte durch Umschichtung gegenüber der Nutzung von Grundbesitz im Sinne einer Fruchtziehung aus zu erhaltenden Substanzwerten entscheidend in den Vordergrund tritt". Dabei komme der Anzahl der veräußerten Objekte und dem zeitlichen Abstand zwischen Grundstückserwerb und Veräußerung eine besondere Bedeutung zu. 643

Mit dem Begriff des „gewerblichen Grundstückshandels" wird die Tätigkeit bezeichnet, wenn die Grundstücksveräußerungen einer (i. d. R. natürlichen) Person als Gewerbebetrieb anzusehen sind. Für die Abgrenzung von der privaten Vermögensverwaltung ist vor allem auf die Haltedauer (und Nutzung) vor der Veräußerung und die Anzahl der veräußerten Grundstücke abzustellen.[479] Ein zentraler Anhaltspunkt ist dabei die „Drei-Objekt-Grenze": Werden mehr als drei (nach bestimmten Kriterien zu bestimmende) Grundstücke innerhalb von fünf Jahren veräußert, geht die BFH-Rechtsprechung grds. von einem Gewerbebetrieb (gewerblicher Grundstückshandel) aus. Nach der gesetzlichen Definition des § 15 Abs. 2 Satz 1 EStG ist eine selbständige, nachhaltige Betätigung, die mit Gewinnerzielungsabsicht unter Beteiligung am allgemeinen wirtschaftlichen Verkehr betrieben wird, grds. ein Gewerbebetrieb. Das dort nicht erwähnte (ungeschriebene) negative Merkmal „keine Vermögensverwaltung" ist 644

478 So z. B. BFH, Urteil v. 13.12.1995 - XI R 43-45/89, BStBl 1996 II S. 232 unter III. 2. a) PAAAA-95512 m. w. N.

479 BMF, Schreiben v. 26.3.2004, BStBl 2004 I S. 434 Rz. 1.

zusätzlich zu prüfen.[480] Die von der Rechtsprechung entwickelte[481] Drei-Objekt-Grenze gibt einen wesentlichen Anhaltspunkt, wann Grundstücksveräußerungen als Einkünfte aus Gewerbebetrieb zu werten sind. In der Praxis sollte die Drei-Objekt-Grenze immer geprüft werden.

645 Die Rechtsprechung hat durch zahlreiche Entscheidungen neben der Drei-Objekt-Grenze noch weitere Kategorien und Fallgruppen herausgebildet. Ob die Grundstücksgeschäfte „unterhalb" der Gewerblichkeit bleiben, ist daher im Einzelfall trotzdem nicht immer einfach zu bestimmen und es verbleibt oft eine gewisse Rechtsunsicherheit.

2. Drei-Objekt-Grenze

646 Werden innerhalb von fünf Jahren mehr als drei (bestimmte) Objekte veräußert, wird ein gewerblicher Grundstückshandel im Grundsatz unterstellt. Bei den veräußerten Grundstücken darf es sich aber nicht um „irgendwelche" Objekte handeln. Es sind bestimmte Kriterien entwickelt worden, nach denen ein Objekt bei Veräußerung „mitzählt" (Zählobjekt). Es kommt insbesondere auf solche Objekte an, die innerhalb von fünf Jahren nach Anschaffung (oder Bebauung bzw. Modernisierung) verkauft werden.[482]

647 Es sind somit zwei verschiedene Fünf-Jahres-Zeiträume auseinanderzuhalten:

- der Zeitraum, innerhalb dessen die Grundstücke veräußert werden;
- der Zeitraum, der jeweils objektbezogen auf die individuelle Haltedauer der einzelnen (veräußerten) Grundstücke entfällt.

BEISPIEL „DREI-OBJEKT-GRENZE": Herr A ist hat zwar beruflich nichts mit der Immobilienwirtschaft zu tun, aber er kauft, vermietet und verkauft gelegentlich Grundstücke.

Er erwirbt in Jahr 2010 das Grundstück A-Str. 1, im Jahr 2018 das Grundstück B-Str. 2, im Jahr 2020 die Grundstücke C-Str. 3, D-Str. 4 und E-Str. 5 sowie im Jahr 2022 das Grundstück F-Str. 6. Er verkauft jeweils mit Gewinn im Jahr 2021 die Grundstücke A-Str. 1 und B-Str. 2 und im Jahr 2024 die Grundstücke C-Str. 3, D-Str. 4 und F-Str. 6.

Herr A hat innerhalb von fünf Jahren (hier innerhalb von vier Jahren) mehr als drei Zählobjekte (hier: vier Zählobjekte) veräußert und damit einen gewerblichen Grundstückshandel nach der BFH-Rechtsprechung zur Drei-Objekt-Grenze begründet. Das Grundstück A-Str. 1 ist kein Zählobjekt, da zwischen Anschaffung (2010) und Ver-

480 BFH, Beschluss v. 10.12.2001 - GrS 1/98, BStBl 2002 II S. 291 IAAAA-89189.

481 Die Drei-Objekt-Grenze wurde – ohne diese so zu bezeichnen – faktisch erstmals im BFH, Urteil v. 9.12.1986 - VIII R 317/82, BStBl 1988 II S. 244 WAAAA-98051, in die BFH-Rechtsprechung eingeführt.

482 BFH, Urteil v. 18.9.1991 - XI R 23/90, BStBl 1992 II S. 135 YAAAA-93928.

äußerung (2021) mehr als fünf Jahre liegen. Die übrigen veräußerten Objekte (Grundstücke B-Str. 2, C-Str. 3, D-Str. 4 und F-Str. 6) wurden jeweils innerhalb von fünf Jahren nach ihrer Anschaffung wieder veräußert.

Wenn die Grundstücke nicht innerhalb von fünf Jahren nach dem jeweiligen Erwerb veräußert werden, kann selbst bei einer „Sammelveräußerung" in zweistelliger Zahl von Objekten (erst) im sechsten Jahr aufgrund der besonderen Umstände des Einzelfalls (z. B. Todesfall) ein gewerblicher Grundstückshandel zu verneinen sein.[483] Eine gemeinsame Veräußerung mehrerer Grundstücksobjekte („en bloc") hindert zumindest bei Kapitalgesellschaften nicht die erforderliche Gewerblichkeit (zu der bei Personenunternehmen auch die Nachhaltigkeit der Veräußerungen gehört), so dass die Drei-Objekt-Grenze überschritten und ein gewerblicher Grundstückshandel angenommen wird.[484] 648

3. Eigentumswohnungen als Zählobjekte für die Drei-Objekt-Grenze

Ein Objekt im Sinne des gewerblichen Grundstückshandels ist grds. jedes selbständig veräußerbare und nutzbare Immobilienobjekt (Grundstück, grundstücksgleiches Recht oder Recht nach dem WEG) unabhängig von seiner Größe, seinem Wert und anderen Umständen.[485] Jede Eigentumswohnung ist ein eigenständiges Objekt im Sinne der Drei-Objekt-Grenze, auch wenn sämtliche in einem Gebäude befindlichen Eigentumswohnungen in einem Vertrag an einen einzigen Käufer veräußert werden.[486] 649

Die Aufteilung eines Gebäudes in Eigentumswohnungen ist für sich betrachtet allein kein Umstand, der die Veräußerung der so entstandenen Eigentumswohnungen automatisch zu einer gewerblichen Tätigkeit macht.[487] Hier ist nach allgemeinen Grundsätzen auf die Dauer der Nutzung vor Veräußerung abzustellen. Sind Grundstücke bis zur Veräußerung mindestens zehn Jahre vermietet worden, gehört grds. auch noch die Veräußerung des Grundstücks zur privaten Vermögensverwaltung.[488] Gleichwohl zählt jede Eigentumswohnung als 650

483 BFH, Beschluss v. 20.3.2025 - III R 14/23 GAAAJ-91882 = DStR 2025 S. 1149.

484 BFH, Urteil v. 3.6.2025 - III R 12/22, BStBl 2025 II S. 749 CAAAJ-98570, zum Fall der konzerninternen Veräußerungen von fünf Einheiten „en bloc" im Jahr 2018, die von einer GmbH im Jahr 2016 (zusammen mit anderen Objekten) angeschafft wurden.

485 BFH, Urteil v. 3.8.2004 - X R 40/03, BStBl 2005 II S. 35 IAAAB-36519, und BFH, v. 22.7.2010 - IV R 62/07, BFH/NV 2010 S. 2261 UAAAD-54637.

486 BFH, Urteil v. 15.7.2004 - III R 37/02, BStBl 2004 II S. 950 DAAAB-26724.

487 BMF, Scheiben v. 26.03.2004, BStBl 2004 I S. 434 Rz. 2.

488 BFH, Urteil v. 6.4.1990, BStBl 1990 II S. 1057 HAAAA-93053.

ein separates Objekt (sachenrechtliche Betrachtungsweise).[489] Als Zählobjekt gilt jedes zivilrechtliche Grundstück unabhängig von dessen Größe oder Verkehrswert. Wenn sich z. B. in einem zivilrechtlich ungeteilten Grundstück vier Wohnungen befinden, zählt der Grundstücksverkauf nur als ein (einziges) Zählobjekt. Wenn das Grundstück aber in Wohnungseigentum – und damit in vier Eigentumswohnungen – aufgeteilt ist, zählen alle verkauften Einheiten als separate Zählobjekte.[490]

BEISPIEL „ANZAHL ZÄHLOBJEKTE": Frau F veräußert zwei – in sechs und acht Eigentumswohnungen aufgeteilte – Mehrfamilienhäuser an jeweils einen Erwerber durch separate Grundstückskaufverträge im dritten Jahr nach Anschaffung der beiden Immobilien.

Frau F hat innerhalb von fünf Jahren mehr als drei Zählobjekte (hier: 14 Zählobjekte) veräußert und damit einen gewerblichen Grundstückshandel nach der BFH-Rechtsprechung zur Drei-Objekt-Grenze begründet. Nach der Rechtsprechung des BFH[491] ist es gleichheitsrechtlich unbedenklich, dass die Veräußerung von zwei rechtlich ungeteilten Mehrfamilienhäusern an zwei Erwerber im Rahmen der Drei-Objekt-Grenze nur als zwei Objekte zu bewerten ist.

651 Auch bei der Aufteilung in Wohnungseigentum kommt es für den engen zeitlichen Zusammenhang zwischen Erwerb, Bebauung oder Modernisierung und der Veräußerung des Wohnungseigentums auf das jeweilige gebäudebezogene Ereignis (z. B. Bebauung) und nicht auf die spätere rechtliche Teilung an.[492] Werden Eigentumswohnungen nach einer Gebäudesanierung veräußert, beginnt die objektbezogene Frist für die Beurteilung des engen zeitlichen Zusammenhangs mit der Veräußerung mit dem Abschluss der Sanierungsarbeiten.[493]

BEISPIEL „DREI-OBJEKT-GRENZE": Frau F hat ein Grundstück im Jahr 2019 bebaut und durch Teilungserklärung sechs Eigentumswohnungen im Jahr 2020 begründet und diese vermietet. Sie veräußert in den Jahren 2022–2023 alle sechs Eigentumswohnungen an verschiedene Erwerber.

Frau F hat innerhalb von fünf Jahren mehr als drei Zählobjekte (hier: sechs Zählobjekte) veräußert und damit einen gewerblichen Grundstückshandel nach der BFH-Rechtsprechung zur Drei-Objekt-Grenze begründet.

489 BFH, Beschluss v. 19.1.2012 - IV B 3/10 OAAAE-06353 = BFH/NV 2012 S. 740 unter 2.

490 BMF, Schreiben v. 26.3.2004, BStBl 2004 I S. 434 Rz. 23, und FG Berlin-Brandenburg, v. 17.1.2023 - 8 K 8183/21, EFG 2025 S. 404 (rkr.) unter II. 2. b): „Objekt [...] ist grundsätzlich jedes selbständig veräußerbare und nutzbare Immobilienobjekt (Grundstück, grundstücksgleiches Recht oder Recht nach dem Wohnungseigentumsgesetz)".

491 BFH, Urteil v. 15.07.2004 - III R 37/02, BStBl 2004 II S. 950 DAAAB-26724.

492 BMF, Schreiben v. 26.3.2004, BStBl 2004 I S. 434 Rz. 19.

493 BFH, Urteil v. 5.12.2002 - IV R 57/01, BStBl 2003 II S. 291 ZAAAA-89474.

Ausnahmsweise können zwei Wohnungseigentums- oder Teileigentumsrechte ein einziges Objekt im Sinne der Drei-Objekt-Grenze sein, wenn die rechtlich selbständigen Einheiten baulich umgestaltet wurden und ohne bauliche Veränderungen nur noch als eine Wohnung genutzt werden können.[494] 652

Garagen als „Zubehörräume" von Eigentumswohnungen sind nicht als separates (zweites) Objekt zu zählen. Das gilt sogar dann, wenn sie an andere Erwerber als die Käufer der Eigentumswohnungen veräußert werden.[495] 653

4. Zurechnung durch grundbesitzende Personengesellschaften

Sofern eine natürliche Person an einer Personengesellschaft i.H.von mindestens 10% beteiligt ist oder der Verkehrswert des Gesellschaftsanteils oder des Anteils an dem veräußerten Grundstück bei einer Beteiligung von weniger als 10% mehr als 250.000€ beträgt, sind die Grundstücksveräußerungen auf Ebene der Personengesellschaften dem Gesellschafter für Zwecke der Drei-Objekt-Grenze nach Auffassung der Finanzverwaltung zuzurechnen.[496] Die Personengesellschaft ist somit „transparent". Auch der Verkauf von Anteilen an einer grundstücksverwaltenden Personengesellschaft führt beim veräußernden Gesellschafter zu so vielen Zählobjekten, wie Grundstücke im Vermögen der Personengesellschaft enthalten sind (und diese bei einem Verkauf zu diesem Zeitpunkt jeweils als Zählobjekt zu werten wären). 654

Dies kann zu der Situation führen, dass ein Gesellschafter nur deshalb zum gewerblichen Grundstückshändler wird, weil ihm die Grundstücksveräußerungen seiner Personengesellschaften zuzurechnen sind. 655

Auf Ebene der Personengesellschaft ist die Drei-Objekt-Grenze zudem separat zu prüfen.[497] Eine eigentlich vermögensverwaltende Personengesellschaft kann dadurch zur Mitunternehmerschaft werden. Aber auch für eine gewerblich geprägte Personengesellschaft (§ 15 Abs. 3 Nr. 2 EStG) ist die Abgrenzung zum gewerblichen Grundstückshandel wichtig, wenn diese nur vermietend tätig ist. Sind die Grenzen zum gewerblichen Grundstückshandel überschritten, 656

494 BFH, Beschluss v. 24.2.2005 - X B 183/03 WAAAB-53306 = BFH/NV 2005 S. 1274.

495 BFH, Urteil v. 18.9.2002 - X R 183/96, BStBl 2003 II S. 238 unter II. 3. b) cc) BAAAA-89456.

496 BMF, Schreiben v. 26.3.2004, BStBl 2004 I S. 434 Rz. 14. Das pauschale Kriterium von mehr als 250.000 € Verkehrswert eines Gesellschaftsanteils oder Anteils am Erlös des veräußerten Grundstücks hält das FG München, Urteil v. 19.7.2024 - 8 K 1418/21 DAAAJ-81090 = EFG 2025 S. 487 (BFH-Rev.: IV R 15/24) nicht für haltbar und lässt zudem die 10%-Grenze dahinstehen. Es sei immer der Einzelfall zu betrachten.

497 BFH, Beschluss v. 25.6.1984 - GrS 4/82, BStBl 1984 II S. 751 IAAAA-91985.

kann die Personengesellschaft keine erweiterte Kürzung bei der Gewerbesteuer (§ 9 Nr. 1 Satz 2 GewStG; siehe →Rz. 811 ff.) in Anspruch nehmen.[498]

BEISPIEL „ZURECHNUNG DURCH PERSONENGESELLSCHAFT": ▸ Frau B hat im Jahr 2023 ein Grundstück erworben und im Jahr 2024 veräußert. Sie ist zudem an der BC-GbR zu 50 % beteiligt, die im Jahr 2022 zwei Grundstücke erwarb und im Jahr 2023 beide Grundstücke veräußerte. Außerdem ist sie an der BX-GbR zu 50 % beteiligt, die im Jahr 2021 vier Grundstücke erwarb und im Jahr 2024 diese vier Grundstücke veräußerte.

Die BC-GbR realisiert aus ihren Grundstücksveräußerungen keinen gewerblichen Grundstückshandel nach der BFH-Rechtsprechung zur Drei-Objekt-Grenze, da die BC-GbR nur zwei Zählobjekte veräußerte.

Die BX-GbR realisiert jedoch aus ihren Grundstücksveräußerungen einen gewerblichen Grundstückshandel nach der BFH-Rechtsprechung zur Drei-Objekt-Grenze, da die BX-GbR vier Zählobjekte (also mehr als drei) veräußerte.

Unabhängig von der Situation auf Ebene der GbR (ob diese jeweils einen gewerblichen Grundstückshandel begründen oder nicht) sind die jeweiligen Grundstücksveräußerungen an die Gesellschafterin Frau B als Zählobjekte zuzurechnen. Obwohl Frau B in eigener Person nur durch ihren Grundstücksverkauf ein Zählobjekt „originär erzeugt", sind daher bei ihr durch die GbR-Beteiligungen sechs weitere Zählobjekte zuzurechnen. Durch die (im Ergebnis) sieben Zählobjekte bei Frau B ist auch bei ihr ein gewerblicher Grundstückshandel anzunehmen.

657 Beteiligungen an grundstücksbesitzenden Kapitalgesellschaften werden dem Anteilseigner dagegen nicht zugerechnet (Abschirmwirkung).

5. Grundstückshandel unabhängig von der Drei-Objekt-Grenze (Ein-Objekt-Fälle)

658 Die Drei-Objekt-Grenze ist vor allem für Personen maßgebend, die nicht der Immobilienbranche nahestehen. Wer hauptberuflich ohnehin schon mit Grundstücksgeschäften zu tun hat (z. B. Architekten, Immobilienmakler, Bauunternehmer), kann im Einzelfall möglicherweise auch schon bei der Veräußerung von nur einem Grundstück als Grundstückshändler eingestuft werden. Auch bei einer Veräußerung von weniger als vier Objekten kann bspw. auf eine gewerbliche Betätigung geschlossen werden, wenn das im zeitlichen Zusammenhang mit der Bebauung und Veräußerung erworbene Grundstück schon vor seiner Bebauung verkauft worden ist oder ein solches Grundstück von vornherein auf Rechnung oder nach Wünschen des Erwerbers bebaut wird.[499]

498 BFH, Urteil v. 3.6.2025 - III R 12/22, BStBl 2025 II S. 749 unter II. 2. CAAAJ-98570 m. w. N.

499 BFH, Urteil v. 18.9.2002 - X R 183/96, BStBl 2003 II S. 238 BAAAA-89456. Ebenso kann nach dem vorgenannten BFH-Urteil für eine gewerbliche Tätigkeit der Umstand sprechen, dass das Bauunternehmen des das Grundstück bebauenden Steuerpflichtigen erhebliche Leistungen für den Bau erbringt, die nicht wie unter Fremden abgerechnet werden.

6. Rechtsfolgen des gewerblichen Grundstückshandels

Durch einen gewerblichen Grundstückshandel wird ein Gewerbebetrieb (§ 15 EStG) begründet. Diese Situation kann insbesondere durch das Überschreiten der Drei-Objekt-Grenze infolge der vierten Grundstücksveräußerung eintreten. Dann wird schon der erste Grundstückserwerb rückwirkend als Beginn des Gewerbebetriebs behandelt. Alle Grundstücksgeschäfte und die damit im Zusammenhang stehenden Aufwendungen und Erträge werden in die Ermittlung der Einkünfte aus Gewerbebetrieb für den jeweiligen VZ einbezogen und unterliegen auch der Gewerbesteuer (§ 2 Abs. 1 GewStG).[500] Im Gegensatz zu den privaten Veräußerungsgeschäften (§ 23 Abs. 1 EStG) gibt es im Betriebsvermögen keine 10-Jahres-Haltefrist zwischen Anschaffung und Veräußerung, nach deren Ablauf die Steuerpflicht aus einer Grundstücksveräußerung entfällt. 659

Der Gewinn ist grds. durch Betriebsvermögensvergleich (§ 4 Abs. 1 EStG) zu ermitteln, aber kann auch durch „aktive Wahl" im Wege der Einnahme-Überschuss-Rechnung (§ 4 Abs. 3 EStG) ermittelt werden, sofern keine handelsrechtliche Buchführungspflicht (§ 140 AO) oder eine steuerrechtliche Pflicht (§ 141 AO) besteht.[501] Wichtig ist aber, dass eine Anlage EÜR eingereicht wird. Gerade bei einem bisher „unerkannten" Grundstückshandel, der durch die Betriebsprüfung festgestellt wird, kann die nachträglich Wahl scheitern.[502] Die Grundstücke stellen Umlaufvermögen (und kein Anlagevermögen) dar. Eine wichtige Auswirkung ist, dass es sich bei den Grundstücken um Umlaufvermögen handelt und daher z. B. für die Gebäude keine AfA geltend gemacht sowie der Gewinn aus der Veräußerung nicht durch eine Rücklage nach § 6b EStG[503] kompensiert werden kann. 660

BEISPIEL „GEWERBLICHER GRUNDSTÜCKSHANDEL": Frau G hat seit dem Jahr 2020 fortlaufend Grundstücke erworben, diese saniert und nach zwei bis vier Jahren wieder gewinnbringend veräußert. Zwischen dem ersten Jahr der Veräußerung 2023 und dem Jahr 2026 hat sie allein sieben Objekte auf diesem Weg verkauft.

---

500 Die pauschale Anrechnung auf die Einkommensteuer nach § 35 EStG bei natürlichen Personen mildert diese Folge deutlich ab.

501 BMF, Schreiben v. 26.3.2004, BStBl 2004 I S. 434 Rz. 33.

502 BFH, Urteil v. 21.7.2009 - X R 28/06 CAAAD-29987 = BFH/NV 2009 S. 1979.

503 Eine Voraussetzung ist, dass es sich um Anlagevermögen handelt (§ 6b Abs. 4 Satz 1 Nr. 2 EStG).

Frau G ist gewerbliche Grundstückshändlerin (Einzelunternehmen), da sie die Drei-Objekt-Grenze überschritten hat. Der Beginn des Gewerbes liegt im Jahr 2020 mit der ersten Anschaffung eines Grundstücks. Alle erworbenen Grundstücke sind bis zur Veräußerung ihrem Betriebsvermögen zuzuordnen. AfA auf die Gebäude kann sie nicht geltend machen. Bei der Veräußerung der Grundstücke hat sie aber dadurch einen höheren Buchwert und damit einen geringeren Veräußerungsgewinn (Gewinnverschiebung bei Totalgewinngleichheit). Alle betrieblichen Aufwendungen und Erträge kann sie bei ihrer Gewinnermittlung saldieren.

661 Für grundstücksverwaltende Gesellschaften (z. B. eine GmbH & Co. KG) führt ein gewerblicher Grundstückshandel zum Ausschluss der erweiterten Grundbesitzkürzung i. S. des § 9 Abs. 1 Satz 2 ff. GewStG (siehe →Rz. 811 ff.).[504]

7. Rechtsfolge, wenn kein gewerblicher Grundstückshandel gegeben ist

662 Wenn kein gewerblicher Grundstückshandel gegeben ist (insbesondere wegen dem Unterschreiten der Drei-Objekt-Grenze), bleibt jedoch zu prüfen, ob der Gewinn aus der Veräußerung nach § 23 EStG zu besteuern ist (siehe →Rz. 442 ff.).[505]

BEISPIEL „GEWERBLICHER GRUNDSTÜCKSHANDEL": Frau V hat seit dem Jahr 2015 vier vermietete Grundstücke erworben und zwei davon im Jahr 2018 wegen der Wertsteigerung gewinnbringend veräußert. Die beiden übrigen Objekte veräußert sie erst im Jahr 2023 bzw. 2026 mit Gewinn.

Frau G ist keine gewerbliche Grundstückshändlerin, da sie nicht die Drei-Objekt-Grenze mit den Veräußerungen überschreitet. Die beiden Veräußerungen im Jahr 2018 führen nur zu zwei Zählobjekten. Die Veräußerungen im Jahr 2023 und 2026 zählen nicht, da diese außerhalb der 5-Jahres-Frist verkauft wurden und keine anderen Anhaltspunkte für eine bedingte Veräußerungsabsicht bei Erwerb (im Jahr 2015) erkennbar sind. Innerhalb von fünf Jahren (hier: 2015–2020) wurden nicht mehr als drei (sondern nur zwei) Zählobjekte veräußert. Die Grundstücke sind bei Frau G Privatvermögen. Sie kann die AfA für die Gebäude als Werbungskosten bei den Vermietungseinkünften absetzen. Die Veräußerungen im Jahr 2018 und 2023 sind als private Veräußerungsgeschäfte nach § 23 Abs. 1 Satz 1 Nr. 1 EStG einkommensteuerpflichtig, da der Zeitraum zwischen Anschaffung und Veräußerung nicht mehr als zehn Jahre beträgt. Das im Jahr 2026 veräußerte Grundstück wird einkommensteuerfrei veräußert, da die 10-Jahres-Frist insoweit abgelaufen ist.

504 H 9.2 Abs. 2 Stichwort „Gewerblicher Grundstückshandel" GewStH.

505 BMF, Schreiben v. 26.3.2004, BStBl 2004 I S. 434 Rz. 1.

VII. Betriebsaufspaltung

1. Allgemeines zur Betriebsaufspaltung

Die Vermietung eines Grundstücks ist grds. Vermögensverwaltung und bildet keinen Gewerbebetrieb. Somit erzielen natürliche Personen als Vermieter daraus Einkünfte aus Vermietung und Verpachtung (§ 21 Abs. 1 Nr. 1 EStG). Wenn jedoch eine wesentliche Betriebsgrundlage (z. B. ein Grundstück) an ein Unternehmen (z. B. GmbH) überlassen wird und eine Person oder Personengruppe sowohl die wesentliche Betriebsgrundlage als auch das nutzende Unternehmen beherrscht, wird die Überlassung (Vermietung) als Gewerbebetrieb angesehen (Betriebsaufspaltung).[506] Nach der BFH-Rechtsprechung[507] müssen für eine Betriebsaufspaltung zwei Voraussetzungen erfüllt sein:[508] 663

Einer Betriebsgesellschaft (Nutzerin) wird mindestens eine funktional wesentliche Grundlage ihres Betriebes überlassen (sachliche Verflechtung). 664

Hinter dem Besitzunternehmen (Überlassende) stehen Personen, die ihren Willen auch in der Betriebsgesellschaft durchsetzen können (personelle Verflechtung). 665

2. Personelle Verflechtung

Sind an dem Besitz- und Betriebsunternehmen (genau) dieselben Personen (im selben Verhältnis) beteiligt, ist die personelle Verflechtung eindeutig erfüllt (Beteiligungsidentität). 666

BEISPIEL „BETEILIGUNGSIDENTITÄT": Herr O vermietet Wohnungseigentum an die ihm allein gehörende T-GmbH für deren betrieblichen Zwecke.

LÖSUNG: Aus der Vermietung des Wohnungseigentums erzielt Herr O Einkünfte aus Gewerbebetrieb (§ 15 EStG), da es sich um eine Betriebsaufspaltung handelt. Er beherrscht allein sowohl das „Besitzunternehmen" (das Wohnungseigentum) als auch die Betriebsgesellschaft (T-GmbH).

Die Besitzunternehmer müssen nicht in jedem Fall exakt in gleicher Höhe an dem Betriebsunternehmen beteiligt sein. Es ist auch möglich, dass verschiedene Personen mit unterschiedlichen Beteiligungsquoten eine Betriebsaufspaltung begründen. Hierbei ist die Frage der „Beherrschungsidentität" der Per- 667

---

506 Grundlegend BFH, Urteil v. 25.7.1963 - IV 417/60 S, BStBl 1963 III S. 505 OAAAB-48032, und BFH, Beschluss v. 8.11.1971 - GrS 2/71, BStBl 1972 II S. 63 QAAAA-90792.

507 Ständige Rechtsprechung, z. B. BFH, Urteil v. 9.7.2019 - X R 9/17, BStBl 2021 II S. 418 unter II. 1. d) aa) DAAAH-37570.

508 H 15.7 Abs. 4 „Allgemeines" EStH.

sonengruppe zu klären. Für einen einheitlichen geschäftlichen Betätigungswillen genügt es, dass an beiden Unternehmen mehrere Personen in unterschiedlicher Höhe beteiligt sind, die zusammen in beiden Unternehmen über die Mehrheit der Stimmen verfügen (Personengruppentheorie).[509]

BEISPIEL „BEHERRSCHUNGSIDENTITÄT": Herr P und Frau L sind zu je 50 % Miteigentümer von Wohnungseigentum, das sie an die U-GmbH für deren betriebliche Zwecke vermieten. Frau L ist an der U-GmbH zu 30 % und Herr P ist an der U-GmbH zu 70 % beteiligt.

LÖSUNG: Aus der Vermietung des Wohnungseigentums erzielen Herr P und Frau L Einkünfte aus Gewerbebetrieb (§ 15 EStG), da es sich um eine Betriebsaufspaltung handelt. Beide beherrschen als Personengruppe sowohl das „Besitzunternehmen" (das Wohnungseigentum) als auch die Betriebsgesellschaft (U-GmbH). Da Herr P und Frau L als Miteigentümer einer Bruchteilsgemeinschaft (§§ 741 ff. BGB) ein Grundstück (Wohnungseigentum) als wesentliche Betriebsgrundlage an eine von ihnen beherrschte Betriebsgesellschaft (U-GmbH) vermieten, ist davon auszugehen, dass sich die Miteigentümer zumindest konkludent zu einer gewerblichen GbR zusammengeschlossen haben und ihre Miteigentumsanteile an dem Wohnungseigentum als Sonderbetriebsvermögen dieser (vermögenslosen) GbR zuzuordnen sind.[510]

3. Sachliche Verflechtung

668 Eine „sachliche Verflechtung" ist gegeben, wenn es sich bei dem überlassenen Wirtschaftsgut für das Betriebsunternehmen um eine wesentliche Betriebsgrundlage handelt. Bei einem Grundstück ist das der Fall, wenn es für die Betriebsführung des Betriebsunternehmens von nicht nur geringer Bedeutung ist. Das ist stets anzunehmen, wenn das Grundstück der räumliche und funktionale Mittelpunkt der Geschäftstätigkeit des Betriebsunternehmens ist.[511] Dabei ist die funktionale Bedeutung des überlassenen Wirtschaftsguts für das konkrete (nutzende) Betriebsunternehmen maßgebend.[512]

669 Nach der früheren Rechtsprechung des BFH musste das Grundstück nach dessen Beschaffenheit (insbesondere Art, Lage, Größe, Ausstattung) besonders gut auf den konkreten Betrieb passen und nicht einfach ersetzbar sein. Dies gilt heute aber nicht mehr. Jetzt kann jedes „Allerweltsgebäude"[513] als wesentliche

509 BFH, Urteil v. 19.9.2024 - IV R 5/20 PAAAJ-81932 = BFH/NV 2025 S. 149 unter II. 3. bb) m.w.N. In bestimmten Konstellationen können aber z. B. „Nur-Besitzgesellschafter" bei einem Vetorecht die personelle Verflechtung und damit eine Betriebsaufspaltung ausschließen.

510 BFH, Urteil v. 18.8.2005 - IV R 59/04, BStBl 2005 II S. 830 YAAAB-67000.

511 BFH, Urteil v. 16.9.2021 - IV R 7/18, BStBl II 2022 S. 767 unter II. 4. b) aa) ZAAAI-03339.

512 BFH, Urteil v. 9.7.2019 - X R 9/17, BStBl 2021 II S. 418 unter II. 1. d) bb) DAAAH-37570.

513 BFH, Urteil v. 1.7.2003 - VIII R 24/01, BStBl 2003 II S. 757 unter I YAAAA-72015.

Betriebsgrundlage angesehen werden, solange es keine untergeordnete Bedeutung für den nutzenden Betrieb hat.[514]

BEISPIEL „ARBEITSZIMMER": Frau F ist Alleingesellschaft-Geschäftsführerin der H-GmbH, die ohne Fremdarbeitnehmer Online-Marketing betreibt. In ihrer Eigentumswohnung nutzt sie einen Raum ausschließlich als betriebliches Büro (Arbeitszimmer), das sie vor allem für die operative Online-Arbeit (Bildschirmarbeitsplatz) sowie für ihre sonstige Büroarbeit und gelegentlich für Kundentelefonate nutzt. Frau F empfängt in dem Raum nie Kunden, sondern fährt gelegentlich im Auftrag ihrer GmbH zu Kundenbesuchen. Sie arbeitet auch oft „von unterwegs" im Hotelzimmer oder im Zug.

LÖSUNG: Das Arbeitszimmer (der betrieblich genutzte Raum) ist nach hier vertretener Auffassung auch ohne ausdrücklichen Überlassungs- oder Mietvertrag die räumliche und funktionale Grundlage des Betriebs der H-GmbH und damit eine funktional wesentliche Betriebsgrundlage. Es besteht eine Betriebsaufspaltung. Es reicht dafür bereits aus, dass sich dort der Mittelpunkt der Geschäftsleitung befindet. Dabei können quantitative Erwägungen keine Rolle spielen, da jeder noch so kleine betriebliche Raum, der den Ort der Geschäftsleitung darstellt, danach zwangsläufig funktional wesentlich für den Betrieb ist. Nur wenn weitere betriebliche Räume existieren, kann das gegen die räumliche und funktionale Grundlage sprechen.

Die Voraussetzungen für eine sachliche Verflechtung bei einer Betriebsaufspaltung geht nicht über das Merkmal einer überlassenen funktional wesentlichen Betriebsgrundlage hinaus. Die BFH-Rechtsprechung hat letztlich die höheren Voraussetzungen der sachlichen Verflechtung durch das verflechtungsunabhängige („einfachere") Merkmal der wesentlichen Betriebsgrundlage ersetzt, aber deren Bezeichnung beibehalten.[515] 670

Es reicht aus, wenn nur eine von (ggf.) mehreren wesentlichen Betriebsgrundlagen an das Betriebsunternehmen überlassen wird. 671

Es ist keine entgeltliche Vermietung des Wohnungseigentums für eine Betriebsaufspaltung erforderlich. Auch eine unentgeltliche Nutzungsüberlassung führt zu einer sachlichen Verflechtung. Dies ergibt sich aus der Erwägung, dass die ersparten Mietaufwendungen der Betriebsgesellschaft zu höheren Gewinnausschüttungen an die Besitzgesellschaft führen.[516] Hierbei ist aber bei natürlichen Personen als Betriebsunternehmer die Abzugsbeschränkung der Grundstücksaufwendungen nach § 3c Abs. 2 Satz 6 EStG zu beachten. 672

BEISPIEL „UNENTGELTLICHE ÜBERLASSUNG": Herrn N gehört Wohnungseigentum, das von der ihm allein gehörenden T-GmbH für deren betriebliche Zwecke genutzt wird. Zahlungen werden von der T-GmbH dafür nicht geleistet. Es gibt auch keinen Mietvertrag.

514 BFH, Urteil v. 18.9.2002 - X R 4/01 TAAAA-67891 = BFH/NV 2003 S. 41 unter II. 1. h) aa) m. w. N.

515 Söffing/Micker, Die Betriebsaufspaltung, 10. Aufl. 2025, Rz. 128.

516 BFH, Urteil v. 24.4.1991 - X R 84/88, BStBl 1991 II S. 713 NAAAA-93774.

LÖSUNG: Aus der (unentgeltlichen) Überlassung des Wohnungseigentums entsteht eine Betriebsaufspaltung zwischen Herrn N (Besitzgesellschaft) und der T-GmbH (Betriebsgesellschaft). Das Wohnungseigentum und die Anteile an der T-GmbH sind notwendiges Betriebsvermögen des Besitzeinzelunternehmens von Herrn N. Die Kosten des Wohnungseigentums sind nach § 3c Abs. 2 Satz 6 EStG nur zu 60 % abzugsfähig.

4. Sachliche Verflechtung durch Überlassung von Teileigentum

673 Da die Betriebsaufspaltung eine gewerbliche Nutzung einer wesentlichen Betriebsgrundlage in einem Betriebsunternehmen voraussetzt, handelt es sich bei überlassenem Wohnungseigentum i. d. R. um Teileigentum (§ 1 Abs. 3 WEG), also um „nicht zu Wohnzwecken dienende Räume".

BEISPIEL „BETRIEBSAUFSPALTUNG": A ist zu 1/8 Wohnungseigentümer der Immobilie Hauptstr. 10. Ihm gehört die Erdgeschoss-Einheit (Sondereigentum). Er vermietet dieses Teileigentum an die ihm allein gehörende Sporthandel-GmbH, die darin ihr Ladenlokal betreibt.

Es liegt eine Betriebsaufspaltung vor, da A sowohl das Besitzunternehmen (Teileigentum) als auch alle Anteile an der Betriebsgesellschaft (Sporthandels-GmbH) zuzurechnen sind. Das Teileigentum (mit dem anteiligen Gemeinschaftseigentum) bildet dabei Betriebsvermögen des Besitz-Einzelunternehmens des A. Die Anteile an der Sporthandel-GmbH gehören zudem zu diesem Betriebsvermögen.

5. Rechtsfolgen der Betriebsaufspaltung

a) Umqualifizierung der Einkünfte

674 Die Rechtsfolge einer Betriebsaufspaltung besteht darin, dass eine vermögensverwaltende Vermietungs- bzw. Verpachtungstätigkeit des Besitzunternehmens als gewerblich qualifiziert wird. Das Besitzunternehmen erzielt z. B. bei der Überlassung eines Grundstücks Einkünfte aus Gewerbebetrieb (§ 15 EStG) statt Einkünften aus Vermietung und Verpachtung. Die Vermietung durch das „Besitzunternehmen" ist eine „originär gewerbliche Tätigkeit i. S. des § 15 Abs. 1 Satz 1 Nr. 1, Abs. 2 EStG".[517]

b) Betriebsvermögen des Besitzunternehmens

675 Damit ist auch verbunden, dass die während der Betriebsaufspaltung gebildeten stillen Reserven in den Wirtschaftsgütern des Besitzunternehmens steuer-

517 BFH, Urteil v. 17.11.2020 - I R 72/16, BStBl 2021 II S. 484 Rz. 27 IAAAH-78531.

verstrickt sind, so dass z. B. bei einer Beendigung der Betriebsaufspaltung (z. B. durch den Verkauf der wesentlichen Betriebsgrundlage), die gesamten stillen Reserven des Besitzunternehmens zu versteuern sind. Dies betrifft insbesondere die funktional wesentlichen Betriebsgrundlagen (z. B. Wohnungseigentum) und auch die Anteile an der Betriebsgesellschaft.[518]

c) Kostenkürzung bei nicht angemessener Miete oder Pacht

Nach § 3c Abs. 2 Satz 1 EStG sind Betriebsausgaben im wirtschaftlichen Zusammenhang zu den nach § 3 Nr. 40 EStG dem Teileinkünfteverfahren unterliegenden Erträgen (z. B. Gewinnausschüttungen der Betriebskapitalgesellschaft) nur zu 60 % abzugsfähig. Dies betrifft z. B. Schuldzinsen aus fremdfinanzierten Anteilen an Kapitalgesellschaften. Da die Gewinnausschüttung der Anteile nach § 3 Nr. 40 Buchst. d EStG zu 40 % steuerfrei gestellt wird, sind im Gegenzug die damit zusammenhängenden Kosten (hier: Schuldzinsen) auch um 40 % zu kürzen (d. h. sie sind nur zu 60 % abzugsfähig). 676

Diese Rechtsfolge ist außerdem auf Betriebsausgaben eines Gesellschafters einer Körperschaft anzuwenden, soweit diese Kosten mit einer im Gesellschaftsverhältnis veranlassten unentgeltlichen Überlassung von Wirtschaftsgütern an diese Körperschaft (oder bei einer teilentgeltlichen Überlassung von Wirtschaftsgütern mit dem unentgeltlichen Teil) in Zusammenhang stehen. Der Steuerpflichtige muss dafür zu mehr als 25 % unmittelbar oder mittelbar an der Körperschaft beteiligt sein (§ 3c Abs. 2 Satz 6 EStG).[519] 677

BEISPIEL „UNANGEMESSENE MIETE": Frau F und Herr H sind zu je 50 % Kommanditisten der FH GmbH & Co. KG, die ein in ihrem Eigentum stehendes Teileigentum im Sinne des WEG an die B-GmbH für deren betriebliche Zwecke für 10.000 € im Monat vermietet. Angemessen wäre eine Miete i. H. von 30.000 €. An der B-GmbH sind Frau F und Herr H ebenfalls zu je 50 % beteiligt.

LÖSUNG: Zwischen der FH GmbH & Co. KG (Besitzgesellschaft) und der B-GmbH (Betriebsgesellschaft) besteht eine Betriebsaufspaltung. Das Teileigentum befindet sich im Gesellschaftsvermögen und die Anteile an der B-GmbH befinden sich im Sonderbetriebsvermögen (zu je 50 % von Frau F und Herrn H) der FH GmbH & Co. KG. Alle Grundstücksaufwendungen der FH GmbH & Co. KG für das Teileigentum (z. B. Strom, Wasser, Versicherung, Schuldzinsen, Gebäude-AfA) sind nur im Verhältnis der tatsächlichen zur fremdüblichen Miete (d. h. zu 10.000 € / 30.000 € = 1/3) voll abzugsfähig. Die übrigen 2/3 der Grundstücksaufwendungen sind dagegen nach § 3c Abs. 2 Satz 6 EStG nur zu 60 % abzugsfähig.

---

518 BFH, Urteil v. 12.2.1992 - XI R 18/90, BStBl 1992 II S. 723 BAAAA-94202.

519 Zur Auffassung der Finanzverwaltung zu den Rechtsfolgen vor Einführung der Norm (bis VZ 2014) vgl. BMF, Schreiben v. 23.10.2013 - IV C 6 - S 2128/07/10001, BStBl 2013 I S. 1269.

6. Betriebsaufspaltung durch die gesamte Eigentümergemeinschaft

678 Es sind auch Fälle denkbar, bei denen die gesamte WEG-Immobilie (sämtliches Sondereigentum zusammen mit dem Gemeinschaftseigentum) einer Betriebsgesellschaft überlassen wird und daher zu einer Betriebsaufspaltung gehört. Dafür müssen die Wohnungseigentümer die Betriebsgesellschaft beherrschen. Dann könnte das Ergebnis darin bestehen, dass die Gemeinschaft der Bruchteilseigentümer gem. der §§ 741, 1008 BGB (nicht die GdWE i.S.des § 9a WEG) [520] die Besitzgesellschaft dieser Betriebsaufspaltung bildet. Vorzugswürdig erscheint aber nach hier vertretener Auffassung, dass alle Wohnungseigentümer durch die Grundstücksüberlassung an die Betriebsgesellschaft zusätzlich eine „leere" Willenbildungs-GbR bilden. Diese verfügt zwar selbst über kein eigenes Vermögen, sondern kann aus der Überlassung durch die einzelnen Wohnungseigentümer ihre Weiterüberlassung an die Betriebsgesellschaft erfüllen. Zivilrechtlich betrachtet überlässt die Willenbildungs-GbR das Gesamtgrundstück der Betriebsgesellschaft; dieses wird ihr zuvor von den einzelnen Wohnungseigentümern jeweils quotal überlassen. Steuerrechtlich stellt das Wohnungseigentum Sonderbetriebsvermögen der Wohnungseigentümer bei der Willenbildungs-GbR dar.[521]

BEISPIEL „BETRIEBSAUFSPALTUNG": A, B und C sind zu je 1/3 Wohnungseigentümer der Immobilie Hauptstr. 10 und zu je 1/3 Anteilseigner der Hotel-GmbH. A, B und C vermieten jeweils ihre Wohnung (Sondereigentum) und das anteilige Gemeinschaftseigentum (insgesamt also: das jeweilige Wohnungseigentum) an die Hotel-GmbH, die die Immobilie für ihren Hotelbetrieb nutzt.[522]

Es liegt eine Betriebsaufspaltung vor.[523] Die Gemeinschaft der Bruchteilseigentümer bildet eine Besitzgesellschaft in Form einer GbR, die gegenüber der Hotel-GbR das Grundstück vermietet. Das Wohnungseigentum wird von den jeweiligen Wohnungseigentümern der GbR überlassen und stellt Sonderbetriebsvermögen bei der Besitz-GbR dar.

520 Die GdWE ist zwar für die Verwaltung des Gemeinschaftsvermögens zuständig (§ 18 Abs. 1 WEG), verfügt aber selbst nicht über das Wohnungseigentum, das aus dem anteiligen Gemeinschaftseigentum und dem jeweiligen Sondereigentum als Rechtsposition des einzelnen Wohnungseigentümers besteht.

521 BFH, Urteil v. 18.8.2005 - IV R 59/04, BStBl 2005 II S. 830 YAAAB-67000.

522 Zu solchen Fällen aus den 1970er- und 1980er-Jahren sowie den damit verbundenen zivilrechtlichen Problemen vgl. Hofele, NWB 36/2023 S. 2499 MAAAJ-47469.

523 BFH, Urteil v. 10.4.1997 - IV R 73/94, BStBl 1997 II S. 569 BAAAA-95936.

VIII. Vermögensverwaltende Personengesellschaften

1. Personengesellschaften und -gemeinschaften als Wohnungseigentümer

Personengesellschaften können Eigentümer von Grundstücken und daher auch von Wohnungseigentum im Sinne des WEG sein. In Betracht kommt dabei u.a. die Kommanditgesellschaft i.S.der §§161ff. HGB (KG), die offene Handelsgesellschaft i.S.der §§105ff. HGB (OHG) und die Gesellschaft bürgerlichen Rechts i.S der §§705ff. BGB (GbR). 679

GbR können ab dem 1.1.2024 nur dann Eigentum an Grundstücken wirksam erwerben, wenn sie in das Gesellschaftsregister (§707 BGB) als „eGbR" eingetragen sind. Dies folgt aus den Änderungen durch das MoPeG[524], welches das Recht der Gesellschaft bürgerlichen Rechts (§§705ff. BGB) umfassend reformierte. In das Gesellschaftsregister werden Name und Sitz der Gesellschaft sowie die Identität und Vertretungsbefugnis der Gesellschafter eingetragen (ähnlich wie im Handelsregister). Durch die Eintragungsoption für rechtsfähige GbR (nicht für Innengesellschaften) kann diese ihre Existenz, Identität sowie die ordnungsgemäße Vertretung nachweisen.[525] Wenn eine GbR eingetragen wird, muss sie den Namenszusatz „eingetragene Gesellschaft bürgerlichen Rechts" oder „eGbR" führen.[526] Die Eintragung der GbR ist zwar optional, aber der Erwerb von Grundstücken (§47 Abs.2 GBO) setzt ab dem 1.1.2024 die Eintragung der GbR im Gesellschaftsregister voraus (Voreintragungsprinzip). Wenn eine GbR am 1.1.2024 bereits im Grundbuch eingetragen war (Bestandsfälle), ist zwar keine Aufnahme in das Gesellschaftsregister gesetzlich erforderlich. Ein künftiger (weiterer) Grundstückserwerb oder eine Grundstücksveräußerung setzt jedoch auch für diese Bestandsgesellschaften einen Eintrag in das Gesellschaftsregister voraus.[527] 680

BEISPIEL „EGBR": A, B und C sind seit dem Jahr 2018 zu je 1/3 Gesellschafter einer GbR, der vermietetes Wohnungseigentum der Anlage „WEG Severinstraße 100" gehört. Im Wohnungsgrundbuch sind A, B und C als GbR eingetragen. Im Jahr 2026 möchten A, B und C als GbR weiteres Wohnungseigentum erwerben. Dafür ist es erforderlich, dass die schon bestehende GbR vorher in das Gesellschaftsregister (§707 BGB) eingetragen wird (eGbR).

524 Gesetz zur Modernisierung des Personengesellschaftsrechts v.10.8.2021, BGBl 2021 I S.3436.

525 §707a Abs.3 BGB i.V.mit §15 HGB.

526 §707a Abs.2 Satz 1 BGB.

527 BGH, Beschluss v.3.7.2025 - V ZB 17/24 PAAAJ-97037 = DStR 2025 S.2326.

681 Bruchteilsgemeinschaften (§ 741 BGB) vermitteln Miteigentum (§ 1008 BGB) an einem Grundstück und sind daher nicht selbst Eigentümerin der Immobilie, sondern deren Gemeinschafter. Für diese Fälle gilt nicht das Recht der GbR und es gibt auch weder ein Wahlrecht noch eine Pflicht zum Eintrag in ein eigenes Register.

BEISPIEL „MITEIGENTUM ZU BRUCHTEILEN": Frau F und Herr H sind Eheleute und erwerben gemeinsam Wohnungseigentum, das sie zu eigenen Wohnzwecken nutzen.

F und H könnten zwar miteinander für den Erwerb des Wohnungseigentums einen GbR-Vertrag schließen und als eGbR das Wohnungseigentum erwerben. Im Regelfall bilden Eheleute bzw. Lebenspartner aber keine GbR, sondern werden als Miteigentümer zu Bruchteilen an dem Wohnungseigentum beteiligt.

2. Vermietung und Verpachtung von Wohnungseigentum als Vermögensverwaltung

682 Wenn Personengesellschaften (z. B. eGbR, OHG, KG) Wohnungseigentum vermieten (oder verpachten), gelten die gleichen Beurteilungsmaßstäbe wie bei natürlichen Personen, um zu entscheiden, ob es sich um eine vermögensverwaltende Tätigkeit handelt. Solange kein kaufmännischer Geschäftsbetrieb wegen der Menge an Immobilien erforderlich ist oder Zusatzleistungen (wie z. B. bei einem Hotelbetrieb) angeboten werden, erzielt die Personengesellschaft keine gewerblichen Einkünfte i. S. des § 15 EStG, sondern Vermietungseinkünfte nach § 21 EStG.

BEISPIEL „VERMIETUNG": Die V-eGbR (Frau X und Frau Y sind je zu 1/2 beteiligt) vermietet 34 ihr gehörende Grundstückseinheiten (Wohnungen, Büroräume) an verschiedene Mieter. Auch wenn die Grundstücke laufend instandgehalten werden, Mietverhältnisse enden und neu entstehen und andere Verwaltungsaufgaben zu erledigen sind, handelt es sich nicht um eine gewerbliche, sondern vermögensverwaltende Tätigkeit. Aus der Vermietung erzielen X und Y jeweils Einkünfte aus Vermietung und Verpachtung (§ 21 Abs. 1 Nr. 1 EStG).

683 Etwas anderes kann gelten, wenn sich an das Ende eines operativen Gewerbebetriebs eine Grundstücksüberlassung als Betriebsverpachtung im Ganzen anschließt, ohne dass eine Betriebsaufgabe erklärt wurde (§ 16 Abs. 3b EStG) und daher aus den Verpachtungseinkünften weiterhin Einkünfte aus Gewerbebetrieb erzielt werden.

BEISPIEL „BETRIEBSVERPACHTUNG IM GANZEN": Die Z-eGbR (Frau A und Frau B sind je zu 1/2 beteiligt) betreibt bis zum 31.12.2025 einen Gastronomiebetrieb auf eigenem Grundstück (Teileigentum im Sinne des WEG) und erzielt damit gewerbliche Einkünfte (§ 15 Abs. 2 EStG), die Frau A und Frau B zugerechnet werden (§ 15 Abs. 1 Nr. 2

EStG). Ab dem 1.1.2026 verpachtet die Z-eGbR das Objekt zusammen mit dem Betrieb an den Pächter P.

Aus der Verpachtung des Gastronomiebetriebs erzielen Frau A und Frau B über die Z-eGbR im Grundsatz zwar Einkünfte aus Vermietung und Verpachtung nach § 21 Abs. 1 Nr. 1 EStG (Grundstück) bzw. § 21 Abs. 1 Nr. 2 EStG (bewegliches Inventar). Dadurch wird der bisherige Gewerbebetrieb eigentlich im Ganzen von Frau A und Frau B (über die Z-eGbR) aufgegeben (§ 16 Abs. 3 Satz 1 EStG). Da jedoch der bestehende Gewerbebetrieb (Gastronomie) im Ganzen an P verpachtet wird, gilt der Betrieb nicht als aufgegeben, solange die Aufgabe nicht aktiv gegenüber dem zuständigen Finanzamt erklärt wird oder die objektiven Voraussetzungen für eine Weiterverpachtung nicht mehr erfüllt sind und das Finanzamt dies erfährt (§ 16 Abs. 3b EStG).

Eine gewerblich geprägte Personengesellschaft i. S. des § 15 Abs. 3 Nr. 2 EStG (z. B. 684
in der Rechtsform als GmbH & Co. KG) erzielt auch bei einer nur vermögensverwaltenden Tätigkeit immer gewerbliche Einkünfte.

3. Zurechnung des Wohnungseigentums für Zwecke der Einkommensteuer

a) Zurechnung nach Bruchteilen (§ 39 Abs. 2 Nr. 2 AO)

Die Einkünfte aus Vermietung und Verpachtung von Wohnungseigentum er- 685
zielt nicht die vermögensverwaltende Personengesellschaft selbst, da dieser das Eigentum steuerrechtlich nicht zugerechnet wird und auch sie selbst weder der Einkommensteuer noch der Körperschaftsteuer unterliegt. Vielmehr sind die Gesellschafter mit den über die Personengesellschaft erzielten Einkünften steuerpflichtig, die ihnen steuerlich anteilig (i. d. R. nach ihren Beteiligungsquoten) zugerechnet werden.

Bei gewerblichen oder freiberuflichen Personengesellschaften (Mitunterneh- 686
merschaften) ergibt sich die Zurechnung des Einkommens aus der Zurechnungsnorm des § 15 Abs. 1 Nr. 2 EStG.[528] Diese Vorschrift ist bei vermögensverwaltenden Personengesellschaften aber nicht anwendbar. Vielmehr ist hier § 39 Abs. 2 Nr. 2 Satz 1 AO anzuwenden, der in diesem Fall nicht durch § 15 Abs. 1 Nr. 2 EStG verdrängt wird:[529] Danach werden Wirtschaftsgüter, die einer rechtsfähigen vermögensverwaltenden Personengesellschaft zustehen, den Gesellschaftern anteilig zugerechnet, da eine getrennte Zurechnung für die Besteuerung erforderlich ist. Dies führt bei vermögensverwaltenden (nicht gewerblichen) Personengesellschaften dazu, dass die Vermögensgegenstände der Personengesellschaft als Bruchteil den jeweiligen Gesellschaftern als separates

528 So z. B. BFH, Beschluss v. 25.2.1991 - GrS 7/89, BStBl 1991 II S. 691 CAAAA-93769 m. w. N.

529 BFH, Beschluss v. 25.9.2018 - GrS 2/16, BStBl 2019 II S. 262 unter C. II. 3. a) aa) LAAAH-10787.

und eigenes (!) Wirtschaftsgut ertragsteuerrechtlich zugerechnet werden. Somit erzielen die Gesellschafter unmittelbar Vermietungseinkünfte aus ihrem ideellen Bruchteil am Wohnungseigentum, ohne dass dafür eine weitere Zurechnungsnorm erforderlich wäre.

BEISPIEL „VERMIETUNG DURCH EGBR“: Herr H und Frau F sind je zur Hälfte Gesellschafter der HF-eGbR, die Wohnungseigentum vermietet (Vermögensverwaltung).

LÖSUNG: Das Wohnungseigentum der eGbR wird Herrn H und Frau F jeweils zu 50 % (ideell) ertragsteuerrechtlich zugerechnet (§ 39 Abs. 2 Nr. 2 Satz 1 AO). Herr H und Frau F erzielen Einkünfte aus Vermietung und Verpachtung (§ 21 Abs. 1 Nr. 1 EStG) aus ihren Bruchteilen am Wohnungseigentum. Die Einkünfte werden nach § 180 Abs. 1 Nr. 2 Buchst. a AO gesondert und einheitlich festgestellt.

687 Mit Wirkung zum 1.1.2024 wurde durch das MoPeG[530] ausdrücklich geregelt, dass Personengesellschaften nicht mehr über „Gesamthandsvermögen“, sondern über (eigenes) „Gesellschaftsvermögen“ (§ 713 BGB) verfügen. Daher wurde durch das Kreditzweitmarktförderungsgesetz[531] in § 39 Abs. 2 Nr. 2 AO ein weiterer Satz eingefügt, um sicherzugehen, dass sich an der transparenten Besteuerung der Personengesellschaft nichts ändert: „Rechtsfähige Personengesellschaften gelten für Zwecke der Ertragsbesteuerung als Gesamthand und deren Vermögen als Gesamthandsvermögen“ (§ 39 Abs. 2 Nr. 2 Satz 2 AO).

b) Auswirkung der Bruchteilsbetrachtung

aa) Vermietung an Gesellschafter

688 Ein Mietvertrag zwischen einer vermögensverwaltenden Personengesellschaft und einem ihrer Gesellschafter ist steuerrechtlich „nicht anzuerkennen“[532] (wirkungslos), wenn und soweit diesem das Grundstück nach § 39 Abs. 2 Nr. 2 AO anteilig zuzurechnen ist.[533] Insoweit ist dies eine „Vermietung an sich selbst“, die steuerrechtlich weder zu Werbungskosten noch zu Mieteinnahmen führt.

BEISPIEL „MIETVERTRAG MIT VERMÖGENSVERWALTENDER PERSONENGESELLSCHAFT“: Frau F ist zu 40 % und Herr H ist zu 60 % an der vermögenverwaltenden EFG-eGbR beteiligt, die Wohneigentum vermietet. Frau F hat mit der GbR einen Mietvertrag über eine Eigentumswohnung geschlossen, die sie zu eigenen Wohnzwecken nutzt.

530 Gesetz zur Modernisierung des Personengesellschaftsrechts v. 10.8.2021, BGBl 2021 I S. 3436.

531 Kreditzweitmarktförderungsgesetz v. 22.12.2023, BGBl 2023 I Nr. 411.

532 Zivilrechtlich ist der Mietvertrag (§§ 535 ff. BGB) aber wirksam, da Gesellschafter mit ihrer rechtsfähigen Personengesellschaft schuldrechtliche Verträge schließen können.

533 BFH, Beschluss v. 16.11.2021 - IX B 37/21 FAAAH-97175 = BFH/NV 2022 S. 115, mit Hinweis auf BFH v. 18.5.2004 - IX R 83/00, BStBl 2004 II S. 898 VAAAB-24829.

LÖSUNG: Die Vermietung an Frau F ist nur insoweit steuerwirksam, als Herr H (zu 60 %) über die GbR beteiligt ist. Soweit Frau F an der Wohnung beteiligt ist (zu 40 %), handelt es sich um einen neutralen Vorgang. Es kommt dafür nicht darauf an, wie viel anderes Wohnungsvermögen die GbR vermietet, da auf jedes einzelne Grundstück abzustellen ist. Die Einkünfte „aus den 60 %" werden auch nicht zwischen Herrn H und Frau F nach einer Quote von 40/60 aufgeteilt. Dies bedeutet: Soweit Frau F beteiligt ist (zu 40 %), führt es nicht zu Vermietungseinkünften. Dies bedeutet, dass Frau F aus „ihrer" Wohnungsvermietung insoweit keine Einkünfte erzielt und Herr B die Mietzahlung von Frau F zu 60 % als Einnahmen aus Vermietung und Verpachtung und die Kosten der Wohnung (z. B. AfA) zu 60 % als Werbungskosten abziehen kann.

bb) Gesellschafterdarlehen

Wenn einer vermögensverwaltenden Personengesellschaft von ihrem Gesellschafter ein Darlehen gewährt wird, ist dies steuerrechtlich insoweit „nicht anzuerkennen" (wirkungslos), als die Darlehensverbindlichkeit der Gesellschaft ihrem Gesellschafter nach § 39 Abs. 2 Nr. 2 AO anteilig steuerrechtlich zuzurechnen ist.[534] Das Darlehensverhältnis führt nur in dem Umfang zu abzugsfähigen Werbungskosten (beim Nicht-Darlehensgeber) bzw. zu Einnahmen aus Kapitalvermögen (beim Darlehensgeber), als der Darlehensgeber nicht an der Personengesellschaft beteiligt ist. 689

BEISPIEL „DARLEHEN AN VERMÖGENSVERWALTENDER PERSONENGESELLSCHAFT": Frau F ist neben der vermögensmäßig nicht beteiligten Komplementär-GmbH die alleinige Kommanditistin an der V-GmbH & Co. KG, die ausschließlich vermögensverwaltend tätig ist. Sowohl Frau F als auch die Komplementär-GmbH sind zur Geschäftsführung der KG berufen (keine gewerbliche Prägung). Frau F gewährt der KG ein verzinstes Darlehen, dessen Mittel die KG zum Erwerb einer vermieteten Eigentumswohnung nutzt.

LÖSUNG: Das Darlehen kann zwar zivilrechtlich wirksam zwischen F und der KG vereinbart und auch fremdüblich durchgeführt werden. Steuerrechtlich entfaltet das Darlehen aber keine Wirkung, da es nach der Bruchteilsbetrachtung des § 39 Abs. 2 Nr. 2 AO von F „sich selbst" gewährt wird (Nullum). Daher stellen die tatsächlichen Zinszahlungen der KG an F „Vorabeinnahmen" aus Vermietung und Verpachtung (§ 21 Abs. 1 Nr. 1 EStG) dar. Es entstehen F aus den Zinszahlung weder Werbungskosten i. S. des § 9 Abs. 1 Satz 3 Nr. 1 EStG zu ihren Einkünften aus Vermietung und Verpachtung noch Einnahmen aus Kapitalvermögen i. S. des § 20 Abs. 1 Nr. 7 EStG.

534 BFH, Urteil v. 27.11.2024 - I R 19/21 NAAAJ-90124 = DStR 2025 S. 962.

4. Ermittlung der Einkünfte

a) Überschuss der Mieteinnahmen über die Werbungskosten

690 Die vermögensverwaltende Personengesellschaft ermittelt ihre Einkünfte aus Vermietung und Verpachtung (§ 21 Abs. 1 Nr. 1 EStG) nach den allgemeinen Grundsätzen, die auch für natürliche Personen als Alleineigentümer mit Wohnungseigentum im Privatvermögen gelten. Es wird der Überschuss der (Miet-)Einnahmen (§ 8 EStG) über die Werbungskosten (§ 9 EStG, insbesondere: Gebäude-AfA, Erhaltungsaufwand, Versicherungen, öffentliche Abgaben, Kosten für Wasser und Heizung) ermittelt. Hierbei kommt es für die zeitliche Zuordnung auf den Zufluss an die Personengesellschaft (§ 11 Abs. 1 EStG) bzw. den Abfluss von der Personengesellschaft an. Sofern die vermögensverwaltende Personengesellschaft nach HGB bilanziert, kann dieser Jahresabschluss als Basis für eine Überleitungsrechnung[535] von der Bilanzierung zum Zahlungsprinzip nach § 11 EStG dienen.

b) Nießbrauch am Gesellschaftsanteil

691 Durch die Bestellung des Nießbrauchs an einem Gesellschaftsanteil an einer vermögensverwaltenden Personengesellschaft erzielt nur dann der Nießbraucher – anstelle des Gesellschafters – die Einkünfte aus Vermietung und Verpachtung, wenn und soweit er aufgrund der ihm vertraglich zur Ausübung überlassenen Stimm- und Verwaltungsrechte grds. in der Lage ist, auch an Grundlagengeschäften der Gesellschaft mitzuwirken.[536] Wichtig für die Einkünftezurechnung ist u. a. die Frage, wer als Vermieter auftritt und zudem in der Gesellschaft die wesentlichen Mitbestimmungsrechte ausüben kann.

692 Beim Nießbrauch an Vermietungseinkünften nach § 21 EStG bei grundstückshaltenden Personengesellschaften gilt demnach ein anderes Zurechnungskonzept als bei einer gewerblichen Mitunternehmerschaft (§ 15 Abs. 1 Satz 1 Nr. 2 EStG). Bei Mitunternehmerschaften können – zumindest nach bisheriger BFH-Auffassung – an demselben Personengesellschaftsanteil sowohl der Gesellschafter als

535 Die Überleitungsrechnung ist eine zahlenmäßige Hilfe für die Ermittlung des zutreffenden Überschusses der Mieteinkünfte nach §§ 11 i. V. mit 21 Abs. 1 Nr. 1 EStG. Sie ist nicht mit einer Überleitungsrechnung der Handels- zur Steuerbilanz nach § 60 Abs. 2 Satz 1 EStG zu verwechseln, mit der die steuerbilanziellen Regeln (§§ 5, 6 EStG) bei gewerblichen Einkünften eingehalten werden. Beide Überleitungsrechnungen gehen lediglich vom HGB-Jahresabschluss als Basis aus.

536 BFH, Urteil v. 15.11.2022 - IX R 4/20, BStBl 2023 II S. 389 QAAAJ-33345.

auch der Nießbraucher als Mitunternehmer behandelt werden. Ihnen werden jeweils Einkünfte zugerechnet (doppelter Mitunternehmeranteil).[537]

5. Abfärbung durch gewerbliche Einkünfte (§ 15 Abs. 3 Nr. 1 EStG)

a) Eigene gewerbliche Tätigkeiten (Seitwärtsabfärbung)

Wenn eine vermögensverwaltende Personengesellschaft auch gewerblich tätig ist, werden im Grundsatz die vermögensverwaltenden Einkünfte (z. B. aus Vermietung und Verpachtung) in gewerbliche Einkünfte umqualifiziert (§ 15 Abs. 3 Nr. 1 Satz 1 Alt. 1 EStG). Dies wird oft als „Abfärbung" (der gewerblichen Einkünfte auf die übrigen Einkünfte) bezeichnet. 693

Eine für die Praxis wichtige Ausnahme ist eine vom BFH[538] entwickelte Geringfügigkeitsgrenze, nach der es zulässig ist, dass maximal 3 % der Nettoerlöse und maximal 24.500 € originär gewerbliche Erlöse neben den originär vermögensverwaltenden Erlösen keine Abfärbung auslösen. 694

BEISPIEL „ABFÄRBUNG DURCH GEWERBLICHE TÄTIGKEIT": Die ABC-GbR vermietet mehrere Einheiten von Wohnungs- und Teileigentum und betreibt in einem ihr gehörenden Ladenlokal einen Kiosk.

LÖSUNG: Der Kioskbetrieb erzeugt gewerbliche Einkünfte (§ 15 Abs. 2 EStG), die grds. alle Vermietungseinkünfte ebenfalls in Einkünfte aus Gewerbebetrieb umqualifizieren (§ 15 Abs. 3 Nr. 1 Satz 1 Alt. 1 EStG). Sofern aber die Einnahmen im Verhältnis zu den Mieteinnahmen gering genug sind (maximal 3 %) und die Betriebseinnahmen des Kiosks nicht mehr als 24.500 € im Jahr betragen, bleiben zwar die Kioskeinkünfte gewerblich, aber die Vermietungseinkünfte bleiben ebenfalls nach § 21 Abs. 1 Nr. 1 EStG steuerpflichtig als Einkünfte aus Vermietung und Verpachtung.

Die Einnahmen aus einer PV-Anlage der Personengesellschaft sind nach § 3 Nr. 72 EStG steuerfrei, sofern deren Bruttoleistung laut Marktstammdatenregister bis zu 30 kWp je Wohn- oder Gewerbeeinheit und insgesamt höchstens 100 kWp beträgt. In diesen Fällen tritt – unabhängig von der Höhe der 695

537 Möglicherweise wird der BFH seine Rechtsprechung dazu ändern, sofern man die Ausführungen des BFH, Urteil v. 19.7.2018 - IV R 10/17 QAAAG-97089 = BFH/NV 2018 S. 1268 unter II. 2. d), so deuten kann.

538 So z. B. BFH, Urteil v. 30.6.2022 - IV R 42/19, BStBl 2023 II S. 118 EAAAJ-25061 m. w. N.

Einnahmen – keine Abfärbung der vermögensverwaltenden Mieteinkünfte ein (§ 3 Nr. 72 Satz 3 EStG).[539]

BEISPIEL „STEUERFREIE PV-ANLAGE": Die ABC-GbR vermietet mehrere Einheiten von Wohnungs- und Teileigentum und erzeugt mit einer ihr gehörenden PV-Anlage (Leistung: 8 kWp) auf dem Dach eines Gebäudes Strom, der teilweise an den Netzbetreiber gegen eine Einspeisevergütung geliefert wird.

LÖSUNG: Die ABC-GbR erzielt mit der Stromeinspeisung gewerbliche Einkünfte, die jedoch nach § 3 Nr. 72 EStG steuerfrei sind. Die Kosten der PV-Anlage (z. B. die AfA) sind nach § 3c Abs. 1 EStG nicht abzugsfähig. Die Vermietungseinkünfte werden nicht nach § 15 Abs. 3 Nr. 1 Satz 1 Alt. 1 EStG gewerblich infiziert (§ 3 Nr. 72 Satz 3 EStG).

b) Aufwärtsabfärbung durch Beteiligungseinkünfte an gewerblichen Personengesellschaften

696 Die Beteiligung einer vermögensverwaltenden Personengesellschaft an einer gewerblichen Personengesellschaft (Mitunternehmerschaft) führt ebenfalls zur gewerblichen Infektion der gesamten Einkünfte (§ 15 Abs. 3 Nr. 1 Satz 1 Alt. 2 EStG: Aufwärtsabfärbung). Im Gegensatz zur „Seitwärtsabfärbung" nach § 15 Abs. 3 Nr. 1 Satz 1 Alt. 1 EStG (Personengesellschaft erzielt selbst originäre gewerbliche Einkünfte) gibt es in einkommensteuerrechtlicher Hinsicht bei der Aufwärtsabfärbung keine Geringfügigkeitsgrenze. Jedoch unterliegt die Personengesellschaft dadurch nach der Rechtsprechung des BFH[540] nicht der Gewerbesteuer (einschränkende Auslegung des § 2 Abs. 1 Satz 1 GewStG). Die Finanzverwaltung hat sich dieser Auffassung inzwischen angeschlossen.[541]

BEISPIEL „ABFÄRBUNG DURCH GEWERBLICHE BETEILIGUNGSEINKÜNFTE": Die ABC-GbR vermietet mehrere Einheiten von Wohnungs- und Teileigentum (Vermögensverwaltung) und ist an der gewerblichen T GmbH & Co. KG beteiligt.

---

539 Die Steuerfreiheit nach § 3 Nr. 72 EStG trat mit Wirkung zum 1.1.2022 in Kraft und führte zu diesem Zeitpunkt zur automatischen Entnahme der Wirtschaftsgüter (z. B. Grundstücke) der Personengesellschaft in das steuerrechtliche Privatvermögen (bis auf die PV-Anlage selbst). Aus Vertrauensschutzgründen bleiben die Wirtschaftsgüter aber durchgehend Betriebsvermögen, wenn die Verstrickung der stillen Reserven bis zu 31.12.2023 aus anderen Gründen – z. B. durch gewerbliche Prägung – wiederhergestellt wurde (BMF, Schreiben v. 17.7.2023 - IV C 6-S 2121/23/10001:001, BStBl 2023 I S. 1494 Rz. 23).

540 BFH, Beschluss v. 28.5.2025 - IV B 13/24 MAAAJ-93286 = BB 2025 S. 1429; BFH, Urteil v. 4.2.2025 - VIII R 1/22 EAAAJ-88430 = BFH/NV 2025 S. 513; BFH, Urteil v. 5.9.2023 - IV R 24/20 WAAAJ-51860 = BFH/NV 2024 S. 88; BFH, v. 6.6.2019 - IV R 30/16, BStBl 2020 II S. 649 HAAAH-24029.

541 Durch die Gleich lautenden Erlasse der Länder v. 5.11.2025, BStBl 2005 I S. 1838, wurden die bisher anzuwendenden Gleich lautenden Erlasse der Länder v. 1.10.2020, BStBl 2020 I S. 1032, aufgehoben und die BFH-Rechtsprechung anerkannt.

LÖSUNG: Die ABC-GbR erzielt wegen der gewerblichen Beteiligungseinkünfte ausschließlich Einkünfte aus Gewerbebetrieb (§ 15 Abs. 3 Nr. 1 Satz 1 Alt. 2 EStG). Gleichwohl ist die ABC-GbR nicht sachlich gewerbesteuerpflichtig.

6. Zebragesellschaft

697 Wenn bei einer vermögensverwaltenden Personengesellschaft (mindestens) ein Gesellschafter seinen Anteil im Betriebsvermögen hält, wird sie als „Zebragesellschaft" bezeichnet. Dies ist häufig bei Gesellschaftern in der Rechtsform der Kapitalgesellschaft der Fall, die nach § 8 Abs. 2 KStG ohnehin nur Einkünfte aus Gewerbebetrieb erzielen können.

698 Die Einkünfte werden auf der Ebene der Zebragesellschaft (Personengesellschaft) als originär vermögensverwaltend behandelt und festgestellt (z. B. bei vermietetem Wohnungseigentum nach § 21 Abs. 1 Nr. 1 EStG als Einkünfte aus Vermietung und Verpachtung).[542] Selbst wenn die Personengesellschaft handelsrechtlich zur Bilanzierung verpflichtet ist (z. B. OHG und KG nach §§ 238 ff. HGB), werden die Einkünfte durch eine Einnahme-Überschussrechnung nach dem Zu- und Abflussprinzip des § 11 EStG ermittelt.

699 Erst auf Ebene des betrieblich beteiligten Gesellschafters werden die Einkünfte in gewerbliche Einkünfte (dem Grunde nach) umqualifiziert und deren konkrete Höhe erst im Folgebescheid (Einkommensteuer bzw. Körperschaftsteuer) verbindlich festgesetzt.[543]

700 Da die Einkünfte der Personengesellschaft als Überschusseinkünfte ermittelt und festgestellt werden, während beim betrieblichen Gesellschafter dessen Einkünfte durch Betriebsvermögensvergleichs (Bilanzierung) ermittelt werden, kann dies zu praktischen Problemen führen. Dies ist z. B. bei einer abweichenden Gebäudeabschreibung im Privat- gegenüber dem Betriebsvermögen denkbar oder wenn das Realisationsprinzip (Bilanzierungsgrundsätze) zwangsläufig vom Zahlungsflussprinzip des § 11 EStG abweicht.[544] In der Praxis stimmen sich die beteiligten Finanzämter – sofern nach der Menge der Gesellschafter möglich – über die Besteuerungsgrundlagen ab oder teilen ggf. die betrieblichen Einkünfte nachrichtlich (ohne Bindungswirkung) im Feststellungsbescheid mit.

542 BMF, Schreiben v. 29.4.1994 - IV B 2-S 2241-9/94, BStBl 1994 I S. 282 Rz. 2.

543 BFH, Urteil v. 11.4.2005 - GrS 2/02, BStBl 2005 II S. 679 RAAAB-56961.

544 Bei einem betrieblich beteiligten Gesellschafter mit einer Gewinnermittlung durch Einnahme-Überschussrechnung nach § 4 Abs. 3 EStG fallen zumindest die Abweichungen nach § 11 EStG größtenteils weg.

BEISPIEL „ZEBRAGESELLSCHAFT": Herr A, Frau B und die C-GmbH sind je zu 1/3 an der ABC-eGbR beteiligt, die Teileigentum im Sinne des WEG an eine Bäckerei vermietet (Vermögensverwaltung). Die Gebäude-AfA beträgt für Privatvermögen 2 % (§ 7 Abs. 4 Satz 1 Nr. 2 Buchst. a EStG) und für Betriebsvermögen 3 % (§ 7 Abs. 4 Satz 1 Nr. 1 EStG). Die am 3.12.2024 fällige Miete für Dezember 2024 wurde erst am 15.1.2025 an die ABC-eGbR überwiesen.

LÖSUNG: Die Einkünfte der ABC-eGbR werden auch für die C-GmbH als Einkünfte aus Vermietung und Verpachtung (§ 21 Abs. 1 Nr. 1 EStG) nach § 180 Abs. 1 Nr. 2 Buchst. a AO festgestellt. Die festgestellten Einkünfte berücksichtigen eine Gebäude-AfA von 2 % (Privatvermögen; § 7 Abs. 4 Satz 1 Nr. 2 Buchst. a EStG) und den Zufluss der Mieteinnahmen für Dezember 2024 erst für das Jahr 2025 (Zufluss nach § 11 Abs. 1 EStG). Bei der Körperschaftsteuer der C-GmbH sind davon abweichend die Gebäude-AfA mit 3 % und die Miete für Dezember 2024 schon für das WJ 2024 (Realisationsprinzip; § 252 Abs. 1 Nr. 5 HGB) zu erfassen.

7. Übertragung von Wohnungseigentum auf vermögensverwaltende Personengesellschaften

701 Wenn Wohnungseigentum auf vermögensverwaltende Personengesellschaften übertragen wird (z. B. im Rahmen der Gesellschaftsgründung als Einlagen), ist dieser Vorgang eigentlich ertragsteuerrechtlich unbeachtlich, da den Gesellschaftern das Wohnungseigentum weiterhin zugerechnet wird (Bruchteilsbetrachtung des § 39 Abs. 2 Nr. 2 AO).[545] Da sich die Beteiligungsquote der einlegenden Gesellschafter am Wohneigentum einerseits mindert (am eingelegten Wohneigentum) und sie andererseits erstmals an „fremdem" Wohnungseigentum beteiligt werden, liegt ein Tausch von Wirtschaftsgütern (Eigentumsanteil an Wohneigentum) vor.[546] Dies kann zu der Besteuerung eines privaten Veräußerungsgeschäfts (§ 23 Abs. 1 Nr. 1 EStG) führen. Die jeweils steuerrechtlich angeschafften Bruchteile führen zu „neuen" (erstmaligen) Anschaffungskosten bei den Gesellschaftern. Soweit die Eigentumsquoten sich nicht ändern, führen die Gesellschafter die Gebäude-AfA in der Personengesellschaft fort.

BEISPIEL „GRÜNDUNG EGBR MIT WOHNUNGSEIGENTUM": Herr A und Frau B gründen 2025 die vermögensverwaltende AB-eGbR zu je 1/2 und bringen dafür jeweils gleichwertige Eigentumswohnungen aus derselben WEG-Wohnanlage ein. Herr A bringt seine im Jahr 2020 erworbene und vermietete Wohnung im 1. OG links und Frau B ihre im Jahr 2022 erworbene und vermietete Wohnung im 1. OG rechts ein, die 2025 jeweils einen Verkehrswert von 200.000 € haben.

545 BFH, Urteil v. 26.4.2012 - IV R 44/09, BStBl 2013 II S. 142 unter II. 2. (2) VAAAE-14040.
546 So auch Dorn/Mayer/Stein, DStR 2025 S. 1969, 1971.

LÖSUNG: Durch die Grundstücksübertragungen sind Herr A und Frau B beide nunmehr zu je 50% an beiden Eigentumswohnungen beteiligt (§ 39 Abs. 2 Nr. 2 AO). Vorher hatten sie jeweils Alleineigentum an ihren Eigentumswohnungen. Damit verliert Herr A Eigentum i. H. von 50% an der Wohnung im 1. OG links und erhält dafür 50% Eigentum an der Wohnung im 1. OG rechts. Bei Frau B ist es andersherum: Sie erhält 50% an der Wohnung im 1. OG links und verliert 50% an der Wohnung im 1. OG rechts. Soweit Herr A bzw. Frau B ihr Eigentum (zu 50%) behalten, passiert ertragsteuerrechtlich nichts. Soweit Herr A bzw. Frau B aber Eigentumsanteile erstmals erhalten, erwerben sie diese Hälfte (Anschaffung). Das bedeutet, dass sie dafür ihre jeweils verlorene Hälfte an die andere Person veräußern (Tausch von Eigentumsanteilen).[547] Dies führt zu einem privaten Veräußerungsgeschäft (§ 23 Abs. 1 Nr. 1 EStG) für die jeweils verlorene Hälfte. Durch die Übertragung des Wohneigentums wird Grunderwerbsteuer für beide Objekte ausgelöst, die aber in Höhe der Beteiligungsquoten an der GbR (je 50%) nicht erhoben wird (§ 5 Abs. 2 GrEStG).

8. Auflösung vermögensverwaltender Personengesellschaften (Realteilung)

Bei der Auflösung gewerblicher Personengesellschaften unter Übertragung der Wirtschaftsgüter an die Gesellschafter (Realteilung), kann Wohneigentum steuerneutral zum Buchwert transferiert werden, sofern dieses in ein Zielbetriebsvermögen übertragen wird (§ 16 Abs. 3 Satz 2 EStG). Diese Norm ist nicht auf vermögensverwaltende Personengesellschaften anwendbar. 702

Die Auflösung einer vermögensverwaltenden Personengesellschaft und die Übertragung des Vermögens auf die Gesellschafter stellt zwar ebenfalls eine Realteilung dar. Entsprechend der Einbringung des Vermögens (z. B. bei Gründung) ist die Übertragung an die Gesellschafter aber insoweit entgeltlich, als sich die Eigentumsquote der Gesellschafter am jeweiligen Wohneigentum mindert. In Umkehrung des § 39 Abs. 2 Nr. 2 AO handelt es sich um einen Tausch (Veräußerung), als die „empfangenden" Gesellschafter des Wohneigentums nun alleinige Eigentümer werden und im Rahmen der Personengesellschaft nicht quotal beteiligt waren. Dies kann zu der Besteuerung eines privaten Veräußerungsgeschäfts (§ 23 Abs. 1 Nr. 1 EStG) führen. 703

547 An dieser Folge (entgeltlicher Tausch von Eigentumsanteilen) ändert sich nach hier vertretener Auffassung nichts, da es sich im Beispiel um zwei bautechnisch gleiche Einheiten in demselben Objekt handelt. Etwas anderes wäre denkbar, wenn z. B. identische Anteile derselben GmbH in eine vermögensverwaltende Personengesellschaft eingebracht werden, die sich letztlich durch die Nummerierung in der GmbH-Gesellschafterliste unterscheiden und damit zwar zivilrechtlich verschieden, aber wirtschaftlich betrachtet gleich sind (ähnlich Dorn/Mayer/Stein, DStR 2025 S. 1969, 1971).

BEISPIEL „REALTEILUNG EINER VERMÖGENSVERWALTENDEN PERSONENGESELLSCHAFT“: ▸ Herr A und Frau B gehören je 50% der vermögensverwaltenden AB-eGbR. Im Jahr 2010 hat die GbR das vemietete Wohneigentum K-Straße und im Jahr 2020 das vermietete Wohneigentum S-Straße erworben. Im Jahr 2025 wird die GbR aufgelöst und A erhält das Wohneigentum K-Straße und B das Wohneigentum S-Straße, die ungefähr gleich viel wert sind (Realteilung).

LÖSUNG: ▸ A und B verlieren jeweils wertmäßig 50% an der Wohnung, die sie nicht durch die Realteilung erhalten bzw. gewinnen jeweils wertmäßig 50% an der Wohnung, die sie durch die Realteilung erhalten. Das stellt einen Tausch der jeweiligen Hälfte gegen die andere Hälfte dar. Dies führt zu einem privaten Veräußerungsgeschäft (nur) für das Wohneigentum S-Straße, für das die 10-Jahres-Frist des § 23 Abs. 1 Nr. 1 EStG bei Realteilung 2025 nicht abgelaufen ist. Dabei veräußert A den halben Anteil an dem Wohneigentum S-Straße an B (als Gegenleistung für den halben Anteil an dem Wohneigentum K-Straße). Das private Veräußerungsgeschäft hat nur A nach § 23 Abs. 1 Nr. 1 EStG für seine veräußerte Hälfte zu versteuern.

704 Nach anderer Auffassung soll die Realteilung vermögensverwaltender Personengesellschaften nicht der wirtschaftsgutbezogenen Betrachtung (Bruchteilsbetrachtung), sondern der vermögensmäßigen Betrachtung (Saldothese) folgen: Soweit der übernehmende Gesellschafter dem Wert nach das erhält, was ihm aus der Gesellschaft bisher quotal zustand, könne daraus keine Besteuerungsfolge (Veräußerungsgeschäft) hergeleitet werden.[548] Dies ist höchstrichterlich jedoch noch nicht entschieden und müsste zudem zur Folge haben, dass bei der Zuführung von Wohnungseigentum zu einer vermögensverwaltenden Personengesellschaft die gleichen Grundsätze gelten (sollten).

548 Wübbelsmann, DStR 2019 S. 2289, mit Hinweis auf die BFH-Rechtsprechung (u. a. BFH, v. 10.10.2018 - IX R 1/17, BStBl 2019 S. 170 VAAAH-06320).

IX. Personengesellschaften (Mitunternehmerschaften)

1. Grundlagen der Besteuerung von Mitunternehmerschaften

a) Personengesellschaft als Mitunternehmerschaft

Personengesellschaften unterliegen selbst nicht der Einkommen- oder Körperschaftsteuer, sondern deren Gesellschafter. Gleichwohl kann eine Personengesellschaft Einkünfte erzielen, die dann jedoch den Gesellschaftern als (deren eigenes) Einkommen zugerechnet werden. Dies gilt vor allem für die Mitunternehmerschaft. Sofern bei einer OHG, KG oder einer anderen Gesellschaft die Gesellschafter als Unternehmer (Mitunternehmer) eines gewerblichen Betriebs anzusehen sind, handelt es sich um eine Mitunternehmerschaft (§ 15 Abs. 1 Satz 1 Nr. 2 Satz 1 Halbsatz 1 EStG). Die Gesellschafter müssen dafür in der Personengesellschaft über Mitunternehmerinitiative[549] und Mitunternehmerrisiko[550] verfügen.[551] Dann werden die Gewinnteile aus der Personengesellschaft bei den Gesellschaftern als Einkünfte aus Gewerbebetrieb besteuert.[552] 705

Die Personengesellschaft muss entweder einen originären Gewerbebetrieb (§ 15 Abs. 2 EStG) unterhalten oder aber nach bestimmten Voraussetzungen als Gewerbebetrieb fingiert werden (§ 15 Abs. 3 EStG). 706

BEISPIEL „GRUNDSTÜCKSVERMIETUNG ALS GEWERBEBETRIEB EINER PERSONENGESELLSCHAFT": Frau F und Herr H sind Gesellschafter folgender Personengesellschaften:

a) FH-GbR, die drei Immobilien zu Wohnzwecke vermietet;

b) FH-OHG, die eine KFZ-Reparaturwerkstatt betreibt und ein Geschäftslokal (Teileigentum) an ein benachbartes Blumengeschäft vermietet;

c) FH GmbH & Co. KG (Vermietung von drei Wohnimmobilien), bei der die FH-GmbH als einzige Komplementärin der KG allein zur Geschäftsführung befugt ist.

LÖSUNG: Zu a) Die FH-GbR ist vermögensverwaltend und nicht gewerblich tätig, da sie lediglich drei Immobilien vermietet. Sie bildet keine Mitunternehmerschaft. Die aus der Vermietung erzielten Einkünfte (aus Vermietung und Verpachtung nach § 21

---

549 Vereinfacht: Entscheidungsmacht, wie insbesondere Stimmrecht, aber zumindest Kontrollrechte.

550 Vereinfacht: Chance auf Gewinn bzw. Risiko des Verlustes.

551 Dazu z.B. BFH, Beschluss v. 25.6.1984 - GrS 4/82, BStBl 1984 II S. 751 IAAAA-91985.

552 Für land- und forstwirtschaftliche und freiberufliche Personengesellschaften gilt dies nach § 13 Abs. 7 EStG bzw. § 18 Abs. 4 Satz 2 EStG entsprechend.

Abs. 1 Nr. 1 EStG) werden Frau F und Herrn H anteilig nach Bruchteilen ertragsteuerrechtlich zugerechnet (§ 39 Abs. 2 Nr. 2 AO).

Zu b) Die FH-OHG ist durch den Betrieb der KFZ-Reparaturwerkstatt originär gewerblich tätig und stellt daher eine Mitunternehmerschaft (§ 15 Abs. 1 Nr. 2 EStG) dar. Die Einkünfte (Gewinnanteile) sind Frau F und Herrn H als Mitunternehmern zuzurechnen. Aus dem vermietete Geschäftslokal (Teileigentum) des Gesellschaftsvermögens erzielt die FH-OHG (und damit die Mitunternehmer) ebenfalls Einkünfte aus Gewerbebetrieb, da es sich auch insoweit um Betriebsvermögen handelt.

Zu c) Wenn eine Personengesellschaft keine originär gewerbliche Tätigkeit ausübt (also z. B. nur vermögensverwaltend tätig ist) und bei ihr ausschließlich Kapitalgesellschaften persönlich haftende Gesellschafter sind sowie nur diese (oder Personen, die nicht Gesellschafter sind) zur Geschäftsführung befugt sind, wir Gewerblichkeit nach § 15 Abs. 3 Nr. 2 EStG fingiert (gewerblich geprägte Personengesellschaft). Die FH GmbH & Co. KG erzielt somit gewerbliche Einkünfte, obwohl sie lediglich drei Wohnimmobilien vermietet.

b) Einkünfteermittlung bei Mitunternehmerschaften

707 Die Gesellschafter der Personengesellschaft (Mitunternehmer) erzielen nicht nur aus den ihnen zustehenden Gewinnanteilen Einkünfte aus Gewerbebetrieb, sondern auch aus Vergütungen, die sie von der Personengesellschaft für ihre Tätigkeit im Dienst der Gesellschaft, für die Hingabe von Darlehen oder für die Überlassung von Wirtschaftsgütern bezogen haben (§ 15 Abs. 1 Satz 1 Nr. 2 Satz 1 Halbsatz 2 EStG). Erträge aus diesen Leistungen an die Personengesellschaft werden automatisch in die gewerblichen Einkünfte aus der Mitunternehmerschaft einbezogen. Die Vergütungen sind zwar als Betriebsausgaben abzugsfähig, aber in gleicher Höhe werden sie dem jeweiligen Mitunternehmer als Sonderbetriebseinnahmen zugerechnet. Im Ergebnis mindern sich daher die Einkünfte aus der Mitunternehmerschaft nicht (sondern nur die Einkünfteverteilung zwischen den Mitunternehmern). Der Grund für diese Umqualifizierung liegt vor allem in der Gleichstellung mit Einzelunternehmen, bei denen Leistungsbeziehungen mit sich selbst nicht möglich sind.

BEISPIEL „VERGÜTUNGEN ALS SONDERBETRIEBSEINNAHMEN“: Frau F, Frau M und Herr H sind Gesellschafter der gewerblichen FMH-OHG. Frau F erhält für ihre Geschäftsführungstätigkeit eine Vergütung von 100.000 € im Jahr. Frau M gibt der OHG ein Darlehen und erhält Zinsen im Jahr von 5.000 €. Herr H ist Eigentümer einer Immobilie (Teileigentum im Sinne des WEG), die er für 60.000 € im Jahr an die OHG vermietet.

LÖSUNG: Die Gesellschafter erzielen durch ihre entgeltlichen Leistungen an die Personengesellschaft keine Einkünfte aus nichtselbständiger Tätigkeit (§ 19 Abs. 1 Nr. 1 EStG), aus Kapitalvermögen (§ 20 Abs. 1 Nr. 7 EStG) oder Vermietung und Verpachtung (§ 21 Abs. 1 Nr. 1 EStG), sondern jeweils Einkünfte aus Gewerbebetrieb nach § 15 Abs. 1 Nr. 2 EStG. Die FMH-OHG zieht die Vergütungen zwar einkommensmindernd als Betriebsausgaben ab. Jedoch erzielen Frau F aus der Geschäftsführungsvergütung (100.000 € im Jahr), Frau M aus dem Darlehenszinsen (5.000 € im Jahr) und Herr H aus der Miete (60.000 € im Jahr) jeweils Sonderbetriebseinnahmen, die neben dem Gewinnanteil als „zusätzliche" gewerbliche Einkünfte aus der OHG anzusehen sind.

c) Verfahrensrecht der Einkünftefeststellung

Die von der Mitunternehmerschaft erzielten Einkünfte werden verfahrens- 708
rechtlich nach § 180 Abs. 1 Satz 1 Nr. 2 Buchst. a AO gesondert und einheitlich festgestellt. Dies dient dem Zweck, dass die Einkünfte nicht von jedem für den jeweiligen Mitunternehmer zuständigen Finanzamt einzeln ermittelt werden müssen und Widersprüche zwischen den Mitunternehmern (z. B. zu der Höhe der anteiligen Einkünfte) vermieden werden. Aus dem Feststellungsbescheid geht daher insbesondere hervor, in welcher Höhe der jeweilige Gesellschafter Einkünfte in dem entsprechenden Jahr erzielt hat und ihm diese daher zuzurechnen sind. Regelmäßig wird der Feststellungsbescheid der Personengesellschaft mit Wirkung für alle Mitunternehmer bekanntgegeben (§ 183 Abs. 1 AO).

2. Wohnungseigentum im Gesellschaftsvermögen

Das gesamte Eigentum (Gesellschaftsvermögen) der Personengesellschaft ist 709
als Vermögensgegenstand in der Handelsbilanz zu aktivieren (§ 246 Abs. 1 HGB). Dieses Vermögen ist im Grundsatz auch maßgeblich für die Steuerbilanz i. S. des § 5 Abs. 1 Satz 1 EStG und daher auch automatisch Betriebsvermögen.[553]

BEISPIEL „GRUNDSTÜCKE ALS BETRIEBSVERMÖGEN EINER PERSONENGESELLSCHAFT": Die A-GmbH & Co. KG betreibt einen Supermarkt auf eigenem Grundstück. Zudem hat sie ein Wohnungseigentum in ihrem Vermögen, das zu Wohnzwecken fremdüblich vermietet ist.

LÖSUNG: Die A-GmbH & Co. KG erzielt gewerbliche Einkünfte. Ihr gesamtes Gesellschaftsvermögen ist Betriebsvermögen. Dies trifft auch für das Wohnungseigentum zu, obwohl es keinen Bezug zum Betrieb des Supermarktes hat. Im Gegensatz zu einer natürlichen Person als Einzelunternehmer kann die Mitunternehmerschaft nicht zwischen gewillkürtem Betriebsvermögen und Privatvermögen wählen (Bilanzierungsgebot).

Ein zum Gesellschaftsvermögen gehörendes Wirtschaftsgut ist aber (aus- 710
nahmsweise) kein Betriebsvermögen, wenn es ausschließlich der privaten Lebensführung eines, mehrerer oder aller Mitunternehmer der Personengesellschaft dient (Sonderfall). Wenn z. B. eine zum Gesellschaftsvermögen gehören-

553 BFH, Urteil v. 22.5.1975 - IV R 193/71, BStBl 1975 II S. 804 ZAAAA-91090.

de Immobilie von einem Gesellschafter (nicht nur vorübergehend) unentgeltlich für eigene Wohnzwecke genutzt wird, handelt es sich zwar handelsrechtlich weiterhin um Vermögen der Personengesellschaft, aber ertragsteuerrechtlich ist es kein Betriebsvermögen der Personengesellschaft (mehr), sondern Privatvermögen der Gesellschafter.[554]

BEISPIEL „GESELLSCHAFTSVERMÖGEN ALS STEUERLICHES PRIVATVERMÖGEN": Frau F ist alleinige Kommanditistin der gewerblichen F-GmbH & Co. KG. Sie nutzt Wohnungseigentum des Gesellschaftsvermögens für eigene Wohnzwecke gegen eine von ihr zu zahlende angemessene Miete. Ab dem 1.1.2025 schließt sie mit der KG aber eine Änderungsvereinbarung, nach der sie der KG keine Miete für die Nutzung mehr zahlen muss (unentgeltliche Wohnungsnutzung).

LÖSUNG: Bis zum 31.12.2024 gehörte das Wohnungseigentum zum Betriebsvermögen der KG und die Miete war als Erlös (Betriebseinnahme) zu behandeln. Ab dem 1.1.2025 nutzt Frau M die Wohnung unentgeltlich, so dass das Wohnungseigentum entnommen wird (nach § 6 Abs. 1 Nr. 4 Satz 1 EStG zum Teilwert), da dieses Wirtschaftsgut ab diesem Zeitpunkt als steuerrechtliches Privatvermögen von Frau F anzusehen ist. Die laufenden Grundstückskosten sind von der KG als Entnahmen zu buchen und wirkend sich nicht mehr auf den steuerrechtlichen Gewinn aus.

711 Wegen abweichender Bilanzierungs- oder Bewertungsvorschriften (§§ 5 Abs. 2 ff., 6 EStG) kann aber steuerbilanziell das Vermögen abweichend von der Handelsbilanz auszuweisen sein. Auf der Aktivseite der Bilanz handelt es sich dabei meistens um Bewertungsunterschiede (z. B. aus Abschreibungen). Die Differenzen sind entweder durch eine Überleitungsrechnung zur Handelsbilanz (§ 60 Abs. 2 Satz 1 EStDV) oder durch eine separate (den steuerrechtlichen Vorgaben entsprechende) Steuerbilanz (§ 60 Abs. 2 Satz 2 EStDV) für Zwecke der Besteuerung auszugleichen.

3. Wohnungseigentum im Sonderbetriebsvermögen

712 Das Betriebsvermögen einer Mitunternehmerschaft umfasst nicht nur das Gesellschaftsvermögen, sondern auch das Vermögen, welches von den Gesellschaftern an die Personengesellschaft zur Nutzung überlassen wird. Daher sind nicht nur Entgelte für die Nutzung des überlassenen Wirtschaftsguts als Sonderbetriebseinnahmen zu erfassen, sondern auch das Vermögen selbst als Wirtschaftsgut in einer eigenen Bilanz (Sonderbilanz) auszuweisen. Dies ist das Ergebnis der BFH-Rechtsprechung[555] zur Auslegung des § 15 Abs. 1 Nr. 2 EStG.

554 H 4.2 Abs. 11 EStH mit Hinweis auf BFH, Urteil v. 16.3.1983 - IV R 36/79, BStBl 1983 II S. 459 LAAAA-91838.

555 So z.B. BFH, Beschluss v. 3.5.1993 - GrS 3/92, BStBl 1993 II S. 616 unter III. 6. a) bb) ZAAAA-94567 m. w. N.

Dieser gesetzlichen Regelung liege die Wertung zugrunde, dass es bei einem Personenunternehmen aus ertragsteuerlicher Sicht keinen Unterschied machen kann, ob die objektiv dem Betrieb dienenden Wirtschaftsgüter Gesellschaftsvermögen bilden oder ob die Gesellschafter der Personengesellschaft Wirtschaftsgüter zur betrieblichen Nutzung überlassen (sei es aufgrund einer gesellschaftsvertraglichen Beitragspflicht, eines Miet- oder Pachtvertrags oder eines sonstigen Nutzungsüberlassungsvertrags). Die steuerliche Anerkennung des Sonderbetriebsvermögens beruhe auf der (Mit-)Unternehmereigenschaft der Gesellschafter.

BEISPIEL „TEILEIGENTUM ALS SONDERBETRIEBSVERMÖGEN": Frau F ist Kommanditistin der F-GmbH & Co. KG. Sie vermietet der KG das ihr gehörende Teileigentum für eine monatliche Miete von angemessenen 1.000 €, das diese für ihren Imbissbetrieb nutzt.

LÖSUNG: Das Teileigentum stellt Sonderbetriebsvermögen von Frau F bei der KG (Mitunternehmerschaft) dar. Frau F erzielt aus der Miete gewerbliche Sonderbetriebseinnahmen (§ 15 Abs. 1 Satz 1 Nr. 2 Satz 1 Halbsatz 2 EStG). Der Mietaufwand mindert das Gesellschaftsvermögen der KG und ist als Betriebsausgabe zu behandeln. Das vermietete Teileigentum ist als Betriebsvermögen in einer Sonderbilanz (für Frau F) zu aktivieren. Die Grundstückskosten und die Gebäude-AfA sind Sonderbetriebsausgaben. Bei Veräußerung des Grundstücks sind die aufgedeckten stillen Reserven als Gewinn in der Sonder-Gewinn-und-Verlustrechnung abzubilden.

Die überlassenen Wirtschaftsgüter müssen nicht zwingend vermietet oder verpachtet werden. Eine unentgeltliche Überlassung (Leihe) reicht für die Qualifikation als Sonderbetriebsvermögen aus.[556] 713

BEISPIEL „UNENTGELTLICHE ÜBERLASSUNG": Frau F ist Kommanditistin der F-GmbH & Co. KG. Sie überlässt der KG das ihr gehörende Teileigentum unentgeltlich (Leihe), welches diese für ihren Imbissbetrieb nutzt.

LÖSUNG: Das Teileigentum stellt Sonderbetriebsvermögen von Frau F bei der KG (Mitunternehmerschaft) dar, da es der Gesellschaft zur Nutzung überlassen wird. Dies reicht aus. Frau F erzielt zwar keine Miete und damit keine Sonderbetriebseinnahmen i. S. des § 15 Abs. 1 Satz 1 Nr. 2 Satz 1 Halbsatz 2 EStG. Gleichwohl gehört das Teileigentum zum Betriebsvermögen; seine stillen Reserven sind damit steuerverstrickt.

Sofern das Wohnungseigentum fremdfinanziert wird (z. B. über einen Bankkredit), ist die Verbindlichkeit in der Sonderbilanz als „notwendiges passives Sonderbetriebsvermögen" zu passivieren und die Schuldzinsen als Sonderbetriebsausgaben zu erfassen.[557] 714

---

556 BFH, Urteil v. 16.12.1997 - VIII R 11/95, BStBl 1998 II S. 379 unter II. 1. a) IAAAA-96197, mit Hinweis auf BFH, Urteil v. 1.3.1994 - VIII R 35/92, BStBl 1995 II S. 241 KAAAA-95142 = BFHE 175 S. 231 unter III. 1., mit Hinweis auf BFH, Urteil v. 14.4.1988 - IV R 160/84 OAAAA-97167 = BFH/NV 1989 S. 95 unter 2. b).

557 BFH, Urteil v. 13.2.1996 - VIII R 18/92, BStBl 1996 II S. 291 BAAAA-95534.

BEISPIEL „DARLEHEN IM SONDERBETRIEBSVERMÖGEN": ► Frau F ist Kommanditistin der F-GmbH & Co. KG. Sie vermietet der KG das ihr gehörende Teileigentum, dessen Anschaffung sie über einen Bankkredit finanziert.

LÖSUNG: ► Das Teileigentum stellt Sonderbetriebsvermögen von Frau F bei der KG (Mitunternehmerschaft) dar, da es der Gesellschaft überlassen (vermietet) wird. Die Bankverbindlichkeit wurde für die Anschaffung aufgenommen und ist daher als „negatives" Sonderbetriebsvermögen auf der Passivseite der Sonderbilanz auszuweisen. Die von Frau F geleisteten Zinsaufwendungen sind Sonderbetriebsausgaben.

4. Wohnungseigentum in der Ergänzungsbilanz

715 Bestimmte Ereignisse machen es erforderlich, dass die Bilanzierung über die Gesellschaftsbilanz nicht ausreicht, um ein Wirtschaftsgut zutreffend zu bewerten. Dann wird der Bilanzansatz durch eine zusätzliche Bilanz abgebildet (Ergänzungsbilanz). Dies ist z. B. dann der Fall, wenn die Anschaffungskosten bzw. der Bilanzansatz eines Wirtschaftsguts bei den Mitunternehmern unterschiedlich hoch zuzurechnen sind. Typische Ereignisse sind

- Erwerb eines Mitunternehmeranteils,
- Übertragung einer Rücklage nach § 6b EStG,
- Einbringung nach § 24 UmwStG,
- Wirtschaftsguttransfer nach § 6 Abs. 5 EStG.

716 In der (für den jeweiligen Mitunternehmer aufzustellenden) Ergänzungsbilanz werden Korrekturwerte zu den (rechnerisch anteiligen) Wertansätzen des Mitunternehmers in der gemeinschaftlichen Gesellschaftsbilanz dargestellt. Die Gesamtschau aus der Gesellschafts- und Ergänzungsbilanz (bezogen auf jeden Mitunternehmer) ergeben somit den jeweils steuerrechtlich zutreffenden Wertansatz des jeweiligen Wirtschaftsguts. Die Ergänzungsbilanz kann daher positive oder negative Ergänzungswerte ausweisen. Der Mehr- oder Minderwert ist kein eigenes (für sich bewertungsfähiges) Wirtschaftsgut, sondern ein reiner Zusatz zur Bilanzierung in der Gesellschaftsbilanz.

717 Während der Zugehörigkeit des Wirtschaftsguts zum Betriebsvermögen ist bei abnutzbaren Wirtschaftsgütern die AfA über die Ergänzungsbilanz so anzupassen, dass dem jeweiligen Mitunternehmer seine zutreffende Abschreibung zugerechnet wird, die sich insbesondere aus seinen individuellen Anschaffungskosten (AfA-Bemessungsgrundlage) und dem Datum der Anschaffung (relevant für die AfA-Methode) ergibt. Soweit einem Mitunternehmer über die

Gesellschaftsbilanz rechnerisch „zu viel" oder „zu wenig" AfA zugewiesen wird, wird die AfA über die Ergänzungsbilanz so korrigiert, dass im Saldo die AfA „passt".[558]

BEISPIEL „ERGÄNZUNGSBILANZ NACH ERWERB EINES MITUNTERNEHMERANTEILS": Frau F erwirbt zum 1.1.2025 einen Kommanditanteil an der A-KG zu einem Kaufpreis von 800.000 €. Der Buchwert des ihr danach zuzurechnenden Kapitalkontos beträgt 650.000 €. Die Differenz von 150.000 € ergibt sich aus den „abgekauften" stillen Reserven in den Wirtschaftsgütern. Diese entfallen hier i. H. von 50.000 € auf den Grund und Boden und i. H. von 100.000 € auf das Gebäude einer Immobilie (Teileigentum im Sinne des WEG) im Vermögen der A-KG. Der anteilig auf Frau F entfallende Buchwert (Restwert) des Gebäudes beträgt 300.000 € und die auf sie in der Gesellschaftsbilanz rechnerisch entfallende AfA-Bemessungsgrundlage beträgt 500.000 €. Die KG schreibt das Gebäude in der Gesellschaftsbilanz nach § 7 Abs. 4 Nr. 1 EStG mit 4 % AfA p. a. (Altfall) ab.

LÖSUNG: Frau F hat 800.000 € als Kaufpreis aufgewendet; dieser Betrag stellt ihre Anschaffungskosten für den Mitunternehmeranteil (bzw. dessen anteiligen Wirtschaftsgüter) dar. Die Differenz zum Buchwert ist als Mehrwert in einer positiven Ergänzungsbilanz zum 1.1.2025 abzubilden. Auf der Aktivseite steht „Grund und Boden 50.000 €" und „Gebäude 100.000 €" und auf der Passivseite „Mehrkapital 150.000 €". Soweit die ihr anteilig zuzurechnenden Wirtschaftsgüter abgeschrieben werden, ist ihr diese AfA über ihre Beteiligung nach § 15 Abs. 1 Nr. 2 EStG zuzurechnen. Bezogen auf das Teileigentum im Gesellschaftsvermögen erhält Frau F (wie der vorherige Mitunternehmer, dessen Anteil sie erworben hat) eine Gebäude-AfA von 500.000 € x 4 % = 20.000 € p. a. Dieser AfA-Betrag ist aber ertragsteuerlich für sie „zu hoch". Die AfA bestimmt sich für Frau F nach ihren Gebäudeanschaffungskosten von 400.000 € (anteiliger Buchwert 300.000 € zzgl. stille Reserven 100.000 €). Zudem ist für den Erwerb eines Wirtschaftsgebäudes im Jahr 2025 der AfA-Satz von 3 % anzuwenden. Frau F steht lediglich eine jährliche Gebäude-AfA von 400.000 € x 3 % = 12.000 € zu. Daher ist in der Ergänzungsbilanz das Gebäude jährlich mit 8.000 € gewinnerhöhend zuzuschreiben.

Wenn ein Wirtschaftsgut veräußert wird, für das ein Korrekturwert in der Ergänzungsbilanz abgebildet wurde, ist auch in der Ergänzungsbilanz ein erfolgswirksamer Abgang zu buchen. 718

558 BMF, Schreiben v. 19.12.2016, BStBl 2017 I S. 34, unter Hinweis auf BFH, Urteil v. 20.11.2014 - IV R 1/11, BStBl 2017 II S. 34 FAAAE-83699.

5. Übertragung von Wohnungseigentum aus dem Privatvermögen auf eine Personengesellschaft (Mitunternehmerschaft)

a) Übertragung von Wohnungseigentum auf Personengesellschaften

719 Durch den Eigentumswechsel von Wohnungseigentum aus dem Privatvermögen in das Gesellschaftsvermögen einer Personengesellschaft (Mitunternehmerschaft) kann sich für den Gesellschafter ein steuerpflichtiger privater Veräußerungsgewinn nach § 23 Abs. 1 Nr. 1 EStG ergeben.

720 Wenn ein Gesellschafter ein Wirtschaftsgut auf seine Personengesellschaft überträgt, ist es auch für die steuerrechtliche Bewertung bei der Personengesellschaft entscheidend, ob es sich um eine Einbringung oder eine Einlage handelt.

b) Einbringung von Wohnungseigentum

721 Sofern das Wohnungseigentum gegen Gewährung von Gesellschaftsrechten übertragen wird, handelt es sich um einen tauschähnlichen Vorgang, der steuerrechtlich als Veräußerung (Wohnungseigentum gegen Anteile) behandelt wird. Hier kommt es darauf an, ob sich für den Gesellschafter das Eigenkapitalkonto erhöht, das die Gesellschaftsrechte repräsentiert (z. B. „Kapitalkonto I").[559] Aus Sicht des Gesellschafters handelt es sich um eine Veräußerung i. S. des § 23 Abs. 1 Nr. 1 EStG (privates Veräußerungsgeschäft) und aus Sicht der Personengesellschaft um eine Anschaffung des Wohnungseigentums.

c) Einlage von Wohnungseigentum

722 Sofern das Wohnungseigentum nicht gegen Gewährung von Gesellschaftsrechten übertragen wird, handelt es sich um keinen tauschähnlichen Vorgang. Es handelt sich um eine Einlage, die nach § 6 Abs. 1 Nr. 5 EStG (im Grundsatz mit dem Teilwert) bewertet wird. Hier kommt es darauf an, ob sich für den Gesellschafter ein Eigenkapitalkonto erhöht, das keine Gesellschaftsrechte repräsentiert (z. B. „Rücklagenkonto").[560] Aus Sicht des Gesellschafters handelt es sich dann nicht um eine Veräußerung i. S. des § 23 Abs. 1 Nr. 1 EStG (privates Veräußerungsgeschäft). Aus Sicht der Personengesellschaft wird das Wohnungseigentum in deren Betriebsvermögen eingelegt (und nicht angeschafft).

559 BMF, Schreiben v. 11.7.2011 - IV C 6-S 2178/09/10001, BStBl 2011 I S. 713.

560 BMF, Schreiben v. 26.7.2016 - IV C 6-S 2178/09/10001, BStBl 2016 I S. 684.

6. Übertragung von Wohnungseigentum als betriebliches Einzelwirtschaftsgut (§ 6 Abs. 5 EStG)

a) Transfer von Einzelwirtschaftsgütern zwischen verschiedenen Betriebsvermögen

Wirtschaftsgüter könne durch bestimmte Ereignisse einem anderen Betrieb bzw. einem anderen Betriebsvermögen zuzurechnen sein. Der Grund hierfür kann insbesondere in einer Übertragung des Eigentums oder einer geänderten Nutzung liegen. Sofern ein Wirtschaftsgut dadurch einem anderen Betriebsvermögen zuzurechnen ist, wird es aus dem abgebenden Betriebsvermögen entnommen (§ 4 Abs. 1 Satz 2 EStG) und in das aufnehmende Betriebsvermögen eingelegt (§ 4 Abs. 1 Satz 8 EStG).[561] Bei der Übertragung von Wirtschaftsgütern gegen Gewährung oder Minderung von Gesellschaftsrechten an der Personengesellschaft handelt es sich um eine Veräußerung (tauschähnlicher Vorgang).[562] 723

Da Entnahmen und Einlagen grds. mit dem Teilwert zu bewerten sind, würde ein solcher Wirtschaftsguttransfer zur Aufdeckung und Besteuerung der stillen Reserven führen. Bei tauschähnlichen Veräußerungen wurden ebenfalls die stillen Reserven des übertragenen Wirtschaftsguts aufgedeckt. Dies ist steuerpolitisch für viele Fälle nicht gewollt, so dass der Gesetzgeber durch § 6 Abs. 5 EStG für viele Konstellationen eine Buchwertübertragung geregelt hat. 724

Durch § 6 Abs. 5 Satz 1 und 2 EStG werden Fälle geregelt, bei denen Wirtschaftsgüter demselben Steuerpflichtigen (Eigentümer) zugerechnet bleiben, aber diese anderen Betriebsvermögen bzw. Sonderbetriebsvermögen zuzuordnen sind (Überführungsfälle). 725

Demgegenüber sind in § 6 Abs. 5 Satz 3 EStG verschiedene Fälle geregelt, bei denen Wirtschaftsgüter einem anderen Rechtsträger zugeordnet werden (Übertragungsfälle). 726

Um bestimmte ungewollte Steuervorteile (Missbrauch) auszuschließen, werden durch § 6 Abs. 5 Satz 4–7 EStG einige Ereignisse definiert, die eine Buchwertfortführung sofort oder rückwirkend ausschließen. 727

561 BMF, Schreiben v. 8.12.2011, BStBl 2011 I S. 1279 Rz. 1.

562 BMF, Schreiben v. 8.12.2011, BStBl 2011 I S. 1279 Rz. 8.

b) Überführung zwischen zwei Betrieben (§ 6 Abs. 5 Satz 1 EStG)

728 Wird ein einzelnes Wirtschaftsgut von einem Betriebsvermögen in ein anderes Betriebsvermögen desselben Steuerpflichtigen überführt, ist bei der Überführung der Buchwert anzusetzen (§ 6 Abs. 5 Satz 1 EStG).

BEISPIEL „ÜBERFÜHRUNG ZWISCHEN ZWEI BETRIEBEN": Frau F nutzt das ihr gehörende Teileigentum im Sinne des WEG bisher für ihren Gastronomiebetrieb. Ab dem 1.1.2025 nutzt sie einen Raum des Objekts erstmals für ihren neu gegründeten Internetversandhandel für Sportartikel.

LÖSUNG: Frau F betreibt ab dem 1.1.2025 zwei separate Betriebe (zwei Einzelunternehmen). Dem Internethandelsbetrieb (Sportartikel) ist der dafür genutzte Raum ab diesem Zeitpunkt als notwendiges Betriebsvermögen zuzurechnen (Gebäudeteil und anteiliger Grund und Boden) und daher aus dem Gastronomiebetrieb zu entnehmen und dorthin einzulegen. Gebäude (Raum) und anteiliger Grund und Boden werden zum Buchwert überführt (§ 6 Abs. 5 Satz 1 EStG).

729 Sollte das Wohnungseigentum fremdfinanziert sein, wird das Darlehen automatisch mit in den Zielbetrieb übertragen. Die Verbindlichkeit „klebt" gewissermaßen ertragsteuerlich an dem Wirtschaftsgut, welches damit finanziert wird (Veranlassungszusammenhang). Die „mitüberführte" Verbindlichkeit ist mangels Rechtsträgerwechsels kein Entgelt für das Wohnungseigentum und hindert nicht die Buchwertüberführung.

c) Überführungen bei Sonderbetriebsvermögen (§ 6 Abs. 5 Satz 2 EStG)

730 Auch für die Überführung aus einem eigenen Betriebsvermögen des Steuerpflichtigen in dessen Sonderbetriebsvermögen bei einer Mitunternehmerschaft und umgekehrt sowie für die Überführung zwischen verschiedenen Sonderbetriebsvermögen desselben Steuerpflichtigen bei verschiedenen Mitunternehmerschaften ist der Buchwert fortzuführen (§ 6 Abs. 5 Satz 2 EStG).

BEISPIEL „ÜBERFÜHRUNG IN DAS SONDERBETRIEBSVERMÖGEN": Herr H nutzt das ihm gehörende Teileigentum im Sinne des WEG bisher für seine Versicherungsagentur (Einzelunternehmen). Ab dem 1.1.2025 gründet er mit Frau F eine OHG, um gemeinsam mit ihr eine Werbeagentur zu betreiben, und vermietet ab diesem Zeitpunkt das Teileigentum an die OHG.

LÖSUNG: Das Teileigentum wird ab dem 1.1.2025 für den Betrieb der OHG genutzt und stellt ab diesem Zeitpunkt Sonderbetriebsvermögen von Herrn H bei der OHG dar. Dies hat zur Folge, dass das Teileigentum zum Buchwert aus dem Einzelunternehmen in das Sonderbetriebsvermögen überführt wird (§ 6 Abs. 5 Satz 2 EStG).

d) Übertragungen auf Personengesellschaften und umgekehrt (§ 6 Abs. 5 Satz 3 EStG)

In § 6 Abs. 5 Satz 3 EStG werden vier Konstellationen geregelt, bei denen das Wirtschaftsgut den Rechtsträger wechselt: 731

1. Das Wirtschaftsgut wird unentgeltlich oder gegen Gewährung oder Minderung von Gesellschaftsrechten aus einem Betriebsvermögen des Mitunternehmers in das Gesellschaftsvermögen einer Mitunternehmerschaft (oder umgekehrt) übertragen (§ 6 Abs. 5 Satz 3 Nr. 1 EStG).
2. Das Wirtschaftsgut wird unentgeltlich oder gegen Gewährung oder Minderung von Gesellschaftsrechten aus dem Sonderbetriebsvermögen eines Mitunternehmers in das Gesellschaftsvermögen derselben Mitunternehmerschaft oder einer anderen Mitunternehmerschaft, an der er beteiligt ist (oder umgekehrt), übertragen (§ 6 Abs. 5 Satz 3 Nr. 2 EStG).
3. Das Wirtschaftsgut wird unentgeltlich zwischen den jeweiligen Sonderbetriebsvermögen verschiedener Mitunternehmer derselben Mitunternehmerschaft übertragen (§ 6 Abs. 5 Satz 3 Nr. 3 EStG).
4. Das Wirtschaftsgut wird unentgeltlich zwischen den Gesellschaftsvermögen verschiedener Mitunternehmerschaften mit identischem Gesellschafterbestand übertragen (§ 6 Abs. 5 Satz 3 Nr. 4 EStG).

BEISPIEL „ÜBERTRAGUNG AUF PERSONENGESELLSCHAFT": Herr H nutzt das ihm gehörende Teileigentum im Sinne des WEG bisher für seine Versicherungsagentur (Einzelunternehmen). Zudem ist er an der W-GmbH & Co. KG beteiligt, die eine Werbeagentur betreibt. Er überträgt das Eigentum an der Immobilie auf die W-GmbH & Co. KG und erhält dafür eine höhere gesellschaftsrechtliche Beteiligung (Buchung auf Kapitalkonto I).

LÖSUNG: Das Teileigentum wird Gesellschaftsvermögen der W-GmbH & Co. KG und daher aus dem Einzelunternehmen entnommen. Das Wirtschaftsgut wird zum Buchwert übertragen, da Herr H dafür Gesellschaftsrechte gewährt werden (§ 6 Abs. 5 Satz 3 Nr. 1 EStG).

e) Missbrauchsklauseln (§ 6 Abs. 5 Satz 4 ff. EStG)

Zu den Buchwertübertragungen nach § 6 Abs. 5 Satz 3 EStG gibt es im Prinzip zwei Kategorien an Missbrauchsklauseln in § 6 Abs. 5 Satz 4–7 EStG. 732

aa) Sperrfrist für Veräußerung oder Entnahme (§ 6 Abs. 5 Satz 4 EStG)

Zum einen soll eine Übertragung zum Buchwert (rückwirkend) verhindert werden, wenn das Wirtschaftsgut innerhalb von drei Jahren nach Abgabe der 733

Steuererklärung des Übertragungsjahres aus dem Zielbetriebsvermögen veräußert oder entnommen wird. In diesen Fällen ist nachträglich der Teilwert (anstelle des Buchwerts) für die Übertragung des Wirtschaftsguts anzusetzen (Sperrfristregelung nach § 6 Abs. 5 Satz 4 Halbsatz 1 EStG). Dies gilt aber nicht, wenn die bis zur Übertragung entstandenen stillen Reserven durch eine Ergänzungsbilanz dem übertragenden Gesellschafter zugeordnet werden (§ 6 Abs. 5 Satz 4 Halbsatz 2 EStG). Der Gesetzgeber möchte damit z. B. Fälle verhindern, in denen ein Einzelwirtschaftsgut vor einer geplanten Veräußerung zunächst steuerneutral auf eine Familien-Personengesellschaft übertragen wird, so dass sich der nachfolgende Veräußerungsgewinn aus den übertragenen stillen Reserven auf mehrere Personen (innerhalb der Familie) verteilt und der Einkommensteuertarif damit insgesamt geringer ausfällt.

bb) Körperschaftsklausel (§ 6 Abs. 5 Satz 5–7 EStG)

734 Zum anderen ist es schädlich, wenn sich der Anteil einer Körperschaft an dem übertragenen Wirtschaftsgut entweder unmittelbar durch die Übertragung selbst (§ 6 Abs. 5 Satz 5 EStG) oder (erst) innerhalb von sieben Jahren nach der Übertragung (§ 6 Abs. 5 Satz 6 EStG) begründet oder erhöht (Körperschaftsklausel). Es kommt hier nicht darauf an, ob dem Übertragenden die stillen Reserven des Wirtschaftsguts über eine Ergänzungsbilanz zugeordnet werden. Hier hat der Gesetzgeber insbesondere im Blick, dass die stillen Reserven eine (vorübergehende)[563] Statusverbesserung erfahren, da ein Veräußerungsgewinn bei einer Körperschaft geringer besteuert wird (15 %) als bei der Einkommensteuer (bis zu 42 % bzw. 45 %).[564]

735 Eine Begründung oder Erhöhung des Anteils einer Körperschaft an dem übertragenen Wirtschaftsgut wird bereits dann angenommen, wenn einer *anderen* Körperschaft als der bisherigen der Anteil an dem Wirtschaftsgut zuzurechnen ist (§ 6 Abs. 5 Satz 7 EStG).[565]

563 Letztlich ist die Statusverbesserung nur ein vorübergehender Vorteil, da der Veräußerungserlös an den Anteilseigner bspw. ausgeschüttet werden muss (mit der zusätzlichen Besteuerungsfolge nach § 20 Abs. 1 Nr. 1 EStG), um den Fall mit einer „Direktveräußerung“ durch eine an der Personengesellschaft beteiligte natürliche Person wirtschaftlich zu vergleichen.

564 Ohne § 6 Abs. 5 Satz 5 EStG wäre z. B. denkbar, dass die A-GmbH und die B-GmbH gemeinsam Gesellschafter einer Personengesellschaft (Mitunternehmerschaft) sind, bei der die A-GmbH ein Grundstück (nach § 6 Abs. 5 Satz 3 EStG zum Buchwert) und die B-GmbH wertentsprechend Geld einbringt. Danach könnte das Grundstück zum Buchwert nach § 6 Abs. 5 Satz 3 EStG auf die B-GmbH unter wertentsprechender Minderung ihrer Gesellschaftsrechte übertragen werden.

565 Eingeführt durch das JStG 2024 v. 2.12.2024, BGBl 2024 I Nr. 387, als Reaktion auf BFH, Urteil v. 15.7.2021 - IV R 36/18 OAAAH-93543 = DStR 2021 S. 2575.

7. Einbringungen in Personengesellschaften (§ 24 UmwStG)

a) Einbringung als Veräußerung, die nach § 24 UmwStG privilegiert wird

Die Vorschrift des § 24 UmwStG über die Einbringung von Betrieben, Teilbetrieben und Mitunternehmeranteilen in Personengesellschaften (Mitunternehmerschaften) nimmt bei der Umstrukturierung von Personenhandelsgesellschaften, gewerblichen und freiberuflichen Gesellschaften bürgerlichen Rechts sowie Partnerschaftsgesellschaften eine wichtige Stellung ein. 736

Einbringungen sind dem Grunde nach Betriebsveräußerungen (§ 16 EStG), bei denen aber unter den Voraussetzungen des § 24 UmwStG das „veräußerte" (eingebrachte) Betriebsvermögen in Form von betrieblichen Sachgesamtheiten auf Personengesellschaften (Mitunternehmerschaften) regelmäßig zum Buchwert (also ohne stille Reserven aufzudecken) übertragen werden können. Es muss sich dabei aber um einen „ganzen" Betrieb, „ganzen" Teilbetrieb oder einen (Teil an einem) Mitunternehmeranteil handeln. Mehrere Einzelwirtschaftsgüter können nicht nach § 24 UmwStG steuerneutral eingebracht werden (aber ggf. ist § 6 Abs. 5 EStG anzuwenden). 737

Beispiele für Anwendungsfälle sind z. B. die Einbringung eines Einzelunternehmens in eine freiberufliche oder gewerbliche Personengesellschaft oder der Eintritt eines neuen Gesellschafters in eine bestehende freiberufliche oder gewerbliche Personengesellschaft mit Bareinlage.[566] 738

b) Systematik des § 24 UmwStG

In § 24 Abs. 1 UmwStG wird als Einstieg in die Begünstigung vorausgesetzt, dass ein Betrieb, Teilbetrieb oder Mitunternehmeranteil in eine Personengesellschaft eingebracht *und* der Einbringende Mitunternehmer wird. Der Einbringende kann auch dann i. S. von § 24 Abs. 1 UmwStG Mitunternehmer der Gesellschaft werden, wenn er im Zeitpunkt der Einbringung bereits an der über- 739

566 Eine Liste an Einbringungsbeispielen findet sich in BMF, Schreiben v. 2.1.2025, BStBl 2025 I S. 92 Rz. 01.47.

nehmenden Personengesellschaft beteiligt war. Es reicht aus, wenn sich seine maßgeblichen Gesellschaftsrechte absolut erhöhen.[567]

740 Nach § 24 Abs. 2 UmwStG kann der Ansatz des gemeinen Werts auf Antrag vermieden werden, wenn das deutsche Besteuerungsrecht an dem eingebrachten Betriebsvermögen nicht ausgeschlossen oder beschränkt wird (§ 24 Abs. 2 Satz 2 Nr. 1 UmwStG) und wenn bestimmte sonstige Gegenleistungen (neben den Gesellschaftsrechten, i. d. R. ein gewährtes Darlehen) nicht zu hoch sind (§ 24 Abs. 2 Satz 2 Nr. 2 UmwStG). Wenn (bzw. soweit) diese Voraussetzungen erfüllt sind, kann die Einbringung zum Buchwert (oder zum Zwischenwert) erfolgen.

741 Durch § 24 Abs. 3 UmwStG wird eine Wertverknüpfung hergestellt: Der Wertansatz bei der Personengesellschaft bestimmt, ob stille Reserven aufzudecken sind. Je nachdem, ob ein Ansatz zum Buchwert, Zwischenwert oder gemeinen Wert erfolgt, hat der Einbringende einen Gewinn zu versteuern.

c) Übertragung aller funktional wesentlichen Betriebsgrundlagen

742 Ein Betrieb besteht aus den funktional wesentlichen Betriebsgrundlagen. Diese müssen komplett auf die Ziel-Personengesellschaft übertragen werden, damit der „ganze" Betrieb eingebracht wird. Grundstücke stellen i. d. R. funktional wesentliche Betriebsgrundlagen dar. Wenn eine funktional wesentliche Betriebsgrundlage zurückbehalten wird, ist dies nach Verwaltungsauffassung schädlich.[568]

743 Für § 24 UmwStG ist es aber ausreichend, wenn das eingebrachte Betriebsvermögen teilweise Sonderbetriebsvermögen des Einbringenden bei der übernehmenden Mitunternehmerschaft wird.[569] Daher wird sich dieses Problem nicht stellen, sofern das Wirtschaftsgut nicht zeitnah vorab zum Buchwert auf eine

567 Der Einbringende kann dem BFH, Urteil v. 1.2.2024 - IV R 9/20 AAAAJ-63780 = BFH/NV 2024 S. 625, nach auch dann i. S. von § 24 Abs. 1 UmwStG Mitunternehmer der Gesellschaft werden, wenn er im Zeitpunkt der Einbringung bereits zu 100 % am Vermögen, Gewinn und Verlust sowie an den Stimmrechten der übernehmenden Personengesellschaft beteiligt ist. Es reicht aus, wenn sich seine maßgeblichen Gesellschaftsrechte absolut erhöhen. So im Ergebnis auch BMF, Schreiben v. 2.1.2025, BStBl 2025 I S. 92 Rz. 24.07 Satz 4.

568 BMF, Schreiben v. 2.1.2025 - IV C 2-S 1978/00035/020/040, BStBl 2025 I S. 92 Rz. 24.03 i. V. mit 20.07. Dagegen: BFH, v. 9.11.2011 - X R 60/09, BStBl 2012 II S. 638 OAAAE-05744. In dem BFH-Fall veräußerte ein Einzelunternehmer ein funktional wesentliches Grundstück zum Verkehrswert an seine Ehefrau und brachte einige Tage später sein „restliches" Einzelunternehmen (ohne Grundstück) in eine KG nach § 24 UmwStG ein. Die Ehefrau überließ das Grundstück dauerhaft.

569 BMF, Schreiben v. 2.1.2025 - IV C 2-S 1978/00035/020/040, BStBl 2025 I S. 92 Rz. 24.05, und BFH, Urteil v. 17.4.2019 - IV R 12/16, BStBl 2019 II S. 745 (2. Leitsatz) XAAAH-28208.

Personengesellschaft ausgelagert, sondern aus dem Eigentum des Einbringenden an die Zielgesellschaft überlassen wird.

BEISPIEL „EINBRINGUNG IN DAS SONDERBETRIEBSVERMÖGEN": Einzelunternehmer A gründet die A GmbH & Co. KG und überträgt nur ein Notebook seines Einzelunternehmens in das Gesellschaftsvermögen, um das Kapitalkonto I (Eigenkapital mit Stimmrecht) zu bedienen. Das übrige Vermögen (einschließlich des Betriebsgrundstücks) wird der A GmbH & Co. KG verpachtet und wird damit zu Sonderbetriebsvermögen der A GmbH & Co. KG.

LÖSUNG: A bringt nach § 24 Abs. 1 UmwStG seinen Betrieb (Einzelunternehmen) ein. Es reicht dafür aus, dass überhaupt Vermögen übertragen und dafür Gesellschaftsrechte (hier: Kapitalkonto I) gewährt werden. Die Übertragung in das Sonderbetriebsvermögen ist unschädlich.[570]

8. Betriebsbeendigung durch Realteilung der Personengesellschaft

a) Grundsätze der Realteilung

Wenn eine Personengesellschaft (Mitunternehmerschaft) zivilrechtlich aufgelöst wird und ihre Wirtschaftsgüter dabei auf die Gesellschafter (Mitunternehmer) übertragen werden, handelt es sich um eine „Realteilung" der Personengesellschaft. Dies ist als Betriebsaufgabe der Mitunternehmeranteile zu werten und führt im Grundsatz zur Besteuerung der gesamten stillen Reserven nach § 16 Abs. 3 Satz 1 EStG. 744

Werden jedoch im Zuge der Realteilung einer Mitunternehmerschaft Teilbetriebe, Mitunternehmeranteile oder einzelne Wirtschaftsgüter in das jeweilige Betriebsvermögen der einzelnen Mitunternehmer übertragen, wird dieses Vermögen bei der Betriebsaufgabe zum Buchwert angesetzt und im Zielbetriebsvermögen ebenfalls zum Buchwert übernommen (§ 16 Abs. 3 Satz 2 EStG). 745

BEISPIEL „REALTEILUNG": Frau A, Frau B und Herr C sind Gesellschafter (Mitunternehmer) der ABC-GbR, die einen Fahrschulbetrieb an mehreren Standorten unterhält. Die Gesellschafter lösen einvernehmlich die ABC-GbR auf, um jeweils als Einzelunternehmer weiter tätig zu sein. Frau A übernimmt den großen Standort A für

570 Kein Fall des § 24 UmwStG läge vor, wenn er das gesamte Vermögen in das Sonderbetriebsvermögen übertragen würde, vgl. FG Düsseldorf, Urteil v. 30.4.2003 - 16 K 2934/01 E EAAAB-07346 = EFG 2003 S. 1180 (rkr.). Die Gesellschaftsrechte müssen für Vermögen aus dem Betriebsvermögen der eingebrachten Sachgesamtheit gewährt werden. Eine „Zuzahlung" aus dem Privatvermögen des Einbringenden reicht nicht aus. Dies ist anders als bei Einbringungen in Kapitalgesellschaften (§ 20 UmwStG), bei denen bei Bargründung mit gleichzeitigem notariell beurkundeten Sachagio (Aufgeld) in Form eines Betriebs die Bareinlage nicht aus dem Betrieb stammen muss.

ihre eigene Fahrschule. Frau B übernimmt Standort B und viele Fahrzeuge für ihre eigene Fahrschule. Beide Standorte sind Teilbetriebe. Herr C übernimmt von Standort C die Schulungs- und Büroräume (Teileigentum der GbR), aber führt dort keinen Fahrschulbetrieb fort, sondern verwendet das Teileigentum für seine neu gegründete Versicherungsagentur.

LÖSUNG: ▸ Die ABC-GbR wird real geteilt, indem sie zivilrechtlich aufgelöst und ihr Vermögen auf die bisherigen Gesellschafter verteilt wird (echte Realteilung). Das jeweils übernommene Betriebsvermögen kann zum Buchwert fortgeführt werden, da es bei A (Teilbetrieb), B (Teilbetrieb) und C (Immobilien als Einzelwirtschaftsgut) weiterhin Betriebsvermögen bleibt (§ 16 Abs. 3 Satz 2 EStG). Hierfür ist es ausreichend, wenn erst im Rahmen der Realteilung bei den Realteilern durch die Übertragung einzelner Wirtschaftsgüter ein neuer Betrieb entsteht.[571]

b) Ausnahmen von der Buchwertfortführung (§ 16 Abs. 3 Satz 3–5 EStG)

746 Dagegen ist rückwirkend der gemeine Wert anzusetzen, soweit bei der Realteilung übertragener Grund und Boden, übertragene Gebäude oder andere übertragene wesentliche Betriebsgrundlagen innerhalb von drei Jahren nach Abgabe der Steuererklärung der Mitunternehmerschaft für den Veranlagungszeitraum der Realteilung veräußert oder entnommen werden (Sperrfrist nach § 16 Abs. 3 Satz 3 EStG). Der Buchwert ist unabhängig davon (schon von vornherein) nicht zulässig, soweit durch die Realteilung die Wirtschaftsgüter auf Körperschaften übertragen werden (§ 16 Abs. 3 Satz 4 EStG). Dies gilt auch, sofern durch die Realteilung das Wirtschaftsgut auf eine andere Körperschaft übertragen wird (§ 16 Abs. 3 Satz 5 EStG i. V. mit § 6 Abs. 5 Satz 7 EStG).

c) Unechte Realteilung

747 Im Gegensatz zu einer „echten“ Realteilung (Auflösung der Personengesellschaft) gibt es auch die „unechte“ Realteilung, wenn nur ein oder mehrere Mitunternehmer unter „Mitnahme“ von Wirtschaftsgütern des Betriebsvermögens aus einer weiterbestehenden Mitunternehmerschaft ausscheiden. Die unechte Realteilung ist gleichwohl begünstigt. Hier ist aber zwischen einer solchen (buchwertprivilegierten) unechten Realteilung von einer (gewinnrealisierenden) Sachwertabfindung eines ausscheidenden Gesellschafters abzugrenzen (was oft schwierig ist).

571 BMF, Schreiben v. 19.12.2018, BStBl 2019 I S. 6 Rz. 12.

X. Immobilien bei Kapitalgesellschaften

1. Grundlagen der Körperschaftsteuer

Kapitalgesellschaften sind körperschaftsteuerpflichtig (§ 1 Abs. 1 Nr. 1 KStG) und unterliegen mit ihren Einkünften einem Körperschaftsteuersatz von 15 % (§ 23 Abs. 1 KStG).[572] Das Einkommen ermittelt sich im Grundsatz nach den Regelungen des Einkommensteuergesetzes sowie den davon abweichenden oder ergänzenden Regelungen des Körperschaftsteuergesetzes (§ 8 Abs. 1 Satz 1 KStG). Inländische Kapitalgesellschaften erzielen nur Einkünfte aus Gewerbebetrieb (§ 8 Abs. 2 KStG). Dies gilt auch dann, wenn die Kapitalgesellschaft nur vermögensverwaltend tätig ist. 748

BEISPIEL „VERMÖGENSVERWALTENDE KAPITALGESELLSCHAFT": Der A-GmbH gehören mehrere Eigentumswohnungen in einer Anlage, die sie an Privatpersonen zu Wohnzwecken vermietet. Andere Tätigkeiten erbringt die A-GmbH nicht.

LÖSUNG: Eigentlich erzielt die A-GmbH Einkünfte aus Vermietung und Verpachtung (§ 21 Abs. 1 Nr. 1 EStG), da sie nur vermögensverwaltend und nicht i. S. des § 15 Abs. 2 EStG gewerblich tätig ist. Jedoch werden die Einkünfte nach § 8 Abs. 2 KStG automatisch umqualifiziert, so dass die A-GmbH (nur) Einkünfte aus Gewerbebetrieb erzielt.

Kapitalgesellschaften verfügen nach der BFH-Rechtsprechung[573] nur über eine betriebliche Sphäre. „Privatvermögen" gibt es bei ihr (zumindest ertragsteuerrechtlich)[574] nicht. Das gesamte Vermögen und die gesamten Schulden sind automatisch der Kapitalgesellschaft zuzuordnen. Soweit aus diesem Vermögen Verluste resultieren, die aus der privaten Motivation der Anteilseigener resultieren (also gesellschaftsrechtlich veranlasst sind), wird aber das Einkommen über eine „verdeckte Gewinnausschüttung" nach § 8 Abs. 3 Satz 2 KStG erhöht.[575] 749

BEISPIEL „NUTZUNG VON WOHNUNGSEIGENTUM DURCH ANTEILSEIGNER": Der A-GmbH unterhält eine Kfz-Werkstatt in A-Stadt und ihr gehört eine Eigentumswohnung in B-Stadt, welche vom alleinigen Anteilseigner unentgeltlich genutzt wird.

---

572 Denkbar ist auch eine beschränkte Körperschaftssteuerpflicht für eine ausländische (nach dem Rechttypenvergleich vergleichbar einer inländischen) Kapitalgesellschaft mit ihren inländischen Einkünften (§ 2 Nr. 1 KStG).

573 Grundlegen: BFH, Urteil v. 4.12.1996 - I R 54/95 YAAAA-96773 = BFH/NV 1997 S. 190.

574 Umsatzsteuerrechtlich kann eine Kapitalgesellschaft aber über eine außerunternehmerische (nichtwirtschaftliche) Sphäre verfügen, wenn sie eine Leistung nicht für ihr Unternehmen erworben hat (§ 15 Abs. 1 Satz 2 UStG).

575 BFH, Urteil v. 27.7.2016 - I R 8/15, BStBl 2017 II S. 214 EAAAF-85889 m. w. N.

LÖSUNG: ▸ Der A-GmbH ist auch die Eigentumswohnung als Betriebsvermögen zuzurechnen. Durch die unentgeltliche Privatnutzung wird das Einkommen aber nach § 8 Abs.3 Satz 2 KStG außerbilanziell erhöht (verdeckte Gewinnausschüttung).

2. Wohnungseigentum im Betriebsvermögen einer Kapitalgesellschaft

750 Kapitalgesellschaften verfügen nur über Betriebsvermögen, da diese nach der Rechtsprechung des BFH[576] nicht über Privatvermögen oder über eine private (außerbetrieblich) Sphäre verfügen können. Damit ist jegliches im Eigentum der Kapitalgesellschaft stehende Vermögen automatisch deren Betriebsvermögen. Alle Einnahmen sind Betriebseinnahmen (Erlöse) und alle Ausgaben sind Betriebsausgaben (Aufwendungen). Die körperschaftsteuerrechtliche Korrektur von Aufwendungen und Erträgen, die gesellschaftsrechtlich veranlasst sind, werden in vielen Fällen als verdeckte Einlagen bzw. als verdeckte Gewinnausschüttung behandelt und außerbilanziell hinzugerechnet bzw. gekürzt.

BEISPIEL „PRIVAT GENUTZTES WOHNUNGSEIGENTUM IM BETRIEBSVERMÖGEN DER KAPITALGESELLSCHAFT“: ▸ Der A-GmbH gehört u.a. eine Eigentumswohnung, die vom Alleingesellschafter Herrn A unentgeltlich zu privaten Wohnzwecken genutzt wird.

LÖSUNG: ▸ Die von Herrn A privat und unentgeltlich genutzte Eigentumswohnung gehört handelsbilanziell zu den Vermögensgegenständen (§ 246 Abs. 1 HGB) und steuerbilanziell zum Betriebsvermögen der A-GmbH. Die unentgeltliche und damit aus dem Privatinteresse des Anteilseigners motivierte Überlassung hat darauf keinen Einfluss. Durch die Veranlassung aus dem Gesellschaftsverhältnis resultiert eine verdeckte Gewinnausschüttung von der A-GmbH an Herrn A. Daher ist auf Ebene der A-GmbH außerbilanziell das Einkommen zu erhöhen (§ 8 Abs. 3 Satz 2 KStG) und bei Anteilseigner A sind Einkünfte aus Kapitalvermögen zu besteuern (§§ 20 Abs. 1 Nr. 1 Satz 2, 32d Abs. 3 EStG).

3. Verdeckte Einlage in die Kapitalgesellschaft

a) Grundlagen der verdeckten Einlage

751 Eine verdeckte Einlage ist die Zuwendung eines Vermögensvorteils durch einen Anteilseigner oder eine ihm nahestehende Person an die Kapitalgesellschaft außerhalb der gesellschaftsrechtlichen Einlagen, welche durch das Gesellschaftsverhältnis veranlasst ist. Die Veranlassung durch das Gesellschaftsverhältnis bestimmt sich nach dem Fremdvergleich: Würde ein gedachter Nichtgesellschafter als ordentlicher Kaufmann den Vermögensvorteil der Gesellschaft auch einräumen? Wenn und soweit ein Geschäft (deutlich) zugunsten

576 BFH, Urteil v. 22.8.2007 - I R 32/06, BStBl 2007 II S. 961 UAAAC-61541.

der Kapitalgesellschaft abgeschlossen wird und dieser Vorteil nicht aus betrieblichen Gründen (guter Geschäftssinn), sondern deswegen abgeschlossen wurde, weil der Vertragspartner ein Anteilseigner (oder eine diesem nahestehende Person) ist, kann gerade bei „falschen Preisen“ von einer verdeckten Einlage ausgegangen werden.

b) Veräußerung oder unentgeltliche Übertragung von Wohnungseigentum als verdeckte Einlage

Die verdeckte Einlage wird grds. mit dem Teilwert bewertet (§ 8 Abs. 1 KStG 752
i.V. mit § 6 Abs. 1 Nr. 5 und Abs. 6 EStG)[577] und erhöht das steuerliche Einlagekonto der Kapitalgesellschaft (§ 27 Abs. 1 Satz 2 KStG). Der Ertrag ist bei der Kapitalgesellschaft nach § 8 Abs. 3 Satz 3 KStG steuerfrei, da es kein betrieblicher, sondern ein aus dem Gesellschaftsverhältnis erzeugter Ertrag ist. Der Anteilseigner hat nachträgliche Anschaffungskosten auf seine Beteiligung an der Kapitalgesellschaft und versteuert ggf. nach § 23 Abs. 1 Satz 5 Nr. 2 EStG ein privates Veräußerungsgeschäft aus der verdeckten Einlage eines Grundstücks.

BEISPIEL „UNENTGELTLICHE ÜBERTRAGUNG AUF EINE KAPITALGESELLSCHAFT“: Frau F überträgt eine vermietete Eigentumswohnung aus ihrem Privatvermögen unentgeltlich auf die A-GmbH, deren Alleingesellschafterin sie ist und deren Anteile sie im Privatvermögen hält.

LÖSUNG: Frau F leistet eine verdeckte Einlage, da sie als Anteilseignerin der A-GmbH (außerhalb der gesellschaftsrechtlichen Einlagen) einen einlagefähigen Vermögensvorteil (Eigentumswohnung) zuwendet und diese Zuwendung durch das Gesellschaftsverhältnis veranlasst ist. Die verdeckte Einlage ist mit dem Teilwert bei der A-GmbH anzusetzen (§ 8 Abs. 1 KStG i.V. mit § 6 Abs. 1 Nr. 5 EStG). Der Ertrag ist nach § 8 Abs. 3 Satz 3 KStG steuerfrei und erhöht das steuerliche Einlagekonto (§ 27 KStG). Frau F verwirklicht ein privates Veräußerungsgeschäft aus der verdeckten Einlage der Eigentumswohnung (§ 23 Abs. 1 Satz 5 Nr. 2 EStG), bei dem der gemeine Wert der Eigentumswohnung als Veräußerungspreis gilt (§ 23 Abs. 3 Satz 2 EStG). Frau F hat nachträgliche Anschaffungskosten auf ihre Anteile an der A-GmbH (§ 17 Abs. 2a Satz 3 Nr. 1 EStG).

c) Verbilligte oder unentgeltliche Vermietung von Wohnungseigentum als verdeckte Einlage oder Nutzungsvorteil

Eine verdeckte Einlage kann nur ein bilanzierungsfähiger Vermögensvorteil 753
sein, der bei der Kapitalgesellschaft zum Ansatz bzw. zur Erhöhung eines Aktiv-

577 Zu Ausnahmen vgl. R 8.9 Abs. 4 KStR.

postens oder zum Wegfall bzw. zur Minderung eines Passivpostens führt.[578] Daher kann die Überlassung (nicht: Übertragung) eines Wirtschaftsguts zur Nutzung mangels Bilanzierbarkeit nicht Gegenstand einer Einlage sein (Nutzungsvorteil).[579]

BEISPIEL „NUTZUNGSVORTEIL FÜR EINE KAPITALGESELLSCHAFT": Frau F ist Wohnungseigentümerin einer Eigentumswohnung (Privatvermögen) und überlässt diese unentgeltlich für betriebliche Zwecke der A-GmbH, deren Alleingesellschafterin sie ist.

LÖSUNG: Es handelt sich nicht um eine verdeckte Einlage, da der nach dem Fremdvergleich angemessene (fehlende) Mietaufwand nicht bilanzierungsfähig und damit auch nicht einlagefähig ist. Das Einkommen der A-GmbH wird nicht in Höhe der angemessenen Miete gekürzt.

4. Verdeckte Gewinnausschüttung von der Kapitalgesellschaft

a) Grundlagen der verdeckten Gewinnausschüttung

754 In § 8 Abs. 3 Satz 1 KStG heißt es: „Für die Ermittlung des Einkommens ist es ohne Bedeutung, ob das Einkommen verteilt wird." Dies ist zunächst eine allgemein gefasste Bestimmung, dass die Einkommensermittlung von der Einkommensverteilung abzugrenzen ist. Konkret bedeutet es, dass gewinnmindernd gebuchte Geschäftsvorfälle keinen Einfluss auf das Einkommen haben dürfen und daher hinzuzurechnen sind, wenn der Aufwand nicht dem Betrieb, sondern der Verlagerung von Vermögen an den Anteilseigner dient (Gewinnausschüttungen). In erster Linie sind von § 8 Abs. 3 Satz 1 KStG offene Gewinnausschüttungen betroffen, also Vermögensauszahlungen an Anteilseigner, die handelsrechtlich wirksam beschlossen wurden. Da diese aber normalerweise ohne Auswirkungen auf den Gewinn gebucht werden (nämlich gegen Eigenkapital), ist der Anwendungsbereich in der Praxis eher klein.

755 Wichtiger ist § 8 Abs. 3 Satz 2 KStG, der wie folgt lautet: „Auch verdeckte Gewinnausschüttungen sowie Ausschüttungen jeder Art auf Genussrechte, mit denen das Recht auf Beteiligung am Gewinn und am Liquidationserlös der Kapitalgesellschaft verbunden ist, mindern das Einkommen nicht." Hier geht es um zwei verschiedene Sachverhalte: Zum einen regelt es den Sonderfall von Ausschüttungen auf Genussrechte (hier nicht relevant). Zum anderen geht es um die verdeckten Gewinnausschüttungen (vGA). Durch § 8 Abs. 3 Satz 2 KStG wird geregelt, dass vGA das Einkommen nicht mindern (dürfen).

578 BFH, Urteil v. 24.5.1984 - I R 166/78, BStBl 1984 II S. 747 YAAAA-91984.
579 H 8.9 „Nutzungsvorteil" KStH m. w. N. zur BFH-Rechtsprechung.

Dies ist die Rechtsfolge. Das bedeutet, dass gewinnmindernd (als Aufwand) gebuchte vGA außerbilanziell (einkommenserhöhend) zu korrigieren sind.

Im Gesetz wird die vGA nicht definiert, sondern in § 8 Abs. 3 Satz 2 KStG (Vorschrift für die Einkommenshinzurechnung) vorausgesetzt. Eine vGA ist – vereinfacht ausgedrückt – ein gewinnwirksamer Vermögensnachteil zulasten der Kapitalgesellschaft aus dem Gesellschaftsverhältnis. Dies ist gewissermaßen das Gegenstück zur verdeckten Einlage. 756

Nach der Definition des I. Senats des BFH[580] ist unter einer vGA bei einer Kapitalgesellschaft eine Vermögensminderung (verhinderte Vermögensmehrung) zu verstehen, die durch das Gesellschaftsverhältnis veranlasst ist, sich auf die Höhe des Unterschiedsbetrags gem. § 4 Abs. 1 Satz 1 EStG i. V. mit § 8 Abs. 1 KStG auswirkt und in keinem Zusammenhang zu einer offenen Ausschüttung steht. 757

Die Veranlassung aus dem Gesellschaftsverhältnis erfordert eine Motivationsprüfung. Dabei wird vom BFH die relativ sperrige Formel geliefert: „Für den größten Teil der entschiedenen Fälle hat der Senat [des BFH] die Veranlassung durch das Gesellschaftsverhältnis angenommen, wenn die Kapitalgesellschaft ihrem Gesellschafter einen Vermögensvorteil zuwendet, den sie bei der Sorgfalt eines ordentlichen und gewissenhaften Geschäftsleiters einem Nichtgesellschafter nicht gewährt hätte." Hierzu gibt es viele von der Rechtsprechung entwickelte Fallgruppen, wann eine vGA anzunehmen ist. 758

Die Rechtsprechung hat in erster Linie den materiellen Fremdvergleich für die Veranlassungsprüfung im Blick: Wenn die Kapitalgesellschaft das Geschäft auch mit einem Nichtgesellschafter zu denselben Konditionen eingegangen wäre, führt dies nicht zu einer vGA. Diese Fallgruppe der vGA ist durch ihren wirtschaftlichen Sinn verständlich, da ein durch den Anteilseigner veranlasstes Geschäft zum Nachteil der Kapitalgesellschaft (z. B. durch einen unangemessenen Preis) sonst gezielt der Steuerminderung dienen könnte. 759

Eine zweite Kategorie der Veranlassungsprüfung ist der formelle Fremdvergleich. Hier geht es darum, dass Vereinbarungen dem Grunde nach klar und eindeutig, im Voraus abgeschlossen, zivilrechtlich wirksam sind und tatsächlich durch- 760

580 So z. B. in BFH, Urteil v. 24.10.2018 - I R 78/16, BStBl 2019 II S. 570 unter II.3.a) KAAAH-11888. Der VIII. Senat des BFH formuliert die vGA aus Sicht des Anteilseigners ähnlich (z. B. BFH, Urteil v. 11.12.2018 - VIII R 44/15 unter II.1.a) VAAAH-15431: „Eine vGA i. S. des § 20 Abs. 1 Nr. 1 Satz 2 EStG liegt vor, wenn eine Kapitalgesellschaft ihrem Gesellschafter außerhalb der gesellschaftsrechtlichen Gewinnverteilung einen Vermögensvorteil zuwendet, diese Zuwendung ihren Anlass im Gesellschaftsverhältnis hat und der Vermögensvorteil dem Gesellschafter zugeflossen ist.").

geführt werden.[581] Dies betrifft allerdings nur Geschäfte einer Kapitalgesellschaft mit den beherrschenden Gesellschaftern (und diesen nahestehenden Personen). Auch diese Fallgruppe ist wichtig, da sonst ein beherrschender Gesellschafter die Steuerbelastung seiner Kapitalgesellschaft steuern könnte, indem er z.B. die Höhe einer Tantieme nachträglich seiner freien Bestimmung als Gesellschafter-Geschäftsführer überlässt. Der formelle Fremdvergleich ist deshalb unabhängig von der Angemessenheit eines Geschäfts zu beachten.

761 Der Anteilseigner hat aus der vGA Kapitaleinkünfte zu versteuern (§ 20 Abs. 1 Nr. 1 Satz 2 KStG).

b) Verdeckte Gewinnausschüttung bei Veräußerung von Wohnungseigentum

762 Auch der überteuerte Ankauf vom Anteilseigner bzw. der verbilligte Verkauf an den Anteilseigner kann zu einer vGA in Höhe der Differenz zum angemessenen Kaufpreis führen.

BEISPIEL „VGA AUS GRUNDSTÜCKSERWERB DURCH DIE KAPITALGESELLSCHAFT": Eine GmbH kauft von Ihrem Gesellschafter A eine Eigentumswohnung für 300.000 €, obwohl diese nur 200.000 € wert ist.

LÖSUNG: Nur der angemessene Kaufpreis (200.000 €) ist als Anschaffungskosten in der Steuerbilanz bei der erwerbenden GmbH anzusetzen.[582] In Höhe der Differenz zum tatsächlichen Kaufpreis (100.000 €) ist das Wirtschaftsgut aufwandwirksam innerbilanziell abzuschreiben und in gleicher Höhe außerbilanziell als vGA hinzuzurechnen.

c) Verdeckte Gewinnausschüttung durch verbilligte oder unentgeltliche Nutzung von Wohneigentum

763 Eine zu günstige Vermietung von Wohnungseigentum an den Anteilseigner führt zu einer vGA, soweit die vereinbarte Miete zu gering ist. Bei der Vermietung eines Grundstücks an den Anteilseigner kommt es nicht darauf an, welche Miete für ein vergleichbares Objekt zu erzielen wäre (Vergleichsmiete), sondern auf die tatsächlichen Kosten der vermietenden Kapitalgesellschaft

581 R 8.5 Abs. 2 KStR.

582 BMF, Schreiben v. 28.5.2002, BStBl 2002 I S. 603 Rz. 42.

(Kostenmiete) zzgl. eines Gewinnzuschlags.[583] Die Gebäudeabschreibung ist für Zwecke der Kostenmiete mit der regulären steuerlichen AfA nach § 7 Abs. 4 Satz 1 Nr. 2 Buchst. b EStG (2 % p. a.) zu berücksichtigen.[584]

BEISPIEL „VGA AUS VERBILLIGTER VERMIETUNG AN DEN ANTEILSEIGNER": Eine GmbH vermietet an ihre Anteilseignerin Frau B eine Eigentumswohnung. Die Kosten zzgl. angemessenem Gewinnzuschlag betragen 1.000 € im Monat. Frau B zahlt aber nur eine Miete i. H. von 600 € im Monat.

LÖSUNG: Die Differenz zwischen der Kostenmiete und der tatsächlich vereinbarten Miete (d. h. 400 € monatlich) ist als vGA (verhinderte Vermögensmehrung) dem Einkommen der GmbH nach § 8 Abs. 3 Satz 2 KStG hinzuzurechnen.

5. Einbringung in Kapitalgesellschaft nach § 20 UmwStG

a) Grundlagen der Einbringung in Kapitalgesellschaften

Die Einbringung von Betriebsvermögen in eine Kapitalgesellschaft durch die Vermögensübertragung gegen Geschäftsanteile an der übernehmenden Gesellschaft ist aus ertragsteuerlicher Sicht eine Veräußerung und würde im Grundsatz eine Besteuerung der gesamten stillen Reserven als Betriebsveräußerung auslösen (§ 16 Abs. 1 EStG). Sofern das übertragene Vermögen als Betrieb, Teilbetrieb oder Mitunternehmeranteil anzusehen ist, können jedoch nach § 20 Abs. 1, 2 UmwStG die Buchwerte unter bestimmten Voraussetzungen fortgeführt werden. 764

Rechtstechnisch wird dann durch § 20 Abs. 3 Satz 1 UmwStG bestimmt, dass der Wertansatz in der übernehmenden Kapitalgesellschaft (i. d. R. der Buchwert des eingebrachten Vermögens) sowohl dem (fiktiven) Veräußerungspreis für das eingebrachte Betriebsvermögen als auch den Anschaffungskosten der gewährten (neuen) Anteile entspricht. 765

BEISPIEL „BETRIEBSEINBRINGUNG IN EINE KAPITALGESELLSCHAFT": Frau B hat einen Schreinerbetrieb auf eigenem Betriebsgrundstück (Eigenkapital bei Einbringung: 100.000 €) und überträgt dieses Vermögen im Wege der Einzelrechtsnachfolge aufgrund einer Sachgründung auf die S-GmbH, deren Geschäftsanteile ihr dadurch allein gewährt werden. Die A-GmbH wählt die Buchwertfortführung.

583 Für Wohnraumvermietung an den Anteilseigner: Kostenmiete zzgl. Gewinnzuschlag als vGA-Wert (BFH, Urteil v. 27.7.2016 - I R 12/15, BStBl 2017 II S. 214 UAAAF-85888).

584 Dies gilt auch dann, wenn wegen einer übertragenen Rücklage nach § 6b EStG gar keine AfA angesetzt wird (FG Niedersachsen, Urteil v. 15.8.2024 - 10 K 255/21 RAAAJ-90649 = EFG 2025 S. 892, BFH-Rev.: I R 21/24).

LÖSUNG: Frau B veräußert einkommensteuerrechtlich ihren Betrieb (Einzelunternehmen) für 100.000 € und versteuert im Ergebnis keinen Gewinn nach § 16 Abs. 1 EStG, da dies ihrem Eigenkapital bei Einbringung entspricht (100.000 € ./. 100.000 € = Gewinn 0 €). Ihre Anschaffungskosten der Anteile an der S-GmbH betragen (ebenfalls) 100.000 €.

b) Wohnungseigentum als funktional wesentliche Betriebsgrundlage

766 Eine Einbringung ist nur dann durch § 20 UmwStG begünstigt, wenn der „ganze" Betrieb, Teilbetrieb oder Mitunternehmeranteil auf die Kapitalgesellschaft übertragen wird. Relevant ist dabei, dass alle „funktional wesentlichen Betriebsgrundlagen" eingebracht werden.[585] Wird eine funktional wesentliche Betriebsgrundlage zurückbehalten, ist die Einbringung nicht nach § 20 UmwStG begünstigt, weil nicht die „ganze" Sachgesamtheit übertragen (eingebracht) wird.

767 Grundstücke gelten im Grundsatz immer dann als funktional wesentliche Betriebsgrundlage i. S. von § 20 UmwStG, wenn sie die räumliche und funktionale Grundlage für die Geschäftstätigkeit eines Betriebs bilden und es dem Unternehmen ermöglichen, seinen Geschäftsbetrieb aufzunehmen und auszuüben.[586] Dies gilt unabhängig davon, ob ein vergleichbares Grundstück erworben werden könnte.[587] Ein Grundstück wird nur dann nicht als funktional wesentlich angesehen, wenn es von geringer wirtschaftlicher Bedeutung für den konkreten Betrieb ist (Ausnahmefall).

768 Wohnungseigentum stellt daher regelmäßig eine funktional wesentliche Betriebsgrundlage eines Betriebs dar. Dies gilt auch für „Allerweltsgebäude", die für Bürozwecke genutzt werden.

769 Auch Wohnungseigentum aus dem Sonderbetriebsvermögen einer Personengesellschaft muss auf eine Kapitalgesellschaft übertragen werden.

BEISPIEL „WOHNUNGSEIGENTUM IM SONDERBETRIEBSVERMÖGEN": Frau C und Herr D sind Kommanditisten der CD-GmbH & Co. KG, die ein Schuhgeschäft betreibt. Das Betriebsgrundstück (Teileigentum im Sinne des WEG) ist im zivilrechtlichen Eigentum von Frau C, welches sie an die CD-GmbH & Co. KG vermietet. Mit ertragsteuerlicher Wirkung zum 31.12.2024 treten C und D aus der KG und das Gesellschaftsvermögen geht auf die (ehemalige) Komplementär-GmbH über, welche dafür eine Kapitalerhöhung durchführt. Das Teileigentum wird in derselben notariellen Urkunde von Frau C auf die GmbH übertragen.

---

585 BFH, Urteil v. 25.11.2009 - I R 72/08, BStBl 2010 II S. 471 HAAAD-37371 m. w. N.

586 BFH, Urteil v. 14.2.2007 - XI R 30/05, BStBl 2007 II S. 524 GAAAC-44916.

587 BFH, Urteil v. 13.7.2006 - IV R 25/05, BStBl 2006 II S. 804 FAAAC-16500.

LÖSUNG: Frau C und Herr D bringen jeweils ihren Mitunternehmeranteil an der CD-GmbH & Co. KG in die GmbH ein.[588] Die Buchwertfortführung ist zulässig, da insbesondere Frau C ihr funktional wesentliches Sonderbetriebsvermögen (Teileigentum) auf die GmbH überträgt. Würde sie das Teileigentum nicht mit dem Gesellschaftsvermögen in die GmbH einbringen, sondern zurückbehalten, wäre sowohl für Frau C als auch für Herrn D § 20 UmwStG nicht anzuwenden.

6. Zur Körperschaftsteuer optierende Personengesellschaft (§ 1a KStG)

a) Option zur Körperschaftsteuer für Personengesellschaften

Durch § 1a KStG[589] können Personenhandelsgesellschaften, Partnerschaftsgesellschaften oder eingetragene Gesellschaften bürgerlichen Rechts wie eine Kapitalgesellschaft besteuert werden. Die Gesellschaft kann dies beantragen (Option nach § 1a Abs. 1 KStG). 770

b) Wirkung der Option (Übergang zur Körperschaftsteuer)

Die Option hat zivilrechtlich keine Auswirkung auf die Rechtsform der Gesellschaft, sondern nur eine ertragsteuerrechtliche Wirkung. Es wird ein Formwechsel und damit die Einbringung des Vermögens aus der Personengesellschaft in eine Körperschaft fingiert (§ 1a Abs. 2 KStG i. V. mit §§ 25, 20 UmwStG). Regelmäßig wird der antragsgemäße Ansatz der Buchwerte nach den allgemeinen Grundsätzen des § 20 Abs. 2 UmwStG gewünscht sein. Auch vermögensverwaltende Personenhandelsgesellschaften sind antragsberechtigt,[590] aber können keine Buchwerte nach § 1a Abs. 2 KStG i. V. mit § 20 Abs. 2 UmwStG ansetzen, da es sich nicht um Mitunternehmerschaften handelt.[591] 771

BEISPIEL „WIRKUNG DER OPTION AUF DIE AFA“: Die AB-eGbR (Gesellschafter sind Frau A und Herr B) vermietet als vermögensverwaltende Gesellschaft eine Eigentumswohnung, aus der die Gesellschafter A und B (natürliche Personen) Einkünfte aus Vermietung und Verpachtung (§ 21 Abs. 1 Satz 1 Nr. 1 EStG) erzielen. Da das AfA-Volumen bereits verbraucht ist, kann keine Gebäude-AfA als Werbungskosten angesetzt werden. Ab dem WJ 2025 optiert die AB-eGbR nach § 1a Abs. 1 KStG zur Körperschaftsteuer.

---

588 BMF, Schreiben v. 2.1.2025 - IV C 2-S 1978/00035/020/040, BStBl 2025 I S. 92 Rz. 20.05.

589 Eingefügt durch das Gesetz zur Modernisierung des Körperschaftsteuerrechts (KöMoG) v. 25.6.2021, BGBl 2021 I S. 2050.

590 BMF, Schreiben v. 10.11.2021 - IV C 2 - S 2707/21/10001:004, BStBl 2021 I S. 2212 Rz. 2.

591 BMF, Schreiben v. 10.11.2021 - IV C 2 - S 2707/21/10001:004, BStBl 2021 I S. 2212 Rz. 30.

LÖSUNG: ▸ Auch vermögensverwaltende Personengesellschaften sind optionsberechtigt. Das Gebäude ist bei der AB-eGbR als optierende Gesellschaft (§ 1a KStG) mit dem gemeinen Wert zu aktivieren (§ 6 Abs. 6 Satz 1 EStG i. V. mit § 8 Abs. 1 KStG).[592] Der Abzug von Gebäude-AfA ist zwar (wieder) möglich. Sie ist jedoch nicht für die Gesellschafter A und B, sondern lediglich für als Betriebsausgaben der optierenden Gesellschaft im Rahmen der Körperschaftsteuer abzugsfähig.

c) Besteuerung von Gesellschaft und Gesellschafter

772 Die Personengesellschaft unterliegt durch die Option der Körperschaftsteuer und die Gesellschafter werden wie Anteilseigner einer Kapitalgesellschaft behandelt. Die optierende Gesellschaft ermittelt und erzielt somit in eigener Person Einkommen, das sie der Körperschaftsteuer zu unterwerfen hat. Sofern die Gewinnanteile aus der optierenden Gesellschaft an die Gesellschafter ausgezahlt bzw. entnommen werden, unterliegen diese als Kapitaleinkünften i. S. des § 20 Abs. 1 Nr. 1 EStG der Einkommensteuer (§ 1a Abs. 3 Satz 2 Nr. 1 KStG).

773 Beim Gesellschafter führen

- Einnahmen für seine Tätigkeit im Dienst der Gesellschaft zu Einkünften i. S. des § 19 EStG (§ 1a Abs. 3 Satz 2 Nr. 2 KStG);
- Einnahmen aus Darlehen zu Einkünften i. S. des § 20 Abs. 1 Nr. 7 EStG (§ 1a Abs. 3 Satz 2 Nr. 3 KStG);
- Einnahmen aus der Überlassung von Wirtschaftsgütern zu Einkünften i. S. der §§ 21 oder 22 EStG (§ 1a Abs. 3 Satz 2 Nr. 4 KStG).

BEISPIEL „VERGÜTUNGEN AN DIE GESELLSCHAFTER": ▸ Die ABC-OHG hat zu Körperschaftsteuer nach § 1a KStG optiert. Gesellschafter A ist zu 20 % beteiligt und vermietet eine Eigentumswohnung an die AB-OHG für deren betriebliche Zwecke.

LÖSUNG: ▸ Gesellschafter A erzielt aus der Vermietung der Eigentumswohnung Einkünften i. S. des § 21 Abs. 1 Nr. 1 EStG (§ 1a Abs. 3 Satz 2 Nr. 4 KStG).

d) Rückoption aus der Körperschaftsteuer

774 Die optierende Gesellschaft darf zu Beginn jedes folgenden WJ die Option beenden und in die transparente Besteuerung zurückwechseln. Dies ist durch eine Rückoption nach § 1a Abs. 4 KStG zulässig. Die Rückoption löst die Folgen eines Formwechsels einer Kapitalgesellschaft in eine Personengesellschaft aus.

592 Dorn/Weiss, DStR 2021 S. 2489, 2492.

Die dafür geltenden Regelungen des UmwStG (§§ 3 ff. UmwStG) sind entsprechend anzuwenden.

7. Verschmelzung und Spaltung von Kapitalgesellschaften

a) Verschmelzung von Kapitalgesellschaften

Kapitalgesellschaften können nach §§ 2 ff. UmwG auf andere Rechtsträger verschmolzen werden. Handelsrechtlich wird das gesamte Vermögen der untergehenden Kapitalgesellschaft im Zeitpunkt des Handelsregistereintrags der Verschmelzung durch Gesamtrechtsnachfolge auf die übernehmende Gesellschaft (Zielrechtsträger) übertragen. Ertragsteuerrechtlich wird der Vermögensübergang auf den rückwirkenden Umwandlungsstichtag bezogen (§ 2 UmwStG). Dabei regeln die §§ 11 ff. UmwStG die ertragsteuerrechtliche Situation für die beteiligten Gesellschaften und die Anteilseigner der Kapitalgesellschaft. Unter bestimmten (in der Praxis oft eingehaltenen) Voraussetzungen ist eine antragsgebundene Buchwertübertragung zulässig (§ 11 Abs. 2 UmwStG). Es ist aber auch auf Antrag ein Zwischenwertansatz (ein zu wählender Wert zwischen dem Buchwert und dem gemeinen Wert) zulässig. Der übernehmende Rechtsträger ist daran gebunden (§ 12 Abs. 1 UmwStG). 775

Wenn sich im Vermögen der verschmelzenden (untergehenden) Kapitalgesellschaft Wohnungseigentum befindet, wird dieses automatisch (durch Gesamtrechtsnachfolge) auf den übernehmenden Rechtsträger übertragen. Das Wohnungsgrundbuch wird berichtigt, da ein neuer Wohnungseigentümer einzutragen ist. 776

Der übernehmende Rechtsträger tritt in die steuerliche Rechtsstellung der übertragenden Körperschaft ein (§ 12 Abs. 3 UmwStG). Dies gilt auch hinsichtlich der historischen Anschaffungs- oder Herstellungskosten der übernommenen Wirtschaftsgüter.[593] Der Eintritt in die steuerliche Rechtsstellung der übertragenden Körperschaft gilt auch dann, wenn die übergegangenen Wirtschaftsgüter mit dem Zwischenwert oder mit dem gemeinen Wert angesetzt worden sind. Die AfA bemisst sich dann bei dem übernehmenden Rechtsträger bei dem Gebäudeanteil von Wohnungseigentum (Fälle des § 7 Abs. 4 Satz 1 und Abs. 5 EStG) nach der bisherigen AfA-Bemessungsgrundlage, vermehrt um den Aufstockungsbetrag (= Differenz zwischen dem Buchwert des Gebäudes unmittelbar vor Aufstellung der steuerlichen Schlussbilanz und dem Wert, mit dem die Gesellschaft 777

593 BMF, Schreiben v. 2.1.2025 - IV C 2-S 1978/00035/020/040, BStBl 2025 I S. 92 Rz. 04.09.

die Gebäude in der steuerlichen Schlussbilanz angesetzt hat). Auf diese AfA-Bemessungsgrundlage ist der bisherige AfA-Satz weiterhin anzuwenden. Wird in den Fällen des § 7 Abs. 4 Satz 1 EStG die volle Absetzung innerhalb der tatsächlichen Nutzungsdauer nicht erreicht, können die Absetzungen für Abnutzung nach der Restnutzungsdauer des Gebäudes bemessen werden.[594]

BEISPIEL „GEBÄUDE-AFA NACH VERSCHMELZUNG ZUM ZWISCHENWERT": Die A-GmbH hat u. a. eine Eigentumswohnung (mit einem Buchwert des Gebäudes von 100.000 € und einem gemeinen Wert von 200.000 €) in ihrem Eigentum und wird zum 31.12.2024 zum Zwischenwert mit einer 30%igen Aufdeckung der stillen Reserven auf die B-GmbH verschmolzen. Die Gebäudeanschaffungskosten (bisherige AfA-Bemessungsgrundlage) betragen 160.000 €.

LÖSUNG: Die stillen Reserven des Gebäudes (insgesamt 100.000 €) sind i. H. von 30.000 € (30 %) aufzudecken. Der neue Bilanzansatz bei der B-GmbH zum Umwandlungszeitpunkt beträgt daher 130.000 €. Die bisherige AfA-Bemessungsgrundlage (160.000 €) ist um die Aufstockung (30.000 €) auf insgesamt 190.000 € zu erhöhen.

778 Rücklagen der untergehenden Gesellschaft (z. B. nach § 6b EStG) werden bei einer Buchwertfortführung ungemindert von der übernehmenden Gesellschaft übernommen (und bei einem Zwischenwertansatz verhältnismäßig aufgelöst). Sofern die übernehmende Gesellschaft ein Gebäude anschafft oder herstellt, kann sie eine übernommene § 6b-EStG-Rücklage auflösen und die stillen Reserven auf das Reinvestitionsobjekt übertragen.

BEISPIEL „ÜBERNAHME § 6B ESTG": Die A-GmbH hat seit dem 31.12.2022 eine Rücklage nach § 6b EStG aus einer Grundstücksveräußerung und wird zum 31.12.2023 zum Buchwert auf die B-GmbH verschmolzen, die im WJ 2025 ein Grundstück anschafft.

LÖSUNG: Die B-GmbH übernimmt die § 6b-EStG-Rücklage und kann diese für die Grundstücksinvestition im Jahr 2025 nutzen, da der (regelmäßig vierjährige) Reinvestitionszeitraum (Beginn zum 31.12.2022) 2025 noch nicht abgelaufen ist.

779 Die Vermögensübernahme stellt beim übernehmenden Rechtsträger aber keine Anschaffung für Zwecke des § 6b EStG dar.[595]

BEISPIEL „GRUNDSTÜCKSÜBERNAHME": Die A-GmbH hat u. a. eine Eigentumswohnung in ihrem Eigentum und wird zum 31.12.2024 zum Buchwert auf die B-GmbH verschmolzen, welche seit dem 31.12.2023 über eine eigene § 6b-EStG-Rücklage aus einem Grundstücksverkauf verfügt.

LÖSUNG: Die Vermögensübernahme der Eigentumswohnung gilt nicht als Anschaffung der Eigentumswohnung i. S. des § 6b EStG, so dass die B-GmbH ihre Rücklage nicht auf die Eigentumswohnung übertragen kann.

594 BMF, Schreiben v. 2.1.2025 - IV C 2-S 1978/00035/020/040, BStBl 2025 I S. 92 Rz. 04.10.
595 BMF, Schreiben v. 2.1.2025 - IV C 2-S 1978/00035/020/040, BStBl 2025 I S. 92 Rz. 04.14.

b) Spaltungen von Kapitalgesellschaften

Wenn eine Kapitalgesellschaft ihr Vermögen teilweise auf eine andere Gesellschaft nach § 123 UmwG abspaltet, führt dies faktisch zu einer „Teilverschmelzung". Ertragsteuerrechtlich wird durch § 15 Abs. 1 Satz 1 UmwStG geregelt, dass §§ 11, 12 und 13 UmwStG (Normen für die Verschmelzung) entsprechend anzuwenden sind. Dies gilt auch für die Aufspaltung einer Kapitalgesellschaft. Eine Buchwertfortführung oder wahlweise ein Zwischenwertansatz ist nur zulässig, wenn „auf die Übernehmerinnen ein Teilbetrieb übertragen wird und im Falle der Abspaltung bei der übertragenden Körperschaft ein Teilbetrieb verbleibt" (§ 15 Abs. 1 Satz 2 UmwStG). Nur in diesen Fällen sind §§ 11 Abs. 2 und 13 Abs. 2 UmwStG (insbesondere Buchwertansatz auf Ebene der Gesellschaft und der Anteilseigner) entsprechend anzuwenden. 780

Schwierig ist regelmäßig die Abgrenzung eines „ganzen" Teilbetriebs. Ein Teilbetrieb wird nach der Fusionsrichtlinie der EU definiert.[596] Dies ist streitanfällig und wird daher meistens vorab durch eine verbindliche Auskunft (§ 89 Abs. 2 AO) beim Finanzamt abgefragt. Wichtig ist die Zuordnung der Wirtschaftsgüter zum Teilbetrieb. Die Verwaltungsauffassung ist streng: Das zurückbleibende Vermögen erfüllt nicht die Voraussetzungen des § 15 Abs. 1 Satz 2 UmwStG, wenn nicht alle Wirtschaftsgüter einem Teilbetrieb zugeordnet werden.[597] 781

Sofern die Teilbetriebsvoraussetzungen des § 15 Abs. 1 UmwStG erfüllt sind, kann das übertragene Vermögen (der Teilbetrieb) ohne die Aufdeckung stiller Reserven auf die Zielgesellschaft abgespalten werden (§ 15 Abs. 1 Satz 2 UmwStG i. V. mit § 11 Abs. 2 UmwStG). Die Spaltgesellschaft hat dann keinen Übertragungsgewinn bei der Körperschaftsteuer und Gewerbesteuer zu versteuern. 782

Wird eine funktional wesentliche Betriebsgrundlage (z. B. Wohnungseigentum) von mehreren Teilbetrieben eines Unternehmens genutzt, hindert dies die Steuerneutralität der Spaltung (sog. „Spaltungshindernis"). Das Wohnungseigentum muss dann zivilrechtlich bis zum Zeitpunkt des Spaltungsbeschlusses (weiter) aufgeteilt werden. Bei Wohnungseigentum kann dies unzulässig sein, sofern die Abgeschlossenheit für jedes neu entstehende Teileigentum nicht gewährleistet ist. Sollte daher eine „reale Teilung" nicht zumutbar oder nicht möglich sein, bestehen nach Auffassung der Finanzverwaltung im Einzelfall keine Bedenken, eine ideelle Teilung durch Bruchteilseigen- 783

596 BMF, Schreiben v. 2.1.2025 - IV C 2-S 1978/00035/020/040, BStBl 2025 I S. 92 Rz. 15.02.
597 BMF, Schreiben v. 2.1.2025 - IV C 2-S 1978/00035/020/040, BStBl 2025 I S. 92 Rz. 15.01.

tum (im Verhältnis der tatsächlichen Nutzung) unmittelbar nach der Spaltung ausreichen zu lassen.[598]

c) Verschmelzung auf betriebliche Personengesellschaft

784 Eine Kapitalgesellschaft kann auf eine gewerbliche Personengesellschaft (Mitunternehmerschaft) verschmolzen (oder formgewechselt) werden. Die ertragsteuerrechtlichen Folgen der Umwandlung ergeben sich aus den §§3ff. UmwStG. Danach können die Buchwerte der übergehenden Wirtschaftsgüter auf Antrag fortgeführt werden. Die stillen Reserven des übergehenden Betriebsvermögens sind dann nicht aufzudecken und ein körperschaftsteuerpflichtiger und ggf. gewerbesteuerpflichtiger Übertragungsgewinn der Kapitalgesellschaft wird verhindert. Unabhängig von der Fortführung der Buchwerte gelten die Gewinne der Kapitalgesellschaft zum Umwandlungsstichtag als Gewinnausschüttung (§7 UmwStG). Insoweit ist die Umwandlung nicht steuerneutral.

d) Umwandlung auf vermögensverwaltende Personengesellschaft

785 Ist die übernehmende Personengesellschaft nicht gewerblich (sondern eine vermögensverwaltende Personengesellschaft), kommt es umwandlungsbedingt zu einer zwangsweisen Überführung des Betriebsvermögens der Kapitalgesellschaft in das Privatvermögen. Eine Fortführung der Buchwerte ist nach §3 Abs.2 Satz1 Nr.1 UmwStG nicht zulässig. Die stillen Reserven sind bei der Kapitalgesellschaft als Übertragungsgewinn aufzudecken und von dieser zu versteuern (§3 Abs.1 Satz1 UmwStG). Die Personengesellschaft (bzw. deren Gesellschafter) erzielt nach der Umwandlung Einkünfte aus den übernommenen Wirtschaftsgütern, z.B. Einkünfte aus Vermietung und Verpachtung (§21 Abs.1 Nr.1 EStG).

BEISPIEL „FORMWECHSEL IN VERMÖGENSVERWALTENDE PERSONENGESELLSCHAFT": Frau A und Frau B sind an der AB-GmbH zu jeweils 50% beteiligt und halten deren Anteile im Privatvermögen. Die AB-GmbH ist Eigentümerin einer Wohnung, die sie an fremde Dritte vermietet. Die AB-GmbH wird durch Formwechsel (§190 UmwG) in die AB eGbR umgewandelt.

598 BMF, Schreiben v.2.1.2025 - IV C 2-S 1978/00035/020/040, BStBl 2025 I S.92 Rz.15.08.

LÖSUNG: Die Grundstücksvermietung führte bei der AB-GmbH zu gewerblichen Einkünften (§ 8 Abs. 2 KStG). Durch den Formwechsel wird die AB-GmbH (Kapitalgesellschaft) in die AB eGbR (Personengesellschaft) umgewandelt. Da ein Formwechsel zivilrechtlich keinen Vermögensübergang (sondern nur eine Änderung der Rechtsform) bewirkt, sind nach § 9 UmwStG bei dem Formwechsel die §§ 3–8 UmwStG anzuwenden. Da die AB eGbR vermögensverwaltend tätig ist, verliert das Wohnungseigentum seine Eigenschaft als Betriebsvermögen. Eine Buchwertfortführung ist unzulässig (§ 3 Abs. 2 Satz 1 Nr. 1 UmwStG) und die stillen Reserven des Wohnungseigentums sind aufzudecken.

XI. Gewerbesteuer

1. Grundlagen der Gewerbesteuer

786 Nach § 2 Abs. 1 Satz 1 GewStG unterliegt „jeder stehende Gewerbebetrieb, soweit er im Inland betrieben wird" der Gewerbesteuer. Als Gewerbebetrieb wird ein gewerbliches Unternehmen im Sinne des Einkommensteuergesetzes angesehen (§ 2 Abs. 1 Satz 2 GewStG). Dies sind zunächst einmal die originär gewerblichen Unternehmen.

BEISPIEL „VERMÖGENSVERWALTENDE PERSONENGESELLSCHAFT": Die A-KG (nicht gewerblich geprägt) ist Eigentümerin eines Einkaufszentrums auf einer Fläche von 30.000 m² und vermietet Ladenlokale an 40 Einzelhandels- und Dienstleistungsunternehmen. Die A-KG übernimmt nach den Mietverträgen folgende Leistungen: Wartung und Instandhaltung, Reinigung, Sicherheitsdienst und gelegentliche Werbung.

LÖSUNG: Die A-KG unterhält eine vermögensverwaltende Tätigkeit und ist nicht gewerbesteuerpflichtig. Die Sonderleistungen reichen für eine Gewerblichkeit nicht aus.[599]

787 Eine vermögensverwaltende oder freiberufliche Tätigkeit einer Personengesellschaft wird

- durch eine daneben bestehende gewerbliche Tätigkeit („Infektion" nach § 15 Abs. 3 Nr. 1 Satz 1 Alt. 1 EStG) oder
- durch „gewerbliche Prägung" (§ 15 Abs. 3 Nr. 2 EStG)

insgesamt zum Gewerbebetrieb und unterliegt dann ebenfalls der Gewerbesteuer.

BEISPIEL „GEWERBLICH GEPRÄGTE PERSONENGESELLSCHAFT": Die I-GmbH & Co. KG ist nach § 15 Abs. 3 Nr. 2 EStG gewerblich geprägt und durch die Vermietung der drei Eigentumswohnungen in ihrem Gesellschaftsvermögen lediglich vermögensverwaltend tätig. Andere Tätigkeiten übt sie nicht aus.

LÖSUNG:

Die I-GmbH & Co. KG unterhält zwar nur eine vermögensverwaltende Tätigkeit. Gleichwohl gilt sie nach § 15 Abs. 3 Nr. 2 EStG als gewerblich (geprägt) und ist daher nach § 2 Abs. 1 GewStG sachlich mit der Vermietung gewerbesteuerpflichtig.

788 Die Gewerbesteuer ist eine zusätzliche Ertragsteuer neben der Einkommen- bzw. Körperschaftsteuer. Die Gewerbesteuer besteuert jedoch nach ihrem sys-

599 BFH, Urteil v. 14.7.2016 - IV R 34/13, BStBl 2017 II S. 175 BAAAF-86327.

tematischen Ansatz als „Objektsteuer" den Betrieb und nicht den Inhaber des Betriebs. Daher wird systembedingt unterschieden:

- Die *sachliche* Gewerbesteuerpflicht (§ 2 GewStG) richtet sich nach dem Gewerbe als Objekt, das besteuert wird.
- Dagegen richtet sich die *persönliche* Gewerbesteuerpflicht (§ 5 GewStG) an den Steuerschuldner als denjenigen (das Subjekt), der die Gewerbesteuer schuldet.

Oftmals gibt es in der Praxis eines bestehenden Gewerbebetriebs kein Problem, welches diese Unterscheidung erforderlich macht. Wenn sich aber die Betriebsstruktur oder die Eigentumsverhältnisse ändern, ist diese Unterscheidung relevant. 789

BEISPIEL „WECHSEL DES BETRIEBS": Die E-GmbH & Co. KG ist Eigentümerin eines Teileigentums im Sinne des WEG, in dem sie ein Eiscafé betreibt. Die Geschäfte rentieren sich nicht, so dass die KG zum 30.6.2025 ihren Betrieb mit Gewerbeverlusten von 100.000 € einstellt und in denselben Räumen einen Paket-Shop eröffnet.

LÖSUNG: Die sachliche Gewerbesteuerpflicht des Eiscafés endet zum 30.6.2025 durch die Betriebseinstellung. Es entsteht zum 1.7.2025 ein anderer (neuer) Betrieb durch den Paket-Shop. Dessen sachliche Gewerbesteuerpflicht beginnt (mit tatsächlicher Eröffnung für die Kunden) zum 1.7.2025. Die Gewerbeverluste (100.000 €) i. S. des § 10a GewStG gehen ungenutzt unter und können nicht übertragen werden. Es kommt nicht darauf an, ob die gleiche wesentliche Betriebsgrundlage (Immobilien) genutzt wird, da die Tätigkeit eine andere als bisher ist.

Die E-GmbH & Co. KG bleibt durchgehend persönlich gewerbesteuerpflichtig (§ 5 Abs. 1 Satz 3 GewStG), aber mit zwei zeitlich und sachlich aufeinanderfolgenden Betrieben (§ 2 Abs. 1 GewStG). Für 2024 ergehen zwei Gewerbesteuermessbescheide für jeweils nach § 14 Satz 2 GewStG abgekürzte Erhebungszeiträume (1.1.–30.6.2024: Eiscafé und 1.7.–31.12.2025: Paket-Shop).

Personengesellschaften (Mitunternehmerschaften) sind nur so lange sachlich gewerbesteuerpflichtig, wie sie einen Gewerbebetrieb unterhalten. Die sachliche Gewerbesteuerpflicht endet deshalb mit der dauerhaften Einstellung der werbenden Tätigkeit (Betriebseinstellung oder Betriebsbeendigung).[600] Der Begriff der (gewerbesteuerrechtlichen) Betriebseinstellung beurteilt sich unabhängig davon, ob einkommensteuerrechtlich der Tatbestand des § 16 EStG erfüllt ist. Einkommensteuerrechtlich kann eine den Fortbestand des Betriebs unberührt lassende Betriebsunterbrechung vorliegen (§ 16 Abs. 3b Satz 1 EStG), während gewerbesteuerrechtlich die werbende Tätigkeit dauerhaft eingestellt ist.[601] Eine 790

600 BFH, Urteil v. 18.5.2017 - IV R 30/15, Rz. 18 BAAAG-50784, und BFH, Urteil v. 7.9.2016 - IV R 31/13, BStBl 2017 II S. 482 Rz. 35 f. QAAAF-89047.

601 BFH, Urteil v. 7.9.2016 - IV R 31/13, BStBl 2017 II S. 482 Rz. 37 QAAAF-89047.

gewerblich geprägte Personengesellschaft, bei der nach dem Ende einer Betriebsaufspaltung die eine Betriebsverpachtung wieder auflebt, unterliegt weiterhin der Gewerbesteuer.[602]

2. Ermittlung des Gewerbeertrags

791 Den Ausgangswert für den Gewerbeertrag bildet zunächst der nach den Vorschriften des Einkommensteuergesetzes oder des Körperschaftsteuergesetzes zu ermittelnde Gewinn aus Gewerbebetrieb des jeweiligen Jahres (Erhebungszeitraum i.S.des §14 GewStG). Dieser „Startwert" ist nach §7 Satz1 GewStG aber noch für bestimmte Tatbestände zu erhöhen (§9 GewStG) bzw. zu vermindern (§9 GewStG).

3. Beginn der Gewerbesteuerpflicht

a) Allgemeine Grundsätze

792 Der Beginn der sachlichen Gewerbesteuerpflicht ist wichtig für den Zeitpunkt, ab dem sich Betriebsausgaben bei der Gewerbesteuer auswirken (Anlaufverluste). Maßgebend für den Beginn des Gewerbebetriebs i.S.des §2 Abs.1 GewStG ist der Beginn der „werbenden Tätigkeit".[603] Der Zeitpunkt des Beginns (werbende Tätigkeit) ist unter Berücksichtigung der Verkehrsauffassung nach den jeweiligen Umständen des Einzelfalls zu ermitteln und kann für die verschiedenen Betriebsarten unterschiedlich zu bestimmen sein.[604] Vorbereitungshandlungen, wie bspw. die Anmietung eines Geschäftslokals, reichen nicht aus.[605]

BEISPIEL „ANGEL-SHOP"[606]: HerrA mietet ein Geschäftslokal im Erdgeschoss (Teileigentum im Sinne des WEG) zum 1.3.2025 für 1.000€ im Monat. Er renoviert die Räume für 5.000€ und eröffnet am 1.6.2025 – wie geplant – dort einen Einzelhandel mit Angelzubehör (Einzelunternehmen).

LÖSUNG: HerrA unterhält erst ab dem 1.6.2025 mit tatsächlicher Geschäftseröffnung einen Gewerbebetrieb (Einzelhandel) i.S.des §2 GewStG (Tür-Auf-Theorie). Die Renovierungskosten (5.000€) und die Mieten für März, April und Mai (insgesamt 3.000€) stellen zwar Betriebsausgaben bei den Einkünften aus Gewerbebetrieb (§15 Abs.1 Nr.1 EStG) dar, sind aber vor Beginn der sachlichen Gewerbesteuerpflicht angefallen und daher weder in den Gewerbeertrag (§7 GewStG) einzubeziehen noch als Gewerbeverlust (§10a GewStG) nutzbar.

---

602 BFH, Urteil v.19.12.2023 - IV R 5/21, BStBl 2024 II S.845 TAAAJ-63256.

603 BFH, Urteil v.20.2.2025 - IV R 23/22, BFH/NV2025 S.686 unter III. 2. a) aa) OAAAJ-90115.

604 BFH, Urteil v.30.8.2012 - IV R 54/10, BStBl 2012 II S.927 ZAAAE-20481.

605 BFH, Urteil v.30.8.2012 - IV R 54/10, BStBl 2012 II S.927 ZAAAE-20481.

606 Angelehnt an BFH, Urteil v.30.8.2022 - X R 17/21, BStBl 2023 II S.396 GAAAJ-32479.

b) Personengesellschaften

793 Auch bei Betrieben von Personengesellschaften (Mitunternehmerschaften) beginnt die sachliche Gewerbesteuerpflicht nach den allgemeinen Grundsätzen. Was als werbende Tätigkeit anzusehen ist, richtet sich nach dem von der Gesellschaft verfolgten Gegenstand ihrer Tätigkeit. Dabei kann auch auf den im Gesellschaftsvertrag beschriebenen Gegenstand des Unternehmens zurückgegriffen werden. Allerdings handelt es sich nur um ein Indiz, so dass letztlich die tatsächlich ausgeübte Tätigkeit der Personengesellschaft maßgebend ist.[607]

794 Bei Personengesellschaften beginnt die sachliche Gewerbesteuerpflicht nicht automatisch mit ihrer gesellschaftsrechtlichen Gründung oder ihrem Handelsregistereintrag. Vielmehr ist im konkreten Einzelfall zu prüfen, was betrieben werden soll und wann die Tätigkeit nach den dafür maßgebenden Umständen beginnt. Hierzu gibt es verschiedene, aus der Rechtsprechung entwickelte Kategorien:

795 Die Tätigkeit einer i. S. des § 15 Abs. 3 Nr. 2 EStG gewerblich geprägten, tatsächlich nur vermögensverwaltenden Personengesellschaft stellt einen Gewerbebetrieb i. S. des § 2 Abs. 1 Satz 1 GewStG dar. Die sachliche Gewerbesteuerpflicht einer solchen Personengesellschaft beginnt mit der Aufnahme ihrer vermögensverwaltenden Tätigkeit.[608] Eine grundstücksverwaltende Personengesellschaft kann daher bspw. mit dem Beginn ihrer Vermietungstätigkeit sachlich gewerbesteuerpflichtig werden.[609] Die sachliche Gewerbesteuerpflicht kann aber schon vor Überlassung des Mietobjekts (d. h. schon mit Abschluss des Mietvertrags) beginnen, wenn ein nicht standardisiertes Mietobjekt nach den individuellen Bedürfnissen des Mieters umgebaut wird.[610]

796 Ist eine Personengesellschaft zu dem Zweck gegründet worden, originär gewerblich tätig zu sein und erfüllt diese Gesellschaft die Merkmale des § 15 Abs. 3 Nr. 2 EStG (gewerbliche Prägung), beginnt der Gewerbebetrieb nicht allein wegen der in der Vorbereitungsphase der originär gewerblichen Tätigkeit üblicherweise anfallenden vermögensverwaltenden Tätigkeiten bereits mit deren Aufnahme.[611] Hier ist auf die „reguläre" werbende Tätigkeit abzustellen.

607 BFH, Urteil v. 1.9.2022 - IV R 13/20, BStBl 2024 II S. 121 CAAAJ-24470.

608 BFH, Urteil v. 20.2.2025 - IV R 23/22, BFH/NV 2025 S. 686 unter III. 2. a) cc) OAAAJ-90115.

609 BFH, Urteil v. 20.11.2003 - IV R 5/02, BStBl 2004 II S. 464 unter II VAAAB 20260.

610 BFH, Urteil v. 25.5.2023 - IV R 33/19, BStBl 2023 II S. 927 OAAAJ-45442.

611 BFH, Urteil v. 15.6.2023 - IV R 30/19, BStBl 2023 II S. 1050 KAAAJ-49405.

797 Bei einem auf Handel ausgerichteten Unternehmen beginnt die werbende Tätigkeit, wenn der Unternehmer seine Leistungen am Markt anbietet. Bei der Errichtung und Veräußerung einer bestimmten Immobilie beginnt die sachliche Gewerbesteuerpflicht frühestens mit dem Abschluss des Vertrags über den Erwerb des zu bebauenden Grundstücks.[612] Beim gewerblichen Grundstückshandel beginnt der Gewerbebetrieb erst im Zeitpunkt des ersten Grundbesitzerwerbs, selbst wenn er von einer gewerblich geprägten Personengesellschaft i.S.des §15 Abs.3 Nr.2 EStG durchgeführt wird.[613]

798 Bei einem Dienstleistungsunternehmen beginnt die werbende Tätigkeit regelmäßig mit der tatsächlichen Tätigkeitsaufnahme.[614]

BEISPIEL „HOTELBETRIEBSGESELLSCHAFT": ▶ Die H-GmbH & Co.KG errichtet ab März 2023 ein Hotel auf eigenem Grundstück, das im Oktober 2024 eröffnet und von ihr betrieben wird.

LÖSUNG: ▶ Die sachliche Gewerbesteuerpflicht des Hotelbetriebs beginnt erst mit der Eröffnung des Hotels (Oktober 2024). Der Bau eines Hotels begründet noch keine sachliche Gewerbesteuerpflicht, da es sich um eine den eigentlichen Gewerbebetrieb vorbereitende, nicht gewerbesteuerbare Vorbereitungshandlung handelt.

c) Kapitalgesellschaften

799 Kapitalgesellschaften sind unabhängig von ihrer Tätigkeit immer gewerbesteuerpflichtig (§2 Abs.2 GewStG). Die sachliche Gewerbesteuerpflicht beginnt immer „sofort" mit Gründung.

BEISPIEL „KAPITALGESELLSCHAFT": ▶ Die Immo-GmbH hat drei Eigentumswohnungen in ihrem Betriebsvermögen, die sie zu Wohnzwecken vermietet. Andere Tätigkeiten übt sie nicht aus.

LÖSUNG: ▶ Die Immo-GmbH unterhält nur eine vermögensverwaltende Tätigkeit. Gleichwohl unterliegt sie automatisch der Gewerbesteuer (§2 Abs.2 GewStG). Die sachliche Gewerbesteuerpflicht beginnt nicht erst mit der Anschaffung der Immobilien oder gar erst mit der Vermietung, sondern schon mit gesellschaftsrechtlicher Gründung als GmbH.

612 BFH, Urteil v. 20.2.2025 - IV R 23/22 OAAAJ-90115 = BFH/NV 2025 S.686 unter III. 2. a) aa) (1).
613 BFH, Urteil v. 1.9.2022 - IV R 13/20, BStBl 2024 II S.121 CAAAJ-24470.
614 BFH, Urteil v. 20.2.2025 - IV R 23/22 OAAAJ-90115 = BFH/NV 2025 S.686 unter III. 2. a) aa) (2).

4. Hinzurechnungen für Miet- und Pachtaufwendungen für unbewegliche Wirtschaftsgüter (§ 8 Nr. 1 Buchst. e GewStG)

Nach § 8 Nr. 1 Buchst. e) GewStG sind die Hälfte der Miet- und Pachtzinsen 800 (einschließlich Leasingraten) für die Benutzung der unbeweglichen Wirtschaftsgüter des Anlagevermögens, die im Eigentum eines anderen stehen, zu 25 % dem (vorläufigen) Gewerbeertrag hinzuzurechnen. Hintergrund dieser Regelung ist das Ziel, den Gewerbeertrag möglichst objektiv zu ermitteln. Dabei soll es keinen Unterscheid machen, ob der Gewerbetreibende Anlagevermögen anschafft oder mietet bzw. pachtet. Die in den Miet- bzw. Pachtaufwendungen wirtschaftlich enthaltenen Zinsaufwendungen sind Finanzierungsanteile, die er als Eigentümer des Anlagevermögens nicht hätte (oder die bei einer Fremdfinanzierung des Anlagenkaufs nach § 8 Nr. 1 Buchst. a GewStG hinzugerechnet würden). Das Gesetz unterstellt typisiert einen Finanzierungsanteil von 50 % der Miet- bzw. Pachtaufwendungen.

BEISPIEL „MIETE VON TEILEIGENTUM": Die Optiker-GmbH mietet mehrere Immobilien und betreibt darin die Filialen ihres Optikerfachgeschäfts. Sie zahlt im Jahr 2025 Mieten (ohne Nebenkosten) i. H. von insgesamt 900.000 €.

LÖSUNG: Der Gewerbeertrag der Optiker-GmbH wird nach § 8 Nr. 1 Buchst. e) GewStG um 900.000 € x 50 % x 25 % = 112.500 € erhöht.[615]

Zu den Miet- und Pachtzinsen gehören auch die Aufwendungen des Mieters 801 oder Pächters für die Instandsetzung, Instandhaltung und Versicherung des Wohnungseigentums, die er über seine gesetzliche Verpflichtung (vgl. §§ 582 ff. BGB) hinaus vertraglich übernommen hat. Dagegen sind die laufenden Betriebskosten (wie z. B. Wasser, Strom, Wärme) nicht einzubeziehen. Wenn der Mieter oder Pächter über die vereinbarte Miete oder Pacht die Grundsteuer im Ergebnis trägt (Umlage der Grundsteuer auf den Mieter oder Pächter), gehört auch dieser Teil des Mietaufwands zu den hinzuzurechnenden Miet- und Pachtzinsen.[616]

---

615 Wenn die Summe aller Finanzierungsanteile nach § 8 Nr. 1 GewStG (nicht nur von Grundstücksmieten) insgesamt nicht über 200.000 € liegt, wird aber insoweit nichts hinzugerechnet (Freibetrag).

616 Gleich lautende Erlasse der obersten Finanzbehörden der Länder v. 2.7.2012, BStBl 2012 I S. 654 Rz. 29.

802 Auch bei einer Weitervermietung des Wohnungseigentums hat der Mieter den Mietaufwand hinzuzurechnen. Die Mietaufwendungen können nicht mit den damit wirtschaftlich korrespondierenden Mieterträgen saldiert werden.[617]

803 Wie alle Hinzurechnungstatbestände unterliegen jeweils 25% der Finanzierungsanteile der Hinzurechnung (§8 Nr.1 GewStG: „Ein Viertel der Summe aus [...]").

804 Eine Hinzurechnung unterbleibt für Erhebungszeiträume, bei denen die Summe aller Finanzierungsanteile nach §8 Nr.1 GewStG (vor Anwendung der tatsächlichen 25%-Hinzurechnung) nicht über 200.000€ liegt (Freibetrag).

5. Einfache Kürzung für Grundbesitz (§9 Nr.1 Satz1 GewStG)

a) Sinn der Kürzung

805 Grundbesitz unterliegt – von Ausnahmen abgesehen – der Grundsteuer nach dem Grundsteuergesetz. Diese ist wie die Gewerbesteuer eine Objektsteuer. Um eine doppelte Besteuerung desselben Steuergegenstands (Grundbesitz) zu vermeiden, wird nach §9 Nr.1 Satz1 GewStG der Gewerbeertrag in bestimmter Höhe gekürzt.

b) Rechtslage bis Erhebungszeitraum 2024

806 Nach §9 Nr.1 Satz1 GewStG i.d.F. bis Erhebungszeitraum (EZ) 2024 wird bei der Ermittlung des Gewerbeertrags dieser um 1,2% des Einheitswerts[618] des zum Betriebsvermögen des Unternehmens gehörenden (und nicht ausnahmsweise von der Grundsteuer befreiten)[619] Grundbesitzes gekürzt.

807 Für die Frage, ob der Grundbesitz zum Betriebsvermögen des Unternehmers gehört, ist nach den allgemeinen Vorschriften des EStG bzw. KStG über die Zugehörigkeit des Wirtschaftsguts zum Betriebsvermögen zu entscheiden (§20 Satz1 GewStDV). Maßgebend ist dabei „der Stand zu Beginn des Kalenderjahres" (§20 Satz2 GewStDV). Sofern Grundbesitz im Laufe des Jahres erworben

617 Gleich lautende Erlasse der obersten Finanzbehörden der Länder v.2.7.2012, BStBl 2012 I S.654 Rz.29a.

618 Abhängig von der Lage des Grundbesitzes ist der Einheitswert nach §121a BewG oder §133 BewG um bestimmte Faktoren zu erhöhen.

619 Die Einschränkung des §9 Nr.1 Satz1 GewStG auf Grundbesitz, der nicht von der Grundsteuer befreit ist, beschränkt sich ausschließlich auf Befreiungstatbestände des Grundsteuergesetzes (R9.1 Abs.1 Satz2 GewStR).

wird, kann wegen des strengen Stichtagsprinzips daher erst für den nächsten EZ eine Kürzung nach § 9 Nr. 1 Satz 1 GewStG gewährt werden.[620]

BEISPIEL „EINFACHE KÜRZUNG BIS EZ 2024": Die Gastro-GmbH betreibt in Aachen ihren Imbissbetrieb in eigenem Teileigentum im Sinne des WEG, für das ein Einheitswert i. H. von 30.000 € festgestellt wurde.

Die Gastro-GmbH kann bis zum EZ 2024 von ihrem Gewerbeertrag nach § 9 Nr. 1 Satz 1 GewStG a. F. einen Betrag i. H. von 30.000 € (Einheitswert) x 1,2 % x 140 % (§ 121a BewG) = 504 € abziehen.

Sollte ein eigenbetrieblich genutzter Grundstücksteil nach § 8 EStDV nicht als Betriebsvermögen, sondern als Privatvermögen behandelt werden, ist nach Verwaltungsauffassung trotzdem nach § 9 Nr. 1 Satz 1 GewStG zu kürzen.[621] 808

c) Rechtslage ab Erhebungszeitraum 2025

Ab dem EZ 2025 wird die im EZ als Betriebsausgabe erfasste Grundsteuer für zum Betriebsvermögen des Unternehmers gehörenden Grundbesitz gekürzt (§ 9 Nr. 1 Satz 1 GewStG n. F.). Faktisch führt das dazu, dass die tatsächlich zu zahlende Grundsteuer sowohl einmal als Betriebsausgaben den Gewerbeertrag (§ 7 GewStG) mindert und in gleicher Höhe noch einmal nach § 9 Nr. 1 Satz 1 GewStG n. F. bei der Ermittlung des Gewerbeertrags gekürzt wird. 809

BEISPIEL „EINFACHE KÜRZUNG AB EZ 2025": Die Gastro-GmbH betreibt in Aachen ihren Imbissbetrieb in eigenem Teileigentum im Sinne des WEG, für das im EZ 2025 von der Stadt Aachen Grundsteuer i.H. von 800 € festgesetzt wurde.

Die Gastro-GmbH kann für den EZ 2025 von ihrem Gewerbeertrag nach § 9 Nr. 1 Satz 1 GewStG n. F. einen Betrag i. H. von 800 € abziehen.

Hintergrund der Rechtsänderung zum 1.1.2025 ist die Abschaffung der bisher maßgebenden Einheitswerte durch die Grundsteuerreform. Da nicht alle Bundesländer das Bundesmodell (sondern ein individuelles Landesmodell) anwenden, wäre für alle Grundstücke in Bundesländern mit eigenen Grundsteuergesetzen (ohne einen Grundsteuerwert als Ausgangsgröße), eine pauschale Kürzung nach § 9 Nr. 1 Satz 1 GewStG auf Basis des Grundbesitzwerts nach dem Bundesmodell ins Leere gelaufen. Durch das Jahressteuergesetzes 2024 wurde § 9 Nr. 1 Satz 1 GewStG neu gefasst und stellt sicher, dass die Kürzung bundesweit einheitlich gilt. Faktisch wird damit der Grundsteueraufwand, der den vorläufigen Gewerbeertrag i. S. des § 7 GewStG bereits gemindert hat, noch- 810

620 Der Grundbesitz muss nicht schon zum 31.12. um 24:00 Uhr des Vorjahres dem Betriebsvermögen zugehören. Es reicht aus, wenn der Grundbesitz in der ersten juristischen Sekunde, d. h. zum 1.1. um 0:00 Uhr, des Jahres zugeführt wird.

621 R 9.1 Abs. 1 Satz 4 GewStR.

mals nach § 9 Nr. 1 Satz 1 GewStG in gleicher Höhe gemindert. Dieser faktische Doppelabzug des Grundsteueraufwands soll die tatsächliche Grundsteuerbelastung pauschal ausgleichen.

6. Erweiterte Kürzung (§ 9 Nr. 1 Satz 2 ff. GewStG)

a) Sinn der erweiterten Kürzung

811 Wenn die Gesellschaft ausschließlich eigenen Grundbesitz verwaltet oder nutzt, kann sie (auf Antrag) den gesamten Gewerbeertrag kürzen (§ 9 Nr. 1 Satz 2 ff. GewStG). Zulässig ist es auch, wenn ganz bestimmte, durch das Gesetz definierte Tätigkeiten ausgeübt werden. Diese dürfen neben der Verwaltung des eigenen Grundbesitzes ausgeübt werden. Hintergrund dieser Regelung sind vermögensverwaltende Steuerpflichtige, die nicht gewerbesteuerpflichtig sind, da sie (z. B. als natürliche Person) nicht automatisch aufgrund Ihrer Rechtsform (vor allem: GmbH, AG und GmbH & Co. KG) gewerbesteuerpflichtig sind.

b) Eigenen Grundbesitz verwalten oder nutzen

aa) Es darf nur (eigener) Grundbesitz vermietet werden

812 Anstelle der „einfachen Kürzung" nach § 9 Nr. 1 Satz 1 GewStG tritt – auf Antrag – bei Unternehmen, die ausschließlich (!) eigenen Grundbesitz oder daneben noch einige erlaubte Tätigkeiten[622] unterhalten, die Kürzung um den Teil des Gewerbeertrags, der auf die Verwaltung und Nutzung des eigenen Grundbesitzes entfällt („erweiterte Kürzung" nach § 9 Nr. 1 Satz 2 GewStG).

bb) Gesamter Erhebungszeitraum ist relevant

813 Die Grundstücksgesellschaft muss lückenlos im gesamten Erhebungszeitraum mindestens ein Objekt nutzen bzw. verwalten. Das Ausschließlichkeitserfordernis ist auch in zeitlicher Hinsicht zu beachten. Die erweiterte Kürzung kann demnach nur berücksichtigt werden, wenn das Unternehmen während des gesamten Erhebungszeitraums eigenen Grundbesitz verwaltet hat. Im Fall einer Veräußerung des letzten Grundstücks während des laufenden Erhebungs-

622 Neben eigenem Grundbesitz eigenes Kapitalvermögen verwalten und nutzen oder daneben Wohnungsbauten betreuen oder Einfamilienhäuser, Zweifamilienhäuser oder (bestimmtes) Wohnungseigentum im Sinne des WEG errichten und veräußern oder in bestimmten Betragsgrenzen Strom liefern oder parallele Vertragsbeziehungen zu den Mietern unterhalten (§ 9 Nr. 1 Satz 2, 3 GewStG).

zeitraums kommt die Anwendung des § 9 Nr. 1 Satz 2 ff. GewStG nicht in Betracht.[623]

Hat eine Gesellschaft ihren gesamten Grundbesitz einen Tag vor Ablauf des EZ (z. B. nach dem Veräußerungsvertrag „zu Beginn des 31.12.") veräußert, kann sie die erweiterte Kürzung nach § 9 Nr. 1 Satz 2 GewStG nicht in Anspruch nehmen, da sie einen ganzen Tag (am 31.12. des Jahres) nicht ausschließlich grundstücksverwaltend tätig war.[624] Eine Ausnahme wird nur bei einer Veräußerung „zum 31.12., 23:59 Uhr" zugelassen, obwohl dabei – streng genommen – eine Minute „fehlt".[625] 814

cc) Mitvermietung von Betriebsvorrichtungen

Die erweiterte Kürzung ist nach dem Gesetzeswortlaut des § 9 Nr. 1 Satz 2 GewStG nur möglich, wenn eigener Grundbesitz verwaltet und genutzt (d. h. vermietet oder verpachtet) wird. Nach § 176 Abs. 2 Nr. 2 BewG[626] sind „Maschinen und sonstige Vorrichtungen aller Art, die zu einer Betriebsanlage gehören" (Betriebsvorrichtungen)[627] für steuerrechtliche Zwecke nicht in das Grundvermögen einzubeziehen, selbst wenn sie einen wesentlichen Bestandteil bilden. Diese bewertungsrechtliche Einordnung gilt auch für die erweiterte Grundbesitzkürzung.[628] 815

BEISPIEL „MITVERMIETUNG EINER BETRIEBSVORRICHTUNG": Die Gastro-Immo-GmbH vermietet Teileigentum an einen Imbissbetrieb einschließlich eines behördlich vorgeschriebenen Fettabscheiders.

LÖSUNG: Die Gastro-Immo-GmbH überlässt nicht nur eigenen Grundbesitz, da der Fettabscheider als Betriebsvorrichtung[629] – und damit nicht als Grundvermögen – anzusehen ist.[630]

---

623 BFH, Urteil v. 17.10.2024 - III R 1/23, BStBl 2025 II S. 158 AAAAJ-83625.

624 BFH, Urteil v. 17.10.2024 - III R 1/23, BStBl 2025 II S. 158 AAAAJ-83625.

625 BFH, Urteil v. 11.8.2004 - I R 89/03, BStBl 2004 II S. 1080 XAAAB-35876.

626 Bis zum 31.12.2024 durch § 68 Abs. 2 Nr. 2 BewG (ab 1.1.2025 aufgehoben) definiert.

627 Zur Verwaltungsauffassung zur Abgrenzung des Grundvermögens von den Betriebsvorrichtungen vgl. Gleich lautende Erlasse der obersten Finanzbehörden der Länder v. 5.6.2013, BStBl 2013 I S. 734.

628 BFH, Urteil v. 18.12.2019 - III R 36/17, BStBl 2020 II S. 405 DAAAH-47679.

629 BFH, Urteil v. 19.8.1998 - XI R 8/96, BStBl 1999 II S. 18 CAAAA-96416.

630 Dagegen vertritt das FG Niedersachsen im Urteil v. 5.3.2025 - 3 K 232/24 IAAAJ-98730 (juris) die Auffassung, dass die Überlassung eines Fettabscheiders ein nicht begünstigungsschädliches Nebengeschäft zu der Grundstücksverwaltung und Grundstücksnutzung darstellt. Die Revision hat der Senat deshalb ausdrücklich nicht zugelassen, da mit Wirkung ab EZ 2021 in § 9 Nr. 1 Satz 3 c) GewStG eine Geringfügigkeitsklausel ergänzt wurde, aufgrund deren sich die Rechtsfrage des Streitfalls nicht mehr stellen würde.

816 Die von § 9 Nr. 1 Satz 2 GewStG geforderte ausschließliche Verwaltung und Nutzung eigenen Grundbesitzes bedeutet, dass grds. nur die begünstigte Tätigkeit ausgeübt werden darf und es sich ausnahmslos um eigenen Grundbesitz handeln muss. Nebentätigkeiten sind aber ausnahmsweise nicht schädlich, wenn sie der Verwaltung und Nutzung eigenen Grundbesitzes im engeren Sinne dienen und als zwingend notwendiger Teil einer wirtschaftlich sinnvoll gestalteten eigenen Grundstücksverwaltung und -nutzung angesehen werden können.[631] Es kommt dabei ganz wesentlich auf die objektiv-funktionale Beschaffenheit des Gebäudes an und nicht darauf, ob und wie der Mieter das Grundstück nutzt. Wenn eine Immobilie entsprechend ihres Gebäudetypus, ihrer Lage und Ausstattung (wirtschaftlich) sinnvoll genutzt wird, sind die für die Funktion der Gebäudenutzung erforderlichen Wirtschaftsgüter, die kein Gebäudebestandteil sind (insbesondere Betriebsvorrichtungen), für die erweiterte Kürzung unschädlich. So hat der BFH z. B. entschieden, dass ein Lastenaufzug in einem Einkaufzentrum unschädlich ist, weil das konkrete Objekt wirtschaftlich sinnvoll in der Innenstadt genutzt wurde und eine theoretisch denkbare Nutzung als Bürogebäude hier nicht als Maßstab dient.[632]

817 Seit dem EZ 2021 gilt für solche „Mitvermietungsfälle" (und andere Vertragsbeziehungen zum Mieter bzw. Pächter, z. B. Bewachungsleistungen) eine prozentuale Betragsgrenze: Sofern die Einnahmen aus unmittelbaren Vertragsbeziehungen mit den Mietern des Grundbesitzes 5 % der Einnahmen aus der Gebrauchsübermittlung des Grundbesitzes nicht übersteigen, ist die Tätigkeit insoweit unschädlich (§ 9 Nr. 1 Satz 3 Buchst. c GewStG).[633]

818 Für die Berechnung der prozentualen Unschädlichkeitsgrenzen i. S. des § 9 Nr. 1 Satz 3 b) und c) GewStG sind die Mieteinnahmen des gesamten Grundbesitzes der Gesellschaft maßgebend. Die Miet- und Pachteinnahmen sind einschließlich umlagefähiger Betriebskosten anzusetzen. Die Umsatzsteuer (Optionsfall) bleibt aber außer Ansatz.[634]

BEISPIEL „MITVERMIETUNG EINER BETRIEBSVORRICHTUNG": Die Gastro-Immo-GmbH vermietet Teileigentum an einen Imbissbetrieb (Miete 50.000 € p. a.) einschließlich eines Fettabscheiders (anteilige Miete: 4.000 € p. a.) und zehn Eigentumswohnungen zu Wohnzwecken (Miete: 110.000 € p. a.). Sonst hat sie keine Tätigkeiten (außer ein Bankkonto ohne Verzinsung).

---

631 BFH, Urteil v. 22.10.2020 - IV R 4/19, BStBl 2022 II S. 87 unter II. 1. d) TAAAH-68521.

632 BFH, Urteil v. 25.9.2025 - IV R 31/23, BStBl 2026 II S. 68 SAAAK-05862.

633 Ausführlich: Gleich lautende Erlasse der obersten Finanzbehörden der Länder v. 17.6.2022, BStBl 2022 I S. 958, zur Anwendung von § 9 Nr. 1 Satz 3 und 4 GewStG i. d. F. des Fondsstandortgesetzes mit Wirkung ab EZ 2021.

634 Gleich lautende Erlasse der obersten Finanzbehörden der Länder v. 17.6.2022, BStBl 2022 I S. 958 Rz. 30.

LÖSUNG: Die Mitvermietung des Fettabscheiders ist unschädlich, da die anteiligen Mieteinnahmen (4.000 €) nur 2,5 % der Mieteinnahmen des gesamten Grundbesitzes (160.000 €) betragen. Damit ist die 5%-Grenze des § 9 Nr. 1 Satz 3 c) GewStG nicht überschritten. Die Erträge aus der Vermietung des Fettabscheiders (anteilige Mieteinnahmen abzgl. AfA) sind zwar nicht zu kürzen, aber hindern nicht die Kürzung der (übrigen) Erträge aus der Grundstücksvermietung.

Die Veräußerung einer Betriebsvorrichtung ist keine schädliche Tätigkeit, da dies als letzter Akt der begünstigten Überlassung anzusehen ist.[635] Jedoch ist der Gewinn (wie auch die laufende Miete daraus) nicht kürzungsfähig. In die Berechnung der 5%-Grenze nach § 9 Nr. 1 Satz 3 c) GewStG ist der Erlös aus der Veräußerung der Betriebsvorrichtung einzubeziehen, aber nicht der Verkaufserlös für das Grundstück selbst. Die Einnahme aus dem Verkauf der Betriebsvorrichtung erhöht damit zwar den Zähler, aber die Einnahme aus der Veräußerung des Grundstücks erhöht nicht den Nenner. Daher könnte es sein, dass im Veräußerungsjahr – abweichend von den Werterelationen der Vorjahre – nunmehr die 5%-Grenze dadurch „gerissen" wird und daher für das Veräußerungsjahr insgesamt keine erweiterte Kürzung nach § 9 Nr. 1 Satz 2 GewStG zulässig ist. 819

dd) Sondernutzungsrechte im Sinne des WEG

Ein im Grundbuch eingetragenes Sondernutzungsrecht (siehe →Rz. 20) ist zwar kein Grundbesitz, es ist jedoch für Zwecke der erweiterten Kürzung dem Grundbesitz des entsprechenden Wohnungs- oder Teileigentümers zuzuordnen, dessen Inhalt es bestimmt.[636] 820

ee) Gemeinschaftliches Eigentum im Sinne des WEG

Die Mitvermietung von Wohnungs- bzw. Gebäudebestandteilen, die durch Teilungserklärung oder Gesetz dem gemeinschaftlichen Eigentum zugeordnet sind (z. B. Fenster nebst Rahmen), stellt sich als zwingend notwendiger Teil der wirtschaftlich sinnvoll gestalteten Überlassung eigenen Grundbesitzes dar und ist nicht kürzungsschädlich.[637] 821

c) Unschädliche Tätigkeiten

Neben der Grundbesitzüberlassung darf die Gesellschaft nur ganz bestimmte andere Tätigkeiten ausüben, welche die erweiterte Kürzung nicht ausschlie- 822

635 Gleich lautende Erlasse der Länder v. 17.6.2022, BStBl 2022 I S. 958 Rz. 10.

636 BFH, Urteil v. 19.12.2023 - IV R 5/21, BStBl 2024 II S. 845 TAAAJ-63256.

637 BFH, Urteil v. 19.12.2023 - IV R 5/21, BStBl 2024 II S. 845 TAAAJ-63256.

ßen. Die darauf entfallenden Gewerbeerträge sind selbst aber nicht kürzungsfähig. Die erlaubten Tätigkeiten werden in § 9 Nr. 1 Satz 2, 3 GewStG beschrieben:

- Nutzen und Verwalten von eigenem Kapitalvermögen (§ 9 Nr. 1 Satz 2 GewStG): Da jede Gesellschaft zumindest ein Bankkonto unterhält (und daraus ggf. Zinsen erzielt), ist diese Tätigkeit unschädlich (aber selbst nicht kürzungsfähig).
- Betreuen von fremden Wohnungsbauten: „Wohnungsbauten" i. S. des § 9 Nr. 1 Satz 2 GewStG sind nur Gebäude, die ausschließlich Wohnzwecken dienen. Auch gemischt genutzte Gebäude werden nicht erfasst.[638] Ob die Grenze der zulässigen „Betreuung von Wohnungsbauten" i. S. des § 9 Nr. 1 Satz 2 GewStG überschritten wird, ist oft schwierig zu erkennen. Zwar ist „Betreuen" mehr als nur (kaufmännisches) „Verwalten". Problematisch kann dies bei der Wohnungsbetreuung für fremden Grundbesitz sein, wenn die Gesellschaft selbst Mieterin des betreuten Objekts ist. Sofern die Gesellschaft z. B. das gesamte Treppenhaus eines Mehrparteienhauses reinigt, geht dies über die schlichte Wohnungsbetreuung i. S. des § 9 Nr. 1 Satz 2 GewStG hinaus.[639] Schädlich ist in jedem Fall die Betreuung von Gewerbe-, Büro- und Wirtschaftsbauten. Die Tätigkeit des Grundstücksunternehmens als Verwalter von Wohnungseigentumsanlagen im Sinne des WEG ist aber begünstigt.[640] Die (zwangsläufige) Verwaltung der Bankkonten für die GdWE stellt für die Verwaltungsgesellschaft zwar die Verwaltung von *fremdem* Kapitalvermögen dar (was daher eigentlich schädlich ist). Jedoch ist wird dies nach hier vertretener Auffassung von der „Betreuung fremder Wohnungsbauten" mit umfasst und ist daher unschädlich.
- Errichten und Veräußern von Ein- und Zweifamilienhäusern oder Eigentumswohnungen (§ 9 Nr. 1 Satz 2 GewStG): Bei Teileigentum muss das gesamte Gebäude zu mehr als 2/3 Wohnzwecken dienen (§ 9 Nr. 1 Satz 3 Buchst. a) GewStG). Nach hier vertretener Auffassung kommt es auf das Flächenverhältnis an.[641] Es ist aber auch vertretbar, wenn auf die Miteigentumsanteile im Sinne des WEG abgestellt wird. Wenn z. B. eine Wohnungseigentumsanlage über drei exakt gleich große Eigentumseinheiten verfügt, von denen das EG Teileigentum und das 1. OG und 2. OG jeweils Wohn-

638 BFH, Urteil v. 15.4.2021 - IV R 32/18, BStBl 2021 II S. 624 ZAAAH-83614.

639 BFH, Urteil v. 23.3.2023 - III R 49/20, BStBl 2024 II S. 126 BAAAJ-41074.

640 BFH, Urteil v. 17.9.2003 - I R 8/02, BStBl 2004 II S. 243 unter II. 2 QAAAB-13903.

641 So auch Wagner in Wendt/Suchanek/Möllmann/Heinemann, GewStG, 3. Aufl. 2025, § 9 GewStG Rz. 109.

eigentum darstellen, ist die Errichtung und Veräußerung des Objekts für die erweiterte Kürzung schädlich, da das Objekt nicht zu *mehr* als 2/3 (sondern nur genau zu 2/3) Wohnzwecken dient.

d) Schädliche Tätigkeiten (keine erweiterte Kürzung)

Wenn die Gesellschaft in einem Bereich tätig ist, der nicht ausdrücklich durch § 9 Nr. 1 Satz 2, 3 GewStG zulässig ist, entfällt die gesamte erweiterte Kürzung. Dies ist z. B. der Fall, wenn die Gesellschaft neben der Grundstücksvermietung eine andere (gewerbliche) Tätigkeit unterhält. Eine erweiterte Kürzung nach § 9 Nr. 1 Satz 2 GewStG ist z. B. zu versagen, wenn sie sich nicht mehr als Verwaltung und Nutzung eigenen Grundbesitzes darstellt, weil eine Objektgesellschaft binnen eines kurzen Zeitraums von unter drei Jahren seit dem Erwerb fünf Objekte veräußert hat (gewerblicher Grundstückshandel).[642] 823

Eine Betriebsverpachtung ist aber nicht kürzungsschädlich, wenn die wesentlichen (den Betrieb prägenden) Betriebsgegenstände vermietet werden und es sich hierbei ausschließlich um eigenen (bebauten) Grundbesitz handelt.[643] 824

e) Strom aus Photovoltaikanlagen und E-Ladepunkte

Es gibt (seit 2021) eine Betragsgrenze für Einnahmen aus bestimmten Stromlieferungen im Zusammenhang mit erneuerbaren Energien (vor allem PV-Anlagen) und aus dem Betrieb von E-Ladestationen (§ 9 Nr. 1 Satz 3 Buchst. b GewStG): 825

- Einnahmen aus Lieferung von Strom aus Anlagen aus erneuerbaren Energien an Mieter und Netzbetreiber (§ 9 Nr. 1 Satz 3 b) aa) GewStG): Typische Fälle sind eigene PV-Anlagen auf dem Grundstück, die für Mieter (Mieterstrom) oder Stromnetzbetreiber (gegen Einspeisevergütung) betrieben werden. Voraussetzung ist zudem, dass die Erlöse höchstens 10 % (ab EZ 2023: 20 %)[644] der Mieteinnahmen aus Grundbesitz betragen.
- Einnahmen aus Lieferung von Strom über Ladestationen für Elektrofahrzeuge oder Elektrofahrräder (§ 9 Nr. 1 Satz 3 b) bb) GewStG): Sofern die Einnahmen höchstens 10 % (ab EZ 2023: 20 %)[645] der Mieteinnahmen aus Grundbesitz betragen. Die Ladepunkte dürfen von jeder Person genutzt werden

642 FG Berlin-Brandenburg, Urteil v. 18.1.2022 - 8 K 8008/21 IAAAI-57928 = EFG 2022 S. 706 (BFH-Rev.: III R 12/22).

643 BFH, Urteil v. 19.12.2023 - IV R 5/21, BStBl 2024 II S. 845 TAAAJ-63256.

644 § 36 Abs. 4b GewStG i. d. F. des Wachstumschancengesetz v. 27.3.2024, BGBl 2024 I Nr. 108.

645 § 36 Abs. 4b GewStG i. d. F. des Wachstumschancengesetz v. 27.3.2024, BGBl 2024 I Nr. 108.

(z. B. auch von Arbeitnehmern der Mieterin einer Büroimmobilie oder den Kunden des Mieters einer Supermarkt-Immobilie).

f) Ermittlung des Kürzungsbetrags

826 Der Gewerbeertrag ist durch die erweiterte Grundbesitzkürzung nach § 9 Nr. 1 Satz 2 GewStG um den Teil zu kürzen, der auf die Verwaltung und Nutzung des eigenen Grundbesitzes entfällt. Die unschädlichen Nebentätigkeiten (z. B. Kapitalerträge) sind selbst nicht kürzungsfähig.

g) Ausnahmen von der erweiterten Kürzung (§ 9 Nr. 1 Satz 5 GewStG)

aa) Grundbesitzüberlassung an Gesellschafter

827 Wenn der Grundbesitz durch die Gesellschaft ganz oder zum Teil dem Gewerbebetrieb eines Gesellschafters oder Genossen dient, ist die erweiterte Kürzung komplett ausgeschlossen (§ 9 Nr. 1 Satz 5 Nr. 1 GewStG). Der Sinn der Regelung besteht in der Gleichstellung mit Grundbesitz, der sich im Betriebsvermögen des Gewerbebetriebs des Gesellschafters befindet und nicht aus einer Grundstücksgesellschaft heraus überlassen wird.

BEISPIEL „UMGEKEHRTE BETRIEBSAUFSPALTUNG": Die Gastro-Immo-GmbH vermietet ausschließlich ihr Teileigentum an den Imbissbetrieb (Einzelunternehmen) des alleinigen Anteilseigners.

LÖSUNG: Die Gastro-Immo-GmbH erhält keine erweiterte Kürzung, da der überlassene Grundbesitz dem Gewerbebetrieb des Anteilseigners dient.

828 Schädlich ist auch die Überlassung an eine Personengesellschaft, an der der Gesellschafter beteiligt ist.

BEISPIEL „DACHÜBERLASSUNG AN GESELLSCHAFTER":[646] Die ABC-KG hat eigenen Grundbesitz, den sie vermietet. Die Dachfläche wird unentgeltlich an die ABD-GbR überlassen (teilweise personenidentisch zur ABC-KG), welche auf diesem Dach die ihr gehörende PV-Anlage betreibt und den erzeugten Strom an den Netzbetreiber veräußert.

LÖSUNG: Die ABD-GbR erzielt aus dem Betrieb der PV-Anlage Einkünfte aus Gewerbebetrieb. Somit dient der überlassene Grundbesitz der ABC-KG dem Gewerbebetrieb eines Gesellschafters (hier: A und B). Die erweiterte Kürzung ist für die ABC-KG ausgeschlossen.[647]

646 BFH, Beschluss v. 1.6.2022 - III R 3/21 YAAAJ-21165 = DStR 2022 S. 2146.
647 So auch FG Münster, Beschluss v. 7.6.2024 - 14 V 508/24 G BAAAJ-71430 = EFG 2024 S. 1425.

Dagegen ist eine Überlassung an eine Kapitalgesellschaft unschädlich, an der der Gesellschafter beteiligt ist.[648] 829

bb) Sondervergütungen an Mitunternehmer (die nicht für Grundbesitz geleistet werden)

Soweit der Gewerbeertrag einer Personengesellschaft Sonderbetriebseinnahmen (Vergütungen i. S. des § 15 Abs. 1 Satz 1 Nr. 2 Satz 1 EStG) enthält, die der Gesellschafter von der Gesellschaft für seine Tätigkeit im Dienst der Gesellschaft, für ein Darlehen oder für die Überlassung von Wirtschaftsgütern, mit Ausnahme der Überlassung von Grundbesitz, bezogen hat, ist die die erweiterte Kürzung (nur) für diese Vergütungen ausgeschlossen (§ 9 Nr. 1 Satz 5 Nr. 1a GewStG). 830

Der Gesetzgeber möchte nur die Sondervergütungen aus der Kerntätigkeit der Gesellschaften (Grundstücksverwaltung) kürzen.[649] Dadurch werden Gestaltungen verhindert, bei denen sich ein Darlehensgeber der grundbesitzhaltenden Mitunternehmerschaft mit einem Zwerganteil beteiligen könnte, um so als Mitunternehmer die Darlehenszinsen als Sondervergütung durch § 9 Nr. 1 Satz 2 ff. GewStG faktisch gewerbesteuerfrei zu erhalten. 831

Der Kürzungsausschluss gilt auch, wenn die Sondervergütungen ein nicht der Gewerbesteuer unterliegender Mitunternehmer erhält.[650] Der Kürzungsausschluss ist auf alle Vergütungen anzuwenden, die seit dem 19.6.2008 erstmals vereinbart oder wesentlich geändert wurden (§ 9 Nr. 1 Satz 5 Nr. 1a Satz 2 GewStG). 832

BEISPIEL „VERGÜTUNGEN AN GESELLSCHAFTER": Die ABC-KG (Mitunternehmerschaft) zahlt an Mitunternehmer A für seine Geschäftsführungstätigkeit 100.000 € im Jahr und Mitunternehmer B erhält für die Vermietung von Wohnungseigentum (Sonderbetriebsvermögen) an die ABC-KG eine vereinbarte Miete von insgesamt 50.000 € im Jahr.

LÖSUNG: Die Vergütungen an A und B wirken sich im Ergebnis nicht auf den Gewerbeertrag i. S. des § 7 GewStG der ABC-KG aus, da diese zwar als Betriebsausgaben abgezogen werden, aber als Sonderbetriebseinnahmen hinzuzurechnen sind (Vergütungen i. S. des § 15 Abs. 1 Satz 1 Nr. 2 Satz 1 EStG). Sofern die ABC-KG die Voraussetzungen für die erweiterte Grundbesitzkürzung nach § 9 Nr. 1 Satz 2 ff. GewStG erfüllt, ist der Gewerbeertrag nicht um die Geschäftsführervergütung (100.000 €) zu kürzen (§ 9 Nr. 1 Satz 5 Nr. 1a GewStG). Die Miete an B ist aber kürzungsfähig, da diese auf überlassenen Grundbesitz beruht, der in § 9 Nr. 1 Satz 5 Nr. 2 GewStG ausdrücklich ausgenommen ist (§ 9 Nr. 1 Satz 5 Nr. 1a Satz 2 GewStG).

---

648 BFH, Urteil v. 1.8.1979 - I R 111/78, BStBl 1980 II S. 77 KAAAA-91565.

649 BT-Drucks. 16/10189 S. 99.

650 BFH, Urteil v. 9.3.2023 - IV R 25/20, BStBl 2023 II S. 836 RAAAJ-38608.

cc) Aufgedeckte stille Reserven aus steuerneutralen Grundstücksübertragungen

833 Nicht gekürzt werden darf der Gewerbeertrag um Gewinne aus der Aufdeckung stiller Reserven aus dem Grundbesitz, der innerhalb von drei Jahren vor der Aufdeckung der stillen Reserven zu einem unter dem Teilwert liegenden Wert in das Betriebsvermögen der Gesellschaft überführt oder übertragen worden ist, und soweit diese Gewinne auf die „importierten" stillen Reserven entfallen (§ 9 Nr. 1 Satz 5 Nr. 2 GewStG).

834 Der Gesetzgeber hatte hierbei vor allem Kapitalgesellschaften im Blick, die Grundbesitz auf grundbesitzverwaltende Personengesellschaften (Mitunternehmerschaften) nach § 24 UmwStG in das Gesellschaftsvermögen übertragen oder nach § 6 Abs. 5 Satz 2 EStG in das Sonderbetriebsvermögen überführen und aus diesem Zielbetriebsvermögen heraus dann den Grundbesitz veräußern.[651]

835 Auch der Formwechsel einer Kapital- in eine Personengesellschaft ist zwar eine Übertragung. Für die Anwendung von § 9 Nr. 1 Satz 5 Nr. 2 GewStG ist jedoch nach § 4 Abs. 2 Satz 3 UmwStG die Vorbesitzzeit des Grundbesitzes bei der formgewandelten Gesellschaft einzubeziehen. Deshalb beginnt die 3-Jahres-Frist des § 9 Nr. 1 Satz 5 Nr. 2 GewStG nicht durch den Formwechsel neu zu laufen.[652]

651 BT-Drucks. 15/4050 S. 59.

652 BFH, Urteil v. 27.10.2021 - I R 39/19, BStBl 2022 II S. 683 LAAAI-57739.

XII. Umsatzsteuer bei Wohnungseigentum

1. Umsatzsteuer bei Grundstücken

a) Leistungsaustausch als steuerbarer Umsatz

Durch das Umsatzsteuergesetz wird insbesondere der Leistungsaustausch besteuert (§ 1 Abs. 1 Nr. 1 UStG). Das betrifft in erster Linie Lieferungen oder andere (sonstige) Leistungen gegen ein Entgelt, sofern diese von einem Unternehmer (§ 2 UStG) ausgeführt werden. Im Zusammenhang mit Grundstücken ist dabei vor allem an die Übertragung von Grundstücken (Leistungen nach § 3 Abs. 1 UStG, z. B. Grundstücksverkauf; siehe →Rz. 906 ff.) und die Grundstücksvermietung (sonstige Leistung nach § 3 Abs. 9 UStG; siehe →Rz. 864 ff.) zu denken. 836

Bemessungsgrundlage der Umsatzsteuer ist regelmäßig das Entgelt, welches in erster Linie aus der Gegenleistung besteht (§ 10 Abs. 1 UStG). Dabei ist die Umsatzsteuer aus dem Bruttobetrag herauszurechnen. Der Regelsteuersatz beträgt aktuell 19 % (§ 12 Abs. 1 UStG).[653] Leistungen im Zusammenhang mit Grundstücken unterliegen oft einer Umsatzsteuerbefreiung (vgl. § 4 Nr. 9, 12 UStG; siehe →Rz. 866 ff. bzw. →Rz. 909 ff.). 837

Der Unternehmer hat die durch seine Leistungen entstandene Umsatzsteuer an das Finanzamt abzuführen.[654] Dabei kann er unter bestimmten Umständen die Umsatzsteuer aus den von anderen Unternehmern an ihn erbrachten Leistungen als „Vorsteuer“ abziehen (§ 15 UStG; siehe →Rz. 885 ff.). Ihn treffen zudem Deklarationspflichten (Jahressteuererklärungen und ggf. quartalsweise oder monatliche Umsatzsteuervoranmeldungen nach § 18 UStG). 838

b) Unternehmereigenschaft

Die Umsatzsteuer wird durch Personen oder Rechtsträger ausgelöst, die ihre Leistungen selbständig und nachhaltig (mit Wiederholungsabsicht) erbringen (Unternehmer i. S. des § 2 Abs. 1 UStG). Es ist dafür keine Absicht der Gewinnerzielung erforderlich, da für die Unternehmereigenschaft bereits die Absicht zur Erzielung von *Einnahmen* ausreicht. Bei einer gewerblichen Tätigkeit ist die Unternehmereigenschaft daher meistens eindeutig. Aber auch eine ver- 839

653 Der ermäßigte Steuersatz von aktuell 7 % wird für die in § 12 Abs. 2 UStG aufgeführten Leistungen gewährt, wie z. B. der Verkauf bestimmter Lebensmittel nach § 12 Abs. 2 Nr. 1 UStG i. V. mit der Anlage 2 zum UStG und die Vermietung von Wohn-/Schlafräumen zur kurzfristigen Beherbergung von Fremden (insbesondere Hotels und Pensionen) nach § 12 Abs. 2 Nr. 11 UStG.

654 Ausnahme: Wechsel der Steuerschuldnerschaft nach § 13b UStG (Reserve-Charge-Verfahren).

mögensverwaltende Tätigkeit – wie z. B. eine Grundstücksvermietung – erfüllt diese Voraussetzungen. Somit ist jeder Vermieter auch Unternehmer im Sinne des Umsatzsteuergesetzes, da er steuerbare Leistungen (§ 1 Abs. 1 Nr. 1 UStG) erbringt.[655] Die Vermietung ist aber nicht zwingend umsatzsteuerpflichtig (vgl. § 4 Nr. 12 UStG; siehe →Rz. 866 ff.).

840 Eigentümer eines Grundstücks (auch von Wohnungseigentum im Sinne des WEG) können nicht nur natürliche Personen, juristische Personen (z. B. GmbH) sowie Personengesellschaften (z. B. OHG, KG, eGbR), sondern auch Bruchteilsgemeinschaften (§ 741 ff. BGB) sein. Dies betrifft in der Praxis oft die Miteigentumsanteile von Ehegatten an einem Grundstück, die nicht als gemeinsame Gesellschafter einer eGbR, sondern als Bruchteilsgemeinschaft an der Immobilie beteiligt sind. Wenn dieses Grundstück vermietet oder eine Leistung für das Grundstück bezogen wird, besteht eine Rechtsunsicherheit, wer der Unternehmer (Leistungserbringer bzw. -empfänger) i. S. des § 2 UStG ist. Nach Auffassung des BFH erbringt eine Bruchteilsgemeinschaft keine Leistungen gegen Entgelt als Unternehmer.[656] Vielmehr sind die jeweiligen Gemeinschafter anteilig als Leistende anzusehen. Die Finanzverwaltung folgt dem im Ergebnis nur, wenn nicht die Bruchteilsgemeinschaft selbst (z. B. als Vermieterin), sondern die einzelnen Bruchteilseigentümer in eigener Person unternehmerisch tätig sind. Ansonsten sei die unternehmerisch tätige Bruchteilsgemeinschaft selbst eine Unternehmerin i. S. des § 2 UStG.[657] Der Gesetzgeber hat durch das JStG 2022[658] versucht, dies in § 2 Abs. 1 Satz 1 UStG klarzustellen. Den BFH[659] scheint dies aber nicht zu überzeugen, so dass die Rechtslage bis auf Weiteres unsicher bleibt. Zudem bleibt die Auswirkung der EuGH-Rechtsprechung[660] zum Begriff des Steuerpflichtigen i. S. des Art. 9 Abs. 1 der Mehrwertsteuersystemrichtlinie[661] bei einer Gesellschaft oder Gemeinschaft ohne Rechtspersönlichkeit abzuwarten.

655 Durch die Steuerbefreiung nach § 4 Nr. 12 Buchst. a UStG für Grundstücksvermietungen wirkt sich dies aber materiell oft nicht aus.

656 BFH, Urteil v. 22.11.2018 - V R 65/17 QAAAH-06916 = BFH/NV 2019 S. 359.

657 BMF, Schreiben v. 27.10.2021 - III C 2-S 7300/19/10002:005, BStBl 2021 I S. 2137.

658 § 2 Abs. 1 Satz 1 UStG i. d. F. ab 1.1.2023 nach Art. 43 Abs. 6 i. V. mit Art. 16 Nr. 2 des JStG 2022 v. 16.12.2022, BGBl 2022 I S. 2294: „Unternehmer ist, wer eine gewerbliche oder berufliche Tätigkeit selbständig ausübt, unabhängig davon, ob er nach anderen Vorschriften rechtsfähig ist."

659 BFH, Beschluss v. 28.8.2023 - V B 44/22 TAAAJ-48349 = BFH/NV 2023 S. 1388.

660 EuGH, Urteil v. 3.4.2025 - C-213/24 (Grzera), DStR 2025 S. 840; EuGH, Urteil v. 11.12.2025 - C-796/23 (Česká síť s.r.o.), MwStR 2026 S. 138.

661 Richtlinie 2006/112/EG des Rates v. 28.11.2006 über das gemeinsame Mehrwertsteuersystem (in der Europäischen Union), ABl. L 347 v. 11.12.2006, S. 1–118.

BEISPIEL „BRUCHTEILSGEMEINSCHAFT": Herr A und Frau B sind gemeinsam Miteigentümer von Wohnungseigentum (§ 741 ff. BGB), das sie umsatzsteuerpflichtig an den Inhaber eines Blumengeschäfts vermieten. Herr A und Frau B sind sonst nicht unternehmerisch tätig.

LÖSUNG: Herr A und Frau B vermieten zivilrechtlich betrachtet ihre hälftigen Miteigentumsanteile (§ 1008 ff. BGB) an dem Wohnungseigentum gemeinsam (gewissermaßen parallel) an den Inhaber des Blumengeschäfts. Beide müssen sich aber wegen des gemeinschaftlichen Bruchteilsverhältnisses an derselben Sache (Wohnungseigentum) über die gemeinsame Vermietung abstimmen (§ 744 BGB). Die Finanzverwaltung behandelt die Bruchteilsgemeinschaft selbst (und nicht die Miteigentümer) als Unternehmerin, welche die Vermietungsleistung erbringt. Die Bruchteilsgemeinschaft schuldet die Umsatzsteuer aus der Vermietung und kann die ihr in Rechnung gestellte Vorsteuer abziehen.

c) Grundstück als Teil des Unternehmens

841 Grundstücke können von Unternehmern für Zwecke ihres Unternehmens genutzt bzw. verwendet werden. Denkbar ist z. B. die Nutzung eines Grundstücks für einen Schreinereibetrieb oder die Vermietung von Wohnungen an Firmen oder Privatpersonen. Grundstücke können (bzw. müssen für einen Vorsteuerabzug) bei Anschaffung dem Unternehmen zugeordnet werden.

842 Als Teil der unternehmerischen Sphäre (des unternehmerischen Vermögens) ist dann relevant, welche Eingangsleistungen (z. B. Erhaltungsaufwendungen) und welche Ausgangsleistungen (z. B. Vermietung) das Grundstück betreffen.

d) Umfang der Leistung (Haupt- und Nebenleistungen)

843 Es wird jeweils der einzelne Umsatz (die einzelne Leistung) im umsatzsteuerrechtlichen Sinne besteuert. Dabei ist auch zu identifizieren, was der Umfang der Leistung ist und wie dieser gegenüber parallel erbrachten Leistungen abzugrenzen ist. Hierbei ist zu entscheiden, ob ein Leistungselement maßgebend für die Art der Leistung ist (z. B. Grundstücksvermietung als sonstige Leistung) und ob andere Leistungselemente (z. B. Mitvermietung von Möbeln) als Nebenleistung zu der Hauptleistung gehören oder als separate Hauptleistung selbständig besteuert werden.[662]

662 Abschnitt 3.10 Abs. 5 Satz 1 UStAE: „Nebenleistungen teilen umsatzsteuerrechtlich das Schicksal der Hauptleistung".

e) Steuerbefreiungen bei Grundstücken

844 Im Zusammenhang mit Grundstücken kommen vor allem zwei Steuerbefreiungen in Betracht:

1. Die Vermietung von Wohnungseigentum stellt einen Leistungsaustausch dar (Nutzungsüberlassung als sonstige Leistung gegen Miete als Entgelt). Diese Leistung ist grds. steuerfrei (§ 4 Nr. 12 Buchst. a UStG). Unter bestimmten Voraussetzungen kann die Vermietung aber als steuerpflichtig behandelt werden (Option nach § 9 Abs. 1, 2 UStG).
2. Der Verkauf von Wohnungseigentum (durch einen Unternehmer i. S. des § 2 UStG) ist grds. steuerfrei (§ 4 Nr. 9 Buchst. a UStG). Auf die Steuerfreiheit kann aber unter bestimmten Voraussetzungen verzichtet werden (Option nach § 9 Abs. 1 UStG).

f) Umsatzsteuer aus empfangenen Leistungen als Vorsteuer

845 Umsatzsteuer aus Eingangsleistungen (z. B. für eine Wohnungsrenovierung) kann insbesondere dann als Vorsteuer abgezogen werden, wenn (bzw. soweit) mit dem Wohnungseigentum bestimmte umsatzsteuerpflichtige Ausgangsleistungen (z. B. durch eine umsatzsteuerpflichtige Vermietung) erbracht werden (§ 15 UStG). Die Vorsteuern mindern die Zahllast aus der abzuführenden Umsatzsteuer.

g) Kleinunternehmer (§ 19 UStG)

846 Wenn die steuerpflichtigen Umsätze[663] des Unternehmers im vorangegangenen Kalenderjahr den Betrag i. H. von 25.000 € nicht überschritten haben und im laufenden Kalenderjahr die Schwelle von 100.000 € nicht überschreiten, unterliegen diese einer eigenen Steuerbefreiung nach § 19 Abs. 1 Satz 1 UStG. Diese Steuerbefreiung betrifft Kleinunternehmer, die dann keine Umsatzsteuer auf ihre Leistungen (Umsätze) abführen müssen. Der Unternehmer kann aber freiwillig die Regelbesteuerung beantragen (Option nach § 19 Abs. 3 UStG).

---

663 Der dafür maßgebende Gesamtumsatz bestimmt sich nach § 19 Abs. 2 UStG, der sehr viele steuerfreie Umsätze (z. B. auch die aus Grundstücksvermietungen nach § 4 Nr. 12 Buchst. a UStG) außer Betracht lässt, so dass im Wesentlichen die steuerpflichtigen Umsätze für die Umsatzgrenze des § 19 Abs. 1 UStG relevant sind.

2. Erwerb von Wohnungseigentum

a) Vorsteuer aus dem Erwerb

Der Erwerb von Wohnungseigentum, welches für unternehmerische Zwecke des Erwerbers genutzt werden soll (z. B. zur eigenbetrieblichen Nutzung oder zur steuerpflichtigen Vermietung) kann zu Vorsteuern führen, sofern der Veräußerer im notariellen Kaufvertrag zur Umsatzsteuer optiert (§ 9 Abs. 1, 3 UStG). In diesen Fällen schuldet der Erwerber die Umsatzsteuer (§ 13b Abs. 2 Nr. 3, Abs. 5 Satz 1 UStG), die dieser unter den allgemeinen Grundsätzen als Vorsteuer abziehen kann (§ 15 Abs. 1 Satz 1 Nr. 4 UStG). 847

Bei dem Erwerb ist zu prüfen, ob es sich um eine Geschäftsveräußerung nach § 1 Abs. 1a UStG handelt. Gerade bei vermietetem Wohnungseigentum kann dies der Fall sein, sofern die Vermietung fortgesetzt wird. Dann entsteht keine Umsatzsteuer (und damit auch keine Vorsteuer), da eine Geschäftsveräußerung gem. § 1 Abs. 1a UStG nicht *umsatzsteuerbar* ist, was von vornherein eine Option zur Umsatzsteuer ausschließt. 848

b) Teilung in Wohnungseigentum nach Erwerb

Die Teilung eines zivilrechtlich einheitlichen Grundstücks (Regeleigentum nach BGB) in Wohnungseigentum im Sinne des WEG ändert für sich genommen nichts am Vorsteuerabzug. Der bisher einheitliche Vorsteuerabzug für das gesamte Grundstück wird lediglich den einzelnen Wohneinheiten (i. d. R. im Verhältnis der Flächen) zugeordnet. Dies ist z. B. für eine Vorsteuerkorrektur nach § 15a UStG relevant. 849

c) Zuordnung zum Unternehmensvermögen

aa) Zuordnungsgebot, Zuordnungsverbot oder Zuordnungswahlrecht

Beim Erwerb von Wohnungseigentum kann ein Unternehmer wählen, in welchem Umfang er das Wohnungseigentum seinem Unternehmen (dem unternehmerischen Bereich im Sinne des Umsatzsteuerrechts) zuordnet.[664] Hier sind drei Alternativen möglich: 850

1. Wenn das Wohnungseigentum ausschließlich unternehmerisch (z. B. eigenbetrieblich oder zur Vermietung) verwendet wird, ist es insgesamt (d. h. zu 100 %) dem Unternehmen zuzuordnen (Zuordnungsgebot).[665]

664 Die Zuordnung zum (notwendigen oder gewillkürten) Betriebsvermögen i. S. des § 4 Abs. 1 EStG ist davon zu unterscheiden.

665 Abschnitt 15.2c. Abs. 1 Satz 1 UStAE.

2. Wenn das Wohnungseigentum zu weniger als 10% (§ 15 Abs. 1 Satz 2 UStG) oder gar nicht unternehmerisch verwendet wird, kann es nicht dem Unternehmen zugeordnet werden (Zuordnungsverbot).[666] Das Wohnungseigentum gehört damit zum nichtunternehmerischen Bereich. Von der unternehmerischen Tätigkeit werden auch steuerfreie Vermietungsumsätze nach § 4 Nr. 12 Satz 1 Buchst. a UStG umfasst.[667]
3. Wenn das Wohnungseigentum teilweise (zu mindestens 10%, aber zu weniger als 100%) unternehmerisch genutzt wird, kann es entweder
   - voll,
   - gar nicht oder
   - in Höhe der unternehmerischen Nutzungsquote

   dem Unternehmen zugeordnet werden (Zuordnungswahlrecht).[668]

bb) Zuordnungsentscheidung bei Erwerb des Wohnungseigentums

851 Aus dem Grundsatz des Sofortabzugs der Vorsteuer folgt, dass die Zuordnungsentscheidung bereits bei Leistungsbezug für einen einheitlichen Gegenstand zu treffen ist.[669] Diese Entscheidung ist eine „innere Tatsache" (Wille des Unternehmers), die erst durch äußere Beweisanzeichen erkennbar wird.[670]

cc) Dokumentation der Zuordnungsentscheidung (innerhalb der Dokumentationsfrist)

852 Die unmittelbar bei Erwerb das Wohnungseigentums zu treffende Zuordnungsentscheidung ist zu dokumentieren. Dies dient dem Nachweis gegenüber dem Finanzamt, wie die Zuordnungsentscheidung getroffen wurde. Diese Dokumentation besteht im Grundsatz aus dem Vorsteuerabzug, der über die Umsatzsteuervoranmeldung bzw. Umsatzsteuerjahreserklärung geltend gemacht wird.[671] Wichtig ist, dass es sich um „nach außen hin objektiv erkennbare Beweisanzeichen" für eine Zuordnung handelt. Ein Beweisanzeichen ist z. B. der Abschluss eines Mietvertrags mit Ausweis der Umsatzsteuer.[672]

---

666 Abschnitt 15.2c. Abs. 1 Satz 2, 3 UStAE.

667 BMF, Schreiben v. 17.5.2024 - III C 2-S 7300/19/10002:001, BStBl 2024 I S. 916 Rz. 7.

668 Abschnitt 15.2c. Abs. 2 Satz 1 Nr. 2 Buchst. b UStAE.

669 BMF, Schreiben v. 17.5.2024 - III C 2-S 7300/19/10002:001, BStBl 2024 I S. 916 Rz. 11.

670 Abschnitt 15.2c Abs. 14 Satz 4 UStAE.

671 Abschnitt 15.2c Abs. 16 Satz 6 UStAE.

672 BMF, Schreiben v. 17.5.2024 - III C 2-S 7300/19/10002:001, BStBl 2024 I S. 916 Rz. 13.

Diese Beweisanzeichen können dem Finanzamt auch noch nach Ablauf der Dokumentationsfrist mitgeteilt werden.[673] Fehlt es an objektiven Beweisanzeichen für eine Zuordnung, ist eine ausdrückliche Mitteilung an das Finanzamt innerhalb der Dokumentationsfrist erforderlich und zu Beweissicherungszwecken insbesondere in den Fällen ratsam, wenn es sich um hohe Vorsteuerbeträge handelt. 853

Die Dokumentation muss bis zur gesetzlichen Regelabgabefrist für Steuererklärungen (regelmäßig 31. Juli des Folgejahres, § 149 Abs. 2 Satz 1 AO) erfolgen. Fristverlängerungen für die Abgabe der Steuererklärungen haben keinen Einfluss auf die Dokumentationsfrist.[674] Bis zum Ablauf der Dokumentationsfrist kann auch eine im Voranmeldungsverfahren getroffene Zuordnungsentscheidung korrigiert werden.[675] 854

dd) Dokumentation der Zuordnung von teilunternehmerisch genutztem Wohnungseigentum

Auch bei der Anschaffung von teilunternehmerisch genutztem Wohnungseigentum ist die Zuordnung zu dokumentieren. Ist ein Vorsteuerabzug nach § 15 Abs. 1, 1b oder 2 UStG (teilweise) nicht möglich, muss der Erwerber (Unternehmer) durch eine schriftliche Erklärung gegenüber dem Finanzamt dokumentieren, in welchem Umfang er das Wohnungseigentum dem Unternehmen zugeordnet hat, wenn sich aus dem Umfang des geltend gemachten Vorsteuerabzugs oder anderen Beweisanzeichen nicht ergibt, mit welchem Anteil das Wohnungseigentum dem Unternehmen zugeordnet wurde.[676] 855

Wenn das Wohnungseigentum teilweise zu eigenen Wohnzwecken genutzt wird, ist der Vorsteuerabzug insoweit ausgeschlossen (§ 15 Abs. 1b EStG). 856

BEISPIEL „ARBEITSZIMMER": Herr A hat zum 1.1.2025 Wohnungseigentum erworben, für das der Veräußerer zur Umsatzsteuer optiert hat. A nutzt von der Wohnung (insgesamt 120 m²) einen Raum als Arbeitszimmer für seine Steuerberaterpraxis. Das Arbeitszimmer ist

a) 10 m²,

b) 30 m²

groß.

673 Abschnitt 15.2c Abs. 16 Satz 8 UStAE.

674 BMF, Schreiben v. 17.5.2024 - III C 2-S 7300/19/10002:001, BStBl 2024 I S. 916 Rz. 11.

675 BMF, Schreiben v. 17.5.2024 - III C 2-S 7300/19/10002:001, BStBl 2024 I S. 916 Rz. 12.

676 Abschnitt 15.2c Abs. 18 UStAE.

LÖSUNG ZU A): A kann das Wohnungseigentum nicht (auch nicht zu 8,3% [10 m² zu 120 m²]) seinem Unternehmen zuordnen, da die unternehmerische Nutzungsquote unter 10% liegt (§ 15 Abs. 1 Satz 2 UStG).

LÖSUNG ZU B): A hat ein Zuordnungswahlrecht und kann das Wohnungseigentum (i) zu 100%, (ii) zu 25% (30 m² zu 120 m²) oder (iii) zu 0% (= nicht) seinem Unternehmen zuordnen. Er muss seine (bereits bei Erwerb zu treffende) Zuordnungsentscheidung objektiv nachvollziehbar bis spätestens 31.7.2025 (z. B. durch den VorSt-Abzug in der USt-VA 01/2025 oder in der USt-Jahreserklärung 2025) dokumentieren.

857 Wenn das Wohnungseigentum teilweise zu steuerfreien Umsätzen verwendet wird, die den Vorsteuerabzug ausschließen, ist eine ausdrückliche Mitteilung an das Finanzamt als Dokumentation zwingend.

BEISPIEL „ZUORDNUNG OHNE VORSTEUERABZUG": Herr B hat zum 1.1.2025 Teileigentum erworben, für das der Veräußerer zur Umsatzsteuer optiert hat. Er vermietet bis auf den Kellerraum (den er selbst nutzt) das gesamte Teileigentum an eine Zahnärztin für deren Praxisbetrieb.

LÖSUNG: Herr B kann nicht zur Steuerpflicht seiner Vermietungseinkünfte nach § 9 UStG optieren, da die Mieterin (Zahnärztin) das Objekt für Ausschlussumsätze nutzt (steuerfreie Umsätze nach § 4 Nr. 14 UStG). Durch seine steuerfreien Vermietungsumsätze (§ 4 Nr. 12 Buchst. a UStG) steht Herrn B wegen § 15 Abs. 2 Nr. 1 UStG kein Vorsteuerabzug zu. Gleichwohl kann er das Teileigentum vollständig seinem Unternehmen zuordnen. Es muss seine bereits bei Erwerb zu treffende Zuordnungsentscheidung dafür bis spätestens 31.7.2025 dem Finanzamt mitteilen. Da er keinen Vorsteuerabzug geltend machen kann, hat er nicht die Möglichkeit, seine Zuordnungsentscheidung durch einen Vorsteuerabzug in einer USt-VA oder USt-Jahreserklärung zu dokumentieren.

d) Vorsteuerabzug aus dem Erwerb

858 Die Umsatzsteuer aus der Lieferung des Wohnungseigentums hat der Erwerber abzuführen, wenn ihn als Unternehmer der Wechsel der Steuerschuld trifft (§ 13b Abs. 1 Nr. 3, Abs. 5 Satz 1 UStG). Die damit korrespondierende Vorsteuer (§ 15 Abs. 1 Nr. 4 UStG) kann der Erwerber abziehen, wenn er beabsichtigt, das Wohnungseigentum für Leistungen (Umsätze) zu verwenden, welche den Vorsteuerabzug nicht ausschließen (Abzugsumsätze).

BEISPIEL „VORSTEUERABZUG": Frau C hat zum 1.1.2025 Teileigentum erworben, für das der Veräußerer zur Umsatzsteuer optiert hat. Sie nutzt das Teileigentum für ihr selbständig geführtes Architekturbüro.

LÖSUNG: Frau C kann die Vorsteuer aus dem Erwerb in voller Höhe abziehen, da sie das Teileigentum für Abzugsumsätze verwendet.

e) Vorsteueraufteilung wegen Mischnutzung (§ 15 Abs. 4 UStG)

Die Vorsteuer ist aufzuteilen, wenn das Wohnungseigentum nur teilweise für Abzugsumsätze verwendet wird (§ 15 Abs. 4 UStG). Dabei wird die Vorsteuer vorrangig nach dem Verhältnis der Flächen aufgeteilt (Flächenschlüssel).[677] Nach § 15 Abs. 4 Satz 4 UStG[678] ist bei Grundstücken die Vorsteuer grds. nach dem Verhältnis der Nutzflächen aufzuteilen. Dies gilt nur dann nicht, wenn ausnahmenweise eine andere Methode zu einer genaueren wirtschaftlichen Zurechnung führt. Damit ist insbesondere eine Vorsteueraufteilung nach anteiligen Mieterlösen (Umsatzverhältnis) nur ausnahmsweise und nachrangig anzuwenden. 859

BEISPIEL „TEILWEISER VORSTEUERABZUG": Frau D hat Teileigentum (100 m²) erworben, für das der Veräußerer zur Umsatzsteuer optiert hat. Sie nutzt das Teileigentum für ihre Steuerberaterpraxis (80 m²). Einen Raum (20 m²) vermietet sie umsatzsteuerfrei an den (im anderen Teileigentum tätigen) Zahnarzt Z als Aufenthaltsraum für sein Praxisteam.

LÖSUNG: Frau D kann die Vorsteuer aus dem Erwerb nach § 15 Abs. 4 UStG nur zu 80 % (80 m² zu 100 m²) abziehen, da sie das Teileigentum nur insoweit für Abzugsumsätze verwendet. Die Vermietung an den Zahnarzt ist steuerfrei und nicht optionsfähig.

f) Vorsteuerausschluss für private Nutzung (§ 15 Abs. 1b UStG)

Der Vorsteuerabzug ist nach § 15 Abs. 1b UStG ausgeschlossen, soweit das Wohnungseigentum nichtunternehmerisch (privat) genutzt wird. 860

BEISPIEL „TEILWEISE NICHTUNTERNEHMERISCHE VERWENDUNG": Herr E hat Wohnungseigentum (100 m²) erworben, für die der Veräußerer zur Umsatzsteuer optiert hat. Er nutzt einen Raum (15 m²) als Arbeitszimmer für seine selbständige Autorentätigkeit und die restliche Wohnungsfläche (85 m²) zu eigenen Wohnzwecken.

LÖSUNG: Herr E kann die Vorsteuer aus dem Erwerb des Wohnungseigentums nur i. H. von 15 % (15 m² zu 100 m²) abziehen (§ 15 Abs. 1b UStG).

---

677 Abschnitt 15.17 Abs. 7 Satz 5 Nr. 1 UStAE.

678 Gesetz zur Modernisierung und Digitalisierung der Schwarzarbeitsbekämpfung v. 22.12.2025, BGBl 2025 I Nr. 369 v. 29.12.2025. Nach Art. 23 Abs. 1 des Gesetzes tritt die Regelung am Tag nach der Verkündung (diese war am 29.12.2025) in Kraft, also am 30.12.2025.

3. Gebäudeherstellung bei Wohnungseigentum

a) Bebauung eines Grundstücks

861 Sofern ein bisher unbebautes Grundstück durch einen Bauunternehmer (oder durch den Grundstückseigentümer selbst) bebaut wird, entfallen auf die Baukosten Vorsteuern, die nach § 15 Abs. 1 Satz 1 Nr. 1 UStG[679] unter den allgemeinen Grundsätzen abzugsfähig sind. Sofern der Grundstückseigentümer das Objekt für Abzugsumsätze (z. B. für eigenbetriebliche Zwecke oder für eine steuerpflichtige Vermietung) verwendet, ist die Vorsteuer nach § 15 Abs. 2, 3 UStG abziehbar.

862 Die Teilung eines Grundstücks vor, während oder nach der Bebauung in Wohnungseigentum im Sinne des WEG ändert für sich genommen nichts am Vorsteuerabzug. Der bisher einheitliche Vorsteuerabzug für das gesamte Grundstück wird lediglich den einzelnen Wohneinheiten (i. d. R. im Verhältnis der Flächen) zugeordnet. Dies ist z. B. für eine Vorsteuerkorrektur nach § 15a UStG relevant.

BEISPIEL „TEILUNG NACH BEBAUUNG“: Die M-GmbH bebaut ein ihr gehörendes Grundstück mit einem Gebäude und zieht Vorsteuern aus den Baukosten i. H. von 300.000 € ab, da eine vollständige betriebliche Nutzung geplant ist. Das Objekt wird nach Fertigstellung aber in drei gleich große Teileigentumseinheiten im Sinne des WEG geteilt. Eine Einheit nutzt die M-GmbH für ihren Betrieb und zwei Einheiten veräußert die M-GmbH umsatzsteuerfrei an Herrn A.

LÖSUNG: Die gesamte Vorsteuer (300.000 €) wird durch die Teilung im Sinne des WEG auf die drei gleich großen Einheiten je zu 100.000 € zugeordnet, für die jeweils der zehnjährige Berichtigungszeitraum des § 15a UStG (beginnend ab der Fertigstellung des Gesamtgebäudes) weiterläuft. Durch die umsatzsteuerfreie Veräußerung der zwei Einheiten wird insoweit die (zeitanteilige) Vorsteuerkorrektur nach § 15a UStG ausgelöst (Vorsteuerkorrektur zulasten der M-GmbH).

b) Erwerb eines Grundstücks, dass vom Veräußerer bebaut wird

863 Wenn ein Bauträger ein (noch) unbebautes Grundstück mit der Verpflichtung zur Bebauung veräußert, stellt dies eine einheitliche Lieferung des bebauten Grundstücks dar, die nach § 4 Nr. 9 Buchst. a UStG umsatzsteuerfrei ist. Die Option zur Umsatzsteuer ist aber zulässig (§ 9 Abs. 1, 3 UStG) und die Vorsteuer unter den allgemeinen Voraussetzungen abzugsfähig.

---

679 Die Umsatzsteuer aus der Werklieferung (§ 3 Abs. 4 UStG) eines ausländischen Bauunternehmers schuldet der Grundstückseigentümer als Leistungsempfänger (§ 13b Abs. 2 Nr. 1, Abs. 5 Satz 1 UStG). Dann ergibt sich der Vorsteuerabzug aus § 15 Abs. 1 Satz 1 Nr. 4 UStG.

4. Vermietung von Wohnungseigentum

a) Vermietung als unternehmerische Tätigkeit

Die Vermietung von Wohnungseigentum ist als sonstige Leistung (Nutzungsüberlassung) gegen Miete (Entgelt) im Grundsatz eine umsatzsteuerbare Tätigkeit. Der Wohnungseigentümer (Vermieter) ist selbständig und mit Einnahmeerzielung nachhaltig tätig. Die Vermietung wird i.d.R. in monatlichen Teilleistungen erbracht, so dass die Umsatzsteuer dann monatlich entsteht (§13 Abs.1 Nr.1 Buchst.a Satz 2, 3 UStG). 864

Die Vermietung von Wohnungseigentum (sonstige Leistung nach §3 Abs.9 UStG) ist in Deutschland umsatzsteuerbar, da „deutsches“ Wohnungseigentum im Sinne des WEG immer im Inland belegen ist und die Vermietungsleistung dort ausgeführt wird, wo der Ort des Grundstücks liegt (Ortsbestimmung nach §3a Abs.3 Nr.1 Buchst.a UStG). 865

b) Steuerfreiheit und deren Ausnahmen (§4 Nr.12 UStG)

aa) Grundstücksvermietung

Die Vermietung von Wohnungseigentum ist im Grundsatz umsatzsteuerfrei (§4 Nr.12 Satz1 Buchst.a UStG). Damit wird einerseits keine Umsatzsteuer aus der Vermietung geschuldet. Andererseits kann keine Vorsteuer aus Aufwendungen abgezogen werden, die mit der steuerfreien Vermietung im Zusammenhang stehen (§15 Abs.2 Nr.1 UStG). 866

Die Steuerbefreiung nach §4 Nr.12 Satz1 Buchst.a UStG gilt nicht nur für die Vermietung von ganzen Grundstücken, sondern auch für die Vermietung von Grundstücksteilen, wie Gebäudeteile, Wohnungen und einzelne Räume.[680] Auf die Vermietung von Wohn- und Teileigentum im Sinne des WEG (auch von einzelnen Räumen daran) ist es ebenfalls anzuwenden. 867

bb) Nebenleistungen zur Grundstücksvermietung als Hauptleistung

Zu den nach §4 Nr.12 Satz1 UStG steuerfreien Leistungen der Vermietung und Verpachtung von Grundstücken gehören auch die damit in Zusammenhang stehenden Nebenleistungen, die im Vergleich zur Grundstücksvermietung ne- 868

680 Abschnitt 4.12.1 Abs.3 Satz1, 2 UStAE.

bensächlich sind und üblicherweise vorkommen. Dies sind i.d.R. die Lieferung von Wärme und Wasser (auch Warmwasser), die Überlassung einer Waschmaschine, die Flur- und Treppenhausreinigung, die Treppenhausbeleuchtung.[681]

cc) Kurzfriste Vermietung

869 Die Vermietung von Wohn- und Schlafräumen, die ein Unternehmer zur kurzfristigen Beherbergung von Fremden bereithält, ist nicht umsatzsteuerfrei (§4 Nr.12 Satz2 UStG). Als „kurzfristige Vermietung" sieht die Finanzverwaltung eine tatsächliche Mietzeit (Überlassungsdauer) von nicht mehr als sechs Monaten an. Für die Vermietung von Wohn- und Schlafräumen „zur kurzfristigen Beherbergung von Fremden" kommt es nicht in erster Linie auf die tatsächliche Mietdauer an. Vielmehr ist die Absicht des Vermieters (Unternehmer) entscheidend, die Räume nicht auf Dauer und damit nicht für einen dauernden Aufenthalt zu überlassen.[682]

dd) Mitvermietung von Möbeln, Inventar, Maschinen oder Betriebsvorrichtungen

870 Die Steuerbefreiung nach §4 Nr.12 Satz1 Buchst.a UStG erstreckt sich i.d.R. auch auf mitvermietete Einrichtungsgegenstände wie z.B. Büromobiliar.[683]

871 Die Mitvermietung von Betriebsvorrichtungen ist dagegen nicht umsatzsteuerfrei (§4 Nr.12 Buchst.a Satz2 UStG) und damit neben der steuerfreien Grundstücksüberlassung separat zu besteuern. Der Begriff der Betriebsvorrichtungen ergibt sich aus §68 Abs.2 Nr.2 BewG.[684] Hierfür ist aber Voraussetzung, dass die Betriebsvorrichtung keine (unselbständige) Nebenleistung zur Grundstücksvermietung als Hauptleistung ist. Als Nebenleistung wird die Betriebsvorrichtung als Teil einer einheitlichen Leistung auch einheitlich umsatzbesteuert.[685] Umgekehrt gilt das aber auch: Eine Hauptleistung „Vermietung/-pachtung von Betriebsvorrichtungen" enthält zwingend die Nebenleistung der Ge-

681 Abschnitt 4.12.1 Abs.5 Satz3 UStAE. Die Bereitstellung eines Internet- und/oder Fernsehanschlusses und die Lieferung von Strom durch den Vermieter gehören auch dazu. Regelmäßig wird dies aber durch einen separaten Vertragspartner (Internetprovider bzw. Stromlieferant) erbracht, so dass es dann generell keine Nebenleistung sein kann (sondern jeweils eine eigene Hauptleistung).

682 Abschnitt 4.12.9 Abs.1 UStAE.

683 Abschnitt 4.12.1 Abs.3 Satz4 UStAE.

684 Abschnitt 4.12.10 Satz2 UStAE.

685 BFH, Beschluss v.17.8.2023 - V R 7/23 GAAAJ-47860 = BFH/NV 2023 S.1386, im Anschluss an EuGH, Urteil v.4.5.2023 - C-516/21 IAAAJ-39742 = BFH/NV 2023 S.943.

bäudevermietung (oder -verpachtung) und wäre voll umsatzsteuerpflichtig.[686] Hier kommt es auf die Gewichtung und Bewertung der Vermietungselemente im Einzelfall an.

ee) Stellplatzvermietung

Die Vermietung von Plätzen für das Abstellen von Fahrzeugen ist nicht umsatzsteuerfrei (§ 4 Nr. 12 Satz 2 UStG). Dies betrifft vor allem die Vermietung von Parkplätzen. Das gilt auch für die isolierte Vermietung eines Stellplatzes, der zum Wohnungseigentum gehört (egal, ob als Sondereigentum oder als Sondernutzungsrecht). 872

Wenn zum Wohnungseigentum aber ein Parkplatz (als Nebenleistung) mitvermietet wird, ist die anteilige Stellplatzvermietung ebenfalls steuerfrei.[687] 873

BEISPIEL „VERMIETUNG EIGENTUMSWOHNUNG": Frau F ist Eigentümerin von zwei Eigentumswohnungen einer Wohnungseigentumsanlage, zu denen jeweils ein PKW-Stellplatz in der Tiefgarage (Sondereigentum) gehört. Eine Eigentumswohnung bewohnt sie selbst und vermietet den dazugehörigen Stellplatz an Herrn B, da sie selbst keinen PKW besitzt. Die andere ihr gehörende Eigentumswohnung vermietet sie (mit Stellplatz) an Frau C.

LÖSUNG: Die Wohnungsvermietung an Frau C ist auch hinsichtlich des Stellplatzes insgesamt umsatzsteuerfrei (§ 4 Nr. 12 Satz 1 Buchst. a UStG). Die Stellplatzvermietung an Herrn B ist jedoch umsatzsteuerpflichtig, da dafür die Steuerbefreiung ausgeschlossen ist (§ 4 Nr. 12 Satz 2 UStG). Sofern Frau F Kleinunternehmerin ist (§ 19 UStG), ist diese Leistung gleichwohl umsatzsteuerfrei.

c) Option zur Umsatzsteuer bei Vermietungen (§ 9 Abs. 1, 2 UStG)

aa) Voraussetzungen für die Option

Wenn Eingangsumsätze mit steuerfreien Vermietungsleistungen (Ausgangsumsätze) im Zusammenhang stehen, ist ein Abzug der Vorsteuer für den Leistungsempfänger (Unternehmer) nach § 15 Abs. 2 Satz 1 Nr. 1 UStG nicht möglich. Bei der Vermietung von Wohnungseigentum kann es daher vorteilhaft sein, die Umsatzsteuerfreiheit (§ 4 Nr. 12 Satz 1 Buchst. a UStG) durch eine Option nach § 9 Abs. 1, 2 UStG auszuschalten, damit ein Vorsteuerabzug möglich ist. 874

686 Nieskens, UR 2023 S. 441, 446.
687 Abschnitt 4.12.2 Abs. 3 UStAE.

875 Die erste Voraussetzung besteht darin, dass der vermietende Wohnungseigentümer das Wohnungseigentum an einen anderen Unternehmer für dessen Unternehmen vermietet (§ 9 Abs. 1 UStG).

876 Die zweite Voraussetzung für den Verzicht auf die Steuerfreiheit besteht darin, dass der Leistungsempfänger (Mieter oder Pächter) das Wohnungseigentum ausschließlich für Umsätze verwendet (oder zu verwenden beabsichtigt), die den Vorsteuerabzug nicht ausschließen (§ 9 Abs. 2 Satz 1 UStG). Maßgebend sind die Verwendungsumsätze des Mieters: Bei steuerfreien Ausgangsleistungen nach den § 4 Nr. 8–29 UStG des Mieters kann der Vermieter nicht zur Umsatzsteuer optieren (da steuerfreie Ausgangsumsätze nach § 15 Abs. 2 Satz 1 Nr. 1 UStG für den Vorsteuerabzug schädlich sind). Wenn der Mieter aber steuerfeie Ausgangsumsätze nach § 4 Nr. 1–7 UStG erbringt, ist dagegen eine Option zulässig (da insoweit die Rückausnahme nach § 15 Abs. 3 Nr. 1 Buchst. a UStG greift).

BEISPIEL „OPTION": Herr P ist Eigentümer von Teileigentum, das er ab dem Erwerb

a) an die Bäckerei B,

b) an die Zahnärztin Z

vermietet.

LÖSUNG: Zu a) Herr P kann nach § 9 Abs. 1, 2 UStG optieren und daher umsatzsteuerpflichtig an B vermieten, da der Mieter das Teileigentum für steuerpflichtige Ausgangsumsätze verwendet.

Zu b) Herr P kann nicht nach § 9 Abs. 1, 2 UStG optieren, da die Mieterin (Zahnärztin Z) steuerfreie Ausgangsumsätze (§ 4 Nr. 14 UStG) erzielt und das Teileigentum dazu verwendet. Die Vermietung ist (und bleibt) also nach § 4 Nr. 12 Satz 1 Buchst. a UStG umsatzsteuerfrei.

bb) Teiloption und geringfügige Nutzung

877 Wenn das Wohnungseigentum durch den Mieter teilweise für Abzugsumsätze und teilweise für Ausschlussumsätze genutzt wird und die unterschiedliche Verwendung räumlich getrennt werden kann, ist eine Teiloption für die begünstigte Fläche zulässig.

BEISPIEL „TEILOPTION": Die V-GmbH vermietet Teileigentum im Erdgeschoss an die ABC-MVZ (Augenarztpraxis). Ein Raum wird für den Verkauf von Kontaktlinsen sowie deren Pflegeprodukten genutzt.

LÖSUNG: Die V-GmbH kann isoliert für den Raum zur Umsatzsteuer optieren, da insoweit Abzugsumsätze erzielt werden. Für die Vermietung der für die augenärztlichen Tätigkeiten genutzten Räume kann nicht optiert werden, da diese für Ausschlussumsätze (§ 4 Nr. 14 UStG) genutzt werden.

Nur bei einer flächenmäßigen Abgrenzung ist eine Teiloption zulässig. Bei einer zeitweisen (z. B. an einigen Tagen im Jahr) oder umsatzmäßigen gemischten Verwendung ist keine Teiloption zulässig. Jedoch ist bei einer geringfügigen Nutzung des Wohnungseigentums von bis zu 5% für Ausschlussumsätze eine Option zur Vermeidung von Härtefällen nach Verwaltungsauffassung zulässig.[688] 878

cc) Altfälle

Zu der Voraussetzung nach § 9 Abs. 2 UStG, welche auf die Ausgangsumsätze des Mieters oder Pächters des Wohnungseigentums abstellt, gibt es eine Übergangsregelung nach § 27 Abs. 2 UStG (Altfälle). Danach kommt es nicht auf die Nutzung durch den Mieter/Pächter an, wenn das auf dem Grundstück errichtete Gebäude 879

1. Wohnzwecken dient (oder dazu bestimmt ist) und vor dem 1.4.1985 fertiggestellt worden ist (mit Beginn der Errichtung des Gebäudes vor dem 1.6.1984),
2. anderen nichtunternehmerischen Zwecken dient (oder dazu bestimmt ist) und vor dem 1.1.1986 fertiggestellt worden ist (mit Beginn der Errichtung des Gebäudes vor dem 1.6.1984),
3. anderen Zwecken dient (oder dazu bestimmt ist) und vor dem 1.1.1998 fertiggestellt worden ist (mit Beginn der Errichtung des Gebäudes vor dem 11.11.1993).

In diesen Fällen ist eine Option nur unter den Voraussetzungen des § 9 Abs. 1 UStG zulässig. Die Verwendung durch den mietenden Unternehmer ist nicht relevant, da dann § 9 Abs. 2 UStG nicht anzuwenden ist. 880

dd) Form und Frist der Option

Die Option zur Steuerpflicht nach § 9 Abs. 1, 2 UStG für Vermietungsumsätze braucht nicht gegenüber dem Finanzamt beantragt zu werden. Es reicht, wenn der Wohnungseigentümer (Vermieter) den Umsatz eindeutig umsatzsteuerpflichtig behandelt, was insbesondere durch den offenen Ausweis der Umsatzsteuer im Miet- bzw. Pachtvertrag (als „Rechnung" i. S. des § 14 UStG) zum Aus- 881

688 Abschnitt 9.2 Abs. 3 UStAE. Dort wird u. a. das Beispiel dargestellt, dass ein umsatzsteuerpflichtig abrechnender Schönheitschirurg zu lediglich 3% Umsatzanteil auch steuerfreie Heilbehandlungen (§ 4 Nr. 14 UStG) erbringt.

druck kommt.[689] Zudem hat der Wohnungseigentümer als Unternehmer die Deklarationspflichten (Umsatzsteuererklärung) zu erfüllen.

ee) Widerruf der Option

882 Der Verzicht auf die Steuerbefreiungen (die Option) kann zurückgenommen werden, solange die Steuerfestsetzung für das Jahr der Leistungserbringung anfechtbar oder aufgrund eines Vorbehalts der Nachprüfung gem. § 164 AO noch änderbar ist.[690] Wie die Option selbst ist deren Widerruf (nachträgliche Rücknahme) an keine bestimmte Form gebunden. Durch den Widerruf entfällt zwar die reguläre Umsatzsteuer für den Wohnungseigentümer (Vermieter). Problematisch ist aber, dass eine Umsatzsteuerschuld nach § 14c Abs. 1 UStG entsteht, da der Mietvertrag mit Umsatzsteuerausweis als (nunmehr fehlerhafte) Rechnung gilt, die eine überhöhte Umsatzsteuer ausweist. Der Mieter/ Pächter (Leistungsempfänger) verliert rückwirkend seinen Vorsteueranspruch. Die Berichtigung des zu hohen Steuerausweises ist aber möglich.[691]

d) Lieferung von Mieterstrom aus Photovoltaikanlage

883 Die Stromlieferung an den Mieter durch eine PV-Anlage des Vermieters ist keine Nebenleistung zur steuerfreien Wohnungsvermietung, sondern eine steuerpflichtige Hauptleistung „Stromlieferung".[692] Dies gilt selbst dann, wenn der Vermieter über die Stromlieferung in der Nebenkostenabrechnung der Wohnungsvermietung mit dem Mieter abrechnet.[693] Sollte der Vermieter kein Kleinunternehmern (§ 19 UStG) sein, steht ihm daher (für Anschaffungen vor Geltung des § 12 Abs. 3 UStG) der Vorsteuerabzug aus der Anschaffung der PV-Anlage zu.

884 Da die PV-Anlage bei Wohnanlagen im Sinne des WEG aber i. d. R. im Eigentum der GdWE steht, ist in diesen Fällen auf die Behandlung durch die GdWE gegenüber dem jeweiligen Wohnungseigentümer (Vermieter) abzustellen.

689 Abschnitt 9.1 Abs. 3 Satz 7 UStAE.

690 BFH, Urteil v. 19.12.2013 - V R 6/12, BStBl 2017 II S. 837 EAAAE-66030.

691 Zu dem Verfahren Abschnitt 14c.1 Abs. 5 UStAE.

692 BFH, Urteil v. 17.7.2024 - XI R 8/21 RAAAJ-75956 = BFH/NV 2024 S. 1397.

693 FG Münster, Urteil v. 18.2.2025 - 15 K 128/21 U NAAAJ-89490.

e) Vorsteuerabzug aus Eingangsleistungen

aa) Abzugsfähige Vorsteuer (§ 15 Abs. 1 UStG)

Der Unternehmer (Wohnungseigentümer) kann die Umsatzsteuer für Lieferungen und sonstige Leistungen, die von einem anderen Unternehmer für sein Unternehmen ausgeführt worden sind, als Vorsteuer abziehen (§ 15 Abs. 1 Satz 1 Nr. 1 Satz 1 UStG). Eine ordnungsmäßige Rechnung (§ 14 UStG) ist dafür zudem erforderlich (§ 15 Abs. 1 Satz 1 Nr. 1 Satz 2 UStG). Nach Verwaltungsauffassung[694] ist der Vorsteuerabzug nur dann für den Besteuerungszeitraum des Leistungsbezugs zulässig, wenn der Leistungsempfänger auch innerhalb desselben Besteuerungszeitraums eine (ordnungsmäßige) Rechnung von dem leistenden Unternehmer erhalten hat. Dagegen muss es nach Auffassung des EuG[695] auf Grundlage der Mehrwertsteuersystemrichtlinie zulässig sein, dass die Vorsteuer für den Besteuerungszeitraum des Leistungsbezugs abgezogen werden kann, wenn der Leistungsempfänger die Rechnung zumindest bis zur Abgabe der entsprechenden Umsatzsteuervoranmeldung bzw. Umsatzsteuerjahreserklärung erhalten hat. 885

BEISPIEL „RECHNUNG": Die B-GmbH ist Inhaberin eines Sportartikelgeschäfts und Eigentümerin von Teileigentum, das am 20.2.2026 von Malermeister M tapeziert wurde. Die Rechnung über 1.000 € zzgl. 190 € Umsatzsteuer hat die B-GmbH am 5.3.2026 erhalten. Die B-GmbH reicht ihre Umsatzsteuervoranmeldung 2/2026 fristgerecht am 10.3.2026 beim zuständigen Finanzamt ein.

Die B-GmbH kann die Vorsteuer für die an sie erbrachte sonstige Leistung (Tapezieren) abziehen, da sie das Teileigentum für die Ausführung von steuerpflichtigen Ausgangsumsätzen nutzt (Einzelhandel). Nach Auffassung der Finanzverwaltung[696] ist der Vorsteuerabzug aber nicht bereits für den Voranmeldungszeitraum des Leistungsbezugs (Februar 2026) abziehbar, da die B-GmbH die dafür erforderliche Rechnung erst am 5.3.2026, also erst im nächsten Voranmeldungszeitraum (März 2026) erhalten hat. Dagegen ist es nach Auffassung des EuG[697] unionsrechtlich geboten, den Vorsteuerabzug bereits für 2/2026 zuzulassen.

Bei Anzahlungen oder Vorauszahlungen ist der darauf entfallende Umsatzsteuerbetrag bereits im Zahlungszeitpunkt abzugsfähig. Auch hierzu ist aber bereits eine (Vorauszahlungs-)Rechnung erforderlich (§ 15 Abs. 1 Satz 1 Nr. 1 Satz 3 UStG). Insoweit entfällt dann der Vorsteuerabzug aus der End-/Schlussrechnung (kein Doppelabzug). 886

694 Abschnitt 15.2. Abs. 2 Satz 6 UStAE.

695 EuG, Urteil v. 11.2.2026 - T-689/24 (I.S.A.), DStR 2026 S. 412.

696 Abschnitt 15.2. Abs. 2 Satz 6 UStAE.

697 EuG, Urteil v. 11.2.2026 - T-689/24 (I.S.A.), DStR 2026 S. 412.

bb) Abziehbare Vorsteuer aus steuerpflichtiger Vermietung

887 Typischerweise entstehen Vorsteuern aus den Betriebskosten und dem Erhaltungsaufwand für das Objekt. Vorsteuern auf Eingangsleistungen, die der Unternehmer (Wohnungseigentümer als Vermieter) zur Ausführung steuerfreie Umsätze verwendet, sind vom Vorsteuerabzug ausgeschlossen (§ 15 Abs. 2 Satz 1 Nr. 1 UStG). Der Wohnungseigentümer muss also nach § 9 Abs. 1, 2 UStG zur Umsatzsteuer (zulässig) optieren, damit er aus Eingangsleistungen die Vorsteuer abziehen kann.

888 Verwendet der Wohnungseigentümer die für sein vermietetes Wohnungseigentum gelieferten Gegenstände bzw. in Anspruch genommenen sonstigen Leistungen nur teilweise für Abzugsumsätze, ist der Teil der jeweiligen Vorsteuerbeträge nicht abziehbar, der den Ausschlussumsätzen wirtschaftlich zuzuordnen ist (§ 15 Abs. 4 Satz 1 UStG). Dies kann nach § 15 Abs. 4 Satz 2 UStG „im Wege einer sachgerechten Schätzung" ermittelt werden. Bei Wohnungseigentum wird das in aller Regel dem Verhältnis der Flächen entsprechen. Eine Aufteilung nach dem Umsatzschlüssel (nach den anteiligen Mieteinnahmen) ist nach § 15 Abs. 4 Satz 4 UStG ausnahmsweise und nur dann zulässig, wenn (wirklich) keine andere, präzisere wirtschaftliche Zuordnung möglich ist.[698]

889 Wenn die bezogenen Leistungen ertragsteuerrechtlich Erhaltungsaufwand darstellen oder mit dem Gebrauch oder der Nutzung des Gebäudes zusammenhängen, sind die bezogenen Leistungen vorrangig den vorsteuerunschädlich oder vorsteuerschädlich verwendeten Gebäudeteilen zuzuordnen.[699] Ist eine direkte Zurechnung des Erhaltungsaufwands oder der Aufwendungen im Zusammenhang mit dem Gebrauch zu bestimmten Gebäudeteilen nicht möglich, sind die Vorsteuerbeträge nach § 15 Abs. 4 UStG aufzuteilen.[700]

BEISPIEL „ERHALTUNGSAUFWAND": Die R-GmbH ist Eigentümerin von Teileigentum, welches flächenmäßig zu 60 % an einen Optiker und zu 40 % an einen Versicherungsvermittler vermietet ist. Die R-GmbH lässt die gemeinsame Fensterfront reinigen und im Kunden-WC der Versicherungsagentur einen neuen Spiegel anbringen.

698 Gesetz zur Modernisierung und Digitalisierung der Schwarzarbeitsbekämpfung v. 22.12.2025, BGBl 2025 I Nr. 369 v. 29.12.2025. Nach Art. 23 Abs. 1 des Gesetzes tritt die Regelung am Tag nach der Verkündung (diese war am 29.12.2025) in Kraft, also am 30.12.2025.

699 Abschnitt 15.17 Abs. 8 Satz 1 UStAE.

700 Abschnitt 15.17 Abs. 8 Satz 2 UStAE.

LÖSUNG: Die R-GmbH erbringt im Grundsatz steuerfreie Vermietungsleistungen nach § 4 Nr. 12 Satz 1 Buchst. a UStG. Eine Option ist nur gegenüber dem Optiker, aber nicht gegenüber dem Versicherungsvermittler (Ausschlussumsätze nach § 4 Nr. 11 UStG) möglich. Bei einer Option (Teiloption) gegenüber dem Optiker als Mieter der anteiligen Fläche ist die Vorsteuer aus der Fensterreinigung zu 60 % abziehbar. Die Vorsteuer aus dem neuen Spiegel im Kunden-WC ist direkt der Versicherungsagentur zuzuordnen und daher nicht abzugsfähig.

Wenn ein oder mehrere Wohnungseigentümer ihr Wohnungseigentum ver- 890
mieten, liefern die Fremdunternehmer (z. B. Energie- und Wasserversorger, Handwerker, Reinigungsunternehmen) zunächst an die GdWE eine Vielzahl an Leistungen, welche im zweiten Schritt dann „automatisch" an die jeweiligen Wohnungseigentümer geleistet werden (siehe →Rz. 1273 ff.). Die Wohnungseigentümer leisten wiederum als Vermieter an ihre Mieter. Die Leistungen der GdWE an die Wohnungseigentümer werden dabei nach § 4 Nr. 13 UStG steuerfrei gestellt (siehe →Rz. 1279 ff.).[701] Die GdWE (als eigene Unternehmerin) hat deswegen kein Recht auf einen Vorsteuerabzug aus diesen Leistungen. Jedoch kann die GdWE (nach entsprechendem Beschluss der Wohnungseigentümerversammlung) auf die Steuerfreiheit (entweder komplett oder punktuell für einzelne Wohnungseigentümer) nach § 9 Abs. 1 UStG verzichten, soweit es sich bei dem jeweiligen Wohnungseigentümer um einen Unternehmer (z. B. Vermieter) handelt. Dann kann die GdWE Vorsteuern aus ihren Eingangsleistungen abziehen (und diese in der Jahresabrechnung zugunsten der vermietenden Wohnungseigentümer berücksichtigen).

cc) Wechsel der Steuerschuldnerschaft aus Eingangsleistungen (§ 13b UStG)

Wenn im Ausland ansässige Unternehmer an den Wohnungseigentümer 891
Werklieferungen oder sonstige Leistungen erbringen, schuldet der Wohnungseigentümer die Umsatzsteuer (Wechsel der Steuerschuldnerschaft nach § 13b Abs. 1, Abs. 2 Nr. 1, Abs. 5 Satz 1, Abs. 7 UStG). Die Leistung wird dann „netto" (ohne Umsatzsteuer) abgerechnet. Der Wohnungseigentümer hat dann – anstelle des leistenden Unternehmers – die Umsatzsteuer (i. d. R. 19 % auf den Nettobetrag) an das Finanzamt abzuführen. Dies gilt auch dann, wenn die Leistung für den nichtunternehmerischen (privaten) Bereich des Wohnungseigentümers (Vermieters) bezogen wird (§ 13b Abs. 5 Satz 7 UStG).

Sofern der Eingangsumsatz für steuerpflichtige Vermietungsumsätze genutzt 892
wird, hat der Wohnungseigentümer (Vermieter) einen Vorsteuerabzug aus § 15 Abs. 1 Satz 1 Nr. 4 UStG.

701 Abschnitt 4.13.1 Abs. 2 Satz 4 UStAE.

BEISPIEL „AUSLANDSUNTERNEHMER": Die R-GmbH ist Eigentümerin von Teileigentum in Aachen (Deutschland), welches umsatzsteuerpflichtig an einen Blumenhandel vermietet ist. Die R-GmbH beauftragt den Handwerker H aus Maastricht (Niederlande) mit der Renovierung eines Raums.

LÖSUNG: Die Werkleistung (§ 3 Abs. 4 UStG) des H ist in Deutschland steuerbar und steuerpflichtig. Die R-GmbH schuldet die Umsatzsteuer (§ 13b Abs. 5 Satz 1 UStG) und hat daraus einen korrespondierenden Vorsteuerabzug (§ 15 Abs. 1 Satz 1 Nr. 4 UStG).

893 Die GdWE als Leistungsempfänger von Bauleistungen ist nicht Steuerschuldner nach § 13b UStG, wenn diese Leistungen als nach § 4 Nr. 13 UStG steuerfreie Leistungen „über" die GdWE an die einzelnen Wohnungseigentümer weitergegeben werden. Dies gilt auch dann, wenn die GdWE (auch) für diese Umsätze nach § 9 Abs. 1 UStG zur Steuerpflicht optiert.[702]

894 Die GdWE ist auch für Telekommunikationsdienstleistungen als Leistungsempfänger kein Steuerschuldner, wenn diese Leistungen als nach § 4 Nr. 13 UStG steuerfreie Leistungen der GdWE an die einzelnen Wohnungseigentümer weitergegeben werden.[703]

f) Vorsteuerberichtigung bei Nutzungsänderung (§ 15a UStG)

aa) Sofortabzug der Vorsteuer nach der Verwendung bei Leistungsbezug

895 Bei Vorsteuerbeträgen aus Eingangsleistungen ist sofort beim Leistungsbezug schon zu entscheiden, ob diese dem Unternehmen des Wohnungseigentümers zugeordnet werden (können) und in welcher Höhe die Vorsteuer nach der Verwendung (oder Verwendungsabsicht) tatsächlich abziehbar ist. Sollte sich später die Verwendung des Wohnungseigentums ändern, hat dies keine rückwirkende Auswirkung auf den ursprünglichen Vorsteuerabzug. Innerhalb des zehnjährigen Berichtigungszeitraums ist aber ggf. die Vorsteuer (zugunsten oder zulasten des Wohnungseigentümers) nach § 15a UStG zu korrigieren.

BEISPIEL „SINN DES § 15A USTG": Die T-GmbH ist Eigentümerin von Teileigentum, welches sie ab Fertigstellung des Gebäudes zulässig umsatzsteuerpflichtig (Option nach § 9 UStG) an einen Rechtsanwalt vermietet. Die Vorsteuern aus der Herstellung des Gebäudes hat die T-GmbH zutreffend als Vorsteuer abgezogen (§ 15 UStG). Zwei Jahre nach der Erstvermietung zieht der Rechtsanwalt aus und das Objekt wird nunmehr an die Praxis einer Zahnärztin vermietet, die das Teileigentum für steuerfreie Ausschlussumsätze (§ 4 Nr. 14 UStG) verwendet.

LÖSUNG: Der ursprüngliche Vorsteuerabzug aus den Gebäudeherstellungskosten nach § 15 UStG bleibt auch nach dem Mieterwechsel zutreffend. Selbst wenn das

702 Abschnitt 13b.3 Abs. 9 UStAE.

703 Abschnitt 13b.7b Abs. 8 Satz 1 UStAE.

Herstellungsjahr verfahrensrechtlich noch offen und nach §164 Abs.2 AO noch änderbar wäre, besteht kein rückwirkender Korrekturbedarf. Jedoch ist die Vorsteuer aus den Baukosten anteilig nach §15a UStG wegen der Änderung der tatsächlichen Verhältnisse (Mieterwechsel) zurückzuzahlen.

bb) Berichtigung des Vorsteuerabzugs bei später geänderten Verhältnissen

Ändern sich bei einem Grundstück innerhalb von zehn Jahren ab dem Zeitpunkt der erstmaligen Verwendung die für den ursprünglichen Vorsteuerabzug maßgebenden Verhältnisse, ist dies für jedes Kalenderjahr der Änderung durch eine Berichtigung des Abzugs der auf die Anschaffungs- oder Herstellungskosten entfallenden Vorsteuerbeträge auszugleichen (§15a Abs.1 UStG). Bei der Berichtigung ist für jedes Kalenderjahr der Änderung von einem Zehntel der auf das Grundstück entfallenden Vorsteuerbeträge auszugehen (§15a Abs.5 Satz1 UStG). 896

In der Praxis ergibt sich insbesondere aus den folgenden Situationen eine Änderung der Verhältnisse, die zu einer Vorsteuerkorrektur nach §15a UStG führen kann: 897

- Durch den Wechsel des Mieters wird aus einer steuerfreien Vermietung eine steuerpflichtige Vermietung (= Vorsteueranspruch nach §15a UStG zugunsten des Wohnungseigentümers).
- Durch den Wechsel des Mieters wird aus einer steuerpflichtigen Vermietung eine steuerfreie Vermietung (= Vorsteuerrückforderung nach §15a UStG zulasten des Wohnungseigentümers).

cc) Berechnung des Korrekturbetrags

Die gesamte (ursprünglich abgezogene) Vorsteuer wird auf zehn Jahre linear verteilt und es wird für jedes Jahr geprüft, ob sich die Verhältnisse für den Vorsteuerabzug gegenüber dem Abzugsjahr geändert haben. Soweit sich eine Änderung ergibt, entsteht für dieses Jahr ein Rückzahlungsanspruch nach §15a UStG, der in die Umsatzsteuerfestsetzung des jeweiligen Jahres einbezogen wird. 898

BEISPIEL „BERECHNUNG §15A USTG": Die S-GmbH ist Eigentümerin von Teileigentum, welches sie ab Fertigstellung des Gebäudes (1.1.2023) umsatzsteuerpflichtig an einen Lebensmittel-Einzelhändler umsatzsteuerpflichtig (mit Option nach §9 Abs.1, 2 UStG) vermietet. Die Vorsteuern aus der Herstellung des Gebäudeteils (100.000€) hat die S-GmbH zutreffend im VZ2022 als Vorsteuer abgezogen (§15 UStG). Zum 1.1.2026 gibt es einen Mieterwechsel: Ab diesem Zeitpunkt mietet eine Versicherungsagentur das Objekt umsatzsteuerfrei.

LÖSUNG: ► Der ursprüngliche Vorsteuerabzug aus den Gebäudeherstellungskosten nach § 15 UStG bleibt auch nach dem Mieterwechsel zutreffend. Jedoch ist die Vorsteuer aus den damaligen Baukosten ab dem VZ 2026 zu je 1/10 (100.000 €/10 Jahre = 10.000 €) nach § 15a UStG zurückzuzahlen. Der Berichtigungszeitraum endet nach zehn Jahren zum 31.12.2032. Wenn die steuerfreie Vermietung so lange weitergeführt wird, muss für die VZ 2026–2032 (7 Jahre) jeweils 10.000 € p. a. (somit insgesamt 70.000 €) Vorsteuer zurückgezahlt werden. Erhalten bleibt die anteilig auf die VZ 2023–2025 entfallende Vorsteuer (insgesamt 30.000 €), die zeitanteilig auf die steuerpflichtige Vermietung entfällt.

899 Der Zehnjahreszeitraum ist monatsgenau zu berechnen. Endet der Zeitraum vor dem 16. eines Kalendermonats, bleibt dieser Kalendermonat für die Berichtigung unberücksichtigt. Endet er nach dem 15. eines Kalendermonats, so ist dieser Kalendermonat voll zu berücksichtigen (§ 45 UStDV).

dd) Berichtigungsobjekte bei Grundstücken

900 Die Anschaffung oder Herstellung des Wohnungseigentums ist der Grundfall eines „Berichtigungsobjekts". Wenn und soweit Vorsteuern dabei abgezogen werden, läuft der zehnjährige Überwachungszeitraum nach § 15a UStG. Es kann aber noch weitere (eigenständige) Berichtigungsobjekte geben:

- Nachträgliche Anschaffungs- oder Herstellungskosten (§ 15a Abs. 6 UStG) für das Wohnungseigentum (z. B. ein Anbau) gelten als eigenes Berichtigungsobjekt, für das ein eigener Zehnjahreszeitraum läuft.
- Wenn ein Wirtschaftsgut nachträglich in das Wohnungseigentum eingeht und dieser Gegenstand dabei seine körperliche und wirtschaftliche Eigenart verliert (z. B. eine nachträglich eingebaute Klimaanlage),[704] gilt es ebenfalls als eigenes Berichtigungsobjekt (§ 15a Abs. 3 UStG).
- Auch sonstige Leistungen „mit Dauerwirkung" (z. B. Beratungsleistungen) [705] können als Berichtigungsobjekt erfasst werden (§ 15a Abs. 4 UStG). Dies trifft i. d. R. aber nicht auf Erhaltungsaufwand zu, der sich sofort wirtschaftlich verbraucht (wie eine Fensterreinigung, Heizungswartung oder Gartenarbeit).[706]
- Werterhaltende (oder wertverbessernde) Arbeiten an der Substanz selbst (z. B. ein neuer Fassadenanstrich) unterliegen aber der Berichtigung nach § 15a Abs. 3 UStG.[707]

704 Abschnitt 15a.6 Abs. 1 Satz 6 Nr. 2 UStAE.
705 Abschnitt 15a.7 Abs. 1 Satz 2 Nr. 1 UStAE.
706 Abschnitt 15a.6 Abs. 6 Satz 4 UStAE.
707 Abschnitt 15a.6 Abs. 7 Satz 3 Nr. 1 UStAE.

ee) Geringfügigkeitsgrenzen

Eine Berichtigung des Vorsteuerabzugs nach § 15a UStG entfällt nach § 44 Abs. 1 UStDV, wenn die auf die Anschaffungs- oder Herstellungskosten eines Wirtschaftsguts entfallende Vorsteuer 1.000 € nicht übersteigt. Das ist bei Wohnungseigentum ein eher seltener Fall. Praxisrelevanter ist § 44 Abs. 2 Satz 1 UStDV. Danach entfällt bei einem Wirtschaftsgut die Berichtigung des Vorsteuerabzugs für ein Kalenderjahr, für das sich die für den ursprünglichen Vorsteuerabzug maßgebenden Verhältnisse um weniger als zehn Prozentpunkte geändert haben. Das gilt aber nicht, wenn der Berichtigungsbetrag für dieses Kalenderjahr über 1.000 € liegt (§ 44 Abs. 2 Satz 2 UStDV). 901

5. Eigenbetriebliche Nutzung von Wohnungseigentum

a) Grundstücke als betriebliche bzw. unternehmerische Wirtschaftsgüter

Wohnungseigentum kann (wie Grundstücke im Allgemeinen) nicht nur zu eigenen Wohnzwecken oder zur Vermietung, sondern auch für eigene betriebliche Zwecke verwendet werden. Hierbei gelten die allgemeinen umsatzsteuerrechtlichen Voraussetzungen und Folgen, wie dies auch – im Grundsatz – bei vermietetem Wohnungseigentum der Fall ist. Das Wohnungseigentum stellt bei der eigenbetrieblichen Nutzung ein Produktionsmittel eines Betriebs (Unternehmen) dar, das z. B. für die Herstellung oder den Handel von Waren oder der Erbringung von Dienstleistungen dient. Dabei wird mit dem Wohnungseigentum selbst i. d. R. nicht die Ausgangsleistung unmittelbar erbracht (wie bei der Vermietung des Objekts), sondern es ist oft die räumliche und funktionale Grundlage (insbesondere als Büro-, Verwaltungs-, Produktionsgebäude oder Werkstatt) des Unternehmens, um damit Ausgangsumsätze zu erbringen. Der Fokus liegt daher oft bei der Frage des Vorsteuerabzugs aus Eingangsleistungen für das Wohnungseigentum. 902

b) Vorsteuerabzug aus Eingangsleistungen für das Wohnungseigentum

Aus dem Erwerb (bzw. der Herstellung) und dem Unterhalt des Wohnungseigentums resultieren Vorsteuern aus Eingangsleistungen (z. B. Herstellungskosten des Gebäudes, Erhaltungsaufwand und laufende Betriebskosten). Nach den allgemeinen Grundsätzen für den Vorsteuerabzug kann der Unternehmer (Betriebsinhaber und damit Wohnungseigentümer) die Umsatzsteuer für sol- 903 che Lieferungen und sonstige Leistungen als Vorsteuer abziehen (§ 15 Abs. 1 Satz 1 Nr. 1 Satz 1 UStG).

BEISPIEL „VORSTEUER AUS BETRIEBLICHEM TEILEIGENTUM": Die T-GmbH ist Eigentümerin von Teileigentum, welches sie für ihren Tischlereibetrieb nutzt. Aus der Herstellung des Gebäudes (Baukosten) und einigen laufenden Betriebskosten (z. B. Gebäudereinigung und Heizungswartung) entstehen der T-GmbH Vorsteuern.

LÖSUNG: Die T-GmbH kann die Vorsteuern im Zusammenhang mit dem Teileigentum nach § 15 UStG abziehen, sofern sie das Objekt ihrem Unternehmen zugeordnet hat (Regelfall).

904 Vorsteuern auf diese Eingangsleistungen sind vom Vorsteuerabzug ausgeschlossen, wenn der Unternehmer das betrieblich genutzte Wohnungseigentum zur Ausführung von „Ausschlussumsätzen" verwendet. Das sind insbesondere steuerfreie Umsätze nach § 4 Nr. 8–29 UStG (§ 15 Abs. 2, 3 UStG).

BEISPIEL „VORSTEUERAUSSCHLUSS ODER -ABZUG BEI BETRIEBLICHEM TEILEIGENTUM": Die X-GmbH ist Eigentümerin von Teileigentum, welches sie für

a) ihren Obsthandelsbetrieb nutzt, bei dem ein Teil der Waren nach § 4 Nr. 1 Buchst. a bzw. Buchst. b UStG (Ausfuhrlieferungen bzw. innergemeinschaftliche Lieferungen) steuerfrei ins Ausland geliefert wird;

b) ihr Unternehmen als Versicherungsmaklerin nutzt, die steuerfreie Leistungen erbringt (§ 4 Nr. 11 UStG).

Aus dem Unterhalt des Objektes entstehen der X-GmbH Vorsteuern.

LÖSUNG: Zu a) Die X-GmbH kann die Vorsteuern im Zusammenhang mit dem Teileigentum nach § 15 UStG abziehen. Die steuerfreien Umsätze nach § 4 Nr. 1 Buchst. a bzw. Buchst. b UStG sind für den Vorsteuerabzug unschädlich.

Zu b) Die X-GmbH kann keine Vorsteuern im Zusammenhang mit dem Teileigentum nach § 15 UStG abziehen. Die steuerfreien Umsätze nach § 4 Nr. 11 UStG sind für den Vorsteuerabzug schädlich.

905 Wenn der Betrieb (und damit auch das Wohnungseigentum) nur teilweise Abzugsumsätze ausführt, ist der Teil der Vorsteuer nicht abziehbar, der den Ausschlussumsätzen wirtschaftlich zuzuordnen ist (§ 15 Abs. 4 Satz 1 UStG). Dies kann nach § 15 Abs. 4 Satz 2 UStG „im Wege einer sachgerechten Schätzung" ermittelt werden. Bei vermietetem Wohnungseigentum wird die Vorsteuer regelmäßig im Verhältnis der Flächen aufgeteilt. Bei einem „Mischbetrieb" ist dies aber nicht so einfach, wenn das gesamte Wohnungseigentum (die gesamte Fläche) sowohl für Abzugs- also auch für Ausschlussumsätze verwendet wird. Dies ist gerade bei Büro- und Verwaltungsgebäuden problematisch. Eine Aufteilung nach dem Umsatzschlüssel (nach den anteiligen Erlösen) ist nach

§ 15 Abs. 4 Satz 3 UStG dann (ausnahmsweise) zulässig, sofern keine andere, präzisere wirtschaftliche Zuordnung möglich ist.[708]

6. Veräußerung von Wohnungseigentum

a) Wohnungseigentum im Unternehmen

Die Veräußerung von Wohnungseigentum fällt nur dann unter das Umsatzsteuergesetz, wenn es durch einen Unternehmer (§ 2 UStG) im Rahmen seines Unternehmens veräußert wird. Das Wohnungseigentum muss darüber hinaus beim Erwerb dem Unternehmen zugeordnet worden sein. 906

BEISPIEL „UNTERNEHMENSVERMÖGEN": Herr K betreibt selbständig einen Autohandel als Einzelunternehmer. Er ist zudem Eigentümer einer zu Wohnzwecken vermieteten Eigentumswohnung, die er an die Erwerberin E veräußert.

LÖSUNG: Herr K ist durch sein Autohandelsgewerbe Unternehmer i. S. des § 2 UStG. Die Vermietung ist ebenfalls eine Tätigkeit, die zur Unternehmereigenschaft führt. Die Veräußerung der Eigentumswohnung ist aber nur dann eine steuerbare Leistung im Sinne des Umsatzsteuergesetzes, wenn das Grundstück dem (gesamten) umsatzsteuerrechtlichen Unternehmen des K zugeordnet wurde. Dies wird oft schon deshalb nicht der Fall sein, weil das Wohnungseigentum ohne Vorsteuerabzugsrecht erworben wurde (z. B. bei einer Vermietung zu Wohnzwecken).[709] Es kommt daher auf den konkreten Sachverhalt an. Sofern Herr K das Grundstück nicht seinem Unternehmen zugeordnet hatte, ist die Eigentumswohnung kein Teil des Unternehmens (vermögens) und die Veräußerung findet nicht „im Rahmen seines Unternehmens" (vgl. § 1 Abs. 1 Nr. 1 Satz 1 UStG) statt.

Die Veräußerung von Wohnungseigentum aus der Unternehmenssphäre ist somit grds. als Leistungsaustausch umsatzsteuerpflichtig (Lieferung eines Grundstücks gegen Kaufpreis als Entgelt). Sofern es sich um eine „Geschäftsveräußerung" handelt, ist die Veräußerung aber nicht umsatzsteuerbar (§ 1 Abs. 1a UStG). Sonst ist die Grundstückslieferung im Grundsatz steuerfrei (§ 4 Nr. 9 Buchst. a UStG). Die Steuerfreiheit kann ggf. ausgeschlossen werden (Option nach § 9 Abs. 1 UStG). 907

708 Nach BMF, Schreiben v. 20.10.2022 - III C 2-S 7306/19/10001:003, BStBl 2022 I S. 1497 Rz. 20, z. B. bei Verwaltungsgebäuden, wenn diese den Umsätzen des gesamten Unternehmens dienen.

709 Zuordenbar wäre ein Grundstück aber gleichwohl beim Erwerb, auch wenn es (noch) keinen Vorsteuerabzug nach § 15 UStG erzeugt. Innerhalb der 10-Jahres-Frist des § 15a UStG könnte durch eine Zuordnung bei Erwerb (und Dokumentation gegenüber dem Finanzamt) ein nachträglicher (zeitanteiliger) Vorsteuerabzug generiert werden, wenn später umsatzsteuerpflichtig vermietet wird (z. B. bei einem Mieterwechsel).

908 Maschinen und sonstige Vorrichtungen aller Art, die zu einer Betriebsanlage gehören (Betriebsvorrichtung),[710] sind nicht Teil des grunderwerbsteuerrechtlichen Grundstücksbegriffs (§ 2 Abs. 1 Satz 2 Nr. 1 GrEStG) und unterliegen damit der Umsatzsteuer.

b) Grundsatz: Steuerfreiheit (§ 4 Nr. 9 Buchst. a UStG)

909 Die Veräußerung von Wohnungseigentum durch einen Unternehmer im Rahmen seines Unternehmens gegen Entgelt (Kaufpreis) stellt einen Leistungsaustausch (§ 1 Abs. 1 Nr. 1 UStG) dar. Sofern der Umsatz keine (nicht steuerbare) Geschäftsveräußerung i. S. des § 1 Abs. 1a UStG darstellt, ist der Umsatz im Grundsatz umsatzsteuerpflichtig.

910 Die Veräußerung von Wohnungseigentum ist jedoch grunderwerbsteuerbar (§ 1 Abs. 1 Nr. 1 GrEStG). Dadurch wird dieser Umsatz von der Umsatzsteuer befreit (§ 4 Nr. 9 Buchst. a UStG).

BEISPIEL „STEUERFREIE VERÄUßERUNG“: Herr Q ist Eigentümer einer zu Wohnzwecken vermieteten Eigentumswohnung, die er an die Erwerberin E veräußert. Bei Erwerb hat Herr Q die Immobilie seinem Unternehmensvermögen zugeordnet.

LÖSUNG: Herr Q ist als Vermieter Unternehmer i. S. des § 2 UStG und hat das Wohnungseigentum seinem Unternehmen zugeordnet. Daher unterliegt die Veräußerung als steuerbarer Vorgang der Umsatzsteuer (§ 1 Abs. 1 Nr. 1 UStG). Die Vermietung ist ebenfalls eine Tätigkeit, die zur Unternehmereigenschaft führt. Die Veräußerung der Eigentumswohnung ist aber von der Umsatzsteuer befreit (§ 4 Nr. 9 Buchst. a UStG).

911 Die steuerfreie Veräußerung von Wohnungseigentum kann nach § 15a Abs. 8 UStG zu einer Vorsteuerkorrektur (anteilige Rückzahlung von Vorsteuern) führen.

BEISPIEL „VORSTEUERKORREKTUR“: Frau W hat zum 1.1.2023 Teileigentum im Sinne des WEG mit Vorsteuerabzug (50.000 €) erworben, welches sie umsatzsteuerpflichtig an die Bäckerei B vermietet. Zum 1.1.2025 veräußert sie das Teileigentum nach § 4 Nr. 9 Buchst. a UStG steuerfrei an Frau C, die das Objekt (nach einem Umbau) zu eigenen Wohnzwecken nutzt (dann zivilrechtlich: „Wohnungseigentum“).

LÖSUNG: Die steuerfreie Veräußerung innerhalb des zehnjährigen Berichtigungszeitraums (§ 15a Abs. 1 Satz 2 UStG) führt zu einer Änderung der Verhältnisse, die zu einer zeitanteiligen Vorsteuerkorrektur i. H. von 3/10 x 50.000 € = 15.000 € führt (§ 15a Abs. 8 UStG), die Frau W zurückzuzahlen hat.

912 Die zum Wohnungseigentum gehörenden Sondernutzungsrechte (z. B. eine alleinige Gartennutzung) stehen den Grundstücken gleich und unterliegen der

710 Für die Abgrenzung des Grundvermögens von den Betriebsvorrichtungen vgl. die Gleich lautenden Erlasse der Länder v. 5.6.2013, BStBl 2013 I S. 734.

Grunderwerbsteuer (§ 2 Abs. 2 Nr. 3 GrEStG) und sind damit von der Umsatzsteuerfreiheit des § 4 Nr. 9 Buchst. a UStG erfasst.

Mitveräußerte Betriebsvorrichtungen sind nicht nach § 4 Nr. 9 UStG steuerfrei, da diese nach § 2 Abs. 1 Satz 2 Nr. 1 GrEStG kein Teil des grunderwerbsteuerrechtlichen Grundstücksbegriffs sind.[711] 913

c) Option zur Umsatzsteuer (§ 9 Abs. 1 UStG)

Die nach § 4 Nr. 9 Buchst. a UStG steuerfreie Lieferung (insbesondere Verkauf) 914 von Wohnungseigentum kann als steuerpflichtig behandelt werden. Eine solche Option nach § 9 Abs. 1 UStG ist nur für Umsätze an einen anderen Unternehmer für dessen Unternehmen zulässig. Die Option zur Umsatzsteuerpflicht (d. h. der Verzicht auf die Umsatzsteuerfreiheit) ist oft für diejenigen Unternehmer relevant, bei denen der Berichtigungszeitraum für eine Vorsteuerkorrektur aus dem Grundstück nach § 15a UStG noch läuft und daher bei einer steuerfreien Veräußerung eine Vorsteuerrückzahlung ausgelöst würde. Sofern der Erwerber vorsteuerabzugsfähig ist, führt die Option für den Erwerber grds. zu keiner effektiven Mehrbelastung.

Es kommt für die Option bei einem Verkauf von Wohnungseigentum nicht 915 darauf an, für welche Umsätze der Erwerber das Wohnungseigentum verwendet (dies ist bei der Option zur steuerpflichtigen Vermietung von Wohnungseigentum anders, vgl. § 9 Abs. 2 UStG).

Eine Option ist unzulässig, wenn der leistende Unternehmer (Verkäufer) das 916 Wohnungseigentum nicht seinem Unternehmen zugeordnet hat oder zuordnen konnte.[712] Der Erwerber muss das Wohnungseigentum lediglich „für sein Unternehmen" (§ 15 Abs. 1 UStG) erwerben. Es kommt nicht darauf an, ob er es tatsächlich seinem Unternehmen auch wirksam zuordnet.

Die Option (Verzicht auf die Steuerbefreiung) muss in dem Notarvertrag zur 917 Grundstücksveräußerung (§ 311b Abs. 1 BGB) erklärt werden (§ 9 Abs. 3 Satz 2

711 Möglicherweise kann dies nach der Rechtsprechung des EuGH anders gesehen werden, vgl. Behrens, BB 2022 S. 162.

712 Abschnitt 9.1 Abs. 5 Satz 3 UStAE.

UStG).[713] Die Umsatzsteuer schuldet dann der Erwerber (§ 13b Abs. 2 Nr. 3 i. V. mit Abs. 5 Satz 1 UStG).

BEISPIEL „OPTION": Frau F veräußert ihr bisher eigenbetrieblich genutztes Teileigentum für (netto) 100.000 € an Frau C, die darin ein Sportgeschäft betreiben möchte. Im Notarvertrag wird zur Umsatzsteuer optiert.

LÖSUNG: Die Grundstückslieferung ist umsatzsteuerpflichtig (100.000 € x 19 % = 19.000 €). C schuldet als Leistungsempfängerin die Umsatzsteuer.

d) Geschäftsveräußerung (§ 1 Abs. 1a UStG)

918 Die Umsätze im Rahmen einer „Geschäftsveräußerung" an einen anderen Unternehmer für dessen Unternehmen unterliegen nicht der Umsatzsteuer. Diese sind nach § 1 Abs. 1a UStG nicht umsatzsteuerbar. Damit entsteht keine Umsatzsteuer und der „Nichtumsatz" hat für den Veräußerer keine negativen Konsequenzen. Eine Geschäftsveräußerung i. S. des § 1 Abs. 1a UStG verlangt die (entgeltliche oder unentgeltlich) Übertragung der wesentlichen Grundlagen eines Unternehmens oder eines gesondert geführten Betriebs an einen Unternehmer für dessen Unternehmen.[714]

919 Vermietetes Wohnungseigentum kann dabei als „Betrieb" oder als „ein in der Gliederung eines Unternehmens gesondert geführter Betrieb" i. S. des § 1 Abs. 1a UStG anzusehen sein. Die Veräußerung ist dann nach § 1 Abs. 1a UStG nicht umsatzsteuerbar. Dafür muss der Erwerber durch den mit dem Grundstückserwerb verbundenen Eintritt in den bestehenden Mietvertrag vom Veräußerer ein „Vermietungsunternehmen" übernehmen oder die Vermietungstätigkeit des Veräußerers durch eigene (neu abgeschlossene) Mietverträge fortführen.[715] Es ist sogar ausreichend, wenn eine einzige (vermietete) Eigentumswohnung veräußert wird.[716]

920 Bei der Veräußerung des vermieteten Objekts an den bisherigen Mieter zu dessen eigenen (weitergeführten) wirtschaftlichen Zwecken wird kein „Vermie-

713 Ein späterer Verzicht auf die Umsatzsteuerbefreiung ist unwirksam, auch wenn er notariell beurkundet wird (BFH, Urteil v. 21.10.2015 - XI R 40/13, BStBl 2017 II S. 852 JAAAF-18905). Der (zunächst fristgerechte und wirksame) Verzicht auf die Steuerbefreiung des § 4 Nr. 9 Buchst. a UStG kann aber nach BFH-Auffassung widerrufen werden, solange die Steuerfestsetzung für das Jahr der Leistungserbringung noch anfechtbar oder noch nach § 164 AO änderbar ist (BFH, Beschluss v. 2.7.2021 - XI R 22/19 NAAAH-93539 = BFH/NV 2021 S. 1624; a. A. Abschnitt 9.2 Abs. 9 Satz 3 UStAE).

714 Abschnitt 1.5 Abs. 1 Satz 1 UStAE.

715 Abschnitt 1.5 Abs. 2 Satz 1 UStAE.

716 Abschnitt 1.5 Abs. 4 Satz 3 UStAE.

tungsunternehmen“ fortgesetzt, so dass keine Geschäftsveräußerung angenommen wird.[717]

Eine Option zur Umsatzsteuerpflicht i.S.des §9 UStG ist in den Fällen einer Geschäftsveräußerung nicht zulässig. 921

Für Zwecke der Vorsteuerberichtigung nach §15a UStG tritt der Erwerber in den (weiterlaufenden) Berichtigungszeitraum ein (§15a Abs.10 UStG). 922

BEISPIEL „GESCHÄFTSVERÄUSSERUNG“: Frau S hat zum 1.1.2021 Teileigentum mit Vorsteuerabzug (50.000 €) erworben, welches sie umsatzsteuerpflichtig an die Bäckerei B vermietet. Zum 1.1.2023 veräußert sie das Teileigentum am Frau C, welche die Vermietung zunächst fortsetzt. Ab dem 1.1.2028 wird das Teileigentum an den Zahnarzt Z vermietet.

LÖSUNG: Die Veräußerung des Teileigentums zum 1.1.2025 ist nicht steuerbar (§1 Abs.1a UStG), da die Erwerberin das „Vermietungsunternehmen“ fortführt. Zum 1.1.2028 ist die Vorsteuer durch C nach §15a UStG i.H.von 10.000 € (zeitanteilig 2/10 von 50.000 €) aus der Grundstücksanschaffung von S zu berichtigen. S ist verpflichtet, der Erwerberin C die für die Durchführung der Berichtigung erforderlichen Angaben zu machen (§15a Abs.10 Satz 2 UStG).

Wenn der Erwerber das Wohnungseigentum bisher selbst gemietet hatte und nach dem Erwerb als Eigentümer weiter nutzt, handelt es sich nicht um eine Geschäftsveräußerung i.S.des §1 Abs.1a UStG.[718] 923

7. Außerunternehmerische (private) Nutzung von Wohnungseigentum

a) Teilweise Privatnutzung (Nutzungsentnahme)

Wenn Wohnungseigentum dem Unternehmensvermögen zugeordnet wurde und vorübergehend außerunternehmerisch genutzt wird, stellt dies keine Entnahme aus dem Unternehmensvermögen, sondern ein unentgeltlichen Wertabgabe nach §3 Abs.9a Nr.1 UStG des Nutzungsvorteils dar (Nutzungsentnahme). 924

BEISPIEL „NUTZUNGSENTNAHME“: Herr H hat sein eigenbetrieblich genutztes Teileigentum (100 m²) bei Erwerb seinem Unternehmen zugeordnet. Für einen Monat nutzt seine Tochter Cecilie dort vorübergehend einen Raum (30 m²) für ihr Studium.

717 Abschnitt 1.5 Abs.2a Satz 3 UStAE.

718 BFH, Urteil v.24.9.2009 - V R 6/08, BStBl 2010 II S.315 EAAAD-37064 unter II.4. Der Erwerber führt nicht das „Vermietungsunternehmen“ fort.

LÖSUNG: Das Wohnungseigentum bleibt im Unternehmensvermögen und wird nicht (auch nicht teilweise) entnommen. Die außerunternehmerische Raumnutzung ist aber als unentgeltliche Wertabgabe zu besteuern (§ 3 Abs. 9a Nr. 1 UStG).

925 Die unentgeltliche Wertabgaben (§ 3 Abs. 9a Nr. 1 UStG) für die außerunternehmerische Wohnungsnutzung kann nicht analog § 4 Nr. 12 Buchst. a UStG als steuerfreie Vermietung beurteilt werden.

b) Entnahme des Wohnungseigentums

926 Wenn Wohnungseigentum dem Unternehmensvermögen zugeordnet wurde, kann ein Nutzungswechsel zu einer unentgeltlichen Wertabgabe der Sache selbst (Entnahme) führen (§ 3 Abs. 1b Satz 1 Nr. 1 UStG). Beispielsweise wird ein bisher für ein Gewerbe genutztes Wohnungseigentum nunmehr (dauerhaft) zu privaten Wohnzwecken genutzt.

927 Denkbar ist auch ein Eigentumswechsel, der nicht aus unternehmerischen Gründen erfolgt. Die unentgeltliche Übertragung (z. B. Schenkung an Angehörige) löst auch ohne einen Nutzungswechsel des Wohnungseigentums eine unentgeltlichen Wertabgabe aus. Da der Gegenstand aus dem Unternehmen wegen des Eigentumswechsels ausscheidet, wird er automatisch entnommen.

928 Die Gegenstandsentnahme ist jedoch nach Auffassung der Finanzverwaltung nach § 4 Nr. 9 Buchst. a UStG umsatzsteuerfrei.[719] Die Entnahme ist damit zwar nicht umsatzsteuerpflichtig, jedoch kann sie eine Vorsteuerkorrektur nach § 15a UStG auslösen. Eine Option zur Umsatzsteuer i. S. des § 9 Abs. 1 UStG ist aber nicht zulässig.[720]

BEISPIEL „GEGENSTANDSENTNAHME“: Anton hat sein bisher eigenbetrieblich genutztes Wohnungseigentum (Teileigentum) bei Erwerb zum 1.1.2021 seinem Unternehmen zugeordnet und dabei zutreffend Vorsteuer i. H. von 100.000 € abgezogen. Am 1.1.2026 zieht seine Tochter Cecilie dort ein und nutzt das Wohnungseigentum ab dann zu ihren eigenen Wohnzwecken.

LÖSUNG: Das Wohnungseigentum bleibt zwar im Eigentum von Anton, aber dieses wird umsatzsteuerrechtlich zum 1.1.2026 aus dem Unternehmensvermögen entnommen (§ 3 Abs. 1b Satz 1 Nr. 1 UStG). Diese unentgeltliche Wertabgabe ist (auch ohne Rechtsträgerwechsel) nach § 4 Nr. 9 Buchst. a UStG umsatzsteuerfrei. Jedoch ist die Vorsteuer aus der Anschaffung des Wohnungseigentums zum 1.1.2026 nach § 15a Abs. 8 UStG zeitanteilig zu korrigieren, da der zehnjährige Berichtigungszeitraum (§ 15a Abs. 1 Satz 2 UStG) noch nicht abgelaufen ist.

719 Abschnitt 4.9.1 Abs. 2 Nr. 6. UStAE.

720 Abschnitt 9.1 Abs. 2 Satz 3 UStAE.

8. Rechnungen (§ 14 UStG)

a) Recht oder Pflicht zur Rechnungsausstellung

Der leistende Unternehmer hat insbesondere bei steuerpflichtigen Umsätzen an unternehmerische Leistungsempfänger eine Rechnung auszustellen (§ 14 Abs. 2 UStG). Für die Umsätze, die nach § 4 Nr. 8 bis 29 UStG steuerfrei sind (also insbesondere auch Vermietungsumsätze nach § 4 Nr. 12 UStG), besteht keine Rechnungspflicht. Gleichwohl kann über eine solchen Leistung mit einer Rechnung abgerechnet werden. 929

b) Formell ordnungsmäßige Rechnung

Nach § 14 Abs. 1 Satz 1 UStG ist eine „Rechnung" im Sinne des UStG jedes (beliebig bezeichnete) Dokument, mit dem über eine Lieferung oder sonstige Leistung abgerechnet wird. Es muss also nicht zwingend wörtlich „Rechnung" darauf stehen. Eine Rechnung muss aber nach § 14 Abs. 4 Satz 1 UStG folgende Angaben enthalten: 930

1. Namen und Anschrift des leistenden Unternehmers und des Leistungsempfängers;
2. Steuernummer des leistenden Unternehmers (oder die ihm vom Bundeszentralamt für Steuern erteilte Umsatzsteuer-Identifikationsnummer);
3. Ausstellungsdatum der Rechnung;
4. Rechnungsnummer;
5. Menge und Art (handelsübliche Bezeichnung) der gelieferten Gegenstände oder Umfang und Art der sonstigen Leistung;
6. Zeitpunkt der Leistung;
7. Entgelt für die Leistung;
8. Steuersatz und Umsatzsteuerbetrag (bei Steuerbefreiung den Hinweis, dass eine Steuerbefreiung gilt);
9. Bei Werklieferungen oder sonstiger Leistung bei einem Grundstück in den Fällen des § 14b Abs. 1 Satz 5 UStG den Hinweis auf die Aufbewahrungspflicht des Leistungsempfängers;
10. Bei Rechnungsausstellung durch den Leistungsempfänger die Angabe „Gutschrift".

Eine Rechnung darf aus mehreren Dokumenten bestehen (§ 31 Abs. 1 UStDV). 931

932 Eine Rechnung bis 250€ (Kleinbetragsrechnung) muss nach § 33 UStDV nur (mindestens) folgende Angaben enthalten:

1. Namen und Anschrift des leistenden Unternehmers,
2. Ausstellungsdatum der Rechnung,
3. Menge und Art der gelieferten Gegenstände oder Umfang und Art der sonstigen Leistung und
4. Entgelt und den darauf entfallenden Steuerbetrag sowie den anzuwendenden Steuersatz (oder im Fall einer Steuerbefreiung einen Hinweis darauf).

c) Rechnung als Voraussetzung für den Vorsteuerabzug

933 Die formal korrekte und inhaltlich zutreffende Rechnung ist vor allem deshalb für die Praxis so relevant, da der Leistungsempfänger ohne eine ordnungsmäßige Rechnung keinen Vorsteuerabzug erhält. Sie ist zwingende (materiellrechtliche) Voraussetzung nach § 15 Abs. 1 UStG.

d) Unvollständige Rechnungen

934 Eine formell unvollständige oder fehlerhafte Rechnung kann berichtigt werden. Dies ist z. B denkbar, wenn in der Rechnung nicht alle Pflichtangaben enthalten oder die dort erwähnten Pflichtangaben unrichtig sind (§ 14 Abs. 6 Nr. 5 UStG und § 31 Abs. 5 UStDV).[721]

e) Falscher Umsatzsteuerausweis in der Rechnung

935 Wenn der leistende Unternehmer in einer Rechnung eine zu hohe Umsatzsteuer ausgewiesen hat, schuldet er nach § 14c Abs. 1 UStG auch den unzutreffenden Mehrbetrag (unrichtiger Steuerausweis). Dies ist vor dem Hintergrund zu sehen, dass der Leistungsempfänger möglicherweise den ausgewiesenen (zu hohen) Umsatzsteuerbetrag unzutreffend als Vorsteuer geltend macht.

BEISPIEL „UNRICHTIGER STEUERAUSWEIS": Die H-GmbH vermietet Zimmer in einer Pension an Touristen, Messebesucher, Monteure und Geschäftsreisende. Sie rechnet unzutreffend mit 19 % statt mit 7 % ab (§ 12 Abs. 2 Nr. 11 UStG). Beispielsweise rechnet sie gegenüber dem Gast A mit 100€ zzgl. 19€ (19 %) USt = 119€ ab.

LÖSUNG: Die zutreffende Umsatzsteuer berechnet sich nach dem vereinbarten Bruttoentgelt (119€). Daraus ergeben sich nur 119€/107 % x 7 % = 7,79€ Umsatzsteuer (7 %). Die Differenz zur ausgewiesenen USt (19€ ./. 7,79€) i. H. von 11,21€ (unzutreffender Mehrbetrag) schuldet die H-GmbH nach § 14c Abs. 1 UStG.

---

721 Abschnitt 14.11. UStAE.

Die Rechnung (der Steuerbetrag) kann aber gegenüber dem Leistungsempfänger berichtigt werden. Dann entfällt zum Zeitpunkt der übermittelten Korrekturrechnung der Mehrbetrag (rechtstechnisch bleibt der Mehrbetrag zwar bestehen, aber bei Korrektur entsteht ein Erstattungsbetrag entsprechend § 17 Abs. 1 UStG). 936

Die Steuerschuld der in der Rechnung als Aussteller bezeichneten Person setzt voraus, dass diese an der Erstellung der Rechnung mitgewirkt hat. Ein vom Voreigentümer veranlasster unrichtiger Steuerausweis i. S. des § 14c Abs. 1 Satz 1 UStG kann dem Grundstückserwerber nicht nach § 566 Abs. 1 BGB zugerechnet werden.[722] 937

Sollte der überhöhte Umsatzsteuerausweis in einer Rechnung an einen privaten Endverbraucher gerichtet sein (der daraus ohnehin keine Vorsteuer abziehen kann), wird ausnahmsweise nur die materiell zutreffende Umsatzsteuer geschuldet.[723] 938

Ist die Umsatzsteuer in der Rechnung unzutreffend *zu niedrig* ausgewiesen, schuldet der Rechnungsaussteller gleichwohl die gesetzlich entstandene (volle) Umsatzsteuer. Für den unternehmerischen Leistungsempfänger ist dies nachteilig, da dieser trotzdem nur den in der Rechnung tatsächlich (zu gering) ausgewiesenen Umsatzsteuerbetrag als Vorsteuerabzug abziehen kann. 939

Sollte eine Rechnung mit Umsatzsteuer ausgestellt worden sein, obwohl der Rechnungsaussteller per se dazu gar nicht berechtigt ist (sog. unberechtigter Steuerausweis), schuldet diese Person den Umsatzsteuerbetrag (§ 14c Abs. 2 UStG). Dies gilt selbst dann, wenn der Rechnungsaussteller ein Nichtunternehmer ist. 940

f) Elektronische Rechnung

aa) Form der elektronischen Rechnung (Rechtslage ab 1.1.2025)

Ab dem 1.1.2025 gilt als „elektronische Rechnung“ (E-Rechnung) das strukturierte elektronische Datenformat EN16931 (§ 14 Abs. 1 Satz 3, 6 UStG). Dies kann insbesondere durch einen Datensatz im XML-Format (XRechnung/Rechnung.xml) oder durch das ZUGFeRD-Format[724] erfolgen. 941

722 BFH, Urteil v. 5.12.2024 - V R 16/22, BStBl 2025 II S. 536 IAAAJ-86210.

723 BMF, Schreiben v. 27.2.2024 - III C 2-S 7282/19/10001:002, BStBl 2024 I S. 361.

724 Strukturierten Teil und Bildteil: Eine Rechnung im PDF/A3-Format (unveränderliches PDF-Dokument), der eine Rechnung im XML-Format angehängt ist.

942 Die Übermittlung der E-Rechnung muss nicht auf besonderem Wege erfolgen. Zulässig sind z. B.

- Versand per E-Mail,
- Bereitstellung mittels elektronischer Schnittstelle,
- Übergabe auf USB-Stick.[725]

943 Ein anderes Dateiformat (z. B. eine PDF-Datei ohne Datenzusatz) gilt wie eine Papierrechnung als „sonstige Rechnung".[726]

944 Für steuerfreie Leistungen nach § 4 Nr. 8–29 UStG ist keine E-Rechnung verpflichtend.

bb) Empfangspflicht für E-Rechnung

945 Jedes Unternehmen ist verpflichtet, eine E-Rechnung zu akzeptieren, da damit die Ausstellungspflicht des leistenden Unternehmers erfüllt wird. Eine „sonstige Rechnung" (z. B. eine einfache PDF als E-Mail) erfüllt aber solange die Anforderungen an eine Rechnung, bis der leistende Unternehmer zwingend nur noch eine E-Rechnung erteilen darf (spätestens ab 1.1.2028).

946 Für Empfang der E-Rechnung genügt schon ein „einfaches" E-Mail-Postfach. Es ist nicht erforderlich, ein gesondertes E-Mail-Postfach nur für den Empfang von E-Rechnungen einzurichten.[727]

cc) Ausstellungspflicht für E-Rechnung

947 Die Pflicht zur Ausstellung der E-Rechnung besteht für Leistungen zwischen Unternehmen (B2B-Bereich) für Leistungen im Inland ab dem 1.1.2027 (§ 27 Abs. 38 UStG). Wenn der Umsatz unter 800.000 € im Jahr 2026 liegt, dann beginnt die E-Rechnungspflicht erst ab dem 1.1.2028.

dd) Verträge als Rechnung

948 Verträge sind nicht ohne Weiteres (wie bisher)[728] als E-Rechnung möglich, da diesen Verträgen i. d. R. der erforderliche Datensatz fehlt. Als Vereinfachung reicht es aus, wenn für den ersten Zeitraum der Teilleistung (z. B. erster Mo-

725 BMF, Schreiben v. 15.10.2024 - III C 2-S 7287-a/23/10001:007, BStBl 2024 S. 1320 Rz. 36.
726 BMF, Schreiben v. 15.10.2024 - III C 2-S 7287-a/23/10001:007, BStBl 2024 S. 1320 Rz. 7.
727 BMF, Schreiben v. 15.10.2024 - III C 2-S 7287-a/23/10001:007, BStBl 2024 I S. 1320 Rz. 40.
728 Abschnitt 14.1 Abs. 2 UStAE.

nat der Vermietung) eine E-Rechnung ausgestellt wird, der der Vertrag beigefügt wird.[729]

Zudem gibt es eine Übergangsregelung: Für bestehende Altverträge bis 949
31.12.2026 gibt es keine Pflicht für eine (ergänzende) E-Rechnung, solange vertraglich nichts geändert wird.[730]

9. Leistung eines Wohnungseigentümers an die Gemeinschaft der Wohnungseigentümer

Wohnungseigentümer können in eigener Person gegenüber der GdWE als Un- 950
ternehmer auftreten. So wäre es z.B. möglich, dass ein Wohnungseigentümer als Handwerker im Auftrag der GdWE das Gemeinschaftseigentum entgeltlich instand hält (z.B. die Fliesen in der Waschküche erneuert) und dies als Unternehmer abrechnet. Die Besteuerung erfolgt nach allgemeinen Grundsätzen (z.B. Kleinunternehmereigenschaft nach § 19 UStG des Wohnungseigentümers).

Übernimmt ein Wohnungseigentümer gegenüber der GdWE die Verwaltung 951
der Wohnanlage, erbringt er damit eine nicht nach § 4 Nr. 13 UStG steuerbefreite sonstige Leistung gegenüber der GdWE als Leistungsempfängerin.[731]

10. Leistungen der Gemeinschaft der Wohnungseigentümer an den Wohnungseigentümer

a) Leistungen der Gemeinschaft der Wohnungseigentümer zur Unterhaltung des Wohnungseigentums an die einzelnen Wohnungseigentümer

Die GdWE ist nach Verwaltungsauffassung[732] Unternehmerin (§ 2 UStG), da sie 952
fortlaufend ein Bündel von Leistungen an ihre Mitglieder (Wohnungseigentümer) erbringt. Es sind alles Leistungen, die zentral durch die GdWE bezogen und für die Wohnungseigentümer erbracht werden.

729 BMF, Schreiben v. 15.10.2024 - III C 2-S 7287-a/23/10001:007, BStBl 2024 I S. 1320 Rz. 45.

730 BMF, Schreiben v. 15.10.2024 - III C 2-S 7287-a/23/10001:007, BStBl 2024 I S. 1320 Rz. 46.

731 Sächsisches FG, Urteil v. 14.01.2009 - 2 K 1725/06 VAAAD-18249 = EFG 2009 S. 1344.

732 Die Finanzverwaltung setzt diese Sichtweise in Abschnitt 4.13.1 UStAE voraus. So auch Heidner in Bunjes, § 4 Nr. 13 UStG Rz. 1 (24. Aufl. 2025). Dagegen sieht Hummel in Rau/Dürrwächter, § 4 Nr. 13 UStG Rz. 128 (Stand: 6/2021) die jeweiligen Wohnungseigentümer als unmittelbare Leistungsbezieher, so dass z. B. eine Reinigungsleistung des Gemeinschaftseigentums direkt (und quotal) an die Miteigentümer und nicht in der Kette „durch“ die GdWE erbracht (weitergeleitet) werde. Ebenso Merkel in Küffner/Zugmaier, UStG, § 4 Nr. 13 UStG Rz. 5 (Stand: 1.2.2021).

953 Typische Leistungen der GdWE an die Wohnungseigentümer sind insbesondere:[733]

- Lieferungen von Wärme (Heizung), Wasser und (Allgemein-)Strom,[734]
- Verwaltung der Anlage durch den Verwalter der GdWE,
- Hausmeister- und Reinigungsleistungen,
- Instandhaltung und Instandsetzung des gemeinschaftlichen Eigentums,
- Flur- und Treppenhausbeleuchtung,
- Wohngebäudeversicherung.

954 Der steuerbare Umsatz i.S.von §1 Abs.1 Nr.1 UStG ergibt sich aus den Leistungen der GdWE an die jeweiligen Wohnungseigentümer (z.B. Reinigung des Gemeinschaftseigentums und die Lieferung von Wärme) gegen die Vorschüsse (und der nachfolgenden jährlichen Abrechnungsspitze) als Gegenleistung der Wohnungseigentümer für die Leistungen der GdWE.[735] Die Kostenumlagen stellen somit das Entgelt für die steuerbaren Leistungen der Wohnungseigentümergemeinschaften an ihre Mitglieder dar.

b) Umsatzsteuerpflichtige Nutzung des Wohnungseigentums

955 Wenn ein Wohnungseigentümer seine Einheit für Ausgangsleistungen nutzt, die seinen Vorsteuerabzug nicht ausschließen, ist eine personenbezogene Option (Teiloption) nach §9 Abs.1 UStG der GdWE für die Leistungen an ihn oft sinnvoll. Dann werden die Leistungen der GdWE an ihn nicht nach §4 Nr.13 UStG als umsatzsteuerfrei behandelt, sondern sie sind insoweit umsatzsteuerpflichtig. Der betroffene Wohnungseigentümer kann diese Umsatzsteuer als Vorsteuer (§15 Abs.1 EStG) abziehen. Dadurch erreicht der Wohnungseigentümer eine Kostenentlastung in Höhe der Umsatzsteuer auf die Kostenumlage. Höhere Verwaltungskosten der GdWE (z.B. aus der Umsatzsteuerdeklaration gegenüber dem Finanzamt) würden dann aber individuell zu seinen Lasten gehen (und ihm in der Jahresabrechnung als Kosten zugewiesen).

---

733 Leistungskatalog angelehnt an Abschnitt 4.13.1 Abs.2 Satz 2 UStAE.

734 Stromlieferverträge für die einzelnen Wohneinheiten (Sondereigentum) werden regelmäßig direkt durch die Wohnungseigentümer als Vertragspartner mit dem Energieversorgungsunternehmen abgeschlossen, so dass insoweit keine Leistung durchgeleitet wird.

735 BGH, Urteil v.20.9.2024 - V ZR 195/23 UAAAJ-76094 = HFR 2025 S.289 unter II. 2 c).

Dabei handelt es sich insbesondere um zwei Fälle:[736] 956

- eigenbetriebliche Nutzung von Teileigentum für Abzugsumsätze;
- umsatzsteuerpflichtige Vermietung von Wohnungs- oder Teileigentum (dann kann auf die Befreiung von der Umsatzsteuerpflicht nach §4 Nr.12 Buchst.a UStG nur verzichtet werden, wenn der Mieter Unternehmer ist und das Wohnungseigentum für unternehmerische Abzugsumsätze verwendet).

BEISPIEL „OPTION BEI TEILEIGENTUM": Frau F nutzt ihr Teileigentum (Ladenlokal) als Imbissbetrieb. Auf ihren Wunsch hin hat die Wohnungseigentümergemeinschaft beschlossen, dass (nur) für die Leistungen der GdWE an Frau F nach §9 Abs.1 UStG zur Umsatzsteuer optiert wird, so dass die Leistungen insoweit nicht nach §4 Nr.13 UStG umsatzsteuerfrei sind.

LÖSUNG: Frau F kann die ihr von der GdWE in Rechnung gestellte Umsatzsteuer als Vorsteuer (§15 Abs.1 UStG) abziehen. Für die übrigen Wohnungseigentümer bleibt es bei der Umsatzsteuerfreiheit. Dies führt dazu, dass Frau F wirtschaftlich nicht mit der Umsatzsteuer belastet wird, die externe Unternehmen an die GdWE berechnen.

Bei umsatzsteuerpflichtigen (i.d.R. gewerblichen) Mietverhältnissen ist dabei 957
das Zusammenspiel mit der Nebenkostenabrechnung (Betriebskostenabrechnung) des Teileigentümers gegenüber seinem Mieter zu beachten. Wurde vereinbart, dass der Mieter des Teileigentums die Umsatzsteuer auf Miete und Nebenkosten übernimmt (wenn diese anfällt), kann der Vermieter (Teileigentümer) die zusätzliche Zahlung des Umsatzsteuerbetrags nur dann vom Mieter verlangen, wenn er selbst tatsächlich umsatzsteuerpflichtig ist. Legt der zum Vorsteuerabzug berechtigte Teileigentümer (Vermieter) seiner Betriebskostenabrechnung umlagefähige Kosten zugrunde, die in der von der GdWE erstellten Jahresabrechnung nach §28 Abs.2 Satz 2 WEG enthalten sind, muss er diese nicht von den darin enthaltenen Umsatzsteueranteilen befreien, wenn die GdWE ihrerseits nicht auf die Steuerbefreiung nach §4 Nr.13 UStG verzichtet hat.[737] Wenn der Teileigentümer (Vermieter) seinerseits also nach §9 Abs.1 UStG zur Regelbesteuerung optiert hat, ist die Umsatzsteuer auf den gesamten

736 Zu sechs verschiedenen praxisrelevanten Fallkategorien siehe die ausführlichen und instruktiven Gestaltungshinweise von Wenke/Lüder, NWB 36/2025 S.2475 AAAAJ-98617.

737 BGH, Urteil v.15.1.2025 - XII ZR 29/24 ZAAAJ-86628 = BFH/NV 2025 S.839. Dazu weitergehend Wenke/Lüder, NWB 35/2025 S.2396, 2403ff. FAAAJ-98047, und Heinrichshofen, UVR 2025 S.313.

Umsatz – mithin auf die gesamte Miete einschließlich Nebenkosten – entstanden. Auch auf nicht mit Vorsteuer (z. B. Grundsteuer) oder mit dem ermäßigten Steuersatz (aktuell 7 %) belastete Beträge (Wasser) hat der Gewerberaummieter den Regel-Umsatzsteuersatz (aktuell 19 %) zu entrichten.[738]

738 Wohlfart, UStB 2025 S. 177.

XIII. Wohnungseigentum in der Erbschaft- und Schenkungsteuer

1. Grundlagen der Erbschaft- und Schenkungsteuer

a) Erwerb „von Todes wegen“ als Erwerbstatbestand

Wenn ein Mensch (eine natürliche Person) stirbt, geht ihr Vermögen (und ihre Schulden) in diesem Moment automatisch auf den oder die Erben über (Gesamtrechtsnachfolge i. S. des § 1922 BGB). Hieran knüpft das ErbStG an. Danach unterliegt der „Erwerb durch Erbanfall“ (§ 3 Abs. 1 Nr. 1 Alt. 1 ErbStG) als „Erwerb von Todes wegen“ (§ 1 Abs. 1 Nr. 1 ErbStG) der Erbschaftsteuer. 958

Erwerbe von Todes wegen sind aber auch der Erwerb eines Vermächtnisses[739] (§§ 2147 ff. BGB) oder eines (geltend gemachten) Pflichtteilsanspruchs[740] (§§ 2303 ff. BGB), die ebenfalls in § 3 Abs. 1 Nr. 1 ErbStG genannt sind. 959

b) Schenkung als Erwerbstatbestand

Die Schenkung von Vermögen zu Lebzeiten unterliegt als „Schenkungen unter Lebenden“ (§ 1 Abs. 1 Nr. 2 ErbStG) der Schenkungsteuer. Dies sind insbesondere „freigebige Zuwendungen unter Lebenden, soweit der Bedachte durch sie auf Kosten des Zuwendenden bereichert wird“ (§ 7 Abs. 1 Nr. 1 ErbStG). In der Praxis werden diese Voraussetzungen bei Schenkungen zwischen Angehörigen oft nicht zweifelhaft sein. Letztlich sind aber immer drei Voraussetzungen für eine Schenkungsteuerpflicht nach § 7 Abs. 1 Nr. 1 ErbStG erforderlich:[741] 960

1. Die begünstigte Person (Beschenkter) wird objektiv reicher (bereichert).
2. Die zuwendende Person (Schenker) wird auf Kosten des Beschenkten ärmer (entreichert).
3. Die zuwendende Person (Schenker) hat den subjektiven Willen zur unentgeltlichen und freigebigen Zuwendung an den Beschenkten.

---

739 Der Erblasser kann einer Person ein Teil seines Vermögens mit seinem Tod zuwenden, ohne dass diese Erbe wird. Rechtstechnisch gehört dieser Vermögensteil zunächst zur Erbmasse. Der Erbe oder die Erben müssen dann das Eigentum an diesem Vermögen rechtsgeschäftlich auf den Vermächtnisnehmer übertragen.

740 Sofern ein gesetzlicher Erbe durch den Erblasser (z. B. im Testament) kein Erbe erhält und damit „enterbt“ wird, kann dieser die Hälfte seines gesetzlichen Erbteils als „Pflichtteil“ von den Erben verlangen.

741 BFH, Urteil v. 3.7.2019 - II R 6/16, BStBl 2020 II S. 61 unter II. 1. b) GAAAH-32258 m. w. N.

c) Bereicherung und Bewertung des Vermögens

961 Um die Erbschaftsteuer- bzw. Schenkungsteuer festzusetzen, muss das erworbene Vermögen bewertet werden. Dabei ist Grundbesitz (§ 157 Abs. 1 Satz 1 BewG) mit dem nach § 151 Abs. 1 Satz 1 Nr. 1 BewG auf den Bewertungsstichtag (§ 11 ErbStG) festgestellten Wert anzusetzen (§ 12 Abs. 3 ErbStG).

962 Das geerbte Vermögen (§ 3 ErbStG) bzw. das zugewendete Vermögen (§ 7 ErbStG) gilt als „Bereicherung" (§ 10 Abs. 1 ErbStG). In Erbfällen sind von dem „Positivvermögen" noch die „mitgeerbten" Schulden und andere Nachlassverbindlichkeiten abzuziehen (§ 10 Abs. 5 ErbStG).

963 Wenn es mehrere Erben gibt, bilden diese eine Erbengemeinschaft. Jeder Erbe erwirbt dann wertmäßig ausgehend vom gesamten Erbe (Vermögen) nach der ihm zustehenden Erbquote (z. B. zu 1/2). Die gegenständliche Zuordnung durch die spätere Erbauseinandersetzung (Verteilung des Vermögens) hat regelmäßig keinen Einfluss auf die Bewertung.

d) Steuerbefreiungen und Freibeträge

964 Als „steuerpflichtiger Erwerb" gilt die Bereicherung des Erwerbers, soweit sie nicht steuerfrei ist (§ 10 Abs. 1 Satz 1 ErbStG). Dies sind insbesondere bestimmte sachliche Steuerbefreiungen nach § 13 ff. ErbStG (z. B. für Betriebsvermögen nach § 13a ErbStG) und persönliche Freiträge nach § 16 ErbStG (z. B. 500.000 € für Ehegatten/eingetragene Lebenspartner und 400.000 € für Kinder).

e) Steuersätze und Festsetzung der Erbschafts- bzw. Schenkungssteuer

965 Die Erbschaft- bzw. Schenkungsteuer bemisst sich nach dem steuerpflichtigen Erwerb als Bemessungsgrundlage, auf den ein bestimmter Steuersatz angewendet wird. Der Steuersatz ergibt sich aus der Tabelle in § 19 Abs. 1 ErbStG, die abhängig von der konkreten Höhe des steuerpflichtigen Erwerbs und der anzuwendenden Steuerklasse (§ 15 ErbStG) den jeweiligen Steuersatz vorgibt.

966 Die Erbschaftsteuer- bzw. Schenkungsteuer wird durch einen Steuerbescheid gegenüber dem Steuerschuldner festgesetzt. Steuerschuldner ist im Erbfall immer der Erwerber. Bei einer Schenkung ist aber zusätzlich auch der Schenker Steuerschuldner (§ 20 Abs. 1 Satz 1 ErbStG). Diese sind dann Gesamtschuldner

(§ 44 AO). Das zuständige Finanzamt wird in Schenkungsfällen i. d. R. den Steuerbescheid an den Beschenkten richten.[742]

2. Wohnungseigentum erben

Das vererbte Vermögen (Nachlass) kann u. a. aus Wohnungseigentum im Sinne 967
des WEG bestehen. Die Erbschaft von Wohnungseigentum wird nicht als separater Erbschaftsteuerfall, sondern zusammen mit allem anderen erworbenen Vermögen (z. B. Bankguthaben, PKW, Betriebsvermögen) als Erbfall einheitlich nach § 3 Abs. 1 Nr. 1 ErbStG besteuert. Lediglich für die Wertermittlung (§§ 176 ff. BewG) und die verfahrensrechtliche Wertfeststellung (§ 151 Abs. 1 Nr. 1 BewG) wird Wohnungseigentum (als eigene wirtschaftliche Einheit i. S. des § 2 BewG) eigenständig behandelt.

Das Eigentum geht durch Gesamtrechtsnachfolge über (§ 1922 BGB), so dass 968
danach im Wohnungsgrundbuch der neue Wohnungseigentümer (Erbe) einzutragen ist.

In Fällen des Erwerbs von Todes wegen durch eine Erbschaft entsteht die Erb- 969
schaftsteuer bereits mit dem Tod des Erblassers (§ 9 Abs. 1 Nr. 1 ErbStG). Im Gegensatz z. B. zur Einkommensteuer handelt es sich nicht um eine Jahressteuer (alle Einkünfte eines Veranlagungszeitraums), sondern um eine Stichtagssteuer (Vermögenserwerb an einem bestimmten Tag). Das konkrete Datum der Steuerentstehung (hier: Todestag des Erblassers) ist z. B. wichtig, um den Erbschaftsteuerbescheid zutreffend zu bezeichnen und damit wirksam bekanntzugeben.[743]

3. Schenkung von Wohnungseigentum

a) Schenkung und freigebige Zuwendung

Im Gegensatz zum Erbe von Wohnungseigentum ist die Zuwendung (Schen- 970
kung) von Wohnungseigentum kein Teil eines Gesamterwerbs, sondern immer auf das konkret geschenkte Wohnungseigentum als eigenen Schenkungsteuerfall bezogen. Jede Schenkung ist eine eigene Zuwendung nach § 7 Abs. 1 Nr. 1 ErbStG. Gleichwohl können durch eine notarielle Urkunde taggleich mehrere Immobilien übertragen (zugewendet) werden.

742 Sofern der Schenker die Steuer übernimmt (§ 10 Abs. 2 ErbStG), wird aber der Schenker als Steuerschuldner in Anspruch genommen.

743 Nach dem Tag der Steuerentstehung bestimmen sich aber noch andere Folgen, wie z. B. die Festsetzungsfrist (Verjährung) nach § 169 ff. AO.

971 Das Eigentum wird zivilrechtlich insbesondere durch einen Schenkungsvertrag (§ 516 BGB) und der nachfolgenden Eigentumsübertragung (§§ 873, 925 BGB) auf den Beschenkten übertragen.

b) Besteuerungszeitpunkt

972 Die Schenkungsteuer entsteht nach dem Wortlaut des § 9 Abs. 1 Nr. 2 ErbStG „mit dem Zeitpunkt der Ausführung der Zuwendung". Dies ist weder das Datum des notariellen Schenkungsvertrags noch der Zeitpunkt des Übergangs von Besitz, Nutzen und Lasten (wie bei der Ertragsteuer) und auch nicht der Zeitpunkt der Umschreibung im Wohnungsgrundbuch. Die Schenkung wird i. S. des § 9 Abs. 1 Nr. 2 ErbStG ausgeführt, sobald der Beschenkte in der Lage ist, jederzeit die Eigentumsänderung beim Grundbuchamt zu beantragen. Dies ist i. d. R. der Zeitpunkt, wenn die Auflassung (§ 925 BGB) beurkundet wurde und der Schenker die Eintragung der Rechtsänderung in das Wohnungsgrundbuch nach § 19 GBO bewilligt hat.[744]

c) Gemischte Schenkung

973 Nicht nur eine „einfache" Schenkung von Wohnungseigentum, sondern auch eine „gemischte" Schenkung führt zu einer Zuwendung nach § 7 Abs. 1 Nr. 1 ErbStG. Dies sind Schenkungen, die mit einer Gegenleistung verbunden sind, deren Wert unter dem Grundstückswert liegt. Dann besteht die steuerpflichtige Zuwendung in dem Saldo (Wertdifferenz). Dies sind z. B. Fälle, bei denen der Kaufpreis des Wohnungseigentums (deutlich)[745] unter dem Verkehrswert der Immobilie liegt. Denkbar ist auch die Übertragung von Wohnungseigentum, die mit der Übernahme einer Bankverbindlichkeit (z. B. einer Kaufpreisschuld des Schenkers) durch den Beschenkten verbunden ist.

d) Schenkung unter Auflage

974 Ähnlich zu der gemischten Schenkung ist die Schenkung unter Auflage zu beurteilen. Es sind Verpflichtungen, die an dem übertragenen Wohnungseigentum hängen und zu einer wertmäßigen Belastung führen.

---

744 BFH, Urteil v. 2.2.2005 - II R 26/02, BStBl 2005 II S. 312 unter II. 1. m. w. N.; R E 9.1 Abs. 1 Satz 1, 2 ErbStR.

745 Ohne eine eindeutige Wertabweichung kann der für § 7 Abs. 1 Nr. 1 ErbStG erforderliche Zuwendungswille (Bereicherungsabsicht) nicht ohne Weiteres unterstellt werden.

In der Praxis stellen 975

- Nießbrauch,
- Wohnrecht und
- Rentenverpflichtung

wichtige Anwendungsfälle für eine solche Schenkung unter Auflage dar.

Die Auflage mindert in Höhe ihres kapitalisierten Werts die Bemessungsgrundlage für die Erbschafts- und Schenkungsteuer, da insoweit wertmäßig nichts unentgeltlich übertragen wird. In Höhe des Werts der Auflage handelt es sich jedoch um eine Gegenleistung im Sinne der Grunderwerbsteuer, so dass insoweit z. B. die Übertragung des Eigentums an einer Eigentumswohnung grunderwerbsteuerbar ist. Der gesamte Wert der Eigentumswohnung wird somit letztlich „lückenlos" durch ein Zusammenspiel von der Erbschafts- und Schenkungsteuer sowie der Grunderwerbsteuer erfasst (besteuert).[746] 976

BEISPIEL „SCHENKUNG UNTER AUFLAGE": Herr H überträgt die von ihm zu Wohnzwecken genutzte Eigentumswohnung gegen die Einräumung eines Wohnrechts für ihn an seinen guten Freund F. Die Eigentumswohnung ist 300.000 € und das auf das Lebensalter von H kapitalisierte Wohnrecht 100.000 € wert.

LÖSUNG: Die Schenkung der Eigentumswohnung unter Wohnrechtsvorbehalt an F ist als Schenkung (unter Auflage) nach § 7 Abs. 1 Nr. 1 ErbStG schenkungsteuerpflichtig. Der Wert des Wohnrechts (100.000 €) ist abzugsfähig, so dass im Saldo Freund F mit 200.000 € bereichert wird. Zusätzlich unterliegt die Übertragung der Eigentumswohnung durch den Rechtsträgerwechsel der Grunderwerbsteuer (§ 1 Abs. 1 Nr. 1 GrEStG). Diese ist nur insoweit grunderwerbsteuerfrei, als die Eigentumswohnung wertmäßig geschenkt wird (200.000 €). In Höhe der Auflage (100.000 €) handelt es sich aus Sicht der Grunderwerbsteuer um eine entgeltliche Übertragung, die der Grunderwerbsteuer unterliegt (§ 3 Nr. 2 Satz 1, 2 GrEStG).

e) Mittelbare Schenkung

Nach der Rechtsprechung des BFH[747] wird durch die Schenkung von Geld mit der damit verbundenen (verbindlichen) Auflage zum Erwerb eines Grundstücks (oder der Errichtung eines Gebäudes auf einem dem Beschenkten bereits gehörenden Grundstück) schenkungsteuerrechtlich ein Grundstück geschenkt. Eine solche „mittelbare Grundstücksschenkung" setzt voraus, dass der Be- 977

746 Dazu weitergehend Bruschke, UVR 2025 S. 252, mit einer Fallstudie für eine Immobilienübertragung unter Rentenverpflichtung und Wohnrecht bei einer nachfolgenden Korrektur aufgrund des „frühen" Versterbens des Schenkers.

747 So z. B. BFH, Urteil v. 12.12.1979 - II R 157/78, BStBl 1980 II S. 260 VAAAB-01870 bei einer Eigentumswohnung.

schenkte nicht über das ihm übergebene Geld, sondern (erst) über das Grundstück verfügen kann. In diesem Fall ist der Beschenkte nicht um die Geldsumme, sondern erst um das mit den zur Verfügung gestellten Geldmitteln erworbene Grundstück bzw. errichtete Gebäude bereichert.[748]

978 Die mittelbare Grundstücksschenkung wurde vor allem bis zum Jahr 2008 als (legale) Steuergestaltung genutzt, um die damalige zu niedrige Grundstücksbewertung für Zwecke der Schenkungsteuer auszunutzen. Seit der Reform des Erbschaftsteuergesetzes zum 1.1.2009[749] hat die steuergestalterisch veranlasste mittelbare Grundstücksschenkung an Bedeutung verloren, da das Grundstück nicht mehr deutlich niedriger bewertet wird als eine direkte Geldschenkung.

4. Miterworbene Erhaltungsrücklage

979 Das Wohnungseigentum wird automatisch zusammen mit der damit verbundenen anteiligen Erhaltungsrücklage (§ 19 Abs. 2 Nr. 4 WEG) übertragen. Nach Auffassung der Finanzverwaltung[750] stellt das dem Wohnungseigentümer anteilig zustehende Guthaben aus der Erhaltungsrücklage entsprechend der BFH-Rechtsprechung zur Grunderwerbsteuer[751] auch bei der Erbschaft- und Schenkungsteuer eine mit einer Geldforderung vergleichbare Vermögensposition dar und ist als gesonderte Kapitalforderung (neben dem Grundstück als solchem) anzusetzen sowie nach § 12 Abs. 1 ErbStG i. V. mit § 12 Abs. 1 BewG mit dem Nennwert der anteiligen Kapitalforderung zu bewerten.

979/1 Dies gilt nach Verwaltungsauffassung auch für das übrige Gemeinschaftsvermögen (§ 9a Abs. 3 WEG) der GdWE, das sich nicht im Wert der Immobilie abbildet.

BEISPIEL „ERHALTUNGSRÜCKLAGE“: Herr H überträgt eine Eigentumswohnung (Wertermittlung nach §§ 176 ff. BewG und Wertfeststellung nach § 151 Abs. 1 Nr. 1 BewG: 300.000 €) auf seinen Enkel E. Herr H ist zu 1.000/10.000 Miteigentumsanteilen (10 %) Wohnungseigentümer und Mitglied der GdWE, die insgesamt im Schenkungszeitpunkt über Geldmittel von 22.000 € (Bestand auf Bankkonten) verfügt. Davon sind 20.000 € in der Erhaltungsrücklage gebunden.

748 BFH, Urteil v. 13.3.1996 - II R 98/93 LAAAB-37996 = BFH/NV 1996 S. 792 unter II. 1. b).

749 Gesetz zur Reform des Erbschaftsteuer- und Bewertungsrechts (ErbStRG) v. 24.12.2008, BGBl 2008 I S. 3018.

750 OFD Frankfurt a. M., Verfügung v. 9.6.2020 - S 3800 A - 036-St 710, UVR 2020 S. 368; ebenso Lehmann, DStR 2025 S. 2349; a. A. Drasdo, DStR 2026 S. 394: „Auf Grundlage des Zivilrechts des WEG kann Wohnungseigentum keine Forderung oder sonstige Vermögensposition aus einer Erhaltungsrücklage für die Erbschaft- und Schenkungsteuer vermitteln.“

751 BFH, Urteil v. 9.10.1991 - II R 20/89, BStBl 1992 II S. 152 NAAAA-93936.

LÖSUNG: Herr H schenkt Enkel E neben dem Wohnungseigentum als solchem (Wert: 300.000 €) auch die anteiligen Geldforderungen der GdWE gegenüber der Bank. Die Kapitalforderung entfällt zu 10 % (d. h. zu 2.200 €) auf H und wird schenkungsteuerrechtlich auf E übertragen.

Nach hier vertretener Auffassung ist zumindest in Schenkungsfällen aus dem 980
zivilrechtlich einheitlichen Wohnungseigentum die anteilige Erhaltungsrücklage als separate Vermögensposition (neben dem Grundstück) schenkungsteuerbar. Die Erhaltungsrücklage (in Form von Bankguthaben) ist zwar unstrittig nur der GdWE als Vermögen (§ 9a Abs. 3 WEG) und damit nicht dem beschenkten Wohnungseigentümer als Bereicherung zuzurechnen. Zudem ist der Wohnungseigentümer auch nicht als Mitglied der GdWE mittelbar an dem Vermögen der GdWE beteiligt. Jedoch hat der Wohnungseigentümer gegenüber der GdWE einen Anspruch darauf, dass die von ihm (bzw. dem Rechtsvorgänger) eingezahlten und noch nicht verbrauchten Mittel irgendwann einmal für Erhaltungsaufwendungen eingesetzt werden. Spätestens wenn der beschenkte Wohnungseigentümer sein Wohnungseigentum wiederum an eine andere Person überträgt (veräußert, verschenkt, vererbt), wird die Höhe der Erhaltungsrücklage eine geldwerte Vermögensposition vermitteln, der – neben dem Sondereigentum und dem Miteigentum am Gemeinschaftsvermögen (Grundstück) – ein Wert beigemessen werden kann. Diese Rechtsposition des Wohnungseigentümers aus seiner Stellung als Mitglied der GdWE heraus könnte als „Beteiligung" an der GdWE – nicht an deren Vermögen, sondern an der Gemeinschaft selbst – eingestuft und mit dem gemeinen Wert (§ 9 BewG) in Höhe der eingezahlte (und noch nicht verbrauchten) Mittel in die Erhaltungsrücklage geschätzt werden. Vorzugswürdig ist der Ansatz als (Anwartschaft auf eine zivilrechtlich in der Folgezeit entstehende) Forderung[752] auf Bezahlung von Aufwendungen aus der Erhaltungsrücklage, die der Wohnungseigentümer dann nicht aus eigenen Mitteln leisten muss. Diese ist keine Kapitalforderung i. S. des § 12 Abs. 1 BewG, sondern wird als Anwartschaft auf eine zukünftige

752 Ertragsteuerrechtlich ist der Anspruch aus der Erhaltungsrücklage ohnehin ein eigenes Wirtschaftsgut, welches neben dem Gebäude und dem Grund und Boden aus dem zivilrechtlichen Wohnungseigentum resultiert, vgl. BFH, Urteil v. 15.1.2026 - IV R 19/23 YAAAK-10418 (juris) unter II. 1. a) zu einem Fall von Wohnungseigentum im Betriebsvermögen: „Die Beteiligung an einer [Erhaltungsrücklage] ... vermittelt einen geldwerten Anspruch des Wohnungseigentümers auf Bezahlung von Aufwendungen aus der [Erhaltungsrücklage]. Selbst wenn dieser Anspruch zivilrechtlich erst in der Folgezeit entstehen sollte, ist seine Entstehung zumindest hinreichend sicher [...]. Der Anspruch kann zusammen mit dem Betrieb des Wohnungseigentümers übertragen werden. In diesem Fall wird ein Erwerber des Betriebs der Beteiligung [...] einen eigenständigen Wert zumessen, da er in derselben Weise wie zuvor der Veräußerer von ihr profitiert und diesen Vorteil bei marktgerechtem Verhalten im Rahmen des Kaufpreises für den Betrieb abgelten würde.

Forderung nach § 9 BewG (gemeiner Wert) bewertet. Maßgebliches Bewertungskriterium ist dabei der Bestand der Erhaltungsrücklage.

BEISPIEL „EIGENE AUFFASSUNG": ▶ Herr H überträgt eine Eigentumswohnung (Wertermittlung nach §§ 176 ff. BewG und Wertfeststellung nach § 151 Abs. 1 Nr. 1 BewG: 300.000 €) auf seinen Enkel E. Herr H ist zu 10 % Wohnungseigentümer und Mitglied der GdWE, die insgesamt im Schenkungszeitpunkt über Geldmittel von 22.000 € (Bestand auf Bankkonten) verfügt. Davon sind 20.000 € in der Erhaltungsrücklage gebunden.

LÖSUNG: ▶ Herr H schenkt seinem Enkel E zivilrechtlich Wohnungseigentum. Schenkungsteuerrechtlich bereichert er seinen Enkel E nach § 7 Abs. 1 Nr. 1 ErbStG aber mit zwei Gegenständen: Neben dem Grundstück (Sondereigentum und anteiliges Gemeinschaftseigentum mit einem Wert von 300.000 €) erhält Enkel E auch den Anspruch auf die künftige Mittelverwendung aus der Erhaltungsrücklage. Diese bereichert ihn schon bei der Schenkung, da er eine gesicherte Rechtsposition hat (Anwartschaft auf künftig sicher entstehende Forderung), durch die er zukünftig kein eigenes Vermögen verwenden muss, wenn Erhaltungsarbeiten am Objekt bezahlt werden müssen. Dies ist nach § 9 BewG mit dem gemeinen Wert anzusetzen und lässt sich nicht einfach als rechnerische Quote von 10 % des Geldbestands „ablesen" (wie bei § 12 Abs. 1 BewG bei der Bewertung einer Kapitalforderung mit deren Nennwert). Sofern potenzielle Käufer des Wohnungseigentums den Bestand der Erhaltungsrücklage über den Kaufpreis für das Wohnungseigentum höher vergüten, ist dieser (zu schätzende) Betrag maßgebend.

5. Bewertung von Wohnungseigentum im Privatvermögen (Grundvermögen)

a) Grundlagen der Bewertung

981 Für die Bewertung von Grundstücken (auch des Wohnungseigentums) bei der Erbschaft- und Schenkungsteuer sind die Regelungen des Bewertungsgesetzes maßgebend (§ 12 Abs. 3 ErbStG). Für die Wertermittlung ist der Zeitpunkt der Steuerentstehung, d. h. der Todes- bzw. schenkungsteuerrechtliche Schenkungstag, maßgebend (§ 11 ErbStG).

b) Vermögensart

982 Wohnungseigentum wird nach dem Bewertungsgesetz grds. der Vermögensart „Grundvermögen" zugeordnet (§ 176 Abs. 1 Nr. 3 BewG). Wenn das Wohnungseigentum als Betriebsgrundstück zu einem Gewerbebetrieb gehört (§ 99 BewG), ist es der Vermögensart „Betriebsvermögen" zuzuordnen. Wirtschaftliche Einheiten des Grundvermögens (und Betriebsgrundstücke) sind nach den §§ 176 ff. BewG zu bewerten (§ 157 Abs. 3 Satz 1 BewG). Das Ergebnis der Be-

wertung ist der „Grundbesitzwert", welcher mit diesem konkreten Wert in die Bemessung der Erbschaft- bzw. Schenkungsteuer einbezogen wird.

c) Grundstücksart

983 Als (i.d.R. bereits) bebautes Grundstück (§ 180 BewG) ist Wohnungseigentum nach § 181 BewG einer eigenen Grundstücksart zugeordnet. Wohnungseigentum bzw. Teileigentum stellen nach § 181 Abs. 1 Nr. 2 i.V. mit Abs. 4 (Wohnungseigentum) bzw. Abs. 5 (Teileigentum) BewG eine eigene Kategorie „Wohnungs- und Teileigentum" dar. Aufgrund dieser Grundstücksart bestimmt sich das Bewertungsverfahren. Für Wohnungs- bzw. Teileigentum ist (vorrangig) das Vergleichswertverfahren anzuwenden (§ 182 Abs. 2 Nr. 1 bzw. 2 BewG).

984 Auch für vermietetes oder verpachtetes Wohnungseigentum ist im Vergleichswertverfahren zu bewerten. Das Ertragswertverfahren (§ 184 ff. BewG) ist zwar u.a. für „Mietwohngrundstücke" anzuwenden (§ 182 Abs. 3 Nr. 1 BewG). In § 181 Abs. 3 BewG wird Wohnungseigentum aber ausdrücklich davon ausgeschlossen.

985 Sind für das Wohnungseigentum ausnahmsweise weder ein Vergleichswert noch Vergleichsfaktoren ermittelbar, ist es stattdessen nach dem Sachwertverfahren zu bewerten (§ 182 Abs. 4 Nr. 1 BewG). Dies trifft in der Praxis nur auf wenige Fälle zu.

d) Vergleichswertverfahren

aa) Vergleichsgrundstücke

986 Das Vergleichswertverfahren ermittelt den Wert eines Grundstücks (Wohnungseigentum) durch Kaufpreise ähnlicher (hinreichend vergleichbarer) Grundstücke (§ 183 Abs. 1 Satz 1 BewG). Dabei werden in erster Linie die von den Gutachterausschüssen (§§ 192 ff. BauGB) veröffentlichten Vergleichspreise verwendet (§ 183 Abs. 1 Satz 2 BewG). Der Vergleichswert wird aus einer ausreichenden Zahl von geeigneten Vergleichspreisen ermittelt, die auf den Kaufpreisen von Grundstücken mit „hinreichend übereinstimmenden Grundstücksmerkmalen" basieren.[753] Eine hinreichende Übereinstimmung der Grundstücksmerkmale der Vergleichsgrundstücke liegt vor, wenn sie insbesondere hinsichtlich ihrer Lage, Art und ihres Maßes der baulichen Nutzung, Größe, Erschließungszustand, Gebäudeart und Alter des Gebäudes mit dem zu bewer-

753 R B 183 Abs. 2 Satz 1, 2 ErbStR.

tenden Grundstück weitgehend übereinstimmen bzw. die Abweichungen in sachgerechter Weise berücksichtigt werden können.[754]

BEISPIEL „VERGLEICHSPREISVERFAHREN": Herr T erbt von seiner Mutter eine vermietete Eigentumswohnung in Baden-Baden. Aus den Daten des zuständigen Gutachterausschusses kann wegen einer ausreichend hohen Zahl an Kaufpreisen von vergleichbaren Grundstücken (insbesondere nach Lage, Art, Größe und Alter des Gebäudes) ein Vergleichspreis i.S.des §183 Abs.1 BewG i.H.von 500.000€ abgeleitet werden. Herr T geht davon aus, dass die Eigentumswohnung wegen der Vermietung ein Mietwohngrundstück darstellt und daher bei der Bewertung der Eigentumswohnung das Ertragswertverfahren für Zwecke der Erbschaftsteuer anzuwenden ist.

LÖSUNG: Bei der Eigentumswohnung handelt es sich nicht um ein „Mietwohngrundstück" i.S.des §181 Abs.1 Nr.2, Abs.3 BewG. Da es sich bei der vererbten Immobilie um Wohnungseigentum im Sinne des WEG handelt, geht die speziellere Einstufung als „Wohnungseigentum" (§181 Abs.1 Nr.3, Abs.4 BewG) vor. Daran ändert auch die tatsächliche Vermietung nichts. Die Eigentumswohnung ist daher im Vergleichswertverfahren zu bewerten (§182 Abs.2 Nr.1 BewG). Der Vergleichswert kann hier durch den Vergleichspreis von 500.000€ als Grundbesitzwert ermittelt werden.

bb) Kaufpreissammlungen

987 Soweit von den Gutachterausschüssen keine Vergleichspreise vorliegen, kann das Finanzamt geeignete Vergleichspreise aus anderen Kaufpreissammlungen (als die nach §195 BauGB) berücksichtigen.[755]

cc) Vergleichsfaktoren

988 Wenn es keine solche Vergleichsdaten – und damit keine Vergleichsgrundstücke – gibt, können bestimmte Vergleichsfaktoren (z.B. Preis je m² Wohnfläche) berücksichtigt werden (§183 Abs.2 Satz1 BewG). Auch hierzu sind die Daten der Gutachterausschüsse maßgebend (§183 Abs.2 Satz3 BewG). Die Vergleichsfaktoren des Gutachterausschusses für die geeigneten Bezugseinheiten, z.B. die Wohnfläche (Gebäudefaktor) oder den erzielbaren jährlichen Ertrag (Ertragsfaktor), werden dann mit der Bezugseinheit vervielfacht, um daraus den Vergleichswert zu berechnen.[756]

754 R B183 Abs.2 Satz3 ErbStR.

755 R B183 Abs.2 Satz7 ErbStR.

756 R B183 Abs.3 Satz1, 2 ErbStR.

dd) Vergleichsfaktoren für Wohnungseigentum

Bei den Vergleichsfaktoren für Wohnungseigentum sollten regelmäßig mindestens folgende Klassifizierungsmerkmale vorliegen:[757] 989

1. Baujahrsklasse,
2. Wohnungsgröße der Vergleichswohnung oder eine Wohnungsgrößenspanne,
3. Wohnlage.

BEISPIEL „VERGLEICHSFAKTORENVERFAHREN": Herr S erbt von seiner Mutter eine bisher von ihr selbstgenutzte Eigentumswohnung mit einer Wohnfläche von 100 m² in Krefeld. Aus dem Grundstücksmarktbericht des zuständigen Gutachterausschusses für Grundstückswerte kann u. a. nach Ausstattung, Alter und Lage der Eigentumswohnung ein Vergleichsfaktor von 6.000 € je m² ermittelt werden.

Die Mutter vererbt Wohnungseigentum (§ 181 Abs. 4 BewG). Daher ist die Eigentumswohnung im Vergleichswertverfahren zu bewerten (§ 182 Abs. 2 Nr. 1 BewG). Der Vergleichswert kann hier durch die Vergleichsfaktoren (§ 183 Abs. 2 BewG) ermittelt werden, da diese durch den Datenbestand des Gutachterausschusses bekannt sind. Danach ist für das konkrete Objekt ein Vergleichswert (auf Grundlage der Vergleichsfaktoren) von 6.000 € je m² anzunehmen. Daraus ergibt sich rechnerisch ein Grundbesitzwert i. H. von

100 m² (Wohnfläche) x 6.000 € (Quadratmetervergleichspreis) = 600.000 €.

ee) Tatsächlicher Kaufpreis des zu bewertenden Grundstücks als Vergleichspreis

Sollte es weder vom Gutachterausschuss ermittelte Vergleichspreise noch Vergleichsfaktoren geben, kann sich der Vergleichspreis nach § 183 Abs. 1 Satz 1 BewG auch aus einem zeitnah zum Bewertungsstichtag vereinbarten Kaufpreis für das zu bewertende Grundstück ergeben. Ein Vergleichspreis lässt sich sogar aus der Veräußerung nur eines einzelnen Grundstücks ableiten. Das gilt auch (und gerade) dann, wenn dieses Grundstück das zu bewertende Grundstück selbst ist.[758] 990

Als ein Vergleichspreis kann auch der für die zu bewertende wirtschaftliche Einheit tatsächlich innerhalb eines Jahres vor dem Bewertungsstichtag unter fremden Dritten erzielte Kaufpreis gelten, sofern zwischenzeitlich keine Änderungen der Wertverhältnisse eingetreten sind und dem Verkauf keine ungewöhnlichen oder persönlichen Verhältnisse zugrunde gelegen haben.[759] 991

757 H B 183 Abs. 3 „Vergleichsfaktoren" ErbStH.
758 BFH, Urteil v. 24.8.2022 - II R 14/20, BStBl 2023 II S. 693.
759 H B 183 Abs. 2 „Kaufpreis für das zu bewertende Grundstück als Vergleichspreis".

BEISPIEL „TATSÄCHLICHER KAUFPREIS DER EIGENTUMSWOHNUNG": Frau Z erbt von ihrer am 23.2.2026 verstorbenen Mutter eine vermietete Eigentumswohnung in Köln, welche diese erst ein halbes Jahr vor ihrem Tod für einen Kaufpreis von 400.000 € von dem „fremden" (nicht nahestehenden) Verkäufer V erworben hatte.

Die Eigentumswohnung wird im Grundsatz mit dem gemeinen Wert bei der Erbschaftsteuer angesetzt (§ 177 Abs. 1 BewG). Für das Vergleichswertverfahren können Verkäufe von vergleichbaren Objekten herangezogen werden (§ 183 Abs. 1 BewG). Hier ist der zeitnahe Verkauf zwischen nicht nahestehenden Personen im gewöhnlichen Geschäftsverkehr (§ 9 Abs. 2 BewG) für das zu bewertende Objekt geradezu ideal, um den Vergleichswert zu bestimmen. Der Grundbesitzwert beträgt daher 400.000 €.

e) Sachwertverfahren

992 Das Sachwertverfahren nach §§ 189 ff. BewG dient der Bewertung von Wohnungseigentum, wenn (ausnahmsweise) kein Vergleichswertverfahren nach § 183 BewG möglich ist. Hierbei werden typisiert Herstellungskosten für das Gebäude bestimmt und mit bestimmten Faktoren modifiziert. Das Verfahren ist wie folgt:[760]

1. Der reine Bodenwert (ohne Gebäude) wird nach § 189 Abs. 2 BewG wie bei einem tatsächlich unbebauten Grundstück nach § 179 BewG bewertet (Bodenrichtwert x Grundstücksfläche).
2. Der Gebäudesachwert wird unabhängig vom separat ermittelten Bodenwert berechnet (§ 189 Abs. 1 Satz 1 BewG). Hierzu werden „Regelherstellungskosten" nach der Anlage 24 zum BewG als durchschnittliche Herstellungskosten je Flächeneinheit bestimmt (§ 190 Abs. 1 BewG).
3. Zur Ermittlung des Gebäudesachwerts sind die durchschnittlichen Herstellungskosten des Gebäudes mit einem „Regionalfaktor" nach § 190 Abs. 5 sowie einem „Alterswertminderungsfaktor" nach § 190 Abs. 6 BewG zu multiplizieren (§ 190 Abs. 3 Satz 1 BewG).
4. Die durchschnittlichen Herstellungskosten des Gebäudes ergeben sich durch Multiplikation der so modifizierten Regelherstellungskosten mit der Brutto-Grundfläche des Gebäudes und dem Baupreisindex nach § 190 Abs. 4 BewG (§ 190 Abs. 3 Satz 2 BewG).
5. Das Ergebnis nennt man „Gebäudesachwert" (§ 190 BewG).

760 Ein ausführliches Beispiel für die Bewertung im Sachwertverfahren findet sich in Rz. 44 der Gleichlautenden Erlasse der obersten Finanzbehörden der Länder v. 20.3.2023, BStBl 2023 I S. 738.

6. Aus der Summe des Bodenwerts und des Gebäudesachwerts ergibt sich dann der „vorläufige Sachwert des Grundstücks" (§ 189 Abs. 3 Satz 1 BewG), der dann noch mit einer „Wertzahl" nach § 190 BewG zu multiplizieren ist (§ 189 Abs. 3 Satz 2 BewG).
7. Der vorläufige Sachwert des Grundstücks wird mit einer Wertzahl nach § 191 BewG multipliziert, die vorrangig von den Gutachterausschüssen bereitgestellt wird (§ 191 Satz 1 BewG) oder aus der Anlage 25 zum BewG ersichtlich ist (§ 191 Satz 2 BewG).
8. Das Ergebnis ist dann „der" (maßgebende) Sachwert (des Grundstücks) nach §§ 189–191 BewG.

f) Nachweis eines niedrigeren gemeinen Werts (§ 198 BewG)

Die Bewertungsmethoden nach § 176 BewG (für Wohnungseigentum nach dem Vergleichswertverfahren i.S. des § 183 BewG oder nachrangig nach dem Sachwertverfahren nach § 189 BewG) beruhen auf typisierten Werten. Der tatsächliche gemeine Wert des Wohnungseigentums entspricht nicht immer den durch diese Bewertungsmethoden ermittelten Werten. Dies ist aber grds. hinzunehmen. Die so ermittelten Werte können im Einzelfall (ggf. deutlich) über den „wahren" gemeinen Wert des Wohnungseigentums liegen. Als „Escape-Klausel" kann der Wohnungseigentümer daher dem zuständigen Finanzamt auf Grundlage des § 198 BewG nachweisen, dass der gemeine Wert des Wohnungseigentums (am Bewertungsstichtag) niedriger ist, als der nach Vergleichswertverfahren bzw. Sachwertverfahren ermittelte Grundbesitzwert. 993

Als Nachweis des niedrigeren gemeinen Werts kann regelmäßig ein Gutachten des zuständigen Gutachterausschusses (§§ 192 ff. BauGB) sowie von anerkannten Sachverständigen oder Gutachtern dienen (§ 198 Abs. 2 BewG). Dies ist mit Kosten verbunden, die der Wohnungseigentümer zu tragen hat. 994

Als Nachweis des niedrigeren gemeinen Werts kann auch ein (im gewöhnlichen Geschäftsverkehr) innerhalb eines Jahres vor oder nach dem Bewertungsstichtag zustande gekommener Kaufpreis über das zu bewertende Grundstück dienen, wenn die maßgeblichen Verhältnisse hierfür gegenüber den Verhältnissen am Bewertungsstichtag unverändert sind (§ 198 Abs. 3 BewG). 995

g) Feststellung des Grundbesitzwerts (Verfahrensrecht)

Der Grundbesitzwert wird durch das Lagefinanzamt des Wohnungseigentums gesondert festgestellt (§ 151 Abs. 1 Satz 1 Nr. 1 BewG). Diese Feststellung ist 996 verfahrensrechtlich für das Erbschaftsteuerfinanzamt bindend. Wenn der Wohnungseigentümer einen niedrigeren Wert für zutreffend hält, muss er daher gegen den Feststellungsbescheid Einspruch (§§ 347 ff. AO) einlegen oder einen Änderungsantrag nach den §§ 172 ff. AO stellen. Ein Einwand im Rahmen der Erbschaft- bzw. Schenkungsteuerfestsetzung wäre unzulässig (§ 351 Abs. 2 AO).

997 Steuerbefreiungen (z. B. nach § 13 Abs. 1 Nr. 4a–c ErbStG oder § 13d ErbStG) werden dagegen unmittelbar in dem Verfahren zur Erbschaft- bzw. Schenkungsteuerfestsetzung berücksichtigt und mindern daher weder „vorab" den Grundbesitzwert, noch wird er im Rahmen der Feststellung des Grundbesitzwerts nach § 151 Abs. 1 Satz 1 Nr. 1 BewG berücksichtigt.

6. Steuerbefreiung für das an den Ehegatten bzw. Lebenspartner geschenkte Familienheim (§ 13 Abs. 1 Nr. 4a ErbStG)

a) Selbstgenutzte Eigentumswohnung als Familienheim

998 Steuerfrei ist nach § 13 Abs. 1 Nr. 4a ErbStG die Schenkung (Zuwendungen unter Lebenden), mit denen ein Ehegatte bzw. Lebenspartner dem anderen Ehegatten bzw. Lebenspartner das Eigentum (oder das Miteigentum) an Wohnungseigentum verschafft, soweit darin eine Wohnung zu eigenen Wohnzwecken genutzt wird (sog. „Familienheim"). Eine Schenkung an Kinder, Enkel oder Lebensgefährten (ohne Heirat/Partnerschaft) ist nicht begünstigt.

999 Als Familienheim gilt Wohnungseigentum nur, soweit darin eine Wohnung nach der tatsächlichen Nutzung gemeinsam zu eigenen Wohnzwecken genutzt wird und sich darin der Mittelpunkt des familiären Lebens befindet.[761] Entscheidend ist die Nutzung durch die Eheleute und der zur Familie gehörenden Kinder. Die Mitnutzung der Wohnung durch Enkelkinder, Eltern oder Haushaltshilfen ist unschädlich.[762] Die Steuerbefreiung schließt auch Garagen, Nebenräume und Nebengebäude ein, die zum Wohnungseigentum gehören und mit der Wohnung gemeinsam genutzt werden.[763] Die Nutzung der Wohnung auch zu anderen Zwecken ist nur unschädlich, wenn sie von untergeordneter Bedeutung ist (z. B. ein Raum als Arbeitszimmer).[764] Bei einer entgeltlichen gewerblichen oder freiberuflichen Mitbenutzung der Wohnung oder bei einer

761 R E 13.3 Abs. 2 Satz 1, 3, 4 ErbStR.
762 R E 13.3 Abs. 2 Satz 6 ErbStR.
763 R E 13.3 Abs. 2 Satz 8 ErbStR.
764 R E 13.3 Abs. 2 Satz 9 ErbStR.

teilweisen Fremdvermietung ist nur der den eigenen Wohnzwecken dienende Teil der Wohnung steuerbefreit.[765]

BEISPIEL „FAMILIENHEIM": Herr A nutzt die ihm gehörende Eigentumswohnung zusammen mit seiner Frau A und den beiden Töchtern zu eigenen Wohnzwecken. Einen Raum nutzt er als Arbeitszimmer. Zum Wohnungseigentum gehören auch ein Kellerraum, ein PKW-Stellplatz sowie das Sondernutzungsrecht an einer Gartenfläche. Herr A schenkt Frau A den halben Miteigentumsanteil am Wohnungseigentum, so dass beide danach gemeinsam Wohnungseigentümer sind.

LÖSUNG: Die Schenkung der Eigentumswohnung ist dem Grunde nach zwar gem. § 7 Abs. 1 Nr. 1 ErbStG schenkungsteuerpflichtig. Da die selbstgenutzte Wohnung aber als Familienheim gilt, ist die Schenkung des Miteigentumsanteils nach § 13 Abs. 1 Nr. 4a ErbStG steuerfrei.

Ferien-, Wochenend- oder berufliche Zweitwohnungen (doppelte Haushalts- 1000
führung) sind nicht steuerbefreit.[766]

Auf den Wert des Grundstücks (Familienheims) kommt es nicht an. Auch sehr 1001
teure Wohnungen können steuerfrei zwischen Ehegatten bzw. Lebenspartnern verschenkt werden, sofern diese tatsächlich von den Ehegatten bzw. Lebenspartnern zu eigenen Wohnzwecken genutzt werden (keine Angemessenheitsprüfung).[767]

b) Vergleichbare Sachverhalte

Der Gesetzeswortlaut erlaubt nicht nur die steuerfreie „Direktschenkung" des 1002
Familienheims, sondern begünstigt auch folgende Gestaltungen:[768]

1. Übertragung des Alleineigentums oder Miteigentums an dem einem Ehegatten bereits gehörenden Grundstück;
2. Kauf oder Herstellung aus den Mitteln eines Ehegatten unter Einräumung einer Miteigentümerstellung des anderen Ehegatten;
3. Anschaffung oder Herstellung (ganz oder teilweise) durch einen Ehegatten aus Mitteln, die allein oder überwiegend vom anderen, zuwendenden Ehegatten stammen (mittelbare Grundstückszuwendung);
4. Tilgung eines im Zusammenhang mit dem Kauf oder der Herstellung des Familienheims von einem oder beiden Ehegatten aufgenommenen Darlehens aus Mitteln des zuwendenden Ehegatten;

765 R E 13.3 Abs. 2 Satz 10 ff. ErbStR.
766 R E 13.3 Abs. 2 Satz 5 ErbStR.
767 R E 13.3 Abs. 5 Satz 2, 3 ErbStR.
768 R E 13.3 Abs. 4 ErbStR.

5. Befreiung von einer Schuld des einen Ehegatten gegenüber dem anderen Ehegatten, die im Zusammenhang mit dem Kauf oder der Herstellung des Familienheims gegenüber dem anderen Ehegatten eingegangen wurde;
6. Begleichung nachträglicher Herstellungs- oder Erhaltungsaufwendungen am Familienheim aus Mitteln eines Ehegatten, wenn der andere Ehegatte Eigentümer oder Miteigentümer ist.

c) Verkauf des Familienheims und erneute Schenkung eines anderen Familienheims

1003 Die Steuerbefreiung unterliegt keinem „Subjektverbrauch". Die Schenkung eines Familienheims ist auch dann steuerfrei, wenn der Schenker in der Vergangenheit schon einmal ein Familienheim (z. B. an den früheren Ehegatten) übertragen hatte. Nach einer Schenkung besteht auch keine Behaltenspflicht, so dass eine spätere Veräußerung oder eine Nutzungsänderung unschädlich ist.[769]

BEISPIEL „FAMILIENHEIM": Herr A hatte seiner Frau die ihm gehörende und von den Eheleuten zu eigenen Wohnzwecken genutzte Eigentumswohnung geschenkt. Diese Eigentumswohnung verkaufte Die Ehefrau später und die Ehegatten zogen in ein anderes Objekt um, das dem Ehemann gehörte. Herr A schenkt auch dieses Objekt seiner Frau.

LÖSUNG: Auch das zweite Objekt kann nach § 13 Abs. 1 Nr. 4a ErbStG steuerfrei geschenkt werden.

1004 Ein Missbrauch von Gestaltungsmöglichkeiten (§ 42 AO) wäre gleichwohl in „Extremfällen" zu beachten.

7. Steuerbefreiung für das vererbte Familienheim (§ 13 Abs. 1 Nr. 4b und 4c ErbStG)

a) Ehegatte oder Lebenspartner als Erbe

1005 Steuerfrei ist der Erwerb von Todes wegen von Eigentum oder Miteigentum an Wohnungseigentum durch den überlebenden Ehegatten bzw. Lebenspartner, das der Erblasser bis zum Erbfall zu eigenen Wohnzwecken (Familienheim) genutzt hat (§ 13 Abs. 1 Nr. 4b Satz 1 ErbStG). War der Erblasser aus zwingenden Gründen an einer Selbstnutzung zu eigenen Wohnzwecken gehindert (z. B. da er in einem Pflegeheim war),[770] ist der Erwerb ebenfalls begünstigt.

769 R E 13.3 Abs. 5 Satz 5 ErbStR.
770 R E 13.4 Abs. 2 Satz 3 ErbStR.

Wichtig für die Steuerfreiheit ist, dass der Erwerber die Eigentumswohnung nach dem Erbfall unverzüglich selbst nutzt, sofern er nicht schon bisher dort wohnt. Der Erwerber muss daher ggf. für die Steuerbefreiung zwangsläufig umziehen. 1006

Die Steuerfreiheit ist für Ehegatten/Lebenspartner nicht auf einen bestimmten Wert oder die Wohnfläche gedeckelt (anders aber für Kinder/Enkel als Erwerber nach § 13 Abs. 1 Nr. 4c ErbStG). 1007

BEISPIEL „FAMILIENHEIM": Herr A vererbt seiner Frau das ihm gehörende und von den Eheleuten zu eigenen Wohnzwecken genutzte Wohnungseigentum mit einem Grundbesitzwert von 1.200.000 € und einer Wohnfläche von 220 m².

LÖSUNG: Der Erwerb des Wohnungseigentums ist als Familienheim nach § 13 Abs. 1 Nr. 4b ErbStG für die Ehefrau komplett steuerfrei.

b) Kinder oder Enkel als Erben

Der Erwerb von Todes wegen eines Familienheims ist auch bei Kindern (im Sinne der Steuerklasse I Nr. 2) und Enkeln (Kinder verstorbener Kinder im Sinne der Steuerklasse I Nr. 2) steuerfrei, wenn der Erblasser die vererbte Eigentumswohnung bis zum Erbfall zu eigenen Wohnzwecken genutzt hat (oder bei der er aus zwingenden Gründen – z. B. Pflegeheim – an einer Selbstnutzung zu eigenen Wohnzwecken gehindert war). Wie beim Erwerb durch Ehegatten oder Lebenspartner muss auch der Erwerber (Kind bzw. Enkel) die Wohnung unverzüglich selbst nutzen. 1008

Die Steuerfreiheit ist auf eine Wohnfläche der Wohnung von 200 m² gedeckelt (anders als bei Ehegatten oder Lebenspartnern). 1009

BEISPIEL „FAMILIENHEIM": Frau A ist Witwe und vererbt das ihr gehörende und von ihr bis zu ihrem Tod zu eigenen Wohnzwecken genutzte Wohnungseigentum mit einem Grundbesitzwert von 1.200.000 € und einer Wohnfläche von 250 m² an ihre Tochter T.

LÖSUNG: Der Erwerb des Wohnungseigentums ist als Familienheim nach § 13 Abs. 1 Nr. 4c ErbStG für die Tochter T i. H. von 200 m²/250 m² (= 80 %) steuerfrei.

c) 10-Jahres-Frist der Selbstnutzung durch Erwerber

Die Steuerbefreiung fällt mit Wirkung für die Vergangenheit weg, wenn der Erwerber das Familienheim innerhalb von zehn Jahren nach dem Erwerb nicht mehr zu Wohnzwecken selbst nutzt (Nachversteuerungsvorbehalt nach § 13 Abs. 1 Nr. 4b bzw. Nr. 4c Satz 5 ErbStG). 1010

Gibt der Erwerber die Selbstnutzung innerhalb des Zehnjahreszeitraums z. B. wegen Veräußerung, Vermietung oder „schlichte Nichtnutzung" auf, entfällt 1011 die Steuerbefreiung rückwirkend, so dass der Schenkungssteuerbescheid nach § 175 Abs. 1 Satz 1 Nr. 2 AO zu ändern ist (Nachversteuerung).[771] Eine Ausnahme gibt es aber für den Fall, wenn der Erwerber aus zwingenden Gründen an einer Selbstnutzung zu eigenen Wohnzwecken gehindert ist (z. B. durch einen Umzug in ein Pflegeheim).

8. Steuerbefreiung für vermietetes Wohnungseigentum (§ 13d ErbStG)

1012 Wohnungseigentum ist nach § 13d ErbStG von der Erbschaft- bzw. Schenkungsteuer zu 10 % befreit bzw. nach der Gesetzesformulierung „mit 90 % ihres Werts anzusetzen", sofern es zu Wohnzwecken vermietet ist (§ 13d Abs. 3 Nr. 1 ErbStG). Dies gilt sowohl für Erbfälle als auch für Schenkungen.

1013 Zu den begünstigten Grundstücken gehört auch Wohnungseigentum.[772] Der Befreiungsabschlag von 10 % ist nicht für Wohnungseigentum zu gewähren, das nicht zu Wohnzwecken, sondern z. B. zu (fremden) gewerblichen oder freiberuflichen Zwecken genutzt wird (Teileigentum). Die Nutzung eines Raumes als Arbeitszimmer durch den Mieter ist unschädlich.[773]

1014 Maßgebend für die Befreiung sind die tatsächlichen Verhältnisse zum Besteuerungszeitpunkt. Ein Leerstand wegen Mieterwechsels oder Renovierung ist gleichwohl unschädlich (R 13d Abs. 6 ErbStR). Eine Behaltensverpflichtung oder Verpflichtung zur weiteren Vermietung zu Wohnzwecken besteht nicht.[774]

BEISPIEL „§ 13D ERBSTG": Herr H vererbt ein Teileigentum im Erdgeschoss (vermietet an Optikerbetrieb) und ein Wohnungseigentum im 1. OG (vermietet zu Wohnzwecken). Erbe E nutzt drei Monate nach dem Erbfall die Wohnung im 1. OG nach einer Eigenbedarfskündigung selbst.

LÖSUNG: Die Erdgeschosswohnung wird nicht zu Wohnzwecken vermietet und kann nicht nach § 13d EStG begünstigt werden. Die Wohnung im 1. OG ist im Besteuerungszeitpunkt (Todestag) zu Wohnzwecken vermietet (gewesen) und daher nach § 13d EStG begünstigt. Die spätere Nutzungsänderung (Selbstnutzung) ist unschädlich.

1015 Der 10%-Abschlag nach § 13d EStG ist vorrangig bei Privatvermögen (Grundvermögen) anzuwenden. In bestimmten Fällen kann aber auch vermietetes Wohnungseigentum eines Einzelunternehmens oder einer Personengesell-

771 R E 13.4 Abs. 6 Satz 4, 5 ErbStR.

772 R E 13d Abs. 6 Satz 1 ErbStR.

773 R E 13d Abs. 7 Satz 1 ErbStR.

774 R E 13d Abs. 2 Satz 2 ErbStR.

schaft (Mitunternehmerschaft) begünstigt sein.[775] Bei Kapitalgesellschaften ist es dagegen generell ausgeschlossen.[776]

9. Steuerbefreiung für Wohnungseigentum im Betriebsvermögen

a) Wohnungseigentum im Betriebsvermögen

Für (inländisches) Betriebsvermögen von Einzelunternehmen (§§ 95, 96 BewG) oder Mitunternehmerschaften (§ 97 Abs. 1 Satz 1 Nr. 5 BewG) ist auf den Bewertungsstichtag (§ 11 ErbStG) ein Wert zu ermitteln und anzusetzen (§ 12 Abs. 5 ErbStG). Dies gilt auch für Anteile an Kapitalgesellschaften (§ 12 Abs. 2 ErbStG). 1016

Der Wert von Anteilen an (nicht börsennotierten) Kapitalgesellschaften ist vorrangig aus Verkäufen unter fremden Dritten abzuleiten, die weniger als ein Jahr zurückliegen. Ansonsten ist der Wert „unter Berücksichtigung der Ertragsaussichten der Kapitalgesellschaft oder einer anderen anerkannten, auch im gewöhnlichen Geschäftsverkehr für nichtsteuerliche Zwecke üblichen Methode zu ermitteln" (§ 11 Abs. 2 Satz 2 BewG). Auf das „vereinfachte Ertragswertverfahren" (§§ 199–203 BewG) kann als gesetzlich typisiertes Regelverfahren zurückgegriffen werden, wenn nicht der Steuerpflichtige oder das zuständige Finanzamt ein anderes (besser geeignetes) Bewertungsverfahren verwenden (§ 11 Abs. 2 Satz 4 BewG). Die Summe der gemeinen Werte der zum Betriebsvermögen gehörenden Wirtschaftsgüter und sonstigen Aktiva abzüglich der Passiva (insbesondere Schulden) darf nach § 11 Abs. 2 Satz 3 BewG generell nicht unterschritten werden (sog. Substanzwert). 1017

Diese Bewertungsgrundsätze gelten für das Betriebsvermögen von Gewerbebetrieben (§ 95 BewG), von freiberuflichem Betriebsvermögen (§ 96 BewG) und für Anteile am Betriebsvermögen (Mitunternehmerschaften) nach § 97 BewG entsprechend (§ 109 BewG). 1018

Regelmäßig ist der Wert dieses Betriebsvermögens durch einen Feststellungsbescheid gesondert festzustellen (§ 151 Abs. 1 Satz 1 Nr. 2, 3 BewG). Sofern der Steuerpflichtige mit dem Wertansatz nicht einverstanden ist, muss dieser Feststellungsbescheid angefochten werden. Nur über die Steuerbefreiung für ein solches unternehmerisches Vermögen (§ 13a ErbStG) ist dagegen unmittelbar im Erbschaft- bzw. Schenkungsteuerbescheid zu entscheiden. 1019

775 R E 13d Abs. 4 ErbStR.
776 R E 13d Abs. 5 ErbStR.

1020 Eigenbetrieblich genutztes oder vermietetes Wohnungseigentum kann sich im Betriebsvermögen von Einzelunternehmen, Personengesellschaften (Mitunternehmerschaften) oder Kapitalgesellschaften befinden, bildet damit einen unselbständigen Teil der verschenkten bzw. vererbten wirtschaftlichen Einheit und ist (im Grundsatz) nicht separat zu bewerten. Da der Substanzwert als Untergrenze des Wertansatzes für den gesamten Unternehmenswert zu prüfen ist, wird vom zuständigen Finanzamt oft der Grundbesitzwert nach § 151 Abs. 1 Satz 1 Nr. 1 BewG gesondert festgestellt, was für diese Fälle zu einer zusätzlichen Einzelbewertung des Wohnungseigentums (für Zwecke der Substanzwertprüfung) führt.

BEISPIEL „WOHNUNGSEIGENTUM IM BETRIEBSVERMÖGEN": Frau F ist alleinige Anteilseignerin in der B-GmbH (Fahrschule), zu deren Vermögen u. a. die Schulungs- und Büroräume (Teileigentum im Sinne des WEG) gehören. Frau F verschenkt ihre Anteile an ihre Tochter T (vorweggenommene Erbfolge). Sofern das Finanzamt prüfen möchte, ob ggf. der Substanzwert anzusetzen ist, wird der Wert regelmäßig im Feststellungsverfahren (Grundbesitzwert) ermittelt.

1021 Wenn das Betriebsvermögen im vereinfachten Ertragswertverfahren (§ 199 ff. BewG) bewertet wird und es sich bei dem Wohnungseigentum um „nicht betriebsnotwendiges Vermögen" (§ 200 Abs. 2 BewG) handelt, ist es neben dem Ertragswert mit einem separat zu ermittelnden gemeinen Wert anzusetzen. Die unmittelbar mit diesem Wohnungseigentum in Zusammenhang stehenden Aufwendungen bzw. Erträge sind dann bei der Ermittlung der Betriebsergebnisse zu korrigieren (§ 202 Abs. 1 Nr. 1 Buchst. f und Nr. 2 Buchst. f BewG).

BEISPIEL „NICHT BETRIEBSNOTWENDIGES VERMÖGEN": Zum Betriebsvermögen der X-GmbH & Co. KG (Maschinenbaubetrieb) gehört eine Eigentumswohnung, die zu Wohnzwecken vermietet ist.

LÖSUNG: Die Eigentumswohnung gehört zum nicht betriebsnotwendigen Vermögen i. S. des § 200 Abs. 2 BewG, da dieses Wirtschaftsgut aus dem Maschinebauunternehmen herausgelöst werden kann, ohne die eigentliche Unternehmenstätigkeit zu beeinträchtigen. Der Grundbesitzwert der Eigentumswohnung ist zu ermitteln und neben dem Ertragswert (§§ 199 ff. BewG) zu erfassen. Dabei sind bei der Ertragswertermittlung die Mieteinnahmen zu kürzen (§ 202 Abs. 1 Satz 2 Nr. 2 Buchst. f BewG) und die Gebäudeabschreibung, Versicherungsprämien und andere Grundstückskosten hinzuzurechnen (§ 202 Abs. 1 Satz 2 Nr. 1 Buchst. f BewG).

1022 Innerhalb von zwei Jahren vor dem Bewertungsstichtag eingelegte (betriebsnotwendige) Wirtschaftsgüter (z. B. Wohnungseigentum) werden ebenfalls neben dem Ertragswert mit einem eigenständigen Wert angesetzt (§ 200 Abs. 4 BewG).

BEISPIEL „EINGELEGTES WOHNUNGSEIGENTUM": Kommanditist K überträgt auf die Z-GmbH (Einzelhandelsgeschäft) zum 30.6.2025 das betrieblich genutzte Teileigentum (verdeckte Einlage).

LÖSUNG: Sofern bis zum 30.6.2027 (Zweijahresfrist) durch eine Schenkung oder einen Erbfall eine Bewertung des Vermögens der Z-GmbH nach den §§ 199 ff. BewG erforderlich ist, wird das eingelegte Grundstück neben dem Ertragswert separat bewertet (§ 200 Abs. 4 BewG).

b) Steuerbefreiung für Unternehmensvermögen (§ 13a ErbStG)

aa) Überblick über Steuerverschonungen

Betriebsvermögen von gewerblichen oder freiberuflichen Einzelunternehmen 1023
oder Personengesellschaften, Betrieben der Land- und Forstwirtschaft und Anteilen an Kapitalgesellschaften werden unter bestimmten Voraussetzungen zu 85 % (§ 13a Abs. 1, 2 ErbStG; sog. Regelverschonung)[777] oder auf Antrag zu 100 % (§ 13a Abs. 10 ErbStG; sog. Optionsverschonung)[778] steuerbefreit.

Die Steuerfreiheit gilt nur für das (anteilige) Vermögen, das kein „Verwaltungs- 1024
vermögen" (§ 13b Abs. 4 ErbStG) darstellt.

bb) Regelverschonung (§ 13a Abs. 1, 2 ErbStG)

Betriebsvermögen von gewerblichen oder freiberuflichen Einzelunternehmen 1025
oder Personen-gesellschaften, Betrieben der Land- und Forstwirtschaft und Anteilen an Kapitalgesellschaften werden zu 85 % steuerbefreit (sog. Verschonungsabschlag), wenn diese die Voraussetzung als „begünstigtes Vermögen" i. S. des § 13b ErbStG erfüllen (§ 13a Abs. 1 Satz 1 ErbStG).

Zusätzlich zur 85%-Befreiung ist der danach verbleibende Teil des begünstig- 1026
ten Vermögens ebenfalls steuerfrei, soweit der Wert dieses Vermögens insgesamt 150.000 € nicht übersteigt (zusätzlicher Abzugsbetrag nach § 13a Abs. 2 ErbStG). Dieser Zusatzabzug von 150.000 € vermindert sich, soweit der Wert dieses Vermögens insgesamt 150.000 € übersteigt, um 50 % des diese Wertgrenze übersteigenden Betrags.

Das Zusammenspiel von § 13a Abs. 1 ErbStG (85%-Steuerbefreiung) und § 13a 1027
Abs. 2 ErbStG (Abzugsbetrag) führt zu drei verschiedenen Verschonungsergebnissen:

777 R E 13a.1 Abs. 1 Satz 2 ErbStR.
778 R E 13a.1 Abs. 1 Satz 3 ErbStR.

1. Begünstigtes Vermögen von bis zu 1.000.000€ wird durch den Verschonungsabschlag und den Abzugsbetrag vollständig steuerbefreit.
2. Bei begünstigtem Vermögen über 1.000.000€ und unter 3.000.000€ wird der Abzugsbetrag verringert, der zusätzlich zur 85%-Steuerbefreiung angesetzt wird.[779]
3. Bei begünstigtem Vermögen ab 3.000.000€ wird kein Abzugsbetrag mehr gewährt, so dass lediglich die 85%-Steuerbefreiung angesetzt wird.

BEISPIEL „REGELVERSCHONUNG": Frau F erbt einen 100%-Anteil an der B-GmbH, die über kein Verwaltungsvermögen verfügt (nur begünstigtes Vermögen i.S.des §13b Abs.2 ErbStG), mit einem Wert von 800.000€. Sie stellt keinen Antrag auf Optionsverschonung nach §13a Abs.10 ErbStG.

LÖSUNG: Der erworbene Anteil an der B-GmbH wird vollständig steuerbefreit. Nach §13a Abs.1 ErbStG werden 85% (680.000€) und nach §13a Abs.2 ErbStG wird der betragliche „Rest" von 120.000€ steuerbefreit.

cc) Optionsverschonung (§13a Abs.10 ErbStG)

1028 Der Erwerber kann unwiderruflich erklären (beantragen), dass ihm statt der 85%igen Steuerbefreiung (nach §13b Abs.1 ErbStG) eine vollständige Steuerbefreiung (zu 100%) gewährt wird (§13b Abs.10 Satz1 Nr.1 ErbStG).

BEISPIEL „OPTIONSVERSCHONUNG": Frau C erbt einen 100%-Anteil an der D-GmbH mit einem Wert von 4.000.000€. Das Verwaltungsvermögen (§13b Abs.4 ErbStG) beträgt 100.000€. Sie stellt einen Antrag auf Optionsverschonung nach §13a Abs.10 ErbStG.

LÖSUNG: Der erworbene Anteil an der B-GmbH wird vollständig steuerbefreit, soweit kein Verwaltungsvermögen vorhanden ist (3.900.000€). Der betragliche „Rest" von 100.000€ (Verwaltungsvermögen) ist steuerpflichtig.

1029 Den Vorteil der vollen Steuerfreistellung „erkauft" sich der Erwerber mit Nachteilen bei den Lohn- und Behaltensfristen:

- Die Lohnsummenfrist (§13a Abs.3 Satz1 ErbStG) verlängert sich von fünf auf sieben Jahre (§13a Abs.10 Satz1 Nr.2 ErbStG) und die (Regel-)Mindestlohnsumme (§13a Abs.3 Satz1, 4 ErbStG) erhöht sich von 500% auf 700%[780] (§13a Abs.10 Satz1 Nr.3 ErbStG).

---

779 Vgl. das Beispiel in H E 13a.3 ErbStH.

780 Die Mindestlohnsumme für Betriebe mit weniger als 15 Beschäftigten erhöht sich für Fälle mit mehr als fünf, aber nicht mehr als zehn Beschäftigten von 250% (§13a Abs.3 Satz4 Nr.1 ErbStG) auf 500% (§13a Abs.10 Satz1 Nr.4 ErbStG) und für Fälle mit mehr als zehn, aber nicht mehr als 15 Beschäftigten von 300% (§13a Abs.3 Satz4 Nr.2 ErbStG) auf 565% (§13a Abs.10 Satz1 Nr.5 ErbStG).

- Die Behaltensfrist (§ 13a Abs. 6 ErbStG) verlängert sich von fünf auf sieben Jahre (§ 13a Abs. 10 Satz 1 Nr. 6 ErbStG).

Der Antrag auf Optionsverschonung ist nur für übertragenes Unternehmensvermögen möglich, dessen Verwaltungsvermögen (§ 13b Abs. 3, 4 ErbStG) die Grenze von 20 % nicht überschreitet (§ 13a Abs. 10 Satz 2 ErbStG). Sollte sich nach dem Antrag herausstellen, dass die 20%-Grenze an Verwaltungsvermögen überschritten wurde, kann weder die Optionsverschonung (§ 13a Abs. 10 ErbStG) noch die Regelverschonung (§ 13a Abs. 1, 2 ErbStG) angesetzt werden. Diese „Optionsfalle" sollte beachtet werden. 1030

dd) Großerwerbe über 26.000.000 €

Die Steuerbefreiung ist nach § 13a Abs. 1 Satz 1 ErbStG ausgeschlossen, wenn der Wert des erworbenen (begünstigten) Vermögens 26.000.000 € überschreitet (sog. Schwellenwert).[781] Es handelt sich nicht um einen Freibetrag, sondern um eine „Alles-oder-nichts-Grenze". Wenn der Schwellenwert auch nur geringfügig überschritten wird, ist man komplett aus der regulären Steuerbefreiung nach § 13a ErbStG „raus". Stattdessen kann für solche Großerwerbe nach § 13c ErbStG mit dem „Abschmelzungsmodell"[782] eine verminderte Regel- bzw. Optionsverschonung oder alternativ die „Verschonungsbedarfsprüfung" nach § 28a ErbStG als Steuererlass beantragt werden: 1031

- Abschmelzungsmodell (§ 13c ErbStG): Die Steuerbefreiung sinkt (auf Antrag) für das begünstigte Vermögen für jede 750.000 € um einen Prozentpunkt, das den Schwellenwert von 26.000.000 € überschreitet. Bei einem Erwerb von z. B. 50.000.000 € würde sich die Steuerbefreiung somit um 32%-Punkte vermindern.[783]
- Verschonungsbedarfsprüfung (§ 28a ErbStG): Die auf das begünstigte Vermögen entfallende Erbschaft- bzw. Schenkungsteuer kann (auf Antrag) des Erwerbers erlassen werden, soweit er nachweist, dass er persönlich nicht in

781 R E 13a.2 Abs. 1 Satz 1 ErbStR.

782 R E 13c.1 Abs. 1 Satz 1 ErbStR.

783 Vgl. das Beispiel in H E 13c.1 ErbStH: Ein 50.000.000 €-Erwerb übersteigt den Schwellenwert von 26.000.000 € um 24.000.000 € und ist das 32-fache von 750.000 €. Die Regelverschonung sinkt von 85 % um 32 % auf 53 % bzw. die Optionsverschonung sinkt von 100 % um 32 % auf 68 %.

der Lage ist, diese Steuer aus seinem „verfügbaren Vermögen“ (im Sinne des Gesetzes) zu begleichen.[784] Dies ist also keine Steuerbefreiung, sondern ein Steuererlass.

1032 Das Abschmelzungsmodell und die Verschonungsbedarfsprüfung schließen sich gegenseitig aus, d. h. es ist nur eine Methode (antragsgemäß) zulässig.

ee) Nachlaufende Mindestlohnsumme (§ 13a Abs. 3 ErbStG)

1033 Die Steuerfreiheit nach § 13a ErbStG ist daran gebunden, dass die Löhne in bestimmter Höhe (weiterhin) bezahlt werden. Das gilt aber nicht für Betriebe bzw. Betriebsvermögen, die nicht mehr als fünf Beschäftigte haben oder die keine Löhne zahlen (§ 13a Abs. 3 Satz 3 ErbStG).

1034 Ausgangsbasis ist dabei die sog. Ausgangslohnsumme, welche den Jahresdurchschnitt der Löhne und Gehälter darstellt, die in den letzten fünf vor dem Zeitpunkt der Entstehung der Steuer endenden Wirtschaftsjahren gezahlt wurden (§ 13a Abs. 3 Satz 2, 6–13 ErbStG). Nach dem Erwerb darf nach § 13a Abs. 3 Satz 1 ErbStG die Summe der von dem erworbenen Unternehmen bzw. den Unternehmensanteilen gezahlten jährlichen Löhne der nächsten fünf Jahre (sog. Lohnsummenfrist) zusammengerechnet nicht unter 400 % dieser Ausgangslohnsumme fallen (sog. Mindestlohnsumme).

1035 Soweit die Mindestlohnsumme nach den fünf Jahren nicht erreicht wird, ist die Steuerfreiheit rückwirkend anteilig zu versagen (§ 13a Abs. 3 Satz 5 ErbStG).

BEISPIEL „MINDESTLOHNSUMME“: ▶ Die Geschäftsanteile an der W-GmbH (Schreinerbetrieb mit 20 Arbeitnehmern) werden vererbt. Die durchschnittlichen jährlichen Löhne und Gehälter der letzten fünf Jahre vor dem Erbfall beliefen sich auf 1.200.000 € im Jahr (Ausgangslohnsumme).

LÖSUNG: ▶ Die Mindestlohnsumme für die fünf Jahre nach dem Erbfall (Lohnsummenfrist) beträgt 1.200.000 € x 400 % = 4.800.000 €. Sollte die W-GmbH in den fünf Jahren nach dem Erwerb z. B. insgesamt 5.000.000 € Löhne und Gehälter zahlen, wäre die Mindestlohnsumme eingehalten, da dieser Betrag über 4.800.000 € liegt. Wenn aber z. B. insgesamt nur 4.000.000 € gezahlt werden, bleibt die Steuerfreiheit nach § 13a Abs. 1 ErbStG nur zu 83,3 % (4.000.000 €/4.800.000 €) erhalten bzw. wird zu 16,7 % rückwirkend versagt.

---

784 So hat z. B. im Jahr 2020 Friede Springer rund 15 % der Aktien an der Axel Springer SE an Mathias Döpfner geschenkt (vgl. Pressemitteilung der Axel Springer SE v. 24.9.2020). Für diese Schenkung im Wert von rund 1 Mrd. € wurde vermutlich die Verschonungsbedarfsprüfung genutzt, da Mathias Döpfner auch ein Aktienpaket von 4,1 % erwarb und er dadurch nach den Regelungen des § 28a ErbStG über kein Vermögen mehr verfügte, um die Schenkungsteuer für die geschenkten Aktien zu zahlen (vgl. Jirmann, Erneut Steuererlasse in Milliardenhöhe für Erben von Großvermögen; www.netzwerk-steuergerechtigkeit.de; letzter Abruf: 7.9.2025).

Bei Betrieben mit mehr als fünf, aber nicht mehr als zehn Beschäftigten beträgt die Mindestlohnsumme 250 % und bei Betrieben mit mehr als zehn, aber nicht mehr als 15 Beschäftigten beträgt die Mindestlohnsumme 300 % (§ 13a Abs. 3 Satz 4 ErbStG). 1036

ff) Behaltensfristen

Das begünstigte Vermögen muss nach § 13a Abs. 6 ErbStG mindestens fünf Jahre nach dem Erwerb im Eigentum des Erwerbers bleiben (sog. Behaltensfrist). Insbesondere die Veräußerung des Vermögens oder wesentliche Überführungen bzw. Entnahmen ins Privatvermögen innerhalb dieser Frist führen zu einem rückwirkenden Wegfall der Steuerfreiheit (Nachversteuerung). Je niedriger bzw. später über das erworbene Vermögen schädlich verfügt wird, desto geringer ist die anteilige Nachversteuerung (§ 13a Abs. 6 Satz 2, 3 ErbStG). 1037

BEISPIEL „BEHALTENSFRISTEN: Die gesamten Geschäftsanteile an der Y-GmbH werden am 1.1.2020 vererbt. Da das Vermögen der Gesellschaft ausschließlich aus begünstigtem Vermögen (§ 13b Abs. 2 ErbStG) besteht, findet die Regelverschonung (§ 13a Abs. 1, 2 ErbStG) Anwendung. Die Erbin veräußert diese Anteile zum 30.6.2023, da sie den Kaufpreis für den Kauf eines Wohnmobils benötigt.

LÖSUNG: Die fünfjährige Behaltensfrist für die Anteile an Kapitalgesellschaften (§ 13a Abs. 6 Satz 1 Nr. 4 ErbStG) endet mit Ablauf des 31.12.2024. Da die Erbin (Erwerberin) die Anteile bereits am 30.6.2023 veräußert, stellt dies einen Sperrfristverstoß für die Steuerfreiheit dar. Die Steuerbefreiung ist zeitanteilig zu 2/5 rückwirkend zu versagen, da sie die Anteile nur drei „volle“ Jahre gehalten hat.

c) Begünstigungsfähiges Unternehmensvermögen (§ 13b ErbStG)

aa) Begünstigungsfähige Einheiten (§ 13b Abs. 1 ErbStG)

Es gibt drei Kategorien von „begünstigungsfähigem Vermögen“ des Betriebsvermögens: 1038

1. Land- und forstwirtschaftliches Vermögen (in bestimmtem Umfang) nach § 13b Abs. 1 Nr. 1 ErbStG;
2. Betriebsvermögen beim Erwerb eines ganzen Gewerbebetriebs, Teilbetriebs oder Anteils an einer Personengesellschaft (Mitunternehmeranteil) nach § 13b Abs. 1 Nr. 2 ErbStG;
3. Anteile an einer Kapitalgesellschaft, wenn der Erblasser oder Schenker zu mehr als 25 % beteiligt war (§ 13b Abs. 1 Nr. 3 ErbStG).

1039 Der Gesetzgeber privilegiert nicht einzelne Wirtschaftsgüter, sondern Sachgesamtheiten, die als Einheit selbst oder zumindest als ein Teil davon als (fortbestehendes) Unternehmen angesehen werden können. Ob dieses Vermögen aber tatsächlich nach § 13a ErbStG steuerbefreit wird, hängt vor allem von dem Anteil an Verwaltungsvermögen (§ 13b Abs. 4 ErbStG) im Betriebsvermögen der übertragenen Einheit ab.

1040 Das gesamte begünstigungsfähige Vermögen i. S. des § 13b Abs. 1 Nr. 2 ErbStG (z. B. Betrieb oder Mitunternehmeranteil) muss zeitgleich übertragen werden. Es ist schädlich, wenn z. B. ein Grundstück früher oder später als das übrige Betriebsvermögen übertragen wird.[785]

bb) Verwaltungsvermögen (§ 13b Abs. 4 ErbStG)

(1) Sinn der Ermittlung des Werts des Verwaltungsvermögens

1041 In § 13b Abs. 4 ErbStG wird ein Katalog an bestimmten Wirtschaftsgütern aufgezählt, die als Verwaltungsvermögen gelten und daher nicht begünstigt sind. Hintergrund ist die Wertung, dass nur „Produktivvermögen" steuerbefreit werden soll und Vermögen aus einer Kapitalanlage (z. B. fremdvermietete Grundstücke) kein betrieblich notwendiger Teil des Unternehmens sind. Hiermit wird auch die Gestaltung verhindert, privates Vermögen vor dessen unentgeltlicher Übertragung in einen Betrieb einzubringen, um dieses Vermögen dann in Form von Anteilen an dem Unternehmensvermögen nach § 13a ErbStG steuerfrei zu verschenken oder zu vererben. Bei der Berechnung der Steuerbefreiung wird der – durch weitere Schritte noch zu modifizierende – Wert des Verwaltungsvermögens vom gesamten Unternehmenswert abgezogen, so dass nur der verbleibende Saldo als Produktivvermögen (Nicht-Verwaltungsvermögen) steuerfrei gestellt wird.

(2) Katalog des Verwaltungsvermögens

1042 In § 13b Abs. 4 ErbStG werden fünf Kategorien von Wirtschaftsgütern als Verwaltungsvermögen bestimmt:

1. Dritten zur Nutzung überlassene Grundstücke (§ 13b Abs. 4 Nr. 1 ErbStG);
2. Anteile an Kapitalgesellschaften, wenn die unmittelbare Beteiligung nicht mehr als 25 % beträgt (§ 13b Abs. 4 Nr. 2 ErbStG);[786]

785 FG München, Urteil v. 14.6.2023 - 4 K 1481/22 PAAAJ-72860 = EFG 2024 S. 309 (BFH-Rev.: II R 18/24).

786 Hier besteht eine systematische Parallele zu Anteilen an Kapitalgesellschaften als begünstigungsfähige Vermögenseinheit nach § 13b Abs. 1 Nr. 1 ErbStG, bei der die gleich Quote relevant ist.

3. Bestimmte (meistens) wertvolle und der privaten Lebensführung dienende Gegenstände (§ 13b Abs. 4 Nr. 3 ErbStG);[787]
4. Wertpapiere und vergleichbare Forderungen (§ 13b Abs. 4 Nr. 4 ErbStG);
5. Finanzmittel (insbesondere Bankguthaben; § 13b Abs. 4 Nr. 5 ErbStG).[788]

Geleistete Anzahlungen auf (noch nicht zuzurechnende) Wirtschaftsgüter sind 1043
jedenfalls dann keine „anderen Forderungen" i. S. von § 13b Abs. 2 Satz 2 Nr. 5 ErbStG und damit Verwaltungsvermögen, wenn sie nicht für den Erwerb von Verwaltungsvermögen geleistet wurden.[789] Geleistete Anzahlungen auf Wirtschaftsgüter des Verwaltungsvermögens sind jedoch nach Verwaltungsauffassung als Verwaltungsvermögen i. S. des § 13b Abs. 4 ErbStG anzusehen.[790]

cc) Überlassene Grundstücke als Verwaltungsvermögen und deren Ausnahmen (§ 13b Abs. 4 Nr. 1 ErbStG)

(1) Grundstücksüberlassung als schädliche Verwendung

Nach § 13b Abs. 4 Nr. 1 Satz 1 ErbStG gehören zum Verwaltungsvermögen 1044
„Dritten zur Nutzung überlassene Grundstücke, Grundstücksteile, grundstücksgleiche Rechte und Bauten."

Als „Grundstücke" sind die Grundstücke im Sinne des BGB und auch Woh- 1045
nungseigentum im Sinne des WEG zu verstehen. „Grundstücksteile" sind flächenmäßig abgegrenzte Teile eines einheitlichen, zivilrechtlichen Grundstücks (z. B. ein vermieteter Raum). Das Erbbaurecht ist ein Beispiel für ein „grundstücksgleiches Recht". Mit „Bauten" sind die Gebäude auf fremden Grund und Boden (§ 195 BewG) gemeint.

Der Grundbesitz muss nicht entgeltlich überlassen (d. h. vermietet) sein. Auch 1046
eine unentgeltliche Nutzungsüberlassung an Dritte ist schädlich.[791]

787 In § 13b Abs. 4 Nr. 3 ErbStG werden ausdrücklich genannt: Kunstgegenstände, Kunstsammlungen, wissenschaftliche Sammlungen, Bibliotheken und Archive, Münzen, Edelmetalle und Edelsteine, Briefmarkensammlungen, Oldtimer, Yachten und Segelflugzeuge.

788 Die Finanzmittel werden um die Schulden des Betriebs gemindert, so dass nur die Nettofinanzmittel als Verwaltungsvermögen gelten. Davon gibt es dann noch einen Abschlag von 15 % in Höhe des anzusetzenden Werts des Betriebsvermögens des Betriebs. Wichtig: Die in den letzten zwei Jahren vor dem Besteuerungszeitpunkt eingelegten (abzgl. der entnommenen) Finanzmittel werden als „junge Finanzmittel" separiert und unterliegen keiner Steuerbefreiung nach § 13a ErbStG.

789 BFH, Urteil v. 1.2.2023 - II R 36/20, BStBl 2024 II S. 269 HAAAJ-39015 und Gleich lautende Erlasse der obersten Finanzbehörden der Länder v. 6.3.2024, BStBl 2024 I S. 382 unter Nr. 1.

790 Gleich lautende Erlasse der obersten Finanzbehörden der Länder v. 6.3.2024, BStBl 2024 I S. 382 unter Nr. 2.

791 R E 13b.13 Satz 2 ErbStR.

1047 Die Grundidee des Gesetzgebers ist es, vermögensverwaltende Personen- und Kapitalgesellschaften nicht bei der Erbschaft- und Schenkungsteuer nach §§ 13a, 13b ErbStG zu privilegieren, wenn diese Gesellschaften den Grundbesitz nicht für ihre eigenbetrieblichen Zwecke produktiv nutzen, sondern an andere Personen vermieten. Hintergrund ist die Gestaltungsmöglichkeit, vorab Immobilien in eine Gesellschaft zu übertragen und die Gesellschaftsanteile als unternehmerisches Vermögen steuerbegünstigt zu verschenken oder zu vererben. Es soll im Kern aber Produktivvermögen und kein (privates) Kapitalanlagevermögen begünstigt werden.

BEISPIEL „GRUNDSTÜCKSGESELLSCHAFT": Frau F überträgt drei Eigentumswohnungen auf die zu diesem Zwecke gegründete Immo-GmbH und schenkt die Geschäftsanteile ihrer Tochter T.

1048 Es werden nicht Grundstücke aus „echten" Missbrauchsfällen durch § 13b Abs. 4 Nr. 1 Satz 1 ErbStG als Verwaltungsvermögen beurteilt, sondern auch „normale" Grundstücksüberlassungen eines operativen Gewerbebetriebs.

BEISPIEL „GRUNDSTÜCKSVERMIETUNG": Die A-GmbH betreibt einen Schreinerbetrieb und vermietet eine ihrer (bis auf Weiteres für ihren Betrieb nicht gebrauchten) Lagerhallen an Privatpersonen, die dort ihre Wohnwagen unterstellen.

1049 Am Bewertungsstichtag noch nicht vermietete Grundstücke im Zustand der Bebauung sind nach Auffassung des FG Münster in den Urteilen v. 14.11.2024[792] kein Verwaltungsvermögen. Entscheidend sei die tatsächliche Nutzungsüberlassung an Dritte im Zeitpunkt der Steuerentstehung. Hierzu stellt sich die Folgefrage, ob es schlicht ausreicht, dass ein Grundstück im Besteuerungszeitpunkt tatsächlich nicht überlassen (vermietet) wird, was durch eine proaktive und vorübergehende Nichtvermietung vor einer Schenkung gezielt und steuergestalterisch herbeigeführt werden könnte (Leerstandsmodell).[793]

1050 Der Gesetzgeber versucht, einen gesetzlich normierten Kompromiss zu finden zwischen dem Grundsatz, dass eine Grundstücksvermietung schädlich ist (Verwaltungsvermögen), und einigen Ausnahmen, bei der die Grundstücksvermietung aus steuersystematischen oder betriebswirtschaftlichen Gründen sowie Gerechtigkeitserwägungen als akzeptabel und damit unschädlich angesehen wird. Durch § 13b Abs. 4 Nr. 1 Satz 2 ErbStG werden für bestimmte Grundstücksüberlassungen die negativen Folgen der Qualifikation als Verwaltungsvermögen für den Steuerpflichtigen (Ausnahme von der Steuerbegünstigung) wiederum

792 FG Münster, Urteil v. 14.11.2024 - 3 K 908/23 F RAAAJ-83333 = EFG 2025 S. 329 (BFH-Rev.: II R 38/24), und FG Münster, Urteil v. 14.11.2024 - 3 K 906/23 F HAAAJ-83332 = DStR 2025 S. 151 (BFH-Rev.: II R 37/24).

793 Stein/Dorn, GmbHR 2025 S. 275.

ausgenommen (Rückausnahme, d. h. es ist doch begünstigtes Vermögen). Diese „Regel-Ausnahme-Rückausnahme"-Konstruktion führt zwangsläufig zu Abgrenzungsproblemen.

(2) Einschränkende Auslegung für Hotel-, Pensions- und Campingbetriebe

Nach dem Gesetzeswortlaut wäre auch die Hotelzimmervermietung als Verwaltungsvermögen i. S. des § 13b Abs. 4 Nr. 1 ErbStG zu beurteilen. Die Finanzverwaltung legt daher die Norm insoweit einschränkend aus: Werden neben der Überlassung von Grundstücksteilen (z. B. Zimmer) weitere gewerbliche Leistungen einheitlich angeboten und in Anspruch genommen, gehören die Grundstücksteile nicht zum Verwaltungsvermögen, wenn die Tätigkeit ertragsteuerlich als originär gewerblich einzustufen ist (z. B. bei Beherbergungsbetrieben wie Hotels, Pensionen oder Campingplätzen).[794] 1051

(3) Rückausnahme: Betriebsaufspaltung oder Sonderbetriebsvermögen (§ 13b Abs. 4 Nr. 1 Satz 2 Buchst. a) ErbStG)

Für Fälle der Betriebsaufspaltung gibt es eine gesetzliche Rückausnahme, die dazu führt, dass der überlassene Grundbesitz begünstig ist und kein Verwaltungsvermögen darstellt. 1052

Wenn der Erblasser oder Schenker sowohl im überlassenden Betrieb als auch im nutzenden Betrieb allein oder zusammen mit anderen Gesellschaftern einen einheitlichen geschäftlichen Betätigungswillen durchsetzen konnte und diese Rechtsstellung auf den Erwerber übergegangen ist, wird nach § 13b Abs. 4 Nr. 1 Buchst. a) ErbStG kein Verwaltungsvermögen angenommen. Der Maßstab für den „einheitlichen geschäftlichen Betätigungswillen" bestimmt sich nach den ertragsteuerlichen Grundsätzen.[795] 1053

BEISPIEL „BESTEHENDE BETRIEBSAUFSPALTUNG": Herr H ist Eigentümer von Wohnungseigentum (Teileigentum), das er der A-GmbH für deren Tischlerbetrieb überlässt. H ist Alleingesellschafter der A-GmbH.

Es ist notwendig, dass der Erblasser bzw. Schenker sowohl den überlassenden Betrieb (Besitzunternehmen) als auch den nutzenden Betrieb (Betriebsunternehmen) im Übertragungszeitpunkt beherrscht. Eine Beherrschung durch den Erwerber genügt nicht. Es reicht nicht aus, dass der Erwerber (erstmals) Besitz- und Betriebsunternehmen beherrscht. Wenn die Betriebsaufspaltung erst durch die Übertragung des Betriebs begründet wird, handelt es sich bei dem 1054

794 R E 13b.13 Satz 3 ErbStR.
795 R E 13b.14 Abs. 1 Satz 4 ErbStR.

Grundstück um Verwaltungsvermögen, da schon vorher der Erblasser bzw. Schenker in seiner Person die personelle Verflechtung herstellen muss.[796]

BEISPIEL „BEGRÜNDUNG EINER BETRIEBSAUFSPALTUNG“: Herr H ist Eigentümer von Wohnungseigentum (Teileigentum), das er als gewillkürtes Betriebsvermögen seines Sanitärbetriebs der T-GmbH für deren Tischlerbetrieb überlässt. Tochter T ist Alleingesellschafterin der T-GmbH. H schenkt seiner Tochter T das Wohnungseigentum.

LÖSUNG: Durch die Eigentumsübertragung entsteht erstmals eine Betriebsaufspaltung, da T ab diesem Zeitpunkt sowohl das Wohnungseigentum (Besitzgesellschaft) als auch die T-GmbH (Betriebsgesellschaft) beherrscht.

1055 Wenn ein Grundstück an eine Personengesellschaft nicht von dem Erblasser oder Schenker, sondern von einer anderen Personengesellschaft überlassen wird, greift die Rückausnahme nach § 13b Abs. 4 Nr. 1 Satz 2 Buchst. a) ErbStG selbst dann nicht, wenn der Erblasser Gesellschafter dieser Personengesellschaft ist.[797]

1056 Die Rückausnahme für Verwaltungsvermögen bezieht sich nur auf den überlassenen Grundbesitz. Die Anteile an der Betriebskapitalgesellschaft können gleichwohl und unabhängig davon Verwaltungsvermögen darstellen.

BEISPIEL „VERSCHENKTER ANTEIL AN BESITZ- UND BETRIEBSGESELLSCHAFT“: Herr H ist zu einem Anteil von 20 % an der Besitz-KG beteiligt, die Wohnungseigentum (Teileigentum) an die T-GmbH für deren Tischlerbetrieb überlässt. Herr H ist auch an der B-GmbH zu 20 % als Anteilseigner beteiligt. Die übrigen 80 % hält jeweils sein Bruder B. Herr H schenkt seiner Tochter T sowohl seinen gesamten Anteil an der Besitz-KG als auch an der B-GmbH.

LÖSUNG: H und B beherrschen gemeinsam sowohl die Besitz-KG als auch die B-GmbH (Betriebsaufspaltung). Die Anteile an der B-GmbH gehören ertragsteuerrechtlich zum notwendigen Sonderbetriebsvermögen bei der Besitz-KG. Das Wohnungseigentum stellt kein Verwaltungsvermögen dar, da es im Rahmen einer Betriebsaufspaltung durch H übertragen wurde (§ 13b Abs. 4 Nr. 1 Satz 2 Buchst. a) ErbStG). Die Anteile an der Betriebsgesellschaft (B-GmbH) sind jedoch als Verwaltungsvermögen zu qualifizieren, da die Beteiligungsquote von H nicht mehr als 25 % beträgt (§ 13b Abs. 4 Nr. 2 Satz 1 ErbStG). Dies gilt für die Anteile unabhängig davon, wie hoch der Anteil des Verwaltungsvermögens im Betrieb der B-GmbH ist.

1057 Wenn der Erblasser oder Schenker als Gesellschafter einer Personengesellschaft (Mitunternehmerschaft) den Vermögensgegenstand der Gesellschaft zur Nutzung überlassen hatte und diese Rechtsstellung auf den Erwerber übergegangen ist, handelt es sich ebenfalls nicht um Verwaltungsvermögen. Dies betrifft die Fälle von Sonderbetriebsvermögen, das übertragen wird.

---

796 R E 13b.14 Abs. 1 Satz 9 ErbStR.

797 BFH, Urteil v. 16.3.2021 - II R 3/19, BStBl 2022 II S. 706 NAAAH-87114.

Wichtig ist sowohl bei der Betriebsaufspaltung als auch beim Sonderbetriebsvermögen, dass der Grundbesitz durch die Betriebsgesellschaft nicht an einen weiteren Dritten überlassen wird, sondern eigenbetrieblich genutzt wird. 1058

(4) Rückausnahme: Betriebsverpachtung (§ 13b Abs. 4 Nr. 1 Satz 2 Buchst. b) ErbStG

Die Überlassung von Wohnungs- bzw. Teileigentum im Rahmen der Verpachtung eines ganzen Betriebs stellt kein Verwaltungsvermögen dar, wenn bei einer Betriebsverpachtung im Ganzen der Verpächter bisher gewerbliche oder selbständige (freiberufliche) Einkünften erzielte und die Vermögensübertragung bestimmte Bedingungen erfüllt. Die erbschaftsteuerrechtliche Einordnung als Betriebsverpachtung im Ganzen richtet sich nach ertragsteuerrechtlichen Grundsätzen.[798] 1059

Gesetzlich werden zwei verschiedene Situationen definiert: 1060

- Verpachtung an einen zukünftigen Erben: Der Verpächter muss den Pächter im Zusammenhang mit einer unbefristeten Verpachtung durch eine letztwillige Verfügung oder eine rechtsgeschäftliche Verfügung als Erben eingesetzt haben (§ 13b Abs. 4 Nr. 1 Satz 2 Buchst. b) Doppelbuchst. aa) ErbStG).
- Verpachtung an einen Dritten (kein Erbe): Dies ist nur begünstigt, wenn der Beschenkte bei Steuerentstehung den Betrieb noch nicht führen kann und die Verpachtung auf höchstens zehn Jahre befristet ist. Sobald der Beschenkte 18 Jahre alt wird, beginnt die 10-Jahres-Frist zu laufen (§ 13b Abs. 4 Nr. 1 Satz 2 Buchst. b) Doppelbuchst. bb) ErbStG).

Daraus ergeben sich drei Konstellationen, die begünstigt sind (= kein Verwaltungsvermögen):[799] 1061

1. Der verpachtete Betrieb wird an den Pächter des Betriebs vererbt (Erbfall).
2. Bei einer Schenkung (i. d. R. vorweggenommene Erbfolge) hat der Verpächter den Pächter im Zusammenhang mit einer unbefristeten (nicht: unkündbaren) Verpachtung durch eine letztwillige Verfügung oder eine rechtsgeschäftliche Verfügung als (testamentarischen) Erben eingesetzt.
3. Bei einer Schenkung kann der Beschenkte zunächst den Betrieb noch nicht selbst führen, weil ihm dazu z. B. die nötige Berufsqualifikation fehlt und der Schenker im Hinblick darauf den verschenkten Betrieb für eine Übergangszeit von maximal zehn Jahren an einen Dritten verpachtet hat. Die

798 R E 13b.15 Abs. 2 Satz 1 ErbStR.
799 R E 13b.15 Abs. 1 Satz 1 ErbStR.

Verpachtung darf nicht über den 28. Geburtstag des Beschenkten hinausgehen, wenn das Vermögen einem minderjährigen Kind geschenkt wurde.

BEISPIEL „ENDE DER BETRIEBSVERPACHTUNG DURCH ERBFALL": Herr H verpachtet seinem Sohn S den von ihm früher selbst geführten Schreinerbetrieb. Als H stirbt, erbt Sohn S das verpachtete Vermögen. Die Verpachtung endet (zivilrechtliche Konfusion).

LÖSUNG: Soweit im vererbten Pachtbetrieb Grundstücke enthalten sind, stellen diese kein Verwaltungsvermögen dar (§ 13b Abs. 4 Nr. 1 Satz 2 Buchst. b) Doppelbuchst. aa) ErbStG).

1062 Zur Ausnahme vom Verwaltungsvermögen nach § 13b Abs. 4 Nr. 1 Satz 2 Buchst. b) Satz 1 ErbStG gibt es wiederum zwei Ausnahmen:

- Zum einen gilt die Ausnahme nicht für verpachtete Betriebe, die vor ihrer Verpachtung (also zu der Zeit als aktiver Betrieb) nicht die allgemeinen Voraussetzungen als begünstigtes Vermögen nach § 13b Abs. 2 Satz 1 ErbStG erfüllt haben (§ 13b Abs. 4 Nr. 1 Satz 2 Buchst. b) Satz 2 Alt. 1 ErbStG). Hierdurch soll vermieden werden, dass ein in der aktiven Zeit nicht begünstigtes Unternehmen über den Weg der Betriebsverpachtung in begünstigtes Vermögen umqualifiziert werden kann.[800] Hier ist es schädlich, wenn der vom Erblasser an den Erben verpachtete Betrieb bereits vor seiner Verpachtung über Verwaltungsvermögen i. S. des § 13b Abs. 4 Satz 1 ErbStG verfügte. Dabei spielt das (Vertrags-)Verhältnis des Verpächters zum Erben keine Rolle, sondern die allgemeinen Grundsätze des § 13b Abs. 4 EStG sind zu prüfen.[801]
- Zum anderen gilt die Ausnahme nach § 13b Abs. 4 Nr. 1 Satz 2 Buchst. b) Satz 2 Alt. 2 ErbStG nicht für verpachtete Betriebe, deren Hauptzweck in der Nutzungsüberlassung von Grundstücken an Dritte besteht, sofern diese keine Wohnungsunternehmen i. S. des § 13b Abs. 4 Satz 2 Nr. 1 Buchst. d) ErbStG sind.

800 R E 13b.15 Abs. 1 Satz 4 ErbStR.

801 Der BFH hat mit Urteil v. 28.2.2024 - II R 27/21, BStBl 2024 II S. 829 ZAAAJ-69751, bei einem verpachteten Parkhausbetrieb am Wortlaut orientiert geurteilt, dass die Stellplatzüberlassung an die parkenden Personen als die Überlassung von Grundstücksteilen (Parklätze) an Dritte i. S. des § 13b Abs. 4 Satz 1 ErbStG einzustufen ist, daher die Ausnahme nach § 13b Abs. 4 Nr. 1 Satz 2 Buchst. b) ErbStG für verpachtete Parkhäuser nicht anwendbar ist und es sich somit um Verwaltungsvermögen handelt (zustimmend insoweit Gleich lautende Erlasse der obersten Finanzbehörden der Länder v. 19.11.2024, BStBl 2024 I S. 1432).

(5) Rückausnahme: Konzernzugehörigkeit (§ 13b Abs. 4 Nr. 1 Satz 2 Buchst. c) ErbStG)

Es handelt sich nicht um Verwaltungsvermögen, wenn sowohl der überlassende Betrieb als auch der nutzende Betrieb zu einem Konzern i. S. des § 4h EStG gehören (§ 13b Abs. 4 Nr. 1 Satz 2 Buchst. c) ErbStG). Eine Weiterüberlassen an einen konzernfremden Dritten ist aber schädlich. 1063

BEISPIEL „KONZERNINTERNE VERMIETUNG": Die T-GmbH vermietet Wohnungseigentum an die S-GmbH für deren betriebliche Produktionszwecke. Beide Gesellschaften gehören zu demselben Konzern i. S. des § 4h EStG.

(6) Rückausnahme: Betriebliche Wohnungsvermietung als Hauptzweck (§ 13b Abs. 4 Satz 2 Nr. 1 Buchst. d) ErbStG)

Wenn die überlassenen Grundstücke zum Betriebsvermögen einer Personengesellschaft (Mitunternehmerschaft) oder zum Vermögen einer Kapitalgesellschaft gehören und der Hauptzweck des Betriebs in der Vermietung von (eigenen) Wohnungen i. S. des § 181 Abs. 9 BewG besteht, der einen wirtschaftlichen Geschäftsbetrieb (§ 14 AO) erfordert, handelt es sich nicht um Verwaltungsvermögen (§ 13b Abs. 4 Satz 2 Nr. 1 Buchst. d) ErbStG). 1064

Der Gesetzgeber privilegiert hiermit Vermögen der Wohnungswirtschaft, deren Bewirtschaftung und kaufmännische Betreuung über eine private Vermögensverwaltung deutlich hinausgeht. 1065

Es bestehen zwei gesetzliche Voraussetzungen: 1066

- Der Hauptzweck des Betriebs muss in der Wohnungsvermietung bestehen. Der Betrieb darf aber z. B. auch über gewerblich genutzte Immobilien verfügen und andere (untergeordnete) wohnungswirtschaftliche Zwecke verfolgen. Die Finanzverwaltung rechnet den Hauptzweck mathematisch nach einer 50%-Grenze aus: Solange die Summe der Grundbesitzwerte der Wohnimmobilien höher ist als die Summe der Grundbesitzwerte aller Immobilien, besteht ein wohnwirtschaftlicher (begünstigter) Hauptzweck.[802] Vorteilhaft für die Grundstücksgesellschaft ist dabei, dass auch solche Grundstücke kein Verwaltungsvermögen darstellen, die nicht zu Wohnzwecken, sondern z. B. zu gewerblichen Zwecken genutzt werden.[803]
- Die Wohnungsvermietung muss über die Vermögensverwaltung so weit hinausgehen, dass dafür ein wirtschaftlicher Geschäftsbetrieb (§ 14 AO) erforderlich ist. Für einen wirtschaftlichen Geschäftsbetrieb spricht insbeson-

802 R E 13b.17 Abs. 2 Satz 4 ErbStR.
803 R E 13b.17 Abs. 2 Satz 5 ErbStR.

dere der Umfang der Geschäfte, ein eigenes Büro, Buchführung (zur Gewinnermittlung), eine große Organisationsstruktur, Werbung für die Vermietung und Dienstleistungen gegenüber einer breiteren Öffentlichkeit.[804]

1067 Nach Auffassung des FG Münster im Urteil v. 10.10.2024[805] greift die Rückausnahme des § 13b Abs. 4 Nr. 1 Satz 2 Buchst. d) ErbStG nicht schon deshalb, weil das Vermietungsunternehmen optional angebotene Zusatzleistungen wie Stromlieferung, Mediendienstleistungen, Hausmeister- und Handwerkerleistungen und Reinigungsleistungen im Rahmen eines originär gewerblich tätigen Betriebes ausübt. Maßgeblich sei allein die Art und Weise der Vermietungstätigkeit als solche.

1068 Für die Praxis von großer Bedeutung ist, dass die Finanzverwaltung regelmäßig einen wirtschaftlichen Geschäftsbetrieb annimmt, wenn das Unternehmen mehr als 300 eigene Wohnungen hält.[806]

(7) Rückausnahme: Grundstücksüberlassung zur Verkaufsförderung (§ 13b Abs. 4 Nr. 1 Satz 2 Buchst. e) ErbStG)

1069 Wenn überlassene Grundstücke vorrangig den Zweck haben, im Rahmen von Lieferungsverträgen dem Absatz von eigenen Erzeugnissen und Produkten zu dienen, handelt es sich nicht um Verwaltungsvermögen (§ 13b Abs. 4 Nr. 1 Satz 2 Buchst. e) ErbStG). Hierunter fallen z. B. Brauereigaststätten, die von einer Brauerei an Dritte zusammen mit einem Getränkelieferungsvertrag verpachtet werden und in denen vorrangig das Bier der Brauerei ausgeschenkt wird, oder Mineralölunternehmen, die Tankstellengrundstücke zusammen mit Belieferungsverträgen über ihre Kraftstoffe verpachten.[807]

dd) Tatsächlich steuerschädlicher Betrag des Verwaltungsvermögens (§ 13b Abs. 6, 7 ErbStG)

1070 Der Gesamtwert des letztlich „schädlichen" (nicht begünstigten) Verwaltungsvermögens ist nicht einfach dadurch zu bestimmen, dass alle Wirtschaftsgüter auf der Aktivseite der Bilanz des Betriebs addiert werden, die nach dem Katalog des § 13b Abs. 4 ErbStG als Verwaltungsvermögen zu qualifizieren sind. Das ist zwar im Einzelfall schon aufwendig genug, aber der Gesetzgeber geht hier (u. a. aus systematischen Gründen zu Recht) noch weiter. Es sind insbesondere die

804 R E 13b.17 Abs. 3 Satz 1 ErbStR.

805 FG Münster, Urteil v. 10.10.2024 - 3 K 751/22 F VAAAJ-86424 = EFG 2025 S. 483 (BFH-Rev.: II R 39/24).

806 R E 13b.17 Abs. 3 Satz 2 ErbStR.

807 R E 13b.18 Satz 2, 3 ErbStR.

Schulden (Passiva) teilweise abzugsfähig und ein Teil des Verwaltungsvermögens wird pauschal zugunsten des Steuerpflichtigen rechnerisch in Produktivvermögen umqualifiziert. Die Reihenfolge der Ermittlungsschritte ist (vereinfacht dargestellt) wie folgt:

1. Zunächst werden die Wirtschaftsgüter des Verwaltungsvermögens nach § 13b Abs. 4 ErbStG (Aktiva der Bilanz) bestimmt und deren Summe gezogen (Bruttowert des Verwaltungsvermögens). Hierbei werden Schulden des Betriebs nur bei der Ermittlung der Finanzmittel (§ 13b Abs. 4 Nr. 5 ErbStG) unmittelbar berücksichtigt (saldiert).

2. Ausgesondert werden aus dem „normalen" Verwaltungsvermögen das „junge Verwaltungsvermögen" und die „jungen Finanzmittel" (§ 13b Abs. 7 Satz 2 ErbStG). Dieser Teil des Vermögens wird nicht nach § 13a ErbStG befreit.

3. Der Bruttowert des Verwaltungsvermögens (ohne junge Finanzmittel und junges Verwaltungsvermögen) wird nach § 13b Abs. 6 ErbStG teilweise um die Schulden gemindert, die nach der Saldierung mit den Finanzmitteln rechnerisch noch verblieben sind. Daraus ermittelt sich dann der „Nettowert des Verwaltungsvermögens". Wichtig ist hierbei, dass die Schulden (Verbindlichkeiten) nicht nach wirtschaftlichen Kriterien zugeordnet werden. Es kommt also z. B. nicht darauf an, ob ein Bankkredit für den Erwerb eines bestimmten Wohnungseigentums aufgenommen wurde, das als Verwaltungsvermögen zu qualifizieren ist. Vielmehr sind alle Schulden (die nach der Vorabsaldierung zur Ermittlung der Finanzmittel verblieben sind) im Verhältnis des Verwaltungsvermögen zum übrigen Vermögen (Produktivvermögen) aufzuteilen und damit anteilig vom Verwaltungsvermögen abzuziehen.

4. Der so ermittelte Nettowert des Verwaltungsvermögens wird pauschal um 10 % des Werts des Produktivvermögens gemindert (§ 13b Abs. 7 Satz 1 ErbStG).

5 Im Ergebnis verbleibt das „begünstigte Vermögen" (§ 13b Abs. 2 Satz 1 ErbStG), welches nach § 13a ErbStG unter bestimmten weiteren Voraussetzungen tatsächlich von der Erbschaftsteuer befreit werden kann.

6. Die jungen Finanzmittel, das junge Verwaltungsvermögen und das „normale" Verwaltungsvermögen bilden in der Summe somit das nicht begünstigte Vermögen. Hierfür sind aber andere Steuerbefreiungen denkbar, wie z. B. § 13d ErbStG für vermietetes Wohneigentum oder die persönlichen Freibeträge nach § 16 ErbStG.

10. Nießbrauchsrechte am Wohnungseigentum

a) Schenkung unter Einräumung eines Vorbehaltsnießbrauchs

1071 Wird Wohnungseigentum unentgeltlich auf einen anderen Eigentümer übertragen, aber an dem Wohnungseigentum ein Nießbrauch (§§ 1030 ff. BGB) eingeräumt, handelt es sich zivilrechtlich um eine Schenkung, die lediglich mit einer Auflage (Nießbrauch) verbunden ist. Die Zuwendung des Grundstücks stellt auch dann eine „reine" Schenkung i.S.des § 7 Abs. 1 Nr. 1 ErbStG dar, wenn die Übertragung mit einer solchen Nießbrauchsbestellung verbunden ist.

1072 Ein Vorbehaltsnießbrauchs ist als Nutzungs- oder Duldungsauflage[808] vom steuerpflichtigen Erwerb abzugsfähig.[809] Wenn die vermietete Eigentumswohnung nach § 13d ErbStG nur mit 90 % anzusetzen ist (Steuerbefreiung), dann ist die Nießbrauchslast ebenfalls nur mit 90 % anzusetzen (§ 10 Abs. 6a ErbStG).

1073 Wenn bei der Bewertung des Wohnungseigentums nach § 198 BewG ein niedrigerer gemeiner Wert nachgewiesen wurde (regelmäßig durch ein Sachverständigengutachten), welcher die Nießbrauchsbelastung bereits berücksichtigt, ist kein (zusätzlicher) Abzug des Nießbrauchs möglich (§ 10 Abs. 6b ErbStG).

1074 Die Bemessungsgrundlage für den Abzug ermittelt sich nach dem Kapitalwert des Nießbrauchs. Dafür ist nach §§ 12 Abs. 1 i.V. mit 14, 15 BewG zur Ermittlung des Kapitalwerts von lebenslangen Nutzungen der Jahreswert der Nutzung mit einem von der Lebenserwartung des Berechtigten[810] abhängigen Vervielfältiger zu multiplizieren.

1075 **Berechnung:**

Jahreswert x Vervielfältiger = Kapitalwert des Nießbrauchsrecht

1076 Der Jahreswert (§ 15 Abs. 3 BewG) des Nießbrauchs eines vermieteten Grundstücks ermittelt sich im Grundsatz aus den Einnahmen aus Vermietung und Verpachtung abzgl. der vom Nießbraucher zu tragenden Aufwendungen. Welche Kosten im Einzelnen abzugsfähig sind und welcher Betrachtungszeitraum

808 BFH, Urteil v. 17.10.2001 - II R 60/99, BStBl 2002 II S. 165 YAAAA-89149 unter II.3.

809 Nach § 25 Abs. 1 ErbStG a. F. konnte ein Nießrauch für Erwerbe bis zum 31.12.2008 nicht abgezogen, aber die auf den Kapitalwert entfallende Steuer (bis zum Erlöschen des Nießbrauchs) zinslos gestundet werden. Diese Regelung wurde durch das Erbschaftsteuerreformgesetz v. 24.12.2008, BGBl 2008 S. 3018, aufgehoben.

810 Die Differenzierung der Sterbetafeln durch § 14 BewG nach männlichem und weiblichem Geschlecht ist zulässig, BFH, Urteil v. 20.11.2024 - II R 38/22 DAAAJ-89317 = DStR 2025 S. 831.

maßgebend ist, ist im Detail nicht vollständig geklärt.[811] Für die Praxis erscheint es sinnvoll, die (voraussichtlichen) Einkünfte aus dem Objekt als Maßstab für den Jahreswert anzunehmen und dessen Ermittlung dem zuständigen Finanzamt offenzulegen.

Wenn der Nießbraucher (Schenker) sämtliche Instandhaltungen und Renovie- 1077
rungen zu tragen hat (vertragliche Abweichung von der gesetzlichen Lastenverteilung nach §§ 1041 und 1047 BGB), kann der (voraussichtliche) zukünftige Belastungswert nach überwiegender Auffassung nicht mindernd (oder möglicherweise nur als separate Verbindlichkeit) berücksichtigt werden.[812]

Der Jahreswert unterliegt nach § 16 BewG einem Höchstwert, der sich am Wert 1078
des Grundstücks orientiert. Danach wird der tatsächliche (geschätzte) Jahreswert auf 1/18,6-tel des schenkungsteuerlichen Grundstückswerts begrenzt (Deckelung). Dem liegt die Überlegung zugrunde, dass die umfassende Nutzungsbefugnis an einem Wirtschaftsgut (hier: Grundstück) nicht höher bewertet werden kann als das (unbelastete) Eigentum selbst.[813] Dabei wird typisierend von einem Durchschnittsertrag von 5,5 % ausgegangen, aus dem sich ungefähr der gesetzliche Wert von 18,6 (100/5,5 %) rechnerisch ergibt.

Der Kapitalwert ist durch die Multiplikation des maßgebenden Jahreswerts des 1079
Nießbrauchsrechts auf die für die voraussichtliche Laufzeit maßgebenden Vervielfältiger zu berechnen. Die Vervielfältiger werden bei einem lebenslangen Nießbrauchsrecht nach der statistischen Sterbetafel des Statistischen Bundesamts ermittelt (§ 14 Abs. 1 BewG). Dazu veröffentlicht das BMF jährlich ein Schreiben, aus dem sich die maßgebenden Vervielfältiger nach Geschlecht und Lebensalter des Nießbrauchsberechtigten ergeben.[814]

BEISPIEL „NIEßBRAUCH BEI SCHENKUNGSTEUER": Vater V ist 65 Jahre alt, als er seiner Tochter T zum 1.1.2025 eine vermietete Eigentumswohnung unter Vorbehaltsnießbrauch schenkt. Die jährlichen Mieteinnahmen betragen 12.000 € und die voraussichtlichen Bewirtschaftungskosten betragen ca. 2.000 €. Das zuständige Finanzamt stellt für die Eigentumswohnung nach § 151 Abs. 1 Nr. 1 BewG einen Bedarfswert i. H. von 200.000 € fest.

---

811 Zum Abzug von Schuldzinsen für ein zurückbehaltendes Grundstücksdarlehen siehe BFH, Urteil v. 28.5.2019 - II R 4/16, BStBl 2020 II S. 326 NAAAH-37571 m. w. N. zu dem gesamten Problemkreis.

812 Dazu ausführlich Stein, DStR 2025 S. 2115 m. w. N.

813 BFH, Urteil v. 9.4.2014 - II R 48/12, BStBl 2014 II S. 554 ZAAAE-65012 unter II.2.a).

814 Die Vervielfältiger für Bewertungsstichtage ab 1.1.2026 zur Bewertung einer lebenslänglichen Nutzung oder Leistung wurde vom BMF mit Schreiben v. 21.10.2025 - IV D 4-S 3104/00002/013/003, BStBl 2025 I S. 1830, auf Grundlage von § 14 Abs. 1 Satz 4 BewG veröffentlicht.

LÖSUNG: Die Schenkung der Eigentumswohnung ist nach § 7 Abs. 1 Nr. 1 ErbStG schenkungsteuerpflichtig. Von dem Wert der Wohnung (200.000 €) ist der Kapitalwert des Nießbrauchs abzuziehen. Dieser berechnet sich wie folgt: Der Jahreswert der Nutzung (§ 15 BewG) ist hier mit 10.000 € als Nettoertrag aus der Vermietung anzunehmen. Der Wert liegt unter dem Höchstbetrag nach § 16 BewG (200.000 €/ 18,6 = 10.753 €). Nach der Sterbetafel für Bewertungsstichtage ab dem 1.1.2025 beträgt der hier maßgebende Vervielfältiger für 65-jährige Männer 11,362. Somit beträgt der Kapitalwert der Nießbrauchslast 10.000 € x 11,362 = 113.620 €.

1080 Die Eigentumswohnung ist nach § 13d ErbStG nur mit 90 % anzusetzen. Die Nießbrauchslast ist ebenfalls nur mit 90 % anzusetzen (§ 10 Abs. 6 ErbStG). Die Bereicherung aus der Schenkung beträgt damit 90 % von 200.000 € abzgl. 90 % von 113.620 € = 77.742 €.

1081 Wenn keine Vorschenkungen (vgl. § 14 ErbStG) zu berücksichtigen sind, ist die Schenkung wegen des persönlichen Freibetrags (§ 16 Abs. 1 Nr. 2 ErbStG) von 400.000 € schenkungsteuerfrei.

1082 Der Rechtsträgerwechsel am Wohnungseigentum ist im Grundsatz auch grunderwerbsteuerpflichtig. Um eine Doppelbesteuerung des identischen Lebenssachverhalts mit Grunderwerbsteuer und Erbschaft- bzw. Schenkungsteuer zu vermeiden, wird jedoch die Grunderwerbsteuer nur auf den Kapitalwert des Nießbrauchs erhoben (§ 3 Nr. 2 Satz 2 GrEStG).

b) Vorzeitiger Verzicht auf den Nießbrauch

1083 Der vorzeitige und unentgeltliche Verzicht auf ein vorbehaltenes Nießbrauchsrecht ist als (neue) Zuwendung an den Wohnungseigentümer nach § 7 Abs. 1 Nr. 1 ErbStG steuerpflichtig.[815] Dabei ist der Kapitalwert des Nießbrauchsrechts im Verzichtszeitpunkt (nach dem aktuellen Jahreswert und der – nun nicht mehr einzuhaltenden – geplanten Restlaufzeit) zu besteuern.

c) Tod des Nießbrauchers

1084 Wenn der Nießbraucher stirbt, endet der Nießbrauch und das Wohnungseigentum wird „frei" von der rechtlichen Belastung. Dieser Todesfall löst keine Bereicherung bei dem Wohnungseigentümer aus, da die damalige Grundstücksschenkung die statistisch geschätzte Lebenszeit als wirtschaftliche Belastung schon berücksichtigte.

1085 Es kann aber durch den Tod des Nießbrauchers zu einer rückwirkenden Korrektur der damaligen Schenkungsteuer kommen, wenn dieser i. S. des § 14 Abs. 2

815 BFH, Urteil v. 17.3.2004 - II R 3/01, BStBl 2004 II S. 429 EAAAB-20257.

BewG „zu früh“ gestorben ist. Da die ursprüngliche Bemessung des Kapitalwerts des Nießbrauchs bei lebenslangen Nutzungen nach § 14 Abs. 1 BewG auf einer statistischen Sterbewahrscheinlichkeit beruht, wird gesetzlich vorgegeben, dass in bestimmten Fällen der Wert nach unten korrigiert wird. Dies ist z. B. bei einer 66-jährigen Person der Fall, wenn diese innerhalb von sechs Jahren stirbt.

d) Besteuerung des Zuwendungsnießbrauchs

Die Nießbrauchsbestellung des Wohnungseigentümers zugunsten einer ande- 1086
ren Person (Zuwendungsnießbrauch) ist nach § 7 Abs. 1 Nr. 1 ErbStG steuerpflichtig. Die Bemessungsgrundlage ermittelt sich nach dem Kapitalwert des Nießbrauchs (§§ 14, 15 BewG).

Dazu besteht das Wahlrecht, die Schenkungsteuer statt (einmal und abgel- 1087
tend) vom Kapitalwert vielmehr jährlich vom Jahreswert zu entrichten (§ 23 ErbStG).

XIV. Grunderwerbsteuer bei Wohnungseigentum

1. Grunderwerbsteuer durch Rechtsträgerwechsel an Grundstücken

1088 Der zentrale Anknüpfungspunkt für die Grunderwerbsteuer nach dem Grunderwerbsteuergesetz (GrEStG) ist der Rechtsträgerwechsel an einem Grundstück. Der in der Praxis häufigste Fall ist die Übertragung von Eigentum an Grundstücken (auch von Wohnungseigentum) aufgrund eines notariellen Kaufvertrags (§ 1 Abs. 1 Nr. 1 GrEStG). In § 1 GrEStG werden aber noch weitere rechtliche Transaktionen benannt, die zu einer geänderten Zuordnung von (inländischen) Grundstücken führen und dadurch Grunderwerbsteuer auslösen können. Daher unterliegen nicht nur Kaufverträge, sondern z. B. auch Tauschverträge und Schenkungsvereinbarungen über Grundstücke oder Umwandlungen von Gesellschaften mit Grundbesitz der Grunderwerbsteuer. Dabei gibt es aber bestimmte Ausnahmen und Steuerbefreiungen zu beachten (wie z. B. bei Erbschaften und Schenkungen, die vorrangig dem Erbschaftsteuergesetz unterliegen).

2. Wohnungseigentum als Gegenstand der Grunderwerbsteuer

a) Wohnungseigentum als Grundstück

aa) Grundstücke nach § 2 GrEStG

1089 Unter „Grundstücke" des Grunderwerbsteuergesetzes sind die Grundstücke im Sinne des BGB zu verstehen (§ 2 Abs. 1 Satz 1 GrEStG). Ein Grundstück ist jeder Teil der (inländischen) Erdoberfläche, der mit seiner konkreten Lage und Abmessung im Grundbuch unter einer eigenen Nummer eingetragen ist.

1090 Unter den Grundstücksbegriff des § 2 Abs. 1 Satz 1 GrEStG fällt auch das Wohnungseigentum.[816] Das Sondereigentum bildet dabei zusammen mit dem Miteigentum am Gemeinschaftseigentum als rechtliche Einheit das Grundstück im Sinne des GrEStG.[817] Erwerbe von Wohnungseigentum fallen damit unter das Grunderwerbsteuergesetz.[818] Nicht nur der Erwerb von schon vorhandenem Wohnungseigentum fällt unter den Tatbestand nach § 1 Abs. Nr. 1

816 So bereits BFH, Urteil v. 15.12.1954 - II 114/54 U, BStBl 1955 III S. 53 LAAAB-45830.
817 BFH, Urteil v. 16.2.1994 - II R 96/90 CAAAB-34713 = BFH/NV 1995 S. 156 unter II.1.
818 BFH, Urteil v. 30.7.1980, BStBl 1980 II S. 667 UAAAB-02034.

GrEStG, sondern auch erst künftig existierendes Wohnungseigentum (z. B. vor Teilungserklärung oder bautechnischer Fertigstellung).[819]

Jeder Erwerbsvorgang bildet einen eigenen Steuerfall, dessen gesetzliche Tatbestandsmerkmale (auch hinsichtlich eines Befreiungstatbestands) jeweils für sich gesondert zu würdigen sind.[820] 1091

BEISPIEL „GRUNDSTÜCK": Frau F ist Eigentümerin von zwei Eigentumswohnungen einer Wohnanlage im Sinne des WEG und verkauft beide Einheiten an den Erwerber E jeweils für einen Kaufpreis von 200.000 €.

Beide Eigentumswohnungen stellen als separates Grundstück i. S. des § 2 GrEStG jeweils ein Besteuerungsobjekt dar, das nach § 1 Abs. 1 Nr. 1 GrEStG der Grunderwerbsteuer (mit dem jeweiligen Kaufpreis als Gegenleistung) unterliegt. 1092

bb) Sondernutzungsrechte

Sondernutzungsrechte am Wohnungseigentum (z. B. an einem PKW-Stellplatz oder einem Teil des Gartens) werden in die Besteuerung einbezogen und bilden zusammen mit dem Sondereigentum und dem anteiligen Miteigentum am Gemeinschaftseigentum ein einheitliches Grundstück. Durch § 2 Abs. 2 Nr. 3 GrEStG wird dies für dinglich gesicherte (d. h. im Wohnungsgrundbuch verbindlich eingetragene) Sondernutzungsrechte ausdrücklich geregelt, da diese Sondernutzungsrechte keine zivilrechtlichen Bestandteile (§§ 93, 94 BGB) des Wohnungseigentums sind und damit nicht zum Grundstück im Sinne des BGB gehören. Bei einer Wohnungsveräußerung wird diese Rechtsposition gleichwohl (separat vom Wohnungseigentum) mitveräußert. Durch die ausdrückliche Definition des dinglichen Sondernutzungsrechts als „Grundstück" im Sinne des GrEStG besteht dann keine Besteuerungslücke für eine anteilig darauf entfallende Gegenleistung. Für die nicht dinglich gesicherten (d. h. lediglich schuldrechtlich bestehenden) Sondernutzungsrechte bedarf es keiner Norm für die Besteuerung, da diese (schwächere) Rechtsposition ohnehin zum Wohnungseigentum als „Grundstück" im Sinne des GrEStG gerechnet wird. Relevant wäre der Unterschied zwischen einem dinglichen und einem (nur) schuldrechtlichen Sondernutzungsrecht für den Ausnahmefall, dass diese Rechtsposition (zivilrechtlich wirksam) an eine andere Person (z. B. einem anderen Wohnungseigentümer) entgeltlich übertragen wird. Dann wäre nur der isolierte Erwerb eines dinglich gesicherten Sondernutzungsrechts ohne „dazu- 1093

819 BFH, Urteil v. 16.2.1994 - II R 96/90 CAAAB-34713 = BFH/NV 1995 S. 156.
820 BFH, Urteil v. 28.4.1970 - II 119/65, BStBl 1970 II S. 670 RAAAB-50506.

gehöriges Grundstück“ durch § 2 Abs. 2 Nr. 3 GrEStG grunderwerbsteuerbar. Die isolierte Übertragung eines schuldrechtlichen Sondernutzungsrechts ist hingegen nicht steuerbar, da dieses aufgrund seiner schwachen Rechtsposition nicht als eigenständiger Besteuerungsgegenstand anzusehen ist.[821]

BEISPIEL „SONDERNUTZUNGSRECHT“: Frau F veräußert eine Eigentumswohnung, zu der auch ein PKW-Stellplatz (Sondernutzungsrecht) gehört. Ein Gutachter schätzt den Preis für den Stellplatz auf 20.000 €.

1094 Die Gegenleistung für die Eigentumswohnung besteht auch aus dem anteiligen Kaufpreis für den Stellplatz. Für die Bemessung der Grunderwerbsteuer wird die Gegenleistung somit nicht um den Wert des Stellplatzes gemindert.

cc) Betriebsvorrichtungen

1095 Nicht zu den Grundstücken gehören „Maschinen und sonstige Vorrichtungen aller Art, die zu einer Betriebsanlage gehören“ (§ 2 Abs. 1 Satz 2 Nr. 1 GrEStG). Danach werden Betriebsvorrichtungen[822] von der Grunderwerbsteuer ausgenommen, sofern sie zivilrechtlich wesentliche Bestandteile des Grundstücks sind. Daraus folgt, dass z. B. bei einer Grundstücksveräußerung der anteilig auf die Betriebsvorrichtung entfallende Kaufpreis aus der Bemessungsgrundlage auszunehmen ist. Wenn die Betriebsvorrichtung als separate (vom Grundstück zivilrechtlich getrennte) Sache im Sinne des BGB zu werten ist, braucht es diese Ausnahme nicht, da dieses Wirtschaftsgut dann ohnehin nicht zum Grundstück i. S. des § 2 Abs. 1 Satz 1 GrEStG gehört.

BEISPIEL „BETRIEBSVORRICHTUNG“: Teileigentum im Sinne des WEG wird von einem Fischeinzelhändler (Ladengeschäft) genutzt. Ein Raum im Sondereigentum wird als Kühlraum genutzt, dessen technische Kühlausstattung (wesentlicher Bestandteil des Grundstücks) als Betriebsvorrichtung anzusehen ist. Der Teileigentümer veräußert das Teileigentum für einen Kaufpreis von 400.000 €, von dem ein Teilbetrag von 30.000 € auf die technische Ausstattung des Kühlraums entfällt.

LÖSUNG: Der Kaufpreis (400.000 €) ist als Bemessungsgrundlage für die Grunderwerbsteuer (Gegenleistung nach §§ 8 Abs. 1, 9 Abs. 1 Nr. 1 GrEStG) um 30.000 € zu mindern, da insoweit die Betriebsvorrichtung (Kühlraumausstattung) mitbezahlt wird. Diese technische Anlage wird zwar mitverkauft, stellt aber nach § 2 Abs. 1 Satz 2 Nr. 1 GrEStG keinen Teil des Steuergegenstands (Grundstück) dar.

---

821 BT-Drucks. 12/402 S. 14.

822 Vgl. § 68 Abs. 2 Nr. 2 BewG a. F. bzw. § 243 Abs. 2 Nr. 2 BewG n. F. Zur Abgrenzung der Betriebsvorrichtungen von den Gebäuden vgl. Gleich lautende Erlasse der obersten Finanzbehörden der Länder v. 5.6.2013, BStBl 2013 I S. 734.

dd) Inventar und Zubehör zum Wohnungseigentum

Wenn zusammen mit dem Wohnungseigentum gewerblich genutztes Inventar (z.B. Ladeneinrichtung bei Teileigentum), Zubehör[823] (z.B. Rasenmäher des Gemeinschaftsvermögens) oder bewegliche Gegenstände (z.B. eine Einbauküche,[824] Möbel oder ein an der Wand montierter TV-Bildschirm) veräußert werden, unterliegen diese Gegenstände nicht der Grunderwerbsteuer. Hier bietet es sich an, den darauf entfallenden Kaufpreis im notariellen Kaufvertrag zu vermerken, um die Trennung bei der Grunderwerbsteuer zu dokumentieren. 1096

ee) Photovoltaikanlagen

Zu den Grundstücken im Sinne des Grunderwerbsteuergesetzes gehören zunächst alle Bestandteile des zivilrechtlichen Grundstücks (§2 Abs.1 Satz1 GrEStG i.V.mit §§ 93–96 BGB). Dies schließt wesentliche Gebäudebestandteile – wie Wände, Decken, Dach, zentrale Heizungsanlage, die Sanitäreinrichtungen und die Versorgungsleitungen – mit ein. Dagegen werden Betriebsvorrichtungen (Maschinen und sonstige Vorrichtungen aller Art, die zu einer Betriebsanlage gehören) ausdrücklich nach §2 Abs.1 Satz2 Nr.1 GrEStG aus dem grunderwerbsteuerrechtlichen Grundstücksbegriff ausgenommen. Relevant ist diese Unterscheidung vor allem für die Bemessungsgrundlage bei der Grunderwerbsteuer. Nur soweit der Kaufpreis auf das Grundstück i.S.des §2 GrEStG entfällt, gehört dieser zur Bemessungsgrundlage der Grunderwerbsteuer. 1097

Wenn die Wohnanlage im Sinne des WEG über eine PV-Anlage verfügt, ist diese i.d.R. kein wesentlicher Gebäudebestandteil, sofern sie z.B. mit einer Trägerkonstruktion auf dem Dach montiert ist und keine Dachabdeckung im eigentlichen Sinne darstellt. Zivilrechtlich handelt es sich dann regelmäßig um Zubehör des Wohnungseigentums, das dem Gemeinschaftseigentum zuzuordnen ist. Sofern die PV-Anlage sowohl die Wohnungen der Anlage versorgt (Eigenverbrauch) als auch Strom in das öffentliche Stromnetz einspeist (Lieferung an den zuständigen Netzbetreiber), handelt es sich um eine Betriebsvorrichtung, da mit der PV-Anlage Einkünfte aus Gewerbebetrieb (Stromverkauf an Netzbetreiber) erzielt werden. Damit ist eine solche PV-Anlage nach §2 Abs.1 Satz2 Nr.1 GrEStG kein Teil des Grundstücks i.S.des §2 GrEStG. Dies hat zur Folge, dass der anteilige Kaufpreis der PV-Anlage nicht der Grunderwerbsteuer unterliegt. 1098

---

823 BFH, Beschluss v.3.6.2020 - II B 54/19, BStBl 2020 II S.586 OAAAH-54559.

824 Sofern die Einbauküche nicht im Einzelfall als wesentlicher Bestandteil des Grundstücks gilt und auch kein Inventar darstellt, vgl. dazu BGH, Urteil v.20.11.2008 - IX ZR 180/07 EAAAD-03186 = NJW 2009 S.1078 unter II.2.

1099 Unter bestimmten Umständen kann eine PV-Anlage aber zum Grundstück gerechnet werden (wenn z. B. der Strom nur für den Eigenbedarf produziert wird und die Anlage bautechnisch als wesentliches Dachelement einzustufen ist). Bei Solaranlagen für die eigene Wärmeversorgung (zur Erwärmung von Wasser oder zur Raumheizung) handelt es sich – ähnlich wie bei einer Heizungsanlage – immer um einen Grundstücksteil.[825]

b) Begründung von Wohnungseigentum

1100 Wohnungseigentum kann entweder dadurch begründet werden, dass die Miteigentümer eines Grundstücks die Umwandlung in Wohnungseigentum vertraglich vereinbaren (§ 3 WEG) oder ein Alleineigentümer die Teilung beschließt (§ 8 WEG). In beiden Fällen sind die dadurch entstehenden Wohnungseigentumseinheiten grunderwerbsteuerrechtlich nicht identisch mit dem vorher bestehenden (rechtlich ungeteilten) Grundstück. Dadurch würde eigentlich Grunderwerbsteuer entstehen, da die Wohnungseigentümer dadurch „rechtlich neue“ Grundstücke erwerben.

1101 Der Erwerb durch Miteigentümer (Fälle des § 3 WEG) wird von der Grunderwerbsteuer befreit, da in diesen Fällen § 7 Abs. 1 GrEStG anzuwenden ist.[826] Nach dieser Befreiungsnorm wird für eine flächenmäßige Teilung durch mehrere Miteigentümer die Grunderwerbsteuer nicht erhoben, soweit der Wert des erhaltenen Teilgrundstücks des jeweiligen Erwerbers dem Bruchteil entspricht, zu dem er als Miteigentümer am ungeteilten Grundstück beteiligt war. Die Aufteilung eines Grundstücks ist also im Grundsatz grunderwerbsteuerbar, aber insoweit befreit, als ein Eigentümer wertmäßig nicht mehr erhält als er bisher hatte.

1102 Eine Teilungserklärung durch einen Alleineigentümer (Fälle nach § 8 WEG) führt schon deshalb nicht zur Steuerbarkeit, da es insoweit an einem Rechtsträgerwechsel fehlt.[827]

c) Aufhebung von Wohnungseigentum

1103 Wohnungseigentum kann in bestimmten Fällen rechtlich aufgehoben werden. Dann endet die GdWE und es wandelt sich jedes Sondereigentum in Miteigentum. Damit wird das gesamte Grundstück zu „normalem“ Miteigentum aller bisherigen Wohnungseigentümer i. S. des § 1008 BGB (Bruchteilseigentum am

825 Dazu ausführlich FM Sachsen-Anhalt, Erlass v. 16.7.2025 - 43-S 4521-45, DStR 2025 S. 2087.

826 BFH, Urteil v. 30.7.1980 - II R 19/77, BStBl 1980 II S. 667 XAAAB-02007.

827 BFH, Urteil v. 16.2.1994 - II R 96/90 CAAAB-34713 = BFH/NV 1995 S. 156 Rz. 17.

gesamten Grundstück). Dies ist als Tausch nach § 1 Abs. 1 Nr. 1, Abs. 5 GrEStG zu werten, da der Erwerb des Miteigentums an dem ehemaligen Sondereigentum der anderen bisherigen Wohnungseigentümer zu einem Rechtsträgerwechsel führt.

Die Steuerbefreiung nach § 7 Abs. 1 GrEStG gilt nur für die Begründung von Wohnungseigentum. Auf die „Gegenrichtung" (Aufhebung von Wohnungseigentum und Bildung von Miteigentum) kann nach der Rechtsprechung des BFH[828] die Norm nicht angewendet werden. Grund hierfür sei, dass es zu einer abweichenden Zuordnung der Flächen kommt, die bislang im Sondereigentum standen und nun den Miteigentümern gemeinsam gehören. Dagegen besteuert die Finanzverwaltung die Auflösung der GdWE nicht (sofern hierdurch keine Wertverschiebung eintritt), indem sie die Befreiung nach § 5 Abs. 2 GrEStG analog anwendet.[829] 1104

3. Erwerb von Wohnungseigentum durch Kaufvertrag

a) Kaufvertrag über Wohnungseigentum

Der Grunderwerbsteuer unterliegt u. a. ein Kaufvertrag (§§ 433, 311b BGB) oder ein anderes Rechtsgeschäft, das den Anspruch auf Übereignung eines inländischen Grundstücks begründet (§ 1 Abs. 1 Nr. 1 GrEStG). Die Grunderwerbsteuer wird somit bereits durch den Kaufvertrag über ein inländisches Grundstück ausgelöst. Die nachfolgende tatsächliche Eigentumsübertragung unterliegt dann nicht zusätzlich der Grunderwerbsteuer. 1105

BEISPIEL „KAUFVERTRAG": Frau F veräußert durch notariellen Kaufvertrag (§§ 433, 311b BGB) ihre Eigentumswohnung an Erwerber E.

Der Kaufvertrag begründet den Anspruch auf Übereignung von Wohnungseigentum als einer Form des inländischen Grundstücks (§ 1 Abs. 1 Nr. 1 GrEStG). Der Kaufvertrag selbst (und nicht erst die daraus resultierende sachenrechtliche Grundstücksübertragung mit Eintrag in das Wohnungsgrundbuch) unterliegt der Grunderwerbsteuer.

Sollte es aus rechtlichen oder tatsächlichen Gründen später nicht zur Eigentumsübertragung kommen und wird der Erwerb rückgängig gemacht, kann unter bestimmten Voraussetzungen nach § 16 GrEStG die Grunderwerbsteuer aufgehoben werden. 1106

Erwerben Ehegatten oder Lebenspartner als Miteigentümer Wohnungseigentum von einem Dritten, ergeben sich zwei Erwerbe. Erwerben z. B. Ehegatten 1107

828 BFH, Urteil v. 31.7.2024 - II R 30/21 OAAAJ-80810 = BFH/NV 2025 S. 219 unter II. 1. b) bb) (3).

829 Gleich lautende Erlasse der obersten Finanzbehörden der Länder v. 5.3.2024, BStBl 2024 II S. 410 Rz. 7.

eine Eigentumswohnung, verwirklicht jeder Ehegatte für den von ihm erworbenen Miteigentumsanteil einen eigenständigen Erwerbsvorgang i.S.des §1 Abs.1 Nr.1 GrEStG. Er schuldet die Grunderwerbsteuer nur dafür, aber nicht auch für den von dem anderen Ehegatten verwirklichten Erwerb. Die Ehegatten sind als Miteigentumserwerber untereinander keine Gesamtschuldner i.S.des §44 Abs.1 AO i.V.mit §13 Nr.1 GrEStG. Die Grunderwerbsteuer wird daher in diesem Fall gegen jeden Ehegatten mit separatem Bescheid im Umfang des von ihm (ggf. in Summe) erworbenen Miteigentumsanteils festgesetzt (soweit der jeweilige Erwerbsvorgang nicht aus anderen Gründen steuerfrei ist).[830]

b) Bemessungsgrundlage der Grunderwerbsteuer

aa) Gegenleistungen für das Wohnungseigentum

1108 Die Grunderwerbsteuer „bemisst sich nach dem Wert der Gegenleistung" (§8 Abs.1 GrEStG). Der Kaufpreis wird ausdrücklich als Gegenleistung in §9 Abs.1 Nr.1 GrEStG erwähnt.

bb) Kaufpreis als Gegenleistung

1109 Die in der Praxis mit Abstand wichtigste Gegenleistung bei einer Grundstücksveräußerung ist der Kaufpreis des Grundstücks. Dieser ergibt sich i.d.R. aus dem notariellen Kaufvertrag.

1110 Der Kaufpreis unterliegt keiner Angemessenheitsprüfung. Selbst ein Grundstückskaufpreis von 1€ kann als Gegenleistung i.S.des §8 Abs.1 GrEStG angesetzt werden, wenn er ernsthaft vereinbart worden ist.[831]

cc) Andere Gegenleistungen

1111 Was sonst noch als Gegenleistung bei einem Grundstückskauf gilt, wird in §9 Abs.1 Nr.1 GrEStG näher beschrieben. Als Gegenleistung gelten danach (neben dem Kaufpreis) die „vom Käufer übernommenen sonstigen Leistungen und der dem Verkäufer vorbehaltenen Nutzungen".[832]

1112 Zu den „übernommenen sonstigen Leistungen" gehören alle weiteren Verpflichtungen des Käufers, die nicht unmittelbar als Kaufpreis für das Grundstück im bürgerlich-rechtlichen Sinne, aber gleichwohl als Entgelt für den Er-

830 LSF Sachsen, Verfügung v.4.7.2025 - 213-S 4535/1/2-2025/36171, UVR 2025 S.298.

831 BFH, Urteil v.12.7.2006 - II R 65/04 JAAAC-16046 = BFH/NV 2006 S.2128.

832 BFH, Urteil v.21.3.2007 - II R 67/05, BStBl 2007 II S.614 VAAAC-45799 unter II.1.

werb des Grundstücks anzusehen sind. Der Erwerb des Grundstücks und die Gegenleistung müssen kausal verknüpft sein. Dabei ist nicht ausschlaggebend, was die Vertragspartner als Gegenleistung für das Grundstück bezeichnen, sondern zu welchen Leistungen sie sich verpflichtet haben.[833] Das sind z. B. Bankschulden des Veräußerers im Zusammenhang mit dem Wohnungseigentum, die nach der vertraglichen Regelung im Notarvertrag vom Käufer übernommen werden. Zeitlich begrenzte[834] Belastungen des Grundstücks, wie ein Wohnrecht (§§ 1090, 1093 BGB) oder ein Nießbrauchrecht (§§ 1030 ff. BGB) für eine Person auf deren Lebenszeit, welche beim Erwerb übernommen werden, gehören ebenfalls zur Gegenleistung und erhöhen damit mit ihrem auf die Lebenserwartung des Berechtigten nach § 14 BewG kapitalisierten Wert die Bemessungsgrundlage der Grunderwerbsteuer nach § 9 Abs. 2 Nr. 2 Satz 1 GrEStG.[835]

Die vom Käufer getragenen Kosten der Beurkundung des Kaufvertrags (§ 448 Abs. 2 BGB) und der Auflassung, der Eintragung ins Grundbuch und der zu der Eintragung erforderlichen Erklärungen rechnen nicht zur Gegenleistung i. S. des § 9 Abs. 1 Nr. 1 GrEStG, denn diese Kosten schuldet der Käufer nicht dem Verkäufer, sondern Dritten (Grundbuchamt, Notar).[836] 1113

Zu den „dem Verkäufer vorbehaltenen Nutzungen" des Wohnungseigentums i. S. des § 9 Abs. 1 Nr. 1 GrEStG gehören z. B. Mieten für Zeiträume nach dem Besitzübergang von vermietetem Wohnungseigentum, die nach der vertraglichen Vereinbarung noch dem Veräußerer zustehen. 1114

BEISPIEL „VORBEHALTENEN NUTZUNGEN": ▶ Frau F veräußert ein vermietetes Ladenlokal (Teileigentum) an Erwerber E mit vereinbartem Besitzübergang zum 31.3.2025. Da E das Teileigentum selbst nutzen möchte, hatte F bereits vorher dem Mieter gekündigt, so dass der Mietvertrag zum 30.6.2025 endet. Die Miete für den Zeitraum nach dem Besitzübergang (1.4.2025 bis 30.6.2025) steht nach einem Zusatz zum Kaufvertrag noch F zu.

---

833 BFH, Urteil v. 10.5.2017 - II R 16/14, BStBl 2017 II S. 964 DAAAG-50620 unter II. 1. b).

834 Zur Gegenleistung gehören jedoch nach § 9 Abs. 2 Nr. 2 Satz 2 GrEStG nicht die auf dem Grundstück ruhenden dauernden Lasten, welche am Wohnungseigentum sachen-rechtlich gebunden sind und im Gegensatz zu einem persönlichen Wohn- oder Nießbrauchrecht prinzipiell nie enden (z. B. ein im Wohnungsgrundbuch dinglich eingetragenes Wegerecht zugunsten eines Nachbargrundstücks).

835 Das gilt auch, wenn im Zeitpunkt des Kaufvertrags ein Nießbrauchrecht (vgl. BFH, Urteil v. 22.10.2025 - II R 5/22 JAAAK-09536, juris) oder Wohnrecht (vgl. BFH, Urteil v. 22.10.2025 - II R 32/22 ZAAAK-09535, juris) noch nicht im Grundbuch eingetragen wurde (da es erst kurz vorher oder mit der Veräußerung bestellt wurde).

836 BFH, Urteil v. 17.4.2013 - II R 1/12, BStBl 2013 II S. 637 XAAAE-36625 unter II. 1 a).

Nach §446 Satz2 BGB stehen E (Käufer) ab der Übergabe des Wohnungseigentums dessen Nutzungen (z.B. Mieten) zu. Die der Verkäuferin (F) davon abweichend vereinbarte Zuordnung der Mieten stellt eine „vorbehaltene Nutzung" i.S.des §9 Abs.1 Nr.1 GrEStG dar, da sie den Zeitraum nach dem Besitzübergang (31.3.2025) betreffen und somit die Bemessungsgrundlage für die Grunderwerbsteuer erhöhen.

1115 Die Zuordnung bzw. Übernahme der zu zahlenden Grunderwerbsteuer im notariellen Kaufvertrag hat keinen Einfluss auf die Höhe der Bemessungsgrundlage. Die zu entrichtende Grunderwerbsteuer wird der Gegenleistung weder hinzugerechnet noch von ihr abgezogen (§9 Abs.3 GrEStG).

dd) Erhaltungsrücklage

1116 Der vereinbarte Kaufpreis als Bemessungsgrundlage der Grunderwerbsteuer ist nicht um die anteilige Erhaltungsrücklage zu mindern.[837] Wenn die Vertragsparteien im notariellen Kaufvertrag vereinbaren, dass ein konkreter Teil des Kaufpreises für die Übernahme des in der Erhaltungsrücklage angesammelten Guthabens geleistet wird, unterliegt daher gleichwohl der gesamte (ungeminderte) Kaufpreis der Grunderwerbsteuer.[838]

BEISPIEL „ERHALTUNGSRÜCKLAGE": ▸ HerrX verkauft an FrauY eine Eigentumswohnung für einen Gesamtkaufpreis von 310.000€. Im notariellen Kaufvertrag wird darauf hingewiesen, dass neben dem von den Parteien angesetzten Wert für die Eigentumswohnung von 300.000€ (laut Gutachten) der anteilig auf das veräußerte Wohnungseigentum entfallende Bestand der Erhaltungsrücklage von aktuell 10.000€ den gesamten Kaufpreis um diesen Betrag erhöhe.

LÖSUNG: ▸ Bemessungsgrundlage für die Grunderwerbsteuer ist nach der Rechtsprechung des BFH der gesamte Kaufpreis von 310.000€. Der „mitverkaufte" Anteil an der Erhaltungsrücklage ist nicht abzugsfähig.

ee) Bebautes Grundstück als einheitlicher Erwerbsgegenstand

1117 Ein im Zeitpunkt des Abschlusses eines Grundstückskaufvertrags noch unbebautes Grundstück kann als bebautes Grundstück den Gegenstand des Erwerbs bilden. Demensprechend ist dann eine höhere Gegenleistung (für die Bebauung) zu besteuern. Dies setzt voraus, dass sich entweder der Veräußerer oder ein Dritter (in Abstimmung mit dem Veräußerer) dem Erwerber gegenüber verpflichtet, das Grundstück zu bebauen.[839] Bei mehreren Verträgen (bzw. Vertragspartnern) ergibt sich ein einheitlicher Erwerbsgegenstand, wenn zwi-

837 BFH, Urteil v.16.9.2020 - II R 49/17, BStBl 2021 II S.339 NAAAH-69239, für das Streitjahr 2016 zur Instandhaltungsrückstellung als Teil des Verwaltungsvermögens i.S.des §10 Abs.7 WEG a.F.

838 Lieber in Behrens/Wachter, GrEStG, 2.Aufl. 2022, §2 GrEStG Rz.11.

839 BFH, Urteil v.27.10.2004 - II R 12/03, BStBl 2005 II S.220 LAAAB-42567.

schen diesen Verträgen ein so enger Zusammenhang besteht, dass der Erwerber bei objektiver Betrachtung ein bebautes Grundstück erhält.[840]

BEISPIEL „EINHEITLICHER ERWERBSGEGENSTAND": Ein Investor erwirbt ein unbebautes Grundstück und schließt zwei Monate später einen Bauvertrag mit einem vom Verkäufer empfohlenen Bauunternehmen ab, auf dem bisher unbebauten Grundstück Wohnungseigentum in Form eines Gebäudes mit acht Wohnungen zu errichten.

LÖSUNG: Der Erwerb des unbebauten Grundstücks und dem daran anschließenden Bau des Gebäudes (Wohnungseigentum) wird als der Erwerb eines bebauten Erwerbsgegenstands beurteilt. Die Grunderwerbsteuer bemisst sich daher nicht nur nach dem Kaufpreis für den unbebauten Grund und Boden, sondern auch an den damit im Zusammenhang stehenden Baukosten für die Errichtung des Gebäudes.

ff) Aufteilung eines Gesamtkaufpreises

Wenn ein Grundstück zusammen mit anderen Sachen (z. B. Möbeln) erworben wird, die selbst nicht der Grunderwerbsteuer unterliegen, gehört der anteilige Kaufpreis nicht zur Gegenleistung (Bemessungsgrundlage) der Grunderwerbsteuer, da dieser Teil nicht für das Grundstück i. S. des § 2 GrEStG geleistet wird. Sofern im Kaufvertrag angemessene Teilkaufpreise vereinbart wurden, können diese ausgenommen werden.[841] 1118

Bei einem einheitlichen Verkauf mehrerer Sachen zusammen mit dem Wohnungseigentum (z. B. Zubehör zum Grundstück) ist eine Gesamtgegenleistung (§ 9 Abs. 1 Nr. 1 GrEStG) anzunehmen, wenn ein Gesamtpreis vereinbart wurde, aus dem sich kein genauer Einsatzpreis für einzelne verkaufte Sachen ergibt. Die Gesamtgegenleistung ist nach dem Verhältnis zu verteilen, in dem der Wert des Grundstücks (Wohnungseigentum) zum Wert der sonstigen Gegenstände steht. Dabei ist vom gemeinen Wert (§ 9 BewG) des Wohnungseigentums und der sonstigen Gegenstände auszugehen. Das Gesamtentgelt ist dabei mit dem gemeinen Wert des Grundstücks zu multiplizieren und durch die Summe des gemeinen Werts der sonstigen Gegenstände und des gemeinen Werts des Grundstücks zu teilen (Boruttau'sche Formel[842]).[843] 1119

840 BFH, Urteil v. 8.9.2010 - II R 3/10 XAAAD-58184 = BFH/NV 2011 S. 303.

841 BFH, Urteil v. 15.2.1989 - II R 4/86 YAAAB-30851 = BFH/NV 1990 S. 394.

842 Der dazu erforderliche mathematische Dreisatz wird nach Konrad in Behrens/Wachter, 2. Aufl. 2022, § 9 GrEStG Rz. 30, zur „Boruttau'schen Formel" überhöht.

843 BFH, Urteil v. 29.1.1992 - II R 36/89, BStBl 1992 II S. 418 BAAAB-04823.

c) Steuersatz

1120 Auf die Bemessungsgrundlage ist ein Prozentsatz (Steuersatz) anzuwenden, aus dem die konkrete Höhe der Grunderwerbsteuer errechnet wird. Nach § 11 Abs. 1 GrEStG beträgt der Steuersatz grds. 3,5 %. Die Bundesländer können aber den Steuersatz der Grunderwerbsteuer selbst bestimmen (Art. 105 Abs. 2a Satz 2 GG). Damit kann insoweit das Bundesrecht (§ 11 Abs. 1 GrEStG) durch Landesrecht ersetzt werden (Art. 125a Abs. 1 Satz 2 GG). Nur noch in Bayern gilt ein Steuersatz von 3,5 % bei der Grunderwerbsteuer. In allen anderen Bundesländern wurden höhere Steuersätze eingeführt.

1121 Die Steuersätze je Bundesland sind wie folgt (Stand: 31.12.2025):

- Baden-Württemberg: 5,0 %,
- Bayern: 3,5 %,
- Berlin: 6,0 %,
- Brandenburg: 6,5 %,
- Bremen: 5,5 %,
- Hamburg: 5,5 %,
- Hessen: 6,0 %,
- Mecklenburg-Vorpommern: 6,0 %,
- Niedersachsen: 5,0 %,
- Nordrhein-Westfalen: 6,5 %,
- Rheinland-Pfalz: 5,0 %,
- Saarland: 6,5 %,
- Sachsen: 5,5 %,
- Sachsen-Anhalt: 5,0 %,
- Schleswig-Holstein: 6,5 %,
- Thüringen: 5,0 %.

d) Steuerbefreiungen

aa) Erbschaft und Schenkung

1122 Der Erwerb von Wohnungseigentum durch Erbfall oder Schenkung im Sinne des Erbschaftsteuer- und Schenkungsteuergesetzes ist im Grundsatz von der Grunderwerbsteuer befreit (§ 3 Nr. 2 Satz 1 GrEStG). Dies vermeidet eine zweifache Besteuerung desselben Sachverhalts (Rechtsträgerwechsel am Wohnungseigentum).

Schenkungen unter einer Auflage (z. B. Nießbrauch oder Wohnrecht) unterliegen aber der Grunderwerbsteuer, soweit der Wert der Auflage bei der Schenkungsteuer abziehbar ist (§ 3 Nr. 2 Satz 2 GrEStG). Insoweit handelt es sich nicht um eine Schenkung, so dass systemgerecht diese Lücke geschlossen wird, indem der Rechtsträgerwechsel gegen eine Gegenleistung (z. B. Nießbrauch/ Wohnrecht) bei der Grunderwerbsteuer besteuert wird. 1123

Wenn bei einer Erbauseinandersetzung Wohnungseigentum auf einen Miterben übertragen wird, unterliegt dies ebenfalls nicht der Grunderwerbsteuer (§ 3 Nr. 3 GrEStG).[844] 1124

bb) Erwerb durch Ehegatten oder Lebenspartner des Veräußerers

Der Erwerb von Wohnungseigentum durch den Ehegatten oder den Lebenspartner des Veräußerers ist nach § 3 Nr. 4 GrEStG befreit. Dies gilt auch für den Grundstückserwerb durch den früheren Ehegatten des Veräußerers im Rahmen der Vermögensauseinandersetzung nach der Scheidung (§ 3 Nr. 5 GrEStG). Der Grundstückserwerb durch den früheren Lebenspartner des Veräußerers im Rahmen der Vermögensauseinandersetzung nach der Aufhebung der Lebenspartnerschaft ist ebenfalls befreit (§ 3 Nr. 5a GrEStG). 1125

cc) Verwandte in gerader Linie

Der Erwerb von Wohnungseigentum ist von der Grunderwerbsteuer befreit, wenn die erwerbende Person mit dem Veräußerer in gerader Linie (z. B. Eltern zu Kindern) verwandt ist (§ 3 Nr. 6 GrEStG). 1126

e) Verfahren zur Festsetzung der Grunderwerbsteuer

aa) Entstehung der Grunderwerbsteuer

Die Grunderwerbsteuer entsteht bereits mit Abschluss des notariellen Kaufvertrags über das Wohnungseigentum. Nicht maßgebend ist dagegen der Eintrag 1127

844 Die Übertragung eines Grundstücks von einer Erbengemeinschaft auf eine Personengesellschaft bei Teilung des Nachlasses ist zu dem Anteil nach § 3 Nr. 3 GrEStG von der Grunderwerbsteuer befreit, zu dem ein Miterbe an der erwerbenden Personengesellschaft beteiligt ist. Die Steuerbefreiung ist aber insoweit nicht zu gewähren, als sich der Anteil des Miterben am Vermögen der Personengesellschaft innerhalb von fünf Jahren nach dem Übergang des Grundstücks auf diese vermindert (BFH, Urteil v. 4.6.2025 - II R 42/21 PAAAK-03050 = BFH/NV 2025 S. 1692).

des Eigentümerwechsels im Wohnungsgrundbuch. Nur wenn der Kaufvertrag ausnahmsweise unter einer aufschiebenden Bedingung[845] steht oder (gerichtlich oder behördlich) genehmigt[846] werden muss, ist der Zeitpunkt des Bedingungseintritts bzw. der Genehmigung maßgebend (§ 14 GrEStG). Die rechtlich „entstandene" Grunderwerbsteuer muss in einem Steuerbescheid gegenüber dem Steuerschuldner „festgesetzt" werden, damit eine konkrete Zahlungsverpflichtung entsteht und durchgesetzt werden kann.

bb) Steuerschuldner

1128 Steuerschuldner der Grunderwerbsteuer bei einem Verkauf von Wohnungseigentum sind „die an einem Erwerbsvorgang als Vertragsteile beteiligten Personen" (§ 13 Nr. 1 GrEStG). Dies sind der Verkäufer und der Käufer. Sie schulden zusammen als Gesamtschuldner die Grunderwerbsteuer. Dies bedeutet, dass die Schuld (die Grunderwerbsteuer) nur einmal an das Finanzamt zu zahlen ist, aber zunächst jeder dessen volle Höhe schuldet und das Finanzamt beide auf den vollen Betrag in Anspruch nehmen kann. Das Finanzamt fordert die Zahlung der Grunderwerbsteuer jedoch i. d. R. von der Person durch einen Grunderwerbsteuerbescheid ein, die nach dem notariellen Kaufvertrag die Grunderwerbsteuer im Innenverhältnis übernimmt.[847] Das ist regelmäßig der Käufer. Nur wenn dazu keine vertragliche Vereinbarung getroffen wird, richtet sich der Grunderwerbsteuerbescheid an den Käufer des Wohnungseigentums. Sollte die Grunderwerbsteuer nicht durch einen Steuerschuldner gezahlt werden (können), wird das Finanzamt den anderen Steuerschuldner (den anderen Vertragspartner) in Anspruch nehmen.

1129 Wenn Eheleute oder eingetragene Lebenspartner gemeinsam Wohnungseigentum erwerben, sind diese zueinander keine Gesamtschuldner. Aus Sicht der Grunderwerbsteuer handelt es sich um zwei „parallele" (separate) Erwerbe. Jeder Ehegatte/Lebenspartner erhält einen eigenen Grunderwerbsteuerbescheid für den jeweils erworbenen Anteil (i. d. R. die Hälfte) an dem Wohnungseigentum und schuldet nur die auf seinen Anteil entfallende Grunderwerbsteuer.

845 Z. B. eine noch zu erteilende Baugenehmigung des Bauamts zur Errichtung von Wohnungseigentum.

846 Z. B. bei einem Kauf/Verkauf durch minderjährige Personen, der danach durch das Vormundschaftsgericht genehmigt wird.

847 BFH, Urteil v. 2.7.2025 - II R 19/22, BStBl 2026 II S. 81 SAAAK-05327 unter II.1.

cc) Festsetzung der Grunderwerbsteuer

Der beurkundende Notar ist verpflichtet, das für die Grunderwerbsteuer zuständige Finanzamt über den Kaufvertrag zu informieren (§ 18 Abs. 1 Satz 1 Nr. 1 GrEStG). Das Finanzamt erhält in dem Zusammenhang auch eine beglaubigte Kopie des Kaufvertrags. Den Erwerber oder Veräußerer trifft im Grundsatz keine Pflicht, den Kaufvertrag dem zuständigen Finanzamt (zusätzlich) anzuzeigen. 1130

Das zuständige Finanzamt (Lagefinanzamt) setzt die Grunderwerbsteuer gegenüber dem Steuerschuldner (i. d. R. dem Erwerber des Wohnungseigentums) durch einen Grunderwerbsteuerbescheid fest. Die Grunderwerbsteuer wird innerhalb von einem Monat nach der Bekanntgabe des Grunderwerbsteuerbescheids fällig (§ 15 Satz 1 GrEStG). 1131

Der Erwerber des Wohnungseigentums darf erst dann als neuer Eigentümer in das Wohnungsgrundbuch eingetragen werden, wenn eine Bescheinigung des zuständigen Finanzamts vorgelegt wird, dass gegen die Eintragung keine steuerlichen Bedenken bestehen (§ 20 Abs. 1 Satz 1 GrEStG). Diese Unbedenklichkeitsbescheinigung hat das Finanzamt insbesondere dann zu erteilen, wenn die Grunderwerbsteuer entrichtet worden ist oder der Erwerb steuerfrei ist (§ 20 Abs. 2 Satz 1 GrEStG). Nach dem Zahlungseingang stellt das Finanzamt diese Bescheinigung aus und sendet sie an den beurkundenden Notar, der sie wiederum an das zuständige Grundbuchamt übersendet. Ohne Zahlung der Grunderwerbsteuer erfolgt keine Eintragung des Wohnungseigentums im Wohnungsgrundbuch. 1132

4. Unentgeltlicher Erwerb von Wohnungseigentum

a) Schenkung von Wohnungseigentum

Ein Rechtsträgerwechsel am Wohnungseigentum ist von der Grunderwerbsteuer befreit, wenn es sich um einen „Grundstückserwerb von Todes wegen“ (Erbfall) oder „Grundstücksschenkungen unter Lebenden“ (Schenkungsfall) im Sinne des Erbschaftsteuer- und Schenkungsteuergesetzes handelt (§ 3 Nr. 2 Satz 1 GrEStG). Diese Steuerbefreiung vermeidet die Doppelbesteuerung des identischen Lebenssachverhalts mit Grunderwerbsteuer sowie Erbschaft- bzw. Schenkungsteuer. Vorrangig ist somit die Erbschaft- bzw. Schenkungsteuer. 1133

b) Übertragung gegen Nießbrauchsvorbehalt

Wenn Wohnungseigentum unentgeltlich auf einen anderen Eigentümer unter Nießbrauchsvorbehalt (§§ 1030 ff. BGB) übertragen wird, handelt es sich zivil- 1134 rechtlich um eine Schenkung unter Auflage. Die Übertragung des Wohnungseigentums ist im Grundsatz von der Grunderwerbsteuer befreit, da es sich um eine „Grundstücksschenkung unter Lebenden" handelt, die unter die Schenkungsteuer fällt (§ 3 Nr. 2 Satz 1 GrEStG). Da jedoch Schenkungsauflagen (wie z. B. ein einzuräumender Nießbrauch) bei der Bemessung der Schenkungsteuer abgezogen werden können, sieht das Grunderwerbsteuergesetz insoweit eine Rückausnahme der Befreiung vor. Diese ist in § 3 Nr. 2 Satz 2 GrEStG geregelt. Danach unterliegen Schenkungen unter Auflage (nur) der Grunderwerbsteuer „hinsichtlich des Werts solcher Auflagen, die bei der Schenkungsteuer abziehbar sind".

1135 Die Bemessungsgrundlage für die Grunderwerbsteuer ermittelt sich nach den allgemeinen Grundsätzen für die Ermittlung des Kapitalwerts eines Nießbrauchs nach den §§ 14, 15 BewG. Im Unterschied zur Schenkungsteuer gilt die Begrenzung des Jahreswerts nach § 16 BewG nicht für die Grunderwerbsteuer (§ 17 Abs. 3 Satz 2 BewG). Der Wert des Nießbrauchs muss nicht bei der Schenkungsteuer und bei der Grunderwerbsteuer nach übereinstimmenden Maßstäben bewertet werden.[848]

1136 Wenn Grundstücke unter Nießbrauchsauflage zwischen nahen Angehörigen geschenkt werden, sind diese gleichwohl insbesondere bei zwei wichtigen Fallgruppen komplett grunderwerbsteuerfrei:

- Grundstückserwerb durch den Ehegatten oder den Lebenspartner des Veräußerers (§ 3 Nr. 4 GrEStG);
- der Erwerb eines Grundstücks durch Personen, die mit dem Veräußerer in gerader Linie verwandt sind (§ 3 Nr. 6 GrEStG).

BEISPIEL „NIEẞBRAUCH BEI GRUNDERWERBSTEUER": Vater V ist 65 Jahre alt, als er seiner Tochter T zum 1.1.2025 eine vermietete Eigentumswohnung in Köln unter Vorbehaltsnießbrauch schenkt. Die jährlichen Mieteinnahmen betragen 12.000 € und die voraussichtlichen Bewirtschaftungskosten betragen ca. 2.000 €.

LÖSUNG: Die Übertragung der Eigentumswohnung ist nach § 1 Abs. 1 Nr. 1 GrEStG im Grundsatz grunderwerbsteuerpflichtig (Rechtsträgerwechsel). Da die Erwerberin (Tochter T) aber in gerader Linie mit Vater V verwandt ist, wird diese Übertragung von der Grunderwerbsteuer nach § 3 Nr. 6 GrEStG ausgenommen.

ABWANDLUNG: V schenkt die Eigentumswohnung seinem Freund F unter Vorbehaltsnießbrauch.

848 BFH, Beschluss v. 9.2.2017 - II B 38/15 PAAAG-40089 = BFH/NV 2017 S. 617.

LÖSUNG ABWANDLUNG: Die Grundstücksübertragung ist nur teilweise nach § 3 Nr. 2 GrEStG steuerfrei. Der Kapitalwert des Nießbrauchs ist die Bemessungsgrundlage für die Grunderwerbsteuer. Dieser berechnet sich wie folgt: Der Jahreswert der Nutzung (§ 15 BewG) ist hier mit 10.000 € als Nettoertrag aus der Vermietung anzunehmen. Der Höchstbetrag nach § 16 BewG ist nicht zu beachten (§ 17 Abs. 3 Satz 2 BewG). Nach der Sterbetafel für Bewertungsstichtage ab dem 1.1.2025 beträgt der hier maßgebende Vervielfältiger für 65-jährige Männer 11,362.[849] Somit beträgt der Kapitalwert des Nießbrauch 10.000 € x 11,362 = 113.620 €. Bei einem Grunderwerbsteuersatz von z. B. 6,5 % – wie in NRW – beträgt die Grunderwerbsteuer 7.385 €.

5. Wohnungseigentum bei Personen- und Kapitalgesellschaften

a) Erwerb von Wohnungseigentum durch eine Personengesellschaft

aa) Übertragung von Alleineigentum auf eine Personengesellschaft

Geht Wohnungseigentum von einem Alleineigentümer auf eine Gesamthand (Personengesellschaft) über, wird keine Grunderwerbsteuer erhoben, soweit der Überträger am Vermögen der empfangenden Gesamthand (Personengesellschaft) beteiligt ist (§ 5 Abs. 2 Satz 1 GrEStG). Bei der Übertragung des Wohnungseigentums handelt es sich zwar um einen Rechtsträgerwechsel. Jedoch wird die Personengesellschaft dafür als transparent behandelt, so dass nur insoweit Grunderwerbsteuer erhoben wird, als wirtschaftlich betrachtet eine andere Person eine Mitberechtigung über die Personengesellschaft am Wohnungseigentum erhält. 1137

BEISPIEL „EINBRINGUNG ALLEINEIGENTUM IN PERSONENGESELLSCHAFT“: Frau F ist Eigentümerin einer vermieteten Eigentumswohnung, die sie auf eine vermögensverwaltende GmbH & Co. KG überträgt, an der sie als Kommanditistin vermögensmäßig allein beteiligt ist.

LÖSUNG: Der Übertrag der Eigentumswohnung auf die GmbH & Co. KG ist als Rechtsträgerwechsel zwar grunderwerbsteuerbar. Da jedoch Frau F als bisherige Alleineigentümerin auch vermögensmäßig allein an der Personengesellschaft beteiligt ist, wird nach § 5 Abs. 2 Satz 1 GrEStG dadurch keine Grunderwerbsteuer ausgelöst.

bb) Übertragung von Miteigentum auf eine Personengesellschaft

Die Besteuerungsausnahme (Nichterhebung) für die Übertragung von Wohnungseigentum auf Personengesellschaften gilt nicht nur für Alleineigentum. Wenn Wohnungseigentum von mehreren Miteigentümern auf eine Personen- 1138

849 Anlage zu BMF, Schreiben v. 9.12.2024, BStBl 2024 I S. 1631.

gesellschaft übergeht, wird die Steuer ebenfalls nicht erhoben, soweit der Anteil der einzelnen Beteiligten an der Ziel-Personengesellschaft ihrem Bruchteil am übertragenen Wohnungseigentum entspricht (§ 5 Abs. 1 Satz 1 GrEStG).

BEISPIEL „EINBRINGUNG VON MITEIGENTUM AUF PERSONENGESELLSCHAFT": Frau F und Herr H sind hälftige Miteigentümer einer vermieteten Eigentumswohnung, die sie auf eine vermögensverwaltende GmbH & Co. KG übertragen, an der sie beide zu je 50 % als Kommanditisten vermögensmäßig beteiligt sind.

Der Übertrag der Eigentumswohnung auf die GmbH & Co. KG ist zwar als Rechtsträgerwechsel grunderwerbsteuerbar. Da jedoch Frau F und Herr H in der gleichen Höhe Miteigentümer waren, wie sie nach der Übertragung an der Personengesellschaft beteiligt sind, wird nach § 5 Abs. 1 Satz 1 GrEStG dadurch keine Grunderwerbsteuer erhoben.

1139 Decken sich die „Vorher-Nachher-Quoten" am Wohnungseigentum nicht, ist § 5 GrEStG insoweit nicht anwendbar, so dass für den Überhang Grunderwerbsteuer entsteht.

BEISPIEL „EINBRINGUNG VON MITEIGENTUM AUF PERSONENGESELLSCHAFT": Frau F und Herr H sind hälftige Miteigentümer einer vermieteten Eigentumswohnung, die sie auf eine vermögensverwaltende GmbH & Co. KG für deren Gründung übertragen. An dieser Personengesellschaft sind F und H zu je 33,3 % als Kommanditisten vermögensmäßig beteiligt. Der ebenfalls zu 33,3 % beteiligte Herr X bringt wertentsprechendes Bankguthaben in die Personengesellschaft ein.

Der Übertrag der Eigentumswohnung auf die GmbH & Co. KG ist als Rechtsträgerwechsel grunderwerbsteuerbar. Da Frau F und Herr H i. H. von jeweils 50 % Miteigentümer waren und an der empfangenden Personengesellschaft zu jeweils 33,3 % beteiligt sind, wird die Grunderwerbsteuer nur zu jeweils 16,7 % (insgesamt also zu 33,3 %) erhoben. Dies entspricht rechnerisch dem Anteil, den X vermögensmäßig über die GmbH & Co. KG an dem Wohnungseigentum erhält.

1140 Eine Steuerbefreiung nach § 3 GrEStG ist mit der Besteuerungsausnahme nach § 5 GrEStG kombinierbar.[850] Soweit ein Gesellschafter der übernehmenden Personengesellschaft mit dem Überträger des Wohnungseigentums in gerader Linie verwandt ist und vor der Übertragung nicht am Wohnungseigentum beteiligt war, greift eine grunderwerbsteuerliche Befreiung.

BEISPIEL „EINBRINGUNG IN PERSONENGESELLSCHAFT MIT KOMBINIERTER BEFREIUNG": Frau F ist Eigentümerin einer vermieteten Eigentumswohnung, die sie auf eine vermögensverwaltende GmbH & Co. KG überträgt, an der sie und ihre drei Kinder als Kommanditisten vermögensmäßig jeweils zu 25 % beteiligt sind.

Der Übertrag der Eigentumswohnung auf die GmbH & Co. KG ist als Rechtsträgerwechsel zwar grunderwerbsteuerbar. Da Frau F als bisherige Alleineigentümer zu 25 % vermögensmäßig an der Personengesellschaft beteiligt ist, wird insoweit nach

850 BFH, Beschluss v. 26.2.2003 - II B 202/01, BStBl 2003 II S. 528 JAAAA-89556.

§ 5 Abs. 2 Satz 1 GrEStG keine Grunderwerbsteuer erhoben. Die übrigen 75 %, die wirtschaftlich auf ihre Kinder als Gesellschafter übergehen, sind nicht nach § 5 GrEStG befreit. Die Kinder sind aber in gerader Linie mit Ihrer Mutter verwandt, so dass insoweit jeweils die Steuerbefreiung nach § 3 Nr. 6 GrEStG anzuwenden ist. Im Ergebnis entsteht keine Grunderwerbsteuer.

cc) Anwachsung von Vermögen von einer Personengesellschaft auf den letzten Gesellschafter bei Auflösung

Nach § 1 Abs. 1 Nr. 3 GrEStG unterliegt der Grunderwerbsteuer „der Übergang des Eigentums" an (inländischem) Grundbesitz, wenn „kein den Anspruch auf Übereignung begründendes Rechtsgeschäft vorausgegangen ist und es auch keiner Auflassung bedarf." Dies ist z. B. beim Austritt des vorletzten Gesellschafters einer Personengesellschaft der Fall. Verbleibt nur noch ein Gesellschafter, so erlischt die Personengesellschaft ohne Liquidation und das Gesellschaftsvermögen geht zum Zeitpunkt des Ausscheidens im Wege der Gesamtrechtsnachfolge auf den verbleibenden Gesellschafter über (§ 712a Abs. 1 BGB). 1141

BEISPIEL „ANWACHSUNG VON VERMÖGEN VON EINER PERSONENGESELLSCHAFT": Frau A ist alleinige Kommanditistin der A-GmbH & Co. KG, die über Wohnungseigentum verfügt. Die vermögensmäßig nicht beteiligte Komplementär-GmbH tritt aus der Gesellschaft aus. Das Gesellschaftsvermögen wächst daher Frau A an (§ 712a BGB).

LÖSUNG: Der Übergang des Eigentums kraft Gesetzes unterliegt nach § 1 Abs. 1 Nr. 3 GrEStG der Grunderwerbsteuer.

dd) Nachbehaltensfristen

Die Grunderwerbsteuer wird nachträglich (doch) erhoben, soweit sich der Anteil des Veräußerers des Wohnungseigentums an dem Vermögen der empfangenden Personengesellschaft innerhalb von zehn Jahren nach dem Übergang des Wohnungseigentums vermindert (§ 5 Abs. 3 Satz 1 GrEStG).[851] 1142

Durch die Sperrfrist sollen Steuergestaltungen verhindert werden, bei denen Grundstücke nicht direkt und grunderwerbsteuerpflichtig übertragen, sondern in einem ersten Schritt zunächst steuerneutral in eine Personengesellschaft eingebracht und in einem (späteren) zweiten Schritt in Form der Anteile an der Personengesellschaft unter bestimmten Voraussetzungen steuerbefreit teilweise weitergegeben werden.[852] 1143

---

851 Diese Frist wurde zum 1.7.2021 von fünf auf zehn Jahre verlängert durch das Gesetz zur Änderung des Grunderwerbsteuergesetzes v. 12.5.2021, BGBl 2021 I S. 986.

852 BT-Drucks. 14/265 S. 204 f.

BEISPIEL „EINBRINGUNG IN PERSONENGESELLSCHAFT MIT KOMBINIERTER BEFREIUNG": Frau F ist Eigentümerin einer vermieteten Eigentumswohnung, die sie zum 1.1.2025 auf eine vermögensverwaltende GmbH & Co. KG überträgt, an der sie als Kommanditistin vermögensmäßig allein beteiligt ist. Zum 30.6.2026 übertragt sie 80 % ihrer Kommanditanteile an Herrn X.

LÖSUNG: Da Frau F als bisherige Alleineigentümerin zu 100 % vermögensmäßig an der Personengesellschaft beteiligt ist, wird die Übertragung zum 1.1.2025 nach § 5 Abs. 2 Satz 1 GrEStG von der Grunderwerbsteuer befreit. Die spätere Übertragung der Kommanditanteile (80 %) zum 30.6.2026 liegt zwar unterhalb der 90%-Grenze i. S. von § 1 Abs. 2a GrEStG, so dass insoweit keine Grunderwerbsteuer ausgelöst wird. Jedoch stellt die Anteilsübertragung ein schädliches Ereignis innerhalb der 10-Jahres-Frist nach § 5 Abs. 3 Satz 1 GrEStG dar. Daher wird die Grunderwerbsteuer aus der Grundstücksüberragung auf die Personengesellschaft rückwirkend zu 80 % nacherhoben. Soweit Frau F weiterhin an der Personengesellschaft beteiligt ist (20 %) besteht die Steuerfreiheit weiter. Insoweit läuft auch die 10-Jahres-Frist weiter.

b) Erwerb von Wohnungseigentum durch eine Kapitalgesellschaft

1144 Wenn eine Kapitalgesellschaft Wohnungseigentum erwirbt, führt der Rechtsträgerwechsel am Grundstück zur Entstehung der Grunderwerbsteuer. Im Gegensatz zur Rechtslage bei Personengesellschaften gibt es für Kapitalgesellschaften keine Steuerbefreiung (vergleichbar mit § 5 GrEStG), wenn der übertragende Wohnungseigentümer Anteilseigner der übernehmenden Kapitalgesellschaft ist.

BEISPIEL „EINBRINGUNG IN KAPITALGESELLSCHAFT": Herr H ist Eigentümer einer vermieteten Eigentumswohnung, die er auf eine GmbH überträgt, an der er als alleiniger Anteilseigner beteiligt ist.

Der Übertrag der Eigentumswohnung auf die GmbH ist als Rechtsträgerwechsel grunderwerbsteuerbar. Eine Besteuerungsausnahme (vergleichbar mit § 5 GrEStG für Übertragungen auf Personengesellschaften) gibt es hier nicht.

c) Wirkung von Gesellschafterwechseln

aa) Übertragung von Anteilen an der Personengesellschaft

1145 Die Übertragung von Anteilen an grundbesitzhaltenden Personengesellschaften führen nicht zum Rechtsträgerwechsel am Grundstück, da die Personengesellschaft die Eigentümerin des Grundstücks bleibt. Der Grundtatbestand der Grunderwerbsteuerpflicht nach § 1 Abs. 1 GrEStG wird somit nicht ausgelöst. Dies könnte steuergestalterisch dazu genutzt werden, Grundbesitz wirtschaftlich betrachtet dadurch grunderwerbsteuerfrei zu übertragen, indem nicht das Grundstück selbst, sondern die Anteile an einer grundbesitzenden Personengesellschaft übertragen werden (Share-Deal statt Asset-Deal). Daher verhindert der zusätzliche Tatbestand nach § 1 Abs. 2a GrEStG diese Möglichkeit für bestimmte Konstellationen. Dieser Ergänzungstatbestand sieht vor, dass die Übereignung eines Grundstücks auf eine neue Personengesellschaft für Zwecke der Grunderwerbsteuer fingiert wird, wenn sich innerhalb von zehn Jahren der Gesellschafterbestand an einer grundbesitzenden Personengesellschaft so ändert, dass mindestens 90 % der Anteile am Gesellschaftsvermögen auf neue Gesellschafter übergehen (§ 1 Abs. 2a Satz 1 GrEStG).[853]

Es sind nicht nur unmittelbare, sondern bei mehrstufigen Beteiligungsverhält- 1146
nissen auch mittelbare Änderungen im Gesellschafterbestand auf höheren Beteiligungsebenen relevant (§ 1 Abs. 2a Satz 1–5 GrEStG). Dies führt in komplexen Unternehmensstrukturen zu der im Einzelfall oft schwierigen Frage, ob der Tatbestand des § 1 Abs. 2a GrEStG erfüllt ist.

BEISPIEL „ÜBERTRAGUNG VON ALLEN ANTEILEN AN EINER PERSONENGESELLSCHAFT": Herr H ist vermögensmäßig seit dem Jahr 2023 zu 100 % Kommanditist der V-GmbH & Co. KG, die Eigentümerin einer vermieteten Eigentumswohnung ist. Im Jahr 2026 überträgt Herr H alle Kommanditanteile auf Frau F.

Der Übertrag der Kommanditanteile ist mangels Rechtsträgerwechsels am Wohnungseigentum nicht nach § 1 Abs. 1 GrEStG grunderwerbsteuerbar. Da zum Vermögen der V-GmbH & Co. KG ein Grundstück (Eigentumswohnung) gehört und sich innerhalb von zehn Jahren der Gesellschafterbestand (hier: unmittelbar) in der Weise ändert, dass mindestens 90 % (hier: 100 %) der Anteile am Gesellschaftsvermögen auf Frau F als neue Gesellschafterin übergehen, gilt dies als ein auf die Übereignung eines Grundstücks auf eine neue Personengesellschaft gerichtetes Rechtsgeschäft (§ 1 Abs. 2a Satz 1 GrEStG).

Es handelt sich bei § 1 Abs. 2a GrEStG um einen „Bewegungstatbestand" zu 1147
Anteilsübertragungen auf einen oder mehrere neue Gesellschafter innerhalb von 10 Jahren und nicht um einen „Vereinigungstatbestand" der Anteile bei einem Gesellschafter von 90 % oder mehr. Die Anteilsvereinigung von mindestens 90 % der Anteile bei einem Erwerber an einer grundbesitzenden Personengesellschaft wird aber ebenfalls erfasst durch § 1 Abs. 3 Nr. 1 GrEStG.

BEISPIEL „ÜBERTRAGUNG VON ANTEILEN AN PERSONENGESELLSCHAFT": Herr H und Frau F sind zu je 50 % Kommanditisten der im Jahr 2023 gegründeten V-GmbH & Co. KG, die Eigentümerin einer vermieteten Eigentumswohnung ist. Im Jahr 2026 überträgt Herr H seine Kommanditanteile auf Frau F, so dass diese 100 % der Kommanditanteile hält.

Der Übertrag der Kommanditanteile ist mangels Rechtsträgerwechsels am Wohnungseigentum nicht nach § 1 Abs. 1 GrEStG grunderwerbsteuerbar. Es ändert sich

853 Zum 1.7.2021 wurde durch das Gesetz zur Änderung des Grunderwerbsteuergesetzes v. 12.5.2021, BGBl 2021 I S. 986, die Frist von fünf auf zehn Jahre verlängert und die Quote von 95 % auf 90 % verringert.

nicht (innerhalb von zehn Jahren) der Gesellschafterbestand zu mindestens 90%, da Frau F keine „neue" Gesellschafterin ist. Daher ist § 1 Abs. 2a GrEStG nicht erfüllt. Durch die Übertragung der Anteile von Herrn H auf Frau F vereinigen sich aber (hier: unmittelbar) mindestens 90% der Anteile der V-GmbH & Co. KG in der Hand einer Erwerberin (Frau F). Insoweit kommt es nicht auf einen bestimmten Zeitraum, sondern auf den Zeitpunkt an, in dem die 90%-Quote erreicht (oder überschritten) wird. Die Anteilsübertragung[854] ist daher nach § 1 Abs. 3 Nr. 1 GrEStG grunderwerbsteuerbar.

bb) Übertragung von Anteilen an der Kapitalgesellschaft

1148 Parallel zur Rechtslage bei der Anteilsübertragung bei Personengesellschaften gibt es seit dem 1.7.2021 durch § 1 Abs. 2b GrEStG auch eine Regelung für grundbesitzende Kapitalgesellschaften.[855] Gehört zum Vermögen einer Kapitalgesellschaft ein (inländisches) Grundstück und ändert sich innerhalb von zehn Jahren der Gesellschafterbestand (unmittelbar oder mittelbar) dergestalt, dass mindestens 90% der Anteile der Gesellschaft auf neue Gesellschafter übergehen, gilt dies als fiktive Übereignung des Grundstücks auf eine neue Kapitalgesellschaft (§ 1 Abs. 2b Satz 1 GrEStG).

BEISPIEL „ÜBERTRAGUNG VON ANTEILEN AN KAPITALGESELLSCHAFT": Herr H bringt eine 100%-Beteiligung an einer Grundstücks-GmbH in eine GmbH & Co. KG ein, an der er ebenfalls zu 100% vermögensmäßig (als Kommanditist) beteiligt ist.

Der Gesellschafterbestand an der Grundstücks-GmbH ändert sich vollständig und es gehen alle Anteile auf eine (einzige) neue Gesellschafterin (der GmbH & Co. KG) über. Dadurch ist § 1 Abs. 2b GrEStG erfüllt, da die 90%-Quote überschritten wird. Es ist insoweit unbeachtlich, dass an der neuen Gesellschafterin (der GmbH & Co. KG) der Überträger (Herr H) allein beteiligt ist und wirtschaftlich betrachtet kein Dritter begünstigt wird.[856]

cc) Das Signing-Closing-Problem

1149 Wenn zum Vermögen einer Personen- oder Kapitalgesellschaft ein (inländisches) Grundstück gehört, unterliegen auch solche Rechtsgeschäfte der Grund-

854 Genau genommen ist nach § 1 Abs. 3 Nr. 1 GrEStG das Rechtsgeschäft (z. B. der Übertragungsvertrag) selbst steuerbar, welches den Anspruch auf Übertragung der Anteile der Gesellschaft begründet (Verpflichtungsgeschäft) und nicht erst die folgende dingliche (sachenrechtliche) Anteilsübertragung als Erfüllungsgeschäft.

855 Eingeführt durch das Gesetz zur Änderung des Grunderwerbsteuergesetzes v. 12.5.2021, BGBl 2021 I S. 986.

856 Eine Steuerfreiheit nach § 6a GrEStG greift hier wohl nicht ein, obwohl Herr H als „herrschendes Unternehmen" und die GmbH & Co. KG als „abhängiges Unternehmen" angesehen werden kann, wenn die Vorbehaltensfrist von fünf Jahren nach § 6a Satz 4 GrEStG nicht eingehalten wird. Wenn die GmbH & Co. KG zwar taggleich, aber nicht durch die Umwandlung selbst entstanden ist, hat das FG Nürnberg im Urteil v. 25.4.2024 - 4 K 990/22 SAAAJ-77366 (BFH-Rev.: II R 13/24) in einem vergleichbaren Fall die Anwendung von § 6a GrEStG abgelehnt.

erwerbsteuer, die den Anspruch auf Übertragung von Anteilen der Gesellschaft begründen, wenn dadurch mindestens 90 % der Anteile der Gesellschaft in der Hand des Erwerbers vereinigt werden (§ 1 Abs. 3 Nr. 1 GrEStG) oder bereits zu 90 % vereinigte Anteile auf einen Erwerber übertragen werden (§ 1 Abs. 1 Nr. 3 GrEStG). Vorrangig ist aber die Besteuerung nach § 1 Abs. 2a GrEStG (für Personengesellschaften) und § 1 Abs. 2b GrEStG (für Kapitalgesellschaften) anzuwenden, die § 1 Abs. 3 GrEStG jeweils verdrängen. Dies ergibt sich aus dem Wortlaut des § 1 Abs. 3 GrEStG. Danach wird nur dann nach § 1 Abs. 3 GrEStG besteuert, „soweit eine Besteuerung nach [... § 1 Abs. ...] 2a und 2b [GrEStG] nicht in Betracht kommt". Hierbei ergibt sich aber das Problem, dass die Besteuerung nach § 1 Abs. 3 GrEStG an den Abschluss des Übertragungsvertrags (Signing) und die Tatbestände nach § 1 Abs. 2a und 2b GrEStG an die Anteilsübertragung als Erfüllungsgeschäft (Closing) tatbestandlich anknüpfen. Sofern die Anteile taggleich mit dem Vertragsschluss übertragen werden, ergibt sich kein Konflikt. Da der Zeitpunkt der Anteilsübertragung (Closing) aber oftmals zeitlich erst nach dem Vertragsschluss (Signing) liegt (z. B. infolge einer aufschiebenden Bedingung), entstehen für einen einheitlichen Sachverhalt (Anteilsveräußerung) zwei separate Besteuerungszeitpunkte. Für diese Situation vertritt die Finanzverwaltung die Auffassung, dass zunächst mit dem Signing der Tatbestand des § 1 Abs. 3 GrEStG und beim späteren Closing zusätzlich der Tatbestand nach § 1 Abs. 2a GrEStG (Personengesellschaften) bzw. § 1 Abs. 2b GrEStG (Kapitalgesellschaften) realisiert wird. Die Zeitpunkte liegen gewissermaßen „umgekehrt" zu der vom Gesetz vorgesehenen Rangfolge. Dadurch würde eine Anteilsübertragung aus demselben Vertrag zweimal Grunderwerbsteuer auslösen („Einmal zweimal besteuern"). Die Finanzverwaltung sieht darin keine Doppelbesteuerung, sondern interpretiert dies als jeweilige Einmalbesteuerung von zwei getrennten Besteuerungstatbeständen („Zweimal einmal besteuern").

Wenn das Signing und das Closing somit auf denselben Tag fallen, ergibt sich 1150 kein Problem einer Doppelbesteuerung. Dann ist § 1 Abs. 2a oder 2b GrEStG vorrangig anzuwenden. Wenn es sich dabei aber um verschiedene Zeitpunkte handelt, wird die Finanzverwaltung zunächst auf Grundlage des § 1 Abs. 3 GrEStG Grunderwerbsteuer festsetzen, wenn bis zu einem Jahr nach dem Signing eine Verwirklichung des Tatbestands nach § 1 Abs. 2a oder 2b GrEStG (Closing) nicht zu erwarten ist.[857] Für den späteren Zeitpunkt des Übergangs der Anteile (Closing) wird dann die Grunderwerbsteuer zusätzlich nach § 1

857 Gleich lautende Erlasse der obersten Finanzbehörden der Länder v. 5.3.2024, BStBl 2024 I S. 383 Rz. 32.

Abs. 2a bzw. 2b GrEStG festgesetzt. Die Festsetzung nach § 1 Abs. 3 GrEStG (auf den Zeitpunkt des Signing) wird aber dann auf Antrag nach § 16 Abs. 4a GrEStG[858] aufgehoben. Dies gilt unter Berücksichtigung des § 16 Abs. 5 Satz 2 GrEStG jedoch nur, wenn die Erwerbsvorgänge fristgerecht und in allen Teilen vollständig angezeigt wurden.[859]

1151 Unstrittig ist zwar, dass die auf Grundlage eines Übertragungsvertrags (nachfolgende) Anteilsübertragung nach § 1 Abs. 2a bzw. 2b GrEStG der Grunderwerbsteuer unterliegt bzw. unterliegen soll. Es wird aber vom BFH[860] bezweifelt, ob die Auffassung der Finanzverwaltung zutreffend ist, dass eine zusätzliche Grunderwerbsteuer (ggf. nur vorübergehend) nach § 1 Abs. 3 GrEStG entsteht. Um die Signing-Closing-Problematik zu entschärfen oder bestenfalls ganz abzuschaffen, ist die Einführung von § 1 Abs. 3b GrEStG (Gesetzesentwurf)[861] geplant, der den bisherigen gesetzlichen Besteuerungsvorrang umdreht. Sollte diese Gesetzesänderung wie geplant im Juni 2026 (voraussichtlich mit Wirkung ab dem 1.9.2026)[862] umgesetzt werden, entsteht künftig die Grunderwerbsteuer bei einem „Share-Deal" über Anteile an einer grundbesitzenden Kapital- oder Personengesellschaft regelmäßig bereits abschließend mit dem Abschluss des schuldrechtlichen Rechtsgeschäfts (Signing) nach § 1 Abs. 3 GrEStG. Der für den Zeitpunkt des Closings prinzipiell anzuwendende § 1 Abs. 2a und Abs. 2b GrEStG ist nur insoweit und damit nachrangig anzuwenden, soweit ausnahmsweise nicht durch den vorrangigen § 1 Abs. 3 GrEStG besteuert wurde. Dies kann z. B. in den Fällen relevant sein, in denen ein Grundstück im Zeitraum zwischen Signing und Closing durch die Grundstücksgesellschaft hinzuerworben wurde.

858 Eingeführt durch das Jahressteuergesetz 2022 v. 16.12.2022, BStBl 2023 I S. 7.

859 Gleich lautende Erlasse der obersten Finanzbehörden der Länder v. 5.3.2024, BStBl 2024 I S. 383 Rz. 33.

860 BFH, Beschluss v. 27.10.2025 - II B 47/25 (AdV) OAAAK-03889 = BB 2025 S. 2709; BFH, Beschluss v. 16.9.2025 - II B 23/25 (AdV) RAAAK-02209 = DStR 2025 S. 2367; BFH, Beschluss v. 9.7.2025 - II B 13/25 (AdV) NAAAJ-96566 = BFH/NV 2025 S. 1388.

861 Gesetzentwurf der Bundesregierung v. 12.3.2026, BT-Drucks. 21/4550, eines Neunten Gesetzes zur Änderung des Steuerberatungsgesetzes und zur Änderung weiterer steuerrechtlicher Vorschriften.

862 Vgl. Wagner/Behrens/Krohn, DB 2026 S. 482, die auch Beispiele zur Auswirkung der geplanten Gesetzesänderung diskutieren.

d) Umwandlungen von Gesellschaften mit Wohnungseigentum

aa) Einbringung in Personen- oder Kapitalgesellschaften

Wenn Betriebe mit Wohnungseigentum in eine Personen- oder Kapitalgesellschaft eingebracht werden, unterliegt der Rechtsträgerwechsel am Wohnungseigentum der Grunderwerbsteuer. Bei einer Einbringung durch Einzelrechtsnachfolge im Rahmen einer Sachgründung oder Sachkapitalerhöhung ergibt sich der Besteuerungstatbestand aus §1 Abs.1 Nr.1 Alt.2 GrEStG, da der Einbringungsvertrag ein „anderes Rechtsgeschäft" (als ein Kaufvertrag) ist, das „den Anspruch auf Übereignung" des Wohnungseigentums begründet. 1152

BEISPIEL „EINBRINGUNG IN KAPITALGESELLSCHAFT": Herr H bringt seinen Schreinerei-Einzelbetrieb (einschließlich dem Betriebsgrundstück) in eine neu gegründete Schreinerei-GmbH ein. Die Übertragung des Vermögens erfüllt die Verpflichtung aus dem Einbringungsvertrag auf Grundlage der Sacheinlagevorschriften des GmbHG.

Die Grundstücksübertragung auf die Schreinerei-GmbH ist nach §1 Abs.1 Nr.1 Alt.2 GrEStG grunderwerbsteuerbar.

bb) Verschmelzung und Spaltung von Gesellschaften

Personenhandelsgesellschaften und Kapitalgesellschaften können nach §§2ff. UmwG auf andere Rechtsträger verschmolzen werden. Wenn das Gesellschaftsvermögen auch aus Grundstücken (Wohnungseigentum) besteht, geht das Eigentum durch Gesamtrechtsnachfolge auf die Zielgesellschaft über. Auch dieser Rechtsträgerwechsel wird durch das Grunderwerbsteuergesetz besteuert. Nach §1 Abs.1 Nr.3 GrEStG wird der Übergang des Eigentums am Grundstück besteuert, wenn „kein den Anspruch auf Übereignung begründendes Rechtsgeschäft vorausgegangen ist und es auch keiner Auflassung bedarf". Ein Verschmelzungsvertrag ist zwar ein Rechtsgeschäft. Jedoch begründet dieser Vertrag keinen „Anspruch auf Übereignung" des Vermögens, da dieses automatisch durch die Gesamtrechtsnachfolge mit Handelsregistereintrag (also ohne Übereignung) übergeht. 1153

Dies trifft auf die Verschmelzung von Gesellschaften nach dem UmwG zu, da das Grundstück nicht aufgrund der Verpflichtung aus dem Verschmelzungsvertrag durch einen separaten Rechtsakt noch übertragen werden muss, sondern das Eigentum durch den Eintrag der Verschmelzung in das Handelsregister automatisch übergeht (Gesamtrechtsnachfolge). 1154

BEISPIEL „VERSCHMELZUNG VON KAPITALGESELLSCHAFTEN": Die T-GmbH ist Eigentümerin von Wohnungseigentum und wird auf die S-GmbH nach §§ 2 ff. UmwStG verschmolzen.

Die T-GmbH geht mit dem Handelsregistereintrag der Verschmelzung unter und überträgt ihr Vermögen (auch das Wohnungseigentum) automatisch durch Gesamtrechtsnachfolge auf die S-GmbH. Der Rechtsträgerwechsel am Wohnungseigentum unterliegt nach § 1 Abs. 1 Nr. 3 GrEStG der Grunderwerbsteuer.

1155 Vermögensteile von Personenhandelsgesellschaften und Kapitalgesellschaften können nach §§ 123 ff. UmwG auf andere Rechtsträger durch Spaltung übertragen werden. Wenn das dadurch übertragene Gesellschaftsvermögen auch aus Grundstücken (Wohnungseigentum) besteht, geht das Eigentum ebenfalls durch Gesamtrechtsnachfolge über. Auch dies unterliegt nach § 1 Abs. 1 Nr. 3 GrEStG der Grunderwerbsteuer.

cc) Formwechsel einer Gesellschaft

1156 Gesellschaften können nach den §§ 190 ff. UmwG identitätswahrend ihre Rechtsform wechseln. Dadurch wird kein Vermögen übertragen und es findet kein Rechtsträgerwechsel statt. Demensprechend wird der Formwechsel nicht als Besteuerungstatbestand in § 1 GrEStG normiert.

BEISPIEL „FORMWECHSEL IN PERSONENGESELLSCHAFT": Die A-GmbH ist Eigentümerin von Wohnungseigentum und wird nach § 190 UmwG in die A-OHG formgewechselt.

LÖSUNG: Der Formwechsel unterliegt nicht der Grunderwerbsteuer.

1157 Ein Formwechsel kann aber dann grunderwerbsteuerliche Konsequenzen haben, wenn dadurch eine Missbrauchsklausel verletzt wird, so dass rückwirkend eine Transaktion aus der Vergangenheit nachträglich grunderwerbsteuerpflichtig wird.

BEISPIEL „FORMWECHSEL ALS SPERRFRISTVERSTOß": Am Vermögen der grundbesitzenden AB-OHG sind Frau A und Herr B zu jeweils 50 % beteiligt. Frau A überträgt im Jahr 2023 Wohnungseigentum auf die AB-OHG. Im Jahr 2026 wird die AB-OHG in die AB-GmbH formwechselnd umgewandelt.

LÖSUNG: Der Formwechsel selbst unterliegt zwar mangels Rechtsträgerwechsels nicht der Grunderwerbsteuer. Für die nach § 1 Abs. 1 Nr. 1 GrEStG steuerbare Grundstücksübertragung im Jahr 2023 wurde nach § 5 Abs. 2 GrEStG die Grunderwerbsteuer i. H. von 50 % (Quote des bisherigen Alleineigentums von Frau A) nicht erhoben. Durch die formwechselnde Umwandlung im Jahr 2026 geht aber die Beteiligung am Vermögen der Gesamthand verloren, da es sich nunmehr um eine Kapitalgesellschaft handelt. Die Steuervergünstigung ist daher rückwirkend nach § 5 Abs. 3 Satz 1 GrEStG zu versagen und die Festsetzung der Grunderwerbsteuer zu ändern.[863]

863 Vgl. dazu das Beispiel in den Gleich lautenden Erlassen der obersten Finanzbehörden der Länder v. 5.3.2024, BStBl 2024 I S. 410 unter Rz. 51 f.

e) Steuerbefreiung nach § 6a GrEStG bei Umstrukturierungen im Konzern

Wenn Wohnungseigentum durch die Umwandlung von Unternehmen einem anderen Rechtsträger zuzuordnen ist (z. B. durch die Verschmelzung einer Gesellschaft), entsteht im Grundsatz Grunderwerbsteuer auf diese Grundstückstransaktion. Unternehmen sollen nach Ansicht des Gesetzgebers[864] aber durch Umstrukturierungen flexibel auf Veränderungen der Marktverhältnisse reagieren können, ohne dass dadurch in jedem Fall Grunderwerbsteuer entsteht. Dies gilt gerade dann, wenn es sich um eine konzerninterne Umstrukturierung handelt, bei der kein Grundbesitz an außenstehende Unternehmen übertragen wird. Um dies zu erreichen, werden Grundstücksübergänge im Rahmen von Umstrukturierungen bei bestimmten Umwandlungen, Einbringungen und Änderungen des Gesellschafterbestands von Gesellschaften nach § 6a GrEStG von der Besteuerung ausgenommen, sofern einige Voraussetzungen erfüllt sind. 1158

Zunächst kommt es auf den „richtigen" Tatbestand des steuerbaren Erwerbs an. Es muss sich nach § 6a Satz 1 GrEStG um „einen nach § 1 Abs. 1 Nr. 3 Satz 1, Abs. 2–3 oder Abs. 3a [GrEStG] steuerbaren Rechtsvorgang" handeln. Damit ist der konzerninterne Verkauf von Wohnungseigentum nicht begünstigt, da sich dessen Tatbestand nach § 1 Abs. 1 Nr. 1 GrEStG richtet. Umwandlungsbedingte Grundstücksübertragungen sind dagegen weitgehend erfasst. Zusätzlich fordert § 6a Satz 1 GrEStG aber auch, dass der grunderwerbsteuerrechtliche Tatbestand „auf Grund einer Umwandlung im Sinne des § 1 Absatz 1 Nummer 1 bis 3 des Umwandlungsgesetzes, einer Einbringung oder eines anderen Erwerbsvorgangs auf gesellschaftsvertraglicher Grundlage" beruht. Dies deckt insbesondere Verschmelzungen und Spaltungen nach dem Umwandlungsgesetz ab. 1159

Zusätzlich ist eine längerfristige Verbindung der umgewandelten Gesellschaften zu einer Obergesellschaft erforderlich. Die grundstückshaltenden Gesellschaften werden als „abhängige Gesellschaften" bezeichnet, an denen ein „herrschendes Unternehmen" innerhalb von fünf Jahren vor dem Rechtsvorgang (Umstrukturierung) und fünf Jahren nach dem Rechtsvorgang (Umstrukturierung) unmittelbar oder mittelbar zu mindestens 95 % ununterbrochen beteiligt sein muss (§ 6a Satz 3, 4 GrEStG). Es gibt somit eine fünfjährige Vorbehaltensfrist als auch eine fünfjährige Nachbehaltensfrist an den beteiligten Gesellschaften durch einen gemeinsamen Obergesellschafter (herrschendes Unternehmen). 1160

864 BT-Drucks. 17/147 S. 10.

1161 Nur wenn und soweit durch die Umwandlung selbst die Vorbehaltens- oder Nachbehaltensfrist nicht eingehalten werden kann (weil z.B. ein Rechtsträger durch eine Verschmelzung untergeht), ist diese für die Verschonung nach § 6a GrEStG unschädlich.

1162 Auch die Ausgliederung eines Einzelunternehmens (mit Wohnungseigentum) auf eine zu diesem Zweck neu gegründete Kapitalgesellschaft kann nach § 6a GrEStG steuerbegünstigt sein.[865]

1163 Bei der Ausgliederung zur *Aufnahme* durch Übertragung eines Vermögensteils (mit Wohnungseigentum) auf einen bestehenden (übernehmenden) Rechtsträger nach § 123 Abs. 3 Nr. 1 UmwG (Spaltung) muss die fünfjährige Vorbehaltensfrist i. S. des § 6a Satz 4 GrEStG eingehalten werden.[866] Anders als bei der Ausgliederung zur *Neugründung* entsteht die ausgegliederte Gesellschaft nicht durch die Umwandlung neu, sondern bestand bereits vor der Umwandlung. Die Einhaltung der fünfjährigen Vorbehaltensfrist wäre daher faktisch möglich gewesen.[867]

BEISPIEL „SEITWÄRTSVERSCHMELZUNG": Die M-AG ist sowohl an der T-GmbH als auch an der S-GmbH seit dem Jahr 2018 zu 100 % beteiligt. Im Eigentum der T-GmbH befindet sich Wohnungseigentum, als diese im Jahr 2026 auf die S-GmbH nach §§ 2 ff. UmwG verschmolzen wird.

Die T-GmbH geht mit dem Handelsregistereintrag der Verschmelzung unter und überträgt ihr Vermögen (auch das Wohnungseigentum) automatisch durch Gesamtrechtsnachfolge auf die S-GmbH. Der Rechtsträgerwechsel am Wohnungseigentum unterliegt zwar nach § 1 Abs. 1 Nr. 3 GrEStG der Grunderwerbsteuer. Da die M-AG aber innerhalb von fünf Jahren vor der Verschmelzung unmittelbar zu mindestens 95 % (hier: 100 %) ununterbrochen an der T-GmbH (verschmelzende Gesellschaft) und der S-GmbH (aufnehmende Gesellschaft) beteiligt ist (§ 6a Satz 3, 4 GrEStG), wird die Grunderwerbsteuer nicht erhoben (§ 6a Satz 1 GrEStG). Wichtig ist die fünfjährige Nachbehaltensfrist. Sollte die M-GmbH innerhalb von fünf Jahren nach der Verschmelzung die Anteile an der S-GmbH z. B. veräußern, entsteht rückwirkend Grunderwerbsteuer.

1164 Der nach § 1 Abs. 2a GrEStG steuerbare Wechsel im Gesellschafterbestand einer grundbesitzenden Personengesellschaft aufgrund einer Einbringung der Anteile an dieser Gesellschaft in eine Vorrats-GmbH kann nach § 6a GrEStG von der Grunderwerbsteuer befreit sein. Voraussetzung ist (nach § 6a Satz 3, 4 GrEStG), dass der Einbringende im Zeitpunkt der Einbringung mehr als fünf

865 BFH, Urteil v. 25.9.2024 - II R 2/22, BStBl 2025 II S. 253 LAAAJ-85733.

866 BFH, Urteil v. 21.5.2025 - II R 31/22 SAAAK-03049 = DB 2025 S. 2823.

867 BFH, Beschluss v. 3.5.2023 - II B 27/22 NAAAJ-67934 = BFH/NV 2024 S. 920; Gleich lautende Erlasse der obersten Finanzbehörden der Länder v. 25.5.2023, BStBl 2023 I S. 995 unter Tz. 3.2.2.1.

Jahre zu mehr als 95% an der Vorrats-GmbH beteiligt war. Auf die Einhaltung der Vorbehaltensfrist kann in diesem Fall nicht verzichtet werden.[868]

6. Überblick zu wichtigen Besteuerungstatbeständen

1165

Sachverhalt	Gesetzesnorm	Inhalt	Steuerschuldner
Kaufvertrag über Wohnungseigentum	§ 1 Abs. 1 Nr. 1 GrEStG	Vertrag über Wechsel des Rechtsträgers am Wohnungseigentum	Veräußerer und Erwerber als Gesamtschuldner (§ 13 Nr. 1 GrEStG)
Anwachsung von Personengesellschaft mit Wohnungseigentum	§ 1 Abs. 1 Nr. 3 GrEStG	Eigentumsübergang nach § 712a BGB durch Gesamtrechtsnachfolge auf den letzten Gesellschafter (d. h. ohne Anspruch auf Übereignung aus einem Rechtsgeschäft)	Erwerber (§ 13 Nr. 2 GrEStG)
Verschmelzung von Gesellschaft mit Wohnungseigentum	§ 1 Abs. 1 Nr. 3 GrEStG	Eigentumsübergang nach § 2 ff. UmwG auf anderen Rechtsträger durch Gesamtrechtsnachfolge (d. h. ohne Anspruch auf Übereignung aus einem Rechtsgeschäft)	Erwerber (§ 13 Nr. 2 GrEStG)
Gesellschafterwechsel bei Personengesellschaft mit Wohnungseigentum	§ 1 Abs. 2a GrEStG	Voraussetzung: Innerhalb von 10 Jahren mindestens 90% auf neue Gesellschafter. Folge: fiktive Grundstücksübertragung auf eine neue Personengesellschaft. § 1 Abs. 2a GrEStG geht § 1 Abs. 3 GrEStG vor.	Personengesellschaft (§ 13 Nr. 6 GrEStG)

868 BFH, Urteil v. 25.9.2024 - II R 46/22, BStBl 2025 II S. 329.

Sachverhalt	Gesetzesnorm	Inhalt	Steuerschuldner
Gesellschafterwechsel bei Kapitalgesellschaft mit Wohnungseigentum	§ 1 Abs. 2b GrEStG	Voraussetzung: Innerhalb von 10 Jahren mindestens 90 % auf neue Gesellschafter. Folge: fiktive Grundstücksübertragung auf eine neue Kapitalgesellschaft. § 1 Abs. 2b GrEStG geht § 1 Abs. 3 GrEStG vor.	Kapitalgesellschaft (§ 13 Nr. 7 GrEStG)
Anteilsvereinigung bei Personen- und Kapitalgesellschaften mit Wohnungseigentum	§ 1 Abs. 3 GrEStG	Voraussetzung: Vereinigung von mind. 90 % aller Anteile bei einem Gesellschafter. Folge: fiktive Grundstücksübertragung auf den Gesellschafter. § 1 Abs. 2a und 2b GrEStG gehen aber § 1 Abs. 3 GrEStG vor.	Erwerber (§ 13 Nr. 5 GrEStG)

XV. Grundsteuer bei Wohnungseigentum

1. Grundsätze zur Festsetzung der Grundsteuer

a) Grundlagen zum Grundsteuergesetz

Die Grundsteuer ist eine „Objektsteuer", welche das Grundstück als solches besteuert. Der Eigentümer ist lediglich der Steuerschuldner. Steuerobjekt der Grundsteuer ist daher der Grundbesitz, an den ohne Berücksichtigung der jeweils persönlichen Verhältnisse und Leistungsfähigkeit des Eigentümers (Steuerschuldners) und damit nur an dessen Wert angeknüpft wird (Sollertragsteuer).[869] Die mit dem Grundbesitz vermittelte Möglichkeit einer ertragsbringenden Nutzung (z. B. durch Vermietung) oder Eigennutzung (z. B. zu Wohnzwecken, so dass keine Miete gezahlt werden muss) begründet eine objektive Leistungsfähigkeit des Eigentümers.[870] 1166

Die aktuelle Rechtslage zur Grundsteuer geht auf einen Beschluss des BVerfG zurück.[871] Danach waren die bisher für die Grundsteuer anzusetzenden Einheitswerte verfassungswidrig und der Gesetzgeber musste die Grundstücksbewertung gesetzlich neu regeln. Durch das Grundsteuer-Reformgesetz v. 26.11.2019,[872] wurden §§ 218–266 BewG n. F. geschaffen, welche eine komplette Neubewertung aller Grundstücke auf den 1.1.2022 vorsehen. Erstmals anzuwenden sind diese Grundbesitzwerte für die Grundsteuer ab dem 1.1.2025. Viele Bundesländer sind von diesem „Bundesmodell" aber abgewichen und wenden eigene Landesgesetze an. 1167

Die Finanzverwaltung hat „Koordinierte Erlasse der obersten Finanzbehörden der Länder" v. 30.4.2025 zur Anwendung der Grundsteuer (AEGrStG 2025)[873] und zur Anwendung der Grundbesitzbewertung (AEBewGrSt 2025[874]) erlassen. 1168

b) Verfahrensrecht zur Grundsteuer

Das Verfahren zur Festsetzung der Grundsteuer ist in mehrere Stufen unterteilt: 1169

869 BT-Drucks. 19/11085 S. 84.

870 BFH, Urteil v. 12.11.2025 - II R 3/25 HAAAK-08689 = BB 2026 S. 347 unter B. II. 2. d) aa) (1).

871 BVerfG, Urteil v. 10.4.2018 - 1 BvL 11/14, BGBl 2018 I S. 531 MAAAG-80435.

872 Grundsteuer-Reformgesetz v. 26.11.2019, BGBl 2019 I S. 1794.

873 Koordinierte Erlasse der obersten Finanzbehörden der Länder v. 30.4.2025 (AEGrStG 2025), BStBl 2025 I S. 1296.

874 Koordinierte Erlasse der obersten Finanzbehörden der Länder v. 30.4.2025 (AEBewGrSt 2025), BStBl 2025 I S. 1226.

1. Auf Grundlage einer durch den Wohnungseigentümer einzureichenden Grundsteuererklärung berechnet das zuständige Finanzamt (Lagefinanzamt) einen „Grundsteuerwert".
2. Das Finanzamt setzt den Grundsteuerwert durch einen Grundsteuerwertbescheid gegenüber dem Wohnungseigentümer fest.
3. Eine Steuermesszahl wird mit dem Grundsteuerwert multipliziert und daraus ein „Grundsteuermessbetrag" berechnet, den das Finanzamt durch einen Grundsteuermessbescheid festsetzt.
4. Die Stadt bzw. Gemeinde, in der das Wohneigentum liegt, setzt dann ausgehend von dem für die jeweilige Kommune bzw. das konkrete Grundstück anzuwendenden Hebesatz die Grundsteuer durch einen Grundsteuerbescheid fest, aus dem die konkrete Zahlungspflicht der Grundsteuer resultiert.

BEISPIEL „VERFAHREN ZUR GRUNDSTEUER": Herr H ist Wohnungseigentümer einer Eigentumswohnung in Aachen. Der Grundsteuerwert auf den 1.1.2022 beträgt 156.500 €. Der Hebesatz der Lagegemeinde beträgt 637 %.

Der Steuermessbetrag beträgt 156.500 € (Grundsteuerwert) x 0,031 % (Steuermesszahl) = 45,52 €. Die jährliche Grundsteuer beträgt 45,52 € (Steuermessbetrag) x 637 % (Hebesatz der Gemeinde) = 309,07 €.

1170 Die Feststellung des Grundsteuerwerts bindet auch den Rechtsnachfolger (z. B. Erwerber) des Wohnungseigentums (dingliche Wirkung). Die Wertfeststellung kann im Grundsatz nur bei einem geänderten Sachverhalt (z. B. einem Umbau) überprüft und ggf. nach § 222 Abs. 3 BewG geändert werden (Wertfortschreibung).

1171 Nach einer Veräußerung des Wohnungseigentums wird durch eine Zurechnungsfortschreibung (§ 222 Abs. 2 BewG) der (weiterbestehende) Grundsteuerwert einer anderen Person (dem neuen Wohnungseigentümer) zugerechnet.[875]

1172 Gegen die Feststellung der Höhe des Grundsteuerwerts durch die Bekanntgabe des Bescheids über den Grundsteuerwert kann innerhalb eines Monats Einspruch (§ 347 ff. AO) eingelegt werden. Durch eine inhaltliche Begründung wird dann der Bescheid geändert, sofern das Finanzamt dem folgt. Nach der Bestandkraft des Bescheids ist eine Änderung nicht mehr ohne Weiteres mög-

875 Sofern das Wohnungseigentum zwischen dem 2.1.2022 und dem 31.12.2024 veräußert wird, hat der festgestellte Grundsteuerwert für den Voreigentümer keine Relevanz für seine Grundsteuerfestsetzung, da für ihn noch die Einheitswertfeststellung maßgebend ist. Der Rechtsnachfolger wird aber durch einen (bestandskräftigen) Grundsteuerwert gebunden. Der Rechtsvorgänger darf daher nach Auffassung des FG Münster, Urteil v. 18.6.2025 - 3 K 6/25 F VAAAJ-97758 (juris) gegen den Grundsteuerwert Einspruch einlegen.

lich. Damit eine wertmäßig fehlerhafte Feststellung aber nicht „ewig" als Grundlagenbescheid dienen muss, kann der Grundsteuerwert auf einen späteren Zeitpunkt nach § 222 Abs. 1 BewG neu (zutreffend) festgestellt werden, wenn der zutreffende Wert von dem Wert des letzten Feststellungszeitpunkts nach oben oder unten um mehr als 15.000 € abweicht (fehlerbeseitigende Wertfortschreibung).

2. Bundesmodell und Landesmodelle für die Bewertung

a) Bundesmodell in elf Bundesländern

Im Grundsatz gibt es im Bewertungsgesetz für die Grundstücksbewertung besondere Regelungen in den §§ 218 ff. BewG für Zwecke der Grundsteuer. Ausgehend von bestimmten Faktoren (insbesondere Grundstückslage und -fläche, Bodenrichtwert, Gebäudeart, Nutz- oder Wohnfläche und Baujahr) wird dabei ein typisierter Wert ermittelt. Unter bestimmten Umständen kann aber durch ein Gutachten auf Kosten des Grundstückseigentümers von diesem Wert (nach unten) abgewichen werden. 1173

Das Bundesmodell wird von diesen elf Bundesländern (teilweise bei den Steuermesszahlen bzw. Steuerhebesätzen aber modifiziert) angewendet: 1174

- Berlin,[876]
- Brandenburg,
- Bremen,[877]

876 Im anzuwendenden Gesetz über die Festsetzung der Steuermesszahlen bei der Grundsteuer Berlin v. 27.6.2024, GVBl Berlin 2024 S. 422, wurde aber insoweit abweichend vom Bundesmodell eine Grundsteuermesszahl von 0,45 Promille für Nichtwohngrundstücke und unbebaute Grundstücke bestimmt. Diese landesrechtlich erhöhte Grundsteuermesszahl für Nichtwohngrundstücke ist nach Auffassung des FG Berlin-Brandenburg, Urteil v. 14.1.2026 - 3 K 3156/25 ZAAAK-10623, juris, verfassungsgemäß (BFH-Rev. zugelassen).

877 Das Bremische Gesetz über die Festsetzung der Steuermesszahlen bei der Grundsteuer v. 18.9.2024, Bremisches GBl S. 736, bestimmt aber insoweit abweichend vom Bundesmodell für Nichtwohngrundstücke und unbebaute Grundstücke eine höhere Steuermesszahl von 0,75 Promille.

- Mecklenburg-Vorpommern,
- Nordrhein-Westfalen[878],
- Rheinland-Pfalz[879],
- Sachsen[880],
- Sachsen-Anhalt[881],
- Saarland[882],
- Schleswig-Holstein[883],
- Thüringen.

b) Landesmodell in Hamburg

1175 In Hamburg gilt das Flächen-/Wohnlagemodell.[884] Wohngebäude werden vorrangig nach der Grundstücksfläche, der Gebäudefläche und ihrer Wohnlage in Hamburg bewertet.

1176 Dabei werden sowohl die Fläche des Grund und Bodens als auch die Fläche des Gebäudes mit einem wertunabhängigen Zahlenwert (Äquivalenzzahl) multipli-

878 Abweichend vom Bundesmodell wurde durch das Gesetz über die Einführung einer optionalen Festlegung differenzierender Hebesätze im Rahmen des Grundvermögens bei der Grundsteuer Nordrhein-Westfalen v. 5.7.2024, GV NRW S. 490, die Möglichkeit geschaffen, dass Städte und Gemeinden in Nordrhein-Westfalen unterschiedliche Hebesätze für Nichtwohngrundstücke bzw. unbebaute Grundstücke und Wohngrundstücke individuell festlegen können. Nach den Urteilen des VG Gelsenkirchen v. 4.12.2025 - 5 K 2074/25 (Stadt Essen), - 5 K 3234/25 (Stadt Bochum), - 5 K 3699/25 (Stadt Dortmund), - 5 K 5238/25 (Stadt Gelsenkirchen), juris, ist diese Regelung jedoch verfassungswidrig (BFH-Rev. jeweils zugelassen).

879 Nach dem Landesgesetz über die Einführung einer optionalen Festlegung differenzierender Hebesätze im Rahmen des Grundvermögens bei der Grundsteuer Rheinland-Pfalz v. 25.2.2025, GVBl S. 25, können die Kommunen in Abweichung vom Bundesmodell unterschiedliche Hebesätze für unbebaute Grundstücke, Wohngrundstücke und Nichtwohngrundstücke festlegen.

880 Durch das Sächsische Gesetz über die Festsetzung der Steuermesszahlen bei der Grundsteuer v. 21.12.2021, SächsGVBl 2022 S. 9, sind aber in bestimmten Fällen vom Bundesmodell abweichende Hebesätze zulässig.

881 Nach dem Gesetz über die Einführung einer optionalen Festsetzung differenzierender Hebesätze im Rahmen des Grundvermögens bei der Grundsteuer des Landes Sachsen-Anhalt v. 1.11.2024, GVBl LSA 2024 S. 312, können aber abweichende Hebesätze bestimmt werden.

882 Durch das Gesetz Nr. 2040 zur Einführung einer Landesgrundsteuer (GrStG-Saar) v. 15.09.2021 (Amtsbl. 2021 I S. 2372) werden aber abweichend vom Bundemodell bestimmte Steuermesszahlen für bestimmte Grundstücksarten bestimmt.

883 Abweichend vom Bundemodell können die Kommunen durch Gesetz über die Einführung einer optionalen Festlegung differenzierender Hebesätze im Rahmen des Grundvermögens bei der Grundsteuer Schleswig-Holstein v. 15.10.2024, GS Schl.-H. II, Gl.Nr. B 610-11, unterschiedliche Hebesätze für Nichtwohngrundstücke bzw. unbebaute Grundstücke und Wohngrundstücke bestimmen.

884 Hamburgisches Grundsteuergesetz (HmbGrStG) v. 24.8.2021, HmbGVBl 2021 S. 600.

ziert. Die Lage des Objekts nach einfacher oder guter Wohnlage wird dann zusätzlich berücksichtigt.

c) Landesmodell in Niedersachsen

Niedersachsen hat ein Flächen-Lage-Modell.[885] Dieses basiert auf den Flächen, 1177
die mit einem „innerkommunalen Lagefaktor" umgerechnet werden.

d) Landesmodell in Hessen

Beim für Hessen anzuwendenden Flächen-Faktor-Modell[886] ist die Fläche der 1178
entscheidende Maßstab für die Grundsteuer. Der tatsächliche Grundstückswert des Grund und Bodens ist nicht relevant. Es kommt dabei auf die Grundstücksgröße (Fläche des Grund und Bodens) und die Wohnfläche an. Dazu wird noch ein Lage-Faktor berücksichtigt.

e) Landesmodell in Baden-Württemberg

In Baden-Württemberg gilt ein modifiziertes Bodenwertmodell.[887] Die Berech- 1179
nung richtet sich nach der Grundstücksfläche und dem konkreten Bodenrichtwert (unabhängig von den Gebäuden).

f) Landesmodell in Bayern

Die Grundstücke werden in Bayern nach einem wertunabhängigen Flächenmo- 1180
dell[888] bewertet. Dabei werden Äquivalenzbeträge gebildet, die sich nach der Grundstücksgröße und der Gebäudeflächen sowie einer dafür maßgeblichen Äquivalenzzahl richten. Die Wertermittlung knüpft an die Grundstücks- und Gebäudeflächen und nicht an den Grundstückswert als Bemessungsgrundlage für die Grundsteuer an.

---

885 Niedersächsisches Grundsteuergesetz v. 7.7.2021, Nds. GVBl 2021 S. 502, i. d. F. des Gesetzes zur Änderung des Niedersächsischen Spielbankengesetzes, der Allgemeinen Gebührenordnung und des Niedersächsischen Grundsteuergesetzes v. 17.5.2022, Nds. GVBl 2022 S. 304.

886 Hessisches Grundsteuergesetz (HGrStG) v. 15.12.2021, GVBl 2021 S. 906.

887 Gesetz zur Regelung einer Landesgrundsteuer (LGrStG) v. 4.11.2020, GBl Baden-Württemberg 2020 Nr. 40 S. 974 v. 13.11.2020 i.d.F. v. Gesetzes zur Änderung des Landesgrundsteuergesetzes und zur Einführung eines gesonderten Hebesatzrechts zur Mobilisierung von Bauland v. 22.12.2021 verabschiedeten, GBl Baden-Württemberg 2021 S. 1029.

888 Bayerisches Grundsteuergesetz (BayGrStG) v. 10.12.2021, GVBl S. 638.

1181 Nach Auffassung des FG München[889] ist das Bayerischen Grundsteuergesetz (BayGrStG)[890] für das Grundvermögen (Grundsteuer B) verfassungsmäßig.

3. Wohnungs- und Teileigentum als Gegenstand der Bewertung (Bundesmodell)

a) Grundvermögen

1182 In § 243 Abs. 1 Nr. 3 BewG werden das Wohnungseigentum und das Teileigentum ausdrücklich als „Grundvermögen" im Sinne des Bewertungsgesetzes definiert. Damit wird zunächst aber nur die Vermögensart bestimmt.

b) Grundstücksbegriff des Bewertungsgesetzes für Zwecke der Grundsteuer

1183 Bei der Grundsteuer wird jeweils das einzelne „Grundstück" i. S. der §§ 243, 244 BewG als „Steuergegenstand" (§ 2 Nr. 2 GrStG) besteuert. Dies entspricht nicht dem Grundstück im Sinne des BGB. Durch § 244 Abs. 3 Nr. 3 BewG wird das Wohnungseigentum bzw. Teileigentum ausdrücklich als einzelnes „Grundstück" im Sinne des Bewertungsgesetzes definiert.[891]

c) Wohnungs- oder Teileigentum als wirtschaftliche Einheit

1184 Dies führt im Ergebnis dazu, dass nicht das gesamte Vermögen der Wohnungseigentümergemeinschaft als einheitliches Bewertungsobjekt (wirtschaftliche Einheit) gilt, sondern jedes Wohnungs- bzw. Teileigentum separat zu bewerten ist. Wenn einem Eigentümer mehrere Einheiten derselben Wohnungseigentumsanlage gehören, sind diese gleichwohl als eigene Grundstücke (eigene wirtschaftliche Einheiten) zu bewerten. Denkbar wäre es aber, dass zwei separate Wohnungen zivilrechtlich zu einem einzigen Wohnungseigentum gehören (z. B. zwei nebeneinander liegende Wohnungen in derselben Etage). Dann handelt es sich um zwei Grundstücke für Zwecke der Grundsteuer.[892] Sind aber zwei Wohnungen als zivilrechtlich selbständige Einheiten des Wohnungseigentums baulich miteinander verbunden sind (z. B. zwei übereinanderliegende

889 FG München, Urteil v. 25.6.2025 - 4 K 113/25 CAAAJ-99221 = EFG 2025 S. 1620 (rkr.), für den Fall einer Eigentumswohnung. Die vom FG München zugelassene Revision zum BFH wurde nicht eingelegt.

890 BayGrStG v. 10.12.2021, GVBl 2021 S. 638, BayRS 611-7-2-F.

891 In § 249 Abs. 5 BewG wird das „Wohnungseigentum" und in § 249 Abs. 6 BewG wird das „Teileigentum" entsprechend dem WEG ausdrücklich definiert.

892 A 249.5 Abs. 3 Satz 2, 3 AEBewGrSt.

Wohnungen, die durch eine Wendeltreppe verbunden sind), bilden sie im bewertungsrechtlichen Sinne ein einziges Grundstück im Sinne des BewG.[893]

Für jedes Wohnungs- oder Teileigentum (jede wirtschaftliche Einheit) ist eine eigene Grundsteuererklärung abzugeben. Für jede wirtschaftliche Einheit gibt es einen eigenen Grundsteuerwertbescheid (Wertfeststellung) und einen eigenen Grundsteuerbescheid. Die Steuerzahlung der Grundsteuer trifft den Wohnungseigentümer als Schuldner der Grundsteuer (§ 10 GrStG). 1185

d) Teilung in Wohnungseigentum

Zivilrechtlich entsteht das Wohnungseigentum zwar erst mit dem Eintrag in das Wohnungsgrundbuch. Dieser Zeitpunkt ist nach Verwaltungsauffassung aber nicht bewertungsrechtlich entscheidend. Vielmehr ist das Wohnungseigentum bereits dann entstanden, wenn die Teilungserklärung beurkundet ist und der Eintragungsantrag beim Grundbuchamt eingegangen ist.[894] 1186

Durch die Aufteilung eines bisher zivilrechtlich einheitlichen Grundstücks in Wohnungseigentum (durch eine Teilung nach §§ 3 oder 8 WEG) kann sich die Höhe der Bewertung aller entstehenden Einheiten im Vergleich zu dem bisher ungeteilten Grundstück deutlich unterscheiden. Dies betrifft z. B. Grundstücke mit mehreren Einheiten, die sowohl zu Wohnzwecken als auch zu gewerblichen oder freiberuflichen Zwecken genutzt werden und die vor der Teilung als einheitliches Grundstück als „gemischt genutztes Grundstück" i. S. des § 249 Abs. 8 BewG insgesamt im Sachwertverfahren bewertet wurde. Durch die Aufteilung in Wohnungseigentum – und damit in separate wirtschaftliche Einheiten – ist jedes Wohnungs- bzw. Teileigentum eigenständig im Ertragswert- bzw. im Sachwertverfahren zu bewerten.[895] 1187

BEISPIEL „TEILUNG IN WOHNUNGSEIGENTUM": Ein Grundstück mit dreigeschossigem Gebäude wird im EG (100 m²) als Versicherungsagentur, im OG (100 m²) als Zahnarztpraxis und im DG (100 m²) als Wohnung genutzt. Bisher ist das rechtlich ungeteilte Grundstück als eine einzige wirtschaftliche Einheit insgesamt nach § 250 Abs. 3 Nr. 2 BewG im Sachwertverfahren zu bewerten, da es sich um ein gemischt genutztes Grundstück (§ 249 Abs. 1 Nr. 7, Abs. 8 BewG) handelt.

Wenn das Grundstück in drei Einheiten nach dem WEG aufgeteilt wird, so dass das EG und das OG jeweils Teileigentum und das DG Wohnungseigentum darstellen, sind das EG und das OG jeweils im Sachwertverfahren und das DG im Ertragswertverfahren zu bewerten. Jedes Geschoss bildet eine eigene wirtschaftliche Einheit.

893 A 249.5 Abs. 3 Satz 4 AEBewGrSt.

894 A 249.5 Abs. 2 Satz 2 AEBewGrSt; a. A. Grootens/Bock, § 249 BewG Rz. 56.

895 Vgl. dazu ausführlich mit einem umfangreichen Berechnungsbeispiel Stöckel, NWB 21/2023 S. 1498 IAAAJ-40159.

4. Bewertung von Wohnungs- und Teileigentum (Bundesmodell)

a) Bewertung von Wohnungseigentum

1188 Durch § 249 Abs. 1 Nr. 4 i. V. mit Abs. 5 BewG wird das Wohnungseigentum als eigene „Grundstücksart“ (Bewertungskategorie) bezeichnet. Diese ist nach § 250 Abs. 2 BewG im Ertragswertverfahren nach §§ 252–257 BewG zu bewerten. Wohnungseigentum wird unabhängig von der Art der Nutzung, also sowohl bei eigener Wohnnutzung als auch bei vermieteten Eigentumswohnungen, nach demselben gesetzlichen Schema bewertet. Dabei kommt es teilweise nicht auf die tatsächlichen Werte des konkreten Objekts an, sondern es werden gesetzliche Pauschalen vorgegeben.

1189 Aus den folgenden Berechnungsschritten ergibt sich der Grundsteuerwert von Wohnungseigentum:

1. Gesetzlich durch Anlage 39 I zum BewG bestimmte monatliche Nettokaltmiete je m² Wohnfläche;
2. Zuschlag oder Abschlag durch Anlage 39 II des BewG für die jeweils gemeindebezogene Mietniveaustufe;
3. Multiplikation der so ermittelten Monatsmiete x 12 Monate zur Berechnung der Jahresmiete (Jährlicher Rohertrag);
4. Abzug von Bewirtschaftungskosten, die nach Anlage 40 zum BewG pauschaliert werden;
5. Zwischenergebnis: jährlicher Reinertrag;
6. Multiplikation des jährlichen Reinertrags mit einem Vervielfältiger nach Anlage 37 zum BewG (abhängig vom Gebäudebaujahr und Liegenschaftszins) zur Ermittlung des Barwerts des Gebäudes;
7. Ermittlung eines Bodenwerts durch Multiplikation der anteiligen auf das Wohnungseigentum entfallenden Bodenfläche mit dem tatsächlichen Bodenrichtwert;
8. Multiplikation eines Abzinsungsfaktors aus Anlage 41 des BewG mit dem Bodenwert zur Ermittlung des abgezinsten Bodenwerts;
9. Die Summe aus dem Barwert des Gebäudes (Schritt 6) mit dem abgezinsten Bodenwert (Schritt 8) ergibt als Endergebnis den Grundsteuerwert (im Ertragswertverfahren) für Wohnungseigentum.

BEISPIEL „BEWERTUNG IM ERTRAGSWERTVERFAHREN": Herr H ist Wohnungseigentümer einer selbstgenutzten Eigentumswohnung (Baujahr 1956, 124 m² Wohnfläche, 283 m² Bodenfläche) in Aachen. Der Grundsteuerwert auf den 1.1.2022 ermittelt sich wie folgt:

Die monatliche Nettokaltmiete beträgt 5,69 €/m² (Anlage 39 I zum BewG für NRW, Wohnfläche ab 100 m² für Baujahr 1949–1978). Darauf ist ein 10%-Zuschlag für die gemeindebezogene Mietniveaustufe 4 von 0,57 €/m² anzuwenden, so dass letztlich 6,26 €/m² maßgebend sind. Durch die Multiplikation mit der Wohnfläche von 124 m² ergibt sich eine monatliche Nettokaltmiete von 776,24 €. Die Monatsmiete für 12 Monate ergibt die Jahresmiete von 9.314,88 € (Jährlicher Rohertrag). Vom Rohertrag sind die Bewirtschaftungskosten (nach Anlage 40 zum BewG hier mit 29 % für eine Restnutzungsdauer von 20–39 Jahren) mit 2.701,32 € pauschaliert abzuziehen, so dass ein Reinertrag des Grundstücks von 6.613,56 € verbleibt. Durch die Multiplikation des jährlichen Reinertrags mit dem Vervielfältiger nach Anlage 37 zum BewG (für eine Restnutzungsdauer von 24 Jahren mit einem Liegenschaftszins von 3,0 %) von 16,94 ergibt sich ein kapitalisierter Reinertrag des Objekts von 112.033,71 €.

Zur Ermittlung des Bodenwerts wird die anteilige auf das Wohnungseigentum entfallende Bodenfläche von 283 m² zunächst mit dem Bodenrichtwert von 320 €/m² und dann mit dem nach Anlage 41 des BewG anzusetzenden Abzinsungsfaktor von 0,4919 multipliziert. Daraus ergibt sich ein abgezinster Bodenwert von 44.546,46 €. Die Summe aus dem Wert des Gebäudes (112.033,71 €) mit dem Bodenwert (44.546,46 €) ergibt als Endergebnis den Grundsteuerwert für das Wohneigentum von (auf volle 100 € abgerundet) 156.500 €.

b) Bewertung von Teileigentum (Bundesmodell)

Durch § 249 Abs. 1 Nr. 5 i. V. mit Abs. 6 BewG wird das Teileigentum als eigene „Grundstücksart" (Bewertungskategorie) bezeichnet. Es ist nach § 250 Abs. 3 BewG im Sachwertverfahren nach §§ 258–260 BewG zu bewerten. 1190

Aus den folgenden Berechnungsschritten ergibt sich der Grundsteuerwert von Teileigentum: 1191

1. Multiplikation der (nach dem Baupreisindex angepassten) Normalherstellungskosten des Gebäudes (nach Anlage 42 des BewG) mit der Brutto-Grundfläche des Gebäudes (§ 259 Abs. 1–3 BewG). Dies wird als „Gebäudenormalherstellungswert" bezeichnet.
2. Von dem Gebäudenormalherstellungswert wird eine Alterswertminderung abgezogen, die sich aus dessen Multiplikation mit dem Verhältnis des Alters des Gebäudes im Hauptfeststellungszeitpunkt (z. B. 1.1.2022) zur wirt-

schaftlichen Gesamtnutzungsdauer nach Anlage 38 zum BewG ergibt (§ 259 Abs. 4 Satz 1–2 BewG).[896]

3. Der nach Abzug der Alterswertminderung verbleibende Gebäudewert ist mit mindestens 30 % des Gebäudenormalherstellungswerts anzusetzen (§ 259 Abs. 4 Satz 4 BewG).
4. Zwischenergebnis: Es wurde der Gebäudesachwert ermittelt.
5. Zusätzlich ist der Bodenwert aus der Multiplikation der Grundstücksfläche mit dem Bodenrichtwert zu ermitteln.
6. Die Summe aus dem Gebäudesachwert (Schritt 4) und dem Bodenwert (Schritt 5) stellt den vorläufigen Sachwert dar.
7. Der vorläufige Sachwert ist mit der Wertzahl nach Anlage 43 des BewG zu multiplizieren. Das Ergebnis ist der Grundsteuerwert (im Sachwertverfahren) für Teileigentum.

BEISPIEL „BEWERTUNG IM SACHWERTVERFAHREN": Frau F ist Eigentümerin von Teileigentum (Baujahr 2003), das als Lebensmitteleinzelhandel genutzt wird. Das Teileigentum hat eine Bruttogrundfläche von 1.000 m². Dazu gehört ein anteiliger Grund und Boden von 3.000 m². Zum Bewertungsstichtag 1.1.2022 beträgt der Bodenrichtwert 200 €/m² und der Baupreisindex 106,8 %.

LÖSUNG: Die Normalherstellungskosten betragen 742 €/m² (Anlage 42 zum BewG für „Verbrauchermärkte" und Baujahr 1995–2004). Diese sind um den Baupreisindex von 106,8 % auf 792,46 €/m² zu erhöhen und mit der Brutto-Grundfläche (1.000 m²) zu multiplizieren. Die Normalherstellungskosten des Gebäudes betragen daher 792.460 €. Es wird eine Alterswertminderung abgezogen. Nach Anlage 38 zum BewG beträgt die wirtschaftliche Gesamtnutzungsdauer von „Verbrauchermärkten" 30 Jahre und das Gebäude ist zum 1.1.2022 19 Jahre alt. Dies führt zu einer Minderung von 19/30 x 792.460 € = 501.891 €. Nach Abzug der Alterswertminderung (501.891 €) von dem Gebäudenormalherstellungswert (792.460 €) beträgt der Gebäudesachwert 290.569 €. Zusätzlich ist der Bodenwert als Multiplikation der Grundstücksfläche (3.000 m²) mit dem Bodenrichtwert (200 m²) zu ermitteln (= 600.000 €). Die Summe aus dem Gebäudesachwert (290.569 €) und dem Bodenwert (600.000 €) stellt mit 890.569 € den vorläufigen Sachwert dar, der mit der Wertzahl von 0,80 (Anlage 43 zum BewG für vorläufigen Sachwert bis 1.000.000 € und Bodenrichtwert bis 300 €) zu multiplizieren ist. Der Grundsteuerwert beträgt daher (auf volle 100 € abgerundet) 623.000 €.

896 Hat sich das Gebäude nach der Bezugsfertigkeit so verändert, dass sich dadurch die wirtschaftliche Gesamtnutzungsdauer des Gebäudes wesentlich verlängert hat, ist von einem entsprechend späteren Baujahr auszugehen (§ 259 Abs. 4 Satz 3 BewG).

5. Gutachtenwert als Ausnahme von der Regelbewertung

1192 Durch ein Verkehrswertgutachten kann ein geringerer Wert nachgewiesen und als Grundsteuerwert angesetzt werden. Nachdem der BFH mit zwei Beschlüssen in vorläufigen Verfahren zur Aussetzung der Vollziehung v. 27.5.2024[897] die mangelnde gesetzliche Möglichkeit zur Minderbewertung kritisiert hatte, wurde § 220 Abs. 2 BewG entsprechend geändert.[898]

1193 Es besteht danach der Anspruch des Wohnungseigentümers auf den Ansatz eines niedrigeren Verkehrswerts für das Wohnungseigentum, wenn der von dem Finanzamt festgestellte Grundsteuerwert den nachgewiesenen (niedrigeren) gemeinen Wert um 40 % oder mehr übersteigt.

6. Grundsteuer-Änderungsanzeige

1194 Wenn sich die tatsächlichen Verhältnisse des Wohnungseigentums verändern (z. B. durch Baumaßnahmen), ist dies dem zuständigen Finanzamt (Lagefinanzamt) anzuzeigen, wenn sich die Höhe des Grundsteuerwerts, die Vermögensart oder die Grundstücksart ändern (§ 228 Abs. 2 Satz 1 BewG). Die Änderungsanzeige hat der Wohnungseigentümer unaufgefordert (d. h. auch ohne gesonderte Aufforderung des Finanzamts) einzureichen.[899]

1195 Alle relevanten tatsächlichen Veränderungen innerhalb eines Kalenderjahres sind (seit 2025)[900] bis zum 31.3. des Folgejahres anzuzeigen. Die Änderungsanzeige ist elektronisch zu übermitteln (§ 228 Abs. 6 Satz 1 BewG).

BEISPIEL „ÄNDERUNGSANZEIGE": Durch einen Anbau im Flurbereich (Gemeinschaftseigentum) einer WEG-Anlage vergrößert sich die Nutzfläche des Gemeinschaftseigentums. Der Bauarbeiten wurden am 10.11.2024 begonnen und die Baumaßnahme wurde am 8.9.2025 fertiggestellt.

LÖSUNG: Die Wohnungseigentümer müssen bis zum 31.3.2026 eine Grundsteuer-Änderungsanzeige beim Lagefinanzamt einreichen, da die Veränderung (Baumaßnahme) im Jahr 2025 abgeschlossen wurde und die Anzeige innerhalb von drei Monaten nach Ablauf des jeweiligen Jahres einzureichen ist (§ 228 Abs. 2 BewG).

897 BFH, Beschluss v. 27.5.2024 - II B 78/23 (AdV), BStBl 2024 II S. 543 IAAAJ-68711, und BFH, Beschluss v. 27.5.2024 - II B 79/23 (AdV), BStBl 2024 II S. 546 SAAAJ-68712.

898 JStG 2024 v. 2.12.2024, BGBl 2024 I Nr. 387.

899 Vgl. dazu ausführlich von Cölln, NWB 17/2023 S. 1243 BAAAJ 38100.

900 Vorher war grds. bis zum 31.1. des Folgejahres die Veränderung anzuzeigen, wobei jedoch in einigen Bundesländern abweichende Fristen galten.

1196 Wenn das Eigentum am Wohnungseigentum wechselt (z. B. Verkauf an einen anderen Eigentümer), muss dies nicht angezeigt werden. Die erforderliche Zurechnungsfortschreibung erfolgt durch das Finanzamt automatisch („von Amts wegen").

7. Verfassungsmäßigkeit der Grundsteuerbewertung?

1197 Nach Auffassung des BFH ist das Bundesmodell zur Ermittlung des Grundsteuerwerts (§§ 218 ff. BewG)[901] verfassungsgemäß.[902] Dabei hat der BFH aber nur über Eigentumswohnungen geurteilt. Diese waren im Ertragswertverfahren zu bewerten. Die im Sachwertverfahren zu bewertenden Nichtwohngrundstücke (Teileigentum) waren nicht Gegenstand eines der Verfahren. Aufgrund der vom BFH dem Gesetzgeber zugestandenen Typisierungskompetenz ist aber wohl davon auszugehen, dass der BFH das geltende Sachwertverfahren ebenfalls für verfassungskonform halten wird.[903]

1198 Zu den Landesmodellen von Sachsen,[904] Hessen,[905] Hamburg[906] und Baden-Württemberg[907] sind Revisionsverfahren beim BFH anhängig.

901 Grundsteuer-Reformgesetz v. 26.11.2019, BGBl 2019 I S. 1794.

902 BFH, Urteile v. 12.11.2025 - II R 25/24 NAAAK-08687 = DStR 2026 S. 154, II R 31/24 XAAAK-08688 und II R 3/25 HAAAK-08689, vgl. BFH-Pressemitteilung Nr. 78/25 v. 10.12.2025. Der Bund der Steuerzahler Deutschland e. V. und der Haus & Grund Deutschland e. V. haben als Klagevertreter gegen die Entscheidung im Verfahren II R 3/25 Verfassungsbeschwerde beim Bundesverfassungsgericht eingelegt (Az.: 1 BvR 472/26).

903 Grootens, ErbStB 2026 S. 63, 65.

904 Sächsisches FG, Urteil v. 1.10.2024 - 2 K 737/23 VAAAJ-79134 = EFG 2025 S. 336, bei Eigentumswohnung (BFH-Rev.: II R 31/24) und Sächsisches FG, Urteil v. 15.1.2025 - 5 K 612/24 UAAAJ-95181 (juris) (BFH-Rev.: II R 11/25).

905 Hessisches FG, Urteil v. 23.1.2025 - 3 K 663/24 MAAAJ-87584 = EFG 2025 S. 645 (BFH-Rev.: II R 12/25).

906 FG Hamburg, Urteil v. 13.11.2024 - 3 K 176/23 WAAAJ-87585 = EFG 2025 S. 634 (BFH-Rev.: II R 15/25).

907 FG Baden-Württemberg, Urteil v. 11.6.2024 - 8 K 1582/23 ZAAAJ-77851 = EFG 2024 S. 1997 (BFH-Rev.: II R 26/24), und FG Baden-Württemberg, Urteil v. 11.6.2024 - 8 K 2368/22 SAAAJ-77849 = EFG 2024 S. 1984 (BFH-Rev.: II R 27/24).

XVI. Besteuerung der Gemeinschaft der Wohnungseigentümer

1. Stellung der Gemeinschaft der Wohnungseigentümer im Steuerrecht

a) Zivilrechtliche Unterscheidungen

Die GdWE als solche ist als rechtsfähiger Verband zivilrechtlich von ihren Mitgliedern (Wohnungseigentümern) zu unterscheiden. Die Wohnungseigentümer bilden zwar zusammen gesehen eine Bruchteilsgemeinschaft in Bezug auf das ihnen jeweils anteilig gehörende gemeinschaftliche Eigentum an der Wohnanlage (also alles, was nicht im Sondereigentum der Wohnungseigentümer steht). Das den Wohnungseigentümern (zusammen) gehörende gemeinschaftliche Eigentum gehört daher nicht der GdWE. Nur das Gemeinschaftsvermögen nach § 9a Abs. 3 WEG (z. B. die Bankkonten der GdWE, über die die laufenden Mittel und die Erhaltungsrücklage verwaltet werden) gehört der GdWE. Somit ist schon zivilrechtlich zwischen der GdWE und jedem einzelnen Wohnungseigentümer zu unterscheiden. 1199

b) Einzelne Wohnungseigentümer als Unternehmer

Auch steuerrechtlich wird zwischen der GdWE und den Wohnungseigentümern unterschieden. Jeder einzelne Wohnungseigentümer kann (für sich gesehen) z. B. Gewerbetreibender (§ 15 EStG) oder Unternehmer i. S. des § 2 UStG sein. So ist z. B. die Vermietung von Wohnungseigentum unternehmerisch und führt dazu, dass der Wohnungseigentümer als Unternehmer i. S. des § 2 UStG einzustufen ist. 1200

c) Bruchteilsgemeinschaft der Wohnungseigentümer als Unternehmer

Die Bruchteilsgemeinschaft der Wohnungseigentümer könnte zwar prinzipiell auch unternehmerisch tätig sein. Wenn aber z. B. ein Teil des Gartens (Gemeinschaftseigentum) an einen Dritten vermietet wird, tritt dafür die GdWE als Vermieterin und damit als Unternehmerin auf. Die Wohnungseigentümer überlassen dabei ihr Miteigentum an dem gemeinschaftlichen Eigentum an die GdWE. 1201

Die GdWE kann zwar eigentlich nur das ihr gehörende Gemeinschaftsvermögen (§ 9a Abs. 3 WEG) unternehmerisch nutzen. Das (ähnlich klingende) Ge- 1202 meinschaftseigentum gehört nicht der GdWE, sondern allen Wohnungseigentümer zusammen (als Bruchteilsgemeinschaft). Es besteht Identität der Mitglieder bzw. Teilhaber, aber es unterliegt gleichwohl einer getrennten rechtlichen Zuordnung. Gleichwohl kann die GdWE dieses Eigentum an Dritte (oder an einzelne Wohnungseigentümer) vermieten. Die ertragsteuerrechtlichen Folgen sind jedoch über die Bruchteilsgemeinschaft zu ziehen (Transparenzbetrachtung) und daraus deren Mitgliedern zuzurechnen.[908]

d) Gemeinschaft der Wohnungseigentümer als Unternehmer

1203 Die GdWE (als solche) kann in eigener Person unternehmerisch tätig und als Unternehmerin i.S.des §2 UStG anzusehen sein oder z.B. einen Gewerbebetrieb (§15 EStG) unterhalten.

1204 Wenn z.B. ein Laubbläser aus ihrem Gemeinschaftsvermögen an Nachbarn vermietet wird und daraus (nachhaltig) Einnahmen erzielt werden, ist dies eine unternehmerische Tätigkeit, für die aber die Kleinunternehmerregelung des §19 UStG (Umsätze bis 25.000€ im Vorjahr) die Umsätze regelmäßig steuerfrei stellt. Einkommensteuerrechtlich werden sonstige Einkünfte (§22 Nr.3 EStG) erzielt, für die aber eine Freigrenze von 256€ im Jahr gilt. Die Einkünfte erzielen die Wohnungseigentümer in ihrer Verbundenheit.

2. Steuerrechtliche Folgen der Begründung von Wohnungseigentum

a) Aufteilung eines Grundstücks in Wohnungseigentum nach dem WEG

1205 Grundsätzlich ist ein Grundstück mit dem darauf stehenden Gebäude auch dann eine einheitliche Sache im Sinne des BGB, wenn das Gebäude aus mehreren Wohnungen oder Gewerbeeinheiten besteht. Durch das WEG kann dieses Regeleigentum (Einheitseigentum) in einzelne Eigentumseinheiten umgewandelt werden. Dafür teilen entweder dessen Bruchteilseigentümer gemeinsam dieses Grundstück in Wohnungseigentum auf (§3 WEG) oder es gibt nur einen Alleineigentümer, der in diesem Fall Wohnungseigentum durch eine Teilungserklärung begründen kann (§8 WEG).

---

908 Dagegen kann nach Auffassung des V.Senats des BFH eine Bruchteilsgemeinschaft nicht Unternehmer sein (BFH, Urteil v.22.11.2018 - V R 65/17 QAAAH-06916 = BFH/NV 2019 S.359, und BFH, Beschluss v.28.8.2023 - V B 44/22 TAAAJ-48349 = BFH/NV 2023 S.1388). Es seien vielmehr anteilig erbrachte Leistungen durch die Gemeinschafter als jeweilige Unternehmer.

b) Auswirkung der Teilung bei der Einkommensteuer

Die Aufteilung eines Grundstücks in Wohnungseigentum ist nach hier vertretener Auffassung ertragsteuerrechtlich ein neutraler Rechtsakt. Es entstehen keine neuen Wirtschaftsgüter (in Form des Wohnungseigentums), die an die Stelle eines untergehenden Wirtschaftsguts (in Form des bisher ungeteilten Grundstücks) treten und deren Wechsel als veräußerungsähnliches Tauschgeschäft zu werten wäre, das durch eine gesetzliche Norm steuerneutral gestellt werden müsste. 1206

Bei einer Teilung durch einen Alleineigentümer treten die zivilrechtlich neu geschaffenen Einheiten an die Stelle des bisher ungeteilten Grundstücks. Die Anschaffungskosten setzen sich im Verhältnis der Miteigentumsanteile in den neuen Einheiten fort (z. B. bei vermieteten Objekten im Privatvermögen). Wenn das Grundstück im Betriebsvermögen gehalten wird, sind die Buchwerte auf die neuen Einheiten aufzuteilen und einzubuchen, während das bisherige Grundstück ausgebucht wird (steuerneutrale Umbuchung). 1207

Auch bei bisherigem Bruchteilseigentum durch mehrere Miteigentümer ändert sich zwar zivilrechtlich die Eigentumszuordnung. Steuerrechtlich behält aber jeder Bruchteilseigentümer sein Wirtschaftsgut, so dass kein Tauschgeschäft (Veräußerungsgeschäft) zu besteuern ist. 1208

BEISPIEL „TEILUNG IN WOHNUNGSEIGENTUM": Herr A und Frau B sind gemeinsam zu je 50 % Miteigentümer eines Grundstücks mit einem zweigeschossigen Gebäude im Bruchteilseigentum. Herr A nutzt das Erdgeschoss betrieblich als Einzelunternehmer und Frau B vermietet das Obergeschoss im Privatvermögen. A und B vereinbaren wirksam, das Grundstück in zwei gleich große Wohnungseigentumseinheiten nach dem WEG aufzuteilen. Herr A wird alleiniger Teileigentümer der Einheit im Erdgeschoss und Frau B wird alleinige Wohnungseigentümerin der Wohnung im Obergeschoss.

LÖSUNG: Sowohl für Herrn A als auch für Frau B stellte der 50%ige Miteigentumsanteil an dem gesamten ungeteilten Grundstück steuerrechtlich ein eigenes (separates) Wirtschaftsgut dar. Durch eine interne Gebrauchsüberlassung aus der Bruchteilsgemeinschaft wurden lediglich die Nutzungen zwischen A und B nach den Etagen (gerecht) aufgeteilt. Dies setzt sich nach der Teilung in Wohnungseigentum fort. Herr A und Frau B behalten ihr eigenes Wirtschaftsgut, welches nunmehr lediglich zivilrechtlich statt aus einem 50%igen Miteigentumsanteil an dem ungeteilten Grundstück nunmehr aus 100 % Alleineigentum (Sondereigentum mit anteiligem Miteigentum am gemeinschaftlichen Eigentum) an einer separaten Etage besteht. Steuerrechtlich ist dies nach hier vertretener Auffassung das identische Wirtschaftsgut. Es entsteht kein Tauschgeschäft zwischen A und B hinsichtlich der Hälfte des Grundstücks. A kann die Buchwerte und B die Anschaffungskosten fortführen.

c) Auswirkung der Teilung auf die Umsatzsteuer

1209 Jeder Miteigentümer tauscht faktisch seinen Miteigentumsanteil am gesamten ungeteilten Grundstück gegen sein erhaltenes Wohnungseigentum. Umsatzsteuerrechtlich ergibt sich daraus aber keine „Lieferung" der Miteigentumsanteile an die anderen Wohnungseigentümer. Die Aufteilung ist ein „Insichgeschäft" und nicht auf den Erhalt einer Gegenleistung in Form eines anderen Gegenstands gerichtet. Jeder Eigentümer behält seinen ihm schon gehörenden umsatzsteuerrechtlichen Gegenstand „Grundstück". Es werden daher nicht zwei umsatzsteuerrechtliche Gegenstände getauscht (wie z. B. bei zwei Grundstücken), sondern es werden lediglich an einem einzigen „Ausgangsgrundstück" die zivilrechtlichen Verhältnisse geändert (Aufteilung), ohne dass erstmals eine Verschaffung der Verfügungsmacht (vgl. § 3 Abs. 1 UStG) an dem „Endergebnis" (Wohnungseigentum) vorläge.[909]

1210 Die Unternehmereigenschaft (§ 2 UStG) des leistenden Miteigentümers wäre ohnehin eine weitere Voraussetzung für eine Steuerbarkeit.

1211 Sollte man annehmen, dass die Aufteilung eines Grundstücks in Wohnungseigentum als Grundstückslieferung der Miteigentümer (oder gar der gesamten Bruchteilsgemeinschaft) an den einzelnen Miteigentümer (Wohnungseigentümer) umsatzsteuerbar ist, wären diese Leistungen nach § 4 Nr. 9 Buchst. a UStG umsatzsteuerfrei (aber ggf. mit Option nach § 9 Abs. 1 UStG doch umsatzsteuerpflichtig gestaltbar).

d) Auswirkung der Teilung auf die Grunderwerbsteuer

1212 Bei der Teilung durch einen Alleineigentümer erhält dieser alle entstehenden Einheiten. Es kommt also nicht zu einem Rechtsträgerwechsel an Grundstücken, so dass dies nicht grunderwerbsteuerbar ist.

1213 Wird ein Grundstück durch Miteigentümer (Bruchteilsgemeinschaft) in Wohnungseigentum im Sinne des WEG geteilt, erwirbt aus Sicht der Grunderwerbsteuer jeder Wohnungseigentümer sein Wohneigentum in Höhe der restlichen Miteigentumsanteile an der konkreten Wohnung von den anderen Miteigentümer grunderwerbsteuerbar.[910] Nach § 7 Abs. 1 GrEStG wird aber keine Grunderwerbsteuer erhoben, soweit der Wohnungseigentümer keine höhere Beteiligung an dem WEG-Objekt (nach den Miteigentumsanteilen) erlangt, als

909 Nach Klenk in Rau/Dürrwächter, § 4 Nr. 9 UStG Rz. 48.3 (10/2011) „dürfte in diesem Fall keine entgeltliche Lieferung vorliegen".

910 BFH, Urteil v. 30.7.1980 - II R 19/77, BStBl 1980 II S. 667 XAAAB-02007.

ihm zuvor als Bruchteilseigentümer an dem ungeteilten Grundstück zustand (Besteuerungsausnahme).[911] Dies ist vergleichbar mit einer flächenweisen Teilung des Grundstücks unter den Miteigentümern.

e) Auswirkung der Teilung auf die Grundsteuer

Bei der Grundsteuer wird jeweils das einzelne Grundstück (§§ 243, 244 BewG) 1214
als Steuergegenstand (§ 2 Nr. 2 GrStG) besteuert. Bei einem zivilrechtlich ungeteilten Grundstück gibt es (bei einem Eigentümer) auch nur einen Grundsteuerwert und damit nur einen Grundsteuerbescheid.

Durch § 244 Abs. 3 Nr. 3 BewG wird das Wohnungseigentum bzw. Teileigentum 1215
ausdrücklich als einzelnes „Grundstück" im Sinne des Bewertungsgesetzes definiert. Durch die Aufteilung in Wohnungseigentum entstehen somit so viele Objekte bei der Grundsteuer, wie danach Einheiten vorhanden sind. Für jedes Wohnungseigentum erfolgt ein separater Grundsteuerbescheid. Die GdWE verwaltet somit nicht die Grundsteuer für die Wohnungseigentümer.

3. Steuerrechtlich relevante Nutzung von gemeinschaftlichem Eigentum

a) Erträge aus gemeinschaftlichem Eigentum

Das gemeinschaftliche Eigentum besteht aus den Grundstücksteilen, die nicht 1216
im Sondereigentum stehen. Es gehört den Wohnungseigentümern gemeinsam zu Bruchteilen. Dieses Vermögen kann zur Erzielung von Einnahmen eingesetzt werden, die steuerrechtlich relevant sind. Hier ist insbesondere die Vermietung von Grundstücksteilen denkbar.

Aus der Vermietung von gemeinschaftlichem Eigentum erzielen die Bruchteils- 1217
eigentümer gemeinsam Einkünfte aus Vermietung und Verpachtung nach § 21 Abs. 1 Nr. 1 EStG. Ihnen sind die Einkünfte zuzurechnen. Es kommt dafür nicht darauf an, ob alle Wohnungseigentümer in ihrer Eigenschaft als Bruchteilseigentümer den Mietvertrag schließen (unterschreiben) oder die GdWE (durch ihren Verwalter) als zuständiger Träger der Verwaltungsrechte an dem gemeinschaftlichen Eigentum (vgl. § 18 WEG) den Mietvertrag schließt. Sofern ein Wohnungseigentümer sein Wohnungseigentum vermietet, werden die Einkünfte nur ihm zugerechnet.

911 BFH, Urteil v. 12.10.1988 - II R 6/86, BStBl 1989 II S. 54 EAAAA-98339.

1218 Die Einkünfte sind verfahrensrechtlich gesondert und einheitlich festzustellen (§ 180 Abs. 1 Nr. 2 Buchst. a AO), sofern nicht eine Feststellung wegen der geringen Bedeutung und der einfachen Aufteilung der Einkünfte unterbleibt (§ 180 Abs. 3 Nr. 2 AO).[912]

1219 Umsatzsteuerrechtlich bildet dagegen die GdWE das vermietende Unternehmen.

BEISPIEL „VERMIETUNG VON GEMEINSCHAFTLICHEM EIGENTUM": Ein Gartenstück (gemeinschaftliches Eigentum) einer WEG-Anlage wird an einen Imker für 30 € im Monat vermietet.

LÖSUNG: Die Vermietung eines Teils des Gartens führt zu Einkünften aus Vermietung und Verpachtung (§ 21 Abs. 1 Nr. 1 EStG). Da es sich um gemeinschaftliches Eigentum handelt, sind die Einkünfte allen Wohnungseigentümern entsprechend ihrem Miteigentumsanteil anteilig zuzurechnen. Die Bruchteilsgemeinschaft könnte zwar – zumindest nach Verwaltungsauffassung[913] – insoweit selbst umsatzsteuerrechtlich die Unternehmerin (§ 2 UStG) sein.[914] Hier vermietet aber die GdWE den Grundstücksteil und ist als Unternehmerin anzusehen. Die Grundstücksvermietung ist aber ohnehin umsatzsteuerfrei (§ 4 Nr. 12 Buchst. a UStG). Bei einer umsatzsteuerpflichtigen Vermietung (z. B. von Parkplätzen) wären die Leistungen aber innerhalb der Grenzen der Kleinunternehmerregelung (25.000 € im Vorjahr, § 19 UStG) steuerfrei. Eine Option zur Regelbesteuerung (§ 19 Abs. 3 UStG) wäre aber – bezogen auf die GdWE als solche – zulässig.

1220 Die Vermietung von Gemeinschaftsvermögen der GdWE (z. B. ein Rasenmäher an Nachbarn) ist davon zu unterscheiden. Zwar erzielen die Wohnungseigentümer auch insoweit in eigener Person die Mieteinkünfte nach § 21 Abs. 1 Nr. 1 EStG. Umsatzsteuerrechtlich ist auch hier die GdWE ein separates Unternehmen. Dies wirkt sich z. B. bei einem Verzicht auf die Kleinunternehmerregelung (§ 19 UStG) aus. Die GdWE kann nach § 19 Abs. 2 UStG zur Regelbesteuerung optieren.

---

912 FG Köln, Urteil v. 22.1.2020 - 3 K 1065/16 MAAAH-57049 = DStRE 2021 S. 109.

913 Abschnitt 2.1 Abs. 2 UStAE.

914 Nachdem der BFH mit Urteil v. 22.11.2018 - V R 65/17 QAAAH-06916 = BFH/NV 2019 S. 359 entschieden hatte, dass eine Bruchteilsgemeinschaft nicht Unternehmer sein könne (sondern anteilig deren Gemeinschafter), wurde durch Art. 43 Abs. 6 i. V. mit Art. 16 Nr. 2 des Jahressteuergesetzes 2022 mit Wirkung zum 1.1.2023 der Wortlaut des § 2 Abs. 1 Satz 1 UStG um den Zusatz "unabhängig davon, ob er nach anderen Vorschriften rechtsfähig ist" ergänzt. Der BFH ließ in seinem Beschluss v. 28.8.2023 - V B 44/22 TAAAJ-48349 = BFH/NV 2023 S. 1388 unter II. 2. b) cc) mangels Entscheidungserheblichkeit offen, ob die Neuregelung zum 1.1.2023 möglicherweise leerläuft. Offenbar bezweifelt der BFH schon die erforderliche Zurechnung einer unternehmerischen Tätigkeit zu einer Bruchteilsgemeinschaft (setzt sie also als erforderlich voraus), so dass die gesetzliche Fiktion des § 2 Abs. 1 Satz 1 UStG (Unternehmereigenschaft auch ohne Rechtsfähigkeit) gar nicht angewendet werden kann.

b) Abgrenzung: Erträge aus Sondereigentum

Einkünfte bzw. Einnahmen aus der Nutzung von Sondereigentum sind dem Wohnungseigentümer individuell steuerrechtlich zuzurechnen. Ihm stehen die Erträge aus der Nutzung zu und er hat sie zu versteuern. 1221

BEISPIEL „VERMIETUNG VON SONDEREIGENTUM": Frau F (Wohnungseigentümerin) vermietet ihre Garage (Sondereigentum) an den Nachbarn N für 100 € im Monat.

LÖSUNG: Die Garagenvermietung durch Frau F ist ihr individuell zuzurechnen, da die Garage in ihrem Sondereigentum steht. Die anderen Wohnungseigentümer haben damit steuerrechtlich nichts zu tun. Sie erzielt insoweit „allein" Einkünfte aus Vermietung und Verpachtung (§ 21 Abs. 1 Nr. 1 EStG) und kann insbesondere die auf die Garage entfallenden Anschaffungskosten aus dem Erwerb ihres Wohnungseigentums im Wege der Gebäudeabschreibung (§ 7 Abs. 4, 5 EStG) als Werbungskosten (§ 9 Abs. 1 Satz 3 Nr. 7 EStG) abziehen. Die Garagenvermietung ist eine umsatzsteuerbare Tätigkeit ohne Steuerbefreiung. Die Vermietung von Plätzen für das Abstellen von Fahrzeugen ist nach § 4 Nr. 12 Satz 2 UStG von der Steuerfreiheit ausgenommen. Innerhalb der Umsatzgrenzen der Kleinunternehmerregelung (25.000 € im Vorjahr, § 19 UStG) ist die Vermietung aber steuerfrei.

c) Abgrenzung: Erträge aus Sondernutzungsrecht

An einem Teil des gemeinschaftlichen Eigentums kann für einen Wohnungseigentümer (z. B. an einer Fläche im Garten oder einer Terrasse) ein Sondernutzungsrecht bestellt werden. Damit bleibt dieser Grundstücksteil zwar im Miteigentum aller Wohnungseigentümer. Jedoch hat der begünstigte Wohnungseigentümer das exklusive Nutzungsrecht daran. Dem wird auch steuerrechtlich gefolgt. 1222

BEISPIEL „VERMIETUNG EINES SONDERNUTZUNGSRECHTS": Herr H (Wohnungseigentümer) vermietet seinen PKW-Stellplatz (Sondernutzungsrecht) an die Firma X für 50 € im Monat.

LÖSUNG: Der Stellplatz ist in dem geschilderten Sachverhalt nicht im Sondereigentum von H (was rechtlich aber nach § 3 Abs. 1 Satz 2 WEG möglich wäre), sondern im gemeinschaftlichen Eigentum aller Wohnungseigentümer. Er hat aber das alleinige Recht, diesen Stellplatz (z. B. durch Vermietung) zu nutzen. Daher sind Herrn H die daraus resultierenden Einkünften aus Vermietung und Verpachtung (§ 21 Abs. 1 Nr. 1 EStG) bzw. die Einnahmen aus der unternehmerischen Tätigkeit (§ 2 UStG) allein zuzurechnen.

4. Steuerrechtlich relevante Nutzung von Gemeinschaftsvermögen

a) Gemeinschaftsvermögen als eigenes Vermögen der Gemeinschaft der Wohnungseigentümer

1223 Das Gemeinschaftsvermögen nach § 9a Abs. 3 WEG ist das eigene Vermögen, welches der GdWE als rechtlicher Verband zugeordnet ist. Es umfasst z. B. Forderungen, Bankguthaben und bewegliche Sachen (z. B. einen Rasenmäher), die nicht gemeinschaftlich den Wohnungseigentümern gehören. Es ist abzugrenzen von dem (ähnlich klingenden) Gemeinschaftseigentum (§ 1 Abs. 5 WEG), was aber nur die Teile des Grundstücks meint, die nicht zum Sondereigentum gehören und im Bruchteilseigentum aller Wohnungseigentümer (und gerade nicht im Eigentum der GdWE) stehen. Das Gemeinschaftsvermögen dient der Verwaltung des gemeinschaftlichen Eigentums und soll helfen, die Aufgaben der Gemeinschaft zu erfüllen. Der wertvollste Teil des Gemeinschaftsvermögens ist i. d. R. der Geldbestand auf Bankkonten, die auf die Ansammlung der Erhaltungsrücklage zurückgehen.

1224 Aus dem Gemeinschaftsvermögen können Einkünfte erzielt werden (z. B. durch Vermietung). Steuersubjekt ist dabei nicht die GdWE, sondern deren Mitglieder (Wohnungseigentümer). Diese erzielen die Einkünfte. Die GdWE ist nur das Einkünfteerzielungssubjekt. Die Einkünfte sind grds. gesondert und einheitlich festzustellen (§ 180 Abs. 1 Nr. 2 Buchst. a AO).

1225 Da zu den Personen i. S. des § 34 Abs. 1 Nr. 1 AO auch der von der Wohnungseigentümergemeinschaft bestellte Vertreter gehören kann, ist dieser gegenüber den Finanzbehörden für die Abgabe der Feststellungserklärung zuständig. Dies gilt zumindest dann, wenn er als geschäftsführungs- und vertretungsberechtigtes Organ (für die Abgabe der Feststellungserklärung) auftritt.[915]

b) Erträge aus der Erhaltungsrücklage und Bankkonten

1226 Die GdWE unterhält schon allein wegen der laufenden Kosten zumindest ein Bankkonto. Aus diesem Kontokorrentkonto resultieren meistens keine Zinsen, so dass insoweit kein steuerrelevanter Sachverhalt entsteht.

1227 Die GdWE spart aber regelmäßig für die künftige Erhaltung und Instandsetzung des Grundstücks Gelder an, damit auch bei höheren Kosten (z. B. für eine Reparatur) tatsächlich ausreichende Mittel vorhanden sind. Im Rahmen

915 BFH, Urteil v. 20.9.2018 - IV R 6/16, BStBl 2019 II S. 160 QAAAH-04518.

der monatlichen Kostenumlagen (Vorschüsse) werden i.d.R. auch Beiträge (Zuführungen) zu einer solchen Erhaltungsrücklage an die GdWE gezahlt. Diese Finanzmittel werden oft auf einem Sparkonto oder Festgeldkonto angelegt, aus dem Zinsen erzielt werden.[916] Diese Erträge stellen Einkünfte aus Kapitalvermögen (§ 20 Abs. 1 Nr. 7 EStG) dar. Die Einkünfte sind den Wohnungseigentümern anteilig (entsprechend ihrem Miteigentumsanteil) steuerrechtlich zugerechnet. Erträge aus der Anlage der Erhaltungsrücklage gehören auch für diejenigen Wohnungseigentümer zu den Einkünften aus Kapitalvermögen, die ihre Eigentumswohnung vermieten.[917] Sollte das Wohnungseigentum (Teileigentum) zu einem Betriebsvermögen gehören, sind die Zinseinkünfte aber in gewerbliche Einkünfte umzuqualifizieren (§ 20 Abs. 8 EStG).

Denkbar ist auch, dass die Mittel der Erhaltungsrücklage in ein Aktiendepot 1228
investiert werden. Dann werden Gewinnausschüttungen (Dividenden) nach § 20 Abs. 1 Nr. 1 EStG oder Veräußerungsgewinne bzw. -verluste[918] (§ 20 Abs. 2 Nr. 1 EStG) erzielt.

Die Banken sind dazu verpflichtet, von den Erträgen (i.d.R. Zinsen) Kapital- 1229
ertragsteuer i.H. von 25 % nach den allgemeinen Grundsätzen einzubehalten (§ 43 ff. EStG). Die GdWE ist ein nicht körperschaftsteuerpflichtiger Personenzusammenschluss (wie z.B. auch eine GbR) und kann daher keinen Freistellungsauftrag erteilen.[919] Es kann auch keine Nichtveranlagungsbescheinigung nach § 44a EStG (NV-Bescheinigung) ausgestellt werden. Die Vereinfachungsregeln für „lose Personenzusammenschlüssen" (z.B. Konten einer Schulklasse), bei der auf einen Kapitalertragsteuerabzug verzichtet werden kann, wenn die Kapitalerträge höchsten im Jahr 300 € betragen und je Person nicht über 10 € liegen, sind nicht anzuwenden.[920]

Im Grundsatz gelten diese Einkünfte zumindest für natürliche Personen i.d.R. 1230
wegen der Kapitalertragsteuer als abgegolten (Abgeltungsteuer). Für Pflichtveranlagungen dieser Einkünfte oder bei einem Interesse eines Wohnungseigentümers an der Anrechnung (oder Erstattung) der Kapitalertragsteuer bei der eigenen Einkommensteuer stellt sich für die Besteuerungspraxis dann das Pro-

916 Zur sprachlichen Präzision ist zu betonen, dass die Erhaltungsrücklage selbst nicht angelegt werden kann, sondern nur die Geldmittel, die ihren Bestand repräsentieren. Bilanziell gedacht ist die Erhaltungsrücklage auf der Passivseite spiegelbildlich der Saldo einer Teilmenge eines Geldbestands der Aktivseite, welchen die Wohnungseigentümer (die GdWE) als Rücklage vorhalten.

917 R 21.2 Abs. 2 EStR.

918 Veräußerungsverluste aus Aktien unterliegen einem eigenen Verlustverrechnungskreis (§ 20 Abs. 6 EStG).

919 BMF, Schreiben v. 14.5.2025 - IV C 1-S 2252/00075/016/070, BStBl 2025 I S. 1330 Rz. 286.

920 BMF, Schreiben v. 14.5.2025 - IV C 1-S 2252/00075/016/070, BStBl 2025 I S. 1330 Rz. 291, 294.

blem, wie dieser Sachverhalt effizient besteuert werden kann. Oft werden nur relativ geringe Erträge erzielt und diese auf viele Wohnungseigentümer verteilt.

1231 Grundsätzlich sind die Einnahmen aus Kapitalvermögen zusammen mit der darauf entfallenden (anzurechnenden) Kapitalertragsteuer gesondert und einheitlich für alle Wohnungseigentümer festzustellen (§ 180 Abs. 1 Satz 1 Nr. 2 Buchst. a AO).[921] Die Feststellungserklärung ist vom Verwalter gegenüber dem Finanzamt einzureichen. Dies ist nach hier vertretener Auffassung nicht das Lagefinanzamt, sondern das Finanzamt, welches örtlich für den Ort zuständig ist, von dem aus das Wohnungseigentum verwaltet wird. Sollte kein Verwalter vorhanden sein, kann sich das Finanzamt an jeden Wohnungseigentümer halten.[922] Das zuständige Finanzamt hat auch die entrichtete und anzurechnende Kapitalertragsteuer zu ermitteln und den Wohnsitzfinanzämtern die auf den einzelnen Wohnungseigentümer entfallenden Steuerbeträge mitzuteilen. In diesem Fall ist die Original-Steuerbescheinigung dem Feststellungsfinanzamt einzureichen. Kopien der Steuerbescheinigung für die Wohnungseigentümer sind nicht erforderlich.[923] Die gesondert und einheitlich festgestellten Besteuerungsgrundlagen werden dann bei der Einkommensteuerveranlagung der einzelnen Wohnungseigentümer berücksichtigt.[924] Dort können die Zinsen und die Kapitalertragsteuer in die Günstigerprüfung für alle Kapitaleinkünfte (§ 32d Abs. 6 EStG) oder in die punktuelle Prüfung des Steuereinhalts (§ 32d Abs. 4 EStG) zur Berücksichtigung des Sparer-Pauschbetrags (§ 20 Abs. 9 EStG) angesetzt werden.

1232 Eine gesonderte und einheitliche Feststellung wird aber die Ausnahme sein. Im Regelfall ist nach § 180 Abs. 3 Satz 1 Nr. 2 AO von einer gesonderten und einheitlichen Feststellung der erzielten Zinsen aus der Anlage der Erhaltungsrücklage abzusehen. Es reicht dann aus, dass der Verwalter die anteiligen Kapitalerträge nach dem Verhältnis der Miteigentumsanteile rechnerisch aufteilt und dem einzelnen Wohnungseigentümer mitteilt.[925] Die Anrechnung der Kapitalertragsteuer bei dem einzelnen Wohnungseigentümer ist dabei nur möglich, wenn neben der Mitteilung des Verwalters über die Aufteilung der Kapitalerträge und der Kapitalertragsteuer eine Kopie der Steuerbescheinigung des

921 BMF, Schreiben v. 14.5.2025 - IV C 1-S 2252/00075/016/070, BStBl 2025 I S. 1330 Rz. 287.
922 BMF, Schreiben v. 14.5.2025 - IV C 1-S 2252/00075/016/070, BStBl 2025 I S. 1330 Rz. 288.
923 BMF, Schreiben v. 16.5.2025 - IV C 1-S 2401/00008/014/051, BStBl 2025 I S. 1388 Rz. 22.
924 BMF, Schreiben v. 14.5.2025 - IV C 1-S 2252/00075/016/070, BStBl 2025 I S. 1330 Rz. 289.
925 BMF, Schreiben v. 16.5.2025 - IV C 1-S 2401/00008/014/051, BStBl 2025 I S. 1388 Rz. 21.

Kreditinstituts vorgelegt wird.[926] Das Original der Steuerbescheinigung kann beim Verwalter verbleiben.

c) Vermietung von Gemeinschaftsvermögen

Ertragsteuerrechtlich ist es insoweit unerheblich, ob gemeinschaftliches Eigentum oder Gemeinschaftseigentum vermietet wird. In beiden Fällen erzielen die Wohnungseigentümer (gemeinsam) daraus Einkünfte. 1233

BEISPIEL „VERMIETUNG VON GEMEINSCHAFTSVERMÖGEN": Der zum Gemeinschaftsvermögen gehörende Aufsitzrasenmäher einer GdWE wird regelmäßig an die Bewohner von Nachbargrundstücken vermietet.

LÖSUNG: Aus der Vermietung des beweglichen Gegenstands erzielen die Wohnungseigentümer Einkünfte nach § 22 Nr. 3 EStG. Eine gesonderte und einheitliche Feststellung (§ 180 Abs. 1 Satz 1 Nr. 2 AO) ist nur durchzuführen, wenn es sich nicht um einen Fall von geringer Bedeutung handelt (§ 180 Abs. 3 Nr. 2 AO).

Umsatzsteuerrechtlich ist bei der Vermietung von Gemeinschaftsvermögen (§ 9a Abs. 3 WEG) die GdWE selbst die Unternehmerin (§ 2 UStG). Diese kann dabei z. B. die Option zur Regelbesteuerung aus der Kleinunternehmerregelung (§ 19 UStG) wählen. 1234

d) Unternehmerisches Gemeinschaftsvermögen

aa) Gewerbliche Tätigkeit mit Gemeinschaftsvermögen

Aus dem Gemeinschaftsvermögen der GdWE können auch gewerbliche Einkünfte erzielt werden. Wenn das Vermögen in einer Art und Weise genutzt wird, die über eine Vermögensverwaltung hinausgeht, kann dadurch die Grenze zur Gewerblichkeit überschritten werden. Nach der gesetzlichen Voraussetzung des § 15 Abs. 2 Satz 1 EStG ist dafür eine selbständige nachhaltige Betätigung mit der Beteiligung am allgemeinen wirtschaftlichen Verkehr und Gewinnerzielungsabsicht erforderlich. Praxisrelevant ist hierbei vor allem die Stromproduktion durch ein Blockheizkraftwerk oder eine PV-Anlage. Sollte die GdWE die Wärme bzw. den Strom nur für die Versorgung der Wohnungen der Wohnungseigentümer verbrauchen, ergäbe sich keine gewerbliche Tätigkeit. In dem meisten Fällen wird aber ein Stromliefervertrag mit einem Netzbetreiber geschlossen, der den überschüssigen (nicht selbst verbrauchten) Strom abnimmt und dafür eine Einspeisevergütung zahlt. Die Erzeugung und Vermarktung von Strom ist eine gewerbliche Tätigkeit i. S. des § 15 Abs. 2 EStG.[927] Es ist 1235

926 BMF, Schreiben v. 16.5.2025 - IV C 1-S 2401/00008/014/051, BStBl 2025 I S. 1388 Rz. 22.
927 BFH, Urteil v. 7.2.2018 - X R 10/16, BStBl 2018 II S. 630 WAAAG-83524.

unerheblich, dass im Regelfall der Stromliefervertrag aus energierechtlichen Gründen nur mit dem örtlichen Netzbetreiber geschlossen wird (bzw. werden kann). Eine Direktvermarktung an umliegende Verbraucher ist aber ggf. zulässig.

1236 Die GdWE ist nicht selbst mit dem Gewerbebetrieb (Stromproduktion) einkommen- oder körperschaftsteuerpflichtig. Vielmehr sind die Wohnungseigentümer in eigener Person einkommen- bzw. körperschaftsteuerpflichtig. Die GdWE bildet durch das Gewerbe eine Mitunternehmerschaft (§ 15 Abs. 1 Satz 1 Nr. 2 EStG) aus den Wohnungseigentümern. Die Mitglieder einer Wohnungseigentümergemeinschaft werden gemeinschaftlich unternehmerisch tätig, entfalten kumulativ Mitunternehmerinitiative und tragen Mitunternehmerrisiko.[928] Zwar ist die GdWE das „Einkünfteerzielungssubjekt". Jedoch werden die so erzielten Einkünfte durch § 15 Abs. 1 Satz 1 Nr. 2 EStG den Mitunternehmern (Wohnungseigentümern) mit ertragsteuerrechtlicher Wirkung zugerechnet.

1237 Die gewerblichen Einkünfte sind gegenüber den Wohnungseigentümern gesondert und einheitlich festzustellen (§ 180 Abs. 1 Satz 1 Nr. 2 Buchst. a AO). Der Verwalter wird als Person I. S. des § 34 Abs. 1 Nr. 1 AO gegenüber dem Finanzamt als Organ der GdWE für die Abgabe der Feststellungserklärung zuständig sein.

1238 Der von der GdWE unterhaltene Gewerbebetrieb unterliegt der Gewerbesteuer (§ 2 Abs. 1 Satz 1, 2 GewStG). Die GdWE ist die Schuldnerin der Gewerbesteuer (§ 5 Abs. 1 GewStG) und sie trifft die Pflicht zur Abgabe der Gewerbesteuererklärung (§ 14a GewStG). Wegen des Freibetrags i. H. von 24.500 € (§ 11 Abs. 1 Satz 3 Nr. 1 GewStG) ist die Gewerbesteuer in der Praxis aber regelmäßig bedeutungslos für Wohnungseigentümergemeinschaften.

1239 Umsatzsteuerrechtlich ist die GdWE selbst die Unternehmerin (§ 2 UStG), der die Einnahmen zuzurechnen sind und die im Grundsatz zum Vorsteuerabzug berechtigt ist. Regelmäßig ist die GdWE als Kleinunternehmerin (§ 19 UStG) im Ergebnis von der Umsatzsteuerpflicht befreit, sofern die Umsätze (im Vorjahr) nicht mehr als 25.000 € betragen.

bb) Betrieb eines Blockheizkraftwerks

1240 Durch ein eigenes Blockheizkraftwerk der GdWE können die Wohnungen mit Wärme und Strom versorgt werden. Der nicht für die eigenen Zwecke verbrauchte Strom kann an einen Netzbetreiber geliefert werden. Dies führt zu

928 BFH, Urteil v. 20.9.2018 - IV R 6/16, BStBl 2019 II S. 160 QAAAH-04518 unter III. 2. b).

gewerblichen Einkünften der GdWE als Mitunternehmerschaft (§ 15 Abs. 1 Nr. 2 Buchst. a EStG).[929]

cc) Betrieb einer Photovoltaikanlage

(1) Ertragsteuerliche und umsatzsteuerliche Auswirkung

Wenn die GdWE eine PV-Anlage anschafft (die im Regelfall auf der Dachfläche montiert wird), wird der damit aus dem Sonnenlicht produzierte Strom i. d. R. den Wohnungseigentümern (bzw. deren Mietern) und im Übrigen an den örtlichen Netzbetreiber geliefert. Dabei sind mehrere steuerrechtlichen Regelungen zu beachten, die darüber entscheiden, ob die GdWE steuerlich relevant tätig wird. 1241

Bei dem Betrieb einer PV-Anlage wird i. d. R. der nicht selbst verbrauchte Strom an den zuständigen Netzbetreiber geliefert (eingespeist). Aus der Einspeisevergütung erzielt der Anlagenbetreiber Einnahmen, die im Grundsatz zu gewerblichen Einkünften im Rahmen der Einkommensteuer sowie zu umsatzsteuerbaren Umsätzen führen: 1242

- Der Betrieb eine Anlage zur Erzeugung von Strom aus Sonnenenergie (PV-Anlage) erfüllt grds. die Kriterien für gewerbliche Einkünfte (§ 15 Abs. 1 Nr. 1, Abs. 2 EStG).[930] Zusätzlich ist die Gewinnerzielungsabsicht zu prüfen, für die es aber für bestimmte Altfälle vereinfacht geregelt wurden.[931] Aus den Einspeisevergütungen als Betriebseinnahmen (und ggf. Entnahmen) sind die Kosten des Betriebs als Betriebsausgaben (vor allem die Abschreibung der PV-Anlage) abzuziehen, um den Gewinn aus Gewerbebetrieb zu berechnen. Ab dem 1.1.2022 ist aber die Steuerfreiheit nach § 3 Nr. 72 EStG zu beachten.
- Bei der Umsatzsteuer begründet der Betrieb einer PV-Anlage unabhängig von der Höhe der erzielten Einspeisevergütung an den Netzbetreiber die Unternehmereigenschaft (§ 2 UStG), da eine Erzielung von Einnahmen (egal, ob mit Gewinn oder Verlust) ausreicht.[932] Die Umsatzsteuer aus der Stromlieferung oder Stromentnahme wird dabei von den Vorsteuern aus dem Betrieb (insbesondere aus der Anschaffung der PV-Anlage) gemindert. Durch die Kleinunternehmerregelung nach § 19 UStG fällt zwar keine Umsatzsteuer an. Da steuergestalterisch dies aber oft nicht angewendet wurde

929 BFH, Urteil v. 20.9.2018 - IV R 6/16, BStBl 2019 II S. 160 QAAAH-04518.

930 BFH, Urteil v. 17.10.2013 - III R 27/12, BStBl 2014 II S. 372 MAAAE-59404 – BFHE 243 S. 327.

931 BMF, Schreiben v. 29.10.2021 - IV C 6-S 2240/19/10006:006, BStBl 2021 I S. 2202.

932 Abschnitt 2.5 Abs. 1 Satz 2 UStAE.

(Option zur Regelbesteuerung), gilt es ab dem 1.1.2023, die vorsteuerfreie Anschaffung der PV-Anlage zu beachten (§ 12 Abs. 3 UStG), bei der eine Regelversteuerung normalerweise keinen Sinn mehr ergibt.

1243 Sofern die GdWE die PV-Anlage erwirbt, geht sie in das Gemeinschaftsvermögen (§ 9a Abs. 3 WEG) über. Dann ist die GdWE (bzw. deren Mitglieder als Mitunternehmer) der Betreiber der Anlage. Sofern die PV-Anlage nicht von der GdWE als solche, sondern von allen Wohnungseigentümern als Bruchteilsgemeinschaft erworben wird (die sie dann neben dem gemeinschaftlichen Eigentum am Grundstück halten), ergibt sich nur insoweit ein abweichendes Ergebnis bei der Umsatzsteuer, als nicht die GdWE, sondern die Bruchteilsgemeinschaft die Unternehmerin i. S. des § 2 UStG ist. Das gleiche Ergebnis würde sich nach hier vertretener Auffassung einstellen, wenn die PV-Anlage so mit dem Dach verbunden wird, dass sie als wesentlicher Bestandteil des Gebäudes gilt (§ 94 BGB) und damit vom Gemeinschaftsvermögen der GdWE zwangsweise in das Bruchteilseigentum der Wohnungseigentümer übertragen würde. In beiden Fällen wird aber davon auszugehen sein, dass sich die Wohnungseigentümer zumindest konkludent (stillschweigend) zu einer (vermögenslosen) GbR zusammengeschlossen haben, die im Außenverhältnis die Leistung erbringt. Das Bruchteilseigentum wird dabei als Sonderbetriebsvermögen durch die Wohnungseigentümer an die GbR überlassen.

1244 In jedem Fall ist die PV-Anlage steuerrechtlich als separates Wirtschaftsgut (Betriebsvorrichtung) anzusehen. Dies gilt auch dann, wenn die PV-Anlage zivilrechtlich im Eigentum des Gebäudes steht.

(2) Steuerfreier Betrieb einer Photovoltaikanlage

1245 Seit dem 1.1.2023[933] sind die Einnahmen und Entnahmen einkommensteuerfrei, sofern die PV-Anlage bestimmte Leistungsgrößen nicht überschreitet (§ 3 Nr. 72 EStG). Kosten der PV-Anlage (z. B. die Abschreibung der Anschaffungskosten) sind dann im Gegenzug nicht abzugsfähig (§ 3c Abs. 1 EStG). Dann braucht keine Gewinnermittlung abgegeben werden (§ 3 Nr. 72 Satz 2 EStG). Der Gewinn beträgt dann ohnehin 0 €. Im BMF-Schreiben v. 17.7.2023[934] äußert sich die Finanzverwaltung ausführlich zu den Voraussetzungen und Folgen der Steuerfreiheit.

933 Eingeführt durch das JStG 2022 v. 16.12.2022, BGBl 2022 I S. 2294.

934 BMF, Schreiben v. 17.7.2023 - IV C 6-S 2121/23/10001:001, BStBl 2023 I S. 1494.

Die Einnahmen (aus der Netzeinspeisung) und die Entnahmen (aus dem Eigenverbrauch) sind nach § 3 Nr. 72 Satz 1 EStG steuerfrei, wenn die Leistung[935] der PV-Anlage bis zu 30 kWp je Wohn- oder Gewerbeeinheit und insgesamt höchstens 100 kWp pro Mitunternehmerschaft (GdWE) beträgt. Zusätzlich muss die PV-Anlage „auf, an oder im" Gebäude (oder Nebengebäude) der WEG-Anlage vorhanden sein, was regelmäßig kein Problem darstellt. Es handelt sich um eine gebäudebezogene Größenbeschränkung. Die zulässige Leistung von 30 kWp multipliziert sich mit den Einheiten des Objekts. 1246

BEISPIEL „STEUERFREIE PHOTOVOLTAIKANLAGE": Die WEG-Anlage verfügt über einen Supermarkt im Erdgeschoss (Teileigentum) und zwei Wohnungen im Obergeschoss (Wohnungseigentum). Da die große Dachfläche (bis auf die Wohnungen) frei ist, hat die GdWE dort eine PV-Anlage mit einer Leistung von a) 60 kWp bzw. b) 95 kWp installiert und betreibt diese. Soweit der Strom nicht für eigene Zwecke verbraucht bzw. an die Wohnungseigentümer geliefert wird, wird der Strom an den Netzbetreiber geliefert.

LÖSUNG: Die Leistung der PV-Anlage darf bis zu 30 kWp je Wohn- oder Gewerbeeinheit betragen, was hier 3 x 30 kWp = 90 kWp sind. In Variante a) sind die Grenzen des § 3 Nr. 72 EStG nicht überschritten, da die Leistung nur 60 kWp beträgt. Die Stromlieferung ist steuerfrei, aber die Kosten der Anlage (insbesondere AfA) sind nach § 3c Abs. 1 EStG nicht abzugsfähig. In Variante b) wird die zulässige Leistung von 90 kWp überstiegen, da die Anlage eine Leistung von 95 kWp hat. Damit ist die Steuerbefreiung i. S. des § 3 Nr. 72 EStG ausgeschlossen. Die Einspeisevergütung ist Betriebseinnahme und die Kosten der Anlage sind abzugsfähig, da § 3c Abs. 1 EStG dann ebenfalls nicht anzuwenden ist.

Gedeckelt ist die Steuerbefreiung nicht auf das Gebäude, sondern auf den Betreiber (Steuerpflichtigen) bezogen. Diesem darf eine Leistung aus allen PV-Anlagen von maximal 100 kWp zuzuordnen sein. Betreibt ein Wohnungseigentümer außerhalb der GdWE eine andere (eigene) PV-Anlage, sind die Leistungen der GdWE (Mitunternehmerschaft) nicht in seine individuelle Prüfung der Leistung einzubeziehen.[936] Es kommt also nicht darauf an, ob Wohnungseigentümer noch eigene PV-Anlagen betreiben oder an anderen Wohnungseigentümergemeinschaften beteiligt sind. 1247

Für den Zeitraum 1.1.2023 bis zum 31.12.2024 waren PV-Anlagen bei Wohnungseigentum mit einer Leistung je Wohn- oder Gewerbeeinheit von nur bis zu 15 kWp steuerfrei (§ 3 Nr. 72 Satz 1 Buchst. b EStG a. F.). Insgesamt war die Begünstigung auf höchstens 100 kWp pro Mitunternehmerschaft (GdWE) gedeckelt. Begünstigt war demnach z. B. eine WEG-Anlage mit drei Einheiten auf drei Etagen: ein Ladengeschäft und zwei Wohnungen mit einer PV-Anlage mit 1248

935 Maßgebend ist die installierte Bruttoleistung (kWp) laut Marktstammdatenregister.
936 BMF, Schreiben v. 17.7.2023- IV C 6-S 2121/23/10001:001, BStBl 2023 I S. 1494 Rz. 16.

einer Leistung von 40 kWp, da für alle drei Einheiten 15 kWp x 3 = 45 kWp zulässig wären.[937]

1249 Umsatzsteuerrechtlich gibt es zwar keine Steuerbefreiung für Stromlieferungen aus PV-Anlagen. Seit dem 1.1.2023 entsteht aber beim Erwerb bestimmter PV-Anlagen nach § 12 Abs. 3 UStG keine Umsatzsteuer mehr, da der Steuersatz der dem Grunde nach steuerpflichtigen Lieferung bzw. deren Montage 0 % beträgt. Dies macht es nicht mehr attraktiv, auf die Kleinunternehmerregelung (§ 19 UStG) zu verzichten und zur Umsatzsteuerpflicht zu optieren, da keine Vorsteuer (mehr) aus der Investition in die PV-Anlage entsteht, die zu einer hohen Vorsteuererstattung führt (die in den folgenden Jahren dann ratierlich über die Besteuerung unentgeltlicher Wertabgaben aus dem Eigenverbrauch wieder anteilig nachzuzahlen war).

1250 Der „Nullsteuersatz“ wird angewendet, wenn „die Photovoltaikanlage auf oder in der Nähe“ von Privatwohnungen bzw. Wohnungen“[938] installiert wird (§ 12 Abs. 3 Nr. 1 Satz 1 UStG). Diese Voraussetzungen gelten bei einer installierte Bruttoleistung der PV-Anlage laut Marktstammdatenregister von bis zu 30 kWp als erfüllt (§ 12 Abs. 3 Nr. 1 Satz 2 UStG). Diese Regelung bietet den Vorteil, dass der liefernde Unternehmer für kleine und mittlere Anlagen erkennen kann, ob die Lieferung dem Nullsteuersatz nach § 12 Abs. 3 UStG unterliegt, ohne die Gebäudenutzung näher zu kennen. Daher fällt auch dann bei der Lieferung einer PV-Anlage mit einer Leistung von bis zu 30 kWp an eine GdWE keine Umsatzsteuer an, wenn Einheiten nicht zu Wohnzwecken, sondern gewerblich oder freiberuflich genutzt werden.

BEISPIEL „ERWERB PHOTOVOLTAIKANLAGE OHNE VORSTEUER“: Eine WEG-Anlage verfügt über ein Versicherungsbüro im Erdgeschoss (Teileigentum) und zwei Wohnungen im Obergeschoss (Wohnungseigentum). Auf der Dachfläche wird zum 2.7.2025 eine PV-Anlage mit einer Leistung von 12 kWp installiert. Der ausführende Unternehmer berechnet für die Lieferung und Montage der PV-Anlage einen Betrag von 20.000 € (Lieferung Anlage) zzgl. 3.000 € (Montage) und weist auf die 23.000 € eine Umsatzsteuer von „0 €“ aus.

LÖSUNG: Die Lieferung und Montage der PV-Anlage ist als Werklieferung (§ 3 Abs. 4 UStG) nach § 12 Abs. 3 Nr. 1 UStG mit einem Umsatzsteuersatz von 0 % zu berechnen, da die Leistung der Anlage (12 kWp) die Grenze von 30 kWp nicht überschreitet (§ 12 Abs. 3 Nr. 1 Satz 2 UStG). Es fällt aus Sicht des leistenden Unternehmers also keine Umsatzsteuer an, so dass bei der GdWE keine Vorsteuer entsteht.

---

937 BMF, Schreiben v. 17.7.2023 - IV C 6-S 2121/23/10001:001, BStBl 2023 I S. 1494 Rz. 4.

938 Ebenfalls begünstigt sind öffentliche und andere Gebäude, die für dem Gemeinwohl dienende Tätigkeiten genutzt werden.

(3) Steuerpflichtiger Betrieb einer Photovoltaikanlage

Einkommensteuer: 1251

Für Veranlagungszeiträume bis einschließlich 2022 galt noch nicht die Befreiung von Einnahmen und Entnahmen für bestimmte PV-Anlagen (§ 3 Nr. 72 EStG). Wenn die GdWE ausnahmsweise eine PV-Anlage betreibt, welche die gebäudebezogenen Leistungsgrenzen nach § 3 Nr. 72 Satz 1 EStG übersteigt, sind daher die gleichen einkommensteuerlichen Konsequenzen daraus zu ziehen wie bei allen PV-Anlagen bis zum Jahr 2022.

Aus dem Betrieb der PV-Anlage wurden bzw. werden dann Einkünfte aus Ge- 1252
werbebetrieb (§ 15 Abs. 1 Nr. 1 EStG) erzielt, sofern nicht die Gewinnerzielungsabsicht zu verneinen ist. Die Einspeisevergütung des Netzbetreibers und die Entnahme für den Selbstverbrauch stellen Betriebseinnahmen dar, während die Kosten der PV-Anlage (z. B. die Abschreibung der Anschaffungskosten) dann als Betriebsausgaben abzugsfähig sind.

Die Entnahme von selbst erzeugtem Strom ist mit dem Teilwert zu bewerten 1253
(§ 6 Abs. 1 Nr. 4 Satz 1 EStG). Es wird also nicht die PV-Anlage vorübergehend privat genutzt (wie z. B. bei einem vorübergehend privat genutzten Fahrzeug), sondern das durch die Anlage hergestellte Wirtschaftsgut „Strom" wird eine Sekunde nach dessen Produktion aus dem Betriebsvermögen für private Zwecke entnommen. Der Teilwert wird nach den Selbstkosten auf Grundlage der tatsächlichen Herstellungskosten des durch die PV-Anlage erzeugten Stroms angesetzt. Zu den Kosten gehören in erster Linie die Abschreibung der Anlage. Daraus wird errechnet, wie teuer eine kWh Strom in der Eigenproduktion ist. Aus Vereinfachungsgründen lassen die Finanzämter aber auch andere Berechnungen zu, wie den Strompreis des lokalen Grundversorgers (Stromlieferant) oder den Strompreis, der tatsächlich an einen Energieversorger für die Zeiten gezahlt wird, wenn die PV-Anlage nicht ausreichend Strom produziert und daher externer Strom bezogen werden muss. Von diesem Fremdpreis wird dann eine Gewinnmarge abgezogen, um den Selbstpreis zu schätzen (retrograde Teilwertermittlung).

Die Stromlieferungen der GdWE an die einzelnen Wohnungseigentümer (für 1254
den Verbrauch im Sondereigentum) ist ertragsteuerrechtlich als „regulärer" gewerblicher Geschäftsvorfall zu besteuern, soweit der Strompreis fremdvergleichsgerecht ist. Sollte der vereinbarte Preis zu gering sein, wird der anteilige Strom aus dem Betriebsvermögen von dem dadurch begünstigten Wohnungseigentümer entnommen. Sollte der Preis zu hoch sein, wird der anteilige Strompreis (das Geld) von dem dadurch benachteiligten Wohnungseigentümer in das Betriebsvermögen eingelegt.

1255 **Gewerbesteuer:**

Mit dem Betrieb der PV-Anlage ist die GdWE zwar sachlich gewerbesteuerpflichtig (§ 2 Abs. 1 GewStG). Sofern der erzielte Gewerbeertrag nicht den Freibetrag von 24.500 € (§ 11 Abs. 1 Satz 3 Nr. 1 GewStG) übersteigt, verbleibt kein gewerbesteuerpflichtiger Gewerbeertrag. Für die Jahre ab 2019 gibt es zudem nach § 3 Nr. 32 GewStG eine Gewerbesteuerbefreiung für bestimmte PV-Anlagen, die den Freibetrag übersteigen (Ausnahmefall).

1256 **Umsatzsteuer:**

Durch die Einspeisevergütung an den Netzbetreiber stellt der Betrieb einer PV-Anlage eine unternehmerische Tätigkeit dar. [939] In vielen Fällen wird die Umsatzgrenze der Kleinunternehmerregelung nach § 19 UStG (25.000 € im Vorjahr) nicht überschritten. Sollte es sich um eine Altanlage (Anschaffung bis zum 31.12.2022) handeln oder die Voraussetzungen des § 12 Abs. 3 UStG (insbesondere Leistung der Anlage über 30 kWp) nicht erfüllt werden, ist es oft im Interesse des Unternehmers, die Vorsteuer aus der Anschaffung der Anlage als Vorsteuer zunächst abzuziehen. Im Gegenzug wird dann die Stromentnahme für private Zwecke (Eigenverbrauch) als unentgeltliche Wertabgabe besteuert. Dafür wird dann auf die Kleinunternehmerregelung verzichtet (Option zur Regelbesteuerung nach § 19 UStG).

1257 Die Entgelte aus der Netzeinspeisung (an den Netzbetreiber) unterliegen dann der Umsatzbesteuerung. Der Netzbetreiber rechnet i. d. R. im Gutschriftverfahren ab und weist die zu zahlende Umsatzsteuer aus.

1258 Die außerunternehmerische Nutzung des erzeugten Stroms (private Verwendung für Eigenverbrauch) ist als unentgeltliche Wertabgabe (§ 3 Abs. 1b UStG) zu versteuern, wenn die PV-Anlage zum Vorsteuerabzug berechtigt hat. Ein Unternehmer konnte eine vor dem 1.1.2023 angeschaffte PV-Anlage seinem Unternehmen zuordnen.[940] Wenn er auf die Kleinunternehmerregelung (§ 19 UStG) verzichtet hatte, war er zum vollen Vorsteuerabzug aus der Anschaffung berechtigt (§ 15 Abs. 1 UStG). Der dezentral (privat) verbrauchte Strom unterliegt dann der Wertabgabenbesteuerung nach § 3 Abs. 1b Satz 1 Nr. 1 UStG, wodurch der zulässige Vorsteuerabzug systemgerecht nachgelagert ausgeglichen wird. Auch nach dem 31.12.2022 ist in diesen Altfällen wie bisher weiterhin eine unentgeltliche Wertabgabe zu besteuern.[941]

939 Abschnitt 2.5 Abs. 1 Satz 2 UStAE.

940 Abschnitt 2.5 Abs. 13 UStAE.

941 BMF, Schreiben v. 27.2.2023 - III C 2-S 7220/22/10002:010, BStBl 2023 I S. 351 Rz. 4.

Soweit die GdWE den Strom an die Wohnungseigentümer liefert, handelt es sich – wie bei der Lieferung an den Netzbetreiber – um einen regulären Umsatz. Es ist hierbei unbeachtlich, dass die GdWE gegenüber ihren Mitgliedern tätig ist, da § 2 Abs. 1 Satz 3 UStG klarstellt, dass dies die Unternehmereigenschaft nicht einschränkt. 1259

BEISPIEL „STEUERPFLICHTIGE PHOTOVOLTAIKANLAGE": Die GdWE hat im Jahr 2020 eine PV-Anlage (12 kWp) angeschafft und auf der Dachfläche installiert. Mit dem Netzbetreiber und den Wohnungseigentümern wird durch die GdWE jeweils ein Stromliefervertrag geschlossen. Auf die Kleinunternehmerregelung hat die GdWE verzichtet (Option zur Regelbesteuerung nach § 19 UStG). Wegen einer positiven Gewinnprognose sind Einkünfte aus Gewerbebetrieb (§ 15 EStG) anzunehmen. Die WEG-Anlage besteht aus einem Versicherungsbüro im Erdgeschoss (Teileigentum) und zwei Wohnungen im Obergeschoss (Wohnungseigentum), die jeweils Herrn A, Frau B und Frau C als Wohnungseigentümern gehören.

LÖSUNG: Aus der Lieferung und Montage der PV-Anlage hatte die GdWE einen Vorsteuerabzug (§ 15 UStG), da § 12 Abs. 3 Nr. 1 UStG (Umsatzsteuersatz von 0 %) vor dem 1.1.2023 noch nicht anzuwenden war. Da die GdWE auf die Kleinunternehmerregelung verzichtet hat, konnte sie im Jahr 2020 durch die Regelbesteuerung die Umsatzsteuer aus der Lieferung der PV-Anlage abziehen. Die vom Netzbetreiber erhaltenen Einspeisevergütungen sind umsatzpflichtig. Unentgeltliche Wertabgaben ergeben sich nicht, da die GdWE selbst keinen Strom für eigene Zwecke „privat" verbraucht. Sowohl der Strom an die Wohnungseigentümer als auch der Strom für das Gemeinschaftseigentum (z. B. das Licht im Flur und Treppenhaus) werden entgeltlich an die Wohnungseigentümer geliefert (Leistungsaustausch). Soweit der Strom an die Wohnungen abgegeben wird, sind diese regulär umsatzsteuerpflichtig. Sofern der Strompreis nicht dem Fremdvergleichspreis entspricht und zu niedrig ist, greift die Mindestbemessungsgrundlage (§ 10 Abs. 4, 5 UStG). Die Stromnutzung für das Gemeinschaftseigentum (z. B. das Licht im Flur und Treppenhaus) unterliegt aber der Steuerbefreiung nach § 4 Nr. 13 UStG.

Ertragsteuerrechtlich ist das vorstehende Beispiel so zu beurteilen: Herr A, Frau B und Frau C bilden als Wohnungseigentümer eine Mitunternehmerschaft, die durch den Betrieb der PV-Anlage im Gemeinschaftsvermögen der GdWE begründet wird. Der Gewinn aus dem Betrieb ist den Wohnungseigentümern nach § 15 Abs. 1 Nr. 2 EStG zuzurechnen. Die Stromlieferung „an sich selbst" für deren Sondereigentum gehört zu den einzubeziehenden Geschäftsvorfällen. Nur bei dem Stromverbrauch für das Gemeinschaftseigentum (z. B. das Licht im Flur und Treppenhaus) handelt es sich um eine Entnahme des dabei verbrauchten Stroms durch alle Wohnungseigentümer. 1260

5. Umsatzsteuer aus Leistungen an die Wohnungseigentümer

a) Unterscheidung der Gemeinschaft der Wohnungseigentümer von den einzelnen Wohnungseigentümern

aa) Problemstellung

1261 Auf den ersten Blick könnte es überraschend sein, über Umsatzsteuer nachzudenken zu müssen, die durch eine GdWE erzeugt werden könnte. Die steuerrechtliche Situation erscheint z. B. gerade dann unproblematisch, wenn das gesamte Wohnungseigentum zu eigenen Wohnzwecken genutzt wird und daher auf Anhieb gar keine unternehmerische Tätigkeit durch die GdWE erkennbar ist. Zwar bezieht die GdWE bestimmte Leistungen von externen Unternehmern für die Wohnanlage (z. B. Handwerker, Gärtner, Reinigung) oder Versorgungsleistungen (z. B. Wasser, Gas, Strom) sowie Entsorgungsleistungen (z. B. Müllabfuhr), die den Wohnungseigentümern zugutekommen. Leistung und Gegenleistung in Form eines umsatzsteuerrechtlichen Leistungsaustauschs ist dabei jedoch nicht ohne Weiteres erkennbar.

1262 So einfach liegen die Dinge hier umsatzsteuerrechtlich aber nicht. Die GdWE erbringt nämlich automatisch ein Bündel an Leistungen für die einzelnen Wohnungseigentümer, da regelmäßig die Leistungen für das WEG-Objekt gegenüber der GdWE erbracht werden und diese Leistungen dann automatisch durch die GdWE anteilig an die einzelnen Wohnungseigentümer weitergeleitet (geleistet) gelten. Die Kostenumlage der Wohnungseigentümer bildet dabei das Entgelt (Gegenleistung). Dies führt prinzipiell zu einer Doppelbelastung mit Umsatzsteuer, da sowohl die Leistung an die GdWE als auch die darauffolgende Leistung der GdWE an die Wohnungseigentümer der Umsatzsteuer unterliegen würde. Dieser Effekt wird aber durch die Steuerbefreiung nach § 4 Nr. 13 UStG ausgeglichen, nach der bestimmte Leistungen der GdWE an die Wohnungseigentümer steuerfrei sind.

1263

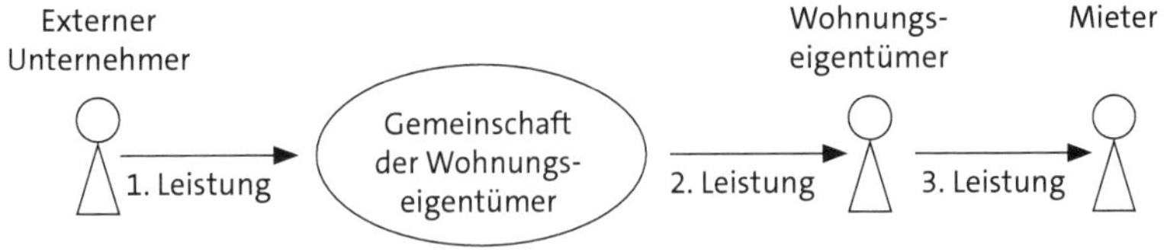

Es sind folgende Leistungsbeziehungen zu unterscheiden:

1. Leistungsbeziehung: Ein außenstehender Unternehmer (z. B. Handwerker) erbringt eine Lieferung oder sonstige Leistung gegenüber der GdWE als Auftraggeber. Abrechnungsgrundlage ist hierbei i. d. R. eine Rechnung des Unternehmers gegenüber der GdWE. Diese Leistung unterliegt nicht § 4 Nr. 13 UStG.
2. Leistungsbeziehung: Die GdWE erbringt eine (i. d. R. inhaltsgleiche) Lieferung oder sonstige Leistung gegenüber den jeweiligen Wohnungseigentümern. Abrechnungsgrundlage ist der Wirtschaftsplan bzw. die Jahresabrechnung. Diese Leistung unterliegt regelmäßig § 4 Nr. 13 UStG.
3. Leistungsbeziehung: Sofern Wohnungseigentümer ihr Wohn- oder Teileigentum vermieten, erbringen diese daraus keine inhaltsgleiche Lieferung oder sonstige Leistung, sondern eine Grundstücksüberlassung mit unselbständigen Nebenleistungen gegenüber dem jeweiligen Mieter. Abrechnungsgrundlage ist insoweit die Nebenkostenabrechnung. Diese Leistung unterliegt zwar nicht § 4 Nr. 13 UStG, aber kann nach § 4 Nr. 12 Buchst. a UStG steuerfrei sein.

BEISPIEL „LEISTUNGSKETTE": Die GdWE (vertreten durch den Verwalter) beauftragt einen Heizungs- und Sanitärbetrieb mit der Wartung der Gastherme. Frau F vermietet ihr Wohneigentum an den Mieter M.

LÖSUNG: Der Heizungs- und Sanitärbetrieb erbringt eine sonstige Leistung (Wartung) gegenüber der GdWE als Leistungsempfänger. Dies führt automatisch dazu, dass die GdWE quotal an alle Wohnungseigentümer (auch an Frau F) ebenfalls eine solche sonstige Leistung (Wartung) ausführt. Frau F erbringt aber keine sonstige Leistung in Form der Heizungswartung an ihren Mieter, sondern eine Grundstücksüberlassung (Vermietung von Wohnungseigentum) mit der Wartung der Gastherme als Nebenleistung.

bb) Zivilrechtliche Unterscheidung

Zunächst ist festzustellen, dass die GdWE als solche als rechtlicher Verbund 1264
schon zivilrechtlich von deren Mitgliedern (Wohnungseigentümern) zu unterscheiden ist. Die Wohnungseigentümer bilden zwar zusammen gesehen eine Bruchteilsgemeinschaft in Bezug auf das ihnen anteilig gehörende gemeinschaftliche Eigentum an der Wohnanlage (also alles das, was nicht im Sondereigentum der Wohnungseigentümer steht). Das den Wohnungseigentümern (zusammen) gehörende gemeinschaftliche Eigentum gehört daher nicht (!) der GdWE. Nur das Gemeinschaftsvermögen (z. B. die Bankkonten der GdWE, über das die laufenden Mittel und die Erhaltungsrücklage verwaltet werden),

gehört (nur) der GdWE. Somit ist schon zivilrechtlich zwischen der GdWE und jedem einzelnen Wohnungseigentümer zu unterscheiden.

cc) Jeweiliger Wohnungseigentümer als Unternehmer

1265 Auch umsatzsteuerrechtlich wird zwischen den Personen (Subjekten) unterschieden. Jeder einzelne Wohnungseigentümer kann (für sich gesehen) Unternehmer i.S.des §2 UStG sein. Diese Unternehmereigenschaft muss nicht einmal etwas mit dem Wohnungseigentum zu tun haben. So könnte z.B. ein Wohnungseigentümer in seinem Wohnungseigentum wohnen, aber gleichwohl als selbständiger Architekt (in einem anderen Objekt) unternehmerisch tätig sein. Es sind natürlich auch Fälle denkbar, in denen die unternehmerische Tätigkeit im Wohnungseigentum (Teileigentum) ausgeübt wird. So kann z.B. ein Teileigentümer seine Einheit im Erdgeschoss als Lebensmitteleinzelhandel unternehmerisch nutzen. Auch die Vermietung von Wohnungseigentum ist unternehmerisch und führt dazu, dass der Wohnungseigentümer als Unternehmern i.S.des §2 UStG einzustufen ist.

dd) Gemeinschaft der Wohnungseigentümer als Unternehmer

1266 Die GdWE (als solche) kann ebenfalls in eigener Person unternehmerisch tätig und als Unternehmerin i.S.des §2 UStG anzusehen sein. Dies wäre z.B. dadurch der Fall, dass ein Laubbläser oder ein Rasenmäher aus ihrem Gemeinschaftsvermögen regelmäßig an den Eigentümer eines Nachbargrundstücks vermietet wird und daraus (nachhaltig) Einnahmen erzielt werden. Bei einem Gesamtumsatz im (vorangegangenen) Kalenderjahr von bis zu 25.000€ sind solche Leistungen aber grds. steuerfrei (§19 Abs.1 Satz1 UStG), sofern die GdWE nicht freiwillig zur Umsatzsteuerpflicht optiert (§19 Abs.3 UStG). Somit spielen geringfügige unternehmerische Einnahmen (Umsätze) durch diese Kleinunternehmerregelung in der Praxis oft keine Rolle und führen zu keiner Umsatzsteuerpflicht für die GdWE.

ee) Bruchteilsgemeinschaft der Wohnungseigentümer als Unternehmer

1267 Die Vermietung von gemeinschaftlichem Eigentum führt eigentlich zur unternehmerischen Tätigkeit der Bruchteilsgemeinschaft der Wohnungseigentümer. Dies wäre z.B. der Fall, wenn ein Teil des Gartens (Gemeinschaftseigentum) an einen Dritten vermietet wird. Auch hierfür gilt die Kleinunternehmerregelung des §19 UStG, sofern der Umsatz nicht ohnehin nach §4 Nr.12 Buchst.a UStG steuerfrei ist.

Hier besteht aber die Besonderheit, dass die GdWE nach § 18 WEG das gemeinschaftliche Eigentum verwaltet und auch als Vermieterin auftritt. Die GdWE nutzt dann das ihr nicht gehörende Gemeinschaftsvermögen gleichwohl unternehmerisch und ist insoweit als eigenes Unternehmen (§ 2 UStG) anzusehen. 1268

b) Eingangsleistungen an die Gemeinschaft der Wohnungseigentümer

aa) Leistungen für das Objekt und dessen Nutzung

Wie alle Immobilien muss auch eine Anlage im Sinne des WEG laufend instandgehalten und ggf. instandgesetzt werden. Zudem gibt es Pflegeaufwand am Grundstück (z. B. für die Flur- und Treppenhausreinigung oder den Garten, Winterdienst). Für die Versorgung der Wohneinheiten besteht der Bedarf für die Lieferung von Strom, Wasser und Wärme (bzw. Öl oder Gas für die Heizungsanlage). Diese Leistungen werden i. d. R. von externen Unternehmern eingekauft (z. B. von Handwerksbetrieben oder Energieversorgern), welche dabei Umsatzsteuer berechnen. 1269

bb) Gemeinschaft der Wohnungseigentümer als Auftraggeber und Leistungsempfänger

Die Verwaltung des gemeinschaftlichen Eigentums obliegt zivilrechtlich der GdWE (§ 18 Abs. 1 WEG). Daher ist Auftraggeber und Vertragspartner für Lieferungen und sonstige Leistungen für das WEG-Objekt regelmäßig die GdWE (vertreten durch den Verwalter). Das ist auch sinnvoll, damit einheitliche Leistungen für das gesamte Objekt auch einheitlich beauftragt, überwacht und bezahlt werden. Dies bedeutet umsatzsteuerrechtlich, dass die GdWE der Leistungsempfänger ist. Die einzelnen Wohnungseigentümer oder die durch diese gebildete Bruchteilsgemeinschaft sind somit nicht die Vertragspartner und keine Leistungsempfänger. 1270

cc) Bauleistungen für das gemeinschaftliche Eigentum

Nach § 13b UStG kann in bestimmten Fällen die Steuerschuldnerschaft auf Leistungsempfänger übertragen werden (Reverse-Charge-Verfahren). Ursprünglich waren damit die Fälle ausländischer Unternehmer erfasst, die im Inland eine Leistung erbringen. Dies dient der Sicherung des Steueraufkommens, da der leistende Unternehmer ohne Umsatzsteuer (netto) abrechnet und stattdessen der inländische Leistungsempfänger die entstehende Umsatzsteuer auf die empfangene Leistung an das Finanzamt zu zahlen hat (Umkehr 1271 der Steuerschuld). In § 13b Abs. 2 UStG befindet sich inzwischen ein Katalog von verschiedenen Leistungen, die ebenfalls zu einer Umkehr der Steuerschuld führen. Dies gilt u. a. für Bauleistungen, die der Herstellung, Instandsetzung, Instandhaltung, Änderung oder Beseitigung von Bauwerken dienen, sofern der Leistungsempfänger selbst solche Bauleistungen erbringt (§ 13b Abs. 5 Satz 2 i. V. mit Abs. 2 Nr. 4 UStG). Für Personen, die solche Eingangsleistungen beziehen, ist daher entscheidend, ob sie diese Leistungen für eigene (selbst ausgeführte) Bauleistungen (weiter) verwenden. Sofern eine GdWE eine solche Handwerkerleistungen (Bauleistungen) beauftragt, würde dies daher dazu führen, dass die GdWE selbst als Bauleister gilt, da die Bauleistung automatisch die einzelnen Wohnungseigentümer mit ihrem anteiligen Gemeinschaftseigentum begünstigt.

1272 Die Finanzverwaltung schafft hierfür aber eine Vereinfachung: Die GdWE ist nicht Steuerschuldner nach § 13b UStG für Bauleistungen als Leistungsempfänger, wenn diese Leistungen als nach § 4 Nr. 13 UStG steuerfreie Leistungen der GdWE an die einzelnen Wohnungseigentümer weitergegeben werden (Regelfall).[942] Dies gilt aber auch dann, wenn die GdWE für derartige Umsätze nach § 9 Abs. 1 UStG zur Umsatzsteuerpflicht optiert.[943]

BEISPIEL „BAULEISTUNG": Nach dem Beschluss der Wohnungseigentümerversammlung beauftragt die GdWE (vertreten durch den Verwalter) das Heizungsbauunternehmen H, eine neue Heizungsanlage (Wärmepumpe) in den Keller der WEG-Anlage (Gemeinschaftseigentum) einzubauen.

LÖSUNG: Der Einbau der Heizungsanlage durch H ist eine unter § 13b Abs. 2 Nr. 4 Satz 1 und Abs. 5 Satz 2 UStG fallende Werklieferung. Diese wird an die GdWE als Auftraggeber und Werksvertragspartner (Leistungsempfänger) ausgeführt. Bereichert wird aber anteilig das jeweilige Gemeinschaftseigentum der Wohnungseigentümer, da die Heizungsanlage sachenrechtlich als wesentlicher Bestandteil des Gebäudes in das Bruchteilseigentum der Wohnungseigentümer übergeht. Damit leistet die GdWE unmittelbar nach dem Empfang der Leistung durch H (Einbau und Übergabe der Heizungsanlage) diese als Bauleistung umsatzsteuerrechtlich an die jeweiligen Wohnungseigentümer weiter. Obwohl die GdWE dadurch „zwangsweise" selbst zu einem Bauleister gegenüber den einzelnen Wohnungseigentümern wird, wechselt aus Vereinfachungsgründen nicht die Steuerschuldner nach § 13b UStG (Abschnitt 13b.3 Abs. 9 UStAE). Das Heizungsbauunternehmen rechnet daher regulär mit Umsatzsteuerausweis (brutto) gegenüber der GdWE ab.

942 Abschnitt 13b.3 Abs. 9 Satz 1 UStAE.
943 Abschnitt 13b.3 Abs. 9 Satz 2 UStAE.

c) Leistungen der Gemeinschaft der Wohnungseigentümer an die Wohnungseigentümer

Die GdWE ist zumindest nach Verwaltungsauffassung[944] schon deshalb Unternehmerin (§ 2 UStG), da sie fortlaufend ein Bündel von Leistungen an ihre Mitglieder (Wohnungseigentümer) erbringt. Dies sind alles Leistungen, die zentral durch die GdWE bezogen und für die Wohnungseigentümer erbracht werden. Leistungen der GdWE gegenüber dritten Personen sind dafür somit für deren Unternehmereigenschaft gar nicht erforderlich, denn nach § 2 Abs. 1 Satz 3 UStG ist auch jede nachhaltige Tätigkeit zur Erzielung von Einnahmen gewerblich (unternehmerisch), wenn dabei die Gewinnerzielungsabsicht fehlt oder eine Personenvereinigung nur gegenüber ihren Mitgliedern tätig wird. 1273

Typische Leistungen der GdWE an die Wohnungseigentümer sind insbesondere:[945] 1274

- Lieferungen von Wärme (Heizung), Wasser und (Allgemein-)Strom;[946]
- Waschküchen- und Waschmaschinenbenutzung (sofern nicht im Eigentum der Wohnungseigentümer);
- Verwaltung der Anlage durch den Verwalter der GdWE;
- Hausmeister- und Gärtnerleistungen sowie Reinigungsleistungen (z. B. der Flure und des Treppenhauses);
- Instandhaltung (z. B. Heizungswartung) und Instandsetzung (z. B. Reparatur des Daches) des gemeinschaftlichen Eigentums;
- Flur-, Keller und Treppenhausbeleuchtung;
- Schornsteinfeger und Brandstättenschau;
- Feuer-, Wohngebäude- und Grundbesitzerhaftpflichtversicherung;
- Müllabfuhr (Abfallentsorgung);
- Straßenreinigung und Winterdienst;
- Entwässerung (Abwasserentsorgung).

---

944 Die Finanzverwaltung setzt diese Sichtweise in Abschnitt 4.13.1 UStAE voraus. So auch Heidner in Bunjes, § 4 Nr. 13 UStG Rz. 1, 24. Aufl. 2025. Dagegen sieht Hummel in Rau/Dürrwächter, § 4 Nr. 13 UStG Rz. 128 (Stand: 6/2021), die jeweiligen Wohnungseigentümer als unmittelbare Leistungsbezieher, so dass z. B. eine Reinigungsleistung des Gemeinschaftseigentums direkt (und quotal) an die Miteigentümer und nicht in der Kette „durch" die GdWE erbracht (weitergeleitet) werde. Ebenso Merkel in Küffner/Zugmaier, UStG, § 4 Nr. 13 UStG Rz. 5 (Stand: 1.2.2021).

945 Leistungskatalog angelehnt an Abschnitt 4.13.1 Abs. 2 Satz 2 UStAE.

946 Stromlieferverträge für die einzelnen Wohneinheiten (Sondereigentum) werden regelmäßig direkt durch die Wohnungseigentümer als Vertragspartner mit dem Energieversorgungsunternehmen abgeschlossen, so dass insoweit keine Leistung durchgeleitet wird.

1275 Der steuerbare Umsatz i.S.von §1 Abs.1 Nr.1 UStG ergibt aus den Leistungen der GdWE an die jeweiligen Wohnungseigentümer (z.B. Instandhaltung und Reinigung des Gemeinschaftseigentums und die Lieferung von Wärme) gegen die Vorschüsse (und der nachfolgenden jährlichen Abrechnungsspitze) als Gegenleistung der Wohnungseigentümer für die Leistungen der GdWE.[947] Die Kostenumlagen stellen somit das Entgelt für die steuerbaren Leistungen der Wohnungseigentümergemeinschaften an ihre Mitglieder dar.

1276 Die GdWE überlässt den Wohnungseigentümern jedoch nach hier vertretener Auffassung nicht das gemeinschaftliche Eigentum, da dieses ihnen ohnehin schon als Teilhaber einer Bruchteilsgemeinschaft gehört. Insoweit leistet die GdWE nichts. Dagegen stellen alle Erhaltungs- und Erneuerungsarbeiten an dem gemeinschaftlichen Eigentum eine Leistung der GdWE an die Wohnungseigentümer dar, da die GdWE diese beauftragt und in eigener Person die Vertragspartnerin ist.

1277 Nach hier vertretener Auffassung erbringt die GdWE keine einheitliche Leistung, sondern erbringt parallel verschiedene trennbare Leistungen (als Leistungsbündel) gegenüber den Wohnungseigentümern. Eine Abgrenzung von Haupt- und Nebenleistung ergibt sich daher insoweit nicht, da jede Leistung eine eigene Hauptleistung darstellt.

1278 Sofern die Leistungen ausnahmsweise tatsächlich zu einer Umsatzsteuerbelastung der GdWE führen (sofern diese nicht nach §§4 Nr.13 oder 19 UStG steuerfrei sind), sind die Leistungen näher zu qualifizieren und der Besteuerungszeitpunkt zu klären. Die GdWE erbringt keine (monatlichen) Teilleistungen (Teile einer wirtschaftlich teilbaren Leistung) i.S.des §13 Abs.1 Nr.1 Buchst.a Satz3 UStG. Die Leistungen werden in zeitlicher Hinsicht nach den jeweils maßgebenden Kriterien geliefert bzw. geleistet (bezogen). So gilt eine Stromlieferung regelmäßig mit dem Ende des Ablesezeitraums als geliefert und eine Dachreparatur mit der Abnahme. Die Umsatzsteuer entsteht dann jeweils nach (auf) dem danach maßgebenden Zeitpunkt, an dem für den jeweiligen Leistungszeitraum der Gegenstand der Leistung ausgeführt wurde (§13 Abs.1 Buchst.a Satz1 UStG). Durch die monatlichen Vorschüsse (Vorauszahlungen) nach dem WEG entsteht gleichwohl schon mit der Vereinnahmung (Zahlung) des Entgelts (Vorschüsse) durch die GdWE die Umsatzsteuer (Anzahlungsbesteuerung nach §13 Abs.1 Buchst.a Satz4 UStG).

947 BGH, Urteil v.20.9.2024 - V ZR 195/23, HFR2025 S.289 unter II. 2 c). Dagegen führen nach Stadie in Rau/Dürrwächter, §2 UStG Rz.512 (Stand: 10/2023), die Kostenumlagen nicht zu steuerbaren Leistungen.

d) Steuerfreiheit der Leistungen der Gemeinschaft der Wohnungseigentümer an die einzelnen Wohnungseigentümern nach §4 Nr.13 UStG

aa) Sinn der Steuerbefreiung

Durch §4 Nr.13 UStG werden bestimmte (typische) Leistungen der GdWE an die Wohnungseigentümer steuerfrei gestellt. Damit wird in erster Linie erreicht, dass der privatnutzende Wohnungseigentümer nicht mit einer doppelten Umsatzsteuer aus Eingangsleistungen an die GdWE belastet wird, die sonst als Alleineigentümer einer Immobilie nur einmal zu tragen wäre.[948] 1279

BEISPIEL „SINN DER STEUERBEFREIUNG": Ein Malerbetrieb streicht im Auftrag der GdWE die Hausfassade. Auf Frau F als Inhaberin einer Wohnung im WEG-Objekt entfallen von den Kosten rechnerisch anteilig 119 € (netto 100 € zzgl. 19 € Umsatzsteuer).

LÖSUNG: Die Malerleistung wird im ersten Schritt vom Malerbetrieb an die GdWE erbracht und im zweiten Schritt von der GdWE an die jeweiligen Wohnungseigentümer. Dadurch sind zwei Leistungsaustausche zu besteuern, die jeweils Umsatzsteuer auslösen. Bezogen auf Frau F bedeutet dies, dass die GdWE einmal Umsatzsteuer i.H.von 19 € als Teil des Werklohns an den Malerbetrieb zahlt und noch einmal 19 € Umsatzsteuer auf die Weiterleistung an Frau F an das Finanzamt zu zahlen hätte. Wenn Frau F alleinige Eigentümerin der Immobilien wäre (Regeleigentum außerhalb des WEG), hätte sie als unmittelbare Auftraggeberin des Malerbetriebs lediglich einmal 19 € Umsatzsteuer als Teil ihres Werklohns zahlen müssen. Durch §4 Nr.13 UStG wird daher die Leistung der GdWE an Frau F steuerfrei gestellt, so dass insoweit keine Umsatzsteuer entsteht. Die Leistung des Malerbetriebs an die GdWE unterliegt aber der regulären Umsatzsteuer, da darauf §4 Nr.13 UStG nicht anzuwenden ist.

Geht man allerdings davon aus, dass nicht die GdWE, sondern alle Wohnungseigentümer in ihrer Gesamtheit als Bruchteilsgemeinschaft die Leistungen beziehen und lediglich die angefallenen Kosten auf die Bruchteilseigentümer verteilt werden, gibt es keinen zwischengeschalteten Unternehmer. Dann fiele der vom historischen Gesetzgeber verfolgte Zweck in sich zusammen, da kein Leistungsaustausch entsteht, der steuerfrei gestellt werden müsste.[949] 1280

bb) Umfang der Steuerbefreiung

Die Umsatzsteuerbefreiung nach §4 Nr.13 UStG umfasst nicht jede Leistung einer GdWE. Entsprechend deren Sinn sind nur bestimmte Leistungen der GdWE an die Wohnungseigentümer umsatzsteuerfrei. Die Leistungen müssen 1281

948 BT-Drucks.V/1581 S.12: „Eine Heranziehung dieser Leistungen zur Umsatzsteuer könnte dazu führen, dass die Wohnungseigentümer schlechter gestellt wären als Hauseigentümer und Mieter."

949 Ähnlich Hummel in Rau/Dürrwächter, §4 Nr.13 UStG Rz.20 (Stand: 6/2021).

nach dem Gesetzeswortlaut „in der Überlassung des gemeinschaftlichen Eigentums zum Gebrauch, seiner Instandhaltung, Instandsetzung und sonstigen Verwaltung sowie der Lieferung von Wärme und ähnlichen Gegenständen bestehen“. Danach können vier Kategorien von begünstigten Leistungen i.S.des §4 Nr.13 UStG unterschieden werden:

1. **Überlassung des gemeinschaftlichen Eigentums zum Gebrauch**

   Diese Kategorie läuft nach hier vertretener Auffassung weitgehend leer (oder ist nur klarstellend im Gesetz enthalten), da das gemeinschaftliche Eigentum nicht durch die GdWE zum Gebrauch überlassen wird. Das Gebrauchsrecht der Wohnungseigentümer ergibt sich schon aus deren Stellung als Miteigentümer an dem Grundstück.[950] Sofern man der Auffassung ist, dass die GdWE aus ihrem Verwaltungsrecht für das gemeinschaftliche Eigentum nach §18 WEG über das alleinige „Betretungsrecht“ am Grundstück (gemeinschaftliche Eigentum) verfügt und sich dies für die Wohnungseigentümer daraus ableitet, mag dies als steuerfreie „Überlassung“ des gemeinschaftlichen Eigentums i.S.des §4 Nr.13 UStG zu deuten sein. Da insoweit aber kein Entgelt gezahlt wird (und die Jahresabrechnung dazu auch zu Recht keine Kostenumlage vorsieht), wäre aber selbst dann eine Steuerfreiheit entbehrlich, sofern man aus der „kostenlosen Überlassung“ keine unentgeltliche Wertabgabe (§3 Abs.9a UStG) konstruieren wollte.

   Ein denkbarer Anwendungsfall ist die bauliche Erweiterung des Gemeinschaftseigentums (z.B. ein nachträglich angebautes Vordach am Hauseingang). Dann könnte man umsatzsteuerrechtlich von einer Werklieferung des Bauunternehmens an die GdWE (als Auftraggeberin) und die sofortige und automatische Weiterlieferung an das Bruchteilseigentum der Wohnungseigentümer ausgehen. Die anteilige Kostentragung nach §16 WEG stellt dann das Entgelt dar, so dass ein Leistungsaustausch zwischen der GdWE und den Wohnungseigentümern zustande kommt, der nach §4 Nr.13 UStG umsatzsteuerfrei ist.

2. **Instandhaltung und Instandsetzung des gemeinschaftlichen Eigentums**

   Die Instandhaltung und Instandsetzung des gemeinschaftlichen Eigentums ist schon deshalb ein wichtiger Anwendungsfall nach §4 Nr.13 UStG, da es dabei oft um hohe Kosten geht, die sonst mit Umsatzsteuer doppelt belastet würden. Hierbei handelt es sich um alle Dienstleistungen und Bauleistungen, die der Reparatur und Erneuerung des Gebäudes im gemeinschaftlichen Eigentum dienen. Arbeiten am Sondereigentum (dem Gebäudeteil

950 So auch Hummel in Rau/Dürrwächter, §4 Nr.13 UStG Rz.35 (Stand: 6/2021).

der jeweiligen Wohnung) sind gesetzlich ausgeschlossen, da es kein gemeinschaftliches Eigentum darstellt.

3. **Sonstige Verwaltung des gemeinschaftlichen Eigentums**

   Alle Leistungen durch die GdWE, die der Verwaltung des gemeinschaftlichen Eigentums dienen, sind ebenfalls von der Steuerbefreiung nach § 4 Nr. 13 UStG umfasst. Dies betrifft alle Leistungen außerhalb der Bauleistungen und Wärmelieferungen für das Objekt bzw. für die Wohnungseigentümer wie z. B. Treppenhausreinigung.

4. **Lieferung von Wärme und ähnlichen Gegenständen**

   Die Lieferung von Wärme durch die GdWE an die jeweiligen Wohnungseigentümer ist ebenfalls nach § 4 Nr. 13 UStG umsatzsteuerbefreit. Dies betrifft den typischen Fall, dass die GdWE durch eine zentrale Heizungsanlage Wärme erzeugt und diese an die Heizkörper im jeweiligen Sondereigentum abgibt. Hier ist die Parallele zur Wohnungsvermietung erkennbar. Ein Vermieter vermietet i. d. R. eine warme Wohnung, so dass die Heizkörperwärme eine unselbständige Nebenleistung zur Grundstücksüberlassung (der Wohnung) darstellt und nach § 4 Nr. 12 Buchst. a UStG einheitlich steuerfrei gestellt wird.

   Hierbei ergibt sich regelmäßig ein Unterschied zwischen der von der GdWE bezogenen Eingangsleistung und der an die Wohnungseigentümer abgegebene Wärmeleistung. Wenn die Heizungsanlage über eine Ölheizung, Gastherme oder Wärmepumpe betrieben wird, bezieht die GdWE für die Wärmeproduktion entsprechend Heizöl, Gas oder Strom, die dann durch die Heizungsanlage technisch in Wärme umgewandelt werden. Nur bei einer Fernwärmeversorgung würde sich die Eingangs- mit der Ausgangsleistung technisch decken.

   Nicht klar ist, was unter „ähnlichen Gegenständen" zu verstehen ist, die der Wärme ähnlich sind. Hier geht es nach dem Sinn der Regelung wohl um eine absichernde Formulierung im Gesetz, dass alle Leistungen umfasst sind, die wie Wärme als übliche Nebenleistung des Wohnungseigentums dienen. Die Finanzverwaltung scheint darunter auch die Lieferungen von Wasser und Strom zu fassen.[951]

   Von der umsatzsteuerfreien Lieferung von Wasser ist sowohl kaltes als auch warmes Wasser umfasst. In beiden Fällen wird die GdWE das Wasser von einem Wasserversorgungsunternehmen beziehen und an die Woh-

951 In Abschnitt 4.13.1. Abs. 2 Satz 2 Spiegelstrich 1 UStAE wird die „Lieferungen von Wärme (Heizung) und Wasser und Strom" als eine Leistungsart dargestellt.

nungseigentümer weiterleiten. Bei der Lieferung von warmem Wasser (z. B. durch die entsprechende Einstellung an der Armatur im Bad oder der Küche) handelt es sich um die kombinierte Lieferung von Wasser, das durch eine Wärmelieferung der GdWE erwärmt (erhitzt) wird.

Auch die Lieferung von Strom ist nach § 4 Nr. 13 UStG steuerfrei, sofern dieser durch die GdWE von einem Energieversorger bezogen und an die Wohnungseigentümer weitergeleitet wird. Hier wird aber in aller Regel ohnehin ein separater Stromlieferungsvertrag zwischen dem Energieversorgungsunternehmen und dem einzelnen Wohnungseigentümer geschlossen, so dass die GdWE insoweit nicht beteiligt wird. Die strombetriebene Flurbeleuchtung ist keine Stromlieferung der GdWE an die Wohnungseigentümer, sondern eine sonstige Leistung in Form der Beleuchtung des gemeinschaftlichen Eigentums, die aber ebenfalls von § 4 Nr. 13 UStG erfasst wird.

Nicht von § 4 Nr. 13 UStG erfasst ist der zentrale Einkauf und Weiterverkauf von Brennstoffen (z. B. Öl, Briketts oder Gas) durch die GdWE, die erst durch eine eigene Heizungsanlage im Sondereigentum der Wohnungseigentümer in Wärme umgewandelt werden.[952] Auch für Gas ist diese Einschränkung nach hier vertretener Auffassung zutreffend, obwohl das Gas durch Gemeinschaftsleitungen in die Räume der Wohnungseigentümer fließt und dort in Wärme umgesetzt wird.[953] Es wird „Gas" und nicht „Wärme" geliefert.

BEISPIEL „STEUERBEFREIUNG": Die GdWE rechnet in der Jahresabrechnung 2025 u. a. für die Wohnungseigentümerin Frau F über folgende Kostenpositionen ab:

- Heizung: 2.000 €;
- Wasser: 500 €;
- Allgemeinstrom Treppenhaus: 20 €;
- Entgelt Verwalter: 300 €;
- Gärtner Gemeinschaftsgarten: 60 €;
- Reinigung Treppenhaus: 400 €;
- Heizungswartung: 100 €.

952 Entspricht Abschnitt 4.13.1. Abs. 2 Satz 6 UStAE.

953 Ausdrücklich a. A. Heidner in Bunjes, § 4 Nr. 13 UStG Rz. 2, 24. Aufl. 2025, der eine Analogie zu der Wärmelieferung der GdWE sieht, die auch durch die Gemeinschaftsrohre geleitet wird.

LÖSUNG: Allen aufgeführten Leistungen liegen Vertragsverhältnisse zwischen der GdWE und externen Unternehmen zugrunde. Dies gilt auch für die Leistungen des WEG-Verwalters. Alle Leistungen werden anteilig an Frau F durch die GdWE ausgeführt. Die auf Frau F entfallenden Kosten stellen deren Entgelt (Gegenleistung) dar. Es entsteht insoweit keine Umsatzsteuer, da die Leistungen der GdWE an Frau F nach § 4 Nr. 13 UStG steuerfrei sind.

Leistungen für das Sondereigentum sind von der Steuerbefreiung nach § 4 1282
Nr. 13 UStG ausgeschlossen. Leistungen an die GdWE (von Versorgungsunternehmen oder Handwerkern) unterliegen generell nicht der Steuerfreiheit nach § 4 Nr. 13 UStG, so dass z. B. auch Leistungen des Wohnungsverwalters an die GdWE nicht dazugehören.

BEISPIEL „LEISTUNGEN FÜR DAS SONDEREIGENTUM": Die GdWE beauftragt (vertreten durch ihren Verwalter) einen Hausmeisterservice, alle Rauchmelder in dem Objekt zu erneuern. Die Wohnungseigentümer sind einverstanden, dass nicht nur die Rauchmelder im Bereich des gemeinschaftlichen Eigentums (Flure, Treppen, Keller), sondern auch in den jeweiligen Wohnungen (Sondereigentum) ausgetauscht werden, da der Hausmeisterservice einen guten Gesamtpreis für den dadurch entstehenden Großauftrag angeboten hat. Die Wohnungseigentümer zahlen die anteiligen Kosten für die in ihren Wohnungen eingebauten Rauchmeldern an die GdWE. Die Kosten für die Rauchmelder im Bereich des Gemeinschaftseigentums werden nach den allgemeinen Grundsätzen nach Miteigentumsanteilen über die Jahresabrechnung abgerechnet.

LÖSUNG: Der Hausmeisterservice leistet zunächst insgesamt an die GdWE. Diese Leistung ist ohnehin nicht nach § 4 Nr. 13 UStG steuerfrei, da diese keine Leistungen an eine GdWE abdeckt. In einem gedanklich nachfolgenden Schritt leistet die GdWE an die jeweiligen Wohnungseigentümer sowohl für das Gemeinschaftseigentum als auch (individuell) für jedes Sondereigentum jeweils gegen die Kostenumlage (Gemeinschaftseigentum) und das Individualentgelt (Sondereigentum). Nur soweit die Rauchmelder im Bereich des Gemeinschaftseigentums angebracht werden, ist der Leistungsaustausch nach § 4 Nr. 13 UStG steuerfrei. Die im Sondereigentum angebrachten Rauchmelder unterliegen nicht dieser Steuerbefreiung. Regelmäßig stellt dies aber kein Problem dar, da die GdWE bei Umsätzen bis zu 25.000 € im (Vor-)Jahr als Kleinunternehmerin steuerfrei leistet (§ 19 UStG).

Leistungen der GdWE durch ihr Gemeinschaftsvermögen (§ 9a Abs. 3 WEG) sind 1283
nicht nach § 4 Nr. 13 UStG steuerbefreit.[954] Dies gilt selbst dann, wenn es sich um Leistungen an einzelne Wohnungseigentümer handelt (sofern es keine unselbständige Nebenleistung zu einer steuerfreien Hauptleistung darstellt).

954 Bei Hummel in Rau/Dürrwächter, § 4 Nr. 13 UStG Rz. 38 (Stand: 6/2021), findet sich das schöne Beispiel einer „mobilen Tischtennisplatte", die eine GdWE erwirbt.

BEISPIEL „LEISTUNGEN AUS DEM GEMEINSCHAFTSVERMÖGEN“: Die GdWE vermietet einen Aufsitzrasenmäher (Gemeinschaftsvermögen der GdWE) regelmäßig sowohl an einen Nachbarn des WEG-Objekts als auch an einen Wohnungseigentümer, der damit den Rasen eines anderen Grundstücks mäht, der in seinem Alleineigentum steht.

LÖSUNG: In beiden Fällen ist die Vermietung des Aufsitzrasenmähers nicht nach § 4 Nr. 13 UStG steuerfrei. Gleichwohl hilft hier in der Praxis bei geringen Entgelten die Steuerfreiheit als Kleinunternehmer nach § 19 UStG.

cc) Ist § 4 Nr. 13 UStG eine europarechtswidrige Steuerbefreiung?

1284 Es ist bisher noch nicht zweifelsfrei geklärt, ob die deutsche Steuerbefreiung für Wohnungseigentümergemeinschaften nach § 4 Nr. 13 UStG von den europarechtlichen Vorgaben gedeckt ist.[955]

1285 In einer Entscheidung des Europäischen Gerichtshofs v. 17.12.2020[956] zu einem Fall aus Deutschland hatte eine Wohnungseigentümergemeinschaft ein Blockheizkraftwerk unterhalten. Der erzeugte Strom wurde (unstrittig) umsatzsteuerpflichtig an einen Netzbetreiber geliefert. Die dabei entstandene Wärme wurde an die Wohnungseigentümer geliefert. Der EuGH[957] hat dazu entschieden, dass Art. 135 Abs. 1 der europäischen Mehrwertsteuersystemrichtlinie (MwStSystRL)[958] dahingehend auszulegen sei, dass er einer nationalen Regelung entgegensteht, nach der die Lieferung von Wärme durch eine Wohnungseigentümergemeinschaft an die Eigentümer, die Mitglieder dieser Gemeinschaft sind, von der Mehrwertsteuer befreit ist. Daraus wurde vielfach gefolgert, dass § 4 Nr. 13 UStG unionsrechtswidrig sei.[959] Teilweise wird aber mit beachtlichen Argumenten vertreten, dass der EuGH hier zwar im Ergebnis richtig liege (selbst produzierte Wärme unterliege keiner Umsatzsteuerbefreiung), aber der EuGH damit nicht über § 4 Nr. 13 UStG in Gänze und dessen angeblicher Unionsrechtswidrigkeit entschieden habe und die Entscheidung des EuGH daher überinterpretiert werde.[960]

1286 Bis auf Weiteres wendet die Finanzverwaltung § 4 Nr. 13 UStG weiterhin an. Die Steuerpflichtigen können sich zudem auf die Geltung des nationalen Rechts berufen, solange § 4 Nr. 13 UStG nicht wider Erwarten aufgehoben oder geändert werden sollte.

955 Widmann, UR 2021 S. 253.

956 EuGH, Urteil v. 17.12.2020 - C-449/19 (WEG Tevesstraße), BFH/NV 2021 S. 430.

957 EuGH, Urteil v. 17.12.2020 - C-449/19 (WEG Tevesstraße), BFH/NV 2021 S. 430.

958 Richtlinie 2006/112/EG des Rates v. 28.11.2006 über das gemeinsame Mehrwertsteuersystem in der durch die Richtlinie 2009/162/EU des Rates v. 22.12.2009 geänderten Fassung.

959 Küffner/Wernthaler, UR 2021 S. 103, 108; Widmann, UR 2021 S. 103, 109.

960 Hummel, UR 2021 S. 173.

Die GdWE können aber möglicherweise auch unter Berufung auf das davon abweichende EU-Recht von steuerpflichtigen Leistungen der GdWE gegenüber den Wohnungseigentümern ausgehen, wenn dies für sie wirtschaftlich günstiger ist, um z. B. einen hohen Vorsteuerabzug aus einer damit korrespondierenden Investition zu erhalten.[961] Hier sollten aber mit Vorsicht die steuergestalterischen Folgen für alle Wohnungseigentümer geprüft und die rechtlichen Erfolgsaussichten abgewogen werden. 1287

e) Option zur Umsatzsteuerpflicht durch die Gemeinschaft der Wohnungseigentümer nach § 9 UStG

aa) Wohnungseigentümer mit Interesse an Umsatzsteuerausweis wegen unternehmerischer Verwendung des Wohnungseigentums

Sofern Wohnungseigentümer (bzw. Teileigentümer) ihr Objekt für unternehmerische Zwecke nutzen, kann eine umsatzsteuerpflichtige Leistung der GdWE für sie wirtschaftlich vorteilhaft sein. Sofern der Wohnungseigentümer das Wohnungseigentum für Ausgangsumsätze verwendet, die den Vorsteuerabzug nicht ausschließen, wird dieser Wohnungseigentümer durch seinen Vorsteuerabzug letztlich nicht mit der Umsatzsteuer aus der Immobilie belastet. 1288

Dies wird durch eine Option nach § 9 Abs. 1 UStG der GdWE erreicht, mit der die Steuerfreiheit i. S. des § 4 Nr. 13 UStG für die Leistungen an den Wohnungseigentümer ausgeschlossen werden kann. Das ist nur für diejenigen Wohnungseigentümer möglich, die ihr Wohn- oder Teileigentum als Unternehmer nutzen. Die anderen Wohnungseigentümer werden dadurch finanziell (bis auf den höheren Verwaltungsaufwand) nicht benachteiligt, da die Umsatzsteuerschuld aus der Option mit einem Vorsteueranspruch in gleicher Höhe korrespondiert. Die GdWE hat eine Umsatzsteuererklärung (vertreten durch den Verwalter) beim zuständigen Finanzamt abzugeben. 1289

bb) Steuerrechtliche Voraussetzungen für die Option zur Umsatzsteuer

Nach § 9 Abs. 1 UStG kann der Unternehmer (hier: GdWE) u. a. einen Umsatz, der nach § 4 Nr. 13 UStG steuerfrei ist, als steuerpflichtig behandeln, wenn der Umsatz an einen anderen Unternehmer (hier: Wohnungseigentümer) für dessen Unternehmen ausgeführt wird. 1290

961 Schmidt, NWB 7/2021 S. 454 DAAAH-71590.

BEISPIEL „OPTION ZUR UMSATZSTEUER": Herr H nutzt sein Teileigentum als Elektronikfachhandel.

LÖSUNG: Die GdWE kann nach § 9 Abs. 1 UStG gegenüber Herrn H zur Umsatzsteuer optieren, so dass die Leistungen der GdWE an ihn nicht nach § 4 Nr. 13 UStG umsatzsteuerfrei sind.

1291 Es reicht aus (aber es ist auch erforderlich), dass der Wohnungseigentümer ein Unternehmer i. S. des § 2 UStG ist und das Wohnungseigentum auch unternehmerisch nutzt.

BEISPIEL „KEINE OPTION ZUR UMSATZSTEUER ZULÄSSIG": Herr H ist Einzelhändler für Elektronikartikel auf einem angemieteten Grundstück. Er ist auch Wohnungseigentümer einer WEG-Anlage, die er ausschließlich zu privaten Wohnzwecken nutzt.

LÖSUNG: Die GdWE kann nicht nach § 9 Abs. 1 UStG gegenüber Herrn H zur Umsatzsteuer optieren, da er zwar Unternehmer ist, aber das Wohnungseigentum nicht unternehmerisch nutzt. Die Leistungen der GdWE an ihn sind nach § 4 Nr. 13 UStG umsatzsteuerfrei.

1292 Die Begrenzung einer solchen Option nach § 9 Abs. 2 UStG (wie bei der Vermietung von Grundstücken nach § 4 Nr. 12 UStG), ist für den Verzicht auf die Steuerfreiheit nach § 4 Nr. 13 UStG nicht anzuwenden.

BEISPIEL „OPTION ZUR UMSATZSTEUER ZULÄSSIG": Herr Z ist als Zahnarzt in eigener Praxis in einem ihn gehörenden Teileigentum einer WEG-Anlage tätig.

LÖSUNG: Die GdWE könnte nach § 9 Abs. 1 UStG gegenüber Herrn Z zur Umsatzsteuer optieren, da Herr Z Unternehmer ist und das Teileigentum unternehmerisch nutzt. Die Einschränkung des § 9 Abs. 2 UStG sind nicht anzuwenden, so dass es unschädlich ist, dass Herr Z steuerfreie (vorsteuerabzugsschädliche) Leistungen nach § 4 Nr. 14 Buchst. a UStG erbringt. Eine Option macht aber regelmäßig keinen Sinn, da Herr Z die entstehende Umsatzsteuer nicht als Vorsteuer abziehen kann.

1293 Es ist zulässig, durch § 9 Abs. 1 UStG für jeden einzelnen Umsatz zur Steuerpflicht zu optieren (Teiloption). Diese Atomisierung geht wohl so weit, dass für jede Einzelleistung optiert werden kann. Dies ist für alle nicht mit Umsatzsteuer belasteten Eingangsleistungen relevant – etwa für die Gebäudeversicherung, Abfall- oder Abwasserentsorgung. Es empfiehlt sich, dass die GdWE lediglich für die steuerpflichtigen Eingangsleistungen – d. h. Wasser, Strom, Gartenarbeiten, Reparaturen etc. – die Option zur Steuerpflicht nach § 9 Abs. 1 UStG ausübt. Nicht umsatzsteuerbelastete Kosten – bspw. Versicherungsbeiträge oder Grundsteuer – sollten ohne Ausweis von Umsatzsteuer gegenüber den Wohnungs- oder Teileigentümern abgerechnet werden.[962]

962 Wenke/Lüder, NWB 35/2025 S. 2396, 2401 FAAAJ-98047.

Neben einer sachlichen (leistungsbezogenen) Option ist auch eine personelle (eigentümerbezogene) Option auf einzelne Wohnungs- bzw. Teileigentümer möglich, sofern diese Unternehmer i. S. des § 2 UStG sind. 1294

BEISPIEL „TEILOPTION": Wohnungseigentümer Anton ist mit 500/1.000 Miteigentumsanteilen Teileigentümer einer Erdgeschosswohnung, die er für seine Tätigkeit als Steuerberater nutzt. Die andere Wohnungseigentümerin Berta nutzt ihr Wohnungseigentum zu eigenen Wohnzwecken.

Durch eine Dachreparatur (Gemeinschaftseigentum) erbringt der Dachdecker gegenüber der GdWE eine Leistung für 100.000 € zzgl. 19.000 € Umsatzsteuer. Diese Leistung wird automatisch (gegen Kostenumlage) durch die GdWE an die beiden Wohnungseigentümer Anton und Berta „weitererbracht". Durch einen vorherigen Beschluss der Wohnungseigentümergemeinschaft verzichtet die GdWE durch eine Teiloption nach § 9 Abs. 1 UStG (nur) für die Leistung der Dachreparatur an Anton (nicht an Berta) auf die Umsatzsteuerfreiheit nach § 4 Nr. 13 UStG. Die GdWE kann die anteilige Vorsteuer des Dachdeckers zu 50 % (9.500 €) abziehen. Anton kann die Vorsteuer aus der Leistung der GdWE an ihn (auch 9.500 €) ebenfalls bei seiner Steuerberatungspraxis abziehen.

Sofern die GdWE nicht ausnahmsweise durch andere Umsätze an Dritte (z. B. 1295
durch die Vermietung ihres Gemeinschaftsvermögens) schon regelbesteuernde Unternehmerin ist, braucht es einer Doppeloption:

Die GdWE muss gegenüber dem Finanzamt vom bisherigen Status als Klein- 1296
unternehmerin zur Regelbesteuerung wechseln (§ 19 Abs. 3 UStG).

Die GdWE optiert gegenüber dem betroffenen Wohnungseigentümer zur Um- 1297
satzsteuerpflicht und wählt insoweit die Steuerfreiheit i. S. des § 4 Nr. 13 UStG ab (§ 9 Abs. 1 UStG).

cc) Zivilrechtliche Voraussetzungen der Option

Die Option gehört nicht zu den Befugnissen des Verwalters und kann von die- 1298
sem nicht selbständig ausgeübt werden.

Hat ein Mitglied der Wohnungseigentümergemeinschaft z. B. gewerblich ge- 1299
nutztes Teileigentum oder fremdvermietetes Wohnungseigentum, welches es aufgrund einer eigenen Option zur Steuerpflicht nutzt, kann es gegenüber der GdWE verlangen, dass für die ihm gegenüber erbrachten Leistungen (Umsätze) zur Steuerpflicht optiert wird. Einen Rechtsanspruch hat der Wohnungseigentümer aber nicht. Zur Ausübung der Option ist ein Beschluss der Eigentümer

erforderlich.[963] Die Versammlung der Wohnungseigentümer muss daher vorher auf Antrag des jeweiligen Wohnungseigentümers mit einfachem Mehrheitsbeschluss (§ 25 Abs. 1 WEG) die Option beschließen. Nach einem (zustimmenden) Beschluss kann dann die GdWE (vertreten durch den Verwalter) steuerrechtlich wirksam nach § 9 UStG zur Umsatzsteuer optieren.

1300 Die Zustimmung zur Option darf nicht grundlos verweigert werden. Daher ist es aus zivilrechtlicher Sicht erforderlich, dass der Wohnungseigentümer die übrigen Wohnungseigentümer von wirtschaftlichen Nachteilen aus der Option freistellt.[964]

dd) Folgen der Option

1301 Die GdWE wird durch die Option für diese Leistungen umsatzsteuerpflichtig und muss die Ausgangsleistungen und die darauf entfallenden und abzugsfähigen Vorsteuern in der Umsatzsteuererklärung deklarieren und die Zahllast an das Finanzamt abführen.

1302 Die Kostenumlagen stellen die Gegenleistungen für die steuerpflichtigen Ausgangsleistungen dar. Bei einer personenbezogenen Teiloption (z. B. ist nur ein Wohnungseigentümer daran interessiert) ist der Vorsteuerabzug der GdWE nach § 15 Abs. 4 UStG i. d. R. nach dem Flächenverhältnis aufzuteilen und daher anteilig möglich.

ee) Zuführungen und Verwendung der Erhaltungsrücklage

1303 Die Zuführungen zur Erhaltungsrücklage führen noch zu keiner Umsatzsteuerpflicht. Es fehlt dann (noch) an der korrespondierenden Gegenleistung.[965] Diese wird erst bei der (künftigen) Mittelverwendung realisiert. Erst dann kommt der umsatzsteuerbare Leistungsaustausch zustande und die Umsatzsteuer entsteht.

BEISPIEL „ERHALTUNGSRÜCKLAGE": Die GdWE hat gegenüber Wohnungseigentümer A auf dessen Wunsch auf die Steuerfreiheit des § 4 Nr. 13 UStG durch die Option nach § 9 Abs. 1 UStG verzichtet. Aus der Jahresabrechnung für 2025 ergeben sich Kosten von insgesamt 5.000 € (netto) zzgl. eines Beitrags zur Erhaltungsrücklage von 800 €. Im Jahr 2027 wird für die Renovierung des Treppenhauses (auf A bezogen anteilig) 1.000 € aus der Erhaltungsrücklage durch die GdWE verwendet.

---

963 OLG Bayern, Beschluss v. 13.6.1996 - 2 Z BR 28/96, UR 1997 S. 481.

964 OLG Hamm, Beschluss v. 12.5.1992 - 15 W 33/92 IAAAH-13328 = UR 1993 S. 202.

965 Hummel in Rau/Dürrwächter, § 4 Nr. 13 UStG Rz. 226 (Stand: 6/2021).

LÖSUNG: Die 5.000 € Kostenumlage von A ergibt für das Jahr 2025 das Entgelt für die Leistungen der GdWE an A. Darauf sind 19 % Umsatzsteuer zu berechnen (sofern nicht die Lieferung von Wasser mit 7 % betroffen ist). Die Zuführung zur Erhaltungsrücklage 2025 (1.000 €) ist zwar Entgelt, aber noch ohne Leistung der GdWE. Erst wenn und soweit die Mittel der Erhaltungsrücklage entnommen und verwendet (ausgegeben) werden, wird die Verbindung zur Einzahlung geschlossen und es fällt (dann) Umsatzsteuer auf die entnommenen Mittel an.

f) Empfangene und versendete Rechnungen der Gemeinschaft der Wohnungseigentümer

aa) Eingangsrechnungen der Gemeinschaft der Wohnungseigentümer

(1) Vorsteuerabzug aus Rechnungen

Die GdWE wird viele Eingangsrechnungen von verschiedenen Unternehmern für Lieferungen und sonstige Leistungen erhalten. Sofern die GdWE nicht selbst umsatzsteuerpflichtige Leistungen erbringt und daher keinen Vorsteuerabzug aus den erhaltenen Rechnungen haben kann, sind die formalen und inhaltlichen Vorgaben des § 14 UStG an eine ordnungsgemäße Rechnung für die GdWE nicht entscheidend. Sollte die GdWE aber steuerpflichtige Ausgangsumsätze erbringen (z. B. wegen einer Option zur Umsatzsteuerpflicht nach § 9 Abs. 1 UStG gegenüber einem unternehmerischen Wohnungseigentümer), kann aus den Rechnungen ganz oder teilweise ein Vorsteuerabzugsrecht der GdWE bestehen. Daher ist es dann auch relevant, ob die erhaltene Rechnung nach § 14 UStG ordnungsgemäß ausgestellt wurde. 1304

(2) E-Rechnungen

Seit dem 1.1.2025 sind elektronische Rechnungen (E-Rechnungen) als ordnungsgemäße (Eingangs-)Rechnung für alle Empfänger zu akzeptieren. Zwar können die leistenden Unternehmer noch bis mindestens zum 31.12.2026 „sonstige Rechnungen" (alle Rechnungen, die nicht den strengen Anforderungen der E-Rechnung entsprechen) rechtlich wirksam übersenden. Ein Vorsteuerabzug ist daraus auch unter den allgemeinen Voraussetzungen zulässig. Wenn ein Unternehmen aber gegenüber der GdWE als Leistungsempfängerin eine E-Rechnung ausstellt, ist diese auch verpflichtet, den technischen Zugang zu schaffen, dass diese auch rechtlich als entgegengenommen gilt. Dafür reicht aber bereits die Benennung einer eigenen E-Mail-Adresse aus. Für die GdWE sollte eine eigene E-Mail-Adresse eingerichtet werden, über die der Verwalter den Zugriff hat. Es ist aber vermutlich auch zulässig, wenn ein Verwalter für verschiedene von ihm betreute GdWE keine separate E-Mail-Adresse 1305 einrichtet, sondern nur über eine zentrale E-Mail-Adresse für alle betreuten GdWE verfügt.[966]

1306 Es besteht keine Pflicht, dass die GdWE alle eingegangenen E-Rechnungen tatsächlich datentechnisch durch eine entsprechende Software auch elektronisch lesen, verarbeiten und speichern kann. Gleichwohl wäre es für den Vorsteuerabzug wichtig, durch den Einsatz geeigneter Software sicherzustellen, dass die E-Rechnung sowohl die inhaltlichen als auch die formalen Vorgaben erfüllt, die einen Vorsteuerabzug ermöglichen.

bb) Ausgangsrechnungen der Gemeinschaft der Wohnungseigentümer

(1) Pflicht zur Ausstellung einer Rechnung

1307 GdWE sind nicht umsatzsteuerpflichtig tätig, wenn sie lediglich steuerfreie Leistungen an die Wohnungseigentümer (durch die Grundstücksverwaltung und Wärmebeschaffung gegen die Kostenumlage) erbringen, die nach § 4 Nr. 13 UStG umsatzsteuerfrei sind. Dann besteht keine Pflicht, eine Rechnung auszustellen. Die GdWE hat aber gegenüber den Wohnungseigentümern eine ordnungsmäßige Rechnung nach § 14 Abs. 4 UStG zu erstellen, für die nach § 9 Abs. 1 UStG zur Umsatzsteuerpflicht optiert wurde.

1308 Auch für eine steuerpflichtige Vermietung von Gemeinschaftsvermögen (z. B. einer Bierzeltgarnitur an die Eigentümer eines Nachbargrundstücks) unterliegt im Grundsatz einer Rechnungspflicht. Eine wichtige Ausnahme ist die Eigenschaft als Kleinunternehmerin i. S. des § 19 UStG.

(2) Ausstellung einer E-Rechnung

1309 Die Pflicht zur Ausstellung einer E-Rechnung besteht ohnehin nur in den Fällen, in denen die GdWE nach den allgemeinen Vorschriften zur Rechnungsausstellung hierzu verpflichtet ist. Somit trifft insbesondere keine GdWE eine Verpflichtung zur Ausstellung einer E-Rechnung, die nur steuerfreie Umsätze nach § 4 Nr. 13 UStG erbringt oder aber als Kleinunternehmerin (§ 19 UStG) anzusehen ist (§ 34a Satz 4 UStDV).

1310 Unternehmer mit einem Gesamtumsatz von maximal 800.000 € im Jahr 2026 dürfen auch im Jahr 2027 noch sonstige Rechnungen erstellen (Übergangsregelung nach § 27 Abs. 38 Satz 1 Nr. 2 UStG). Da die steuerfreien Umsätze nach § 4 Nr. 13 UStG nicht zu den für die Umsatzgrenze maßgebenden Gesamtumsatz zählen, müsste die GdWE andere Umsätze von über 800.000 € erzielen, um

966 Schmidt, NWB 17/2025 S. 1168 EAAAJ-89843.

schon ab dem 1.1.2027 zwingend E-Rechnungen ausstellen zu müssen. In nahezu allen Fällen der Praxis wird die GdWE daher erst ab dem 1.1.2028 verpflichtet sein, eine E-Rechnung (statt einer sonstigen Rechnung z. B. im Papier- oder PDF-Format) auszustellen.

(3) Falscher Ausweis von Umsatzsteuer in Rechnungen

Der Unternehmer (die GdWE) hat in einer ordnungsgemäßen Rechnung die 1311
betraglich zutreffende Umsatzsteuer auszuweisen. Wenn die Umsatzsteuer (irrtümlich) zu hoch ausgewiesen wird, schuldet die GdWE auch den überhöhten Mehrbetrag (sog. unrichtiger Steuerausweis nach § 14c Abs. 1 Satz 1 UStG). Dies sind insbesondere Fälle eines Steuersatzfehlers (z. B. 19 % statt 7 %) und die umsatzsteuerpflichtige Abrechnung über eine umsatzsteuerfreie Leistung. Demgegenüber hat der vorsteuerabzugsberechtigte Wohnungseigentümer trotzdem nur einen Vorsteuerabzug aus dem niedrigeren Betrag der objektiv zutreffenden Umsatzsteuer.[967] Die GdWE kann aber die Rechnung auf den zutreffenden Betrag berichtigen, so dass die höhere Umsatzsteuer insoweit dann später (aber ohne Rückwirkung) wieder wegfällt (§ 14c Abs. 1 Satz 2 UStG).

BEISPIEL „UNRICHTIGER STEUERAUSWEIS": Die GdWE erbringt typische grundstücksbezogene Leistungen (u. a. Erhaltung und Reinigung des Objekts und Lieferung von Wärme) an die Wohnungseigentümer, die alle ihre Einheit umsatzsteuerfrei zu Wohnzwecken vermieten. Diese Leistungen sind nach § 4 Nr. 13 UStG umsatzsteuerfrei. Die GdWE hat nicht gegenüber einzelnen Wohnungseigentümern zur Umsatzsteuer nach § 9 Abs. 1 UStG optiert und ist zudem Kleinunternehmerin i. S. des § 19 UStG. Gleichwohl weist sie in der Jahresabrechnung unzutreffend auf die gesamte Kostenumlage eine Umsatzsteuer von 19 % aus.

LÖSUNG: Die GdWE ist Unternehmerin (§ 2 UStG), da sie nachhaltig Leistungen an die Wohnungseigentümer erbringt. Sie darf darüber auch eine Rechnung i. S. des § 14 UStG erteilen. Jedoch muss sie dann auf die Umsatzsteuerfreiheit hinweisen.[968] Dagegen ist der Ausweis von (rechtlich nicht entstandener) Umsatzsteuer unrichtig und wird nach § 14c Abs. 1 UStG von der GdWE geschuldet. Die Norm trifft auch Kleinunternehmer.[969] Die Jahresabrechnung kann aber berichtigt werden (dann ohne Umsatzsteuerausweis), so dass die Umsatzsteuer (erst dann) wieder entfällt.

Von dem „unrichtigen" ist der „unberechtigte" Umsatzsteuerausweis abzu- 1312
grenzen. Dies sind insbesondere Fälle, bei denen deshalb keine Rechnung mit Umsatzsteuer erstellt werden darf, weil der Rechnungsaussteller als Nichtunternehmer dazu schon dem Grunde nach nicht berechtigt ist. In diesen Fäl-

967 BGH, Urteil v. 20.9.2024 - V ZR 195/23 UAAAJ-76094 = HFR 2025 S. 289 unter II. 2 c).
968 Abschnitt 14.7a Abs. 1 UStAE.
969 Abschnitt 14c.1 Abs. 2 Satz 1 UStAE.

len schuldet der Rechnungsaussteller den gesamten (unzutreffenden) Umsatzsteuerbetrag (§ 14c Abs. 2 Satz 1, 2 UStG). Dies betraf z. B. bis zum 31.12.2024 den Ausweis von Umsatzsteuer durch eine GdWE, die als Kleinunternehmerin (§ 19 UStG) dem Grunde nach nicht berechtigt war, Rechnungen mit Steuerausweis zu erteilen (§ 19 Abs. 1 Satz 4 UStG i. d. F. bis 31.12.2024).[970]

1313 Wenn ein Unternehmer aber über eine Leistung eine Rechnung mit einem unrichtigen Steuerausweis an einen Endverbraucher stellt, entsteht keine Umsatzsteuer nach § 14c Abs. 1 UStG.[971] Dies gilt auch für einen unberechtigten Steuerausweis nach § 14c Abs. 2 Satz 1 UStG. Unter „Endverbraucher" fallen Nichtunternehmer und Unternehmer, die nicht als solche handeln (insbesondere Unternehmer bei Leistungsbezug für ihren privaten Bereich oder für eine nichtwirtschaftliche Tätigkeit).[972] Dies geht zurück auf EuGH-Rechtsprechung.[973]

BEISPIEL „RECHNUNG AN ENDVERBRAUCHER": Eine GdWE ist Kleinunternehmerin (§ 19 UStG) und vermietet einen Aufsitzrasenmäher an einen Nachbarn (Privatperson), der diesen für seinen privaten Garten nutzt. Die GdWE erteilt gleichwohl eine Rechnung über 100 € zzgl. 19 € Umsatzsteuer.

LÖSUNG: Die GdWE ist Kleinunternehmerin und darf daher über die Vermietungsleistung nicht umsatzsteuerpflichtig abrechnen. Eigentlich entsteht daher nach § 14c Abs. 1 UStG (unrichtiger Steuerausweis) eine Umsatzsteuer von 19 €. Da der Nachbar aber ein Endverbraucher ist und keine Gefahr besteht, dass die Umsatzsteuer in einer Umsatzsteuererklärung als Vorsteuer geltend gemacht wird, entsteht diese (doch) nicht.

6. Lohnsteuer für Arbeitnehmer der Gemeinschaft der Wohnungseigentümer

1314 Eine GdWE ist verpflichtet, eine Lohnsteueranmeldung abzugeben und die einbehaltene Lohnsteuer abzuführen, wenn sie als Arbeitgeber (z. B. durch die Beschäftigung eines Hausmeisters oder einer Reinigungskraft) diese Verpflichtung nach §§ 38 ff. und 41a EStG trifft.

1315 Vielfach werden geringfügig entlohnte Arbeitnehmer (Minijobber) beschäftigt. Die GdWE kann dabei nicht am Haushaltsscheckverfahren teilnehmen, weil sie

970 Da seit dem 1.1.2025 die Leistungen der Kleinunternehmer nach § 19 Abs. 1 Satz 1 UStG n. F. als steuerfrei gelten (und nicht mehr als „nichterhoben"), sind dies nunmehr Fälle des unrichtigen Steuerausweises nach § 14c Abs. 1 UStG.

971 BMF, Schreiben v. 27.2.2024 - III C 2-S 7282/19/10001:002, BStBl 2024 I S. 361 Rz. 5.

972 BMF, Schreiben v. 27.2.2024 - III C 2-S 7282/19/10001:002, BStBl 2024 I S. 361 Rz. 9.

973 EuGH, Urteil v. 8.12.2022 - C-378/21 TAAAJ-29638 = BFH/NV 2023 S. 365, und nachfolgend EuGH, Urteil v. 1.8.2025 - C-794/23 TAAAJ-97173 = BFH/NV 2025 S. 1447.

selbst kein Privathaushalt ist. Die Anmeldung und Abführung der Abgaben erfolgt daher im gewerblichen Melde- und Beitragsverfahren über die Minijob-Zentrale. Hierdurch sind höhere pauschale Abgaben zu zahlen als bei Privathaushalten.

7. Bauabzugssteuer aus Bauleistungen an die Gemeinschaft der Wohnungseigentümer

a) Bauabzugssteuer für Gemeinschaftseigentum

Eine GdWE unterliegt grds. der Bauabzugssteuer nach § 48 Abs. 1 EStG, wenn sie von einem Unternehmer Bauleistungen für das gemeinschaftliche Eigentum beauftragt. In diesem Fall ist die GdWE als Leistungsempfänger verpflichtet, von der zu zahlenden Vergütung 15 % einzubehalten und an das Finanzamt abzuführen. Dies gilt aber nicht, wenn der leistende Bauunternehmer eine gültige Freistellungsbescheinigung (§ 48b EStG) vorlegt (Regelfall) oder wenn die Zahlungen je Bauleistenden und Kalenderjahr 5.000 € nicht übersteigen (§ 48 Abs. 2 EStG). 1316

Wichtig ist die Unterscheidung zwischen Gemeinschafts- und Sondereigentum. Bei einer Bauleistung für das Sondereigentum ist der jeweilige Wohnungseigentümer selbst der Leistungsempfänger (z. B. beim Umbau seines als Ladenlokal genutzten Teileigentums). Dann ist nicht die GdWE zum Steuerabzug verpflichtet. Nur bei Bauleistungen am Gemeinschaftseigentum (z. B. Dachdeckerarbeiten) ist die WEG als Auftraggeberin für die Einbehaltung der Bauabzugssteuer verantwortlich.[974] 1317

b) Bauabzugssteuer für Sondereigentum

Beim Leistungsbezug durch einen Wohnungseigentümer für sein Sondereigentum trifft ihn nur dann die Pflicht zur Bauabzugssteuer, wenn er ein Unternehmer nach § 2 UStG ist. Die Abzugsverpflichtung besteht demzufolge auch für Kleinunternehmer (§ 19 UStG) und Unternehmer, die ausschließlich steuerfreie Umsätze tätigen. 1318

Dazu gehören auch die Vermietung und Verpachtung von Grundstücken und Gebäudeteilen (wie z. B. Wohnungseigentum).[975] Vermietet der Leistungsempfänger Wohnungen, ist die Bauabzugsteuer für diese Wohnungen nicht 1319

974 BMF, Schreiben v. 19.7.2022 - IV C 8-S 2272/19/10003:002, BStBl 2022 I S. 1229 Rz. 19.
975 BMF, Schreiben v. 19.7.2022 - IV C 8-S 2272/19/10003:002, BStBl 2022 I S. 1229 Rz. 14.

anzuwenden, wenn er nicht mehr als zwei Wohnungen vermietet (§ 48 Abs. 1 Satz 2 EStG).

1320 Die Abzugsverpflichtung betrifft nur den unternehmerischen Bereich des Auftraggebers. Wird eine Bauleistung ausschließlich für den nichtunternehmerischen Bereich eines Unternehmers (z. B. für den Umbau des Badezimmers im selbstgenutzten Wohnungseigentum) erbracht, besteht keine Abzugsverpflichtung.[976]

1321 Wird keine Freistellungsbescheinigung (§ 48 EStG) vorgelegt, soll vom Steuerabzug auch dann abgesehen werden, wenn die Gegenleistung im laufenden Kalenderjahr den Betrag von 5.000 € voraussichtlich nicht übersteigen wird. Die Freigrenze von 5.000 € erhöht sich auf 15.000 €, wenn der Leistungsempfänger allein deswegen als Unternehmer abzugspflichtig ist, weil er ausschließlich steuerfreie Umsätze nach § 4 Nr. 12 Satz 1 UStG (= umsatzsteuerbefreite Vermietungsumsätze) ausführt. Die erhöhte Freigrenze von 15.000 € ist nicht anzuwenden, wenn der Unternehmer die nach § 4 Nr. 12 Satz 1 UStG steuerfreien Umsätze nach § 9 UStG als umsatzsteuerpflichtig behandelt (Option zur Umsatzsteuer). Erbringt der Leistungsempfänger neben steuerfreien Umsätzen nach § 4 Nr. 12 Satz 1 UStG weitere, ggf. nur geringfügige, umsatzsteuerpflichtige Umsätze, gilt insgesamt die Freigrenze von 5.000 €.[977]

976 BMF, Schreiben v. 19.7.2022 - IV C 8-S 2272/19/10003:002, BStBl 2022 I S. 1229 Rz. 14.
977 BMF, Schreiben v. 19.7.2022 - IV C 8-S 2272/19/10003:002, BStBl 2022 I S. 1229 Rz. 47.

XVII. Verwalter

1. Einkünfte aus der Wohnungsverwaltung

a) Wohnungsverwaltung als selbständige Einkünfte

Die Tätigkeit als Verwalter einer GdWE wird zivilrechtlich durch §§ 9b, 26, 26a, 27 WEG bestimmt. Einerseits ist der Verwalter dabei das Vertretungsorgan der GdWE (Außenverhältnis), kümmert sich um die Angelegenheiten des Objekts (Innenverhältnis) und wird dafür nach § 26 WEG bestellt. Andererseits erhält er regelmäßig dafür eine Vergütung auf einer vertraglichen Grundlage. Wie auch bei der Hausverwaltung für fremden Grundbesitz im ungeteilten Alleineigentum führt diese Tätigkeit zu sonstigen selbständigen Einkünften nach § 18 Abs. 1 Nr. 3 EStG.[978] Im Gegensatz zu gewerblichen Einkünften unterliegt der Verwalter damit weder der Gewerbesteuerpflicht noch der Bilanzierungspflicht. 1322

BEISPIEL „WOHNUNGSVERWALTUNG": Herr K ist hauptberuflich als angestellter Kfz-Mechatroniker und nebenberuflich als Hausverwalter tätig und betreut vier Objekte mit insgesamt 20 Wohneinheiten als „offizieller" Verwalter im Sinne des WEG und betreut zudem zehn Mehrfamilienhäuser im jeweiligen Alleineigentum des Vermieters (Regeleigentum).

LÖSUNG: Herr K erzielt aus der Verwaltertätigkeit sonstige selbständige Einkünfte (§ 18 Abs. 1 Nr. 3 EStG) und ist nicht gewerbesteuerpflichtig. Er kann den Gewinn durch Einnahme-Überschussrechnung (§ 4 Abs. 3 EStG) ermitteln.

Dies gilt auch für die Tätigkeitsvergütung eines Wohnungseigentümers, der von den übrigen Wohnungseigentümern als Verwalter im Sinne des WEG bestellt wird. Insoweit erzielt der verwaltende Wohnungseigentümer Einkünfte aus § 18 Abs. 1 Nr. 3 EStG. Abzugrenzen sind davon Vermietungseinkünfte dieses Wohnungseigentümers aus dem Objekt oder anderen ihm gehörenden Vermietungsobjekten. Die daraus erzielten Einkünfte sind solche aus Vermietung und Verpachtung (§ 21 Abs. 1 Nr. 1 EStG). 1323

BEISPIEL „EIGENVERWALTUNG": Herr A ist Eigentümer einer Wohnungseigentumseinheit eines WEG-Objekts, das er vermietet. Er wird von der GdWE als Verwalter im Sinne des WEG bestellt, da ihm noch andere vermietete Immobilien gehören und er sich mit wohnungswirtschaftlichen Dingen gut auskennt und die anderen Wohnungseigentümer ihm vertrauen. Er erhält von den anderen Wohnungseigentümern (über die Kostenumlage in der Jahresabrechnung) eine jährliche Pauschalvergütung von 1.000 €.

978 BFH, Urteil v. 25.11.1970 - I R 123/69, BStBl 1971 II S. 239 CAAAA-98733.

LÖSUNG: Herr A erzielt aus der Verwaltertätigkeit sonstige selbständige Einkünfte (§ 18 Abs. 1 Nr. 3 EStG). Die Vergütung von 1.000 € ist vollständig diesen Einkünften zuzuordnen, da sie für seine Verwaltertätigkeit gezahlt wird. Die von Herrn A aus der ihm gehörenden Einheit erzielten Vermietungseinkünfte sind davon zu trennen und auch nicht anteilig den sonstigen selbständigen Einkünften zuzuordnen. Soweit Herrn A Kosten für seine vermieteten Wohnungen entstehen, sind diese als Werbungskosten aus Vermietung und Verpachtung anzusetzen und nicht als Betriebsausgaben von den selbständigen Einkünften abzuziehen.

1324 Die Verwaltungstätigkeit darf nicht deutlich über die bloße Verwaltung von Immobilien hinausgehen, da sonst die Vermögensverwaltung überschritten wird und Einkünfte aus Gewerbebetrieb erzielt werden. Dabei kommt es nicht in erster Linie auf die Anzahl der betreuten Immobilien, sondern auf die Übertragung von qualifizierten Aufgaben auf eigene Angestellte oder beauftragte Unternehmer (ggf. Subunternehmern) an. In der Praxis wird eine sehr große Anzahl von Objekten schon aus Zeitgründen nicht von einer einzigen Person selbständig zu verwalten sein, so dass bei einer hohen Zahl betreuter Objekte wahrscheinlich ohnehin Personal angestellt oder Subunternehmer beschäftigt werden müssen. Eine zahlenmäßig genaue Grenze der Rechtsprechung zur Abgrenzung zwischen Vermögensverwaltung und Gewerblichkeit gibt es nicht.

1325 Gemischte Tätigkeiten sind regelmäßig auch dann getrennt zu erfassen, wenn zwischen ihnen wirtschaftliche Berührungspunkte bestehen. So können die Tätigkeiten als Versicherungsvertreter/Makler und Hausverwalter einkommensteuerrechtlich getrennt werden.[979]

BEISPIEL „WOHNUNGSVERWALTUNG VON 200 WOHNEINHEITEN":[980] Herr H ist als Hausverwalter, Immobilienmakler und Versicherungsvermittler tätig. Er betreute 15 Objekte mit insgesamt 200 Wohneinheiten, bei denen es sich überwiegend um Wohneigentumsgemeinschaften im Sinne des WEG handelte (Gewinn im Jahr ca. 50.000 €). Als Makler vermittelt er zwei bis drei Immobilienverkäufe im Jahr (Gewinn jährlich ca. 8.000 €). Aus der Versicherungsvermittlung erzielt er einen Gewinn von ca. 3.000 € jährlich. Zu allen drei Tätigkeitsbereichen erstellt er separate Gewinnermittlungen und führt dazu auch getrennte betriebliche Bankkonten. Eine bei ihm angestellte Halbtagskraft unterstützt ihn bei Tätigkeiten wie Korrespondenzen, Telefonaten und Routinetätigkeiten. Alle wesentlichen Aufgaben der Hausverwaltung (vor allem die Handlung als Verwalter bei Wohnungseigentümerversammlungen, Überwachung von Handwerkern, Jahres- und Nebenkostenabrechnungen) erledigt er persönlich.

979 BFH, Urteil v. 18.3.1999 - IV R 5/98 KAAAA-63341 = BFH/NV 1999 S. 1456.

980 Beispiel angelehnt an den Fall des FG Niedersachsen, Urteil v. 23.3.2005 - 3 K 175/99, NZM 2006 S. 673 (rkr.).

LÖSUNG: Die Einkünfte aus den Tätigkeiten werden von Herrn H getrennt erzielt. Die Einkünfte aus der Immobilien- und Versicherungsvermittlung sind als solche aus Gewerbebetrieb (§ 15 EStG) und die Einkünfte aus der Hausverwaltertätigkeit sind als sonstige selbständige Tätigkeit gem. § 18 Abs. 1 Nr. 3 EStG einzuordnen.

b) Gewerbliche Wohnungsverwaltung

Die Hausverwaltertätigkeit führt zu gewerblichen Einkünften, wenn die Ver- 1326
mögensverwaltung einen Umfang angenommen hat, welche die Übertragung qualifizierter Aufgaben auf Angestellte oder Subunternehmer erforderlich macht bzw. die Beschäftigung von Hilfskräften für untergeordnete Arbeiten der Vermögensverwaltung nach dem Gesamtbild der Verhältnisse als gewerblich erscheinen lässt.[981]

Die Mitarbeit fachlich vorgebildeter Arbeitnehmer ist für die Qualifikation als 1327
selbständige Einkünfte i. S. des § 18 Abs. 1 Nr. 3 EStG unschädlich, wenn der Verwalter als Berufsträger trotz solcher Mitarbeiter leitend und eigenverantwortlich die Immobilien verwaltet.[982] Dafür ist erforderlich, dass die Grundzüge der Organisation sowie die Planung, Überwachung und Entscheidung von Zweifelsfällen durch den Berufsträger in ausreichendem Maße gewährleistet sind. Nur unter diesen Voraussetzungen trägt die Arbeitsleistung – selbst wenn der Berufsträger (Verwalter) ausnahmsweise in einzelnen Routinefällen nicht mitarbeitet – den erforderlichen „Stempel der Persönlichkeit" des Verwalters.[983] Zukünftig wird sich immer mehr die Frage stellen, ob der Einsatz von künstlicher Intelligenz und die Auslagerung von (Vor-)Arbeiten auf selbständig entscheidende Systeme (KI-Agenten), die nur noch ausnahmsweise eine Zustimmung des (menschlichen) Berufsträgers erfordern, der leitenden und eigenverantwortlichen Arbeit (im herkömmlichen Sinne der Rechtsprechung) widersprechen.

981 FG Niedersachsen, Urteil v. 23.3.2005 - 3 K 175/99, NZM 2006 S. 673 (rkr.), nachfolgend zu BFH, Urteil v. 18.3.1999 - IV R 5/98 KAAAA-63341 = BFH/NV 1999 S. 1456, das die Sache an das FG zurückverwiesen hatte.

982 BFH, Urteil v. 26.1.2011 - VIII R 3/10, BStBl 2011 II S. 498 UAAAD-80476, für die Insolvenzverwaltertätigkeit als sonstige selbständige Arbeit bei Beschäftigung qualifizierter Mitarbeiter.

983 BFH, Urteil v. 27.8.2014 - VIII R 6/12, BStBl 2015 II S. 1002 YAAAE-84199 unter II. 2. a), für den Fall eines Insolvenzverwalters. Zu einem Hausverwaltungsfall mit 644 Wohnungen und mehreren Angestellten dagegen noch FG Berlin v. 19.1.1994 - VI 346/88, EFG 1994 S. 531 (rkr).

BEISPIEL „WOHNUNGSVERWALTUNG VON 800 WOHNEINHEITEN": Herr G ist als Hausverwalter tätig. Er betreute 70 Objekte mit insgesamt 600 Wohneinheiten, bei denen es sich überwiegend um Wohneigentumsgemeinschaften im Sinne des WEG handelt. Er hat drei angestellte Vollzeitkräfte, mit denen sich Herr G die betreuten Objekte nach räumlichen Zuständigkeiten aufteilt. Nur die Handlung als Verwalter bei allen Wohnungseigentümerversammlungen erledigt er persönlich.

LÖSUNG: Herr G erzielt Einkünfte aus Gewerbebetrieb (§ 15 EStG), da seine Hausverwaltertätigkeit nicht als Vermögensverwaltung einzustufen ist. Er kann nicht alle Objekte hinreichend selbst betreuen. Die Teilnahme an allen Wohnungseigentümerversammlungen reicht nach hier vertretener Auffassung dafür nicht aus, da auch das wesentliche „Tagesgeschäft" entscheidend ist.

2. Gewerbesteuer aus Wohnungsverwaltung

1328 Sofern die Wohnungsverwaltung zu sonstigen selbständigen Einkünften nach § 18 Abs. 1 Nr. 3 EStG führt, besteht kein Gewerbebetrieb i. S. des § 2 Abs. 1 GewStG, so dass dann keine Gewerbesteuerpflicht besteht.

1329 Bei einer gewerblichen Wohnungsverwaltung (i. d. R. bei vielen Objekten und der Aufgabenübertragung an Mitarbeiter) besteht eine Gewerbesteuerpflicht des Verwalters. Hier ist der Freibetrag nach § 11 Abs. 1 Nr. 1 GewStG (24.500 €) zu berücksichtigen.

3. Umsatzsteuer aus Tätigkeit als Wohnungsverwalter

1330 Die Wohnungsverwaltung ist als sonstige Leistung (§ 3 Abs. 9 UStG) eine unternehmerische Tätigkeit i. S. des § 2 Abs. 1 UStG, sofern die Verwaltungsaufgaben von der GdWE vergütet werden (Regelfall).

1331 Dabei kann die Kleinunternehmerregelung nach § 19 UStG angewendet werden, sofern die Umsatzgrenzen eingehalten werden (ab 2025: maximal 25.000 € im Vorjahr). Dann ist die Leistung umsatzsteuerfrei.

1332 Die Verwaltungsleistungen an die GdWE unterliegen nicht der Steuerfreiheit nach § 4 Nr. 13 UStG. Durch diese Vorschrift werden nur bestimmte Leistungen der GdWE an die Wohnungseigentümer steuerfrei gestellt.

BEISPIEL „WOHNUNGSVERWALTUNG": Herr K betreut nebenberuflich sechs WEG-Objekte als Verwalter im Sinne des WEG und erzielt dabei einen Umsatz aus der Vergütung für seine Tätigkeit von 10.000 €.

LÖSUNG: Herr K ist aus der Verwaltertätigkeit unternehmerisch tätig (§ 2 UStG), da seine Leistungen im Leistungsaustausch (Vergütung als Gegenleistung i. S. des § 1 Abs. 1 Nr. 1 UStG) erbracht werden. Als Kleinunternehmer (§ 19 UStG) sind die Leistungen aber umsatzsteuerfrei (sofern er nicht freiwillig zur Umsatzsteuer nach § 19 Abs. 3 UStG optiert).

4. Verfahrensrecht für Steuern der Gemeinschaft der Wohnungseigentümer

a) Verwalter als berechtigte und verpflichtete Person der AO

Die GdWE wird durch den Verwalter gerichtlich und außergerichtlich vertreten 1333
(§ 9b Abs. 1 Satz 1 WEG). Als gesetzlicher Vertreter der GdWE als rechtsfähige Personenvereinigung (§ 14a Abs. 2 Nr. 3 AO) hat er deren steuerliche Pflichten zu erfüllen (§ 34 Abs. 1 Satz 1 AO). Dies betrifft insbesondere die Pflicht zur Abgabe der Steuererklärungen der GdWE (insbesondere Umsatzsteuererklärung und Lohnsteueranmeldung) und die Zahlung der fälligen Steuern aus dem Gemeinschaftsvermögen. Dazu gehört aber auch eine eventuelle Buchführungs- und Aufzeichnungspflicht für steuerrechtliche Zwecke (z. B. aus dem Betrieb einer PV-Anlage). Auf Anfrage des Finanzamts besteht auch eine Auskunftspflicht und eine daran gekoppelte Vorlagepflicht für Unterlagen.

Die von der GdWE zu erfüllenden steuerrechtlichen Pflichten, die der Verwalter 1334
zu verantworten hat, sind insbesondere Folgende:

- Steuererklärungspflichten (§ 149 AO i. V. mit Einzelsteuergesetzen);
- Aufzeichnungs- und Aufbewahrungspflichten (§§ 140 ff. AO, § 14b UStG);
- Zahlung der fälligen Steuern;
- Auskünfte erteilen und Unterlagen vorlegen (§§ 90 ff. AO).

Der Verwalter ist nur der Vertreter der GdWE. Er vertritt nicht die Bruchteils- 1335
gemeinschaft. Deshalb hat er z. B. keine Vertretungsmacht für das im Miteigentum stehende Grundstück (Gemeinschaftseigentum).[984] Sollte z. B. ein Grundstücksteil (z. B. Garten) gemeinschaftlich vermietet werden, soll die Bruchteilsgemeinschaft (nicht rechtfähige Personenvereinigung nach § 14a Abs. 3 Nr. 1 AO) einen gemeinsamen Empfangsbevollmächtigten bestellen, der alle Verwaltungsakte und Mitteilungen in Empfang nimmt, die mit der gesonderten und einheitlichen Feststellung der daraus resultierenden Einkünfte zusammenhängen (§ 183a AO).

984 Grziwotz in Erman, BGB, 17. Aufl. 2023, § 9b WEG Rz. 7.

b) Steuererklärungen

1336 Der Verwalter hat die Steuererklärungs- und Steueranmeldungspflichten für die GdWE zu erfüllen. Hierbei ist auf die konkrete Frist zur Abgabe der jeweiligen Steuerdeklaration zu achten (§ 149 AO):

- Umsatzsteuervoranmeldungen (§ 18 Abs. 1, 2 UStG): Bis zum 10. Tag nach Ablauf jedes Voranmeldungszeitraums ist eine Umsatzsteuervoranmeldung nach amtlich vorgeschriebenem Datensatz über die amtlich bestimmte Schnittstelle zu übermitteln, in der die Umsätze und Vorsteuern anzugeben sind und die danach zu entrichtende Steuer für den Voranmeldungszeitraum (Vorauszahlung) selbst zu berechnen ist. Voranmeldungszeitraum ist im Grundsatz das Kalendervierteljahr. Beträgt die Umsatzsteuer für das vorangegangene Kalenderjahr mehr als 9.000 €, sind die Voranmeldungen monatlich abzugeben. Beträgt die Steuer für das vorangegangene Kalenderjahr nicht mehr als 2.000 €, kann das Finanzamt den Unternehmer von der Verpflichtung zur Abgabe der Voranmeldungen und Entrichtung der Vorauszahlungen befreien.
- Umsatzsteuerjahreserklärung (§ 18 Abs. 3 UStG): Für jedes Kalenderjahr ist eine Steuererklärung nach amtlich vorgeschriebenem Datensatz über die amtlich bestimmte Schnittstelle zu übermitteln, in der die Umsätze und Vorsteuern anzugeben sind und die danach zu entrichtende Umsatzsteuer selbst zu berechnen ist (Steueranmeldung). Dies gilt unabhängig davon, ob diese Umsätze bereits in (monatlich oder quartalsweise abzugebenden) Umsatzsteuer-Voranmeldungen erklärt wurden.
- Gewerbesteuererklärung (§ 14a GewStG): Die GdWE hat für steuerpflichtige Gewerbebetriebe (z. B. eine PV-Anlage) jährlich eine Erklärung zur Festsetzung des Steuermessbetrags nach amtlich vorgeschriebenem Datensatz über die amtlich bestimmte Schnittstelle elektronisch zu übermitteln.
- Lohnsteueranmeldung (§ 41a EStG): Die GdWE hat als Arbeitgeber (z. B. für einen angestellten Hausmeister) spätestens am zehnten Tag nach Ablauf eines jeden Lohnsteueranmeldungszeitraums dem Finanzamt eine Lohnsteueranmeldung (Steuererklärung) nach amtlich vorgeschriebenem Datensatz elektronisch einzureichen. Lohnsteueranmeldungszeitraum ist grds. der Kalendermonat. Wenn die abzuführende Lohnsteuer für das vorangegangene Kalenderjahr zwischen 1.081 € und 5.000 € betragen hat, ist das Kalendervierteljahr der Anmeldungszeitraum. Wenn für das gesamte vorangegangene Kalenderjahr die abzuführende Lohnsteuer maximal 1.080 € betragen hat, ist das (gesamte) Kalenderjahr der Anmeldezeitraum.

Jede GdWE ist separat zu betrachten. Daher haben Verwalter für jede einzelne GdWE eigene Steuererklärungen abzugeben und können keine Besteuergrundlagen aus Vereinfachungsgründen bündeln.[985] 1337

c) Steuerbescheide

Steuerbescheide (z. B. zur Gewerbesteuer) für Steuern des GdWE als Inhaltsadressaten sind dem Verwalter bekanntzugeben. 1338

Hier ist es wichtig, dass der Inhalt der Bescheide geprüft wird und ggf. ein Änderungsantrag (§§ 172 ff. AO) oder Einspruch (§§ 347 ff. AO) eingelegt wird. 1339

d) Erhebungsverfahren

Der Verwalter hat die „Ansprüche aus dem Steuerschuldverhältnis" i. S. des § 37 Abs. 1 AO (Steuerzahlungen) aus dem Vermögen der GdWE zu erfüllen. Dies bedeutet insbesondere, dass die Steuerbeträge bei Fälligkeit geleistet werden, bei denen die GdWE Steuerschuldnerin ist (sofern kein SEPA-Mandat besteht, das dazu führt, dass das Finanzamt von sich aus die Steuern vom Bankkonto einzieht). 1340

e) Aufbewahrungspflichten

Das Steuerrecht normiert Aufzeichnungspflichten und daran anschließend Aufbewahrungspflichten u. a. bei kaufmännischen bzw. gewerblichen Einkünften für bestimmte steuerlich relevante Unterlagen (§§ 140 ff. bzw. 147 ff. AO; insbesondere Eingangs- und Ausgangsrechnungen). Die Fristen betragen i. d. R. sechs oder zehn Jahre. Dies kann eine GdWE z. B. dann treffen, wenn aus dem Gemeinschaftsvermögen Einkünfte aus Gewerbebetrieb (z. B. aus einer PV-Anlage) erzielt werden. 1341

Eingangsrechnungen an die GdWE (z. B. aus Handwerkerleistungen) sind davon unabhängig immer zwei Jahre aufzubewahren, auch wenn keine einkünfterelevante Tätigkeit durch die GdWE damit verbunden ist (§ 14b UStG). 1342

f) Haftung für Steuerschulden

Als gesetzlicher Vertreter der GdWE haftet der Verwalter gem. § 69 AO für deren Steuern, soweit diese infolge einer vorsätzlichen oder grob fahrlässigen 1343

985 So auch OFD Bremen, Verfügung v. 28.7.1997 - S 2376 - St 22, DB 1997 S. 1744, nach der für jede vom Verwalter betreute WEG eine gesonderte Lohnsteueranmeldung abzugeben ist.

Verletzung der ihm als Verwalter nach § 34 AO auferlegten Pflichten nicht (oder nicht rechtzeitig) festgesetzt oder erfüllt werden oder infolgedessen Steuererstattungen ohne rechtlichen Grund an die GdWE ausgezahlt werden. Der Verwalter haftet dabei mit seinem (privaten) Vermögen. Der Haftungsanspruch wird durch einen Haftungsbescheid (§ 191 AO) gegenüber dem Verwalter (in eigener Person) festgesetzt.

1344 Es geht hierbei um Steuerschulden der GdWE (z. B. Umsatzsteuer aus dem steuerpflichtigen Betrieb einer PV-Anlage im Gemeinschaftsvermögen). Der Verwalter ist dafür zwar nicht der Steuerschuldner. Er hat aber die Steuerschuld der GdWE als deren Verfügungsberechtigter über das Bankkonto der GdWE (für diese) zu zahlen. Sollte er dem nicht nachkommen, kann er deswegen unter Umständen vom Finanzamt in Haftung genommen werden. Dies ist aber nur dann der Fall, wenn er vorsätzlich oder grob fahrlässig die ihm auferlegte Pflicht zur zeitgerechten Steuerzahlung verletzt hat. Das wäre z. B. dann der Fall, wenn er die Zahlungspflichten nachlässig überwacht und damit grob fahrlässig handelt. Sollte in diesem Fall dann später das Gemeinschaftsvermögen nicht ausreichen, um die Steuern nachzuzahlen, haftet der Verwalter daher nach § 69 AO dafür mit seinem eigenen Vermögen.

1345 Sollte die GdWE nicht über ausreichende Mittel (auf ihrem Bankkonto) verfügen, um ihre fälligen Steuern (durch den Verwalter) zu zahlen, haftet der Verwalter hierfür nicht, sofern er diese Situation nicht beeinflussen konnte und nicht durch eine ordnungsgemäße Verwaltung hätte verhindern können (z. B. durch die Anforderung von Nachschüssen durch die Wohnungseigentümer). Hier besteht im Einzelfall im Haftungsverfahren mit dem Finanzamt Konfliktpotenzial hinsichtlich der Frage, worin die Ursache lag und wer diese zu verantworten hat.

1346 Von der Haftung der Vertreter (§ 69 AO) sind einzelne Haftungstatbestände abzugrenzen, die nicht unmittelbar den Verwalter, sondern zunächst die GdWE treffen. Hierbei handelt es sich um Fälle, bei denen die GdWE nicht die Steuerschuldnerin ist, sondern für den Einbehalt und die Abführung einer fremden Steuerschuld verantwortlich ist. Dies betrifft z. B. die Haftung als Arbeitgeber für nicht einbehaltene und abgeführte Lohnsteuer (§ 42d EStG). Hierbei ist der Arbeitnehmer der Steuerschuldner. Ebenfalls denkbar ist eine Haftung nach § 48a Abs. 3 Satz 1 EStG als Leistungsempfänger einer Bauleistung für einen nicht oder zu niedrig abgeführten Abzugsbetrag. Die GdWE (Leistungsempfängerin) haftet jedoch nicht, wenn ihr im Zeitpunkt der Gegenleistung eine Freistellungsbescheinigung (§ 48b EStG) vorgelegen hat, auf deren Rechtmäßigkeit sie vertrauen konnte (§ 48a Abs. 3 Satz 2 EStG). Auch diese Haftungsbeträge sind durch den Verwalter aus dem Vermögen der GdWE zu zahlen. Auch hier greift die Haftung für den Verwalter aus § 69 AO, wenn diese Zahlungen schuldhaft nicht geleistet wurden (Haftung des Verwalters für Haftungsschuld der GdWE).

g) Steuerhinterziehung

aa) Verwalter als Vermögensverwalter mit steuerrechtlichen Pflichten

Der Verwalter ist dafür verantwortlich, dass die Besteuerungsgrundlagen zu- 1347
treffend in den Steuererklärungen und Steueranmeldungen der GdWE deklariert werden. Hierbei besteht dann die Gefahr, dass dem Finanzamt unzutreffende Besteuerungsgrundlagen mitgeteilt werden und dadurch eine zu geringe Steuer für die GdWE (für Umsatzsteuer aus dem Gemeinschaftsvermögen) festgesetzt wird. Dies kann sogar dazu führen, dass der Verwalter eine Steuerhinterziehung begeht. Dies gilt selbst dann, wenn er hieraus keinen wirtschaftlichen Vorteil zieht und nicht als Wohnungseigentümer an der GdWE beteiligt ist.

bb) Objektiver Tatbestand der Steuerhinterziehung

Die Voraussetzungen der Steuerhinterziehung sind in § 370 AO normiert. Da- 1348
nach wird (mit bis zu fünf Jahren Freiheitsstrafe oder mit Geldstrafe) bestraft, wer den Finanzbehörden „über steuerlich erhebliche Tatsachen unrichtige oder unvollständige Angaben macht“ (§ 370 Abs. 1 Nr. 1 AO) oder die Finanzbehörden „pflichtwidrig über steuerlich erhebliche Tatsachen in Unkenntnis lässt“ (§ 370 Abs. 1 Nr. 2 AO).

Welche Tatsachen konkret steuerrechtlich relevant (erheblich) sind und ob 1349
durch eine Falschangabe (§ 370 Abs. 1 Nr. 1 AO) bzw. pflichtwidrige Nichtangabe (§ 370 Abs. 1 Nr. 2 AO) Steuern verkürzt werden, ergibt sich aus dem jeweils anzuwendenden Steuergesetz. Wenn z. B. das Gemeinschaftsvermögen vermietet wird (Tatsache) und nach dem Umsatzsteuergesetz daraus ein steuerbarer und steuerpflichtiger Leistungsaustausch resultiert, ist der Umsatz steuerrechtlich erheblich und in der Umsatzsteuererklärung (mit) zu berücksichtigen.

Der Verwalter macht keine falschen oder unvollständigen Angaben in der 1350
Steuererklärung, wenn er transparent eine für die GdWE günstige Rechtsauffassung vertritt, die sich später als unzutreffend herausstellt, sofern die steuerlich relevanten Tatsachen richtig und vollständig eingetragen werden und das zuständige Finanzamt dadurch in die Lage versetzt wird, durch eine da-

von abweichende steuerrechtliche Beurteilung die Steuern höher und damit zutreffend festzusetzen.[986]

cc) Subjektiver Tatbestand der Steuerhinterziehung

1351 Werden alle steuerrelevanten Tatsachen zutreffend und vollständig in der Steuererklärung angegeben, aber daraus dann in derselben Steuererklärung unzutreffende steuerrechtliche Folgen abgeleitet, werden damit keine Steuern nach § 370 AO hinterzogen. Problematisch ist hierbei jedoch, dass die amtlichen Vordrucke für die Steuererklärungen kaum Sachverhalte (Tatsachen), sondern in erster Linie Rechtsfolgen abfragen. Der Sache nach hat der Steuerpflichtige der Finanzverwaltung einen Subsumtionsvorschlag in Vordruckform zu unterbreiten.[987] Daher sollte darauf geachtet werden, dass Tatsachen zu zweifelhaften Rechtsfolgen dem Finanzamt (z. B. durch das Freitextfeld nach § 150 Abs. 7 Satz 1 AO) ausdrücklich offenbart werden.

1352 Sollte der objektive Tatbestand der Steuerhinterziehung erfüllt sein (unrichtige/fehlende Tatsachenkenntnis des Finanzamts führt zu einer zu niedrigen Steuerfestsetzung), ist für eine Steuerhinterziehung immer auch der „subjektive Tatbestand" (i. d. R. Vorsatz) erforderlich, Steuern zu hinterziehen. Für eine Strafbarkeit wegen Steuerhinterziehung (§ 370 AO) bedarf es keiner Absicht oder eines direkten Hinterziehungsvorsatzes, da es schon genügt, dass der Täter die Verwirklichung der Merkmale des gesetzlichen Tatbestands für möglich hält und billigend in Kauf nimmt.[988]

1353 Für den Verwalter – wie für jeden Steuerpflichtigen – ist es nicht bereits strafbar, objektiv unzutreffende Angaben zu machen. Zudem ist Vorsatz (oder grobe Fahrlässigkeit) erforderlich, damit daraus eine vorwerfbare Tat wird. Hier ist aber Vorsicht geboten. Ein schlichtes Bestreiten, dass man nicht gewusst habe, dass steuerrelevante Tatbestände verwirklicht wurden, sowie fehlende steuerrechtliche Kenntnisse reichen für sich genommen nicht aus, um eine Strafbarkeit zu vermeiden. So mag es sein, dass dem Verwalter ein „Tatbestandsirrtum" unterlaufen kann (der nach § 16 Abs. 1 Satz 1 StGB den Vorsatz ausschließt), wenn er irrtümlich annimmt, ein Steueranspruch der GdWE sei nicht entstanden. Hier besteht aber schon die Frage, ob der Verwalter dies tatsächlich nicht wusste und man ihm dies glaubt. Hält er einen Steueranspruch schon für möglich und lässt er das Finanzamt über diese Besteuerungsgrundlagen gleichwohl in Unkenntnis, handelt er dagegen ohnehin mit

986 BGH, Urteil v. 10.11.1999 - 5 StR 221/99, Stbg 2000 S. 412 unter II. 3. b).

987 So wörtlich Krumm, FR 2024 S. 241, 243.

988 BGH, Urteil v. 16.12.2009 - 1 StR 491/09 HAAAD-37277 = BFH/NV 2010 S. 1071.

bedingtem Vorsatz.[989] Hier gelten die Grundsätze des Strafverfahrens und damit das materielle und formelle Strafrecht.

Schon allein der Versuch einer Steuerhinterziehung ist strafbar (§ 370 Abs. 2 AO). Dabei handelt es sich um Fälle, in denen zwar bewusst eine inhaltlich unzutreffende Steuererklärung eingereicht wird, die zu einer zu niedrigen Steuerfestsetzung führen würde, das Finanzamt jedoch (ggf. nach weiteren Ermittlungen) die Steuer davon abweichend zutreffend (höher) festsetzt. Dann gibt es zwar keinen „Taterfolg“ (Steuerschaden), aber gleichwohl ist schon dieser Versuch strafbar. 1354

dd) Nacherklärungspflicht und Selbstanzeige

Sollte der Verwalter nachträglich erkennen, dass die Besteuerungsgrundlagen in der Steuererklärung bzw. Steueranmeldung unzutreffend waren, sollte er dies aus eigenem Interesse gegenüber dem Finanzamt anzeigen und richtigstellen. Dazu ist er schon durch § 153 Abs. 1 AO verpflichtet. Zudem ist es in einzelnen Fällen zulässig, dass diese Korrektur als Selbstanzeige zur Straffreiheit führt, wenn die Anzeige in vollem Umfang die unrichtigen Angaben berichtigt, die unvollständigen Angaben ergänzt oder die unterlassenen Angaben nachholt (§ 371 Abs. 1 Satz 1 AO). Dabei sind aber hohe inhaltliche und formale Voraussetzungen zu erfüllen. Zudem wird die Straffreiheit versagt, wenn schon bestimmte behördliche Verfahren begonnen haben (§ 371 Abs. 2 AO). Jeder Verwalter sollte umgehend qualifizierten rechtlichen Rat suchen, sobald er vermutet, dass ihn eine solche steuerstrafrechtliche Situation betreffen könnte. 1355

989 BGH, Urteil v. 10.1.2019 - 1 StR 347/18 KAAAH-10958 = BFH/NV 2019 S. 670 unter IV.1.

XVIII. Zusammenfassung der Besonderheiten bei der Besteuerung von Wohnungseigentum (WEG) im Vergleich zum Regeleigentum (BGB)

1. Wohnungseigentum als Abweichung vom Regeleigentum nach BGB

1356 Beim „normalen“ Eigentum an Grundstücken i. S. des § 94 BGB (Regeleigentum) bestehen Gebäude zivilrechtlich auch dann aus der einheitlichen Sache „Grundstück“, wenn die Immobilien aus mehreren Wohnungen bestehen. Dagegen ist beim Wohnungseigentum i. S. des WEG ein bautechnisch einheitliches Gebäude in getrennte Eigentumseinheiten aufgeteilt. Rechtstechnisch bildet dabei die jeweilige Wohnung im Alleineigentum (Sondereigentum) zusammen mit dem Anteil an dem gemeinschaftlichen Eigentum an der übrigen Gebäudesubstanz und dem Grund und Boden (Gemeinschaftseigentum) das jeweilige Wohnungseigentum (§ 1 WEG). Gleichwohl wird Wohnungseigentum für steuerrechtliche Zwecke – soweit möglich – wie alle anderen Grundstücke behandelt (zu den Besonderheiten sogleich). So ist Wohnungseigentum z. B. ebenso ein Besteuerungsobjekt der Grunderwerbsteuer oder der Grundsteuer wie rechtlich ungeteilte Grundstücke.

1357 Aus ertragsteuerrechtlicher Sicht werden Grundstücke ohnehin nicht vorrangig nach ihrer zivilrechtlichen Struktur, sondern nach den in ihnen enthaltenen Wirtschaftsgütern klassifiziert und besteuert. Ein Grundstück wird ertragsteuerrechtlich in erster Linie zwischen dem Wirtschaftsgut „Gebäude“ und dem Wirtschaftsgut „Grund und Boden“ aufgeteilt. Das Wirtschaftsgut „Gebäude“ wird dabei unabhängig von der Zivilrechtsform besteuert. Soweit es gesetzestechnisch erforderlich ist, wird Wohnungseigentum den „Gebäudeteilen“ eines ungeteilten Grundstücks gleichgestellt (z. B. in § 7 Abs. 5b EStG für die Gebäudeabschreibung).

1358 Weitere Unterteilungen des Gebäudes bzw. Grund und Bodens sind nach der unterschiedlichen Nutzung möglich (z. B. wird ein Teil fremdvermietet und ein Teil eigengewerblich genutzt). Dies gilt für Wohnungseigentum ebenso. Dabei ist aber bei Wohnungseigentum eine weitere Aufteilung nach dessen verschiedenen Nutzungen seltener erforderlich als bei ungeteiltem Regeleigentum, da die einzelne Wohnung oder Gewerbeeinheit (Sondereigentum) meistens ohnehin nur für eine Nutzungsart verwendet wird. Wenn z. B. ein vierstöckiges Gebäude mit je einer Wohnung/Gewerbeeinheit je Etage jeweils für einen anderen Zweck genutzt wird (eigene Wohnzwecke, fremde Wohnzwecke, eigenbetrieblich, fremdbetrieblich), dann ist zivilrechtlich ungeteiltes Regeleigentum in diese verschiedenen Wirtschaftsgüter (nach Nutzungsart) zu zerlegen. Wenn es sich aber um Wohnungseigentum im Sinne des WEG handelt, bestehen schon zivilrechtlich separate Einheiten, deren Nutzungsart jeweils gleich ist.

Wohnungseigentum im Sinne des WEG besteht somit aus zwei Wirtschafts- 1359
gütern:

- Das Sondereigentum an der Wohnung und das anteilige Gemeinschaftseigentum an dem übrigen Gebäude bilden das Wirtschaftsgut „Gebäude".
- Das anteilige Gemeinschaftseigentum an dem Grund und Boden bildet das Wirtschaftsgut „Grund und Boden".

2. Einkünfte aus dem Wohnungseigentum

a) Nutzung des einzelnen Wohnungseigentums

Jeder Wohnungseigentümer kann sein Wohnungseigentum frei verwenden, 1360
sofern keine gesetzlichen Einschränkungen bestehen oder die Wohnungseigentümer gemeinsam bestimmte Nutzungen wirksam ausgeschlossen haben. Typischerweise wird Wohnungseigentum zu eigenen Wohnzwecken, zur Vermietung und für gewerbliche oder freiberufliche Zwecke genutzt. Daraus können Einkünfte resultieren (z. B. aus Vermietung und Verpachtung nach § 21 EStG oder gewerbliche Einkünfte nach § 15 EStG). Der Wohnungseigentümer nutzt (z. B. vermietet) dabei sein Wohnungseigentum als Inhaber des Alleineigentums an der Wohnung (Sondereigentum) zusammen mit dem Recht, das gemeinschaftliche Eigentum (z. B. Flur und Treppenhaus) mit den übrigen Wohnungseigentümern zu gebrauchen. Die daraus entstehende Einkommensteuer schuldet der Wohnungseigentümer. Die GdWE hat damit insoweit nichts zu tun. Den Wohnungseigentümer trifft die Steuererklärungspflicht und er erhält als Inhaltsadressat den Einkommensteuerbescheid.

b) Vermietung von Gemeinschaftseigentum

Alle Wohnungseigentümer sind am gemeinschaftlichen Eigentum des Grund- 1361
stücks (§ 1 Abs. 5 WEG) als Bruchteilseigentümer i. S. des § 1008 BGB beteiligt. Gleichwohl unterliegt dieses Miteigentum als Teil des Wohnungseigentums der Verwaltung durch die GdWE (§ 18 Abs. 1 WEG). Wenn Gemeinschaftseigentum vermietet werden soll (z. B. ein Teil der Hoffläche als Außenterrasse einer

benachbarten Gaststätte), ist ein Mehrheitsbeschluss[990] der Wohnungseigentümer erforderlich (Innenverhältnis). Der Mietvertrag wird durch die GdWE (vertreten durch den Verwalter) geschlossen (Außenverhältnis). Die daraus resultierenden Mieteinnahmen werden an die GdWE als Vermieterin gezahlt und gehört dann zum Gemeinschaftsvermögen i.S.des §9a Abs.3 WEG.[991] Über die Jahresabrechnung (§28 Abs.2 WEG) wird der Erlös entsprechend dem Miteigentumsanteil auf die Wohnungseigentümer aufgeteilt (§16 Abs.1 WEG).

1362 Obwohl zivilrechtlich die GdWE das gemeinschaftliche Eigentum vermietet, werden die Einkünfte aus Vermietung und Verpachtung (§21 Abs.1 Nr.1 EStG) den Miteigentümern (Wohnungseigentümern) anteilig zugerechnet. Dies resultiert nach hier vertretener Auffassung daraus, dass die Wohnungseigentümer ihr Bruchteilseigentum (gemeinschaftliches Eigentum) der GdWE zum Zwecke der Vermietung überlassen und durch die damit zusammenhängende Anrechnung der Mieterträge über die Jahresabrechnung (für die Nutzung ihres anteiligen gemeinschaftlichen Eigentums durch die GdWE) die Einkünfte in eigener Person erzielen. Die Wohnungseigentümer erzielen die Einkünfte gemeinsam, so dass diese Einkünfte nach §180 Abs.1 Satz1 Nr.2 Buchst.a) AO gesondert und einheitlich festgestellt werden[992] (sofern es nach §180 Abs.3 Satz1 Nr.2 AO kein Fall von geringer Bedeutung ist). Die Steuererklärungspflicht (Feststellungserklärung) trifft alle Wohnungseigentümer gemeinsam (und nicht die GdWE). Diese sind auch Inhaltsadressaten des Feststellungsbescheids. Da die Wohnungseigentümer (Feststellungsbeteiligten) durch ihr Bruchteilseigentum am gemeinschaftlichen Eigentum keine rechtsfähige Personenvereinigung bilden, sollen sie einen gemeinsamen Empfangsbevollmächtigten bestellen (§183a Abs.1 Satz1 AO). Dafür kann (muss aber nicht) der Verwalter bestimmt werden.

c) Einkünfte aus Gemeinschaftsvermögen

1363 Das Gemeinschaftsvermögen (§9a Abs.3 WEG) ist als alleiniges Vermögen der GdWE von dem Gemeinschaftseigentum (§1 Abs.5 WEG) aller Wohnungseigentümer abzugrenzen. Durch die ähnlichen Bezeichnungen besteht eine Verwechslungsgefahr. Das Gemeinschaftseigentum ist das Eigentum aller Wohnungseigentümer an den Grundstücksteilen, die nicht im Sondereigentum stehen (also z.B. das Treppenhaus und der gesamte Grund und Boden). Das

990 BGH, Beschluss v.29.6.2000 - V ZB 46/99, NJW 2000 S.3211.

991 Bartels in Drasdo/Elzer, Münchener Handbuch des Wohnungseigentumsrechts, 8.Aufl. 2023, §6 Rz.11.

992 FG Köln, Urteil v.22.1.2020 - 3 K 1065/16 MAAAH-57049, juris.

Gemeinschaftsvermögen hat mit dem Grundstück selbst nichts zu tun. Es besteht vielmehr aus dem Vermögen (meistens Geld), das die Wohnungseigentümer als Vorschüsse für die laufenden Kosten und der Zuführung zur Erhaltungsrücklage an die GdWE zahlen. Dazu gehört aber z. B. auch ein Gartengerät, das aus den Mitteln der GdWE erworben wurde und für die Pflege des gemeinschaftlichen Gartens genutzt wird.

Einnahmen bzw. Einkünfte aus Gemeinschaftsvermögen (§ 9a Abs. 3 WEG) entstehen in der Praxis überwiegend (nur) durch Erträge aus Bankkonten der GdWE. Dies wird in aller Regel Zinsen aus der Anlage der Erhaltungsrücklage als Spar- oder Festgeldkonto betreffen. Aber auch alle anderen Kapitalerträge aus Konten bzw. Depots der GdWE sind prinzipiell vorstellbar. Nach h. M. sind diese Erträge als Einkünfte aus Kapitalvermögen (§ 20 Abs. 1 EStG) den Wohnungseigentümern zuzurechnen.[993] 1364

Die Vermietung von beweglichen Gegenständen (z. B. eines Rasenmähers der GdWE an den Eigentümer eines Nachbargrundstücks) ist danach ebenfalls den Wohnungseigentümern zuzurechnen (z. B. als Einkünfte aus der Vermietung beweglicher Gegenstände nach § 22 Nr. 3 EStG). 1365

Einnahmen bzw. Einkünfte aus Gemeinschaftsvermögen können auch durch den Betrieb einer PV-Anlage der GdWE (i. d. R. auf dem Dach des Objekts) erzielt werden, wenn der erzeugte Strom an den Netzbetreiber gegen eine Einspeisevergütung verkauft wird, soweit dieser nicht durch die Wohnungseigentümer selbst verbraucht wird. Durch diese gewerbliche Tätigkeit entsteht „über die GdWE" eine Mitunternehmerschaft der Wohnungseigentümer (§ 15 Abs. 1 Nr. 2 EStG).[994] Wenn die Einspeisevergütung umsatzsteuerpflichtig ist, trifft die GdWE (vertreten durch den Verwalter) insoweit die Steuererklärungspflicht, da diese selbst als Vertragspartnerin gegenüber dem Netzbetreiber auftritt. 1366

3. Erhaltungsrücklage

a) Zivilrechtliche Einordnung

Die Ansammlung einer angemessenen Erhaltungsrücklage gehört zur ordnungsmäßigen Verwaltung des Wohnungseigentums (§ 19 Abs. 2 Nr. 4 WEG). Daraus werden (zukünftige) Erhaltungsaufwendungen am Objekt vorrangig fi- 1367

993 OFD Frankfurt a. M., Verfügung v. 9.11.2022 - S 2211 A-12-St 214 RAAAJ-32205 = DStR 2023 S. 281; BMF, Schreiben v. 14.5.2025, BStBl 2025 I S. 1330 Rz. 294; BMF, Schreiben v. 16.5.2025, BStBl 2025 I S. 1388 Rz. 21 f.

994 BFH, Urteil v. 20.9.2018 - IV R 6/16, BStBl 2019 II S. 160 SAAAG-94894, zum Fall eines Bockheizkraftwerks mit Stromverkauf an die Stadtwerke.

nanziert. Jeder Wohnungseigentümer hat nach dem Wirtschaftsplan neben den Vorschüssen (für die laufenden Kosten) daher meistens auch einen monatlichen Betrag als Zuführung zur Erhaltungsrücklage an die GdWE zu leisten. Die Zuführungen mindern sich, wenn genug angespart wurde und keine größere Investition erforderlich war, bzw. erhöhen sich (wieder), wenn aus der Erhaltungsrücklage Mittel abgeflossen sind. Die Erhaltungsrücklage ist eine Teilmenge des Gemeinschaftsvermögens (§ 9a Abs. 3 WEG) und gehört der GdWE (siehe auch →Rz. 63 ff.).

b) Einkommensteuer

1368 Die Zahlungen der Wohnungseigentümer in die Erhaltungsrücklage sind zunächst nicht steuerwirksam (siehe dazu auch →Rz. 271 ff.). Es entstehen erst und nur insoweit Aufwendungen in Form von Steuerermäßigungen (selbstgenutztes Wohnungseigentum),[995] Werbungskosten (vermietetes Wohnungseigentum)[996] oder Betriebsausgaben (betrieblich genutztes Teileigentum),[997] wenn die GdWE aus der Erhaltungsrücklage entsprechende Mittel verwendet (d. h. Erhaltungsaufwand bezahlt).

1369 Dies gilt nicht nur für die selbst eingezahlten Mittel in die Erhaltungsrücklage, sondern auch nach dem Erwerb von Wohnungseigentum. Bei Anschaffung des Wohnungseigentums ist der anteilige Anspruch des erwerbenden Wohnungseigentümers aus der Erhaltungsrücklage von den Anschaffungskosten des Gebäudes bzw. Grund und Bodens abzuziehen. Beim Erwerber wird dieser „gespeicherte Aufwand" bei Mittelverwendung durch die GdWE steuerwirksam. Der Veräußerer des Wohnungseigentums verliert damit seine Berechtigung, aus der Erhaltungsrücklage zukünftig steuerrelevanten Aufwand zu generieren.

c) Grunderwerbsteuer

1370 Beim Erwerb von Wohnungseigentum ist der vereinbarte Kaufpreis als Bemessungsgrundlage der Grunderwerbsteuer nicht um die anteilige Erhaltungsrücklage zu mindern (siehe →Rz. 1116).[998]

995 BFH, Urteil v. 20.4.2023 - VI R 24/20, BStBl 2023 II S. 906 RAAAJ-43899, zur Steuerermäßigung nach § 35a EStG für haushaltsnahe Dienstleistungen und Handwerkerleistungen bei Mietern.

996 BFH, Urteil v. 14.1.2025 - IX R 19/24, BStBl 2025 II S. 291 UAAAJ-86018.

997 BFH, Urteil v. 15.1.2026 - IV R 19/23 YAAAK-10418, juris; BFH, Urteil v. 5.10.2011 - I R 94/10, BStBl 2012 II S. 244 NAAAE-00562.

998 BFH, Urteil v. 16.9.2020 - II R 49/17, BStBl 2020 II S. 339 NAAAH-69239.

d) Erbschaft- und Schenkungsteuer

In Erbschaft- und Schenkungsteuerfällen ist nach Auffassung der Finanzverwaltung[999] bei der Übertragung von Wohnungs- oder Teileigentum die Höhe der Erhaltungsrücklage zu ermitteln und neben dem übertragenen Wohnungs- bzw. Teileigentum als gesonderte Kapitalforderung zu erfassen (siehe →Rz. 979 ff.). 1371

4. Umsatzsteuer bei Vermietung von Sondereigentum, Gemeinschaftseigentum und Gemeinschaftsvermögen

a) Vermietung von einzelnem Wohnungseigentum

Wenn der Wohnungseigentümer sein Wohnungseigentum umsatzsteuerpflichtig vermietet, schuldet er als Vermieter (Unternehmer nach § 2 UStG) die Umsatzsteuer (siehe dazu auch →Rz. 836 ff.). Die GdWE hat damit insoweit nichts zu tun. Den Wohnungseigentümer trifft die Steuererklärungspflicht und er erhält als Inhaltsadressat den Umsatzsteuerbescheid.[1000] 1372

b) Vermietung von Gemeinschaftseigentum

Bei einer umsatzsteuerpflichtigen Vermietung des gemeinschaftlichen Eigentums (z. B. von Fahrzeugstellplätzen nach § 4 Nr. 12 Satz 2 UStG oder einer Option zur Umsatzsteuer an einen Unternehmer nach § 9 UStG) sind nicht die Wohnungseigentümer (als Bruchteilsgemeinschaft) umsatzsteuerpflichtig. Die GdWE selbst ist als Unternehmerin umsatzsteuerpflichtig, da sie den Mietvertrag schließt und als Vermieterin auftritt. Die Umsatzsteuererklärung hat die GdWE (vertreten durch den Verwalter) einzureichen. 1373

c) Vermietung von Gemeinschaftsvermögen

Die Vermietung von Gemeinschaftsvermögen der GdWE (§ 9a Abs. 3 WEG) ist ein praktischer Ausnahmefall (siehe auch →Rz. 1266 ff.). Bei einer darüber hinaus umsatzsteuerpflichtigen Vermietung muss es sich schon um einen relevanten Sachverhalt handeln, bei dem die Umsatzgrenzen der Kleinunternehmerregelung des § 19 UStG (25.000 € im Jahr) überschritten werden oder zur Umsatzsteuerpflicht aktiv optiert wird. Steuerschuldnerin (Unternehmerin 1374

999 OFD Frankfurt a. M., Verfügung v. 9.6.2020, ErbStB 2020 S. 353; a. A. Drasdo, DStR 2026 S. 394.

1000 Grundsätzlich ist die Umsatzsteuer aber eine Anmeldungsteuer nach §§ 167, 168 AO, bei der nur dann ein Bescheid ergeht, wenn vom Finanzamt von den erklärten Werten abgewichen wird.

i.S.des §2 UStG) ist dabei die GdWE, welche die Umsatzsteuervoranmeldungen bzw. -jahreserklärungen (vertreten durch den Verwalter) beim Finanzamt einzureichen hat.

d) Leistungen der Gemeinschaft der Wohnungseigentümer an die einzelnen Wohnungseigentümer

1375 Die GdWE ist nicht Eigentümerin des gemeinschaftlichen Eigentums am Grundstück. Vielmehr sind die Wohnungseigentümer zivilrechtlich die Miteigentümer daran (soweit die einzelnen Wohnungen nicht in ihrem Sondereigentum stehen). Durch §18 WEG liegt die Verwaltung des gemeinschaftlichen Eigentums aber bei der GdWE. Die Wohnungseigentümer haben daher nicht selbst das Recht, z.B. Wartungsverträge für das Grundstück abzuschließen. Dafür ist die GdWE (vertreten durch den Verwalter) verantwortlich. Dies wird nach überwiegender Auffassung umsatzsteuerrechtlich so beurteilt, dass Leistungsbezüge für das gemeinschaftliche Eigentum (z.B. Reparaturarbeiten, Gebäudereinigung, Gartenpflege) zunächst – umsatzsteuerrechtlich gedacht – durch die GdWE selbst bezogen und unmittelbar danach (gewissermaßen automatisch) an die einzelnen Wohnungseigentümer „weitergeleistet" werden (Leistungskette). Dieser „Zweitumsatz" würde zwangsläufig zu einer zusätzlichen Umsatzsteuerbelastung führen (siehe auch →Rz.1273ff.):

- erster Umsatz: Leistung des Dienstleisters an die GdWE;
- zweiter Umsatz: Leistung der GdWE an die Wohnungseigentümer.

1376 Daher regelt §4 Nr.13 UStG die Umsatzsteuerfreiheit für „die Überlassung des gemeinschaftlichen Eigentums zum Gebrauch, seiner Instandhaltung, Instandsetzung und sonstigen Verwaltung sowie der Lieferung von Wärme und ähnlichen Gegenständen" durch die GdWE an die Wohnungseigentümer (siehe →Rz.1279ff.). In bestimmten Fällen kann die GdWE (auf Wunsch des Wohnungseigentümers) aber auf die Steuerfreiheit verzichten (Option nach §9 UStG).

STICHWORTVERZEICHNIS

D

E

V

W

Z

Herkens
Die Eigentumswohnung im Steuerrecht

Zusätzliche digitale Inhalte für Sie!

Dieses Buch bietet Ihnen mehr als nur eine gedruckte Version! Nutzen Sie die folgenden Möglichkeiten, die Ihnen für dieses Produkt in der NWB Datenbank zur Verfügung stehen.

Online-Version

Sie haben das gedruckte Exemplar Ihres Buches nicht zur Hand oder möchten etwas schnell recherchieren? Dann nutzen Sie die Online-Version Ihres Buches. Diese steht Ihnen nach Eingabe des folgenden Freischaltcodes direkt zur Verfügung.

Schalten Sie sich Ihre digitalen Mehrwerte direkt frei:

Scannen Sie den QR-Code **oder** rufen Sie die Seite www.nwb.de auf.
Geben Sie den Freischaltcode ein und folgen Sie dem Anmeldedialog. Fertig!

Ihr Freischaltcode

BJFP-MEZM-YYGZ-WHOE-CKYE-FN

www.nwb.de

Die Eigentumswohnung im Steuerrecht

Von

Jens Herkens, Aachen

nwb

ISBN 978-3-482-60011-1

1. Aufl. 2026

www.nwb.de
NWB Verlag GmbH & Co. KG
Eschstr. 22
44629 Herne
service@nwb.de

Satz: Reemers Publishing Services GmbH, Krefeld

Druck: Stückle Druck und Verlag, Ettenheim

Um eine gute Lesbarkeit zu gewährleisten, verwenden wir in Fachtexten in der Regel geschlechtsspezifische Personenbezeichnungen. Selbstverständlich sind damit alle Menschen gleichermaßen gemeint.

VORWORT

Grundsätzlich bildet ein Grundstück eine einheitliche zivilrechtliche Sache. Dies gilt auch dann, wenn sich auf dem Grundstück ein Gebäude mit mehreren Wohnungen oder Gewerbeeinheiten befindet. Durch das Wohnungseigentumsgesetz (WEG) ist es jedoch möglich, ein Grundstück rechtlich aufzuteilen und die einzelnen Wohnungen zusammen mit dem Bodenanteil als „Wohnungseigentum" (§ 1 WEG) einem Eigentümer zuzuweisen. Umgangssprachlich wird diese Eigentumsform oft als „Eigentumswohnung" bezeichnet. In Deutschland existieren ungefähr zehn Millionen solcher Einheiten. Das entspricht einem Viertel des gesamten deutschen Wohnungsbestands.

Die Besteuerungsfolgen aus dem Erwerb, der Nutzung oder der Veräußerung einer Eigentumswohnung im Sinne des Wohnungseigentumsgesetzes stellt die Praxis oft vor Herausforderungen. Nicht zuletzt das Verhältnis zwischen der Vielheit der Eigentumswohnungen einer Wohnanlage zu der Einheit der Wohnungseigentümergemeinschaft schafft Fragestellungen, die oft über die ohnehin bereits bestehenden Fragen der Immobilienbesteuerung hinausreichen.

Dieses Handbuch möchte einen umfassenden Überblick über alle wesentlichen Besteuerungsaspekte rund um die Eigentumswohnung bieten. Die Regelungen der Besteuerung werden grundlegend erläutert und daran anknüpfend die besonderen Fragestellungen behandelt, welche sich durch die zivilrechtliche Besonderheit des Wohnungseigentumsrechts ergeben.

Neben der Einkommensteuer (insbesondere für die selbstgenutzte und die vermietete Eigentumswohnung) werden die Bezüge zu Betriebsvermögen, Umsatzsteuer und Gewerbesteuer sowie Grundlagen zur Erbschaft- und Schenkungsteuer, Grunderwerbsteuer und Grundsteuer dargestellt. Der Inhalt konzentriert sich überwiegend auf typische Sachverhalte. Er bietet nicht nur den Berufsträgern und Mitarbeitern der Steuerkanzleien, sondern auch Wohnungsverwaltern und ambitionierten Wohnungseigentümern die Möglichkeit, zu den jeweiligen Sachverhalten und Besteuerungssituationen eine aktuelle und verständliche Erläuterung der Rechtslage zu erhalten.

Die Darstellung orientiert sich dabei in erster Linie an der Auffassung der Finanzverwaltung, um dem praktischen Anwender eine rechtssichere Orientierung im Besteuerungsverfahren zu geben. Abweichende Meinungen in der Literatur und die eigene Meinung des Verfassers werden ausdrücklich als solche gekennzeichnet. Wenn es zu einzelnen Gesichtspunkten noch keine Rechtsprechung oder Verwaltungsauffassung gibt, werden Lösungen vorgeschlagen, welche eine dogmatisch überzeugende oder aber zumindest praxisgerechte Lösung bieten können.

Die zahlreichen Beispiele in diesem Handbuch sollen helfen, die dargestellten Themen den konkreten Besteuerungssituationen zuordnen zu können.

Der Autor und der Verlag freuen sich auf Hinweise, Anregungen und Kritik zu diesem Handbuch.

Aachen, im März 2026

Jens Herkens

INHALTSÜBERSICHT

INHALTSVERZEICHNIS

III. VERMIETETES WOHNUNGSEIGENTUM DES PRIVATVERMÖGENS IN DER EINKOMMENSTEUER

VIII. VERMÖGENSVERWALTENDE PERSONENGESELLSCHAFTEN

XII. UMSATZSTEUER BEI WOHNUNGSEIGENTUM

XIV. GRUNDERWERBSTEUER BEI WOHNUNGSEIGENTUM

XVII. VERWALTER

ABKÜRZUNGSVERZEICHNIS

A

a. A.	anderer Ansicht
a. a. O.	am angegebenen Ort
abl.	ablehnend
ABl.	Amtsblatt (der Europäischen Union)
Abs.	Absatz
abzgl.	abzüglich
a. E.	am Ende
AEAO	Anwendungserlass Abgabenordnung
AEBewGrSt	Anwendungserlass zur Bewertung des Grundvermögens für die Grundsteuer
AEGrStG	Anwendungserlass zum Grundsteuergesetz
a. F.	alte Fassung
AfA	Absetzung für Abnutzung
AfaA	Absetzung für außergewöhnliche Abnutzung
AG	Amtsgericht/Aktiengesellschaft
AK	Anschaffungskosten
Alt.	Alternative
a. M.	andere Meinung
Anm.	Anmerkung
AnwBl	Anwaltsblatt (Zeitschrift; Jahr und Seite)
AO	Abgabenordnung
ArbGG	Arbeitsgerichtsgesetz
Art.	Artikel

B

BAG	Bundesarbeitsgericht
BauGB	Baugesetzbuch
BayGrStG	Bayerisches Grundsteuergesetz
BayLfSt	Bayerisches Landesamt für Steuern
BayObLGZ	Sammlung der Entscheidungen des Bayerischen Obersten Landesgerichts in Zivilsachen
BayRS	Bayerische Rechtssammlung
BB	Der Betriebs-Berater (Zeitschrift)
BeckRS	Beck-Rechtsprechungssammlung
BewG	Bewertungsgesetz
BezG	Bezirksgericht
BFH	Bundesfinanzhof

BFH/NV	Entscheidungen des Bundesfinanzhofs (nicht veröffentlicht)
BFH-Rev.	Revision beim Bundesfinanzhof
BGB	Bürgerliches Gesetzbuch
BGBl	Bundesgesetzblatt
BGH	Bundesgerichtshof
BGHZ	Entscheidungen des Bundesgerichtshofs in Zivilsachen (Band und Seite)
BMF	Bundesministerium der Finanzen
BR-Drucks.	Bundesratsdrucksache
bspw.	beispielsweise
BStBl	Bundessteuerblatt
BT-Drucks.	Bundestagsdrucksache
Buchst.	Buchstabe
BVerfG	Bundesverfassungsgericht
BVerwG	Bundesverwaltungsgericht
BW	Baden-Württemberg
bzw.	beziehungsweise

C

ca.	circa

D

DB	Der Betrieb (Zeitschrift)
DBA	Doppelbesteuerungsabkommen
d. h.	das heißt
DNotZ	Deutsche Notar-Zeitschrift (Zeitschrift)
DSGVO	Datenschutzgrundverordnung
DStR	Deutsches Steuerrecht (Zeitschrift)
DVBl	Deutsches Verwaltungsblatt (Zeitschrift)
DWW	Deutsche Wohnungswirtschaft (Zeitschrift)

E

EFG	Entscheidungen der Finanzgerichte (Zeitschrift)
EG	Erdgeschoss; Einführungsgesetz
eGbR	eingetragene Gesellschaft bürgerlichen Rechts
ErbbauRG	Erbbaurechtsgesetz
ErbStB	Der Erbschaft-Steuer-Berater (Zeitschrift)
ErbStG	Erbschaftsteuer- und Schenkungsteuergesetz
ErbStH	Erbschaftsteuer-Hinweise
ErbStR	Erbschaftsteuer-Richtlinien

ErbStRG	Erbschaftsteuerreformgesetz
EStDV	Einkommensteuer-Durchführungsverordnung
EStG	Einkommensteuergesetz
EStH	Einkommensteuer-Hinweise
EStR	Einkommensteuer-Richtlinien
etc.	et cetera
EÜR	Einnahmenüberschussrechnung
EuG	Gericht der Europäischen Union
EuGH	Europäischer Gerichtshof
EZ	Erhebungszeitraum

F

f.	folgend(e)
FA	Finanzamt
ff.	fortfolgend(e)
FG	Finanzgericht
FGG	Gesetz über die Angelegenheiten der freiwilligen Gerichtsbarkeit
FGO	Finanzgerichtsordnung
Fn.	Fußnote
FR	Finanz-Rundschau (Zeitschrift)

G

GBl.	Gesetzblatt
GBO	Grundbuchordnung
GbR	Gesellschaft bürgerlichen Rechts
GdWE	Gemeinschaft der Wohnungseigentümer
gem.	gemäß
GenG	Gesetz betr. die Erwerbs- und Wirtschaftsgenossenschaften
GewSt	Gewerbesteuer
GewStDV	Gewerbesteuer-Durchführungsverordnung
GewStG	Gewerbesteuergesetz
GewStH	Gewerbesteuer-Hinweise
GG	Grundgesetz für die Bundesrepublik Deutschland
ggf.	gegebenenfalls
GmbH & Co. KG	Gesellschaft mit beschränkter Haftung & Compagnie Kommanditgesellschaft
GmbHG	Gesetz betr. die Gesellschaften mit beschränkter Haftung
GmbHR	GmbH-Rundschau (Zeitschrift)

GNotKG	Gesetz über Kosten der freiwilligen Gerichtsbarkeit für Gerichte und Notare (Gerichts- und Notarkostengesetz)
grds.	grundsätzlich
GrESt	Grunderwerbsteuer
GrEStG	Grunderwerbsteuergesetz
GrStG	Grundsteuergesetz
GS Schl.-H.	Großer Senat des Finanzgerichts Schleswig-Holstein
GVBl.	Gesetz- und Verordnungsblatt
GWB	Gesetz gegen Wettbewerbsbeschränkungen

H

HFR	Höchstrichterliche Finanzsprechung
HGB	Handelsgesetzbuch
HGrStG	Hessisches Grundsteuergesetz
HK	Herstellungskosten
h. M.	herrschende Meinung
HmbGrStG	Hamburgisches Grundsteuergesetz
HmbGVBl.	Hamburgisches Gesetz- und Verordnungsblatt

I

i. d. F.	in der Fassung
i. d. R.	in der Regel
i. H. von	In Höhe von
ImmoWertV	Immobilienwertermittlungsverordnung
i. S. von	im Sinn(e) von
i. V. mit	in Verbindung mit

J

JStG	Jahressteuergesetz

K

Kfz	Kraftfahrzeug
KG	Kommanditgesellschaft; Kammergericht (Berlin)
KostO	Kostenordnung
KStG	Körperschaftsteuergesetz
KStH	Körperschaftsteuer-Hinweise
KStR	Körperschaftsteuer-Richtlinien
kWp	Kilowatt peak (Kilowatt Spitzenleistung)

L

LAG	Landesarbeitsgericht
LfSt	Landesamt für Steuern
LG	Landgericht
LGrStG	Landesgrundsteuergesetz
Lit.	Literatur
Ls.	Leitsatz
LSA	Lohnsteuer-Anmeldung
LSF	Lohnsteuerabzugsverfahren
LStR	Lohnsteuer-Richtlinien

M

m.	mit
MDR	Monatsschrift für Deutsches Recht (Zeitschrift)
m. E.	meines Erachtens
MiLoG	Mindestlohngesetz
mind.	mindestens
Mio.	Million
MittRhNotK	Mitteilungen der Rheinischen Notarkammer
m. w. N.	mit weiteren Nachweisen
MwStR	Mehrwertsteuer-Richtlinien
MwStSystRL	Mehrwertsteuer-Systemrichtlinie

N

n. F.	neue Fassung
NJ	Neue Justiz (Zeitschrift)
NJW	Neue Juristische Wochenschrift (Zeitschrift)
NJW-RR	NJW-Rechtsprechungs-Report (Zeitschrift)
Nr.	Nummer
nrkr.	nicht rechtskräftig
NV-Bescheinigung	Nichtveranlagungs-Bescheinigung
NWB	Neue Wirtschafts-Briefe
NWB EN-Nr.	Neue Wirtschafts-Briefe Eilnachrichten
NZG	Neue Zeitschrift für Gesellschaftsrecht (Zeitschrift)
NZM	Neue Zeitschrift für Miet- und Wohnungsrecht (Zeitschrift)

O

o. a.	oben angegeben
o. Ä.	oder Ähnliches

OFD	Oberfinanzdirektion
OG	Obergeschoss
OHG	offene Handelsgesellschaft
OLG	Oberlandesgericht
OLGE	Sammlung der Rechtsprechung der Oberlandesgerichte
OLGZ	Entscheidungen der Oberlandesgerichte in Zivilsachen (Zeitschrift)
OVG	Oberverwaltungsgericht

P

p. a.	per annum, pro Jahr
PartG	Parteiengesetz
PV	Photovoltaik

R

R.	Richtlinie
Rdn.	Randnummer
rkr.	rechtskräftig
Rspr.	Rechtsprechung
RVG	Rechtsanwaltsvergütungsgesetz
Rz.	Randziffer

S

S.	Seite
SGB	Sozialgesetzbuch
SGG	Sozialgerichtsgesetz
sog.	sogenannte/r/s
StBerG	Steuerberatungsgesetz
Stbg	Die Steuerberatung (Zeitschrift)
StBG	Steuerberatungsgesellschaft
StGB	Strafgesetzbuch
StPO	Strafprozessordnung
str.	streitig
st. Rspr.	ständige Rechtsprechung

T

Tz.	Textziffer

U

u.	und

u. a.	unter anderem; und andere
u. Ä.	und Ähnliche(s)
UR	UmsatzsteuerRundschau (Zeitschrift)
UStAE	Umsatzsteuer-Anwendungserlass
UStB	Umsatzsteuerberater (Zeitschrift)
UStDV	Umsatzsteuer-Durchführungsverordnung
UStG	Umsatzsteuergesetz
USt-VA	Umsatzsteuer-Voranmeldung
UmwG	Umwandlungsgesetz
UmwStG	Umwandlungssteuergesetz
UR	UmsatzsteuerRundschau (Zeitschrift)
usw.	und so weiter
u. U.	unter Umständen
UVR	Umsatzsteuer- und Verkehrsteuer-Recht (Zeitschrift)

V

v.	vom, von
VAG	Versicherungsaufsichtsgesetz
VBG	Verwaltungsberufsgenossenschaft
vGA	verdeckte Gewinnausschüttung
VermG	Gesetz zur Regelung offener Vermögensfragen
VersR	Versicherungsrecht (Zeitschrift)
VGH	Verwaltungsgerichtshof
vgl.	vergleiche
vorl.	vorläufig(e/r/s)
VorSt	Vorsteuer
VV	Vergütungsverzeichnis
VZ	Veranlagungszeitraum

W

WEG	Wohnungseigentumsgesetz
WEMoG	Wohnungseigentumsmodernisierungsgesetz
WJ	Wirtschaftsjahr
WoFlV	Wohnflächenverordnung

Z

z. B.	zum Beispiel
ZEV	Zeitschrift für Erbrecht und Vermögensnachfolge (Zeitschrift)
zfs	Zeitschrift für Schadensrecht (Zeitschrift)
Ziff.	Ziffer

ZMR	Zeitschrift für Miet- und Raumrecht (Zeitschrift)
ZPG	Zeitschrift für das Recht der Personengesellschaften und Einzelunternehmen (Zeitschrift)
ZPO	Zivilprozessordnung
ZUGFeRD	Zentraler User Guide des Forums elektronische Rechnung Deutschland
zzgl.	zuzüglich
ZZP	Zeitschrift für Zivilprozess (Zeitschrift)

LITERATURVERZEICHNIS

Monografien/Kommentare

B

Behrens/Wachter, GrEStG Kommentar, 2. Aufl. 2022

Bordewin/Brandt/Bode, EStG Kommentar, Loseblattwerk, 473. Aktualisierung 2025

Bunjes, UStG Kommentar, 24. Aufl. 2025

D

Drasdo/Elzer (Hrsg.), Münchener Handbuch des Wohnungseigentumsrechts, 8. Aufl. 2023

E

Erman, BGB, 17. Aufl. 2023

G

Grootens, Grundsteuergesetz, Bewertungsgesetz Kommentar, 3. Aufl. 2025

Grüneberg, BGB, 85. Aufl. 2026

H

Hau/Poseck, BeckOK BGB, Onlinekommentar

Herrmann/Heuer/Raupach, EStG/KStG Kommentar, Loseblattwerk, 336. Aktualisierung 2026

K

Kirchhof/Seer, EStG Kommentar, 24. Aufl. 2025

Küffner/Zugmaier, UStG Kommentar, Loseblattwerk, 189. Aktualisierung 2025

R

Rau/Dürrwächter, UStG Kommentar, Loseblattwerk, 219. Aktualisierung 2026

S

Schmidt, EStG Kommentar, 44. Aufl. 2025

Söffing/Micker, Die Betriebsaufspaltung, 10. Aufl. 2025

W

Wendt/Suchanek/Möllmann/Heinemann, GewStG Kommentar, 3. Aufl. 2025

Aufsätze

B

Behrens, Urteilsanmerkung zu BFH v. 21.7.2020 - IX R 26/19, BB 2021 S. 1057

Ders., Urteilsanmerkung zu BFH v. 7.10.2025 - IX R 26/24, BB 2026 S. 306

Bruschke, Steuerliche Behandlung einer Schenkung unter Auflage im Erbschaftsteuer- und im Grunderwerbsteuerrecht, UVR 2025 S. 252

C

von Cölln, Anzeigepflichten für Immobilieneigentümer nach Abgabe der Grundsteuererklärung, NWB 17/2023 S. 1243

D

Dachauer, Urteilsanmerkung zu BFH v. 16.9.2020 - II R 49/17, BB 2021 S. 800

Dorn/Mayer/Stein, Ertragsteuerliche Behandlung vermögensverwaltender Personengesellschaften, DStR 2025 S. 1969

Dorn/Weiss, Das Optionsmodell iSd § 1a KStG – eine Option für vermögensverwaltende Personengesellschaften?, DStR 2021 S. 2489

Drasdo, Die Erhaltungsrücklage im Erbschaft- und Schenkungsteuerrecht, DStR 2026 S. 394

F

Fraatz-Rosenfeld, Ansprüche einzelner WEG-Eigentümer auf bauliche Veränderungen im Wohnungseigentum, NWB 7/2025 S. 452

G

Grootens, Urteilsanmerkung zu BFH v. 12.11.2025 - II R 3/25, II R 25/24, II R 31/24, ErbStB 2026 S. 63

H

Hante/Mühlenstädt, Noch kein Werbungskostenabzug für Hausgeldzahlungen in die Erhaltungsrücklage, NWB 26/2025 S. 1774

Heinrichshofen, Umsatzsteuerliche Streitvermeidung bei Nebenkostenabrechnungen?, UVR 2025 S. 313

Hofele, (Neue) Rechte der Wohnungseigentümer nach der WEG-Reform, NWB 20/2021 S. 1462

Ders., Steuerliche Pflichten des Verwalters als Organ der WEG, NWB 35/2022 S. 2475

Ders., Besondere Gestaltungen der Gemeinschaft der Wohnungseigentümer, NWB 36/2023 S. 2499

Hummel, Zum zutreffenden Umgang mit Urteilen des Europäischen Gerichtshof – am Beispiel des angeblich in seiner derzeitigen Fassung nicht zu rettenden § 4 Nr. 13 UStG, UR 2021 S. 173

J

Jirmann, Erneut Steuererlasse in Milliardenhöhe für Erben von Großvermögen, www.netzwerk-steuergerechtigkeit.de (letzter Abruf: 7.9.2025)

K

Kaminski, Ausgewählte aktuelle Rechtsentwicklungen aus Gesetzgebung und Rechtsprechung, Stbg 2025 S. 361

Krumm, Fehlverhalten im Steuerrecht, FR 2024 S. 241

Küffner/Wernthaler, Urteilsanmerkung zu EuGH v. 17.12.2020 - C-449/19, UR 2021 S. 103

L

Lehmann, Die Erhaltungsrücklage nach dem Wohnungseigentumsgesetz in der Erbschaft- und Schenkungsteuer, DStR 2025 S. 2349

M

Mayer/Dorn/Stein, Leistungsbeziehungen zwischen vermögensverwaltenden Personengesellschaften und ihren Gesellschaftern, DStR 2025 S. 2703

Mediger, Neue Regeln für bauliche Veränderungen im RefE WEModG oder: „weniger ist mehr", NZM 2020 S. 269

N

Nieskens, Urteilsanmerkung zu EuGH v. 4.5.2023 - C-516/21, UR 2023 S. 441

S

Schmidt, Werden die Leistungen der Wohnungseigentümergemeinschaft an ihre Eigentümer umsatzsteuerpflichtig?, NWB 7/2021 S. 454

Schmidt, Die E-Rechnung bei Wohnungseigentümergemeinschaften und ihren Verwaltern, NWB 17/2025 S. 1168

Stein, Schenkungsteuerrelevanz von Lastentragung des Nießbrauchers beim Immobiliennießbrauch, DStR 2025 S. 2115

Stein/Dorn, Urteilsanmerkung zu FG Münster v. 14.11.2024 - 3 K 906/23 F, GmbHR 2025 S. 275

Stöckel, Hauptfeststellung der Grundsteuerwerte, NWB 21/2023 S. 1498

U

Ulbrich, Neue Rechtsprechung zur kürzeren tatsächlichen Nutzungsdauer von Gebäuden, NWB 30/2025 S. 2038

W

Wagner/Behrens/Krohn, Grunderwerbsteuer: Geplanter Vorrang der Anteilsvereinigung vor den Bewegungstatbeständen und weitere Neuerungen, DB 2026 S. 482

Wenke/Lüder, Die umsatzsteuerliche Behandlung von Wohnungseigentümergemeinschaften, Teil 1: Zivil- und umsatzsteuerrechtliche Fallstricke – zugleich Besprechung des BGH-Urteils v. 15.1.2025 - XII ZR 29/24, NWB 35/2025 S. 2396

Dies., Die umsatzsteuerliche Behandlung von Wohnungseigentümergemeinschaften, Teil 2: Gestaltungsüberlegungen betreffend die Option zur Umsatzsteuerpflicht, NWB 36/2025 S. 2475

Wichmann, Kritische Überlegungen zur sogenannten Atomisierung eines Gebäudes, BB 1990 S. 975

Wicke, Dogmatische Grundfragen des Wohnungseigentums, DNotZ 2025 S. 423

Widmann, Urteilsanmerkung zu EuGH v. 17.12.2020 - C-449/19, UR 2021 S. 103

Ders., Was sagt der EuGH, wenn er etwas sagt?, UR 2021 S. 253

Wohlfart, Urteilsanmerkung zu BGH v. 15.1.2025 - XII ZR 29/24, UStB 2025 S. 177

Wübbelsmann, Die Realteilung einer vermögensverwaltenden Personengesellschaft, DStR 2019 S. 2289

I. Das Wohnungseigentum im Zivilrecht

1. Das Wohnungseigentum nach dem Wohnungseigentumsgesetz

Das bürgerliche Recht geht grds. von einem einheitlichen Eigentum an einem Grundstück aus. Das Gebäude ist dabei ein wesentlicher Bestandteil des Grundstücks und bildet damit eine zivilrechtliche Einheit (§§ 93, 94 BGB).[1] Durch das Wohnungseigentumsgesetz[2] (WEG) kann ein Grundstück jedoch zivilrechtlich in separate Eigentumseinheiten aufgeteilt werden. Dadurch ist es möglich, dass die einzelnen Räume (z. B. Wohnungen) zusammen mit den darauf anteilig entfallenden Gemeinschaftsflächen (wie z. B. Flur, Treppenhaus und Keller) sowie dem anteiligen Grund und Boden als jeweils eigene Vermögensposition bestehen. 1

Wohnungseigentum entsteht in der Praxis meistens durch die Teilungserklärung eines Alleineigentümers (z. B. Bauträgers) des Grundstücks (§ 8 WEG). Rechtlich zulässig ist auch eine Teilungsvereinbarung zwischen den Miteigentümern eines Grundstücks (§ 3 WEG). Dann wird das bisher rechtlich einheitliche Grundstück in „Wohnungseigentum" im Sinne des WEG umgewandelt. Im Grundbuch wird das bisherige Grundbuchblatt des ungeteilten Grundstücks geschlossen und für jedes durch die Teilung entstehende Wohnungseigentum ein neues Grundbuchblatt als „Wohnungsgrundbuch" (Wohnzwecke) bzw. „Teileigentumsgrundbuch" (keine Wohnzwecke) eröffnet (§§ 7, 8 Abs. 2 WEG).[3] 2

Das „Sondereigentum" bezeichnet das alleinige Eigentum des jeweiligen Wohnungseigentümers (z. B. an den Wohnräumen). Davon abzugrenzen ist das übrige Objekt, welches dann nach § 1 Abs. 5 WEG gemeinschaftliches Eigentum darstellt, das allen Wohnungseigentümer gemeinsam gehört (Miteigentum). 3

---

1 Diese Dogmatik geht zurück auf das römische Recht. Dazu ist von dem römischen Rechtsgelehrten Gaius der lateinische Rechtsgrundsatz „Superficies solo cedit" (übersetzt in etwa: „Die Oberfläche/der Überbau folgt dem Boden") überliefert (vgl. auch Wicke, DNotZ 2025 S. 423 f.).

2 Eingeführt mit dem Gesetz über das Wohnungseigentum und das Dauerwohnrecht v. 15.3.1951, BGBl 1951 I S. 175. Hintergrund war der große Wohnungsbedarf nach dem Zweiten Weltkrieg. Durch den Erwerb eines „eigenheimähnlichen Teils eines größeren Hauses" (BR-Drucks. 75/51 Anlage 2 S. 1) wurde es für viele Menschen attraktiv(er), selbst als Eigentümer in den Wiederaufbau des Wohnbestands zu investieren (und dafür Kredite aufzunehmen), als dies in der Rolle von Mietern der Fall gewesen wäre. Gleichzeitig überstieg diese individuelle Investitionsbereitschaft häufig die Möglichkeiten potenzieller Bauherren, die Eigentümer rechtlich ungeteilter Grundstücke waren.

3 Es gilt ergänzend zur Grundbuchordnung (GBO) die Verordnung über die Anlegung und Führung der Wohnungs- und Teileigentumsgrundbücher (WGV).

4 In einem Aufteilungsplan wird festgelegt, welche Grundstücksteile zu welchem Sondereigentum gehören und was im Übrigen zum gemeinschaftlichen Eigentum aller Wohnungseigentümer gehört. Zudem ist der Miteigentumsanteil der Wohnungseigentümer an dem gemeinschaftlichen Eigentum nach § 3 WGV i.V.mit § 47 GBO im Wohnungsgrundbuch als zahlenmäßiger Bruchteil ausgedrückter Miteigentumsanteil an dem Grundstück zu bestimmen, was neben dem Anteil an dem Nutzen der Eigentumsanlage (§ 16 Abs. 1 WEG) vor allem für die Kostenverteilung überwiegend[4] maßgebend ist (§ 16 Abs. 2 WEG). Die Quote muss sich nicht zwingend an die Größe oder Fläche der einzelnen Einheiten halten, wird sich aber zumindest in den Fällen von vergleichbaren Wohneigentumseinheiten in einem Objekt regelmäßig danach richten. Wie das Verhältnis zwischen Sondereigentum und Miteigentumsanteil an dem gemeinschaftlichen Eigentum festgelegt wird und welche Gesichtspunkte dabei berücksichtigt werden, können die Wohnungseigentümer bestimmen.[5] Die Grenze liegt erst bei grob unbilligen, mit Treu und Glauben (§ 242 BGB) nicht zu vereinbarenden Ergebnissen.[6]

BEISPIEL „MITEIGENTUMSANTEIL": Eine Immobilie mit einem Ladenlokal im Erdgeschoss und drei Wohnungen in den drei Obergeschossen wird nach dem WEG in vier Wohneigentumseinheiten aufgeteilt. Alle Einheiten haben die gleiche Grundfläche von 150 m². Es wird

a) für jede Einheit ein Miteigentumsanteil von 2.500/10.000,

b) für das Teileigentum im Erdgeschoss 3.334/10.000 und für die übrigen drei Einheiten des Wohnungseigentums jeweils 2.222/10.000

eingetragen.

Grundsätzlich wird sich der in der Teilungserklärung dokumentierte Miteigentumsanteil an der Größe (i.d.R. Wohn-/Nutzfläche) der Einheiten orientieren oder diesen mathematisch entsprechen. Bautechnische Besonderheiten werden dabei oft nicht berücksichtigt, wenn z.B. eine Wohnung „in der Mitte" eines Objekts automatisch weniger Heizkosten erzeugt, da deren Außenwände im Vergleich zur Wohnfläche geringer sind als bei den übrigen Wohnungen. Daher ist die Variante a) der typische Fall, da sich die Quote an der Fläche der Einheiten orientiert. In Variante b) wurde möglicherweise berücksichtigt, dass die gewerbliche Nutzung des Erdgeschosses durch die faktisch höhere Nutzung des Objekts (z.B. wegen des Kundenverkehrs) einen angemessenen höheren Beitrag zu den Kosten über einen höheren Miteigentumsanteil zugewiesen bekommt.

5 Es ist nicht zwingend, dass jedes Wohnungseigentum einer Anlage verschiedenen Eigentümern gehört. Einer Person können auch zwei oder mehr Wohnun-

4 Durch die Gemeinschaftsordnung oder eine separate Vereinbarung kann die Kostentragung aber individuell für bestimmte Kostenarten abweichend vereinbart werden.

5 BGH, Urteil v. 18.6.1976 - V ZR 156/75, NJW 1976 S. 1976.

6 BGH, Beschluss v. 7.10.2004 - V ZB 22/04, NJW 2004 S. 3413 EAAAC-01783.

gen in derselben Wohnungseigentümergemeinschaft gehören. Nach einer Teilungserklärung des Alleineigentümers (§ 8 WEG) ist es immer (zunächst) so, dass alle Einheiten derselben Person gehören.

Wird das Sondereigentum als Wohnung (zu Wohnzwecken) genutzt, wird das Eigentum als „Wohnungseigentum" bezeichnet. Die nicht zu Wohnzwecken dienenden Räume des Gebäudes (z. B. Nutzung für gewerbliche oder freiberufliche Zwecke) werden als „Teileigentum" bezeichnet (§ 1 Abs. 1 WEG). Für das Teileigentum gelten jedoch die Vorschriften über das Wohnungseigentum entsprechend (§ 1 Abs. 6 WEG). Wenn hier von Wohnungseigentum die Rede ist, gelten die Aussagen grds. auch für das Teileigentum. 6

Die „Gemeinschaft der Wohnungseigentümer" (GdWE) oder „Wohnungseigentümergemeinschaft" ist eine eigene rechtliche Person (§ 9a WEG). Dieser Verband besteht aus allen Wohnungseigentümern als dessen Mitgliedern und ist das zentrale Entscheidungsorgan für die Angelegenheiten der Gemeinschaft. Er ist mit der Verwaltung des gemeinschaftlichen Eigentums beauftragt (§ 18 Abs. 1 WEG). Regelmäßig wird die GdWE durch einen Verwalter gerichtlich und außergerichtlich vertreten (§ 9b WEG). 7

Durch das Wohnungseigentumsmodernisierungsgesetz v. 16.10.2020 (WEMoG)[7] wurde das Wohnungseigentumsrecht zum 1.12.2020 reformiert. Die nachfolgende Darstellung bezieht sich auf das aktuelle Recht.[8] 8

2. Die Zuordnung des Eigentums und die Rechtsbeziehungen zueinander

a) Wohnungseigentum

Das Wohnungseigentum (§ 1 Abs. 2 WEG) besteht aus drei Elementen, die zusammen eine rechtliche Einheit[9] (Wohnungseigentum) bilden: 9

1. Das Miteigentum (§ 1008 BGB) an dem Gemeinschaftseigentum eines Grundstücks;
2. Das Sondereigentum an Räumen (z. B. einer Wohnung) bzw. an dem Grundstücksteil eines Grundstücks (§§ 1 Abs. 2, 3 Abs. 1 WEG);

7 Wohnungseigentumsmodernisierungsgesetz v. 16.10.2020, BGBl 2020 I S. 2187.

8 Zu den Änderungen durch die Reform des WEG zum 1.12.2020 vgl. Hofele, NWB 20/2021 S. 1462 XAAAH-78565.

9 Diese Struktur kann auch mit der Formel der „dreigliedrigen Einheit von Miteigentum, Sondereigentum und Mitgliedschaftsrecht" zusammengefasst werden, vgl. Wicke, DNotZ 2025 S. 423, 427, 430 m. w. N.

3. Das Mitgliedschaftsrecht an der Gemeinschaft der Wohnungseigentümer (§ 9a WEG).

10 Das Miteigentum, das Sondereigentum und die Mitgliedschaft an der Wohnungseigentümergemeinschaft sind untrennbar miteinander verbunden und können z. B. nur zusammen übertragen werden.

b) Wohnungseigentümer

11 Der Wohnungseigentümer ist der Inhaber des Wohnungseigentums. Dies kann z. B. eine natürliche oder juristische Person sein. Es ist aber auch zulässig, dass eine rechtsfähige Personengesellschaft oder eine Personengemeinschaft der Wohnungseigentümer ist. Am Wohnungseigentum selbst kann wiederum Miteigentum bestehen.

BEISPIEL „WOHNUNGSEIGENTÜMER": Eine Immobilie ist nach dem WEG in fünf Wohneigentumseinheiten aufgeteilt. Wohnungseigentümer sind:

- EG-Wohnung: Herr H;
- 1. OG-Wohnung: Herr M und Frau F (Beide Personen sind als Miteigentümer am selben Wohnungseigentum anzusehen.);
- 2. OG-Wohnung: X-GmbH & Co. KG;
- 3. OG-Wohnung: AB-eGbR;
- DG-Wohnung: Y-GmbH.

c) Teileigentum

12 Das Teileigentum (§ 1 Abs. 3 WEG) ist wie das Wohnungseigentum zu behandeln (§ 1 Abs. 6 WEG). Es bezieht sich jedoch nicht auf Wohnraum, sondern auf eine andere Nutzungsform (insbesondere für gewerbliche oder freiberufliche Zwecke wie z. B. als Büro oder Ladenlokal).

d) Sondereigentum

13 Jede Wohnung steht im Sondereigentum des jeweiligen Wohnungseigentümers (§ 1 Abs. 2 WEG). Das Sondereigentum ist nicht lediglich ein Nutzungsrecht an den Räumen, sondern ein „Volleigentum" daran. Sondereigentum kann im Grundsatz nur an abgeschlossenen Räumen bestehen (§ 3 Abs. 3 WEG). Erforderlich ist daher eine Bescheinigung der zuständigen Baubehörde für das Grundbuchamt, dass die Wohnungen oder sonstigen Räume in sich abgeschlossen sind (Abgeschlossenheitsbescheinigung nach § 7 Abs. 4 WEG). Ein Stellplatz „im Freien" gilt jedoch auch als Raum (§ 3 Abs. 1 Satz 2 WEG)

und ist daher auch sondereigentumsfähig. Zu Sondereigentum im Betriebsvermögen siehe →Rz. 597 f.

Es ist auch Sondereigentum an Außenanlagen möglich, die weder einen Raum darstellen noch die Stellplatzeigenschaft erfüllen. Dies betrifft in der Praxis vor allem Terrassen und Gärten, welche somit auch sonderrechtsfähig sind (§ 3 Abs. 2 WEG). Im Gegensatz zu Räumen und Stellplätzen können Freiflächen jedoch kein eigenes Sondereigentum begründen, sondern nur ein bestehendes Sondereigentum (z. B. Wohnung) „ergänzen“.[10] 14

BEISPIEL „SONDEREIGENTUM“: ▸ Eine Immobilie ist nach dem WEG in drei Wohneigentumseinheiten aufgeteilt. Frau F ist Wohnungseigentümerin der Erdgeschosswohnung (Sondereigentum), zu der nach dem Aufteilungsplan auch eine Terrasse gehört. Die Terrasse gehört damit zum selben Sondereigentum wie die Räume der Erdgeschosswohnung und steht nicht im gemeinschaftlichen Eigentum. Der Garten ist aber keinem Wohnungseigentum zugeordnet und gehört damit zum gemeinschaftlichen Eigentum aller drei Wohnungseigentümer.

Alle Teile des gesamten Grundstücks, die nicht im Sondereigentum der jeweiligen Wohnungseigentümer stehen, sind das gemeinschaftliche Eigentum (§ 1 Abs. 5 WEG). 15

e) Gemeinschaftliches Eigentum

„Gemeinschaftliches Eigentum“ (§ 1 Abs. 5 WEG) bezeichnet das gesamte Grundstück selbst (den Grund und Boden) und das Gebäude der Wohnungseigentümergemeinschaft, welches nicht im jeweiligen Sondereigentum steht und an dem demzufolge alle Wohnungseigentümer gemeinschaftlich beteiligt sind. Das gemeinschaftliche Eigentum ist Bruchteilseigentum.[11] Die Wohnungseigentümer haben über ihr Wohnungseigentum das Recht, das gemeinschaftliche Eigentum (mit) zu nutzen. Dies ist z. B. evident bei dem Weg durch das Treppenhaus, um zur eigenen Wohnung (Sondereigentum) zu gelangen. Auch ein Mieter der Wohnung hat das Recht, das gemeinschaftliche Eigentum zu nutzen.[12] 16

---

10 Denkbar wäre es, dass ein Stellplatz (ohne Wohnung) als Sondereigentum mit gemeinschaftlichem Miteigentum als Teileigentum i. S. des § 1 Abs. 2 WEG begründet wird; Hügel in BeckOK, BGB; Hau/Poseck, § 3 WEG Rz. 12 (Stand: 1.11.2025).

11 Hügel in BeckOK, BGB; Hau/Poseck, § 3 WEG Rz. 2 (Stand: 1.11.2025).

12 OLG Düsseldorf, Beschluss v. 15.6.2004 - I-3 Wx 97/04, NJW-RR 2005 S. 163: Der Mieter einer im Sondereigentum stehenden Wohnung oder eines Ladenlokals ist im gleichen Umfang wie der Eigentümer selbst berechtigt, das gemeinschaftliche Eigentum mit zu gebrauchen, soweit es mit der Nutzung der von ihm gemieteten Räume zusammenhängt.

BEISPIEL „GEMEINSCHAFTLICHES EIGENTUM": Eine Immobilie ist nach dem WEG in drei Wohneigentumseinheiten aufgeteilt und verfügt über einen Garten. Herr H, Herr K und Frau E sind die jeweiligen Wohnungseigentümer. Da nach dem Aufteilungsplan bis auf die Wohnungen kein Sondereigentum begründet wurde, steht das gesamte Grundstück (bis auf die Wohnungen) im gemeinschaftlichen Eigentum. Der Garten ist keinem Wohnungseigentum zugeordnet und gehört damit auch zum gemeinschaftlichen Eigentum aller drei Wohnungseigentümer. Daher können z. B. alle Wohnungseigentümer (vorbehaltlich besonderer Regelungen) den Garten nutzen. Für die Gemeinschaftsflächen (z. B. Flure, Waschkeller, Treppen) gilt dies ohnehin.

17 Die Abgrenzung zwischen dem Sondereigentum und dem Gemeinschaftseigentum ist im Einzelfall schwierig und wird letztlich durch den Bundesgerichtshof entschieden. So stehen z. B. folgende Gegenstände und Bestandteile im gemeinschaftlichen Eigentum:

- Fenster,[13]
- Wohnungseingangstüren,[14]
- Dach,
- Gebäudefassade,
- Zentralheizung (mit Heizwasserleitungen bis zum Anschluss beim Sondereigentümer).[15]

18 Bei Balkonen ist die Rechtslage im Detail strittig.[16]

19 Gerade bei der Frage der baulichen Veränderung und der Kostenverteilung ist es wichtig, ob sich ein Gebäudeteil im Sondereigentum oder im gemeinschaftlichen Eigentum befindet.

f) Sondernutzungsrecht

20 Von dem Sondereigentum ist das Sondernutzungsrecht zu unterscheiden. Ein Sondernutzungsrecht ist das Recht eines Wohnungseigentümers, einen bestimmten Teil des gemeinschaftlichen Eigentums allein nutzen zu dürfen. Während Sondereigentum ein alleiniges Eigentum (insbesondere an bestimmten Räumen) darstellt, wird durch ein Sondernutzungsrecht lediglich ein Nutzungsrecht an einem Teil des Gemeinschaftsvermögens begründet. Ein typischer Anwendungsfall von Sondernutzungsrechten ist ein Stellplatz für Fahrzeuge im gemeinschaftlichen Eigentum, der einer Eigentumswohnung zuge-

13 BGH, Urteil v. 14.6.2019 - V ZR 254/17 LAAAH-22545 = NJW 2019 S. 3780.

14 BGH, Urteil v. 25.10.2013 - V ZR 212/12 SAAAE-49961 = NJW 2014 S. 379.

15 BGH, Urteil v. 8.7.2011 - V ZR 176/10 PAAAD-88868 = NJW 2011 S. 2958.

16 Dazu LG Itzehoe, Hinweisbeschluss v. 13.3.2020 - 11 S 46/19, ZMR 2020 S. 683 m. w. N.

ordnet ist. Da durch das WEMoG[17] die Sondereigentumsfähigkeit auf Freiflächen erweitert wurde (§ 3 Abs. 2 WEG) und für Stellplätze in § 3 Abs. 1 Satz 2 WEG eine Raumfiktion geschaffen wurde, wird die praktische Bedeutung des Sondernutzungsrechts etwas eingeschränkt. Gleichwohl bestehen viele Sondernutzungsrechte weiter, welche bisher (vor der Reform) bereits bestanden haben. Zu Sondernutzungsrecht im Betriebsvermögen siehe →Rz. 599.

BEISPIEL „SONDERNUTZUNGSRECHT": Eine Immobilie ist nach dem WEG in drei Wohneigentumseinheiten aufgeteilt und verfügt über einen Garten. Herr H, Herr K und Frau E sind die jeweiligen Wohnungseigentümer. Nach der Teilungserklärung wurde für den Garten (gemeinschaftliches Eigentum) ein Sondernutzungsrecht zugunsten des jeweiligen Wohnungseigentümers der Erdgeschosswohnung (aktuell: Herr H) eingeräumt.

Der Garten ist zwar kein Sondereigentum – und damit gemeinschaftliches Eigentum aller drei Wohnungseigentümer –, gleichwohl hat nur Herr H das Recht, den Garten zu nutzen (Sondernutzungsrecht an diesem Teil des gemeinschaftlichen Eigentums).

g) Gemeinschaft der Wohnungseigentümer

Die „Gemeinschaft der Wohnungseigentümer" (GdWE) ist nicht nur die Summe aller Wohnungseigentümer. Vielmehr ist sie ein eigener Rechtsträger (sog. Verband), der Rechte erwerben, Verbindlichkeiten eingehen, vor Gericht klagen und verklagt werden kann (§ 9a Abs. 1 Satz 1 WEG). Die GdWE ist für die Verwaltung des Wohnungseigentums zuständig. Dies betrifft insbesondere die Erhaltung der Wohnanlage. Ist ein Verwalter bestellt (Regelfall), vertritt er dafür im Außenverhältnis die GdWE (§ 9b Abs. 1 Satz 1 WEG).[18] 21

Die Gemeinschaft der Wohnungseigentümer (GdWE) steht rechtlich gewissermaßen „neben" der Bruchteilsgemeinschaft der Wohnungseigentümer an deren Gemeinschaftseigentum und ist nicht mit dieser zu verwechseln. 22

Der Unterschied zwischen der GdWE wird z. B. daran deutlich, dass die GdWE (vertreten durch den Verwalter) einen Hausmeister für die Pflege der Wohnanlage arbeitsvertraglich einstellen kann. Der Abschluss des Arbeitsvertrags ist also nicht die Aufgabe der Gesamtheit aller Wohnungseigentümer. Dieser Hausmeister kann auch einer der Wohnungseigentümer sein.[19] Die GdWE tritt somit als eigener Rechtsträger gegenüber den Wohnungseigentümern auf. 23

17 Wohnungseigentumsmodernisierungsgesetz v. 16.10.2020, BGBl 2020 I S. 2187.

18 Hat die Wohnungseigentümergemeinschaft (ausnahmsweise) keinen Verwalter bestellt, wird sie durch alle Wohnungseigentümer gemeinschaftlich vertreten (§ 9b Abs. 1 Satz 2 WEG n. F.).

19 BAG, Urteil v. 6.3.2025 - 2 AZR 115/24 EAAAJ-89386 = BB 2025 S. 1076.

24 Die GdWE ist nicht Eigentümer des Gemeinschaftseigentums, sondern (nur) die (alleinige) Trägerin des Gemeinschaftsvermögens (§ 9a Abs. 3 WEG).

h) Wohnungseigentümerversammlung

25 Die Wohnungseigentümerversammlung (§ 23 WEG) ist das Beschlussorgan der GdWE. Typischerweise findet diese einmal im Jahr statt, um zumindest über die Jahresabrechnung nach § 28 Abs. 2 WEG (genau genommen über die Zahlungsverpflichtung daraus) abzustimmen. Dies entspricht der Pflicht, die Wohnungseigentümerversammlung mindestens einmal im Jahr einzuberufen (§ 24 Abs. 1 WEG). Es sind aber auch zusätzliche Eigentümerversammlungen zulässig (die entweder der Verwalter einberuft oder mindestens 25 % der Wohnungseigentümer beantragen). Die Einladung („Einberufung") kann nicht mündlich, sondern muss in (jeder Art von) Textform erfolgen (§ 24 Abs. 4 Satz 1 WEG). Dies kann ein Brief in Papierform sein, aber entsprechend § 126b BGB ist z. B. auch eine E-Mail ausreichend. Es sind dabei – mit regelmäßig mindestens drei Wochen[20] Vorlauf – der Ort und der Zeitpunkt der Versammlung sowie die Tagesordnungspunkte (Beschlussgegenstände)[21] anzugeben.

26 Die Wohnungseigentümer sind die Mitglieder dieses Beschlussgremiums. Der Verwalter nimmt als Versammlungsleiter (§ 24 Abs. 5 WEG) auch daran teil. Die Wohnungseigentümer können nach § 23 Abs. 1a WEG beschließen, dass die Versammlung nicht gemeinsam an einem Versammlungsort in körperlicher Präsenz, sondern stattdessen online stattfindet (virtuelle Wohnungseigentümerversammlung). Bei einer herkömmlichen Präsenzveranstaltung ist es nach § 23 Abs. 1 Satz 2 WEG aber auch möglich, dass sich einzelne Wohnungseigentümer online zuschalten (hybride Teilnahme, d. h. Online oder Präsenz). Über die in der Versammlung gefassten Beschlüsse ist unverzüglich eine Niederschrift aufzunehmen (§ 24 Abs. 6 Satz 1 WEG). Regelmäßig gibt es ein Protokoll, dass auch alle anderen relevanten Gesprächsthemen enthält. Eine verpflichtende Beschluss-Sammlung (§ 24 Abs. 7 WEG) hilft dabei, dass die gefassten Beschlüsse auch in Zukunft anerkannt und beachtet werden, da diese grds. fortgelten und auch zukünftige Wohnungseigentümer sich darüber informieren können.

27 Für die Beschlüsse der Eigentümerversammlung ist grds. nur die einfache Mehrheit erforderlich (§ 25 Abs. 1 WEG). Die Beschlüsse binden die GdWE und die einzelnen Wohnungseigentümer (z. B. für Baumaßnahmen). Sollte ein Be-

20 Die Frist der Einberufung soll, sofern nicht ein Fall besonderer Dringlichkeit vorliegt, mindestens drei Wochen betragen (§ 24 Abs. 4 Satz 2 WEG).

21 BGH, Urteil v. 13.1.2012 - V ZR 129/11, NWB 12/2012 S. 968 SAAAE-02753.

schluss gegen eine Rechtsnorm verstoßen, ist diese (von vornherein) nichtig und unwirksam (§ 23 Abs. 4 Satz 1 WEG). Dies betrifft nur Ausnahmefälle, bei denen durch einen Beschluss der Wohnungseigentümerversammlung gegen zwingendes Zivilrecht nach BGB bzw. WEG verstoßen wird. Wenn ein Beschluss aber „nur" rechtswidrig ist, muss dieser innerhalb eines Monats durch Klage gegen die GdWE vor dem zuständigen Gericht nach § 44 WEG angefochten werden. Sonst ist ein rechtswidriger (aber nicht nichtiger) Beschluss gleichwohl gültig.

BEISPIEL „BESCHLUSSMÄNGEL": Die Wohnungseigentümerversammlung mit der Teilnahme aller acht Wohnungseigentümer beschließt mit sieben Stimmen und 8.000 von 10.000 Miteigentumsanteilen, dass

a) der sich mit allen übrigen Wohnungseigentümern seit Jahren im Streit befindende Wohnungseigentümer Herr F (der dagegen stimmte) ab sofort seine Wohnung nicht mehr betreten darf, da dieser alle Nachbarn nachhaltig wegen Rauchens im Treppenhaus und lauter Musik in der Wohnung nerve;

b) die Jahresabrechnung und damit alle Einzelabrechnungen hinsichtlich der Nachzahlungen bzw. Minderung der Vorschüsse (Erstattung) für das Vorjahr genehmigt und damit wirksam werden, obwohl bei der Abrechnung der Heizkosten zum Nachteil von Frau H (die dagegen stimmte) ein Rechenfehler enthalten ist, der alle anderen Wohnungseigentümer begünstigt.

Zu a) Der Beschluss ist nichtig und damit automatisch unwirksam (§ 23 Abs. 4 Satz 1 WEG), da Herrn F die Nutzung seines Wohnungseigentums nach § 16 Abs. 1 WEG und seiner Stellung als Inhaber des Eigentums- und Mitgliedschaftsrecht (§§ 1, 9a WEG) nicht versagt werden kann. Herr F könnte gerichtlich die Nichtigkeit klarstellend feststellen lassen (Nichtigkeitsklage nach § 44 Abs. 1 Satz 1 WEG).

Zu b) Der Beschluss ist rechtswidrig, da die Kosten unzutreffend aufgeteilt werden. Frau H soll Kosten tragen, die sie nicht verursacht hat und ihr nicht materiell nach §§ 16, 28 WEG zuzurechnen sind. Gleichwohl ist der Beschluss gültig, solange er nicht durch rechtskräftiges Urteil für ungültig erklärt wird (§ 23 Abs. 4 Satz 2 WEG). Frau H muss gerichtlich durch eine Klage den Beschluss für ungültig erklären lassen (Anfechtungsklage nach § 44 Abs. 1 Satz 1 WEG).

i) Verwalter

Der Verwalter der GdWE vertritt die GdWE im Außenverhältnis (§ 9b WEG). Bis 28
auf den Erwerb von Grundstücken und der Darlehensaufnahme ist dessen Befugnis nicht einschränkbar. Im Innenverhältnis ist er aber der GdWE verpflichtet (§ 27 WEG). Über die Bestellung und Abberufung des Verwalters beschließen die Wohnungseigentümer (§ 26 Abs. 1 WEG). Rechtlich zu unterscheiden sind:

- Organstellung:

  Der Verwalter ist im Außenverhältnis wirksamer Stellvertreter für die GdWE[22] (z. B. um einen Handwerker zu beauftragen). Die Bestellung kann auf höchstens fünf Jahre vorgenommen werden (§ 26 Abs. 2 Satz 1 WEG), aber jederzeit abberufen werden (§ 26 Abs. 3 Satz 1 WEG).

- Verwaltervertrag:

  Der Verwalter schließt mit der GdWE einen schuldrechtlichen Vertrag über seine Tätigkeit ab und erhält dafür regelmäßig eine Vergütung. Dieser Vertrag ist unabhängig von der organschaftlichen Bestellung, aber enthält regelmäßig Kündigungsklauseln, damit ein Gleichlauf zur Verwalterstellung nach dem WEG möglich ist.

j) Gemeinschaftsvermögen

29 Das „Gemeinschaftsvermögen" (§ 9a Abs. 3 WEG) bilden die Sachen und Rechte, die der GdWE selbst (und nicht anteilig den Wohnungseigentümern) gehören. Da die GdWE als eigener Rechtsträger Eigentum und Verbindlichkeiten erwerben kann, sind diese ihr selbst zuzuordnen.

30 Der für die Praxis bedeutsamste Fall des Gemeinschaftsvermögens sind die Guthaben auf den Bankkonten, welche die GdWE innehat. Das werden in der Praxis oft ein Girokonto für den laufenden Zahlungsverkehr und Spar- oder Festgeldkonten sein, um die Mittel aus der Erhaltungsrücklage anzulegen (siehe zur Besteuerung der Erträge →Rz. 210 ff.).

BEISPIEL „BANKKONTEN": Die GdWE unterhält bei der B-Bank sowohl ein Kontokorrentkonto für den laufenden Zahlungsverkehr (Eingang des Hausgelds und Zahlung der laufenden Kosten) sowie ein Sparkonto (Anlage der Erhaltungsrücklage).

Beide Konten (und damit die Bankguthaben) gehören zum Gemeinschaftsvermögen der GdWE.

31 Irreführend ist nach hier vertretener Auffassung die Formulierung, dass „die Erhaltungsrücklage" zum Gemeinschaftsvermögen gehört. Die Rücklage selbst ist keine eigene rechtliche Vermögensposition, sondern eine rechnerische Teilmenge des (Geld-)Vermögens der GdWE. Die nach § 19 Abs. 2 Nr. 4 WEG normierte Erhaltungsrücklage bildet den Anlass, Geldmittel für zukünftige Instandhaltungen anzusparen. Die aus diesem Grund an die GdWE gezahlten Gelder der Wohnungseigentümer sind Gemeinschaftsvermögen und werden

22 Zu den steuerrechtlichen Pflichten des Verwalters vgl. Hofele, NWB 35/2022 S. 2475 IAAAJ-20732.

i. d. R. als Bankguthaben verwaltet, womit wiederum das Bankkonto selbstverständlich zum Gemeinschaftsvermögen gehört.

Es ist auch anderes Vermögen denkbar, welches dem Gemeinschaftsvermögen zuzuordnen ist, so z. B. ein Rasenmäher, den die GdWE für die Gartenpflege erworben hat.[23] Schulden sind als negatives Gemeinschaftsvermögen ebenso denkbar. 32

BEISPIEL „VERBINDLICHKEITEN": ▸ Die Heizungsanlage der Gemeinschaft wird von einem Sanitärbetrieb am 10.5.2025 gewartet. Nachdem die Rechnung eingegangen ist, zahlt der Verwalter vom Bankkonto der GdWE den Rechnungsbetrag von 200€ am 4.7.2025.

Nachdem die Zahlungspflicht (Forderungsanspruch) entstanden war, hatte die GdWE eine eigene Verbindlichkeit, die (erst) durch die Zahlung erloschen ist.

Das Gemeinschaftsvermögen (der GdWE) ist vom gemeinschaftlichen Eigentum (der Wohnungseigentümer) zu unterscheiden. Da beide Begriffe ähnlich klingen, besteht dabei eine Verwechslungsgefahr. 33

k) Abgrenzung der Rechtsträger und des Vermögens

Das Recht des Wohnungseigentums im Sinne des WEG kennt verschiedene Rechtsträger und Vermögenssphären, die auseinandergehalten werden müssen. 34

Die Wohnanlage besteht aus Sondereigentum, das jedem Wohnungseigentümer allein gehört, und im Übrigen aus dem gemeinschaftlichen Eigentum, das allen Wohnungseigentümer zusammen als Bruchteilseigentümer gehört. Die GdWE ist ein eigenständiger rechtlicher Verband und nicht mit der Gesamtheit aller Wohnungseigentümer gleichzusetzen. Der GdWE gehört daher nicht (!) das gemeinschaftliche Eigentum an der Wohnanlage. Ihr gehört aber (allein) das sog. „Gemeinschaftsvermögen" (insbesondere die Bankguthaben der GdWE). 35

23 Es können bewegliche Sachen (z. B. Gartengeräte, Heizöl, PKW) und unbewegliche Sachen (z. B das Eigentum an einem Nachbargrundstück, das nicht zum Gemeinschaftsvermögen gehört) zum Gemeinschaftsvermögen i. S. des § 9a Abs. 3 WEG gehören, vgl. Wicke in Grüneberg, BGB, 85. Aufl. 2026, § 9a WEG Rz. 1.

36 Die folgende Abbildung skizziert die Rechtslage:

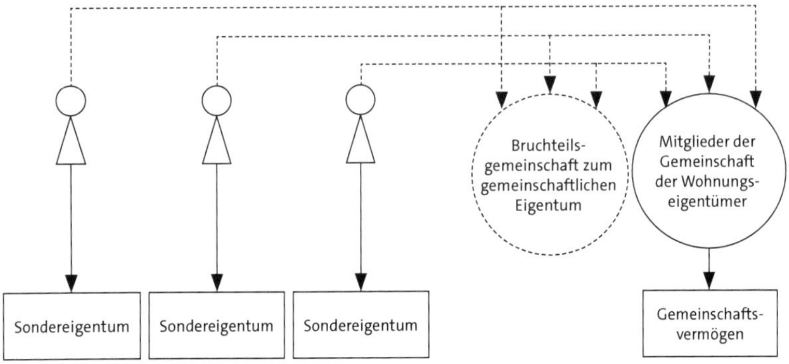

3. Begründung von Wohnungseigentum

a) Allgemeines

37 Wohnungseigentum nach dem WEG entsteht nicht automatisch, sondern muss als Abweichung zum Regelfall des einheitlichen Eigentums an einem Grundstück aktiv herbeigeführt werden. Dabei kommen zwei verschiedene Rechtsakte in Betracht: der Teilungsvertrag (§ 3 WEG) und die Teilungserklärung (§ 8 WEG).

b) Teilungsvereinbarung (§ 3 WEG)

38 Durch eine vertragliche Einräumung nach § 3 WEG kann Wohnungseigentum begründet werden. In diesem Fall teilen die Miteigentümer eines bisher zivilrechtlich ungeteilten Grundstücks durch einen Vertrag untereinander das Grundstück in separate rechtliche Einheiten als Wohnungseigentum (bzw. Teileigentum) im Sinne des WEG. Danach sind die bisherigen Miteigentümer des ungeteilten Grundstücks nunmehr jeweils Wohnungseigentümer der GdWE bzw. Sondereigentümer der ihnen jeweils vertraglich eingeräumten Wohnung.

c) Teilungserklärung (§ 8 WEG)

39 Durch eine Teilungserklärung nach § 8 WEG kann ebenfalls Wohnungseigentum begründet werden. In diesem Fall teilt ein Alleineigentümer das bisher zivilrechtlich ungeteilte Grundstück in separate rechtliche Einheiten als Wohnungseigentum (bzw. Teileigentum) im Sinne des WEG durch eine Erklärung

gegenüber dem Grundbuchamt auf. Danach ist der Alleineigentümer der alleinige Wohnungseigentümer aller Einheiten (von denen er – z. B. als Bauträger – dann Einheiten veräußern kann).

d) Wohnungsgrundbuch

Durch die Begründung des Wohnungseigentums wird für das geteilte Grund- 40
stück das bisherige Grundbuchblatt im Grundbuch geschlossen und für die neu entstehenden Einheiten ein besonderes Grundbuchblatt (Wohnungsgrundbuch bzw. Teileigentumsgrundbuch) angelegt (§ 7 Abs. 1 WEG ggf. i. V. mit § 8 Abs. 2 WEG).

e) Aufteilungsplan und Abgeschlossenheitsbescheinigung

Die Aufteilung und Zuordnung der Räume zu den einzelnen Wohnungseigen- 41
tümern (Sondereigentum und gemeinschaftliches Eigentum) ergibt sich aus dem Aufteilungsplan der zuständigen Baubehörde (§ 7 Abs. 4 Satz 1 Nr. 1 WEG).

Da Sondereigentum (im Grundsatz)[24] nur an abgeschlossenen Räumen be- 42
gründet werden kann, ist dafür eine Abgeschlossenheitsbescheidung (§ 7 Abs. 4 Satz 1 Nr. 2 WEG) des zuständigen Bauamts erforderlich.

4. Erhaltung und bauliche Veränderungen des Wohnungseigentums

a) Erhaltung (Instandhaltung und Instandsetzung)

Wie jede Immobilie muss auch das Wohnungseigentum instandgehalten wer- 43
den. Wenn ein Schaden entstanden ist, wird dieser repariert (instandgesetzt). Das WEG bezeichnet die „ordnungsmäßige Instandhaltung und Instandsetzung" als „Erhaltung" (§ 13 Abs. 2 WEG) und grenzt diese von „baulichen Veränderungen" ab, die „über die ordnungsmäßige Erhaltung des gemeinschaftlichen Eigentums hinausgehen" (§ 20 Abs. 1 WEG). Zum Abzug der Aufwendungen als Werbungskosten bei Vermietungseinkünften siehe →Rz. 288 ff.

Für die Erhaltungsmaßnahmen (Objektbewirtschaftung) ist kein Beschluss 44
der Wohnungseigentümer notwendig, sondern diese ergeben sich aus der regulären Verwaltung. Die Kosten der Erhaltung werden (grds.) nach dem

24 Ausnahme: An Stellplätzen kann eigenes Sondereigentum nach § 3 Abs. 1 Satz 2 WEG und damit separates Wohnungseigentum begründet werden. Bestimmte Außenflächen (z. B. Terrassen und Gärten) können zudem mit „echtem" Raum-Sondereigentum (Wohnung) verbunden werden (§ 3 Abs. 2 WEG).

Verhältnis der Miteigentumsanteile auf die Wohnungseigentümer verteilt (§ 16 Abs. 2 Satz 1 WEG).

BEISPIEL „ERHALTUNG ODER BAULICHE VERÄNDERUNG": Die Wohnanlage der Eigentümergemeinschaft verfügt über eine zentrale Heizungsanlage (Gastherme), die alle Wohnungen versorgt. Die Heizungsanlage

a) wird jährlich gewartet;

b) wird repariert, da diese einen Defekt hat;

c) wird ausgebaut und im Rahmen eines Umbaus der Wohnanlage durch eine Wärmepumpe ersetzt.

Zu a) Die Wartung der Anlage ist eine Maßnahme der Instandhaltung, die nicht beschlossen werden muss.

Zu b) Die Reparatur der Anlage stellt eine Instandsetzung dar, die nicht beschlossen werden muss.

Zu c) Der Austausch der Heizungsanlage stellt eine bauliche Veränderung dar, die von der Eigentümerversammlung beschlossen werden muss (§ 20 Abs. 1 WEG i. V. mit § 25 Abs. 1 WEG).

b) Bauliche Veränderungen

aa) Bauliche Veränderung durch Beschluss der Eigentümerversammlung

45 Baulichen Veränderungen gehen über die ordnungsmäßige Erhaltung des gemeinschaftlichen Eigentums hinaus (§ 20 Abs. 1 WEG). Da es sich hierbei oftmals um „größere" Maßnahmen handelt, die dauerhaft die Substanz des Wohnungseigentums verändern und regelmäßig zu höheren Kosten als bei Erhaltungsaufwendungen führen, werden diese Projekte eigenständig in §§ 20, 21 WEG geregelt.

46 Die Eigentümerversammlung hat über bauliche Veränderungen einen Beschluss zu fassen. Im Grundsatz reicht dafür ein Mehrheitsbeschluss aus, denn nach § 25 Abs. 1 WEG entscheidet die Mehrheit der abgegebenen Stimmen bei der Wohnungseigentümerversammlung. Dabei hat jeder Wohnungseigentümer eine Stimme (§ 25 Abs. 2 Satz 1 WEG). Es ist also keine Einstimmigkeit für bauliche Veränderungen erforderlich (wie man vielleicht annehmen könnte). Einzelne Wohnungseigentümer können daher überstimmt werden. Einen Schutz bzw. Ausgleich für die Wohnungseigentümer, welche nicht mit der baulichen Veränderung einverstanden sind, sieht das WEG jedoch vor (dazu gleich Näheres). Auch bei der Kosten- und Nutzungsverteilung werden die Interessen der Wohnungseigentümer gesetzlich abgewogen.

bb) Beschluss und Zustimmung zur baulichen Veränderung

Bei den baulichen Veränderungen ergeben sich verschiedene Fallgruppen, die unterschieden werden können: 47

1. Bauliche Veränderungen, die prinzipiell im Interesse aller Wohnungseigentümer sein können:

   Im Grundsatz werden bauliche Veränderungen von der GdWE selbst vorgenommen und erfolgen auf Initiative einzelner Wohnungseigentümer. Das kann z. B. die Umgestaltung der Hausfassade, die Erneuerung des Treppenhauses oder der Einbau einer neuen Zentralheizung sein. Ob die jeweilige Maßnahme sinnvoll ist, entscheidet letztlich die Eigentümerversammlung durch den erforderlichen Mehrheitsbeschluss (§ 20 Abs. 1 WEG). Wenn die Maßnahme aber einen Wohnungseigentümer „unbillig benachteiligt", ist nach § 20 Abs. 4 WEG sein Einverständnis zwingend erforderlich (z. B. hört nur er die Geräusche eines an der Hausfassade anzubringenden Klimageräts an seinem Fenster[25]).

2. Bauliche Veränderungen, die im Interesse eines Wohnungseigentümers stehen:

   Ein einzelner Wohnungseigentümer hat das Interesse, eine bauliche Veränderung herbeizuführen. Das wäre z. B. der Anbau eines Balkons an seine Wohnung. Auch hier reicht zwar ein Mehrheitsbeschluss (§ 25 Abs. 1 WEG), hierzu müssen aber auch die von der Maßnahme direkt beeinträchtigten Wohnungseigentümer zustimmen (§ 20 Abs. 3 WEG).

3. Bauliche Veränderungen, die gesetzlich privilegiert sind:

   Bei einigen gesetzlich privilegierten Baumaßnahmen hat ein Wohnungseigentümer nach § 21 Abs. 2 WEG einen Zustimmungsanspruch.[26] Das sind:

   - Umbau für den Gebrauch durch Menschen mit Behinderungen (z. B. Rampe im Eingangsbereich),
   - Ladeinfrastruktur für elektrisch betriebene Fahrzeuge (z. B. Wallbox),
   - Maßnahme zum Einbruchsschutz (z. B. Alarmanlage),
   - Anschluss an ein Telekommunikationsnetz „mit sehr hoher Kapazität" (z. B. Glasfaseranschluss),
   - Stromerzeugung durch Steckersolargeräte (z. B. „Balkonkraftwerk").

25 Mediger, NZM 2020 S. 269.

26 Dazu Fraatz-Rosenfeld, NWB 7/2025 S. 452 TAAAJ-84566.

Über die konkrete Durchführung (das „wie“) beschließt jedoch dann die Gemeinschaft.

4. Bauliche Veränderungen, die die Wohnanlage grundlegend umgestalten, dürfen nicht beschlossen und gestattet werden (§ 20 Abs. 4 WEG). Das wäre z. B. ein Anbau, der das Erscheinungsbild der Wohnanlage deutlich verändert.

cc) Kostentragung und Nutzungsrecht nach baulichen Veränderungen

48 Bei baulichen Veränderungen ist auch die Frage wichtig, welche Wohnungseigentümer deren Kosten zu tragen haben (aber auch, wem die Nutzungen daraus zustehen). Damit beschäftigt sich § 21 WEG.

49 Für die baulichen Veränderungen, die einem Wohnungseigentümer gestattet werden (z. B. Balkonanbau) oder die auf sein Verlangen als privilegierte Maßnahme nach § 20 Abs. 2 WEG durch die GdWE durchgeführt wurden (z. B. E-Ladepunkt), hat derjenige Wohnungseigentümer die Kosten zu tragen, der die Maßnahme verlangt (§ 21 Abs. 1 WEG). Dann stehen aber auch nur diesem Wohnungseigentümer die Nutzungen zu (z. B. darf nur er den E-Ladepunkt nutzen).

50 Abgesehen von diesen baulichen Veränderungen im Einzelinteresse haben nach § 21 Abs. 3 WEG im Grundsatz nur diejenigen Wohnungseigentümer die Kosten zu tragen, welche dem Beschluss auf der Wohnungseigentümerversammlung zugestimmt haben. Die Kosten sind dann nach dem Verhältnis ihrer Anteile (§ 16 Abs. 1 Satz 2 WEG) allein von diesen Wohnungseigentümern zu tragen (und diesen stehen dann auch nur die Nutzungen zu).

51 Von diesem Grundsatz gibt es aber eine wichtige Ausnahme nach § 21 Abs. 2 WEG: Bei einem Mehrheitsbeschluss von mehr als zwei Dritteln der abgegebenen Stimmen und der Hälfte aller Miteigentumsanteile *oder* wenn sich die Kosten innerhalb eines angemessenen Zeitraums amortisieren, haben alle (auch die nicht zustimmenden) Wohnungseigentümer die Kosten anteilig (nach dem Verhältnis ihrer Anteile i. S. von § 16 Abs. 1 Satz 2 WEG) zu tragen. Der Gesetzgeber geht davon aus, dass bei einer besonders hohen Zustimmung oder bei einer wirtschaftlich vernünftigen Maßnahme nicht einzelne Wohnungseigentümer von den Kosten ausgenommen werden sollen. Da die Maßnahme dann wohl sinnvoll ist und alle Wohnungseigentümer zumindest von der Wertsteigerung der Wohnanlage profitieren (können), wird in diesen Fällen der nicht zustimmende Wohnungseigentümer zu der anteiligen Kostenübernahme gezwungen.

BEISPIEL „BAULICHE VERÄNDERUNG": Die GdWE besteht aus acht Wohnungseigentümern. Herr F hat einen Miteigentumsanteil i. H. von 1.500/10.000 (15 %). Die vollzählige Eigentümerversammlung stimmt mit sieben Stimmen und 85 % der Miteigentumsanteile (bis auf Herrn F) dem Bau eines Vordachs am Eingang der Wohnanlage zu.

Der Beschluss wurde mit der Mehrheit der abgegebenen Stimmen beschlossen (§ 25 Abs. 1 WEG) und wird daher durchgeführt (§ 20 Abs. 1 WEG). Da die Entscheidung mit mehr als zwei Dritteln der abgegebenen Stimmen und der Hälfte aller Miteigentumsanteile beschlossen wurde, sind die Kosten von allen Wohnungseigentümern (also auch von Herrn F) zu tragen. Herr F muss daher 15 % der Kosten übernehmen.

5. Die Finanzen des Wohnungseigentums und deren Abrechnung

a) Buchführung der Wohnungseigentümergemeinschaft

Die GdWE unterliegt mit ihren Einnahmen und Ausgaben sowie dem ihr zuzurechnenden Vermögen und den Schulden des Gemeinschaftsvermögens (§ 9a Abs. 3 WEG) keiner Buchführungspflicht im herkömmlichen Sinne wie z. B. nach §§ 238 ff. HGB. Jedoch ist die GdWE (und damit in erster Linie der Verwalter) im Rahmen der ordnungsmäßigen Verwaltung dazu verpflichtet, die zivilrechtlichen Vorgaben des WEG zu erfüllen. Im Ergebnis sind daher einige Prinzipien der „ordnungsmäßigen WEG-Buchführung" ähnlich zur regulären kaufmännischen Buchführungspflicht. So sind die Einnahmen, Ausgaben und Vermögensverhältnisse zeitnah zu „verbuchen" (aufzuzeichnen) und die Ergebnisse nachvollziehbar darzustellen.[27] Sämtliche Unterlagen (z. B. Rechnungen, Kontoauszüge, Protokolle) sind aufzubewahren. 52

Der Entwicklung und Darstellung des Wirtschaftsplans, der Jahresabrechnung und des Vermögensberichts kommt eine wesentliche Bedeutung zu. Der Verwalter hat eine geordnete und übersichtliche Einnahmen- und Ausgabenrechnung vorzulegen. Diese muss für einen Wohnungseigentümer auch ohne Hinzuziehung fachlicher Unterstützung verständlich sein.[28] 53

b) Kostenverteilung

Die Kosten der GdWE hat jeder Wohnungseigentümer im Grundsatz nach dem Verhältnis seines Miteigentumsanteils zu tragen (§ 16 Abs. 2 Satz 1 WEG). Zu den Kosten gehören insbesondere die Verwaltung des gemeinschaftlichen Gebrauchs des gemeinschaftlichen Eigentums (z. B. Gebäudeversicherung, Hei- 54

27 Ähnlich OLG Schleswig-Holstein v. 26.4.2007 - 2 W 216/06, ZMR 2008 S. 665.

28 BGH, Urteil v. 27.10.2017 - V ZR 189/16 TAAAG-70704 = NJW 2018 S. 942 unter I. 2. a) aa).

zungswartung, Treppenhausreinigung). Die Wohnungseigentümer können jedoch für einzelne Kosten oder Kostenarten eine abweichende Verteilung beschließen (§ 16 Abs. 2 Satz 2 WEG).

c) Wirtschaftsplan

55 Die laufenden Kosten werden finanziert, indem auf der Grundlage eines für jedes Jahr aufzustellenden „Wirtschaftsplans“ (§ 28 Abs. 1 Satz 1 WEG) von den einzelnen Wohnungseigentümern „Vorschüsse zur Kostentragung“ (Hausgeld) zu leisten sind. Bei den Vorschüssen aufgrund des Wirtschaftsplans als laufende Vorauszahlungen auf die Kosten handelt es sich um das zentrale Finanzierungselement der GdWE, da diese gewährleisten, dass die für die Bewirtschaftung der Anlage notwendigen Mittel bereitstehen.[29] Die Abrechnung anhand der tatsächlichen Kosten des Jahres (alle Einnahmen und Ausgaben) ergeben sich dann aus der „Jahresabrechnung“ (§ 28 Abs. 2 WEG).

56 Die Einzahlungen (Vorschüsse) stellen für vermietende Wohnungseigentümer (aus dem Privatvermögen) bei Abfluss (§ 11 Abs. 2 EStG) Werbungskosten zu den Einkünften aus Vermietung und Verpachtung (§§ 9, 21 EStG) dar. Das gilt aber nicht für die anteiligen Vorschüsse für die Zuführung zur Erhaltungsrücklage.[30]

d) Jahresabrechnung

57 Nach Ablauf des jeweiligen Jahres beschließen die Wohnungseigentümer über „die Einforderung von Nachschüssen oder die Anpassung der beschlossenen Vorschüsse“ (§ 28 Abs. 2 Satz 1 WEG). Der Verwalter stellt dazu eine „Abrechnung über den Wirtschaftsplan (Jahresabrechnung)“ auf (§ 28 Abs. 2 Satz 2 WEG).

58 Die Jahresabrechnung ist eine reine Einnahmen- und Ausgabenrechnung.[31] Es wird also nicht bilanziert oder es werden keine Aufwendungen und Erträge abgegrenzt. Es kommt auf die tatsächlichen Zahlungszeitpunkte der Einnahmen und Ausgaben an.

29 BGH, Urteil v. 20.9.2024 - V ZR 235/23 PAAAJ-75935 = NJW 2024 S. 3296 unter III. 2. b) aa). Im Hinblick auf den Anspruch der GdWE auf Zahlung der beschlossenen Vorschüsse (und zu den Rücklagen) ist ein Zurückbehaltungsrecht des Wohnungseigentümers nach § 273 Abs. 1 BGB für gegenläufige Ansprüche gegenüber der GdWE (z. B. wegen noch ausstehender Jahresabrechnungen) ausgeschlossen. Zulässig wäre aber eine Aufrechnung von Geldansprüchen nach § 387 ff. BGB (BGH, Urteil v. 14.11.2025 - V ZR 190/24 YAAAK-06255, juris).

30 BFH, Urteil v. 14.1.2025 - IX R 19/24 UAAAJ-86018 = BFH/NV 2025 S. 452. Erst bei tatsächlicher Mittelverwendung entstehen Werbungskosten.

31 BGH, Urteil v. 11.10.2013 - V ZR 271/12 DAAAE-49512 = NJW 2014 S. 145.

Eine wichtige Ausnahme vom reinen Zu- und Abflussprinzip nach dem WEG gibt es jedoch für die Abrechnung der Heizkosten. Da die Heizkostenverordnung auch für die Wohnungseigentümergemeinschaft unmittelbar gilt und insoweit die Kosten verbrauchsabhängig aufgeteilt werden, ist wie folgt zu unterscheiden:[32] 59

- In die Jahresgesamtabrechnung sind alle im Abrechnungszeitraum geleisteten Zahlungen, die im Zusammenhang mit der Anschaffung von Brennstoff stehen, aufzunehmen.
- Für die Verteilung in den Einzelabrechnungen sind dagegen die Kosten des im Abrechnungszeitraum tatsächlich verbrauchten Brennstoffs maßgeblich. Der Unterschiedsbetrag ist in der Abrechnung verständlich zu erläutern.

Formal beschlossen wird nicht über die Jahresabrechnung als solche, sondern lediglich über die Abrechnungsspitze (Nachzahlung oder Erstattung). Eine rechtliche Besonderheit ist dabei der Erstattungsfall: Wenn der Saldo zwischen den beschlossenen Vorschüssen (Einnahmen) für das abzurechnende Wirtschaftsjahr und den tatsächlichen Kosten des Wirtschaftsjahres negativ ist, entsteht kein eigener Erstattungsanspruch. Vielmehr werden dann die Vorschüsse nachträglich gemindert. Dies hat für die GdWE den Vorteil, dass diejenigen Wohnungseigentümer mit rückständigen Vorschüssen nicht von einer Erstattung profitieren, ohne die rückständigen Vorschüsse gezahlt zu haben. 60

Die Höhe der konkreten Einnahmen und Ausgaben der Jahresabrechnung ist vor allem für bilanzierende Wohnungseigentümer relevant, da ein wichtiger Teil der Aufwendungen und Erträge aus dem Wohnungseigentum (vor allem aus dem gemeinschaftlichen Eigentum) sich daraus ergeben. 61

Die Darstellung der Höhe von haushaltsnahen Handwerkerleistungen oder Dienstleistungen (§ 35a EStG) ist kein unmittelbarer Bestandteil der Jahresabrechnung.[33] Gleichwohl wird in der Praxis der vom Verwalter auf Grundlage der Rechnungen der Dienstleister ermittelte Anspruch i. S. des § 35a EStG zusammen mit (oder als Anlage zu) der Jahresabrechnung ausgewiesen. Die Finanzverwaltung verlangt, dass die Kosten entweder „in der Jahresabrechnung gesondert aufgeführt" oder „durch eine Bescheinigung des Verwalters nachgewiesen" werden.[34] 62

---

32 BGH, Urteil v. 17.2.2012 - V ZR 251/10 GAAAE-06159 = NJW 2012 S. 1434.

33 AG München, Urteil v. 27.2.2018 - 483 C 10766/16 WEG, ZMR 2018 S. 542 unter 4. b) (5) der Entscheidungsgründe.

34 BMF-Schreiben v. 9.11.2016 - IV C 8 - S 2296 b/07/10003 :008, BStBl 2016 I S. 1213 Rz. 47 JAAAJ-21799.

e) Erhaltungsrücklage

63 Die Wohnungseigentümergemeinschaft soll eine Erhaltungsrücklage[35] bilden (§ 19 Abs. 2 Nr. 4 WEG). Dadurch werden Gelder angespart, damit im Fall einer größeren (teuren) Instandhaltung oder Instandsetzung der Anlage tatsächlich genug Mittel vorhanden sind, um diese zu bezahlen. Bauliche Veränderungen sind nicht aus der Erhaltungsrücklage zu zahlen, sondern zusätzlich durch den oder die Wohnungseigentümer im Bedarfsfall zu leisten.

64 Eine gesetzliche Pflicht zur Ansammlung einer Erhaltungsrücklage besteht streng genommen nicht. Eine Erhaltungsrücklage könnte sogar durch eine Vereinbarung der Wohnungseigentümer oder bereits durch die Teilungserklärung ausgeschlossen werden.[36] Durch § 19 Abs. 2 Nr. 4 WEG wird nur statuiert, dass die Erhaltungsrücklage zu einer ordnungsmäßigen Verwaltung gehört.[37] Welches Ansparziel für die Erhaltungsrücklage angemessen ist, bestimmt sich vor allem nach der Größe, dem Zustand und dem Alter des Objekts und der sich daraus wirtschaftlich abzuleitenden (voraussichtlichen) zukünftigen Kosten der Erhaltung und Instandsetzung. Bei der jährlichen Zuführung zur Erhaltungsrücklage haben die Wohnungseigentümer gleichwohl einen weiten Ermessensspielraum. Nur wesentlich überhöhte oder zu niedrige Ansätze widersprechen einer ordnungsmäßigen Verwaltung.[38]

65 Die Zuführung zur Erhaltungsrücklage wird durch die GdWE beschlossen und ist dann ein Teil der Vorschüsse nach § 28 Abs. 1 WEG. Die jeweilige Einzahlungshöhe der Wohnungseigentümer orientiert sich an dem Miteigentumsanteil an der Wohnungseigentümergemeinschaft. Wenn später eine (größere) Erhaltungsmaßnahme finanziert werden muss, kann die (teilweise) Verwendung der Mittel – und damit die Entnahme aus der Erhaltungsrücklage – beschlossen werden.

BEISPIEL „ERHALTUNGSRÜCKLAGE“: Die Eigentümerversammlung beschließt, im Rahmen der Vorschüsse neben dem laufenden Hausgeld auch monatliche Einzahlungen auf die Erhaltungsrücklage durch alle Wohnungseigentümer entsprechend ihrem Miteigentumsanteil. Zum 31.12.2024 beträgt die gesamte Erhaltungsrücklage 20.000 €. Im Februar 2025 muss die zentrale Heizungsanlage nach einem Defekt für 5.000 € repariert werden. Die GdWE kann durch Beschluss die erforderliche Zahlung aus der Erhaltungsrücklage entnehmen.

---

35 Nach der bis zum 30.11.2020 geltenden Rechtslage: „Instandhaltungsrückstellung“ (§ 21 Abs. 5 Nr. 4 WEG 2007).

36 Wicke in Grüneberg, BGB, 85. Aufl. 2026, § 19 WEG Rz. 20.

37 Drasdo in Drasdo/Elzer, Münchener Handbuch des Wohnungseigentumsrechts, 8. Aufl. 2023, § 16 Rz. 4.

38 LG Karlsruhe, Urteil v. 26.7.2024 - 11 S 82/23, ZWE 2025 S. 92.

Die Mittel der Erhaltungsrücklage können auf einem separaten Bankkonto angespart werden. Es ist aber auch zulässig, als GdWE nur ein einziges Konto zu führen, über das auch die laufenden Einnahmen und Ausgaben zur Verwaltung der Wohnanlage abgewickelt werden.[39] Alle Bankkonten auf den Namen der GdWE (also auch die Mittel aus der Erhaltungsrücklage) gehören zivilrechtlich der GdWE selbst (Gemeinschaftsvermögen nach § 9a Abs. 3 WEG). 66

Die steuerrechtliche Behandlung der Erhaltungsrücklage ist zusammenfassend im Wesentlichen wie folgt: 67

- Die Zuführung zur Erhaltungsrücklage rechtfertigt erst dann einen Werbungskostenabzug bei den Einkünften aus Vermietung und Verpachtung, wenn und soweit die GdWE die zurückgelegten Mittel tatsächlich für Erhaltungsmaßnahmen verausgabt.[40] Die Einzahlungen in die Erhaltungsrücklage sind somit zunächst steuerrechtlich neutral, können aber später (bei Mittelverwendung) als Werbungskosten abgezogen werden, sofern das Wohnungseigentum dann vermietet ist. Bei einem bilanzierenden Wohnungseigentümer mit dem Wohnungseigentum als Wirtschaftsgut des Betriebsvermögens ist die Erhaltungsrücklage als Forderung zu aktivieren und bei einem „Verbrauch" der Mittel insoweit aufwandswirksam auszubuchen.[41]
- Der bei Erwerb einer Eigentumswohnung im Kaufpreis enthaltene rechnerische Anteil für die Erhaltungsrücklage gehört nicht zu den Anschaffungskosten der Eigentumswohnung.[42] Gleichwohl ist für Zwecke der Grunderwerbsteuer der vereinbarte Kaufpreis als Bemessungsgrundlage nicht um die anteilige Erhaltungsrücklage zu mindern.[43]

---

39 BGH, Urteil v. 4.12.2009 - V ZR 44/09 ZAAAD-38068 = NJW 2010 S. 2127 unter II. 2. c) bb).

40 BFH, Urteil v. 14.1.2025 - IX R 19/24 UAAAJ-86018 = BFH/NV 2025 S. 452, zur aktuellen Rechtslage ab dem 1.12.2020 durch das Wohnungseigentumsmodernisierungsgesetz v. 16.10.2020, BGBl 2020 I S. 2187. Zur Rechtslage davor schon BFH, Beschluss v. 8.10.2012 - IX B 131/12 CAAAE-22638 = BFH/NV 2013 S. 32; BFH, Beschluss v. 9.12.2008 - IX B 124/08 AAAAD-08079 = BFH/NV 2009 S. 571; BFH, Urteil v. 26.1.1988 - IX R 119/83, BStBl 1988 II S. 577 CAAAA-92596. Ebenso OFD Frankfurt a. M., Verfügung v. 9.11.2022 - S 2211 A-12-St 214 RAAAJ-32205 = DStR 2023 S. 281.

41 BFH, Beschluss v. 5.10.2011 - I R 94/10, BStBl 2012 II S. 244 NAAAE-00562, und BFH, Urteil v. 15.1.2026 - IV R 19/23 YAAAK-10418, juris.

42 H 7.3 „Anschaffungskosten" EStH.

43 BFH, Urteil v. 16.9.2020 - II R 49/17, BStBl 2021 II S. 339 NAAAH-69239. Die davon abweichende Verwaltungsübung aufgrund der früheren Rechtsprechung (BFH, Urteil v. 9.10.1991 - II R 20/89, BStBl 1992 II S. 152 NAAAA-93936) ist nur anzuwenden, wenn der Notarvertrag vor dem 20.5.2021 geschlossen worden ist (Koordinierte Erlasse der obersten Finanzbehörden der Länder v. 19.3.2021, BStBl 2021 I S. 621 SAAAH-75243).

- Die Erhaltungsrücklage gehört nach Auffassung der Finanzverwaltung aber zum Verwaltungsvermögen i.S.von § 13b ErbStG. In Erbschaft- und Schenkungsteuerfällen ist bei der Übertragung von Wohnungs- oder Teileigentum somit die Höhe der Erhaltungsrücklage zu ermitteln und neben dem übertragenen Wohnungs- bzw. Teileigentum als gesonderte Kapitalforderung zu erfassen.[44]
- Die Zinsen aus der Anlage der Erhaltungsrücklage (z.B. bei einer Bank als Sparguthaben) stellen nach Verwaltungsauffassung[45] bei den Wohnungseigentümern Einkünfte aus Kapitalvermögen (§ 20 Abs. 1 Nr. 7 EStG) dar.

f) Sonderumlage

68 Außerhalb der laufenden Hausgeldzahlungen und den Zuführungen zur Erhaltungsrücklage kann es z.B. wegen eines höheren Finanzierungsbedarfs erforderlich sein, eine zusätzliche Einzahlung durch die Wohnungseigentümer an die GdWE zu fordern (Sonderumlage).[46] Die Sonderumlage muss von den Wohnungseigentümern beschlossen werden. Die Sonderumlage stellt einen Nachtrag zum Wirtschaftsplan dar, dessen Einnahmen zusammen mit den übrigen Vorschüssen in die Jahresabrechnung einbezogen werden.[47]

69 Eine Sonderumlage kann (ebenso wie die Zahlungen in die Erhaltungsrücklage) erst dann steuerrechtlich bei den Einkünften aus Vermietung und Verpachtung abgezogen werden, wenn die Mittel der Umlage für die Wohnungseigentümergemeinschaft verausgabt werden.[48]

g) Vermögensbericht

70 Der Verwalter hat nach Ablauf jedes Jahres einen „Vermögensbericht“ zu erstellen, der den Stand der Erhaltungsrücklage (und ggf. weiterer beschlossener Rücklagen) und eine Aufstellung des wesentlichen Gemeinschaftsvermögens enthält (§ 28 Abs. 4 WEG). Typischerweise wird der Vermögensbericht zusammen mit der Jahresabrechnung erstellt.

---

44 OFD Frankfurt a.M., Verfügung v. 9.6.2020 - S 3800 A-036-St 710 YAAAH-65466 = ErbStB 2020 S. 353.

45 R 21.2 EStR.

46 Dazu Wicke in Grüneberg, BGB, 85. Aufl. 2026, § 28 WEG Rz. 21 m.w.N.

47 Breiholdt in Drasdo/Elzer, Münchener Handbuch des Wohnungseigentumsrechts, 8. Aufl. 2023, § 20 Rz. 82 f.

48 Niedersächsisches FG, Urteil v. 28.6.2005 - 13 K 613/03 QAAAC-49463; bestätigt durch BFH, Beschluss v. 21.10.2005 - IX B 144/05 VAAAB-71696 = BFH/NV 2006 S. 291.

6. Wohnungseigentum verkaufen, verschenken oder vererben

Das Wohnungseigentum kann grds. – wie bei anderen Grundstücken auch – übertragen werden. So kann das Wohnungseigentum z.B. gegen einen Kaufpreis an einen Erwerber veräußert werden. Eine Schenkung (z.B. als vorweggenommene Erbfolge) ist ebenfalls möglich. Die Formvorschriften des BGB und der GBO sind dabei einzuhalten. 71

Zu beachten ist aber, dass in manchen Fällen der Wohnungseigentümer zur Veräußerung seines Wohnungseigentums der Zustimmung anderer Wohnungseigentümer oder eines Dritten bedarf (§ 12 WEG). Ob dies im Einzelfall so ist, ergibt sich aus der konkreten rechtlichen Ausgestaltung des Sondereigentums. 72

Wenn der Wohnungseigentümer stirbt, geht das Wohnungseigentum durch Gesamtrechtsfolge auf den oder die Erben über (§ 1922 BGB). 73

7. Wohnrecht am Wohnungseigentum

An dem Wohnungseigentum kann zivilrechtlich ein Wohnungsrecht (§ 1093 BGB) bestellt werden. Damit kann einer Person das dingliche (und persönliche) Recht gesichert werden, die Eigentumswohnung (i.d.R. lebenslang) allein als Wohnraum zu nutzen. Dies umfasst auch die eigene Familie oder Pflegepersonen für die eigene Betreuung. Für die Rechte und Pflichten verweist das Gesetz auf die Regelungen zum Nießbrauch. 74

Der Wohnungsberechtigte darf die Wohnung (im Grundsatz) aber nicht vermieten. Dafür wäre ein Nießbrauchrecht (§§ 1030 ff. BGB) geeignet. 75

In den §§ 31 ff. WEG ist eine rechtlich eigenständige Möglichkeit enthalten, am Wohnungseigentum ein „Dauerwohnrecht" zu begründen. Dies ist dem Wohnrecht im Sinne des BGB ähnlich, aber in der Praxis nicht weit verbreitet.[49] 76

8. Nießbrauch am Wohnungseigentum

An dem Wohnungseigentum darf zivilrechtlich ein Nießbrauch (§§ 1030 ff. BGB) bestellt werden. Der Nießbrauch wird als dingliches (und persönliches) Recht zugunsten einer Person in das Grundbuch eingetragen und „belastet" dann das Eigentum des Wohnungseigentümers. Dadurch kann der Nießbrau- 77

49 Elzer in Drasdo/Elzer, Münchener Handbuch des Wohnungseigentumsrechts, 8. Aufl. 2023, § 46 Rz. 2.

cher (Berechtigter) „die Nutzungen der Sache [...] ziehen" (§ 1030 Abs. 1 BGB) und daher das Wohnungseigentum nicht nur selbst, sondern in jeder Hinsicht nutzen, also insbesondere auch vermieten.

78 Regelmäßig wird der Nießbrauch dem Berechtigten (Nießbraucher) lebenslang eingeräumt. Der Nießbrauch erlischt dann mit dem Tode des Nießbrauchers (§ 1061 BGB). Es könnte aber auch eine kürzere Zeitspanne vereinbart werden (z. B. eine Laufzeit von zehn Jahren).

79 Der Eigentümer kann das Wohnungseigentum unter den allgemeinen Voraussetzungen übertragen oder vererben. Der Nießbrauch besteht dann unter dem neuen Grundstückseigentümer fort.

80 Dem Nießbraucher stehen die „Früchte" des Wohnungseigentums zu. Das sind insbesondere die Mieteinnahmen aus einer Vermietung.

81 Das BGB regelt eine Aufteilung der Pflichten zur Kostentragung zwischen Eigentümer und Nießbraucher. Nach § 1041 Satz 1 BGB hat der Nießbraucher „für die Erhaltung der Sache in ihrem wirtschaftlichen Bestand zu sorgen". Dabei hat der Nießbraucher aber nur solche Ausbesserungen und Erneuerungen zu zahlen, sofern sie zur gewöhnlichen Unterhaltung der Sache gehören (§ 1041 Satz 2 BGB). Somit liegen regelmäßige Erhaltungsaufwendungen (z. B. Heizungswartung) beim Nießbraucher und außergewöhnliche Instandhaltungen (z. B. Heizungserneuerung) beim Eigentümer. Öffentliche Abgaben (z. B. Grundsteuer) und die Wohngebäudeversicherung sind vom Nießbraucher zu leisten (§§ 1045, 1047 BGB).

82 Die Kosten können vertraglich anders aufgeteilt werden, was bei der Vermietung des Wohnungseigentums relevant sein kann, da (von Ausnahmen abgesehen) nur der Nießbraucher Werbungskosten bei den Vermietungseinkünften abziehen kann.

83 Da der Nießbrauch nicht nur am Sondereigentum (Alleineigentum), sondern auch am gemeinschaftlichen Eigentum als besondere Form des Miteigentums begründet wird, sind die zivilrechtlichen Einzelheiten der Rechte und Pflichten vom Eigentümer zum Nießbraucher und diese wiederum zur GdWE im Detail umstritten. Im Grundsatz geht die Pflicht zur Übernahme der laufenden Kosten für die Verwaltung und Unterhaltung des Objekts (§ 16 Abs. 2 WEG) auf den Nießbraucher über. Außergewöhnliche Kosten hat – im Grundsatz – der Eigentümer zu tragen, da im Zweifel nach der gesetzlichen Regelung des § 1041 BGB (nur) der Nießbraucher den Erhaltungsaufwand zu tragen hat. Außergewöhnliche Kosten (z. B. Erneuerung) hat dann der Wohnungseigentümer zu tragen. Die Kostentragung des Wohnungseigentums sollte schon aus die-

sem Grund selbst dann zwischen Wohnungseigentümer und Nießbraucher vertraglich geregelt werden, wenn die gesetzliche Kostenaufteilung des BGB klargestellt werden soll. Im Verhältnis zur GdWE ist jedoch der Eigentümer Schuldner der Hausgeldzahlungen.[50]

In der Wohnungseigentümerversammlung hat nicht der Nießbraucher, sondern der Wohnungseigentümer das Stimmrecht.[51] Sofern dies nach der jeweiligen Teilungserklärung zulässig ist, könnte der Wohnungseigentümer dem Nießbraucher aber dafür eine Vollmacht erteilen. 84

Ein Nießbrauch entsteht zwischen nahen Angehörigen insbesondere durch zwei Varianten: 85

- Der Nießbrauch kann vom Eigentümer für eine andere Person (Nießbrauchberechtigten) bestellt werden (Zuwendungsnießbrauch). Das Eigentum an der Eigentumswohnung wird somit nicht „bewegt“, sondern es werden lediglich sämtliche Nutzungsrechte vom bisherigen „Volleigentümer“ an eine andere Person übertragen.
- Der Nießbrauch wird dem bisherigen Eigentümer im Zuge der Eigentumsübertragung auf eine andere Person (Nießbrauchberechtigten) eingeräumt (Vorbehaltsnießbrauch).[52] Das Eigentum an der Eigentumswohnung wird somit „bewegt“, aber sämtliche Nutzungsrechte bleiben beim bisherigen „Volleigentümer“.

9. Erbbaurecht und Wohnungseigentum

Grundsätzlich gehört das Gebäude auf einem Grundstück zum einheitlichen Eigentum des Grundstücks (§§ 93, 94 BGB). Durch ein Erbbaurecht kann das Eigentum an einem Bauwerk (Gebäude) auf einem Grundstück von dem Grundstück (auf dem es steht) sachenrechtlich getrennt werden. Daraus ergeben sich zwei separate Rechtspositionen: 86

1. Das Grundstück (der Grund und Boden) gehört weiterhin dem Eigentümer (Erbbauverpflichteter). Das Grundstück ist aber rechtlich mit dem Erbbaurecht belastet. Das Gebäude auf dem Grundstück gehört rechtlich nicht zu diesem Grundstück.
2. Der Erbbauberechtigte ist Inhaber des Erbbaurechts. Das Gebäude auf dem Grundstück stellt einen wesentlichen Bestandteil dieses Rechts dar und bil-

50 BGH, Urteil v. 27.9.1978 - V ZR 128/76, MDR 1979 S. 390.

51 BGH, Beschluss v. 7.3.2002 - V ZB 24/01 SAAAC-01787 = NJW 2002 S. 1647.

52 BMF, Schreiben v. 30.9.2013 - IV C 1 - S 2253/07/10004, BStBl 2013 I S. 1184 Rz. 39 AAAAE-45949.

det damit eine rechtliche Einheit. Da das Erbbaurecht ein Recht am Bauwerk vermittelt, stellt es ein grundstücksgleiches Recht dar. Das Erbbaurecht kann wie ein reguläres Grundstück veräußert, vererbt oder mit einer Grundschuld belastet werden.

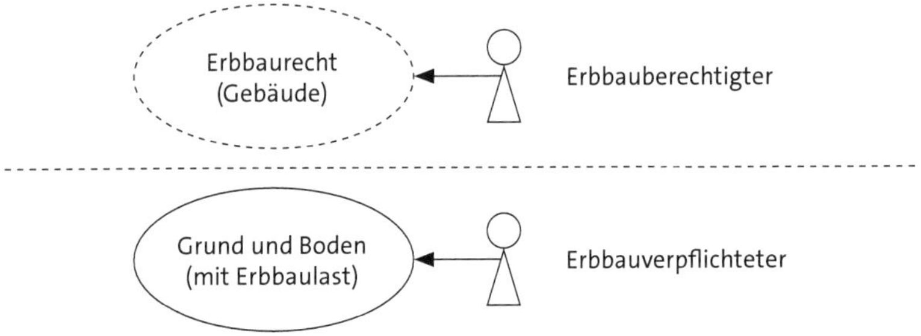

87 Das Erbbaurecht wird durch einen Vertrag zwischen dem bisherigen Volleigentümer und dem Erbbauberechtigten begründet. Der Erbbaurechtsverpflichtete erhält für die Duldung des „fremden" Bauwerks auf seinem Grundstück und des damit verbundenen Ausschlusses seiner eigenen Nutzungsmöglichkeit des Grund und Bodens einen (laufend oder einmalig zu zahlenden) Erbbauzins, der wirtschaftlich einer Miete für den Grund und Boden gleichkommt. Die Einzelheiten aus dem Rechtsverhältnis zwischen dem Grundstückseigentümer (Verpflichteten) und dem Erbbauberechtigten ergeben sich aus dem „Gesetz über das Erbbaurecht" (ErbbauRG).

88 Auch an einem Erbbaurecht (statt an einem regulären Grundstück mit Gebäude) kann Wohnungseigentum begründet werden. Durch § 30 WEG wird in diesen Fällen das Rechtsverhältnis der Erbbauberechtigten untereinander geregelt. In § 30 Abs. 1 WEG wird das Sondereigentum für Wohnzwecke als „Wohnungserbbaurecht" und das Sondereigentum an den nicht zu Wohnzwecken dienenden Räumen als „Teilerbbaurecht"[53] bezeichnet.

89 Einzelne Gebäudeteile können dem Sondereigentum und im Übrigen dem gemeinschaftlichen Eigentum zugeordnet werden. Im Gegensatz zum „normalen" Wohnungseigentum gibt es hier aber keinen dazugehörenden Grund und Boden, da dieser im Eigentum des Erbbauverpflichteten steht.

53 Der gesetzliche Begriff des „Teilerbbaurechts" mag etwas irreführend sein, da man vermuten könnte, es handele sich um ein Erbbaurecht, das nur einen Teil des Grundstücks oder Bauwerks betrifft. Dies erklärt sich aber aus der Ableitung der Bezeichnung als „Teileigentum" für das „normale" Sondereigentum an den nicht zu Wohnzwecken dienenden Räumen (§ 1 Abs. 3 WEG).

10. Aufhebung der Gemeinschaft (Umwandlung in Regeleigentum)

Prinzipiell ist das Wohnungseigentum an einem Grundstück auf Dauer angelegt. Daher kann z.B. kein Wohnungseigentümer die Aufhebung der Gemeinschaft (wie bei einer Bruchteilsgemeinschaft nach § 749 Abs. 1 BGB) verlangen (§ 11 Abs. 1 Satz 1 WEG). Es ist jedoch möglich, das Wohnungseigentum an einem Grundstück insgesamt zu beenden und in das ungeteilte Regeleigentum nach dem BGB zu überführen (Aufhebung der Gemeinschaft). Dazu müssen alle Wohnungseigentümer gemeinsam beschließen, ihr Sondereigentum aufzuheben (§ 4 Abs. 1 WEG). Dadurch werden alle Wohnungsgrundbücher des Objekts geschlossen (§ 9 Abs. 1 Nr. 1 WEG) und für das nunmehr ungeteilte Grundstück ein neues (einheitliches) Grundbuchblatt angelegt (§ 9 Abs. 3 WEG). Danach sind die ehemaligen Wohnungseigentümer gemeinsam Miteigentümer des gesamten (ungeteilten) Grundstücks als Bruchteilsgemeinschaft (§§ 741 ff. BGB) entsprechend ihrer bisherigen Miteigentumsanteile (§ 11 Abs. 3 WEG).[54] 90

Wenn einem einzigen Rechtsträger sämtliche Wohnungseigentumseinheiten des Objekts gehören, kann dieser gegenüber dem Grundbuchamt die Aufhebung des Wohnungseigentums verlangen (§ 9 Abs. 1 Nr. 2 WEG). Auch hier wird das Wohnungsgrundbuch geschlossen und ein reguläres Grundbuchblatt für das Grundstück angelegt. Danach ist er Alleineigentümer des nunmehr ungeteilten Grundstücks.[55] Sofern ein einziger Wohnungseigentümer alle Einheiten (z.B. von anderen Wohnungseigentümern) hinzuerwirbt, bedeutet das aber nicht die automatische Aufhebung des Wohnungseigentums. Erforderlich bleibt der Antrag dieses Inhabers aller Einheiten gegenüber dem Grundbuchamt. 91

Von der kompletten Auflösung (Aufhebung) der Wohnungseigentümergemeinschaft ist das Ende einer einzelnen Einheit des Wohnungseigentums zu unterscheiden. Es ist z.B. unter bestimmten Voraussetzungen zulässig, ein Wohnungseigentum mit einem anderen Wohnungseigentum zu verbinden, so dass ein Wohnungseigentum rechtlich endet. Dies ist z.B. denkbar, wenn zwei räumlich übereinanderliegende Eigentumswohnungen demselben Woh- 92

54 Dies hat die umgekehrte Wirkung einer Teilungsvereinbarung nach § 3 WEG, bei der Miteigentümer das ungeteilte Regeleigentum eines Grundstücks in separate Einheiten des Wohnungseigentums umwandeln.

55 Dies hat die umgekehrte Wirkung einer Teilungserklärung nach § 8 WEG, bei der ein Alleineigentümer das ungeteilte Regeleigentum eines Grundstücks in separate Einheiten des Wohnungseigentums umwandelt.

nungseigentümer gehören und diese bautechnisch verbunden werden (z. B. durch einen Durchbruch mit Verbindungstreppe). Dann endet z. B. das Wohnungseigentum der unteren Wohnung und wird als zusätzliches Sondereigentum und mit entsprechend erhöhtem Miteigentumsanteil der oberen Wohnung zugeordnet.

II. Selbstgenutztes Wohnungseigentum in der Einkommensteuer

1. Steuerermäßigung für Arbeitsleistungen im Haushalt (§ 35a EStG)

a) Einführung: Steuerermäßigungen nach § 35a EStG

Aufwendungen für bestimmte „haushaltsnahe" Beschäftigungsverhältnisse, Dienstleistungen und Handwerkerleistungen können bei der Einkommensteuer des Wohnungseigentümers bzw. Mieters einer Eigentumswohnung in bestimmter Höhe als Steuerermäßigung angesetzt werden (§ 35a EStG). Hiermit ist keine Minderung des zu versteuernden Einkommens verbunden, sondern es wird die tarifliche Einkommensteuer in bestimmter Höhe gemindert. 93

Hintergrund für die Einführung des § 35a EStG war die Bekämpfung der Schwarzarbeit, welche durch die Steuerermäßigung und die dafür erforderliche Rechnungsstellung und unbare Zahlungspflicht der Aufwendungen (§ 35a Abs. 5 Satz 3 EStG) bekämpft werden soll.[56] Daher sind nur die Arbeitskosten abzugsfähig, die insbesondere von den Materialkosten abzugrenzen sind (§ 35a Abs. 5 Satz 2 EStG). 94

Eine wesentliche Voraussetzung für die Steuerermäßigung ist, dass die Leistungen im Zusammenhang mit der Nutzung der Wohnung zu eigenen Wohnzwecken stehen.[57] Sofern die Leistungen z. B. für eine vermietete Eigentumswohnung erbracht werden, sind die Aufwendungen in voller Höhe als Werbungskosten bei den Einkünften aus Vermietung und Verpachtung (§§ 9, 21 Abs. 1 Nr. 1 EStG) abzugsfähig und nicht (zusätzlich auch) nach § 35a EStG begünstigt (§ 35a Abs. 5 Satz 1 EStG). Der Mieter kann aber dann den anteilig in seinen gezahlten Nebenkosten enthaltenen Aufwand i. S. des § 35a EStG bei seiner Einkommensteuer ansetzen.[58] 95

Die Arbeiten bzw. Dienstleistungen müssen „in einem Haushalt" erbracht werden (§ 35a Abs. 4 Satz 1 EStG). Nach dem vom BFH entwickelten „räumlich-funktionalen Haushaltsbegriff"[59] können dabei auch Dienstleistungen außerhalb des Gebäudes (z. B. im Garten), aber auch jenseits der Grund- 96

56 BT-Drucks. 15/91 S. 19.
57 Pflege- und Betreuungsleistungen in Alten- und Pflegeheimen sind auch begünstigt.
58 BFH, Urteil v. 20.4.2023 - VI R 24/20, BStBl 2023 II S. 906 RAAAJ-43899.
59 BFH, Urteil v. 21.2.2018 - VI R 18/16, BStBl 2018 II S. 641 HAAAG-86027.

stücksgrenze (z.B. Winterdienst auf dem Gehsteig) als haushaltsnahe Dienstleistung i.S.des § 35a EStG begünstigt sein.

97 Es gibt drei Kategorien von Tätigkeiten, die begünstigt sind:

1. Haushaltsnahe Beschäftigungsverhältnisse (§ 35a Abs. 1 EStG),
2. Haushaltsnahe Dienstleistungen (§ 35a Abs. 2 EStG),
3. Handwerkerleistungen (§ 35a Abs. 3 EStG).

98 Bei den ersten zwei Tätigkeitskategorien (Beschäftigungsverhältnisse nach § 35a Abs. 1 EStG und Dienstleistungen nach § 35a Abs. 2 EStG) muss es sich um Tätigkeiten handeln, die ansonsten üblicherweise von Familienmitgliedern erbracht werden, im unmittelbaren räumlichen Zusammenhang zum Haushalt durchgeführt werden und dem Haushalt dienen. Bei der dritten Tätigkeitskategorie (Handwerkerleistungen nach § 35a Abs. 3 EStG) kommt es nicht darauf an, ob diese Leistungen üblicherweise von Haushaltsmitgliedern ausgeführt werden. Es sind insoweit also alle denkbaren Handwerkerleistungen begünstigt, die auch über die Kenntnisse und Fertigkeiten eines ambitionierten Heimwerkers oder einer Heimwerkerin hinausgehen. Gleichwohl ist zu beachten, dass die Handwerkerleistungen immer in einem Haushalt – also im oder am Haus – erbracht werden müssen.

99 Für den Zeitpunkt der Steuerermäßigung ist der Veranlagungszeitraum der Zahlung maßgebend. Das Abflussprinzip des § 11 Abs. 2 EStG gilt auch für § 35a EStG.[60] Bei regelmäßig wiederkehrenden Ausgaben, die innerhalb eines Zeitraums von bis zu zehn Tagen nach Beendigung bzw. vor Beginn eines Kalenderjahres fällig und geleistet worden sind, werden die Ausgaben dem Kalenderjahr zugerechnet, zu dem sie wirtschaftlich gehören.[61]

b) Beschäftigungsverhältnisse (§ 35a Abs. 1 EStG)

100 Zu den „haushaltsnahen Beschäftigungsverhältnissen" (§ 35a Abs. 1 EStG) gehören Tätigkeiten in einem Arbeitnehmerverhältnis nach § 8a SGB IV (Minijob),[62] welche im privaten (eigenen) Haushalt des Steuerpflichtigen erbracht werden. Dazu gehören z.B. Kochen, Waschen, Bügeln, Putzen und Gartenpflege. Dazu

60 Krüger in Schmidt, EStG, 44. Aufl. 2025, § 35a EStG Rz. 28.

61 BMF, Schreiben v. 9.11.2016 - IV C 8 - S 2296 b/07/10003 :008, BStBl 2016 I S. 1213 Rz. 44 OAAAF-86930.

62 Geringfügige Beschäftigung i.S.des § 8a SGB IV.

gehören aber auch die Pflege, Versorgung und Betreuung von Kindern sowie von kranken, alten oder pflegebedürftigen Personen.[63]

Dem jeweiligen selbstnutzenden Wohnungseigentümer (oder dessen Mieter) stehen 20 % der Aufwendungen (aber max. 510 €) als Steuerermäßigung nach § 35a Abs. 1 EStG zu. 101

Durch das Haushaltsscheck-Verfahren der Minijobzentrale (Deutsche Rentenversicherung Knappschaft-Bahn-See) in Essen wird die sozial- und steuerrechtliche Abwicklung des privaten Arbeitsgebers gewährleistet. Bei Verwendung eines Haushaltsschecks bescheinigt die Einzugsstelle (Minijobzentrale) dem Arbeitgeber (Privathaushalt) zu jedem Jahresende den Zeitraum, für den Beiträge zur Rentenversicherung gezahlt wurden, sowie die Höhe des Arbeitsentgelts, des von ihm getragenen Gesamtsozialversicherungsbeitrags und der Umlagen (§ 28h Abs. 4 SGB IV). Dies ist ein ausreichender Nachweis bei geringfügigen Beschäftigungsverhältnissen im Privathaushalt.[64] 102

Obwohl bei Verwendung eines Haushaltsscheck-Verfahrens die Beiträge für die Monaten Januar bis Juni am 31. Juli des laufenden Jahres und für die Monate Juli bis Dezember am 31. Januar des folgenden Jahres fällig sind (§ 23 Abs. 2a SGB IV), lässt es die Finanzverwaltung[65] zu, dass auch die im folgenden Jahr erst fälligen Beiträge (einheitlich mit dem darauf entfallenen Arbeitsentgelt) insgesamt für das vorherige Jahr abgezogen werden können. Insoweit wird das Abflussprinzip des § 11 Abs. 2 EStG aus Vereinfachungsgründen nicht beachtet. 103

BEISPIEL „HAUSHALTSNAHES BESCHÄFTIGUNGSVERHÄLTNIS": Herr H ist Inhaber einer selbstbewohnten Eigentumswohnung, für deren wöchentliche Reinigung er Herrn R als Minijobber (§ 8a SGV IV) mit einem Arbeitsvertrag beschäftigt und ihm dafür monatlich einen festen Arbeitslohn auf sein Bankkonto überweist. Herr H nimmt am Haushaltsscheck-Verfahren der Minijobzentrale (Deutsche Rentenversicherung Knappschaft-Bahn-See in Essen) teil. Diese bescheinigt ihm die gezahlten Arbeitsentgelte zzgl. der pauschalen Sozialversicherungsbeiträge und Steuern für das Kalenderjahr 2024 i. H. von 3.000 €.

LÖSUNG: Herr H kann die Aufwendungen für das haushaltsnahe Beschäftigungsverhältnis nach § 35a Abs. 1 EStG grds. i. H. von 20 % (von 3.000 € = 600 €), aber maximal i. H. von 510 € (Höchstbetrag) als Steuerermäßigung bei seiner Einkommensteuer für den VZ 2024 ansetzen.

---

63 BMF, Schreiben v. 9.11.2016 - IV C 8 - S 2296 b/07/10003 :008, BStBl 2016 I S. 1213 Rz. 5 OAAAF-86930.

64 BMF, Schreiben v. 9.11.2016 - IV C 8 - S 2296 b/07/10003 :008, BStBl 2016 I S. 1213 Rz. 37 OAAAF-86930.

65 BMF, Schreiben v. 9.11.2016 - IV C 8 - S 2296 b/07/10003 :008, BStBl 2016 I S. 1213 Rz. 44 OAAAF-86930.

104 Bei sozialversicherungspflichtigen haushaltsnahen Beschäftigungsverhältnissen, für die das allgemeine Beitrags- und Meldeverfahren zur Sozialversicherung gilt und bei denen die Lohnsteuer pauschal oder nach Maßgabe der persönlichen Lohnsteuerabzugsmerkmale erhoben wird, sowie bei geringfügigen Beschäftigungsverhältnissen ohne Haushaltsscheck-Verfahren gelten für die Steuerermäßigung die allgemeinen Nachweisregeln nach § 35a Abs. 5 Satz 3 EStG.[66]

105 Die Wohnungseigentümergemeinschaft kann für Arbeiten für das gemeinschaftliche Eigentum (z. B. für die Flurreinigung oder die Gartenpflege) keine Person nach § 8a SGB IV beschäftigen, da die GdWE selbst keinen privaten Haushalt führt. Diese Aufwendungen aus einem Arbeitsverhältnis mit der GdWE kann aber als „haushaltsnahe Dienstleistung" i. S. des § 35a Abs. 2 EStG begünstigt werden.[67]

c) Dienstleistungen (§ 35a Abs. 2 EStG)

106 Haushaltsnahen Dienstleistungen i. S. des § 35a Abs. 2 Satz 1 EStG sind Leistungen, die eine Nähe zur Haushaltsführung aufweisen oder damit im Zusammenhang stehen. Das sind Tätigkeiten, die normalerweise Haushaltsmitglieder erledigen und für die fremde Dritte beschäftigt werden oder für die eine Dienstleistungsagentur oder ein selbständiger Dienstleister in Anspruch genommen wird.[68] Zu den haushaltsnahen Dienstleistungen gehören auch geringfügige Beschäftigungsverhältnisse, die durch die GdWE für die Erhaltung des gemeinschaftlichen Eigentums eingegangen werden.[69]

107 Eine Liste begünstigter haushaltsnaher Dienstleistungen enthält die Anlage 1 des BMF-Schreibens v. 9.11.2016[70] zur Steuerbegünstigung nach § 35a EStG.

66 BMF, Schreiben v. 9.11.2016 - IV C 8 - S 2296 b/07/10003 :008, BStBl 2016 I S. 1213 Rz. 38 OAAAF-86930.

67 BMF, Schreiben v. 9.11.2016 - IV C 8 - S 2296 b/07/10003 :008, BStBl 2016 I S. 1213 Rz. 7 OAAAF-86930.

68 BMF, Schreiben v. 9.11.2016 - IV C 8 - S 2296 b/07/10003 :008, BStBl 2016 I S. 1213 Rz. 11 OAAAF-86930.

69 BMF, Schreiben v. 9.11.2016 - IV C 8 - S 2296 b/07/10003 :008, BStBl 2016 I S. 1213 Rz. 11 OAAAF-86930.

70 BMF, Schreiben v. 9.11.2016 - IV C 8 - S 2296 b/07/10003 :008, BStBl 2016 I S. 1213 Anlage 1 OAAAF-86930.

Begünstigt nach § 35a Abs. 2 EStG sind z. B.: 108

- Treppenhausreinigung,
- Fensterreinigung,
- Gartenpflege[71] (z. B. Rasen mähen, Hecke schneiden, Unkraut entfernen),
- Heizungswartung,[72]
- Beseitigung einer Toilettenverstopfung,
- Winterdienst.

Dem jeweiligen selbstnutzenden Wohnungseigentümer (oder dessen Mieter) stehen 20 % der Aufwendungen (aber maximal 4.000 €) als Steuerermäßigung nach § 35a Abs. 2 EStG zu. 109

BEISPIEL „HAUSHALTSNAHE DIENSTLEISTUNG": Frau F ist Inhaberin einer selbstbewohnten Eigentumswohnung im Erdgeschoss der Wohnanlage. Für die Reinigung ihrer Fenster beauftragt sie zweimal im Jahr eine Firma und regelmäßig einen Gärtner, der den gesamten Garten pflegt, für den Frau F aus ihrem Wohnungseigentum ein Sondernutzungsrecht hat. Das gemeinschaftliche Eigentum wird durch eine Reinigungsfirma für das Treppenhaus, den Keller und die Flure gepflegt.

LÖSUNG: Frau F kann die Aufwendungen für haushaltsnahe Dienstleistungen (§ 35a Abs. 2 EStG) i. H. von 20 % (aber maximal i. H. von 4.000 €) als Steuerermäßigung bei ihrer Einkommensteuer ansetzen. Dies gilt sowohl für die von ihr in Auftrag gegebenen Dienstleistungen für ihr Sondereigentum (Wohnung) bzw. Sondernutzungsrecht (am Garten) als auch für die anteilig auf sie entfallenden Aufwendungen für das gemeinschaftliche Eigentum, das durch die GdWE beauftragt ist.

Der Abzug nach § 35a Abs. 2 EStG gilt nur für Arbeitskosten (§ 35a Abs. 5 Satz 2 EStG). Soweit in dem Rechnungsbetrag Materialkosten enthalten sind, ist keine Begünstigung zulässig. Fahrtkosten zählen jedoch zu den begünstigten Aufwendungen.[73] 110

d) Handwerkerleistungen (§ 35a Abs. 3 EStG)

Nach § 35a Abs. 3 EStG sind alle handwerklichen Tätigkeiten für Renovierungs-, Erhaltungs- und Modernisierungsmaßnahmen für einen Haushalt begünstigt. Dies gilt unabhängig davon, ob es sich um regelmäßige Renovierungen oder kleine Reparaturen handelt, die auch oft durch Haushaltsmitglieder selbst er- 111

71 Tätigkeiten des Garten- und Landschaftsbaus (z. B. neue Gartengestaltung) stellen aber Handwerkerleistungen nach § 35a Abs. 3 EStG dar.

72 Eine Heizungsreparatur (nach einem Defekt) ist aber eine Handwerkerleistungen nach § 35a Abs. 3 EStG.

73 BMF, Schreiben v. 9.11.2016 - IV C 8 - S 2296 b/07/10003 :008, BStBl 2016 I S. 1213 Rz. 39 OAAAF-86930.

ledigt werden, oder um „große" Erhaltungs- und Modernisierungsmaßnahmen, die im Regelfall nur von Fachkräften durchgeführt werden.[74] Es ist gleichgültig, ob es sich bei den Handwerkertätigkeiten um Erhaltungs- oder Herstellungsaufwand handelt. Neubaumaßnahmen (Errichtung der Wohnanlage bis zur Fertigstellung) sind jedoch nicht begünstigt.[75]

112 Sowohl Handwerkerleistungen am Sondereigentum als auch am gemeinschaftlichen Eigentum sind begünstigt. Hierbei wird nach der Person des Auftraggebers unterschieden. Der Wohnungseigentümer ist für sein Sondereigentum und die GdWE ist für das gemeinschaftliche Eigentum zuständig. Soweit ein Wohnungseigentümer die Kosten für eine „bauliche Veränderung" (vgl. § 20 WEG; siehe dazu →Rz. 45 ff.) zu tragen hat (vgl. § 21 WEG; siehe dazu →Rz. 48 ff.), sind auch die darin enthaltenen Arbeitskosten nach § 35a Abs. 3 EStG begünstigt.

113 Dem jeweiligen selbstnutzenden Wohnungseigentümer (oder dessen Mieter) stehen 20 % der Aufwendungen (aber maximal 1.200 €) als Steuerermäßigung nach § 35a Abs. 3 EStG zu.

114 Der Abzug nach § 35a Abs. 2 EStG gilt nur für Arbeitskosten (§ 35a Abs. 5 Satz 2 EStG). Fahrtkosten zählen jedoch zu den begünstigten Aufwendungen.[76]

Es sind daher vor allem die Materialkosten herauszurechnen – was sich regelmäßig aus der Rechnung ergibt – welche der leistende Handwerksbetrieb ausstellt. Eine Schätzung des Anteils der Arbeitskosten durch den Wohnungseigentümer ist nach Verwaltungsauffassung unzulässig.[77]

BEISPIEL „HANDWERKERLEISTUNGEN": Frau F ist Inhaberin einer selbstbewohnten Eigentumswohnung mit einem Miteigentumsanteil an der Wohnanlage von 10.000/50.000 (20 %). Ein Malerbetrieb renoviert im Jahr 2024 ihre Wohnung für insgesamt 3.000 €. Davon entfallen nach der Rechnung auf den Arbeitslohn 2.500 €. Nachdem im Sommer 2024 die gemeinschaftliche Heizungsanlage einen Defekt hatte, wurde diese von einem Heizungsbaubetrieb für insgesamt 2.000 € repariert (davon entfielen laut Rechnung 500 € auf den Arbeitslohn und 1.500 € auf ein Ersatzteil).

74 BMF, Schreiben v. 9.11.2016 - IV C 8 - S 2296 b/07/10003 :008, BStBl 2016 I S. 1213 Rz. 19 OAAAF-86930.

75 BMF, Schreiben v. 9.11.2016 - IV C 8 - S 2296 b/07/10003 :008, BStBl 2016 I S. 1213 Rz. 19, 21 OAAAF-86930.

76 BMF, Schreiben v. 9.11.2016 - IV C 8 - S 2296 b/07/10003 :008, BStBl 2016 I S. 1213 Rz. 39 OAAAF-86930.

77 BMF, Schreiben v. 9.11.2016 - IV C 8 - S 2296 b/07/10003 :008, BStBl 2016 I S. 1213 Rz. 40 OAAAF-86930.

LÖSUNG: Frau F kann die Aufwendungen für die Handwerkerleistungen (§ 35a Abs. 3 EStG) i. H. von 20 % (aber maximal i. H. von 1.200 €) als Steuerermäßigung bei ihrer Einkommensteuer ansetzen. Dies gilt sowohl für die von ihr in Auftrag gegebene Renovierung ihrer Wohnung (Sondereigentum) als auch für die anteilig auf sie entfallenden Aufwendungen für die Heizungsanlagenreparatur (gemeinschaftliches Eigentum). Es sind jeweils nur die Arbeitskosten begünstigt. Diese betragen 2.500 € (Arbeitskosten der Renovierung) zzgl. 100 € (20 % Miteigentumsanteil von 500 € des Arbeitslohns für die Heizungsreparatur), somit für Frau F insgesamt 2.600 € für den VZ 2024. Die anzusetzende Steuerermäßigung nach § 35a Abs. 3 EStG beträgt 2.600 € x 20 % = 520 € und überschreitet nicht den Höchstbetrag von 1.200 €.

e) Aufteilung wegen teilweiser Nutzung zu eigenen Wohnzwecken

Die Steuerermäßigungen nach § 35a EStG können nur in Anspruch genommen werden, soweit die Aufwendungen nicht Betriebsausgaben, Werbungskosten, Sonderausgaben oder außergewöhnliche Belastungen darstellen (§ 35a Abs. 5 Satz 1 EStG). Damit wird eine Doppelvergünstigung vermieden. 115

BEISPIEL „TEILWEISE NUTZUNG ZU WOHNZWECKEN": Frau F ist Inhaberin einer selbstbewohnten Eigentumswohnung und nutzt einen Raum der Wohnung (flächenanteilig 20 %) als häusliches Arbeitszimmer für ihre Tätigkeit als selbständige Steuerberaterin.

LÖSUNG: Frau F kann die Aufwendungen, welche auf die gesamte Wohnung entfallen (z. B. Treppenhausreinigung und Heizungswartung), i. S. des § 35a EStG nur i. H. von 80 % bei Steuerermäßigungen berücksichtigen. 20 % der Kosten sind ggf. als Betriebsausgaben bei ihren freiberuflichen Einkünften als Steuerberaterin zu berücksichtigen (insoweit aber Beschränkung durch § 4 Abs. 5 Nr. 6b EStG beachten).

f) Höchstbeträge

Für die einzelnen Tätigkeitskategorien des § 35a EStG bestehen unterschiedliche Höchstbeträge: 116

Art der Leistung	Norm	Aufwandsbegünstigung	Höchstbetrag
haushaltsnahe Beschäftigungsverhältnisse	§ 35a Abs. 1 EStG	20 %	510 €
haushaltsnahe Dienstleistungen	§ 35a Abs. 2 EStG	20 %	4.000 €
Handwerkerleistungen	§ 35a Abs. 3 EStG	20 %	1.200 €

117 Diese gelten je Veranlagungszeitraum und Tätigkeitskategorie. Nicht ausgeschöpftes Begünstigungsvolumen kann weder vor- noch zurückgetragen werden.[78] Der Ausgleich eines nicht voll ausgenutzten Volumens auf einen Volumenüberhang zwischen den Kategorien ist ebenfalls unzulässig. Soweit die begünstigten Aufwendungen den jeweiligen Höchstbetrag übersteigen, sind diese daher steuerlich verloren.

g) Nachweis der Aufwendungen und Zeitpunkt der Steuerermäßigung für Sondereigentum

118 Voraussetzung für die Inanspruchnahme der Steuerermäßigungen für haushaltsnahe Beschäftigungsverhältnisse (ohne die Minijobs nach § 35a Abs. 1 EStG), haushaltsnahe Dienstleistungen und Handwerkerleistungen (§ 35a Abs. 2, 3 EStG) ist nach § 35a Abs. 5 Satz 3 EStG, dass der Wohnungseigentümer für die Aufwendungen eine Rechnung erhalten hat und die Zahlung auf das Konto des Erbringers der Leistung erfolgt ist.[79]

119 Die Rechnung des Dienstleisters bzw. Handwerkers ist eine materiell-rechtliche Abzugsvoraussetzung nach § 35a Abs. 5 Satz 3 EStG und nicht lediglich ein Beweismittel.[80] Hieraus ergibt sich eine zivilrechtliche Verpflichtung des Handwerkers zur Rechnungsausstellung.[81]

120 Die formalen Anforderungen an die „Rechnung" werden in § 35a EStG nicht definiert. Eine ordnungsmäßige Rechnung mit allen Merkmalen i. S. des § 14 UStG wird wohl nicht erforderlich sein. Es müssen sich aber alle wesentlichen Angaben (Leistungsbeschreibung, Entgelt, Leistender und Leistungsempfänger, Ausführungsdatum) daraus ergeben. Aus den Angaben in der Rechnung muss grds. auch der Anteil der Arbeitskosten ermittelbar sein.[82] Eine Anlage zur Rechnung oder eine nachträgliche Erläuterung des Handwerkerbetriebs werden vermutlich ausreichend sein und von den Finanzämtern akzeptiert. Eine

78 BMF, Schreiben v. 9.11.2016 - IV C 8 - S 2296 b/07/10003 :008, BStBl 2016 I S. 1213 Rz. 56 OAAAF-86930.

79 Durch eine geänderte Formulierung in § 35a Abs. 5 Satz 3 EStG durch Art. 4 Nr. 9 des Jahressteuergesetzes 2024 (JStG 2024), BGBl 2024 I Nr. 387, setzen ab dem 1.1.2025 (Art. 56 Abs. 7 JStG 2024) alle Aufwendungen des § 35a EStG eine Rechnung und die Zahlung per Überweisung (unbar) voraus. Dies war eine gesetzgeberische Reaktion auf das BFH-Urteil v. 12.4.2022 - VI R 2/20 BAAAJ-17351 = BFH/NV 2022 S. 982, zu einer bestimmten Konstellation bei ambulanten Pflegeleistungen nach § 35a Abs. 2 Satz 2 Halbsatz 1 EStG (BT-Drucks. 20/13419 S. 236).

80 Vorgelegt werden muss die Rechnung aber nur auf Nachfrage des Finanzamts.

81 Zivilrechtlicher Anspruch nach § 259 BGB i. V. mit § 242 BGB, Koss, BB 2017 S. 2209 f.

82 BMF, Schreiben v. 9.11.2016 - IV C 8 - S 2296 b/07/10003 :008, BStBl 2016 I S. 1213 Rz. 40 OAAAF-86930.

eigene Aufteilung im Wege der Schätzung des Wohnungseigentümers lässt die Finanzverwaltung aber nicht zu.[83]

Der Rechnungsbetrag muss zwingend auf einem Konto des Leistenden bei einem Kreditinstitut gutgeschrieben werden.[84] Daher wird eine Zahlung über einen Online-Zahlungsdienstleister (z. B. PayPal) möglicherweise nicht für Zwecke des § 35a EStG anerkannt. Das wäre nach hier vertretener Auffassung aber zulässig, sofern das Zahlungsdienstkonto erkennbar betrieblichen Zwecken dient (und damit dem Finanzamt bekannt sein kann), weil es z. B. auf dem Rechnungsdokument oder der Website des Betriebs als Zahlungssystem benannt wird. 121

Die Steuerermäßigung ist für den Veranlagungszeitraum der Zahlung anzusetzen, da das Abflussprinzip des § 11 Abs. 2 EStG auch für § 35a EStG anzuwenden ist.[85] 122

BEISPIEL „BEZAHLUNG DER RECHNUNG": Frau F ist Inhaberin einer selbstbewohnten Eigentumswohnung. Ein Malerbetrieb renoviert im Jahr 2024 ihre Wohnung für insgesamt 3.000 €. Davon entfallen nach der Rechnung v. 5.12.2024 auf den Arbeitslohn 2.500 €. Frau F zahlt die Rechnung

a) am 23.12.2024,

b) am 4.1.2025.

LÖSUNG: Frau F kann die Aufwendungen für die Handwerkerleistungen (§ 35a Abs. 3 EStG) i. H. von 20 % der Arbeitskosten (2.500 € x 20 % = 500 €) als Steuerermäßigung bei ihrer Einkommensteuer ansetzen. Es kommt auf den Zeitpunkt der Zahlung an. Im Fall a) ist es VZ 2024 und in Fall b) ist es VZ 2025.

Eine Zahlung kann auch bereits vor der Leistung erfolgen. Dafür muss aber darauf geachtet werden, dass der Handwerksbetrieb eine Rechnung für die Vorauszahlung gestellt hat. Sonst wäre die Zahlung für § 35a EStG verloren.[86] 123

h) Nachweis der Aufwendungen und Zeitpunkt der Steuerermäßigung für gemeinschaftliches Eigentum

aa) Problemstellung

Bei den Zahlungen durch die GdWE für die laufenden Kosten der Wohnanlage und die Erhaltung des gemeinschaftlichen Eigentums stellt sich die Frage, wie 124

83 BMF, Schreiben v. 9.11.2016 - IV C 8 - S 2296 b/07/10003 :008, BStBl 2016 I S. 1213 Rz. 40 OAAAF-86930.

84 BFH, Beschluss v. 9.6.2022 - VI R 23/20, BStBl 2022 II S. 666 MAAAJ-21182, für den Fall der Aufrechnung durch Belastung des Gesellschafterverrechnungskontos des Steuerpflichtigen bei der leistungserbringenden GmbH.

85 BMF, Schreiben v. 9.11.2016 - IV C 8 - S 2296 b/07/10003 :008, BStBl 2016 I S. 1213 Rz. 44 OAAAF-86930.

86 FG Düsseldorf, Urteil v. 18.7.2024 - 14 K 1966/23 E UAAAJ-73865 = EFG 2024 S. 1760 (rkr.).

die Voraussetzung in § 35a Abs. 5 Satz 3 EStG für die Inanspruchnahme der Steuerermäßigungen auszulegen ist, wonach „der Steuerpflichtige für die Aufwendungen eine Rechnung erhalten" haben „und die Zahlung auf das Konto des Erbringers der Leistung" erfolgt sein muss. Die Rechnung (z. B. des Handwerksbetriebs) lautet auf die GdWE (als Auftraggeber) und die Zahlung wird aus dem Gemeinschaftsvermögen der GdWE geleistet. Anspruchsberechtigt ist aber der jeweilige Wohnungseigentümer.

bb) Nachweis der Aufwendungen

125 Die Rechnung als solche muss nach Verwaltungsauffassung[87] nicht durch alle Wohnungseigentümer (in Kopie) vorgehalten werden. Dazu gilt Folgendes:

126 Besteht ein Beschäftigungsverhältnis zu einer Wohnungseigentümergemeinschaft (z. B. bei Reinigung von Gemeinschaftseigentum) oder ist die GdWE Auftraggeber der haushaltsnahen Dienstleistung bzw. der handwerklichen Leistung, kommt für den einzelnen Wohnungseigentümer eine Steuerermäßigung in Betracht, wenn in der Jahresabrechnung (§ 28 WEG; siehe →Rz. 57 ff.) folgende drei Punkte abgebildet sind:[88]

1. Die im Kalenderjahr unbar gezahlten Beträge sind nach den einzelnen Kategorien des § 35a EStG gesondert aufgeführt.
2. Der Anteil der steuerbegünstigten Kosten ist ausgewiesen (Arbeits- und Fahrtkosten).
3. Der Anteil des jeweiligen Wohnungseigentümers wird individuell errechnet (i. d. R. nach dem Miteigentumsanteil).

127 Wenn die Wohnungseigentümergemeinschaft einen Verwalter bestellt hat und sich die Angaben nicht aus der Jahresabrechnung ergeben, kann der Nachweis durch eine Bescheinigung des Verwalters über den Anteil des jeweiligen Wohnungseigentümers erfolgen. Ein Bescheinigungsmuster enthält die Anlage 2 des BMF-Schreibens v. 9.11.2016.[89]

128 Es sind somit zwei Nachweisarten zulässig:

- informatorischer Zusatz zu der Jahresabrechnung,
- Bescheinigung des Verwalters.

87 BMF, Schreiben v. 9.11.2016 - IV C 8 - S 2296 b/07/10003 :008, BStBl 2016 I S. 1213 Rz. 47 OAAAF-86930.

88 BMF, Schreiben v. 9.11.2016 - IV C 8 - S 2296 b/07/10003 :008, BStBl 2016 I S. 1213 Rz. 26 OAAAF-86930.

89 BMF, Schreiben v. 9.11.2016 - IV C 8 - S 2296 b/07/10003 :008, BStBl 2016 I S. 1213 Anlage 2 OAAAF-86930NWB .

cc) Zeitpunkt der Steuerbegünstigung

Für die Steuerermäßigung nach § 35a EStG stellt sich die Frage nach dem zutreffenden Begünstigungszeitpunkt (Abfluss i.S.des § 11 Abs.2 EStG), da aus dem Gemeinschaftsvermögen der GdWE (§ 9a Abs.3 WEG) gezahlt wird und damit der Zeitpunkt der Zuordnung der Zahlung zum einzelnen Wohnungseigentümer geklärt werden muss (zum gleichen Problem bei Vermietungseinkünften siehe →Rz.271ff.). 129

Nach dem BMF-Schreiben v.9.11.2016[90] gilt dazu Folgendes: 130

- Aufwendungen für regelmäßig wiederkehrende Dienstleistungen (wie z.B. Reinigung des Treppenhauses oder Gartenpflege) werden grds. anhand der geleisteten Vorauszahlungen (Vorschüsse nach dem Wirtschaftsplan) im Jahr der Vorauszahlungen berücksichtigt.
- Einmalige Aufwendungen (wie z.B. Handwerkerrechnungen) sind dagegen erst im Jahr der Genehmigung der Jahresabrechnung[91] anzusetzen.

Es sei aber nicht zu beanstanden, wenn Wohnungseigentümer die gesamten Aufwendungen erst in dem Jahr geltend machen, in dem die Jahresabrechnung[92] im Rahmen der Eigentümerversammlung genehmigt worden ist. Die Entscheidung, die Steuerermäßigung hinsichtlich der Aufwendungen für die regelmäßig wiederkehrenden Dienstleistungen im Jahr der Vorauszahlung (Vorschuss) und für die einmaligen Aufwendungen im Jahr der Beschlussfassung oder alternativ für die gesamten Aufwendungen die Steuerermäßigung erst im Jahr der Beschlussfassung in Anspruch zu nehmen, hat jeder einzelne Eigentümer im Rahmen seiner Einkommensteuererklärung zu treffen.[93] 131

Diese Wahlrechte und Vereinfachungsmöglichkeiten des BMF hat der BFH im Ergebnis nicht beanstandet.[94] 132

Soweit einmalige Aufwendungen durch die Entnahme aus der Erhaltungsrücklage finanziert werden, können die Aufwendungen 133

---

90 BMF, Schreiben v.9.11.2016 - IV C 8 - S 2296 b/07/10003 :008, BStBl 2016 I S.1213 Rz.47 OAAAF-86930.

91 Diese Formulierung des BMF ist überholt, da die Jahresabrechnung (vom Verwalter) nur „aufgestellt“ und lediglich die Abrechnungsspitze formal beschlossen wird.

92 Diese Formulierung des BMF ist überholt, da die Jahresabrechnung (vom Verwalter) nur „aufgestellt“ und lediglich die Abrechnungsspitze formal beschlossen wird.

93 BMF, Schreiben v.9.11.2016 - IV C 8 - S 2296 b/07/10003 :008, BStBl 2016 I S.1213 Rz.48 OAAAF-86930.

94 BFH, Urteil v.20.4.2023 - VI R 24/20, BStBl 2023 II S.906 Rz.34 RAAAJ-43899.

- im Jahr des Abflusses aus der Rücklage oder
- im Jahr der Genehmigung der Jahresabrechnung[95] (die den Abfluss aus der Rücklage enthält)

berücksichtigt werden.

dd) Steuerermäßigung für die Mieter der Eigentumswohnung

134 Für die zeitliche Berücksichtigung von Nebenkosten bei Mietern der Eigentumswohnung gelten diese Grundsätze entsprechend.[96] Hierzu hat der BFH[97] entschieden, dass regelmäßig davon ausgegangen werden könne, dass die im laufenden Jahr gezahlten Nebenkostenvorauszahlungen auf die steuerbegünstigten Leistungen entfallen, soweit die Nebenkostenvorauszahlungen die anteilig auf den Mieter entfallenden Ausgaben des Vermieters bzw. der GdWE für die haushaltsnahen Dienstleistungen bzw. Handwerkerleistungen decken.

2. Steuerermäßigung für energetische Maßnahmen (§ 35c EStG)

a) Voraussetzungen der Steuerermäßigung nach § 35c EStG

135 Für bestimmte energetische Baumaßnahmen an Gebäuden kann ein Teil der dafür entstandenen Aufwendungen als Steuerermäßigung nach § 35c EStG geltend gemacht werden. Die Steuerermäßigung mindert die tarifliche Einkommensteuer.

136 Folgende energetische Maßnahmen sind nach § 35c Abs. 1 Satz 3 EStG begünstigt:

1. Wärmedämmung von Wänden,
2. Wärmedämmung von Dachflächen,
3. Wärmedämmung von Geschossdecken,
4. Erneuerung der Fenster oder Außentüren,
5. Erneuerung oder Einbau einer Lüftungsanlage,
6. Erneuerung der Heizungsanlage,

95 Diese Formulierung des BMF ist überholt, da die Jahresabrechnung (vom Verwalter) nur „aufgestellt" und lediglich die Abrechnungsspitze formal beschlossen wird.

96 BMF, Schreiben v. 9.11.2016 - IV C 8 - S 2296 b/07/10003 :008, BStBl 2016 I S. 1213 Rz. 47 OAAAF-86930.

97 BFH, Urteil v. 20.4.2023 - VI R 24/20, BStBl 2023 II S. 906 Rz. 46 RAAAJ-43899.

7. Einbau von digitalen Systemen zur energetischen Betriebs- und Verbrauchsoptimierung,
8. Optimierung bestehender Heizungsanlagen, sofern diese älter als zwei Jahre sind.

Weitere Voraussetzungen sind, dass das Gebäude 137

- älter als zehn Jahre[98] ist (§ 35c Abs. 1 Satz 2 EStG) und
- zu eigenen Wohnzwecken genutzt wird (§ 35c Abs. 2 EStG).

b) Zeitpunkt und Höhe der Förderung

Förderungsfähig sind bei § 35c EStG nicht nur die reinen Arbeitskosten (wie z. B. bei § 35a EStG), sondern alle entstandenen Aufwendungen (einschließlich der Materialkosten).[99] 138

Für den Zeitpunkt der Steuerermäßigung nach § 35c EStG kommt es auf das Kalenderjahr des „Abschlusses der energetischen Maßnahme" an (§ 35c Abs. 1 Satz 1 EStG). Die energetische Maßnahme i. S. des § 35c EStG ist nicht bereits mit deren Fertigstellung, sondern erst mit der vollständigen Zahlung des Rechnungsbetrags auf das Konto des Erbringers der Leistung abgeschlossen.[100] 139

Die Förderung der einzelnen Maßnahme läuft über drei Jahre und ist wie folgt zu berücksichtigen: 140

Erstjahr (Abschluss der Maßnahme)	7 % der Aufwendungen	maximal 14.000 €
Zweitjahr	7 % der Aufwendungen	maximal 14.000 €
Drittjahr	6 % der Aufwendungen	maximal 12.000 €

Somit können über drei Jahre insgesamt 20 % der Aufwendungen einer Maßnahme als Steuerermäßigung angesetzt werden. Gedeckelt wird die Steueranrechnung aber bei Aufwendungen von 200.000 €, da 20 % davon 40.000 € betragen und dies die Summe der drei Jahreshöchstbeträge ist. 141

Die Steuerermäßigung ist auf die tarifliche Einkommensteuer begrenzt. Übersteigt der für die Maßnahme ermittelte Steuerermäßigungsbetrag die tarifliche 142

98 Die 10-Jahresfrist ist „taggenau" vom Beginn der Herstellung des Gebäudes bis zum Beginn der energetischen Maßnahme zu berechnen (BMF, Schreiben v. 21.8.2025 - IV C 1-S 2296-c/00004/018/050, BStBl 2025 I S. 1609 Rz. 22 YAAAJ-98593).

99 BMF, Schreiben v. 21.8.2025 - IV C 1-S 2296-c/00004/018/050, BStBl 2025 I S. 1609 Rz. 44 YAAAJ-98593.

100 BFH, Urteil v. 13.8.2024 - IX R 31/23, BStBl 2024 II S. 869 NAAAJ-76468.

Einkommensteuer (vermindert um die sonstigen Steuerermäßigungen) der steuerpflichtigen Person (Anrechnungsüberhang), so kann dieser Anrechnungsüberhang nicht in andere VZ vor- bzw. zurückgetragen werden.[101]

143 Sofern ein Energieberater mit der planerischen Begleitung oder Beaufsichtigung der energetischen Maßnahmen beauftragt worden ist, sind auch diese Aufwendungen begünstigt, allerding mit 50% der Aufwendungen (§ 35c Abs. 1 Satz 4 Halbsatz 2 EStG).

144 Die Steuerermäßigung nach § 35c EStG ist unzulässig, soweit die Aufwendungen als Betriebsausgaben, Werbungskosten, Sonderausgaben oder außergewöhnliche Belastungen berücksichtigt worden sind (§ 35c Abs. 3 Satz 1 EStG). Die Steuerermäßigung ist zudem ausgeschlossen, wenn für die energetischen Maßnahmen eine Steuerbegünstigung nach § 10f EStG oder nach § 35a EStG in Anspruch genommen wird oder es sich um eine öffentlich geförderte Maßnahme handelt, für die zinsverbilligte Darlehen oder steuerfreie Zuschüsse in Anspruch genommen werden (§ 35c Abs. 3 Satz 2 EStG).

c) Wohnungseigentum als begünstigtes Objekt

145 Jedes einzelne Wohnungseigentum (Eigentumswohnung) gilt als ein begünstigtes Objekt (§ 35c Abs. 5 EStG i.V. mit § 35c Abs. 1 EStG).[102] Anspruchsberechtigt ist grds. der bürgerlich-rechtliche Eigentümer an der Wohnung (Sondereigentum) in Verbindung mit dem Miteigentumsanteil an dem gemeinschaftlichen Eigentum.[103] Denkbar wäre aber auch, dass ein wirtschaftlicher Eigentümer (§ 39 Abs. 2 Nr. 1 Satz 1 AO) statt des zivilrechtlichen Eigentümers die Förderung erhält.[104]

146 Berücksichtigungsfähig sind alle Aufwendungen für die Maßnahme, die sowohl das Sondereigentum als auch das gemeinschaftliche Eigentum betreffen.[105]

101 BMF, Schreiben v. 21.8.2025 - IV C 1-S 2296-c/00004/018/050, BStBl 2025 I S. 1609 Rz. 26 YAAAJ-98593.

102 BMF, Schreiben v. 21.8.2025 - IV C 1-S 2296-c/00004/018/050, BStBl 2025 I S. 1609 Rz. 1 YAAAJ-98593. So schon BT-Drucks. 19/14338 v. 22.10.2019 S. 22.

103 BMF, Schreiben v. 21.8.2025 - IV C 1-S 2296-c/00004/018/050, BStBl 2025 I S. 1609 Rz. 5 f. YAAAJ-98593NWB .

104 BMF, Schreiben v. 21.8.2025 - IV C 1-S 2296-c/00004/018/050, BStBl 2025 I S. 1609 Rz. 5, 8 YAAAJ-98593.

105 BMF, Schreiben v. 21.8.2025 - IV C 1-S 2296-c/00004/018/050, BStBl 2025 I S. 1609 Rz. 42 YAAAJ-98593.

Die dem Wohnungseigentümer zuzurechnenden Kosten ermitteln sich nicht immer nach dem Miteigentumsanteil am Gemeinschaftsvermögen.[106] Es kommt auf die konkrete Kostenverteilung für bauliche Veränderungen (§ 20 WEG), den damit zusammenhängenden Kosten (§ 21 WEG) und dem dazu ergangenen Beschluss der Wohnungseigentümer an. Die konkrete Lastenverteilung kann von der allgemeinen Aufwandsverteilung abweichen.[107] Im Regelfall wird gleichwohl die Kostenverteilung für Aufwendungen am Gemeinschaftseigentum (z. B. Außenfassade oder Heizungssystem) alle Wohnungseigentümer zu gleichen (Miteigentums-)Anteilen treffen. 147

BEISPIEL „ENERGETISCHE MAßNAHME": Eine Immobilie ist in drei Wohneigentumseinheiten aufgeteilt. Zwei Eigentumswohnungen werden von den Eigentümern zu eigenen Wohnzwecken genutzt. Die Heizungsanlage wird im Jahr 2024 durch eine Wärmepumpe ersetzt und das Gebäude gedämmt. Die begünstigten Aufwendungen betragen 240.000 €. Nach dem WEG und dem Beschluss der Wohnungseigentümerversammlung sind die Kosten im Verhältnis der Miteigentumsanteile zu verteilen.

Auf jede Eigentumswohnung entfallen Aufwendungen i. H. von

240.000 € x 1/3 = 80.000 €.

Jedem selbstnutzenden Eigentümer sind Aufwendungen von 80.000 € zuzurechnen, die den jeweils nutzbaren Höchstbetrag von 200.000 € nicht übersteigen. Die selbstnutzenden Wohnungseigentümer können die Steuerermäßigung nach § 35c EStG wie folgt jeweils geltend machen:

2024: 80.000 € x 7 % = 5.600 €

2025: 80.000 € x 7 % = 5.600 €

2026: 80.000 € x 6 % = 4.800 €

Wenn an einem bisher rechtlich ungeteilten Gebäude erstmals Wohnungseigentum begründet wird (z. B. durch eine Teilungserklärung nach § 8 WEG), entstehen dadurch keine neuen Objekte i. S. des § 35c EStG (Objektidentität). Die Steuerermäßigung setzt sich aber in den (nur rechtlich) „neuen" Wohnungen fort. Die bereits nach § 35c EStG in Anspruch genommene Steuerermäßigung für das rechtlich ungetrennte Objekt mindert dann folgerichtig den Höchstbetrag der Steuerermäßigung für die Eigentumswohnungen.[108] 148

106 So aber BMF, Schreiben v. 21.8.2025 - IV C 1-S 2296-c/00004/018/050, BStBl 2025 I S. 1609 Rz. 42 YAAAJ-98593.

107 Urban in Bordewin/Brandt, EStG, § 35c Rz. 376 (Stand: 7/2021).

108 BMF, Schreiben v. 21.8.2025 - IV C 1-S 2296-c/00004/018/050, BStBl 2025 I S. 1609 Rz. 29 YAAAJ-98593.

d) Objektbezogene Deckelung

149 Die Förderung nach § 35c EStG kann für mehrere einzelne Maßnahmen an einem begünstigten Objekt in Anspruch genommen werden. Es gibt jedoch einen objektbezogenen Höchstbetrag der Steuerermäßigung von 40.000 € (§ 35c Abs. 1 Satz 5 EStG).

150 Der maßnahmenbezogene Höchstbetrag entspricht dem objektbezogenen Höchstbetrag von 40.000 €. Auch mehrere (ggf. zeitlich versetzte) Maßnahmen sind pro Objekt nach § 35c Abs. 1 Satz 5 EStG auf 40.000 € Steuerermäßigung begrenzt.

151 Wenn die Eigentumswohnungen mehreren Personen gehören (z. B. Ehegatten als hälftige Miteigentümer), wird der gesamte Höchstbetrag auf die Personen rechnerisch aufgeteilt (§ 35c Abs. 6 EStG). Der objektbezogene Höchstbetrag wird also nicht nach der Anzahl der Miteigentümer vervielfacht. Bei zusammenveranlagten Ehegatten oder Lebenspartnern ist keine Aufteilung der Aufwendungen bzw. des Höchstbetrags nach dem Verhältnis ihrer Miteigentumsanteile erforderlich.

152 Ein Steuerpflichtiger kann für mehrere Objekte (nacheinander oder gleichzeitig) jeweils die Förderung nach § 35c EStG erhalten. Dafür muss aber der Steuerpflichtige für den konkrete VZ eine „ausreichende" tarifliche Einkommensteuer erzielen, um diese mit der Steuerermäßigung nach § 35c EStG zu kompensieren. Es handelt sich nicht um eine Steueranrechnung i. S. des § 36 EStG, die zu einem finanziellen Definitiveffekt führt. Im Einzelfall muss errechnet werden, auf welches Objekt welche Begünstigung entfällt.[109]

e) Bescheinigungsverfahren

153 Die jeweilige energetische Maßnahme muss von einem Fachunternehmen ausgeführt werden.

154 Der Nachweis über die begünstigten Maßnahmen wird durch eine nach amtlichem Muster vorgeschriebenen Bescheinigung geführt. Diese kann entweder von dem ausführenden Fachunternehmen oder von bestimmten anderen Personen (z. B. einem Energieberater) ausgestellt werden (§ 35c Abs. 1 Satz 6 f. EStG). Im BMF-Schreiben v. 23.12.2024[110] werden die formalen Voraussetzun-

109 Dazu wird in BMF, Schreiben v. 21.8.2025 - IV C 1-S 2296-c/00004/018/050, BStBl 2025 I S. 1609 Rz. 32 YAAAJ-98593, ein Zahlenbeispiel dargestellt.

110 BMF, Schreiben v. 23.12.2024 - IV C 1 - S 2296-c/20/10003 :008, BStBl 2025 I S. 39 TAAAJ-82865.

gen für die Maßnahmen näher dargestellt, die nach dem 31.12.2024 begonnen wurden. Zudem ist das amtliche Muster der Bescheinigung dort angehängt und es werden die einzelnen Punkte dazu erläutert. Darin wird auch auf die vorherigen BMF-Schreiben[111] hingewiesen, welche die Bescheinigungsmuster für die Maßnahmen in den Jahren ab 2020 enthalten.

Bei energetischen Maßnahmen an Wohnungseigentum können die Aufwendungen für das Sondereigentum und das anteilige gemeinschaftliche Eigentum geltend gemacht werden. Die Bescheinigung kann entweder für die einzelne Eigentumswohnung oder für das gesamte Wohngebäude ausgestellt werden. 155

Wird eine Bescheinigung für das gesamte Wohngebäude ausgestellt (Gesamtbescheinigung), sind die Aufwendungen anzugeben, die (nur) das gesamte Wohngebäude betreffen, zusätzlich (ggf. in einer Anlage) die Höhe der nach ihren Miteigentumsanteilen auf die jeweiligen Berechtigten entfallenden Aufwendungen zu vermerken und die auf das Sondereigentum einzelner Wohnungen entfallenden Aufwendungen den konkreten Wohnungseigentümern zuzuweisen.[112] 156

Hat die GdWE einen Verwalter bestellt (Regelfall), ist er in der Gesamtbescheinigung (anstelle der Eigentümer) zu nennen. Dann reicht es aus, wenn der Verwalter die Kosten nach den Miteigentumsanteilen aufteilt und jeder Wohnungseigentümer eine Kopie der Gesamtbescheinigung erhält.[113] 157

Die Bescheinigungskosten gehören zu den begünstigten Aufwendungen (§ 35c Abs. 1 Satz 4 EStG). 158

111 Maßnahmenbeginn 2020: BMF, Schreiben v. 31.3.2020 - IV C 1 - S 2296-c/20/10003 :001, BStBl 2020 I S. 484 GAAAH-45789; Maßnahmenbeginn 2021 oder 2022: BMF, Schreiben v. 15.10.2021 - IV C 1 - S 2296-c/20/10003 :004, BStBl 2021 I S. 2026 WAAAH-92953; Maßnahmenbeginn 2023 oder 2024: BMF, Schreiben v. 26.1.2023 - IV C 1 - S 2296-c/20/10003 :006, BStBl 2023 I S. 218 ZAAAJ-32169, zuletzt geändert durch BMF, Schreiben v. 6.2.2024 - IV C 1 - S 2296-c/20/10003 :006, BStBl 2024 I S. 237 RAAAJ-59555.

112 BMF, Schreiben v. 23.12.2024 - IV C 1 - S 2296-c/20/10003 :008, BStBl 2025 I S. 39 Rz. 22 TAAAJ-82865.

113 BMF, Schreiben v. 23.12.2024 - IV C 1 - S 2296-c/20/10003 :008, BStBl 2025 I S. 39 Rz. 23 TAAAJ-82865.

3. Steuerbegünstigung für Baudenkmale und Gebäude in Sanierungsgebieten sowie städtebaulichen Entwicklungsbereichen (§ 10f EStG)

a) Grundlagen der Vorschrift des § 10f EStG

159 Der Gesetzgeber fördert durch § 10f EStG Aufwendungen für bestimmte, zu eigenen Wohnzwecken genutzte Immobilien, welche als besonders förderungswürdig angesehen werden. Die Zielrichtung ist der steuerliche Anreiz für den Denkmalschutz und die Wohnraumerhaltung.[114] § 10f EStG nimmt dabei Bezug auf §§ 7i und 7h EStG (vgl. →Rz. 412 ff. bzw. →Rz. 394 ff.), welche insbesondere für vermietete Objekte eine vergleichbare Förderung in Form von erhöhten Abschreibungen regeln (Parallelvorschrift).

160 Es werden nach § 10f EStG zwei Kategorien von Gebäuden gefördert:

- Baudenkmale (vgl. auch § 7i EStG),
- Gebäude in Sanierungsgebieten und städtebaulichen Entwicklungsbereichen (vgl. auch § 7h EStG).

b) Gebäude eines Baudenkmals

161 Das Gebäude muss nach den jeweiligen landesrechtlichen Vorschriften ein Baudenkmal sein. Die Baumaßnahme muss zur Erhaltung des Gebäudes als Baudenkmal oder zu seiner sinnvollen Nutzung erforderlich sein (§ 7i Abs. 1 Satz 1 EStG).

c) Gebäude in Sanierungsgebieten und städtebaulichen Entwicklungsbereichen

162 Durch § 10f EStG i. V. mit § 7h EStG werden Herstellungskosten für Modernisierungs- und Instandsetzungsmaßnahmen an einem Gebäude in einem (förmlich festgelegten) Sanierungsgebiet oder in einem städtebaulichen Entwicklungsbereich begünstigt. Zuschüsse mindern die Bemessungsgrundlage.

114 BFH, Urteil v. 26.4.2023 - X R 4/21, BStBl 2023 II S. 870 Rz. 36 VAAAJ-45016, mit Hinweis auf die Gesetzesbegründung zum Wohnungsbauförderungsgesetz v. 22.12.1989, BStBl 1989 I S. 505 (BT-Drucks. 11/5680 S. 9).

d) Nutzung zu eigenen Wohnzwecken

Die Wohnung muss für das jeweilige Jahr des insgesamt zehnjährigen Begünstigungszeitraums zu eigenen Wohnzwecken genutzt werden (§ 10f Abs. 1 Satz 2 EStG). Nur dann wird für das entsprechende Jahr der Sonderausgabenabzug gewährt. 163

Die Wohnung muss nicht die Hauptwohnung des Wohnungseigentümers darstellen. Es ist auch eine nur gelegentlich aufgesuchte Wohnung begünstigt. 164

Unschädlich ist es, wenn die Wohnung anderen Personen (z. B. Angehörigen) teilweise (aber nicht ganz) unentgeltlich zu Wohnzwecken überlassen wird (§ 10f Abs. 1 Satz 4 EStG). Zulässig wäre es auch, neben einer teilweisen Selbstnutzung zu Wohnzwecken den anderen Teil der Wohnung zu vermieten. Dann wäre zu beachten, dass nur die anteilig selbstgenutzte Wohnfläche nach § 10f EStG und die übrige Fläche durch die erhöhte AfA nach § 7h EStG bzw. § 7i EStG begünstigt wird. 165

e) Höhe des Sonderausgabenabzugs

Die Aufwendungen für Baumaßnahmen an dem Gebäude können (nach den allgemeinen Grundsätzen) zu Herstellungskosten oder Erhaltungsaufwand führen. In beiden Fällen werden die Aufwendungen wie Sonderausgaben behandelt: 166

- Herstellungskosten nach § 10f Abs. 1 EStG,
- Erhaltungsaufwand nach § 10f Abs. 2 EStG.

In beiden Fällen können die Aufwendungen der Baumaßnahme – unabhängig von Zeitpunkt der Zahlung – ab dem Kalenderjahr des Abschlusses der Maßnahme für insgesamt 10 Jahre in Folge jeweils i. H. von bis zu 9 % als Sonderausgaben abgezogen werden. Damit sind bis zu 90 %[115] der Aufwendungen abzugsfähig. Es kommt somit letztlich für Zwecke des § 10f EStG nicht auf die Abgrenzung zwischen Herstellungskosten und Erhaltungsaufwand an, da die Rechtsfolgen gleich sind.[116] 167

115 Die ursprüngliche 100%-Förderung wurde mit Wirkung ab 1.1.2004 auf 90 % gekürzt durch das Haushaltsbegleitgesetz 2004 v. 29.12.2003, BGBl 2003 I S. 3076. Dies erfolgte aus fiskalischen Gründen nach der „Rasenmähermethode" auf Grundlage des sog. Koch/Steinbrück-Papiers mit Vorschlägen zum Subventionsabbau.

116 BFH, Urteil v. 19.2.2019 - X R 17/18 TAAAH-21057 = BFH/NV 2019 S. 801 unter II. 2.

168 Für eine volle Steuerwirksamkeit der Sonderausgaben müssen im jeweiligen VZ so hohe Einkünfte erzielt werden, dass sich die Sonderausgaben voll auswirken und nicht – ggf. teilweise – ins Leere gehen.

f) Bescheinigungsverfahren

169 Die jeweiligen Voraussetzungen sind durch Bescheinigungen der zuständigen Behörden nachzuweisen.

170 Eine Abstimmung mit der Denkmalbehörde und eine entsprechende Bescheinigung sind erforderlich (§ 7i Abs. 1 Satz 6 EStG).

171 Die Förderung ist personenbezogen und endet insbesondere dann, wenn das Objekt nicht mehr zu eigenen Wohnzwecken genutzt oder auf einen anderen Eigentümer übertragen wird.

g) Objektverbrauch

172 Jeder Steuerpflichtige kann die Förderung nach § 10f EStG „nur bei einem Gebäude" in Anspruch nehmen (§ 10f Abs. 3 Satz 1 EStG). Für das Verständnis dieser Gesetzesformulierung kommt es auf die „mitzulesende" Betonung an: „[...] nur bei *einem* Gebäude [...]". Diese Beschränkung bedeutet, dass der Steuerpflichtige von der Begünstigung des § 10f EStG in seinem Leben nur einmal Gebrauch machen kann (personenbezogener Objektverbrauch).[117]

173 Ehegatten können § 10f EStG aber bei insgesamt zwei Objekten abziehen (§ 10f Abs. 3 Satz 2 EStG). Dies gilt unabhängig davon, welcher Ehegatte Eigentümer der Gebäude ist.[118] Höchstrichterlich ungeklärt ist, ob ein Erbe die jährlichen Abzugsbeträge nach § 10f EStG fortsetzen kann, wenn der Erblasser innerhalb des zehnjährigen Abzugszeitraums verstirbt und der Erbe das Gebäude anschließend zu eigenen Wohnzwecken nutzt.[119]

h) Anwendung auf Wohnungseigentum

174 Durch § 10f Abs. 5 EStG ist die Steuerbegünstigung „auf Eigentumswohnungen entsprechend anzuwenden". Dabei gilt das Wohnungseigentum als ein „Zählobjekt" im Rahmen des personenbezogenen Objektverbrauchs i. S. von § 10f

117 BFH, Urteil v. 24.5.2023 - X R 22/20, BStBl 2023 II S. 866 EAAAJ-45441.

118 Kulosa in Schmidt, EStG, 44. Aufl. 2025, § 10f Rz. 14.

119 Das FG Sachsen-Anhalt, Urteil v. 24.7.2024 - 1 K 903/21, EFG 2025 S. 853 (BFH-Rev.: X R 23/24), hält den Abzug beim Erben für unzulässig, da es für den Sonderausgabenabzug nach § 10f EStG keine Rechtsnachfolge gebe, die – wie z. B. bei der AfA nach § 11d EStDV – ausdrücklich gesetzlich geregelt sei.

Abs. 3 Satz 1 EStG. Beim Miteigentum von mehreren Personen an einer Eigentumswohnung stellt jeder Anteil ein eigenes Objekt dar (§ 10f Abs. 4 Satz 1 EStG).[120]

Die begünstigten Aufwendungen für das gemeinschaftliche Eigentum werden dem Wohnungseigentümer nach den allgemeinen Kostenregelungen des WEG anteilig zugerechnet und stellen anteilig die begünstigten Aufwendungen i. S. des § 10f EStG dar. 175

BEISPIEL „BEGÜNSTIGUNG FÜR EIN DENKMAL": Ein Baudenkmal ist in drei Wohneigentumseinheiten aufgeteilt. Eine Eigentumswohnung wird von den Eigentümern Frau A und Herrn B (Miteigentümer) zu eigenen Wohnzwecken genutzt. Im Jahr 2024 wird eine Fassadensanierung (gemeinschaftliches Eigentum) abgeschlossen, für die die zuständige Denkmalbehörde begünstige Aufwendungen i. H. von insgesamt 60.000 € bescheinigt hat.

Frau A bzw. Herr B können für die VZ 2024–2033 jeweils einen Betrag i. H. von 60.000 € (gesamte begünstigte Aufwendungen) x 1/3 (Miteigentumsanteil im Sinne des WEG) x 50 % (Miteigentumsanteil an der Eigentumswohnung) x 9 % (Begünstigungssatz p. a.) = 900 € wie Sonderausgaben geltend machen (§ 10f EStG).

4. Steuerbegünstigung für schutzwürdige Kulturgüter ohne Einkünfte oder eigene Wohnzwecke (§ 10g EStG)

a) Allgemeines zu § 10g EStG

Wenn bestimmte „schutzwürdige Kulturgüter" weder vermietet, betrieblich verwendet noch zu eigenen Wohnzwecken genutzt werden, können Herstellungskosten oder Erhaltungsaufwendungen für das Objekt nach § 10g EStG als Sonderausgaben gefördert werden. Werden aus dem Gebäude Einkünfte erzielt, ist § 7i EStG anzuwenden (siehe →Rz. 412 ff.). Wird das Gebäude zu eigenen Wohnzwecken genutzt, ist § 10f EStG vorrangig anzuwenden. § 10g EStG ist eine Auffangvorschrift, um die Erhaltung bestimmter Kulturgüter steuerrechtlich zu fördern. 176

Es handelt sich i. d. R. um Sonderfälle wie z. B. Liebhaberei (Tätigkeit ohne Gewinnerzielungsabsicht), Leerstand der Wohnung oder deren unentgeltliche Überlassung. 177

120 Ehegatten können § 10f EStG aber bei insgesamt zwei Eigentumswohnungen abziehen (§ 10f Abs. 3 Satz 2 EStG).

b) Gebäude als Kulturgut

178 Gebäude als Kulturgüter i. S. des § 10g EStG sind

- Gebäude oder Gebäudeteile, die nach den jeweiligen landesrechtlichen Vorschriften ein Baudenkmal sind (§ 10g Abs. 1 Satz 2 Nr. 1 EStG),
- Gebäude oder Gebäudeteile, die für sich allein nicht die Voraussetzungen für ein Baudenkmal erfüllen, aber Teil einer nach den jeweiligen landesrechtlichen Vorschriften als Einheit geschützten Gebäudegruppe oder Gesamtanlage sind (§ 10g Abs. 1 Satz 2 Nr. 2 EStG).

179 Die Gebäude (Kulturgüter) müssen der wissenschaftlichen Forschung oder der Öffentlichkeit zugänglich gemacht werden (§ 10g Abs. 1 Satz 2 Halbsatz 2 EStG).[121]

c) Anwendung auf Wohnungseigentum

180 § 10g EStG ist auch auf Kulturgüter in der Rechtsform als Eigentumswohnung oder Teileigentum anzuwenden (§ 10g Abs. 4 Satz 1 EStG).

d) Baumaßnahme

181 Die Maßnahme muss nach den Bestimmungen der Denkmalpflege erforderlich sein und mit den zuständigen Behörden (vor allem der zuständigen Denkmalbehörde) abgestimmt werden (§ 10g Abs. 1 Satz 3 Halbsatz 1 EStG). Dabei ist § 7i Abs. 1 Satz 1–4 EStG sinngemäß anzuwenden (§ 10g Abs. 1 Satz 3 Halbsatz 2 EStG).

e) Sonderausgabenabzug

182 Die begünstigten Aufwendungen der Baumaßnahme können – unabhängig vom Zeitpunkt der Zahlung – ab dem Kalenderjahr des Abschlusses der Maßnahme für insgesamt 10 Jahre in Folge jeweils i. H. von bis zu 9 % als Sonderausgaben abgezogen werden. Damit sind bis zu 90 % der Aufwendungen abzugsfähig (sofern sich die Sonderausgaben steuerlich auswirken).

---

121 Es sei denn, dem Zugang stehen zwingende Gründe des Denkmal- oder Archivschutzes entgegen (§ 10g Abs. 1 Satz 2 Halbsatz 2 EStG).

f) Bescheinigungsverfahren

Die zuständige Denkmalbehörde[122] hat zu bescheinigen, dass es sich um ein Kulturgut handelt und die Aufwendungen erforderlich sind. 183

5. Berufliche Tätigkeit in der Eigentumswohnung (Arbeitszimmer und Tagespauschale)

a) Werbungskostenabzug durch die berufliche Nutzung der Wohnung

Durch eine berufliche Tätigkeit in der häuslichen Wohnung entstehen unter bestimmten Voraussetzungen abzugsfähige Werbungskosten zu den mit der Tätigkeit zusammenhängenden Einkünften. Ein typisches Beispiel ist die Nutzung eines Raumes der Eigentumswohnung als Arbeitszimmer für die Einkünfte aus nichtselbständiger Tätigkeit (§ 19 EStG). Darüber hinaus können Kosten des Homeoffice aber auch dann als Werbungskosten anzusetzen sein, wenn kein bautechnisch abzugrenzendes Zimmer, sondern nur ein Teil eines Raumes dauerhaft für die jeweilige Tätigkeit (z. B. die Arbeitsecke eines Wohnzimmers) oder ein Raum nur zeitweise für die jeweilige Tätigkeit (z. B. der Küchentisch) genutzt wird. 184

Die anzusetzenden Kosten werden durch § 4 Abs. 5 Satz 1 Nr. 6b EStG (Arbeitszimmer) und § 4 Abs. 5 Satz 1 Nr. 6c EStG (Tagespauschale) geregelt. Diese originär für betrieblich genutzte Räume anzuwendenden Normen sind durch § 9 Abs. 5 Satz 1 EStG auch auf die Überschusseinkünfte anzuwenden. Es sind zwei verschiedene Kategorien für den Werbungskostenabzug zu unterscheiden: 185

- Die anteiligen Kosten für ein Arbeitszimmer können insgesamt abgezogen werden. Dies betrifft aber nur die Fälle eines separaten Raumes, in dem aus qualitativer Sicht die gesamte berufliche Tätigkeit erbracht wird (Ausnahmefall). Denkbar sind auch Konstellationen, bei denen der Raum gar nicht in die Kategorie des Arbeitszimmers fällt, da dieser nicht in die übrige häusliche Sphäre eingebunden ist (z. B. durch regelmäßige Kundenbesuche in dem Raum).
- Die Kosten können nur pauschaliert mit 6 € je Nutzungstag abgezogen werden (Tagespauschale). Dies betrifft vor allem Fälle, bei denen der qualitative Tätigkeitsschwerpunkt nicht im Arbeitszimmer liegt, sowie alle Fälle von nicht ausschließlich beruflich genutzten Räumen (z. B. Arbeitsecken).

122 Im BMF-Schreiben v. 4.6.2015, BStBl 2015 I S. 506 UAAAE-92552, werden mit Stand April 2015 die zuständigen Bescheinigungsbehörden aufgelistet.

186 Zur ertragsteuerlichen Beurteilung der betrieblichen bzw. beruflichen Nutzung einer häuslichen Wohnung hat das BMF mit Schreiben v. 15.8.2023[123] die Verwaltungsauffassung ausführlich dargestellt.

b) Arbeitszimmer (§ 4 Abs. 5 Satz 1 Nr. 6b EStG)

187 Zunächst ist zu berücksichtigen, dass die Abzugsregelung nur dann anzuwenden ist, wenn es sich um einen bautechnisch abgrenzbaren Raum handelt, der seiner Lage, Funktion und Ausstattung nach in die häusliche Sphäre des Steuerpflichtigen eingebunden ist und dort büromäßige Denk-, Text-, Rechen-, Lese- oder Organisationsarbeit erledigt wird. Eine kreative Designer- oder Künstlertätigkeit in dem Arbeitszimmer ist aber ebenso denkbar. Der Raum muss ausschließlich (oder nahezu ausschließlich) zu betrieblichen und/oder beruflichen Zwecken genutzt werden. Nur eine private Mitbenutzung von weniger als 10 % ist unschädlich.[124]

188 Sollte der Raum kein „Arbeitszimmer" sein (weil z. B. die private Mitbenutzung zu hoch oder der Raum nicht baulich abgeschlossen ist), kann statt der tatsächlichen Kosten nur die Tagespauschale (§ 4 Abs. 5 Satz 1 Nr. 6c EStG) angesetzt werden.

189 Es sind aber auch Fälle denkbar, in denen der Raum nach seiner Funktion kein Arbeitszimmer in der „häuslichen Sphäre" darstellt. Dies kann z. B. bei einem Lagerraum oder einer Werkstatt der Fall sein. Ebenso ist auch ein Raum mit regelmäßigem Kunden-, Patienten- oder Mandantenverkehr kein solches Arbeitszimmer. In diesen Fällen ist die Abzugsbeschränkung i. S. des § 4 Abs. 5 Satz 1 Nr. 6b EStG nicht anzuwenden. Damit sind die anteiligen Raumkosten nach den allgemeinen Grundsätzen abzugsfähig.

190 In die häusliche Sphäre eingebunden ist ein als Arbeitszimmer genutzter Raum regelmäßig auch dann, wenn er sich zwar nicht unmittelbar in der privaten Wohnung, aber im gleichen Wohnhaus (zumindest auf derselben Etage) befindet.[125]

c) Mittelpunkt der gesamten beruflichen Betätigung

191 Die gesetzliche Regelung zum Arbeitszimmer (§ 4 Abs. 5 Satz 1 Nr. 6b EStG) ist keine Ausweitung des Werbungskostenabzugs, sondern eine (mögliche) Ein-

123 BMF, Schreiben v. 15.8.2023 - IV C 6 - S 2145/19/10006 :027, BStBl 2023 I S. 1551 BAAAJ-46602.

124 BMF, Schreiben v. 15.8.2023 - IV C 6 - S 2145/19/10006 :027, BStBl 2023 I S. 1551 Rz. 3 BAAAJ-46602.

125 BFH, Urteil v. 26.2.2003 - VI R 125/01, BStBl 2004 II S. 72 PAAAA-71918.

schränkung. Ohne eine solche Regelung wären die auf ein Arbeitszimmer entfallenden Kosten voll als Werbungskosten abzugsfähig, weil sie beruflich veranlasst sind. Wenn ein Raum (fast) ausschließlich für die Einkünfteerzielung genutzt wird, können jedoch die anteilig auf das Arbeitszimmer entfallenen tatsächlichen Kosten nur dann als Werbungskosten abgezogen werden, wenn das Arbeitszimmer „den Mittelpunkt der gesamten betrieblichen und beruflichen Betätigung bildet" (§ 4 Abs. 5 Satz 1 Nr. 6b Satz 2 EStG).

Der Mittelpunkt der gesamten betrieblichen und beruflichen Betätigung bestimmt sich nach dem inhaltlichen (qualitativen) Schwerpunkt der Tätigkeit.[126] Dem zeitlichen (quantitativen) Umfang der Nutzung des häuslichen Arbeitszimmers kommt im Rahmen dieser Würdigung lediglich eine indizielle Bedeutung zu.[127] 192

BEISPIEL „QUALITATIVER SCHWERPUNKT": Frau A ist Richterin am Finanzgericht und nutzt einen Raum in ihrer Eigentumswohnung ausschließlich für ihre Tätigkeit als Finanzrichterin. Zu Besprechungs- und Verhandlungsterminen fährt sie überwiegend zum Gericht, hat aber auch Onlinekonferenzen aus ihrem Arbeitszimmer. Aktenarbeit leistet sie überwiegend aus ihrem häuslichen Arbeitszimmer und gelegentlich auch in ihrem Dienstzimmer bei Gericht. Der zeitliche Umfang ihrer Tätigkeit im Arbeitszimmer beträgt 70 % (und zu 30 % im Gericht).

Der Mittelpunkt der gesamten betrieblichen und beruflichen Betätigung bildet nicht das häusliche Arbeitszimmer, da dort zwar die zeitlich überwiegende, aber nicht die für die inhaltliche Arbeit prägende (qualitative) Tätigkeit als Finanzrichterin geleistet wird.

Wenn ein Steuerpflichtiger aber nur eine betriebliche oder berufliche Tätigkeit ausübt und diese aus qualitativer Sicht gleichwertig sowohl im häuslichen Arbeitszimmer als auch an außerhäuslichen Arbeitsorten erbringt, so liegt der Mittelpunkt der gesamten betrieblichen und beruflichen Betätigung dann im häuslichen Arbeitszimmer, wenn der Steuerpflichtige mehr als die Hälfte der Arbeitszeit im häuslichen Arbeitszimmer tätig wird.[128] 193

d) Kostenabzug beim Arbeitszimmer

Die anteilig auf das Arbeitszimmer entfallenen tatsächlichen Kosten können nur in den (Ausnahme-)Fällen als Werbungskosten abgezogen werden, wenn 194

126 BMF, Schreiben v. 15.8.2023 - IV C 6 - S 2145/19/10006 :027, BStBl 2023 I S. 1551 Rz. 12 BAAAJ-46602.

127 BMF, Schreiben v. 15.8.2023 - IV C 6 - S 2145/19/10006 :027, BStBl 2023 I S. 1551 Rz. 13 BAAAJ-46602.

128 BMF, Schreiben v. 15.8.2023 - IV C 6 - S 2145/19/10006 :027, BStBl 2023 I S. 1551 Rz. 14 BAAAJ-46602.

das Arbeitszimmer „den Mittelpunkt der gesamten betrieblichen und beruflichen Betätigung bildet“ (§ 4 Abs. 5 Satz 1 Nr. 6b Satz 2 EStG).

195 Die auf die Wohnung (Sondereigentum) oder das übrige Gebäude (gemeinschaftliches Eigentum) entfallenden Kosten sind regelmäßig nach dem Verhältnis der Nutzfläche des häuslichen Arbeitszimmers zu der gesamten Fläche der Wohnung (einschließlich des häuslichen Arbeitszimmers) aufzuteilen (Aufteilungsquote nach Flächenanteilen).[129] Zubehörräume wie z. B. ein Kellerraum (egal, ob im Sonder- oder Gemeinschaftseigentum) sind dafür nicht zu berücksichtigen.

196 Zu den abzugsfähigen Kosten gehören insbesondere:

- Gebäudeabschreibung,
- Erhaltungsaufwand,
- Gebäudeversicherung,
- Schuldzinsen aus Fremdfinanzierung,
- Grundsteuer,
- öffentliche Abgaben (z. B. Müll und Abwassergebühren),
- Wasser- und Stromkosten,
- Raumreinigung.

197 Die flächenmäßige Aufteilung betrifft sowohl die Kosten des Gemeinschaftseigentums als auch des Sondereigentums. Es muss sich aber um Kosten handeln, die der gesamten Wohnung zuzuordnen sind (z. B. die Renovierungskosten des Treppenhauses). Soweit es sich um Kosten handelt, welche nur dem Arbeitszimmer oder nur der übrigen Wohnung zuzuordnen sind, werden diese vorrangig zugeordnet.

198 Bei Aufwendungen im Sondereigentum sind daher zu unterscheiden:

- Kosten, die unmittelbar für das Arbeitszimmer aufgewendet werden (z. B. Kosten der Ausstattung wie Tapeten, Teppiche, Fenstervorhänge, Gardinen und Lampen),[130] sind insoweit voll abzugsfähig.

129 BMF, Schreiben v. 15.8.2023 - IV C 6 - S 2145/19/10006 :027, BStBl 2023 I S. 1551 Rz. 9 BAAAJ-46602.

130 BMF, Schreiben v. 15.8.2023 - IV C 6 - S 2145/19/10006 :027, BStBl 2023 I S. 1551 Rz. 7 BAAAJ-46602.

- Kosten, die für einen Raum im Sondereigentum anfallen, der ausschließlich oder mehr als in nur untergeordnetem Umfang privaten Wohnzwecken dient (z. B. Küche, Bad und Flur im Sondereigentum), sind nicht abzugsfähig.[131]

BEISPIEL „KOSTEN ARBEITSZIMMER": Frau F nutzt in ihrer Eigentumswohnung (insgesamt Wohnfläche 100 m²) einen Raum (Fläche 15 m²) ausschließlich als berufliches Arbeitszimmer für ihre Tätigkeit als IT-Betreuerin für ein Versicherungsunternehmen. Sie arbeitet nahezu ausschließlich in ihrem häuslichen Arbeitszimmer und fährt nur zweimal im Jahr zur Hauptstelle ihres Arbeitgebers. Im Jahr 2025 sind für die gesamte Wohnung Aufwendungen i. H. von 7.000 € entstanden (u. a. für Gebäude-AfA, Versicherung, Grundsteuer, Abwasser und Heizungswartung). Darin nicht enthalten sind die Kosten für ein Fenster des Arbeitszimmers i. H. von 2.000 €, das auf Veranlassung von Frau F ausgetauscht wurde und für das sie die Kosten selbst zu tragen hatte. Zudem hat Frau F ihr Wohnzimmer renoviert und dafür 500 € gezahlt.

LÖSUNG: Den Mittelpunkt der gesamten betrieblichen und beruflichen Tätigkeit bildet das häusliche Arbeitszimmer, da dort sowohl zeitlich als auch inhaltlich der Schwerpunkt ihrer Arbeit liegt. Die auf das Arbeitszimmer entfallenden Aufwendungen sind voll abzugsfähig (§ 4 Abs. 5 Satz 1 Nr. 6b Satz 2 EStG). Grundsätzlich sind die gesamten Kosten nach dem Flächenschlüssel aufzuteilen, so dass 15 % (15 m² zu 100 m²) der gesamten Aufwendungen als Werbungskosten bei ihrer nichtselbständigen Tätigkeit als Arbeitnehmerin (§ 19 EStG) abzugsfähig sind. Wenn die Kosten direkt zuzuordnen sind, werden diese nicht in den Flächenschlüssel einbezogen. Daher sind den Arbeitszimmerkosten die Renovierungskosten des Wohnzimmers gar nicht und die Kosten des neuen Fensters im Arbeitszimmer voll zuzuordnen. Die abzugsfähigen Kosten des Arbeitszimmers betragen daher: 7.000 € x 15 % (Flächenanteilskosten) zzgl. 2.000 € (Individualkosten) = 3.050 €.

Die Arbeitsmittel, welche sich im Arbeitszimmer befinden (z. B. Schreibtisch, Bürostuhl und Computer), sind ohnehin nach den allgemeinen Regelungen abziehbar und nicht bei den Kosten des Arbeitszimmers einzubeziehen. 199

Alternativ kann ohne einen konkreten Kostennachweis ein Betrag i. H. von 1.260 € (Jahrespauschale) für das jeweilige Nutzungsjahr abgezogen werden (§ 4 Abs. 5 Satz 1 Nr. 6b Satz 3 EStG). Wenn das Arbeitszimmer nicht ganzjährig beruflich genutzt wird, ist der Jahresbetrag zu „zwölfteln", so dass er nur für jeden vollen Kalendermonat angesetzt werden kann (§ 4 Abs. 5 Satz 1 Nr. 6b Satz 4 EStG). 200

e) Nutzung durch mehrere Personen

Wenn mehrere Personen das Arbeitszimmer gemeinsam nutzen (z. B. Ehegatten für ihre jeweilige Arbeit), sind die Voraussetzungen des § 4 Abs. 5 Satz 1 201

131 BFH, Urteil v. 14.5.2019 - VIII R 16/15, BStBl 2019 II S. 510 OAAAH-24031.

Nr. 6b Satz 2 EStG bezogen auf die einzelne Person zu prüfen. Jede nutzende Person kann dann „seine" ihm zuzurechnenden Aufwendungen abziehen.[132]

f) Keine ausschließlich berufliche Raumnutzung

202 Sofern die Tätigkeit

- nicht in einem separaten Raum (Arbeitszimmer), sondern lediglich in einem Teil des Raumes (Arbeitsecke)[133] oder
- in zeitlicher Hinsicht zu mehr als 10 % auch privat genutzt wird,

sind nicht die tatsächlichen Kosten, sondern lediglich eine „Tagespauschale" abziehbar (§ 4 Abs. 5 Satz 1 Nr. 6c EStG).

g) Tagespauschale (§ 4 Abs. 5 Satz 1 Nr. 6c EStG)

203 Sofern für die berufliche Tätigkeit in der häuslichen Eigentumswohnung der Kostenabzug nach der Arbeitszimmerregelung (§ 4 Abs. 5 Satz 1 Nr. 6b EStG) nicht anzuwenden ist, kann die Regelung zur „Tagespauschale" (§ 4 Abs. 5 Satz 1 Nr. 6c EStG) genutzt werden. Für jeden Tag, in dem der Steuerpflichtige tatsächlich in seiner Eigentumswohnung beruflich tätig wird, kann er – im Grundsatz – 6 € als Werbungskosten ansetzen. Die tatsächlichen Kosten sind dabei nicht relevant. Der Abzug der Tagespauschale ist für ein Kalenderjahr auf den Höchstbetrag von 1.260 € gedeckelt. Diese Regelung gilt ab dem VZ 2023.[134]

204 Für den Ansatz der Tagespauschale sind zwei Fälle zu unterscheiden:

205 **Fall des § 4 Abs. 5 Satz 1 Nr. 6c Satz 1 EStG:**

Die Tagespauschale kann für jeden Kalendertag abgezogen werden, an dem die berufliche Tätigkeit in zeitlicher Hinsicht überwiegend[135] in der häuslichen Wohnung ausgeübt und keine außerhalb der häuslichen Wohnung belegene erste Tätigkeitsstätte (regelmäßig beim Arbeitgeber) aufgesucht wird. Außentermine und Dienstreisen zum Kunden an diesem Tag sind unschädlich, sofern die zeitliche Grenze (50 %) nicht überschritten wird. Es kommt in diesem Fall nicht darauf an, ob der Steuerpflichtigen einen anderen Arbeitsplatz (z. B. ein Büro bei seinem Arbeitgeber) hätte nutzen können.

---

132 BMF, Schreiben v. 15.8.2023 - IV C 6 - S 2145/19/10006 :027, BStBl 2023 I S. 1551 Rz. 19 BAAAJ-46602.

133 BFH, Beschluss v. 27.7.2015 - GrS 1/14, BStBl 2016 II S. 265 UAAAF-48793.

134 Jahressteuergesetz 2022 v. 16.12.2022, BGBl 2022 I S. 2294.

135 BMF, Schreiben v. 15.8.2023 - IV C 6 - S 2145/19/10006 :027, BStBl 2023 I S. 1551 Rz. 27 BAAAJ-46602.

Fall des § 4 Abs. 5 Satz 1 Nr. 6c Satz 2 EStG: 206

Sollte der Steuerpflichtige neben der Arbeit im Homeoffice und ggf. neben einer Außendiensttätigkeit an diesem Tag auch seine „erste Tätigkeitsstätte" (regelmäßig beim Arbeitgeber) aufsuchen, kann er gleichwohl die Tagespauschale abziehen, wenn ihm für die berufliche Tätigkeit „dauerhaft kein anderer Arbeitsplatz" als sein häuslicher Arbeitsplatz zur Verfügung steht. In diesen Fällen kommt es nur darauf an, dass der Steuerpflichtige an dem jeweiligen Tag überhaupt (wenn auch im geringen Umfang) zu Hause tätig wird. Auf eine zeitliche Grenze ist dann nicht zu achten.[136]

h) Nutzung des Arbeitszimmers außerhalb des Berufs (z. B. für Vermietungseinkünfte)

Ein Arbeitszimmer oder ein Teil eines Raumes der Wohnung (Arbeitsecke) kann für sämtliche Arten der Einkunftserzielung genutzt werden. Auch in diesen Fällen gelten die Grundsätze des § 4 Abs. 5 Satz 1 Nr. 6b EStG bzw. § 4 Abs. 5 Satz 1 Nr. 6c EStG. In Betracht kommen vor allem die Vermietungseinkünfte (§ 21 EStG) und die Kapitaleinkünfte (§ 20 EStG). 207

Die Raumnutzung muss nicht für die Erzielung der Einkünfte (z. B. aus Vermietung und Verpachtung) erforderlich sein.[137] Auch wenn die Tätigkeiten im Arbeitszimmer gering sind, können diese abzugsfähig sein. Es ist oft eine Beweisfrage, ob der Raum tatsächlich (fast) ausschließlich nur für diese Tätigkeiten genutzt wird oder die private Mitnutzung zu hoch ist. 208

BEISPIEL „ARBEITSZIMMER FÜR VERMIETUNGSEINKÜNFTE": ▶ Herr V ist Rentner und nutzt in seiner Eigentumswohnung (insgesamte Wohnfläche 100 m²) einen Raum (Fläche 15 m²) nach seinen Angaben fast ausschließlich für die Verwaltung seiner drei vermieteten Immobilien. Den Schreibtisch in diesem Arbeitszimmer nutzt er ca. für vier Stunden im Monat für die Vermietungstätigkeit (z. B. Onlinebanking, Schriftverkehr und Telefonate mit Mietern, Handwerken bzw. Gärtnern, Änderung von Mietverträgen). Private Korrespondenz mache nur zehn Minuten im Monat aus, da er dafür ansonsten den Wohnzimmertisch nutze.

136 BMF, Schreiben v. 15.8.2023 - IV C 6 - S 2145/19/10006.027, BStBl 2023 I S. 1551 Rz. 31 BAAAJ-46602.

137 BFH, Urteil v. 8.3.2017 - IX R 52/14 KAAAG-46835 = BFH/NV 2017 S. 1017.

LÖSUNG: Wenn die Angaben von Herrn V stimmen, liegt der Mittelpunkt der gesamten betrieblichen und beruflichen Tätigkeit in dem häuslichen Arbeitszimmer. Die anteiligen Kosten sind voll als Werbungskosten bei den Einkünften aus Vermietung und Verpachtung abzugsfähig (§ 4 Abs. 5 Satz 1 Nr. 6b Satz 2 EStG). Es ist unerheblich, dass Herr V den Raum nicht zwingend benötigt, da er die Tätigkeiten auch in seinem Wohnzimmer erledigen könnte. Es ist eine Beweisfrage, ob das Finanzamt den Angaben von Herrn V zu seiner geringen privaten Mitbenutzung des Arbeitszimmers folgt.

209 Wenn kein steuerrechtlich anzuerkennendes Arbeitszimmer besteht, kann die Tagespauschale (§ 4 Abs. 5 Satz 1 Nr. 6c EStG) anzusetzen sein, wenn an dem jeweiligen Tag diese nicht für andere Einkünfte (z. B. als Arbeitnehmer) anzusetzen ist.

6. Erträge aus dem Gemeinschaftsvermögen

a) Auffassung der Finanzverwaltung

210 Wenn aus dem Gemeinschaftsvermögen Einkünfte erzielt werden, sind diese nach Auffassung der Finanzverwaltung den Wohnungseigentümern zuzurechnen. Den wichtigsten Fall in der Praxis stellen die Erträge aus der Anlage des Geldvermögens aus dem Gemeinschaftseigentum der GdWE (insbesondere der Erhaltungsrücklage) dar. Erträge aus solchen Bankguthaben (z. B. Zinsen aus Sparguthaben oder Festgeldkonto) sind nach Verwaltungsauffassung[138] den Wohnungseigentümern unmittelbar (quotal nach deren Miteigentumsanteilen) als Einkünfte aus Kapitalvermögen (z. B. bei Zinsen nach § 20 Abs. 1 Nr. 7 EStG) zuzurechnen.

211 Oftmals wird es sich um geringe Erträge handeln, die zudem noch auf alle Wohnungseigentümer aufzuteilen sind. Der Kapitalertragsteuerabzug von 25 % auf diese Erträge (§§ 43 ff. EStG) durch das kontoführende Kreditinstitut darf auch dann nicht unterbleiben, wenn nur geringe Kapitalerträge anfallen.[139]

212 Regelmäßig handelt es sich bei diesen Erträgen um gemeinschaftlich erzielte Einkünfte, die gesondert und einheitlich festzustellen sind (§ 180 Abs. 1 Satz 1 Nr. 2 a) AO). Da es sich aber i. d. R. um einen Fall von geringer Bedeutung handelt, kann von der Feststellung abgesehen werden (§ 180 Abs. 3 Satz 1 Nr. 2 AO). In diesen Fällen reicht es aus, dass der Verwalter die anteiligen Einnahmen aus Kapitalvermögen auf die Wohnungseigentümer aufteilt und diesen mitteilt (z. B. im Rahmen der Jahresabrechnung).[140] Die Anrechnung der einbehaltenen Kapitalertragsteuer (nach § 32d Abs. 4 oder 6 EStG) bei den einzelnen Woh-

138 R 21.2 EStR.

139 NWB BMF, Schreiben v. 14.5.2025 - IV C 1-S 2252/00075/016/070, BStBl 2025 I S. 1330 Rz. 294 VAAAJ-91718.

140 BMF, Schreiben v. 16.5.2025 - IV C 1-S 2401/00008/014/051, BStBl 2025 I S. 1388 Rz. 21 YAAAJ-91889.

nungseigentümern ist nur zulässig, wenn dem zuständigen Finanzamt neben der Mitteilung über die Aufteilung der Einnahmen und der Kapitalertragsteuer eine Kopie der Steuerbescheinigung des Kreditinstituts vorgelegt wird.[141] Die Kapitalerträge und die Kapitalertragsteuern können aber (bei Bedarf) auch nach § 180 Abs. 1 Satz 1 Nr. 2 Buchst. a AO gesondert und einheitlich festgestellt werden. Dann ist die Original-Steuerbescheinigung dem Feststellungsfinanzamt einzureichen (und es sind keine Kopien der Steuerbescheinigung für die Wohnungseigentümer erforderlich).[142]

BEISPIEL „KAPITALERTRÄGE AUS GEMEINSCHAFTSVERMÖGEN": ▶ An einer GdWE sind fünf Wohnungseigentümer mit einem Miteigentumsanteil von je 200/1.000 beteiligt. Das Geld aus der Erhaltungsrücklage wird auf einem Sparkonto angelegt und zum Ablauf des Jahres 2025 werden daraus insgesamt Zinsen i. H. von 100 € (vor Kapitalertragsteuerabzug) erzielt. Die Bank bescheinigt dem Verwalter die Zinserträge und die Steuerabzugsbeträge durch eine Steuerbescheinigung. Der Verwalter fügt der Jahresabrechnung für das Jahr 2025 eine Anlage bei, in der die Zinsen, Steuerabzüge und der auf jeden Mitunternehmer zu je 20 % entfallende Anteil ausgewiesen sind. Die Wohnungseigentümer können im Rahmen ihrer Einkommensteuererklärung für den VZ 2025 die Kapitaleinkünfte (je 20 €) und die darauf lastenden Steuerabzüge berücksichtigen. Sofern z. B. der Sparer-Pauschbetrag nach § 20 Abs. 9 EStG (1.000 €) noch nicht durch andere Kapitaleinkünfte ausgeschöpft ist, kann der Steuerabzug nach § 32d Abs. 4 EStG angerechnet werden.

b) Eigene Auffassung

Die Auffassung der Finanzverwaltung berücksichtigt nicht die steuerrechtliche 213
Auswirkung der vollen Rechtsfähigkeit der GdWE nach § 9a WEG. Nach hier vertretener Auffassung werden die aus dem Gemeinschaftsvermögen (§ 9a Abs. 3 WEG) erzielten Einkünfte der GdWE selbst zuzurechnen sein. Bei den Einkünften aus dem Gemeinschaftsvermögen geht es gerade nicht um Einkünfte aus dem gemeinschaftlichen Eigentum (§ 1 Abs. 5 WEG). Die Einkünfte aus dem gemeinschaftlichen Vermögen (z. B. die Vermietung eines Teils des Gartens) erzielen die Wohnungseigentümer als Bruchteilseigentümer gemeinschaftlich. Die GdWE ist insoweit nur für deren Verwaltung zuständig (§ 18 Abs. 1 WEG). Das Gemeinschaftsvermögen (§ 9a Abs. 3 WEG) gehört aber nicht den Wohnungseigentümern, sondern allein dem voll rechtsfähigen Verband der Wohnungseigentümer in Form der GdWE (§ 9a Abs. 1 WEG). Denkbar wäre es zwar, steuerrechtlich das Gemeinschaftsvermögen – und damit auch die daraus erzielten Einkünfte – an-

141 BMF, Schreiben v. NWB 14.5.2025 - IV C 1-S 2252/00075/016/070, BStBl 2025 I S. 1330 Rz. 290 VAAAJ-91718.

142 BMF, Schreiben v. 16.5.2025 - IV C 1-S 2401/00008/014/051, BStBl 2025 I S. 1388 Rz. 22 YAAAJ-91889.

teilig nach Bruchteilen den Wohnungseigentümern zuzurechnen. Dies ergibt sich für rechtsfähige Personengesellschaften (z. B. eine KG) aus § 14a Abs. 2 Nr. 2 AO i. V. mit § 39 Abs. 2 Nr. 2 Satz 1 EStG. Jedoch gelten GdWE (§ 9a WEG) nicht als rechtsfähige Personengesellschaften, sondern „nur" als rechtsfähige Personenvereinigungen (§ 14a Abs. 2 Nr. 3 AO). Nach hier vertretener Auffassung ist § 39 Abs. 2 Nr. 2 Satz 1 AO auch nicht analog auf GdWE anzuwenden. Die Zinsen aus Bankguthaben aus der Anlage der Erhaltungsrücklage sind daher nicht als Einkünfte aus Kapitalvermögen anteilig und unmittelbar den Wohnungseigentümern zuzurechnen (so aber R 21.2 Abs. 2 EStR). Nach hier vertretener Auffassung unterliegt die GdWE ab dem 1.1.2024 als rechtsfähige Personenvereinigung (§ 14a Abs. 3 Nr. 3 AO) daher nach § 3 Abs. 1 KStG unmittelbar selbst der Körperschaftsteuer, da deren Einkommen aus dem Gemeinschaftsvermögen weder nach dem KStG noch nach dem EStG unmittelbar bei einem anderen Steuerpflichtigen (den Wohnungseigentümern) zu versteuern ist.

BEISPIEL „EIGENE AUFFASSUNG": An einer GdWE sind fünf Wohnungseigentümer mit einem Miteigentumsanteil von je 200/1.000 beteiligt. Das Geld aus der Erhaltungsrücklage wird auf einem Sparkonto angelegt und zum Ablauf des Jahres 2025 werden daraus insgesamt Zinsen i. H. von 100 € (vor Kapitalertragsteuerabzug) erzielt.

Die GdWE ist rechtsfähig (§ 9a Abs. 1 WEG) und erzielt aus ihrem Gemeinschaftsvermögen (§ 9a Abs. 3 WEG) Einkünfte aus Kapitalvermögen (§ 20 Abs. 1 Nr. 7 EStG). Die GdWE unterliegt damit aber weder nach § 1 EStG der Einkommensteuer noch nach § 1 KStG der Körperschaftsteuer, da die GdWE insoweit kein Rechtsträger ist, auf den die dort geregelten Voraussetzungen passen. Eine mitunternehmernschaftliche Einkünfteerzielung und nachfolgende Zurechnung an die Wohnungseigentümer nach § 15 Abs. 1 Nr. 2 EStG scheidet hier schon deshalb aus, da die GdWE insoweit nicht gewerblich (sondern vermögensverwaltend) tätig ist. Eine Bruchteilsbetrachtung nach § 39 Abs. 2 Nr. 2 Satz 1 AO scheidet nach hier vertretener Auffassung aus, da die GdWE keine „rechtsfähige Personengesellschaft" ist und das Bankguthaben den Wohnungseigentümern auch nicht „zur gesamten Hand" zusteht. Nach § 3 Abs. 1 KStG sind u. a. Personenvereinigungen körperschaftsteuerpflichtig, wenn „ihr Einkommen weder nach diesem Gesetz [KStG] noch nach dem Einkommensteuergesetz unmittelbar bei einem anderen Steuerpflichtigen zu versteuern ist". Die GdWE ist eine solche Personenvereinigungen (§ 14a Abs. 3 Nr. 3 AO), deren Einkommen (hier: Kapitaleinkünfte) weder nach dem KStG noch nach dem EStG bei den Wohnungseigentümern zu versteuern ist. Die GdWE unterliegt daher nach hier vertretener Auffassung gem. § 20 Abs. 1 Nr. 7 EStG i. V. mit §§ 3 Abs. 1, 8 Abs. 10 KStG der Körperschaftsteuer mit 15 % (§ 23 Abs. 1 KStG).[143] Durch den „eigenen" Sparer-Pauschbetrag der GdWE i. H. von 1.000 € (§ 20 Abs. 9 EStG) ergibt sich aber keine Steuerbelastung.

143 Der Abgeltungssteuersatz nach § 32d Abs. 1 EStG (25 %) ist als einkommensteuerrechtliche Tarifvorschrift nicht auf die Körperschaftsteuer anzuwenden (BT-Drucks. 16/11108 S. 28).

III. Vermietetes Wohnungseigentum des Privatvermögens in der Einkommensteuer

1. Vermietungseinkünfte aus einer Eigentumswohnung

Einkünfte aus Vermietung und Verpachtung werden nach der Definition des § 21 Abs. 1 Satz 1 Nr. 1 EStG aus „unbeweglichem Vermögen, insbesondere von Grundstücken, Gebäuden, Gebäudeteilen [...]“ erzielt. Die Vermietung einer Eigentumswohnung im Privatvermögen führt daher bei der vermietenden Person (i. d. R. der Wohnungseigentümer) zu Einkünften aus Vermietung und Verpachtung (§ 21 Abs. 1 Satz 1 Nr. 1 EStG). 214

Die Einkünfte aus Vermietung und Verpachtung ermittelt sich als Überschuss der Einnahmen über die Werbungskosten (§ 2 Abs. 2 Satz 1 Nr. 2 EStG). Es gilt das Zu- und Abflussprinzip (§ 11 EStG). 215

Zu den Einnahmen gehören insbesondere die Mieteinnahmen einschließlich der Nebenkosten. Alle Aufwendungen, die im Zusammenhang mit der Vermietung der Eigentumswohnung stehen, sind als Werbungskosten abzuziehen. Dazu gehören insbesondere die Gebäudeabschreibung, laufende Instandhaltungsmaßnahmen, laufende Unterhaltskosten, Versicherung und Schuldzinsen aus der Fremdfinanzierung der Wohnung. 216

2. Mitvermietung von mehreren beweglichen Gegenständen

Die „Mitvermietung“ von beweglichen Wirtschaftsgütern (z. B. Möbel)[144] wird als „Sachgesamtheit“ ebenfalls als Einkünfte aus Vermietung und Verpachtung (nach § 21 Abs. 1 Satz 1 Nr. 2 EStG) besteuert. Es werden dann „parallel“ Einkünfte nach § 21 Abs. 1 Satz 1 Nr. 1 EStG aus dem Grundstück und nach § 21 Abs. 1 Satz 1 Nr. 2 EStG aus der Sachgesamtheit erzielt. 217

3. Abgrenzung zur betrieblichen Vermietung

Wenn sich das Wohnungseigentum in einem Betriebsvermögen befindet, sind sie der (anderen) Einkunftsart zuzurechnen, zu der das Betriebsvermögen gehört (§ 21 Abs. 3 EStG). 218

144 BFH, Urteil v. 27.7.2004 - IX R 73/01 QAAAB-40270 = BFH/NV 2005 S. 192 unter II. 1.

BEISPIEL „VERMIETUNG IM BETRIEBSVERMÖGEN": Herr A ist Inhaber eines Schreinereibetriebs und vermietet eine Lagerhalle auf dem Schreinereigrundstück an eine Privatperson.

LÖSUNG: Herr A erzielt aus der Vermietung Einkünfte aus Gewerbebetrieb (§ 15 EStG), wenn es sich bei dem Grundstück, auf dem die Lagerhalle sich befindet, um Betriebsvermögen seines Einzelunternehmens handelt.

219 Wenn eine Vermietung mit Sonderleistungen (z. B. Reinigung der Wohnung) verbunden ist und die Mieter relativ schnell wechseln, kann es sich nach den Umständen des Einzelfalls um eine gewerbliche Vermietung handeln. Solange nicht „zu hotelmäßig" vermietet wird, handelt es sich aber um Einkünfte aus Vermietung und Verpachtung.[145]

BEISPIEL „MÖBLIERTE VERMIETUNG": Herr B vermietet eine möblierte Eigentumswohnung für jeweils mehrere Monate an wechselnde Mieter. Sonderleistungen über die Vermietung hinaus werden nicht erbracht.

LÖSUNG: Herr B erzielt aus der Vermietung der Eigentumswohnung inklusive der Möbel Einkünfte aus Vermietung und Verpachtung nach § 21 Abs. 1 Satz 1 Nr. 1 und 2 EStG.

220 Die Vermietung von umfangreichem Grundbesitz führt selbst dann nicht zu gewerblichen Einkünften, wenn die Verwaltungsaufgaben umfangreich sind und eine büromäßige Organisation erfordern.[146]

4. Zurechnung der Vermietungseinkünfte

a) Vermietung von Wohnungseigentum an Dritte

221 Durch die Vermietung von Eigentumswohnungen (oder auch von Praxis- und Geschäftsräumen im Teileigentum) erzielt der jeweilige Wohnungseigentümer „allein" Einkünfte (i. d. R. aus Vermietung und Verpachtung, § 21 Abs. 1 Nr. 1 EStG). Die übrigen Wohnungseigentümer der GdWE sind insoweit davon nicht betroffen. Das gilt auch hinsichtlich des „automatisch mitvermieteten" Gemeinschaftseigentums.

222 Auch wenn mehrere Wohnungseigentümer ihre jeweilige Eigentumswohnung vermieten, ist dafür keine gesonderte und einheitliche Feststellung (§ 180 Abs. 1 Satz 1 Nr. 2 AO) durchzuführen.[147] Eine „parallele" Vermietung jeder einzelnen Wohnung ist keine gemeinsame Vermietung der Wohnungen.

---

145 R 15.7 Abs. 3 Satz 2 EStR und BFH, Urteil v. 21.8.1990 - VIII R 271/84, BStBl 1991 II S. 126 unter 2. a) RAAAA-93495.

146 BFH, Urteil v. 21.8.1990 - VIII R 271/84, BStBl 1991 II S. 126 unter 2. a) RAAAA-93495.

147 FG Köln, Urteil v. 22.1.2020 - 3 K 1065/16 MAAAH-57049.

BEISPIEL „VERMIETUNG DURCH MEHRERE WOHNUNGSEIGENTÜMER": Frau A, Herr B und Herr C sind Wohnungseigentümer derselben Wohnanlage und vermieten ihre Eigentumswohnungen zu Wohnzwecken.

LÖSUNG: Frau A, Herr B und Herr C erzielen jeweils aus der Vermietung der Eigentumswohnungen Einkünfte aus Vermietung und Verpachtung nach § 21 Abs. 1 Satz 1 Nr. 1 EStG. Es ist keine gesonderte und einheitliche Feststellung i. S. von § 180 Abs. 1 Satz 1 Nr. 2 AO, da A, B und C die Einkünfte nicht „gemeinschaftlich" erzielen. Es ist unerheblich, dass sich die Vermietung zumindest auf dasselbe gemeinschaftliche Eigentum bezieht.

Da die Vermietungseinkünfte nicht nur mit der Vermietung des Sondereigen- 223
tums (Wohnung), sondern auch mit der damit verbundenen Vermietung des anteiligen gemeinschaftlichen Eigentums (Mitberechtigung der Nutzung des Treppenhauses etc.) verbunden sind, ist es nach Auffassung des BFH[148] denkbar, dass die gemeinschaftlichen Kosten der Wohnungseigentümer nach § 180 Abs. 2 AO gesondert und einheitlich festgestellt werden. Regelmäßig wird dies aber nicht praktikabel sein, da die Aufteilung der Kosten zwischen Sondereigentum und gemeinschaftlichem Eigentum oft nur aufwendig zu ermitteln wäre (z. B. bei der Zuordnung der Gebäude-AfA zwischen Sondereigentum und Gemeinschaftseigentum). Gleichwohl wäre es möglich, die Kosten für die Instandhaltung des gemeinschaftlichen Eigentums (z. B. Treppenhausreinigung, Heizungswartung) separat festzustellen.

Wenn derselbe Wohnungseigentümer mehrere Einheiten derselben Wohn- 224
anlage hält und diese vermietet, ist ebenfalls keine gesonderte und einheitliche Feststellung (§ 180 Abs. 1 Satz 1 Nr. 2 AO) durchzuführen. Es gibt keine andere Person, der auch aus diesen Wohnungen Einkünfte zuzurechnen sind.

BEISPIEL „VERMIETUNG MEHRERER WOHNUNGEN": Frau A ist Wohnungseigentümerin von drei Eigentumswohnungen in derselben Wohnanlage und vermietet diese zu Wohnzwecken.

LÖSUNG: Frau A erzielt aus allen vermieteten Eigentumswohnungen Einkünfte aus Vermietung und Verpachtung nach § 21 Abs. 1 Satz 1 Nr. 1 EStG. Es ist keine gesonderte und einheitliche Feststellung i. S. von § 180 Abs. 1 Satz 1 Nr. 2 AO durchzuführen, da die Einkünfte nicht „gemeinschaftlich" erzielt werden.

b) Vermietung von Gemeinschaftseigentum durch die GdWE

Wenn Gemeinschaftseigentum durch die GdWE an Dritte vermietet wird, er- 225
zielen die Wohnungseigentümer gemeinschaftliche Einkünfte, die nach § 180 Abs. 1 Satz 1 Nr. 2 AO gesondert und einheitlich festzustellen sind. Die Ein-

148 BFH, Urteil v. 27.4.1982 - VIII R 131/80, BStBl 1982 II S. 636 unter II. 3. b) und c) MAAAB-02495.

künfte sind nicht der GdWE zuzurechnen, da diese nur als Vermieter im Außenverhältnis für die Wohnungseigentümer auftritt.

BEISPIEL „VERMIETUNG VON GEMEINSCHAFTSEIGENTUM": Ein Telekommunikationsunternehmen zahlt der GdWE aufgrund eines Vertrags eine monatliche Miete für die Nutzung des Dachs der Wohnanlage, um darauf einen Funkmast zu betreiben.

LÖSUNG: Die Wohnungseigentümer erzielen aus der Vermietung des Dachs der Wohnanlage (Gemeinschaftseigentum) Einkünfte aus Vermietung und Verpachtung nach § 21 Abs. 1 Satz 1 Nr. 1 EStG. Es ist eine gesonderte und einheitliche Feststellung i. S. von § 180 Abs. 1 Satz 1 Nr. 2 AO durchzuführen, da die Einkünfte gemeinschaftlich erzielt werden.

c) Vermietung an andere Wohnungseigentümer

226 Die Vermietung einer Wohnung an einen anderen Wohnungseigentümer derselben Wohnanlage ist zulässig und steuerrechtlich unter den allgemeinen Voraussetzungen anzuerkennen.

BEISPIEL „VERMIETUNG AN ANDERE WOHNUNGSEIGENTÜMER": Frau A ist Eigentümerin des Teileigentums im Erdgeschoss (Ladenlokal). Herr B wohnt in der Wohnung im Obergeschoss als Wohnungseigentümer. Nachdem der Vormieter ausgezogen ist, vermietet Frau A das Ladenlokal an Herrn B für seinen Gewerbebetrieb (Einzelhandel mit Angelzubehör).

LÖSUNG: Frau A erzielt aus der Vermietung des Teileigentums Einkünfte aus Vermietung und Verpachtung nach § 21 Abs. 1 Satz 1 Nr. 1 EStG.

d) Vermietung zwischen Miteigentümern

227 Die Vermietung einer Wohnung an einen Miteigentümer an dem Wohnungseigentum ist nur insoweit steuerrechtlich anzuerkennen, als der mietende (nutzende) Miteigentümer diese Wohnung quotal über seinen Miteigentumsanteil hinaus nutzt.[149]

BEISPIEL „VERMIETUNG AN EINEN MITEIGENTÜMER": Frau S und Herr B sind als Geschwister je zur Hälfte Miteigentümer einer Eigentumswohnung, welche sie von ihrer Mutter geerbt haben. Herr B nutzt die Wohnung allein zu eigenen Wohnzwecken und überweist seiner Schwester (Frau S) aufgrund eines ordnungsgemäßen Mietvertrags monatlich die Hälfte einer fremdvergleichsgerechten Miete.

LÖSUNG: Frau S erzielt Einkünfte aus Vermietung und Verpachtung nach § 21 Abs. 1 Satz 1 Nr. 1 EStG aus der entgeltlichen Überlassung des hälftigen Miteigentumsanteils an der Eigentumswohnung. Frau S kann die auf sie entfallenen Kosten (laufende Aufwendungen, Erhaltungsaufwendung) und die Hälfte der Gebäude-AfA als

149 BFH, Urteil v. 18.5.2004 - IX R 49/02, BStBl 2004 II S. 929 LAAAB-24828.

Werbungskosten ansetzen. Herr B nutzt die Wohnung zur Hälfte aus eigenem Recht als Miteigentümer und zur anderen Hälfte als Mieter und kann keine Kosten steuerrechtlich absetzen.

Erzielen Miteigentümer aus der gemeinsamen Vermietung ihres Wohnungseigentums an Dritte gemeinschaftlich Einkünfte aus Vermietung und Verpachtung, so sind diese Einkünfte den Miteigentümern grds. entsprechend ihren Miteigentumsanteilen zuzurechnen. Dies gilt unabhängig davon, ob und in welchem Umfang die Miteigentümer die übrigen Räumlichkeiten des Objekts jeweils selbst nutzen.[150] Soweit Teile des Wohnungseigentums an Dritte vermietet (oder unentgeltlich überlassen) werden, wird nur hinsichtlich des „restlichen" Wohnungseigentums geprüft, zu welchem Anteil ein Miteigentümer dieses nutzt. Nur soweit ein Miteigentümer diesen Teil überquotal nutzt, kann von einer steuerrechtlichen Vermietung (bei einer vereinbarten Entgeltlichkeit) ausgegangen werden. 228

BEISPIEL „VERMIETUNG AN MITEIGENTÜMER UND DRITTE": Ein mehrgeschossiges Geschäftshaus ist in Teileigentum im Sinne des WEG aufgeteilt. An dem Teileigentum im 1. OG mit 200 m² Bürofläche sind Herr Cengiz und Frau Meier je zur Hälfte Miteigentümer. Herr Cengiz nutzt davon 80 m² (anteilig 40 %) für seine freiberufliche Rechtsanwaltstätigkeit. Die übrige Fläche von 120 m² (anteilig 60 %) vermieten die Miteigentümer an eine Versicherungsgesellschaft. Herr Cengiz zahlt Frau Meier aufgrund eines ordnungsgemäßen Mietvertrags monatlich eine fremdvergleichsgerechte Miete für die Hälfte der von ihm selbstgenutzten Fläche (rechnerisch 40 m²).

LÖSUNG: Man könnte für die Vermietung an die Versicherungsgesellschaft auf die Idee kommen, dass Herrn Cengiz von der gesamten Bürofläche vorrangig sein selbstgenutzter Anteil (40 %) zugeordnet wird und er daher nur 10 % und Frau Meier die übrigen 50 % der Bürofläche an die Versicherungsgesellschaft vermieten. Dies trifft aber nicht zu.

Der BFH[151] vertritt für solche Konstellationen vielmehr folgende Auffassung: Herr Cengiz und Frau Meier erzielen gemeinschaftlich Einkünfte aus Vermietung und Verpachtung nach § 21 Abs. 1 Satz 1 Nr. 1 EStG aus der Vermietung der Bürofläche (120 m²) an das Versicherungsunternehmen. Sie können daher gemeinsam 60 % aller Kosten des Teileigentums (einschließlich Gebäude-AfA) als Werbungskosten absetzen. Die Einkünfte sind insoweit gesondert und einheitlich festzustellen (§ 180 Abs. 1 Nr. 1 a) AO).

Die von Herrn Cengiz selbstgenutzte Bürofläche (80 m²) nutzt er zur Hälfte aus eigenem Recht als Miteigentümer und zur anderen Hälfte als Mieter von Frau Meier. Insoweit erzielt Frau Meier (zusätzlich und allein) Einkünfte aus Vermietung und Verpachtung. Sie kann die darauf entfallenden Kosten einschließlich der Gebäude-AfA (im Verhältnis: 1/2 x 80 m² zu 200 m²) als Werbungskosten ansetzen. Herr Cengiz

---

150 BFH, Urteil v. 18.5.2004 - IX R 49/02, BStBl 2004 II S. 929 LAAAB-24828.

151 BFH, Urteil v. 18.5.2004 - IX R 49/02, BStBl 2004 II S. 929 LAAAB-24828.

kann die Mietzahlung einschließlich Nebenkosten an Frau Meier (für den angemieteten Raumanteil) sowie die auf ihn als Miteigentümer für „seinen" Flächenanteil (1/2 x 80 m² zu 200 m²) entfallenden Kosten (einschließlich Gebäude-AfA) als Betriebsausgaben abziehen.

e) Vermietung durch vermögensverwaltende Gesellschaften

229 Wenn der Wohnungseigentümer eine vermögensverwaltende Gesellschaft ist, wird die Vermietung an deren Gesellschafter insoweit nicht steuerrechtlich anerkannt, als der Gesellschafter an der Gesellschaft beteiligt ist. Soweit der Gesellschafter an der Gesellschaft beteiligt ist, ist ihm das Wohnungseigentum ertragsteuerrechtlich nach § 39 Abs. 2 Nr. 2 AO zuzurechnen. Eine Vermietung „an sich selbst" ist insoweit nicht möglich.[152]

BEISPIEL „VERMIETUNG DURCH PERSONENGESELLSCHAFT AN GESELLSCHAFTER": Frau S und Herr B sind zu je 50 % Gesellschafter der S+B eGbR, welche Wohnungseigentümerin eines Ladenlokals (Teileigentum) ist. Herr B nutzt das Ladenlokal als Eiscafé. Daher vermietet die S+B eGbR das Teileigentum fremdvergleichsgerecht an ihn. B möchte die gesamte Mietzahlung als Betriebsausgaben seines Eiscafés (Gewerbebetrieb) abziehen.

LÖSUNG: Herrn B ist das Teileigentum über die vermögensverwaltende eGbR zur Hälfte zuzurechnen (§ 39 Abs. 2 Nr. 2 AO). Insoweit vermietet B steuerrechtlich betrachtet 50 % „an sich selbst". Er kann 50 % der Miete und 50 % der Kosten des Teileigentums (einschließlich 50 % der Gebäude-AfA) als Betriebsausgaben seines Gewerbebetriebs abziehen. Er hat keine Vermietungseinkünfte zu besteuern.

Frau S erzielt Einkünfte aus Vermietung und Verpachtung nach § 21 Abs. 1 Satz 1 Nr. 1 EStG aus der entgeltlichen Überlassung des auf sie entfallenden Anteils an der eGbR. Frau S hat somit 50 % der gesamten Mietzahlung von B als Einnahmen anzusetzen. Sie kann die auf sie entfallenen Kosten (einschließlich der Gebäude-AfA) ebenfalls zu 50 % als Werbungskosten ansetzen. Es findet keine gesonderte und einheitliche Feststellung i. S. des § 180 Abs. 1 Nr. 2 a) AO der Vermietungseinkünfte statt, da nur Frau S diese Einkünfte erzielt.

f) Zwischenvermietung über Personengesellschaft bei Miteigentum

230 Sofern Miteigentümer am Wohnungseigentum zusammen zusätzlich Gesellschafter einer vermögensverwaltenden GbR sind, werden die Vermietungen als Miteigentümer an die GbR nur steuerrechtlich anerkannt, als sich die Quoten der jeweiligen Anteile nicht decken (§ 39 Abs. 2 Nr. 2 AO).

152 BFH, Urteil v. 27.11.2024 - I R 19/21, BStBl 2025 II S. 501 unter II. 5. b) (1) NAAAJ-90124 m. w. N; Mayer/Dorn/Stein, DStR 2025 S. 2703 f.: Die Vermietung der vermögensverwaltenden Personengesellschaft an den Gesellschafter ist steuerrechtlich entsprechend der Beteiligungsquote des Nutzenden als Quasi-Eigennutzung zu behandeln.

BEISPIEL „VERMIETUNG VOM MITEIGENTÜMER AN BETEILIGUNGSIDENTISCHE GBR": Frau S und Herr B sind als Geschwister je zur Hälfte Miteigentümer von einem Ladenlokal im Teileigentum (WEG). Herr B möchte das Ladenlokal als Eiscafé nutzen. S und B gründen daher die S+B eGbR, welche das Teileigentum fremdvergleichsgerecht anmietet. Durch einen weiteren Mietvertrag wird das Teileigentum an B (weiter-)vermietet (Entgelt ebenfalls fremdvergleichsgerecht). B möchte die gesamte Mietzahlung als Betriebsausgaben seines Eiscafés (Gewerbebetrieb) abziehen.

LÖSUNG: Herrn B ist das Miteigentum an dem Teileigentum über die vermögensverwaltende eGbR zur Hälfte zuzurechnen (§ 39 Abs. 2 Nr. 2 AO). Insoweit vermietet B steuerrechtlich betrachtet 50 % „an sich selbst". Er kann nur 50 % der Miete (und 50 % der Kosten des Teileigentums einschließlich Gebäude-AfA) als Betriebsausgaben seines Gewerbebetriebs abziehen. Er hat keine Vermietungseinkünfte zu besteuern.

Frau S erzielt Einkünfte aus Vermietung und Verpachtung nach § 21 Abs. 1 Satz 1 Nr. 1 EStG aus der entgeltlichen Überlassung des hälftigen Miteigentumsanteils an dem Teileigentum. Frau S hat 50 % der gesamten Mietzahlung von B als Einnahmen anzusetzen. Sie kann die auf sie entfallenen Kosten (einschließlich der Gebäude-AfA) ebenfalls zu 50 % als Werbungskosten ansetzen.

g) Wechselseitige Vermietung von Wohnungseigentum

Eine wechselseitige Vermietung von Wohnungseigentum ist zivilrechtlich zwar 231
zulässig. Sofern es aber für eine solche Überkreuzvermietung keinen außersteuerlichen Grund gibt, ist er ertragsteuerrechtlich nicht anzuerkennen (Gestaltungsmissbrauch nach § 42 AO).[153]

BEISPIEL „ÜBERKREUZVERMIETUNG": Frau A und Herr B sind zu je 1.000/10.000 (10 %) Miteigentumsanteile Wohnungseigentümer einer Wohnanlage. Jedem gehört dort eine gleich große und gleichwertige Eigentumswohnung. A und B schließen zwei gegenläufige Mietverträge (mit fremdüblichen Bedingungen und Entgelt) ab: A vermietet die ihr gehörende linke Wohnung im EG an B zum Wohnen. B vermietet die ihm gehörende rechte Wohnung im EG an A zum Wohnen. Da A und B die Anschaffung des Wohnungseigentums jeweils fremdfinanziert haben, ergäbe sich für beide aus einer steuerrechtlich anzuerkennenden Vermietung ein Verlust.

LÖSUNG: Der Sinn der wechselseitigen Vermietung der Eigentumswohnungen besteht darin, gegenüber dem Finanzamt den Tatbestand der Vermietung und Verpachtung nach § 21 Abs.1 EStG zu verwirklichen und auf diese Weise die Aufwendungen für die private Lebensführung als steuerlichen Vermietungsverlust geltend machen zu können. Der Einkommensbesteuerung von A und B ist nach § 42 AO (Gestaltungsmissbrauch) der tatsächliche wirtschaftliche Vorgang, ohne die unangemessene Gestaltung durch das Mietverhältnis, zugrunde zu legen. Dies führt dazu, dass A und B sich so behandeln lassen müssen, als hätten sie die Eigentumswohnungen nicht vermietet. Infolgedessen haben beiden nicht den Tatbestand des § 21 Abs.1 EStG verwirklicht.

153 BFH, Urteil v. 19.6.1991 - IX R 134/86, BStBl 1991 II S. 904 HAAAA-93870.

5. Absicht der Einkünfteerzielung (Prüfung der Liebhaberei)

232 Wenn aus der Vermietung Verluste resultieren, stellt das Finanzamt oft die Frage, ob diese als (negative) Einkünfte steuerrechtlich angesetzt werden dürfen. Auch bei den Vermietungseinkünften nach § 21 EStG ist es erforderlich, dass eine Absicht zur Einkünfteerzielung besteht. Gerade bei der verbilligten Vermietung an Angehörige könnten steuerwirksame Verluste produziert werden, die dann mit anderen (positiven) Einkünften verrechnet werden. Es ist somit zu prüfen, ob mit der Vermietung die Einkünfteerzielung beabsichtigt wird oder es sich um „Liebhaberei" handelt. Bei einer auf Dauer angelegten Vermietung einer Eigentumswohnung ist aber grds. und typisierend von der Absicht auszugehen, einen Einnahmeüberschuss zu erwirtschaften.

233 Ein gegen die Einkünfteerzielungsabsicht sprechendes Beweisanzeichen liegt aber dann vor, wenn eine Wohnung innerhalb eines engen zeitlichen Zusammenhangs nach der Anschaffung oder Herstellung veräußert oder selbst genutzt wird und innerhalb dieser Zeit nur ein Werbungskostenüberschuss erzielt wird.[154] In der Regel ist eine Haltefrist von bis zu fünf Jahren erforderlich.

BEISPIEL „ZEITNAHER EINZUG NACH ERWERB UND VERMIETUNG":[155] A erwirbt zum 1.1.2022 eine gebrauchte Eigentumswohnung, die er zunächst fremdvermietet. Zum 31.12.2025 kündigt er das Mietverhältnis wegen Eigenbedarfs. Nach der Renovierung (Kosten insgesamt 30.000 €) zieht A selbst in die Eigentumswohnung ein.

Dass A das Mietobjekt innerhalb von fünf Jahren seit der Anschaffung tatsächlich selbst nutzt, spricht gegen eine auf Dauer angelegte Vermietungstätigkeit. Wenn A nicht ausreichend darlegen kann, dass er den Entschluss zur Selbstnutzung erst nachträglich gefasst hat, ist anhand einer Prognose zu prüfen, ob er aus der befristeten Vermietung einen Totalüberschuss erzielen konnte.

234 Bei einer ausschließlich an Feriengäste vermieteten und in der übrigen Zeit hierfür bereitgehaltenen Ferienwohnung (also ohne Selbstnutzung) ist grds. und typisierend von der Absicht des Wohnungseigentümers auszugehen, einen Einnahmeüberschuss zu erwirtschaften, wenn das Vermieten die ortsübliche Vermietungszeit von Ferienwohnungen – abgesehen von Vermietungshindernissen – nicht erheblich (d. h. um mindestens 25 %) unterschreitet.[156] Die Ferienwohnung (die nicht selbst genutzt wird), muss daher zur Annahme einer Einkunftserzielungsabsicht mindestens zu 75 % der ortsüblichen Auslastung von Ferienwohnungen vermietet sein.

154 BMF, Schreiben v. 8.10.2004, BStBl 2004 I S. 933 Rz. 7.

155 Beispiel ähnlich wie BMF, Schreiben v. 8.10.2004, BStBl 2004 I S. 933 Rz. 7.

156 BFH, Urteil v. 12.8.2025 - IX R 23/24, BStBl 2025 II S. 997 FAAAK-02025.

BEISPIEL „FERIENWOHNUNG": In der Gemeinde G werden nach statistischen Erhebungen zur Vermietung angebotene Ferienwohnungen im Durchschnitt an etwa 200 Tagen im Kalenderjahr tatsächlich vermietet. Dann muss eine konkrete Ferienwohnung mindestens an 150 Tagen im Jahr vermietet sein, damit trotz Verlusten eine Einkunftserzielungsabsicht unterstellt werden kann.

Bei der Vermietung von Gewerbeimmobilien (z. B. bei Teileigentum) wird die Einkünfteerzielungsabsicht nicht typisierend vermutet, sondern ist originär festzustellen.[157] 235

6. Mietverträge mit nahestehenden Personen (steuerrechtliche Anerkennung)

Mietverträge mit nahestehenden Personen sind i. d. R. der Besteuerung dann nicht zugrunde zu legen, wenn die Gestaltung oder die tatsächliche Durchführung nicht dem zwischen Fremden Üblichen entspricht.[158] Maßgebend ist die Gesamtheit der objektiven Gegebenheiten.[159] Wichtig ist u. a. die zivilrechtlich wirksame und klare Vereinbarung der Mietbedingungen (z. B. Miethöhe, Zahlungspflichten) und deren tatsächliche und nachweisbare Durchführung (z. B. regelmäßige und pünktliche Zahlung über ein Bankkonto). Sollte das Mietverhältnis steuerrechtlich nicht anerkannt werden, erzielt der Vermieter keine Einkünfte aus Vermietung und Verpachtung. 236

7. Verbilligte Vermietung (Kürzung der Werbungskosten)

An Angehörige oder befreundete Personen wird das Wohnungseigentum oftmals unter dem Marktpreis vermietet. Nach den allgemeinen Grundsätzen des Einkommensteuerrechts ist dann die Vermietung steuerrechtlich nach dem Verhältnis der tatsächlichen Miete zur Marktmiete in einen entgeltlichen und einen unentgeltlichen Teil aufzuteilen. Dies hat dann zur Folge, dass die Werbungskosten nur insoweit (d. h. quotal) abzugsfähig sind, als die Vermietung den entgeltlichen Teil entspricht. Dies ist z. B. der Fall, wenn Teileigentum verbilligt überlassen wird. 237

BEISPIEL „VERBILLIGTE VERMIETUNG EINES LADENLOKALS": Der Mieter M eines Ladenlokals (Teileigentum) ist mit dem Eigentümer (Vermieter) V befreundet und zahlt daher statt angemessenen 1.000 € Miete nur 700 € Miete im Monat.

Die gesamten Werbungskosten von V für das Teileigentum sind nach der Entgeltlichkeitsquote nur im Verhältnis von 70/100 (d. h. zu 70 %) abzugsfähig.

157 BFH, Urteil v. 9.10.2013 - IX R 2/13, BStBl 2014 II S. 527 HAAAE 61856.
158 BFH, Urteil v. 7.5.1996 - IX R 69/94, BStBl 1997 II S. 196 QAAAA-95769.
159 BFH, Urteil v. 28.6.2002 - IX R 68/99, BStBl 2002 II S. 699 SAAAA-89326.

238 Für vermietete Wohnungen (zu Wohnzwecken genutzte Eigentumswohnungen) gibt es in § 21 Abs. 2 EStG eine Sonderregelung:

- Beträgt das Entgelt (Miete) weniger als 50 % der ortsüblichen Marktmiete, so ist die Nutzungsüberlassung in einen entgeltlichen und einen unentgeltlichen Teil aufzuteilen (§ 21 Abs. 2 Satz 1 EStG).
- Beträgt das Entgelt (Miete) bei auf Dauer angelegter Wohnungsvermietung mindestens 66 % der ortsüblichen Miete, gilt die Wohnungsvermietung als entgeltlich (§ 21 Abs. 2 Satz 2 EStG).

239 Wenn und soweit die Vermietung nicht als vollentgeltlich anzusehen ist, sind die Werbungskosten (einschließlich AfA) in Höhe der anteiligen Unentgeltlichkeit zu kürzen. Dies gilt auch für die Mittelverwendung aus der Erhaltungsrücklage in Zeiten einer verbilligten Vermietung, obwohl die Erhaltungsrücklage in Zeiten einer fremdüblichen (vollentgeltlichen) Vermietung gebildet wurde.[160]

BEISPIEL „VERBILLIGTE VERMIETUNG UND ERHALTUNGSRÜCKLAGE": Frau F vermietete eine Eigentumswohnung bisher zu einem fremdüblichen Mietpreis und zahlte über mehrere Jahre der Vermietung insgesamt 5.000 € in die Erhaltungsrücklage ein. Nachdem ihr Mieter ausgezogen ist, vermietet Frau F die Eigentumswohnung ab dem 1.1.2026 an ihren Sohn S zu einer Miete von nur 40 % im Vergleich zur fremdüblichen Miete. Im Jahr 2026 wird das Treppenhaus renoviert und die Renovierungskosten werden aus der Erhaltungsrücklage bezahlt. Auf Frau F entfallen anteilig 1.000 €.

Frau F erhält einen Werbungskostenabzug im Jahr 2026 aus der Verwendung der Erhaltungsrücklage, da sie die Eigentumswohnung zu diesem Zeitpunkt vermietet. Da sie aber nur zu 40 % entgeltlich vermietet, kann sie die auf sie entfallenden Kosten von 1.000 € nach § 21 Abs. 2 EStG nur i. H. von 400 € (40 %) als Werbungskosten bei den Vermietungseinkünften ansetzen.

240 Bei einem Entgelt zwischen 51 % und 65 % ist keine der beiden Alternativen des § 21 Abs. 2 EStG anwendbar und eine Überschussprognose erforderlich.[161] Wenn diese positiv ausfällt (Gesamtüberschuss wird prognostiziert), sind die Werbungskosten voll abzugsfähig. Bei einer Negativprognose sind die Werbungskosten aufzuteilen.

241 Die ortsübliche Marktmiete umfasst die ortsübliche Kaltmiete zzgl. der nach der Betriebskostenverordnung umlagefähigen Kosten.[162] Diese wird mit der tatsächlich vereinbarten Miete zzgl. Nebenkosten („Warmmiete") verglichen.

160 Hante/Mühlenstädt, NWB 26/2025 S. 1774, 1778 OAAAJ-93725.

161 Dazu BMF, Schreiben v. 8.10.2004 - IV C 3 - S 2253 - 91/04, BStBl 2004 I S. 933 CAAAB-27624.

162 R 21.3 Satz 2 EStR.

BEISPIEL „VERBILLIGTE WOHNUNGSVERMIETUNG“: Der Mieter M einer Eigentumswohnung ist mit dem Eigentümer (Vermieter) V befreundet und hat mit ihm einen unbefristeten Mietvertrag geschlossen. Danach zahlt er statt der angemessenen 1.000 € Miete im Monat nur

a) 700 €,

b) 600 €,

c) 400 €.

LÖSUNG: Zu a) Die Entgeltlichkeitsquote beträgt 700 €/1000 € (70 %), so dass die Werbungskosten voll abzugsfähig sind, da die Quote über 66 % liegt (§ 21 Abs. 2 Satz 1 EStG).

Zu b) Die Entgeltlichkeitsquote beträgt 600 €/1000 € (60 %), d. h. zwar weniger als 66 %, aber mehr als 50%, so dass keine der beiden Alternativen des § 21 Abs. 2 EStG zutrifft. Daher ist nach den Grundsätzen des BMF v. 8.10.2004, BStBl 2004 I S. 933, eine Überschussprognose erforderlich: Wenn diese positiv ist, sind die Werbungskosten voll abzugsfähig. Bei einer Negativprognose sind die Werbungskosten nur zu 60 % abzugsfähig (40 % also nicht abzugsfähig).

Zu c) Die Entgeltlichkeitsquote beträgt 400 €/1000 € (40 %), d. h. weniger als 50 %, so dass die Werbungskosten nur in Höhe der Entgeltlichkeitsquote (zu 40 %) abzugsfähig sind (60 % sind also nicht abzugsfähig).

8. Geringfügige Teilvermietung

Werden Teile einer selbst genutzten Eigentumswohnung vorübergehend vermietet und übersteigen die Einnahmen hieraus nicht 520 € im VZ, sieht die Finanzverwaltung nach R 21.2 Abs. 1 Satz 1 EStR aus Vereinfachungsgründen von der Besteuerung der Einkünfte ab.[163] Wenn aus der Vermietung Verluste erzielt werden, kann der Wohnungseigentümer aber auf die Vereinfachung verzichten. 242

BEISPIEL „GERINGFÜGIGE TEILVERMIETUNG“: Frau F vermietet ein Zimmer in ihrer selbst genutzten Eigentumswohnung während der Frankfurter Buchmesse im Jahr 2024 an einen Messebesucher und erzielt daraus Einnahmen von 200 €.

LÖSUNG: Da die Mieteinnahmen unter 520 € liegen, brauchen die Einkünfte nach R 21.2 Abs. 1 Satz 1 EStR nicht versteuert zu werden. Wenn die zeit- und raumanteiligen Kosten höher als die Einnahmen sind, könnte Frau F aber daran interessiert sein, auf die Vereinfachung zu verzichten und den Verlust bei ihrer Einkommensteuer 2024 anzusetzen.

163 Dies gilt ebenso für eine vorübergehende Untervermietung von Teilen einer angemieteten Eigentumswohnung, die im Übrigen selbst genutzt wird (R 21.2 Abs. 1 Satz 2 EStR).

9. Vermietungseinkünfte bei Nießbrauch an Wohnungseigentum

a) Nießbrauch an Wohnungseigentum

243 Wenn an einer vermieteten Eigentumswohnung ein Nießbrauch (§§ 1030 ff. BGB) bestellt ist (siehe dazu →Rz. 77 ff.), tritt der Nießbraucher in die Vermieterstellung des Eigentümers ein (§ 567 BGB). Die Mieteinnahmen stehen dem Nießbraucher zu. Auch bei Wohnungseigentum im Sinne des WEG liegt die mietvertragliche Zuständigkeit beim Nießbraucher. Für das Sondereigentum (als Alleineigentum) ergibt sich dies unmittelbar aus den Regelungen des Nießbrauchs. Für das gemeinschaftliche Eigentum ergibt sich dies aus § 1066 Abs. 1 BGB, nach der ein Nießbraucher die Rechte ausübt, die sich „aus der Gemeinschaft der Miteigentümer in Ansehung der Verwaltung der Sache und der Art ihrer Benutzung ergeben".

244 In der Praxis wird der Nießbrauch überwiegend als Gestaltungsmittel der vorweggenommenen Erbfolge eingesetzt. Oft übertragen Eltern auf ihre Kinder ein Grundstück unter Vorbehalt des Nießbrauchs oder räumen diesen ein Nießbrauchsrecht an einem Grundstück ein. Das erfolgt regelmäßig unentgeltlich.

245 Bei einem entgeltlich bestellten Nießbrauch zahlt der Nießbrauchsberechtigte für die Nutzungsbefugnis einen einmaligen oder laufenden Gegenwert.

b) Vermietungseinkünfte aus dem Nießbrauch

246 Der Nießbraucher erzielt aus vermietetem Wohnungseigentum Einkünfte aus Vermietung und Verpachtung (§ 21 Abs. 1 Nr. 1 EStG).[164] Der Eigentümer hat dementsprechend keine Vermietungseinkünfte zu versteuern.[165] Der entgeltliche Verzicht auf den Nießbrauch durch eine Abfindungszahlung des zivilrechtlichen Wohnungseigentümers an den (bisherigen) Nießbraucher stellt nach geänderter Auffassung des BFH[166] für den Nießbraucher eine steuerpflichtige Entschädigung für entgehende Einnahmen aus Vermietung und Verpachtung dar (§§ 24 Nr. 1 Buchst. a EStG i. V. mit § 21 Abs. 1 Satz 1 Nr. 1 EStG).

164 BMF, Schreiben v. 30.9.2013 - IV C 1 - S 2253/07/10004, BStBl 2013 I S. 1184 Rz. 41 AAAAE-45949.

165 BMF, Schreiben v. 30.9.2013 - IV C 1 - S 2253/07/10004, BStBl 2013 I S. 1184 Rz. 23 AAAAE-45949.

166 BFH, Urteil v. 10.10.2025 - IX R 4/24 MAAAK-05864 = DStR 2025 S. 2831; a. A. BMF, Schreiben v. 30.9.2013 - IV C 1 - S 2253/07/10004, BStBl 2013 I S. 1184 Rz. 58, 60, 65 AAAAE-45949, entsprechend der vorherigen BFH-Rechtsprechung (BFH v. 25.11.1992 - X R 34/89, BStBl 1996 II S. 663 unter 1.b IAAAB-04851).

Da nur diejenige Person Werbungskosten abziehen kann, die in eigener Person die Einkünfte aus Vermietung und Verpachtung erzielt und die Kosten in eigener Person trägt,[167] kann (nur) der Nießbraucher Werbungskosten abziehen. Der Nießbraucher kann somit alle Aufwendungen für das Wohnungseigentum als Werbungskosten absetzen, die ihn betreffen. Soweit der Eigentümer Kosten trägt, gehen diese ins Leere.[168] 247

In der Praxis wird oft die Kostentragung individuell zwischen dem Nießbraucher und dem Eigentümer vereinbart. Es ist z. B. ein „Bruttonießbrauch" zulässig, bei dem sich der Nießbrauchbesteller verpflichtet, die den Nießbraucher nach §§ 1041, 1045, 1047 BGB treffenden Kosten und Lasten zu tragen, so dass dem Nießbraucher die Bruttoerträge verbleiben.[169] 248

c) AfA bei unentgeltlich bestelltem Nießbrauch

Bei der AfA-Berechtigung für den Gebäudeanteil des Wohnungseigentums bei einem unentgeltlich bestellen Nießbrauch (vorweggenommene Erbfolge) ist wie folgt zu unterscheiden: 249

- Vorbehaltsnießbrauch: Der Vorbehaltsnießbraucher behält als ehemaliger Eigentümer seine AfA-Berechtigung.[170] Diese geht nicht auf den neuen Wohnungseigentümer über.[171]

BEISPIEL „VORBEHALTSNIEẞBRAUCH": Frau M überträgt eine vermietete Eigentumswohnung unter Vorbehalt des Nießbrauchs an ihren Sohn S.

LÖSUNG: Frau M bleibt zivilrechtlich auch nach der Eigentumsübertragung auf ihren Sohn Vermieterin und erzielt aus der Vermietung der Eigentumswohnung weiterhin Einkünfte aus Vermietung und Verpachtung (§ 21 Abs. 1 Nr. 1 EStG). Die Gebäude-AfA kann Frau M weiter abziehen. Soweit aber ihr Sohn Aufwendungen der Wohnung zu tragen hat (z. B. Instandsetzungskosten), können diese weder von Frau M noch von Sohn S als Werbungskosten abgezogen werden.

---

167 BMF, Schreiben v. 30.9.2013 - IV C 1 - S 2253/07/10004, BStBl 2013 I S. 1184 Rz. 21 AAAAE-45949.

168 BMF, Schreiben v. 30.9.2013 - IV C 1 - S 2253/07/10004, BStBl 2013 I S. 1184 Rz. 24, 45 AAAAE-45949.

169 BMF, Schreiben v. 30.9.2013 - IV C 1 - S 2253/07/10004, BStBl 2013 I S. 1184 Rz. 14 AAAAE-45949. Der Bruttonießbrauch beeinträchtigt nicht die steuerrechtliche Vermieterstellung (BFH, Urteil v. 13.5.1980 - VIII R 128/78, BStBl 1981 II S. 299 YAAAB-02131).

170 BMF, Schreiben v. 30.9.2013 - IV C 1 - S 2253/07/10004, BStBl 2013 I S. 1184 Rz. 42 AAAAE-45949.

171 Erst wenn der Vorbehaltsnießbraucher stirbt und der Nießbrauch wegfällt, kann der „Volleigentümer" die dann noch verbleibenden Rest-AfA abziehen.

- Zuwendungsnießbrauch: Die bisherige Gebäude-AfA geht durch einen Zuwendungsnießbrauch nicht auf den Nießbraucher über, so dass weder der Nießbraucher noch der Wohnungseigentümer die AfA geltend machen kann.[172]

BEISPIEL „ZUWENDUNGSNIEẞBRAUCH": Herr V räumt seiner Tochter T den Nießbrauch an einer vermieteten Eigentumswohnung ein. Das Wohnungseigentum verbleibt bei Vater V.

LÖSUNG: Tochter T tritt in die Stellung als Vermieterin der Eigentumswohnung ein und erzielt zukünftig daraus Einkünfte aus Vermietung und Verpachtung (§ 21 Abs. 1 Nr. 1 EStG). Die Gebäude-AfA kann T nicht abziehen, aber alle Aufwendungen der Wohnung, soweit sie diese zu tragen hat. Sofern Vater V Aufwendungen entstehen (z. B. Instandsetzungskosten), können diese weder von Vater V noch von Tochter T als Werbungskosten abgezogen werden.

d) AfA bei entgeltlich bestelltem Nießbrauch

250 Bei einem entgeltlich bestellten Zuwendungsnießbrauch (i. d. R. zwischen fremden Dritten) tritt der Nießbraucher in die Vermieterstellung ein und erzielt Einkünfte aus Vermietung und Verpachtung aus der Vermietung an den Mieter. Der Wohnungseigentümer (Nießbrauchbesteller) erzielt zwar weiterhin Vermietungseinkünfte, jedoch nicht mehr aus der Vermietung des Wohnungseigentums an den Mieter, sondern aus der Überlassung des Wohnungseigentums an den Nießbraucher.

251 Beim Nießbraucher stellt das für den Nießbrauch geleistete Entgelt Werbungskosten bei seinen Vermietungseinkünften dar. Wenn laufende Zahlungen auf die Lebenszeit des Berechtigten vereinbart wurden, sind nach Verwaltungsauffassung[173] die Aufwendungen für den Erwerb des Nießbrauchs nach § 11 Abs. 2 Satz 3 EStG auf die mutmaßliche Lebenszeit der betreffenden Person (nach der jeweils aktuellen Sterbetafel des Statistischen Bundesamts, § 14 Abs. 1 BewG) zu verteilen, sofern diese mehr als fünf Jahre beträgt.[174]

---

172 BMF, Schreiben v. 30.9.2013 - IV C 1 - S 2253/07/10004, BStBl 2013 I S. 1184 Rz. 19 AAAAE-45949. Soweit der Nießbraucher allerdings (nachträgliche) Herstellungskosten trägt, sind diese bei ihm nach den allgemeinen Grundsätzen als AfA abzugsfähig.

173 BMF, Schreiben v. 30.9.2013 - IV C 1 - S 2253/07/10004, BStBl 2013 I S. 1184 Rz. 26 AAAAE-45949.

174 Nach der Rechtsprechung des BFH, Urteil v. 26.11.1996 - IX R 33/94 SAAAB-38114 = BFH/NV 1997 S. 643 (dort unter 3.a) führt das Entgelt zu Anschaffungskosten des Nießbrauchrechts. Dieses Recht kann nach § 7 Abs. 1 EStG (nicht als Gebäude nach § 7 Abs. 4 EStG) auf die voraussichtliche Laufzeit des Nießbrauchs (i. d. R. nach der Lebenserwartung des Berechtigten) abgeschrieben werden. So auch Kulosa in Schmidt, EStG, 44. Aufl. 2025, § 7 Rz. 73.

Der Berechtige am Nießbrauch (Wohnungseigentümer) hat das Entgelt für den Nießbrauch als Einnahmen aus Vermietung und Verpachtung bei Zufluss (ggf. bei einer Einmalzahlung nach § 11 Abs. 1 Satz 3 EStG verteilt) zu versteuern. 252

BEISPIEL „ENTGELTLICH BESTELLTER NIESSBRAUCH“: Herr H räumt Herrn E den Nießbrauch an einer vermieteten Eigentumswohnung gegen eine monatliche Zahlung auf die Lebenszeit von Herrn H ein.

LÖSUNG: Herr E tritt als Nießbraucher in die Stellung als Vermieter der Eigentumswohnung ein und erzielt zukünftig daraus Einkünfte aus Vermietung und Verpachtung (§ 21 Abs. 1 Nr. 1 EStG). Die Gebäude-AfA kann Herr E nicht abziehen, aber alle Aufwendungen der Wohnung, soweit er diese zu tragen hat. Die monatlichen Zahlungen stellen bei Herrn H Einnahmen und bei Herrn E Werbungskosten bei deren Einkünften aus Vermietung und Verpachtung dar.

e) Vermietung an den Arbeitgeber

Wenn der Wohnungseigentümer seinem Arbeitgeber ein Arbeitszimmer oder sonstige Räume (Homeoffice) vermietet, stellt sich die Frage, wie die daraus erzielten Mieteinnahmen beim vermietenden Arbeitnehmer (Wohnungseigentümer) zu qualifizieren sind. 253

Nach dem BMF-Schreiben v. 18.4.2019[175] gilt dazu Folgendes: 254

- Dient das Arbeitszimmer bzw. Homeoffice in erster Linie dem Interesse des Arbeitnehmers, führt die Mietzahlung des Arbeitgebers zu Arbeitslohn (§ 19 EStG), da diese eine Gegenleistung für die Arbeitskraft des Arbeitnehmers darstellt. Es handelt sich damit nicht um Einkünfte aus Vermietung und Verpachtung (§ 21 Abs. 3 EStG). Ein gewichtiges Indiz liegt darin, wenn der Arbeitnehmer im Betrieb des Arbeitgebers über einen Arbeitsplatz verfügt und die Tätigkeit im Arbeitszimmer bzw. Homeoffice vom Arbeitgeber nur gestattet oder geduldet wird.
- Wenn die Ausgestaltung der Mietvereinbarung sowie auch die tatsächliche Nutzung des Arbeitszimmers bzw. Homeoffice maßgeblich und objektiv nachvollziehbar von den Bedürfnissen des Arbeitgebers geprägt wird, handelt es sich um Einkünfte aus Vermietung und Verpachtung (§ 21 EStG).

Dafür sprechen vor allem folgende Anhaltspunkte: 255

- Für den Arbeitnehmer ist im Unternehmen kein geeigneter Arbeitsplatz vorhanden.

175 BMF, Schreiben v. 18.4.2019 - IV C 1 - S 2211/16/10003 :005, BStBl 2019 I S. 461 MAAAH-15447.

- Der Arbeitgeber hat für anderen Arbeitnehmer entsprechende Verträge mit Dritten geschlossen, sofern die anderen Arbeitnehmer kein Arbeitszimmer/ Homeoffice selbst anbieten können.

10. Im Ausland ansässige Wohnungseigentümer

256 Wenn der Wohnungseigentümer im Ausland ansässig ist, unterliegen die Vermietungseinkünfte aus der (inländischen) Eigentumswohnung gleichwohl i.d.R. der deutschen Einkommensteuer. Deutschland hat zwar nur dann ein Besteuerungsrecht, wenn die aus der Eigentumswohnung erzielten Einkünfte nach § 49 EStG der beschränkten Einkommensteuerpflicht unterliegen. Zu den inländischen Einkünften eines beschränkt Einkommensteuerpflichtigen (§ 1 Abs. 4 EStG) gehören aber u. a. die Einkünfte aus Vermietung und Verpachtung aus unbeweglichem Vermögen (wie eine Eigentumswohnung) im Inland (§ 49 Abs. 1 Nr. 6 EStG).

257 Zusätzlich ist in Fällen mit einer Auslandsbeziehung zu prüfen, ob Deutschland mit dem Ansässigkeitsstaat des Wohnungseigentümers ein Doppelbesteuerungsabkommen (DBA) geschlossen hat, welches das nach dem Einkommensteuergesetz bestehende Besteuerungsrecht möglicherweise in dem konkreten Fall einschränkt oder ausschließt. Als Vertrag mit anderen Staaten über die Besteuerung geht ein DBA den Steuergesetzen vor (§ 2 Abs. 1 AO). Nach vielen DBA wird die Besteuerung von Einkünften aus unbeweglichem Vermögen grds. dem Staat zugewiesen, in dem das Vermögen liegt (Belegenheitsstaat).

BEISPIEL „WOHNUNGSEIGENTÜMER IM AUSLAND": Frau N wohnt in Maastricht (Niederlande) und ist Eigentümerin einer Eigentumswohnung in Aachen (Deutschland), welche sie vermietet.

LÖSUNG: Frau N ist nur mit ihren inländischen Einkünften (§ 49 EStG) in Deutschland beschränkt steuerpflichtig (§ 1 Abs. 4 EStG). Als Vermieterin der Eigentumswohnung erzielt sie Einkünfte aus Vermietung und Verpachtung (§ 21 Abs. 1 Nr. 1 EStG). Die Eigentumswohnung stellt inländisches unbewegliches Vermögen nach § 49 Abs. 1 Nr. 6 EStG dar. Daher unterliegen diese Einkünfte dem deutschen Besteuerungsrecht. Nach dem zusätzlich zu prüfenden DBA-Deutschland/Niederlande (dort: Art. 6 Abs. 1) wird das Besteuerungsrecht für Einkünfte aus unbeweglichem Vermögen dem Staat zugewiesen, in dem das Vermögen belegen ist. Daher unterliegt Frau N mit den Vermietungseinkünften aus der Eigentumswohnung in Deutschland der (beschränkten) Einkommensteuerpflicht.

11. Zeitpunkt der Besteuerung von Einnahmen und Ausgaben

a) Zu- und Abflussprinzip (§ 11 EStG)

Im Grundsatz sind die Einnahmen (insbesondere die Mieteinnahmen) und die Werbungskosten im Zahlungszeitpunkt anzusetzen. Es kommt im Grundsatz nicht darauf an, für welchen Zeitraum gezahlt wird. Für regelmäßig wiederkehrende Einnahmen und Ausgaben gibt es aber eine Sonderregelung. 258

b) Wiederkehrende Einnahmen und Ausgaben

Regelmäßig wiederkehrende Einnahmen, die dem Wohnungseigentümer „kurze Zeit vor Beginn oder kurze Zeit nach Beendigung des Kalenderjahres, zu dem sie wirtschaftlich gehören, zugeflossen sind, gelten als in diesem Kalenderjahr bezogen" (§ 11 Abs. 1 Satz 2 EStG). Das gilt für regelmäßig wiederkehrende Ausgaben entsprechend (§ 11 Abs. 2 Satz 2 EStG). 259

Als „kurze Zeit" vor Beginn oder nach dem Ende des Kalenderjahres gilt einen Zeitraum von maximal zehn Tagen, d. h. v. 22.12. bis zum 10.1.[176] Die vertragliche Fälligkeit der Leistung muss ebenfalls in diesem 10-Tages-Zeitraum liegen.[177] 260

Regelmäßig wiederkehrende Einnahmen sind z. B. die vereinbarte monatliche Mietzahlung. 261

BEISPIEL „REGELMÄẞIG WIEDERKEHRENDE EINNAHME": A vermietet eine Eigentumswohnung, bei der nach dem Mietvertrag der Mieter M die monatlich zu zahlende Miete immer bis spätestens zum dritten Werktag des jeweiligen Monats zu zahlen hat. Die Miete für Januar 2025 hat M bereits am 30.12.2024 an A per Bank überwiesen.

LÖSUNG: Die Mietzahlung für Januar 2025 ist bei Vermieter A erst für den VZ 2025 als Einnahme bei § 21 EStG anzusetzen, da die Mietzahlung eine regelmäßig wiederkehrende Einnahme ist und kurze Zeit vor Beginn des Kalenderjahres zugeflossen ist, zu der sie wirtschaftlich gehört.

ABWANDLUNG: Die Miete für Dezember 2024 (fällig: 3.12.2024) hat M erst am 8.1.2025 an A per Bank überwiesen.

---

176 BFH, Urteil v. 1.8.2007 - XI R 48/05, BStBl 2008 II S. 282 HAAAC-60086.

177 BFH, Urteil v. 16.2.2022 - X R 2/21, BStBl 2022 II S. 448 BAAAI-62442.

LÖSUNG DER ABWANDLUNG: Die Mietzahlung für Dezember 2024 ist bei Vermieter A erst für den VZ 2025 als Einnahme bei § 21 EStG anzusetzen. Die Mietzahlung ist zwar eine regelmäßig wiederkehrende Einnahme und zudem kurze Zeit nach Beginn des Kalenderjahres zugeflossen, zu dem sie wirtschaftlich gehört, jedoch liegt die Fälligkeit nicht innerhalb dieser kurzen Zeit.

262 Regelmäßig wiederkehrende Ausgaben sind z. B. Schuldzinsen eines Finanzierungsdarlehens. Ein typischer Fall sind auch die monatlichen Umsatzsteuervorauszahlungen[178] an das Finanzamt bei einer umsatzsteuerpflichtigen Vermietung.

BEISPIEL „REGELMÄßIG WIEDERKEHRENDE AUSGABE": A vermietet ein Grundstück im Sinne des WEG umsatzsteuerpflichtig (Option nach § 9 UStG) an eine Bäckerei. A hat monatliche Umsatzsteuervorauszahlungen zu leisten, die bis zum 10. des Folgemonats fällig sind (§ 18 Abs. 1 UStG). Die Umsatzsteuervorauszahlung für Dezember 2024 (fällig am 10.1.2025) hat A am 8.1.2025 gezahlt.

LÖSUNG: Die Werbungskosten aus der Umsatzsteuervorauszahlung für Dezember 2024 ist für den VZ 2024 abzuziehen, da sowohl die Fälligkeit als auch die tatsächliche Zahlung innerhalb „kurzer Zeit" (bis zum 10.1.2025) liegen.

263 Bei der Umsatzsteuerzahlung ist die Fälligkeit für den jeweiligen Zeitraum zu beachten.

- Bei einer Dauerfristverlängerung verschiebt sich die Fälligkeit der Umsatzsteuervorauszahlung immer um einen Monat. Dann kann nur die Zahlung für November des Vorjahres (Fälligkeit am 10.1. des laufenden Jahres) steuerrechtlich dem Vorjahr zugeordnet werden. Die Zahlung für Dezember des Vorjahres (Fälligkeit am 10.2. des laufenden Jahres) kann auch dann nicht dem Vorjahr zugeordnet werden, wenn die Zahlung bis zum 10.1. des laufenden Jahres geleistet wird.[179]
- Bei quartalsweisen Anmeldungen liegt die Fälligkeit für das vierte Quartal des Vorjahres am 10.1. des laufenden Jahres, so dass auch hier der steuerrechtliche Rückbezug nach § 11 Abs. 2 Satz 2 EStG greift, wenn bis zum 10.1. gezahlt wird.

c) Vorauszahlungen (z. B. Disagio)

264 Vorauszahlungen auf Werbungskosten, die für mehr als fünf Jahren im Voraus geleistet werden, dürfen nicht sofort abgezogen werden. Der Aufwand ist auf den Zeitraum gleichmäßig zu verteilen, für den die Vorauszahlung geleistet

178 BFH, Urteil v. 1.8.2007 - XI R 48/05, BStBl 2008 II S. 282 HAAAC-60086.

179 BFH, Urteil v. 21.6.2022 - VIII R 25/20, BStBl 2023 II S. 154 KAAAJ-24476.

wird (§ 11 Abs. 2 Satz 3 EStG). Dies gilt aber nach § 11 Abs. 2 Satz 4 EStG nicht für ein Disagio für einen Kredit, sofern dieser der Höhe nach marktüblich ist. Bei typischen Bankfinanzierungen ist von einer Marktüblichkeit (und damit sofortigen Abziehbarkeit) auszugehen.[180]

Vermieter können eine Einnahmevorauszahlung des Mieters für mehr als fünf 265
Jahre auf den entsprechenden Zeitraum verteilt als Einnahmen versteuern (Wahlrecht nach § 11 Abs. 1 Satz 3 EStG).

d) Verteilung von Erhaltungsaufwand (§ 82b EStDV)

Nach § 82b Abs. 1 Satz 1 EStDV können „größere Aufwendungen für die Erhal- 266
tung von Gebäuden“, die überwiegend Wohnzwecken dienen, abweichend von § 11 Abs. 2 EStG nicht im Zahlungsjahr sofort, sondern auch einen Zeitraum von wahlweise zwei bis fünf Jahren gleichmäßig verteilt werden. Teileigentum ist nicht begünstigt, da es nicht zu Wohnzwecken genutzt wird.

Diese Vorschrift gilt auch für die Verausgabung aus der Erhaltungsrücklage.[181] 267

BEISPIEL „VERTEILUNG VON ERHALTUNGSAUFWAND“: A vermietet eine Eigentumswohnung, die im Mai 2025 für 5.000 € renoviert wird (Erhaltungsaufwand).

Bei der Einkommensteuer kann A den Aufwand wahlweise wie folgt abziehen:

- 5.000 € in VZ 2025 (Sofortabzug ohne § 82b EStDV),
- 2.500 € in VZ 2025 und 2026 (Abzug über zwei Jahre nach § 82b EStDV),
- 1.667 € in VZ 2025 bis 2027 (Abzug über drei Jahre nach § 82b EStDV),
- 1.250 € in VZ 2025 bis 2028 (Abzug über vier Jahre nach § 82b EStDV),
- 1.000 € in VZ 2025 bis 2029 (Abzug über fünf Jahre nach § 82b EStDV).

Unklar ist, wie hoch die Aufwendungen sein müssen, damit diese als „größere 268
Aufwendungen“ gelten. Das Finanzamt wird hier vermutlich nicht kleinlich sein, wenn der BFH[182] sogar schon den Einbau von zwei Fenstern (Kosten in dem Fall aus dem Jahr 1983: 1.440 DM) begünstigte.

Die Verteilung der Erhaltungsaufwendungen kann zur teilweisen „Rettung“ 269
von versehentlich nicht angesetzten Werbungskosten angewendet werden. Werden größere Erhaltungsaufwendungen im Jahr ihrer Entstehung nicht als Werbungskosten abgezogen und dieses Jahr bestandskräftig, können die Aufwendungen anteilig und gleichmäßig auf die folgenden Jahre des Verteilungs-

180 BFH, Urteil v. 8.3.2016 - IX R 38/14, BStBl 2016 II S. 646 PAAAF-75532.

181 So auch FG Nürnberg, Urteil v. 12.3.2024 - 1 K 866/23 SAAAJ-82138 = EFG 2025 (nachfolgende im Ergebnis bestätigt durch BFH, Urteil v 14.1.2025 - IX R 19/24 UAAAJ-86018 = DStR 2025 S. 452).

182 BFH, Urteil v. 27.10.1992 - IX R 66/91, BStBl 1993 II S. 591 MAAAA-94554.

zeitraums verteilt werden.[183] Der auf das Jahr der Entstehung entfallende Anteil der Aufwendungen ist dabei aber verloren.

270 Wird die Eigentumswohnung während des Verteilungszeitraums veräußert, ist der noch nicht berücksichtigte Restbetrag im Jahr der Veräußerung als Werbungskosten abzusetzen (§ 82b Abs. 2 Satz 1 EStDV). Wenn die Wohnung nicht mehr vermietet (sondern z. B. selbst genutzt) wird, gilt dies ebenfalls (§ 82b Abs. 2 Satz 2 EStG). Verstirbt der bisherige Eigentümer innerhalb des Verteilungszeitraums, ist der noch nicht verbrauchte Teil im VZ des Todes als Werbungskosten im Rahmen der Einkünfte aus Vermietung und Verpachtung noch abzusetzen.[184]

e) Vorschüsse, Abrechnungsspitzen und Erhaltungsrücklage bei Wohnungseigentum

aa) Problemstellung

271 Bei den Einkünften aus Vermietung und Verpachtung (§ 21 Abs. 1 EStG) sind die Werbungskosten bei Abfluss zu berücksichtigen (§ 11 Abs. 2 EStG). Bei Vermietungsobjekten außerhalb des Wohnungseigentumsrechts (also im ungeteilten Regeleigentum des BGB) ist jeweils auf die Zahlung des Eigentümers abzustellen, dem im Veranlassungszusammenhang mit seiner Immobilie Kosten entstehen.

BEISPIEL „UNGETEILTES GRUNDSTÜCK": Herr A vermietet ein Einfamilienhaus und zahlt am 11.2.2025 an einen Handwerker 1.000 € für die Renovierung des Wohnzimmers.

LÖSUNG: Herr A kann die Erhaltungsaufwendungen (Renovierung des Wohnzimmers) für den VZ 2025 als Werbungskosten bei den Einkünften aus Vermietung und Verpachtung abziehen, da die Zahlung im Jahr 2025 abgeflossen ist.

272 Bei Wohnungseigentum im Sinn des WEG gilt dies zunächst einmal nur für die Ausgaben, die das Sondereigentum betreffen und vom Wohnungseigentümer selbst (und nicht von der GdWE) geleistet werden.

BEISPIEL „SONDEREIGENTUM": Herr B vermietet eine Eigentumswohnung und zahlt am 11.2.2025 an einen Handwerker 1.000 € für die Renovierung des Wohnzimmers.

LÖSUNG: Herr B kann die Erhaltungsaufwendungen (Renovierung des Wohnzimmers) für den VZ 2025 als Werbungskosten bei den Einkünften aus Vermietung und Verpachtung abziehen, da die Zahlung im Jahr 2025 abgeflossen ist.

183 BFH, Urteil v. 27.10.1992 - IX R 152/89, BStBl 1993 II S. 589 CAAAA-94553.
184 BFH, Urteil v. 10.11.2020 - IX R 31/19, BStBl 2021 II S. 474 CAAAH-76696.

Aufwendungen für das gemeinschaftliche Eigentum werden i.d.R. aus dem Gemeinschaftsvermögen der GdWE gezahlt. Die GdWE ist zumindest ab dem 1.12.2020 als voll rechtsfähige Person des Zivilrechts zu beurteilen (§ 9a WEG). Zudem ist zu berücksichtigen, dass die Wohnungseigentümer Vorschüsse auf die laufenden Kosten und Zuführungen zur Erhaltungsrücklage leisten (§ 28 Abs. 1 WEG; siehe →Rz. 57 ff.). Hier stellt sich daher die generelle Frage, in welchem Zeitpunkt und in welcher Höhe die Zahlungen *an* die GdWE und *durch* die GdWE den einzelnen Wohnungseigentümern steuerrechtlich zuzurechnen sind. 273

bb) Unterscheidung zwischen den Vorschüssen für laufende Kosten und der Erhaltungsrücklage

Die Finanzverwaltung[185] und der BFH[186] unterscheiden für den Zeitpunkt des Werbungskostenabzugs zwischen den laufenden Kosten (Vorschüsse nach § 28 Abs. 1 WEG; siehe →Rz. 55 f.) und der Zuführung bzw. Entnahme aus der Erhaltungsrücklage (§ 19 Abs. 2 Nr. 4 WEG; siehe →Rz. 63 ff.). Ein wesentlicher Grund besteht darin, dass die Zahlungen in die Erhaltungsrücklage (noch) keine Werbungskosten darstellen, da die Veranlassung mit den Vermietungseinkünften erst bei Mittelverwendung beurteilt werden soll. Erst dann fließen die Gelder originär steuerrechtlich gem. § 11 Abs. 2 EStG beim Wohnungseigentümer ab[187] und können (erst) im Zusammenhang mit Vermietungseinkünften (§ 21 EStG) als Werbungskosten (§ 9 Abs. 1 Satz 1 EStG) zu werten sein. Dies beugt auch der Gestaltung vor, durch überhöhte Zuführungen zur Erhaltungsrücklage einen steuerpolitisch nicht gerechtfertigten Werbungskostenabzug zu erlangen.[188] 274

BEISPIEL „ERHALTUNGSRÜCKLAGE BEI SELBSTNUTZUNG NACH VERMIETUNG": Herr G vermietet eine Eigentumswohnung und zahlte bisher 5.000 € in die Erhaltungsrücklage der GdWE ein, die noch nicht verwendet wurden. Zum 1.1.2026 zieht Herr G nach einer Eigenbedarfskündigung selbst in die Wohnung ein. Entsprechend dem Beschluss der Wohnungseigentümerversammlung v. 20.10.2025 wird das Treppenhaus im Frühjahr 2026 renoviert; hierfür wird die Erhaltungsrücklage verwendet. Auf Herrn G entfällt dabei ein Kostenanteil von 2.000 €. Die GdWE zahlt die Handwerkerrechnung am 2.4.2026.

185 OFD Frankfurt a. M., Verfügung v. 9.11.2022 - S 2211 A-12-St 214 RAAAJ-32205 = DStR 2023 S. 281.

186 BFH, Urteil v. 14.1.2025 - IX R 19/24, BStBl 2025 II S. 291 UAAAJ-86018.

187 Zivilrechtlich fließen die Gelder bei der Mittelverwendung durch die GdWE nicht beim Wohnungseigentümer, sondern aus dem Gemeinschaftsvermögen (§ 9a Abs. 3 WEG) der rechtsfähigen GdWE ab.

188 Hante/Mühlenstädt, NWB 26/2025 S. 1774, 1776 OAAAJ-93725.

LÖSUNG: Wenn die Zuführungen zur Erhaltungsrücklage schon als Abfluss nach § 11 Abs. 2 EStG zu beurteilen wären, hätte Herr G seine laufenden Einzahlungen in die Erhaltungsrücklage von insgesamt 5.000 € im VZ der jeweiligen Einzahlung als Werbungskosten bei seinen Vermietungseinkünften abziehen können, da deren Veranlassung auf die vermietete Eigentumswohnung beruhte. Herr G darf aber die Einzahlungen in die Erhaltungsrücklage nicht abziehen. Erst bei Mittelverwendung ist zu prüfen, ob zu diesem Zeitpunkt die Zahlungen durch Einkünfte (z. B. aus Vermietung und Verpachtung nach § 21 Abs. 1 Nr. 1 EStG) veranlasst sind. Dies ist im Zeitpunkt der Mittelverwendung (2.4.2026) nicht der Fall, da Herr G die Eigentumswohnung dann schon zu eigenen Wohnzwecken nutzt. Auf den Beschluss über die Renovierung am 20.10.2025 durch die Wohnungseigentümerversammlung (während seiner Vermietung) kommt es nach hier vertretener Auffassung nicht an.

275 Die Hausgeldzahlungen (Vorschüsse) der Wohnungseigentümer an die GdWE auf die laufenden Aufwendungen der Wohnanlage (z. B. für Wasser, Abwasser, Versicherung, Reinigungsleistungen und regelmäßige Wartungen) werden bei den Wohnungseigentümern bei Zahlung als sofort abzugsfähige Werbungskosten behandelt. Hierbei kommt es nicht darauf an, wann die GdWE diese Mittel tatsächlich für die Zahlung der Kosten verwendet. Nachzahlungen oder Erstattungen aus der Jahresabrechnung sind bei Zufluss bzw. Abfluss als Einnahmen[189] (Erstattung) bzw. Werbungskosten (Nachzahlung) anzusetzen.

BEISPIEL „LAUFENDE KOSTEN": Herr B vermietet eine Eigentumswohnung und zahlt nach dem Wirtschaftsplan (§ 28 Abs. 1 WEG) für 2025 Anfang jedes Monats als Vorschuss 300 € (insgesamt im Jahr 2025: 3.600 €) an die GdWE für die laufenden Kosten der Wohnanlage (ohne Zuführung zur Erhaltungsrücklage). Nach der Jahresabrechnung für 2025 im April 2026 betragen die auf Herrn B entfallende Kosten a) 3.800 € bzw. b) 3.200 €. Die Zahlung wird im Mai 2026 geleistet.

LÖSUNG: Die Zahlungen der Vorschüsse (300 € im Monat) stellen bei Abfluss Werbungskosten bei den Einkünften aus Vermietung und Verpachtung dar. Insoweit sind Herrn B im VZ 2025 Werbungskosten i. H. von 3.600 € zuzurechnen. Wann die GdWE die Mittel tatsächlich verwendet, ist insoweit nicht maßgebend. Die Abrechnungsspitze aus der Jahresabrechnung ist bei tatsächlicher Nach- bzw. Rückzahlung steuerwirksam.

Zu a) Herr B hat aus der Nachzahlung an die GdWE zusätzliche Werbungskosten i. H. von 200 € (3.800 € – 3.600 €) im VZ 2026.

Zu b) Herr B hat aus der Erstattung von der GdWE i. H. von 400 € (3.200 € – 3.600 €) im VZ 2026 negative Werbungskosten (bzw. Einnahmen).

275/1 Unter Berücksichtigung der BFH-Rechtsprechung[190] sind nach hier vertretener Auffassung jedoch auch Vorschüsse (oder Sonderumlagen) erst bei tatsächlicher Verausgabung durch die GdWE (z. B. für Strom, Wasser, Gebäudever-

189 BFH, Beschluss v. 13.7.2000 - VI B 184/99, BFH/NV 2000 S. 1470 DAAAA-65870 m. w. N.

190 BFH, Urteil v. 14.1.2025 - IX R 19/24, BStBl 2025 II S. 291 UAAAJ-86018.

sicherung, Treppenhausreinigung) beim Wohnungseigentümer als Werbungskosten entstanden und nach § 11 Abs. 2 EStG abgeflossen. Dies folgt daraus, dass alle Argumente des BFH, warum die Zahlungen in die Erhaltungsrücklage erst bei tatsächlicher Verwendung als Werbungskosten anzusetzen sind, genauso für die Vorschüsse auf die laufenden Kosten bzw. Sonderumlagen gelten:

- Die Zahlungspflicht der laufenden Vorschüsse auf Basis des Wirtschaftsplans oder einer Sonderumlage ergibt sich aus § 28 Abs. 1 WEG und ist – wie die Zahlungspflicht in die Erhaltungsrücklage – zunächst lediglich zivilrechtlich verursacht.
- Jede Einzahlung in das Gemeinschaftsvermögen (ob Vorschuss, Sonderumlage oder Erhaltungsrücklage) vermittelt dem Wohnungseigentümer einen wirtschaftlichen Anspruch auf Bezahlung künftiger Kosten.
- Auch bei laufenden Aufwendungen oder Sonderumlagen (z. B. für Handwerkerleistungen) ist es denkbar, dass diese als nachträgliche Herstellungskosten zu werten sind.
- Bei allen Einzahlungen in das Gemeinschaftsvermögen ist es nicht gesichert, dass die Mittel tatsächlich mit einer Vermietung im Zusammenhang stehen. Wird z. B. der Vorschuss aus Dezember 2025 erst im Januar 2026 durch die GdWE für laufende Kosten verausgabt und die Vermietung der Eigentumswohnung bereits zum 31.12.2025 beendet, wäre ein Werbungskostenabzug aus der Dezembereinzahlung (gemessen an der BFH-Dogmatik zur Erhaltungsrücklage) unzutreffend.

Es wäre daher vorzugswürdig, dass ein Werbungskostenabzug generell erst möglich ist, wenn die Mittel aus dem Gemeinschaftsvermögen durch die GdWE tatsächlich (für vermietetes Wohnungseigentum) verwendet werden. Es sollte aus Prinzip keine Rolle spielen, dass die „zeitliche Verzögerung" der Mittelverwendung bei Vorschüssen regelmäßig nur einige Tage oder Wochen und bei der Einzahlung in die Erhaltungsrücklage regelmäßig aber einige Monate oder Jahre beträgt. Ein steuerrechtlicher Gleichlauf von laufenden Kosten und Verwendung der Erhaltungsrücklage bzw. Sonderumlagen hätte zudem den praktischen Vorteil, dass sich die gesamten Werbungskosten eines Jahres (aus dem gemeinschaftlichen Eigentum) aus der jeweiligen Jahresabrechnung ablesen lassen. 275/2

Höchstrichterlich geklärt ist zumindest: Wenn und soweit in den Vorschüssen Zuführungen zur Erhaltungsrücklage enthalten sind, können diese noch nicht als Werbungskosten abgezogen werden. Im Zeitpunkt der Zahlung der Woh- 276 nungseigentümer an die GdWE ist die Zahlung auf die Erhöhung der Erhaltungsrücklage also steuerrechtlich neutral. Erst mit der tatsächlichen Mittelverwendung aus dem Gemeinschaftsvermögen für Erhaltungsaufwendungen (z. B. durch Zahlung einer Handwerkerrechnung) entstehen bei den einzelnen Wohnungseigentümern Werbungskosten. Wenn durch die Entnahme von Geldern aus der Erhaltungsrücklage (nachträgliche) Herstellungskosten finanziert werden, sind die Aufwendungen nicht sofort als Werbungskosten, sondern nur über die AfA abzuziehen. Dies ist auch der wesentliche Grund der BFH-Rechtsprechung[191] (zur damaligen Instandhaltungsrückstellung), welche die Verwaltungsauffassung schon seit langem bestätigt hatte. Durch das Urteil v. 14.1.2025 hat der BFH[192] diese Steuerrechtslage auch für das zum 1.12.2020 geänderte WEG bestätigt.

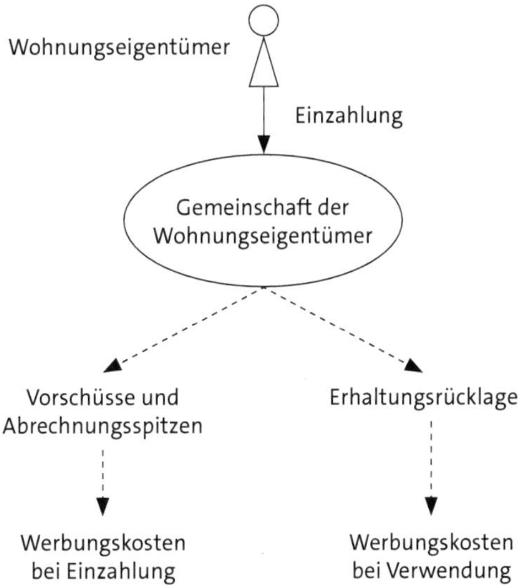

276/1 Bei einer Veräußerung der Eigentumswohnung verliert der bisherige Wohnungseigentümer die Berechtigung, aus den Einzahlungen in die Erhaltungsrücklage zukünftig einen Werbungskostenabzug zu erhalten. Der Erwerber übernimmt dafür die Erhaltungsrücklage als potenziellen „Speicher" für seinen

191 BFH, Urteil v. 26.1.1988 - IX R 119/83, BStBl 1988 II S. 577 CAAAA-92596. Bestätigt für die Rechtslage nach der Änderung des WEG durch das Gesetz zur Änderung des Wohnungseigentumsgesetzes und anderer Gesetze v. 26.3.2007, BGBl 2007 I S. 370, durch BFH, Beschluss v. 9.12.2008 - IX B 124/08 AAAAD-08079, und BFH, Beschluss v. 8.10.2012 - IX B 131/12 CAAAE-22638.

192 BFH, Urteil v. 14.1.2025 - IX R 19/24, BStBl 2025 II S. 291 UAAAJ-86018.

zukünftigen Werbungskostenabzug aus der Vermietung der erworbenen Eigentumswohnung. Bei einem Wechsel der Eigennutzung zur Vermietung (oder andersherum) gilt das gleiche Prinzip für denselben Wohnungseigentümer, der durch den Nutzungswechsel entweder erstmals einen Werbungskostenabzug erhalten kann (durch künftige Vermietung) bzw. nicht mehr erhalten kann (durch künftige Selbstnutzung).[193]

BEISPIEL „GEMEINSCHAFTSEIGENTUM“: Die GdWE verfügt über eine Erhaltungsrücklage i. H. von 15.000 €. Die letzte Einzahlung in die Erhaltungsrücklage war im Jahr 2023. Die GdWE zahlt am 11.2.2025 an einen Handwerker 1.000 € für die Renovierung des Treppenhauses (gemeinschaftliches Eigentum im Sinne des WEG). Dafür hatte die GdWE beschlossen, dass 1.000 € aus der Erhaltungsrücklage entnommen werden. Herr B vermietet eine Eigentumswohnung in der Wohnanlage und ist mit einem Miteigentumsanteil von 2.000/10.000 (20 %) als Wohnungseigentümer beteiligt.

LÖSUNG: Die Einzahlungen in die Erhaltungsrücklage (bis zum Jahr 2023) waren für Herrn B steuerrechtlich neutral. Herr B kann aber nun die auf ihn entfallenden Erhaltungsaufwendungen (Renovierung des Treppenhauses) für den VZ 2025 i. H. von 200 € (20 % Miteigentumsanteil an den 1.000 €) als Werbungskosten bei den Einkünften aus Vermietung und Verpachtung abziehen. Da die GdWE die Zahlung im Jahr 2025 aus der Erhaltungsrücklage entnommen hatte, ist der anteilig auf Herrn B entfallende Betrag an diesem Tag bei ihm nach § 11 Abs. 2 EStG steuerrechtlich abgeflossen.

12. Einnahmen aus der Vermietung

a) Mieteinnahmen

Die steuerpflichtigen Einnahmen aus der Vermietung und Verpachtung (§ 21 Abs. 1 EStG) bestehen insbesondere aus Mietzahlungen aus der Vermietung der Eigentumswohnung. Dabei ist die „Warmmiete“ (Miete einschließlich Nebenkostenvorauszahlungen) anzusetzen. 277

Die Nachzahlung aus der Nebenkostenabrechnung ist (bei Zahlung) ebenfalls eine steuerpflichtige Einnahme. Bei einer Nebenkostenerstattung an den Mieter (Rückzahlung) werden negative Einnahmen angenommen. 278

193 Hante/Mühlenstädt, NWB 26/2025 S. 1774, 1778 f. OAAAJ-93725.

b) Option zur Umsatzsteuer

279 Bei einer umsatzsteuerpflichtigen Vermietung (an Unternehmer mit der ausgeübten Option zur Umsatzsteuer nach § 9 UStG) gehört auch die vereinnahmte Umsatzsteuer zu den steuerpflichtigen Einnahmen.[194]

c) Veräußerung von Miet- und Pachtzinsforderungen

280 Einen Sonderfall betrifft die Steuerpflicht nach § 21 Abs. 1 Satz 1 Nr. 4 EStG. Danach sind „Einkünfte aus der Veräußerung von Miet- und Pachtzinsforderungen" steuerpflichtig. Dies gilt auch dann, wenn die Einkünfte im Veräußerungspreis der Eigentumswohnung enthalten sind und die Miet- oder Pachtzinsen sich auf einen Zeitraum beziehen, zu dem dem Veräußerer die Eigentumswohnung noch gehörte. Es handelt sich dabei oft um den „Mitverkauf" von rückständigen Miet- oder Pachtforderungen zusammen mit dem Wohnungseigentum. Dann ist ein Gesamtkaufpreis zwischen der abgetretenen Mietforderung und dem eigentlichen Grundstückskaufpreis aufzuteilen. Der bisherige Eigentümer erzielt daraus insoweit noch Vermietungseinkünfte und der Erwerber zieht auf der privaten Vermögensebene eine Forderung (i. d. R. steuerneutral)[195] ein.

BEISPIEL „MITVERKAUFTE MIETFORDERUNG": ▶ V veräußert zum 30.11.2024 an E eine Eigentumswohnung für einen Gesamtkaufpreis von 200.000 €. Mieter M hatte zum 30.11.2024 noch rückständige Mietverbindlichkeiten von 5.000 €, die V an E mitverkauft und abgetreten hatte. Den Kaufpreis zahlte E an V am 14.12.2024. M bezahlte an E am 15.1.2025 alle offenen Rückstände.

Der Veräußerungspreis für V (für ein privates Veräußerungsgeschäft nach § 23 EStG) bzw. die Anschaffungskosten für E (für die Abschreibung nach § 7 EStG) für das Grundstück beträgt bzw. betragen 195.000 €, da die anteilige Mietforderung abzuziehen ist. V erzielt am 14.12.2024 Einkünfte nach § 21 Abs. 1 Nr. 4 EStG aus der Zahlung für die Mietforderung durch E (5.000 €). E erzielt nur insoweit (reguläre) Einkünfte nach § 21 Abs. 1 Nr. 1 EStG aus den Mietnachzahlungen durch M, als durch die Zahlung durch M nicht die 5.000 € für die von V erworbenen Forderungen durch E realisiert werden (insoweit nur Forderungstilgung).

---

194 Der Zahlungsverkehr mit dem Finanzamt aus der Umsatzsteuer (Vorauszahlungen, Nachzahlungen und Erstattungen) ist jeweils als Einnahme bzw. negative Einnahme oder Werbungskosten anzusetzen.

195 Wenn der Erwerber nicht den vollen Betrag vom Mieter einziehen kann, erleidet er insoweit einen Verlust aus Kapitalvermögen nach § 20 Abs. 2 Nr. 2, Abs. 4 EStG. Beispiel: Eine rückständige Mietforderung von nominal 1.000 € wird zusammen mit dem Wohnungseigentum für einen anteilig auf die Forderung entfallenen Kaufpreis von 800 € erworben (der Kaufpreis berücksichtigte schon die schlechte Bonität des Mieters). Wenn die Mietforderung ausfallen sollte (z. B. wegen Insolvenz des Mieters), handelt es sich um eine Rückzahlung zu 0 € (§ 20 Abs. 2 Satz 2 EStG) und der Erwerber erleidet einen Verlust i. H. von 800 € aus Kapitaleinkünften.

d) Ersatz für Einnahmen

Zahlungen als Ersatz für entgangene oder entgehende Einnahmen sind ebenfalls als Einnahmen aus Vermietung und Verpachtung steuerpflichtig. Wenn z. B. ein Mieter vorzeitig den Mietvertrag beendet und mit dem Vermieter die Aufhebung gegen eine Abstandszahlung vereinbart, ist diese Zahlung beim Vermieter nach § 24 Nr. 1a EStG i. V. mit § 21 Abs. 1 Nr. 1 EStG steuerpflichtig.[196] 281

e) Zuschüsse an den Vermieter

Zuschüsse an den Wohnungseigentümer (Vermieter) stellen keine Einnahmen aus Vermietung und Verpachtung dar, sondern mindern die abzugsfähigen Werbungskosten.[197] 282

Bei einem öffentlichen oder von einem privaten Unternehmen geleisteten Zuschuss zu den Herstellungskosten des Gebäudes mindert der Zuschuss im Jahr der Bewilligung die AfA-Bemessungsgrundlage bzw. das AfA-Volumen des Gebäudes (R 21.5 Abs. 1 EStR). Der Wohnungseigentümer kann dann nur von dem insoweit geminderten Betrag abschreiben. 283

13. Kosten der Vermietung (Werbungskosten)

a) Typische und laufend entstehende Aufwendungen

Aus der Unterhaltung einer bewohnten Immobilie entstehen laufende Kosten, die durch die Vermietung veranlasst sind und als Werbungskosten i. S. des § 9 EStG (i. d. R. sofort) abgezogen werden können. Das sind insbesondere Aufwendungen für: 284

- Wasserversorgung,
- Heizungskosten,
- Gartenpflege,
- Wartungsleistungen (z. B. an der Heizungsanlage),
- Hausmeister,
- Winterdienst,
- Gebäudeversicherung,
- Vermieterhaftpflichtversicherung,

196 BFH, Urteil v. 21.8.1990 - VIII R 17/86, BStBl 1991 II S. 76 TAAAA-93798.
197 BFH, Urteil v. 26.3.1991 - IX R 104/86, BStBl 1992 II S. 999 LAAAA-94323.

- öffentliche Abgaben (so ausdrücklich auch § 9 Abs. 1 Satz 3 Nr. 2 EStG) wie insbesondere die Grundsteuer und die kommunalen Abgaben für Straßenreinigung, Müllabfuhr, Abwasser und Schornsteinfeger.

285 Für die Abzugsfähigkeit der Aufwendungen kommt es nicht darauf an, ob diese nach dem Mietrecht auf den Mieter umgelegt werden dürfen und durch die Nebenkostenvorauszahlungen bzw. nach der Nebenkostenabrechnung zu Mieteinnahmen führen. Der Veranlassungszusammenhang mit der Vermietung der Eigentumswohnung reicht für den Werbungskostenabzug aus.

286 Aus den umlagefähigen Kosten (welche der Mieter neben der „Kaltmiete" zu tragen hat) ergeben sich auf den gesamten Vermietungszeitraum gesehen im Ergebnis keine Auswirkung, da die Werbungskosten aus den laufenden Hausgeldzahlungen rechnerisch durch den Betriebskostenteil an der „Warmmiete" ausgeglichen werden. Es kommt insoweit zu zeitlichen Verschiebungen, die sich durch die Abrechnungsspitzen aus der Nebenkostenabrechnung ergeben.

287 Auch die Kosten für gelegentliche Fahrten zu der vermieteten Eigentumswohnung sind Werbungskosten i. S. des § 9 Abs. 1 Satz 1 EStG.[198]

b) Erhaltungsaufwand oder nachträgliche Herstellungskosten

aa) Allgemeines zur Abgrenzung von Erhaltungsaufwand zu nachträglichen Herstellungskosten

288 Bei Aufwendungen für Reparaturen, laufende Instandhaltung sowie kleine wie große Baumaßnahmen stellt sich die Frage, ob diese Erhaltungsaufwand darstellen und damit sofort bei Zahlung insgesamt als Werbungskosten abgezogen werden können oder ob sie zu nachträglichen Herstellungskosten am Gebäude führen und nur über die AfA verteilt als Werbungskosten abzugsfähig sind. Für Instandhaltungs- und Instandsetzungsaufwendungen innerhalb von drei Jahren nach Anschaffung der Eigentumswohnung gibt es mit § 6 Abs. 1 Nr. 1a EStG eine Spezialregelung. Für alle anderen Aufwendungen ist wie folgt zu differenzieren:

289 Im Grundsatz sind alle Aufwendungen sofort als Erhaltungsaufwand abzugsfähig, sofern ein bestehendes Objekt nur instandgehalten oder ein Schaden behoben wird.[199] Daher sind insbesondere die laufende Pflege der Eigentumswohnung bzw. die Aufwendungen am Gemeinschaftseigentum (wie die Wartung der Heizungsanlage, ein neuer Anstrich der Außenfassade oder neue

198 R 21.2 Abs. 4 Satz 4 EStR.

199 BMF, Schreiben v. 26.1.2026 - IV C 1-S 2253/00082/001/064, Rz. 1 PAAAK-09012.

Fenster) im Grundsatz als Bearbeitung der bestehenden Substanz oder dem Austausch der bestehenden Substanz als Erhaltungsaufwendungen sofort abzugsfähig.

Wenn die Maßnahmen (einzeln oder in der Gesamtheit) aber ein bestimmtes Maß übersteigen, führt dies zu nachträglichen Herstellungskosten des Gebäudes. Die Herstellungskosten eines Gebäudes umfassen nach der für alle Wirtschaftsgüter geltenden Regelung des § 255 Abs. 2 Satz 1 HGB Aufwendungen für dessen Herstellung, Erweiterung und über den ursprünglichen Zustand hinausgehende wesentliche Verbesserung.[200] Die Rechtsprechung hat dazu – in Anlehnung an diese handelsrechtlichen Grundsätze der Herstellungskosten – verschiedene Kategorien entwickelt, nach denen nachträgliche Herstellungskosten entstehen. Danach haben sich insbesondere folgende Fallgruppen der nachträglichen Herstellungskosten herausgebildet: 290

- Erweiterung und Anbau,[201]
- Aufstockung,
- nutzbare Fläche wird erweitert[202] (z. B. Satteldach statt Flachdach),[203]
- Mehrung der Substanz,[204]
- grundlegender Umbau, der zu einer Nutzungs- oder Funktionsänderung des Gebäudes führt,[205]
- wesentliche Standardhebung (über den ursprünglichen Zustand hinausgehende wesentliche Verbesserung),[206]
- faktischer Neubau durch Umbau der Altsubstanz nach Vollverschleiß.[207]

Sofern die Aufwendungen für die einzelnen Baumaßnahmen nicht mehr als 4.000 € (ohne Umsatzsteuer) betragen, kann dieser Aufwand aus Vereinfachungsgründen sofort als Erhaltungsaufwand abgezogen werden.[208] 291

Ein Abriss mit nachfolgendem Neubau stellt eine eigene Kategorie dar. Wenn das gesamte Gebäude abgerissen wird, ist der Restwert des AfA-Volumens voll 292

200 BMF, Schreiben v. 26.1.2026 - IV C 1-S 2253/00082/001/064, Rz. 27 PAAAK-09012.

201 BMF, Schreiben v. 26.1.2026 - IV C 1-S 2253/00082/001/064, Rz. 31 PAAAK-09012.

202 BMF, Schreiben v. 26.1.2026 - IV C 1-S 2253/00082/001/064, Rz. 32, 34–36 PAAAK-09012.

203 BFH, Urteil v. 15.5.2013 - IX R 36/12, BStBl 2013 II S. 732 MAAAE-42455.

204 BMF, Schreiben v. 26.1.2026 - IV C 1-S 2253/00082/001/064, Rz. 32, 37–39 PAAAK-09012, mit vielen konkreten Anwendungsfällen.

205 BMF, Schreiben v. 26.1.2026 - IV C 1-S 2253/00082/001/064, Rz. 30 PAAAK-09012.

206 BMF, Schreiben v. 26.1.2026 - IV C 1-S 2253/00082/001/064, Rz. 40–49 PAAAK-09012.

207 BMF, Schreiben v. 26.1.2026 - IV C 1-S 2253/00082/001/064, Rz. 29 PAAAK-09012.

208 R 21.1 Abs. 2 Satz 2 EStR.

abzuschreiben (§ 7 Abs. 1 Satz 7 EStG). Das Gebäude und damit das bestehende Wirtschaftsgut ist dann steuerrechtlich untergegangen. Dem neuen Gebäude, welches errichtet wird, werden als separates (neues) Wirtschaftsgut die für die Errichtung erforderlichen Herstellungskosten nach den allgemeinen Grundsätzen zugeordnet.

293 Wenn „mitvermietete" Wirtschaftsgüter steuerrechtlich nicht zum Gebäude gehören, sind diese bei einer Erneuerung separat zu beurteilen. So sind z. B. die Kosten für den Einbau einer neuen Einbauküche (Spüle, Herd, Einbaumöbel und Elektrogeräte) nicht als Erhaltungsaufwand an dem Gebäude zu beurteilen, da nicht ein bereits vorhandenes Teil des Gebäudes erneuert wird. Vielmehr gehört die Einbauküche nicht zum Gebäude, sondern ist ein eigenes Wirtschaftsgut, welches neu angeschafft wird. Die Abschreibungsdauer beträgt für Einbauküchen zehn Jahre.[209]

294 Wenn im Zuge von Baumaßnahmen, die zu nachträglichen Herstellungskosten führen, weitere Folgearbeiten anfallen, die „eigentlich" für sich gesehen als Erhaltungsaufwand gelten, stellen diese ebenfalls nachträgliche Herstellungskosten dar (Umqualifizierung).

BEISPIEL „AUSBESSERUNGSARBEITEN NACH WC-EINBAU": A baut in seiner Rechtsanwaltspraxis (Teileigentum) erstmals ein Gäste-WC ein, lässt danach den Flurboden neu verlegen und die Flurwand tapezieren, da der Flur durch den WC-Einbau „in Mitleidenschaft gezogen" wurde.

Der Einbau des Gäste-WC führt zu Herstellungskosten (ähnlich dem Fall des BFH v. 9.5.1995).[210] Die Arbeiten im Flur sind zwar lediglich die Erneuerung von Bestehendem, da sie aber durch die Arbeiten ausgelöst wurden, die zu Herstellungskosten führen, gelten sie als zusätzliche Herstellungskosten.

bb) Erweiterung und Anbau

295 Ein Anbau an bestehendem Wohnungseigentum (nach vorherigem Beschluss der GdWE) führt zu einer Erweiterung i. S. von § 255 Abs. 2 HGB. Dies führt zu einer Vergrößerung der nutzbaren Fläche.[211] Wenn z. B. ein Wintergarten an das Sondereigentum einer Wohnung im Erdgeschoss angebaut wird, handelt es sich dabei um nachträgliche Herstellungskosten.

BEISPIEL „ANBAU VON BALKONEN": Den Wohnungseigentümern A und B wird von der GdWE durch Beschluss gestattet, an ihre fremdvermieteten Wohnungen im Obergeschoss jeweils einen Balkon anzubauen. Die Kosten für den Anbau der Balkone von je 20.000 € tragen allein A bzw. B.

---

209 BFH, Urteil v. 3.8.2016 - IX R 14/15, BStBl 2017 II S. 437 LAAAF-87994.

210 BFH, Urteil v. 9.5.1995 - IX R 69/92, BStBl 1996 II S. 630 BAAAB-04849.

211 BMF, Schreiben v. 26.1.2026 - IV C 1-S 2253/00082/001/064, Rz. 32, 34–36 PAAAK-09012.

Auch soweit sich die Balkone nicht im Sondereigentum, sondern im gemeinschaftlichen Eigentum befinden,[212] sind A bzw. B in vollem Umfang eigene Aufwendungen entstanden, die als Werbungskosten bei den Einkünften aus Vermietung und Verpachtung abzugsfähig sind. Da durch den Balkonanbau die nutzbare Fläche[213] der Wohnungen vergrößert wird, handelt es sich um eine Erweiterung nach § 255 Abs. 2 Satz 1 HGB, die zu nachträglichen Herstellungskosten der Wohnungen führt.[214] Die Kosten für den Anbau der Balkone (je 20.000 €) können A und B daher nicht sofort bei Zahlung als Werbungskosten abziehen, sondern nur über die Gebäude-AfA abziehen.

cc) Aufstockung

Auch eine Aufstockung auf einem bestehenden Wohnungseigentum (nach vorherigem Beschluss der GdWE) führt zu einer Erweiterung i. S. von § 255 Abs. 2 HGB. Dabei wird z. B. eine neue Etage geschaffen. Wenn es sich um ein neues und eigenständiges Sondereigentum handelt, stellen die Aufwendungen keine nachträglichen Herstellungskosten von bestehendem Wohnungseigentum, sondern reguläre Herstellung für die Ersterstellung von neuem Wohnungseigentum dar. 296

dd) Mehrung der Substanz

Durch eine Substanzmehrung werden bisher nicht vorhandene Bestandteile oder Anlagen in ein Gebäude eingefügt und dadurch die Nutzungsmöglichkeit des Gebäudes erweitert.[215] Hierbei geht es nicht um Fälle, bei denen zugleich die nutzbare Fläche vergrößert wird. Vielmehr wird durch eine Baumaßnahme ohne Flächenerweiterung eine neue Funktion am Gebäude geschaffen, die bisher nicht vorhanden war. Es geht also nicht allein darum, dass nur die „Bausubstanz" im materiellen Sinne erhöht wird. Wenn daher z. B. die Außenfassade zur Wärmedämmung verkleidet wird, führt dies zu „mehr Substanz" in Form von „mehr Gebäudemasse" sowie einer Wertsteigerung des Objekts. Gleichwohl wird dadurch lediglich die Funktion der schon vorhandenen Außenwand in seiner „Rolle" als Wärmedämmung verbessert, ohne aber eine neue 297

212 Zum Abgrenzungsproblem vgl. LG Itzehoe, Hinweisbeschluss v. 13.3.2020 - 11 S 46/19, ZMR 2020 S. 683 m. w. N.

213 Die nutzbare Fläche ist in sinngemäßer Anwendung der Verordnung zur Berechnung der Wohnfläche v. 25.11.2003, BGBl I S. 234 (WoFlV) zu ermitteln, vgl. BMF, Schreiben v. 26.1.2026 - IV C 1-S 2253/00082/001/064, Rz. 35 PAAAK-09012. Zur Wohnfläche gehören auch die Grundflächen von Balkonen, wenn sie ausschließlich zu der Wohnung gehören (§ 2 Abs. 2 Nr. 2 WoFlV). Die Grundflächen von Balkonen sind dabei in der Regel zu 25 % (maximal zu 50 %) anzurechnen (§ 4 Nr. 4 WoFlV).

214 BMF, Schreiben v. 26.1.2026 - IV C 1-S 2253/00082/001/064, Rz. 36 PAAAK-09012, mit Hinweis auf BFH, Urteil v. 22.12.2012 - III R 37/09, BStBl 2013 II S. 182 QAAAE-08759.

215 BMF, Schreiben v. 26.1.2026 - IV C 1-S 2253/00082/001/064, Rz. 37 PAAAK-09012.

Funktion für das Gebäude zu erzeugen.[216] Dagegen ist z. B. für den Einbau einer Alarmanlage vom BFH entschieden worden, dass diese neue Funktion für das Gebäude als Substanzmehrung gilt. Weitere Anwendungsfälle sind insbesondere:[217]

- Errichtung einer Außentreppe,
- Anbringen einer Sonnenmarkise,
- Einbau einer Treppe zum Spitzboden,
- Einbau eines Kachelofens oder Kamins,
- Einbau einer Sauna.

ee) Grundlegender Umbau (Nutzungs- bzw. Funktionsänderung eines Gebäudes)

298 Bei einem Umbau von bestehendem Wohnungseigentum kann die Abgrenzung schwierig sein, ob der Umbau so wesentlich ist, dass es sich um nachträgliche Herstellungskosten in Form einer Substanzmehrung oder einer erweiterten Nutzbarkeit handelt. So führt der Umbau eines Großraumbüros in vier Einzelbüros unter Verwendung von Rigips-Ständerwerk sowie für die Anpassung der Elektroinstallation zu sofort abziehbaren Erhaltungsaufwendungen.[218] Wenn ein bisher einheitlicher Raum durch den Einbau von massiven Wänden in einzelne Räume unterteilt wird, spricht es aber dafür, dass vorher noch nicht vorhandene Substanz (die Wände) hinzugefügt wurde. Wenn eine bereits vorhandene Wand aber nur im Raum versetzt wird, handelt es sich um Erhaltungsaufwand.

BEISPIEL „UMBAU": Im Erdgeschoss einer Wohneigentumsanlage befindet sind Teileigentum, das vom Wohnungseigentümer A bisher als Supermarkt vermietet wurde. Nachdem der Mieter gekündigt hatte und mit seinem Ladengeschäft ausgezogen ist, wird unter erheblichem Bauaufwand das Teileigentum zu einer Arztpraxis umgebaut und danach an Zahnärztin Z vermietet.

Wird ein Gebäude für eine andere als seine bisherige Nutzung unter erheblichem Bauaufwand in seinem Wesen dauerhaft verändert und so tiefgreifend umgestaltet (oder in einem solchen Ausmaß erweitert), dass die neu eingefügten Teile dem Gebäude das Gepräge geben und die verwendeten Altbauteile bedeutungs- und wertmäßig untergeordnet erscheinen, führt dies zu Herstellungskosten für ein „an-

216 BMF, Schreiben v. 26.1.2026 - IV C 1-S 2253/00082/001/064, Rz. 38 PAAAK-09012, mit weiteren Hinweisen auf einige Baumaßnahmen, die keine Substanzmehrung im steuerrechtlichen Sinne erzeugen und deren Aufwendungen daher sofort als Werbungskosten abziehbar sind. BFH, Urteil v. 16.2.1993 - IX R 85/88, BStBl 1993 II S. 544 UAAAA-94534.

217 BMF, Schreiben v. 26.1.2026 - IV C 1-S 2253/00082/001/064, Rz. 37 PAAAK-09012.

218 BFH, Urteil v. 16.1.2007 - IX R 39/05, BStBl 2007 II S. 922 HAAAC-49132.

deres" Gebäude.[219] Das zur Zahnarztpraxis umgebaute Teileigentum ist daher ein neues Gebäude und dessen Umbaukosten sind nur im Wege der Gebäude-AfA abzuschreiben.

ff) Über den ursprünglichen Zustand hinausgehende wesentliche Verbesserung

Nach der Rechtsprechung des BFH[220] führt auch eine über den ursprünglichen Zustand hinausgehende wesentliche Verbesserung zu nachträglichen Herstellungskosten. Bei Wohngebäuden wird dies unterstellt, sofern die Bauarbeiten bei mindestens drei[221] von den vier folgenden zentralen Ausstattungsmerkmalen zu einer Erhöhung und Erweiterung des Gebrauchswerts (nach Umfang und Qualität) führen:[222] 299

1. Heizungsinstallation,
2. Sanitärinstallation,
3. Elektroinstallationen,
4. Fenster.

Bei jedem einzelnen Ausstattungsmerkmal muss es sich um einen Standardsprung handeln, bei dem sich durch die Baumaßnahme der betroffene Ausstattungsbereich von einem (formelhaft definierten)[223] „sehr einfachen Standard" auf einem „mittleren Standard" bzw. „sehr anspruchsvollen Standard" oder von einem „mittleren Standard" auf einen „sehr anspruchsvollen Standard" verbessert. Als Standardhebung von „sehr einfach" auf „mittel" ist z.B. der Austausch von Fenstern anzusehen, die erstmals Doppelverglasung haben. Als „ursprünglicher Zustand" gilt der Zustand eines Gebäudes zu dem Zeitpunkt, zu dem der Wohnungseigentümer das Gebäude hergestellt oder entgeltlich erworben hat. Bei unentgeltlichem Erwerb (z.B. durch Schenkung oder als Erbe) ist der Zeitpunkt maßgeblich, zu dem der Rechtsvorgänger das Gebäude hergestellt oder entgeltlich erworben hat.[224] Sofern sich danach somit 300

219 BMF, Schreiben v. 26.1.2026 - IV C 1-S 2253/00082/001/064, Rz. 30 PAAAK-09012.

220 BFH, Urteil v. 9.5.1995 - IX R 88/90, BStBl 1996 II S. 628, 630, 632, 637 AAAAA-95689; BFH, Urteil v. 10.5.1995 - IX R 62/94, BStBl 1996 II S. 639 RAAAA-95692; BFH, Beschluss v. 16.7.1996 - VI B 113/95, BStBl 1996 II S. 649 WAAAD-31300; BFH, Urteil v. 12.9.2001 - IX R 39/97, BStBl 2003 II S. 569, 574 CAAAA-89567; BFH, Urteil v. 22.1.2003 - X R 9/99, BStBl 2003 II S. 596 RAAAA-89575.

221 Es reicht schon die Standardhebung in zwei der vier Bereiche der zentralen Ausstattungsmerkmale, wenn diese im Zusammenhang erfolgt mit einer weiteren Baumaßnahme, die unabhängig davon zu Herstellungskosten führt (BMF, Schreiben v. 26.1.2026 - IV C 1-S 2253/00082/001/064, Rz. 48 PAAAK-09012).

222 BMF, Schreiben v. 26.1.2026 - IV C 1-S 2253/00082/001/064, Rz. 13, 47 PAAAK-09012.

223 BMF, Schreiben v. 26.1.2026 - IV C 1-S 2253/00082/001/064, Rz. 11 PAAAK-09012.

224 BMF, Schreiben v. 26.1.2026 - IV C 1-S 2253/00082/001/064, Rz. 41 PAAAK-09012.

bei mindestens drei (oder eben bei allen vier) Ausstattungsmerkmalen eine Standardhebung in zeitlicher Nähe ergibt, führen die Arbeiten zusammen zu nachträglichen Herstellungskosten.

BEISPIEL „STANDARDHEBUNG": A lässt im Frühjahr 2026 in seiner vermieteten Eigentumswohnung im Badezimmer zu der bisher nur vorhandenen Badewanne und dem WC erstmals ein Handwaschbecken und eine Dusche einbauen, die einfachverglasten Fenster durch Isolierglasfenster ersetzen sowie die Leistungskapazität der Elektroleitungen maßgeblich durch den Einbau eines leistungsfähigeren Sicherungssystems und von dreiphasigen Elektroleitungen erweitern und sieben weitere Steckdosen in der Wohnung installieren.

Die Wohnung hatte vorher einen sehr einfachen Standard, der durch den Umbau von drei zentralen Ausstattungsmerkmalen (Sanitär, Elektro, Fenster) auf einen mittleren Standard gehoben wurde.[225] Dies führt bei dieser Wohnung zu einer „über den ursprünglichen Zustand hinausgehenden wesentlichen Verbesserung", die zu nachträglichen Herstellungskosten des Gebäudes führt. Die Baukosten sind daher nicht mit deren Zahlung, sondern nur über die Gebäude-AfA als Werbungskosten bei den Einkünften aus Vermietung und Verpachtung abzugsfähig.

301 Bei Wohnungseigentum ist zu beachten, dass die Standardhebung sowohl im Sondereigentum als auch beim Gemeinschaftseigentum zu berücksichtigen ist. Die dafür relevanten vier zentralen Ausstattungsmerkmale (Heizung, Sanitär, Elektro, Fenster) sind in der Gesamtschau zu ermitteln, da sich die Herstellungskosten der Eigentumswohnung aus beiden Komponenten ergeben (können).

BEISPIEL „SONDER- UND GEMEINSCHAFTSEIGENTUM": A lässt im Februar 2025 in seiner vermieteten Eigentumswohnung ein komplett neues Badezimmer sowie erheblich besser isolierende Fenster einbauen (Sondereigentum). Im Mai 2025 wird nach einem Beschluss der GdWE die bestehende Heizungs-Gastherme durch eine moderne Wärmepumpe ersetzt (Gemeinschaftseigentum).

LÖSUNG: Wenn sich bei drei von den vier zentralen Ausstattungsmerkmalen (hier ggf. Heizungsanlage, Sanitäranlagen und Fenster) der Gebrauchswert der Eigentumswohnung deutlich erhöht, kann dies zu nachträglichen Herstellungskosten führen. Die Verbesserung des Heizungsstandards im Gemeinschaftseigentum ist dem Wohnungseigentum des A dafür zuzurechnen. Es handelt sich aber beim Austausch einer Gastherme in eine Wärmepumpe nicht um einen ausreichenden Standardsprung.[226] Daher führen die Baumaßnahmen nicht zu einer über den ursprünglichen Zustand hinausgehenden wesentlichen Verbesserung und führen somit nicht zu nachträglichen Herstellungskosten. Die Aufwendungen sind sofort abzugsfähig.

225 BMF, Schreiben v. 26.1.2026 - IV C 1-S 2253/00082/001/064, Rz. 20 PAAAK-09012.

226 BMF, Schreiben v. 26.1.2026 - IV C 1-S 2253/00082/001/064, Rz. 22 PAAAK-09012.

c) Finanzierungskosten (Schuldzinsenabzug)

Finanzierungskosten im wirtschaftlichen Zusammenhang mit der vermieteten Eigentumswohnung sind nach § 9 Abs. 1 Satz 3 Nr. 1 EStG ausdrücklich als Werbungskosten bei den Einkünften aus Vermietung und Verpachtung abzugsfähig.[227] Dies sind insbesondere Schuldzinsen an Kreditinstitute für Darlehen, die aufgenommen werden, um die Anschaffung bzw. Herstellung des Wohnungseigentums zu finanzieren.[228] Dazu gehören Zinsaufwendungen für die Finanzierung von nachträglichen Herstellungskosten oder Erhaltungsaufwendungen. Letztlich kann jeder Kreditzins als Werbungskosten abgezogen werden, sofern dessen Darlehensmittel für Werbungskosten ausgegeben werden. 302

BEISPIEL „KAUFPREISFINANZIERUNG DER EIGENTUMSWOHNUNG": ▶ A erwirbt eine vermietete Eigentumswohnung, für deren Kaufpreis er bei der B-Bank einen Kredit aufnimmt.

Die Schuldzinsen an die B-Bank stehen im wirtschaftlichen Zusammenhang mit der Vermietung der Eigentumswohnung und sind daher als Werbungskosten (§ 9 Abs. 1 Satz 3 Nr. 1 EStG) bei den Einkünften aus Vermietung und Verpachtung abziehbar.

Auch nach einer Kreditverlängerung (Prolongation) oder der Umschuldung auf ein neues Darlehen (z. B. wegen eines Bankenwechsels) sind die Schuldzinsen weiterhin als Werbungskosten abzugsfähig, solange das Anschlussdarlehen nicht über den abzulösenden Restdarlehensbetrag des Altdarlehens hinausgeht.[229] 303

Schuldzinsen für die Baufinanzierung, die während der Herstellung anfallen, sind nicht in die Herstellungskosten des Gebäudes einzubeziehen. Die Schuldzinsen sind also nicht als Teil der Gebäudeherstellungskosten über die spätere AfA, sondern als vorweggenommene Werbungskosten sofort abzugsfähig.[230] 304

Die rechtliche Besicherung einer vermieteten Eigentumswohnung für die Kaufpreisfinanzierung einer selbst genutzten (anderen) Wohnung begründet keinen Einkünftezusammenhang und führt daher nicht zu Werbungskosten.[231] 305

227 BFH, Urteil v. 20.6.2023 - IX R 15/21, BStBl 2023 II S. 1103 Rz. 14 PAAAJ-51310.

228 BFH, Urteil v. 20.6.2023 - IX R 15/21, BStBl 2023 II S. 1103 Rz. 15 PAAAJ-51310.

229 BFH, Urteil v. 8.4.2014 - IX R 45/13, BStBl 2015 II S. 635 Rz. 25 KAAAE-64191.

230 Ein Wahlrecht, die „Bauzeitzinsen" zu den Herstellungskosten des Gebäudes zu rechnen, besteht nicht bei den Überschusseinkünften, BFH, Urteil v. 7.11.1989 - IX R 190/85, BStBl 1990 II S. 460 FAAAA-93233.

231 BFH, Urteil v. 15.1.1980 - VIII R 70/78, BStBl 1980 II S. 348 EAAAA-91502; BFH, Urteil v. 29.7.1997 - IX R 89/94, BStBl 1997 II S. 772 PAAAA-96027.

BEISPIEL „EIGENTUMSWOHNUNG ALS SICHERHEIT": A erwirbt eine Eigentumswohnung, die er zu eigenen Wohnzwecken nutzen wird. Für deren Kaufpreisfinanzierung nimmt er bei der B-Bank einen Kredit auf. Die Bank lässt zur Darlehensbesicherung sowohl auf die erworbene Eigentumswohnung als auch auf eine dem A bereits gehörende und von ihm vermietete Eigentumswohnung eine Grundschuld in das jeweilige Grundbuch eintragen.

Die von A zu zahlenden Schuldzinsen an die B-Bank stehen im wirtschaftlichen Zusammenhang mit der selbst genutzten (neuen) Eigentumswohnung und sind auch nicht deshalb als Werbungskosten bei der vermieteten Eigentumswohnung abzuziehen, weil (auch) für diese Eigentumswohnung eine Grundschuld im sachlichen Zusammenhang mit dem Darlehen eingetragen wurde.

aa) Geldbeschaffungskosten

306 Neben den Entgelten für die Darlehnsgewährung (Zinsen, Bereitstellunggebühren, Disagio) sind auch Kosten für die Geldbeschaffung als Werbungskosten abzugsfähig. Das betrifft z. B. Kosten für ein Wertgutachten für die Bankfinanzierung, Vermittlungsprovision an einen Darlehensvermittler oder Grundbuchkosten für die Eintragung der Grundschuld.

bb) Zuordnung von Fremdkapital zur vermieteten Eigentumswohnung

307 Wenn Wohnungseigentum nur teilweise der Einkünfteerzielung (z. B. Vermietung) dient, stehen auch nur die Aufwendungen für das gesamte Wohnungseigentum anteilig mit der Einkünfteerzielung im Zusammenhang. Eine große praktische Bedeutung hat die Zuordnung von Schuldzinsen für die Finanzierung der Herstellung von Wohnungseigentum, das nur teilweise vermietet und im Übrigen selbst als Wohnung genutzt wird. Hier wird der Eigentümer regelmäßig daran interessiert sein, einen möglichst hohen Anteil der Schuldzinsen als Werbungskosten abziehen zu können.

308 Sollte die gesamte Investition (Herstellung des Gebäudes) fremdfinanziert werden, ist die Lösung verhältnismäßig einfach: Die Schuldzinsen aus der Finanzierung der Baukosten sind nur insoweit (verhältnismäßig) als Werbungskosten bei den Einkünften aus Vermietung und Verpachtung abziehbar, als diese (im Verhältnis der Miteigentumsanteile) auf die vermieteten Eigentumswohnungen entfallen.

BEISPIEL „KOMPLETTE FREMDFINANZIERUNG": A nimmt einen Bankkredit über 900.000 € auf, um die Herstellungskosten von drei Wohnungen in einem neuen, dreigeschossigen Gebäude zu finanzieren. Er teilt das Objekt in drei gleich große Eigentumswohnungen (Teilungserklärung nach § 8 WEG) und vermietet das erste und zweite OG. Im EG zieht er selbst ein.

LÖSUNG: A kann die Schuldzinsen zu 2/3 als Werbungskosten bei den Einkünften aus Vermietung und Verpachtung abziehen, da diese insoweit (nach den Miteigentumsanteilen) auf die Einkünfteerzielung entfallen.

Wenn die Herstellung des Gebäudes nicht nur (z. B. über einen Bankkredit) fremdfinanziert, sondern auch durch vorhandene Mittel (Eigenkapital) finanziert wird, wären die Schuldzinsen ebenfalls im Verhältnis der Miteigentumsanteile den Werbungskosten bei den Einkünften aus Vermietung und Verpachtung zuzuordnen und insoweit abziehbar. 309

BEISPIEL „TEILWEISE FREMDFINANZIERUNG OHNE ZUORDNUNG DER MITTEL": A nimmt einen Bankkredit über 800.000 € auf, um zusammen mit seinen vorhandenen Eigenmitteln von 100.000 € die Herstellungskosten von drei Wohnungen in einem neuen, dreigeschossigen Gebäude zu finanzieren. Er teilt das Objekt in drei gleich große Eigentumswohnungen (Teilungserklärung nach § 8 WEG) und vermietet das erste und zweite OG. Im EG zieht er selbst ein.

LÖSUNG: Die Schuldzinsen entfallen sowohl auf die fremdvermieteten Wohnungen als auch auf die eigengenutzte Wohnung. A kann die Schuldzinsen zu 2/3 als Werbungskosten bei den Einkünften aus Vermietung und Verpachtung abziehen, da diese insoweit (nach den Miteigentumsanteilen) auf die Einkünfteerzielung entfallen.

Um einen möglichst hohen Werbungskostenabzug der Schuldzinsen zu erreichen, können nach der BFH-Rechtsprechung[232] und der darauf aufbauenden Verwaltungsauffassung[233] die Eigenmittel vorrangig dem eigengenutzten Gebäudeteil zugeordnet werden. Dann entfallen die Schuldzinsen vorrangig (ggf. sogar vollständig) auf die vermieteten Gebäudeteile (Eigentumswohnungen). 310

Hierbei sind folgende Schritte zu beachten: 311

1. Aufwendungen, die ausschließlich einen bestimmten Gebäudeteil betreffen (z. B. für Bodenbeläge, Malerarbeiten oder Sanitärinstallationen in einer Eigentumswohnung), sind dem Sondereigentum gesondert zuzuordnen. Dieses erfolgt entweder durch den Bauunternehmer, sofern dieser darüber gesondert abrechnet, oder durch den Eigentümer in einer gesonderten Aufstellung der Kosten.
2. Kosten für das (übrige) Gesamtgebäude (z. B. Baugrube, Rohbau, Dach, Außenanstrich), sind den einzelnen Eigentumswohnungen nach dem Verhältnis der Miteigentumsanteile zuzuordnen.

232 BFH, Urteil v. 25.3.2003 - IX R 22/01, BStBl 2004 II S. 348 YAAAA-72054 m. w. N.

233 BMF, Schreiben v. 16.4.2004 - IV C 3 - S 2211 - 36/04, BStBl 2004 I S. 464 HAAAB-20684.

Zwischenergebnis:

Die Herstellungskosten werden (gedanklich) dem verschieden genutzten Wohnungseigentum zugeordnet. Um den wirtschaftlichen Zusammenhang zwischen den Schuldzinsen und den zugeordneten Herstellungskosten für die vermieteten Eigentumswohnungen zu schaffen, muss dieser Teil der Herstellungskosten mit den dafür aufgenommenen Darlehensmitteln bezahlt werden.

3. Von einem wirtschaftlichen Zusammenhang ist auszugehen, wenn von einem separaten Bankkonto („Baukonto") die Kosten für die vermieteten Gebäudeteile gezahlt werden und dieses Konto ausschließlich mit Darlehensmitteln ausstattet wird.

Ergebnis:

Soweit die Darlehensmittel für die separat der Vermietung zugeordneten Herstellungskosten verwendet werden, sind die Schuldzinsen voll abzugsfähig. Soweit die „gemeinschaftlichen Kosten" bezahlt werden, ist ein Schuldzinsenabzug anteilig zulässig.

BEISPIEL „TEILWEISE FREMDFINANZIERUNG MIT ZUORDNUNG DER DARLEHENSMITTEL": A nimmt einen Bankkredit über 800.000€ auf, um zusammen mit seinen vorhandenen Eigenmitteln von 100.000€ die Herstellungskosten von drei Wohnungen in einem neuen, dreigeschossigen Gebäude (insgesamt 900.000€) zu finanzieren. Er teilt das Objekt in drei gleich große Eigentumswohnungen (Teilungserklärung nach § 8 WEG) und vermietet das erste und zweite OG. Im EG zieht er selbst ein. Der Bauunternehmer weist die Herstellungskosten für die drei Wohnungen sowie für die übrigen Baukosten gegenüber A separat aus. Danach belaufen sich die Kosten für die Innenausstattung der vermieteten Wohnungen auf insgesamt 300.000€ und auf die selbst genutzte Wohnung 200.000€. Die übrigen Baukosten (400.000€) entfallen auf das gemeinschaftliche Eigentum. A hat zwei Bankkonten einrichten lassen, auf denen die Darlehen ihm ausgezahlt werden: Von einem Konto werden nur die Kosten für die vermieteten Wohnungen bezahlt (insgesamt 200.000€). Von dem anderen Bankkonto (Darlehensmittel 600.000€) werden die übrigen Baukosten gezahlt. Die Eigenmittel von A (100.000€) werden von einem anderen Konto an den Bauunternehmer überwiesen.

LÖSUNG: Die Herstellungskosten werden zugeordnet und die Darlehensmittel werden von separaten Konten aus direkt für die Zahlungen der zugeordneten Kosten verwendet. Die Herstellungskosten entfallen zu 300.000€ (Sondereigentum) und zu 266.667€ (2/3 des Gemeinschaftseigentums) auf die vermieteten Eigentumswohnungen. A kann zunächst die Zinsen i.H.von 300.000€ zu 800.000€ (d.h. 37,5% der gesamten Zinsen) insoweit voll abziehen. Insoweit werden die Darlehensmittel konkret zugeordnet. Das restliche Darlehen (600.000€) wird rechnerisch i.H.von 266.667€ für die vermieteten Wohnungen verwendet. Daher kann A zudem noch von den verbleibenden Schuldzinsen (62,5%) einen Anteil von 266.667€ zu

600.000 € abziehen (d. h. zusätzlich 27,8 %). Insgesamt kann A bei den Einkünften aus Vermietung und Verpachtung die Schuldzinsen in folgender Höhe als Werbungskosten abziehen: 37,5 % (für 300.000 €) zzgl. 27,8 % (für 266.667 €) = 65,3 % der gesamten Schuldzinsen.

Bei der Anschaffung von Wohnungseigentum sind die Zuordnungsanforderungen etwas geringer. Es müssen dafür nach außen hin erkennbar die Anschaffungskosten zugeordnet werden, die Eigen- und Fremdmittel können über das Notaranderkonto auch gemeinsam an den Veräußerer überwiesen werden. Bei einer „Direktzahlung" (ohne Notaranderkonto) an den Veräußerer ist darauf zu achten, dass mit den Fremdmitteln die „begünstigten" Anschaffungskosten (bzw. mit den Eigenmitteln die „nicht begünstigten" Anschaffungskosten) bezahlt werden. 312

BEISPIEL „ANSCHAFFUNG MIT FREMDFINANZIERUNG UND ZUORDNUNG DER EIGENMITTEL": A erwirbt eine Eigentumswohnung und nutzt 20 % der Fläche als Arbeitszimmer für seine freiberufliche Architektentätigkeit. Im Notarvertrag wird der anteilige Kaufpreis (entsprechend der anteiligen Wohnfläche) separat ausgewiesen. Zur teilweisen Kaufpreisfinanzierung nimmt A einen Bankkredit auf. Er setzt aber auch ein Sparguthaben zur Kaufpreistilgung ein.

LÖSUNG: Einer Zuordnung der Anschaffungskosten durch Aufteilung des Kaufpreises im notariellen Kaufvertrag nach der Fläche ist steuerrechtlich zu folgen, da die Aufteilung nicht zu einer unangemessenen Berücksichtigung des Arbeitszimmers führt. Die „Gesamtzahlung" des Kaufpreises über den Notar (Notaranderkonto) ist unschädlich.

cc) Vorzeitige Darlehensablösung

Löst ein Steuerpflichtiger seine Darlehensschuld vorzeitig ab, um sein bisher vermietetes Objekt lastenfrei übereignen zu können, kann er die dafür an den Darlehensgeber zu entrichtende Vorfälligkeitsentschädigung nicht als Werbungskosten bei den Einkünften aus Vermietung und Verpachtung, sondern nur bei einer – nach § 23 EStG steuerbaren – Veräußerung als Veräußerungskosten abziehen.[234] 313

dd) Schuldzinsen nach Veräußerung des Wohnungseigentums

Schuldzinsen, die auf Darlehen entfallen, welche der Finanzierung von Anschaffungskosten oder Herstellungskosten von vermietetem Wohnungseigentum dienen, können unter bestimmten Voraussetzungen auch nach der Veräußerung des Wohnungseigentums als (dann: nachträgliche) Werbungskosten abgezogen werden. Wenn und soweit das Darlehen nicht durch den Veräußerungserlös für 314

234 BFH, Urteil v. 11.2.2014 - IX R 42/13, BStBl 2015 II S. 633 IAAAE-67848.

das Wohnungseigentum getilgt wurde (oder hätte getilgt werden können), wird der Veranlassungszusammenhang zu den Vermietungseinkünften nicht gelöst. Soweit der Veräußerungserlös ausreicht, um die Darlehensschuld zu tilgen, ist kein Werbungskostenabzug (mehr) zulässig. Dieser Grundsatz des Vorrangs der Schuldentilgung beruht auf BFH-Rechtsprechung,[235] dem die Finanzverwaltung[236] gefolgt ist.

BEISPIEL „DARLEHEN NACH VERÄUßERUNG": A veräußert seine vermietete Eigentumswohnung für einen Kaufpreis von 300.000 € und verwendet den Erlös für eine Sondertilgung des für die Anschaffung der Eigentumswohnung aufgenommenen Darlehens, das noch eine Restschuld von 340.000 € aufwies.

LÖSUNG: Die nach der Sondertilgung durch die Kaufpreisverwendung verbleibende Darlehensschuld von 40.000 € steht nicht (mehr) im Zusammenhang mit den (früheren) Vermietungseinkünften. A kann die darauf noch zu zahlenden Schuldzinsen als nachträgliche Werbungskosten bei den Einkünften aus Vermietung und Verpachtung ansetzen.

ee) Schuldzinsen nach unentgeltlicher Grundstücksübertragung

315 Überträgt der Wohnungseigentümer das Objekt unentgeltlich (aus privaten Gründen) auf eine andere Person (z. B. Angehörige) und behält dabei die aus der Anschaffung resultierenden Verbindlichkeiten zurück, sind die Schuldzinsen nicht mehr als Werbungskosten abziehbar.[237] Das Darlehen dient nunmehr der Finanzierung der Schenkung. Es können nicht die Grundsätze der Veräußerung gegen einen Kaufpreis angewendet werden, bei dem der Kaufpreis nicht ausreicht, um das Darlehen zu tilgen. Es handelt sich also nicht um einen „Veräußerungspreis von 0 €", der damit den vollen (weiteren) Schuldzinsenabzug zulässt.

BEISPIEL „DARLEHEN NACH SCHENKUNG": A überträgt ihre vermietete Eigentumswohnung an ihre Tochter T (vorweggenommene Erfolge). Das von ihr damals aufgenommene Kaufpreisdarlehen behält sie aber zurück.

LÖSUNG: Die Schuldzinsen aus dem Darlehen kann A nicht als nachträgliche Werbungskosten bei den Einkünften aus Vermietung und Verpachtung ansetzen.

---

235 BFH, Urteil v. 8.4.2014 - IX R 45/13, BStBl 2015 II S. 635 KAAAE-64191 m. w. N.

236 BMF, Schreiben v. 27.7.2015 - IV C 1 - S 2211/11/10001, BStBl 2015 I S. 581 XAAAE-97191.

237 BFH, Urteil v. 3.12.2024 - IX R 2/24 IAAAJ-89820 = DStR 2025 S. 896.

ff) Schuldzinsen ab der Eigennutzung

Wenn das Wohnungseigentum nach einer Vermietung nun zu eigenen Wohnzwecken genutzt wird, endet der Veranlassungszusammenhang von Schuldzinsen auf ein Darlehen aus der Finanzierung der Anschaffungs- bzw. Herstellungskosten. Ab dem Zeitpunkt der Selbstnutzung können keine Schuldzinsen mehr als Werbungskosten abgezogen werden. 316

gg) Schuldzinsen nach Umschuldung

Bei einer Ablösung eines Darlehens und einer Umschuldung auf ein neues Darlehen (z.B. nach Ablauf der Zinsbindungsfrist) wird der Zusammenhang mit der Erzielung von Einkünften nicht unterbrochen. Die Schuldzinsen auf das neue Darlehen sind – wie bisher – als Werbungskosten bei den Einkünften aus Vermietung und Verpachtung abziehbar. 317

14. Gebäudeabschreibung (AfA)

a) Abschreibung der Anschaffungs- oder Herstellungskosten

Die Anschaffungs- bzw. Herstellungskosten eines Gebäudes können im Wege der Absetzung für Abnutzung (AfA) abgeschrieben werden und stellen Werbungskosten bei den Einkünften aus Vermietung und Verpachtung dar. Dafür werden gesetzlich festgelegte Abschreibungsreihen definiert, welche eine feste Abschreibungsdauer definieren. Neben der „regulären" (linearen) AfA nach § 7 Abs. 4 EStG ist in bestimmten Fällen eine „Zusatz-AfA" (Sonderabschreibung, z. B. § 7b EStG; siehe →Rz. 387 ff.) oder – statt der regulären AfA – eine „erhöhte" AfA (insbesondere nach §§ 7i oder 7h EStG; siehe →Rz. 412 ff. bzw. →Rz. 394 ff.) möglich. 318

Die AfA beginnt bei einem Erwerb (Kauf) mit Übergang von Besitz, Nutzen und Lasten. Das Datum ergibt sich regelmäßig aus dem Kaufvertrag über das Wohnungseigentum. Im Herstellungsfall beginnt die AfA mit der Fertigstellung des Gebäudes. 319

Die AfA endet mit Abriss, Veräußerung oder unentgeltlicher Übertragung (Schenkung, Erbfall) bzw. setzt sich nach einer Einlage in ein Betriebsvermögen dort fort. 320

Auch für Gebäude im Privatvermögen (aus denen Einkünfte aus Vermietung und Verpachtung erzielt werden) ist die degressive Gebäudeabschreibung zulässig. Das Gesetz verweist über § 9 Abs. 1 Satz 3 Nr. 7 Satz 1 EStG allgemein auf „Absetzungen für Abnutzung und für Substanzverringerung, Sonderabschrei- 321 bungen nach § 7b [EStG] und erhöhte Absetzungen“ und damit auch auf die AfA nach § 7 Abs. 5 bzw. 5a EStG.[238]

b) Anwendung der Gebäudeabschreibung auf Wohnungseigentum (§ 7 Abs. 5b EStG)

322 Nach § 7 Abs. 5b EStG sind die Abschreibungsregeln für Gebäude nach dem § 7 Abs. 4, 5, 5a EStG auch „auf Eigentumswohnungen und auf im Teileigentum stehende Räume entsprechend anzuwenden“. Sie sind damit stets als selbständiges Wirtschaftsgut „Gebäude“ zu qualifizieren.[239] Damit werden Gebäude des Wohnungseigentums genauso wie zivilrechtlich ungeteilte Gebäude abgeschrieben.

323 Bis zur Einführung der degressiven Gebäudeabschreibung nach § 7 Abs. 5a EStG n. F. durch das Wachstumschancengesetz war in § 7 Abs. 5a EStG a. F. der Inhalt des „heutigen“ § 7 Abs. 5b EStG n. F. geregelt. Der § 7 Abs. 5a EStG a. F. ist inhaltlich somit zu § 7 Abs. 5b EStG n. F. geworden.[240]

324 Der Unterschied des Begriffs des „Wohneigentums“ im Sinne des WEG zu demjenigen der (nicht im EStG definierten) „Eigentumswohnung“ bzw. „im Teileigentum stehenden Räume“ besteht darin, dass der Anteil am Grund und Boden steuerlich nicht zum Wirtschaftsgut der Eigentumswohnung bzw. der im Teileigentum stehenden Räume gehört.[241]

c) Anschaffungskosten des Wohnungseigentums

aa) Grundsätze zu den Anschaffungskosten von Grundstücken

325 Aus der Anschaffung der Eigentumswohnung resultierten (anteilige) Anschaffungskosten des Gebäudes, welche nach typisierten Regeln über bestimmte Zeiträume über die Absetzung für Abnutzung (AfA) als Werbungskosten abzugsfähig sind (§ 9 Abs. 1 Satz 3 Nr. 7 EStG i. V. mit § 7 ff. EStG).

326 Zunächst müssen die gesamten Anschaffungskosten des Grundstücks ermittelt werden. Dazu gehören auch die Anschaffungsnebenkosten (z. B. Grund-

238 Gleichwohl hatte der BFH, Urteil v. 7.6.1956 - IV 439/54 U, BStBl 1956 III S. 196 HAAAB-46047, für die AfA i. S. des § 7 Abs. 5 EStG entschieden, dass diese nur für Gebäude im Betriebsvermögen zulässig sei, vgl. Schumann, EStB 2025, S. 133, 135, 136, der mit Hinweis auf die BT-Drucks. IV/2008 S. 6 (v. 4.3.1964) die degressive AfA bei Gebäuden im Privatvermögen nicht für zulässig hält.

239 Pfirrmann in Kirchhof/Seer, 24. Aufl. 2025, § 7 EStG, Rz. 109.

240 Dazu auch BT-Drucks. 20/8628 S. 123.

241 Urban in Bordewin/Brandt, EStG, § 35c Rz. 374 (Stand: 7/2021).

erwerbsteuer). In einem zweiten Schritt sind die gesamten Anschaffungskosten auf den Grund und Boden sowie das Gebäude aufzuteilen. Dies ist wichtig, da nur der Gebäudeteil abgeschrieben werden kann.

Anschaffungskosten sind nach § 255 Abs. 1 HGB die Aufwendungen, die geleistet werden, um einen Vermögensgegenstand zu erwerben und ihn in einen betriebsbereiten Zustand zu versetzen (soweit sie dem Vermögensgegenstand einzeln zugeordnet werden können) sowie Nebenkosten und nachträgliche Anschaffungskosten. 327

Zu den typischen Anschaffungskosten eines Grundstücks zählen insbesondere: 328

- Kaufpreis des Grundstücks,
- Grunderwerbsteuer,
- Notarkosten (soweit vom Erwerber zu tragen),
- Grundbuchkosten (für die Grundstücksumschreibung im Grundbuch),
- Maklerprovision.

Notar- und Grundbuchgebühren gehören nicht zu den Anschaffungskosten des Grundstücks, wenn diese durch die Eintragung einer Grundschuld im Grundbuch (für die Sicherung eines Darlehens für die Finanzierung der Anschaffung) verursacht wurden. Diese sind als „Geldbeschaffungskosten" sofort als Werbungskosten abzugsfähig. 329

bb) Ermittlung der Anschaffungskosten des Gebäudes

Für die Berechnung der Gebäudeabschreibung muss der Gesamtkaufpreis der Eigentumswohnung auf den Grund und Boden sowie das Gebäude und ggf. auf weitere Wirtschaftsgüter (z. B. Außenanlagen, Erhaltungsrücklage, Einbauküche) aufgeteilt werden. Der anteilige Kaufpreis für den Grund und Boden ist nicht abschreibbar. Insbesondere für die AfA auf den Gebäudeanteil sind die anteilig darauf entfallenen Anschaffungskosten zu ermitteln. 330

Zunächst könnte man denken, diese Ermittlung sei relativ einfach, indem von dem Gesamtkaufpreis nur der anteilige Wert des Grund und Bodens (Fläche x Bodenrichtwert) abgezogen wird. Diese Restwertmethode ist jedoch unzulässig.[242] Es ist vielmehr der tatsächliche Gesamtkaufpreis (einschließlich Nebenkosten) im Verhältnis der (zu ermittelnden) Verkehrswerte des Grund und Bodens sowie des Gebäudes aufzuteilen.[243] 331

242 BFH, Urteil v. 10.10.2000 - IX R 86/97, BStBl 2001 II S. 183 OAAAA-88834.

243 BFH, Urteil v. 29.10.2019 - IX R 38/17, BStBl 2021 II S. 202 unter II. 3. b) GAAAH-48556.

332 Die Schätzung der Wertanteile erfolgt im Regelfall nach der ImmoWertV.[244] Das anzuwendende Verfahren für die Wertermittlung (Vergleichswert, Sachwert, Ertragswert) richtet sich nach dem Einzelfall. Daher gibt es keinen Vorrang eines Wertermittlungsverfahrens für eine bestimmte Gebäudeart. Dies hat der BFH zum Fall einer (als Ferienwohnung) vermieteten Eigentumswohnung entschieden.[245]

333 Eine ausdrückliche Kaufpreisaufteilung im notariellen Kaufvertrag ist für steuerliche Zwecke zulässig, wenn die realen Wertverhältnisse nicht in grundsätzlicher Weise verfehlt werden.[246] Es ist sinnvoll, im notariellen Vertrag über den Erwerb einer Eigentumswohnung die einzelnen Kaufpreisbestandteile darzustellen.[247] Es können dabei nicht nur zivilrechtlich eigenständig zu beurteilende Kaufpreisteile markiert werden (z. B. der Wert einer mitverkauften Einbauküche).

334 Ohne eine vertraglich fixierte Kaufpreisaufteilung sind die anteiligen Anschaffungskosten zu schätzen. Dazu kann ein Gutachten dienen (was jedoch oft teuer ist) oder es kann die Excel-Datei „Arbeitshilfe zur Aufteilung eines Gesamtkaufpreises für ein bebautes Grundstück" von der Website des BMF[248] genutzt werden. Diese ist ohne Registrierung und kostenlos zugänglich. Ein Vorteil der BMF-Arbeitshilfe besteht darin, dass die Finanzverwaltung den mithilfe der Excel-Datei ermittelten Aufteilung i. d. R. folgen wird.

335 In der Excel-Arbeitshilfe sind zu mehreren Datenfeldern Werte aus dem tatsächlichen Sachverhalt aus dem Erwerb der Eigentumswohnung (z. B. Kaufpreis, Baujahr, Wohnfläche, Bodenrichtwert) einzugeben. In der BMF-Arbeitshilfe wird jedoch nicht der Abzug der Erhaltungsrücklage von den Anschaffungskosten[249] berücksichtigt.[250] Die Datei liefert als Ergebnis eine Kaufpreisaufteilung. Das BMF erläutert in einer – ebenfalls auf der BMF-Website abrufbaren – Anleitung (PDF) ausführlich, welche Bedeutung der Inhalt der einzelnen Datenfelder hat und nach welchen Verfahren – abhängig von den Eingaben – die Werte ermittelt werden.

244 BFH, Urteil v. 20.9.2022 - IX R 12/21, BStBl 2024 II S. 61 unter II. 2. a) KAAAJ-29226.

245 BFH, Urteil v. 20.9.2022 - IX R 12/21, BStBl 2024 II S. 61 KAAAJ-29226.

246 BFH, Urteil v. 21.7.2020 - IX R 26/19, BStBl 2021 II S. 372 PAAAH-64928.

247 So auch Dachauer, BB 2021 S. 800, und Behrens, BB 2021 S. 1057.

248 https://www.bundesfinanzministerium.de/Datenportal/Daten/frei-nutzbare-produkte/Anwendungen/Kaufpreisaufteilung-Grundstuecke/Kaufpreisaufteilung-Grundstuecke.html = LAAAE-61859.

249 H 7.3 „Anschaffungskosten" EStH.

250 Hante/Mühlenstädt, NWB 26/2025 S. 1774, 1779 OAAAJ-93725.

cc) Anschaffungskosten des Gebäudeanteils bei Wohnungseigentum

Das Wohnungseigentum besteht zivilrechtlich aus dem Sondereigentum an der Wohnung und dem Miteigentum an dem gemeinschaftlichen Eigentum (Grund und Boden und übriges Gebäude). Steuerrechtlich besteht das Wohnungseigentum aus zwei Wirtschaftsgütern: 336

- Gebäude (Sondereigentum an der Wohnung und Miteigentumsanteil an dem gemeinschaftlichen Gebäude),
- Grund und Boden (Miteigentumsanteil).

BEISPIEL „ANSCHAFFUNG": A erwirbt eine Eigentumswohnung für Anschaffungskosten (einschließlich Erwerbsnebenkosten) von 150.000€. Auf den Erwerb des anteiligen Grund und Bodens entfallen 30.000€.

Die AfA-Bemessungsgrundlage des Gebäudes beträgt 120.000€. In welcher Höhe dieser Wert auf das Sondereigentum und das anteilige gemeinschaftliche Eigentum entfällt, ist grds. unerheblich, da das dem A gehörende Wirtschaftsgut „Gebäude" einheitlich abgeschrieben wird (§ 7 Abs. 5b EStG.)

dd) Anschaffungskosten für Außenanlagen

Nicht zu den Anschaffungskosten des Gebäudes gehört der anteilige Kaufpreis für den Garten. Er ist ein separates Wirtschaftsgut mit einer AfA-Dauer von zehn Jahren (R 21.1 Abs. 3 EStR). Der Gartenzaun (oder auch Hecken als „lebende Umzäunung") gehören jedoch zu den Gebäudeanschaffungskosten. 337

Garagen, Wege zum Haus und Platzbefestigungen für Stellplätze gehören zu den Anschaffungskosten des Gebäudes.

ee) Miterworbene Erhaltungsrücklage

Die Anschaffungskosten der anteiligen Erhaltungsrücklage entsprechen dem Anteil an den geleisteten Einzahlungen.[251] Im Grundstückskaufvertrag kann ein anteiliger Kaufpreis für die (aus wirtschaftlicher Sicht) „miterworbene" Erhaltungsrücklage dokumentiert werden. Der Anteil für die Erhaltungsrücklage kann zwar nicht von der Bemessungsgrundlage für die Grunderwerbsteuer abgezogen werden.[252] Jedoch ist die Erhaltungsrücklage kein Teil der Anschaffungskosten des Wohnungseigentums. Sie ist vielmehr ein eigenes Wirtschafts- 338

---

251 BFH, Beschluss v. 5.10.2011 - I R 94/10, BStBl 2012 II S. 244 unter II. 2. b) NAAAE-00562.

252 BFH, Urteil v. 16.9.2020 - II R 49/17 NAAAH-69239. Für Fälle der Zwangsversteigerung hatte dies der BFH schon mit Urteil v. 2.3.2016 - II R 27/14, BStBl 2016 II S. 619 FAAAF-73091 entschieden.

gut[253] des Wohnungseigentümers, da sie ihm einen geldwerten Anspruch auf Bezahlung von Aufwendungen aus der Erhaltungsrücklage vermittelt.

BEISPIEL „ERHALTUNGSRÜCKLAGE BEI ERWERB": Herr E erwirbt von Frau V eine Eigentumswohnung, um diese für Wohnzwecke zu vermieten. Von dem Gesamtkaufpreis i. H. von 125.000 € entfällt nach dem notariellen Kaufvertrag auf eine Einbauküche 5.000 € und auf die anteilige Erhaltungsrücklage 3.000 €.

LÖSUNG: Ertragsteuerrechtlich erwirbt Herr E folgende Wirtschaftsgüter:

1. Das Gebäude (Sondereigentum und anteiliges gemeinschaftliches Eigentum), das nach § 7 Abs. 4 EStG abzuschreiben ist.
2. Den anteiligen Grund und Boden (anteiliges gemeinschaftliches Eigentum), der im Privatvermögen nicht abschreibbar ist.
3. Die Einbauküche ist zivilrechtlich regelmäßig eine von dem Grundstück getrennte Sache bzw. steuerrechtlich ein von dem Gebäude getrennt zu bewertendes (bewegliches und einheitliches) Wirtschaftsgut, das auf zehn Jahre abzuschreiben ist.[254]
4. Die Mittel aus der (anteiligen) Erhaltungsrücklage stehen zivilrechtlich als Gemeinschaftsvermögen (§ 9a Abs. 3 WEG) im Eigentum der GdWE. Herr E erwirbt aber weder die „anteilige Erhaltungsrücklage" als solche noch das „anteilige Bankguthaben", welches die Erhaltungsrücklage repräsentiert. Vielmehr erwirbt Herr E von Frau V eine Sachleistungsforderung gegenüber der GdWE, welche 3.000 € wert ist (Anschaffungskosten insoweit 3.000 €). Diese Forderung wird nicht abgeschrieben, sondern mindert bzw. erhöht sich, sofern in die Erhaltungsrücklage eingezahlt oder aus ihr entnommen wird. Wenn aus den Mitteln der Erhaltungsrücklage zukünftig Ausgaben für Erhaltungsaufwendungen geleistet werden, sind diese bei Herrn E als Werbungskosten bei den Einkünften aus Vermietung und Verpachtung anzusetzen.[255]

Bei der Bemessungsgrundlage für die GrESt ist zwar der Kaufpreisanteil für die Einbauküche (5.000 €), nicht aber der Anteil für die Erhaltungsrücklage (3.000 €) abzuziehen.[256]

d) Anschaffungsnahe Herstellungskosten (§ 6 Abs. 1 Nr. 1a EStG)

aa) Allgemeine Grundsätze zu den anschaffungsnahen Herstellungskosten

339 Grundsätzlich sind Aufwendungen für die Instandhaltung- oder Instandsetzung eines vermieteten Gebäudes als Werbungskosten sofort abzugsfähig (Erhaltungsaufwendungen). Wenn jedoch innerhalb von drei Jahren nach der An-

253 BFH, Beschluss v. 5.10.2011 - I R 94/10, BStBl 2012 II S. 244 unter II. 2. a) NAAAE-00562.

254 BFH, Urteil v. 3.8.2016 - IX R 14/15, BStBl 2017 II S. 437 LAAAF-87994.

255 So auch OFD Frankfurt a. M., Verfügung v. 30.3.2000 - S 2211 A-12-St II 23 IAAAA-78351 = DB 2000 S. 1102.

256 BFH, Urteil v. 16.9.2020 - II R 49/17 NAAAH-69239.

schaffung eines Grundstücks das Gebäude instandgesetzt oder modernisiert wird, gelten die Kosten nach § 6 Abs. 1 Nr. 1a EStG als nachträgliche Herstellungskosten des Gebäudes, sofern die Aufwendungen (ohne enthaltene Umsatzsteuer) 15 % der Anschaffungskosten des Gebäudes übersteigen. Durch § 9 Abs. 5 Satz 2 EStG ist § 6 Abs. 1 Nr. 1a EStG auch bei den Einkünften aus Vermietung und Verpachtung (§ 21 Abs. 1 Nr. 1 EStG) anzuwenden.

Hintergrund der Regelung ist der Erwerb von unsanierten Gebäuden, bei dem der Veräußerer die Instandsetzungskosten (mangels Vermietung) nicht mehr als Werbungskosten absetzen kann. Der Erwerber kauft somit zu einem geringeren Kaufpreis (unsaniert) das Objekt und könnte dann die Sanierungsaufwendungen sofort abziehen. Durch die Begrenzung in § 6 Abs. 1 Nr. 1a EStG werden saniert erworbene Objekte (mit höherem Kaufpreis) den unsaniert erworbenen Objekten (mit entsprechend niedrigerem Kaufpreis) gleichgestellt, da der Erwerber die Gesamtaufwendungen in beiden Fällen nur über die AfA geltend machen kann. 340

Aufwendung zur Herstellung der Betriebsbereitschaft (§ 255 Abs. 1 HGB) sind aber immer als Anschaffungskosten zu qualifizieren. Hierbei handelt es sich in erster Linie um Kosten, wenn das Objekt objektiv funktionsuntüchtig, d. h. für den Gebrauch wesentliche Teile nicht nutzbar sind.[257] 341

BEISPIEL „OBJEKTIV FUNKTIONSUNTÜCHTIG": Frau F hat im Jahr 2023 eine Eigentumswohnung erworben, die sie vermieten möchte. Da das Badezimmer weder über eine funktionsfähige Toilette noch ein Waschbecken oder eine Dusche verfügt, lässt sie das Bad umfassend modernisieren bzw. instandsetzen.

Die Aufwendungen sind Anschaffungskosten der Eigentumswohnung, da diese der Herstellung der Betriebsbereitschaft als Wohnung dienen.

Ein Gebäude ist subjektiv funktionsuntüchtig, wenn es für die konkrete Zweckbestimmung des Erwerbers nicht nutzbar ist. Aufwendungen für Baumaßnahmen für diese Zweckerreichung führen zu Anschaffungskosten.[258]

BEISPIEL „SUBJEKTIV FUNKTIONSUNTÜCHTIG": Frau F erwirbt Teileigentum, das bisher als Anwaltskanzlei genutzt wurde. Als neuen Mieter konnte sie eine Zahnarztpraxis gewinnen, für deren Zwecke sie die Räume umbaut.[259]

Die Aufwendungen sind Anschaffungskosten des Teileigentums, da diese der Herstellung der Betriebsbereitschaft aus Sicht von Frau F als Vermieterin dienen.

257 BMF, Schreiben v. 26.1.2026 - IV C 1-S 2253/00082/001/064, Rz. 7 PAAAK-09012.
258 BMF, Schreiben v. 26.1.2026 - IV C 1-S 2253/00082/001/064, Rz. 9 PAAAK-09012.
259 BMF, Schreiben v. 26.1.2026 - IV C 1-S 2253/00082/001/064, Rz. 10 PAAAK-09012.

bb) Drei-Jahres-Frist

342 Die Drei-Jahres-Frist beginnt mit dem Übergang von Besitz, Nutzen und Lasten an dem Grundstück (und z. B. nicht mit dem Datum des notariellen Kaufvertrags) und dauert von da an taggenau drei „Zeitjahre".[260] Es kommt nicht darauf an, welche Aufwendungen in diesem Zeitraum bezahlt wurden, sondern welche Aufwendungen aus Maßnahmen in diesem Zeitraum resultieren. Sofern Baumaßnahmen vor Ablauf der Drei-Jahres-Frist zwar begonnen, aber noch nicht vollendet wurden, sind die darauf entfallenden anteiligen Kosten einzubeziehen.[261]

cc) Einzubeziehende Aufwendungen

343 Unter „Instandsetzung und Modernisierung" eines Gebäudes i. S. von § 6 Abs. 1 Nr. 1a EStG sind nach der Definition des BFH[262] „bauliche Maßnahmen zu verstehen, durch die Mängel oder Schäden an vorhandenen Einrichtungen eines bestehenden Gebäudes oder am Gebäude selbst beseitigt werden oder das Gebäude durch Erneuerung in einen zeitgemäßen Zustand versetzt wird". Damit sind sämtliche Aufwendungen für Baumaßnahmen umfasst, die im Rahmen einer innerhalb von drei Jahren nach der Anschaffung eines Gebäudes vorgenommenen Instandsetzung und Modernisierung anfallen. Dies können auch Aufwendungen zur Herstellung des betriebsbereiten Zustands, Standardverbesserungen an zentralen Ausstattungsmerkmalen oder auch lediglich Schönheitsreparaturen sein.[263] Dazu gehören u. a. die Kosten für die Instandsetzung oder Erneuerung der Sanitär-, Elektro- und Heizungsanlagen, des Bodenbelags, der Türen und Fenster, der Leitungen und Rohre. Durch § 6 Abs. 1 Nr. 1a Satz 1 EStG können somit Erhaltungsaufwendungen als nachträgliche Herstellungskosten umzuqualifizieren sein.

344 Es fallen aber nicht nur „echte Bauarbeiten" unter die maßgeblichen Aufwendungen, sondern auch Schönheitsreparaturen (vgl. dazu § 28 Abs. 4 Satz 3 II. BVO) wie z. B. Tapezieren und Streichen von Wänden, Türen, Fenstern oder Heizköpern.[264] Es ist entgegen der früheren Rechtsprechung[265] nicht mehr erforderlich, dass diese Schönheitsreparaturen in einem engen räumlichen, zeit-

260 BMF, Schreiben v. 26.1.2026 - IV C 1-S 2253/00082/001/064, Rz. 62 PAAAK-09012.
261 BMF, Schreiben v. 26.1.2026 - IV C 1-S 2253/00082/001/064, Rz. 63 PAAAK-09012.
262 BFH, Urteil v. 14.6.2016 - IX R 22/15, BStBl 2016 II S. 999 RAAAF-82843.
263 BMF, Schreiben v. 26.1.2026 - IV C 1-S 2253/00082/001/064, Rz. 55 PAAAK-09012.
264 BFH, Urteil v. 14.6.2016 - IX R 22/15, BStBl 2016 II S. 999 RAAAF-82843.
265 BFH, Urteil v. 25.8.2009 - IX R 20/08, BStBl 2010 II S. 125 MAAAD-32832.

lichen und sachlichen Zusammenhang zu einer Instandsetzung und Modernisierung des Gebäudes stehen.[266]

Nicht einzubeziehen sind nach der gesetzlich definierten Ausnahme in § 6 Abs. 1 Nr. 1a Satz 2 EStG folgende Aufwendungen, welche daher nicht bei der 15%-Grenze zu berücksichtigen sind:[267] 345

1. Aufwendungen für Erweiterungen i. S. des § 255 Abs. 2 Satz 1 HGB. Wichtig: Diese Aufwendungen (z. B. für einen Anbau oder eine Aufstockung) sind zwar nicht bei den anschaffungsnahen Herstellungskosten i. S. des § 6 Abs. 1 Nr. 1a EStG zu berücksichtigen. Sie führen jedoch unabhängig von deren Höhe bzw. zeitlichen Nähe zur Anschaffung des Gebäudes ohnehin zu nachträglichen Herstellungskosten des Gebäudes. Gleichwohl sind diese Kosten bei der Ermittlung der 15%-Grenze auszublenden.
2. Aufwendungen für solche Erhaltungsarbeiten, die jährlich üblicherweise anfallen. Dazu gehören insbesondere die Wartung der Heizungsanlage oder die Beseitigung von Rohrverstopfungen.[268] Renovierungsarbeiten sind hiermit nicht gemeint (selbst wenn man z. B. jedes Jahr die Wohnung neu streichen würde).

Unvermutete Aufwendungen für die Behebung eines Renovierungsstaus oder verdeckter Mängel, die bei Anschaffung bereits vorhanden sind, werden bei § 6 Abs. 1 Nr. 1a EStG einbezogen.[269] 346

Kosten zur Wiederherstellung der Betriebsbereitschaft in Zusammenhang mit einem Schaden durch das schuldhafte Handeln eines Dritten sind aber nicht einzubeziehen, sofern sie im Zeitpunkt der Anschaffung nicht vorhanden und auch nicht „angelegt“ waren, sondern später verursacht wurden.[270] Auch die Kosten für die Beseitigung eines Substanzschadens, der durch das schuldhafte Handeln des Mieters verursacht wurde, sind sofort abziehbar.[271] 347

BEISPIEL „SCHADEN DURCH MIETER“:[272] Frau F hat im Jahr 2023 eine vermietete Eigentumswohnung erworben, die sich beim Besitzübergang in einem mangelfreien Zustand befand. Im Jahr 2024 zahlte der Mieter nicht mehr die Nebenkosten, so dass Frau F als Vermieterin das Mietverhältnis kündigte. Nach Rückgabe der Wohnung

266 So ausdrücklich BFH, Urteil v. 14.6.2016 - IX R 22/15, BStBl 2016 II S. 999 RAAAF-82843.

267 BMF, Schreiben v. 26.1.2026 - IV C 1-S 2253/00082/001/064, Rz. 60 PAAAK-09012.

268 BFH, Urteil v. 14.6.2016 - IX R 22/15, BStBl 2016 II S. 999 RAAAF-82843.

269 BFH, Urteil v. 13.3.2018 - IX R 41/17, BStBl 2018 II S. 533 EAAAG-88491.

270 BMF, Schreiben v. 26.1.2026 - IV C 1-S 2253/00082/001/064, Rz. 61 PAAAK-09012, mit Hinweis auf BFH, Urteil v. 13.3.2018 - IX R 41/17, BStBl 2018 II S. 533 EAAAG-88491.

271 BFH, Urteil v. 9.5.2017 - IX R 6/16, BStBl 2018 II S. 9 HAAAG-58607.

272 Beispiel angelehnt an den Fall aus der Pressemitteilung des BFH Nr. 61/2017 v. 4.10.2017.

stellte Frau F umfangreiche, von dem Mieter jüngst verursachte Schäden an der Eigentumswohnung fest (eingeschlagene Scheiben an Türen, Schimmelbefall an Wänden und zerstörte Bodenfliesen). Darüber hinaus hatte der Mieter einen Rohrbruch im Badezimmer nicht gemeldet. Dadurch war es zu Folgeschäden gekommen. Zur Beseitigung dieser Schäden wendete Frau F 20.000 € auf.

Zu den Herstellungskosten i. S. des § 6 Abs. 1 Nr. 1a Satz 1 EStG gehören zwar auch Aufwendungen für bauliche Maßnahmen, die für die Beseitigung verdeckter, im Zeitpunkt der Anschaffung des Gebäudes jedoch bereits vorhandener Mängel oder für die Beseitigung von bei Anschaffung des Gebäudes „angelegter", aber erst nach dem Erwerb auftretender, altersüblicher Mängel und Defekte anfallen. Jedoch sind Kosten für die Beseitigung eines Schadens, der im Zeitpunkt der Anschaffung nicht vorhanden und auch nicht „angelegt" war (sondern erst zu einem späteren Zeitpunkt durch den Mieter verursacht wurde), nicht den anschaffungsnahen Herstellungskosten zuzuordnen. Solche Aufwendungen können als Erhaltungsaufwand sofort abgezogen werden.

348 Nach dem Gesetzeswortlaut gilt § 6 Abs. 1 Nr. 1a EStG nur für solche Aufwendungen, die innerhalb von drei Jahren „nach" der Anschaffung vom Steuerpflichtigen getragen werden.[273] Damit sind z. B. Maßnahmen im Zeitraum nach dem Abschluss des Kaufvertrags bis zum Übergang von Besitz, Nutzen und Lasten nicht einzubeziehen (welche aber schon aus zivilrechtlicher Sicht mit dem Verkäufer abgestimmt werden sollten).

dd) Rechtsfolge der Umqualifizierung als nachträgliche Herstellungskosten

349 Die anschaffungsnahen Herstellungskosten i. S. des § 6 Abs. 1 Nr. 1a EStG des jeweiligen Jahres erhöhen die AfA-Bemessungsgrundlage mit Wirkung zum Beginn dieses Veranlagungszeitraums (R 7.4 Abs. 9 Satz 3 EStR). Die Aufwendungen können dann nicht sofort (bei Zahlung) als Werbungskosten abgezogen, sondern nur über die Nutzungsdauer des Objekts als zusätzliche Gebäudeabschreibung genutzt werden.

BEISPIEL „15%-GRENZE": A erwirbt zum 1.6.2022 ein Grundstück (Alleineigentum) für Gesamtanschaffungskosten von 500.000 €, von denen 400.000 € auf das Gebäude und 100.000 € auf den Grund und Boden entfallen. Im Jahr 2023 werden die Fenster und das Badezimmer im Gebäude erneuert (Kosten: 80.000 € ohne USt) und ab dem 1.10.2023 wird es vermietet.

Die Aufwendungen stellen zwar grds. sofort abzugsfähige Werbungskosten (Erhaltungsaufwendungen) bei den Einkünften aus Vermietung und Verpachtung dar, da bereits bestehende Substanz (Fenster und Bad) erneuert wird. Es handelt sich hier jedoch um anschaffungsnahe Herstellungskosten i. S. des § 6 Abs. 1 Nr. 1a EStG, da die (Netto-)Aufwendungen innerhalb der ersten drei Jahre seit Anschaffung (1.6.2022–

273 BFH, Beschluss v. 28.4.2020 - IX B 121/19 PAAAH-53150 = BFH/NV 2020 S. 870.

31.5.2025) i.H.von 80.000€ über der 15%-Grenze i.H.von 60.000€ (400.000€ Gebäudeanschaffungskosten x 15 %) liegen.

Die Aufwendungen gelten als zusätzliche (nachträgliche) Herstellungskosten des Gebäudes und erhöhen die AfA-Bemessungsgrundlage des Gebäudes von (bisher) 400.000€ um 80.000€ auf (neu) 480.000€. Dabei kommt es nicht darauf an, wann genau im Jahr 2023 die Kosten entstanden sind, da diese insoweit einheitlich als zu Beginn des VZ 2023 entstanden gelten (R 7.4 Abs. 9 Satz 3 EStR).

Wenn – abweichend von dem Beispiel – die Aufwendungen später als drei Jahre nach Anschaffung anfallen, sind diese als „normaler" Erhaltungsaufwand voll abzugsfähig, weil dann die Frist des § 6 Abs. 1 Nr. 1a EStG verstrichen ist. Wenn die Aufwendungen innerhalb der Drei-Jahres-Frist insgesamt unter der 15%-Grenze liegen, wären diese ebenfalls sofort abzugsfähig.

Da alle Aufwendungen innerhalb von drei Zeitjahren nach der Gebäudeanschaffung zusammenzurechnen sind, kann die 15%-Grenze auch im zweiten, dritten oder sogar vierten VZ nach dem VZ der Anschaffung (erst) überschritten werden. Die Aufwendungen sind in dem jeweiligen Jahr als nachträgliche Herstellungskosten zu berücksichtigen. Der Einkommensteuerbescheid des jeweiligen Jahres kann nach § 175 Abs. 1 Nr. 2 AO geändert werden, da die Überschreitung der 15%-Grenze ein rückwirkendes Ereignis darstellt.[274] 350

Sofern die Aufwendungen für die einzelne Baumaßnahme nicht mehr als 4.000€ (ohne USt) betragen, kann dieser Aufwand nach R 21.1 Abs. 2 Satz 2 EStR aus Vereinfachungsgründen als Erhaltungsaufwand abgezogen werden. 351

ee) Aufwendungen unterhalb der 15%-Grenze

Wenn die Summe der Aufwendungen nach § 6 Abs. 1 Nr. 1a EStG innerhalb von drei Jahren nach der Gebäudeanschaffung unter der 15%-Grenze liegt, bedeutet das nicht immer, dass die Aufwendungen als Erhaltungsaufwendungen sofort abzugsfähig sind. 352

Sofern die Aufwendungen innerhalb der drei Jahre seit Anschaffung die 15%-Grenze nicht überschreiten oder soweit Aufwendungen nach der 3-Jahres-Frist anfallen, ist nach allgemeinen Grundsätzen zu prüfen, ob die Kosten als Erhaltungsaufwand (sofort abzugsfähig) oder nachträgliche Herstellungskosten (Abschreibung) zu werten sind.[275] 353

So sind z. B. Kosten für Erweiterungen der Gebäudesubstanz (z. B. Anbau) oder eine wesentliche Verbesserung in den drei von vier Kernbereichen für eine 354

274 So ausdrücklich AEAO zu § 175 Tz. 2.4, Stichwort: „§ 6 Abs. 1 Nr. 1a EStG" und BMF, Schreiben v. 26.1.2026 - IV C 1-S 2253/00082/001/064, Rz. 68 PAAAK-09012.

275 BMF, Schreiben v. 18.7.2003 - IV C 3 - S 2211 - 94/03, BStBl 2003 I S. 386 IAAAA-81743.

Standardhebung (Heizung, Sanitär, Elektro und Fenster)[276] auch außerhalb der Anwendung von § 6 Abs. 1 Nr. 1a EStG „jederzeit" nach Anschaffung und – unabhängig von dessen Höhe – als nachträgliche Herstellungskosten zu qualifizieren. Die Finanzverwaltung prüft aber keine Standardhebung für die ersten drei Jahre nach der Anschaffung eines Gebäudes, wenn die Aufwendungen für die Instandsetzung und Modernisierung ohne die Umsatzsteuer insgesamt 15 % der Anschaffungskosten des Gebäudes nicht übersteigen.[277]

ff) Anwendung bei Wohnungseigentum

355 Für die 15%-Grenze der Anschaffungskosten kommt es nach Auffassung der Finanzverwaltung[278] auf das einzelne Wohnungseigentum an. Dies ist auch konsequent, da § 7 Abs. 5b EStG die Eigentumswohnung einem separat zu beurteilenden Gebäude gleichstellt.

356 Bei einem aus mehreren Einheiten bestehenden Gebäude ist nicht auf das gesamte Gebäude, sondern auf den jeweiligen selbständigen Gebäudeteil abzustellen, wenn das Gesamtgebäude in unterschiedlichen Nutzungs- und Funktionszusammenhängen genutzt wird.[279]

BEISPIEL „EIGENTUMSWOHNUNG": A erwirbt zum 1.3.2023 eine Eigentumswohnung für Anschaffungskosten (Gebäude) von 130.000 €, welche er vermietet. Im Jahr 2024 wird die Wohnung für 20.000 € zzgl. 3.800 € USt umfassend modernisiert (u. a. neues Badezimmer).

Die Aufwendungen gelten als Herstellungskosten des Gebäudes (Sondereigentum), da die 15%-Grenze (150.000 € x 15 % = 18.000 €) durch Kosten von 20.000 € überschritten wurde. Es kommt nicht darauf an, ob 15 % der Anschaffungskosten aller Eigentumswohnungen im Objekt unterschritten wird.

e) Anschaffungskosten durch Entnahme aus dem Betriebsvermögen

357 Wenn ein Gebäude zunächst Betriebsvermögen war und danach in das Privatvermögen entnommen oder überführt wurde, entspricht die (neue) AfA-Be-

276 BFH, Urteil v. 22.9.2009 - IX R 21/08 SAAAD-40097 = BFH/NV 2010 S. 846 unter II. 1. b) m. w. N.

277 BMF, Schreiben v. 26.1.2026 - IV C 1-S 2253/00082/001/064, Rz. 77 PAAAK-09012. Dies gilt nach dieser Verwaltungsanweisung aber nicht, wenn sich beim Erwerb eines Gebäudes mit mehreren Wohnungen der Standard für einzelne Wohnungen hebt oder die Instandsetzungsmaßnahme der Beginn einer Sanierung in Raten sein kann.

278 BayLfSt, Verfügung v. 24.11.2005 - S 2211 - 3 St 32/St 33 FAAAB-73359 = DB 2005 S. 2718.

279 BMF, Schreiben v. 20.10.2017 - IV C 1 - S 2171 c/09/10004 :006, BStBl 2017 I S. 1447 EAAAG-62071, mit Verweis auf die BFH-Urteile v. 14.6.2016 - IX R 25/14, BStBl 2016 II S. 992 BAAAF-82844, IX R 15/15, BStBl 2016 II S. 996 HAAAF-82842 und IX R 22/15, BStBl 2016 II S. 999 RAAAF-82843.

messungsgrundlage dem Entnahme- bzw. Überführungswert des Gebäudes (R 7.3 Abs. 6 EStR). Im Betriebsvermögen sind die stillen Reserven zu realisieren (bei einer Entnahme zum Teilwert nach § 6 Abs. 1 Nr. 4 EStG).

BEISPIEL „ANSCHAFFUNG": A hat in einem Ladenlokal (Teileigentum) ihren Optikerbetrieb unterhalten, bis sie zum 31.12.2024 ihren Betrieb aufgegeben hat (Betriebsaufgabe nach § 16 Abs. 3 EStG). Der Restbuchwert des Gebäudeteils hat 60.000 € und dessen gemeiner Wert 200.000 € betragen. Ab dem 1.1.2025 vermietet sie das Ladenlokal an ihren Nachfolger N und erzielt Einkünfte aus Vermietung und Verpachtung (§ 21 EStG).

LÖSUNG: Durch die Betriebsaufgabe versteuert A u. a. einen Gewinn aus dem Gebäude i. H. von 140.000 € (Überführungsgewinn durch Ansatz des gemeinen Wert nach § 16 Abs. 3 Satz 8 EStG). Die AfA-Bemessungsgrundlage des Gebäudes beträgt ab dem 1.1.2025 200.000 € (Überführungswert aus dem Betriebs- in das Privatvermögen).

f) Herstellungskosten des Wohnungseigentums

aa) Allgemeine Grundsätze zu Herstellungskosten eines Gebäudes

Wenn ein Gebäude neu errichtet wird, stellen „die Aufwendungen, die durch den Verbrauch von Gütern und die Inanspruchnahme von Diensten für die Herstellung" entstehen (vgl. § 255 Abs. 2 Satz 1 HGB), Herstellungskosten des Gebäudes dar. 358

Es sind alle Kosten einzubeziehen, die nach einem weiten Verständnis mit dem Neubau im Zusammenhang stehen. Dies sind insbesondere die Aufwendungen für Baumaterial, Maschinen, Werkzeug und den Handwerkerlohn. Einzubeziehen sind alle Aufwendungen für den Rohbau, Heizungsanlagen, Heizkörper, Bad, Grundstücksumzäunungen (einschließlich Hecken), feste Bodenbeläge (z. B. Fliesen), Anschluss an das Strom-, Gas- und Wassernetz, Garage. Dazu gehören auch die Kosten für den Architekten, Statiker, die Baugenehmigung, Vermessung und Baugrube. 359

bb) Beginn der Gebäudeabschreibung

Das Gebäude kann ab der Fertigstellung (Bewohnbarkeit im Sinne einer Bezugsfertigkeit) abgeschrieben werden. Dafür müssen die wesentlichen Bauarbeiten abgeschlossen sein. Eine Küche muss noch nicht vorhanden sein, aber die dafür erforderlichen Anschlüsse. Erforderliche Restarbeiten – wie z. B. Tapezieren oder Streichen der Wände, Einbau von Deckenlampen oder Innentüren – hindern nicht die „Fertigstellung". 360

cc) Grundstücksteilung zur Begründung von Wohnungseigentum

361 Durch die zivilrechtliche Teilung eines Grundstücks in Wohnungseigentum im Sinne des WEG entstehen zwar neue Wirtschaftsgüter (nach der Anzahl der geschaffenen Wohnungseinheiten) und es geht ein Wirtschaftsgut unter (das bisher ungeteilte Grundstück). Es setzen sich dabei die Herstellungskosten des Gebäudes (und die Anschaffungskosten des Grund und Bodens) in dem Wohnungseigentum steuerrechtlich fort. Es kommt dafür nicht darauf an, ob durch die Teilung das Wohnungseigentum „angeschafft" oder „hergestellt" wird.[280] Nach hier vertretener Auffassung handelt es sich um eine ertragsteuerrechtliche Rechtsnachfolge. Dies ergibt sich daraus, dass nach §7 Abs. 5b EStG auf Gebäudeteile und Eigentumswohnungen bzw. im Teileigentum stehende Räume die AfA-Vorschriften des §7 Abs. 4–5a EStG entsprechend anzuwenden sind. Damit wird die Eigenschaft des Grundstücksteils als Gebäude durchgehend angenommen. Es handelt sich zwar nicht um dasselbe Wirtschaftsgut, aber alle Attribute (z. B. Baujahr und anteilige Anschaffungs- oder Herstellungskosten) setzen sich in den neuen Wirtschaftsgütern fort.

362 So ist im Ergebnis vermutlich auch der BFH zu verstehen, wenn er in seinem Urteil v. 10.10.2017[281] (zur erhöhten AfA nach §7h EStG) ausführt, dass die Umwandlung eines bisher ungeteilten Wirtschaftsguts „Gebäude" in mehrere (neu geschaffene) Wirtschaftsgüter „Eigentumswohnungen" lediglich die Aufspaltung einer bis dahin ungeteilten Rechtszuständigkeit für die gesamte Liegenschaft darstellt, die für sich allein in der Sache nichts Neues schafft.

BEISPIEL „TEILUNGSERKLÄRUNG NACH HERSTELLUNG": Herr H errichtet auf einem ihm gehörenden Grundstück ein Wohngebäude mit drei Wohnungen zu Herstellungskosten von insgesamt 900.000 €. Am 29.4.2025 wird das Grundstück durch eine Teilungserklärung nach §8 WEG in drei gleichwertige Eigentumswohnungen aufgeteilt.

LÖSUNG: Herr H hatte vor der Teilung zwei Wirtschaftsgüter aus dem (noch ungeteilten) Grundstück: Grund und Boden sowie Gebäude. Durch die Teilung nach WEG sind drei Einheiten von Wohnungseigentum (§1 Abs. 2 WEG) rechtlich entstanden. Herrn H sind damit erstmals sechs Wirtschaftsgüter zuzurechnen: Drei Gebäude mit dem jeweils darauf entfallenden Grund und Bodenanteil. Die Wirtschaftsgüter am vorherigen ungeteilten Grundstück (Gesamtgebäude und ungeteilter Grund und Boden) sind weggefallen. Herr H hat die drei Eigentumswohnungen durch die Teilungserklärung weder angeschafft noch hergestellt. Vielmehr liegt eine ertragsteuerliche Rechtsnachfolge vor. Daher werden alle Merkmale des Gebäudes auf die drei Eigen-

280 Nach Wichmann, Stbg 2025 S. 1 (8), wird das Wohnungseigentum durch eine Teilung im Sinne des WEG auch für steuerrechtliche Zwecke i. S. des §255 Abs. 2 HGB „hergestellt", da neue Wirtschaftsgüter geschaffen werden, welche originär durch die Teilung nach §1 WEG entstehen und vorher noch keiner anderen Person zuzurechnen waren.

281 BFH, Urteil v. 10.10.2017 - X R 6/16, BStBl 2018 II S. 272 unter II. 3. a) aa) RAAAG-77118.

tumswohnungen übertragen (z.B. das Datum der Fertigstellung). Die Herstellungskosten verteilen sich auf die drei Gebäude (jeweils 300.000€). Ebenso werden die Anschaffungskosten des Grund und Bodens gleichmäßig aufgeteilt.

g) Lineare Gebäudeabschreibung (§7 Abs.4 EStG)

aa) Typisierte Abschreibung nach §7 Abs.4 Satz1 EStG

Bei vermieteten Gebäuden im Privatvermögen ist im Grundsatz folgende lineare AfA abzuziehen, deren AfA-Methode (Prozentsatz) vom Zeitpunkt der Fertigstellung des Gebäudes abhängt (§7 Abs.4 Satz1 Nr.2 EStG): 363

Zeitpunkt der Fertigstellung	AfA-Satz (p.a.)	Rechtsgrundlage
Bis zum 31.12.1924 fertiggestellt	2,5%	§7 Abs.4 Satz1 Nr.2 Buchst.c EStG
Zwischen 1.1.1925 und 31.12.2022 fertiggestellt	2,0%	§7 Abs.4 Satz1 Nr.2 Buchst.b EStG
Ab dem 1.1.2023 fertiggestellt	3,0%	§7 Abs.4 Satz1 Nr.2 Buchst.a EStG

Es ist somit das Baujahr und nicht das Anschaffungsdatum des Gebäudes entscheidend. 364

BEISPIEL „LINEARE ABSCHREIBUNG": A erwirbt zum 1.4.2023 eine am 1.10.2022 fertiggestellte und dann vermietete Eigentumswohnung mit anteilig auf das Gebäude entfallende Anschaffungskosten von 200.000€.

Das Gebäude ist mit 2% abzuschreiben (§7 Abs.4 Satz1 Nr.2 b) EStG), da es Baujahr2022 ist. Das Datum der Anschaffung (hier: 2023) ist dafür nicht entscheidend. Die AfA für den VZ2023 beträgt (nach §7 Abs.1 Satz4 EStG zeitanteilig) 200.000€x2%x9/12 = 3.000€.

Neben der linearen AfA nach §7 Abs.4 EStG kann zusätzlich eine Sonderabschreibung (z.B. nach §7b EStG) anzuwenden sein. 365

bb) Abschreibung nach der tatsächlichen Nutzungsdauer (§7 Abs.4 Satz2 ESG)

Grundsätzlich sind Gebäude im Privatvermögen nach den gesetzlich festgelegten Prozentsätzen nach §7 Abs.4 Satz1 Nr.2 EStG abzuschreiben. Nach §7 Abs.4 Satz2 EStG kann aber stattdessen das Gebäude nach der tatsächlichen (kürzeren) Nutzungsdauer abgeschrieben werden. Bei einem z.B. im Jahr2010 fertiggestellten Gebäude ergibt sich rechnerisch aus den anzuwendenden AfA-Satz von 2% (§7 Abs.4 Satz1 Nr.2 Buchst.b EStG) eine unterstellte Nutzungsdauer von 50Jahren. Sofern die tatsächliche Nutzungsdauer des Gebäudes weniger als 50Jahre beträgt, läge der AfA-Satz somit über 2%. 366

367 Normalerweise wird die tatsächliche Nutzungsdauer eines neuen Gebäudes eher länger als der gesetzlich typisierte AfA-Zeitraum sein. Dies wird vor allem in den Fällen anders sein, wenn ein altes Gebäude erworben wird, da die typisierte Abschreibung nach § 7 Abs. 4 Satz 1 EStG durch eine Anschaffung neu beginnt und insoweit nicht die ursprüngliche Herstellung oder die erste Anschaffung durch einen Voreigentümer berücksichtigt.

368 Die Finanzverwaltung verlangte ursprünglich mit BMF-Schreiben v. 22.2.2023 für den Nachweis einer kürzeren Nutzungsdauer die Vorlage eines aufwendigen Gutachtens eines öffentlich bestellten und vereidigten Sachverständigen für die Bewertung von Grundstücken.[282] Diese strenge Auffassung hat das BMF zwar aufgegeben und das vorherige BMF-Schreiben aufgehoben.[283] Ein Sachverständigengutachten einer dafür nachweislich qualifizierten Person (welche das Wohnungseigentum persönlich vor Ort begutachtet hat) ist aber nach der Praxis der Finanzverwaltung regelmäßig weiterhin erforderlich und muss für den Nachweis eine kürzere tatsächliche Nutzungsdauer für folgende „maßgebliche Determinanten“ berücksichtigen:[284]

1. Technischer Verschleiß;
2. Wirtschaftliche Entwertung;
3. Rechtliche Nutzungsbeschränkungen.

369 Der BFH[285] hält ein Gutachten zwar auch für erforderlich, lässt aber die Darlegung einer kürzeren tatsächlichen Nutzungsdauer des Gebäudes durch jede sachverständige Methode zu, die im Einzelfall zur Führung des erforderlichen Nachweises geeignet erscheint. Der schlichte Verweis auf die modellhaft ermittelte Gesamt- und Restnutzungsdauer eines Gebäudes nach Maßgabe der

282 BMF, Schreiben v. 22.2.2023 - IV C 3 - S 2196/22/10006 :005, BStBl 2023 I S. 332 OAAAJ-34293. Die gesetzliche Normierung der Anforderungen an den Nachweis durch einen insoweit geänderten § 11c EStDV war durch das JStG 2024 geplant (BT-Drucks. 20/13157 S. 21–23), wurde aber nicht umgesetzt (vgl. auch Ulbrich, NWB 30/2025 S. 2038 IAAAJ-95522). Nachfolgend war dies zunächst im Referentenentwurf des BMF v. 4.8.2025 zur Änderung der EStDV vorgesehen, wurde aber letztlich ebenfalls nicht (durch die Siebte Verordnung zur Änderung steuerlicher Verordnungen, BGBl 2025 I Nr. 372 v. 29.12.2025) umgesetzt.

283 BMF, Schreiben v. 1.12.2025 - IV C 3 - S 2196/00040/006/008, BStBl 2025 I S. 2038 FAAAK-05794.

284 NWB Entsprechend BFH, Urteil v. 28.7.2021 - IX R 25/19 WAAAH-95921 = BFH/NV 2022 S. 108 unter II. 2. a).

285 BFH, Urteil v. 23.1.2024 - IX R 14/23, BStBl 2025 II S. 956 BAAAJ-66684. Nach Ansicht des FG Hamburg, Urteil v. 1.4.2025 - 3 K 60/23 IAAAJ-93484 (juris, vorl. nrkr.) kann auch ein privates Sachverständigengutachten Grundlage für die Schätzung einer verkürzten tatsächlichen Restnutzungsdauer sein. Das FG Münster, Urteil v. 2.4.2025 - 14 K 654/23 E IAAAJ-93484 = EFG 2025 S. 1153 (vorl. nrkr.), hält zumindest kein Gutachten eines Sachverständigen für erforderlich, der zwingend von einer nach DIN EN ISO/IEC 17024 akkreditierten Stelle als Sachverständiger zertifiziert worden ist, wenn sich seine Qualifizierung aus anderen Umständen ergibt.

betreffenden Immobilienwertermittlungsverordnung genügt aber auch dem BFH nicht.

h) Degressive Gebäudeabschreibung (§ 7 Abs. 5 und 5a EStG)

aa) Allgemeines zur degressiven Gebäudeabschreibung

Zur Förderung des Neubaus von Gebäuden ist aus steuerpolitischen Gründen 370
unter bestimmten Voraussetzungen statt der linearen AfA i. S. des § 7 Abs. 4 EStG eine degressive AfA (§ 7 Abs. 5 bzw. 5a EStG) zulässig (Wahlrecht). Die AfA-Beträge sind dabei nicht für jedes Jahr gleich (linear), sondern verringern sich nach einer bestimmten Methode.

bb) Abschreibung nach § 7 Abs. 5 EStG (auslaufendes Recht)

Die im Jahr 1964 erstmals eingeführte (und inzwischen mehrfach geänderten) 371
Vorschrift des § 7 Abs. 5 EStG für eine degressive Gebäude-AfA ist nach gesetzlich definierten Schemata für die einzelnen Jahre gestaffelt und nimmt nach bestimmten Zeitperioden ab (arithmetisch-degressive AfA). Diese AfA steht im Grundsatz dem Bauherrn (§ 15 Abs. 1 EStDV) als Hersteller zu. Es ist aber auch der Erwerber des Gebäudes begünstigt, sofern das Gebäude spätestens bis zum Ende des Jahres der Fertigstellung angeschafft wird (§ 7 Abs. 5 Satz 1 EStG). Wenn der Hersteller selbst noch (für das Erstjahr) eine degressive AfA abgesetzt hat, ist (nur) für dieses Jahr beim Erwerber keine degressive AfA zulässig (BFH-Auslegung[286] zu § 7 Abs. 5 Satz 2 EStG). Der Hintergrund ist, dass oftmals Neubauten zeitnah veräußert werden und so der Anreiz der degressiven AfA dadurch beim Erwerber verlorenginge. Ein (zu) später Erwerb (z. B. drei Jahre nach Neubau) sollte jedoch nicht privilegiert werden, da sonst kein Neubauanreiz, sondern lediglich ein Mitnahmeeffekt einträte. Daher wurde als Mittelweg (nur) der zeitnahe Erwerb bis zum Jahresende der Fertigstellung des Gebäudes begünstigt.

Neben einem „echten“ Neubau sind auch umfassende Umbaufälle begünstigt. 372
Ein grundlegender Umbau eines Gebäudes steht aber nur dann einem Neubau gleich, wenn die neu eingefügten Gebäudeteile dem Gesamtgebäude das bautechnische Gepräge eines neuen Gebäudes verleihen (z. B. werden Fundamente, tragende Außen- und Innenwände, Geschoßdecken und die Dachkonstruktion ersetzt).[287]

---

286 BFH, Urteil v. 3.4.2001 - IX R 16/98, BStBl 2001 II S. 599 KAAAA-88990NWB , zu dem Fall, dass nicht der Hersteller, sondern der Ersterwerber eine Eigentumswohnung an einen Zweiterwerber veräußerte und der Ersterwerber die degressive AfA abgezogen hatte.

287 BFH, Urteil v. 31.3.1992 - IX R 175/87, BStBl 1992 II S. 808 QAAAA-94236.

373 Im Herstellungs- bzw. Anschaffungsjahr des Gebäudes ist die degressive AfA nach § 7 Abs. 5 EStG nicht zeitanteilig zu kürzen (voller AfA-Jahresbetrag). Sollte das Gebäude aber (noch) für den gesamten VZ vermietet werden (z. B. vorherige kurze Nutzung zu eigenen Wohnzwecken), ist die AfA aber nach allgemeinen Grundsätzen nur für den Zeitraum der Vermietung als Werbungskosten anzusetzen. Im Jahr der Veräußerung ist die degressive AfA gleichwohl immer nur zeitanteilig zulässig.[288]

374 Die degressive AfA für Wohngebäude nach § 7 Abs. 5 EStG wurde für Anschaffung bzw. Bauanträgen für neue hergestellte Gebäude bis zum 31.12.2005 begrenzt.[289] Es handelt sich daher bei § 7 Abs. 5 EStG insoweit um auslaufendes Recht. Die Bestandsfälle laufen aber bis zum Ablauf der jeweiligen AfA-Reihen weiter.

375 Relevant sind noch insbesondere folgende „Altfälle“:

AfA-Methode	Gebäudetyp	Bauantrag bzw. Kaufvertrag	AfA-Sätze
§ 7 Abs. 5 Nr. 3 Buchst. a EStG	Wohnzwecke	1.3.1989–31.12.1995	4 Jahre je 7 % 6 Jahre je 5 % 6 Jahre je 2 % 24 Jahre je 1,25 %
§ 7 Abs. 5 Nr. 3 Buchst. b EStG	Wohnzwecke	1.1.1996–31.12.2003	8 Jahre je 5 % 6 Jahre je 2,5 % 36 Jahre je 1,25 %
§ 7 Abs. 5 Nr. 3 Buchst. c EStG	Wohnzwecke	1.1.2004–31.12.2005	10 Jahre je 4 % 8 Jahre je 2,5 % 32 Jahre je 1,25 %

cc) Abschreibung nach § 7 Abs. 5a EStG

376 Durch das Wachstumschancengesetz[290] wurde gem. § 7 Abs. 5a EStG nach dem Auslaufen von § 7 Abs. 5 EStG wieder eine degressive Gebäudeabschreibung zugelassen. Nach der Gesetzesbegründung[291] soll aufgrund des akuten Wohnraummangels sowie der anhaltenden wirtschaftlichen Belastungen durch hohe Baukosten zur Förderung des Wohnungsbaus und zur Unterstüt-

288 BFH, Urteil v. 18.8.1977 - VIII R 93/74, BStBl 1977 II S. 835 ZAAAA-91278.

289 Gesetz zum Einstieg in ein steuerliches Sofortprogramm v. 22.12.2005, BGBl 2005 I S. 3682.

290 Wachstumschancengesetz v. 27.3.2024, BGBl 2024 I Nr. 108.

291 BT-Drucks. 20/8628 S. 122.

zung der Bauwirtschaft die Inanspruchnahme einer geometrisch-degressiven Abschreibung für Gebäude mit fallenden Jahresbeträgen befristet ermöglicht werden.

Die Abschreibung nach § 7 Abs. 5a EStG gilt über § 7 Abs. 5b EStG auch für Eigentumswohnungen. Das Gebäude kann zum Betriebsvermögen oder Privatvermögen gehören.[292] 377

Begünstigt ist der Herstellungsbeginn von Wohngebäuden ab dem 1.10.2023. Maßgebend ist das Datum der Bauanzeige (§ 7 Abs. 5a Satz 2, 3 EStG). 378

Im „Anschaffungsfall" von Wohngebäuden (z. B. von einem Bauträger) sind alle Erwerbe ab dem 1.10.2023 (Datum Notarvertrag) begünstigt. Damit auch in diesen Fällen nur neue Gebäude von der Norm umfasst werden, muss das Gebäude aber bis zum Ende des Jahres der Fertigstellung angeschafft werden. Dafür ist insoweit der Übergang von Besitz, Nutzen und Lasten des Gebäudes maßgebend.[293] 379

Nach derzeitiger Gesetzeslage ist die Begünstigung für Herstellungen bzw. Kaufverträge bis zum 30.9.2029 begrenzt. 380

Die AfA nach § 7 Abs. 5a EStG ist nicht wie bei § 7 Abs 5 EStG nach bestimmten Jahresblöcken gestaffelt, sondern beträgt nach § 7 Abs. 5a Satz 4 EStG für jeden VZ einheitlich 5 % von den Anschaffungs- bzw. Herstellungskosten (im Erstjahr) bzw. vom jeweiligen Restwert (in den Folgejahren) des Gebäudes. Die Abschreibung sinkt somit jedes Jahr geometrisch-degressiv. 381

Im Erstjahr ist die AfA nur zeitanteilig zulässig (§ 7 Abs. 5a Satz 5 i. V. mit Abs. 1 Satz 4 EStG).[294] 382

BEISPIEL „AFA NACH § 7 ABS. 5A ESTG": ▶ A erwirbt zum 1.4.2024 eine zum 1.2.2024 fertiggestellte und dann vermietete Eigentumswohnung mit anteilig auf das Gebäude entfallenden Anschaffungskosten von 200.000 €.

A kann wählen, ob er das Gebäude jährlich mit 2 % von 200.000 € (linear) nach § 7 Abs. 4 Satz 1 Nr. 2 b) EStG oder mit 5 % vom jeweiligen Restwert nach § 7 Abs. 5a EStG abschreibt.

Bei der degressiven AfA nach § 7 Abs. 5a EStG beträgt z. B. die AfA für die ersten drei Jahre:

VZ 2024: 200.000 € x 5 % x 9/12 = 7.500 € AfA (Restwert zum 31.12.2024: 192.500 €);

VZ 2025: 192.500 € x 5 % = 9.625 € AfA (Restwert zum 31.12.2025: 182.875 €);

VZ 2026: 182.875 € x 5 % = 9.144 € AfA (Restwert zum 31.12.2026: 173.731 €).

292 Kulosa in Schmidt, 44. Aufl. 2025, § 7 EStG Rz. 213.

293 BT-Drucks. 20/8628 S. 122.

294 Bei der „alten" degressiven AfA nach § 7 Abs. 5 EStG ist die AfA dagegen im Erstjahr ungekürzt zulässig (sofern durchgehend Einkünfte im Erstjahr aus dem Gebäude erzielt werden).

383 Durch diese Abschreibungsmethode wird das AfA-Volumen aus mathematischen Gründen nicht aufgebraucht, da immer nur 5 % vom jeweiligen Restwert abgeschrieben wird. Der Steuerpflichtige kann daher zu jedem VZ zur linearen AfA nach § 7 Abs. 4 EStG wechseln (§ 7 Abs. 5a Satz 7 EStG).

384 Die weitere AfA bemisst sich nach dem Übergang zu § 7 Abs. 4 EStG *„vom Restwert und dem nach [§ 7 Abs. 4 EStG] unter Berücksichtigung der Restnutzungsdauer maßgebenden Prozentsatz“* (§ 7 Abs. 5a Satz 8 EStG).

385 Diese Regelung ist wohl so zu verstehen, dass hierbei von der rechnerischen Gesamtnutzungsdauer von 33 Jahren nach § 7 Abs. 4 Satz 1 Nr. 2 a) EStG (bei 3 % p. a.) die Jahre abzuziehen sind, für die § 7 Abs. 5a EStG angewendet wurde.[295] Der Restwert des verbleibenden AfA-Volumens ist dann linear auf diese Restdauer zu verteilen. Sofern diese Restnutzungsdauer somit weniger als 20 Jahre beträgt, ist der Wechsel sinnvoll, da dann der neue AfA-Satz über die gesamte Restlaufzeit über 5 % liegt.

dd) Auswirkung einer Grundstücksteilung nach WEG

386 Da es für die Anwendung der degressiven AfA nach § 7 Abs. 5 bzw. 5a EStG auf das Datum der Fertigstellung ankommt, stellt sich die Frage, welche Auswirkung die Aufteilung eines (bisher ungeteilten) Grundstücks in Eigentumswohnungen nach dem WEG hat. Hierzu hat der BFH entschieden, dass die AfA nach § 7 Abs. 5 bei einer Eigentumswohnung nur in Anspruch genommen werden kann, wenn diese in bautechnischer Hinsicht fertiggestellt ist. Eine Eigentumswohnung wird nicht allein schon durch die rechtliche Umwandlung eines bestehenden Gebäudes in Eigentumswohnungen nach § 8 WEG (neu) hergestellt.[296]

BEISPIEL „TEILUNGSERKLÄRUNG NACH AUSBAU“:[297] ▸ Die Eheleute E sind Miteigentümer eines Mehrfamilienhauses mit drei vermieteten Wohnungen. Im Jahr 2023 bauen sie den Dachboden zu einer weiteren Wohnung aus und stellen diese noch im Jahr 2023 fertig. Ab dem 1.3.2024 vermieteten sie die Dachgeschosswohnung. Im Juni 2024 gaben die Eheleute die Teilungserklärung (§ 8 WEG) für das Grundstück ab. Das Wohnungseigentum für die vier Einheiten wurde ebenfalls im Juni 2024 in das Grundbuch eingetragen.

295 So Kulosa in Schmidt, 44. Aufl. 2025, § 7 EStG Rz. 216, der zudem anmerkt, dass die Regelung in § 7 Abs. 5a Satz 8 EStG missglückt sei. Der AfA-Satz für die Restwert-AfA ergebe sich gerade nicht aus den typisierten Werten von § 7 Abs. 4 EStG, sondern sei ein individueller Prozentsatz.

296 BFH, Urteil v. 24.11.1992 - IX R 62/88, BStBl 1993 II S. 188 JAAAA-94367.

297 Beispiel ähnlich wie der Fall des BFH, Urteil v. 9.6.2005 - IX R 30/04 OAAAB-58637 NWB = BFH/NV 2005 S. 1795.

LÖSUNG: Die Eheleute haben mit dem Dachgeschossausbau keine Eigentumswohnung 2023 oder 2024 i. S. des § 7 Abs. 5a EStG „hergestellt". Die Wohnung war bereits vor der Begründung des Wohnungseigentums ein unselbständiger Bestandteil des einheitlich zu fremden Wohnzwecken genutzten Wirtschaftsguts „Gebäude" geworden. Die rechtliche Trennung des Grundstücks nach dem WEG führt weder zur Anschaffung noch zur Herstellung der Eigentumswohnungen.

i) Sonderabschreibung für Mietwohnungsneubau (§ 7b EStG)

Für neue, bisher noch nicht vorhandene Mietwohnungen kann der Gebäudeteil 387
des vermieteten Wohnungseigentums neben der linearen Abschreibung unter bestimmten Voraussetzungen zusätzlich nach § 7b EStG vier Jahre lang wahlweise mit bis zu 5 % abgeschrieben werden.[298] Begünstigt sind neue Mietwohnungen in neuen oder vorhandenen Gebäuden, zu denen auch Eigentumswohnungen zählen.[299]

Diese Sonderabschreibung ist an bestimmte Voraussetzungen geknüpft. Dies 388
sind insbesondere:

- Eine neue Mietwohnung (Förderobjekt) wird geschaffen (i. d. R. hergestellt bzw. im Herstellungsjahr angeschafft oder ein bestehendes Objekt zu Wohnraum umgebaut).
- Der Bauantrag[300] muss zwischen dem 1.9.2018 und dem 31.12.2021 oder zwischen dem 1.1.2023 und dem 30.9.2029[301] gestellt werden. Neue Wohnungen mit einem im Jahr 2022 gestellten Bauantrag werden somit faktisch von § 7b EStG ausgeschlossen.[302]

---

298 Eingeführt durch Art. 1 Nr. 2 des Gesetzes zur steuerlichen Förderung des Mietwohnungsneubaus v. 4.8.2019, BGBl 2019 I S. 1122. Verlängert für bestimmte energieeffiziente Gebäude durch das JStG 2022 v. 16.12.2022, BGBl 2022 I S. 2294.

299 BMF, Schreiben v. 21.5.2025 - IV C 3-S 2197/00009/011/024, BStBl 2025 I S. 1419 Rz. 18. Soweit dort neben Eigentumswohnungen auch „im Teileigentum stehende Räume" als begünstigt aufgeführt werden, ist darauf hinzuweisen, dass Teileigentum i. S. des § 1 Abs. 3 WEG gerade nicht Wohnzwecken dient und daher aus dem Anwendungsbericht des § 7b EStG faktisch ausgenommen ist. Denkbar ist lediglich eine „zweckwidrige" Wohnnutzung von Teileigentum.

300 In bestimmten Fällen ist das Datum der Bauanzeige oder der Beginn der Bauausführung maßgebend, vgl. BMF, Schreiben v. 21.5.2025 - IV C 3-S 2197/00009/011/024, BStBl 2025 I S. 1419 Rz. 8–15.

301 Für die Antragsfälle ab dem 1.1.2023 muss es sich bei dem Gebäude um ein „Effizienzhaus 40" handeln, in dem die Wohnung sich befindet (§ 7b Abs. 2 Satz 1 Nr. 2 EStG).

302 BT-Drucks. 20/4729 S. 153.

- Die Wohnung wird mindestens zehn Jahre lang entgeltlich und langfristig[303] zu Wohnzwecken vermietet (Nutzungsvoraussetzung[304]).
- Die Herstellungskosten je Quadratmeter übersteigen nicht die Wertgrenzen (Baukostenobergrenze) von 4.100 €/m² (bis 31.12.2021) bzw. 5.200 €/m² (ab 1.1.2023).

389 Es ist nicht nur der Neubau einer Wohnung für die Sonderabschreibung begünstigt. Es reicht aus, dass durch Baumaßnahmen erstmals eine Wohnung geschaffen wird. Somit sind auch Aus- oder Umbauten begünstigt. Letztlich muss eine neue Wohnung geschaffen werden, die bisher nicht vorhanden war.[305] Es ist daher z. B. nicht ausreichend, dass eine Wohnung modernisiert wird. Ebenfalls ist es nicht nach § 7b EStG begünstigt, wenn durch einen Abbruch und anschließenden Neubau der zuvor vorhandene Bestand an Wohnungen auf dem Grundstück nicht vermehrt wird.[306]

BEISPIEL „NEUER WOHNRAUM": Eine Immobilie besteht aus zwei Teileigentumseinheiten zu je 70 m². Das Teileigentum im EG wird als Versicherungsagentur genutzt. Das Teileigentum im OG wird als Steuerberatungsbüro genutzt. Das OG verfügt bereits über ein Badezimmer und eine Küche und ist damit als Wohnung i. S. des § 181 Abs. 9 BewG anzusehen. Das EG verfügt nur über ein WC mit Waschbecken. Beide Etagen werden umgebaut, um sie anschließend zu Wohnzwecken zu vermieteten. Im EG werden u. a. ein Badezimmer und eine Küche erstmals eingebaut.

Durch den Umbau wird im EG eine neue Wohnung geschaffen. Dabei ist es unschädlich, dass kein neues Wirtschaftsgut geschaffen wurde. Nur dieses Wohnungseigentum ist nach § 7b EStG begünstigt.

Für das Wohnungseigentum im OG reicht es nicht aus, dass dies nach dem Umbau erstmals zu Wohnzwecken vermietet wird. Die Wohnungseigenschaft wird im OG nicht erstmals begründet.

390 Wird eine neue Mietwohnung bis zum Ende des Jahres der Fertigstellung angeschafft, kann die Sonderabschreibung nur vom Erwerber in Anspruch genommen werden (§ 7b Abs. 1 Satz 3 EStG). Veräußert der Erwerber die neue Mietwohnung noch bis zum Ende des Jahres der Fertigstellung weiter,

---

303 Eine Nutzung für Beherbergungsleistungen ist schädlich (Mindestzeitraum des Mietvertrags: ein Jahr, vgl. BMF, Schreiben v. 21.5.2025 - IV C 3-S 2197/00009/011/024, BStBl 2025 I S. 1419 Rz. 35). Zu weiteren Einzelheiten vgl. BMF, Schreiben v. 21.5.2025 - IV C 3-S 2197/00009/011/024, BStBl 2025 I S. 1419 Rz. 36 f.

304 Sonst ist die Sonderabschreibung rückwirkend zu versagen und die Steuerbescheide sind zu ändern (§ 7b Abs. 4 EStG).

305 BMF, Schreiben v. 21.5.2025 - IV C 3-S 2197/00009/011/024, BStBl 2025 I S. 1419 Rz. 25.

306 BFH, Urteil v. 12.8.2025 - IX R 24/24 AAAAK-02472 = BFH/NV 2025 S. 1670.

kann nur der Zweit- bzw. Letzterwerber die Sonderabschreibung in Anspruch nehmen.[307]

BEISPIEL „ANSCHAFFUNG IM HERSTELLUNGSJAHR": Ein Investor lässt in einem neu errichteten Gebäude acht Wohnungen herstellen. Das Gebäude und auch die Wohnungen werden am 30.11.2020 (Bauantrag v. 10.5.2019) fertiggestellt. Der Investor begründet durch eine Teilungserklärung Wohnungseigentum an den Wohnungen und veräußert diese einzeln an verschiedene Erwerber. Sieben Wohnungen werden bis zum 31.12.2020 veräußert (Übergang Besitz, Nutzen, Lasten). Eine Wohnung wird am 16.1.2021 veräußert.

Nur die sieben Erwerber können die Sonderabschreibung nach § 7b EStG in Anspruch nehmen, welche die neue Wohnung bis zum 31.12.2020 rechtswirksam unter Erlangung der wirtschaftlichen Verfügungsmacht erworben haben. Für die am 16.1.2021 erworbene Wohnung kann der Erwerber keine Sonderabschreibung nach § 7b EStG geltend machen.

Wenn die Baukosten je Quadratmeter Wohnfläche 3.000 € (Bauantragsfälle bis zum 31.12.2021) bzw. 5.200 € (Bauantragsfälle ab dem 1.1.2023) übersteigen, ist keine Sonderabschreibung zulässig (§ 7b Abs. 2 Satz 2 EStG). Für die Prüfung der Baukostenobergrenze müssen die gesamten Kosten auf die gesamte Fläche verteilt werden. Bei der Anschaffung oder Herstellung einer Eigentumswohnung ist die den Eigentumsrechten entsprechende Nutzfläche des erworbenen Anteils maßgebend.[308] Zur Ermittlung der Baukosten je m² Wohnfläche sind die abschreibungsfähigen Anschaffungs- oder Herstellungskosten durch die ermittelte gesamte Nutzfläche zu dividieren.[309] 391

Die Bemessungsgrundlage für die Sonderabschreibung nach § 7b EStG wird für die Bauantragsfälle bis zum 31.12.2021 auf maximal 2.000 € und für die Bauantragsfälle ab dem 1.1.2023 bis zum 30.9.2029 auf maximal 4.000 € je m² Wohnfläche begrenzt (Förderhöchstgrenze nach § 7b Abs. 3 EStG).[310] 392

Die Sonderabschreibung nach § 7b EStG ist zusätzlich zur Abschreibung nach § 7 Abs. 4 zulässig und beträgt auf Antrag für vier Jahre jeweils (bis zu) 5 % der Bemessungsgrundlage. Nach dem Begünstigungszeitraum wird die reguläre Abschreibung neu berechnet (§ 7a Abs. 9 EStG). 393

307 BMF, Schreiben v. 21.5.2025 - IV C 3-S 2197/00009/011/024, BStBl 2025 I S. 1419 Rz. 5.

308 BMF, Schreiben v. 21.5.2025 - IV C 3-S 2197/00009/011/024, BStBl 2025 I S. 1419 Rz. 49.

309 BMF, Schreiben v. 21.5.2025 - IV C 3-S 2197/00009/011/024, BStBl 2025 I S. 1419 Rz. 52.

310 BMF, Schreiben v. 21.5.2025 - IV C 3-S 2197/00009/011/024, BStBl 2025 I S. 1419 Rz. 59.

j) Abschreibung bei Gebäuden in Sanierungs- und Entwicklungsgebieten (§ 7h EStG)

aa) Allgemeines zur erhöhten AfA nach § 7h EStG

394 Wenn sich Gebäude in einem förmlich festgelegten Sanierungsgebiet oder städtebaulichen Entwicklungsbereich befinden, können (abweichend von § 7 Abs. 4 und 5 EStG) Herstellungskosten für bestimmte Modernisierungs- und Instandsetzungsmaßnahmen acht Jahren jeweils bis zu 9 % und in den vier Jahren danach jeweils bis zu 7 % als erhöhte AfA abgeschrieben werden (§ 7h Abs. 1 Satz 1 EStG). Es handelt sich um eine erhöhte Absetzung (in Bezug auf § 7 Abs. 4 bzw. 5 EStG eine „Stattdessen-AfA"). Es ist keine Sonderabschreibung neben der regulären AfA (also keine „Zusatz-AfA").

395 Hintergrund der steuerrechtlichen Norm des § 7h EStG sind zwei baurechtliche Zwangsmaßnahmen an bestimmten Gebäuden:

- Nach den §§ 136 ff. BauGB kann ein Gebiet zur Behebung städtebaulicher Missstände wesentlich verbessert oder umgestaltet werden. Dies kommt insbesondere dann in Betracht, wenn in einem Gebiet die vorhandenen Gebäude nicht den Anforderungen an gesunde Wohn- und Arbeitsverhältnisse entsprechen (§ 136 Abs. 2 BauGB). Wenn die Kommune dafür eine sog. „städtebauliche Sanierungsmaßnahme" durchführt, soll dies u. a. dazu beitragen, dass die Siedlungsstruktur den Anforderungen an den Klimaschutz und den gesunden Lebens- und Arbeitsbedingungen der Bevölkerung entspricht (§ 136 Abs. 4 BauGB).
- Eine weitere baurechtliche Kategorie stellen sog. „städtebauliche Entwicklungsmaßnahmen" nach den §§ 165 ff. BauGB dar. Danach können Teile eines Gemeindegebiets aus bestimmten Gründen erstmalig oder neu entwickelt werden (§ 165 Abs. 2 BauGB).

396 Die Grundstückeigentümer werden zu solchen städtebaulichen Maßnahmen rechtlich verpflichtet. Durch die erhöhte AfA nach § 7h EStG soll diese Zwangsmaßnahme durch eine erhöhte Abschreibung steuerrechtlich begünstigt werden.

397 § 7h EStG ist nur für solche Gebäude anzuwenden, die der Einkünfteerzielung dienen (z. B. durch Vermietung). Wenn ein Gebäude zu eigenen Wohnzwecken genutzt wird, ist die Parallelvorschrift des § 10f EStG anzuwenden (siehe →Rz. 159 ff.).

bb) Voraussetzungen für § 7h EStG

Das Gebäude muss „in einem förmlich festgelegten Sanierungsgebiet oder städtebaulichen Entwicklungsbereich" liegen (§ 7h Abs. 1 Satz 1 EStG). Der Begriff des „förmlich festgelegten Sanierungsgebiets" findet sich ausdrücklich als Klammerzusatz in § 142 Abs. 1 Satz 1 BauGB wieder, nach dem die Gemeinde ein Gebiet durch Beschluss förmlich als Sanierungsgebiet festlegen kann, in dem eine städtebauliche Sanierungsmaßnahme durchgeführt werden soll. Auch ein städtebaulicher Entwicklungsbereich wird durch die Gemeinde förmlich festgelegt (§ 165 Abs. 3 BauGB). Die Gemeinde beschließt eine Sanierungssatzung (§ 142 Abs. 3 BauGB) bzw. Entwicklungssatzung (§ 165 Abs. 6 BauGB), so dass der jeweilige örtliche Bereich eindeutig feststeht und öffentlich bekannt ist. 398

Gefördert werden die Herstellungskosten für „Modernisierungs- und Instandsetzungsmaßnahmen i. S. des § 177 BauGB" (§ 7h Abs. 1 Satz 1 EStG). Es sind nur Herstellungskosten an einem bestehenden Gebäude begünstigt, nicht hingegen der Neubau oder Wiederaufbau eines Gebäudes,[311] was gesetzlich durch § 7h Abs. 1a EStG klargestellt wird. Ein Anbau oder Ausbau ist nur insoweit begünstigt, als sich die Herstellungskosten dabei auf die Altbausubstanz beziehen.[312] 399

Wenn es sich um Erhaltungsaufwendungen handelt, sind diese sofort abzugsfähig (oder nach § 11a EStG über zwei bis fünf Jahre verteilt abzuziehen). 400

Neben den zwangsläufigen Herstellungskosten wird durch § 7h Abs. 1 Satz 2 EStG freiwilliger Mehraufwand für Maßnahmen gefördert, die der Erhaltung, Erneuerung und funktionsgerechten Verwendung eines Gebäudes dienen, das wegen seiner geschichtlichen, künstlerischen oder städtebaulichen Bedeutung erhalten bleiben soll. Dies betrifft Fälle, bei denen der Eigentümer nicht nur die erforderliche und zwingende Modernisierung durchführt, sondern sich darüber hinaus gegenüber der Gemeinde zu weiteren sinnvollen Baumaßnahmen verpflichtet hat. 401

cc) Anwendung auf Wohnungseigentum

Nach § 7h Abs. 3 EStG sind die Regelungen der erhöhten AfA auch auf Eigentumswohnungen und auf im Teileigentum stehende Räume entsprechend anzuwenden. Es ist bei einer Eigentumswohnung als „Objekt" i. S. von § 7h EStG unerheblich, auf welchen (unselbständigen) Teil dieses Objekts die Aufwen- 402

311 BFH, Urteil v. 2.9.2008 - X R 7/07, BStBl 2009 II S. 596 unter II. 2. b) EAAAC-95767.

312 BFH, Urteil v. 2.9.2008 - X R 7/07, BStBl 2009 II S. 596 unter II. 3. a) bb) EAAAC-95767.

dungen entfallen, ob sie ausschließlich auf das Gemeinschaftseigentum oder ausschließlich auf das Sondereigentum getätigt wurden oder gemischten Charakter haben.[313] Es ist unschädlich, wenn Modernisierungs- und Instandsetzungsmaßnahmen i. S. des § 177 BauGB ausschließlich im Gemeinschaftseigentum, nicht jedoch im Sondereigentum anfallen oder umgekehrt.[314]

dd) Bescheinigungsverfahren

403 Die erhöhten Absetzungen nach § 7h EStG kann der Eigentümer nur in Anspruch nehmen, wenn er eine Bescheinigung über die Voraussetzungen von der zuständigen Gemeindebehörde erhält. Die Bescheinigung ist eine materiell-rechtliche Abzugsvoraussetzung und gilt als Grundlagenbescheid i. S. der §§ 171 Abs. 10, 175 Abs. 1 Satz 1 Nr. 1 AO. Eine ist daher unabhängig von ihrer Rechtmäßigkeit für das Finanzamt bindend. Dies gilt auch unabhängig davon, ob und in welchem Umfang die als begünstigt bescheinigten Aufwendungen auf das Sondereigentum oder das Gemeinschaftseigentum entfallen.[315] Ist jedoch offensichtlich, dass die Bescheinigung für Maßnahmen erteilt worden ist, bei denen die Voraussetzungen nicht vorliegen, hat die Finanzbehörde ein sog. „Remonstrationsrecht", d. h. sie kann die Gemeindebehörde zur Prüfung und Rücknahme (oder Änderung) der Bescheinigung bitten.[316]

404 Die Bescheinigung der Gemeinde stellt fest,

- ob das Gebäude in einem förmlich festgelegten Sanierungsgebiet oder städtebaulichen Entwicklungsbereich liegt,
- ob Modernisierungs- und Instandsetzungsmaßnahmen i. S. des § 177 BauGB bzw. § 7h Abs. 1 Satz 2 EStG durchgeführt wurden,
- in welcher Höhe begünstigte Aufwendungen entstanden sind,
- ob Zuschüsse aus Sanierungs- oder Entwicklungsfördermitteln gewährt worden sind.[317]

405 Aus dem BMF-Schreiben v. 21.1.2020[318] ergibt sich eine Übersicht über die Veröffentlichung der bundesländerspezifischen Bescheinigungsrichtlinie (Stand: Januar 2020).

---

313 BFH, Urteil v. 10.10.2017 - X R 6/16, BStBl 2018 II S. 272 unter II. 2. e) RAAAG-77118.

314 BFH, Urteil v. 10.10.2017 - X R 6/16, BStBl 2018 II S. 272 unter II. 3. RAAAG-77118.

315 BFH, Urteil v. 10.10.2017 - X R 6/16, BStBl 2018 II S. 272 unter II. 2. a) RAAAG-77118.

316 R 7h Abs. 4 Satz 4 EStR.

317 R 7h Abs. 4 Satz 1 EStR.

318 BMF, Schreiben v. 21.1.2020 - IV C 1 - S 2198-a/19/10004 :001, BStBl 2020 I S. 169 FAAAH-40529.

Die Bescheinigung ist objektbezogen auszustellen. Da nach § 7h Abs. 3 EStG die Regelung für Eigentumswohnungen entsprechend gelten, hat bei Gebäuden, die nach dem WEG aufgeteilt sind, die Bescheinigung sich auf die jeweilige Eigentumswohnung zu beziehen.[319] Bei einem aus mehreren Eigentumswohnungen bestehenden Gebäude muss somit für jede einzelne Eigentumswohnung eine Bescheinigung ausgestellt werden. 406

ee) Abschreibung nach § 7h EStG

Im Herstellungsjahr und den sieben Folgejahren können jeweils bis zu 9 % und in den nächsten vier Jahren jeweils bis zu 7 % der Herstellungskosten als AfA abgesetzt werden (§ 7h Abs. 1 Satz 1 EStG). 407

BEISPIEL „AFA NACH § 7H ESTG": Eine Immobilie ist in drei Wohneigentumseinheiten aufgeteilt und liegt in einem Sanierungsgebiet. Die jeweiligen Eigentümer hatten Aufwendungen für Sanierungsarbeiten i. S. des § 177 BauGB im Jahr 2024 (Herstellungsabschluss) zu tragen und eine Bescheinigung der zuständigen Behörde erhalten über jeweils 100.000 € begünstigte Herstellungskosten. Frau A vermietet ihre Eigentumswohnung.

LÖSUNG: Frau A kann die Aufwendungen wie folgt nach § 7h EStG abschreiben: VZ 2024–2031 mit 100.000 € x 9 % = 9.000 € p. a. und VZ 2032–2035 mit 100.000 € x 7% = 7.000 € p. a.

Wenn und soweit die Herstellungskosten durch Zuschüsse gefördert werden, wird die Bemessungsgrundlage insoweit gemindert (§ 7h Abs. 1 Satz 4 EStG). Der Eigentümer ist insoweit nicht wirtschaftlich belastet. 408

Auch Aufwendungen für eine Eigentumswohnung, mit der neuer Wohnraum geschaffen wird, kann begünstigt sein. Dabei muss sich die Maßnahme aber auf den Altbaubestand beziehen. Es ist unerheblich, ob und mit welchem Anteil die begünstigten Aufwendungen das Sondereigentum oder das Gemeinschaftseigentum betreffen.[320] 409

BEISPIEL „UMBAU UND AUFSTOCKUNG": Auf eine bestehende Wohnanlage (Altgebäude) wird eine Etage durch einen Bauträger aufgebaut und das Gebäude i. S. des § 177 BauGB modernisiert. Die Immobilie wird geteilt und die einzelnen Wohnungen werden als Wohnungseigentum veräußert.

---

319 BFH, Urteil v. 10.10.2017 - X R 6/16, BStBl 2018 II S. 272 unter II. 2. c) RAAAG-77118.

320 BFH, Urteil v. 10.10.2017 - X R 6/16, BStBl 2018 II S. 272 RAAAG 77118.
Ähnlich wie der Sachverhalt des BFH-Urteils v. 10.10.2017 - X R 6/16, BStBl 2018 II S. 272 RAAAG-77118.

LÖSUNG: Die auf die neu geschaffene Etage entfallenden Baumaßnahmen an dem gemeinschaftlichen Vermögen (Altsubstanz) sind nach § 7h EStG begünstigt. Es ist unerheblich, dass die Herstellungskosten für die neue Etage (sowohl das Sondereigentum als auch das dadurch geschaffene neue gemeinschaftliche Eigentum wie Dach und Wände) selbst nicht nach § 7h EStG begünstigt sind.

410 Nach Ablauf des 12-jährigen Begünstigungszeitraums (8 Jahre zu 9 % und 4 Jahre zu 7 %) ist ein eventuell verbleibender (ungenutzter) Restwert der Herstellungskosten zusammen mit der Bemessungsgrundlage des übrigen Gebäudes abzuschreiben (§ 7h Abs. 1 Satz 5 EStG).

411 Wenn die Baumaßnahmen nicht zu Herstellungskosten, sondern zu Erhaltungsaufwand führen, können die Kosten sofort als Werbungskosten abgezogen werden. Statt dem Sofortabzug kann der Erhaltungsaufwand auf Antrag des Wohnungseigentümers aber nach § 11a EStG gleichmäßig auf zwei bis fünf Jahre verteilt als Werbungskosten abgezogen werden.

k) Abschreibung bei Gebäuden als Baudenkmale (§ 7i EStG)

aa) Allgemeines zur erhöhten Abschreibung nach § 7i EStG

412 Wenn ein Gebäude ein Baudenkmal ist, werden bestimmte nachträgliche Herstellungskosten durch die Abschreibung nach § 7i EStG begünstigt. Statt der regulären AfA nach § 7 Abs. 4 EStG (linear) bzw. § 7 Abs. 5 oder 5a EStG (degressiv) können auf Antrag im Herstellungsjahr und den sieben darauffolgenden Jahren jeweils 9 % und in den vier Jahren danach jeweils 7 % dieser bestimmten Herstellungskosten als AfA abgesetzt werden.[321]

413 § 7i EStG ist die Parallelvorschrift zu § 10f Abs. 1 EStG, die bei Baudenkmalen anzuwenden ist, die zu eigenen Wohnzwecken genutzt werden (siehe → Rz. 159 ff.).

bb) Voraussetzungen für § 7i EStG

414 Ein Gebäude muss nach der landesrechtlichen Vorschrift („offiziell") als Baudenkmal anerkannt sein. Die Voraussetzungen ergeben sich aus dem Denkmalschutzgesetz des jeweiligen Bundeslandes.

321 Durch das Haushaltsbegleitgesetz 2004 v. 29.12.2003, BGBl 2003 I S. 3076, wurde die Abschreibung aus fiskalischen Gründen von zehn Jahren (zu 10 %) auf 12 Jahre (8 Jahre zu 7 % und 4 Jahre zu 4 %) geändert.

Die Baumaßnahmen müssen „nach Art und Umfang 415

- zur Erhaltung des Gebäudes als Baudenkmal oder
- zu seiner sinnvollen Nutzung[322]

erforderlich“ sein (§ 7i Abs. 1 Satz 1 EStG).

Entscheidungsbefugt ist dafür die jeweils zuständige Behörde, was aus ihrer Sicht unter dem Gesichtspunkt des Denkmalschutzes und der Denkmalpflege zur Erhaltung oder sinnvollen Nutzung des Denkmalgebäudes erforderlich ist. Grundlage ist dazu die Bescheinigungsrichtlinie des jeweiligen Bundeslandes.[323] Der Wohnungseigentümer müsste letztlich vor dem Verwaltungsgericht klagen, wenn er anderer Auffassung ist. 416

Wenn die Baumaßnahmen nicht zu Herstellungskosten, sondern zu Erhaltungsaufwand führen, können die Kosten sofort als Werbungskosten abgezogen werden. Statt dem Sofortabzug kann der Erhaltungsaufwand auf Antrag des Wohnungseigentümers aber nach § 11b EStG gleichmäßig auf zwei bis fünf Jahre verteilt als Werbungskosten abgezogen werden. 417

cc) Anwendung auf Wohnungseigentum

Durch § 7i Abs. 3 EStG und dem darin enthaltenen Rechtsgrundverweis auf § 7h Abs. 3 EStG ist § 7h EStG auf Eigentumswohnungen und auf im Teileigentum stehende Räume entsprechend anzuwenden. Das Gebäude des Wohnungseigentums muss dafür unter den allgemeinen Voraussetzungen als Denkmal anerkannt sein. Es ist sowohl das Sondereigentum als auch das anteilige gemeinschaftliche Eigentum begünstigt. 418

dd) Bescheinigungsverfahren

Vor Baubeginn muss sich der Eigentümer mit der zuständigen Denkmalschutzbehörde abstimmen (§ 7i Abs. 1 Satz 6 EStG). Zwingend erforderlich ist zudem eine Bescheinigung der zuständigen Denkmalschutzbehörde nach § 7i Abs. 2 EStG (Grundlagenbescheid[324]). Durch die Bescheinigung wird nachgewiesen, in welcher Höhe die Aufwendungen für die Baumaßnahmen zur 419

322 Eine sinnvolle Nutzung ist anzunehmen, wenn das Gebäude in der Weise genutzt wird, dass die Erhaltung der schützenswerten Substanz des Gebäudes auf Dauer gewährleistet ist (§ 7i Abs. 1 Satz 2 EStG).

323 Im BMF, Schreiben v. 21.1.2020 - IV C 1 - S 2198-a/19/10004:001, BStBl 2020 I S. 169 NWB FAAAH-40529, ist eine Übersicht enthalten (Stand: Januar 2020).

324 So BFH, Urteil v. 13.9.2001 - IX R 62/98, BStBl 2003 II S. 912 KAAAA-69423, zur Vorgängerregelung nach § 82i EStDV.

Erhaltung des Gebäudes als Baudenkmal oder zu seiner sinnvollen Nutzung erforderlich sind.[325]

420 Die zuständige Behörde hat die Bescheinigung objektbezogen auszustellen. Bei Wohnungseigentum im Sinne des WEG ist die Bescheinigung für die jeweilige Eigentumswohnung auszustellen, so dass eine Bescheinigung für das Gesamtgebäude nicht genügt.[326] Die Verwaltungsbehörde kann die begünstigten Gesamtaufwendungen auf die einzelnen Eigentumswohnungen nach einem pauschalierenden Flächenmaßstab aufteilen, wenn der auf das Wohneigentum entfallende Miteigentumsanteil nach der Teilungserklärung der anteiligen Nutzfläche der Wohnung am Gesamtgebäude entspricht.[327]

ee) Abschreibung nach § 7i EStG

421 Die Bemessungsgrundlage der AfA bilden die begünstigten und bescheinigten Aufwendungen, welche nach den allgemeinen Grundsätzen (nachträgliche) Herstellungskosten darstellen. Der Begünstigungszeitraum beträgt 12 Jahre (8 Jahre zu 9 % und 4 Jahre zu 7 %).

BEISPIEL „AFA NACH § 7I ESTG": Eine Immobilie ist in drei Wohneigentumseinheiten aufgeteilt und als Baudenkmal anerkannt. Die jeweiligen Eigentümer hatten Aufwendungen für die Erhaltung des Gebäudes im Jahr 2024 (Herstellungsabschluss) zu tragen, welche nach der Bescheinigung der zuständigen Denkmalbehörde nach § 7i EStG begünstigt sind. Frau A vermietet ihre Eigentumswohnung.

LÖSUNG: Frau A kann die Aufwendungen wie folgt nach § 7i EStG abschreiben: VZ 2024–2031 mit 100.000 € x 9 % = 9.000 € p. a. und VZ 2032–2035 mit 100.000 € x 7 % = 7.000 € p. a.

422 Für die Aufteilung der Anschaffungskosten bei dem Erwerb eines denkmalgeschützten Objekts auf Grund und Boden sowie Gebäude gilt keine eigene Bewertungsmethode für Denkmäler. Daher ist dem Grund und Boden auch dann ein (wenn auch ggf. relativ geringer) Anteil an den Anschaffungskosten zuzuordnen, wenn durch den Denkmalschutz das Gebäude möglicherweise ewig auf dem Grundstück steht und der Grund und Boden damit faktisch nie mehr für eine andere Gebäudebebauung frei wird.[328] Allerdings sind – wie immer – alle relevanten tatsächlichen Gegebenheiten des konkreten Grundstücks – also auch denkmalbedingte Besonderheiten – zu berücksichtigen.[329]

325 Seit der Änderung durch das JStG 2020 v. 21.12.2020, BGBl 2020 I S. 3096, hat aber eine „offensichtlich rechtswidrige Bescheinigung" (§ 7i Abs. 2 Satz 1 EStG) keine Bindungswirkung.

326 BFH, Urteil v. 16.9.2014 - X R 29/12 KAAAE-80498 = BFH/NV 2015 S. 194.

327 OVG Sachsen, Urteil v. 8.12.2021 - 1 A 625/19 Rz. 26.

328 BFH, Urteil v. 7.10.2025 - IX R 26/24 VAAAK-04422 = BFH/NV 2026 S. 62.

329 Behrens, BB 2026 S. 306.

Die danach ermittelten Anschaffungskosten des Gebäudeteils des Baudenkmals sind regulär (nach § 7 Abs. 4, 5, 5a EStG) und nicht nach § 7i EStG abzuschreiben. Daher kann es interessant sein, zuerst zu kaufen und danach zu sanieren.[330]

15. Eigene Tätigkeit als Werbungskosten?

Werbungskosten entstehen nur durch eine Vermögenseinbuße (Aufwand), die der Wohnungseigentümer erleidet. Ein eindeutiges Beispiel von eigenem Aufwand wäre die Zahlung für einen Handwerker, der das vermietete Wohnungseigentum instand hält. Sofern aber der Wohnungseigentümer seine eigene Arbeitskraft einsetzt, entsteht ihm kein Aufwand im steuerrechtlichen Sinne und es sind keine fiktiven Lohnkosten als Werbungskosten absetzbar.[331] Selbst erworbenes Material ist gleichwohl abziehbar. 423

Wenn ein Wohnungseigentümer für einen anderen Wohnungseigentümer tätig wird, kann der andere Wohnungseigentümer den für die Arbeit gezahlten Lohn als Werbungskosten ansetzen. 424

BEISPIEL „EIGENE ARBEITSKRAFT BEI SONDEREIGENTUM“: Der selbständige Malermeister A streicht sowohl die ihm gehörende und vermietete Wohnung als auch die Wohnungen des Eigentümers B (ebenfalls vermietet) und von Eigentümer C (selbst genutzt). B und C zahlen jeweils angemessene 500€ (darin für den Lohnanteil: 400€) für die Malerarbeiten an A nach dessen Rechnungsstellung aus seinem Malerbetrieb. Alle Arbeiten betreffen das jeweilige Sondereigentum von A, B und C.

LÖSUNG: B kann die Aufwendungen aus den Malerarbeiten (500€) als Erhaltungsaufwand bei seinen Werbungskosten aus Vermietung und Verpachtung ansetzen. C kann die anteiligen Lohnaufwendungen (400€) als Steuerermäßigung nach § 35a Abs. 3 EStG (Handwerkerleistungen) ansetzen. A selbst kann aus seiner Arbeitsleistung keine Werbungskosten für seine vermietete Wohnung abziehen. Es ist ein „In-Sich-Geschäft“, das steuerrechtlich nicht zu Aufwand oder Ertrag führt. In seinem Malerbetrieb hat er auch keine (kalkulatorischen) Betriebseinnahmen zu erfassen. Nur die verwendeten Mittel (z. B. Farbe und Pinsel) wären Entnahme (§ 4 Abs. 1 Satz 2 EStG) zum Teilwert (§ 6 Abs. 1 Nr. 4 Satz 1 EStG) im Gewerbebetrieb und gleichzeitig als Werbungskosten bei den Einkünften aus Vermietung und Verpachtung anzusetzen.

Wenn das Gemeinschaftseigentum bei der Arbeitsleistung betroffen ist, bei dem die GdWE die Auftraggeberin der Leistung ist, führt dies nach hier vertretener Auffassung zu abzugsfähigem Aufwand und steuerpflichtigen Ertrag in der Person des leistenden Wohnungseigentümers. Da die GdWE rechtsfähig ist 425

330 Pfirrmann in Kirchhof/Seer, 24. Aufl. 2025, § 7i EStG Rz. 4.

331 BFH, Urteil v. 1.10.1985 - IX R 58/81, BStBl 1986 II Rz. 142 DAAAA-97619.

und die Zahlungen von bzw. an die GdWE ab- bzw. zugeflossen sind, treten hier zwei verschiedene Rechtsträger auf, die Leistungen bzw. Gegenleistungen vereinbaren. Bei einer „normalen" Bruchteilsgemeinschaft bzw. Gesellschaft (z. B. GbR) stellen dagegen die auf den Leistenden entfallenden Zahlungen weder Aufwand noch Ertrag dar. Bei der GdWE ist dies aber wegen der Rechtsfähigkeit aus § 9a WEG anders.

BEISPIEL „EIGENE ARBEITSKRAFT BEI GEMEINSCHAFTSEIGENTUM": Der selbständige Malermeister A streicht die Fassade der Wohnungseigentümeranlage nach dem entsprechenden Beschluss der GdWE und dem Auftrag des Verwalters. A stellt für die Arbeiten insgesamt 3.000 € in Rechnung, was dann vom Bankkonto der GdWE gezahlt wird.

LÖSUNG: A erzielt nach hier vertretener Auffassung 3.000 € Betriebseinnahmen aus seinem Malerbetrieb (Einkünfte aus Gewerbebetrieb nach § 15 EStG). Die Einnahmen sind nicht um seinen Miteigentumsanteil am Objekt zu kürzen. Es kann den auf ihn entfallenden Anteil als Werbungskosten (bei Vermietung seines Sondereigentums) bzw. den Lohnanteil als Handwerkerleistung nach § 35a Abs. 3 EStG (bei Eigennutzung seines Sondereigentums) geltend machen.

16. Werbungskosten zeitlich außerhalb der Vermietung

a) Vorweggenommene Werbungskosten (vor Vermietung)

426 Vor dem Beginn der Vermietung (dem Beginn der Laufzeit des Mietvertrags) fallen regelmäßig bereits Kosten an (z. B. für eine Renovierung). Diese können als vorab entstandene Werbungskosten bei der Einkunftsart Vermietung und Verpachtung angesetzt werden, da diese schon im wirtschaftlichen Zusammenhang mit der Einkünfteerzielung stehen.[332]

427 Denkbar ist auch der Werbungskostenabzug für vergebliche Aufwendungen, wenn z. B. die beabsichtige Vermietung scheitert und das Wohnungseigentum selbst genutzt wird.[333] Hier trifft den Eigentümer die Last, den Sachverhalt dem Finanzamt glaubhaft zu machen.

b) Nachträgliche Werbungskosten (nach Vermietung)

428 Zwangsläufige Kosten nach dem Ende der Vermietung können Werbungskosten darstellen. Zu denken ist u. a. an Schuldzinsen aus der Anschaffung oder

332 BFH, Urteil v. 6.9.2016 - IX R 19/15 UAAAF-87349 = BFH/NV 2017 S. 19 unter II. 2. c) m. w. N.

333 Für den Fall des Abzugs von Schuldzinsen für ein gescheitertes Bauvorhaben: BFH, Urteil v. 5.11.2001 - IX B 92/01, BStBl 2002 II S. 144 FAAAA-89138.

Herstellung des Wohnungseigentums, wenn das Objekt verkauft wird, aber der Veräußerungserlös nicht ausreicht, die Schulden zu tilgen bzw. die Tilgung rechtlich nicht möglich ist.[334]

Renovierungskosten vor einer Veräußerung oder Eigennutzung des Wohnungseigentums können im Grundsatz nicht als nachträgliche Werbungskosten abgezogen werden. Eine Ausnahme ist aber zulässig für den Fall, dass ein Instandsetzungsgrund ein Schaden ist, der während der Mietzeit (insbesondere durch das Verhalten des Mieters) entstanden ist.[335] 429

c) Zwischenzeitlicher Leerstand (vorübergehende Nichtvermietung)

Wenn eine Wohnung zwischenzeitlich nicht vermietet wird (da z. B. gerade kein Mieter gefunden wurde oder die Wohnung renoviert wird), ist ein Werbungskostenabzug gleichwohl zulässig, solange der Eigentümer seine Vermietungsabsicht nicht (endgültig) aufgegeben hat.[336] Sofern eine Wohnung nach einer (auf Dauer angelegten) Vermietung leer steht, sind damit im Zusammenhang stehende Aufwendungen (z. B. die Gebäude-AfA) als Werbungskosten bei den Einkünften aus Vermietung und Verpachtung abziehbar. Solange sich der Eigentümer ernsthaft und nachhaltig um eine Vermietung der leerstehenden Wohnung bemüht, kann regelmäßig nicht von einer endgültigen Aufgabe der Absicht zur Einkünfteerzielung ausgegangen werden. Das gilt selbst dann, wenn er die Wohnung zugleich zum Verkauf anbietet. Für die ausreichenden Vermietungsbemühungen trägt der Eigentümer gegenüber dem Finanzamt die Feststellungslast.[337] 430

Zeigt sich aufgrund bislang vergeblicher Vermietungsbemühungen, dass für das Objekt kein Markt besteht und es deshalb nicht vermietbar ist, muss der Eigentümer (u. U. auch durch einen Umbau) einen vermietbaren Zustand des Objekts erreichen. Bleibt er untätig und nimmt den Leerstand auch künftig hin, spricht dieses gegen eine fortbestehende Absicht zur Einkünfteerzielung.[338] 431

---

334 Dazu ausführlich BMF, Schreiben v. 27.7.2015 - IV C 1 - S 2211/11/10001, BStBl 2015 I S. 581 XAAAE-97191.

335 BFH, Urteil v. 11.7.2000 - IX R 48/96, BStBl 2001 II S. 704 DAAAA-89066.

336 So auch ausdrücklich R 21.2 Abs. 3 EStR, wenn aus einem Objekt noch keine Einnahmen erzielt werden, z. B. bei einem vorübergehend leerstehenden Gebäude.

337 Zu dem Ganzen vgl. BFH, Urteil v. 9.7.2003 - IX R 102/00, BStBl 2003 II S. 940 TAAAA-72047.

338 BFH, Urteil v. 25.6.2009 - IX R 54/08, BStBl 2010 II S. 124 DAAAD-31918.

17. Schaden bei vermieteten Eigentumswohnungen

a) Schaden am Objekt durch den Mieter

432 Wenn der Mieter einen Schaden an der Eigentumswohnung verursacht, betrifft die Kostenregulierung die Vermögensebene, die im Grundsatz nicht zur Einkünfteerzielung gehört. Schadenersatzzahlungen des Mieters (oder seiner Haftpflichtversicherung) stellen damit zwar keine Einnahmen aus Vermietung und Verpachtung dar, aber mindern die Werbungskosten für die Schadensbeseitigung.

BEISPIEL „SCHADEN DURCH MIETER": Der Mieter der Eigentumswohnung verursacht im November 2024 einen Wasserschaden, den der Vermieter (Eigentümer) durch einen Handwerker reparieren lässt (Tapezier- und Bodenarbeiten) und dem Handwerker im Dezember 2024 dafür 2.000€ zahlt. Im Januar 2025 zahlt der Mieter dem Eigentümer 2.000€ als Schadenersatz.

Die Zahlung des Mieters an den Vermieter (Eigentümer) stellt keine Einnahmen aus Vermietung und Verpachtung dar, sondern mindert den Werbungskostenabzug. Somit kann der Eigentümer insoweit keine Werbungskosten für 2024 abziehen. Die Zahlung 2025 stellt keine steuerpflichtige Einnahme für den Eigentümer dar.

b) Gebäudeschäden (z. B. Brandschaden)

433 Durch einen Schaden an der Substanz der Eigentumswohnung (z. B. durch einen Brand) ist ggf. eine „Absetzung für außergewöhnliche technische oder wirtschaftliche Abnutzung" (AfaA) zulässig (§ 9 Abs. 1 Satz 3 Nr. 7 EStG i. V. mit § 7 Abs. 1 Satz 7 EStG). Bei einem (erforderlichen) Abriss des Objekts ist die AfaA unstreitig zulässig, da das Gebäude dadurch technisch zerstört wird (Substanzeinbuße am Wirtschaftsgut).[339] Anzusetzen ist die AfaA für das Schadensjahr als Werbungskosten.[340]

434 Wenn die Instandsetzungskosten durch den Schaden (im Regelfall) zu nachträglichen Herstellungskosten führen (Wiederherstellung der Betriebsbereitschaft) oder nach einem Abriss ohnehin unstreitig Herstellungskosten für einen Neubau sind, können die Aufwendungen für die Schadenbeseitigung nur über die Gebäude-AfA als Werbungskosten berücksichtigt werden.

435 Soweit die Wohngebäudeversicherung für den Schaden an den Wohnungseigentümer (bzw. an die GdWE) zahlt, sind diese als Einnahmen aus Vermietung und Verpachtung zu versteuern. Dies gilt aber nur insoweit, als die Einnahmen die entstandenen Werbungskosten (z. B. Zahlungen an den Mieter, für

339 BFH, Urteil v. 28.10.1980 - VIII R 34/76, BStBl 1981 II S. 161 XAAAA-91578.

340 BFH, Urteil v. 13.3.1998 - VI R 27/97, BStBl 1998 II S. 443 FAAAA-96227.

die Abbruchkosten[341] und die AfaA) insgesamt nicht übersteigen.[342] Soweit die Einnahmen über den Werbungskosten liegen (da oftmals der Neubauwert versichert ist), sind keine Einnahmen anzusetzen (steuerneutrale Vermögensebene). Die AfA-Bemessungsgrundlage oder das AfA-Volumen für die neuen Herstellungskosten nach dem Schadensfall werden gleichwohl nicht durch die Versicherungsleistung vermindert.[343]

BEISPIEL „FEUERSCHADEN": Durch ein defektes Elektrokabel ist im Keller der Immobilie im Jahr 2023 ein Feuer ausgebrochen, das alle Eigentumswohnungen des Objekts so zerstört hat, dass ein Abriss erforderlich ist. Die GdWE konnte durch die Leistungen aus der Wohngebäudeversicherung in 2025 einen Neubau finanzieren. Eigentümer A vermietet die ihm gehörende Eigentumswohnung auch nach dem Neubau. Bezogen auf Wohnungseigentümer A ergeben sich folgende (ggf. anteilige) Werte:

- AfA-Restvolumen des anteiligen Altgebäudes im Zeitpunkt des Brandschadens: 200.000 €;
- Entschädigungen (z. B. für Hotelkosten) an Mieter M: 10.000 €;
- anteilige Abbruchkosten des Objekts: 5.000 €;
- anteilige Herstellungskosten des Neubaus: 300.000 €;
- anteilige Leistung der Wohngebäudeversicherung: 315.000 €.

Für das Jahr des Brandschadens (2023) kann der Restwert des AfA-Volumens (200.000 €) als AfaA voll abgesetzt werden (§ 7 Abs. 1 Satz 7 EStG). Die Abbruchkosten (5.000 €) und die Zahlungen an den Mieter (10.000 €) sind bei Abfluss als Werbungskosten abzugsfähig. Die erst später ausgezahlte Versicherungsleistung (315.000 €) ist nur insoweit als Einnahme aus Vermietung und Verpachtung bei A steuerpflichtig, als diese den Werbungskosten aus dem Brandschaden betraglich entsprechen (hier in der Summe: 215.000 €). Der übersteigende Betrag (100.000 €) ist ohne steuerrechtliche Auswirkung. Die AfA aus den Herstellungskosten des Neubaus wird nicht gemindert.

18. Verbot einer beabsichtigen Nutzung des Wohnungseigentums

Wenn Wohnungseigentum nicht wie geplant (z. B. als Ladenlokal) genutzt werden kann, da die Teilungserklärung der WEG dies nicht zulässt (z. B. Verbot einer gewerblichen Nutzung), führt das nicht zu einer außergewöhnlichen wirtschaftlichen Abnutzung des Gebäudes, die eine AfaA i. S. des § 7 Abs. 1 Satz 7 EStG rechtfertigt. Durch die Bindung des jeweiligen Wohnungseigentümers an die Beschlüsse oder die Teilungserklärung der GdWE ist dieser eben 436

341 BFH, Urteil v. 1.12.1992 - IX R 333/87, BStBl 1994 II S. 12 IAAAB-04838.
342 BFH, Urteil v. 1.12.1992 - IX R 333/87, BStBl 1994 II S. 12 IAAAB-04838.
343 BFH, Urteil v. 1.12.1992 - IX R 333/87, BStBl 1994 II S. 12 IAAAB-04838.

nicht – wie bei Alleineigentum – frei in seiner Nutzungsentscheidung und -möglichkeit. Wird z. B. nach den Vorschriften des WEG die Nutzung von erworbenen Gebäudeteilen als Wohnung untersagt, rechtfertigt dies nach Auffassung des BFH keine AfaA, wenn sich darin ein dem Kaufobjekt von vornherein anhaftender Mangel zeigt und die Parteien des Kaufvertrags die Gewährleistung hinsichtlich der Nutzungsmöglichkeiten der Sache ausgeschlossen haben.[344]

19. Abbruch des Gebäudes

a) Abbruch bei einer Bestandsimmobilie

437 Wenn das Gebäude abgebrochen wird (z. B. wegen einer zu alten Bausubstanz oder einem Vollverschleiß), kann der Restwert des AfA-Volumens im Abrissjahr voll als Werbungskosten (AfaA) abgesetzt werden (§ 7 Abs. 1 Satz 7 EStG). Die dafür erforderlichen Abbruchkosten (z. B. durch ein beauftragtes Abbruchunternehmen) sind ebenfalls sofort abzugsfähige (nachträgliche) Werbungskosten.[345]

b) Abbruch nach Grundstückserwerb

438 Wenn ein Gebäude erworben und (zeitnah) danach abgebrochen wird, ist zu differenzieren.[346]

aa) Erwerb mit Abbruchabsicht

439 Wenn das Grundstück bereits in der Absicht erworben wurde, es abzubrechen und das Grundstück neu zu bebauen, gehören der Restwert der AfA und die Abbruchkosten des Altgebäudes zu den Herstellungskosten des neuen Gebäudes. Die eigentlichen Herstellungskosten für das neue Gebäude gehören ohnehin zu den Herstellungskosten des Neubaus.

440 War das Altgebäude aber schon technisch oder wirtschaftlich verbraucht oder wertlos, werden der AfA-Restwert und die Abbruchkosten nur den Anschaffungskosten des Grund und Bodens und nicht den Herstellungskosten des Neubaus hinzugerechnet.

---

344 BFH, Urteil v. 14.1.2004 - IX R 30/02, BStBl 2004 II S. 592 TAAAB-22102.

345 BFH, Urteil v. 21.6.1963 - VI 330/61 U, BStBl 1963 III S. 477 QAAAA-90030; BFH, Urteil v. 28.3.1973 - I R 115/71, BStBl 1973 II S. 678 PAAAA-90882; BFH, Urteil v. 12.6.1978, BStBl 1978 II S. 620 VAAAA-91356.

346 Dazu H 6.4 „Abbruchkosten“ EStH m. w. N.

bb) Erwerb ohne Abbruchabsicht

Sollte das Gebäude tatsächlich ohne Abbruchabsicht erworben worden sein, wären sowohl der Gebäudewert als auch die Abbruchkosten als nachträgliche Werbungskosten sofort abzugsfähig, wenn das Gebäude noch vermietet bzw. eine Vermietung ernsthaft beabsichtigt war. Dies wird einen Ausnahmefall darstellen. Wird mit dem Abbruch eines Gebäudes innerhalb von drei Jahren nach dem Erwerb begonnen, spricht der Beweis des ersten Anscheins nach Verwaltungsauffassung dafür, dass der Erwerber das Gebäude in der Absicht erworben hat, es abzureißen. Der Steuerpflichtige kann diesen Anscheinsbeweis durch den Gegenbeweis entkräften (z. B. dass es zu dem Abbruch erst aufgrund eines ungewöhnlichen Geschehensablaufs gekommen ist). 441

IV. Übertragung von Wohnungseigentum in der Einkommensteuer

1. Veräußerung von Wohnungseigentum

a) Privates Veräußerungsgeschäft bei Grundstücken (§ 23 Abs. 1 Nr. 1 EStG)

442 Im Grundsatz ist die Veräußerung einer Immobilie (und damit auch einer Eigentumswohnung) im Privatvermögen nur einkommensteuerpflichtig, sofern „der Zeitraum zwischen Anschaffung und Veräußerung nicht mehr als zehn Jahre beträgt" (sog. privates Veräußerungsgeschäft nach § 22 Nr. 2 EStG i. V. mit § 23 Abs. 1 Satz 1 Nr. 1 Satz 1 EStG). Für die Steuerpflicht bei der Veräußerung einer Eigentumswohnung im Privatvermögen kommt es somit in erster Linie auf die Haltedauer an.

443 Als Veräußerungsgeschäfte i. S. des § 23 EStG werden neben den „normalen" Grundstücksveräußerungen durch einen notariellen Kaufvertrag auch der Eigentumsverluste aufgrund einer Zwangsversteigerung angesehen.[347] Dagegen sind Fälle einer Enteignung oder Umlegung davon nicht betroffen.[348]

444 Sofern sich die Eigentumswohnung in einem Betriebsvermögen befindet, ist eine Veräußerung immer einkommensteuerpflichtig, da die Eigentumswohnung als Wirtschaftsgut dann den allgemeinen Regelungen für Gewinneinkünfte (§§ 4 Abs. 1 und 13, 15 bzw. 18 EStG) unterliegt.

347 BFH, Urteil v. 12.11.2024 - IX R 6/24, BStBl 2025 II S. 350 SAAAJ-86211, und (bei dem Fall einer Eigentumswohnung) Niedersächsisches FG, Urteil v. 7.12.2023 - 10 K 239/20 RAAAJ-92123 (juris, BFH-Rev.: VIII R 25/24).

348 BFH, Urteil v. 12.11.2024 - IX R 6/24, BStBl 2025 II S. 350 Rz. 17 SAAAJ-86211 m. w. N.

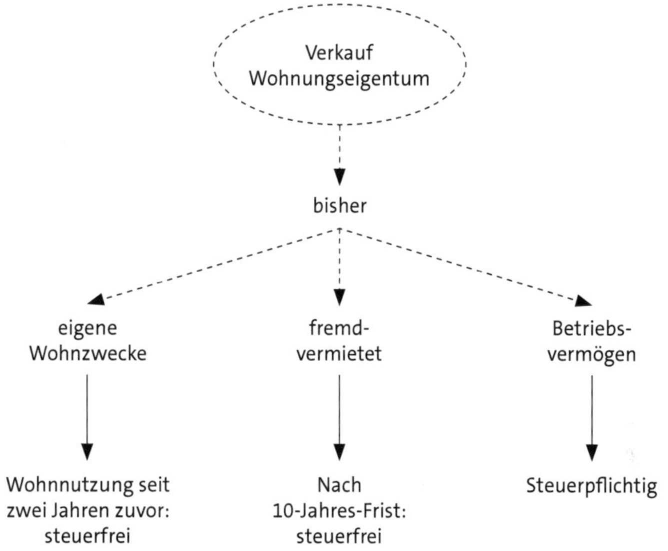

b) Keine Besteuerung bei Veräußerung selbstbewohnter Eigentumswohnungen

aa) Zeitraum der Selbstnutzung

Für selbst genutzte Grundstücke (auch für Eigentumswohnungen) besteht eine 445
wichtige Ausnahme von der Steuerpflicht: Eine Veräußerung ist nicht einkommensteuerpflichtig, sofern diese entweder

- im Zeitraum zwischen Anschaffung bzw. Fertigstellung und Veräußerung ausschließlich *oder*
- im Jahr der Veräußerung und in den beiden vorangegangenen Jahren

zu eigenen Wohnzwecken genutzt wurde (§ 23 Abs. 1 Satz 1 Nr. 1 Satz 3 EStG). Die Nichtsteuerbarkeit erstreckt sich neben dem Gebäudeteil nach Verwaltungsauffassung auch auf den Anteil am Grund und Boden.[349]

Die Ausnahmeregelung des § 23 Abs. 1 Satz 1 Nr. 1 Satz 3 EStG hat den Zweck, 446
die Besteuerung eines Veräußerungsgewinns bei Aufgabe eines Wohnsitzes (z. B. wegen eines Arbeitsplatzwechsels) zu vermeiden.[350]

349 BMF, Schreiben v. 5.10.2000 - IV C 3-S 2256-263/00, BStBl 2000 I S. 1383 Rz. 17.
350 BT-Drucks. 14/265 S. 181.

bb) Begünstigter Personenkreis

447 Für eine „Nutzung zu eigenen Wohnzwecken“ muss die Eigentumswohnung im Grundsatz vom Eigentümer selbst bewohnt werden. Wenn dort auch andere Personen leben (z.B. Ehegatte oder Kinder), ist dies unschädlich, solange der Eigentümer dort auch selbst wohnt.[351]

BEISPIEL „NUTZUNG ZU EIGENEN WOHNZWECKEN“: Frau F erwirbt im Jahr 2018 eine Eigentumswohnung und nutzt diese zusammen mit ihrem Lebensgefährten und dessen Sohn zu eigenen Wohnzwecken. Im Jahr 2025 veräußert sie die Eigentumswohnung.

Die Veräußerung ist nicht steuerpflichtig, da die Eigentumswohnung zwischen Anschaffung und Veräußerung ausschließlich zu eigenen Wohnzwecken genutzt wurde (§ 23 Abs. 1 Satz 1 Nr. 1 Satz 3 EStG). Die Mitnutzung der beiden anderen Personen ist unschädlich.

448 Eine unentgeltliche Überlassung (ohne gleichzeitige Selbstnutzung) ist nur begünstigt, wenn es sich um ein Kind handelt, für das der Eigentümer Anspruch auf Kindergeld oder einen Freibetrag nach § 32 Abs. 6 EStG hat.[352] Die Nutzung der Wohnung durch das Kind ist dem Eigentümer in diesem Fall als eigene Nutzung zuzurechnen, weil es ihm im Rahmen seiner unterhaltsrechtlichen Verpflichtung obliegt, für die Unterbringung des Kindes zu sorgen.[353]

BEISPIEL „UNENTGELTLICHE NUTZUNG ZU FREMDEN WOHNZWECKEN“: Frau F erwirbt im Jahr 2020 eine Eigentumswohnung und überlässt diese bis zur Veräußerung im Jahr 2025 unentgeltlich

a) ihrer 20-jährigen Tochter T (die dort während ihres Studiums wohnt),

b) ihrer Mutter M.

LÖSUNG: Zu a) Die unentgeltliche Nutzungsüberlassung an Tochter T gilt als begünstigte Selbstnutzung, welche die Steuerpflicht der Veräußerung ausschließt (§ 23 Abs. 1 Satz 1 Nr. 1 Satz 3 EStG).

Zu b) Die unentgeltliche Nutzungsüberlassung an Mutter M gilt nicht als begünstigte Selbstnutzung. Damit ist die Veräußerung steuerpflichtig.

449 Überlässt der Eigentümer die Wohnung nicht ausschließlich einem einkommensteuerlich zu berücksichtigenden Kind unentgeltlich zur Nutzung, sondern zugleich einem Dritten (z.B. der Kindesmutter bzw. dem Kindesvater), stellt dies keine begünstigte Nutzung zu eigenen Wohnzwecken dar.[354] Ein Ehegatte nutzt seinen Miteigentumsanteil an der Eigentumswohnung nach einem trennungsbedingten Auszug nicht mehr zu eigenen Wohnzwecken i.S.des § 23

351 BMF, Schreiben v. 5.10.2000 - IV C 3-S 2256-263/00, BStBl 2000 I S. 1383 Rz. 22, und BFH, Urteil v. 14.2.2023 - IX R 11/21, BStBl 2023 II S. 642 unter II. 2. a) aa) YAAAJ-37544.

352 BMF, Schreiben v. 5.10.2000 - IV C 3-S 2256-263/00, BStBl 2000 I S. 1383 Rz. 23.

353 BFH, Urteil v. 24.5.2022 - IX R 28/21 DAAAJ-26042 = BFH/NV 2023 S. 20.

354 BFH, Urteil v. 24.5.2022 - IX R 28/21 DAAAJ-26042 = BFH/NV2023 S. 20.

Abs. 1 Satz 1 Nr. 1 Satz 3 EStG, wenn der geschiedene Ehepartner und das gemeinsame minderjährige Kind weiterhin dort wohnen.[355]

cc) Nutzung als Zweitwohnung

Die Besteuerungsausnahme ist nicht auf den Hauptwohnsitz beschränkt, sondern kann auch für Zweitwohnungen genutzt werden.[356] Dafür ist aber erforderlich, dass diese Eigentumswohnung tatsächlich nur vom Eigentümer (oder unentgeltlich durch andere Personen) genutzt und nicht z. B. vermietet wird (auch nicht vorübergehend).[357] 450

BEISPIEL „NUTZUNG ALS FERIENWOHNUNG": ► Frau F ist Eigentümerin einer Eigentumswohnung am Tegernsee für vorübergehende Urlaubsaufenthalte. Sofern sie sich nicht dort aufhält, wird die Wohnung nicht genutzt.

Die gelegentliche Selbstnutzung führt zu einer Nichtsteuerbarkeit nach § 23 Abs. 1 Satz 1 Nr. 1 Satz 3 EStG. Sollte sie – abweichend vom Beispiel – die Eigentumswohnung gelegentlich an Feriengäste vermieten, wäre die Befreiung nicht anzuwenden.

Eine eigene Nutzung im Rahmen einer doppelten Haushaltsführung ist ebenfalls begünstigt.[358] 451

dd) Nutzungsänderungen

Wird die Eigentumswohnung im Veräußerungsjahr vermietet, ist dies unschädlich, wenn der Wohnungseigentümer das Objekt zusammenhängend 452

- im Veräußerungsjahr zumindest an einem Tag,
- im ersten Vorjahr durchgehend sowie
- im zweiten Vorjahr zumindest einen Tag lang

zu eigenen Wohnzwecken genutzt hat.[359]

Es ist somit im Ergebnis nur eine zeitlich lückenlose Eigennutzung von einem Jahr und zwei Tagen erforderlich. Dabei muss aber das gesamte Mitteljahr durchgehend zur eigenen Wohnnutzung genutzt werden. Im zweiten Vorjahr und im Veräußerungsjahr ist jeweils nur ein einziger Tag ausreichend. 453

---

355 BFH, Urteil v. 14.2.2023 - IX R 11/21, BStBl 2023 II S. 642 YAAAJ-37544.

356 BFH, Urteil v. 27.6.2017 - IX R 37/16, BStBl 2017 II S. 1192 HAAAG-59871.

357 BMF, Schreiben v. 5.10.2000 - IV C 3-S 2256-263/00, BStBl I 2000 S. 1383 Rz. 22.

358 BMF, Schreiben v. 5.10.2000 - IV C 3-S 2256-263/00, BStBl 2000 I S. 1383 Rz. 22.

359 BFH, Urteil v. 3.9.2019 - IX R 10/19, BStBl 2020 S. 310 AAAAH-34431.

BEISPIEL „VERMIETUNG UND EIGENNUTZUNG": Herr K erwirbt zum 1.1.2018 eine vermiete Eigentumswohnung in Köln. Zum 1.12.2022 zieht er dort selbst ein (Eigenbedarf). Zum 1.1.2024 nimmt er jedoch einen neuen Job in München an und zieht dort hin. Er wohnt in der Kölner Eigentumswohnung noch bis Mitte Januar 2024, bevor er zum 1.2.2024 die Eigentumswohnung wieder vermietet und diese schließlich zum 1.10.2024 verkauft.

LÖSUNG: Die Veräußerung ist nicht steuerpflichtig, da Herr K die Eigentumswohnung zusammenhängend im Veräußerungsjahr (2024) zumindest an einem Tag (hier: einen halben Monat), im ersten Vorjahr (2023) durchgehend sowie im zweiten Vorjahr (2022) zumindest einen Tag (hier: einen Monat) zu eigenen Wohnzwecken genutzt hat (§ 23 Abs. 1 Satz 1 Nr. 1 Satz 3 EStG). Hätte Herr K – abweichend von dem Beispiel – die Wohnung z. B. schon ab dem 1.12.2023 vermietet, wäre die Ausnahme nicht anwendbar.

ee) Leerstand vor oder nach Selbstnutzung

454 Ein Leerstand vor Beginn der Nutzung zu eigenen Wohnzwecken ist unschädlich, wenn er mit der beabsichtigten Nutzung zu eigenen Wohnzwecken im Zusammenhang steht. Dies gilt auch für einen Leerstand zwischen Beendigung der Nutzung zu eigenen Wohnzwecken und Veräußerung der Eigentumswohnung, wenn die Veräußerungsabsicht nachweisbar ist.[360]

ff) Teilweise Nutzung als Arbeitszimmer

455 Wird eine zu eigenen Wohnzwecken genutzte Eigentumswohnung innerhalb der zehnjährigen Haltefrist veräußert, ist der Veräußerungsgewinn auch insoweit durch § 23 Abs. 1 Satz 1 Nr. 1 Satz 3 EStG von der Besteuerung ausgenommen, als er auf ein zur Erzielung von Überschusseinkünften genutztes häusliches Arbeitszimmer entfällt.[361]

BEISPIEL „VERÄUẞERUNG MIT ARBEITSZIMMER EINES ARBEITNEHMERS": Eine Lehrerin nutzt einen abgeschlossenen Raum in ihrer selbst genutzten Eigentumswohnung als Arbeitszimmer. Sie hat die Eigentumswohnung mit notariellem Kaufvertrag v. 11.9.2014 erworben und mit Vertrag v. 24.3.2023 veräußert (d. h. innerhalb von zehn Jahren). Der anteilig nach der Wohnfläche auf das Arbeitszimmer entfallende Gewinn beträgt 20.000 €.

Der Veräußerungsgewinn ist insgesamt nicht steuerpflichtig (§ 23 Abs. 1 Satz 1 Nr. 1 Satz 3 EStG).

456 Wenn das Arbeitszimmer für eine gewerbliche oder freiberufliche Tätigkeit genutzt wird, handelt es sich insoweit um Betriebsvermögen. Der auf das Arbeits-

360 BMF, Schreiben v. 5.10.2000 - IV C 3-S 2256-263/00, BStBl 2000 I S. 1383 Rz. 25.

361 BFH, Urteil v. 1.3.2021 - IX R 27/19, BStBl 2021 II S. 680 IAAAH-84233.

zimmer entfallende Veräußerungsgewinn ist dann unabhängig von § 23 EStG als Gewinneinkünfte steuerpflichtig.[362]

BEISPIEL „VERÄUßERUNG MIT ARBEITSZIMMER EINES FREIBERUFLERS": Ein selbständiger Steuerberater nutzt einen abgeschlossenen Raum seiner im Übrigen selbst genutzten Eigentumswohnung als Arbeitszimmer für seine freiberufliche Tätigkeit. Er hat die Eigentumswohnung mit notariellem Kaufvertrag v. 11.9.2014 erworben und mit Vertrag v. 24.3.2023 veräußert (d. h. innerhalb von zehn Jahren). Der anteilig nach der Wohnfläche auf das Arbeitszimmer entfallende Gewinn beträgt 20.000 €.

Der Veräußerungsgewinn ist nur insoweit nicht steuerpflichtig (§ 23 Abs. 1 Satz 1 Nr. 1 Satz 3 EStG), als er auf den Wohnraum entfällt. Das Arbeitszimmer ist dagegen als separates Wirtschaftsgut als Betriebsvermögen seiner freiberuflichen Steuerberaterpraxis durch die Veräußerung steuerpflichtig (§ 18 EStG).

gg) Vermietung einzelner Räume

Wenn einzelne Gebäudeteile (z. B. einzelne Räume) vermietet werden, sollte 457 dies nach früherer Verwaltungsauffassung insgesamt (und nicht nur anteilig) schädlich sein. Denn es sei nur unschädlich, wenn Teile des Wirtschaftsguts einem Dritten unentgeltlich zu Wohnzwecken überlassen werden.[363] Entgegen der bisherigen Verwaltungsauffassung schließt die vorübergehende Nutzung einzelner Räume durch fremde Dritte (z. B. als Zimmer für Messebesucher) nach Auffassung des BFH[364] die Anwendung von § 23 Abs. 1 Satz 1 Nr. 1 Satz 3 EStG aber nicht insgesamt aus. Vielmehr sei der anteilige steuerbare Veräußerungsgewinn nach dem Verhältnis der Wohnflächen zueinander (durchgängig zu eigenen Wohnzwecken genutzte Wohnfläche zu vorübergehend zu fremden Wohnzwecken überlassener Wohnfläche) zu ermitteln. Die Finanzverwaltung hat sich der Auffassung durch die Urteilsveröffentlichung im Bundesteuerblatt angeschlossen.

Unklar ist aber, ob diese Grundsätze auch für die Vermietung einer Garage 458 oder eines PKW-Stellplatzes gelten, die keinen Gebäudeteil darstellen. Vermutlich wird insoweit eine ähnliche Aufteilung nach Schätzungsgesichtspunkten denkbar sein.

---

362 Nach Auffassung des FG München, Urteil v. 16.10.2025 - 13 K 1234/22 UAAAK-08851, Rev. zugelassen (juris), beginnt mit der Entnahme eines bisher betrieblich genutzten Arbeitszimmers in das Privatvermögen (durch eine komplette Fremdvermietung der Wohnung nach vorheriger Selbstnutzung) keine neue 10-Jahresfrist nach § 23 EStG für diesen Bereich der Wohnung. Wenn somit die vermietete Eigentumswohnung erst nach mehr als zehn Jahren nach der Anschaffung im Privatvermögen veräußert wird, sei es unerheblich, wenn sich das Arbeitszimmer erst weniger als zehn Jahre im Privatvermögen des veräußernden Wohnungseigentümers befindet (keine wirtschaftliche Teilidentität).

363 BMF, Schreiben v. 5.10.2000 - IV C 3-S 2256-263/00, BStBl 2000 I S. 1383 Rz. 22 YAAAA-76811.

364 BFH, Urteil v. 19.7.2022 - IX R 20/21, BStBl 2023 II S. 234 YAAAJ-30879.

c) Veräußerung von vermietetem Wohnungseigentum

aa) Berechnung der Zehn-Jahres-Frist

459 Für die Fristberechnung des 10-Jahres-Zeitraums zwischen Anschaffung und Veräußerung kommt es auf die jeweiligen Beurkundungstermine der Notarverträge (schuldrechtliche Verpflichtungsgeschäfte) an.[365] Ein davon abweichender (späterer) Besitzübergang ist unbeachtlich. Auch eine aufschiebende Bedingung (§ 158 Abs. 1 BGB) ist insoweit für die Besteuerung nach § 23 Abs. 1 Satz 1 Nr. 1 EStG unerheblich.[366]

BEISPIEL „FRISTBERECHNUNG": Herr A erwirbt mit Notarvertrag v. 12.5.2015 eine Eigentumswohnung, welche er vermietet. Er verkauft die Eigentumswohnung mit Notarvertrag v.

a) 12.5.2025,

b) 11.7.2025.

Der Übergang von Besitz, Gefahr, Nutzen und Lasten ist nach der Vereinbarung im Kaufvertrag mit Kaufpreiszahlung am 12.8.2025.

Zu a) Die 10-Jahresfrist ist am 12.5.2025 noch nicht abgelaufen (sondern erst am 13.5.2025), so dass die Veräußerung nach § 23 Abs. 1 Nr. 1 EStG einkommensteuerpflichtig ist. Der spätere Besitzübergang (hier mit Kaufpreiszahlung am 12.8.2025) ist unbeachtlich.

Zu b) Die 10-Jahresfrist ist am 11.7.2025 bereits abgelaufen. Die Veräußerung ist nicht nach § 23 Abs. 1 Nr. 1 EStG einkommensteuerpflichtig.

460 Die Besteuerung erfolgt im dem Veranlagungszeitraum, in dem der Kaufpreis gezahlt wird.[367] Insoweit ist das Datum des Grundstückskaufvertrags nicht maßgebend.

bb) Auswirkung der Begründung von Wohnungseigentum

461 Ein zivilrechtlich einheitliches Grundstück kann durch Teilungserklärung des Grundstückseigentümers (§ 8 WEG) in Wohn- bzw. Teileigentum aufgeteilt werden. Denkbar ist auch die vertragliche Einräumung von Sondereigentum durch die Miteigentümer nach § 3 WEG. In beiden Fällen sind die daraus resultierenden Eigentumswohnungen mit dem vorherigen (Teil-)Grundstück für Zwecke des § 23 EStG identisch.[368] Dies betrifft auch die Übernahme des bisherigen Anschaffungszeitpunkts des ungeteilten Grundstücks. Die gesamten

365 BFH, Urteil v. 8.4.2014 - IX R 18/13, BStBl 2014 II S. 826 NAAAE-71574 m. w. N.

366 BFH, Urteil v. 10.2.2015 - IX R 23/13, BStBl 2015 II S. 487 SAAAE-87707.

367 BFH, Urteil v. 6.12.2016 - IX R 18/16, BStBl 2017 II S. 676 unter II.2.b) WAAAG-40817 m. w. N.

368 BFH, Urteil v. 23.8.2011 - IX R 66/10, BStBl 2013 II S. 1002 unter II. 2. FAAAD-95593; Hentschel in Herrmann/Heuer/Raupach, § 23 EStG, Rz. 111 „Teilung eines Grundstücks" (3/2024).

Anschaffungskosten sind im Verhältnis der Miteigentumsanteile auf die Eigentumswohnungen aufzuteilen.

cc) Unentgeltlicher Erwerb

Wenn die veräußerte Eigentumswohnung unentgeltlich durch Einzelrechtsnachfolge erworben wurde (z.B. durch Schenkung als vorweggenommene Erbfolge), ist dem Erwerber u.a. der Anschaffungszeitpunkt des Rechtsvorgängers zuzurechnen (§ 23 Abs. 1 Satz 3 EStG). Das Gleiche gilt für Erwerbe durch Erbfolge (Gesamtrechtsnachfolge). 462

dd) Gebäudeherstellung nach Grundstücksanschaffung

Das Gesetz nennt in § 23 Abs. 1 Satz 1 Nr. 1 Satz 1 EStG „Grundstücke", die einer Besteuerung unterliegen. Damit sind im Ausgangspunkt nach dem gesetzlichen Wortlaut sowohl der Grund und Boden als auch die darauf stehenden Gebäude und Außenanlagen zu verstehen. Ein „mitverkauftes" Gebäude als wesentlicher Bestandteil des Grundstücks (vgl. § 94 BGB) würde also ebenfalls der Besteuerung unterliegen. Wenn jedoch erst nach dem Erwerb eines unbebauten Grundstücks ein Gebäude errichtet und dann das bebaute Grundstück veräußert wird, wäre das Veräußerungsobjekt nicht (mehr) mit dem Erwerbsobjekt identisch.[369] Dies würde eine Besteuerung ausschließen. Daher werden nach § 23 Abs. 1 Satz 1 Nr. 1 Satz 2 EStG die Gebäude und Außenanlagen in die Besteuerung einbezogen, soweit sie seit der Grundstücksanschaffung errichtet, ausgebaut oder erweitert wurden. Dies gilt ausdrücklich auch für Eigentumswohnungen und im Teileigentum stehende Räume (§ 23 Abs. 1 Satz 1 Nr. 1 Satz 2 Halbsatz 2 EStG). 463

Dies bedeutet: 464

- Wenn eine bereits vorhandene Eigentumswohnung erworben und später veräußert wird, gilt die reguläre 10-Jahresfrist (Grundfall).
- Wird ein unbebautes Grundstück erworben und mit einer Wohnanlage bebaut, wird nicht nur der Gewinn für den Grund und Boden, sondern auch der Gewinn für die hergestellte Eigentumswohnung als privates Veräußerungsgeschäft besteuert, sofern zwischen dem Grundstückserwerb und der späteren Veräußerung nicht mehr als zehn Jahre liegen.[370]
- Wenn ein unbebautes Grundstück erworben, anschließend mit einer Wohnungseigentumsanlage bebaut und später als zehn Jahre nach dem Erwerb

369 Dazu BFH, Urteil v. 26.9.2023 - IX R 13/22, BStBl 2025 II S. 78 unter II.1.b) UAAAJ-56573 m.w.N.
370 BMF, Schreiben v. 5.10.2000 - IV C 3-S 2256-263/00, BStBl 2000 I S. 1383 Rz. 9.

des unbebauten Grundstücks eine Eigentumswohnung veräußert wird, ist der Gewinn nicht steuerpflichtig. Dies gilt auch in den Fällen, in denen zwischen der Herstellung (Fertigstellung) der Wohnanlage und der späteren Veräußerung der Eigentumswohnung noch keine zehn Jahre vergangen sind.

ee) Ermittlung des Veräußerungsgewinns

465 Der Gewinn (oder Verlust) aus dem privaten Veräußerungsgeschäft ermittelt sich aus der Differenz zwischen dem Veräußerungspreis für das Wohnungseigentum einerseits und den Anschaffungs- oder Herstellungskosten sowie den Werbungskosten (Veräußerungskosten) andererseits (§ 23 Abs. 3 Satz 1 EStG). Dabei ist zu beachten, dass sich die Anschaffungs- oder Herstellungskosten rechnerisch um Abschreibungen mindern, soweit sie bei der Ermittlung der Vermietungseinkünfte abgezogen worden sind (§ 23 Abs. 3 Satz 4 EStG).

466 Als Werbungskosten kommen die dazugehörigen Veräußerungskosten (z. B. für Gutachter oder Makler) in Betracht. Diese sind – abweichend vom Abflussprinzip des § 11 Abs. 2 EStG – in dem Kalenderjahr zu berücksichtigen, in dem der Veräußerungserlös zufließt.[371] Laufende Aufwendungen der Vermietung (z. B. Erhaltungsaufwand, Schuldzinsen, Grundsteuer), gehören zu den Einkünften aus Vermietung und Verpachtung (§ 21 Abs. 1 Nr. 1 EStG) und sind nicht bei § 23 EStG anzusetzen.

467 Wenn der Gewinn insgesamt unter 1.000 € liegt, bleibt dieser steuerfrei (§ 23 Abs. 3 Satz 5 EStG).

BEISPIEL „VERÄUßERUNGSGEWINN": Frau F veräußert ihre vermietete Eigentumswohnung mit Notarvertrag v. 10.12.2024 mit Wirkung zum 31.12.2024. Der Veräußerungspreis von insgesamt 200.000 € wird am 20.1.2025 gezahlt. Von dem Kaufpreis entfallen 55.000 € auf den Bodenanteil, 140.000 € auf den Gebäudeteil und 5.000 € auf die Erhaltungsrücklage. Frau F hatte die Eigentumswohnung zum 1.1.2021 für Anschaffungskosten von insgesamt 170.000 € erworben (davon 42.000 € Bodenanteil, 125.000 € Gebäudeanteil und 3.000 € anteilige Erhaltungsrücklage). Der Gebäudeanteil wurde im Zeitraum 1.1.2021 bis 31.12.2024 i. H. von 125.000 € x 2 % x 4 Jahre = 10.000 € abgeschrieben und als Werbungskosten bei den Vermietungseinkünften (§ 21 Abs. 1 Nr. 1 EStG) als AfA angesetzt (§ 9 Nr. 1 Satz 3 Nr. 7 EStG). Frau F zahlte an einen Immobilienmakler eine Provision i. H. von 2.000 €.

LÖSUNG: Der Gewinn aus dem privaten Veräußerungsgeschäft aus der Eigentumswohnung (§ 23 Abs. 1 EStG) betrifft nur das Gebäude und den dazugehörige Bodenanteil und ermittelt sich wie folgt:

371 BFH, Urteil v. 17.7.1991 - X R 6/91, BStBl 1991 II S. 916 FAAAA-93875.

Veräußerungspreis (ohne Erhaltungsrücklage):		195.000 €
Anschaffungskosten (ohne Erhaltungsrücklage):	-	167.000 €
AfA (1.1.2021–31.12.2024):	+	10.000 €
Werbungskosten (Maklerprovision):	-	2.000 €
Steuerpflichtiger Veräußerungsgewinn i. S. des § 23 EStG:	=	**36.000 €**

Der Gewinn ist im VZ 2025 (Zufluss des Kaufpreises) zu versteuern.

Die „mitverkaufte" Forderung gegenüber der GdWE auf Bezahlung künftiger Ausgaben für das Wohnungseigentum (anteilige Erhaltungsrücklage) könnte zwar nach § 20 Abs. 2 Nr. 7 EStG als sonstige Kapitalforderung zu einem Gewinn oder Verlust führen. Auf den ersten Blick könnte man daher annehmen, dass Frau F einen Gewinn i. H. von 2.000 € erzielt, indem von dem anteiligen Veräußerungspreis (5.000 €) die Anschaffungskosten aus 2021 (3.000 €) abgezogen werden. Hierzu ist aber zu beachten, dass offensichtlich in der Zeit zwischen dem Erwerb der Eigentumswohnung im Jahr 2021 und deren Veräußerung 2024 sich die anteilig auf Frau F entfallende Erhaltungsrücklage im Saldo um 2.000 € erhöht hat. Dies bedeutet, es wurden (vermindert um eventuelle Entnahmen) mindestens 2.000 € von Frau F in die Erhaltungsrücklage eingezahlt, was ihre Anschaffungskosten auf die Forderung nachträglich erhöhte. Somit betragen die Anschaffungskosten (einschließlich der nachträglichen Anschaffungskosten) von Frau F aus der Forderung bei der Veräußerung der Eigentumswohnung 5.000 €, was zutreffend dem anteiligen Veräußerungspreis von ebenfalls 5.000 € entspricht. Somit hat Frau F im Ergebnis (der Höhe nach) einen Gewinn nach § 20 Abs. 2 Nr. 7 EStG von 0 € erzielt.

Wenn separate bewegliche Wirtschaftsgüter „mitverkauft" werden, können 468
diese ebenfalls nach § 23 EStG steuerpflichtig sein.

BEISPIEL „VERÄUßERUNG MIT EINBAUKÜCHE": Frau F veräußert ihre vermietete Eigentumswohnung im Jahr 2024. Von dem Veräußerungspreis entfallen 3.000 € auf eine mitvermietete Einbauküche, die Frau F im Jahr 2020 für 8.000 € angeschafft hatte.

Für Veräußerungsgeschäfte bei anderen Wirtschaftsgütern als Grundstücken beträgt die Frist im Grundsatz ein Jahr (§ 23 Abs. 1 Satz 1 Nr. 2 Satz 1 EStG). Bei vermieteten Wirtschaftsgütern erhöht sich der Zeitraum auf zehn Jahre (§ 23 Abs. 1 Satz 1 Nr. 2 Satz 4 EStG), so dass der Verlust aus der Mitveräußerung der Einbauküche eigentlich zu berücksichtigen wäre. Da die Küche jedoch ein Gegenstand des täglichen Gebrauchs ist (§ 23 Abs. 1 Satz 1 Nr. 2 Satz 2 EStG), entfällt der Ansatz.

ff) Eigentumswohnung im Vermögen einer Personengesellschaft

Wenn die Eigentumswohnung von einer grundstücksverwaltenden Personen- 469
gesellschaft (z. B. GbR) gehalten wird, ist diese für Zwecke der privaten Veräußerungsgeschäfte steuerrechtlich als transparent zu behandeln. Nach § 23 Abs. 1 Satz 4 EStG gilt die Anschaffung oder Veräußerung einer Beteiligung an einer Personengesellschaft als Anschaffung oder Veräußerung der anteiligen

Wirtschaftsgüter. So ist für die Berechnung der 10-Jahresfrist sowohl auf den Erwerb bzw. die Veräußerung des Anteils an der Personengesellschaft als auch auf den Zeitpunkt der Anschaffung bzw. der Veräußerung der Eigentumswohnung durch die Personengesellschaft abzustellen. Die Gesellschafts- und Gesellschafterebene sind somit immer kombiniert zu betrachten.[372]

BEISPIEL „VERÄUßERUNG DURCH GBR": Frau F und Herr H sind zu je 50 % an der vermögensverwaltenden FH-GbR (Privatvermögen) beteiligt, die seit 2012 u. a. eine vermietete Eigentumswohnung in ihrem Vermögen hat. Frau F hat ihren GbR-Anteil im Jahr 2020 von Herrn Y erworben. Herr H ist seit Gründung an der FH-GbR beteiligt. Die FH-GbR veräußert die Eigentumswohnung im Jahr 2024.

Der anteilig auf Frau F entfallende Veräußerungsgewinn aus der Veräußerung der Eigentumswohnung ist bei ihr als privates Veräußerungsgeschäft steuerpflichtig, da der Zeitraum zwischen der Anschaffung ihres Anteils an der GbR (2020) und der Veräußerung der Eigentumswohnung durch die FH-GbR (2024) weniger als zehn Jahre betragen hat. Für Herrn H ist die Veräußerung nicht steuerpflichtig, da sein Anteil ihm insoweit seit 2012 (also seit mehr als zehn Jahren) zuzurechnen ist.

2. Schenkung (unentgeltliche Übertragung) von Wohnungseigentum

470 Das Eigentum an dem Wohnungseigentum kann unentgeltlich (insbesondere durch Schenkung nach § 516 ff. BGB) auf eine andere Person als neuen Eigentümer übertragen werden. Dies erfolgt in der Praxis oft bei der Vermögensübertragung an nahe Angehörige als vorweggenommene Erbfolge. Die notariellen Formvorschriften (§ 518 BGB) sind dabei zu beachten.

471 Bei einer unentgeltlichen Übertragung von vermietetem Wohnungseigentum des Privatvermögens wird für den Vermögensübergeber auch bei einer vermieteten Eigentumswohnung keine Einkommensteuer ausgelöst. Der Übergeber realisiert insbesondere kein privates Veräußerungsgeschäft i. S. des § 23 Abs. 1 Nr. 1 EStG, da es an einer Veräußerung (Entgeltlichkeit) fehlt.

472 Der Vermögensübernehmer wird neuer Eigentümer des Wohnungseigentums. Der neue Grundstückseigentümer hat somit keine eigenen Anschaffungs- oder Herstellungskosten aufgewendet. Das Einkommensteuergesetz bestimmt daher, welche Besteuerungsmerkmale das übertragene Wirtschaftsgut nunmehr beim Vermögensübernehmer erhält. Hierzu sind vor allem zwei Merkmale für die Besteuerung des neuen Wohnungseigentümers relevant:

372 BFH, Urteil v. 19.11.2019 - IX R 24/18, BStBl 2020 II S. 225 QAAAH-42556.

- Der Anschaffungszeitpunkt des Rechtsvorgängers wird für die Berechnung der 10-Jahresfrist dem unentgeltlichen Erwerber zugerechnet (§ 23 Abs. 1 Satz 3 EStG).
- Der Erwerber übernimmt die Gebäude-AfA des Rechtsvorgängers (§ 11d Abs. 1 EStDV).

BEISPIEL „SCHENKUNG": Mutter M überträgt mit Wirkung zum 1.7.2024 ihrer Tochter T eine vermietete Eigentumswohnung. Die Gebäudeanschaffungskosten von M haben seinerzeit 200.000 € betragen. Seit dem damaligen Erwerb bis zur Übertragung an T hat M zutreffend AfA bei ihren Vermietungseinkünfte i. H. von insgesamt 40.000 € bei einem AfA-Satz von 2 % geltend gemacht. T hat die Wohnung kurz nach dem Erwerb umfangreich renoviert (Aufwand: 40.000 €) und diese ab dem 1.10.2024 – wie geplant – wieder vermietet.

LÖSUNG: T hat die Eigentumswohnung (und damit auch den Gebäudeanteil) durch die Schenkung unentgeltlich erworben. Sie hat daher keine eigenen Anschaffungskosten aufgewendet, sondern übernimmt die AfA-Bemessungsgrundlage (Anschaffungskosten von M i. H. von 200.000 €) und den AfA-Satz (2 % p. a.) von M als der Rechtsvorgängerin (§ 11d Abs. 1 EStDV). T kann zukünftig nur noch das verbleibende AfA-Volumen der Rechtsvorgängerin M (200.000 € ./. 40.000 € = 160.000 €) abschreiben. Die Renovierungskosten sind als Erhaltungsaufwand sofort abzugsfähig. Die Aufwendungen stellen schon deshalb keine anschaffungsnahen Herstellungskosten i. S. des § 6 Abs. 1 Nr. 1a EStG dar, da T die Eigentumswohnung nicht „angeschafft", sondern lediglich „erworben" hat.

3. Teilentgeltliche Übertragung von Wohnungseigentum (gemischte Schenkung)

a) Teilentgeltlichkeit, da die Gegenleistung unter dem Verkehrswert des Wohnungseigentums liegt

Die Übertragung von vermietetem Wohnungseigentum kann als Schenkung ausgestaltet werden, die mit einer Auflage (Belastung) verbunden ist. Ein typischer Fall einer solchen gemischte Schenkung ist die Übernahme einer Schuld durch den Grundstückserwerber (z. B. ein noch nicht abgezahlter Bankkredit aus der Grundstücksanschaffung). 473

Bei der teilentgeltlichen Übertragung von Wirtschaftsgütern des Privatvermögens (hier: Eigentumswohnung) erfolgt nach der ständigen BFH-Rechtsprechung für einkommensteuerliche Zwecke die Aufteilung in einen voll entgeltlichen und einen voll unentgeltlichen Teil.[373] Das Verhältnis bildet dabei die Gegenleistung zum Verkehrswert des übertragenen Wirtschaftsguts. Die An- 474

373 BFH, Urteil v. 12.12.2023 - IX R 15/23 UAAAJ-64151 = BFH/NV 2024 S. 664 Rz. 21.

schaffungskosten der Immobilie werden entsprechend dieser Entgeltlichkeitsquote aufgeteilt. Diese Grundsätze gelten auch für die Besteuerung nach § 23 EStG.[374]

475 In diesen Fällen ist der einheitliche Lebenssachverhalt steuerrechtlich aufzuteilen:

- Soweit der Vorgang als entgeltlich zu werten ist, veräußert der Übergeber das anteilige Grundstück und der Erwerber schafft das anteilige Grundstück an. Damit kann der Übergeber z. B. einen Gewinn aus einem privaten Veräußerungsgeschäft realisieren.[375] Der Erwerber hat insoweit eigene Anschaffungskosten, von deren Gebäudeteil er abschreiben kann.
- Soweit der Vorgang als unentgeltlich zu werten ist, schenkt der Übergeber das anteilige Grundstück an den Übernehmer. Damit realisiert der Übergeber insoweit keinen Gewinn aus einem privaten Veräußerungsgeschäft und der Erwerber hat insoweit keine eigenen Anschaffungskosten, sondern übernimmt die Gebäude-AfA des Übergebers nach § 11d Abs. 1 EStDV.

b) Anwendungsfall: Übernahme von Verbindlichkeiten

476 Ein typischer Fall der Praxis für teilentgeltliche Vermögensübertragungen stellt die Mitübertragung von Schulden dar. Regelmäßig handelt es sich dabei um noch nicht abgezahlte Bankdarlehen, die vom Vermögensübergeber zur Anschaffung oder Herstellung des Wohnungseigentums aufgenommen wurden. Die Übernahme der Schuld führt als Negativvermögen zu Anschaffungskosten, was steuerrechtlich die gleiche Wirkung hat, als hätte der Vermögensübernehmer in Höhe der übernommenen Schuld einen Teilkaufpreis für das Vermögen gezahlt.[376]

BEISPIEL „ÜBERNAHME VON VERBINDLICHKEITEN": Mutter M überträgt mit notarieller Schenkungsurkunde v. 11.5.2024 mit Wirkung zum 1.7.2024 ihrer Tochter T eine vermietete Eigentumswohnung (Verkehrswert: 300.000 €). Die Tochter T übernimmt dabei auch den Kredit mit einer Restschuld von 100.000 €, den die Mutter M für die Kaufpreisfinanzierung aufgenommen hatte.

Die Übernahme der Bankverbindlichkeit führt zu einer gemischten Schenkung, da Tochter T die Eigentumswohnung nicht komplett unentgeltlich erhält, sondern dafür die Schuld übernehmen muss. Die Aufteilung (Entgeltlichkeitsquote) ermittelt sich

374 BFH, Urteil v. 12.12.2023 - IX R 15/23 UAAAJ-64151 = BFH/NV 2024 S. 664 Rz. 22.

375 Der Veräußerungsgewinn nach § 23 EStG ermittelt sich aus der Differenz zwischen dem Veräußerungspreis (z. B. übernommene Schuld) und den auf den entgeltlichen Teil entfallenden Anschaffungskosten (ermittelt nach dem Verkehrswert der Eigentumswohnung), vgl. BFH, Urteil v. 11.3.2025 - IX R 17/24 IAAAJ-92515).

376 BFH, Urteil v. 3.9.2019 - IX R 8/18, BStBl 2020 II S. 122 Rz. 14 AAAAH-39366 m. w. N.

nach dem Verhältnis der übernommenen Schuld (100.000 €) zum Verkehrswert der geschenkten Eigentumswohnung (300.000 €). Die Schenkung erfolgt daher zu 2/3 unentgeltlich und zu 1/3 entgeltlich. Tochter T schafft die Eigentumswohnung zu 1/3 an (Anschaffungskosten: 100.000 €). Zu 2/3 übernimmt Tochter T die AfA der Mutter (§ 11d Abs. 1 EStDV).

Im Erbschaftsteuer- bzw. Schenkungsteuerrecht wird bei der Übernahme von 477
Verbindlichkeiten diese Belastung vom steuerpflichtigen Erwerb abgezogen.[377] Soweit die Übertragung entgeltlich erfolgt, unterliegt der Vermögensanfall mangels Bereicherung daher nicht der Besteuerung nach § 7 Abs. 1 Nr. 1 ErbStG. In die schenkungsteuerliche Bemessungsgrundlage geht im Ergebnis nur der unentgeltliche Teil des Rechtsgeschäfts ein. Mit Einkommensteuer aufgrund der Einordnung als privates Veräußerungsgeschäft wird hingegen nur der entgeltliche Teil des Rechtsgeschäfts besteuert.[378]

c) Anwendungsfall: Ausgleichzahlungen

Bei der vorweggenommenen Erbfolge werden oft mehrere Angehörige berück- 478
sichtigt. Sofern z. B. einem Kind eine Eigentumswohnung übertragen werden soll, kann dieses Kind dazu verpflichtet werden, einem Geschwister eine wertentsprechende („gerechte“) Ausgleichszahlung zu leisten. Diese Zahlung führt ebenfalls zu Anschaffungskosten.

BEISPIEL „AUSGLEICHSZAHLUNG“: Mutter M überträgt ihrer Tochter T eine vermietete Eigentumswohnung (Verkehrswert: 300.000 €) und verpflichtet sie, an ihren Bruder S einen angemessenen Ausgleich i. H. von 150.000 € zu zahlen.

Die Ausgleichszahlung führt zu einer gemischten Schenkung, da Tochter T die Eigentumswohnung nicht komplett unentgeltlich erhält, sondern dafür ihren Bruder S abfinden muss. Die Aufteilung (Entgeltlichkeitsquote) ermittelt sich nach dem Verhältnis der Ausgleichszahlung (150.000 €) zum Verkehrswert der geschenkten Eigentumswohnung (300.000 €). Die Schenkung erfolgt daher zu 1/2 unentgeltlich und zu 1/2 entgeltlich. Tochter T schafft die Eigentumswohnung zu 1/2 an (Anschaffungskosten: 150.000 €). Zu 1/2 übernimmt Tochter T die AfA der Mutter (§ 11d Abs. 1 EStDV).

d) Besteuerungsfolgen für Übergeber und Übernehmer bei einer vermieteten Eigentumswohnung

Der Vermögensübergeber realisiert ein privates Veräußerungsgeschäft aus der 479
Schenkung einer vermieteten Eigentumswohnung, soweit die Übertragung als

377 R E 7.4 Abs. 1 Satz 1, 2 ErbStR.

378 BFH, Urteil v. 11.3.2025 - IX R 17/24 IAAAJ-92515 = DStR 2025 S. 1265 Rz. 29.

entgeltlich anzusehen ist und die allgemeinen Voraussetzungen des § 23 EStG (insbesondere die 10-Jahresfrist) erfüllt sind.

480 Der Vermögensübernehmer erzielt zukünftig die Vermietungseinkünfte und kann die Gebäudeabschreibung des Rechtsvorgängers (Vermögensübergeber) insoweit abziehen, als die Schenkung als unentgeltlich anzusehen ist. Für den entgeltlich erworbenen Teil hat der Übernehmer eigene Anschaffungskosten für das Gebäude, von denen er abschreibt.

BEISPIEL „BESTEUERUNGSFOLGEN": Mutter M überträgt mit Wirkung zum 1.1.2025 ihrer Tochter T eine vermietete Eigentumswohnung (Verkehrswert: 300.000 €). Die Tochter T übernimmt dabei auch den Kredit mit einer Restschuld von 100.000 €, den die Mutter M für die Kaufpreisfinanzierung aufgenommen hatte. Die Eigentumswohnung hatte M zum 1.1.2020 für Anschaffungskosten von insgesamt 250.000 € angeschafft, wovon 200.000 € auf das Gebäude entfielen. M schrieb das Gebäude mit 2 % p. a. ab.

Die Übernahme der Bankverbindlichkeit führt zu einer gemischten Schenkung. Die Entgeltlichkeitsquote nach dem Verhältnis der übernommenen Schuld (100.000 €) zum Verkehrswert der geschenkten Eigentumswohnung (300.000 €) beträgt:

- 2/3 unentgeltlich,
- 1/3 entgeltlich.

Besteuerung von Mutter M:

M realisiert ein privates Veräußerungsgeschäft für 1/3 der Eigentumswohnung, da die 10-Jahresfrist des § 23 Abs. 1 Nr. 1 EStG bei der Vermögensübertragung noch nicht abgelaufen ist. Die von Tochter T übernommene Bankverbindlichkeit stellt das Entgelt dar und wirkt wie ein Kaufpreis für 1/3 der Eigentumswohnung. Davon sind 1/3 der gesamten Anschaffungskosten der Eigentumswohnung abzuziehen (1/3 x 250.000 € = 83.333 €). Die von M bei ihren Vermietungseinkünften (§ 21 EStG) abgezogene Gebäude-AfA (für 2020–2024 insgesamt 200.000 € Gebäudeanschaffungskosten x 2 % AfA-Satz p. a. x 5 Jahre = 20.000 €) ist nach § 23 Abs. 3 Satz 4 EStG (aber ebenfalls nur zu 1/3, d. h. 6.667 €) hinzuzurechnen. Der Gewinn nach § 23 Abs. 1 Nr. 1 EStG ermittelt sich für Mutter M daher wie folgt:

Entgelt:		100.000 €
Anschaffungskosten:	-	83.333 €
Gebäude-AfA:	+	6.667 €
Gewinn § 23 Abs. 1 Nr. 1 EStG	=	**23.334 €**

Besteuerung von Tochter T:

Die Eigentumswohnung erwirbt T zu 1/3 entgeltlich und zu 2/3 unentgeltlich. Da T aus der vermieteten Eigentumswohnung ab dem 1.1.2025 Einkünfte aus Vermietung und Verpachtung erzielt (§ 21 Abs. 1 Nr. 1 EStG), kann sie die Gebäude-AfA als Werbungskosten abziehen. Hierzu sind zwei separate Abschreibungsreihen zu bilden. Für den unentgeltlich erworbenen Teil führt T die Gebäudeabschreibung von M zu 2/3 nach § 11d Abs. 1 EStDV weiter (d. h. 200.000 € x 2/3 x 2 % p. a. = 2.667 €). Mit der übernommenen Schuld hat T Anschaffungskosten für 1/3 der Eigentumswohnung i. H. von 100.000 € aufgewendet. Davon ist nur der Gebäudeteil abzuschreiben. Wenn der Gebäudeteil bei Übertagung am 1.1.2025 z. B. 80 % beträgt, kann T von 80.000 € (erworbener Gebäudeteil) insoweit zukünftig 2 % p. a. (§ 7 Abs. 4 Satz 1 Nr. 2 Buchst. a EStG) abschreiben.

4. Übertragung von Wohnungseigentum gegen wiederkehrende Leistungen

a) Grundsätze der Besteuerung von Veräußerungsrenten

Wenn Wohnungseigentum des Privatvermögens gegen die lebenslange Zahlung eines bestimmten Geldbetrags (Leibrente) übertragen wird, handelt es sich nach allgemeinen ertragsteuerrechtlichen Grundsätzen um ein Veräußerungsgeschäft.[379] 481

Hierbei ist zunächst zu bestimmen, welches Wertverhältnis die beiden Leistungen (Wohnung gegen Rente) zueinander haben. Daraus ergeben sich dann die einkommensteuerlichen Folgen, ob und zu welcher Quote das Wohnungseigentum veräußert oder unentgeltlich übertragen wurde. Dies ist für Veräußerer und Erwerber relevant, weil sich daraus die Besteuerungsfolgen ergeben können: 482

- Höhe des Veräußerungspreises bzw. der Anschaffungskosten des Wohnungseigentums (relevant für ein privates Veräußerungsgeschäft beim Übergeber und für die AfA-Bemessungsgrundlage beim Übernehmer);
- Höhe des Ertragsanteils aus den Leibrentenzahlungen (relevant für die laufende Einkünfteversteuerung beim Übergeber und für einen Werbungskostenabzug beim Übernehmer);
- Höhe einer anteiligen Unterhaltszahlung, die insoweit beim Übergeber und beim Übernehmer steuerrechtlich unbeachtlich ist.

b) Verhältnis der Leistung zur Gegenleistung

Für die Beurteilung der steuerrechtlichen Folgen der Vermögensübertragung gegen (lebenslange) Rentenzahlung kommt es auf das Wertverhältnis zwischen dem übertragenen Wohnungseigentum und dem Kapitalwert der (lebenslangen) Rente an. 483

379 BFH, Urteil v. 29.9.2021 - IX R 11/19, BStBl 2022 II S. 228 EAAAI-01269.

484 Hierzu sind vier Situationen zu unterscheiden, welche jeweils unterschiedliche Rechtsfolgen haben:

1. Der Kapitalwert der Rente entspricht (in etwa) dem Wert des übertragenen Wohnungseigentums (Wertausgleichsfall): Es handelt sich um ein vollentgeltliches Geschäft.
2. Der Kapitalwert der Rente ist geringer als der Wert des übertragenen Wohnungseigentums (Minderkapitalfall): Es handelt sich um ein teilentgeltliches Geschäft.
3. Der Kapitalwert der Rente ist höher als der Wert des übertragenen Wohnungseigentums (Mehrkapitalfall): Es handelt sich nur insoweit um ein vollentgeltliches Geschäft, als sich der Kapitalwert betraglich mit dem Wert des Wohnungseigentums deckt. Der darüber hinausgehende Kapitalwert stellt eine ertragsteuerrechtlich irrelevante Unterhaltsleistung dar.
4. Der Kapitalwert der Rente ist mehr als doppelt so hoch wie der Wert des übertragenen Wohnungseigentums (Extremfall): Es handelt sich insgesamt (!) um eine steuerrechtlich irrelevante Unterhaltsleistung.

485 Die laufenden Zahlungen sind dabei in den ersten drei Kategorien jeweils aufzuteilen: Ein Teil ist dem Kapitalwert zuzuordnen, der (aus Sicht des Übertragers) den anteiligen Kaufpreis bzw. (aus Sicht des Übernehmers) die anteiligen Anschaffungskosten des Wohnungseigentums repräsentiert. Der andere Teil stellt den Zinsanteil der Zahlungen dar, da kein Einmalbetrag für die Vermögensübernahme geleistet wird, sondern wiederkehrende Zahlungen über einen langen Zeitraum. Zu den Folgen der einzelnen Fallgestaltungen vgl. die nachfolgenden Abschnitte.

c) Kapitalwert der Rente entspricht dem Wert des Wohnungseigentums

486 Wenn der Kapitalwert der Rente (in etwa) dem Wert des übertragenen Wohnungseigentums entspricht, handelt sich um ein vollentgeltliches Austauschgeschäft. Der Vermögensübergeber (bisherige Eigentümer) überträgt das Wohnungseigentum gegen die wiederkehrenden Leistungen des neuen Eigentümers.

487 Der Kapitalwert ermittelt sich nach den §§ 14, 15 BewG. Dabei ist der Jahresbetrag der Leistung (Summe von zwölf Monatsraten) mit einem Vervielfältiger nach dem Lebensalter des Rentenberechtigten (§ 14 Abs. 1 BewG) zu multiplizieren. Für den Vermögensübergeber ergibt sich daraus der Veräußerungspreis des Wohnungseigentums, der bei diesem z. B. bei § 23 Abs. 1 Nr. 1 EStG zu be-

rücksichtigen ist. Beim Übernehmer stellt dieser Kapitalwert die Anschaffungskosten des Wohnungseigentums dar. Soweit diese Anschaffungskosten – nach den allgemeinen Grundsätzen – auf das Gebäude entfallen, bildet dies die AfA-Bemessungsgrundlage bei einer Wohnungsvermietung.

In jeder Ratenzahlung ist – steuerrechtlich betrachtet – neben dem „eigentlichen" Kaufpreisanteil (Kapitalanteil) auch immer ein Ertragsanteil enthalten. 488
Dem liegt die Überlegung zugrunde, dass bei der Veräußerung eines Wirtschaftsguts gegen (ggf. über viele Jahre zu zahlende) Kaufpreisraten immer auch wirtschaftlich ein Zinsanteil entfällt. Der Ertragsanteil (Zinsanteil) ermittelt sich nach dem gesetzlich definierten Prozentsatz aus § 22 Nr. 1 Satz 3 Buchst. a Doppelbuchst. bb EStG (abhängig vom Lebensalter des Rentenberechtigten bei Veräußerung) und führt beim Zahlungsempfänger zu sonstigen Einkünften. Wenn der Erwerber das Wohnungseigentum vermietet, stellt dieser Ertragsanteil Werbungskosten bei den Einkünften aus Vermietung und Verpachtung dar (§ 9 Abs. 1 Satz 3 Nr. 1 Satz 2 EStG).[380]

BEISPIEL „KAPITALWERT ENTSPRICHT GRUNDSTÜCKSWERT": Mutter M (65 Jahre) überträgt Tochter T eine vermietete Eigentumswohnung mit einem Verkehrswert von 300.000 € gegen eine Leibrente zugunsten von M. M erwarb die Eigentumswohnung innerhalb von zehn Jahren vor der Übertragung. Der Kapitalwert der Rente beträgt nach der Höhe der monatlichen Zahlung und dem Lebensalter von M zum Übertragungszeitpunkt 300.000 €.

Da der Kapitalwert der Rente dem Wert des übertragenen Wohnungseigentums entspricht, handelt sich um ein vollentgeltliches Veräußerungsgeschäft.

M versteuert ein privates Veräußerungsgeschäft nach § 23 Abs. 1 Nr. 1 EStG, dem der Kapitalwert (300.000 €) als Veräußerungspreis anzusetzen ist. Es ist aber erst und insoweit bei M zu besteuern, sobald die Summe der Kapitalanteile in den tatsächlich zugeflossenen Raten über den Anschaffungskosten (zzgl. Veräußerungskosten) von M liegen (Zuflussbesteuerung).

Bei T stellt der Kapitalwert (300.000 €) die Anschaffungskosten des gesamten Wohnungseigentums dar. Diese Anschaffungskosten sind nach den allgemeinen Grundsätzen zwischen dem Grund und Boden sowie dem Gebäude (AfA-Bemessungsgrundlage) aufzuteilen.

In jeder Ratenzahlung ist neben dem Kapitalanteil auch immer ein Ertragsanteil enthalten. Der Ertragsanteil beträgt hier für die gesamte Laufzeit 18 % (Prozentsatz aus § 22 Nr. 1 Satz 3 Buchst. a Doppelbuchst. bb EStG nach dem Lebensalter von 65 Jahren von M). M erzielt bei Zufluss jeder Rate i. H. von 18 % der Rate sonstige Einkünfte nach § 22 Nr. 1 Satz 3 Buchst. a Doppelbuchst. bb EStG. Bei T stellt dieser Ertragsanteil korrespondierend dazu Werbungskosten bei den Einkünften aus Vermietung und Verpachtung dar (§ 9 Abs. 1 Satz 3 Nr. 1 Satz 2 EStG).

380 BFH, Urteil v. 29.9.2021 - IX R 11/19, BStBl 2022 II S. 228 unter II. 4. b) EAAAI-01269.

d) Rentenkapitalwert ist geringer als der Wert des Wohnungseigentums

489 Wenn der Kapitalwert der Rente unter dem Wert des übertragenen Wohnungseigentums liegt, handelt sich um ein teilentgeltliches Geschäft. Anders formuliert: Der Sachverhalt ist aufzuteilen in einen voll entgeltlichen und einen voll unentgeltlichen Teil. Der Vermögensübergeber (bisheriger Eigentümer) überträgt das Wohnungseigentum nur (insoweit) vollentgeltlich gegen die wiederkehrenden Leistungen des neuen Eigentümers, als der Kapitalwert dem Grundstückswert betraglich entspricht. Soweit der Wert des Wohnungseigentums den Kapitalwert übersteigt, gibt es keine (anteilige) Gegenleistung. Daher wird dieser Teil (insoweit) unentgeltlich übertragen.

490 Aus dem entgeltlichen Teil resultiert ein Anschaffungs- und Veräußerungsgeschäft. Aus dem unentgeltlichen Teil ergibt sich eine Rechtsnachfolge.

BEISPIEL „KAPITALWERT GERINGER ALS GRUNDSTÜCKSWERT": Mutter M (65 Jahre) überträgt Tochter T eine vermietete Eigentumswohnung mit einem Verkehrswert von 300.000 € gegen eine Leibrente zugunsten von M. M erwarb die Eigentumswohnung innerhalb von zehn Jahren vor der Übertragung. Der Kapitalwert der Rente beträgt nach der Höhe der monatlichen Zahlung und dem Lebensalter von M zum Übertragungszeitpunkt 200.000 €.

Da der Kapitalwert der Rente (200.000 €) unter dem Wert des übertragenen Wohnungseigentums (300.000 €) liegt, handelt sich um ein teilentgeltliches Veräußerungsgeschäft.

Der Sachverhalt ist aufzuteilen im Verhältnis 200.000 € zu 300.000 €, d. h. das Wohnungseigentum wird zu 2/3 entgeltlich und zu 1/3 unentgeltlich übertragen. Die Rentenzahlungen sind vollständig dem entgeltlichen Teil zuzuordnen.

M versteuert ein privates Veräußerungsgeschäft nach § 23 Abs. 1 Nr. 1 EStG, dem der Kapitalwert (300.000 €) als Veräußerungspreis anzusetzen ist. M kann aber nur 2/3 ihrer Anschaffungskosten davon abziehen. Der Gewinn ist bei M erst zu besteuern, sobald die Summe der Kapitalanteile in den tatsächlich zugeflossenen Raten über den anteiligen Anschaffungskosten (zzgl. Veräußerungskosten) von M liegt (Zuflussbesteuerung).

Bei T stellt der Kapitalwert (300.000 €) die Anschaffungskosten für 2/3 des gesamten Wohnungseigentums dar. Diese Anschaffungskosten sind nach den allgemeinen Grundsätzen zwischen dem Grund und Boden sowie dem Gebäude (AfA-Bemessungsgrundlage) aufzuteilen. T übernimmt zu 1/3 die Anschaffungskosten, den AfA-Satz und das verbleibende AfA-Volumen von M (§ 11d EStDV).

In jeder Ratenzahlung ist auch ein Ertragsanteil enthalten. Dieser beträgt hier für die gesamte Laufzeit 18 % (Prozentsatz aus § 22 Nr. 1 Satz 3 Buchst. a Doppelbuchst. bb EStG nach dem Lebensalter von 65 Jahren von M). M erzielt bei Zufluss jeder Rate i. H. von 18 % der Rate sonstige Einkünften nach § 22 Nr. 1 Satz 3 Buchst. a Doppelbuchst. bb EStG. Bei T stellt dieser Ertragsanteil korrespondierend dazu Werbungskosten bei den Einkünften aus Vermietung und Verpachtung dar (§ 9 Abs. 1 Satz 3 Nr. 1 Satz 2 EStG).

e) Rentenkapitalwert ist höher als der Wert des Wohnungseigentums

Wenn der Kapitalwert der Rente den Wert des übertragenen Wohnungseigentums übersteigt, handelt sich zum einen um ein vollentgeltliches Geschäft. Der Vermögensübergeber (bisheriger Eigentümer) überträgt das Wohnungseigentum vollentgeltlich gegen wiederkehrende Leistungen des neuen Eigentümers. Der Kapitalwert der Rente ist aber nur insoweit dem Veräußerungsgeschäft zuzuordnen, als dieser betraglich dem Wert des Wohnungseigentums entspricht. 491

Soweit der Kapitalwert den Wert des Wohnungseigentums übersteigt, gibt es keine (anteilige) Gegenleistung, da das Wohnungseigentum nicht mehr wert ist. Daher ist dieser übersteigende Teil der Rente als nicht steuerbare Unterhaltsleistung anzusehen, die steuerrechtlich irrelevant ist (§ 12 Nr. 2 EStG). Es sind daraus keine Ertragsanteile steuerpflichtig oder abziehbar. 492

BEISPIEL „KAPITALWERT HÖHER ALS GRUNDSTÜCKSWERT": Mutter M (65 Jahre) überträgt Tochter T eine vermietete Eigentumswohnung mit einem Verkehrswert von 300.000 € gegen eine Leibrente zugunsten von M. M erwarb die Eigentumswohnung innerhalb von zehn Jahren vor der Übertragung. Der Kapitalwert der Rente beträgt nach der Höhe der monatlichen Zahlung und dem Lebensalter von M zum Übertragungszeitpunkt 500.000 €.

Da der Kapitalwert der Rente (500.000 €) den Wert des übertragenen Wohnungseigentums (300.000 €) übersteigt, handelt sich zwar um ein vollentgeltliches Veräußerungsgeschäft, dies gilt aber nur für den anteiligen (angemessenen) Kapitalwert von 300.000 €. Die übersteigenden 200.000 € gehören nicht zu dem Veräußerungsgeschäft, sondern stellen Unterhaltszahlungen dar, die steuerrechtlich irrelevant sind.

M versteuert ein privates Veräußerungsgeschäft nach § 23 Abs. 1 Nr. 1 EStG, bei dem nur der anteilige (angemessene) Kapitalwert (300.000 €) als Veräußerungspreis anzusetzen ist. Es ist aber erst und insoweit bei M zu besteuern, sobald die Summe der Kapitalanteile in den tatsächlich zugeflossenen Raten über den Anschaffungskosten (zzgl. Veräußerungskosten) von M liegt (Zuflussbesteuerung).

Bei T stellt nur der angemessene Teil des Kapitalwerts (300.000 €) die Anschaffungskosten des gesamten Wohnungseigentums dar. Diese Anschaffungskosten sind nach den allgemeinen Grundsätzen zwischen dem Grund und Boden sowie dem Gebäude (AfA-Bemessungsgrundlage) aufzuteilen.

In jeder Ratenzahlung ist neben dem Kapitalanteil auch immer ein Ertragsanteil enthalten. Der Ertragsanteil beträgt hier für die gesamte Laufzeit 18 % (Prozentsatz aus § 22 Nr. 1 Satz 3 Buchst. a Doppelbuchst. bb EStG nach dem Lebensalter von 65 Jahren von M). Es ist nicht die gesamte Rentenzahlung zu berücksichtigen. Nur soweit die Rente auf den angemessenen Teil entfällt (300.000€ zu 500.000€, d.h. zu 3/5) erzielt M daraus bei Zufluss jeder Rate in Höhe von 18% von 3/5 der Rate sonstige Einkünften nach §22 Nr.1 Satz3 Buchst.a Doppelbuchst.bb EStG. Bei T stellt dieser Ertragsanteil (gesamte Rate x 3/5 x 18%) korrespondierend dazu Werbungskosten bei den Einkünften aus Vermietung und Verpachtung dar (§9 Abs.1 Satz3 Nr.1 Satz2 EStG).

f) Rentenkapitalwert ist mehr als doppelt so hoch wie der Wert des Wohnungseigentums

493 Wenn der Kapitalwert der Rente den Wert des übertragenen Wohnungseigentums um mehr als das Doppelte übersteigt, handelt sich (zumindest nach Auffassung der Finanzverwaltung) weder um ein vollentgeltliches noch um ein teilentgeltliches Geschäft. Der Vermögensübergeber (bisheriger Eigentümer) überträgt das Wohnungseigentum voll unentgeltlich! Durch das deutliche Missverhältnis zwischen Leistung und Gegenleistung ist kein Veräußerungsgeschäft anzunehmen. Die wiederkehrenden Leistungen des neuen Eigentümers sind in voller Höhe (!) als Unterhaltsleistung anzusehen.

BEISPIEL „KAPITALWERT MEHR ALS DER DOPPELTE GRUNDSTÜCKSWERT“: ▶ Mutter M (65 Jahre) überträgt Tochter T eine vermietete Eigentumswohnung mit einem Verkehrswert von 300.000€ gegen eine Leibrente zugunsten von M. M erwarb die Eigentumswohnung innerhalb von zehn Jahren vor der Übertragung. Der Kapitalwert der Rente beträgt nach der Höhe der monatlichen Zahlung und dem Lebensalter von M zum Übertragungszeitpunkt 700.000€.

Da der Kapitalwert der Rente (700.000€) mehr als doppelt so hoch ist wie der Wert des übertragenen Wohnungseigentums (300.000€), handelt sich um einen voll (!) unentgeltlichen Sachverhalt. Die gesamte Rate ist Unterhaltsleistung und steuerrechtlich für M und T irrelevant (§12 Nr.2 EStG).

M versteuert kein privates Veräußerungsgeschäft nach §23 Abs.1 Nr.1 EStG. Vielmehr übernimmt T als Rechtsnachfolgerin die Anschaffungskosten und den Anschaffungszeitpunkt von M (§23 Abs.1 Satz3 EStG).

Bei T stellt der Kapitalwert (700.000€) keine (!) Anschaffungskosten für das Wohnungseigentums dar. T übernimmt vielmehr durch die unentgeltliche Wertung des Sachverhalts die Anschaffungskosten, den AfA-Satz und das verbleibende AfA-Volumen von M (§11d EStDV).

Es sind weder für M ein Ertragsanteil aus den Raten als sonstige Einkünfte i.S.des §22 Nr.1 Satz3 Buchst.a Doppelbuchst.bb EStG noch für T Werbungskosten bei den Einkünften aus Vermietung und Verpachtung i.S.des §9 Abs.1 Satz3 Nr.1 Satz2 EStG abzuziehen.

g) Rechtslage bis 31.12.2007

Nach der bis zum 31.12.2007 geltenden Rechtslage konnten Zahlungen auf- 494
grund von Vermögensübergaben von Grundstücken im Privatvermögen unter bestimmten Voraussetzungen[381] beim Vermögensübernehmern als Sonderausgaben (§ 10 Abs. 1 Nr. 1 Buchst. a) EStG a. F.) und damit korrespondierend beim Vermögensübergeber als sonstige Einkünfte (§ 22 Nr. 1 EStG a. F.) angesetzt werden. Dazu wurde auch die Entgeltlichkeit und damit ein Veräußerungsgeschäft negiert und eine unentgeltliche Vermögensübertragung angenommen.

Durch das JStG 2008[382] wurde dies insoweit reformiert, dass nur noch Betriebe, 495
Teilbetriebe, bestimmte Anteile an Mitunternehmerschaften sowie bestimmte GmbH-Anteilsübertragungen ab dem 1.1.2009 gesetzlich privilegiert sind[383] (§ 10 Abs. 1a Nr. 2 EStG).[384] Privatvermögen ist seitdem nicht mehr begünstigt. Nur für die bis zum 31.12.2007 erfolgten begünstigten Vermögensübertragungen von Grundstücken im Privatvermögen (Altverträge) gilt für die Rentenzahlungen auch nach dem 31.12.2007 weiterhin die frühere Rechtslage.[385]

5. Übertragung von Wohnungseigentum mit Begründung von Wohnrecht oder Nießbrauch

a) Schenkung unter Auflage

Die unentgeltliche Übertragung von Wohnungseigentum als Schenkung kann 496
mit einer zivilrechtlichen Auflage verbunden sein (§ 525 Abs. 1 BGB). Diese Verpflichtung trifft den Beschenkten, der diese Auflage aus dem Gegenstand der Zuwendung zu erfüllen hat. In der Praxis der vorweggenommenen Erbfolge bei Wohnungseigentum handelt es sich dabei insbesondere um die Bestellung eines Nießbrauchs oder Wohnrechts an der übertragenen Eigentumswohnung. Dies führt dazu, dass dem bisherigen Eigentümer (Vermögensübergeber) bestimmte Nutzungsrechte an dem Wohnungseigentum vorbehalten bleiben und der neue Eigentümer (Beschenkte) zwar zivilrechtlich in die Rechtsposition als Wohnungseigentümer gelangt, aber (noch) nicht von den Nutzungsvorteilen des Wohnungseigentums vollumfänglich profitiert. Eine Vermögens-

381 BMF, Schreiben v. 16.9.2004, BStBl 2004 I S. 922.

382 JStG 2008 v. 20.12.2007, BGBl 2007 I S. 3150.

383 Zu den Voraussetzungen ab 1.1.2009 vgl. BMF, Schreiben v. 11.3.2010, BStBl 2010 I S. 227.

384 Durch das Zollkodex-Anpassungsgesetzes v. 22.12.2014, BGBl 2014 I S. 2417, wurde die zum 1.1.2009 reformierte Version des § 10 Abs. 1 Nr. 1a EStG lediglich redaktionell aufgehoben und mit Wirkung zum 1.1.2015 durch § 10 Abs. 1a Nr. 2 EStG inhaltsgleich ersetzt.

385 BMF, Schreiben v. 11.3.2010, BStBl 2010 I S. 227 Rz. 81.

übergabe unter Vorbehalt des Wohnrechts (z. B. bei einer vom Vermögensübergeber selbstbewohnten Eigentumswohnung) oder unter Vorbehalt des Nießbrauchs (z. B. bei einer fremdvermieteten Eigentumswohnung) entspricht oft dem Versorgungsinteresse des Vermögensübergebers. Gleichzeitig kann aus erbschaftsteuerrechtlichen[386] oder unterhaltsrechtlichen[387] Erwägungen Vermögenssubstanz auf die nachfolgende Generation übertragen werden.

b) Steuerrechtliche Wirkung des Wohnrechts bzw. Nießbrauchrechts

497 Es handelt sich nur dann um eine Schenkung unter Auflage i. S. des § 525 Abs. 1 BGB, sofern der Beschenkte nicht etwas für die Zuwendung leistet (wie bei der Gegenleistung bei einem Kaufvertrag), sondern die Leistung (Auflage) auf Grundlage der Schenkung und aus dem Wert der Zuwendung erfolgt. Diese Abgrenzung kann im Einzelfall schwierig sein. Geklärt ist dies aber für eine Grundstücksschenkung unter der Auflage der Nießbrauchsbestellung oder der Bestellung eines dinglichen Wohnungsrechts zugunsten des Schenkers (oder einer anderen Person).[388] Die zurückbehaltenen Nutzungsrechte stellen eine Nutzungsauflage dar.

498 Der kapitalisierte Wert der Nutzungsbeschränkung ist ertragsteuerrechtlich keine Gegenleistung für die Grundstücksübertragung und führt daher nicht zur Entgeltlichkeit (bzw. Teilentgeltlichkeit) der Eigentumsübertragung als privates Veräußerungsgeschäft i. S. des § 23 Abs. 1 Nr. 1 EStG. Schenkungsteuerrechtlich mindert ein Nießbrauchs- bzw. Wohnrecht aber die Bereicherung und wirkt dabei steuermindernd.[389] Die Abziehbarkeit der Auflagen bei der Schenkungsteuer hat aber wiederum nach § 3 Nr. 2 Satz 2 GrEStG zur Folge, dass der Grundstückserwerb mit dem kapitalisierten Wert dieser Auflage der

386 Nach § 14 ErbStG werden mehrerer Erwerbe innerhalb eines Zeitraums von zehn Jahren zusammengefasst, die von derselben Person stammen. Dies verhindert vor allem die mehrfache Nutzung von persönlichen Freibeträgen (§ 16 ErbStG) für alle Schenkungen innerhalb des 10-Jahres-Zeitraums. Durch eine vorweggenommene Erbfolge, die mindestens zehn Jahre vor dem Erbfall liegt, kann so der persönliche Freibetrag faktisch verdoppelt werden.

387 Hier geht es insbesondere um die 10-Jahresfrist für die Vermeidung der Rückforderung wegen einer pflegekostenbedingten Verarmung des Schenkers (§§ 528, 529 BGB). Hierzu soll gestalterisch das Vermögen (z. B. Eigentumswohnung) einer potenziell zukünftig pflegebedürftigen Person rechtzeitig auf Angehörige übertragen (gesichert) werden, damit die künftig entstehenden Pflegekosten (soweit diese nicht die unterhaltsverpflichteten Personen treffen) von der Allgemeinheit getragen werden müssen. Dazu allgemein: BGH, Urteil v. 16.4.2024 - X ZR 14/23 EAAAJ-66430 = NJW 2024 S. 2110.

388 BFH, Urteil v. 20.11.2013 - II R 38/12, BStBl 2014 II S. 479, Rz. 9 DAAAE-55574 m. w. N.

389 BFH, Urteil v. 20.11.2013 - II R 38/12, BStBl 2014 II S. 479, Rz. 10 DAAAE-55574 m. w. N.

Grunderwerbsteuer unterliegt (sofern es sich nicht um eine Schenkung handelt, die nach § 3 Nr. 6 GrEStG steuerbefreit ist).

BEISPIEL „SCHENKUNG UNTER NIEẞBRAUCHSVORBEHALT": Mutter M überträgt eine vermietete Eigentumswohnung zum 1.1.2025 an Tochter T mit der Auflage, dass der Mutter M der Nießbrauch an der Wohnung eingeräumt wird. Mutter M hatte die Eigentumswohnung im Jahr 2020 erworben.

Es handelt sich um eine Schenkung unter Nutzungsauflage. Das einzuräumende Nießbrauchsrecht stellt keine Gegenleistung im Sinne des EStG dar, so dass M kein privates Veräußerungsgeschäft i. S. des § 23 EStG zu versteuern hat.

Schenkungsteuerrechtlich hat Tochter T eine freigebige Zuwendung erhalten, die nach § 7 Abs. 1 Nr. 1 ErbStG steuerpflichtig ist. Dabei ist der kapitalisierte Wert des Nießbrauchs (berechnet auf die voraussichtliche statistische Lebenszeit von Mutter M) vom Wert der Eigentumswohnung abzuziehen.

Grunderwerbsteuerrechtlich ist die Grundstücksübertragung von der Mutter auf die Tochter insgesamt nach § 3 Nr. 6 GrEStG befreit, so dass § 3 Nr. 2 Satz 2 GrEStG nicht anzuwenden ist.

6. Erbfall und Erbauseinandersetzung mit Wohnungseigentum

a) Der Erbfall als unentgeltlicher Vermögenserwerb

Durch den Tod eines Menschen (natürliche Person) geht dessen Vermögen durch Gesamtrechtsnachfolge unentgeltlichen auf den oder die Erben über (§ 1922 BGB). Wenn sich im Nachlass eine Eigentumswohnung befinden, tritt der Erbe oder treten die Erben in die Rechtstellung als Eigentümer ein. 499

b) Alleinerbe oder Erbengemeinschaft

Wenn nur eine Person als Erbe vorhanden ist, erbt diese Person das gesamte Vermögen des Erblassers allein. Wenn zum Nachlass z. B. eine vermietete Eigentumswohnung gehört, würde der Alleinerbe als unentgeltlicher Rechtsnachfolger in die Fußstapfen des Erblassers treten und insbesondere die Gebäudeabschreibung fortführen. 500

Hinterlässt der Erblasser aber mehrere Erben, wird der Nachlass gemeinschaftliches Vermögen der Erben (§ 2032 Abs. 1 BGB). Damit wird das gesamte Vermögen des Erblassers zunächst automatisch allen Erben als Gemeinschaft zugeordnet. Die Erben bilden zwangsweise eine Gesamthandsgemeinschaft. Damit sind in der Praxis oft bestimmte Probleme verbunden, wenn sich die Erben nicht darüber einig sind, wie der Nachlass zu nutzen und zu verwalten ist. 501

BEISPIEL „ERBENGEMEINSCHAFT": Mutter M stirbt und wird von Tochter Anna, Tochter Berta und Sohn Cäsar zu gleichen Teilen beerbt. Der Nachlass besteht u.a. aus einer leerstehenden Eigentumswohnung. Anna möchte die Eigentumswohnung verkaufen. Berta und Cäsar wollen die Eigentumswohnung renovieren und danach vermieten.

Die Geschwister bilden eine Erbengemeinschaft, zu deren Gesamthandsvermögen u.a. die Eigentumswohnung gehört. Die Erbengemeinschaft ist damit die Wohnungseigentümerin.

Die Erben können über einen Nachlassgegenstand nur gemeinschaftlich verfügen (§ 2040 Abs. 1 BGB), so dass alle drei Erben einem Verkauf des Wohnungseigentums zustimmen müssen. Ein Verkauf der Wohnung scheitert an der dafür erforderlichen Einstimmigkeit.

Die Renovierung des Sondereigentums und dessen Vermietung ist eine Maßnahme ordnungsgemäßer Verwaltung, die mit einer Stimmenmehrheit der Erbanteile beschlossen werden kann (§ 2038 Abs. 2 Satz 1 BGB i.V.mit § 745 Abs. 1 BGB). Berta und Cäsar können zusammen mit ihren Stimmanteilen von 2/3 daher Anna überstimmen und die Eigentumswohnung durch die Eigentümergemeinschaft renovieren lassen und anschließend vermieten.

502 Eine Erbengemeinschaft kann zwar aus zivilrechtlicher Sicht letztlich unbegrenzt bestehen bleiben. Regelmäßig ist aber das Ziel, eine Erbauseinandersetzung zwischen den Erben zu erreichen und die Erbengemeinschaft aufzulösen. Jeder Miterbe kann ohnehin die Auseinandersetzung verlangen (§ 2042 Abs. 1 BGB). Den einzelnen Erben werden dadurch z.B. einzelne Vermögensgegenstände übertragen oder an Dritte veräußert. Durch Ausgleichszahlungen zwischen den Erben kann vielfach eine Vermögensverteilung entsprechend der wertmäßigen Erbquoten erreicht werden.

BEISPIEL „ERBAUSEINANDERSETZUNG": Vater V stirbt und wird von Ehefrau E, Tochter T und Sohn S beerbt. Der Nachlass besteht u.a. aus einer Eigentumswohnung. Tochter T würde die Eigentumswohnung gerne übernehmen. Daher setzen sich E, T und S vertraglich so auseinander, dass T die Eigentumswohnung erhält und E und S anderes Vermögen des Nachlasses erhalten.

Durch den Erbauseinandersetzungsvertrag wird u.a. das Wohnungseigentum auf T zu Alleineigentum übertragen und die Erbengemeinschaft aufgelöst.

c) Die Einkünfte des Alleinerben

503 Bei einem Alleinerben ist die Frage der Zurechnung der Einkünfte einfach zu klären: Alle bisher vom Erblasser erzielten Einkünfte sind ab dem Zeitpunkt des Todes dem Erben zuzurechnen. Bei einer vermieteten Eigentumswohnung erzielt der Erbe damit ab dem Todeszeitpunkt in eigener Person (als Vermieter) Einkünfte aus Vermietung und Verpachtung nach § 21 Abs. 1 Nr. 1 EStG. Die Gebäudeabschreibung des Erblassers führt er fort.

d) Die Einkünfte der Erbengemeinschaft

aa) Gemeinsame Einkünfteerzielung aus dem Nachlassvermögen

504 Mehreren Erben werden die Einkünfte aus dem Vererbten gemeinschaftlich zugerechnet. Die Erbengemeinschaft (§ 2032 BGB) wird (bis zu ihrer Auseinandersetzung) steuerrechtlich bei den Überschusseinkünften wie eine Bruchteilsgemeinschaft (§ 39 Abs. 2 Nr. 2 AO) und bei den Gewinneinkünften als Mitunternehmerschaft (§ 15 Abs. 1 Nr. 2 EStG) behandelt.[390]

505 Gehört ein gewerblicher oder land- und forstwirtschaftlicher Betrieb oder ein freiberufliches Unternehmen zum Nachlass, geht es durch den Erbfall aufgrund der Gesamtrechtsnachfolge (§ 1922 BGB) auf die Erbengemeinschaft über. Alle Miterben werden Mitunternehmer i. S. von § 15 Abs. 1 Satz 1 Nr. 2 EStG, da sie als Miterben ein Mitunternehmerrisiko tragen und die Mitunternehmerinitiative ausüben können. Dies gilt unabhängig von der Dauer der Erbengemeinschaft oder wie lange der Betrieb durch die Erbengemeinschaft fortgeführt wird. Die laufenden Einkünfte oder Gewinne aus der Betriebsveräußerung oder -aufgabe sind den einzelnen Miterben als Mitunternehmern nach dem allgemeinen Gewinnverteilungsschlüssel zuzurechnen, der sich bei den Miterben grds. nach ihren Erbteilen bestimmt (§§ 2038 Abs. 2, 743 Abs. 1 BGB).[391]

506 Bei einer vermieteten Eigentumswohnung erzielten die Erben ab dem Todeszeitpunkt in eigener Person anteilig in Höhe ihrer Erbquote (§§ 2038 Abs. 2, 743 Abs. 1 BGB) Einkünfte aus Vermietung und Verpachtung nach § 21 Abs. 1 Nr. 1 EStG.[392] Die Gebäudeabschreibung des Erblassers führten sie (je Erbe anteilig) fort.

BEISPIEL „VERMIETUNG DURCH ERBENGEMEINSCHAFT": ▸ Vater V stirbt am 30.4.2025 und wird von Ehefrau E zu 1/2 sowie von Tochter T und Sohn S zu je 1/4 beerbt. Der Nachlass besteht u. a. aus einer vermieteten Eigentumswohnung.

Die Vermietungseinkünfte sind Vater V bis zum 30.4.2025 zuzurechnen. Ab dem 1.5.2025 erzielen die Miterben E, T und S in Erbengemeinschaft die Vermietungseinkünfte. Die Mieteinnahmen und die Werbungskosten (z. B. die Gebäude-AfA) sind – im Zweifel zeitanteilig – auf die beiden Zeiträume aufzuteilen. Entsprechend der Erbquoten hat Ehefrau E die Einkünfte zu 1/2 und Tochter T bzw. Sohn S jeweils zu 1/4 zu versteuern.

390 BMF, Schreiben v. 14.3.2006 - IV B 2 – S 2242 – 7/06, BStBl 2006 I S. 253 Rz. 1.
391 BMF, Schreiben v. 14.3.2006 - IV B 2 – S 2242 – 7/06, BStBl 2006 I S. 253 Rz. 3.
392 BMF, Schreiben v. 14.3.2006 - IV B 2 – S 2242 – 7/06, BStBl 2006 I S. 253 Rz. 6.

bb) Rückwirkung der Teilung auf die Zurechnung der Einkünfte

507 Die gemeinschaftliche Einkünfteerzielung durch die Erben (als Erbengemeinschaft) und damit die Zurechnung der laufenden Einkünfte an die Miterben endet, wenn (bzw. soweit) sich die Miterben über das gemeinsame Vermögen auseinandersetzen (z. B. untereinander aufteilen).[393] Danach erzielt nur noch derjenige Erbe die Einkünfte aus der jeweiligen Einkunftsquelle, die an ihn übertragen wurde.

508 Die Finanzverwaltung lässt es allerdings zu, dass in den Fällen der Auseinandersetzung von Erbengemeinschaften eine steuerlich anzuerkennende Rückwirkung auf den Zeitpunkt des Erbfalls in engen Grenzen anzuerkennen ist. Dies liegt daran, dass die Erbengemeinschaft eine auf Teilung angelegte gesetzliche Zufallsgemeinschaft ist. Bei einer Auseinandersetzungsvereinbarung wird von der Finanzverwaltung daher i. d. R. eine rückwirkende Zurechnung laufender Einkünfte für sechs Monate (ab dem Todestag) anerkannt. In diesen Fällen können die laufenden Einkünfte daher ohne Zwischenzurechnung ab dem Erbfall ungeschmälert dem die Einkunftsquelle übernehmenden Miterben zugerechnet werden.[394]

509 Es reicht nicht aus, wenn die Miterben innerhalb der Billigkeitsfrist nur den Entschluss fassen, sich auseinanderzusetzen. Vielmehr muss innerhalb der Frist eine konkrete und bindende Vereinbarung über die Auseinandersetzung vorliegen. Diese Auseinandersetzungsvereinbarung muss den Übergang von Nutzungen und Lasten für die von dieser Auseinandersetzung betroffenen Wirtschaftsgüter auf den Zeitpunkt des Erbfalls festlegen und dies auch durchführen. Eine Wertfindung kann jedoch auch außerhalb der Frist erfolgen.[395]

BEISPIEL „VERMIETUNG DURCH ERBENGEMEINSCHAFT“: Vater V stirbt am 30.4.2025 und wird von Ehefrau E zu 1/2 sowie von Tochter T und Sohn S zu je 1/4 beerbt. Der Nachlass besteht u. a. aus einer vermieteten Eigentumswohnung. Nach der Auseinandersetzungsvereinbarung der Erben v. 11.9.2025 erhält Tochter T die Eigentumswohnung. Ihr sollen insoweit alle Mieterträge ab dem 1.5.2025 zustehen und sie hat alle Kosten ab diesem Zeitpunkt zu tragen. Die Erben fixieren ausdrücklich die rückwirkende Einkünftezurechnung aus der Eigentumswohnung an T ab dem Todestag.

Die Vermietungseinkünfte sind Vater V bis zum 30.4.2025 zuzurechnen. Eigentlich erzielen ab dem 1.5.2025 die Miterben E, T und S in Erbengemeinschaft die Vermietungseinkünfte gemeinschaftlich, bis die Eigentumswohnung an T zum Alleineigentum übergeht. Da die zeitnah geschlossene Vereinbarung aber die rückwirkende Kosten- und Nutzenzuordnung ab dem Erbfall zu T vorsieht, können die Mieteinkünfte auch steuerrechtlich ab dem 1.5.2025 nur T zugeordnet werden.

---

393 BMF, Schreiben v. 14.3.2006 - IV B 2 – S 2242 – 7/06, BStBl 2006 I S. 253 Rz. 7.

394 BMF, Schreiben v. 14.3.2006 - IV B 2 – S 2242 – 7/06, BStBl 2006 I S. 253 Rz. 8.

395 BMF, Schreiben v. 14.3.2006 - IV B 2 – S 2242 – 7/06, BStBl 2006 I S. 253 Rz. 9.

e) Die Teilung des Erbes durch die Erbengemeinschaft

aa) Realteilung des Vermögens als steuerneutrale Übertragung

Wenn sich eine Erbengemeinschaft über eine Teilung des Nachlasses durch die Zuordnung einzelner Gegenstände an einzelne Erben einigt und das Eigentum an den Gegenständen entsprechend der geschlossenen Vereinbarung überträgt, stellt sich die Frage, wie dies steuerrechtlich zu werten ist. Man könnte auf die Idee kommen, dass dies entsprechend den allgemeinen ertragsteuerrechtlichen Grundsätzen zu anteiligen Anschaffungen bzw. Veräußerungen führt, da Miteigentumsanteile ausgetauscht werden. 510

BEISPIEL „ABGRENZUNGSFALL: AUFLÖSUNG VERMIETUNGS-GBR": Herr H und Frau F sind zu je 50% an der vermögensverwaltenden HF-GbR beteiligt, die zwei gleichwertige Mietwohngrundstücke seit deren Anschaffung vor sechs Jahren vermietet (Privatvermögen). Da die HF-GbR aufgelöst werden soll, erhält jeder Gesellschafter eine Immobilie.

Im Rahmen der GbR waren H und F an beiden Immobilien zu je 50% beteiligt. Durch die Teilung des Vermögens verlieren H und F an jeweils einer Immobilie das Miteigentum und erwerben dafür an der jeweils anderen Immobilie das Alleineigentum. Es handelt sich um einen Tausch von Miteigentumsanteilen. Aus ertragsteuerrechtlicher Sicht des § 23 EStG veräußern H bzw. F jeweils eine Immobilienhälfte als Entgelt für die jeweils erworbene Immobilienhälfte. Dies führt bei H und F jeweils zu einer Besteuerung als privates Veräußerungsgeschäft hinsichtlich der aufgegebenen Miteigentumshälfte und zur Anschaffung der hinzuerworbenen Miteigentumshälfte.

Der BFH[396] geht für die Auseinandersetzung einer Erbengemeinschaft von anderen Grundsätzen als für die Fälle von Personengesellschaften aus. Wird der Nachlass durch die Erbengemeinschaft ohne Zahlung von Abfindungen „real" geteilt, ist die Aufteilung kein entgeltlicher Vorgang, da es sich weder um einen Tausch von Miteigentumsanteilen an den einzelnen Gegenständen bzw. Wirtschaftsgütern des Nachlasses noch um einen Tausch eines Anteils an der Erbengemeinschaft gegen das Alleineigentum an den zugeteilten Gegenständen handelt. Es handelt sich vielmehr um die Erfüllung des durch die Auseinandersetzungsvereinbarung konkretisierten gesetzlichen Auseinandersetzungsanspruchs. Durch die Aufteilung entstehen daher weder Anschaffungskosten noch Veräußerungserlöse.[397] 511

396 BFH, Beschluss v. 5.7.1990 - GrS 4-6/89, BStBl 1990 II S. 837 DAAAA-93413.

397 BMF, Schreiben v. 14.3.2006 - IV B 2 – S 2242 – 7/06, BStBl 2006 I S. 253 Rz. 10, 22.

BEISPIEL „TEILUNG ERBENGEMEINSCHAFT OHNE AUSGLEICHSZAHLUNG": Tochter T und Sohn S sind zu je 50 % Erben nach ihrer Mutter M. Der Nachlass besteht aus folgendem Vermögen bzw. folgenden Verkehrswerten (nur Privatvermögen):

- Einfamilienhaus (von M selbst genutzt) 400.000 €,
- Eigentumswohnung (vermietet) 300.000 €,
- Aktiendepot 200.000 €,
- Bankguthaben 100.000 €.

T und S einigen sich, dass T das Einfamilienhaus und das Bankguthaben und dass S die Eigentumswohnung und das Aktiendepot übernimmt. Die Erbengemeinschaft zwischen T und S wird damit aufgelöst und durch die reale Teilung und Zuordnung der Vermögenswerte so aufgeteilt, dass jeder sein Erbe von jeweils 500.000 € wertmäßig erhält.

Die Vermögensgegenstände der Erbengemeinschaft werden insgesamt steuerneutral in das jeweilige Alleineigentum von T bzw. S übertragen. Die Hinzuerwerbe der halben Eigentumsanteile von T bzw. S sind ertragsteuerrechtlich nicht als Gegenleistungen für den Verlust der anderen hälftigen Eigentumsanteile zu werten. Bezogen auf die vermietete Eigentumswohnung bedeutet dies, dass S den halben Eigentumsanteil unentgeltlich hinzuerwirbt und sich dieser mit dem ihm schon seit dem Todestag von Mutter M zuzurechnenden halben Eigentumsanteil vereinigt. Sohn S erwirbt daher die Eigentumswohnung im Ergebnis insgesamt unentgeltlich von Mutter M. Daher führt Sohn S für die Vermietungseinkünfte die Gebäude-AfA von Mutter M fort.

bb) Entgeltlichkeit durch Ausgleichszahlungen

512 Bei der Aufteilung des Nachlasses durch die Erbengemeinschaft lassen sich Ausgleichzahlungen oftmals nicht vermeiden, um das Vermögen an der Erbquote orientiert (wertgerecht) auf die einzelnen Erben zu übertragen. Wenn und soweit zwischen den Erben ein Ausgleich für solche Wertdifferenzen in den zugeordneten Wirtschaftsgütern gezahlt wird, handelt es sich um eine entgeltliche Erbauseinandersetzung. Insoweit werden Wirtschaftsgüter veräußert bzw. angeschafft.[398]

513 Dies kann man dadurch veranschaulichen, dass gedanklich alle Erben um einen Tisch sitzen, auf dem die zu verteilenden Vermögensgegenstände stehen. Jeder Erbe hat vor sich einen Korb in der entsprechenden Größe seiner Erbquote. Das Volumen aller Körbe reicht exakt für den gesamten Nachlass. Die Erben einigen sich untereinander, wer welche Gegenstände aus dem Nachlass (aus der Erbengemeinschaft) übernimmt und legen die jeweiligen Gegenstände in ihre Körbe. Wenn ein Korb nicht voll wird, hat der jeweilige Erbe weniger genommen, als ihm nach seiner Erbquote zusteht. Wenn bei einem Erben die Gegen-

398 BMF, Schreiben v. 14.3.2006 - IV B 2 – S 2242 – 7/06, BStBl 2006 I S. 253 Rz. 14.

stände nicht komplett in seinen Korb passen (Überhang), hat er mehr zugeteilt bekommen, als ihm nach seiner Erbquote zusteht. Bei mindestens einem anderen Erben wird der Korb dann nicht voll sein. Wenn ein Erbe in seinem Korb einen Überhang hat (und damit seine wertmäßige Erbquote überschreitet), schuldet er demjenigen Erben einen Ausgleich, dessen Korb nicht voll ist. Damit kauft der Erbe den überhängenden Teil seiner erhaltenden Gegenstände dem anderen Erben ab. Jeder Erbe erwirbt nur insoweit unentgeltlich Nachlassgegenstände, als diese in seinen Korb passen und dadurch seine Erbquote erfüllt wird. Soweit der übernommene Nachlassgegenstand nicht (ganz) in den Korb passt, gehört er eigentliche den anderen Erben und der Erbe muss diesen Teil kaufen (entgeltlich erwerben). Bei mehreren Gegenständen im überfüllten Korb ist der Überhang auf alle zugeordneten Gegenstände verhältnismäßig aufzuteilen.

Die Erbauseinandersetzung mit Ausgleichszahlung kann danach in zwei systematische Schritte unterteilt werden: In Schritt 1 werden die Gegenstände den Erben so zugeordnet, wie sie diese tatsächlich erhalten. Soweit der jeweilige Erbe dadurch wertmäßig das erhält, was ihm rechnerisch zusteht, erhält der Erbe den jeweiligen Gegenstand unentgeltlich. Wenn und soweit der Erbe rechnerisch mehr erhält, als ihm nach seiner Erbquote zusteht (Überhang), steht ihm dieser Anteil *nicht als Erbe* zu. Daher muss der Erbe in Schritt 2 den ihm zugeordneten „Überhang" von den anderen Erben erwerben, indem er den bei der Verteilung der Gegenstände benachteiligten Erben diesen Teil durch die Ausgleichzahlung abkauft. 514

BEISPIEL „TEILUNG ERBENGEMEINSCHAFT MIT AUSGLEICHSZAHLUNG": Tochter T und Sohn S sind zu je 50 % Erben nach ihrer Mutter M. Sie erben ein Einfamilienhaus (von M bisher selbst genutzt) mit einem Verkehrswert von 300.000 € und eine Eigentumswohnung (vermietet) mit einem Verkehrswert von 500.000 €. Um das Erbe wertmäßig gerecht aufzuteilen, vereinbaren T und S, dass T das Einfamilienhaus erhält und von S als Ausgleich 100.000 € erhält, weil er die Eigentumswohnung übernimmt.

Die Erbauseinandersetzung ist nicht insgesamt unentgeltlich, weil die Wertunterschiede zwischen den zugewiesenen Vermögensgegenständen nicht aus dem Nachlass selbst ausgeglichen werden können. Da S durch die Eigentumswohnung einen Wert von 500.000 € erhält und T durch das Einfamilienhaus nur einen Wert von 300.000 €, zahlt S 100.000 € an T, damit im Ergebnis sowohl S als auch T zu je 400.000 € bereichert sind. 515

Ertragsteuerrechtlich betrachtet werden die Vermögenswerte zunächst steuerneutral so zugeordnet, wie T und S sich darüber geeinigt haben und es dem anteiligen Erbe wertmäßig entspricht. In diesem ersten gedanklichen Schritt werden die Vermögenswerte den Erben zugeordnet. In einem zweiten gedank- 516 lichen Schritt wird der „überhängende“ Anteil an der Eigentumswohnung von T an S gegen die Ausgleichszahlung veräußert, was insoweit entgeltlich erfolgt. Dies bedeutet im Ergebnis Folgendes:

517 T wird das Einfamilienhaus (300.000 €) komplett steuerneutral zugeordnet, da ihr Gesamtwertanspruch (400.000 €) höher ist. Der übersteigenden Wertanspruch von T (100.000 €) bezieht sich steuerrechtlich gedacht auf 1/5 der Eigentumswohnung, die der T damit automatisch steuerneutral zugeordnet werden.

518 S erhält die Eigentumswohnung (500.000 €) nicht komplett steuerneutral zugeordnet, da sein wertmäßiger Erbanspruch von 400.000 € überschritten wird. Ihm wird die Eigentumswohnung daher nur zu 4/5 (400.000 €) steuerneutral zugeordnet.

519 Für das „fehlende 1/5“ der Eigentumswohnung zahlt S an T 100.000 €. Insoweit erhält S die Eigentumswohnung nicht unentgeltlich, sondern entgeltlich. S schafft die Eigentumswohnung quotal an und leistet dafür Anschaffungskosten i. H. von 100.000 €.

cc) Schuldenübernahme als Ausgleichsmechanismus

520 Wenn sich Schulden im Nachlass befinden, kann solches Negativvermögen genauso wie Positivvermögen den jeweiligen Erben zugeordnet werden. Schulden haben dabei den Effekt, dass diese den wertmäßigen Anspruch auf die Erfüllung des Erbanteils nicht (wie bei Positivvermögen) erhöhen, sondern vermindern. Wenn und soweit Schulden übernommen werden, kann dieser Erbe somit umso mehr Positivvermögen übernehmen, ohne seinen Wertanspruch zu übersteigen. Schulden sind damit kein (!) Entgelt für das übernommene Positivvermögen und wirken nicht wie Ausgleichzahlungen.[399]

BEISPIEL „TEILUNG MIT SCHULDZUORDNUNG UND AUSGLEICHSZAHLUNG“: Tochter T und Sohn S sind zu je 50 % Erben nach ihrer Mutter M. Sie erben eine Eigentumswohnung (vermietet) mit einem Verkehrswert von 300.000 € und eine Bankschuld von 200.000 €. T und S vereinbaren, dass T die Eigentumswohnung erhält, die Schuld übernimmt und an S als Ausgleich 50.000 € zahlt.

T werden – ertragsteuerrechtlich gedacht – in einem ersten Schritt sowohl die Eigentumswohnung als auch der Bankkredit vereinbarungsgemäß und steuerneutral zugeordnet. Die Zuordnung der Schuld ist keine Gegenleistung für die Zuordnung der Eigentumswohnung. Der rechnerische Saldo aus dem Wert der Eigentumswohnung (300.000 €) und der Schuld (200.000 €) von 100.000 € steht T und S je zur Hälfte zu. Bezogen auf die Eigentumswohnung werden S somit 5/6 (wertmäßig 250.000 €) und

399 BMF, Schreiben v. 14.3.2006 - IV B 2 – S 2242 – 7/06, BStBl 2006 I S. 253 Rz. 18.

T 1/6 (wertmäßig 50.000€) zugeordnet. Der Ausgleich von 50.000€ zahlt T an S rechnerisch somit für 1/6 der Eigentumswohnung, welche T im ersten Schritt automatisch zugeordnet wurde. S erhält die Eigentumswohnung somit im Ergebnis zu 5/6 unentgeltlich und zu 1/6 entgeltlich (Anschaffungskosten insoweit 50.000€).

dd) Teilung eines Mischnachlasses (Privat- und Betriebsvermögen)

Wenn sich im Nachlass sowohl Privat- als auch Betriebsvermögen befinden, gelten ebenfalls die Grundsätze der steuerneutralen Zuordnung der Gegenstände und die Wirkungen der Ausgleichzahlungen.[400] 521

BEISPIEL „TEILUNG EINES MISCHNACHLASSES": Tochter T und Sohn S sind zu je 50% Erben nach ihrer Mutter M. Sie erben eine vermietete Eigentumswohnung im Privatvermögen mit einem Verkehrswert von 500.000€, ein (bisher von M selbst genutztes) Einfamilienhaus mit einem Verkehrswert von 300.000€ und einen Schreinerbetrieb (Unternehmenswert 1.000.000€). T und S vereinbaren, dass S die beiden Immobilien übernimmt und T den Schreinerbetrieb erhält und an S einen Ausgleich von 100.000€ zahlt.

S werden die beiden Immobilien (insgesamt 800.000€) und T 9/10 des Schreinerbetriebs (900.000€) steuerneutral zugeordnet. Da T 1/10 des Schreinereibetriebs (100.000€) über ihren Erbanteil hinaus erhält, zahlt sie an S 100.000€ als Ausgleich, was zu Anschaffungskosten für 1/10 des Schreinereibetrieb führt. S erhält die Eigentumswohnung voll unentgeltlich.

f) Die Abschreibung der Eigentumswohnung nach der Teilung

Wie bei einer unentgeltlichen Übertragung einer (vermieteten) Eigentumswohnung zu Lebzeiten durch eine Schenkung ist auch bei einem Erbfall durch den Erben sowohl der AfA-Satz, die AfA-Bemessungsgrundlage als auch das verbleibende AfA-Volumen fortzuführen. Dies ist im Ergebnis vergleichbar mit § 11d Abs. 1 EStDV für Schenkungsfälle, der hier aber nicht anzuwenden ist. 522

BEISPIEL „VOLL UNENTGELTLICHER ERWERB DURCH DEN ERBFALL": Tochter T und Sohn S erben zu je 50% von ihrer Mutter M ein Einfamilienhaus, eine vermietete Eigentumswohnung und Bankguthaben (nur Privatvermögen). T und S teilen das Vermögen so auf, dass T die Eigentumswohnung übernimmt. Ausgleichszahlungen sind wegen dem Bankguthaben als Verteilungsmasse nicht erforderlich. Die Erbengemeinschaft wird damit aufgelöst.

Die Vermögensgegenstände der Erbengemeinschaft werden insgesamt steuerneutral in das jeweilige Alleineigentum von T bzw. S übertragen. Der Hinzuerwerb des halben Miteigentumsanteil an der vermieteten Eigentumswohnung durch T im Rahmen der Erbauseinandersetzung ist unentgeltlich. Zusammen mit dem von T schon seit

400 BMF, Schreiben v. 14.3.2006 - IV B 2 – S 2242 – 7/06, BStBl 2006 I S. 253 Rz. 32 ff.

dem Todestag von M zuzurechnenden halben Miteigentumsanteils erwirbt T daher die Eigentumswohnung im Ergebnis insgesamt unentgeltlich.

T führt für ihre Vermietungseinkünfte die Gebäude-AfA von Mutter M fort.

523 Wenn und soweit für die vermietete Eigentumswohnung eine Ausgleichszahlung an andere Erben zu leisten ist, wird der darauf entfallende Teil der Eigentumswohnung entgeltlich erworben. Dabei ist darauf zu achten, dass der Anteil für den darin enthaltenen Grund und Boden herauszurechnen ist, da nur der Gebäudeteil abgeschrieben werden kann. Es ergeben sich zwei separate Abschreibungsreihen:

524 Soweit die Eigentumswohnung unentgeltlich erworben (geerbt) wurde, führt der Erbe die Abschreibung des Erblassers weiter.

525 Soweit die Eigentumswohnung entgeltlich erworben (durch eine Ausgleichszahlung abgekauft) wurde, ist die auf diesen Teil entfallende Gebäudeabschreibung aus den Anschaffungskosten (Ausgleichszahlung) zu ermitteln.

BEISPIEL „TEILWEISE ENTGELTLICHER ERWERB DURCH DIE ERBAUSEINANDERSETZUNG“: Tochter T und Sohn S erben zu je 50 % von ihrer Mutter M eine vermietete Eigentumswohnung. T übernimmt die Eigentumswohnung und zahlt dafür an S als Ausgleich einen Geldbetrag in Höhe des halben Verkehrswerts der Eigentumswohnung. Die Erbengemeinschaft wird damit aufgelöst.

Der Hinzuerwerb des halben Miteigentumsanteils an der vermieteten Eigentumswohnung durch T im Rahmen der Erbauseinandersetzung ist entgeltlich, da T diese Hälfte gegen die Ausgleichszahlung erwirbt. T führt für ihre Vermietungseinkünfte die Gebäude-AfA von Mutter M zu 50 % fort und ermittelt für die hinzuerworbenen 50 % eine eigene AfA-Reihe.

V. Wohnungseigentum im Betriebsvermögen

1. Wirtschaftsgut als Betriebsvermögen

Betrieblich genutzte Wirtschaftsgüter gehören im Grundsatz zum Betriebsvermögen des jeweiligen Betriebs. Bei den meisten Wirtschaftsgütern kommt es für die Zuordnung zum Betriebsvermögen auf den Nutzungsanteil für betriebliche Zwecke an. Dies gilt insbesondere für bewegliche Wirtschaftsgüter. 526

Es gibt drei Kategorien solcher (insbesondere beweglicher) Wirtschaftsgüter: 527

- Wirtschaftsgüter sind „notwendiges Betriebsvermögen", das ausschließlich und unmittelbar oder zumindest zu mehr als 50% für eigenbetriebliche Zwecke genutzt wird.[401]
- Bei einer betrieblichen Nutzung von 10% bis 50% können die Wirtschaftsgüter als „gewillkürtes Betriebsvermögen" zugeordnet werden.[402] Der Steuerpflichtige kann entscheiden, ob er das Wirtschaftsgut dem Betriebsvermögen oder dem Privatvermögen zuordnet.
- Bei einer betrieblichen Nutzung von weniger als 10% (also bei einer privaten Nutzung von mehr als 90%), gehört das Wirtschaftsgut immer zum Privatvermögen.[403] Hierbei sind aber die anteiligen betrieblichen Kosten als Betriebsausgabe abzugsfähig (Aufwandseinlage).

BEISPIEL „BETRIEBLICHER PKW": Frau F nutzt ihren im Januar 2025 erworbenen PKW zu 75% (nach der Fahrleistung) für ihre selbständige Tätigkeit als Versicherungsmaklerin und zu 25% für private Fahrten.

LÖSUNG: Der PKW gehört zum notwendigen Betriebsvermögen des Betriebs der Versicherungsagentur von Frau F, da dieses Wirtschaftsgut zu mehr als 50% zu betrieblichen Zwecken genutzt wird. Die PKW-Aufwendungen sind daher Betriebsausgaben und ein späterer Entnahmegewinn oder Veräußerungserlös des PKW gehört zu den betrieblichen Einkünften. Die private Nutzung ist als Entnahme zu versteuern.

Bei nicht konkret betrieblich nutzbaren (neutralen) Wirtschaftsgütern (z.B. Anteile an Kapitalgesellschaften) kommt es vorrangig auf den wirtschaftlichen Förderzusammenhang mit dem Betrieb an.[404] 528

---

401 R 4.2 Abs. 1 Satz 1, 4 EStR.

402 R 4.2 Abs. 1 Satz 6 EStR.

403 R 4.2 Abs. 1 Satz 5 EStR.

404 Dazu ausführlich BFH, Urteil v. 1.12.2020 - VIII R 21/17, BStBl 2021 II S. 609 AAAAH-79789 m.w.N.

2. Grundstücke im Betriebsvermögen

a) Grundstücke als Wirtschaftsgut des Betriebsvermögens

529 Grundstücke gehören nur dann zu einem Betriebsvermögen, wenn diese als Wirtschaftsgut dem notwendigen oder gewillkürten Betriebsvermögen eines Gewerbebetriebs (§ 15 EStG), einem der selbständigen Arbeit dienenden Betriebsvermögen (§ 18 EStG) oder einem land- und forstwirtschaftlichen Betrieb (§ 13 EStG) zuzuordnen sind. Ein wesentlicher Unterschied zu Grundstücken im Privatvermögen besteht darin, dass die stillen Reserven bei der Veräußerung unabhängig von der Haltedauer steuerpflichtig sind. Im Gegensatz zum Privatvermögen sind im Betriebsvermögen Teilwertabschreibung bei einer voraussichtlich dauernden Wertminderung zulässig (§ 6 Abs. 1 Nr. 1 Satz 2 und Nr. 2 Satz 2 EStG).

530 Sollten Grundstücke bisher unzutreffend nicht als Betriebsvermögen behandelt worden sein, sind diese bei bilanzierenden Steuerpflichtigen durch eine Bilanzberichtigung (§ 4 Abs. 2 Satz 1 EStG) in dem ersten verfahrensrechtlich noch offenen Wirtschaftsjahr einzubuchen.[405]

531 In der Praxis stellen Grundstücke (und damit auch Wohnungseigentum) insbesondere in folgenden Fällen Betriebsvermögen dar:

- Das Wohnungseigentum wird betrieblich genutzt (Anlagevermögen)[406] oder stellt Umlaufvermögen eines Betriebs dar (z. B. bei gewerblichem Grundstückshandel).
- Das Wohnungseigentum ist eine funktional wesentliche Betriebsgrundlage einer Betriebsaufspaltung (vgl. R 15.7 Abs. 5 EStR).

532 Bei betrieblich genutzten Grundstücken bzw. Grundstücksteilen gelten andere Aufteilungs- und Zuordnungskriterien als bei den übrigen (beweglichen) Wirtschaftsgütern. Bei beweglichen Wirtschaftsgütern bleibt die Einheitlichkeit des Gegenstands (z. B. des PKW) steuerrechtlich gewahrt und die Zuordnung zu einer Vermögenssphäre (z. B. zum Betriebsvermögen eines Gewerbebetriebs) hängt von dem Nutzungsanteil an diesem einheitlichen Wirtschaftsgut ab. Dagegen bewirkt ein zu verschiedenen Zwecken genutztes Grundstück, dass dieses Objekt in verschiedene Wirtschaftsgüter aufgeteilt wird. Diese separaten Wirtschaftsgüter sind dann einem (bestimmten) Betrieb oder dem Privatvermögen zuzuord-

405 R 4.4 Abs. 1 Satz 9 EStR.

406 Denkbar ist auch die teilweise Nutzung als Arbeitszimmer für einen Betrieb oder die Überlassung des Wohnungseigentums an eine gewerbliche Personengesellschaft (Sonderbetriebsvermögen).

nen. Eine Aufteilung des Grundstücks zwischen dem Gebäude und dem Grund und Boden ist zudem erforderlich. Grundstücke oder Grundstücksteile, die ausschließlich und unmittelbar für eigenbetriebliche Zwecke genutzt werden, gehören (regelmäßig) zum notwendigen Betriebsvermögen.[407] Der zum Gebäude gehörende Grund und Boden ist anteilig ebenfalls notwendiges Betriebsvermögen.[408]

b) Aufteilung in Grund und Boden sowie Gebäude

Ertragsteuerrechtlich besteht ein bebautes Grundstück mindestens aus zwei separaten Wirtschaftsgütern: Dem Gebäude und dem Grund und Boden. Dies ist schon deshalb der Fall, da der Grund und Boden aus der Natur der Sache heraus nicht untergehen kann und zudem als nicht abnutzbares Anlagevermögen nicht regulär im Wege der AfA abzuschreiben ist. Das auf dem Grundstück stehende Gebäude ist aber (als Anlagevermögen) abzuschreiben und kann auch untergehen (z. B. abgerissen werden). 533

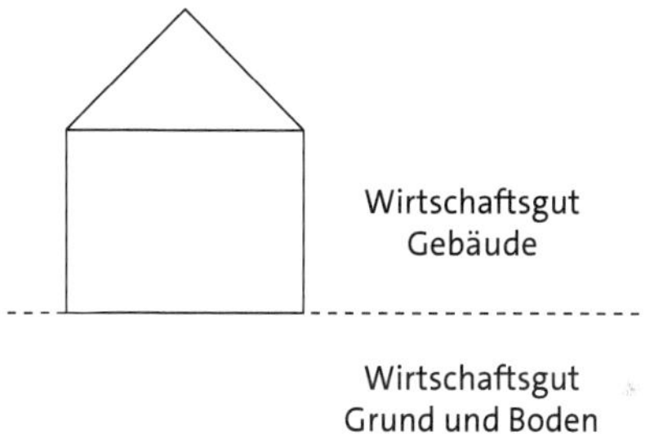

Auch bei Grundstücken im Umlaufvermögen (z. B. bei einem Unternehmen der Immobilienwirtschaft) ist ebenfalls die Aufteilung zwingend, da sich die Teilwerte der beiden Wirtschaftsgüter unterschiedlich entwickeln können (relevant für eine eventuelle Teilwertabschreibung bei voraussichtlich dauernder Wertminderung). 534

Die Unterscheidung zwischen dem Boden- und dem Gebäudeanteil eines bebauten Grundstücks gilt sowohl für das Privat- als auch das Betriebsvermögen. 535

407 R 4.2 Abs. 7 Satz 1 EStR.
408 R 4.2 Abs. 7 Satz 2 EStR.

c) Aufteilung des Grundstücks durch verschiedene Nutzungen in separate Wirtschaftsgüter

536 Das Gebäude wird in verschiedene Wirtschaftsgüter geteilt, wenn das gesamte Gebäude nicht für die eigenen betrieblichen Zwecke genutzt wird. Wenn und soweit ein Raum, eine Etage oder ein Bauteil eines Gebäudes anders genutzt wird oder es einer anderen Funktion dient, ist dieser Teil des Gebäudes als separates Wirtschaftsgut anzusehen.

537 Insgesamt ist zwischen vier verschiedenen Nutzungs- und Funktionszusammenhängen eines Gebäudes zu unterscheiden:[409]

1. Eigenbetriebliche Nutzung,
2. Fremdbetriebliche Nutzung,
3. Nutzung zu eigenen Wohnzwecken,
4. Nutzung zu fremden Wohnzwecken.

538 Diese Aufteilung basiert auf der Rechtsprechung des BFH.[410]

539 Jeder der (maximal vier) unterschiedlich genutzten Gebäudeteile stellt ein eigenes Wirtschaftsgut dar. Dabei werden alle im selben Zusammenhang genutzten Gebäudeteile zu einem einheitlichen Wirtschaftsgut zusammengefasst. Es kommt nicht darauf an, ob die zusammenzufassenden Teile räumlich zusammenhängen oder jeweils durch die gleiche Person (z. B. Mieter) genutzt werden. Die Zuordnung zu dem jeweiligen Wirtschaftsgut ist nicht räumlich, sondern funktional zu verstehen. Alles, was in einem Gesamtgebäude nach einer der vier möglichen Kategorien genutzt wird, gehört zum selben Wirtschaftsgut. Dies gilt z. B. auch, wenn räumlich getrennte Gebäudeteile in gleicher Weise genutzt werden. Dies hat u. a. dafür Bedeutung, dass ein einheitliches Wirtschaftsgut nur einheitlich entnommen oder eingelegt und nur einheitlich abgeschrieben werden kann.[411]

540 Alle Gebäudeteile, welche selbst nicht unmittelbar für die konkreten Zwecke verwendet werden (z. B. ein Treppenhaus), werden verhältnismäßig dem jewei-

409 R 4.2 Abs. 4 Satz 1 EStR.

410 BFH, Beschluss v. 26.11.1973 - GrS 5/71, BStBl 1974 II S. 132 unter C. II. 3. d) KAAAA-90917. Dagegen lehnt Wichmann, BB 1990 S. 975, die Aufteilung eines Gebäudes generell ab.

411 Ausnahmen gibt es dazu aber: Wenn z. B. ein Gebäudeteil an einen Arbeitnehmer aus betrieblichen Gründen vermietet ist (z. B. als Hausmeister), gehört dieser Gebäudeteil zwar zum einheitlichen Wirtschaftsgut des eigenbetrieblich genutzten Gebäudes (R 4.2 Abs. 4 Satz 2 EStR). Das anteilige Gebäude ist jedoch nach den Grundsätzen für Wohngebäude (§ 7 Abs. 4 Satz 1 Nr. 2 EStG) und nicht für Betriebsgebäude (§ 7 Abs. 4 Satz 1 Nr. 1 EStG) abzuschreiben.

ligen Wirtschaftsgut zugeordnet (i.d.R. nach den Nutzflächen der konkret verwendeten Räume).

Die Anschaffungs- oder Herstellungskosten des Gebäudes sind verhältnismäßig auf die verschiedenen Gebäudewirtschaftsgüter aufzuteilen. Bei gleich ausgestatteten Räumen wird regelmäßig nach dem Verhältnis der Nutzflächen aufgeteilt. 541

Der Grund und Boden des Grundstücks ist den verschiedenen Gebäudewirtschaftsgütern zuzuordnen. Der anteilige Grund und Boden wird dem Betriebsvermögen insoweit zugeordnet, als dieser mit dem Gebäudeteil im Betriebsvermögen zusammenhängt.[412] 542

Der Grund und Boden ist (wie das Gebäude) in bis zu vier separate Wirtschaftsgüter zu zerlegen. Hierbei geltenden folgende Grundsätze: 543

- Die tatsächlich mit dem Gebäude überbaute Fläche wird im Verhältnis der Gebäudewirtschaftsgütern (also i.d.R. nach den anteiligen Nutzflächen im Gebäude) aufgeteilt.
- Die übrigen Flächen (unbebaute Freiflächen) werden vorab einem Gebäudewirtschaftsgut zugeordnet, sofern eine konkrete Bodennutzung dem wirtschaftlich zuzuordnen ist (z.B. eine Parkfläche für die Kunden des eigengewerblichen Teils oder der Garten für die Nutzung des Gebäudes zu fremden Wohnzwecken).
- Alle nicht konkret zuordenbaren Freiflächen (z.B. der Weg von der Straße zum Eingang) werden (wie bei der überbauten Fläche) verhältnismäßig aufgeteilt.

BEISPIEL „VERSCHIEDENE NUTZUNGEN UND FUNKTIONEN EINES GEBÄUDES": Frau F gehört ein Wohn- und Geschäftshaus, das wie folgt genutzt wird:

- EG: Nutzung für das Einzelunternehmen von Frau F (Optikermeisterin);
- 1.OG links: vermietet an eine Anwaltskanzlei;
- 1.OG rechts: vermietet an eine Versicherungsagentur;
- 2.OG links: vermietet an eine Privatperson als Wohnung;
- 2.OG rechts: Nutzung durch Frau F als Büro und Lager für ihren Optikerbetrieb;
- DG: Nutzung zu eigenen Wohnzwecken durch Frau F.

Das Gebäude besteht aus vier verschiedenen Wirtschaftsgütern:

- eigenbetriebliche Nutzung (EG und 2.OG rechts). Es ist unerheblich, dass beide Gebäudeteile bautechnisch nicht nebeneinander liegen. Es handelt sich insoweit um ein einheitliches Wirtschaftsgut;

412 R 4.2 Abs. 7 Satz 2 EStR.

- fremdbetriebliche Nutzung (gesamtes 1. OG). Auch bei der Vermietung an zwei verschiedene Mieter handelt es sich um ein einheitliches Wirtschaftsgut;
- Nutzung zu fremden Wohnzwecken (2. OG links);
- Nutzung zu eigenen Wohnzwecken (DG).

Die Anschaffungs- oder Herstellungskosten eines gemischt verwendeten Gebäudes sind auf die jeweiligen Gebäudewirtschaftsgüter aufzuteilen. Dafür ist das Verhältnis der Nutzfläche eines jeweiligen Gebäudeteiles zur Nutzfläche des ganzen Gebäudes maßgebend, es sei denn, die Aufteilung nach dem Verhältnis der Nutzflächen führt zu einem unangemessenen Ergebnis (z. B. bei unterschiedlichen Geschosshöhen oder abweichender Ausstattung).[413] Der Grund und Boden ist demensprechend aufzuteilen, wenn dieser nicht (z. B. bei einem vorhandenen Parkplatz für die gewerblichen Nutzungen) separat zugeordnet werden kann.

Insgesamt besteht das gesamte Grundstück hier somit aus acht (!) verschiedenen Wirtschaftsgütern.

d) Zuordnung von Gebäude oder Gebäudeteilen zum Betriebsvermögen

544 Mit der nutzungsorientierten Aufteilung eines Grundstücks in separate Wirtschaftsgüter ist keine automatische Zuordnung dieser Wirtschaftsgüter zu einem Betriebsvermögen oder Privatvermögen verbunden. Dies ergibt sich in einem weiteren Prüfungsschritt. Klar ist zunächst, dass diejenigen Grundstücksteile, die ausschließlich und unmittelbar für eigenbetriebliche Zwecke genutzt werden und dementsprechend ein Wirtschaftsgut bilden, zum notwendigen Betriebsvermögen gehören.[414] Der zu diesem Gebäudeteil gehörende anteilige Grund und Boden ist ebenfalls notwendiges Betriebsvermögen desselben Betriebs.[415]

545 Grundstücke oder Grundstücksteile, die weder eigenbetrieblich noch zu eigenen Wohnzwecken genutzt werden, sondern z. B. zu Wohnzwecken oder zur gewerblichen Nutzung an Dritte vermietet sind, können als gewillkürtes Betriebsvermögen behandelt werden, wenn die Grundstücke oder die Grundstücksteile in einem gewissen objektiven Zusammenhang mit dem Betrieb stehen und ihn zu fördern bestimmt und geeignet sind.[416] Sofern es sich nicht um verlustbringende Gebäudeteile handelt und damit eine Stärkung des Betriebsvermögens und z. B. eine bessere Kreditfähigkeit der Immobilie gegeben ist, kommt eine Zuordnung zum Betriebsvermögen i. d. R. in Betracht.

413 R 4.2 Abs. 6 Satz 2 EStR.
414 R 4.2 Abs. 7 Satz 1 EStR.
415 R 4.2 Abs. 7 Satz 2 EStR.
416 R 4.2 Abs. 9 EStR.

e) Eigenbetrieblich genutzte Grundstücksteile von untergeordnetem Wert (§ 8 EStDV)

Nach § 8 Satz 1 EStDV brauchen eigenbetrieblich genutzte Grundstücksteile nicht als Betriebsvermögen behandelt zu werden, wenn ihre Größe nicht mehr als 30 m² oder ihr Wert nicht mehr als 40.000 € beträgt.[417] Es müssen nicht beide Voraussetzungen erfüllt sein, sondern es reicht, wenn eine der beiden Grenze nicht überschritten wird („... oder ..."). Diese Regelung betrifft sämtliche Gebäude- bzw. Bodenanteile, die aufgrund ihrer eigenbetrieblichen Nutzung als eigenständiges Wirtschaftsgut dem notwendigen Betriebsvermögen zuzuordnen sind. Aus praktischen Gründen sollte zunächst die 30-m²-Grenze geprüft werden, da diese i. d. R. einfacher zu bestimmen ist als die 40.000-€-Grenze. 546

Für die Grenze von 30 m² sind vermutlich die Nutzflächen des betrieblichen Gebäudeteils maßgebend.[418] Auf das Verhältnis zur Größe (Fläche) des gesamten Grundstücks kommt es nicht an. Daher sind die Voraussetzungen insoweit durch die eindeutige Quadratmeterangabe (30 m²) sicher bestimmbar. Fraglich ist jedoch, ob allein die Grundfläche maßgeblich ist oder ob, vergleichbar der Wohnflächenverordnung, z. B. Dachschrägen[419] (etwa bei einem freiberuflich genutzten Arbeitszimmer im Dachgeschoss) nur anteilig berücksichtigt werden. 547

Für die Wertgrenze von 40.000 € ist der Wert des Gebäudeteils und des anteiligen Grund und Bodens zusammenzurechnen.[420] Es wird wohl nur wenige Fälle geben, in denen der Wert des Grundstücksteils nicht mehr als 40.000 € beträgt, aber gleichzeitig 30 m² überschreitet. Rechnerisch ist dies nur bei einem Wert von weniger als 1.333 €/m² der Fall.[421] 548

Wenn beide Voraussetzungen erfüllt sind, hat der Eigentümer durch § 8 EStDV ein Wahlrecht. Er kann das Gebäude und den Grund und Boden 549

---

417 Die durch die Siebte Verordnung zur Änderung steuerlicher Verordnungen v. 19.12.2025, BGBl 2025 I Nr. 372, geänderten Grenzen (Größe: 30 m², Wert: 40.000 €) sind in allen offenen Fällen anzuwenden (§ 84 Abs. 1d Satz 1 EStDV n. F.). Die vorher maßgebenden Grenzen (Wertanteil 1/5 am Gesamtgrundstück, Wert: 20.500 €) sind nicht mehr maßgebend.

418 Vergleichbar zu R 4.2 Abs. 8 Satz 3 EStR zur vorher geltenden Regelung, nach der es auf die Nutzflächen ankam, ob 1/5 des Werts des gesamten Grundstücks überschritten wurde.

419 Die Grundfläche einer Dachschrägen wird erst ab einer Deckenhöhe von einem Meter (insoweit ab da zu 50 %) und ab einer Deckenhöhe von zwei Metern voll eingerechnet (§ 4 Wohnflächenverordnung).

420 So für die vorherige Fassung des § 8 EStDV nach R 4.2 Abs. 8 Satz 2 EStR.

421 Kaminski, Stbg 2025 S. 361 f.

- insgesamt seinem Betriebsvermögen (durch dessen Bilanzierung) oder
- insgesamt seinem Privatvermögen

zuordnen.

Für Wirtschaftsjahre, die vor dem 1.1.2026 beginnen, können die Aufwendungen für das Grundstück (insbesondere Gebäude-AfA) vorbehaltlich der Arbeitszimmerregelung in §4 Abs.5 Satz1 Nr.6b EStG auch dann als Betriebsausgaben abgezogen werden, wenn der Grundstücksteil nach §8 EStDV nicht als Betriebsvermögen behandelt wird.[422] Für Wirtschaftsjahre, die nach dem 31.12.2025[423] beginnen, können Aufwendungen, die mit dem Grundstücksteil in Zusammenhang stehen, nicht mehr abgezogen werden, sofern das Grundstück entsprechend dem Wahlrecht nach §8 Satz1 EStDV nicht als Betriebsvermögen behandelt wird (§8 Satz2 EStDV n.F.).

BEISPIEL „ARBEITSZIMMER ALS GEBÄUDETEIL VON UNTERGEORDNETEM WERT": Herr H erwirbt zum 11.2.2026 eine zu eigenen Wohnzwecken genutzte Eigentumswohnung mit einer Fläche von 100 m² und Anschaffungskosten i.H.von 300.000€. Einen Raum von 15 m² (=15% der Wohnungsfläche und damit 45.000€ anteiliger Wert) nutzt er nicht zum Wohnen, sondern als Arbeitszimmer für seine freiberufliche Tätigkeit als Architekt.

Das Arbeitszimmer ist ein separates Wirtschaftsgut, da es wegen der freiberuflichen Nutzung in einem anderen Nutzungs- und Funktionszusammenhang zu der übrigen Wohnungsnutzung steht. Der Gebäudeteil (sowie der anteilige Bodenteil) stellen zwar eigentlich notwendiges Betriebsvermögen dar. Da die Größengrenze von 30 m² durch das Arbeitszimmer mit nur 15 m² nicht überschritten wird, hat Herr H das Wahlrecht, ob er das Arbeitszimmer als Betriebsvermögen behandelt (§8 Satz1 EStDV). Es kommt nicht mehr darauf an, ob bzw. dass der Wert des Arbeitszimmers über 40.000€ liegt, da nur eine der beiden Voraussetzungen des §8 Satz1 EStDV erfüllt sein muss. Die anteilig auf das Arbeitszimmer entfallenden Gebäudekosten sind nicht abzugsfähig, sofern Herr H diesen Gebäudeteil (Arbeitszimmer) nicht seinem Betriebsvermögen zuordnet (§8 Satz2 EStDV). Jedoch sind diese Kosten ggf. ohnehin nach §4 Abs.5 Nr.6b EStG nicht vollständig abzugsfähig. Sofern Herr H das Arbeitszimmer seinem Betriebsvermögen zuordnet, ist ein Entnahmegewinn, Betriebsaufgabegewinn oder Grundstücksveräußerungsgewinn gleichwohl steuerpflichtig.

f) Private Mitbenutzung von Grundstücken

550 Wenn Gebäudeteile (z.B. einzelne Räume) privat genutzt werden, stellen diese von vornherein ein eigenes Wirtschaftsgut dar bzw. gehören zum einheitlichen Wirtschaftsgut „Gebäudenutzung zu eigenen Wohnzwecken". Wenn haupt-

422 R4.2 Abs.8 Satz8 EStR i.V.mit R4.7 Abs.2 Satz4 EStR zu §8 EStDV a.F.

423 §84 Abs.1d Satz2 EStDV n.F.

sächlich betrieblich genutzte Gebäudeteile aber zeitweise (vorübergehend) privat genutzt werden, stellt sich die Frage, welche steuerrechtliche Auswirkung sich daraus ergibt.

Wenn das Grundstück (bzw. der Grundstücksteil) zeitweise privat genutzt wird, 551
bleibt es grds. bei der Zuordnung zum Betriebsvermögen. Die anteiligen Kosten sind dann aber als Entnahme (gewinnerhöhend) zu erfassen. Bei einer relativ hohen privaten Mitbenutzung kippt die betriebliche Zuordnung, so dass das Grundstück (bzw. der Grundstücksteil) dem Privatvermögen zuzuordnen ist. Die anteiligen betrieblichen Kosten sind dann jedoch als Aufwandseinlage (Betriebsausgabe) abzugsfähig. Eine zahlenmäßige (zeitmäßige) Abgrenzung der Rechtsprechung gibt es dazu – soweit ersichtlich – nicht. Die Finanzverwaltung behandelt Räume, die zu mehr als 10 % privat genutzt werden (z. B. als Arbeitszimmer), oft als Privatvermögen und lässt im Gegenzug den Abzug der anteiligen Aufwendungen zu. Hier besteht häufig ein Beweislastproblem in der Praxis, da es sich dabei regelmäßig um Räume handelt, die eher als Büroraum auch privat genutzt werden können als z. B. Werkstätten. Gleichwohl ist in allen Fällen der gleiche Maßstab anzulegen.

BEISPIEL „PRIVATE MITBENUTZUNG EINER WERKSTATT": Herr H ist hauptberuflich angestellter Ingenieur und ihm gehört eine zu eigenen Wohnzwecken genutzte Eigentumswohnung. Den dazugehörigen Kellerraum mit daran anschließender Garage (Sondereigentum) nutzt er grds. am Wochenende für sein Nebengewerbe (Restaurierung von Antiquitäten). Gelegentlich repariert und wartet er in den Räumen mit dem dort vorhandenen Werkszeug aber auch seinen alten Motorroller (Privatvermögen), den er für gelegentliche Spazierfahren nutzt.

Wenn H die Keller-/Garagenräume für sein Nebengewerbe häufig (z. B. an 20 Wochenenden im Jahr) und für sein Hobby nur gelegentlich nutzt (z. B. an zwei Wochenenden im Jahr), handelt es sich um Betriebsvermögen seines Restaurationsbetriebs. Er kann die anteilige auf den Keller und die Garage entfallenden Kosten (z. B. Gebäude-AfA) als Betriebsausgaben abziehen. Die anteilige Privatnutzung (hier z. B. 10 %) führt zur gewinnwirksamen Entnahme der anteiligen Kosten. Sollte H aber deutlich mehr an seinem Motorroller arbeiten (z. B. an fünf Wochenenden, d. h. anteilige Raumnutzung 20 %), wird das Finanzamt möglicherweise Privatvermögen annehmen. Dann würde der Grundstücksteil entnommen (stille Reserven versteuern), aber im Gegenzug 80 % der Kosten als Betriebsausgaben berücksichtigt (Aufwandseinlage).

g) Bauten als zusätzliches Wirtschaftsgut

Über die vier möglichen (verschiedenen) Nutzungs- und Funktionszusammen- 552
hänge eines Gebäudes (Eigen-/Fremdbetrieb und Eigen-/Fremdwohnzweck) hinaus kann eine weitere Separierung eines Gebäudeteils als eigenständiges Wirtschaftsgut gegeben sein. Ein Gebäudeteil ist als selbständiges Wirtschafts-

gut anzusehen, wenn es besonderen Zwecken außerhalb der eigentlichen Gebäudenutzung für die verschiedenen Nutzungs- und Funktionszusammenhänge dient.[424] Hierbei kann es sich um folgende Bauten bzw. Bauteile (Wirtschaftsgüter) handeln:

- Betriebsvorrichtungen (wesentliche Bestandteile eines Gebäudes, die aber nach § 68 Abs. 2 Nr. 2 BewG ein eigenes bewegliches[425] Wirtschaftsgut darstellen, da diese dem Gewerbe unmittelbar dienen, wie z. B. ein Lastenaufzug);[426]

BEISPIEL „BETRIEBSVORRICHTUNG": Frau F vermietet ein Teileigentum im Sinne des WEG (Werkshalle mit Büroräumen) an eine Autowerkstatt. Der Mieter baut nach Zustimmung von Frau F eine Hebebühne für die Reparatur von PKW in die Werkshalle ein, die bei Ende des Mietvertrags durch den Mieter wieder auszubauen ist.

Die Herstellungskosten für die Hebebühne sind im Betriebsvermögen des Mieters als separates bewegliches Wirtschaftsgut (Betriebsvorrichtung) zu aktivieren und nach § 7 Abs. 1 oder 2 EStG anzuschreiben.

- Scheinbestandteile (Gebäudebestandteil, der nur vorübergehend besteht, vgl. § 95 BGB, wie eine Trennwand, welche wieder abgerissen werden soll, was vor allem – aber nicht nur – bei Vermietungen gegeben sein kann);[427]

BEISPIEL „SCHEINBESTANDTEIL": Frau F vermietet ein Teileigentum im Sinne des WEG an eine Zahnarztpraxis. Der Mieter baut eine Trennwand in den Raum ein, um ein Wartezimmer für die Patienten zu schaffen. Bei Ende des Mietvertrags ist die Trennwand durch den Mieter auszubauen.

Die Herstellungskosten für die Trennwand sind im Betriebsvermögen des Mieters als separates bewegliches Wirtschaftsgut zu aktivieren und nach § 7 Abs. 1 oder 2 EStG anzuschreiben.

---

424 R 4.2 Abs. 3 Satz 2 EStR.

425 R 7.1 Abs. 3 EStR. Die Betriebsvorrichtungen werden daher nicht nach Gebäudegrundsätzen, sondern nach § 7 Abs. 1 oder 2 EStG abgeschrieben.

426 Zur Abgrenzung des Gebäudes von Betriebsvorrichtungen vgl. Gleichlautende Erlasse der obersten Finanzbehörden der Länder v. 5.6.2013, BStBl 2013 I S. 734.

427 R 7.1 Abs. 4 EStR.

- Ladeneinbauten und ähnliche Einbauten für betriebliche Zwecke;[428]

BEISPIEL „THEKE": Frau F vermietet ein Teileigentum im Sinne des WEG an einen Gastronomiebetrieb und erlaubt, dort eine zusätzliche Theke auf Kosten des Mieters einbauen zu lassen.

Die Herstellungskosten für die Theke sind im Betriebsvermögen des Mieters als Wirtschaftsgut zu aktivieren und auf sieben Jahre linear abzuschreiben.

- Mietereinbauten (Einbauten durch den Mieter und auf Kosten des Mieters in oder auf einem fremden Grundstück);[429]

BEISPIEL „SCHAUFENSTEREINBAU": Frau F vermietet ein Teileigentum im Sinne des WEG an einen Textilmarkt und erlaubt, in eine Außenwand zur Straße ein großes Schaufenster einbauen zu lassen.

Die Herstellungskosten für den Umbau sind wie ein Wirtschaftsgut zu behandeln und daher im Betriebsvermögen des Mieters als Wirtschaftsgut zu aktivieren und auf die voraussichtliche Nutzungsdauer linear abzuschreiben.[430]

Diesen „Zusatz-Wirtschaftsgütern" eines Gebäudes werden aber keinem Teil des Grund und Bodens zugeordnet. 553

Die begriffliche Unterscheidung der Einkommensteuerrichtlinien der Gebäudeteile ist nicht aus sich heraus verständlich. Die besonders genutzten und als separate Wirtschaftsgüter zu behandelnden Gebäudeteile (wie Mietereinbauten) werden als „selbständige Gebäudeteile"[431] definiert und damit von der übrigen Gebäudesubstanz abgegrenzt, die als „sonstige selbständige Gebäudeteile"[432] bezeichnet wird. Damit wird mit „sonstigen selbständigen Gebäudeteilen" der praktische Regelfall des Gebäudewirtschaftsguts bezeichnet und die „selbständigen Gebäudeteile" sind deren Ausnahme. Als „unselbständige Gebäudeteile"[433] werden wiederum die Gebäudeteile bezeichnet, die nicht unmittelbar einem bestimmten Zweck (z. B. durch konkrete Raumnutzung eines Betriebs), sondern „der eigentlichen Nutzung als Gebäude" dienen (wie z. B. ein Personenaufzug). 554

428 R 4.2 Abs. 3 Satz 3 Nr. 3 EStR: Ladeneinbauten, Schaufensteranlagen, Gaststätteneinbauten, Schalterhallen von Banken sowie ähnliche Einbauten, die einem schnellen Wandel des modischen Geschmacks unterliegen. Diese gehören zu den unbeweglichen Wirtschaftsgütern i. S. des § 7 Abs. 5b EStG, die daher nach Gebäudegrundsätzen abgeschrieben werden (R 7.1 Abs. 6 EStR). Eine siebjährige (kürzere) Nutzungsdauer nach § 7 Abs. 4 Satz 2 EStG – d. h. ein linearer AfA-Satz von 14 % p. a. – wird anerkannt (BMF, Schreiben v. 30.5.1996 - VV DEU BMF 1996-05-30 IV A 8-S 1551-35/96, BStBl 1996 I S. 643).

429 BMF, Schreiben v. 15.1.1976 - IV B 2-S 2133-1/76, BStBl 1976 I S. 66.

430 BFH, Urteil v. 15.10.1996 - VIII R 44/94, BStBl 1997 II S. 533 TAAAA-95917.

431 R 4.2 Abs. 3 Satz 3 Nr. 1–4 EStR.

432 R 4.2 Abs. 3 Satz 3 Nr. 5 EStR.

433 R 4.2 Abs. 5 EStR.

h) Außenanlagen

555 Getrennt (d.h. ohne eine bautechnische Verbindung) auf einem Grundstück stehende Baulichkeiten sind grds. gesonderte Wirtschaftsgüter.[434] Außenanlagen eines Gebäudes sind eigenständige unbewegliche Wirtschaftsgüter und kein Bestandteil des Gebäudes. Die Außenanlage selbst kann aber ein (eigenes) Gebäude sein und ggf. bei einem gleichen Nutzungs- und Funktionszusammenhang mit dem anderen (Haupt-)Gebäude ein einheitliches Gebäudewirtschaftsgut bilden.[435] Sie sind daher nicht automatisch Bestandteil des Gebäudes, sondern werden i.d.R. gesondert bewertet. Die Herstellungskosten bzw. die anteiligen Anschaffungskosten der Außenanlagen sind linear nach §7 Abs.1 EStG auf die geschätzte Nutzungsdauer abzuschreiben.

556 So sind insbesondere Hof- und Platzbefestigungen,[436] Zufahrten, Stellplätze und Umzäunungen von Betriebsgrundstücken keine Gebäudeteile, sondern selbständige unbewegliche Wirtschaftsgüter.[437]

557 Garagen (auch Carports) gehören bei einem in der Nähe liegenden Wohngebäude zum Gebäudewirtschaftsgut, da diese in dem gleichen Nutzungs- und Funktionszusammenhang stehen. Dies gilt nur dann nicht, wenn die Garage zu entfernt liegt und/oder es sich um einen sehr großen Wohnkomplex handelt.[438] Sollte die Garage aber betrieblich genutzt werden (z.B. als Werkstatt für einen Betrieb), handelt es sich um einen selbständigen Gebäudeteil i.S.des R4.2 Abs.4 EStR. Für eine betriebliche Zuordnung reicht es aber nicht, wenn ein betriebliches Fahrzeug darin geparkt wird, sofern die Garage höchstens zur Hälfte betrieblich und mindestens in gleichem Maße privat genutzt wird.[439]

558 Gartenanlagen (insbesondere Rasen, Pflanzen, Sträucher, Bäume, bauliche Abgrenzungen, Treppen und Stufen) gehören zu den Außenanlagen und werden als separates unbewegliches Wirtschaftsgut[440] linear nach §7 Abs.1 EStG i.d.R. über zehn Jahre abgeschrieben.

i) Gebäude auf fremdem Grund und Boden

aa) Problemstellung

559 Wenn ein Grundstückseigentümer auf seinem Grundstück ein Gebäude errichtet und es betrieblich nutzt, ist ihm dieses als eigenes Wirtschaftsgut „Gebäu-

434 BFH, Urteil v.28.6.1983 - VIII R 179/79, BStBl 1984 II S.196 JAAAA-91895.
435 BFH, Urteil v.28.6.1983 - VIII R 179/79, BStBl 1984 II S.196 JAAAA-91895.
436 BFH, Urteil v.19.2.1974 - VIII R 20/73, BStBl 1975 II S.20 XAAAA-91017.
437 BFH, Urteil v.10.10.1990 - II R 171/87, BStBl 1991 II S.59 QAAAA-93721.
438 BFH, Urteil v.2.6.1999 - X R 16/96, BStBl 1999 II S.596 VAAAA-96586.
439 BFH, Urteil v.10.10.2017 - X R 1/16 - BStBl 2018 II S.181 RAAAG-70586.
440 BFH, Urteil v.30.1.1996 - IX R 18/91, BStBl 1997 II S.25 JAAAA-95793.

de" zuzurechnen. Er kann die Herstellungskosten aktivieren und über die AfA als Betriebsausgaben abziehen. Der Grund und Boden stellt ebenfalls Betriebsvermögen dar. Bei einer Veräußerung des Grundstücks sind die stillen Reserven als Gewinn zu versteuern.

Wenn ein Betriebsinhaber aber auf einem ihm nicht gehörenden (fremden) Grundstück aus eigenen Mitteln (und mit Zustimmung des Grundstückseigentümers) ein Gebäude errichtet, stellt sich die Frage, ob dem Betriebsinhaber dadurch ein Wirtschaftsgut zuzurechnen ist und wie sich der von ihm getragene Aufwand als Betriebsausgaben auswirkt. Diese Fälle ergeben sich oft bei Ehegatten, wenn ein Unternehmer-Ehegatte auf dem Grundstück des anderen Ehegatten ein Gebäude für seine eigenen betrieblichen Zwecke errichtet. Zwar könnte der Nichtunternehmer-Ehegatte das Gebäude zunächst selbst (auf eigene Kosten) errichten und das Gebäude dann an den Unternehmer-Ehegatten vermieten oder verpachten (was auch oft gemacht wird). Jedoch kann dies aus verschiedenen Gründen nicht gewollt sein (z.B. aus einer schenkungsteuerrechtlichen Problematik, wenn die Baukosten des Nichtunternehmer-Ehegatten gleichwohl von dem Unternehmer-Ehegatten bezahlt werden). 560

Dieses Problem stellt sich auch bei Bauten von Gesellschaften auf Grundstücken ihrer Gesellschaft bzw. andersherum auch bei Bauten von Gesellschaften auf Grundstücken ihrer Gesellschafter. 561

bb) Bauten auf fremden Grundstücken bei Ehegatten

Nach der aktuell[441] gültigen Rechtsprechung des BFH[442] kann ein Ehegatte als Betriebsinhaber seinen eigenen Aufwand (z.B. Herstellungskosten) für die Errichtung eines betrieblich genutzten Gebäudes auf einem anderen (oft dem Nichtunternehmer-Ehegatten gehörenden) Grundstück zwar nicht als Wirtschaftsgut, jedoch als Aufwandsverteilungsposten ansetzen. 562

Sofern die Ehegatten keine (!) ausdrückliche zivilrechtliche Vereinbarung über einen Ausgleichsanspruch i.S.der §§951, 812 BGB treffen, steht das Gebäude sowohl zivilrechtlich als auch wirtschaftlich im Eigentum des Nichtunternehmer-Ehegatten (Privatvermögen).[443] 563

441 Früher wurde dies vom BFH anders gesehen: Nach dem BFH, Urteil v.14.5.2002 - VIII R 30/98, BStBl 2002 II S.741 PAAAB-04224, wurde ein Wirtschaftsgut als Gebäude auf fremden Grund und Boden angenommen, da der zivilrechtliche Aufwendungsersatzanspruch nach §§951, 812 BGB gegenüber dem Grundstückseigentümer zu wirtschaftlichem Eigentum führt. Beim Ende der Nutzung des Gebäudes wäre ein Gewinn als Differenz zwischen dem Ausgleichsanspruch und Restbuchwert (stille Reserven) zu versteuern.

442 BFH, Urteil v.9.3.2016 - X R 46/14, BStBl 2016 II S.976 XAAAF-72706.

443 BMF, Schreiben v.16.12.2016 - IV C 6-S 2134/15/10003, BStBl 2016 I S.1431 Rz.1.

564 Die Abschreibung des Aufwandsverteilungsposten kann zwar nicht nach § 7 Abs. 4 Satz 1 Nr. 1 EStG (für Wirtschaftsgebäude), aber immerhin nach § 7 Abs. 4 Satz 1 Nr. 1 EStG erfolgen. Stille Reserven werden in diesem Aufwandsverteilungsposten nicht gespeichert,[444] so dass bei einem Ende der betrieblichen Nutzung kein Gewinn versteuert wird, sondern lediglich der Ausgleichsposten erfolgsneutral wegfällt.[445]

cc) Gebäude auf Grundstück des anderen Ehegatten

565 Einen typischen Praxisfall stellt die Bebauung eines Grundstücks dar, das komplett dem anderen Ehegatten gehört. Der Unternehmer-Ehegatte errichtet auf eigene Kosten auf dem (für ihn zivilrechtlich „fremden") Grundstück ein Gebäude für seine betrieblichen Zwecke.

566 Hierbei ist dem Unternehmer-Ehegatten in Höhe seiner Herstellungskosten ein Aufwandsverteilungsposten zuzurechnen und abzuschreiben. Bei einem Grundstück im Wohnungseigentum im Sinne des WEG gilt das Gleiche.

BEISPIEL „GEBÄUDE AUF GRUNDSTÜCK DES ANDEREN EHEGATTEN": Frau F errichtet aus eigenem Vermögen ein Gebäude auf einem Grundstück, das ihrem Ehemann M allein gehört. Herr M stimmt der Bebauung zu, darüber hinaus treffen die Ehegatten keine weiteren Vereinbarungen. Das Grundstück wird nach WEG in Teileigentum (Erdgeschoss) und Wohnungseigentum (Obergeschoss) geteilt und ist zivilrechtlich M jeweils als Wohnungseigentümer zuzurechnen. Auf das Erdgeschoss, das von F für ihr als Einzelunternehmerin betriebenes Fitnessstudio genutzt wird, entfallen Herstellungskosten i. H. von 1.000.000 €.

567 Zivilrechtlich ist F das Gebäude nicht zuzurechnen, obwohl sie dessen Herstellungskosten getragen hat. Das zivilrechtliche Eigentum am Gebäude folgt dem Eigentum am Grundstück, was nicht für Regeleigentum im Sinne des BGB, sondern auch bei Wohnungseigentum im Sinne des WEG gilt. Nach der Rechtsprechung des BFH hat F auch keinen zivilrechtlichen Ausgleichsanspruch gegenüber M, da die Ehegatten dazu nichts vereinbart haben. Das Gebäude ist F somit auch nicht als wirtschaftlicher Eigentümerin i. S. des § 39 Abs. 2 Nr. 1 AO ertragsteuerrechtlich zuzurechnen. F ist aber ein betrieblicher Aufwandsverteilungsposten in Höhe ihrer Aufwendungen für die Herstellung des Erdgeschosses zuzurechnen (1.000.000 €), den sie nach § 7 Abs. 4 Satz 1 Nr. 2 EStG abschreiben (und als Betriebsausgaben ansetzen) kann.

568 Der Grund und Boden, welcher zivilrechtlich zum Teileigentum des Erdgeschosses gehört, stellt kein Betriebsvermögen von F dar und ist ihr auch nicht ertrag-

444 BMF, Schreiben v. 16.12.2016 - IV C 6-S 2134/15/10003, BStBl 2016 I S. 1431 Rz. 3.
445 BMF, Schreiben v. 16.12.2016 - IV C 6-S 2134/15/10003, BStBl 2016 I S. 1431 Rz. 7.

steuerlich zuzurechnen, da sie insoweit keine Aufwendungen geleistet hat. Der Grund und Boden gehört nur M.

Sollte F den Betrieb des Fitnessstudios einstellen (Betriebsbeendigung i.S. des § 16 Abs. 3 EStG), endet der Betriebsausgabenabzug aus dem Aufwandsverteilungsposten. Ein Verlust aus dem Wegfall des Aufwandsverteilungsposten entsteht bei F nicht. Der noch nicht abgeschriebene Aufwandsverteilungsposten (Restwert) fällt erfolgsneutral weg (und wird M als Eigentümer des Teileigentum als Herstellungskosten zugerechnet). 569

Sollte M das Teileigentum (Räume des Fitnessstudios im Erdgeschoss) veräußern und F das Gewerbe weiterhin (dann wohl auf Grundlage eines Mietvertrags mit dem neuen Eigentümer) betreiben, kann sie den Aufwandsverteilungsposten nach hier vertretener Auffassung weiter als Betriebsausgaben abziehen (abschreiben). Stille Reserven aus einem eventuellen Veräußerungsgewinn sind nicht F, sondern M (ggf. nach § 23 Abs. 1 Nr. 1 EStG als privates Veräußerungsgeschäft[446]) zuzurechnen. 570

dd) Gebäude auf einem gemeinsamen Grundstück der Ehegatten

Sofern ein gemeinsames Grundstück von einem der beiden Ehegatten auf eigene Kosten bebaut wird, ist zwischen dem zivilrechtlich eigenen Grundstücksteil und dem fremden Grundstücksteil zu unterscheiden: 571

Soweit der eigene Grundstücksteil betroffen ist, handelt es sich um den „Regelfall", dass das Gebäude (und der Grund und Boden) ein „normales" Wirtschaftsgut darstellt. 572

Soweit der fremde Grundstücksteil (des Ehegatten) betroffen ist, handelt es sich um einen Aufwandsverteilungsposten. 573

BEISPIEL „GEBÄUDE AUF EINEM GEMEINSAMEN GRUNDSTÜCK DER EHEGATTEN": Frau F errichtet aus eigenem Vermögen ein Gebäude auf einem Grundstück, das ihr zusammen mit ihrem Ehemann M gehört (je hälftiges Bruchteilseigentum). Das Grundstück wird nach WEG in Teileigentum (Erdgeschoss) und Wohnungseigentum (Obergeschoss) geteilt. Beide Einheiten stehen zivilrechtlich im Bruchteilseigentum von F und M (Wohnungseigentümer). Auf das Erdgeschoss, das von F für das von ihr als Einzelunternehmerin betriebene Fitnessstudio genutzt wird, entfallen Herstellungskosten i. H. von 1.000.000 €.

446 Nach hier vertretener Auffassung kann M von dem gesamten Veräußerungspreis (für Grund und Boden und Gebäude) nur seine Anschaffungskosten für den Grund und Boden, aber nicht die „fremden" Herstellungskosten von F abziehen.

LÖSUNG: Zivilrechtlich ist F das Teileigentum im Erdgeschoss nur zu 50% zuzurechnen, obwohl sie dessen Herstellungskosten komplett getragen hat. Dieser hälftige (ihr auch zivilrechtlich zuzurechnende) Miteigentumsanteil stellt ein „echtes" materielles Wirtschaftsgut (Gebäude) dar, was Frau F mit den anteiligen Herstellungskosen (500.000€) aktivieren und als Wirtschaftsgebäude nach §7 Abs.4 Satz1 Nr.1 EStG abschreiben kann.

Die andere Hälfte des Teileigentums (M zivilrechtlich zuzurechnender Miteigentumsanteil) stellt für F einen Aufwandsverteilungsposten (500.000€) dar, den sie nach §7 Abs.4 Satz1 Nr.2 EStG abschreiben kann.

Der Grund und Boden, welcher zivilrechtlich zum Teileigentum des Erdgeschosses gehört, stellt nur zu 50% (entsprechend dem Miteigentumsanteil von F) Betriebsvermögen von F dar.

ee) Gebäude auf Grundstück der Gesellschaft oder des Gesellschafters

574 Es sind nicht nur „Ehegatten-Fälle" bei Bauten auf fremdem Grund und Boden denkbar, sondern auch die Bebauung eines Grundstücks einer Kapitalgesellschaft durch ihren Anteilseigner. Andersherum ist auch der Fall zu betrachten, dass eine Kapitalgesellschaft auf dem Grundstück des Anteilseigners ein Gebäude auf eigene Kosten errichtet und nutzt. Bei gewerblichen Personengesellschaften (Mitunternehmerschaften) ist dies auch denkbar.

575 Im Gegensatz zu den Fällen bei Ehegatten besteht zwischen Gesellschaft und Gesellschafter bei unentgeltlicher Bebauung eines fremden Grundstücks aus §§951, 812 BGB ein zivilrechtlicher Anspruch (bei Ende der Gebäudenutzung). Daher ist dem Träger der Herstellungskosten das Gebäude als wirtschaftliches Eigentum (§39 Abs.2 Nr.1 AO) zuzurechnen. Ein Aufwandsverteilungsposten wird nicht gebildet.

BEISPIEL „GEBÄUDE AUF GRUNDSTÜCK DES GMBH-ANTEILSEIGNERS": Frau F ist Alleingesellschafterin der A-GmbH. Auf einem Frau F gehörenden Grundstück errichtet die A-GmbH auf eigene Kosten mit Zustimmung von Frau F ein Einkaufszentrum. Sie teilt das bebaute Grundstück nach WEG in Teileigentumseinheiten. Die A-GmbH vermietet diese Einheiten an Gewerbetreibende. Die A-GmbH hat Herstellungskosten i.H.von 10.000.000€ für die Baumaßnahmen geleistet.

Das zivilrechtliche Eigentum am Gebäude folgt dem Eigentum am Grundstück, was auch bei Wohnungseigentum im Sinne des WEG gilt. Frau F wird dadurch automatisch auch Eigentümerin der aufstehenden Gebäude. Die A-GmbH hat aber gegenüber Frau F einen zivilrechtlichen Ausgleichsanspruch, da nichts Gegenteiliges[447] vereinbart wurde. Daher ist das Gebäude der A-GmbH als wirtschaftlicher Eigentümerin i.S.des §39 Abs.2 Nr.1 AO ertragsteuerrechtlich zuzurechnen sowie als „Bauten auf fremden Grundstücken" zu aktivieren und abzuschreiben.

---

447 Ein vertraglicher Ausschluss eines zivilrechtlichen Ausgleichsanspruchs würde zu einer verdeckten Gewinnausschüttung der A-GmbH an Frau F führen, da dieser aus dem Gesellschaftsverhältnis veranlasst wäre (§8 Abs.3 Satz2 KStG; §20 Abs.1 Nr.1 Satz2 EStG).

3. Aufteilung von Wohnungseigentum bei verschiedener Nutzung

Wenn es sich bei einzelnen Gebäudeteilen um Wohn- oder Teileigentum im Sinne des WEG handelt, stellt automatisch jede Einheit ein selbständiges Wirtschaftsgut dar. Auch wenn sich in dem Gebäude mehrere gleichartig genutzte Wohneigentumseinheiten des gleichen Eigentümers befinden, werden diese nicht – wie beim Regeleigentum – ertragsteuerrechtlich zusammengerechnet.[448] 576

Innerhalb der einzelnen zivilrechtlichen Wohneigentumseinheit wird aber nach den allgemeinen Grundsätzen des unterschiedlichen Nutzungs- und Funktionszusammenhangs i.S.des R4.2 Abs.4 EStR in separate Wirtschaftsgüter aufgeteilt. 577

BEISPIEL „AUFTEILUNG NACH WEG": Frau F gehört ein dreigeschossiges Grundstück, das sie wie folgt nutzt:

- EG: Nutzung für ihr Einzelunternehmen als Optikermeisterin;
- OG links: vermietet an eine Anwaltskanzlei;
- OG rechts: Nutzung als Lager und Büro für ihren Optikerbetrieb;
- DG: Nutzung zu ihren eigenen Wohnzwecken.

Mit Wirkung zum 30.6.2025 wird das Grundstück in drei Wohn- bzw. Teileigentumseinheiten (je Geschoss) nach WEG aufgeteilt.

Vor der Aufteilung nach dem WEG bestand das Gebäude aus drei Wirtschaftsgütern:

- eigenbetriebliche Zwecke (EG und OG rechts);
- fremdbetriebliche Zwecke (OG links);
- eigene Wohnzwecke (DG).

Durch die zivilrechtliche Aufteilung in drei Einheiten im Sinne des WEG ist jedes Geschoss (jedes Wohnungseigentum) zunächst als separates Wirtschaftsgut zu behandeln. Damit gehört die eigenbetrieblich genutzte Hälfte des OG nicht mehr zum eigenbetrieblich genutzten EG. Das Teileigentum im OG ist in zwei Wirtschaftsgüter (eigenbetrieblicher und fremdbetrieblicher Anteil) aufzuteilen. Ertragsteuerrechtlich ist dies neutral, da kein eigenbetrieblich genutzter Gebäudeteil entnommen wird, sondern im Betriebsvermögen verbleibt.

---

448 BFH, Urteil v.9.6.2005 - IX R 30/04, BFH/NV 2005 S.1795 unter II. 1. a) OAAAB-58637, und BFH, Urteil v.29.9.1994 - III R 80/92, BStBl 1995 II S.72 NAAAA-95355.

4. Anschaffung und Herstellung von Wohnungseigentum

a) Zugang von Wohnungseigentum durch Anschaffung

578 Bei der Anschaffung von Wohnungseigentum (bzw. Teileigentum), welches dem Betriebsvermögen zuzuordnen ist, sind die angeschafften Wirtschaftsgüter einzeln zu bewerten und abzuschreiben. Zunächst sind die gesamten Anschaffungskosten des Grundstücks (neben dem Kaufpreis auch dessen Nebenkosten wie insbesondere die Notar-, Grundbuchgebühren und Grunderwerbsteuer). Diese Kosten sind auf den Gebäudeteil und den Anteil für den Grund und Boden aufzuteilen. Somit sind (mindestens) zwei angeschaffte Wirtschaftsgüter mit den jeweiligen Anschaffungskosten zu bewerten und (bei bilanzierenden Wohnungseigentümern) zu aktivieren.

579 Für die Kaufpreisaufteilung gelten die Grundsätze wie bei Anschaffungen im Privatvermögen.

BEISPIEL „ERWERB VON WOHNUNGSEIGENTUM": Herr H erwirbt Teileigentum zum Kaufpreis von 300.000 €, das er für seinen Gastronomiebetrieb nutzen wird. Er hat zudem Anschaffungsnebenkosten (insbesondere Rechts- und Beratungskosten, Notar- und Gerichtkosten sowie Grunderwerbsteuer) i. H. von 40.000 € aufgewendet. Nach einem Gutachten entfallen auf den Grund und Boden 25 % der Anschaffungskosten.

LÖSUNG: Herr H schafft zwei Wirtschaftsgüter des Betriebsvermögens an: Den Grund und Boden und das Gebäude. Die gesamten Anschaffungskosten (340.000 €) sind aufzuteilen. Danach entfallen entsprechend dem Gutachten auf das Gebäude 255.000 € (75 %) und auf den Grund und Boden 85.000 € (25 %) der Anschaffungskosten.

b) Herstellung von Gebäuden bei Wohnungseigentum

580 Wohnungseigentum kann nicht im eigentlichen Sinne „hergestellt" werden, da der Grund und Boden immer schon vorhanden ist. Ein Gebäude des Wohnungseigentums kann dagegen (neu) hergestellt werden. Dies betrifft in erster Linie den „echten" Neubau auf einem bisher unbebauten Grundstück. Aber auch ein Neubau nach Abriss (z. B wegen Vollverschleißes) sowie ein grundlegender Umbau führen regelmäßig steuerrechtlich zu einem neu hergestellten Gebäude.[449]

581 Für das Gebäude sind die Herstellungskosten nach der grds. handelsrechtlichen Definition gem. § 255 Abs. 2 Satz 1 HGB zu bestimmen. Danach gehören

449 BFH, Urteil v. 23.11.2004 - IX R 59/03, BFH/NV 2005 S. 543 unter II. 1. a) KAAAB-42777 m. w. N.

dazu insbesondere die Aufwendungen für die Herstellung eines Gebäudes (und Aufwendungen für eine Erweiterung oder wesentliche Verbesserung des Gebäudes). Ein wichtiger Unterschied zur Ermittlung der Anschaffungskosten besteht darin, dass bei den Herstellungskosten neben den Einzelkosten auch Gemeinkosten einzubeziehen sind.

Für die Bestimmung des Umfangs der Herstellungskosten gelten im Betriebs- 582
vermögen dieselben Grundsätze wie im Privatvermögen.

5. Gebäudeabschreibung im Betriebsvermögen

a) Lineare Abschreibung

aa) Betrieblich genutztes Teileigentum (Wirtschaftsgebäude)

Sofern das Gebäude nicht Wohnzwecken dient und der Bauantrag nach dem 583
31.3.1985 gestellt wurde, wird die Gebäude-AfA nach § 7 Abs. 4 Satz 1 Nr. 1 EStG angesetzt. Sofern das Objekt bis zum 31.12.2000 angeschafft (oder im Herstellungsfall der Bauantrag gestellt) wurde, beträgt der AfA-Satz 4 % im Jahr (Übergangsvorschrift des § 52 Abs. 15 Satz 2 EStG). Für alle danach angeschafften/hergestellten Gebäude (ab 1.1.2001) beträgt der AfA-Satz 3 % im Jahr.

BEISPIEL „AFA WIRTSCHAFTSGEBÄUDE": Das Ladenlokal (Teileigentum) der Wohneigentumsanlage (Baujahr: 1990) wird von Wohnungseigentümer A für seinen Angel-Shop genutzt. Er hat das Teileigentum

a) im Jahr 1999,

b) im Jahr 2009

erworben.

Zu a) Die Gebäude-AfA des Teileigentums ist durchgehend (auch ab dem Jahr 2001) mit 4 % p. a. anzusetzen.

Zu b) Die Gebäude-AfA des Teileigentum beträgt 3 % p. a.

Sofern ein Gebäude im Betriebsvermögen diese Voraussetzungen nicht erfüllt (weil der Bauantrag bis zum 31.3.1985 gestellt wurde oder das Gebäude Wohnzwecken dient), wird es i. d. R. nach § 7 Abs. 4 Satz 1 Nr. 2 EStG abgeschrieben.

bb) Zu Wohnzwecken genutztes Wohnungseigentum (Wohngebäude)

Bei Gebäuden im Betriebsvermögen, die nicht die Voraussetzungen nach § 7 584
Abs. 4 Satz 1 Nr. 1 EStG erfüllen, ist grds. die lineare AfA nach § 7 Abs. 4 Satz 1 Nr. 2 EStG anzuwenden, deren Prozentsatz vom Zeitpunkt der Fertigstellung des Gebäudes abhängt:

Zeitpunkt der Fertigstellung	AfA-Satz (p.a.)	Rechtsgrundlage
bis zum 31.12.1924 fertiggestellt	2,5 %	§ 7 Abs. 4 Satz 1 Nr. 2 Buchst. c EStG
zwischen 1.1.1925 und 31.12.2022 fertiggestellt	2,0 %	§ 7 Abs. 4 Satz 1 Nr. 2 Buchst. b EStG
ab dem 1.1.2023 fertiggestellt	3,0 %	§ 7 Abs. 4 Satz 1 Nr. 2 Buchst. a EStG

BEISPIEL „AFA WOHNGEBÄUDE": Die B-GmbH erwirbt zum 1.4.2022 ein Wohnungseigentum im Sinne des WEG und vermietet das aufgrund eines Bauantrags aus dem Jahr 2018 fertiggestellte Gebäude zu Wohnzwecken. Auf das Gebäude entfallen Anschaffungskosten i. H. von 200.000 €.

Das Gebäude ist mit 2 % p. a. abzuschreiben (§ 7 Abs. 4 Satz 1 Nr. 2 Buchst. b EStG), da es sich zwar im Betriebsvermögen befindet (eine GmbH hat nur Betriebsvermögen, § 8 Abs. 2 KStG), es aber zu Wohnzwecken genutzt wird. Die AfA für den VZ 2022 beträgt (nach § 7 Abs. 1 Satz 4 EStG zeitanteilig) 200.000 € x 2 % x 9/12 = 3.000 €.

b) Degressive Abschreibung

585 Aus steuerpolitischen Gründen ist unter bestimmten Voraussetzungen statt der linearen AfA i. S. des § 7 Abs. 4 EStG eine degressive AfA (§ 7 Abs. 5 bzw. 5a EStG) zulässig (siehe dazu →Rz. 370 ff.).

c) Sonderabschreibung

586 Sonderabschreibungen (z. B. nach § 7b EStG) sind eine „Zusatzabschreibung" neben der linearen oder degressiven AfA (siehe dazu →Rz. 387 ff.).

6. Teilwertabschreibung

a) Wertminderung als aufwandswirksame Abschreibung

587 Gebäude als Wirtschaftsgüter des Anlagevermögens sind steuerbilanziell im Grundsatz mit den Anschaffungs- oder Herstellungskosten abzüglich der AfA anzusetzen. Dieser Buchwert bildet den Wertansatz zum Ende des jeweiligen Wirtschaftsjahres (§ 6 Abs. 1 Nr. 1 Satz 1 EStG). Der Grund und Boden wird im Grundsatz mit den Anschaffungskosten bilanziert (§ 6 Abs. 1 Nr. 2 Satz 1 EStG), da dieser als nicht abnutzbares Wirtschaftsgut nicht planmäßig abgeschrieben werden kann.

588 Sollte der Teilwert des Grundstücks (Gebäude bzw. Grund und Boden) aufgrund einer voraussichtlich dauernden Wertminderung niedriger sein, so kann – statt dem fortgeführten Buchwert – dieser Wert in der Steuerbilanz ange-

setzt werden (§ 6 Abs. 1 Nr. 2 Satz 2 EStG für Gebäude und § 6 Abs. 1 Nr. 2 Satz 3 EStG für Grund und Boden). Dies führt zu einer aufwandswirksamen Teilwertabschreibung.

Der „Teilwert" ist – vereinfacht betrachtet – der aktuelle Verkehrswert für ein Wirtschaftsgut, der diesem als Teil eines ganzen Betriebs zukommt.[450] Dementsprechend wird in § 6 Abs. 1 Nr. 1 Satz 3 EStG formuliert, dass der Teilwert der anteilige Kaufpreis ist, den ein gedachter Erwerber für einen weiterzuführenden Betrieb im Rahmen des Gesamtkaufpreises für das einzelne Wirtschaftsgut ansetzen würde. Ein „niedrigerer Teilwert" bezieht sich auf den bisherigen Bilanzansatz zum jeweiligen Bilanzstichtag. Dieser Teilwert muss für eine Teilwertabschreibung logischerweise unterhalb des aktuellen Buchwerts liegen. Zudem muss diese Wertminderung nach dem Gesetzeswortlaut voraussichtlich von Dauer sein. 589

b) Voraussichtlich dauerhafte Wertminderung

Eine „voraussichtlich dauernde Wertminderung" bedeutet ein voraussichtlich nachhaltiges (und nicht nur vorübergehendes) Absinken des Werts des Wirtschaftsguts unter den maßgeblichen Buchwert.[451] Eine Ursache für eine (voraussichtlich dauernde) Minderung des Teilwerts ist bei Grundstücken z. B. eine Schadstoffbelastung. Hierbei ist aber zu beachten, dass eine für die Sanierungsverpflichtung gebildete Rückstellung das Potenzial für die Teilwertabschreibung mindert. In diesen Fällen darf der niedrigere Teilwert nur insoweit angesetzt werden, als die Wertminderung nach einer tatsächlich durchgeführten Grundstückssanierung voraussichtlich noch bestehen bleibt.[452] 590

BEISPIEL „GRUNDSTÜCK MIT ALTLASTEN":[453] Die Recycling-GmbH ist Eigentümerin eines mit Altlasten verseuchten Grundstücks (Anschaffungskosten und Buchwert des Grund und Bodens: 200.000 €). Zum 31.12.2024 ermittelt ein Gutachter den Wert des Grundstücks aufgrund der festgestellten Altlast mit 10.000 €. Aus umweltrechtlichen Gründen ist die Recycling-GmbH grds. verpflichtet, die Altlast zu beseitigen. Mangels akuter Umweltgefährdung wird die zuständige Behörde die Schadensbeseitigung jedoch erst fordern, wenn der Steuerpflichtige die derzeitige Nutzung des Grundstücks ändert. Die Bildung einer Rückstellung ist aus diesem Grund unzulässig.

450 Nach dem BFH, Urteil v. 21.9.2016 - X R 58/14, BFH/NV 2017 S. 275 unter III. 1. a) FAAAF-89538, entspricht der Teilwert i. d. R. dem Verkehrswert bzw. den Wiederbeschaffungskosten jedenfalls dann, wenn für einen gedachten Erwerber aus der funktionalen Bedeutung des Wirtschaftsguts im Rahmen des Gesamtbetriebs kein anderer Wert folgt.

451 BMF, Schreiben v. 2.9.2016 - IV C 6-S 2171-b/09/10002:002, BStBl 2016 I S. 995 Rz. 5.

452 BMF, Schreiben v. 11.5.2010 - IV C 6-S 2137/07/10004, BStBl 2010 I S. 495.

453 Beispiel ähnlich wie BMF, Schreiben v. 2.9.2016 - IV C 6-S 2171-b/09/10002:002, BStBl 2016 I S. 995 Rz. 12.

LÖSUNG: Die aufwandswirksame Teilwertabschreibung des Grund und Bodens i. H. von 190.000 € auf den Restwert (Teilwert) von 10.000 € ist zulässig. Es handelt sich um eine voraussichtlich dauernde Wertminderung (§ 6 Abs. 1 Nr. 2 Satz 3 EStG). Zwar ist die Recycling-GmbH verpflichtet, die Altlast zu beseitigen. Allerdings ist nicht zu erwarten, dass sie in absehbarer Zeit behördlich zur Beseitigung des Schadens aufgefordert wird. Wird die Altlast später aber beseitigt und erhöht sich dadurch der Wert des Grundstücks, wird höchstens bis zu den ursprünglichen Anschaffungskosten zugeschrieben.

591 Für Wirtschaftsgüter des abnutzbaren Anlagevermögens wird nach der BFH-Rechtsprechung[454] eine voraussichtlich dauernde Wertminderung angenommen, wenn der Wert des Wirtschaftsguts zum Bilanzstichtag mindestens für die halbe Restnutzungsdauer unter dem planmäßigen Restbuchwert liegt. Für Gebäude bestimmt sich die verbleibende Nutzungsdauer nach der typisierten Nutzungszeit i. S. des § 7 Abs. 4 und 5 EStG.[455]

592 Den Steuerpflichtigen trifft für eine Teilwertabschreibung die objektive Beweislast (Feststellungslast) für einen niedrigeren Teilwertansatz.[456]

c) Teilwertzuschreibung nach Wertaufholung

593 Nach einer Teilwertabschreibung ist für jeden nachfolgenden Bilanzstichtag zu prüfen, ob der Teilwert noch gemindert ist. Sonst ist nach § 6 Abs. 1 Nr. 1 Satz 4 EStG (Gebäude) bzw. § 6 Abs. 1 Nr. 2 Satz 3 EStG (Grund und Boden) der Wert zwingend zuzuschreiben (Gebot der Wertaufholung). Die Wertaufholung wird auf die Anschaffungs- oder Herstellungskosten (abzüglich der AfA) begrenzt.

7. Sondereigentum und Sondernutzungsrecht bei Wohnungseigentum im Betriebsvermögen

a) Wirtschaftsgüter bei Wohnungseigentum

594 Sondereigentum (§ 1 Abs. 2 WEG) ist das alleinige Eigentum eines Wohnungseigentümers (insbesondere an der ihm gehörenden Wohnung). Das Sondereigentum wird vom Gemeinschaftseigentum (§ 1 Abs. 5 WEG) abgegrenzt, an dem ein Miteigentumsanteil besteht. Steuerrechtlich braucht für den jeweiligen Wohnungseigentümer nicht zwischen dem Sondereigentum und dem dazugehörigen Miteigentumsanteil am Gemeinschaftseigentum unterschieden werden. Das Sondereigentum am Gebäude wird nicht separat, sondern zusam-

454 BFH, Urteil v. 29.4.2009 - I R 74/08, BStBl 2009 II S. 899 GAAAD-26610.

455 BMF, Schreiben v. 2.9.2016 - IV C 6-S 2171-b/09/10002:002, BStBl 2016 I S. 995 Rz. 8.

456 BFH, Beschluss v. 15.6.2009 - I B 46/09, BFH/NV 2009 S. 1843 unter II. 2. a) DAAAD-28967.

men mit dem Gemeinschaftseigentum des Wohnungseigentümers am jeweiligen Wohnungseigentum als einheitliches Wirtschaftsgut „Gebäude“ bilanziert.

Der Grund und Boden steht im gemeinschaftlichen Eigentum und ist dem Wohnungseigentümer als Miteigentümer anteilig als Wirtschaftsgut „Grund und Boden“ zuzurechnen. 595

Steuerrechtlich besteht jedes Wohnungseigentum somit (mindestens) aus zwei Wirtschaftsgütern: 596

- dem Gebäude (aus dem Sondereigentum an der Wohnung und dem Miteigentum an dem gemeinschaftlichen Gebäude) und
- dem Grund und Boden (dem Miteigentumsanteil an dem Grund und Boden als Gemeinschaftsvermögen).

BEISPIEL „WIRTSCHAFTSGÜTER BEI WOHNUNGSEIGENTUM“:[457] Frau F erwirbt für Anschaffungskosten (einschließlich Erwerbsnebenkosten) i. H. von 400.000 € ein Teileigentum, das sie eigenbetrieblich für ihre freiberufliche Rechtsanwaltstätigkeit nutzt. Auf den Erwerb des anteiligen Grund und Bodens entfallen davon 100.000 €.

LÖSUNG: Das Wirtschaftsgut „Gebäude“ besteht aus dem Sondereigentum am Teileigentum sowie aus dem anteiligen Gemeinschaftseigentum, soweit es auf das Gebäude entfällt. Es ist mit Anschaffungskosten i. H. von 300.000 € zu bewerten und abzuschreiben. In welcher Höhe dieser Wert auf das Sondereigentum und das anteilige gemeinschaftliche Eigentum (Gebäude) entfällt, ist unerheblich, da das Wirtschaftsgut „Gebäude“ einheitlich bilanziert und einheitlich abgeschrieben wird (§ 7 Abs. 5b EStG). Das Wirtschaftsgut „Grund und Boden“ besteht aus dem Miteigentumsanteil am zivilrechtlichen Gemeinschaftseigentum, soweit es auf den Grund und Boden entfällt, und ist mit Anschaffungskosten i. H. von 100.000 € zu bewerten.

b) Sondereigentum als separates Wirtschaftsgut

Sondereigentum ist grds. ein Bestandteil des einheitlichen Wirtschaftsguts 597 „Gebäude“. Ein Gebäude kann aber nach allgemeinen Grundsätzen in bis zu vier verschiedene Wirtschaftsgüter aufgeteilt werden (nach dem Nutzungs- und Funktionszusammenhang, vgl. R 4.2 Abs. 4 EStR). So kann z. B. ein zu eigenen Wohnzwecken genutztes Wohnungseigentum teilweise für eine gewerbliche Tätigkeit genutzt werden. Dann wird das Gebäudewirtschaftsgut i. d. R. nach der Nutzfläche in den Teil des Privatvermögens (eigene Wohnzwecke) und in den Teil des Betriebsvermögens (gewerbliche Zwecke) aufgeteilt. Das Gemeinschaftseigentum (z. B. der Hausflur und das Treppenhaus) folgen dann dieser Aufteilung. Ebenso wird der Grund und Boden anteilig zugeordnet.

457 Beispiel ähnlich wie BMF, Schreiben v. 2.9.2016 - IV C 6-S 2171-b/09/10002:002, BStBl 2016 I S. 995 Rz. 12.

598 Es ist nach hier vertretener Auffassung aber auch denkbar, dass ausschließlich ein Teil des Sondereigentums (ohne anteiliges Gemeinschaftseigentum) als separates Wirtschaftsgut anzusehen ist. So kann ein Fahrzeugstellplatz, der als Sondereigentum (§ 3 Abs. 2 WEG) zum Wohnungs- bzw. Teileigentum gehört, wegen abweichendem (betrieblichem) Funktionszusammenhang zur (privaten) Wohnungsnutzung als eigenes Wirtschaftsgut qualifiziert werden.

BEISPIEL „STELLPLATZ IM SONDEREIGENTUM": Frau F erwirbt 2021 Wohnungseigentum für Anschaffungskosten i. H. von insgesamt 200.000 €, das sie zu eigenen Wohnzwecken nutzt. Dazu gehört ein Fahrzeugstellplatz im gleichen Sondereigentum zur Wohnung, dessen anteiliger Kaufpreis ca. 10.000 € beträgt. F nutzt den Stellplatz ausschließlich zum Parken eines Lieferwagens, der zu ihrem als Einzelunternehmen geführten Betrieb gehört. Im Jahr 2025 stellt sie ihren Betrieb ein (Betriebsaufgabe nach § 16 Abs. 3 EStG). Der anteilige Wert des Stellplatzes beträgt zu diesem Zeitpunkt 15.000 €.

LÖSUNG: Der Stellplatz bildet zwar mit der Wohnung ein zivilrechtlich einheitliches Sondereigentum, das mit demselben Miteigentumsanteil am Gemeinschaftseigentum verbunden ist. Ertragsteuerrechtlich wird ein Gebäude bei unterschiedlicher Nutzung in verschiedene Wirtschaftsgüter aufgeteilt (R 4.2 Abs. 4 EStR). Zwar wird die Wohnung nicht gewerblich, sondern für eigene Wohnzwecke genutzt. Der Stellplatz wird aber ausschließlich eigenbetrieblich genutzt, da der Lieferwagen (Betriebsvermögen) darauf geparkt wird.[458] Damit steht der Stellplatz als eigenes Wirtschaftsgut in einem anderen Nutzungs- und Funktionszusammenhang als die Wohnung und ist nach hier vertretener Auffassung notwendiges Betriebsvermögen des Betriebs von F. Eine Bilanzierung kann unterbleiben, wenn die in § 8 EStDV aufgeführten Grenzen unterschritten sind. Im Jahr 2025 ist durch die Betriebsaufgabe das Wirtschaftsgut „Stellplatz" zum gemeinen Wert (15.000 €) in das Privatvermögen zu überführen (§ 16 Abs. 3 Satz 7 EStG).

c) Sondernutzungsrecht

599 Das Sondereigentum ist von den Sondernutzungsrechten zu unterscheiden. Ein Sondernutzungsrecht ist das Recht eines Wohnungseigentümers, einen bestimmten Teil des gemeinschaftlichen Eigentums allein nutzen zu dürfen (z. B. eine Terrassen- oder Gartenfläche).[459] Steuerrechtlich hat der Sondernutzungsberechtigte über seinen Miteigentumsanteil hinaus kein wirtschaftliches Eigentum an dem ihm zur Nutzung überlassenen gemeinschaftlichen Eigentum.[460]

458 BFH, Urteil v. 10.10.2017 - X R 1/16, BStBl 2018 II S. 181, zum Fall einer Doppelgarage, in der sowohl ein betrieblicher als auch privater Pkw geparkt werden.

459 Dazu z. B. BGH, Urteil v. 8.4.2016 - V ZR 191/15, NJW 2017 S. 64 XAAAF-83074.

460 BFH, Urteil v. 5.7.2018 - VI R 67/15, BStBl 2018 II S. 798 KAAAG-97788.

BEISPIEL „STELLPLATZ ALS SONDERNUTZUNGSRECHT": Frau F erwirbt 2021 Wohnungseigentum für Anschaffungskosten i.H.von insgesamt 200.000€, das sie zu eigenen Wohnzwecken nutzt. Dazu gehört ein Fahrzeugstellplatz als flächenmäßig im Teilungsplan festgelegtes Sondernutzungsrecht am Gemeinschaftseigentum. Der Kaufpreis des Wohnungseigentums war durch das Stellplatzrecht um ca. 6.000€ höher als ohne Stellplatz. F nutzt den Stellplatz ausschließlich zum Parken ihres Lieferwagens, der zu ihrem als Einzelunternehmen geführten Betrieb gehört. Im Jahr 2025 stellt sie ihren Betrieb ein (Betriebsaufgabe nach §16 Abs.3 EStG). Der anteilige Wert des Stellplatzes beträgt dann 10.000€.

LÖSUNG: Das Sondernutzungsrecht ist unselbständiger Teil des Wohnungseigentums und mangels wirtschaftlichen Eigentums nicht separat bewertbar. Die anteiligen Anschaffungskosten von 6.000€ sind in die allgemeine Kaufpreisaufteilung des Wohneigentums zwischen Gebäude sowie Grund und Boden einzubeziehen. Durch die Betriebsaufgabe 2025 ist kein Entnahmegewinn am Sondernutzungsrecht zu besteuern.

8. Gemeinschaftseigentum und Gemeinschaftsvermögen bei Wohnungseigentum im Betriebsvermögen

Das „gemeinschaftliche Eigentum" (§1 Abs.5 WEG) bezeichnet das Eigentum 600
am Grundstück (Boden) und am Gebäude der Wohnungseigentümergemeinschaft, welches kein Sondereigentum ist und an dem alle Wohnungseigentümer daher als Miteigentümer beteiligt sind. Dies ist zu unterscheiden vom „Gemeinschaftsvermögen" (§9a Abs.3 WEG), welches alle Sachen und Rechte betrifft, die der Wohnungseigentümergemeinschaft *selbst* (und nicht anteilig den Wohnungseigentümern) gehören. Beide Rechtbegriffen klingen ähnlich, aber betreffen zwei verschiedene Rechtspositionen.

Die steuerrechtliche Zurechnung des gemeinschaftlichen Eigentums (Grund 601
und Boden sowie Gebäude) zum jeweiligen Wohnungseigentümer ist unstrittig. Höchstrichterlich ungeklärt ist aus ertragsteuerlicher Sicht aber die Zuordnung von Wirtschaftsgütern des Gemeinschaftsvermögens (z.B. das Bankguthaben auf Namen der GdWE). Dieses Vermögen steht im Eigentum der GdWE. Nach hier vertretener Auffassung sind die Wirtschaftsgüter des Gemeinschaftsvermögens der GdWE ab dem 1.1.2024 ertragsteuerrechtlich als rechtsfähige Personenvereinigung (§14a Abs.3 Nr.3 AO in der Fassung des Wachstumschancengesetzes) nach §3 Abs.1 KStG der Körperschaftsteuer zuzurechnen, da deren Einkommen aus dem Gemeinschaftsvermögen (weder nach dem KStG noch nach dem EStG) unmittelbar bei einem anderen Steuerpflichtigen (den Wohnungseigentümern) zu versteuern ist. Nach an-

derer (wohl überwiegend in der Praxis vertretener) Auffassung sind die Wirtschaftsgüter demgegenüber nach § 39 Abs. 2 Nr. 2 AO steuerrechtlich anteilig den Wohnungseigentümer zuzuordnen (Bruchteilsbetrachtung). Diese Auffassung berücksichtigt nicht, dass es sich gerade nicht um das gemeinschaftliche Eigentum (am Grundstück), sondern um das Gemeinschaftsvermögen (im Eigentum der GdWE) handelt. Nur wenn und soweit das gemeinschaftliche Eigentum durch alle Wohnungseigentümer gemeinschaftlich zur Einkünfteerzielung genutzt wird (z. B. wird ein Garten oder eine Garage im Gemeinschaftseigentum an Dritte vermietet), erzielt nicht die GdWE, sondern erzielen die Wohnungseigentümer (gemeinschaftlich) die Einkünfte.

BEISPIEL „RASENMÄHER IM GEMEINSCHAFTSVERMÖGEN": Frau F hat Teileigentum mit einem Miteigentumsanteil an der GdWE von 1.000/3.000 an einer WEG-Anlage und nutzt diese Einheit für ihre gewerblichen Zwecke. Herr H hat ebenfalls einen Miteigentumsanteil an der GdWE von 1.000/3.000 und vermietet sein Wohnungseigentum. Im Gemeinschaftsvermögen befindet sich (neben den Bankkonten) ein Aufsitzrasenmäher (gemeiner Wert: 3.000 €), der vom Hausmeister regelmäßig für den großen Garten genutzt wird.

LÖSUNG: Nach überwiegender Auffassung wird die AfA des Rasenmähers (anteilig nach dem Miteigentumsanteil) den Wohnungseigentümern zugerechnet. Sofern diese das Wohnungseigentum bzw. Teileigentum zur Erzielung von Einkünften nutzen, können diese die AfA als Werbungskosten (hier bei Herrn H für seine Vermietungseinkünfte) bzw. als Betriebsausgaben (hier bei Frau F für ihre gewerblichen Einkünfte) absetzen. Nach hier vertretener Auffassung entfaltet die GdWE eine steuerrechtliche Abschirmwirkung. Die AfA des Rasenmähers ist der GdWE selbst zuzurechnen. Würde die GdWE den Rasenmäher z. B. an Nutzer in der Nachbarschaft vermieten, wären ihr (und nicht den Wohnungseigentümern) die Einkünfte daraus (z. B. nach § 22 Nr. 3 EStG) zuzurechnen und die AfA (anteilig) abzuziehen.

9. Vorschüsse und Erhaltungsrücklage bei Wohnungseigentum im Betriebsvermögen

a) Vorschüsse und Zuführung zur Erhaltungsrücklage

602 Die laufenden Hausgeldzahlungen der Wohnungseigentümer bzw. Teileigentümer sind betrieblich veranlasst (§ 4 Abs. 4 EStG) und sofort als Betriebsausgaben abzugsfähig. Dagegen sind die Zahlungen in die Erhaltungsrücklage (noch) nicht als Betriebsausgaben abzugsfähig, sondern als Forderung (gegen die GdWE) zu aktivieren. Ertragsteuerrechtlich ist die Beteiligung an der Erhaltungsrücklage ein Wirtschaftsgut, so dass ein bilanzierender, betrieblich beteiligter Wohnungseigentümer seine Beteiligung an der Erhaltungsrücklage mit

dem Betrag der geleisteten und noch nicht verbrauchten Einzahlungen aktivieren muss.[461]

BEISPIEL „LAUFENDE VORSCHÜSSE UND ZUFÜHRUNG ZUR ERHALTUNGSRÜCKLAGE": Frau F nutzt ihr Teileigentum für ihre Tätigkeit als Apothekerin. Im Jahr 2025 zahlt sie gemäß der Beschlusslage monatlich 400 € laufende Vorschüsse (Hausgeld) und 100 € als Einzahlung in die Erhaltungsrücklage an die GdWE.

LÖSUNG: Die Vorschüsse sind als Betriebsausgaben sofort abzugsfähig. Die Einzahlungen in die Erhaltungsrücklage sind (noch) nicht als Betriebsausgaben wirksam, da diese zu einem (insoweit erhöhten) Anspruch von F gegenüber der GdWE auf zukünftige Erhaltungsmaßnahmen führen. F hat die gesamte Einzahlung des Jahres 2025 (1.200 €) als Forderung gegen die GdWE zu aktivieren.

Sofern der Wohnungseigentümer nicht bilanziert, sondern seinen Gewinn 603
nach § 4 Abs. 3 EStG durch Einnahmen-Überschussrechnung ermittelt, sind die Einzahlungen in die Erhaltungsrücklage ebenfalls nicht abzugsfähig. Dies ergibt sich aus der analogen Anwendung der BFH-Rechtsprechung[462] für die Fälle der Überschusseinkünfte, bei denen erst dann Werbungskosten (hier: Betriebsausgaben) entstehen, sobald die Erhaltungsrücklage tatsächlich verwendet wird.

b) Nachzahlungen oder Erstattungen aus der Jahresabrechnung

Nachzahlungen aus der Jahresabrechnung führen zu sofort abzugsfähigen Be- 604
triebsausgaben. Aus Erstattungen resultieren dementsprechend Betriebseinnahmen.

Bilanzierende Wohnungseigentümer haben bei voraussichtlichen Nachzahlun- 605
gen eine Rückstellung zum Ende des Wirtschaftsjahres zu bilden, für das die Jahresabrechnung Bedeutung hat. Insoweit führt schon die Rückstellung zu Betriebsausgaben, die periodengerecht verbucht werden. Bei der Einnahme-Überschuss-Rechnung (§ 4 Abs. 3 EStG) sind die Betriebsausgaben bei Zahlung steuerwirksam (§ 11 EStG).

BEISPIEL „JAHRESABRECHNUNG": Frau F nutzt ihr Teileigentum für ihre Tätigkeit als Apothekerin. Im Jahr 2025 wird die Jahresabrechnung für das Jahr 2024 von der Wohnungseigentümerversammlung beschlossen. Daraus

a) zahlt Frau F eine Nachzahlung i. H. von 200 €,

b) erhält Frau F eine Erstattung von 300 €.

461 BFH, Beschluss v. 5.10.2011 - I R 94/10, BStBl 2012 II S. 244 NAAAE-00562; FG Köln, Urteil v. 21.6.2023 - 2 K 158/20 IAAAJ-53249 (BFH-Rev.: IV R 19/23).

462 BFH, Urteil v. 14.1.2025 - IX R 19/24, BStBl 2025 II S. 291 UAAAJ-86018.

LÖSUNG: Da die Vorschüsse als Betriebsausgaben sofort abzugsfähig sind, gilt dies auch für Nachzahlungen (Betriebsausgabe). Erstattungen sind als Betriebseinnahmen anzusetzen.

c) Verwendung der Erhaltungsrücklage

606 Wenn und soweit die GdWE aus der Erhaltungsrücklage Gelder für Erhaltungsmaßnahmen verwendet, sind diese beim Wohnungseigentümer als Betriebsausgaben abzugsfähig. Insoweit ist bei bilanzierenden Wohnungseigentümern die Forderung gegen die GdWE aufwandswirksam zu mindern.

BEISPIEL „VERWENDUNG DER ERHALTUNGSRÜCKLAGE": Frau F nutzt ihr Teileigentum für ihre Tätigkeit als Apothekerin. Im Jahr 2025 wird das Treppenhaus der WEG-Anlage renoviert (Erhaltungsaufwand). Auf Frau F entfällt nach ihrem Miteigentumsanteil im Sinne des WEG ein Anteil von 1.000 €.

LÖSUNG: Die Forderung gegen die GdWE ist um 1.000 € aufwandswirksam zu mindern.

607 Bei der Einnahme-Überschuss-Rechnung (§ 4 Abs. 3 EStG) entstehen durch die Verwendung der Erhaltungsrücklage abzugsfähige Betriebsausgaben im Zeitpunkt der Zahlung durch die GdWE.

d) Erhaltungsrücklage bei Kauf und Verkauf von Wohnungseigentum

608 Beim Erwerb von Wohnungseigentum gehört der im Kaufpreis enthaltene Anteil für das in der Erhaltungsrücklage angesammelte Guthaben nicht zu den Anschaffungskosten der Eigentumswohnung.[463] Der (einheitliche) Kaufpreis ist aufzuteilen und nur der um die anteilige Erhaltungsrücklage gekürzte Kaufpreis in die AfA-Bemessungsgrundlage einzubeziehen. Die anteilige Erhaltungsrücklage ist als Forderung neben dem Gebäude bzw. Grund und Boden zu bilanzieren. Wenn und soweit die Erhaltungsrücklage durch die GdWE verwendet wird, mindert sich die Forderung aufwandswirksam.

BEISPIEL „ERWERB VON WOHNUNGSEIGENTUM MIT ERHALTUNGSRÜCKLAGE": Die A-GmbH erwirbt Wohnungseigentum zum Gesamtkaufpreis von 300.000 € und nutzt es für die Vermietung. Zum Zeitpunkt des Übergangs von Besitz, Nutzen und Lasten bestand eine Erhaltungsrücklage, die i. H. von 5.000 € auf den Veräußerer bzw. die Erwerberin (A-GmbH) entfiel.

463 OFD Frankfurt a. M., Verfügung v. 9.11.2022 - S 2211 A-12-St 214, DStR 2023 S. 281 RAAAJ-32205.

LÖSUNG: Die A-GmbH erwirbt drei Wirtschaftsgüter: Das Gebäude, den Grund und Boden und die Forderungen aus der Erhaltungsrücklage. Die Forderung ist mit 5.000 € zu aktivieren. Die Anschaffungskosten für das Grundstück betragen 295.000 € (und sind auf Gebäude sowie Grund und Boden aufzuteilen).

Bei der Veräußerung von Wohnungseigentum wird eine bestehende Forderung 609
aus der Erhaltungsrücklage erfolgsneutral ausgebucht, da der anteilige Kaufpreis aus dem Gesamtkaufpreis betragsidentisch zu bestimmen ist. Die Forderung wird gewissermaßen wirtschaftlich immer mitverkauft.

BEISPIEL „VERKAUF VON WOHNUNGSEIGENTUM MIT ERHALTUNGSRÜCKLAGE“: Die A-GmbH veräußert Wohnungseigentum zum Gesamtkaufpreis von 300.000 €. Zum Zeitpunkt des Übergangs von Besitz, Nutzen und Lasten bestand eine Erhaltungsrücklage, die i. H. von 3.000 € auf die A-GmbH entfiel.

LÖSUNG: Die A-GmbH veräußert drei Wirtschaftsgüter: Das Gebäude, den Grund und Boden und die Forderungen aus der Erhaltungsrücklage. Die Forderung war unmittelbar vor dem Abgang mit 3.000 € zu aktivieren und gegen den gleich hohen anteiligen Veräußerungspreis erfolgsneutral auszubuchen. Der übrige Kaufpreis (297.000 €) entfällt auf das Gebäude sowie den Grund und Boden.

10. Veräußerung von Wohnungseigentum und Rücklage nach § 6b EStG

a) Veräußerung von Wohnungseigentum

Durch die Veräußerung von Wohnungseigentum (bzw. Teileigentum) des Be- 610
triebsvermögens scheidet dieses Wirtschaftsgut aus dem Betrieb gegen eine dafür erhaltene Gegenleistung (i. d. R. ein Kaufpreis) aus dem Betriebsvermögen aus. Die Differenz zwischen dem Buchwert des Grundstücks (dem Grund und Boden sowie dem Gebäude) und dem Veräußerungspreis sind die stillen Reserven, welche steuerwirksam realisiert werden. Der Buchwertabgang wird als Aufwand und der Kaufpreis wird als Erlös gebucht.

BEISPIEL „VERÄUßERUNG VON WOHNUNGSEIGENTUM“: Frau F veräußert zum 31.12.2024 ihr betrieblich genutztes Teileigentum zum Kaufpreis von 400.000 €, das i. H. von 100.000 € auf den Grund und Boden und i. H. von 300.000 € auf das Gebäude entfällt. Zum 31.12.2024 ist der Grund und Boden mit 70.000 € und das Gebäude mit 350.000 € (vor Abgang) aktiviert.

LÖSUNG: Es werden zwei Wirtschaftsgüter des Betriebsvermögens veräußert und die stillen Reserven aufgedeckt (Grund und Boden 100.000 € - 70.000 € = 30.000 € sowie Gebäude 400.000 € - 350.000 € = 50.000 €).

b) Übertragung von stillen Reserven nach § 6b EStG

611 Durch § 6b EStG können die aus der Veräußerung von Grund und Boden sowie Gebäude aufgedeckten stille Reserven unter bestimmten Voraussetzungen auf andere Grundstücke (Reinvestitionsobjekte) übertragen werden.[464] Diese Regelung ist nicht nur auf bilanzierende Steuerpflichtige, sondern durch § 6c EStG auch auf Einnahme-Überschuss-Rechner (§ 4 Abs. 3 EStG) anwendbar.

612 Der Sinn diese Norm besteht nach der Gesetzesbegründung[465] darin, dass Grundstücke aus betrieblichen Gründen (z. B. Standortwechsel) ohne Steuerbelastung veräußert werden können, damit der Veräußerungserlös voll zur Neuinvestition zur Verfügung steht. Dies wird dadurch erreicht, dass die aufgedeckten stillen Reserven auf andere (vor kurzem dafür angeschaffte) Grundstücke übertragen werden oder anderenfalls in eine den steuerlichen Gewinn mindernde Rücklage eingestellt werden dürfen (für eine mittelfriste Übertragung bei einer Neuanschaffung).

c) Veräußerung von bestimmten Grundstücken

613 Als Veräußerung i. S. des § 6b EStG wird die entgeltliche Übertragung des Eigentums an einem zum Betriebsvermögen gehörenden Grundstück verstanden, wie insbesondere beim Verkauf (gegen einen Kaufpreis in Geld) oder dem Tausch (gegen ein anderes Grundstück).[466] Zwar führt auch eine Entnahme zur Aufdeckung der stillen Reserven. Dies ist aber nicht auf einen betrieblichen Leistungsaustausch zurückzuführen, sondern beruht vielmehr auf einer Überführung des Wirtschaftsguts in das Privatvermögen, was nach Sinn und Zweck des Gesetzes nicht nach § 6b EStG begünstigt ist.[467]

614 Voraussetzung für die Anwendung von § 6b EStG ist u. a., dass das veräußerte Wirtschaftsgut (Grund und Boden bzw. Gebäude) im Zeitpunkt der Veräußerung mindestens sechs Jahre ununterbrochen zum Anlagevermögen einer inländischen Betriebsstätte gehört hat (§ 6b Abs. 4 Satz 1 Nr. 2 EStG).

615 Die angeschafften oder hergestellten Reinvestitionsgrundstücke müssen zum Anlagevermögen einer inländischen Betriebsstätte gehören (§ 6b Abs. 4 Satz 1 Nr. 3 EStG). Die Reinvestition in Umlaufvermögen ist also nicht begünstigt.

---

464 Nach § 6b EStG sind auch andere Wirtschaftsgüter als Grundstücke begünstigt (z. B. Binnenschiffe oder Anteile an Kapitalgesellschaften), die hier aber nicht betrachtet werden.

465 BT-Drucks. IV/2400, S. 62.

466 BFH, Urteil v. 28.1.1981 - IV R 111/77, BStBl 1981 II S. 430 KAAAA-91620.

467 BFH, Urteil v. 29.6.1995 - VIII R 2/94, BStBl 1996 II S. 60 DAAAA-95675.

Der Anschaffung oder Herstellung von Gebäuden steht ihre Erweiterung, ihr Ausbau oder ihr Umbau gleich (§ 6b Abs. 1 Satz 3 EStG). Der Abzug nach § 6b EStG ist in diesem Fall nicht von dem Altbuchwert, sondern nur von dem Aufwand für die Erweiterung, den Ausbau oder den Umbau der Gebäude zulässig (§ 6b Abs. 1 Satz 4 EStG). 616

d) Direktverwendung oder Rücklagenbildung

Der Veräußerungsgewinn kann direkt auf ein Reinvestitionsobjekt übertragen werden, sofern dieses (frühestens) zu Beginn des vorangegangenen Wirtschaftsjahres angeschafft (bzw. ein Gebäude bereits hergestellt) wurde (§ 6b Abs. 1 Satz 1 EStG). 617

Im Wirtschaftsjahr der Veräußerung kann dabei bis zur Höhe des bei der Veräußerung entstandenen (und gebuchten) Ertrags von dem Buchwert des angeschafften Grund und Bodens bzw. des angeschafften oder hergestellten Gebäudes ein entsprechender Betrag aufwandswirksam abgezogen werden (§ 6b Abs. 1 Satz 1 EStG). Sofern also ein Reinvestitionsobjekt bereits zeitnah angeschafft (oder hergestellt) wurde, kann der aufzudeckende Gewinn direkt durch einen aufwandswirksamen Abzug im Ergebnis kompensiert werden (Direktverwendung). 618

Regelmäßig wird der Steuerpflichtige daran interessiert sein, einen möglichst hohen Anteil auf den Grund und Boden des Zielobjekts zu übertragen, da die dorthin übertragenen stillen Reserven (bis zur Veräußerung dieses Grundstücks) steuerneutral gespeichert werden können. Dagegen wirken sich auf ein Gebäude übertragene Gewinne durch die daraus resultierende geringere Abschreibung aus und werden somit faktisch ratierlich gewinnwirksam realisiert. Vor diesem Hintergrund ist gesetzlich geregelt, dass stille Reserven aus Gebäuden nicht auf Grund und Boden übertragen werden dürfen. Wichtig ist daher bei der Übertragung der stillen Reserven, dass zwischen Grund und Boden und dem Gebäude zu unterscheiden ist. Der Abzug ist bei neu angeschafftem Grund und Boden nur zulässig, soweit der Gewinn bei der Veräußerung von Grund und Boden entstanden ist (§ 6b Abs. 1 Satz 2 Nr. 1 EStG). Demgegenüber können auf neu angeschaffte oder hergestellte Gebäude sowohl die stillen Reserven aus veräußertem Grund und Boden als auch aus veräußerten Gebäuden übertragen werden (§ 6b Abs. 1 Satz 2 Nr. 3 EStG). 619

BEISPIEL „DIREKTVERWENDUNG": Frau F veräußert zum 31.1.2024 ihr betrieblich genutztes Teileigentum, das seit der Anschaffung am 30.11.2016 zum Anlagevermögen ihres Fahrschulbetriebs gehörte. Der auf den Grund und Boden entfallende Gewinn beträgt 50.000 € und der auf das Gebäude entfallende Gewinn beträgt 100.000 €.

Sie schaffte zum 1.6.2024 ein neues Grundstück an (Standortwechsel der Fahrschule) mit Anschaffungskosten des Grund und Bodens von 80.000 € bzw. des Gebäudes von 400.000 €.

LÖSUNG: Das Teileigentum gehörte mindestens sechs Jahre zum Anlagevermögen des Betriebs von Frau F. Sie kann daher die bei der Veräußerung aufgedeckten stillen Reserven auf das im selben Wirtschaftsjahr abgeschaffte Reinvestitionsgrundstück (was bei ihr zum Anlagevermögen gehört) übertragen. Frau F kann den Gewinn aus dem veräußerten Grund und Boden (50.000 €) auf den angeschafften Grund und Boden oder das angeschaffte Gebäude (oder jeweils teilweise) übertragen. Regelmäßig wird es (hier: vollständig) auf den neu angeschafften Grund und Boden übertragen, so dass dessen Buchwert aufwandswirksam von 80.000 € (Anschaffungskosten) um 50.000 € (Anwendung § 6b EStG) auf 30.000 € (neuer Buchwert) gemindert wird. Der Gewinn aus dem veräußerten Gebäude (100.000 €) kann nur auf das neu angeschaffte Gebäude übertragen werden. Insoweit wird der Buchwert des neuen Gebäudes aufwandswirksam um 100.000 € auf 300.000 € gemindert.

620 Eine Rücklage ist nur dann erforderlich, wenn bei der Grundstücksveräußerung noch kein Zielobjekt für die Gewinnübertragung vorhanden ist und daher in einer steuerbilanziellen Rücklage nach § 6b EStG gespeichert werden soll. Soweit also kein Abzug im Veräußerungsjahr möglich ist, kann eine den steuerlichen Gewinn mindernde Rücklage gebildet werden (§ 6b Abs. 3 Satz 1 EStG).

BEISPIEL „BILDUNG § 6B ESTG-RÜCKLAGE": Frau F veräußert zum 31.1.2024 ihr betrieblich genutztes Teileigentum, das seit der Anschaffung am 30.11.2016 zum Anlagevermögen ihres Fahrschulbetriebs gehörte. Der auf den Grund und Boden entfallende Gewinn beträgt 50.000 € und der auf das Gebäude entfallende Gewinn beträgt 100.000 €. Bis Ende 2024 hat sie noch kein neues Grundstück für den Standortwechsel angeschafft und zieht mit ihrem Betrieb bis auf Weiteres in gemietete Räume.

LÖSUNG: Das Teileigentum gehörte mindestens sechs Jahre zum Anlagevermögen des Betriebs von Frau F. Sie erfüllt daher insoweit die Voraussetzung des § 6b EStG. Da sie noch kein Reinvestitionsgrundstück angeschafft hat, kann sie aber aufwandswirksam zwei Rücklagen nach § 6b EStG bilden (50.000 € für den Grund und Boden und 100.000 € für das Gebäude).

e) Reinvestition nach Bildung der § 6b EStG-Rücklage

621 Sofern eine Rücklage nach § 6b Abs. 3 Satz 1 EStG gebildet wurde, kann diese Rücklage in künftigen Wirtschaftsjahren aufgelöst und von den Anschaffungs- oder Herstellungskosten von angeschafften bzw. hergestellten Grund und Boden bzw. Gebäuden abgezogen werden. Die Reinvestitionsfrist beträgt grds. vier Wirtschaftsjahre (§ 6b Abs. 3 Satz 2 EStG). Die Frist verlängert sich bei neu hergestellten Gebäuden auf sechs Jahre, wenn mit ihrer Herstellung vor dem Schluss des vierten auf die Bildung der Rücklage folgenden Wirtschaftsjahres begonnen worden ist (§ 6b Abs. 3 Satz 3 EStG).

BEISPIEL „AUFLÖSUNG § 6B ESTG-RÜCKLAGE NACH REINVESTITION": Frau F betreibt eine Fahrschule und hatte im Wirtschaftsjahr 2024 eine Rücklage nach § 6b Abs. 3 EStG aus einer Grundstücksveräußerung gebildet, die i. H. von 50.000 € auf veräußerten Grund und Boden und i. H. von 100.000 € auf das veräußerte Gebäude entfällt. Sie schafft zum 1.2.2026 ein neues Grundstück an mit Anschaffungskosten des Grund und Bodens von 80.000 € bzw. des Gebäudes von 400.000 €.

LÖSUNG: Das Teileigentum gehörte mindestens sechs Jahre zum Anlagevermögen des Betriebs von Frau F. Sie erfüllt daher insoweit die Voraussetzung des § 6b EStG. Da sie noch kein Reinvestitionsgrundstück angeschafft hat, kann sie aber aufwandswirksam zwei Rücklagen nach § 6b EStG bilden (50.000 € für den Grund und Boden und 100.000 € für das Gebäude).

LÖSUNG: Frau F hat innerhalb der gesetzlichen Vierjahresfrist Grund und Boden bzw. Gebäude angeschafft, das zu ihrem Anlagevermögen (Fahrschule) gehört. Sie kann die Rücklage nach § 6b EStG auflösen (insoweit steuerpflichtiger Ertrag von insgesamt 150.000 €) und einen gleich hohen aufwandswirksamen Abzug von den Buchwerten des angeschafften Grundstücks buchen. Der Gewinn aus Gebäude-Rücklage (100.000 €) kann nur auf das neu angeschaffte Gebäude übertragen werden. Insoweit wird der Buchwert des neuen Gebäudes aufwandswirksam um 100.000 € auf 300.000 € gemindert. Die Rücklage aus dem Grund und Boden könnte F auch auf das Gebäude übertragen. Jedoch wird es aus ihrer Sicht sinnvoller sein, den Abzug beim neu angeschafften Grund und Boden geltend zu machen, da insoweit sich die Gebäudeabschreibung nicht mindert. Sie wird daher i. d. R. den Buchwert des angeschafften Grund und Bodens aufwandswirksam von 80.000 € (Anschaffungskosten) um 50.000 € (Anwendung § 6b EStG) auf 30.000 € (neuer Buchwert) mindern.

f) Rücklagenauflösung ohne fristgerechte Reinvestition

Soweit eine § 6b EStG-Rücklage gewinnerhöhend aufgelöst wird, ohne dass ein 622
entsprechender Betrag durch eine begünstigte Reinvestition abgezogen wird, ist der Gewinn für jedes Wirtschaftsjahr, in dem die Rücklage bestanden hat, um 6 % des aufgelösten Rücklagenbetrags zu erhöhen (Gewinnzuschlag nach § 6b Abs. 7 EStG). Dies wird der Fall sein, wenn entweder innerhalb der (regelmäßig vierjährigen) Reinvestitionsfrist kein neues Objekt angeschafft wird oder die Anschaffungskosten (oder Herstellungskosten) nicht hoch genug sind, um die § 6b-EStG-Rücklage vollständig zu übertragen.

BEISPIEL „AUFLÖSUNG § 6B ESTG-RÜCKLAGE OHNE REINVESTITION": Frau F betreibt eine Fahrschule und hatte im Wirtschaftsjahr 2020 eine Rücklage nach § 6b Abs. 3 EStG aus einer Grundstücksveräußerung gebildet, die i. H. von 50.000 € auf veräußerten Grund und Boden und i. H. von 100.000 € auf das veräußerte Gebäude entfällt. Ein neues Grundstück hat sie nicht angeschafft (oder hergestellt), sondern nutzt seitdem ein Mietobjekt für ihren Betrieb.

LÖSUNG: Da Frau F nicht innerhalb von vier Jahren (§ 6b Abs. 3 Satz 2 EStG) nach der Bildung der Rücklage begünstigt reinvestiert hat, ist die Rücklage zum Ende des Wirtschaftsjahr 2024 gewinnwirksam (ohne Aufwandkompensation) aufzulösen. Zudem ist ein außerbilanzieller Gewinnzuschlag i. H. von 150.000 € (Rücklagenbestand) x 4 Jahre x 6 % = 36.000 € anzusetzen (§ 6b Abs. 7 EStG).

11. Einlage und Entnahme von Wohnungseigentum

a) Einlagen in das Betriebsvermögen

aa) Einlagen als Zuführung zum Betriebsvermögen

623 Wenn Wirtschaftsgüter angeschafft und sofort betrieblich genutzt werden, handelt es sich ab dem Zeitpunkt der Anschaffung bereits um Betriebsvermögen. Zunächst privat genutzte Wirtschaftsgüter werden erst dann zu Betriebsvermögen, sobald sie betrieblich genutzt werden. Dies führt ertragsteuerlich zu einer Einlage aus dem Privatvermögen in das Betriebsvermögen. Dementsprechend formuliert § 4 Abs. 1 Satz 8 Halbsatz 1 EStG, dass Einlagen alle Wirtschaftsgüter (Bareinzahlungen und sonstige Wirtschaftsgüter) sind, die der Steuerpflichtige dem Betrieb im Laufe des Wirtschaftsjahres zugeführt hat.

624 Durch die erstmalige betriebliche Nutzung eines bisher zu privaten Zwecken genutzten Grundstücks (Gebäude sowie Grund und Boden), wird dies zum notwendigen Betriebsvermögen des nutzenden Betriebs (R 4.2 (7) EStR). Dies stellt eine Einlage in das Betriebsvermögen dar. Es ist ausreichend, wenn ein Grundstücksteil oder nur ein Raum erstmals betrieblich genutzt wird. Dann wird dieser Grundstücksteil wegen des abweichenden Nutzungszusammenhangs zum übrigen (privat genutzten) Grundstücksteil als eigenes Wirtschaftsgut eingelegt. Der privat genutzte Grundstücksteil verbleibt im Privatvermögen.

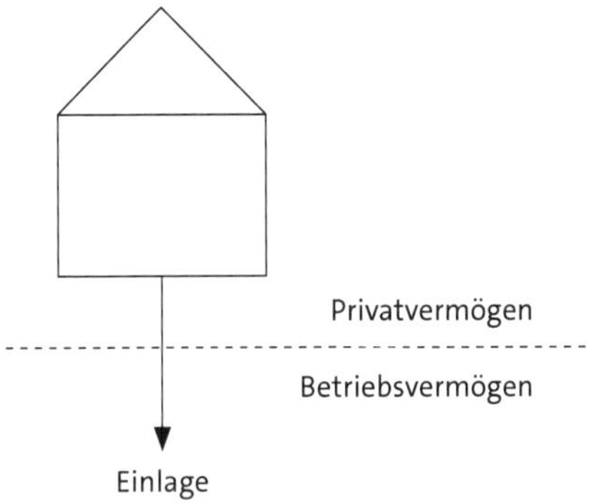

bb) Bewertung der Einlage

Eine Einlage ist im Grundsatz mit dem Teilwert zu bewerten (§ 6 Abs. 1 Nr. 5 Satz 1 Halbsatz 1 EStG) und in dieser Höhe erstmals als Wirtschaftsgut des Betriebs zu aktivieren (Einlagewert). Dabei sind die Anschaffungs- oder Herstellungskosten im Privatvermögen – im Grundsatz – unbeachtlich. 625

BEISPIEL „EINLAGE VON WOHNUNGSEIGENTUM (GRUNDFALL)": Herr H nutzt einen Raum (20 m²) seines zu eigenen Wohnzwecken zum 30.6.2018 angeschafften Wohnungseigentum (insgesamt 100 m²) ab dem 1.1.2025 ausschließlich für seine Versicherungsagentur. Das Wohnungseigentum hat zum 1.1.2025 einem Verkehrswert = Teilwert von 200.000 €, von dem 30.000 € auf den Grund und Boden entfallen.

LÖSUNG: Der Raum und der anteilige Grund und Boden stellen ab dem 1.1.2025 notwendiges Betriebsvermögen des Einzelunternehmens von H dar und sind zum Teilwert einzulegen. Der Wertansatz für das anteilige Gebäude (170.000 € x 20 % = 34.000 €) bildet zugleich dessen AfA-Bemessungsgrundlage. Der anteilige Grund und Boden ist mit 30.000 € x 20 % = 6.000 € zu bewerten.

Wenn das Wohnungseigentum jedoch innerhalb der letzten drei Jahre vor dem Zeitpunkt der Zuführung in das Betriebsvermögen aus dem Privatvermögen angeschafft oder hergestellt worden ist, werden als Einlagewert höchstens die Anschaffungs- oder Herstellungskosten angesetzt (§ 6 Abs. 1 Nr. 5 Satz 1 Halbsatz 2 Buchst. a EStG). Wird das Wohnungseigentum also innerhalb von drei Jahren nach Anschaffung bzw. (Gebäude-)Herstellung eingelegt, wird der Einlagewert auf die Anschaffungs- oder Herstellungskosten gedeckelt. Damit werden zeitnahe Wertsteigerungen während der Zugehörigkeit zum Privatvermögen als stille Reserven in das Betriebsvermögen einbezogen. 626

Für Gebäude gibt es eine zusätzliche Regelung in diesem Zusammenhang: Ist die Einlage ein abnutzbares Wirtschaftsgut, so sind die Anschaffungs- oder Herstellungskosten um Absetzungen für Abnutzung zu kürzen, die auf den Zeitraum zwischen der Anschaffung oder Herstellung des Wirtschaftsguts und der Einlage entfallen (§ 6 Abs. 1 Nr. 5 Satz 2 EStG). Diese Regelung betrifft somit nicht den Grund und Boden, da er nicht abnutzbar ist. 627

BEISPIEL „EINLAGE VON WOHNUNGSEIGENTUM INNERHALB VON DREI JAHREN NACH ANSCHAFFUNG": Herr H nutzt sein zum 1.1.2023 angeschafftes Wohnungseigentum ab dem 1.1.2025 erstmals betrieblich (Einlage). Zum Einlagezeitpunkt beträgt der Teilwert des Grund und Bodens 50.000 € und des Gebäudes 300.000 €. Die Anschaffungskosten von H für den Grund und Boden waren 40.000 € und für das Gebäude 250.000 €.

LÖSUNG: Das Gebäude und der zugehörige Grund und Boden stellen ab dem 1.1.2025 notwendiges Betriebsvermögen des H dar. Diese beiden Wirtschaftsgüter werden dadurch in das Betriebsvermögen eingelegt. Im Grundsatz ist zwar der Teilwert zum Einlagezeitpunkt der Einlagewert. Jedoch legt H das Wohnungseigentum zwei Jahre nach Anschaffung (also innerhalb von drei Jahren nach Anschaffung) in das Betriebsvermögen ein. Somit bilden die (fortgeführten) Anschaffungskosten die Obergrenze für den Einlagewert (§ 6 Abs. 1 Nr. 5 Satz 1 Halbsatz 2 Buchst. a, Satz 2 EStG).

Der Grund und Boden ist mit 40.000 € zu bewerten (Einlagewert).

Die Gebäudeanschaffungskosten sind um fiktive AfA für die Zeit im Privatvermögen zu mindern (250.000 € x 2 % x 2 Jahre = 10.000 €), um die fortgeführten Anschaffungskosten im Einlagezeitpunkt zu ermittelt (250.000 € Anschaffungskosten ./. 10.000 € AfA = 240.000 € Einlagewert). Der Einlagewert bildet die AfA-Bemessungsgrundlage.

cc) Einlage von Gebäuden nach vorherigen Einkünften im Privatvermögen

628 Durch die Einlage von Gebäuden aus dem Privatvermögen wird durch den im Betriebsvermögen anzusetzenden Einlagewert (Buchwert im Betriebsvermögen) ein Abschreibungsvolumen geschaffen, welches sich zukünftig über die AfA als Betriebsausgaben auswirkt. Im Grundsatz geht der Gesetzgeber davon aus, dass dem Steuerpflichtigen (Wohnungseigentümer) das AfA-Volumen zusteht, welches sich aus dem Einlagewert (also i. d. R. dem Teilwert) ergibt. Wenn aber mit dem Wohnungseigentum im Privatvermögen Einkünfte erzielt wurden (i. d. R. durch die Vermietung oder Verpachtung nach § 21 EStG) und danach in das Betriebsvermögen (z. B. durch erstmalige betriebliche Nutzung) eingelegt wird, profitiert der Steuerpflichtige ggf. doppelt von seinen (nur einmal geleisteten) Anschaffungs- oder Herstellungskosten. Im Extremfall ist es z. B. denkbar, dass ein Gebäude mit Anschaffungskosten von 100.000 € bei den Vermietungseinkünften voll als Werbungskosten abgeschrieben wurde und bei einem (angenommenen) Teilwert (Einlagewert) von ebenfalls 100.000 € dieses AfA-Volumen im Betriebsvermögen noch einmal erhält.

629 Wertsteigerungen zwischen der Anschaffung bzw. Herstellung des Gebäudes und dessen Einlage sind gleichwohl als AfA-Volumen im Betriebsvermögen zulässig, obwohl der Wohnungseigentümer insoweit keine (weiteren) Anschaffungs- bzw. Herstellungskosten für das Gebäude geleistet hat.

630 Der Gesetzgeber hat diese Situation dahingehend gelöst, dass zwar der Einlagewert grds. auch die AfA-Bemessungsgrundlage bildet. Jedoch sind für die Ermittlung der Bemessungsgrundlage der Gebäude-AfA die „darin enthaltenen“ Anschaffungs- bzw. Herstellungskosten um die tatsächlichen Abschreibungen im Privatvermögen (bis zum Zeitpunkt der Einlage) zu mindern (§ 7 Abs. 1 Satz 5 EStG).[468] Mindestens sind aber die fortgeführten Anschaffungs-

468 Nach BT-Drucks. 14/23 v. 9.11.1998 S. 172 konnten vor der gesetzlichen Regelung Aufwendungen erneut als Abschreibungspotenzial nutzbar gemacht werden, ohne dass es einen sachlichen Grund für diesen Steuervorteil gab. In der Gestaltungspraxis sei dieser ungerechtfertigte Steuervorteil häufig genutzt worden.

bzw. Herstellungskosten anzusetzen. Soweit der Einlagewert unter den fortgeführten Anschaffungs- bzw. Herstellungskosten liegt, ist dieser (geringere) Wert für die AfA-Bemessungsgrundlage maßgeblich und der Wertverlust des Gebäudes (mangels zulässiger Teilwertabschreibung im Privatvermögen) für den Wohnungseigentümer steuerrechtlich verloren.

In den Fällen des § 7 Abs. 1 Satz 5 EStG kann der Einlagewert (Bilanzwert) somit 631
von der AfA-Bemessungsgrundlage abweichen. Wichtig ist es daher in diesen Fällen, den Einlagewert (geregelt durch § 6 Abs. 1 Nr. 5 Satz 1, 2 EStG) von der Höhe der AfA-Bemessungsgrundlage (§ 7 Abs. 1 Satz 1, 5 EStG) zu unterscheiden. Hilfreich ist z. B. das BMF-Schreiben v. 27.10.2010,[469] welches den Zusammenhang zwischen Einlagebewertung und Abschreibung durch Fallbeispiele erläutert.

BEISPIEL „EINLAGE VON WOHNUNGSEIGENTUM (GEBÄUDE) NACH VERMIETUNG IM PRIVATVERMÖGEN“: Herr H hat zum 1.1.2020 ein Gebäude im Wohnungseigentum angeschafft (Anschaffungskosten des Gebäudes: 100.000 €) und dieses im Privatvermögen vermietet. Ab dem 1.1.2025 wird das Wohnungseigentum von ihm eigenbetrieblich genutzt (Einlage in das Betriebsvermögen). Zum Einlagezeitpunkt beträgt der Teilwert des Gebäudes 130.000 €. Die Gebäude-AfA (Werbungskosten) während der Vermietungszeit (2020–2024) hat insgesamt 10.000 € betragen.

LÖSUNG: Das Gebäude wird zum 1.1.2025 mit dem Teilwert (130.000 €) in das Betriebsvermögen des H eingelegt und daher mit diesem „Startwert“ bilanziert (§ 6 Abs. 1 Nr. 5 Satz 1 EStG). Die AfA-Bemessungsgrundlage bestimmt sich bei einer Einlage aus dem Privatvermögen in ein Betriebsvermögen grds. nach dem Einlagewert und tritt daher in diesen Fällen an die Stelle der Anschaffungs- oder Herstellungskosten.[470] Von diesen 130.000 € wäre somit eigentlich abzuschreiben. Jedoch wurde das Gebäude vor der Einlage zur Einkünfteerzielung (Vermietung) im Privatvermögen genutzt. Daher mindert sich die AfA-Bemessungsgrundlage in Höhe der Abschreibungen im Privatvermögen um 10.000 € auf 120.000 €.[471]

HINWEISE ZUM BEISPIEL: Beträgt der Teilwert zum 1.1.2025 z. B. nur 95.000 €, wird dieser Einlagewert für die AfA-Bemessungsgrundlage nicht voll um die AfA von 10.000 € gemindert, da die fortgeführten Anschaffungskosten (100.000 € ./. 10.000 € = 90.000 €) die Untergrenze bilden (vgl. § 7 Abs. 1 Satz 5 EStG). Die AfA-BMB beträgt dann 90.000 €.[472]

Sofern der Teilwert bei Einlage die fortgeführten Anschaffungskosten unterschreitet, ist gleichwohl dieser (niedrigere) Wert anzusetzen. Wenn z. B. der Teilwert zum

469 BMF, Schreiben v. 27.10.2010 - IV C 3-S 2190/09/10007, BStBl 2010 I S. 1204.

470 BMF, Schreiben v. 27.10.2010 - IV C 3-S 2190/09/10007, BStBl 2010 I S. 1204 Rz. 1.

471 Dazu BMF, Schreiben v. 27.10.2010 - IV C 3-S 2190/09/10007, BStBl 2010 I S. 1204 Rz. 3, mit einem ähnlichen Beispiel.

472 Dazu BMF, Schreiben v. 27.10.2010 - IV C 3-S 2190/09/10007, BStBl 2010 I S. 1204 Rz. 4, mit einem ähnlichen Beispiel.

1.1.2025 80.000 € beträgt, ist dies sowohl der Einlagewert (Bilanzwert) als auch die AfA-Bemessungsgrundlage.[473]

Bei Einlagen innerhalb von drei Jahren nach Anschaffung oder Herstellung (im Beispiel bei einer Gebäudeanschaffung zum 1.1.2023) wird durch § 6 Abs. 1 Nr. 5 Satz 1 Buchst. a, Satz 2 EStG schon der Einlagewert auf die fortgeführten Anschaffungskosten gedeckelt, so dass die Deckelung des AfA-Bemessungsgrundlage nach § 7 Abs. 1 Satz 5 EStG nicht mehr angewendet wird.[474]

dd) Veräußerung nach Einlage als nachgelagerte Besteuerung gem. § 23 EStG

632 Die Veräußerung eines Grundstücks im Privatvermögen innerhalb von zehn Jahren nach dessen Anschaffung führt zu der Besteuerung als privates Veräußerungsgeschäft (§ 23 Abs. 1 Satz 1 Nr. 1 EStG), sofern nicht bestimmte Ausnahmen (vor allem: Nutzung zu eigenen Wohnzwecken) greifen. Die vorherige Einlage eines Grundstücks in das Betriebsvermögen und dessen nachfolgende Veräußerung aus dem Betriebsvermögen würde eine Besteuerung der im Privatvermögen gebildeten Werterhöhung verhindern. Dies ergibt sich einerseits daraus, dass das Grundstück mit dem (höheren) Teilwert eingelegt wird und bei der betrieblichen Veräußerung dadurch keine stillen Reserven besteuert werden und andererseits der Grundtatbestand des § 23 Abs. 1 Satz 1 Nr. 1 EStG für Betriebsvermögen nicht anwendbar ist. Daher regelt § 23 Abs. 1 Satz 5 Nr. 1 EStG, dass die Einlage eines Grundstücks aus dem Privatvermögen in ein Betriebsvermögen besteuert wird, wenn das Grundstück innerhalb von zehn Jahren nach der ursprünglichen Anschaffung aus dem Betriebsvermögen heraus veräußert wird (Ersatztatbestand). Dabei wird der Einlagewert (Teilwert) als Veräußerungspreis fingiert und die fortgeführten Anschaffungskosten für die Ermittlung des Veräußerungsgewinns davon abgezogen (§ 23 Abs. 3 Satz 2 EStG). Die Besteuerung erfolgt nicht rückwirkend für den VZ der Einlage, sondern in dem VZ, in dem der tatsächliche Veräußerungspreis gezahlt wird.

633 Wichtig ist, dass die Einlage zunächst nicht zu einer fiktiven Grundstücksveräußerung nach § 23 Abs. 1 Satz 5 Nr. 1 EStG führt. Nur wenn innerhalb von zehn Jahren nach der ursprünglichen Anschaffung das Grundstücks tatsächlich veräußert wird, handelt es sich um ein privates Veräußerungsgeschäft. Die im Betriebsvermögen eventuell gebildeten stillen Reserven sind zusätzlich nach den allgemeinen Grundsätzen zu besteuern. Die Zehn-Jahres-Frist wird durch die Einlage nicht unterbrochen, sondern läuft weiter. Selbst bei einer nachfolgenden Entnahme des Grundstücks zurück in das Privatvermögen führt eine

473 Dazu BMF, Schreiben v. 27.10.2010 - IV C 3-S 2190/09/10007, BStBl 2010 I S. 1204 Rz. 5, mit einem ähnlichen Beispiel.

474 BMF, Schreiben v. 27.10.2010 - IV C 3-S 2190/09/10007, BStBl 2010 I S. 1204 Rz. 6.

tatsächliche Veräußerung innerhalb von zehn Jahren nach der ursprünglichen Anschaffung zu eine Besteuerung nach § 23 Abs. 1 Satz 5 Nr. 1 EStG.

BEISPIEL „EINLAGE VON WOHNUNGSEIGENTUM UND VERÄUSSERUNG (§ 23 ESTG)": Frau F hat zum 1.1.2018 Wohnungseigentum angeschafft und im Privatvermögen vermietet (Anschaffungskosten insgesamt 200.000 €). Der Teilwert zum 1.1.2025 bei Einlage in den Betrieb von Frau F beträgt 400.000 € (Grund und Boden und Gebäude). Die abgezogene Gebäude-AfA für 2018–2024 beträgt 20.000 €. Zum 1.1.2026 beträgt der gesamte Buchwert (nach AfA für 2025) für das Wohnungseigentum 395.000 €. F veräußert das Wohnungseigentum (aus dem Betriebsvermögen) zu diesem Zeitpunkt zu einem Kaufpreis von insgesamt 500.000 € (Zahlung am 11.2.2026).

LÖSUNG: Frau F erzielt neben einem betrieblichen Veräußerungsgewinn (§ 15 EStG) auch Einkünfte aus einem privaten Veräußerungsgeschäft (§ 23 Abs. 1 Satz 1 Nr. 1 i. V. mit Satz 5 Nr. 1 EStG), da zwischen der Anschaffung des Wohnungseigentums (1.1.2018) und dessen Veräußerung (1.1.2026) weniger als zehn Jahre liegen. Der Gewinn wird wie folgt aufgeteilt:

Betrieblichen Veräußerungsgewinn (§ 15 EStG): Die im Betriebsvermögen entstandenen stillen Reserven als Differenz zwischen dem Buchwert (395.000 €) und dem tatsächlichen Veräußerungspreis (500.000 €) wird als betrieblicher Gewinn (105.000 €) besteuert.

Die auf die Zeit im Privatvermögen entfallende Wertsteigerung, als Differenz zwischen den ursprünglichen Anschaffungskosten (200.000 €) und dem Einlagewert (400.000 €), wird als privates Veräußerungsgeschäft besteuert. Dabei ist die AfA im Privatvermögen (20.000 €) nach allgemeinen Grundsätzen gewinnerhöhend zu berücksichtigen (§ 23 Abs. 3 Satz 4 EStG). Der Gewinn nach § 23 Abs. 1 Satz 1 Nr. 1 i. V. mit Satz 5 Nr. 1 EStG beträgt somit

400.000 € ./. 200.000 € + 20.000 € = 220.000 €,

der im VZ 2026 bei Zufluss des tatsächlichen Kaufpreises (11.2.2026) zu besteuern ist.

b) Entnahmen aus dem Betriebsvermögen

aa) Entnahme als Rechtsfolge außerbetrieblicher Verwendung

Entnahmen bezeichnen alle Wirtschaftsgüter (Barentnahmen, Waren, Erzeug- 634
nisse, Nutzungen und Leistungen), die der Steuerpflichtige dem Betrieb für sich, für seinen Haushalt oder für andere betriebsfremde Zwecke im Laufe des Wirtschaftsjahres entnommen hat (§ 4 Abs. 1 Satz 2 EStG). Diese sind somit alle Wertabgaben aus einem Betrieb in die private (oder zumindest betriebsfremde) Sphäre eines Steuerpflichtigen. Entnahmen werden mit dem Teilwert bewertet (§ 6 Abs. 1 Nr. 4 Satz 1 EStG), was zur Realisierung von stillen Reserven führt. Nutzungsentnahmen sind mit den Selbstkosten zu bewerten (H 6.12 „Nutzungen" EStH), so dass insoweit lediglich die anteiligen Betriebsausgaben kompensiert werden.

635 Die „Entnahme“ (eines Wirtschaftsguts oder von Nutzungen und Leistungen) beschreibt keine Handlung, sondern ist die steuerrechtliche Rechtsfolge eines Tatbestands, der zu einer Entnahme führt. Eine Entnahme setzt grds. eine willentliche Handlung[475] voraus, welche vor allem aus einer geänderten Nutzung (z. B. Privatnutzung) oder einer Veränderung der Eigentumsverhältnisse (z. B. Schenkung an nahestehende Personen) resultiert. Als Rechtsfolge wird z. B. ein Wirtschaftsgut vom Betriebsvermögen zum Privatvermögen. Sofern das Wohnungseigentum Betriebsvermögen bleibt (z. B. bei nur geringfügiger oder kurzzeitiger Privatnutzung), werden die Nutzungen entnommen.

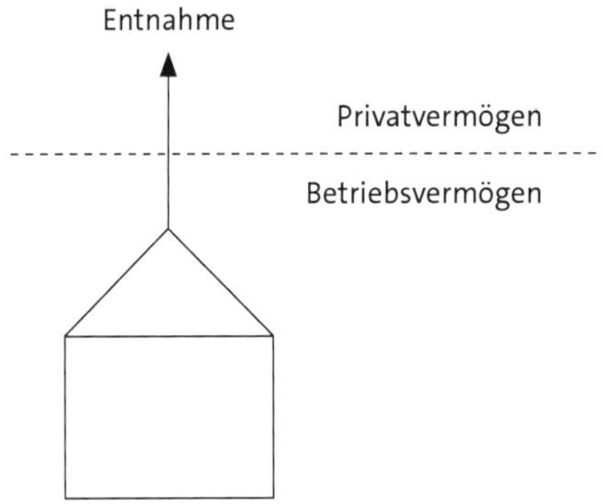

636 Bei Grundstücken haben Nutzungsentnahmen einen geringen praktischen Anwendungsbereich, da im Gegensatz zu beweglichen Wirtschaftsgütern das Grundstück durch eine private Teilnutzung (z. B. eines Raumes oder Gebäudeteils) von vornherein dem Privatvermögen zugeordnet wird, so dass insoweit keine Entnahme anzusetzen ist.

BEISPIEL „ENTNAHME VON WOHNUNGSEIGENTUM“: Herr H nutzt einen Raum seines Wohnungseigentums nicht mehr für seine Versicherungsagentur, sondern nunmehr nur zu eigenen Wohnzwecken.

LÖSUNG: Der privat genutzte Raum stellte bis zur Entnahme ein separates Wirtschaftsgut (Gebäude) im Betriebsvermögen dar. Mit der Nutzungsänderung wird er in das Privatvermögen entnommen und ist anschließend Teil des einheitlichen Wirtschaftsguts „Gebäude“ im Privatvermögen.

475 BFH, Urteil v. 9.8.1989 - X R 20/86, BStBl 1990 II S. 128 CAAAA-93085.

bb) Bewertung der Entnahme

Bei der Entnahme von Wohnungseigentum wird dieses mit dem Teilwert bewertet (§ 6 Abs. 1 Nr. 4 Satz 1 EStG). Die Differenz zwischen dem Buchwert und Teilwert (Entnahmewert) führt zu einem betrieblichen Entnahmegewinn. 637

BEISPIEL „ENTNAHME VON WOHNUNGSEIGENTUM": Frau F schenkt zum 1.1.2025 ihr Teileigentum, welches sie für ihr Gewerbe als Einzelhandel für Schreibwaren nutzt, ihrer Tochter T. Der Buchwert zum 1.1.2025 beträgt 300.000 € (Gebäude) bzw. 100.000 € (Grund und Boden) und der Teilwert beträgt zu diesem Zeitpunkt 400.000 € (Gebäude) bzw. 150.000 € (Grund und Boden).

LÖSUNG: Das Teileigentum wird aus dem Betriebsvermögen in das Privatvermögen (letztlich in das Vermögen von Tochter T) entnommen. F versteuert einen Entnahmegewinn i. H. der stillen Reserven von 150.000 €.

Wird Wohnungseigentum entnommen, wird eine damit zusammenhängende (betriebliche) Verbindlichkeit automatisch zu Privatvermögen und ebenfalls (insoweit aber steuerneutral) entnommen.[476] 638

Bei einer Betriebsaufgabe (§ 16 Abs. 3 EStG) ist das Wohnungseigentum mit dem gemeinen Wert in das Privatvermögen zu überführen (§ 16 Abs. 3 Satz 7 EStG), der von dem Teilwert abweichen kann. 639

cc) Entnahme in das Privatvermögen als fiktive Anschaffung

Die Entnahme gilt als (fiktive neue) Anschaffung (mit dem Entnahmewert als Anschaffungskosten) im Privatvermögen, was z. B. für ein nachfolgendes privates Veräußerungsgeschäft nach § 23 Abs. 1 Satz 2 EStG ausdrücklich geregelt ist. Durch § 23 Abs. 3 Satz 3 EStG tritt in diesen Fällen an die Stelle der Anschaffungs- bzw. Herstellungskosten der (nach § 6 Abs. 1 Nr. 4 EStG oder § 16 Abs. 3 Satz 7 EStG) angesetzte[477] Entnahmewert. 640

Bei einer Vermietung nach der Entnahme stellt der Entnahmewert die AfA-Bemessungsgrundlage des Gebäudes im Privatvermögen dar. 641

BEISPIEL „ENTNAHME VON WOHNUNGSEIGENTUM": Frau F nutzt ihr Teileigentum ab dem 1.1.2025 nicht mehr für ihren Sportartikeleinzelhandel wegen ihrer Betriebsaufgabe. Sie vermietet es ab diesem Zeitpunkt an einen anderen Gewerbetreibenden. Der Buchwert zum 1.1.2025 beträgt 300.000 € (Gebäude) bzw. 100.000 € (Grund und Boden) und der Teilwert bzw. gemeine Wert beträgt zu diesem Zeitpunkt 400.000 € (Gebäude) bzw. 150.000 € (Grund und Boden).

---

476 R 4.2 Abs. 15 EStR.

477 Es kommt nicht auf den materiell zutreffenden, sondern auf den tatsächlich im Steuerbescheid für die Entnahme angesetzten Wert an (BFH, Urteil v. 22.2.2021 - IX R 13/19, BFH/NV 2021 S. 1169 QAAAH-86099).

LÖSUNG: Das Wohnungseigentum wird durch die Betriebsaufgabe zum gemeinen Wert in das Privatvermögen von Frau F überführt (§ 16 Abs. 3 Satz 7 EStG). Die stillen Reserven im Gebäude (100.000 €) und im Grund und Boden (50.000 €) sind als Teil des Betriebsaufgabegewinns steuerpflichtig. Der Entnahmewert (Überführungswert) der Wirtschaftsgüter gilt als Anschaffungskosten im Privatvermögen. Die Vermietung des Grundstücks führt zu Einkünften aus Vermietung und Verpachtung. Die Gebäude-AfA bemisst sich nach dem gemeinen Wert von 400.000 €.

VI. Gewerblicher Grundstückshandel

1. Grundsätze zum gewerblichen Grundstückshandel

Wenn Privatpersonen Grundstücke veräußern, ist dies keine gewerbliche Tätigkeit, wenn der Rahmen einer privaten Vermögensverwaltung nicht überschritten wird. So ist der Verkauf einer (einzigen) Eigentumswohnung aus dem Privatvermögen nur nach § 23 Abs. 1 Nr. 1 EStG einkommensteuerpflichtig, wenn die Veräußerung innerhalb von zehn Jahren nach dem Erwerb erfolgt und die Eigentumswohnung nicht zu eigenen Wohnzwecken genutzt wurde. Sollten aber mehrere Grundstücke durch eine Privatperson veräußert werden, stellt sich die Frage, ob diese Tätigkeit in der Gesamtschau die Vermögensverwaltung übersteigt und zu einem Gewerbebetrieb führt. 642

Für die Abgrenzung einer gewerblichen Tätigkeit von der privaten Vermögensverwaltung kommt es nach der Rechtsprechung des BFH[478] darauf an, ob „die Ausnutzung substanzieller Vermögenswerte durch Umschichtung gegenüber der Nutzung von Grundbesitz im Sinne einer Fruchtziehung aus zu erhaltenden Substanzwerten entscheidend in den Vordergrund tritt". Dabei komme der Anzahl der veräußerten Objekte und dem zeitlichen Abstand zwischen Grundstückserwerb und Veräußerung eine besondere Bedeutung zu. 643

Mit dem Begriff des „gewerblichen Grundstückshandels" wird die Tätigkeit bezeichnet, wenn die Grundstücksveräußerungen einer (i. d. R. natürlichen) Person als Gewerbebetrieb anzusehen sind. Für die Abgrenzung von der privaten Vermögensverwaltung ist vor allem auf die Haltedauer (und Nutzung) vor der Veräußerung und die Anzahl der veräußerten Grundstücke abzustellen.[479] Ein zentraler Anhaltspunkt ist dabei die „Drei-Objekt-Grenze": Werden mehr als drei (nach bestimmten Kriterien zu bestimmende) Grundstücke innerhalb von fünf Jahren veräußert, geht die BFH-Rechtsprechung grds. von einem Gewerbebetrieb (gewerblicher Grundstückshandel) aus. Nach der gesetzlichen Definition des § 15 Abs. 2 Satz 1 EStG ist eine selbständige, nachhaltige Betätigung, die mit Gewinnerzielungsabsicht unter Beteiligung am allgemeinen wirtschaftlichen Verkehr betrieben wird, grds. ein Gewerbebetrieb. Das dort nicht erwähnte (ungeschriebene) negative Merkmal „keine Vermögensverwaltung" ist 644

478 So z. B. BFH, Urteil v. 13.12.1995 - XI R 43-45/89, BStBl 1996 II S. 232 unter III. 2. a) PAAAA-95512 m. w. N.

479 BMF, Schreiben v. 26.3.2004, BStBl 2004 I S. 434 Rz. 1.

zusätzlich zu prüfen.[480] Die von der Rechtsprechung entwickelte[481] Drei-Objekt-Grenze gibt einen wesentlichen Anhaltspunkt, wann Grundstücksveräußerungen als Einkünfte aus Gewerbebetrieb zu werten sind. In der Praxis sollte die Drei-Objekt-Grenze immer geprüft werden.

645 Die Rechtsprechung hat durch zahlreiche Entscheidungen neben der Drei-Objekt-Grenze noch weitere Kategorien und Fallgruppen herausgebildet. Ob die Grundstücksgeschäfte „unterhalb" der Gewerblichkeit bleiben, ist daher im Einzelfall trotzdem nicht immer einfach zu bestimmen und es verbleibt oft eine gewisse Rechtsunsicherheit.

2. Drei-Objekt-Grenze

646 Werden innerhalb von fünf Jahren mehr als drei (bestimmte) Objekte veräußert, wird ein gewerblicher Grundstückshandel im Grundsatz unterstellt. Bei den veräußerten Grundstücken darf es sich aber nicht um „irgendwelche" Objekte handeln. Es sind bestimmte Kriterien entwickelt worden, nach denen ein Objekt bei Veräußerung „mitzählt" (Zählobjekt). Es kommt insbesondere auf solche Objekte an, die innerhalb von fünf Jahren nach Anschaffung (oder Bebauung bzw. Modernisierung) verkauft werden.[482]

647 Es sind somit zwei verschiedene Fünf-Jahres-Zeiträume auseinanderzuhalten:

- der Zeitraum, innerhalb dessen die Grundstücke veräußert werden;
- der Zeitraum, der jeweils objektbezogen auf die individuelle Haltedauer der einzelnen (veräußerten) Grundstücke entfällt.

BEISPIEL „DREI-OBJEKT-GRENZE": Herr A ist hat zwar beruflich nichts mit der Immobilienwirtschaft zu tun, aber er kauft, vermietet und verkauft gelegentlich Grundstücke.

Er erwirbt in Jahr 2010 das Grundstück A-Str. 1, im Jahr 2018 das Grundstück B-Str. 2, im Jahr 2020 die Grundstücke C-Str. 3, D-Str. 4 und E-Str. 5 sowie im Jahr 2022 das Grundstück F-Str. 6. Er verkauft jeweils mit Gewinn im Jahr 2021 die Grundstücke A-Str. 1 und B-Str. 2 und im Jahr 2024 die Grundstücke C-Str. 3, D-Str. 4 und F-Str. 6.

Herr A hat innerhalb von fünf Jahren (hier innerhalb von vier Jahren) mehr als drei Zählobjekte (hier: vier Zählobjekte) veräußert und damit einen gewerblichen Grundstückshandel nach der BFH-Rechtsprechung zur Drei-Objekt-Grenze begründet. Das Grundstück A-Str. 1 ist kein Zählobjekt, da zwischen Anschaffung (2010) und Ver-

480 BFH, Beschluss v. 10.12.2001 - GrS 1/98, BStBl 2002 II S. 291 IAAAA-89189.

481 Die Drei-Objekt-Grenze wurde – ohne diese so zu bezeichnen – faktisch erstmals im BFH, Urteil v. 9.12.1986 - VIII R 317/82, BStBl 1988 II S. 244 WAAAA-98051, in die BFH-Rechtsprechung eingeführt.

482 BFH, Urteil v. 18.9.1991 - XI R 23/90, BStBl 1992 II S. 135 YAAAA-93928.

äußerung (2021) mehr als fünf Jahre liegen. Die übrigen veräußerten Objekte (Grundstücke B-Str. 2, C-Str. 3, D-Str. 4 und F-Str. 6) wurden jeweils innerhalb von fünf Jahren nach ihrer Anschaffung wieder veräußert.

Wenn die Grundstücke nicht innerhalb von fünf Jahren nach dem jeweiligen Erwerb veräußert werden, kann selbst bei einer „Sammelveräußerung" in zweistelliger Zahl von Objekten (erst) im sechsten Jahr aufgrund der besonderen Umstände des Einzelfalls (z. B. Todesfall) ein gewerblicher Grundstückshandel zu verneinen sein.[483] Eine gemeinsame Veräußerung mehrerer Grundstücksobjekte („en bloc") hindert zumindest bei Kapitalgesellschaften nicht die erforderliche Gewerblichkeit (zu der bei Personenunternehmen auch die Nachhaltigkeit der Veräußerungen gehört), so dass die Drei-Objekt-Grenze überschritten und ein gewerblicher Grundstückshandel angenommen wird.[484] 648

3. Eigentumswohnungen als Zählobjekte für die Drei-Objekt-Grenze

Ein Objekt im Sinne des gewerblichen Grundstückshandels ist grds. jedes selbständig veräußerbare und nutzbare Immobilienobjekt (Grundstück, grundstücksgleiches Recht oder Recht nach dem WEG) unabhängig von seiner Größe, seinem Wert und anderen Umständen.[485] Jede Eigentumswohnung ist ein eigenständiges Objekt im Sinne der Drei-Objekt-Grenze, auch wenn sämtliche in einem Gebäude befindlichen Eigentumswohnungen in einem Vertrag an einen einzigen Käufer veräußert werden.[486] 649

Die Aufteilung eines Gebäudes in Eigentumswohnungen ist für sich betrachtet allein kein Umstand, der die Veräußerung der so entstandenen Eigentumswohnungen automatisch zu einer gewerblichen Tätigkeit macht.[487] Hier ist nach allgemeinen Grundsätzen auf die Dauer der Nutzung vor Veräußerung abzustellen. Sind Grundstücke bis zur Veräußerung mindestens zehn Jahre vermietet worden, gehört grds. auch noch die Veräußerung des Grundstücks zur privaten Vermögensverwaltung.[488] Gleichwohl zählt jede Eigentumswohnung als 650

483 BFH, Beschluss v. 20.3.2025 - III R 14/23 GAAAJ-91882 = DStR 2025 S. 1149.

484 BFH, Urteil v. 3.6.2025 - III R 12/22, BStBl 2025 II S. 749 CAAAJ-98570, zum Fall der konzerninternen Veräußerungen von fünf Einheiten „en bloc" im Jahr 2018, die von einer GmbH im Jahr 2016 (zusammen mit anderen Objekten) angeschafft wurden.

485 BFH, Urteil v. 3.8.2004 - X R 40/03, BStBl 2005 II S. 35 IAAAB-36519, und BFH, v. 22.7.2010 - IV R 62/07, BFH/NV 2010 S. 2261 UAAAD-54637.

486 BFH, Urteil v. 15.7.2004 - III R 37/02, BStBl 2004 II S. 950 DAAAB-26724.

487 BMF, Scheiben v. 26.03.2004, BStBl 2004 I S. 434 Rz. 2.

488 BFH, Urteil v. 6.4.1990, BStBl 1990 II S. 1057 HAAAA-93053.

ein separates Objekt (sachenrechtliche Betrachtungsweise).[489] Als Zählobjekt gilt jedes zivilrechtliche Grundstück unabhängig von dessen Größe oder Verkehrswert. Wenn sich z. B. in einem zivilrechtlich ungeteilten Grundstück vier Wohnungen befinden, zählt der Grundstücksverkauf nur als ein (einziges) Zählobjekt. Wenn das Grundstück aber in Wohnungseigentum – und damit in vier Eigentumswohnungen – aufgeteilt ist, zählen alle verkauften Einheiten als separate Zählobjekte.[490]

BEISPIEL „ANZAHL ZÄHLOBJEKTE": Frau F veräußert zwei – in sechs und acht Eigentumswohnungen aufgeteilte – Mehrfamilienhäuser an jeweils einen Erwerber durch separate Grundstückskaufverträge im dritten Jahr nach Anschaffung der beiden Immobilien.

Frau F hat innerhalb von fünf Jahren mehr als drei Zählobjekte (hier: 14 Zählobjekte) veräußert und damit einen gewerblichen Grundstückshandel nach der BFH-Rechtsprechung zur Drei-Objekt-Grenze begründet. Nach der Rechtsprechung des BFH[491] ist es gleichheitsrechtlich unbedenklich, dass die Veräußerung von zwei rechtlich ungeteilten Mehrfamilienhäusern an zwei Erwerber im Rahmen der Drei-Objekt-Grenze nur als zwei Objekte zu bewerten ist.

651 Auch bei der Aufteilung in Wohnungseigentum kommt es für den engen zeitlichen Zusammenhang zwischen Erwerb, Bebauung oder Modernisierung und der Veräußerung des Wohnungseigentums auf das jeweilige gebäudebezogene Ereignis (z. B. Bebauung) und nicht auf die spätere rechtliche Teilung an.[492] Werden Eigentumswohnungen nach einer Gebäudesanierung veräußert, beginnt die objektbezogene Frist für die Beurteilung des engen zeitlichen Zusammenhangs mit der Veräußerung mit dem Abschluss der Sanierungsarbeiten.[493]

BEISPIEL „DREI-OBJEKT-GRENZE": Frau F hat ein Grundstück im Jahr 2019 bebaut und durch Teilungserklärung sechs Eigentumswohnungen im Jahr 2020 begründet und diese vermietet. Sie veräußert in den Jahren 2022–2023 alle sechs Eigentumswohnungen an verschiedene Erwerber.

Frau F hat innerhalb von fünf Jahren mehr als drei Zählobjekte (hier: sechs Zählobjekte) veräußert und damit einen gewerblichen Grundstückshandel nach der BFH-Rechtsprechung zur Drei-Objekt-Grenze begründet.

489 BFH, Beschluss v. 19.1.2012 - IV B 3/10 OAAAE-06353 = BFH/NV 2012 S. 740 unter 2.

490 BMF, Schreiben v. 26.3.2004, BStBl 2004 I S. 434 Rz. 23, und FG Berlin-Brandenburg, v. 17.1.2023 - 8 K 8183/21, EFG 2025 S. 404 (rkr.) unter II. 2. b): „Objekt [...] ist grundsätzlich jedes selbständig veräußerbare und nutzbare Immobilienobjekt (Grundstück, grundstücksgleiches Recht oder Recht nach dem Wohnungseigentumsgesetz)".

491 BFH, Urteil v. 15.07.2004 - III R 37/02, BStBl 2004 II S. 950 DAAAB-26724.

492 BMF, Schreiben v. 26.3.2004, BStBl 2004 I S. 434 Rz. 19.

493 BFH, Urteil v. 5.12.2002 - IV R 57/01, BStBl 2003 II S. 291 ZAAAA-89474.

Ausnahmsweise können zwei Wohnungseigentums- oder Teileigentumsrechte ein einziges Objekt im Sinne der Drei-Objekt-Grenze sein, wenn die rechtlich selbständigen Einheiten baulich umgestaltet wurden und ohne bauliche Veränderungen nur noch als eine Wohnung genutzt werden können.[494] 652

Garagen als „Zubehörräume" von Eigentumswohnungen sind nicht als separates (zweites) Objekt zu zählen. Das gilt sogar dann, wenn sie an andere Erwerber als die Käufer der Eigentumswohnungen veräußert werden.[495] 653

4. Zurechnung durch grundbesitzende Personengesellschaften

Sofern eine natürliche Person an einer Personengesellschaft i. H. von mindestens 10 % beteiligt ist oder der Verkehrswert des Gesellschaftsanteils oder des Anteils an dem veräußerten Grundstück bei einer Beteiligung von weniger als 10 % mehr als 250.000 € beträgt, sind die Grundstücksveräußerungen auf Ebene der Personengesellschaften dem Gesellschafter für Zwecke der Drei-Objekt-Grenze nach Auffassung der Finanzverwaltung zuzurechnen.[496] Die Personengesellschaft ist somit „transparent". Auch der Verkauf von Anteilen an einer grundstücksverwaltenden Personengesellschaft führt beim veräußernden Gesellschafter zu so vielen Zählobjekten, wie Grundstücke im Vermögen der Personengesellschaft enthalten sind (und diese bei einem Verkauf zu diesem Zeitpunkt jeweils als Zählobjekt zu werten wären). 654

Dies kann zu der Situation führen, dass ein Gesellschafter nur deshalb zum gewerblichen Grundstückshändler wird, weil ihm die Grundstücksveräußerungen seiner Personengesellschaften zuzurechnen sind. 655

Auf Ebene der Personengesellschaft ist die Drei-Objekt-Grenze zudem separat zu prüfen.[497] Eine eigentlich vermögensverwaltende Personengesellschaft kann dadurch zur Mitunternehmerschaft werden. Aber auch für eine gewerblich geprägte Personengesellschaft (§ 15 Abs. 3 Nr. 2 EStG) ist die Abgrenzung zum gewerblichen Grundstückshandel wichtig, wenn diese nur vermietend tätig ist. Sind die Grenzen zum gewerblichen Grundstückshandel überschritten, 656

494 BFH, Beschluss v. 24.2.2005 - X B 183/03 WAAAB-53306 = BFH/NV 2005 S. 1274.

495 BFH, Urteil v. 18.9.2002 - X R 183/96, BStBl 2003 II S. 238 unter II. 3. b) cc) BAAAA-89456.

496 BMF, Schreiben v. 26.3.2004, BStBl 2004 I S. 434 Rz. 14. Das pauschale Kriterium von mehr als 250.000 € Verkehrswert eines Gesellschaftsanteils oder Anteils am Erlös des veräußerten Grundstücks hält das FG München, Urteil v. 19.7.2024 - 8 K 1418/21 DAAAJ-81090 = EFG 2025 S. 487 (BFH-Rev.: IV R 15/24) nicht für haltbar und lässt zudem die 10%-Grenze dahinstehen. Es sei immer der Einzelfall zu betrachten.

497 BFH, Beschluss v. 25.6.1984 - GrS 4/82, BStBl 1984 II S. 751 IAAAA-91985.

kann die Personengesellschaft keine erweiterte Kürzung bei der Gewerbesteuer (§ 9 Nr. 1 Satz 2 GewStG; siehe →Rz. 811 ff.) in Anspruch nehmen.[498]

BEISPIEL „ZURECHNUNG DURCH PERSONENGESELLSCHAFT": Frau B hat im Jahr 2023 ein Grundstück erworben und im Jahr 2024 veräußert. Sie ist zudem an der BC-GbR zu 50 % beteiligt, die im Jahr 2022 zwei Grundstücke erwarb und im Jahr 2023 beide Grundstücke veräußerte. Außerdem ist sie an der BX-GbR zu 50 % beteiligt, die im Jahr 2021 vier Grundstücke erwarb und im Jahr 2024 diese vier Grundstücke veräußerte.

Die BC-GbR realisiert aus ihren Grundstücksveräußerungen keinen gewerblichen Grundstückshandel nach der BFH-Rechtsprechung zur Drei-Objekt-Grenze, da die BC-GbR nur zwei Zählobjekte veräußerte.

Die BX-GbR realisiert jedoch aus ihren Grundstücksveräußerungen einen gewerblichen Grundstückshandel nach der BFH-Rechtsprechung zur Drei-Objekt-Grenze, da die BX-GbR vier Zählobjekte (also mehr als drei) veräußerte.

Unabhängig von der Situation auf Ebene der GbR (ob diese jeweils einen gewerblichen Grundstückshandel begründen oder nicht) sind die jeweiligen Grundstücksveräußerungen an die Gesellschafterin Frau B als Zählobjekte zuzurechnen. Obwohl Frau B in eigener Person nur durch ihren Grundstücksverkauf ein Zählobjekt „originär erzeugt", sind daher bei ihr durch die GbR-Beteiligungen sechs weitere Zählobjekte zuzurechnen. Durch die (im Ergebnis) sieben Zählobjekte bei Frau B ist auch bei ihr ein gewerblicher Grundstückshandel anzunehmen.

657 Beteiligungen an grundstücksbesitzenden Kapitalgesellschaften werden dem Anteilseigner dagegen nicht zugerechnet (Abschirmwirkung).

5. Grundstückshandel unabhängig von der Drei-Objekt-Grenze (Ein-Objekt-Fälle)

658 Die Drei-Objekt-Grenze ist vor allem für Personen maßgebend, die nicht der Immobilienbranche nahestehen. Wer hauptberuflich ohnehin schon mit Grundstücksgeschäften zu tun hat (z. B. Architekten, Immobilienmakler, Bauunternehmer), kann im Einzelfall möglicherweise auch schon bei der Veräußerung von nur einem Grundstück als Grundstückshändler eingestuft werden. Auch bei einer Veräußerung von weniger als vier Objekten kann bspw. auf eine gewerbliche Betätigung geschlossen werden, wenn das im zeitlichen Zusammenhang mit der Bebauung und Veräußerung erworbene Grundstück schon vor seiner Bebauung verkauft worden ist oder ein solches Grundstück von vornherein auf Rechnung oder nach Wünschen des Erwerbers bebaut wird.[499]

498 BFH, Urteil v. 3.6.2025 - III R 12/22, BStBl 2025 II S. 749 unter II. 2. CAAAJ-98570 m. w. N.

499 BFH, Urteil v. 18.9.2002 - X R 183/96, BStBl 2003 II S. 238 BAAAA-89456. Ebenso kann nach dem vorgenannten BFH-Urteil für eine gewerbliche Tätigkeit der Umstand sprechen, dass das Bauunternehmen des das Grundstück bebauenden Steuerpflichtigen erhebliche Leistungen für den Bau erbringt, die nicht wie unter Fremden abgerechnet werden.

6. Rechtsfolgen des gewerblichen Grundstückshandels

Durch einen gewerblichen Grundstückshandel wird ein Gewerbebetrieb (§ 15 EStG) begründet. Diese Situation kann insbesondere durch das Überschreiten der Drei-Objekt-Grenze infolge der vierten Grundstücksveräußerung eintreten. Dann wird schon der erste Grundstückserwerb rückwirkend als Beginn des Gewerbebetriebs behandelt. Alle Grundstücksgeschäfte und die damit im Zusammenhang stehenden Aufwendungen und Erträge werden in die Ermittlung der Einkünfte aus Gewerbebetrieb für den jeweiligen VZ einbezogen und unterliegen auch der Gewerbesteuer (§ 2 Abs. 1 GewStG).[500] Im Gegensatz zu den privaten Veräußerungsgeschäften (§ 23 Abs. 1 EStG) gibt es im Betriebsvermögen keine 10-Jahres-Haltefrist zwischen Anschaffung und Veräußerung, nach deren Ablauf die Steuerpflicht aus einer Grundstücksveräußerung entfällt. 659

Der Gewinn ist grds. durch Betriebsvermögensvergleich (§ 4 Abs. 1 EStG) zu ermitteln, aber kann auch durch „aktive Wahl" im Wege der Einnahme-Überschuss-Rechnung (§ 4 Abs. 3 EStG) ermittelt werden, sofern keine handelsrechtliche Buchführungspflicht (§ 140 AO) oder eine steuerrechtliche Pflicht (§ 141 AO) besteht.[501] Wichtig ist aber, dass eine Anlage EÜR eingereicht wird. Gerade bei einem bisher „unerkannten" Grundstückshandel, der durch die Betriebsprüfung festgestellt wird, kann die nachträglich Wahl scheitern.[502] Die Grundstücke stellen Umlaufvermögen (und kein Anlagevermögen) dar. Eine wichtige Auswirkung ist, dass es sich bei den Grundstücken um Umlaufvermögen handelt und daher z. B. für die Gebäude keine AfA geltend gemacht sowie der Gewinn aus der Veräußerung nicht durch eine Rücklage nach § 6b EStG[503] kompensiert werden kann. 660

BEISPIEL „GEWERBLICHER GRUNDSTÜCKSHANDEL": ▸ Frau G hat seit dem Jahr 2020 fortlaufend Grundstücke erworben, diese saniert und nach zwei bis vier Jahren wieder gewinnbringend veräußert. Zwischen dem ersten Jahr der Veräußerung 2023 und dem Jahr 2026 hat sie allein sieben Objekte auf diesem Weg verkauft.

500 Die pauschale Anrechnung auf die Einkommensteuer nach § 35 EStG bei natürlichen Personen mildert diese Folge deutlich ab.

501 BMF, Schreiben v. 26.3.2004, BStBl 2004 I S. 434 Rz 33.

502 BFH, Urteil v. 21.7.2009 - X R 28/06 CAAAD-29987 = BFH/NV 2009 S. 1979.

503 Eine Voraussetzung ist, dass es sich um Anlagevermögen handelt (§ 6b Abs. 4 Satz 1 Nr. 2 EStG).

Frau G ist gewerbliche Grundstückshändlerin (Einzelunternehmen), da sie die Drei-Objekt-Grenze überschritten hat. Der Beginn des Gewerbes liegt im Jahr 2020 mit der ersten Anschaffung eines Grundstücks. Alle erworbenen Grundstücke sind bis zur Veräußerung ihrem Betriebsvermögen zuzuordnen. AfA auf die Gebäude kann sie nicht geltend machen. Bei der Veräußerung der Grundstücke hat sie aber dadurch einen höheren Buchwert und damit einen geringeren Veräußerungsgewinn (Gewinnverschiebung bei Totalgewinngleichheit). Alle betrieblichen Aufwendungen und Erträge kann sie bei ihrer Gewinnermittlung saldieren.

661 Für grundstücksverwaltende Gesellschaften (z. B. eine GmbH & Co. KG) führt ein gewerblicher Grundstückshandel zum Ausschluss der erweiterten Grundbesitzkürzung i. S. des § 9 Abs. 1 Satz 2 ff. GewStG (siehe →Rz. 811 ff.).[504]

7. Rechtsfolge, wenn kein gewerblicher Grundstückshandel gegeben ist

662 Wenn kein gewerblicher Grundstückshandel gegeben ist (insbesondere wegen dem Unterschreiten der Drei-Objekt-Grenze), bleibt jedoch zu prüfen, ob der Gewinn aus der Veräußerung nach § 23 EStG zu besteuern ist (siehe →Rz. 442 ff.).[505]

BEISPIEL „GEWERBLICHER GRUNDSTÜCKSHANDEL": Frau V hat seit dem Jahr 2015 vier vermietete Grundstücke erworben und zwei davon im Jahr 2018 wegen der Wertsteigerung gewinnbringend veräußert. Die beiden übrigen Objekte veräußert sie erst im Jahr 2023 bzw. 2026 mit Gewinn.

Frau G ist keine gewerbliche Grundstückshändlerin, da sie nicht die Drei-Objekt-Grenze mit den Veräußerungen überschreitet. Die beiden Veräußerungen im Jahr 2018 führen nur zu zwei Zählobjekten. Die Veräußerungen im Jahr 2023 und 2026 zählen nicht, da diese außerhalb der 5-Jahres-Frist verkauft wurden und keine anderen Anhaltspunkte für eine bedingte Veräußerungsabsicht bei Erwerb (im Jahr 2015) erkennbar sind. Innerhalb von fünf Jahren (hier: 2015–2020) wurden nicht mehr als drei (sondern nur zwei) Zählobjekte veräußert. Die Grundstücke sind bei Frau G Privatvermögen. Sie kann die AfA für die Gebäude als Werbungskosten bei den Vermietungseinkünften absetzen. Die Veräußerungen im Jahr 2018 und 2023 sind als private Veräußerungsgeschäfte nach § 23 Abs. 1 Satz 1 Nr. 1 EStG einkommensteuerpflichtig, da der Zeitraum zwischen Anschaffung und Veräußerung nicht mehr als zehn Jahre beträgt. Das im Jahr 2026 veräußerte Grundstück wird einkommensteuerfrei veräußert, da die 10-Jahres-Frist insoweit abgelaufen ist.

504 H 9.2 Abs. 2 Stichwort „Gewerblicher Grundstückshandel" GewStH.

505 BMF, Schreiben v. 26.3.2004, BStBl 2004 I S. 434 Rz. 1.

VII. Betriebsaufspaltung

1. Allgemeines zur Betriebsaufspaltung

663 Die Vermietung eines Grundstücks ist grds. Vermögensverwaltung und bildet keinen Gewerbebetrieb. Somit erzielen natürliche Personen als Vermieter daraus Einkünfte aus Vermietung und Verpachtung (§ 21 Abs. 1 Nr. 1 EStG). Wenn jedoch eine wesentliche Betriebsgrundlage (z. B. ein Grundstück) an ein Unternehmen (z. B. GmbH) überlassen wird und eine Person oder Personengruppe sowohl die wesentliche Betriebsgrundlage als auch das nutzende Unternehmen beherrscht, wird die Überlassung (Vermietung) als Gewerbebetrieb angesehen (Betriebsaufspaltung).[506] Nach der BFH-Rechtsprechung[507] müssen für eine Betriebsaufspaltung zwei Voraussetzungen erfüllt sein:[508]

664 Einer Betriebsgesellschaft (Nutzerin) wird mindestens eine funktional wesentliche Grundlage ihres Betriebes überlassen (sachliche Verflechtung).

665 Hinter dem Besitzunternehmen (Überlassende) stehen Personen, die ihren Willen auch in der Betriebsgesellschaft durchsetzen können (personelle Verflechtung).

2. Personelle Verflechtung

666 Sind an dem Besitz- und Betriebsunternehmen (genau) dieselben Personen (im selben Verhältnis) beteiligt, ist die personelle Verflechtung eindeutig erfüllt (Beteiligungsidentität).

BEISPIEL „BETEILIGUNGSIDENTITÄT": Herr O vermietet Wohnungseigentum an die ihm allein gehörende T-GmbH für deren betrieblichen Zwecke.

LÖSUNG: Aus der Vermietung des Wohnungseigentums erzielt Herr O Einkünfte aus Gewerbebetrieb (§ 15 EStG), da es sich um eine Betriebsaufspaltung handelt. Er beherrscht allein sowohl das „Besitzunternehmen" (das Wohnungseigentum) als auch die Betriebsgesellschaft (T-GmbH).

667 Die Besitzunternehmer müssen nicht in jedem Fall exakt in gleicher Höhe an dem Betriebsunternehmen beteiligt sein. Es ist auch möglich, dass verschiedene Personen mit unterschiedlichen Beteiligungsquoten eine Betriebsaufspaltung begründen. Hierbei ist die Frage der „Beherrschungsidentität" der Per-

506 Grundlegend BFH, Urteil v. 25.7.1963 - IV 417/60 S, BStBl 1963 III S. 505 OAAAB-48032, und BFH, Beschluss v. 8.11.1971 - GrS 2/71, BStBl 1972 II S. 63 QAAAA-90792.

507 Ständige Rechtsprechung, z. B. BFH, Urteil v. 9.7.2019 - X R 9/17, BStBl 2021 II S. 418 unter II. 1. d) aa) DAAAH-37570.

508 H 15.7 Abs. 4 „Allgemeines" EStH.

sonengruppe zu klären. Für einen einheitlichen geschäftlichen Betätigungswillen genügt es, dass an beiden Unternehmen mehrere Personen in unterschiedlicher Höhe beteiligt sind, die zusammen in beiden Unternehmen über die Mehrheit der Stimmen verfügen (Personengruppentheorie).[509]

BEISPIEL „BEHERRSCHUNGSIDENTITÄT": Herr P und Frau L sind zu je 50 % Miteigentümer von Wohnungseigentum, das sie an die U-GmbH für deren betriebliche Zwecke vermieten. Frau L ist an der U-GmbH zu 30 % und Herr P ist an der U-GmbH zu 70 % beteiligt.

LÖSUNG: Aus der Vermietung des Wohnungseigentums erzielen Herr P und Frau L Einkünfte aus Gewerbebetrieb (§ 15 EStG), da es sich um eine Betriebsaufspaltung handelt. Beide beherrschen als Personengruppe sowohl das „Besitzunternehmen" (das Wohnungseigentum) als auch die Betriebsgesellschaft (U-GmbH). Da Herr P und Frau L als Miteigentümer einer Bruchteilsgemeinschaft (§§ 741 ff. BGB) ein Grundstück (Wohnungseigentum) als wesentliche Betriebsgrundlage an eine von ihnen beherrschte Betriebsgesellschaft (U-GmbH) vermieten, ist davon auszugehen, dass sich die Miteigentümer zumindest konkludent zu einer gewerblichen GbR zusammengeschlossen haben und ihre Miteigentumsanteile an dem Wohnungseigentum als Sonderbetriebsvermögen dieser (vermögenslosen) GbR zuzuordnen sind.[510]

3. Sachliche Verflechtung

668 Eine „sachliche Verflechtung" ist gegeben, wenn es sich bei dem überlassenen Wirtschaftsgut für das Betriebsunternehmen um eine wesentliche Betriebsgrundlage handelt. Bei einem Grundstück ist das der Fall, wenn es für die Betriebsführung des Betriebsunternehmens von nicht nur geringer Bedeutung ist. Das ist stets anzunehmen, wenn das Grundstück der räumliche und funktionale Mittelpunkt der Geschäftstätigkeit des Betriebsunternehmens ist.[511] Dabei ist die funktionale Bedeutung des überlassenen Wirtschaftsguts für das konkrete (nutzende) Betriebsunternehmen maßgebend.[512]

669 Nach der früheren Rechtsprechung des BFH musste das Grundstück nach dessen Beschaffenheit (insbesondere Art, Lage, Größe, Ausstattung) besonders gut auf den konkreten Betrieb passen und nicht einfach ersetzbar sein. Dies gilt heute aber nicht mehr. Jetzt kann jedes „Allerweltsgebäude"[513] als wesentliche

509 BFH, Urteil v. 19.9.2024 - IV R 5/20 PAAAJ-81932 = BFH/NV 2025 S. 149 unter II. 3. bb) m. w. N. In bestimmten Konstellationen können aber z. B. „Nur-Besitzgesellschafter" bei einem Vetorecht die personelle Verflechtung und damit eine Betriebsaufspaltung ausschließen.

510 BFH, Urteil v. 18.8.2005 - IV R 59/04, BStBl 2005 II S. 830 YAAAB-67000.

511 BFH, Urteil v. 16.9.2021 - IV R 7/18, BStBl II 2022 S. 767 unter II. 4. b) aa) ZAAAI-03339.

512 BFH, Urteil v. 9.7.2019 - X R 9/17, BStBl 2021 II S. 418 unter II. 1. d) bb) DAAAH-37570.

513 BFH, Urteil v. 1.7.2003 - VIII R 24/01, BStBl 2003 II S. 757 unter I YAAAA-72015.

Betriebsgrundlage angesehen werden, solange es keine untergeordnete Bedeutung für den nutzenden Betrieb hat.[514]

BEISPIEL „ARBEITSZIMMER": Frau F ist Alleingesellschaft-Geschäftsführerin der H-GmbH, die ohne Fremdarbeitnehmer Online-Marketing betreibt. In ihrer Eigentumswohnung nutzt sie einen Raum ausschließlich als betriebliches Büro (Arbeitszimmer), das sie vor allem für die operative Online-Arbeit (Bildschirmarbeitsplatz) sowie für ihre sonstige Büroarbeit und gelegentlich für Kundentelefonate nutzt. Frau F empfängt in dem Raum nie Kunden, sondern fährt gelegentlich im Auftrag ihrer GmbH zu Kundenbesuchen. Sie arbeitet auch oft „von unterwegs" im Hotelzimmer oder im Zug.

LÖSUNG: Das Arbeitszimmer (der betrieblich genutzte Raum) ist nach hier vertretener Auffassung auch ohne ausdrücklichen Überlassungs- oder Mietvertrag die räumliche und funktionale Grundlage des Betriebs der H-GmbH und damit eine funktional wesentliche Betriebsgrundlage. Es besteht eine Betriebsaufspaltung. Es reicht dafür bereits aus, dass sich dort der Mittelpunkt der Geschäftsleitung befindet. Dabei können quantitative Erwägungen keine Rolle spielen, da jeder noch so kleine betriebliche Raum, der den Ort der Geschäftsleitung darstellt, danach zwangsläufig funktional wesentlich für den Betrieb ist. Nur wenn weitere betriebliche Räume existieren, kann das gegen die räumliche und funktionale Grundlage sprechen.

Die Voraussetzungen für eine sachliche Verflechtung bei einer Betriebsaufspal- 670
tung geht nicht über das Merkmal einer überlassenen funktional wesentlichen Betriebsgrundlage hinaus. Die BFH-Rechtsprechung hat letztlich die höheren Voraussetzungen der sachlichen Verflechtung durch das verflechtungsunabhängige („einfachere") Merkmal der wesentlichen Betriebsgrundlage ersetzt, aber deren Bezeichnung beibehalten.[515]

Es reicht aus, wenn nur eine von (ggf.) mehreren wesentlichen Betriebsgrund- 671
lagen an das Betriebsunternehmen überlassen wird.

Es ist keine entgeltliche Vermietung des Wohnungseigentums für eine Be- 672
triebsaufspaltung erforderlich. Auch eine unentgeltliche Nutzungsüberlassung führt zu einer sachlichen Verflechtung. Dies ergibt sich aus der Erwägung, dass die ersparten Mietaufwendungen der Betriebsgesellschaft zu höheren Gewinnausschüttungen an die Besitzgesellschaft führen.[516] Hierbei ist aber bei natürlichen Personen als Betriebsunternehmer die Abzugsbeschränkung der Grundstücksaufwendungen nach § 3c Abs. 2 Satz 6 EStG zu beachten.

BEISPIEL „UNENTGELTLICHE ÜBERLASSUNG": Herrn N gehört Wohnungseigentum, das von der ihm allein gehörenden T-GmbH für deren betriebliche Zwecke genutzt wird. Zahlungen werden von der T-GmbH dafür nicht geleistet. Es gibt auch keinen Mietvertrag.

---

514 BFH, Urteil v. 18.9.2002 - X R 4/01 TAAAA-67891 = BFH/NV 2003 S. 41 unter II. 1. b) aa) m. w. N.

515 Söffing/Micker, Die Betriebsaufspaltung, 10. Aufl. 2025, Rz. 128.

516 BFH, Urteil v. 24.4.1991 - X R 84/88, BStBl 1991 II S. 713 NAAAA-93774.

LÖSUNG: Aus der (unentgeltlichen) Überlassung des Wohnungseigentums entsteht eine Betriebsaufspaltung zwischen Herrn N (Besitzgesellschaft) und der T-GmbH (Betriebsgesellschaft). Das Wohnungseigentum und die Anteile an der T-GmbH sind notwendiges Betriebsvermögen des Besitzeinzelunternehmens von Herrn N. Die Kosten des Wohnungseigentums sind nach § 3c Abs. 2 Satz 6 EStG nur zu 60 % abzugsfähig.

4. Sachliche Verflechtung durch Überlassung von Teileigentum

673 Da die Betriebsaufspaltung eine gewerbliche Nutzung einer wesentlichen Betriebsgrundlage in einem Betriebsunternehmen voraussetzt, handelt es sich bei überlassenem Wohnungseigentum i. d. R. um Teileigentum (§ 1 Abs. 3 WEG), also um „nicht zu Wohnzwecken dienende Räume“.

BEISPIEL „BETRIEBSAUFSPALTUNG“: A ist zu 1/8 Wohnungseigentümer der Immobilie Hauptstr. 10. Ihm gehört die Erdgeschoss-Einheit (Sondereigentum). Er vermietet dieses Teileigentum an die ihm allein gehörende Sporthandel-GmbH, die darin ihr Ladenlokal betreibt.

Es liegt eine Betriebsaufspaltung vor, da A sowohl das Besitzunternehmen (Teileigentum) als auch alle Anteile an der Betriebsgesellschaft (Sporthandels-GmbH) zuzurechnen sind. Das Teileigentum (mit dem anteiligen Gemeinschaftseigentum) bildet dabei Betriebsvermögen des Besitz-Einzelunternehmens des A. Die Anteile an der Sporthandel-GmbH gehören zudem zu diesem Betriebsvermögen.

5. Rechtsfolgen der Betriebsaufspaltung

a) Umqualifizierung der Einkünfte

674 Die Rechtsfolge einer Betriebsaufspaltung besteht darin, dass eine vermögensverwaltende Vermietungs- bzw. Verpachtungstätigkeit des Besitzunternehmens als gewerblich qualifiziert wird. Das Besitzunternehmen erzielt z. B. bei der Überlassung eines Grundstücks Einkünfte aus Gewerbebetrieb (§ 15 EStG) statt Einkünften aus Vermietung und Verpachtung. Die Vermietung durch das „Besitzunternehmen“ ist eine „originär gewerbliche Tätigkeit i. S. des § 15 Abs. 1 Satz 1 Nr. 1, Abs. 2 EStG“.[517]

b) Betriebsvermögen des Besitzunternehmens

675 Damit ist auch verbunden, dass die während der Betriebsaufspaltung gebildeten stillen Reserven in den Wirtschaftsgütern des Besitzunternehmens steuer-

517 BFH, Urteil v. 17.11.2020 - I R 72/16, BStBl 2021 II S. 484 Rz. 27 IAAAH-78531.

verstrickt sind, so dass z. B. bei einer Beendigung der Betriebsaufspaltung (z. B. durch den Verkauf der wesentlichen Betriebsgrundlage), die gesamten stillen Reserven des Besitzunternehmens zu versteuern sind. Dies betrifft insbesondere die funktional wesentlichen Betriebsgrundlagen (z. B. Wohnungseigentum) und auch die Anteile an der Betriebsgesellschaft.[518]

c) Kostenkürzung bei nicht angemessener Miete oder Pacht

Nach § 3c Abs. 2 Satz 1 EStG sind Betriebsausgaben im wirtschaftlichen Zusammenhang zu den nach § 3 Nr. 40 EStG dem Teileinkünfteverfahren unterliegenden Erträgen (z. B. Gewinnausschüttungen der Betriebskapitalgesellschaft) nur zu 60 % abzugsfähig. Dies betrifft z. B. Schuldzinsen aus fremdfinanzierten Anteilen an Kapitalgesellschaften. Da die Gewinnausschüttung der Anteile nach § 3 Nr. 40 Buchst. d EStG zu 40 % steuerfrei gestellt wird, sind im Gegenzug die damit zusammenhängenden Kosten (hier: Schuldzinsen) auch um 40 % zu kürzen (d. h. sie sind nur zu 60 % abzugsfähig). 676

Diese Rechtsfolge ist außerdem auf Betriebsausgaben eines Gesellschafters einer Körperschaft anzuwenden, soweit diese Kosten mit einer im Gesellschaftsverhältnis veranlassten unentgeltlichen Überlassung von Wirtschaftsgütern an diese Körperschaft (oder bei einer teilentgeltlichen Überlassung von Wirtschaftsgütern mit dem unentgeltlichen Teil) in Zusammenhang stehen. Der Steuerpflichtige muss dafür zu mehr als 25 % unmittelbar oder mittelbar an der Körperschaft beteiligt sein (§ 3c Abs. 2 Satz 6 EStG).[519] 677

BEISPIEL „UNANGEMESSENE MIETE“: Frau F und Herr H sind zu je 50 % Kommanditisten der FH GmbH & Co. KG, die ein in ihrem Eigentum stehendes Teileigentum im Sinne des WEG an die B-GmbH für deren betriebliche Zwecke für 10.000 € im Monat vermietet. Angemessen wäre eine Miete i. H. von 30.000 €. An der B-GmbH sind Frau F und Herr H ebenfalls zu je 50 % beteiligt.

LÖSUNG: Zwischen der FH GmbH & Co. KG (Besitzgesellschaft) und der B-GmbH (Betriebsgesellschaft) besteht eine Betriebsaufspaltung. Das Teileigentum befindet sich im Gesellschaftsvermögen und die Anteile an der B-GmbH befinden sich im Sonderbetriebsvermögen (zu je 50 % von Frau F und Herrn H) der FH GmbH & Co. KG. Alle Grundstücksaufwendungen der FH GmbH & Co. KG für das Teileigentum (z. B. Strom, Wasser, Versicherung, Schuldzinsen, Gebäude-AfA) sind nur im Verhältnis der tatsächlichen zur fremdüblichen Miete (d. h. zu 10.000 € / 30.000 € = 1/3) voll abzugsfähig. Die übrigen 2/3 der Grundstücksaufwendungen sind dagegen nach § 3c Abs. 2 Satz 6 EStG nur zu 60 % abzugsfähig.

---

518 BFH, Urteil v. 12.2.1992 - XI R 18/90, BStBl 1992 II S. 723 BAAAA-94202.

519 Zur Auffassung der Finanzverwaltung zu den Rechtsfolgen vor Einführung der Norm (bis VZ 2014) vgl. BMF, Schreiben v. 23.10.2013 - IV C 6 - S 2128/07/10001, BStBl 2013 I S. 1269.

6. Betriebsaufspaltung durch die gesamte Eigentümergemeinschaft

678 Es sind auch Fälle denkbar, bei denen die gesamte WEG-Immobilie (sämtliches Sondereigentum zusammen mit dem Gemeinschaftseigentum) einer Betriebsgesellschaft überlassen wird und daher zu einer Betriebsaufspaltung gehört. Dafür müssen die Wohnungseigentümer die Betriebsgesellschaft beherrschen. Dann könnte das Ergebnis darin bestehen, dass die Gemeinschaft der Bruchteilseigentümer gem. der §§ 741, 1008 BGB (nicht die GdWE i. S. des § 9a WEG) [520] die Besitzgesellschaft dieser Betriebsaufspaltung bildet. Vorzugswürdig erscheint aber nach hier vertretener Auffassung, dass alle Wohnungseigentümer durch die Grundstücksüberlassung an die Betriebsgesellschaft zusätzlich eine „leere" Willenbildungs-GbR bilden. Diese verfügt zwar selbst über kein eigenes Vermögen, sondern kann aus der Überlassung durch die einzelnen Wohnungseigentümer ihre Weiterüberlassung an die Betriebsgesellschaft erfüllen. Zivilrechtlich betrachtet überlässt die Willenbildungs-GbR das Gesamtgrundstück der Betriebsgesellschaft; dieses wird ihr zuvor von den einzelnen Wohnungseigentümern jeweils quotal überlassen. Steuerrechtlich stellt das Wohnungseigentum Sonderbetriebsvermögen der Wohnungseigentümer bei der Willenbildungs-GbR dar.[521]

BEISPIEL „BETRIEBSAUFSPALTUNG": A, B und C sind zu je 1/3 Wohnungseigentümer der Immobilie Hauptstr. 10 und zu je 1/3 Anteilseigner der Hotel-GmbH. A, B und C vermieten jeweils ihre Wohnung (Sondereigentum) und das anteilige Gemeinschaftseigentum (insgesamt also: das jeweilige Wohnungseigentum) an die Hotel-GmbH, die die Immobilie für ihren Hotelbetrieb nutzt.[522]

Es liegt eine Betriebsaufspaltung vor.[523] Die Gemeinschaft der Bruchteilseigentümer bildet eine Besitzgesellschaft in Form einer GbR, die gegenüber der Hotel-GbR das Grundstück vermietet. Das Wohnungseigentum wird von den jeweiligen Wohnungseigentümern der GbR überlassen und stellt Sonderbetriebsvermögen bei der Besitz-GbR dar.

---

520 Die GdWE ist zwar für die Verwaltung des Gemeinschaftsvermögens zuständig (§ 18 Abs. 1 WEG), verfügt aber selbst nicht über das Wohnungseigentum, das aus dem anteiligen Gemeinschaftseigentum und dem jeweiligen Sondereigentum als Rechtsposition des einzelnen Wohnungseigentümers besteht.

521 BFH, Urteil v. 18.8.2005 - IV R 59/04, BStBl 2005 II S. 830 YAAAB-67000.

522 Zu solchen Fällen aus den 1970er- und 1980er-Jahren sowie den damit verbundenen zivilrechtlichen Problemen vgl. Hofele, NWB 36/2023 S. 2499 MAAAJ-47469.

523 BFH, Urteil v. 10.4.1997 - IV R 73/94, BStBl 1997 II S. 569 BAAAA-95936.

VIII. Vermögensverwaltende Personengesellschaften

1. Personengesellschaften und -gemeinschaften als Wohnungseigentümer

Personengesellschaften können Eigentümer von Grundstücken und daher auch von Wohnungseigentum im Sinne des WEG sein. In Betracht kommt dabei u. a. die Kommanditgesellschaft i. S. der §§ 161 ff. HGB (KG), die offene Handelsgesellschaft i. S. der §§ 105 ff. HGB (OHG) und die Gesellschaft bürgerlichen Rechts i. S der §§ 705 ff. BGB (GbR). 679

GbR können ab dem 1.1.2024 nur dann Eigentum an Grundstücken wirksam erwerben, wenn sie in das Gesellschaftsregister (§ 707 BGB) als „eGbR“ eingetragen sind. Dies folgt aus den Änderungen durch das MoPeG[524], welches das Recht der Gesellschaft bürgerlichen Rechts (§§ 705 ff. BGB) umfassend reformierte. In das Gesellschaftsregister werden Name und Sitz der Gesellschaft sowie die Identität und Vertretungsbefugnis der Gesellschafter eingetragen (ähnlich wie im Handelsregister). Durch die Eintragungsoption für rechtsfähige GbR (nicht für Innengesellschaften) kann diese ihre Existenz, Identität sowie die ordnungsgemäße Vertretung nachweisen.[525] Wenn eine GbR eingetragen wird, muss sie den Namenszusatz „eingetragene Gesellschaft bürgerlichen Rechts“ oder „eGbR“ führen.[526] Die Eintragung der GbR ist zwar optional, aber der Erwerb von Grundstücken (§ 47 Abs. 2 GBO) setzt ab dem 1.1.2024 die Eintragung der GbR im Gesellschaftsregister voraus (Voreintragungsprinzip). Wenn eine GbR am 1.1.2024 bereits im Grundbuch eingetragen war (Bestandsfälle), ist zwar keine Aufnahme in das Gesellschaftsregister gesetzlich erforderlich. Ein künftiger (weiterer) Grundstückserwerb oder eine Grundstücksveräußerung setzt jedoch auch für diese Bestandsgesellschaften einen Eintrag in das Gesellschaftsregister voraus.[527] 680

BEISPIEL „EGBR“: A, B und C sind seit dem Jahr 2018 zu je 1/3 Gesellschafter einer GbR, der vermietetes Wohnungseigentum der Anlage „WEG Severinstraße 100“ gehört. Im Wohnungsgrundbuch sind A, B und C als GbR eingetragen. Im Jahr 2026 möchten A, B und C als GbR weiteres Wohnungseigentum erwerben. Dafür ist es erforderlich, dass die schon bestehende GbR vorher in das Gesellschaftsregister (§ 707 BGB) eingetragen wird (eGbR).

---

524 Gesetz zur Modernisierung des Personengesellschaftsrechts v. 10.8.2021, BGBl 2021 I S. 3436.

525 § 707a Abs. 3 BGB i. V. mit § 15 HGB.

526 § 707a Abs. 2 Satz 1 BGB.

527 BGH, Beschluss v. 3.7.2025 - V ZB 17/24 PAAAJ-97037 = DStR 2025 S. 2326.

681 Bruchteilsgemeinschaften (§ 741 BGB) vermitteln Miteigentum (§ 1008 BGB) an einem Grundstück und sind daher nicht selbst Eigentümerin der Immobilie, sondern deren Gemeinschafter. Für diese Fälle gilt nicht das Recht der GbR und es gibt auch weder ein Wahlrecht noch eine Pflicht zum Eintrag in ein eigenes Register.

BEISPIEL „MITEIGENTUM ZU BRUCHTEILEN": Frau F und Herr H sind Eheleute und erwerben gemeinsam Wohnungseigentum, das sie zu eigenen Wohnzwecken nutzen.

F und H könnten zwar miteinander für den Erwerb des Wohnungseigentums einen GbR-Vertrag schließen und als eGbR das Wohnungseigentum erwerben. Im Regelfall bilden Eheleute bzw. Lebenspartner aber keine GbR, sondern werden als Miteigentümer zu Bruchteilen an dem Wohnungseigentum beteiligt.

2. Vermietung und Verpachtung von Wohnungseigentum als Vermögensverwaltung

682 Wenn Personengesellschaften (z. B. eGbR, OHG, KG) Wohnungseigentum vermieten (oder verpachten), gelten die gleichen Beurteilungsmaßstäbe wie bei natürlichen Personen, um zu entscheiden, ob es sich um eine vermögensverwaltende Tätigkeit handelt. Solange kein kaufmännischer Geschäftsbetrieb wegen der Menge an Immobilien erforderlich ist oder Zusatzleistungen (wie z. B. bei einem Hotelbetrieb) angeboten werden, erzielt die Personengesellschaft keine gewerblichen Einkünfte i. S. des § 15 EStG, sondern Vermietungseinkünfte nach § 21 EStG.

BEISPIEL „VERMIETUNG": Die V-eGbR (Frau X und Frau Y sind je zu 1/2 beteiligt) vermietet 34 ihr gehörende Grundstückseinheiten (Wohnungen, Büroräume) an verschiedene Mieter. Auch wenn die Grundstücke laufend instandgehalten werden, Mietverhältnisse enden und neu entstehen und andere Verwaltungsaufgaben zu erledigen sind, handelt es sich nicht um eine gewerbliche, sondern vermögensverwaltende Tätigkeit. Aus der Vermietung erzielen X und Y jeweils Einkünfte aus Vermietung und Verpachtung (§ 21 Abs. 1 Nr. 1 EStG).

683 Etwas anderes kann gelten, wenn sich an das Ende eines operativen Gewerbebetriebs eine Grundstücksüberlassung als Betriebsverpachtung im Ganzen anschließt, ohne dass eine Betriebsaufgabe erklärt wurde (§ 16 Abs. 3b EStG) und daher aus den Verpachtungseinkünften weiterhin Einkünfte aus Gewerbebetrieb erzielt werden.

BEISPIEL „BETRIEBSVERPACHTUNG IM GANZEN": Die Z-eGbR (Frau A und Frau B sind je zu 1/2 beteiligt) betreibt bis zum 31.12.2025 einen Gastronomiebetrieb auf eigenem Grundstück (Teileigentum im Sinne des WEG) und erzielt damit gewerbliche Einkünfte (§ 15 Abs. 2 EStG), die Frau A und Frau B zugerechnet werden (§ 15 Abs. 1 Nr. 2

EStG). Ab dem 1.1.2026 verpachtet die Z-eGbR das Objekt zusammen mit dem Betrieb an den Pächter P.

Aus der Verpachtung des Gastronomiebetriebs erzielen Frau A und Frau B über die Z-eGbR im Grundsatz zwar Einkünfte aus Vermietung und Verpachtung nach § 21 Abs. 1 Nr. 1 EStG (Grundstück) bzw. § 21 Abs. 1 Nr. 2 EStG (bewegliches Inventar). Dadurch wird der bisherige Gewerbebetrieb eigentlich im Ganzen von Frau A und Frau B (über die Z-eGbR) aufgegeben (§ 16 Abs. 3 Satz 1 EStG). Da jedoch der bestehende Gewerbebetrieb (Gastronomie) im Ganzen an P verpachtet wird, gilt der Betrieb nicht als aufgegeben, solange die Aufgabe nicht aktiv gegenüber dem zuständigen Finanzamt erklärt wird oder die objektiven Voraussetzungen für eine Weiterverpachtung nicht mehr erfüllt sind und das Finanzamt dies erfährt (§ 16 Abs. 3b EStG).

Eine gewerblich geprägte Personengesellschaft i. S. des § 15 Abs. 3 Nr. 2 EStG (z. B. 684
in der Rechtsform als GmbH & Co. KG) erzielt auch bei einer nur vermögensverwaltenden Tätigkeit immer gewerbliche Einkünfte.

3. Zurechnung des Wohnungseigentums für Zwecke der Einkommensteuer

a) Zurechnung nach Bruchteilen (§ 39 Abs. 2 Nr. 2 AO)

Die Einkünfte aus Vermietung und Verpachtung von Wohnungseigentum er- 685
zielt nicht die vermögensverwaltende Personengesellschaft selbst, da dieser das Eigentum steuerrechtlich nicht zugerechnet wird und auch sie selbst weder der Einkommensteuer noch der Körperschaftsteuer unterliegt. Vielmehr sind die Gesellschafter mit den über die Personengesellschaft erzielten Einkünften steuerpflichtig, die ihnen steuerlich anteilig (i. d. R. nach ihren Beteiligungsquoten) zugerechnet werden.

Bei gewerblichen oder freiberuflichen Personengesellschaften (Mitunterneh- 686
merschaften) ergibt sich die Zurechnung des Einkommens aus der Zurechnungsnorm des § 15 Abs. 1 Nr. 2 EStG.[528] Diese Vorschrift ist bei vermögensverwaltenden Personengesellschaften aber nicht anwendbar. Vielmehr ist hier § 39 Abs. 2 Nr. 2 Satz 1 AO anzuwenden, der in diesem Fall nicht durch § 15 Abs. 1 Nr. 2 EStG verdrängt wird:[529] Danach werden Wirtschaftsgüter, die einer rechtsfähigen vermögensverwaltenden Personengesellschaft zustehen, den Gesellschaftern anteilig zugerechnet, da eine getrennte Zurechnung für die Besteuerung erforderlich ist. Dies führt bei vermögensverwaltenden (nicht gewerblichen) Personengesellschaften dazu, dass die Vermögensgegenstände der Personengesellschaft als Bruchteil den jeweiligen Gesellschaftern als separates

528 So z. B. BFH, Beschluss v. 25.2.1991 - GrS 7/89, BStBl 1991 II S. 691 CAAAA-93769 m. w. N.
529 BFH, Beschluss v. 25.9.2018 - GrS 2/16, BStBl 2019 II S. 262 unter C. II. 3. a) aa) LAAAH-10787.

und eigenes (!) Wirtschaftsgut ertragsteuerrechtlich zugerechnet werden. Somit erzielen die Gesellschafter unmittelbar Vermietungseinkünfte aus ihrem ideellen Bruchteil am Wohnungseigentum, ohne dass dafür eine weitere Zurechnungsnorm erforderlich wäre.

BEISPIEL „VERMIETUNG DURCH EGBR": Herr H und Frau F sind je zur Hälfte Gesellschafter der HF-eGbR, die Wohnungseigentum vermietet (Vermögensverwaltung).

LÖSUNG: Das Wohnungseigentum der eGbR wird Herrn H und Frau F jeweils zu 50 % (ideell) ertragsteuerrechtlich zugerechnet (§ 39 Abs. 2 Nr. 2 Satz 1 AO). Herr H und Frau F erzielen Einkünfte aus Vermietung und Verpachtung (§ 21 Abs. 1 Nr. 1 EStG) aus ihren Bruchteilen am Wohnungseigentum. Die Einkünfte werden nach § 180 Abs. 1 Nr. 2 Buchst. a AO gesondert und einheitlich festgestellt.

687 Mit Wirkung zum 1.1.2024 wurde durch das MoPeG[530] ausdrücklich geregelt, dass Personengesellschaften nicht mehr über „Gesamthandsvermögen", sondern über (eigenes) „Gesellschaftsvermögen" (§ 713 BGB) verfügen. Daher wurde durch das Kreditzweitmarktförderungsgesetz[531] in § 39 Abs. 2 Nr. 2 AO ein weiterer Satz eingefügt, um sicherzugehen, dass sich an der transparenten Besteuerung der Personengesellschaft nichts ändert: „Rechtsfähige Personengesellschaften gelten für Zwecke der Ertragsbesteuerung als Gesamthand und deren Vermögen als Gesamthandsvermögen" (§ 39 Abs. 2 Nr. 2 Satz 2 AO).

b) Auswirkung der Bruchteilsbetrachtung

aa) Vermietung an Gesellschafter

688 Ein Mietvertrag zwischen einer vermögensverwaltenden Personengesellschaft und einem ihrer Gesellschafter ist steuerrechtlich „nicht anzuerkennen"[532] (wirkungslos), wenn und soweit diesem das Grundstück nach § 39 Abs. 2 Nr. 2 AO anteilig zuzurechnen ist.[533] Insoweit ist dies eine „Vermietung an sich selbst", die steuerrechtlich weder zu Werbungskosten noch zu Mieteinnahmen führt.

BEISPIEL „MIETVERTRAG MIT VERMÖGENSVERWALTENDER PERSONENGESELLSCHAFT": Frau F ist zu 40 % und Herr H ist zu 60 % an der vermögenverwaltenden EFG-eGbR beteiligt, die Wohneigentum vermietet. Frau F hat mit der GbR einen Mietvertrag über eine Eigentumswohnung geschlossen, die sie zu eigenen Wohnzwecken nutzt.

530 Gesetz zur Modernisierung des Personengesellschaftsrechts v. 10.8.2021, BGBl 2021 I S. 3436.

531 Kreditzweitmarktförderungsgesetz v. 22.12.2023, BGBl 2023 I Nr. 411.

532 Zivilrechtlich ist der Mietvertrag (§§ 535 ff. BGB) aber wirksam, da Gesellschafter mit ihrer rechtsfähigen Personengesellschaft schuldrechtliche Verträge schließen können.

533 BFH, Beschluss v. 16.11.2021 - IX B 37/21 FAAAH-97175 = BFH/NV 2022 S. 115, mit Hinweis auf BFH v. 18.5.2004 - IX R 83/00, BStBl 2004 II S. 898 VAAAB-24829.

LÖSUNG: Die Vermietung an Frau F ist nur insoweit steuerwirksam, als Herr H (zu 60 %) über die GbR beteiligt ist. Soweit Frau F an der Wohnung beteiligt ist (zu 40 %), handelt es sich um einen neutralen Vorgang. Es kommt dafür nicht darauf an, wie viel anderes Wohnungsvermögen die GbR vermietet, da auf jedes einzelne Grundstück abzustellen ist. Die Einkünfte „aus den 60 %" werden auch nicht zwischen Herrn H und Frau F nach einer Quote von 40/60 aufgeteilt. Dies bedeutet: Soweit Frau F beteiligt ist (zu 40 %), führt es nicht zu Vermietungseinkünften. Dies bedeutet, dass Frau F aus „ihrer" Wohnungsvermietung insoweit keine Einkünfte erzielt und Herr B die Mietzahlung von Frau F zu 60 % als Einnahmen aus Vermietung und Verpachtung und die Kosten der Wohnung (z. B. AfA) zu 60 % als Werbungskosten abziehen kann.

bb) Gesellschafterdarlehen

Wenn einer vermögensverwaltenden Personengesellschaft von ihrem Gesell- 689
schafter ein Darlehen gewährt wird, ist dies steuerrechtlich insoweit „nicht anzuerkennen" (wirkungslos), als die Darlehensverbindlichkeit der Gesellschaft ihrem Gesellschafter nach § 39 Abs. 2 Nr. 2 AO anteilig steuerrechtlich zuzurechnen ist.[534] Das Darlehensverhältnis führt nur in dem Umfang zu abzugsfähigen Werbungskosten (beim Nicht-Darlehensgeber) bzw. zu Einnahmen aus Kapitalvermögen (beim Darlehensgeber), als der Darlehensgeber nicht an der Personengesellschaft beteiligt ist.

BEISPIEL „DARLEHEN AN VERMÖGENSVERWALTENDER PERSONENGESELLSCHAFT": Frau F ist neben der vermögensmäßig nicht beteiligten Komplementär-GmbH die alleinige Kommanditistin an der V-GmbH & Co. KG, die ausschließlich vermögensverwaltend tätig ist. Sowohl Frau F als auch die Komplementär-GmbH sind zur Geschäftsführung der KG berufen (keine gewerbliche Prägung). Frau F gewährt der KG ein verzinstes Darlehen, dessen Mittel die KG zum Erwerb einer vermieteten Eigentumswohnung nutzt.

LÖSUNG: Das Darlehen kann zwar zivilrechtlich wirksam zwischen F und der KG vereinbart und auch fremdüblich durchgeführt werden. Steuerrechtlich entfaltet das Darlehen aber keine Wirkung, da es nach der Bruchteilsbetrachtung des § 39 Abs. 2 Nr. 2 AO von F „sich selbst" gewährt wird (Nullum). Daher stellen die tatsächlichen Zinszahlungen der KG an F „Vorabeinnahmen" aus Vermietung und Verpachtung (§ 21 Abs. 1 Nr. 1 EStG) dar. Es entstehen F aus den Zinszahlung weder Werbungskosten i. S. des § 9 Abs. 1 Satz 3 Nr. 1 EStG zu ihren Einkünften aus Vermietung und Verpachtung noch Einnahmen aus Kapitalvermögen i. S. des § 20 Abs. 1 Nr. 7 EStG.

534 BFH, Urteil v. 27.11.2024 - I R 19/21 NAAAJ-90124 = DStR 2025 S. 962.

4. Ermittlung der Einkünfte

a) Überschuss der Mieteinnahmen über die Werbungskosten

690 Die vermögensverwaltende Personengesellschaft ermittelt ihre Einkünfte aus Vermietung und Verpachtung (§ 21 Abs. 1 Nr. 1 EStG) nach den allgemeinen Grundsätzen, die auch für natürliche Personen als Alleineigentümer mit Wohnungseigentum im Privatvermögen gelten. Es wird der Überschuss der (Miet-)Einnahmen (§ 8 EStG) über die Werbungskosten (§ 9 EStG, insbesondere: Gebäude-AfA, Erhaltungsaufwand, Versicherungen, öffentliche Abgaben, Kosten für Wasser und Heizung) ermittelt. Hierbei kommt es für die zeitliche Zuordnung auf den Zufluss an die Personengesellschaft (§ 11 Abs. 1 EStG) bzw. den Abfluss von der Personengesellschaft an. Sofern die vermögensverwaltende Personengesellschaft nach HGB bilanziert, kann dieser Jahresabschluss als Basis für eine Überleitungsrechnung[535] von der Bilanzierung zum Zahlungsprinzip nach § 11 EStG dienen.

b) Nießbrauch am Gesellschaftsanteil

691 Durch die Bestellung des Nießbrauchs an einem Gesellschaftsanteil an einer vermögensverwaltenden Personengesellschaft erzielt nur dann der Nießbraucher – anstelle des Gesellschafters – die Einkünfte aus Vermietung und Verpachtung, wenn und soweit er aufgrund der ihm vertraglich zur Ausübung überlassenen Stimm- und Verwaltungsrechte grds. in der Lage ist, auch an Grundlagengeschäften der Gesellschaft mitzuwirken.[536] Wichtig für die Einkünftezurechnung ist u. a. die Frage, wer als Vermieter auftritt und zudem in der Gesellschaft die wesentlichen Mitbestimmungsrechte ausüben kann.

692 Beim Nießbrauch an Vermietungseinkünften nach § 21 EStG bei grundstückshaltenden Personengesellschaften gilt demnach ein anderes Zurechnungskonzept als bei einer gewerblichen Mitunternehmerschaft (§ 15 Abs. 1 Satz 1 Nr. 2 EStG). Bei Mitunternehmerschaften können – zumindest nach bisheriger BFH-Auffassung – an demselben Personengesellschaftsanteil sowohl der Gesellschafter als

535 Die Überleitungsrechnung ist eine zahlenmäßige Hilfe für die Ermittlung des zutreffenden Überschusses der Mieteinkünfte nach §§ 11 i. V. mit 21 Abs. 1 Nr. 1 EStG. Sie ist nicht mit einer Überleitungsrechnung der Handels- zur Steuerbilanz nach § 60 Abs. 2 Satz 1 EStG zu verwechseln, mit der die steuerbilanziellen Regeln (§§ 5, 6 EStG) bei gewerblichen Einkünften eingehalten werden. Beide Überleitungsrechnungen gehen lediglich vom HGB-Jahresabschluss als Basis aus.

536 BFH, Urteil v. 15.11.2022 - IX R 4/20, BStBl 2023 II S. 389 QAAAJ-33345.

auch der Nießbraucher als Mitunternehmer behandelt werden. Ihnen werden jeweils Einkünfte zugerechnet (doppelter Mitunternehmeranteil).[537]

5. Abfärbung durch gewerbliche Einkünfte (§ 15 Abs. 3 Nr. 1 EStG)

a) Eigene gewerbliche Tätigkeiten (Seitwärtsabfärbung)

Wenn eine vermögensverwaltende Personengesellschaft auch gewerblich tätig ist, werden im Grundsatz die vermögensverwaltenden Einkünfte (z. B. aus Vermietung und Verpachtung) in gewerbliche Einkünfte umqualifiziert (§ 15 Abs. 3 Nr. 1 Satz 1 Alt. 1 EStG). Dies wird oft als „Abfärbung“ (der gewerblichen Einkünfte auf die übrigen Einkünfte) bezeichnet. 693

Eine für die Praxis wichtige Ausnahme ist eine vom BFH[538] entwickelte Geringfügigkeitsgrenze, nach der es zulässig ist, dass maximal 3 % der Nettoerlöse und maximal 24.500 € originär gewerbliche Erlöse neben den originär vermögensverwaltenden Erlösen keine Abfärbung auslösen. 694

BEISPIEL „ABFÄRBUNG DURCH GEWERBLICHE TÄTIGKEIT“: Die ABC-GbR vermietet mehrere Einheiten von Wohnungs- und Teileigentum und betreibt in einem ihr gehörenden Ladenlokal einen Kiosk.

LÖSUNG: Der Kioskbetrieb erzeugt gewerbliche Einkünfte (§ 15 Abs. 2 EStG), die grds. alle Vermietungseinkünfte ebenfalls in Einkünfte aus Gewerbebetrieb umqualifizieren (§ 15 Abs. 3 Nr. 1 Satz 1 Alt. 1 EStG). Sofern aber die Einnahmen im Verhältnis zu den Mieteinnahmen gering genug sind (maximal 3 %) und die Betriebseinnahmen des Kiosks nicht mehr als 24.500 € im Jahr betragen, bleiben zwar die Kioskeinkünfte gewerblich, aber die Vermietungseinkünfte bleiben ebenfalls nach § 21 Abs. 1 Nr. 1 EStG steuerpflichtig als Einkünfte aus Vermietung und Verpachtung.

Die Einnahmen aus einer PV-Anlage der Personengesellschaft sind nach § 3 Nr. 72 EStG steuerfrei, sofern deren Bruttoleistung laut Marktstammdatenregister bis zu 30 kWp je Wohn- oder Gewerbeeinheit und insgesamt höchstens 100 kWp beträgt. In diesen Fällen tritt – unabhängig von der Höhe der 695

537 Möglicherweise wird der BFH seine Rechtsprechung dazu ändern, sofern man die Ausführungen des BFH, Urteil v. 19.7.2018 - IV R 10/17 QAAAG-97089 – BFH/NV 2018 S. 1268 unter II. 2. d), so deuten kann.

538 So z. B. BFH, Urteil v. 30.6.2022 - IV R 42/19, BStBl 2023 II S. 118 EAAAJ-25061 m. w. N.

Einnahmen – keine Abfärbung der vermögensverwaltenden Mieteinkünfte ein (§ 3 Nr. 72 Satz 3 EStG).[539]

BEISPIEL „STEUERFREIE PV-ANLAGE": Die ABC-GbR vermietet mehrere Einheiten von Wohnungs- und Teileigentum und erzeugt mit einer ihr gehörenden PV-Anlage (Leistung: 8 kWp) auf dem Dach eines Gebäudes Strom, der teilweise an den Netzbetreiber gegen eine Einspeisevergütung geliefert wird.

LÖSUNG: Die ABC-GbR erzielt mit der Stromeinspeisung gewerbliche Einkünfte, die jedoch nach § 3 Nr. 72 EStG steuerfrei sind. Die Kosten der PV-Anlage (z. B. die AfA) sind nach § 3c Abs. 1 EStG nicht abzugsfähig. Die Vermietungseinkünfte werden nicht nach § 15 Abs. 3 Nr. 1 Satz 1 Alt. 1 EStG gewerblich infiziert (§ 3 Nr. 72 Satz 3 EStG).

b) Aufwärtsabfärbung durch Beteiligungseinkünfte an gewerblichen Personengesellschaften

696 Die Beteiligung einer vermögensverwaltenden Personengesellschaft an einer gewerblichen Personengesellschaft (Mitunternehmerschaft) führt ebenfalls zur gewerblichen Infektion der gesamten Einkünfte (§ 15 Abs. 3 Nr. 1 Satz 1 Alt. 2 EStG: Aufwärtsabfärbung). Im Gegensatz zur „Seitwärtsabfärbung" nach § 15 Abs. 3 Nr. 1 Satz 1 Alt. 1 EStG (Personengesellschaft erzielt selbst originäre gewerbliche Einkünfte) gibt es in einkommensteuerrechtlicher Hinsicht bei der Aufwärtsabfärbung keine Geringfügigkeitsgrenze. Jedoch unterliegt die Personengesellschaft dadurch nach der Rechtsprechung des BFH[540] nicht der Gewerbesteuer (einschränkende Auslegung des § 2 Abs. 1 Satz 1 GewStG). Die Finanzverwaltung hat sich dieser Auffassung inzwischen angeschlossen.[541]

BEISPIEL „ABFÄRBUNG DURCH GEWERBLICHE BETEILIGUNGSEINKÜNFTE": Die ABC-GbR vermietet mehrere Einheiten von Wohnungs- und Teileigentum (Vermögensverwaltung) und ist an der gewerblichen T GmbH & Co. KG beteiligt.

---

539 Die Steuerfreiheit nach § 3 Nr. 72 EStG trat mit Wirkung zum 1.1.2022 in Kraft und führte zu diesem Zeitpunkt zur automatischen Entnahme der Wirtschaftsgüter (z. B. Grundstücke) der Personengesellschaft in das steuerrechtliche Privatvermögen (bis auf die PV-Anlage selbst). Aus Vertrauensschutzgründen bleiben die Wirtschaftsgüter aber durchgehend Betriebsvermögen, wenn die Verstrickung der stillen Reserven bis zu 31.12.2023 aus anderen Gründen – z. B. durch gewerbliche Prägung – wiederhergestellt wurde (BMF, Schreiben v. 17.7.2023 - IV C 6-S 2121/23/10001:001, BStBl 2023 I S. 1494 Rz. 23).

540 BFH, Beschluss v. 28.5.2025 - IV B 13/24 MAAAJ-93286 = BB 2025 S. 1429; BFH, Urteil v. 4.2.2025 - VIII R 1/22 EAAAJ-88430 = BFH/NV 2025 S. 513; BFH, Urteil v. 5.9.2023 - IV R 24/20 WAAAJ-51860 = BFH/NV 2024 S. 88; BFH, v. 6.6.2019 - IV R 30/16, BStBl 2020 II S. 649 HAAAH-24029.

541 Durch die Gleich lautenden Erlasse der Länder v. 5.11.2025, BStBl 2005 I S. 1838, wurden die bisher anzuwendenden Gleich lautenden Erlasse der Länder v. 1.10.2020, BStBl 2020 I S. 1032, aufgehoben und die BFH-Rechtsprechung anerkannt.

LÖSUNG: Die ABC-GbR erzielt wegen der gewerblichen Beteiligungseinkünfte ausschließlich Einkünfte aus Gewerbebetrieb (§ 15 Abs. 3 Nr. 1 Satz 1 Alt. 2 EStG). Gleichwohl ist die ABC-GbR nicht sachlich gewerbesteuerpflichtig.

6. Zebragesellschaft

Wenn bei einer vermögensverwaltenden Personengesellschaft (mindestens) ein Gesellschafter seinen Anteil im Betriebsvermögen hält, wird sie als „Zebragesellschaft" bezeichnet. Dies ist häufig bei Gesellschaftern in der Rechtsform der Kapitalgesellschaft der Fall, die nach § 8 Abs. 2 KStG ohnehin nur Einkünfte aus Gewerbebetrieb erzielen können. 697

Die Einkünfte werden auf der Ebene der Zebragesellschaft (Personengesellschaft) als originär vermögensverwaltend behandelt und festgestellt (z. B. bei vermietetem Wohnungseigentum nach § 21 Abs. 1 Nr. 1 EStG als Einkünfte aus Vermietung und Verpachtung).[542] Selbst wenn die Personengesellschaft handelsrechtlich zur Bilanzierung verpflichtet ist (z. B. OHG und KG nach §§ 238 ff. HGB), werden die Einkünfte durch eine Einnahme-Überschussrechnung nach dem Zu- und Abflussprinzip des § 11 EStG ermittelt. 698

Erst auf Ebene des betrieblich beteiligten Gesellschafters werden die Einkünfte in gewerbliche Einkünfte (dem Grunde nach) umqualifiziert und deren konkrete Höhe erst im Folgebescheid (Einkommensteuer bzw. Körperschaftsteuer) verbindlich festgesetzt.[543] 699

Da die Einkünfte der Personengesellschaft als Überschusseinkünfte ermittelt und festgestellt werden, während beim betrieblichen Gesellschafter dessen Einkünfte durch Betriebsvermögensvergleichs (Bilanzierung) ermittelt werden, kann dies zu praktischen Problemen führen. Dies ist z. B. bei einer abweichenden Gebäudeabschreibung im Privat- gegenüber dem Betriebsvermögen denkbar oder wenn das Realisationsprinzip (Bilanzierungsgrundsätze) zwangsläufig vom Zahlungsflussprinzip des § 11 EStG abweicht.[544] In der Praxis stimmen sich die beteiligten Finanzämter – sofern nach der Menge der Gesellschafter möglich – über die Besteuerungsgrundlagen ab oder teilen ggf. die betrieblichen Einkünfte nachrichtlich (ohne Bindungswirkung) im Feststellungsbescheid mit. 700

---

542 BMF, Schreiben v. 29.4.1994 - IV B 2-S 2241-9/94, BStBl 1994 I S. 282 Rz. 2.

543 BFH, Urteil v. 11.4.2005 - GrS 2/02, BStBl 2005 II S. 679 RAAAB-56961.

544 Bei einem betrieblich beteiligten Gesellschafter mit einer Gewinnermittlung durch Einnahme-Überschussrechnung nach § 4 Abs. 3 EStG fallen zumindest die Abweichungen nach § 11 EStG größtenteils weg.

BEISPIEL „ZEBRAGESELLSCHAFT": Herr A, Frau B und die C-GmbH sind je zu 1/3 an der ABC-eGbR beteiligt, die Teileigentum im Sinne des WEG an eine Bäckerei vermietet (Vermögensverwaltung). Die Gebäude-AfA beträgt für Privatvermögen 2% (§ 7 Abs. 4 Satz 1 Nr. 2 Buchst. a EStG) und für Betriebsvermögen 3% (§ 7 Abs. 4 Satz 1 Nr. 1 EStG). Die am 3.12.2024 fällige Miete für Dezember 2024 wurde erst am 15.1.2025 an die ABC-eGbR überwiesen.

LÖSUNG: Die Einkünfte der ABC-eGbR werden auch für die C-GmbH als Einkünfte aus Vermietung und Verpachtung (§ 21 Abs. 1 Nr. 1 EStG) nach § 180 Abs. 1 Nr. 2 Buchst. a AO festgestellt. Die festgestellten Einkünfte berücksichtigen eine Gebäude-AfA von 2% (Privatvermögen; § 7 Abs. 4 Satz 1 Nr. 2 Buchst. a EStG) und den Zufluss der Mieteinnahmen für Dezember 2024 erst für das Jahr 2025 (Zufluss nach § 11 Abs. 1 EStG). Bei der Körperschaftsteuer der C-GmbH sind davon abweichend die Gebäude-AfA mit 3% und die Miete für Dezember 2024 schon für das WJ 2024 (Realisationsprinzip; § 252 Abs. 1 Nr. 5 HGB) zu erfassen.

7. Übertragung von Wohnungseigentum auf vermögensverwaltende Personengesellschaften

701 Wenn Wohnungseigentum auf vermögensverwaltende Personengesellschaften übertragen wird (z. B. im Rahmen der Gesellschaftsgründung als Einlagen), ist dieser Vorgang eigentlich ertragsteuerrechtlich unbeachtlich, da den Gesellschaftern das Wohnungseigentum weiterhin zugerechnet wird (Bruchteilsbetrachtung des § 39 Abs. 2 Nr. 2 AO).[545] Da sich die Beteiligungsquote der einlegenden Gesellschafter am Wohneigentum einerseits mindert (am eingelegten Wohneigentum) und sie andererseits erstmals an „fremdem" Wohnungseigentum beteiligt werden, liegt ein Tausch von Wirtschaftsgütern (Eigentumsanteil an Wohneigentum) vor.[546] Dies kann zu der Besteuerung eines privaten Veräußerungsgeschäfts (§ 23 Abs. 1 Nr. 1 EStG) führen. Die jeweils steuerrechtlich angeschafften Bruchteile führen zu „neuen" (erstmaligen) Anschaffungskosten bei den Gesellschaftern. Soweit die Eigentumsquoten sich nicht ändern, führen die Gesellschafter die Gebäude-AfA in der Personengesellschaft fort.

BEISPIEL „GRÜNDUNG EGBR MIT WOHNUNGSEIGENTUM": Herr A und Frau B gründen 2025 die vermögensverwaltende AB-eGbR zu je 1/2 und bringen dafür jeweils gleichwertige Eigentumswohnungen aus derselben WEG-Wohnanlage ein. Herr A bringt seine im Jahr 2020 erworbene und vermietete Wohnung im 1. OG links und Frau B ihre im Jahr 2022 erworbene und vermietete Wohnung im 1. OG rechts ein, die 2025 jeweils einen Verkehrswert von 200.000 € haben.

545 BFH, Urteil v. 26.4.2012 - IV R 44/09, BStBl 2013 II S. 142 unter II. 2. (2) VAAAE-14040.

546 So auch Dorn/Mayer/Stein, DStR 2025 S. 1969, 1971.

LÖSUNG: Durch die Grundstücksübertragungen sind Herr A und Frau B beide nunmehr zu je 50 % an beiden Eigentumswohnungen beteiligt (§ 39 Abs. 2 Nr. 2 AO). Vorher hatten sie jeweils Alleineigentum an ihren Eigentumswohnungen. Damit verliert Herr A Eigentum i. H. von 50 % an der Wohnung im 1. OG links und erhält dafür 50 % Eigentum an der Wohnung im 1. OG rechts. Bei Frau B ist es andersherum: Sie erhält 50 % an der Wohnung im 1. OG links und verliert 50 % an der Wohnung im 1. OG rechts. Soweit Herr A bzw. Frau B ihr Eigentum (zu 50 %) behalten, passiert ertragsteuerrechtlich nichts. Soweit Herr A bzw. Frau B aber Eigentumsanteile erstmals erhalten, erwerben sie diese Hälfte (Anschaffung). Das bedeutet, dass sie dafür ihre jeweils verlorene Hälfte an die andere Person veräußern (Tausch von Eigentumsanteilen).[547] Dies führt zu einem privaten Veräußerungsgeschäft (§ 23 Abs. 1 Nr. 1 EStG) für die jeweils verlorene Hälfte. Durch die Übertragung des Wohneigentums wird Grunderwerbsteuer für beide Objekte ausgelöst, die aber in Höhe der Beteiligungsquoten an der GbR (je 50 %) nicht erhoben wird (§ 5 Abs. 2 GrEStG).

8. Auflösung vermögensverwaltender Personengesellschaften (Realteilung)

Bei der Auflösung gewerblicher Personengesellschaften unter Übertragung der Wirtschaftsgüter an die Gesellschafter (Realteilung), kann Wohneigentum steuerneutral zum Buchwert transferiert werden, sofern dieses in ein Zielbetriebsvermögen übertragen wird (§ 16 Abs. 3 Satz 2 EStG). Diese Norm ist nicht auf vermögensverwaltende Personengesellschaften anwendbar. 702

Die Auflösung einer vermögensverwaltenden Personengesellschaft und die Übertragung des Vermögens auf die Gesellschafter stellt zwar ebenfalls eine Realteilung dar. Entsprechend der Einbringung des Vermögens (z. B. bei Gründung) ist die Übertragung an die Gesellschafter aber insoweit entgeltlich, als sich die Eigentumsquote der Gesellschafter am jeweiligen Wohneigentum mindert. In Umkehrung des § 39 Abs. 2 Nr. 2 AO handelt es sich um einen Tausch (Veräußerung), als die „empfangenden" Gesellschafter des Wohneigentums nun alleinige Eigentümer werden und im Rahmen der Personengesellschaft nicht quotal beteiligt waren. Dies kann zu der Besteuerung eines privaten Veräußerungsgeschäfts (§ 23 Abs. 1 Nr. 1 EStG) führen. 703

547 An dieser Folge (entgeltlicher Tausch von Eigentumsanteilen) ändert sich nach hier vertretener Auffassung nichts, da es sich im Beispiel um zwei bautechnisch gleiche Einheiten in demselben Objekt handelt. Etwas anderes wäre denkbar, wenn z. B. identische Anteile derselben GmbH in eine vermögensverwaltende Personengesellschaft eingebracht werden, die sich letztlich durch die Nummerierung in der GmbH-Gesellschafterliste unterscheiden und damit zwar zivilrechtlich verschieden, aber wirtschaftlich betrachtet gleich sind (ähnlich Dorn/Mayer/Stein, DStR 2025 S. 1969, 1971).

BEISPIEL „REALTEILUNG EINER VERMÖGENSVERWALTENDEN PERSONENGESELLSCHAFT": Herr A und Frau B gehören je 50 % der vermögensverwaltenden AB-eGbR. Im Jahr 2010 hat die GbR das vemietete Wohneigentum K-Straße und im Jahr 2020 das vermietete Wohneigentum S-Straße erworben. Im Jahr 2025 wird die GbR aufgelöst und A erhält das Wohneigentum K-Straße und B das Wohneigentum S-Straße, die ungefähr gleich viel wert sind (Realteilung).

LÖSUNG: A und B verlieren jeweils wertmäßig 50 % an der Wohnung, die sie nicht durch die Realteilung erhalten bzw. gewinnen jeweils wertmäßig 50 % an der Wohnung, die sie durch die Realteilung erhalten. Das stellt einen Tausch der jeweiligen Hälfte gegen die andere Hälfte dar. Dies führt zu einem privaten Veräußerungsgeschäft (nur) für das Wohneigentum S-Straße, für das die 10-Jahres-Frist des § 23 Abs. 1 Nr. 1 EStG bei Realteilung 2025 nicht abgelaufen ist. Dabei veräußert A den halben Anteil an dem Wohneigentum S-Straße an B (als Gegenleistung für den halben Anteil an dem Wohneigentum K-Straße). Das private Veräußerungsgeschäft hat nur A nach § 23 Abs. 1 Nr. 1 EStG für seine veräußerte Hälfte zu versteuern.

704 Nach anderer Auffassung soll die Realteilung vermögensverwaltender Personengesellschaften nicht der wirtschaftsgutbezogenen Betrachtung (Bruchteilsbetrachtung), sondern der vermögensmäßigen Betrachtung (Saldothese) folgen: Soweit der übernehmende Gesellschafter dem Wert nach das erhält, was ihm aus der Gesellschaft bisher quotal zustand, könne daraus keine Besteuerungsfolge (Veräußerungsgeschäft) hergeleitet werden.[548] Dies ist höchstrichterlich jedoch noch nicht entschieden und müsste zudem zur Folge haben, dass bei der Zuführung von Wohnungseigentum zu einer vermögensverwaltenden Personengesellschaft die gleichen Grundsätze gelten (sollten).

548 Wübbelsmann, DStR 2019 S. 2289, mit Hinweis auf die BFH-Rechtsprechung (u. a. BFH, v. 10.10.2018 - IX R 1/17, BStBl 2019 S. 170 VAAAH-06320).

IX. Personengesellschaften (Mitunternehmerschaften)

1. Grundlagen der Besteuerung von Mitunternehmerschaften

a) Personengesellschaft als Mitunternehmerschaft

Personengesellschaften unterliegen selbst nicht der Einkommen- oder Körperschaftsteuer, sondern deren Gesellschafter. Gleichwohl kann eine Personengesellschaft Einkünfte erzielen, die dann jedoch den Gesellschaftern als (deren eigenes) Einkommen zugerechnet werden. Dies gilt vor allem für die Mitunternehmerschaft. Sofern bei einer OHG, KG oder einer anderen Gesellschaft die Gesellschafter als Unternehmer (Mitunternehmer) eines gewerblichen Betriebs anzusehen sind, handelt es sich um eine Mitunternehmerschaft (§ 15 Abs. 1 Satz 1 Nr. 2 Satz 1 Halbsatz 1 EStG). Die Gesellschafter müssen dafür in der Personengesellschaft über Mitunternehmerinitiative[549] und Mitunternehmerrisiko[550] verfügen.[551] Dann werden die Gewinnteile aus der Personengesellschaft bei den Gesellschaftern als Einkünfte aus Gewerbebetrieb besteuert.[552] 705

Die Personengesellschaft muss entweder einen originären Gewerbebetrieb (§ 15 Abs. 2 EStG) unterhalten oder aber nach bestimmten Voraussetzungen als Gewerbebetrieb fingiert werden (§ 15 Abs. 3 EStG). 706

BEISPIEL „GRUNDSTÜCKSVERMIETUNG ALS GEWERBEBETRIEB EINER PERSONENGESELLSCHAFT": Frau F und Herr H sind Gesellschafter folgender Personengesellschaften:

a) FH-GbR, die drei Immobilien zu Wohnzwecke vermietet;

b) FH-OHG, die eine KFZ-Reparaturwerkstatt betreibt und ein Geschäftslokal (Teileigentum) an ein benachbartes Blumengeschäft vermietet;

c) FH GmbH & Co. KG (Vermietung von drei Wohnimmobilien), bei der die FH-GmbH als einzige Komplementärin der KG allein zur Geschäftsführung befugt ist.

LÖSUNG: Zu a) Die FH-GbR ist vermögensverwaltend und nicht gewerblich tätig, da sie lediglich drei Immobilien vermietet. Sie bildet keine Mitunternehmerschaft. Die aus der Vermietung erzielten Einkünfte (aus Vermietung und Verpachtung nach § 21

549 Vereinfacht: Entscheidungsmacht, wie insbesondere Stimmrecht, aber zumindest Kontrollrechte.

550 Vereinfacht: Chance auf Gewinn bzw. Risiko des Verlustes.

551 Dazu z.B. BFH, Beschluss v. 25.6.1984 - GrS 4/82, BStBl 1984 II S. 751 IAAAA-91985.

552 Für land- und forstwirtschaftliche und freiberufliche Personengesellschaften gilt dies nach § 13 Abs. 7 EStG bzw. § 18 Abs. 4 Satz 2 EStG entsprechend.

Abs. 1 Nr. 1 EStG) werden Frau F und Herrn H anteilig nach Bruchteilen ertragsteuerrechtlich zugerechnet (§ 39 Abs. 2 Nr. 2 AO).

Zu b) Die FH-OHG ist durch den Betrieb der KFZ-Reparaturwerkstatt originär gewerblich tätig und stellt daher eine Mitunternehmerschaft (§ 15 Abs. 1 Nr. 2 EStG) dar. Die Einkünfte (Gewinnanteile) sind Frau F und Herrn H als Mitunternehmern zuzurechnen. Aus dem vermietete Geschäftslokal (Teileigentum) des Gesellschaftsvermögens erzielt die FH-OHG (und damit die Mitunternehmer) ebenfalls Einkünfte aus Gewerbebetrieb, da es sich auch insoweit um Betriebsvermögen handelt.

Zu c) Wenn eine Personengesellschaft keine originär gewerbliche Tätigkeit ausübt (also z. B. nur vermögensverwaltend tätig ist) und bei ihr ausschließlich Kapitalgesellschaften persönlich haftende Gesellschafter sind sowie nur diese (oder Personen, die nicht Gesellschafter sind) zur Geschäftsführung befugt sind, wir Gewerblichkeit nach § 15 Abs. 3 Nr. 2 EStG fingiert (gewerblich geprägte Personengesellschaft). Die FH GmbH & Co. KG erzielt somit gewerbliche Einkünfte, obwohl sie lediglich drei Wohnimmobilien vermietet.

b) Einkünfteermittlung bei Mitunternehmerschaften

707 Die Gesellschafter der Personengesellschaft (Mitunternehmer) erzielen nicht nur aus den ihnen zustehenden Gewinnanteilen Einkünfte aus Gewerbebetrieb, sondern auch aus Vergütungen, die sie von der Personengesellschaft für ihre Tätigkeit im Dienst der Gesellschaft, für die Hingabe von Darlehen oder für die Überlassung von Wirtschaftsgütern bezogen haben (§ 15 Abs. 1 Satz 1 Nr. 2 Satz 1 Halbsatz 2 EStG). Erträge aus diesen Leistungen an die Personengesellschaft werden automatisch in die gewerblichen Einkünfte aus der Mitunternehmerschaft einbezogen. Die Vergütungen sind zwar als Betriebsausgaben abzugsfähig, aber in gleicher Höhe werden sie dem jeweiligen Mitunternehmer als Sonderbetriebseinnahmen zugerechnet. Im Ergebnis mindern sich daher die Einkünfte aus der Mitunternehmerschaft nicht (sondern nur die Einkünfteverteilung zwischen den Mitunternehmern). Der Grund für diese Umqualifizierung liegt vor allem in der Gleichstellung mit Einzelunternehmen, bei denen Leistungsbeziehungen mit sich selbst nicht möglich sind.

BEISPIEL „VERGÜTUNGEN ALS SONDERBETRIEBSEINNAHMEN": Frau F, Frau M und Herr H sind Gesellschafter der gewerblichen FMH-OHG. Frau F erhält für ihre Geschäftsführungstätigkeit eine Vergütung von 100.000 € im Jahr. Frau M gibt der OHG ein Darlehen und erhält Zinsen im Jahr von 5.000 €. Herr H ist Eigentümer einer Immobilie (Teileigentum im Sinne des WEG), die er für 60.000 € im Jahr an die OHG vermietet.

LÖSUNG: Die Gesellschafter erzielen durch ihre entgeltlichen Leistungen an die Personengesellschaft keine Einkünfte aus nichtselbständiger Tätigkeit (§ 19 Abs. 1 Nr. 1 EStG), aus Kapitalvermögen (§ 20 Abs. 1 Nr. 7 EStG) oder Vermietung und Verpachtung (§ 21 Abs. 1 Nr. 1 EStG), sondern jeweils Einkünfte aus Gewerbebetrieb nach § 15 Abs. 1 Nr. 2 EStG. Die FMH-OHG zieht die Vergütungen zwar einkommensmindernd als Betriebsausgaben ab. Jedoch erzielen Frau F aus der Geschäftsführungsvergütung (100.000 € im Jahr), Frau M aus dem Darlehenszinsen (5.000 € im Jahr) und Herr H aus der Miete (60.000 € im Jahr) jeweils Sonderbetriebseinnahmen, die neben dem Gewinnanteil als „zusätzliche" gewerbliche Einkünfte aus der OHG anzusehen sind.

c) Verfahrensrecht der Einkünftefeststellung

Die von der Mitunternehmerschaft erzielten Einkünfte werden verfahrensrechtlich nach § 180 Abs. 1 Satz 1 Nr. 2 Buchst. a AO gesondert und einheitlich festgestellt. Dies dient dem Zweck, dass die Einkünfte nicht von jedem für den jeweiligen Mitunternehmer zuständigen Finanzamt einzeln ermittelt werden müssen und Widersprüche zwischen den Mitunternehmern (z. B. zu der Höhe der anteiligen Einkünfte) vermieden werden. Aus dem Feststellungsbescheid geht daher insbesondere hervor, in welcher Höhe der jeweilige Gesellschafter Einkünfte in dem entsprechenden Jahr erzielt hat und ihm diese daher zuzurechnen sind. Regelmäßig wird der Feststellungsbescheid der Personengesellschaft mit Wirkung für alle Mitunternehmer bekanntgegeben (§ 183 Abs. 1 AO). 708

2. Wohnungseigentum im Gesellschaftsvermögen

Das gesamte Eigentum (Gesellschaftsvermögen) der Personengesellschaft ist als Vermögensgegenstand in der Handelsbilanz zu aktivieren (§ 246 Abs. 1 HGB). Dieses Vermögen ist im Grundsatz auch maßgeblich für die Steuerbilanz i. S. des § 5 Abs. 1 Satz 1 EStG und daher auch automatisch Betriebsvermögen.[553] 709

BEISPIEL „GRUNDSTÜCKE ALS BETRIEBSVERMÖGEN EINER PERSONENGESELLSCHAFT": Die A-GmbH & Co. KG betreibt einen Supermarkt auf eigenem Grundstück. Zudem hat sie ein Wohnungseigentum in ihrem Vermögen, das zu Wohnzwecken fremdüblich vermietet ist.

LÖSUNG: Die A-GmbH & Co. KG erzielt gewerbliche Einkünfte. Ihr gesamtes Gesellschaftsvermögen ist Betriebsvermögen. Dies trifft auch für das Wohnungseigentum zu, obwohl es keinen Bezug zum Betrieb des Supermarktes hat. Im Gegensatz zu einer natürlichen Person als Einzelunternehmer kann die Mitunternehmerschaft nicht zwischen gewillkürtem Betriebsvermögen und Privatvermögen wählen (Bilanzierungsgebot).

Ein zum Gesellschaftsvermögen gehörendes Wirtschaftsgut ist aber (ausnahmsweise) kein Betriebsvermögen, wenn es ausschließlich der privaten Lebensführung eines, mehrerer oder aller Mitunternehmer der Personengesellschaft dient (Sonderfall). Wenn z. B. eine zum Gesellschaftsvermögen gehören- 710

553 BFH, Urteil v. 22.5.1975 - IV R 193/71, BStBl 1975 II S. 804 ZAAAA-91090.

de Immobilie von einem Gesellschafter (nicht nur vorübergehend) unentgeltlich für eigene Wohnzwecke genutzt wird, handelt es sich zwar handelsrechtlich weiterhin um Vermögen der Personengesellschaft, aber ertragsteuerrechtlich ist es kein Betriebsvermögen der Personengesellschaft (mehr), sondern Privatvermögen der Gesellschafter.[554]

BEISPIEL „GESELLSCHAFTSVERMÖGEN ALS STEUERLICHES PRIVATVERMÖGEN": Frau F ist alleinige Kommanditistin der gewerblichen F-GmbH & Co. KG. Sie nutzt Wohnungseigentum des Gesellschaftsvermögens für eigene Wohnzwecke gegen eine von ihr zu zahlende angemessene Miete. Ab dem 1.1.2025 schließt sie mit der KG aber eine Änderungsvereinbarung, nach der sie der KG keine Miete für die Nutzung mehr zahlen muss (unentgeltliche Wohnungsnutzung).

LÖSUNG: Bis zum 31.12.2024 gehörte das Wohnungseigentum zum Betriebsvermögen der KG und die Miete war als Erlös (Betriebseinnahme) zu behandeln. Ab dem 1.1.2025 nutzt Frau M die Wohnung unentgeltlich, so dass das Wohnungseigentum entnommen wird (nach § 6 Abs. 1 Nr. 4 Satz 1 EStG zum Teilwert), da dieses Wirtschaftsgut ab diesem Zeitpunkt als steuerrechtliches Privatvermögen von Frau F anzusehen ist. Die laufenden Grundstückskosten sind von der KG als Entnahmen zu buchen und wirkend sich nicht mehr auf den steuerrechtlichen Gewinn aus.

711 Wegen abweichender Bilanzierungs- oder Bewertungsvorschriften (§§ 5 Abs. 2 ff., 6 EStG) kann aber steuerbilanziell das Vermögen abweichend von der Handelsbilanz auszuweisen sein. Auf der Aktivseite der Bilanz handelt es sich dabei meistens um Bewertungsunterschiede (z. B. aus Abschreibungen). Die Differenzen sind entweder durch eine Überleitungsrechnung zur Handelsbilanz (§ 60 Abs. 2 Satz 1 EStDV) oder durch eine separate (den steuerrechtlichen Vorgaben entsprechende) Steuerbilanz (§ 60 Abs. 2 Satz 2 EStDV) für Zwecke der Besteuerung auszugleichen.

3. Wohnungseigentum im Sonderbetriebsvermögen

712 Das Betriebsvermögen einer Mitunternehmerschaft umfasst nicht nur das Gesellschaftsvermögen, sondern auch das Vermögen, welches von den Gesellschaftern an die Personengesellschaft zur Nutzung überlassen wird. Daher sind nicht nur Entgelte für die Nutzung des überlassenen Wirtschaftsguts als Sonderbetriebseinnahmen zu erfassen, sondern auch das Vermögen selbst als Wirtschaftsgut in einer eigenen Bilanz (Sonderbilanz) auszuweisen. Dies ist das Ergebnis der BFH-Rechtsprechung[555] zur Auslegung des § 15 Abs. 1 Nr. 2 EStG.

554 H 4.2 Abs. 11 EStH mit Hinweis auf BFH, Urteil v. 16.3.1983 - IV R 36/79, BStBl 1983 II S. 459 LAAAA-91838.

555 So z.B. BFH, Beschluss v. 3.5.1993 - GrS 3/92, BStBl 1993 II S. 616 unter III. 6. a) bb) ZAAAA-94567 m. w. N.

Dieser gesetzlichen Regelung liege die Wertung zugrunde, dass es bei einem Personenunternehmen aus ertragsteuerlicher Sicht keinen Unterschied machen kann, ob die objektiv dem Betrieb dienenden Wirtschaftsgüter Gesellschaftsvermögen bilden oder ob die Gesellschafter der Personengesellschaft Wirtschaftsgüter zur betrieblichen Nutzung überlassen (sei es aufgrund einer gesellschaftsvertraglichen Beitragspflicht, eines Miet- oder Pachtvertrags oder eines sonstigen Nutzungsüberlassungsvertrags). Die steuerliche Anerkennung des Sonderbetriebsvermögens beruhe auf der (Mit-)Unternehmereigenschaft der Gesellschafter.

BEISPIEL „TEILEIGENTUM ALS SONDERBETRIEBSVERMÖGEN": Frau F ist Kommanditistin der F-GmbH & Co. KG. Sie vermietet der KG das ihr gehörende Teileigentum für eine monatliche Miete von angemessenen 1.000 €, das diese für ihren Imbissbetrieb nutzt.

LÖSUNG: Das Teileigentum stellt Sonderbetriebsvermögen von Frau F bei der KG (Mitunternehmerschaft) dar. Frau F erzielt aus der Miete gewerbliche Sonderbetriebseinnahmen (§ 15 Abs. 1 Satz 1 Nr. 2 Satz 1 Halbsatz 2 EStG). Der Mietaufwand mindert das Gesellschaftsvermögen der KG und ist als Betriebsausgabe zu behandeln. Das vermietete Teileigentum ist als Betriebsvermögen in einer Sonderbilanz (für Frau F) zu aktivieren. Die Grundstückskosten und die Gebäude-AfA sind Sonderbetriebsausgaben. Bei Veräußerung des Grundstücks sind die aufgedeckten stillen Reserven als Gewinn in der Sonder-Gewinn-und-Verlustrechnung abzubilden.

Die überlassenen Wirtschaftsgüter müssen nicht zwingend vermietet oder verpachtet werden. Eine unentgeltliche Überlassung (Leihe) reicht für die Qualifikation als Sonderbetriebsvermögen aus.[556] 713

BEISPIEL „UNENTGELTLICHE ÜBERLASSUNG": Frau F ist Kommanditistin der F-GmbH & Co. KG. Sie überlässt der KG das ihr gehörende Teileigentum unentgeltlich (Leihe), welches diese für ihren Imbissbetrieb nutzt.

LÖSUNG: Das Teileigentum stellt Sonderbetriebsvermögen von Frau F bei der KG (Mitunternehmerschaft) dar, da es der Gesellschaft zur Nutzung überlassen wird. Dies reicht aus. Frau F erzielt zwar keine Miete und damit keine Sonderbetriebseinnahmen i. S. des § 15 Abs. 1 Satz 1 Nr. 2 Satz 1 Halbsatz 2 EStG. Gleichwohl gehört das Teileigentum zum Betriebsvermögen; seine stillen Reserven sind damit steuerverstrickt.

Sofern das Wohnungseigentum fremdfinanziert wird (z. B. über einen Bankkredit), ist die Verbindlichkeit in der Sonderbilanz als „notwendiges passives Sonderbetriebsvermögen" zu passivieren und die Schuldzinsen als Sonderbetriebsausgaben zu erfassen.[557] 714

556 BFH, Urteil v. 16.12.1997 - VIII R 11/95, BStBl 1998 II S. 379 unter II. 1. a) IAAAA-96197, mit Hinweis auf BFH, Urteil v. 1.3.1994 - VIII R 35/92, BStBl 1995 II S. 241 KAAAA-95142 = BFHE 175 S. 231 unter III. 1., mit Hinweis auf BFH, Urteil v. 14.4.1988 - IV R 160/84 OAAAA-97167 = BFH/NV 1989 S. 95 unter 2. b).

557 BFH, Urteil v. 13.2.1996 - VIII R 18/92, BStBl 1996 II S. 291 BAAAA-95534.

BEISPIEL „DARLEHEN IM SONDERBETRIEBSVERMÖGEN": Frau F ist Kommanditistin der F-GmbH & Co. KG. Sie vermietet der KG das ihr gehörende Teileigentum, dessen Anschaffung sie über einen Bankkredit finanziert.

LÖSUNG: Das Teileigentum stellt Sonderbetriebsvermögen von Frau F bei der KG (Mitunternehmerschaft) dar, da es der Gesellschaft überlassen (vermietet) wird. Die Bankverbindlichkeit wurde für die Anschaffung aufgenommen und ist daher als „negatives" Sonderbetriebsvermögen auf der Passivseite der Sonderbilanz auszuweisen. Die von Frau F geleisteten Zinsaufwendungen sind Sonderbetriebsausgaben.

4. Wohnungseigentum in der Ergänzungsbilanz

715 Bestimmte Ereignisse machen es erforderlich, dass die Bilanzierung über die Gesellschaftsbilanz nicht ausreicht, um ein Wirtschaftsgut zutreffend zu bewerten. Dann wird der Bilanzansatz durch eine zusätzliche Bilanz abgebildet (Ergänzungsbilanz). Dies ist z. B. dann der Fall, wenn die Anschaffungskosten bzw. der Bilanzansatz eines Wirtschaftsguts bei den Mitunternehmern unterschiedlich hoch zuzurechnen sind. Typische Ereignisse sind

- Erwerb eines Mitunternehmeranteils,
- Übertragung einer Rücklage nach § 6b EStG,
- Einbringung nach § 24 UmwStG,
- Wirtschaftsguttransfer nach § 6 Abs. 5 EStG.

716 In der (für den jeweiligen Mitunternehmer aufzustellenden) Ergänzungsbilanz werden Korrekturwerte zu den (rechnerisch anteiligen) Wertansätzen des Mitunternehmers in der gemeinschaftlichen Gesellschaftsbilanz dargestellt. Die Gesamtschau aus der Gesellschafts- und Ergänzungsbilanz (bezogen auf jeden Mitunternehmer) ergeben somit den jeweils steuerrechtlich zutreffenden Wertansatz des jeweiligen Wirtschaftsguts. Die Ergänzungsbilanz kann daher positive oder negative Ergänzungswerte ausweisen. Der Mehr- oder Minderwert ist kein eigenes (für sich bewertungsfähiges) Wirtschaftsgut, sondern ein reiner Zusatz zur Bilanzierung in der Gesellschaftsbilanz.

717 Während der Zugehörigkeit des Wirtschaftsguts zum Betriebsvermögen ist bei abnutzbaren Wirtschaftsgütern die AfA über die Ergänzungsbilanz so anzupassen, dass dem jeweiligen Mitunternehmer seine zutreffende Abschreibung zugerechnet wird, die sich insbesondere aus seinen individuellen Anschaffungskosten (AfA-Bemessungsgrundlage) und dem Datum der Anschaffung (relevant für die AfA-Methode) ergibt. Soweit einem Mitunternehmer über die

Gesellschaftsbilanz rechnerisch „zu viel“ oder „zu wenig“ AfA zugewiesen wird, wird die AfA über die Ergänzungsbilanz so korrigiert, dass im Saldo die AfA „passt“.[558]

BEISPIEL „ERGÄNZUNGSBILANZ NACH ERWERB EINES MITUNTERNEHMERANTEILS“: Frau F erwirbt zum 1.1.2025 einen Kommanditanteil an der A-KG zu einem Kaufpreis von 800.000 €. Der Buchwert des ihr danach zuzurechnenden Kapitalkontos beträgt 650.000 €. Die Differenz von 150.000 € ergibt sich aus den „abgekauften“ stillen Reserven in den Wirtschaftsgütern. Diese entfallen hier i. H. von 50.000 € auf den Grund und Boden und i. H. von 100.000 € auf das Gebäude einer Immobilie (Teileigentum im Sinne des WEG) im Vermögen der A-KG. Der anteilig auf Frau F entfallende Buchwert (Restwert) des Gebäudes beträgt 300.000 € und die auf sie in der Gesellschaftsbilanz rechnerisch entfallende AfA-Bemessungsgrundlage beträgt 500.000 €. Die KG schreibt das Gebäude in der Gesellschaftsbilanz nach § 7 Abs. 4 Nr. 1 EStG mit 4 % AfA p. a. (Altfall) ab.

LÖSUNG: Frau F hat 800.000 € als Kaufpreis aufgewendet; dieser Betrag stellt ihre Anschaffungskosten für den Mitunternehmeranteil (bzw. dessen anteiligen Wirtschaftsgüter) dar. Die Differenz zum Buchwert ist als Mehrwert in einer positiven Ergänzungsbilanz zum 1.1.2025 abzubilden. Auf der Aktivseite steht „Grund und Boden 50.000 €“ und „Gebäude 100.000 €“ und auf der Passivseite „Mehrkapital 150.000 €“. Soweit die ihr anteilig zuzurechnenden Wirtschaftsgüter abgeschrieben werden, ist ihr diese AfA über ihre Beteiligung nach § 15 Abs. 1 Nr. 2 EStG zuzurechnen. Bezogen auf das Teileigentum im Gesellschaftsvermögen erhält Frau F (wie der vorherige Mitunternehmer, dessen Anteil sie erworben hat) eine Gebäude-AfA von 500.000 € x 4 % = 20.000 € p. a. Dieser AfA-Betrag ist aber ertragsteuerlich für sie „zu hoch“. Die AfA bestimmt sich für Frau F nach ihren Gebäudeanschaffungskosten von 400.000 € (anteiliger Buchwert 300.000 € zzgl. stille Reserven 100.000 €). Zudem ist für den Erwerb eines Wirtschaftsgebäudes im Jahr 2025 der AfA-Satz von 3 % anzuwenden. Frau F steht lediglich eine jährliche Gebäude-AfA von 400.000 € x 3 % = 12.000 € zu. Daher ist in der Ergänzungsbilanz das Gebäude jährlich mit 8.000 € gewinnerhöhend zuzuschreiben.

Wenn ein Wirtschaftsgut veräußert wird, für das ein Korrekturwert in der Ergänzungsbilanz abgebildet wurde, ist auch in der Ergänzungsbilanz ein erfolgswirksamer Abgang zu buchen. 718

558 BMF, Schreiben v. 19.12.2016, BStBl 2017 I S. 34, unter Hinweis auf BFH, Urteil v. 20.11.2014 - IV R 1/11, BStBl 2017 II S. 34 FAAAE-83699.

5. Übertragung von Wohnungseigentum aus dem Privatvermögen auf eine Personengesellschaft (Mitunternehmerschaft)

a) Übertragung von Wohnungseigentum auf Personengesellschaften

719 Durch den Eigentumswechsel von Wohnungseigentum aus dem Privatvermögen in das Gesellschaftsvermögen einer Personengesellschaft (Mitunternehmerschaft) kann sich für den Gesellschafter ein steuerpflichtiger privater Veräußerungsgewinn nach § 23 Abs. 1 Nr. 1 EStG ergeben.

720 Wenn ein Gesellschafter ein Wirtschaftsgut auf seine Personengesellschaft überträgt, ist es auch für die steuerrechtliche Bewertung bei der Personengesellschaft entscheidend, ob es sich um eine Einbringung oder eine Einlage handelt.

b) Einbringung von Wohnungseigentum

721 Sofern das Wohnungseigentum gegen Gewährung von Gesellschaftsrechten übertragen wird, handelt es sich um einen tauschähnlichen Vorgang, der steuerrechtlich als Veräußerung (Wohnungseigentum gegen Anteile) behandelt wird. Hier kommt es darauf an, ob sich für den Gesellschafter das Eigenkapitalkonto erhöht, das die Gesellschaftsrechte repräsentiert (z. B. „Kapitalkonto I").[559] Aus Sicht des Gesellschafters handelt es sich um eine Veräußerung i. S. des § 23 Abs. 1 Nr. 1 EStG (privates Veräußerungsgeschäft) und aus Sicht der Personengesellschaft um eine Anschaffung des Wohnungseigentums.

c) Einlage von Wohnungseigentum

722 Sofern das Wohnungseigentum nicht gegen Gewährung von Gesellschaftsrechten übertragen wird, handelt es sich um keinen tauschähnlichen Vorgang. Es handelt sich um eine Einlage, die nach § 6 Abs. 1 Nr. 5 EStG (im Grundsatz mit dem Teilwert) bewertet wird. Hier kommt es darauf an, ob sich für den Gesellschafter ein Eigenkapitalkonto erhöht, das keine Gesellschaftsrechte repräsentiert (z. B. „Rücklagenkonto").[560] Aus Sicht des Gesellschafters handelt es sich dann nicht um eine Veräußerung i. S. des § 23 Abs. 1 Nr. 1 EStG (privates Veräußerungsgeschäft). Aus Sicht der Personengesellschaft wird das Wohnungseigentum in deren Betriebsvermögen eingelegt (und nicht angeschafft).

559 BMF, Schreiben v. 11.7.2011 - IV C 6-S 2178/09/10001, BStBl 2011 I S. 713.

560 BMF, Schreiben v. 26.7.2016 - IV C 6-S 2178/09/10001, BStBl 2016 I S. 684.

6. Übertragung von Wohnungseigentum als betriebliches Einzelwirtschaftsgut (§ 6 Abs. 5 EStG)

a) Transfer von Einzelwirtschaftsgütern zwischen verschiedenen Betriebsvermögen

Wirtschaftsgüter könne durch bestimmte Ereignisse einem anderen Betrieb 723
bzw. einem anderen Betriebsvermögen zuzurechnen sein. Der Grund hierfür kann insbesondere in einer Übertragung des Eigentums oder einer geänderten Nutzung liegen. Sofern ein Wirtschaftsgut dadurch einem anderen Betriebsvermögen zuzurechnen ist, wird es aus dem abgebenden Betriebsvermögen entnommen (§ 4 Abs. 1 Satz 2 EStG) und in das aufnehmende Betriebsvermögen eingelegt (§ 4 Abs. 1 Satz 8 EStG).[561] Bei der Übertragung von Wirtschaftsgütern gegen Gewährung oder Minderung von Gesellschaftsrechten an der Personengesellschaft handelt es sich um eine Veräußerung (tauschähnlicher Vorgang).[562]

Da Entnahmen und Einlagen grds. mit dem Teilwert zu bewerten sind, würde 724
ein solcher Wirtschaftsguttransfer zur Aufdeckung und Besteuerung der stillen Reserven führen. Bei tauschähnlichen Veräußerungen wurden ebenfalls die stillen Reserven des übertragenen Wirtschaftsguts aufgedeckt. Dies ist steuerpolitisch für viele Fälle nicht gewollt, so dass der Gesetzgeber durch § 6 Abs. 5 EStG für viele Konstellationen eine Buchwertübertragung geregelt hat.

Durch § 6 Abs. 5 Satz 1 und 2 EStG werden Fälle geregelt, bei denen Wirt- 725
schaftsgüter demselben Steuerpflichtigen (Eigentümer) zugerechnet bleiben, aber diese anderen Betriebsvermögen bzw. Sonderbetriebsvermögen zuzuordnen sind (Überführungsfälle).

Demgegenüber sind in § 6 Abs. 5 Satz 3 EStG verschiedene Fälle geregelt, bei 726
denen Wirtschaftsgüter einem anderen Rechtsträger zugeordnet werden (Übertragungsfälle).

Um bestimmte ungewollte Steuervorteile (Missbrauch) auszuschließen, wer- 727
den durch § 6 Abs. 5 Satz 4–7 EStG einige Ereignisse definiert, die eine Buchwertfortführung sofort oder rückwirkend ausschließen.

561 BMF, Schreiben v. 8.12.2011, BStBl 2011 I S. 1279 Rz. 1.

562 BMF, Schreiben v. 8.12.2011, BStBl 2011 I S. 1279 Rz. 8.

b) Überführung zwischen zwei Betrieben (§ 6 Abs. 5 Satz 1 EStG)

728 Wird ein einzelnes Wirtschaftsgut von einem Betriebsvermögen in ein anderes Betriebsvermögen desselben Steuerpflichtigen überführt, ist bei der Überführung der Buchwert anzusetzen (§ 6 Abs. 5 Satz 1 EStG).

BEISPIEL „ÜBERFÜHRUNG ZWISCHEN ZWEI BETRIEBEN": Frau F nutzt das ihr gehörende Teileigentum im Sinne des WEG bisher für ihren Gastronomiebetrieb. Ab dem 1.1.2025 nutzt sie einen Raum des Objekts erstmals für ihren neu gegründeten Internetversandhandel für Sportartikel.

LÖSUNG: Frau F betreibt ab dem 1.1.2025 zwei separate Betriebe (zwei Einzelunternehmen). Dem Internethandelsbetrieb (Sportartikel) ist der dafür genutzte Raum ab diesem Zeitpunkt als notwendiges Betriebsvermögen zuzurechnen (Gebäudeteil und anteiliger Grund und Boden) und daher aus dem Gastronomiebetrieb zu entnehmen und dorthin einzulegen. Gebäude (Raum) und anteiliger Grund und Boden werden zum Buchwert überführt (§ 6 Abs. 5 Satz 1 EStG).

729 Sollte das Wohnungseigentum fremdfinanziert sein, wird das Darlehen automatisch mit in den Zielbetrieb übertragen. Die Verbindlichkeit „klebt" gewissermaßen ertragsteuerlich an dem Wirtschaftsgut, welches damit finanziert wird (Veranlassungszusammenhang). Die „mitüberführte" Verbindlichkeit ist mangels Rechtsträgerwechsels kein Entgelt für das Wohnungseigentum und hindert nicht die Buchwertüberführung.

c) Überführungen bei Sonderbetriebsvermögen (§ 6 Abs. 5 Satz 2 EStG)

730 Auch für die Überführung aus einem eigenen Betriebsvermögen des Steuerpflichtigen in dessen Sonderbetriebsvermögen bei einer Mitunternehmerschaft und umgekehrt sowie für die Überführung zwischen verschiedenen Sonderbetriebsvermögen desselben Steuerpflichtigen bei verschiedenen Mitunternehmerschaften ist der Buchwert fortzuführen (§ 6 Abs. 5 Satz 2 EStG).

BEISPIEL „ÜBERFÜHRUNG IN DAS SONDERBETRIEBSVERMÖGEN": Herr H nutzt das ihm gehörende Teileigentum im Sinne des WEG bisher für seine Versicherungsagentur (Einzelunternehmen). Ab dem 1.1.2025 gründet er mit Frau F eine OHG, um gemeinsam mit ihr eine Werbeagentur zu betreiben, und vermietet ab diesem Zeitpunkt das Teileigentum an die OHG.

LÖSUNG: Das Teileigentum wird ab dem 1.1.2025 für den Betrieb der OHG genutzt und stellt ab diesem Zeitpunkt Sonderbetriebsvermögen von Herrn H bei der OHG dar. Dies hat zur Folge, dass das Teileigentum zum Buchwert aus dem Einzelunternehmen in das Sonderbetriebsvermögen überführt wird (§ 6 Abs. 5 Satz 2 EStG).

d) Übertragungen auf Personengesellschaften und umgekehrt (§ 6 Abs. 5 Satz 3 EStG)

In § 6 Abs. 5 Satz 3 EStG werden vier Konstellationen geregelt, bei denen das Wirtschaftsgut den Rechtsträger wechselt: 731

1. Das Wirtschaftsgut wird unentgeltlich oder gegen Gewährung oder Minderung von Gesellschaftsrechten aus einem Betriebsvermögen des Mitunternehmers in das Gesellschaftsvermögen einer Mitunternehmerschaft (oder umgekehrt) übertragen (§ 6 Abs. 5 Satz 3 Nr. 1 EStG).
2. Das Wirtschaftsgut wird unentgeltlich oder gegen Gewährung oder Minderung von Gesellschaftsrechten aus dem Sonderbetriebsvermögen eines Mitunternehmers in das Gesellschaftsvermögen derselben Mitunternehmerschaft oder einer anderen Mitunternehmerschaft, an der er beteiligt ist (oder umgekehrt), übertragen (§ 6 Abs. 5 Satz 3 Nr. 2 EStG).
3. Das Wirtschaftsgut wird unentgeltlich zwischen den jeweiligen Sonderbetriebsvermögen verschiedener Mitunternehmer derselben Mitunternehmerschaft übertragen (§ 6 Abs. 5 Satz 3 Nr. 3 EStG).
4. Das Wirtschaftsgut wird unentgeltlich zwischen den Gesellschaftsvermögen verschiedener Mitunternehmerschaften mit identischem Gesellschafterbestand übertragen (§ 6 Abs. 5 Satz 3 Nr. 4 EStG).

BEISPIEL „ÜBERTRAGUNG AUF PERSONENGESELLSCHAFT": Herr H nutzt das ihm gehörende Teileigentum im Sinne des WEG bisher für seine Versicherungsagentur (Einzelunternehmen). Zudem ist er an der W-GmbH & Co. KG beteiligt, die eine Werbeagentur betreibt. Er überträgt das Eigentum an der Immobilie auf die W-GmbH & Co. KG und erhält dafür eine höhere gesellschaftsrechtliche Beteiligung (Buchung auf Kapitalkonto I).

LÖSUNG: Das Teileigentum wird Gesellschaftsvermögen der W-GmbH & Co. KG und daher aus dem Einzelunternehmen entnommen. Das Wirtschaftsgut wird zum Buchwert übertragen, da Herr H dafür Gesellschaftsrechte gewährt werden (§ 6 Abs. 5 Satz 3 Nr. 1 EStG).

e) Missbrauchsklauseln (§ 6 Abs. 5 Satz 4 ff. EStG)

Zu den Buchwertübertragungen nach § 6 Abs. 5 Satz 3 EStG gibt es im Prinzip zwei Kategorien an Missbrauchsklauseln in § 6 Abs. 5 Satz 4–7 EStG. 732

aa) Sperrfrist für Veräußerung oder Entnahme (§ 6 Abs. 5 Satz 4 EStG)

Zum einen soll eine Übertragung zum Buchwert (rückwirkend) verhindert werden, wenn das Wirtschaftsgut innerhalb von drei Jahren nach Abgabe der 733

Steuererklärung des Übertragungsjahres aus dem Zielbetriebsvermögen veräußert oder entnommen wird. In diesen Fällen ist nachträglich der Teilwert (anstelle des Buchwerts) für die Übertragung des Wirtschaftsguts anzusetzen (Sperrfristregelung nach § 6 Abs. 5 Satz 4 Halbsatz 1 EStG). Dies gilt aber nicht, wenn die bis zur Übertragung entstandenen stillen Reserven durch eine Ergänzungsbilanz dem übertragenden Gesellschafter zugeordnet werden (§ 6 Abs. 5 Satz 4 Halbsatz 2 EStG). Der Gesetzgeber möchte damit z. B. Fälle verhindern, in denen ein Einzelwirtschaftsgut vor einer geplanten Veräußerung zunächst steuerneutral auf eine Familien-Personengesellschaft übertragen wird, so dass sich der nachfolgende Veräußerungsgewinn aus den übertragenen stillen Reserven auf mehrere Personen (innerhalb der Familie) verteilt und der Einkommensteuertarif damit insgesamt geringer ausfällt.

bb) Körperschaftsklausel (§ 6 Abs. 5 Satz 5–7 EStG)

734 Zum anderen ist es schädlich, wenn sich der Anteil einer Körperschaft an dem übertragenen Wirtschaftsgut entweder unmittelbar durch die Übertragung selbst (§ 6 Abs. 5 Satz 5 EStG) oder (erst) innerhalb von sieben Jahren nach der Übertragung (§ 6 Abs. 5 Satz 6 EStG) begründet oder erhöht (Körperschaftsklausel). Es kommt hier nicht darauf an, ob dem Übertragenden die stillen Reserven des Wirtschaftsguts über eine Ergänzungsbilanz zugeordnet werden. Hier hat der Gesetzgeber insbesondere im Blick, dass die stillen Reserven eine (vorübergehende)[563] Statusverbesserung erfahren, da ein Veräußerungsgewinn bei einer Körperschaft geringer besteuert wird (15 %) als bei der Einkommensteuer (bis zu 42 % bzw. 45 %).[564]

735 Eine Begründung oder Erhöhung des Anteils einer Körperschaft an dem übertragenen Wirtschaftsgut wird bereits dann angenommen, wenn einer *anderen* Körperschaft als der bisherigen der Anteil an dem Wirtschaftsgut zuzurechnen ist (§ 6 Abs. 5 Satz 7 EStG).[565]

563 Letztlich ist die Statusverbesserung nur ein vorübergehender Vorteil, da der Veräußerungserlös an den Anteilseigner bspw. ausgeschüttet werden muss (mit der zusätzlichen Besteuerungsfolge nach § 20 Abs. 1 Nr. 1 EStG), um den Fall mit einer „Direktveräußerung" durch eine an der Personengesellschaft beteiligte natürliche Person wirtschaftlich zu vergleichen.

564 Ohne § 6 Abs. 5 Satz 5 EStG wäre z. B. denkbar, dass die A-GmbH und die B-GmbH gemeinsam Gesellschafter einer Personengesellschaft (Mitunternehmerschaft) sind, bei der die A-GmbH ein Grundstück (nach § 6 Abs. 5 Satz 3 EStG zum Buchwert) und die B-GmbH wertentsprechend Geld einbringt. Danach könnte das Grundstück zum Buchwert nach § 6 Abs. 5 Satz 3 EStG auf die B-GmbH unter wertentsprechender Minderung ihrer Gesellschaftsrechte übertragen werden.

565 Eingeführt durch das JStG 2024 v. 2.12.2024, BGBl 2024 I Nr. 387, als Reaktion auf BFH, Urteil v. 15.7.2021 - IV R 36/18 OAAAH-93543 = DStR 2021 S. 2575.

7. Einbringungen in Personengesellschaften (§ 24 UmwStG)

a) Einbringung als Veräußerung, die nach § 24 UmwStG privilegiert wird

Die Vorschrift des § 24 UmwStG über die Einbringung von Betrieben, Teilbetrieben und Mitunternehmeranteilen in Personengesellschaften (Mitunternehmerschaften) nimmt bei der Umstrukturierung von Personenhandelsgesellschaften, gewerblichen und freiberuflichen Gesellschaften bürgerlichen Rechts sowie Partnerschaftsgesellschaften eine wichtige Stellung ein. 736

Einbringungen sind dem Grunde nach Betriebsveräußerungen (§ 16 EStG), bei denen aber unter den Voraussetzungen des § 24 UmwStG das „veräußerte" (eingebrachte) Betriebsvermögen in Form von betrieblichen Sachgesamtheiten auf Personengesellschaften (Mitunternehmerschaften) regelmäßig zum Buchwert (also ohne stille Reserven aufzudecken) übertragen werden können. Es muss sich dabei aber um einen „ganzen" Betrieb, „ganzen" Teilbetrieb oder einen (Teil an einem) Mitunternehmeranteil handeln. Mehrere Einzelwirtschaftsgüter können nicht nach § 24 UmwStG steuerneutral eingebracht werden (aber ggf. ist § 6 Abs. 5 EStG anzuwenden). 737

Beispiele für Anwendungsfälle sind z. B. die Einbringung eines Einzelunternehmens in eine freiberufliche oder gewerbliche Personengesellschaft oder der Eintritt eines neuen Gesellschafters in eine bestehende freiberufliche oder gewerbliche Personengesellschaft mit Bareinlage.[566] 738

b) Systematik des § 24 UmwStG

In § 24 Abs. 1 UmwStG wird als Einstieg in die Begünstigung vorausgesetzt, dass ein Betrieb, Teilbetrieb oder Mitunternehmeranteil in eine Personengesellschaft eingebracht *und* der Einbringende Mitunternehmer wird. Der Einbringende kann auch dann i. S. von § 24 Abs. 1 UmwStG Mitunternehmer der Gesellschaft werden, wenn er im Zeitpunkt der Einbringung bereits an der über- 739

566 Eine Liste an Einbringungsbeispielen findet sich in BMF, Schreiben v. 2.1.2025, BStBl 2025 I S. 92 Rz. 01.47.

nehmenden Personengesellschaft beteiligt war. Es reicht aus, wenn sich seine maßgeblichen Gesellschaftsrechte absolut erhöhen.[567]

740 Nach § 24 Abs. 2 UmwStG kann der Ansatz des gemeinen Werts auf Antrag vermieden werden, wenn das deutsche Besteuerungsrecht an dem eingebrachten Betriebsvermögen nicht ausgeschlossen oder beschränkt wird (§ 24 Abs. 2 Satz 2 Nr. 1 UmwStG) und wenn bestimmte sonstige Gegenleistungen (neben den Gesellschaftsrechten, i. d. R. ein gewährtes Darlehen) nicht zu hoch sind (§ 24 Abs. 2 Satz 2 Nr. 2 UmwStG). Wenn (bzw. soweit) diese Voraussetzungen erfüllt sind, kann die Einbringung zum Buchwert (oder zum Zwischenwert) erfolgen.

741 Durch § 24 Abs. 3 UmwStG wird eine Wertverknüpfung hergestellt: Der Wertansatz bei der Personengesellschaft bestimmt, ob stille Reserven aufzudecken sind. Je nachdem, ob ein Ansatz zum Buchwert, Zwischenwert oder gemeinen Wert erfolgt, hat der Einbringende einen Gewinn zu versteuern.

c) Übertragung aller funktional wesentlichen Betriebsgrundlagen

742 Ein Betrieb besteht aus den funktional wesentlichen Betriebsgrundlagen. Diese müssen komplett auf die Ziel-Personengesellschaft übertragen werden, damit der „ganze" Betrieb eingebracht wird. Grundstücke stellen i. d. R. funktional wesentliche Betriebsgrundlagen dar. Wenn eine funktional wesentliche Betriebsgrundlage zurückbehalten wird, ist dies nach Verwaltungsauffassung schädlich.[568]

743 Für § 24 UmwStG ist es aber ausreichend, wenn das eingebrachte Betriebsvermögen teilweise Sonderbetriebsvermögen des Einbringenden bei der übernehmenden Mitunternehmerschaft wird.[569] Daher wird sich dieses Problem nicht stellen, sofern das Wirtschaftsgut nicht zeitnah vorab zum Buchwert auf eine

567 Der Einbringende kann dem BFH, Urteil v. 1.2.2024 - IV R 9/20 AAAAJ-63780 = BFH/NV 2024 S. 625, nach auch dann i. S. von § 24 Abs. 1 UmwStG Mitunternehmer der Gesellschaft werden, wenn er im Zeitpunkt der Einbringung bereits zu 100 % am Vermögen, Gewinn und Verlust sowie an den Stimmrechten der übernehmenden Personengesellschaft beteiligt ist. Es reicht aus, wenn sich seine maßgeblichen Gesellschaftsrechte absolut erhöhen. So im Ergebnis auch BMF, Schreiben v. 2.1.2025, BStBl 2025 I S. 92 Rz. 24.07 Satz 4.

568 BMF, Schreiben v. 2.1.2025 - IV C 2-S 1978/00035/020/040, BStBl 2025 I S. 92 Rz. 24.03 i. V. mit 20.07. Dagegen: BFH, v. 9.11.2011 - X R 60/09, BStBl 2012 II S. 638 OAAAE-05744. In dem BFH-Fall veräußerte ein Einzelunternehmer ein funktional wesentliches Grundstück zum Verkehrswert an seine Ehefrau und brachte einige Tage später sein „restliches" Einzelunternehmen (ohne Grundstück) in eine KG nach § 24 UmwStG ein. Die Ehefrau überließ das Grundstück dauerhaft.

569 BMF, Schreiben v. 2.1.2025 - IV C 2-S 1978/00035/020/040, BStBl 2025 I S. 92 Rz. 24.05, und BFH, Urteil v. 17.4.2019 - IV R 12/16, BStBl 2019 II S. 745 (2. Leitsatz) XAAAH-28208.

Personengesellschaft ausgelagert, sondern aus dem Eigentum des Einbringenden an die Zielgesellschaft überlassen wird.

BEISPIEL „EINBRINGUNG IN DAS SONDERBETRIEBSVERMÖGEN": Einzelunternehmer A gründet die A GmbH & Co. KG und überträgt nur ein Notebook seines Einzelunternehmens in das Gesellschaftsvermögen, um das Kapitalkonto I (Eigenkapital mit Stimmrecht) zu bedienen. Das übrige Vermögen (einschließlich des Betriebsgrundstücks) wird der A GmbH & Co. KG verpachtet und wird damit zu Sonderbetriebsvermögen der A GmbH & Co. KG.

LÖSUNG: A bringt nach § 24 Abs. 1 UmwStG seinen Betrieb (Einzelunternehmen) ein. Es reicht dafür aus, dass überhaupt Vermögen übertragen und dafür Gesellschaftsrechte (hier: Kapitalkonto I) gewährt werden. Die Übertragung in das Sonderbetriebsvermögen ist unschädlich.[570]

8. Betriebsbeendigung durch Realteilung der Personengesellschaft

a) Grundsätze der Realteilung

Wenn eine Personengesellschaft (Mitunternehmerschaft) zivilrechtlich aufgelöst wird und ihre Wirtschaftsgüter dabei auf die Gesellschafter (Mitunternehmer) übertragen werden, handelt es sich um eine „Realteilung" der Personengesellschaft. Dies ist als Betriebsaufgabe der Mitunternehmeranteile zu werten und führt im Grundsatz zur Besteuerung der gesamten stillen Reserven nach § 16 Abs. 3 Satz 1 EStG. 744

Werden jedoch im Zuge der Realteilung einer Mitunternehmerschaft Teilbetriebe, Mitunternehmeranteile oder einzelne Wirtschaftsgüter in das jeweilige Betriebsvermögen der einzelnen Mitunternehmer übertragen, wird dieses Vermögen bei der Betriebsaufgabe zum Buchwert angesetzt und im Zielbetriebsvermögen ebenfalls zum Buchwert übernommen (§ 16 Abs. 3 Satz 2 EStG). 745

BEISPIEL „REALTEILUNG": Frau A, Frau B und Herr C sind Gesellschafter (Mitunternehmer) der ABC-GbR, die einen Fahrschulbetrieb an mehreren Standorten unterhält. Die Gesellschafter lösen einvernehmlich die ABC-GbR auf, um jeweils als Einzelunternehmer weiter tätig zu sein. Frau A übernimmt den großen Standort A für

570 Kein Fall des § 24 UmwStG läge vor, wenn er das gesamte Vermögen in das Sonderbetriebsvermögen übertragen würde, vgl. FG Düsseldorf, Urteil v. 30.4.2003 - 16 K 2934/01 E EAAAB-07346 = EFG 2003 S. 1180 (rkr.). Die Gesellschaftsrechte müssen für Vermögen aus dem Betriebsvermögen der eingebrachten Sachgesamtheit gewährt werden. Eine „Zuzahlung" aus dem Privatvermögen des Einbringenden reicht nicht aus. Dies ist anders als bei Einbringungen in Kapitalgesellschaften (§ 20 UmwStG), bei denen bei Bargründung mit gleichzeitigem notariell beurkundeten Sachagio (Aufgeld) in Form eines Betriebs die Bareinlage nicht aus dem Betrieb stammen muss.

ihre eigene Fahrschule. Frau B übernimmt Standort B und viele Fahrzeuge für ihre eigene Fahrschule. Beide Standorte sind Teilbetriebe. Herr C übernimmt von Standort C die Schulungs- und Büroräume (Teileigentum der GbR), aber führt dort keinen Fahrschulbetrieb fort, sondern verwendet das Teileigentum für seine neu gegründete Versicherungsagentur.

LÖSUNG: Die ABC-GbR wird real geteilt, indem sie zivilrechtlich aufgelöst und ihr Vermögen auf die bisherigen Gesellschafter verteilt wird (echte Realteilung). Das jeweils übernommene Betriebsvermögen kann zum Buchwert fortgeführt werden, da es bei A (Teilbetrieb), B (Teilbetrieb) und C (Immobilien als Einzelwirtschaftsgut) weiterhin Betriebsvermögen bleibt (§ 16 Abs. 3 Satz 2 EStG). Hierfür ist es ausreichend, wenn erst im Rahmen der Realteilung bei den Realteilern durch die Übertragung einzelner Wirtschaftsgüter ein neuer Betrieb entsteht.[571]

b) Ausnahmen von der Buchwertfortführung (§ 16 Abs. 3 Satz 3–5 EStG)

746 Dagegen ist rückwirkend der gemeine Wert anzusetzen, soweit bei der Realteilung übertragener Grund und Boden, übertragene Gebäude oder andere übertragene wesentliche Betriebsgrundlagen innerhalb von drei Jahren nach Abgabe der Steuererklärung der Mitunternehmerschaft für den Veranlagungszeitraum der Realteilung veräußert oder entnommen werden (Sperrfrist nach § 16 Abs. 3 Satz 3 EStG). Der Buchwert ist unabhängig davon (schon von vornherein) nicht zulässig, soweit durch die Realteilung die Wirtschaftsgüter auf Körperschaften übertragen werden (§ 16 Abs. 3 Satz 4 EStG). Dies gilt auch, sofern durch die Realteilung das Wirtschaftsgut auf eine andere Körperschaft übertragen wird (§ 16 Abs. 3 Satz 5 EStG i. V. mit § 6 Abs. 5 Satz 7 EStG).

c) Unechte Realteilung

747 Im Gegensatz zu einer „echten" Realteilung (Auflösung der Personengesellschaft) gibt es auch die „unechte" Realteilung, wenn nur ein oder mehrere Mitunternehmer unter „Mitnahme" von Wirtschaftsgütern des Betriebsvermögens aus einer weiterbestehenden Mitunternehmerschaft ausscheiden. Die unechte Realteilung ist gleichwohl begünstigt. Hier ist aber zwischen einer solchen (buchwertprivilegierten) unechten Realteilung von einer (gewinnrealisierenden) Sachwertabfindung eines ausscheidenden Gesellschafters abzugrenzen (was oft schwierig ist).

571 BMF, Schreiben v. 19.12.2018, BStBl 2019 I S. 6 Rz. 12.

X. Immobilien bei Kapitalgesellschaften

1. Grundlagen der Körperschaftsteuer

Kapitalgesellschaften sind körperschaftsteuerpflichtig (§ 1 Abs. 1 Nr. 1 KStG) 748
und unterliegen mit ihren Einkünften einem Körperschaftsteuersatz von 15 % (§ 23 Abs. 1 KStG).[572] Das Einkommen ermittelt sich im Grundsatz nach den Regelungen des Einkommensteuergesetzes sowie den davon abweichenden oder ergänzenden Regelungen des Körperschaftsteuergesetzes (§ 8 Abs. 1 Satz 1 KStG). Inländische Kapitalgesellschaften erzielen nur Einkünfte aus Gewerbebetrieb (§ 8 Abs. 2 KStG). Dies gilt auch dann, wenn die Kapitalgesellschaft nur vermögensverwaltend tätig ist.

BEISPIEL „VERMÖGENSVERWALTENDE KAPITALGESELLSCHAFT": Der A-GmbH gehören mehrere Eigentumswohnungen in einer Anlage, die sie an Privatpersonen zu Wohnzwecken vermietet. Andere Tätigkeiten erbringt die A-GmbH nicht.

LÖSUNG: Eigentlich erzielt die A-GmbH Einkünfte aus Vermietung und Verpachtung (§ 21 Abs. 1 Nr. 1 EStG), da sie nur vermögensverwaltend und nicht i. S. des § 15 Abs. 2 EStG gewerblich tätig ist. Jedoch werden die Einkünfte nach § 8 Abs. 2 KStG automatisch umqualifiziert, so dass die A-GmbH (nur) Einkünfte aus Gewerbebetrieb erzielt.

Kapitalgesellschaften verfügen nach der BFH-Rechtsprechung[573] nur über eine 749
betriebliche Sphäre. „Privatvermögen" gibt es bei ihr (zumindest ertragsteuerrechtlich)[574] nicht. Das gesamte Vermögen und die gesamten Schulden sind automatisch der Kapitalgesellschaft zuzuordnen. Soweit aus diesem Vermögen Verluste resultieren, die aus der privaten Motivation der Anteilseigener resultieren (also gesellschaftsrechtlich veranlasst sind), wird aber das Einkommen über eine „verdeckte Gewinnausschüttung" nach § 8 Abs. 3 Satz 2 KStG erhöht.[575]

BEISPIEL „NUTZUNG VON WOHNUNGSEIGENTUM DURCH ANTEILSEIGNER": Der A-GmbH unterhält eine Kfz-Werkstatt in A-Stadt und ihr gehört eine Eigentumswohnung in B-Stadt, welche vom alleinigen Anteilseigner unentgeltlich genutzt wird.

---

572 Denkbar ist auch eine beschränkte Körperschaftssteuerpflicht für eine ausländische (nach dem Rechttypenvergleich vergleichbar einer inländischen) Kapitalgesellschaft mit ihren inländischen Einkünften (§ 2 Nr. 1 KStG).

573 Grundlegen: BFH, Urteil v. 4.12.1996 - I R 54/95 YAAAA-96773 = BFH/NV 1997 S. 190.

574 Umsatzsteuerrechtlich kann eine Kapitalgesellschaft aber über eine außerunternehmerische (nichtwirtschaftliche) Sphäre verfügen, wenn sie eine Leistung nicht für ihr Unternehmen erworben hat (§ 15 Abs. 1 Satz 2 UStG).

575 BFH, Urteil v. 27.7.2016 - I R 8/15, BStBl 2017 II S. 214 EAAAF-85889 m. w. N.

LÖSUNG: Der A-GmbH ist auch die Eigentumswohnung als Betriebsvermögen zuzurechnen. Durch die unentgeltliche Privatnutzung wird das Einkommen aber nach § 8 Abs. 3 Satz 2 KStG außerbilanziell erhöht (verdeckte Gewinnausschüttung).

2. Wohnungseigentum im Betriebsvermögen einer Kapitalgesellschaft

750 Kapitalgesellschaften verfügen nur über Betriebsvermögen, da diese nach der Rechtsprechung des BFH[576] nicht über Privatvermögen oder über eine private (außerbetrieblich) Sphäre verfügen können. Damit ist jegliches im Eigentum der Kapitalgesellschaft stehende Vermögen automatisch deren Betriebsvermögen. Alle Einnahmen sind Betriebseinnahmen (Erlöse) und alle Ausgaben sind Betriebsausgaben (Aufwendungen). Die körperschaftsteuerrechtliche Korrektur von Aufwendungen und Erträgen, die gesellschaftsrechtlich veranlasst sind, werden in vielen Fällen als verdeckte Einlagen bzw. als verdeckte Gewinnausschüttung behandelt und außerbilanziell hinzugerechnet bzw. gekürzt.

BEISPIEL „PRIVAT GENUTZTES WOHNUNGSEIGENTUM IM BETRIEBSVERMÖGEN DER KAPITALGESELLSCHAFT“: Der A-GmbH gehört u. a. eine Eigentumswohnung, die vom Alleingesellschafter Herrn A unentgeltlich zu privaten Wohnzwecken genutzt wird.

LÖSUNG: Die von Herrn A privat und unentgeltlich genutzte Eigentumswohnung gehört handelsbilanziell zu den Vermögensgegenständen (§ 246 Abs. 1 HGB) und steuerbilanziell zum Betriebsvermögen der A-GmbH. Die unentgeltliche und damit aus dem Privatinteresse des Anteilseigners motivierte Überlassung hat darauf keinen Einfluss. Durch die Veranlassung aus dem Gesellschaftsverhältnis resultiert eine verdeckte Gewinnausschüttung von der A-GmbH an Herrn A. Daher ist auf Ebene der A-GmbH außerbilanziell das Einkommen zu erhöhen (§ 8 Abs. 3 Satz 2 KStG) und bei Anteilseigner A sind Einkünfte aus Kapitalvermögen zu besteuern (§§ 20 Abs. 1 Nr. 1 Satz 2, 32d Abs. 3 EStG).

3. Verdeckte Einlage in die Kapitalgesellschaft

a) Grundlagen der verdeckten Einlage

751 Eine verdeckte Einlage ist die Zuwendung eines Vermögensvorteils durch einen Anteilseigner oder eine ihm nahestehende Person an die Kapitalgesellschaft außerhalb der gesellschaftsrechtlichen Einlagen, welche durch das Gesellschaftsverhältnis veranlasst ist. Die Veranlassung durch das Gesellschaftsverhältnis bestimmt sich nach dem Fremdvergleich: Würde ein gedachter Nichtgesellschafter als ordentlicher Kaufmann den Vermögensvorteil der Gesellschaft auch einräumen? Wenn und soweit ein Geschäft (deutlich) zugunsten

576 BFH, Urteil v. 22.8.2007 - I R 32/06, BStBl 2007 II S. 961 UAAAC-61541.

der Kapitalgesellschaft abgeschlossen wird und dieser Vorteil nicht aus betrieblichen Gründen (guter Geschäftssinn), sondern deswegen abgeschlossen wurde, weil der Vertragspartner ein Anteilseigner (oder eine diesem nahestehende Person) ist, kann gerade bei „falschen Preisen" von einer verdeckten Einlage ausgegangen werden.

b) Veräußerung oder unentgeltliche Übertragung von Wohnungseigentum als verdeckte Einlage

Die verdeckte Einlage wird grds. mit dem Teilwert bewertet (§ 8 Abs. 1 KStG 752
i.V. mit § 6 Abs. 1 Nr. 5 und Abs. 6 EStG)[577] und erhöht das steuerliche Einlagekonto der Kapitalgesellschaft (§ 27 Abs. 1 Satz 2 KStG). Der Ertrag ist bei der Kapitalgesellschaft nach § 8 Abs. 3 Satz 3 KStG steuerfrei, da es kein betrieblicher, sondern ein aus dem Gesellschaftsverhältnis erzeugter Ertrag ist. Der Anteilseigner hat nachträgliche Anschaffungskosten auf seine Beteiligung an der Kapitalgesellschaft und versteuert ggf. nach § 23 Abs. 1 Satz 5 Nr. 2 EStG ein privates Veräußerungsgeschäft aus der verdeckten Einlage eines Grundstücks.

BEISPIEL „UNENTGELTLICHE ÜBERTRAGUNG AUF EINE KAPITALGESELLSCHAFT": Frau F überträgt eine vermietete Eigentumswohnung aus ihrem Privatvermögen unentgeltlich auf die A-GmbH, deren Alleingesellschafterin sie ist und deren Anteile sie im Privatvermögen hält.

LÖSUNG: Frau F leistet eine verdeckte Einlage, da sie als Anteilseignerin der A-GmbH (außerhalb der gesellschaftsrechtlichen Einlagen) einen einlagefähigen Vermögensvorteil (Eigentumswohnung) zuwendet und diese Zuwendung durch das Gesellschaftsverhältnis veranlasst ist. Die verdeckte Einlage ist mit dem Teilwert bei der A-GmbH anzusetzen (§ 8 Abs. 1 KStG i.V. mit § 6 Abs. 1 Nr. 5 EStG). Der Ertrag ist nach § 8 Abs. 3 Satz 3 KStG steuerfrei und erhöht das steuerliche Einlagekonto (§ 27 KStG). Frau F verwirklicht ein privates Veräußerungsgeschäft aus der verdeckten Einlage der Eigentumswohnung (§ 23 Abs. 1 Satz 5 Nr. 2 EStG), bei dem der gemeine Wert der Eigentumswohnung als Veräußerungspreis gilt (§ 23 Abs. 3 Satz 2 EStG). Frau F hat nachträgliche Anschaffungskosten auf ihre Anteile an der A-GmbH (§ 17 Abs. 2a Satz 3 Nr. 1 EStG).

c) Verbilligte oder unentgeltliche Vermietung von Wohnungseigentum als verdeckte Einlage oder Nutzungsvorteil

Eine verdeckte Einlage kann nur ein bilanzierungsfähiger Vermögensvorteil 753
sein, der bei der Kapitalgesellschaft zum Ansatz bzw. zur Erhöhung eines Aktiv-

577 Zu Ausnahmen vgl. R 8.9 Abs. 4 KStR.

postens oder zum Wegfall bzw. zur Minderung eines Passivpostens führt.[578] Daher kann die Überlassung (nicht: Übertragung) eines Wirtschaftsguts zur Nutzung mangels Bilanzierbarkeit nicht Gegenstand einer Einlage sein (Nutzungsvorteil).[579]

BEISPIEL „NUTZUNGSVORTEIL FÜR EINE KAPITALGESELLSCHAFT": Frau F ist Wohnungseigentümerin einer Eigentumswohnung (Privatvermögen) und überlässt diese unentgeltlich für betriebliche Zwecke der A-GmbH, deren Alleingesellschafterin sie ist.

LÖSUNG: Es handelt sich nicht um eine verdeckte Einlage, da der nach dem Fremdvergleich angemessene (fehlende) Mietaufwand nicht bilanzierungsfähig und damit auch nicht einlagefähig ist. Das Einkommen der A-GmbH wird nicht in Höhe der angemessenen Miete gekürzt.

4. Verdeckte Gewinnausschüttung von der Kapitalgesellschaft

a) Grundlagen der verdeckten Gewinnausschüttung

754 In § 8 Abs. 3 Satz 1 KStG heißt es: „Für die Ermittlung des Einkommens ist es ohne Bedeutung, ob das Einkommen verteilt wird." Dies ist zunächst eine allgemein gefasste Bestimmung, dass die Einkommensermittlung von der Einkommensverteilung abzugrenzen ist. Konkret bedeutet es, dass gewinnmindernd gebuchte Geschäftsvorfälle keinen Einfluss auf das Einkommen haben dürfen und daher hinzuzurechnen sind, wenn der Aufwand nicht dem Betrieb, sondern der Verlagerung von Vermögen an den Anteilseigner dient (Gewinnausschüttungen). In erster Linie sind von § 8 Abs. 3 Satz 1 KStG offene Gewinnausschüttungen betroffen, also Vermögensauszahlungen an Anteilseigner, die handelsrechtlich wirksam beschlossen wurden. Da diese aber normalerweise ohne Auswirkungen auf den Gewinn gebucht werden (nämlich gegen Eigenkapital), ist der Anwendungsbereich in der Praxis eher klein.

755 Wichtiger ist § 8 Abs. 3 Satz 2 KStG, der wie folgt lautet: „Auch verdeckte Gewinnausschüttungen sowie Ausschüttungen jeder Art auf Genussrechte, mit denen das Recht auf Beteiligung am Gewinn und am Liquidationserlös der Kapitalgesellschaft verbunden ist, mindern das Einkommen nicht." Hier geht es um zwei verschiedene Sachverhalte: Zum einen regelt es den Sonderfall von Ausschüttungen auf Genussrechte (hier nicht relevant). Zum anderen geht es um die verdeckten Gewinnausschüttungen (vGA). Durch § 8 Abs. 3 Satz 2 KStG wird geregelt, dass vGA das Einkommen nicht mindern (dürfen).

578 BFH, Urteil v. 24.5.1984 - I R 166/78, BStBl 1984 II S. 747 YAAAA-91984.

579 H 8.9 „Nutzungsvorteil" KStH m. w. N. zur BFH-Rechtsprechung.

Dies ist die Rechtsfolge. Das bedeutet, dass gewinnmindernd (als Aufwand) gebuchte vGA außerbilanziell (einkommenserhöhend) zu korrigieren sind.

Im Gesetz wird die vGA nicht definiert, sondern in § 8 Abs. 3 Satz 2 KStG (Vorschrift für die Einkommenshinzurechnung) vorausgesetzt. Eine vGA ist – vereinfacht ausgedrückt – ein gewinnwirksamer Vermögensnachteil zulasten der Kapitalgesellschaft aus dem Gesellschaftsverhältnis. Dies ist gewissermaßen das Gegenstück zur verdeckten Einlage. 756

Nach der Definition des I. Senats des BFH[580] ist unter einer vGA bei einer Kapitalgesellschaft eine Vermögensminderung (verhinderte Vermögensmehrung) zu verstehen, die durch das Gesellschaftsverhältnis veranlasst ist, sich auf die Höhe des Unterschiedsbetrags gem. § 4 Abs. 1 Satz 1 EStG i. V. mit § 8 Abs. 1 KStG auswirkt und in keinem Zusammenhang zu einer offenen Ausschüttung steht. 757

Die Veranlassung aus dem Gesellschaftsverhältnis erfordert eine Motivationsprüfung. Dabei wird vom BFH die relativ sperrige Formel geliefert: „Für den größten Teil der entschiedenen Fälle hat der Senat [des BFH] die Veranlassung durch das Gesellschaftsverhältnis angenommen, wenn die Kapitalgesellschaft ihrem Gesellschafter einen Vermögensvorteil zuwendet, den sie bei der Sorgfalt eines ordentlichen und gewissenhaften Geschäftsleiters einem Nichtgesellschafter nicht gewährt hätte." Hierzu gibt es viele von der Rechtsprechung entwickelte Fallgruppen, wann eine vGA anzunehmen ist. 758

Die Rechtsprechung hat in erster Linie den materiellen Fremdvergleich für die Veranlassungsprüfung im Blick: Wenn die Kapitalgesellschaft das Geschäft auch mit einem Nichtgesellschafter zu denselben Konditionen eingegangen wäre, führt dies nicht zu einer vGA. Diese Fallgruppe der vGA ist durch ihren wirtschaftlichen Sinn verständlich, da ein durch den Anteilseigner veranlasstes Geschäft zum Nachteil der Kapitalgesellschaft (z. B. durch einen unangemessenen Preis) sonst gezielt der Steuerminderung dienen könnte. 759

Eine zweite Kategorie der Veranlassungsprüfung ist der formelle Fremdvergleich. Hier geht es darum, dass Vereinbarungen dem Grunde nach klar und eindeutig, im Voraus abgeschlossen, zivilrechtlich wirksam sind und tatsächlich durch- 760

580 So z. B. in BFH, Urteil v. 24.10.2018 - I R 78/16, BStBl 2019 II S. 570 unter II.3.a) KAAAH-11888. Der VIII. Senat des BFH formuliert die vGA aus Sicht des Anteilseigners ähnlich (z. B. BFH, Urteil v. 11.12.2018 - VIII R 44/15 unter II.1.a) VAAAH-15431: „Eine vGA i. S. des § 20 Abs. 1 Nr. 1 Satz 2 EStG liegt vor, wenn eine Kapitalgesellschaft ihrem Gesellschafter außerhalb der gesellschaftsrechtlichen Gewinnverteilung einen Vermögensvorteil zuwendet, diese Zuwendung ihren Anlass im Gesellschaftsverhältnis hat und der Vermögensvorteil dem Gesellschafter zugeflossen ist.").

geführt werden.[581] Dies betrifft allerdings nur Geschäfte einer Kapitalgesellschaft mit den beherrschenden Gesellschaftern (und diesen nahestehenden Personen). Auch diese Fallgruppe ist wichtig, da sonst ein beherrschender Gesellschafter die Steuerbelastung seiner Kapitalgesellschaft steuern könnte, indem er z. B. die Höhe einer Tantieme nachträglich seiner freien Bestimmung als Gesellschafter-Geschäftsführer überlässt. Der formelle Fremdvergleich ist deshalb unabhängig von der Angemessenheit eines Geschäfts zu beachten.

761 Der Anteilseigner hat aus der vGA Kapitaleinkünfte zu versteuern (§ 20 Abs. 1 Nr. 1 Satz 2 KStG).

b) Verdeckte Gewinnausschüttung bei Veräußerung von Wohnungseigentum

762 Auch der überteuerte Ankauf vom Anteilseigner bzw. der verbilligte Verkauf an den Anteilseigner kann zu einer vGA in Höhe der Differenz zum angemessenen Kaufpreis führen.

BEISPIEL „VGA AUS GRUNDSTÜCKSERWERB DURCH DIE KAPITALGESELLSCHAFT“: Eine GmbH kauft von Ihrem Gesellschafter A eine Eigentumswohnung für 300.000 €, obwohl diese nur 200.000 € wert ist.

LÖSUNG: Nur der angemessene Kaufpreis (200.000 €) ist als Anschaffungskosten in der Steuerbilanz bei der erwerbenden GmbH anzusetzen.[582] In Höhe der Differenz zum tatsächlichen Kaufpreis (100.000 €) ist das Wirtschaftsgut aufwandwirksam innerbilanziell abzuschreiben und in gleicher Höhe außerbilanziell als vGA hinzuzurechnen.

c) Verdeckte Gewinnausschüttung durch verbilligte oder unentgeltliche Nutzung von Wohneigentum

763 Eine zu günstige Vermietung von Wohnungseigentum an den Anteilseigner führt zu einer vGA, soweit die vereinbarte Miete zu gering ist. Bei der Vermietung eines Grundstücks an den Anteilseigner kommt es nicht darauf an, welche Miete für ein vergleichbares Objekt zu erzielen wäre (Vergleichsmiete), sondern auf die tatsächlichen Kosten der vermietenden Kapitalgesellschaft

581 R 8.5 Abs. 2 KStR.

582 BMF, Schreiben v. 28.5.2002, BStBl 2002 I S. 603 Rz. 42.

(Kostenmiete) zzgl. eines Gewinnzuschlags.[583] Die Gebäudeabschreibung ist für Zwecke der Kostenmiete mit der regulären steuerlichen AfA nach § 7 Abs. 4 Satz 1 Nr. 2 Buchst. b EStG (2 % p. a.) zu berücksichtigen.[584]

BEISPIEL „VGA AUS VERBILLIGTER VERMIETUNG AN DEN ANTEILSEIGNER": Eine GmbH vermietet an ihre Anteilseignerin Frau B eine Eigentumswohnung. Die Kosten zzgl. angemessenem Gewinnzuschlag betragen 1.000 € im Monat. Frau B zahlt aber nur eine Miete i. H. von 600 € im Monat.

LÖSUNG: Die Differenz zwischen der Kostenmiete und der tatsächlich vereinbarten Miete (d. h. 400 € monatlich) ist als vGA (verhinderte Vermögensmehrung) dem Einkommen der GmbH nach § 8 Abs. 3 Satz 2 KStG hinzuzurechnen.

5. Einbringung in Kapitalgesellschaft nach § 20 UmwStG

a) Grundlagen der Einbringung in Kapitalgesellschaften

Die Einbringung von Betriebsvermögen in eine Kapitalgesellschaft durch die Vermögensübertragung gegen Geschäftsanteile an der übernehmenden Gesellschaft ist aus ertragsteuerlicher Sicht eine Veräußerung und würde im Grundsatz eine Besteuerung der gesamten stillen Reserven als Betriebsveräußerung auslösen (§ 16 Abs. 1 EStG). Sofern das übertragene Vermögen als Betrieb, Teilbetrieb oder Mitunternehmeranteil anzusehen ist, können jedoch nach § 20 Abs. 1, 2 UmwStG die Buchwerte unter bestimmten Voraussetzungen fortgeführt werden. 764

Rechtstechnisch wird dann durch § 20 Abs. 3 Satz 1 UmwStG bestimmt, dass der Wertansatz in der übernehmenden Kapitalgesellschaft (i. d. R. der Buchwert des eingebrachten Vermögens) sowohl dem (fiktiven) Veräußerungspreis für das eingebrachte Betriebsvermögen als auch den Anschaffungskosten der gewährten (neuen) Anteile entspricht. 765

BEISPIEL „BETRIEBSEINBRINGUNG IN EINE KAPITALGESELLSCHAFT": Frau B hat einen Schreinerbetrieb auf eigenem Betriebsgrundstück (Eigenkapital bei Einbringung: 100.000 €) und überträgt dieses Vermögen im Wege der Einzelrechtsnachfolge aufgrund einer Sachgründung auf die S-GmbH, deren Geschäftsanteile ihr dadurch allein gewährt werden. Die A-GmbH wählt die Buchwertfortführung.

583 Für Wohnraumvermietung an den Anteilseigner: Kostenmiete zzgl. Gewinnzuschlag als vGA-Wert (BFH, Urteil v. 27.7.2016 - I R 12/15, BStBl 2017 II S. 214 UAAAF-85888).

584 Dies gilt auch dann, wenn wegen einer übertragenen Rücklage nach § 6b EStG gar keine AfA angesetzt wird (FG Niedersachsen, Urteil v. 15.8.2024 - 10 K 255/21 RAAAJ-90649 = EFG 2025 S. 892, BFH-Rev.: I R 21/24).

LÖSUNG: Frau B veräußert einkommensteuerrechtlich ihren Betrieb (Einzelunternehmen) für 100.000 € und versteuert im Ergebnis keinen Gewinn nach § 16 Abs. 1 EStG, da dies ihrem Eigenkapital bei Einbringung entspricht (100.000 € ./. 100.000 € = Gewinn 0 €). Ihre Anschaffungskosten der Anteile an der S-GmbH betragen (ebenfalls) 100.000 €.

b) Wohnungseigentum als funktional wesentliche Betriebsgrundlage

766 Eine Einbringung ist nur dann durch § 20 UmwStG begünstigt, wenn der „ganze" Betrieb, Teilbetrieb oder Mitunternehmeranteil auf die Kapitalgesellschaft übertragen wird. Relevant ist dabei, dass alle „funktional wesentlichen Betriebsgrundlagen" eingebracht werden.[585] Wird eine funktional wesentliche Betriebsgrundlage zurückbehalten, ist die Einbringung nicht nach § 20 UmwStG begünstigt, weil nicht die „ganze" Sachgesamtheit übertragen (eingebracht) wird.

767 Grundstücke gelten im Grundsatz immer dann als funktional wesentliche Betriebsgrundlage i. S. von § 20 UmwStG, wenn sie die räumliche und funktionale Grundlage für die Geschäftstätigkeit eines Betriebs bilden und es dem Unternehmen ermöglichen, seinen Geschäftsbetrieb aufzunehmen und auszuüben.[586] Dies gilt unabhängig davon, ob ein vergleichbares Grundstück erworben werden könnte.[587] Ein Grundstück wird nur dann nicht als funktional wesentlich angesehen, wenn es von geringer wirtschaftlicher Bedeutung für den konkreten Betrieb ist (Ausnahmefall).

768 Wohnungseigentum stellt daher regelmäßig eine funktional wesentliche Betriebsgrundlage eines Betriebs dar. Dies gilt auch für „Allerweltsgebäude", die für Bürozwecke genutzt werden.

769 Auch Wohnungseigentum aus dem Sonderbetriebsvermögen einer Personengesellschaft muss auf eine Kapitalgesellschaft übertragen werden.

BEISPIEL „WOHNUNGSEIGENTUM IM SONDERBETRIEBSVERMÖGEN": Frau C und Herr D sind Kommanditisten der CD-GmbH & Co. KG, die ein Schuhgeschäft betreibt. Das Betriebsgrundstück (Teileigentum im Sinne des WEG) ist im zivilrechtlichen Eigentum von Frau C, welches sie an die CD-GmbH & Co. KG vermietet. Mit ertragsteuerlicher Wirkung zum 31.12.2024 treten C und D aus der KG und das Gesellschaftsvermögen geht auf die (ehemalige) Komplementär-GmbH über, welche dafür eine Kapitalerhöhung durchführt. Das Teileigentum wird in derselben notariellen Urkunde von Frau C auf die GmbH übertragen.

585 BFH, Urteil v. 25.11.2009 - I R 72/08, BStBl 2010 II S. 471 HAAAD-37371 m. w. N.
586 BFH, Urteil v. 14.2.2007 - XI R 30/05, BStBl 2007 II S. 524 GAAAC-44916.
587 BFH, Urteil v. 13.7.2006 - IV R 25/05, BStBl 2006 II S. 804 FAAAC-16500.

LÖSUNG: Frau C und Herr D bringen jeweils ihren Mitunternehmeranteil an der CD-GmbH & Co. KG in die GmbH ein.[588] Die Buchwertfortführung ist zulässig, da insbesondere Frau C ihr funktional wesentliches Sonderbetriebsvermögen (Teileigentum) auf die GmbH überträgt. Würde sie das Teileigentum nicht mit dem Gesellschaftsvermögen in die GmbH einbringen, sondern zurückbehalten, wäre sowohl für Frau C als auch für Herrn D § 20 UmwStG nicht anzuwenden.

6. Zur Körperschaftsteuer optierende Personengesellschaft (§ 1a KStG)

a) Option zur Körperschaftsteuer für Personengesellschaften

Durch § 1a KStG[589] können Personenhandelsgesellschaften, Partnerschaftsgesellschaften oder eingetragene Gesellschaften bürgerlichen Rechts wie eine Kapitalgesellschaft besteuert werden. Die Gesellschaft kann dies beantragen (Option nach § 1a Abs. 1 KStG). 770

b) Wirkung der Option (Übergang zur Körperschaftsteuer)

Die Option hat zivilrechtlich keine Auswirkung auf die Rechtsform der Gesellschaft, sondern nur eine ertragsteuerrechtliche Wirkung. Es wird ein Formwechsel und damit die Einbringung des Vermögens aus der Personengesellschaft in eine Körperschaft fingiert (§ 1a Abs. 2 KStG i. V. mit §§ 25, 20 UmwStG). Regelmäßig wird der antragsgemäße Ansatz der Buchwerte nach den allgemeinen Grundsätzen des § 20 Abs. 2 UmwStG gewünscht sein. Auch vermögensverwaltende Personenhandelsgesellschaften sind antragsberechtigt,[590] aber können keine Buchwerte nach § 1a Abs. 2 KStG i. V. mit § 20 Abs. 2 UmwStG ansetzen, da es sich nicht um Mitunternehmerschaften handelt.[591] 771

BEISPIEL „WIRKUNG DER OPTION AUF DIE AFA": Die AB-eGbR (Gesellschafter sind Frau A und Herr B) vermietet als vermögensverwaltende Gesellschaft eine Eigentumswohnung, aus der die Gesellschafter A und B (natürliche Personen) Einkünfte aus Vermietung und Verpachtung (§ 21 Abs. 1 Satz 1 Nr. 1 EStG) erzielen. Da das AfA-Volumen bereits verbraucht ist, kann keine Gebäude-AfA als Werbungskosten angesetzt werden. Ab dem WJ 2025 optiert die AB-eGbR nach § 1a Abs. 1 KStG zur Körperschaftsteuer.

---

588 BMF, Schreiben v. 2.1.2025 - IV C 2-S 1978/00035/020/040, BStBl 2025 I S. 92 Rz. 20.05.

589 Eingefügt durch das Gesetz zur Modernisierung des Körperschaftsteuerrechts (KöMoG) v. 25.6.2021, BGBl 2021 I S. 2050.

590 BMF, Schreiben v. 10.11.2021 - IV C 2 - S 2707/21/10001:004, BStBl 2021 I S. 2212 Rz. 2.

591 BMF, Schreiben v. 10.11.2021 - IV C 2 - S 2707/21/10001:004, BStBl 2021 I S. 2212 Rz. 30.

LÖSUNG: Auch vermögensverwaltende Personengesellschaften sind optionsberechtigt. Das Gebäude ist bei der AB-eGbR als optierende Gesellschaft (§ 1a KStG) mit dem gemeinen Wert zu aktivieren (§ 6 Abs. 6 Satz 1 EStG i. V. mit § 8 Abs. 1 KStG).[592] Der Abzug von Gebäude-AfA ist zwar (wieder) möglich. Sie ist jedoch nicht für die Gesellschafter A und B, sondern lediglich für als Betriebsausgaben der optierenden Gesellschaft im Rahmen der Körperschaftssteuer abzugsfähig.

c) Besteuerung von Gesellschaft und Gesellschafter

772 Die Personengesellschaft unterliegt durch die Option der Körperschaftsteuer und die Gesellschafter werden wie Anteilseigner einer Kapitalgesellschaft behandelt. Die optierende Gesellschaft ermittelt und erzielt somit in eigener Person Einkommen, das sie der Körperschaftsteuer zu unterwerfen hat. Sofern die Gewinnanteile aus der optierenden Gesellschaft an die Gesellschafter ausgezahlt bzw. entnommen werden, unterliegen diese als Kapitaleinkünften i. S. des § 20 Abs. 1 Nr. 1 EStG der Einkommensteuer (§ 1a Abs. 3 Satz 2 Nr. 1 KStG).

773 Beim Gesellschafter führen

- Einnahmen für seine Tätigkeit im Dienst der Gesellschaft zu Einkünften i. S. des § 19 EStG (§ 1a Abs. 3 Satz 2 Nr. 2 KStG);
- Einnahmen aus Darlehen zu Einkünften i. S. des § 20 Abs. 1 Nr. 7 EStG (§ 1a Abs. 3 Satz 2 Nr. 3 KStG);
- Einnahmen aus der Überlassung von Wirtschaftsgütern zu Einkünften i. S. der §§ 21 oder 22 EStG (§ 1a Abs. 3 Satz 2 Nr. 4 KStG).

BEISPIEL „VERGÜTUNGEN AN DIE GESELLSCHAFTER": Die ABC-OHG hat zu Körperschaftsteuer nach § 1a KStG optiert. Gesellschafter A ist zu 20 % beteiligt und vermietet eine Eigentumswohnung an die AB-OHG für deren betriebliche Zwecke.

LÖSUNG: Gesellschafter A erzielt aus der Vermietung der Eigentumswohnung Einkünften i. S. des § 21 Abs. 1 Nr. 1 EStG (§ 1a Abs. 3 Satz 2 Nr. 4 KStG).

d) Rückoption aus der Körperschaftsteuer

774 Die optierende Gesellschaft darf zu Beginn jedes folgenden WJ die Option beenden und in die transparente Besteuerung zurückwechseln. Dies ist durch eine Rückoption nach § 1a Abs. 4 KStG zulässig. Die Rückoption löst die Folgen eines Formwechsels einer Kapitalgesellschaft in eine Personengesellschaft aus.

592 Dorn/Weiss, DStR 2021 S. 2489, 2492.

Die dafür geltenden Regelungen des UmwStG (§§ 3 ff. UmwStG) sind entsprechend anzuwenden.

7. Verschmelzung und Spaltung von Kapitalgesellschaften

a) Verschmelzung von Kapitalgesellschaften

Kapitalgesellschaften können nach §§ 2 ff. UmwG auf andere Rechtsträger verschmolzen werden. Handelsrechtlich wird das gesamte Vermögen der untergehenden Kapitalgesellschaft im Zeitpunkt des Handelsregistereintrags der Verschmelzung durch Gesamtrechtsnachfolge auf die übernehmende Gesellschaft (Zielrechtsträger) übertragen. Ertragsteuerrechtlich wird der Vermögensübergang auf den rückwirkenden Umwandlungsstichtag bezogen (§ 2 UmwStG). Dabei regeln die §§ 11 ff. UmwStG die ertragsteuerrechtliche Situation für die beteiligten Gesellschaften und die Anteilseigner der Kapitalgesellschaft. Unter bestimmten (in der Praxis oft eingehaltenen) Voraussetzungen ist eine antragsgebundene Buchwertübertragung zulässig (§ 11 Abs. 2 UmwStG). Es ist aber auch auf Antrag ein Zwischenwertansatz (ein zu wählender Wert zwischen dem Buchwert und dem gemeinen Wert) zulässig. Der übernehmende Rechtsträger ist daran gebunden (§ 12 Abs. 1 UmwStG). 775

Wenn sich im Vermögen der verschmelzenden (untergehenden) Kapitalgesellschaft Wohnungseigentum befindet, wird dieses automatisch (durch Gesamtrechtsnachfolge) auf den übernehmenden Rechtsträger übertragen. Das Wohnungsgrundbuch wird berichtigt, da ein neuer Wohnungseigentümer einzutragen ist. 776

Der übernehmende Rechtsträger tritt in die steuerliche Rechtsstellung der übertragenden Körperschaft ein (§ 12 Abs. 3 UmwStG). Dies gilt auch hinsichtlich der historischen Anschaffungs- oder Herstellungskosten der übernommenen Wirtschaftsgüter.[593] Der Eintritt in die steuerliche Rechtsstellung der übertragenden Körperschaft gilt auch dann, wenn die übergegangenen Wirtschaftsgüter mit dem Zwischenwert oder mit dem gemeinen Wert angesetzt worden sind. Die AfA bemisst sich dann bei dem übernehmenden Rechtsträger bei dem Gebäudeanteil von Wohnungseigentum (Fälle des § 7 Abs. 4 Satz 1 und Abs. 5 EStG) nach der bisherigen AfA-Bemessungsgrundlage, vermehrt um den Aufstockungsbetrag (= Differenz zwischen dem Buchwert des Gebäudes unmittelbar vor Aufstellung der steuerlichen Schlussbilanz und dem Wert, mit dem die Gesellschaft 777

593 BMF, Schreiben v. 2.1.2025 - IV C 2-S 1978/00035/020/040, BStBl 2025 I S. 92 Rz. 04.09.

die Gebäude in der steuerlichen Schlussbilanz angesetzt hat). Auf diese AfA-Bemessungsgrundlage ist der bisherige AfA-Satz weiterhin anzuwenden. Wird in den Fällen des § 7 Abs. 4 Satz 1 EStG die volle Absetzung innerhalb der tatsächlichen Nutzungsdauer nicht erreicht, können die Absetzungen für Abnutzung nach der Restnutzungsdauer des Gebäudes bemessen werden.[594]

BEISPIEL „GEBÄUDE-AFA NACH VERSCHMELZUNG ZUM ZWISCHENWERT": Die A-GmbH hat u. a. eine Eigentumswohnung (mit einem Buchwert des Gebäudes von 100.000 € und einem gemeinen Wert von 200.000 €) in ihrem Eigentum und wird zum 31.12.2024 zum Zwischenwert mit einer 30%igen Aufdeckung der stillen Reserven auf die B-GmbH verschmolzen. Die Gebäudeanschaffungskosten (bisherige AfA-Bemessungsgrundlage) betragen 160.000 €.

LÖSUNG: Die stillen Reserven des Gebäudes (insgesamt 100.000 €) sind i. H. von 30.000 € (30 %) aufzudecken. Der neue Bilanzansatz bei der B-GmbH zum Umwandlungszeitpunkt beträgt daher 130.000 €. Die bisherige AfA-Bemessungsgrundlage (160.000 €) ist um die Aufstockung (30.000 €) auf insgesamt 190.000 € zu erhöhen.

778 Rücklagen der untergehenden Gesellschaft (z. B. nach § 6b EStG) werden bei einer Buchwertfortführung ungemindert von der übernehmenden Gesellschaft übernommen (und bei einem Zwischenwertansatz verhältnismäßig aufgelöst). Sofern die übernehmende Gesellschaft ein Gebäude anschafft oder herstellt, kann sie eine übernommene § 6b-EStG-Rücklage auflösen und die stillen Reserven auf das Reinvestitionsobjekt übertragen.

BEISPIEL „ÜBERNAHME § 6B ESTG": Die A-GmbH hat seit dem 31.12.2022 eine Rücklage nach § 6b EStG aus einer Grundstücksveräußerung und wird zum 31.12.2023 zum Buchwert auf die B-GmbH verschmolzen, die im WJ 2025 ein Grundstück anschafft.

LÖSUNG: Die B-GmbH übernimmt die § 6b-EStG-Rücklage und kann diese für die Grundstücksinvestition im Jahr 2025 nutzen, da der (regelmäßig vierjährige) Reinvestitionszeitraum (Beginn zum 31.12.2022) 2025 noch nicht abgelaufen ist.

779 Die Vermögensübernahme stellt beim übernehmenden Rechtsträger aber keine Anschaffung für Zwecke des § 6b EStG dar.[595]

BEISPIEL „GRUNDSTÜCKSÜBERNAHME": Die A-GmbH hat u. a. eine Eigentumswohnung in ihrem Eigentum und wird zum 31.12.2024 zum Buchwert auf die B-GmbH verschmolzen, welche seit dem 31.12.2023 über eine eigene § 6b-EStG-Rücklage aus einem Grundstücksverkauf verfügt.

LÖSUNG: Die Vermögensübernahme der Eigentumswohnung gilt nicht als Anschaffung der Eigentumswohnung i. S. des § 6b EStG, so dass die B-GmbH ihre Rücklage nicht auf die Eigentumswohnung übertragen kann.

594 BMF, Schreiben v. 2.1.2025 - IV C 2-S 1978/00035/020/040, BStBl 2025 I S. 92 Rz. 04.10.
595 BMF, Schreiben v. 2.1.2025 - IV C 2-S 1978/00035/020/040, BStBl 2025 I S. 92 Rz. 04.14.

b) Spaltungen von Kapitalgesellschaften

Wenn eine Kapitalgesellschaft ihr Vermögen teilweise auf eine andere Gesellschaft nach § 123 UmwG abspaltet, führt dies faktisch zu einer „Teilverschmelzung". Ertragsteuerrechtlich wird durch § 15 Abs. 1 Satz 1 UmwStG geregelt, dass §§ 11, 12 und 13 UmwStG (Normen für die Verschmelzung) entsprechend anzuwenden sind. Dies gilt auch für die Aufspaltung einer Kapitalgesellschaft. Eine Buchwertfortführung oder wahlweise ein Zwischenwertansatz ist nur zulässig, wenn „auf die Übernehmerinnen ein Teilbetrieb übertragen wird und im Falle der Abspaltung bei der übertragenden Körperschaft ein Teilbetrieb verbleibt" (§ 15 Abs. 1 Satz 2 UmwStG). Nur in diesen Fällen sind §§ 11 Abs. 2 und 13 Abs. 2 UmwStG (insbesondere Buchwertansatz auf Ebene der Gesellschaft und der Anteilseigner) entsprechend anzuwenden. 780

Schwierig ist regelmäßig die Abgrenzung eines „ganzen" Teilbetriebs. Ein Teilbetrieb wird nach der Fusionsrichtlinie der EU definiert.[596] Dies ist streitanfällig und wird daher meistens vorab durch eine verbindliche Auskunft (§ 89 Abs. 2 AO) beim Finanzamt abgefragt. Wichtig ist die Zuordnung der Wirtschaftsgüter zum Teilbetrieb. Die Verwaltungsauffassung ist streng: Das zurückbleibende Vermögen erfüllt nicht die Voraussetzungen des § 15 Abs. 1 Satz 2 UmwStG, wenn nicht alle Wirtschaftsgüter einem Teilbetrieb zugeordnet werden.[597] 781

Sofern die Teilbetriebsvoraussetzungen des § 15 Abs. 1 UmwStG erfüllt sind, kann das übertragene Vermögen (der Teilbetrieb) ohne die Aufdeckung stiller Reserven auf die Zielgesellschaft abgespalten werden (§ 15 Abs. 1 Satz 2 UmwStG i. V. mit § 11 Abs. 2 UmwStG). Die Spaltgesellschaft hat dann keinen Übertragungsgewinn bei der Körperschaftsteuer und Gewerbesteuer zu versteuern. 782

Wird eine funktional wesentliche Betriebsgrundlage (z. B. Wohnungseigentum) von mehreren Teilbetrieben eines Unternehmens genutzt, hindert dies die Steuerneutralität der Spaltung (sog. „Spaltungshindernis"). Das Wohnungseigentum muss dann zivilrechtlich bis zum Zeitpunkt des Spaltungsbeschlusses (weiter) aufgeteilt werden. Bei Wohnungseigentum kann dies unzulässig sein, sofern die Abgeschlossenheit für jedes neu entstehende Teileigentum nicht gewährleistet ist. Sollte daher eine „reale Teilung" nicht zumutbar oder nicht möglich sein, bestehen nach Auffassung der Finanzverwaltung im Einzelfall keine Bedenken, eine ideelle Teilung durch Bruchteilseigen- 783

596 BMF, Schreiben v. 2.1.2025 - IV C 2-S 1978/00035/020/040, BStBl 2025 I S. 92 Rz. 15.02.
597 BMF, Schreiben v. 2.1.2025 - IV C 2-S 1978/00035/020/040, BStBl 2025 I S. 92 Rz. 15.01.

tum (im Verhältnis der tatsächlichen Nutzung) unmittelbar nach der Spaltung ausreichen zu lassen.[598]

c) Verschmelzung auf betriebliche Personengesellschaft

784 Eine Kapitalgesellschaft kann auf eine gewerbliche Personengesellschaft (Mitunternehmerschaft) verschmolzen (oder formgewechselt) werden. Die ertragsteuerrechtlichen Folgen der Umwandlung ergeben sich aus den §§ 3ff. UmwStG. Danach können die Buchwerte der übergehenden Wirtschaftsgüter auf Antrag fortgeführt werden. Die stillen Reserven des übergehenden Betriebsvermögens sind dann nicht aufzudecken und ein körperschaftsteuerpflichtiger und ggf. gewerbesteuerpflichtiger Übertragungsgewinn der Kapitalgesellschaft wird verhindert. Unabhängig von der Fortführung der Buchwerte gelten die Gewinne der Kapitalgesellschaft zum Umwandlungsstichtag als Gewinnausschüttung (§ 7 UmwStG). Insoweit ist die Umwandlung nicht steuerneutral.

d) Umwandlung auf vermögensverwaltende Personengesellschaft

785 Ist die übernehmende Personengesellschaft nicht gewerblich (sondern eine vermögensverwaltende Personengesellschaft), kommt es umwandlungsbedingt zu einer zwangsweisen Überführung des Betriebsvermögens der Kapitalgesellschaft in das Privatvermögen. Eine Fortführung der Buchwerte ist nach § 3 Abs. 2 Satz 1 Nr. 1 UmwStG nicht zulässig. Die stillen Reserven sind bei der Kapitalgesellschaft als Übertragungsgewinn aufzudecken und von dieser zu versteuern (§ 3 Abs. 1 Satz 1 UmwStG). Die Personengesellschaft (bzw. deren Gesellschafter) erzielt nach der Umwandlung Einkünfte aus den übernommenen Wirtschaftsgütern, z. B. Einkünfte aus Vermietung und Verpachtung (§ 21 Abs. 1 Nr. 1 EStG).

BEISPIEL „FORMWECHSEL IN VERMÖGENSVERWALTENDE PERSONENGESELLSCHAFT": Frau A und Frau B sind an der AB-GmbH zu jeweils 50 % beteiligt und halten deren Anteile im Privatvermögen. Die AB-GmbH ist Eigentümerin einer Wohnung, die sie an fremde Dritte vermietet. Die AB-GmbH wird durch Formwechsel (§ 190 UmwG) in die AB eGbR umgewandelt.

598 BMF, Schreiben v. 2.1.2025 - IV C 2-S 1978/00035/020/040, BStBl 2025 I S. 92 Rz. 15.08.

LÖSUNG: Die Grundstücksvermietung führte bei der AB-GmbH zu gewerblichen Einkünften (§ 8 Abs. 2 KStG). Durch den Formwechsel wird die AB-GmbH (Kapitalgesellschaft) in die AB eGbR (Personengesellschaft) umgewandelt. Da ein Formwechsel zivilrechtlich keinen Vermögensübergang (sondern nur eine Änderung der Rechtsform) bewirkt, sind nach § 9 UmwStG bei dem Formwechsel die §§ 3–8 UmwStG anzuwenden. Da die AB eGbR vermögensverwaltend tätig ist, verliert das Wohnungseigentum seine Eigenschaft als Betriebsvermögen. Eine Buchwertfortführung ist unzulässig (§ 3 Abs. 2 Satz 1 Nr. 1 UmwStG) und die stillen Reserven des Wohnungseigentums sind aufzudecken.

XI. Gewerbesteuer

1. Grundlagen der Gewerbesteuer

786 Nach § 2 Abs. 1 Satz 1 GewStG unterliegt „jeder stehende Gewerbebetrieb, soweit er im Inland betrieben wird" der Gewerbesteuer. Als Gewerbebetrieb wird ein gewerbliches Unternehmen im Sinne des Einkommensteuergesetzes angesehen (§ 2 Abs. 1 Satz 2 GewStG). Dies sind zunächst einmal die originär gewerblichen Unternehmen.

BEISPIEL „VERMÖGENSVERWALTENDE PERSONENGESELLSCHAFT": Die A-KG (nicht gewerblich geprägt) ist Eigentümerin eines Einkaufszentrums auf einer Fläche von 30.000 m² und vermietet Ladenlokale an 40 Einzelhandels- und Dienstleistungsunternehmen. Die A-KG übernimmt nach den Mietverträgen folgende Leistungen: Wartung und Instandhaltung, Reinigung, Sicherheitsdienst und gelegentliche Werbung.

LÖSUNG: Die A-KG unterhält eine vermögensverwaltende Tätigkeit und ist nicht gewerbesteuerpflichtig. Die Sonderleistungen reichen für eine Gewerblichkeit nicht aus.[599]

787 Eine vermögensverwaltende oder freiberufliche Tätigkeit einer Personengesellschaft wird

- durch eine daneben bestehende gewerbliche Tätigkeit („Infektion" nach § 15 Abs. 3 Nr. 1 Satz 1 Alt. 1 EStG) oder
- durch „gewerbliche Prägung" (§ 15 Abs. 3 Nr. 2 EStG)

insgesamt zum Gewerbebetrieb und unterliegt dann ebenfalls der Gewerbesteuer.

BEISPIEL „GEWERBLICH GEPRÄGTE PERSONENGESELLSCHAFT": Die I-GmbH & Co. KG ist nach § 15 Abs. 3 Nr. 2 EStG gewerblich geprägt und durch die Vermietung der drei Eigentumswohnungen in ihrem Gesellschaftsvermögen lediglich vermögensverwaltend tätig. Andere Tätigkeiten übt sie nicht aus.

LÖSUNG:

Die I-GmbH & Co. KG unterhält zwar nur eine vermögensverwaltende Tätigkeit. Gleichwohl gilt sie nach § 15 Abs. 3 Nr. 2 EStG als gewerblich (geprägt) und ist daher nach § 2 Abs. 1 GewStG sachlich mit der Vermietung gewerbesteuerpflichtig.

788 Die Gewerbesteuer ist eine zusätzliche Ertragsteuer neben der Einkommen- bzw. Körperschaftsteuer. Die Gewerbesteuer besteuert jedoch nach ihrem sys-

599 BFH, Urteil v. 14.7.2016 - IV R 34/13, BStBl 2017 II S. 175 BAAAF-86327.

tematischen Ansatz als „Objektsteuer" den Betrieb und nicht den Inhaber des Betriebs. Daher wird systembedingt unterschieden:

- Die *sachliche* Gewerbesteuerpflicht (§ 2 GewStG) richtet sich nach dem Gewerbe als Objekt, das besteuert wird.
- Dagegen richtet sich die *persönliche* Gewerbesteuerpflicht (§ 5 GewStG) an den Steuerschuldner als denjenigen (das Subjekt), der die Gewerbesteuer schuldet.

Oftmals gibt es in der Praxis eines bestehenden Gewerbebetriebs kein Problem, welches diese Unterscheidung erforderlich macht. Wenn sich aber die Betriebsstruktur oder die Eigentumsverhältnisse ändern, ist diese Unterscheidung relevant. 789

BEISPIEL „WECHSEL DES BETRIEBS": Die E-GmbH & Co. KG ist Eigentümerin eines Teileigentums im Sinne des WEG, in dem sie ein Eiscafé betreibt. Die Geschäfte rentieren sich nicht, so dass die KG zum 30.6.2025 ihren Betrieb mit Gewerbeverlusten von 100.000 € einstellt und in denselben Räumen einen Paket-Shop eröffnet.

LÖSUNG: Die sachliche Gewerbesteuerpflicht des Eiscafés endet zum 30.6.2025 durch die Betriebseinstellung. Es entsteht zum 1.7.2025 ein anderer (neuer) Betrieb durch den Paket-Shop. Dessen sachliche Gewerbesteuerpflicht beginnt (mit tatsächlicher Eröffnung für die Kunden) zum 1.7.2025. Die Gewerbeverluste (100.000 €) i. S. des § 10a GewStG gehen ungenutzt unter und können nicht übertragen werden. Es kommt nicht darauf an, ob die gleiche wesentliche Betriebsgrundlage (Immobilien) genutzt wird, da die Tätigkeit eine andere als bisher ist.

Die E-GmbH & Co. KG bleibt durchgehend persönlich gewerbesteuerpflichtig (§ 5 Abs. 1 Satz 3 GewStG), aber mit zwei zeitlich und sachlich aufeinanderfolgenden Betrieben (§ 2 Abs. 1 GewStG). Für 2024 ergehen zwei Gewerbesteuermessbescheide für jeweils nach § 14 Satz 2 GewStG abgekürzte Erhebungszeiträume (1.1.–30.6.2024: Eiscafé und 1.7.–31.12.2025: Paket-Shop).

Personengesellschaften (Mitunternehmerschaften) sind nur so lange sachlich gewerbesteuerpflichtig, wie sie einen Gewerbebetrieb unterhalten. Die sachliche Gewerbesteuerpflicht endet deshalb mit der dauerhaften Einstellung der werbenden Tätigkeit (Betriebseinstellung oder Betriebsbeendigung).[600] Der Begriff der (gewerbesteuerrechtlichen) Betriebseinstellung beurteilt sich unabhängig davon, ob einkommensteuerrechtlich der Tatbestand des § 16 EStG erfüllt ist. Einkommensteuerrechtlich kann eine den Fortbestand des Betriebs unberührt lassende Betriebsunterbrechung vorliegen (§ 16 Abs. 3b Satz 1 EStG), während gewerbesteuerrechtlich die werbende Tätigkeit dauerhaft eingestellt ist.[601] Eine 790

600 BFH, Urteil v. 18.5.2017 - IV R 30/15, Rz. 18 BAAAG-50784, und BFH, Urteil v. 7.9.2016 - IV R 31/13, BStBl 2017 II S. 482 Rz. 35 f. QAAAF-89047.

601 BFH, Urteil v. 7.9.2016 - IV R 31/13, BStBl 2017 II S. 482 Rz. 37 QAAAF-89047.

gewerblich geprägte Personengesellschaft, bei der nach dem Ende einer Betriebsaufspaltung die eine Betriebsverpachtung wieder auflebt, unterliegt weiterhin der Gewerbesteuer.[602]

2. Ermittlung des Gewerbeertrags

791 Den Ausgangswert für den Gewerbeertrag bildet zunächst der nach den Vorschriften des Einkommensteuergesetzes oder des Körperschaftsteuergesetzes zu ermittelnde Gewinn aus Gewerbebetrieb des jeweiligen Jahres (Erhebungszeitraum i. S. des § 14 GewStG). Dieser „Startwert" ist nach § 7 Satz 1 GewStG aber noch für bestimmte Tatbestände zu erhöhen (§ 9 GewStG) bzw. zu vermindern (§ 9 GewStG).

3. Beginn der Gewerbesteuerpflicht

a) Allgemeine Grundsätze

792 Der Beginn der sachlichen Gewerbesteuerpflicht ist wichtig für den Zeitpunkt, ab dem sich Betriebsausgaben bei der Gewerbesteuer auswirken (Anlaufverluste). Maßgebend für den Beginn des Gewerbebetriebs i. S. des § 2 Abs. 1 GewStG ist der Beginn der „werbenden Tätigkeit".[603] Der Zeitpunkt des Beginns (werbende Tätigkeit) ist unter Berücksichtigung der Verkehrsauffassung nach den jeweiligen Umständen des Einzelfalls zu ermitteln und kann für die verschiedenen Betriebsarten unterschiedlich zu bestimmen sein.[604] Vorbereitungshandlungen, wie bspw. die Anmietung eines Geschäftslokals, reichen nicht aus.[605]

BEISPIEL „ANGEL-SHOP"[606]: Herr A mietet ein Geschäftslokal im Erdgeschoss (Teileigentum im Sinne des WEG) zum 1.3.2025 für 1.000 € im Monat. Er renoviert die Räume für 5.000 € und eröffnet am 1.6.2025 – wie geplant – dort einen Einzelhandel mit Angelzubehör (Einzelunternehmen).

LÖSUNG: Herr A unterhält erst ab dem 1.6.2025 mit tatsächlicher Geschäftseröffnung einen Gewerbebetrieb (Einzelhandel) i. S. des § 2 GewStG (Tür-Auf-Theorie). Die Renovierungskosten (5.000 €) und die Mieten für März, April und Mai (insgesamt 3.000 €) stellen zwar Betriebsausgaben bei den Einkünften aus Gewerbebetrieb (§ 15 Abs. 1 Nr. 1 EStG) dar, sind aber vor Beginn der sachlichen Gewerbesteuerpflicht angefallen und daher weder in den Gewerbeertrag (§ 7 GewStG) einzubeziehen noch als Gewerbeverlust (§ 10a GewStG) nutzbar.

---

602 BFH, Urteil v. 19.12.2023 - IV R 5/21, BStBl 2024 II S. 845 TAAAJ-63256.

603 BFH, Urteil v. 20.2.2025 - IV R 23/22, BFH/NV 2025 S. 686 unter III. 2. a) aa) OAAAJ-90115.

604 BFH, Urteil v. 30.8.2012 - IV R 54/10, BStBl 2012 II S. 927 ZAAAE-20481.

605 BFH, Urteil v. 30.8.2012 - IV R 54/10, BStBl 2012 II S. 927 ZAAAE-20481.

606 Angelehnt an BFH, Urteil v. 30.8.2022 - X R 17/21, BStBl 2023 II S. 396 GAAAJ-32479.

b) Personengesellschaften

Auch bei Betrieben von Personengesellschaften (Mitunternehmerschaften) beginnt die sachliche Gewerbesteuerpflicht nach den allgemeinen Grundsätzen. Was als werbende Tätigkeit anzusehen ist, richtet sich nach dem von der Gesellschaft verfolgten Gegenstand ihrer Tätigkeit. Dabei kann auch auf den im Gesellschaftsvertrag beschriebenen Gegenstand des Unternehmens zurückgegriffen werden. Allerdings handelt es sich nur um ein Indiz, so dass letztlich die tatsächlich ausgeübte Tätigkeit der Personengesellschaft maßgebend ist.[607] 793

Bei Personengesellschaften beginnt die sachliche Gewerbesteuerpflicht nicht automatisch mit ihrer gesellschaftsrechtlichen Gründung oder ihrem Handelsregistereintrag. Vielmehr ist im konkreten Einzelfall zu prüfen, was betrieben werden soll und wann die Tätigkeit nach den dafür maßgebenden Umständen beginnt. Hierzu gibt es verschiedene, aus der Rechtsprechung entwickelte Kategorien: 794

Die Tätigkeit einer i. S. des § 15 Abs. 3 Nr. 2 EStG gewerblich geprägten, tatsächlich nur vermögensverwaltenden Personengesellschaft stellt einen Gewerbebetrieb i. S. des § 2 Abs. 1 Satz 1 GewStG dar. Die sachliche Gewerbesteuerpflicht einer solchen Personengesellschaft beginnt mit der Aufnahme ihrer vermögensverwaltenden Tätigkeit.[608] Eine grundstücksverwaltende Personengesellschaft kann daher bspw. mit dem Beginn ihrer Vermietungstätigkeit sachlich gewerbesteuerpflichtig werden.[609] Die sachliche Gewerbesteuerpflicht kann aber schon vor Überlassung des Mietobjekts (d. h. schon mit Abschluss des Mietvertrags) beginnen, wenn ein nicht standardisiertes Mietobjekt nach den individuellen Bedürfnissen des Mieters umgebaut wird.[610] 795

Ist eine Personengesellschaft zu dem Zweck gegründet worden, originär gewerblich tätig zu sein und erfüllt diese Gesellschaft die Merkmale des § 15 Abs. 3 Nr. 2 EStG (gewerbliche Prägung), beginnt der Gewerbebetrieb nicht allein wegen der in der Vorbereitungsphase der originär gewerblichen Tätigkeit üblicherweise anfallenden vermögensverwaltenden Tätigkeiten bereits mit deren Aufnahme.[611] Hier ist auf die „reguläre" werbende Tätigkeit abzustellen. 796

607 BFH, Urteil v. 1.9.2022 - IV R 13/20, BStBl 2024 II S. 121 CAAAJ-24470.

608 BFH, Urteil v. 20.2.2025 - IV R 23/22, BFH/NV 2025 S. 686 unter III. 2. a) cc) OAAAJ-90115.

609 BFH, Urteil v. 20.11.2003 - IV R 5/02, BStBl 2004 II S. 464 unter II VAAAB-20260.

610 BFH, Urteil v. 25.5.2023 - IV R 33/19, BStBl 2023 II S. 927 OAAAJ-45442.

611 BFH, Urteil v. 15.6.2023 - IV R 30/19, BStBl 2023 II S. 1050 KAAAJ-49405.

797 Bei einem auf Handel ausgerichteten Unternehmen beginnt die werbende Tätigkeit, wenn der Unternehmer seine Leistungen am Markt anbietet. Bei der Errichtung und Veräußerung einer bestimmten Immobilie beginnt die sachliche Gewerbesteuerpflicht frühestens mit dem Abschluss des Vertrags über den Erwerb des zu bebauenden Grundstücks.[612] Beim gewerblichen Grundstückshandel beginnt der Gewerbebetrieb erst im Zeitpunkt des ersten Grundbesitzerwerbs, selbst wenn er von einer gewerblich geprägten Personengesellschaft i. S. des § 15 Abs. 3 Nr. 2 EStG durchgeführt wird.[613]

798 Bei einem Dienstleistungsunternehmen beginnt die werbende Tätigkeit regelmäßig mit der tatsächlichen Tätigkeitsaufnahme.[614]

BEISPIEL „HOTELBETRIEBSGESELLSCHAFT": Die H-GmbH & Co. KG errichtet ab März 2023 ein Hotel auf eigenem Grundstück, das im Oktober 2024 eröffnet und von ihr betrieben wird.

LÖSUNG: Die sachliche Gewerbesteuerpflicht des Hotelbetriebs beginnt erst mit der Eröffnung des Hotels (Oktober 2024). Der Bau eines Hotels begründet noch keine sachliche Gewerbesteuerpflicht, da es sich um eine den eigentlichen Gewerbebetrieb vorbereitende, nicht gewerbesteuerbare Vorbereitungshandlung handelt.

c) Kapitalgesellschaften

799 Kapitalgesellschaften sind unabhängig von ihrer Tätigkeit immer gewerbesteuerpflichtig (§ 2 Abs. 2 GewStG). Die sachliche Gewerbesteuerpflicht beginnt immer „sofort" mit Gründung.

BEISPIEL „KAPITALGESELLSCHAFT": Die Immo-GmbH hat drei Eigentumswohnungen in ihrem Betriebsvermögen, die sie zu Wohnzwecken vermietet. Andere Tätigkeiten übt sie nicht aus.

LÖSUNG: Die Immo-GmbH unterhält nur eine vermögensverwaltende Tätigkeit. Gleichwohl unterliegt sie automatisch der Gewerbesteuer (§ 2 Abs. 2 GewStG). Die sachliche Gewerbesteuerpflicht beginnt nicht erst mit der Anschaffung der Immobilien oder gar erst mit der Vermietung, sondern schon mit gesellschaftsrechtlicher Gründung als GmbH.

612 BFH, Urteil v. 20.2.2025 - IV R 23/22 OAAAJ-90115 = BFH/NV 2025 S. 686 unter III. 2. a) aa) (1).
613 BFH, Urteil v. 1.9.2022 - IV R 13/20, BStBl 2024 II S. 121 CAAAJ-24470.
614 BFH, Urteil v. 20.2.2025 - IV R 23/22 OAAAJ-90115 = BFH/NV 2025 S. 686 unter III. 2. a) aa) (2).

4. Hinzurechnungen für Miet- und Pachtaufwendungen für unbewegliche Wirtschaftsgüter (§ 8 Nr. 1 Buchst. e GewStG)

Nach § 8 Nr. 1 Buchst. e) GewStG sind die Hälfte der Miet- und Pachtzinsen (einschließlich Leasingraten) für die Benutzung der unbeweglichen Wirtschaftsgüter des Anlagevermögens, die im Eigentum eines anderen stehen, zu 25 % dem (vorläufigen) Gewerbeertrag hinzuzurechnen. Hintergrund dieser Regelung ist das Ziel, den Gewerbeertrag möglichst objektiv zu ermitteln. Dabei soll es keinen Unterscheid machen, ob der Gewerbetreibende Anlagevermögen anschafft oder mietet bzw. pachtet. Die in den Miet- bzw. Pachtaufwendungen wirtschaftlich enthaltenen Zinsaufwendungen sind Finanzierungsanteile, die er als Eigentümer des Anlagevermögens nicht hätte (oder die bei einer Fremdfinanzierung des Anlagenkaufs nach § 8 Nr. 1 Buchst. a GewStG hinzugerechnet würden). Das Gesetz unterstellt typisiert einen Finanzierungsanteil von 50 % der Miet- bzw. Pachtaufwendungen. 800

BEISPIEL „MIETE VON TEILEIGENTUM": Die Optiker-GmbH mietet mehrere Immobilien und betreibt darin die Filialen ihres Optikerfachgeschäfts. Sie zahlt im Jahr 2025 Mieten (ohne Nebenkosten) i. H. von insgesamt 900.000 €.

LÖSUNG: Der Gewerbeertrag der Optiker-GmbH wird nach § 8 Nr. 1 Buchst. e) GewStG um 900.000 € x 50 % x 25 % = 112.500 € erhöht.[615]

Zu den Miet- und Pachtzinsen gehören auch die Aufwendungen des Mieters oder Pächters für die Instandsetzung, Instandhaltung und Versicherung des Wohnungseigentums, die er über seine gesetzliche Verpflichtung (vgl. §§ 582 ff. BGB) hinaus vertraglich übernommen hat. Dagegen sind die laufenden Betriebskosten (wie z. B. Wasser, Strom, Wärme) nicht einzubeziehen. Wenn der Mieter oder Pächter über die vereinbarte Miete oder Pacht die Grundsteuer im Ergebnis trägt (Umlage der Grundsteuer auf den Mieter oder Pächter), gehört auch dieser Teil des Mietaufwands zu den hinzuzurechnenden Miet- und Pachtzinsen.[616] 801

615 Wenn die Summe aller Finanzierungsanteile nach § 8 Nr. 1 GewStG (nicht nur von Grundstücksmieten) insgesamt nicht über 200.000 € liegt, wird aber insoweit nichts hinzugerechnet (Freibetrag).

616 Gleich lautende Erlasse der obersten Finanzbehörden der Länder v. 2.7.2012, BStBl 2012 I S. 654 Rz. 29.

802 Auch bei einer Weitervermietung des Wohnungseigentums hat der Mieter den Mietaufwand hinzuzurechnen. Die Mietaufwendungen können nicht mit den damit wirtschaftlich korrespondierenden Mieterträgen saldiert werden.[617]

803 Wie alle Hinzurechnungstatbestände unterliegen jeweils 25% der Finanzierungsanteile der Hinzurechnung (§8 Nr.1 GewStG: „Ein Viertel der Summe aus [...]").

804 Eine Hinzurechnung unterbleibt für Erhebungszeiträume, bei denen die Summe aller Finanzierungsanteile nach §8 Nr.1 GewStG (vor Anwendung der tatsächlichen 25%-Hinzurechnung) nicht über 200.000€ liegt (Freibetrag).

5. Einfache Kürzung für Grundbesitz (§9 Nr.1 Satz1 GewStG)

a) Sinn der Kürzung

805 Grundbesitz unterliegt – von Ausnahmen abgesehen – der Grundsteuer nach dem Grundsteuergesetz. Diese ist wie die Gewerbesteuer eine Objektsteuer. Um eine doppelte Besteuerung desselben Steuergegenstands (Grundbesitz) zu vermeiden, wird nach §9 Nr.1 Satz1 GewStG der Gewerbeertrag in bestimmter Höhe gekürzt.

b) Rechtslage bis Erhebungszeitraum 2024

806 Nach §9 Nr.1 Satz1 GewStG i.d.F. bis Erhebungszeitraum (EZ) 2024 wird bei der Ermittlung des Gewerbeertrags dieser um 1,2% des Einheitswerts[618] des zum Betriebsvermögen des Unternehmens gehörenden (und nicht ausnahmsweise von der Grundsteuer befreiten)[619] Grundbesitzes gekürzt.

807 Für die Frage, ob der Grundbesitz zum Betriebsvermögen des Unternehmers gehört, ist nach den allgemeinen Vorschriften des EStG bzw. KStG über die Zugehörigkeit des Wirtschaftsguts zum Betriebsvermögen zu entscheiden (§20 Satz1 GewStDV). Maßgebend ist dabei „der Stand zu Beginn des Kalenderjahres" (§20 Satz2 GewStDV). Sofern Grundbesitz im Laufe des Jahres erworben

617 Gleich lautende Erlasse der obersten Finanzbehörden der Länder v.2.7.2012, BStBl 2012 I S.654 Rz.29a.

618 Abhängig von der Lage des Grundbesitzes ist der Einheitswert nach §121a BewG oder §133 BewG um bestimmte Faktoren zu erhöhen.

619 Die Einschränkung des §9 Nr.1 Satz1 GewStG auf Grundbesitz, der nicht von der Grundsteuer befreit ist, beschränkt sich ausschließlich auf Befreiungstatbestände des Grundsteuergesetzes (R9.1 Abs.1 Satz2 GewStR).

wird, kann wegen des strengen Stichtagsprinzips daher erst für den nächsten EZ eine Kürzung nach § 9 Nr. 1 Satz 1 GewStG gewährt werden.[620]

BEISPIEL „EINFACHE KÜRZUNG BIS EZ 2024": Die Gastro-GmbH betreibt in Aachen ihren Imbissbetrieb in eigenem Teileigentum im Sinne des WEG, für das ein Einheitswert i. H. von 30.000 € festgestellt wurde.

Die Gastro-GmbH kann bis zum EZ 2024 von ihrem Gewerbeertrag nach § 9 Nr. 1 Satz 1 GewStG a. F. einen Betrag i. H. von 30.000 € (Einheitswert) x 1,2 % x 140 % (§ 121a BewG) = 504 € abziehen.

Sollte ein eigenbetrieblich genutzter Grundstücksteil nach § 8 EStDV nicht als Betriebsvermögen, sondern als Privatvermögen behandelt werden, ist nach Verwaltungsauffassung trotzdem nach § 9 Nr. 1 Satz 1 GewStG zu kürzen.[621] 808

c) Rechtslage ab Erhebungszeitraum 2025

Ab dem EZ 2025 wird die im EZ als Betriebsausgabe erfasste Grundsteuer für zum Betriebsvermögen des Unternehmers gehörenden Grundbesitz gekürzt (§ 9 Nr. 1 Satz 1 GewStG n. F.). Faktisch führt das dazu, dass die tatsächlich zu zahlende Grundsteuer sowohl einmal als Betriebsausgaben den Gewerbeertrag (§ 7 GewStG) mindert und in gleicher Höhe noch einmal nach § 9 Nr. 1 Satz 1 GewStG n. F. bei der Ermittlung des Gewerbeertrags gekürzt wird. 809

BEISPIEL „EINFACHE KÜRZUNG AB EZ 2025": Die Gastro-GmbH betreibt in Aachen ihren Imbissbetrieb in eigenem Teileigentum im Sinne des WEG, für das im EZ 2025 von der Stadt Aachen Grundsteuer i.H. von 800 € festgesetzt wurde.

Die Gastro-GmbH kann für den EZ 2025 von ihrem Gewerbeertrag nach § 9 Nr. 1 Satz 1 GewStG n. F. einen Betrag i. H. von 800 € abziehen.

Hintergrund der Rechtsänderung zum 1.1.2025 ist die Abschaffung der bisher maßgebenden Einheitswerte durch die Grundsteuerreform. Da nicht alle Bundesländer das Bundesmodell (sondern ein individuelles Landesmodell) anwenden, wäre für alle Grundstücke in Bundesländern mit eigenen Grundsteuergesetzen (ohne einen Grundsteuerwert als Ausgangsgröße), eine pauschale Kürzung nach § 9 Nr. 1 Satz 1 GewStG auf Basis des Grundbesitzwerts nach dem Bundesmodell ins Leere gelaufen. Durch das Jahressteuergesetzes 2024 wurde § 9 Nr. 1 Satz 1 GewStG neu gefasst und stellt sicher, dass die Kürzung bundesweit einheitlich gilt. Faktisch wird damit der Grundsteueraufwand, der den vorläufigen Gewerbeertrag i. S. des § 7 GewStG bereits gemindert hat, noch- 810

620 Der Grundbesitz muss nicht schon zum 31.12. um 24:00 Uhr des Vorjahres dem Betriebsvermögen zugehören. Es reicht aus, wenn der Grundbesitz in der ersten juristischen Sekunde, d. h. zum 1.1. um 0:00 Uhr, des Jahres zugeführt wird.

621 R 9.1 Abs. 1 Satz 4 GewStR.

mals nach § 9 Nr. 1 Satz 1 GewStG in gleicher Höhe gemindert. Dieser faktische Doppelabzug des Grundsteueraufwands soll die tatsächliche Grundsteuerbelastung pauschal ausgleichen.

6. Erweiterte Kürzung (§ 9 Nr. 1 Satz 2 ff. GewStG)

a) Sinn der erweiterten Kürzung

811 Wenn die Gesellschaft ausschließlich eigenen Grundbesitz verwaltet oder nutzt, kann sie (auf Antrag) den gesamten Gewerbeertrag kürzen (§ 9 Nr. 1 Satz 2 ff. GewStG). Zulässig ist es auch, wenn ganz bestimmte, durch das Gesetz definierte Tätigkeiten ausgeübt werden. Diese dürfen neben der Verwaltung des eigenen Grundbesitzes ausgeübt werden. Hintergrund dieser Regelung sind vermögensverwaltende Steuerpflichtige, die nicht gewerbesteuerpflichtig sind, da sie (z. B. als natürliche Person) nicht automatisch aufgrund Ihrer Rechtsform (vor allem: GmbH, AG und GmbH & Co. KG) gewerbesteuerpflichtig sind.

b) Eigenen Grundbesitz verwalten oder nutzen

aa) Es darf nur (eigener) Grundbesitz vermietet werden

812 Anstelle der „einfachen Kürzung" nach § 9 Nr. 1 Satz 1 GewStG tritt – auf Antrag – bei Unternehmen, die ausschließlich (!) eigenen Grundbesitz oder daneben noch einige erlaubte Tätigkeiten[622] unterhalten, die Kürzung um den Teil des Gewerbeertrags, der auf die Verwaltung und Nutzung des eigenen Grundbesitzes entfällt („erweiterte Kürzung" nach § 9 Nr. 1 Satz 2 GewStG).

bb) Gesamter Erhebungszeitraum ist relevant

813 Die Grundstücksgesellschaft muss lückenlos im gesamten Erhebungszeitraum mindestens ein Objekt nutzen bzw. verwalten. Das Ausschließlichkeitserfordernis ist auch in zeitlicher Hinsicht zu beachten. Die erweiterte Kürzung kann demnach nur berücksichtigt werden, wenn das Unternehmen während des gesamten Erhebungszeitraums eigenen Grundbesitz verwaltet hat. Im Fall einer Veräußerung des letzten Grundstücks während des laufenden Erhebungs-

622 Neben eigenem Grundbesitz eigenes Kapitalvermögen verwalten und nutzen oder daneben Wohnungsbauten betreuen oder Einfamilienhäuser, Zweifamilienhäuser oder (bestimmtes) Wohnungseigentum im Sinne des WEG errichten und veräußern oder in bestimmten Betragsgrenzen Strom liefern oder parallele Vertragsbeziehungen zu den Mietern unterhalten (§ 9 Nr. 1 Satz 2, 3 GewStG).

zeitraums kommt die Anwendung des § 9 Nr. 1 Satz 2 ff. GewStG nicht in Betracht.[623]

Hat eine Gesellschaft ihren gesamten Grundbesitz einen Tag vor Ablauf des EZ (z. B. nach dem Veräußerungsvertrag „zu Beginn des 31.12.") veräußert, kann sie die erweiterte Kürzung nach § 9 Nr. 1 Satz 2 GewStG nicht in Anspruch nehmen, da sie einen ganzen Tag (am 31.12. des Jahres) nicht ausschließlich grundstücksverwaltend tätig war.[624] Eine Ausnahme wird nur bei einer Veräußerung „zum 31.12., 23:59 Uhr" zugelassen, obwohl dabei – streng genommen – eine Minute „fehlt".[625] 814

cc) Mitvermietung von Betriebsvorrichtungen

Die erweiterte Kürzung ist nach dem Gesetzeswortlaut des § 9 Nr. 1 Satz 2 GewStG nur möglich, wenn eigener Grundbesitz verwaltet und genutzt (d. h. vermietet oder verpachtet) wird. Nach § 176 Abs. 2 Nr. 2 BewG[626] sind „Maschinen und sonstige Vorrichtungen aller Art, die zu einer Betriebsanlage gehören" (Betriebsvorrichtungen)[627] für steuerrechtliche Zwecke nicht in das Grundvermögen einzubeziehen, selbst wenn sie einen wesentlichen Bestandteil bilden. Diese bewertungsrechtliche Einordnung gilt auch für die erweiterte Grundbesitzkürzung.[628] 815

BEISPIEL „MITVERMIETUNG EINER BETRIEBSVORRICHTUNG": Die Gastro-Immo-GmbH vermietet Teileigentum an einen Imbissbetrieb einschließlich eines behördlich vorgeschriebenen Fettabscheiders.

LÖSUNG: Die Gastro-Immo-GmbH überlässt nicht nur eigenen Grundbesitz, da der Fettabscheider als Betriebsvorrichtung[629] – und damit nicht als Grundvermögen – anzusehen ist.[630]

---

623 BFH, Urteil v. 17.10.2024 - III R 1/23, BStBl 2025 II S. 158 AAAAJ-83625.

624 BFH, Urteil v. 17.10.2024 - III R 1/23, BStBl 2025 II S. 158 AAAAJ-83625.

625 BFH, Urteil v. 11.8.2004 - I R 89/03, BStBl 2004 II S. 1080 XAAAB-35876.

626 Bis zum 31.12.2024 durch § 68 Abs. 2 Nr. 2 BewG (ab 1.1.2025 aufgehoben) definiert.

627 Zur Verwaltungsauffassung zur Abgrenzung des Grundvermögens von den Betriebsvorrichtungen vgl. Gleich lautende Erlasse der obersten Finanzbehörden der Länder v. 5.6.2013, BStBl 2013 I S. 734.

628 BFH, Urteil v. 18.12.2019 - III R 36/17, BStBl 2020 II S. 405 DAAAH-47679.

629 BFH, Urteil v. 19.8.1998 - XI R 8/96, BStBl 1999 II S. 18 CAAAA-96416.

630 Dagegen vertritt das FG Niedersachsen im Urteil v. 5.3.2025 - 3 K 232/24 IAAAJ-98730 (juris) die Auffassung, dass die Überlassung eines Fettabscheiders ein nicht begünstigungsschädliches Nebengeschäft zu der Grundstücksverwaltung und Grundstücksnutzung darstellt. Die Revision hat der Senat deshalb ausdrücklich nicht zugelassen, da mit Wirkung ab EZ 2021 in § 9 Nr. 1 Satz 3 c) GewStG eine Geringfügigkeitsklausel ergänzt wurde, aufgrund deren sich die Rechtsfrage des Streitfalls nicht mehr stellen würde.

816 Die von § 9 Nr. 1 Satz 2 GewStG geforderte ausschließliche Verwaltung und Nutzung eigenen Grundbesitzes bedeutet, dass grds. nur die begünstigte Tätigkeit ausgeübt werden darf und es sich ausnahmslos um eigenen Grundbesitz handeln muss. Nebentätigkeiten sind aber ausnahmsweise nicht schädlich, wenn sie der Verwaltung und Nutzung eigenen Grundbesitzes im engeren Sinne dienen und als zwingend notwendiger Teil einer wirtschaftlich sinnvoll gestalteten eigenen Grundstücksverwaltung und -nutzung angesehen werden können.[631] Es kommt dabei ganz wesentlich auf die objektiv-funktionale Beschaffenheit des Gebäudes an und nicht darauf, ob und wie der Mieter das Grundstück nutzt. Wenn eine Immobilie entsprechend ihres Gebäudetypus, ihrer Lage und Ausstattung (wirtschaftlich) sinnvoll genutzt wird, sind die für die Funktion der Gebäudenutzung erforderlichen Wirtschaftsgüter, die kein Gebäudebestandteil sind (insbesondere Betriebsvorrichtungen), für die erweiterte Kürzung unschädlich. So hat der BFH z. B. entschieden, dass ein Lastenaufzug in einem Einkaufzentrum unschädlich ist, weil das konkrete Objekt wirtschaftlich sinnvoll in der Innenstadt genutzt wurde und eine theoretisch denkbare Nutzung als Bürogebäude hier nicht als Maßstab dient.[632]

817 Seit dem EZ 2021 gilt für solche „Mitvermietungsfälle“ (und andere Vertragsbeziehungen zum Mieter bzw. Pächter, z. B. Bewachungsleistungen) eine prozentuale Betragsgrenze: Sofern die Einnahmen aus unmittelbaren Vertragsbeziehungen mit den Mietern des Grundbesitzes 5 % der Einnahmen aus der Gebrauchsübermittlung des Grundbesitzes nicht übersteigen, ist die Tätigkeit insoweit unschädlich (§ 9 Nr. 1 Satz 3 Buchst. c GewStG).[633]

818 Für die Berechnung der prozentualen Unschädlichkeitsgrenzen i. S. des § 9 Nr. 1 Satz 3 b) und c) GewStG sind die Mieteinnahmen des gesamten Grundbesitzes der Gesellschaft maßgebend. Die Miet- und Pachteinnahmen sind einschließlich umlagefähiger Betriebskosten anzusetzen. Die Umsatzsteuer (Optionsfall) bleibt aber außer Ansatz.[634]

BEISPIEL „MITVERMIETUNG EINER BETRIEBSVORRICHTUNG“: Die Gastro-Immo-GmbH vermietet Teileigentum an einen Imbissbetrieb (Miete 50.000 € p. a.) einschließlich eines Fettabscheiders (anteilige Miete: 4.000 € p. a.) und zehn Eigentumswohnungen zu Wohnzwecken (Miete: 110.000 € p. a.). Sonst hat sie keine Tätigkeiten (außer ein Bankkonto ohne Verzinsung).

631 BFH, Urteil v. 22.10.2020 - IV R 4/19, BStBl 2022 II S. 87 unter II. 1. d) TAAAH-68521.

632 BFH, Urteil v. 25.9.2025 - IV R 31/23, BStBl 2026 II S. 68 SAAAK-05862.

633 Ausführlich: Gleich lautende Erlasse der obersten Finanzbehörden der Länder v. 17.6.2022, BStBl 2022 I S. 958, zur Anwendung von § 9 Nr. 1 Satz 3 und 4 GewStG i. d. F. des Fondsstandortgesetzes mit Wirkung ab EZ 2021.

634 Gleich lautende Erlasse der obersten Finanzbehörden der Länder v. 17.6.2022, BStBl 2022 I S. 958 Rz. 30.

LÖSUNG: Die Mitvermietung des Fettabscheiders ist unschädlich, da die anteiligen Mieteinnahmen (4.000 €) nur 2,5 % der Mieteinnahmen des gesamten Grundbesitzes (160.000 €) betragen. Damit ist die 5%-Grenze des § 9 Nr. 1 Satz 3 c) GewStG nicht überschritten. Die Erträge aus der Vermietung des Fettabscheiders (anteilige Mieteinnahmen abzgl. AfA) sind zwar nicht zu kürzen, aber hindern nicht die Kürzung der (übrigen) Erträge aus der Grundstücksvermietung.

Die Veräußerung einer Betriebsvorrichtung ist keine schädliche Tätigkeit, da dies als letzter Akt der begünstigten Überlassung anzusehen ist.[635] Jedoch ist der Gewinn (wie auch die laufende Miete daraus) nicht kürzungsfähig. In die Berechnung der 5%-Grenze nach § 9 Nr. 1 Satz 3 c) GewStG ist der Erlös aus der Veräußerung der Betriebsvorrichtung einzubeziehen, aber nicht der Verkaufserlös für das Grundstück selbst. Die Einnahme aus dem Verkauf der Betriebsvorrichtung erhöht damit zwar den Zähler, aber die Einnahme aus der Veräußerung des Grundstücks erhöht nicht den Nenner. Daher könnte es sein, dass im Veräußerungsjahr – abweichend von den Werterelationen der Vorjahre – nunmehr die 5%-Grenze dadurch „gerissen" wird und daher für das Veräußerungsjahr insgesamt keine erweiterte Kürzung nach § 9 Nr. 1 Satz 2 GewStG zulässig ist. 819

dd) Sondernutzungsrechte im Sinne des WEG

Ein im Grundbuch eingetragenes Sondernutzungsrecht (siehe →Rz. 20) ist zwar kein Grundbesitz, es ist jedoch für Zwecke der erweiterten Kürzung dem Grundbesitz des entsprechenden Wohnungs- oder Teileigentümers zuzuordnen, dessen Inhalt es bestimmt.[636] 820

ee) Gemeinschaftliches Eigentum im Sinne des WEG

Die Mitvermietung von Wohnungs- bzw. Gebäudebestandteilen, die durch Teilungserklärung oder Gesetz dem gemeinschaftlichen Eigentum zugeordnet sind (z. B. Fenster nebst Rahmen), stellt sich als zwingend notwendiger Teil der wirtschaftlich sinnvoll gestalteten Überlassung eigenen Grundbesitzes dar und ist nicht kürzungsschädlich.[637] 821

c) Unschädliche Tätigkeiten

Neben der Grundbesitzüberlassung darf die Gesellschaft nur ganz bestimmte andere Tätigkeiten ausüben, welche die erweiterte Kürzung nicht ausschlie- 822

635 Gleich lautende Erlasse der Länder v. 17.6.2022, BStBl 2022 I S. 958 Rz. 10.
636 BFH, Urteil v. 19.12.2023 - IV R 5/21, BStBl 2024 II S. 845 TAAAJ-63256.
637 BFH, Urteil v. 19.12.2023 - IV R 5/21, BStBl 2024 II S. 845 TAAAJ-63256.

ßen. Die darauf entfallenden Gewerbeerträge sind selbst aber nicht kürzungsfähig. Die erlaubten Tätigkeiten werden in § 9 Nr. 1 Satz 2, 3 GewStG beschrieben:

- Nutzen und Verwalten von eigenem Kapitalvermögen (§ 9 Nr. 1 Satz 2 GewStG): Da jede Gesellschaft zumindest ein Bankkonto unterhält (und daraus ggf. Zinsen erzielt), ist diese Tätigkeit unschädlich (aber selbst nicht kürzungsfähig).

- Betreuen von fremden Wohnungsbauten: „Wohnungsbauten" i. S. des § 9 Nr. 1 Satz 2 GewStG sind nur Gebäude, die ausschließlich Wohnzwecken dienen. Auch gemischt genutzte Gebäude werden nicht erfasst.[638] Ob die Grenze der zulässigen „Betreuung von Wohnungsbauten" i. S. des § 9 Nr. 1 Satz 2 GewStG überschritten wird, ist oft schwierig zu erkennen. Zwar ist „Betreuen" mehr als nur (kaufmännisches) „Verwalten". Problematisch kann dies bei der Wohnungsbetreuung für fremden Grundbesitz sein, wenn die Gesellschaft selbst Mieterin des betreuten Objekts ist. Sofern die Gesellschaft z. B. das gesamte Treppenhaus eines Mehrparteienhauses reinigt, geht dies über die schlichte Wohnungsbetreuung i. S. des § 9 Nr. 1 Satz 2 GewStG hinaus.[639] Schädlich ist in jedem Fall die Betreuung von Gewerbe-, Büro- und Wirtschaftsbauten. Die Tätigkeit des Grundstücksunternehmens als Verwalter von Wohnungseigentumsanlagen im Sinne des WEG ist aber begünstigt.[640] Die (zwangsläufige) Verwaltung der Bankkonten für die GdWE stellt für die Verwaltungsgesellschaft zwar die Verwaltung von *fremdem* Kapitalvermögen dar (was daher eigentlich schädlich ist). Jedoch ist wird dies nach hier vertretener Auffassung von der „Betreuung fremder Wohnungsbauten" mit umfasst und ist daher unschädlich.

- Errichten und Veräußern von Ein- und Zweifamilienhäusern oder Eigentumswohnungen (§ 9 Nr. 1 Satz 2 GewStG): Bei Teileigentum muss das gesamte Gebäude zu mehr als 2/3 Wohnzwecken dienen (§ 9 Nr. 1 Satz 3 Buchst. a) GewStG). Nach hier vertretener Auffassung kommt es auf das Flächenverhältnis an.[641] Es ist aber auch vertretbar, wenn auf die Miteigentumsanteile im Sinne des WEG abgestellt wird. Wenn z. B. eine Wohnungseigentumsanlage über drei exakt gleich große Eigentumseinheiten verfügt, von denen das EG Teileigentum und das 1. OG und 2. OG jeweils Wohn-

638 BFH, Urteil v. 15.4.2021 - IV R 32/18, BStBl 2021 II S. 624 ZAAAH-83614.

639 BFH, Urteil v. 23.3.2023 - III R 49/20, BStBl 2024 II S. 126 BAAAJ-41074.

640 BFH, Urteil v. 17.9.2003 - I R 8/02, BStBl 2004 II S. 243 unter II. 2 QAAAB-13903.

641 So auch Wagner in Wendt/Suchanek/Möllmann/Heinemann, GewStG, 3. Aufl. 2025, § 9 GewStG Rz. 109.

eigentum darstellen, ist die Errichtung und Veräußerung des Objekts für die erweiterte Kürzung schädlich, da das Objekt nicht zu *mehr* als 2/3 (sondern nur genau zu 2/3) Wohnzwecken dient.

d) Schädliche Tätigkeiten (keine erweiterte Kürzung)

Wenn die Gesellschaft in einem Bereich tätig ist, der nicht ausdrücklich durch 823
§ 9 Nr. 1 Satz 2, 3 GewStG zulässig ist, entfällt die gesamte erweiterte Kürzung. Dies ist z. B. der Fall, wenn die Gesellschaft neben der Grundstücksvermietung eine andere (gewerbliche) Tätigkeit unterhält. Eine erweiterte Kürzung nach § 9 Nr. 1 Satz 2 GewStG ist z. B. zu versagen, wenn sie sich nicht mehr als Verwaltung und Nutzung eigenen Grundbesitzes darstellt, weil eine Objektgesellschaft binnen eines kurzen Zeitraums von unter drei Jahren seit dem Erwerb fünf Objekte veräußert hat (gewerblicher Grundstückshandel).[642]

Eine Betriebsverpachtung ist aber nicht kürzungsschädlich, wenn die wesentli- 824
chen (den Betrieb prägenden) Betriebsgegenstände vermietet werden und es sich hierbei ausschließlich um eigenen (bebauten) Grundbesitz handelt.[643]

e) Strom aus Photovoltaikanlagen und E-Ladepunkte

Es gibt (seit 2021) eine Betragsgrenze für Einnahmen aus bestimmten Strom- 825
lieferungen im Zusammenhang mit erneuerbaren Energien (vor allem PV-Anlagen) und aus dem Betrieb von E-Ladestationen (§ 9 Nr. 1 Satz 3 Buchst. b GewStG):

- Einnahmen aus Lieferung von Strom aus Anlagen aus erneuerbaren Energien an Mieter und Netzbetreiber (§ 9 Nr. 1 Satz 3 b) aa) GewStG): Typische Fälle sind eigene PV-Anlagen auf dem Grundstück, die für Mieter (Mieterstrom) oder Stromnetzbetreiber (gegen Einspeisevergütung) betrieben werden. Voraussetzung ist zudem, dass die Erlöse höchstens 10 % (ab EZ 2023: 20 %)[644] der Mieteinnahmen aus Grundbesitz betragen.
- Einnahmen aus Lieferung von Strom über Ladestationen für Elektrofahrzeuge oder Elektrofahrräder (§ 9 Nr. 1 Satz 3 b) bb) GewStG): Sofern die Einnahmen höchstens 10 % (ab EZ 2023: 20 %)[645] der Mieteinnahmen aus Grundbesitz betragen. Die Ladepunkte dürfen von jeder Person genutzt werden

642 FG Berlin-Brandenburg, Urteil v. 18.1.2022 - 8 K 8008/21 IAAAI-57928 = EFG 2022 S. 706 (BFH-Rev.: III R 12/22).

643 BFH, Urteil v. 19.12.2023 - IV R 5/21, BStBl 2024 II S. 845 TAAAJ-63256.

644 § 36 Abs. 4b GewStG i. d. F. des Wachstumschancengesetz v. 27.3.2024, BGBl 2024 I Nr. 108.

645 § 36 Abs. 4b GewStG i. d. F. des Wachstumschancengesetz v. 27.3.2024, BGBl 2024 I Nr. 108.

(z. B. auch von Arbeitnehmern der Mieterin einer Büroimmobilie oder den Kunden des Mieters einer Supermarkt-Immobilie).

f) Ermittlung des Kürzungsbetrags

826 Der Gewerbeertrag ist durch die erweiterte Grundbesitzkürzung nach § 9 Nr. 1 Satz 2 GewStG um den Teil zu kürzen, der auf die Verwaltung und Nutzung des eigenen Grundbesitzes entfällt. Die unschädlichen Nebentätigkeiten (z. B. Kapitalerträge) sind selbst nicht kürzungsfähig.

g) Ausnahmen von der erweiterten Kürzung (§ 9 Nr. 1 Satz 5 GewStG)

aa) Grundbesitzüberlassung an Gesellschafter

827 Wenn der Grundbesitz durch die Gesellschaft ganz oder zum Teil dem Gewerbebetrieb eines Gesellschafters oder Genossen dient, ist die erweiterte Kürzung komplett ausgeschlossen (§ 9 Nr. 1 Satz 5 Nr. 1 GewStG). Der Sinn der Regelung besteht in der Gleichstellung mit Grundbesitz, der sich im Betriebsvermögen des Gewerbebetriebs des Gesellschafters befindet und nicht aus einer Grundstücksgesellschaft heraus überlassen wird.

BEISPIEL „UMGEKEHRTE BETRIEBSAUFSPALTUNG": Die Gastro-Immo-GmbH vermietet ausschließlich ihr Teileigentum an den Imbissbetrieb (Einzelunternehmen) des alleinigen Anteilseigners.

LÖSUNG: Die Gastro-Immo-GmbH erhält keine erweiterte Kürzung, da der überlassene Grundbesitz dem Gewerbebetrieb des Anteilseigners dient.

828 Schädlich ist auch die Überlassung an eine Personengesellschaft, an der der Gesellschafter beteiligt ist.

BEISPIEL „DACHÜBERLASSUNG AN GESELLSCHAFTER":[646] Die ABC-KG hat eigenen Grundbesitz, den sie vermietet. Die Dachfläche wird unentgeltlich an die ABD-GbR überlassen (teilweise personenidentisch zur ABC-KG), welche auf diesem Dach die ihr gehörende PV-Anlage betreibt und den erzeugten Strom an den Netzbetreiber veräußert.

LÖSUNG: Die ABD-GbR erzielt aus dem Betrieb der PV-Anlage Einkünfte aus Gewerbebetrieb. Somit dient der überlassene Grundbesitz der ABC-KG dem Gewerbebetrieb eines Gesellschafters (hier: A und B). Die erweiterte Kürzung ist für die ABC-KG ausgeschlossen.[647]

646 BFH, Beschluss v. 1.6.2022 - III R 3/21 YAAAJ-21165 = DStR 2022 S. 2146.

647 So auch FG Münster, Beschluss v. 7.6.2024 - 14 V 508/24 G BAAAJ-71430 = EFG 2024 S. 1425.

Dagegen ist eine Überlassung an eine Kapitalgesellschaft unschädlich, an der der Gesellschafter beteiligt ist.[648] 829

bb) Sondervergütungen an Mitunternehmer (die nicht für Grundbesitz geleistet werden)

Soweit der Gewerbeertrag einer Personengesellschaft Sonderbetriebseinnahmen (Vergütungen i. S. des § 15 Abs. 1 Satz 1 Nr. 2 Satz 1 EStG) enthält, die der Gesellschafter von der Gesellschaft für seine Tätigkeit im Dienst der Gesellschaft, für ein Darlehen oder für die Überlassung von Wirtschaftsgütern, mit Ausnahme der Überlassung von Grundbesitz, bezogen hat, ist die die erweiterte Kürzung (nur) für diese Vergütungen ausgeschlossen (§ 9 Nr. 1 Satz 5 Nr. 1a GewStG). 830

Der Gesetzgeber möchte nur die Sondervergütungen aus der Kerntätigkeit der Gesellschaften (Grundstücksverwaltung) kürzen.[649] Dadurch werden Gestaltungen verhindert, bei denen sich ein Darlehensgeber der grundbesitzhaltenden Mitunternehmerschaft mit einem Zwerganteil beteiligen könnte, um so als Mitunternehmer die Darlehenszinsen als Sondervergütung durch § 9 Nr. 1 Satz 2 ff. GewStG faktisch gewerbesteuerfrei zu erhalten. 831

Der Kürzungsausschluss gilt auch, wenn die Sondervergütungen ein nicht der Gewerbesteuer unterliegender Mitunternehmer erhält.[650] Der Kürzungsausschluss ist auf alle Vergütungen anzuwenden, die seit dem 19.6.2008 erstmals vereinbart oder wesentlich geändert wurden (§ 9 Nr. 1 Satz 5 Nr. 1a Satz 2 GewStG). 832

BEISPIEL „VERGÜTUNGEN AN GESELLSCHAFTER": Die ABC-KG (Mitunternehmerschaft) zahlt an Mitunternehmer A für seine Geschäftsführungstätigkeit 100.000 € im Jahr und Mitunternehmer B erhält für die Vermietung von Wohnungseigentum (Sonderbetriebsvermögen) an die ABC-KG eine vereinbarte Miete von insgesamt 50.000 € im Jahr.

LÖSUNG: Die Vergütungen an A und B wirken sich im Ergebnis nicht auf den Gewerbeertrag i. S. des § 7 GewStG der ABC-KG aus, da diese zwar als Betriebsausgaben abgezogen werden, aber als Sonderbetriebseinnahmen hinzuzurechnen sind (Vergütungen i. S. des § 15 Abs. 1 Satz 1 Nr. 2 Satz 1 EStG). Sofern die ABC-KG die Voraussetzungen für die erweiterte Grundbesitzkürzung nach § 9 Nr. 1 Satz 2 ff. GewStG erfüllt, ist der Gewerbeertrag nicht um die Geschäftsführervergütung (100.000 €) zu kürzen (§ 9 Nr. 1 Satz 5 Nr. 1a GewStG). Die Miete an B ist aber kürzungsfähig, da diese auf überlassenen Grundbesitz beruht, der in § 9 Nr. 1 Satz 5 Nr. 2 GewStG ausdrücklich ausgenommen ist (§ 9 Nr. 1 Satz 5 Nr. 1a Satz 2 GewStG).

648 BFH, Urteil v. 1.8.1979 - I R 111/78, BStBl 1980 II S. 77 KAAAA-91565.

649 BT-Drucks. 16/10189 S. 99.

650 BFH, Urteil v. 9.3.2023 - IV R 25/20, BStBl 2023 II S. 836 RAAAJ-38608.

cc) Aufgedeckte stille Reserven aus steuerneutralen Grundstücksübertragungen

833 Nicht gekürzt werden darf der Gewerbeertrag um Gewinne aus der Aufdeckung stiller Reserven aus dem Grundbesitz, der innerhalb von drei Jahren vor der Aufdeckung der stillen Reserven zu einem unter dem Teilwert liegenden Wert in das Betriebsvermögen der Gesellschaft überführt oder übertragen worden ist, und soweit diese Gewinne auf die „importierten" stillen Reserven entfallen (§ 9 Nr. 1 Satz 5 Nr. 2 GewStG).

834 Der Gesetzgeber hatte hierbei vor allem Kapitalgesellschaften im Blick, die Grundbesitz auf grundbesitzverwaltende Personengesellschaften (Mitunternehmerschaften) nach § 24 UmwStG in das Gesellschaftsvermögen übertragen oder nach § 6 Abs. 5 Satz 2 EStG in das Sonderbetriebsvermögen überführen und aus diesem Zielbetriebsvermögen heraus dann den Grundbesitz veräußern.[651]

835 Auch der Formwechsel einer Kapital- in eine Personengesellschaft ist zwar eine Übertragung. Für die Anwendung von § 9 Nr. 1 Satz 5 Nr. 2 GewStG ist jedoch nach § 4 Abs. 2 Satz 3 UmwStG die Vorbesitzzeit des Grundbesitzes bei der formgewandelten Gesellschaft einzubeziehen. Deshalb beginnt die 3-Jahres-Frist des § 9 Nr. 1 Satz 5 Nr. 2 GewStG nicht durch den Formwechsel neu zu laufen.[652]

651 BT-Drucks. 15/4050 S. 59.

652 BFH, Urteil v. 27.10.2021 - I R 39/19, BStBl 2022 II S. 683 LAAAI-57739.

XII. Umsatzsteuer bei Wohnungseigentum

1. Umsatzsteuer bei Grundstücken

a) Leistungsaustausch als steuerbarer Umsatz

836 Durch das Umsatzsteuergesetz wird insbesondere der Leistungsaustausch besteuert (§ 1 Abs. 1 Nr. 1 UStG). Das betrifft in erster Linie Lieferungen oder andere (sonstige) Leistungen gegen ein Entgelt, sofern diese von einem Unternehmer (§ 2 UStG) ausgeführt werden. Im Zusammenhang mit Grundstücken ist dabei vor allem an die Übertragung von Grundstücken (Leistungen nach § 3 Abs. 1 UStG, z. B. Grundstücksverkauf; siehe →Rz. 906 ff.) und die Grundstücksvermietung (sonstige Leistung nach § 3 Abs. 9 UStG; siehe →Rz. 864 ff.) zu denken.

837 Bemessungsgrundlage der Umsatzsteuer ist regelmäßig das Entgelt, welches in erster Linie aus der Gegenleistung besteht (§ 10 Abs. 1 UStG). Dabei ist die Umsatzsteuer aus dem Bruttobetrag herauszurechnen. Der Regelsteuersatz beträgt aktuell 19 % (§ 12 Abs. 1 UStG).[653] Leistungen im Zusammenhang mit Grundstücken unterliegen oft einer Umsatzsteuerbefreiung (vgl. § 4 Nr. 9, 12 UStG; siehe →Rz. 866 ff. bzw. →Rz. 909 ff.).

838 Der Unternehmer hat die durch seine Leistungen entstandene Umsatzsteuer an das Finanzamt abzuführen.[654] Dabei kann er unter bestimmten Umständen die Umsatzsteuer aus den von anderen Unternehmern an ihn erbrachten Leistungen als „Vorsteuer" abziehen (§ 15 UStG; siehe →Rz. 885 ff.). Ihn treffen zudem Deklarationspflichten (Jahressteuererklärungen und ggf. quartalsweise oder monatliche Umsatzsteuervoranmeldungen nach § 18 UStG).

b) Unternehmereigenschaft

839 Die Umsatzsteuer wird durch Personen oder Rechtsträger ausgelöst, die ihre Leistungen selbständig und nachhaltig (mit Wiederholungsabsicht) erbringen (Unternehmer i. S. des § 2 Abs. 1 UStG). Es ist dafür keine Absicht der Gewinnerzielung erforderlich, da für die Unternehmereigenschaft bereits die Absicht zur Erzielung von *Einnahmen* ausreicht. Bei einer gewerblichen Tätigkeit ist die Unternehmereigenschaft daher meistens eindeutig. Aber auch eine ver-

653 Der ermäßigte Steuersatz von aktuell 7 % wird für die in § 12 Abs. 2 UStG aufgeführten Leistungen gewährt, wie z. B. der Verkauf bestimmter Lebensmittel nach § 12 Abs. 2 Nr. 1 UStG i. V. mit der Anlage 2 zum UStG und die Vermietung von Wohn-/Schlafräumen zur kurzfristigen Beherbergung von Fremden (insbesondere Hotels und Pensionen) nach § 12 Abs. 2 Nr. 11 UStG.

654 Ausnahme: Wechsel der Steuerschuldnerschaft nach § 13b UStG (Reserve-Charge-Verfahren).

mögensverwaltende Tätigkeit – wie z.B. eine Grundstücksvermietung – erfüllt diese Voraussetzungen. Somit ist jeder Vermieter auch Unternehmer im Sinne des Umsatzsteuergesetzes, da er steuerbare Leistungen (§1 Abs.1 Nr.1 UStG) erbringt.[655] Die Vermietung ist aber nicht zwingend umsatzsteuerpflichtig (vgl. §4 Nr.12 UStG; siehe →Rz.866ff.).

840 Eigentümer eines Grundstücks (auch von Wohnungseigentum im Sinne des WEG) können nicht nur natürliche Personen, juristische Personen (z.B. GmbH) sowie Personengesellschaften (z.B. OHG, KG, eGbR), sondern auch Bruchteilsgemeinschaften (§741ff. BGB) sein. Dies betrifft in der Praxis oft die Miteigentumsanteile von Ehegatten an einem Grundstück, die nicht als gemeinsame Gesellschafter einer eGbR, sondern als Bruchteilsgemeinschaft an der Immobilie beteiligt sind. Wenn dieses Grundstück vermietet oder eine Leistung für das Grundstück bezogen wird, besteht eine Rechtsunsicherheit, wer der Unternehmer (Leistungserbringer bzw. -empfänger) i.S.des §2 UStG ist. Nach Auffassung des BFH erbringt eine Bruchteilsgemeinschaft keine Leistungen gegen Entgelt als Unternehmer.[656] Vielmehr sind die jeweiligen Gemeinschafter anteilig als Leistende anzusehen. Die Finanzverwaltung folgt dem im Ergebnis nur, wenn nicht die Bruchteilsgemeinschaft selbst (z.B. als Vermieterin), sondern die einzelnen Bruchteilseigentümer in eigener Person unternehmerisch tätig sind. Ansonsten sei die unternehmerisch tätige Bruchteilsgemeinschaft selbst eine Unternehmerin i.S.des §2 UStG.[657] Der Gesetzgeber hat durch das JStG 2022[658] versucht, dies in §2 Abs.1 Satz1 UStG klarzustellen. Den BFH[659] scheint dies aber nicht zu überzeugen, so dass die Rechtslage bis auf Weiteres unsicher bleibt. Zudem bleibt die Auswirkung der EuGH-Rechtsprechung[660] zum Begriff des Steuerpflichtigen i.S.des Art.9 Abs.1 der Mehrwertsteuersystemrichtlinie[661] bei einer Gesellschaft oder Gemeinschaft ohne Rechtspersönlichkeit abzuwarten.

655 Durch die Steuerbefreiung nach §4 Nr.12 Buchst.a UStG für Grundstücksvermietungen wirkt sich dies aber materiell oft nicht aus.

656 BFH, Urteil v.22.11.2018 - V R 65/17 QAAAH-06916 = BFH/NV 2019 S.359.

657 BMF, Schreiben v.27.10.2021 - III C 2-S 7300/19/10002:005, BStBl 2021 I S.2137.

658 §2 Abs.1 Satz1 UStG i.d.F. ab 1.1.2023 nach Art.43 Abs.6 i.V.mit Art.16 Nr.2 des JStG 2022 v.16.12.2022, BGBl 2022 I S.2294: „Unternehmer ist, wer eine gewerbliche oder berufliche Tätigkeit selbständig ausübt, unabhängig davon, ob er nach anderen Vorschriften rechtsfähig ist."

659 BFH, Beschluss v.28.8.2023 - V B 44/22 TAAAJ-48349 = BFH/NV 2023 S.1388.

660 EuGH, Urteil v.3.4.2025 - C-213/24 (Grzera), DStR 2025 S.840; EuGH, Urteil v.11.12.2025 - C-796/23 (Česká síť s.r.o.), MwStR 2026 S.138.

661 Richtlinie 2006/112/EG des Rates v.28.11.2006 über das gemeinsame Mehrwertsteuersystem (in der Europäischen Union), ABl. L347 v.11.12.2006, S.1–118.

BEISPIEL „BRUCHTEILSGEMEINSCHAFT": Herr A und Frau B sind gemeinsam Miteigentümer von Wohnungseigentum (§ 741 ff. BGB), das sie umsatzsteuerpflichtig an den Inhaber eines Blumengeschäfts vermieten. Herr A und Frau B sind sonst nicht unternehmerisch tätig.

LÖSUNG: Herr A und Frau B vermieten zivilrechtlich betrachtet ihre hälftigen Miteigentumsanteile (§ 1008 ff. BGB) an dem Wohnungseigentum gemeinsam (gewissermaßen parallel) an den Inhaber des Blumengeschäfts. Beide müssen sich aber wegen des gemeinschaftlichen Bruchteilsverhältnisses an derselben Sache (Wohnungseigentum) über die gemeinsame Vermietung abstimmen (§ 744 BGB). Die Finanzverwaltung behandelt die Bruchteilsgemeinschaft selbst (und nicht die Miteigentümer) als Unternehmerin, welche die Vermietungsleistung erbringt. Die Bruchteilsgemeinschaft schuldet die Umsatzsteuer aus der Vermietung und kann die ihr in Rechnung gestellte Vorsteuer abziehen.

c) Grundstück als Teil des Unternehmens

Grundstücke können von Unternehmern für Zwecke ihres Unternehmens genutzt bzw. verwendet werden. Denkbar ist z. B. die Nutzung eines Grundstücks für einen Schreinereibetrieb oder die Vermietung von Wohnungen an Firmen oder Privatpersonen. Grundstücke können (bzw. müssen für einen Vorsteuerabzug) bei Anschaffung dem Unternehmen zugeordnet werden. 841

Als Teil der unternehmerischen Sphäre (des unternehmerischen Vermögens) ist dann relevant, welche Eingangsleistungen (z. B. Erhaltungsaufwendungen) und welche Ausgangsleistungen (z. B. Vermietung) das Grundstück betreffen. 842

d) Umfang der Leistung (Haupt- und Nebenleistungen)

Es wird jeweils der einzelne Umsatz (die einzelne Leistung) im umsatzsteuerrechtlichen Sinne besteuert. Dabei ist auch zu identifizieren, was der Umfang der Leistung ist und wie dieser gegenüber parallel erbrachten Leistungen abzugrenzen ist. Hierbei ist zu entscheiden, ob ein Leistungselement maßgebend für die Art der Leistung ist (z. B. Grundstücksvermietung als sonstige Leistung) und ob andere Leistungselemente (z. B. Mitvermietung von Möbeln) als Nebenleistung zu der Hauptleistung gehören oder als separate Hauptleistung selbständig besteuert werden.[662] 843

662 Abschnitt 3.10 Abs. 5 Satz 1 UStAE: „Nebenleistungen teilen umsatzsteuerrechtlich das Schicksal der Hauptleistung".

e) Steuerbefreiungen bei Grundstücken

844 Im Zusammenhang mit Grundstücken kommen vor allem zwei Steuerbefreiungen in Betracht:

1. Die Vermietung von Wohnungseigentum stellt einen Leistungsaustausch dar (Nutzungsüberlassung als sonstige Leistung gegen Miete als Entgelt). Diese Leistung ist grds. steuerfrei (§ 4 Nr. 12 Buchst. a UStG). Unter bestimmten Voraussetzungen kann die Vermietung aber als steuerpflichtig behandelt werden (Option nach § 9 Abs. 1, 2 UStG).
2. Der Verkauf von Wohnungseigentum (durch einen Unternehmer i. S. des § 2 UStG) ist grds. steuerfrei (§ 4 Nr. 9 Buchst. a UStG). Auf die Steuerfreiheit kann aber unter bestimmten Voraussetzungen verzichtet werden (Option nach § 9 Abs. 1 UStG).

f) Umsatzsteuer aus empfangenen Leistungen als Vorsteuer

845 Umsatzsteuer aus Eingangsleistungen (z. B. für eine Wohnungsrenovierung) kann insbesondere dann als Vorsteuer abgezogen werden, wenn (bzw. soweit) mit dem Wohnungseigentum bestimmte umsatzsteuerpflichtige Ausgangsleistungen (z. B. durch eine umsatzsteuerpflichtige Vermietung) erbracht werden (§ 15 UStG). Die Vorsteuern mindern die Zahllast aus der abzuführenden Umsatzsteuer.

g) Kleinunternehmer (§ 19 UStG)

846 Wenn die steuerpflichtigen Umsätze[663] des Unternehmers im vorangegangenen Kalenderjahr den Betrag i. H. von 25.000 € nicht überschritten haben und im laufenden Kalenderjahr die Schwelle von 100.000 € nicht überschreiten, unterliegen diese einer eigenen Steuerbefreiung nach § 19 Abs. 1 Satz 1 UStG. Diese Steuerbefreiung betrifft Kleinunternehmer, die dann keine Umsatzsteuer auf ihre Leistungen (Umsätze) abführen müssen. Der Unternehmer kann aber freiwillig die Regelbesteuerung beantragen (Option nach § 19 Abs. 3 UStG).

---

663 Der dafür maßgebende Gesamtumsatz bestimmt sich nach § 19 Abs. 2 UStG, der sehr viele steuerfreie Umsätze (z. B. auch die aus Grundstücksvermietungen nach § 4 Nr. 12 Buchst. a UStG) außer Betracht lässt, so dass im Wesentlichen die steuerpflichtigen Umsätze für die Umsatzgrenze des § 19 Abs. 1 UStG relevant sind.

2. Erwerb von Wohnungseigentum

a) Vorsteuer aus dem Erwerb

Der Erwerb von Wohnungseigentum, welches für unternehmerische Zwecke 847
des Erwerbers genutzt werden soll (z.B. zur eigenbetrieblichen Nutzung oder zur steuerpflichtigen Vermietung) kann zu Vorsteuern führen, sofern der Veräußerer im notariellen Kaufvertrag zur Umsatzsteuer optiert (§ 9 Abs. 1, 3 UStG). In diesen Fällen schuldet der Erwerber die Umsatzsteuer (§ 13b Abs. 2 Nr. 3, Abs. 5 Satz 1 UStG), die dieser unter den allgemeinen Grundsätzen als Vorsteuer abziehen kann (§ 15 Abs. 1 Satz 1 Nr. 4 UStG).

Bei dem Erwerb ist zu prüfen, ob es sich um eine Geschäftsveräußerung nach 848
§ 1 Abs. 1a UStG handelt. Gerade bei vermietetem Wohnungseigentum kann dies der Fall sein, sofern die Vermietung fortgesetzt wird. Dann entsteht keine Umsatzsteuer (und damit auch keine Vorsteuer), da eine Geschäftsveräußerung gem. § 1 Abs. 1a UStG nicht *umsatzsteuerbar* ist, was von vornherein eine Option zur Umsatzsteuer ausschließt.

b) Teilung in Wohnungseigentum nach Erwerb

Die Teilung eines zivilrechtlich einheitlichen Grundstücks (Regeleigentum nach 849
BGB) in Wohnungseigentum im Sinne des WEG ändert für sich genommen nichts am Vorsteuerabzug. Der bisher einheitliche Vorsteuerabzug für das gesamte Grundstück wird lediglich den einzelnen Wohneinheiten (i.d.R. im Verhältnis der Flächen) zugeordnet. Dies ist z.B. für eine Vorsteuerkorrektur nach § 15a UStG relevant.

c) Zuordnung zum Unternehmensvermögen

aa) Zuordnungsgebot, Zuordnungsverbot oder Zuordnungswahlrecht

Beim Erwerb von Wohnungseigentum kann ein Unternehmer wählen, in wel- 850
chem Umfang er das Wohnungseigentum seinem Unternehmen (dem unternehmerischen Bereich im Sinne des Umsatzsteuerrechts) zuordnet.[664] Hier sind drei Alternativen möglich:

1. Wenn das Wohnungseigentum ausschließlich unternehmerisch (z.B. eigenbetrieblich oder zur Vermietung) verwendet wird, ist es insgesamt (d.h. zu 100 %) dem Unternehmen zuzuordnen (Zuordnungsgebot).[665]

664 Die Zuordnung zum (notwendigen oder gewillkürten) Betriebsvermögen i.S.des § 4 Abs. 1 EStG Ist davon zu unterscheiden.

665 Abschnitt 15.2c. Abs. 1 Satz 1 UStAE.

2. Wenn das Wohnungseigentum zu weniger als 10 % (§ 15 Abs. 1 Satz 2 UStG) oder gar nicht unternehmerisch verwendet wird, kann es nicht dem Unternehmen zugeordnet werden (Zuordnungsverbot).[666] Das Wohnungseigentum gehört damit zum nichtunternehmerischen Bereich. Von der unternehmerischen Tätigkeit werden auch steuerfreie Vermietungsumsätze nach § 4 Nr. 12 Satz 1 Buchst. a UStG umfasst.[667]
3. Wenn das Wohnungseigentum teilweise (zu mindestens 10 %, aber zu weniger als 100 %) unternehmerisch genutzt wird, kann es entweder
   - voll,
   - gar nicht oder
   - in Höhe der unternehmerischen Nutzungsquote

   dem Unternehmen zugeordnet werden (Zuordnungswahlrecht).[668]

bb) Zuordnungsentscheidung bei Erwerb des Wohnungseigentums

851 Aus dem Grundsatz des Sofortabzugs der Vorsteuer folgt, dass die Zuordnungsentscheidung bereits bei Leistungsbezug für einen einheitlichen Gegenstand zu treffen ist.[669] Diese Entscheidung ist eine „innere Tatsache“ (Wille des Unternehmers), die erst durch äußere Beweisanzeichen erkennbar wird.[670]

cc) Dokumentation der Zuordnungsentscheidung (innerhalb der Dokumentationsfrist)

852 Die unmittelbar bei Erwerb das Wohnungseigentums zu treffende Zuordnungsentscheidung ist zu dokumentieren. Dies dient dem Nachweis gegenüber dem Finanzamt, wie die Zuordnungsentscheidung getroffen wurde. Diese Dokumentation besteht im Grundsatz aus dem Vorsteuerabzug, der über die Umsatzsteuervoranmeldung bzw. Umsatzsteuerjahreserklärung geltend gemacht wird.[671] Wichtig ist, dass es sich um „nach außen hin objektiv erkennbare Beweisanzeichen“ für eine Zuordnung handelt. Ein Beweisanzeichen ist z. B. der Abschluss eines Mietvertrags mit Ausweis der Umsatzsteuer.[672]

---

666 Abschnitt 15.2c. Abs. 1 Satz 2, 3 UStAE.

667 BMF, Schreiben v. 17.5.2024 - III C 2-S 7300/19/10002:001, BStBl 2024 I S. 916 Rz. 7.

668 Abschnitt 15.2c. Abs. 2 Satz 1 Nr. 2 Buchst. b UStAE.

669 BMF, Schreiben v. 17.5.2024 - III C 2-S 7300/19/10002:001, BStBl 2024 I S. 916 Rz. 11.

670 Abschnitt 15.2c Abs. 14 Satz 4 UStAE.

671 Abschnitt 15.2c Abs. 16 Satz 6 UStAE.

672 BMF, Schreiben v. 17.5.2024 - III C 2-S 7300/19/10002:001, BStBl 2024 I S. 916 Rz. 13.

Diese Beweisanzeichen können dem Finanzamt auch noch nach Ablauf der Dokumentationsfrist mitgeteilt werden.[673] Fehlt es an objektiven Beweisanzeichen für eine Zuordnung, ist eine ausdrückliche Mitteilung an das Finanzamt innerhalb der Dokumentationsfrist erforderlich und zu Beweissicherungszwecken insbesondere in den Fällen ratsam, wenn es sich um hohe Vorsteuerbeträge handelt. 853

Die Dokumentation muss bis zur gesetzlichen Regelabgabefrist für Steuererklärungen (regelmäßig 31. Juli des Folgejahres, § 149 Abs. 2 Satz 1 AO) erfolgen. Fristverlängerungen für die Abgabe der Steuererklärungen haben keinen Einfluss auf die Dokumentationsfrist.[674] Bis zum Ablauf der Dokumentationsfrist kann auch eine im Voranmeldungsverfahren getroffene Zuordnungsentscheidung korrigiert werden.[675] 854

dd) Dokumentation der Zuordnung von teilunternehmerisch genutztem Wohnungseigentum

Auch bei der Anschaffung von teilunternehmerisch genutztem Wohnungseigentum ist die Zuordnung zu dokumentieren. Ist ein Vorsteuerabzug nach § 15 Abs. 1, 1b oder 2 UStG (teilweise) nicht möglich, muss der Erwerber (Unternehmer) durch eine schriftliche Erklärung gegenüber dem Finanzamt dokumentieren, in welchem Umfang er das Wohnungseigentum dem Unternehmen zugeordnet hat, wenn sich aus dem Umfang des geltend gemachten Vorsteuerabzugs oder anderen Beweisanzeichen nicht ergibt, mit welchem Anteil das Wohnungseigentum dem Unternehmen zugeordnet wurde.[676] 855

Wenn das Wohnungseigentum teilweise zu eigenen Wohnzwecken genutzt wird, ist der Vorsteuerabzug insoweit ausgeschlossen (§ 15 Abs. 1b EStG). 856

BEISPIEL „ARBEITSZIMMER": Herr A hat zum 1.1.2025 Wohnungseigentum erworben, für das der Veräußerer zur Umsatzsteuer optiert hat. A nutzt von der Wohnung (insgesamt 120 m²) einen Raum als Arbeitszimmer für seine Steuerberaterpraxis. Das Arbeitszimmer ist

a) 10 m²,

b) 30 m²

groß.

673 Abschnitt 15.2c Abs. 16 Satz 8 UStAE.

674 BMF, Schreiben v. 17.5.2024 - III C 2-S 7300/19/10002:001, BStBl 2024 I S. 916 Rz. 11.

675 BMF, Schreiben v. 17.5.2024 - III C 2-S 7300/19/10002:001, BStBl 2024 I S. 916 Rz. 12.

676 Abschnitt 15.2c Abs. 18 UStAE.

LÖSUNG ZU A): A kann das Wohnungseigentum nicht (auch nicht zu 8,3 % [10 m² zu 120 m²]) seinem Unternehmen zuordnen, da die unternehmerische Nutzungsquote unter 10 % liegt (§ 15 Abs. 1 Satz 2 UStG).

LÖSUNG ZU B): A hat ein Zuordnungswahlrecht und kann das Wohnungseigentum (i) zu 100 %, (ii) zu 25 % (30 m² zu 120 m²) oder (iii) zu 0 % (= nicht) seinem Unternehmen zuordnen. Er muss seine (bereits bei Erwerb zu treffende) Zuordnungsentscheidung objektiv nachvollziehbar bis spätestens 31.7.2025 (z. B. durch den VorSt-Abzug in der USt-VA 01/2025 oder in der USt-Jahreserklärung 2025) dokumentieren.

857 Wenn das Wohnungseigentum teilweise zu steuerfreien Umsätzen verwendet wird, die den Vorsteuerabzug ausschließen, ist eine ausdrückliche Mitteilung an das Finanzamt als Dokumentation zwingend.

BEISPIEL „ZUORDNUNG OHNE VORSTEUERABZUG“: Herr B hat zum 1.1.2025 Teileigentum erworben, für das der Veräußerer zur Umsatzsteuer optiert hat. Er vermietet bis auf den Kellerraum (den er selbst nutzt) das gesamte Teileigentum an eine Zahnärztin für deren Praxisbetrieb.

LÖSUNG: Herr B kann nicht zur Steuerpflicht seiner Vermietungseinkünfte nach § 9 UStG optieren, da die Mieterin (Zahnärztin) das Objekt für Ausschlussumsätze nutzt (steuerfreie Umsätze nach § 4 Nr. 14 UStG). Durch seine steuerfreien Vermietungsumsätze (§ 4 Nr. 12 Buchst. a UStG) steht Herrn B wegen § 15 Abs. 2 Nr. 1 UStG kein Vorsteuerabzug zu. Gleichwohl kann er das Teileigentum vollständig seinem Unternehmen zuordnen. Es muss seine bereits bei Erwerb zu treffende Zuordnungsentscheidung dafür bis spätestens 31.7.2025 dem Finanzamt mitteilen. Da er keinen Vorsteuerabzug geltend machen kann, hat er nicht die Möglichkeit, seine Zuordnungsentscheidung durch einen Vorsteuerabzug in einer USt-VA oder USt-Jahreserklärung zu dokumentieren.

d) Vorsteuerabzug aus dem Erwerb

858 Die Umsatzsteuer aus der Lieferung des Wohnungseigentums hat der Erwerber abzuführen, wenn ihn als Unternehmer der Wechsel der Steuerschuld trifft (§ 13b Abs. 1 Nr. 3, Abs. 5 Satz 1 UStG). Die damit korrespondierende Vorsteuer (§ 15 Abs. 1 Nr. 4 UStG) kann der Erwerber abziehen, wenn er beabsichtigt, das Wohnungseigentum für Leistungen (Umsätze) zu verwenden, welche den Vorsteuerabzug nicht ausschließen (Abzugsumsätze).

BEISPIEL „VORSTEUERABZUG“: Frau C hat zum 1.1.2025 Teileigentum erworben, für das der Veräußerer zur Umsatzsteuer optiert hat. Sie nutzt das Teileigentum für ihr selbständig geführtes Architekturbüro.

LÖSUNG: Frau C kann die Vorsteuer aus dem Erwerb in voller Höhe abziehen, da sie das Teileigentum für Abzugsumsätze verwendet.

e) Vorsteueraufteilung wegen Mischnutzung (§ 15 Abs. 4 UStG)

Die Vorsteuer ist aufzuteilen, wenn das Wohnungseigentum nur teilweise für Abzugsumsätze verwendet wird (§ 15 Abs. 4 UStG). Dabei wird die Vorsteuer vorrangig nach dem Verhältnis der Flächen aufgeteilt (Flächenschlüssel).[677] Nach § 15 Abs. 4 Satz 4 UStG[678] ist bei Grundstücken die Vorsteuer grds. nach dem Verhältnis der Nutzflächen aufzuteilen. Dies gilt nur dann nicht, wenn ausnahmenweise eine andere Methode zu einer genaueren wirtschaftlichen Zurechnung führt. Damit ist insbesondere eine Vorsteueraufteilung nach anteiligen Mieterlösen (Umsatzverhältnis) nur ausnahmsweise und nachrangig anzuwenden. 859

BEISPIEL „TEILWEISER VORSTEUERABZUG": Frau D hat Teileigentum (100 m²) erworben, für das der Veräußerer zur Umsatzsteuer optiert hat. Sie nutzt das Teileigentum für ihre Steuerberaterpraxis (80 m²). Einen Raum (20 m²) vermietet sie umsatzsteuerfrei an den (im anderen Teileigentum tätigen) Zahnarzt Z als Aufenthaltsraum für sein Praxisteam.

LÖSUNG: Frau D kann die Vorsteuer aus dem Erwerb nach § 15 Abs. 4 UStG nur zu 80 % (80 m² zu 100 m²) abziehen, da sie das Teileigentum nur insoweit für Abzugsumsätze verwendet. Die Vermietung an den Zahnarzt ist steuerfrei und nicht optionsfähig.

f) Vorsteuerausschluss für private Nutzung (§ 15 Abs. 1b UStG)

Der Vorsteuerabzug ist nach § 15 Abs. 1b UStG ausgeschlossen, soweit das Wohnungseigentum nichtunternehmerisch (privat) genutzt wird. 860

BEISPIEL „TEILWEISE NICHTUNTERNEHMERISCHE VERWENDUNG": Herr E hat Wohnungseigentum (100 m²) erworben, für die der Veräußerer zur Umsatzsteuer optiert hat. Er nutzt einen Raum (15 m²) als Arbeitszimmer für seine selbständige Autorentätigkeit und die restliche Wohnungsfläche (85 m²) zu eigenen Wohnzwecken.

LÖSUNG: Herr E kann die Vorsteuer aus dem Erwerb des Wohnungseigentums nur i. H. von 15 % (15 m² zu 100 m²) abziehen (§ 15 Abs. 1b UStG).

---

677 Abschnitt 15.17 Abs. 7 Satz 5 Nr. 1 UStAE.

678 Gesetz zur Modernisierung und Digitalisierung der Schwarzarbeitsbekämpfung v. 22.12.2025, BGBl 2025 I Nr. 369 v. 29.12.2025. Nach Art. 23 Abs. 1 des Gesetzes tritt die Regelung am Tag nach der Verkündung (diese war am 29.12.2025) in Kraft, also am 30.12.2025.

3. Gebäudeherstellung bei Wohnungseigentum

a) Bebauung eines Grundstücks

861 Sofern ein bisher unbebautes Grundstück durch einen Bauunternehmer (oder durch den Grundstückseigentümer selbst) bebaut wird, entfallen auf die Baukosten Vorsteuern, die nach § 15 Abs. 1 Satz 1 Nr. 1 UStG[679] unter den allgemeinen Grundsätzen abzugsfähig sind. Sofern der Grundstückseigentümer das Objekt für Abzugsumsätze (z. B. für eigenbetriebliche Zwecke oder für eine steuerpflichtige Vermietung) verwendet, ist die Vorsteuer nach § 15 Abs. 2, 3 UStG abziehbar.

862 Die Teilung eines Grundstücks vor, während oder nach der Bebauung in Wohnungseigentum im Sinne des WEG ändert für sich genommen nichts am Vorsteuerabzug. Der bisher einheitliche Vorsteuerabzug für das gesamte Grundstück wird lediglich den einzelnen Wohneinheiten (i. d. R. im Verhältnis der Flächen) zugeordnet. Dies ist z. B. für eine Vorsteuerkorrektur nach § 15a UStG relevant.

BEISPIEL „TEILUNG NACH BEBAUUNG": Die M-GmbH bebaut ein ihr gehörendes Grundstück mit einem Gebäude und zieht Vorsteuern aus den Baukosten i. H. von 300.000 € ab, da eine vollständige betriebliche Nutzung geplant ist. Das Objekt wird nach Fertigstellung aber in drei gleich große Teileigentumseinheiten im Sinne des WEG geteilt. Eine Einheit nutzt die M-GmbH für ihren Betrieb und zwei Einheiten veräußert die M-GmbH umsatzsteuerfrei an Herrn A.

LÖSUNG: Die gesamte Vorsteuer (300.000 €) wird durch die Teilung im Sinne des WEG auf die drei gleich großen Einheiten je zu 100.000 € zugeordnet, für die jeweils der zehnjährige Berichtigungszeitraum des § 15a UStG (beginnend ab der Fertigstellung des Gesamtgebäudes) weiterläuft. Durch die umsatzsteuerfreie Veräußerung der zwei Einheiten wird insoweit die (zeitanteilige) Vorsteuerkorrektur nach § 15a UStG ausgelöst (Vorsteuerkorrektur zulasten der M-GmbH).

b) Erwerb eines Grundstücks, dass vom Veräußerer bebaut wird

863 Wenn ein Bauträger ein (noch) unbebautes Grundstück mit der Verpflichtung zur Bebauung veräußert, stellt dies eine einheitliche Lieferung des bebauten Grundstücks dar, die nach § 4 Nr. 9 Buchst. a UStG umsatzsteuerfrei ist. Die Option zur Umsatzsteuer ist aber zulässig (§ 9 Abs. 1, 3 UStG) und die Vorsteuer unter den allgemeinen Voraussetzungen abzugsfähig.

---

679 Die Umsatzsteuer aus der Werklieferung (§ 3 Abs. 4 UStG) eines ausländischen Bauunternehmers schuldet der Grundstückseigentümer als Leistungsempfänger (§ 13b Abs. 2 Nr. 1, Abs. 5 Satz 1 UStG). Dann ergibt sich der Vorsteuerabzug aus § 15 Abs. 1 Satz 1 Nr. 4 UStG.

4. Vermietung von Wohnungseigentum

a) Vermietung als unternehmerische Tätigkeit

Die Vermietung von Wohnungseigentum ist als sonstige Leistung (Nutzungsüberlassung) gegen Miete (Entgelt) im Grundsatz eine umsatzsteuerbare Tätigkeit. Der Wohnungseigentümer (Vermieter) ist selbständig und mit Einnahmeerzielung nachhaltig tätig. Die Vermietung wird i.d.R. in monatlichen Teilleistungen erbracht, so dass die Umsatzsteuer dann monatlich entsteht (§13 Abs.1 Nr.1 Buchst.a Satz2, 3 UStG). 864

Die Vermietung von Wohnungseigentum (sonstige Leistung nach §3 Abs.9 UStG) ist in Deutschland umsatzsteuerbar, da „deutsches" Wohnungseigentum im Sinne des WEG immer im Inland belegen ist und die Vermietungsleistung dort ausgeführt wird, wo der Ort des Grundstücks liegt (Ortsbestimmung nach §3a Abs.3 Nr.1 Buchst.a UStG). 865

b) Steuerfreiheit und deren Ausnahmen (§4 Nr.12 UStG)

aa) Grundstücksvermietung

Die Vermietung von Wohnungseigentum ist im Grundsatz umsatzsteuerfrei (§4 Nr.12 Satz1 Buchst.a UStG). Damit wird einerseits keine Umsatzsteuer aus der Vermietung geschuldet. Andererseits kann keine Vorsteuer aus Aufwendungen abgezogen werden, die mit der steuerfreien Vermietung im Zusammenhang stehen (§15 Abs.2 Nr.1 UStG). 866

Die Steuerbefreiung nach §4 Nr.12 Satz1 Buchst.a UStG gilt nicht nur für die Vermietung von ganzen Grundstücken, sondern auch für die Vermietung von Grundstücksteilen, wie Gebäudeteile, Wohnungen und einzelne Räume.[680] Auf die Vermietung von Wohn- und Teileigentum im Sinne des WEG (auch von einzelnen Räumen daran) ist es ebenfalls anzuwenden. 867

bb) Nebenleistungen zur Grundstücksvermietung als Hauptleistung

Zu den nach §4 Nr.12 Satz1 UStG steuerfreien Leistungen der Vermietung und Verpachtung von Grundstücken gehören auch die damit in Zusammenhang stehenden Nebenleistungen, die im Vergleich zur Grundstücksvermietung ne- 868

680 Abschnitt 4.12.1 Abs.3 Satz1, 2 UStAE.

bensächlich sind und üblicherweise vorkommen. Dies sind i. d. R. die Lieferung von Wärme und Wasser (auch Warmwasser), die Überlassung einer Waschmaschine, die Flur- und Treppenhausreinigung, die Treppenhausbeleuchtung.[681]

cc) Kurzfriste Vermietung

869 Die Vermietung von Wohn- und Schlafräumen, die ein Unternehmer zur kurzfristigen Beherbergung von Fremden bereithält, ist nicht umsatzsteuerfrei (§ 4 Nr. 12 Satz 2 UStG). Als „kurzfristige Vermietung" sieht die Finanzverwaltung eine tatsächliche Mietzeit (Überlassungsdauer) von nicht mehr als sechs Monaten an. Für die Vermietung von Wohn- und Schlafräumen „zur kurzfristigen Beherbergung von Fremden" kommt es nicht in erster Linie auf die tatsächliche Mietdauer an. Vielmehr ist die Absicht des Vermieters (Unternehmer) entscheidend, die Räume nicht auf Dauer und damit nicht für einen dauernden Aufenthalt zu überlassen.[682]

dd) Mitvermietung von Möbeln, Inventar, Maschinen oder Betriebsvorrichtungen

870 Die Steuerbefreiung nach § 4 Nr. 12 Satz 1 Buchst. a UStG erstreckt sich i. d. R. auch auf mitvermietete Einrichtungsgegenstände wie z. B. Büromobiliar.[683]

871 Die Mitvermietung von Betriebsvorrichtungen ist dagegen nicht umsatzsteuerfrei (§ 4 Nr. 12 Buchst. a Satz 2 UStG) und damit neben der steuerfreien Grundstücksüberlassung separat zu besteuern. Der Begriff der Betriebsvorrichtungen ergibt sich aus § 68 Abs. 2 Nr. 2 BewG.[684] Hierfür ist aber Voraussetzung, dass die Betriebsvorrichtung keine (unselbständige) Nebenleistung zur Grundstücksvermietung als Hauptleistung ist. Als Nebenleistung wird die Betriebsvorrichtung als Teil einer einheitlichen Leistung auch einheitlich umsatzbesteuert.[685] Umgekehrt gilt das aber auch: Eine Hauptleistung „Vermietung/-pachtung von Betriebsvorrichtungen" enthält zwingend die Nebenleistung der Ge-

---

681 Abschnitt 4.12.1 Abs. 5 Satz 3 UStAE. Die Bereitstellung eines Internet- und/oder Fernsehanschlusses und die Lieferung von Strom durch den Vermieter gehören auch dazu. Regelmäßig wird dies aber durch einen separaten Vertragspartner (Internetprovider bzw. Stromlieferant) erbracht, so dass es dann generell keine Nebenleistung sein kann (sondern jeweils eine eigene Hauptleistung).

682 Abschnitt 4.12.9 Abs. 1 UStAE.

683 Abschnitt 4.12.1 Abs. 3 Satz 4 UStAE.

684 Abschnitt 4.12.10 Satz 2 UStAE.

685 BFH, Beschluss v. 17.8.2023 - V R 7/23 GAAAJ-47860 = BFH/NV 2023 S. 1386, im Anschluss an EuGH, Urteil v. 4.5.2023 - C-516/21 IAAAJ-39742 = BFH/NV 2023 S. 943.

bäudevermietung (oder -verpachtung) und wäre voll umsatzsteuerpflichtig.[686] Hier kommt es auf die Gewichtung und Bewertung der Vermietungselemente im Einzelfall an.

ee) Stellplatzvermietung

Die Vermietung von Plätzen für das Abstellen von Fahrzeugen ist nicht umsatzsteuerfrei (§ 4 Nr. 12 Satz 2 UStG). Dies betrifft vor allem die Vermietung von Parkplätzen. Das gilt auch für die isolierte Vermietung eines Stellplatzes, der zum Wohnungseigentum gehört (egal, ob als Sondereigentum oder als Sondernutzungsrecht). 872

Wenn zum Wohnungseigentum aber ein Parkplatz (als Nebenleistung) mitvermietet wird, ist die anteilige Stellplatzvermietung ebenfalls steuerfrei.[687] 873

BEISPIEL „VERMIETUNG EIGENTUMSWOHNUNG": Frau F ist Eigentümerin von zwei Eigentumswohnungen einer Wohnungseigentumsanlage, zu denen jeweils ein PKW-Stellplatz in der Tiefgarage (Sondereigentum) gehört. Eine Eigentumswohnung bewohnt sie selbst und vermietet den dazugehörigen Stellplatz an Herrn B, da sie selbst keinen PKW besitzt. Die andere ihr gehörende Eigentumswohnung vermietet sie (mit Stellplatz) an Frau C.

LÖSUNG: Die Wohnungsvermietung an Frau C ist auch hinsichtlich des Stellplatzes insgesamt umsatzsteuerfrei (§ 4 Nr. 12 Satz 1 Buchst. a UStG). Die Stellplatzvermietung an Herrn B ist jedoch umsatzsteuerpflichtig, da dafür die Steuerbefreiung ausgeschlossen ist (§ 4 Nr. 12 Satz 2 UStG). Sofern Frau F Kleinunternehmerin ist (§ 19 UStG), ist diese Leistung gleichwohl umsatzsteuerfrei.

c) Option zur Umsatzsteuer bei Vermietungen (§ 9 Abs. 1, 2 UStG)

aa) Voraussetzungen für die Option

Wenn Eingangsumsätze mit steuerfreien Vermietungsleistungen (Ausgangsumsätze) im Zusammenhang stehen, ist ein Abzug der Vorsteuer für den Leistungsempfänger (Unternehmer) nach § 15 Abs. 2 Satz 1 Nr. 1 UStG nicht möglich. Bei der Vermietung von Wohnungseigentum kann es daher vorteilhaft sein, die Umsatzsteuerfreiheit (§ 4 Nr. 12 Satz 1 Buchst. a UStG) durch eine Option nach § 9 Abs. 1, 2 UStG auszuschalten, damit ein Vorsteuerabzug möglich ist. 874

686 Nieskens, UR 2023 S. 441, 446.
687 Abschnitt 4.12.2 Abs. 3 UStAE.

875 Die erste Voraussetzung besteht darin, dass der vermietende Wohnungseigentümer das Wohnungseigentum an einen anderen Unternehmer für dessen Unternehmen vermietet (§ 9 Abs. 1 UStG).

876 Die zweite Voraussetzung für den Verzicht auf die Steuerfreiheit besteht darin, dass der Leistungsempfänger (Mieter oder Pächter) das Wohnungseigentum ausschließlich für Umsätze verwendet (oder zu verwenden beabsichtigt), die den Vorsteuerabzug nicht ausschließen (§ 9 Abs. 2 Satz 1 UStG). Maßgebend sind die Verwendungsumsätze des Mieters: Bei steuerfreien Ausgangsleistungen nach den § 4 Nr. 8–29 UStG des Mieters kann der Vermieter nicht zur Umsatzsteuer optieren (da steuerfreie Ausgangsumsätze nach § 15 Abs. 2 Satz 1 Nr. 1 UStG für den Vorsteuerabzug schädlich sind). Wenn der Mieter aber steuerfeie Ausgangsumsätze nach § 4 Nr. 1–7 UStG erbringt, ist dagegen eine Option zulässig (da insoweit die Rückausnahme nach § 15 Abs. 3 Nr. 1 Buchst. a UStG greift).

BEISPIEL „OPTION": Herr P ist Eigentümer von Teileigentum, das er ab dem Erwerb

a) an die Bäckerei B,

b) an die Zahnärztin Z

vermietet.

LÖSUNG: Zu a) Herr P kann nach § 9 Abs. 1, 2 UStG optieren und daher umsatzsteuerpflichtig an B vermieten, da der Mieter das Teileigentum für steuerpflichtige Ausgangsumsätze verwendet.

Zu b) Herr P kann nicht nach § 9 Abs. 1, 2 UStG optieren, da die Mieterin (Zahnärztin Z) steuerfreie Ausgangsumsätze (§ 4 Nr. 14 UStG) erzielt und das Teileigentum dazu verwendet. Die Vermietung ist (und bleibt) also nach § 4 Nr. 12 Satz 1 Buchst. a UStG umsatzsteuerfrei.

bb) Teiloption und geringfügige Nutzung

877 Wenn das Wohnungseigentum durch den Mieter teilweise für Abzugsumsätze und teilweise für Ausschlussumsätze genutzt wird und die unterschiedliche Verwendung räumlich getrennt werden kann, ist eine Teiloption für die begünstigte Fläche zulässig.

BEISPIEL „TEILOPTION": Die V-GmbH vermietet Teileigentum im Erdgeschoss an die ABC-MVZ (Augenarztpraxis). Ein Raum wird für den Verkauf von Kontaktlinsen sowie deren Pflegeprodukten genutzt.

LÖSUNG: Die V-GmbH kann isoliert für den Raum zur Umsatzsteuer optieren, da insoweit Abzugsumsätze erzielt werden. Für die Vermietung der für die augenärztlichen Tätigkeiten genutzten Räume kann nicht optiert werden, da diese für Ausschlussumsätze (§ 4 Nr. 14 UStG) genutzt werden.

Nur bei einer flächenmäßigen Abgrenzung ist eine Teiloption zulässig. Bei einer zeitweisen (z.B. an einigen Tagen im Jahr) oder umsatzmäßigen gemischten Verwendung ist keine Teiloption zulässig. Jedoch ist bei einer geringfügigen Nutzung des Wohnungseigentums von bis zu 5% für Ausschlussumsätze eine Option zur Vermeidung von Härtefällen nach Verwaltungsauffassung zulässig.[688] 878

cc) Altfälle

Zu der Voraussetzung nach § 9 Abs. 2 UStG, welche auf die Ausgangsumsätze des Mieters oder Pächters des Wohnungseigentums abstellt, gibt es eine Übergangsregelung nach § 27 Abs. 2 UStG (Altfälle). Danach kommt es nicht auf die Nutzung durch den Mieter/Pächter an, wenn das auf dem Grundstück errichtete Gebäude 879

1. Wohnzwecken dient (oder dazu bestimmt ist) und vor dem 1.4.1985 fertiggestellt worden ist (mit Beginn der Errichtung des Gebäudes vor dem 1.6.1984),
2. anderen nichtunternehmerischen Zwecken dient (oder dazu bestimmt ist) und vor dem 1.1.1986 fertiggestellt worden ist (mit Beginn der Errichtung des Gebäudes vor dem 1.6.1984),
3. anderen Zwecken dient (oder dazu bestimmt ist) und vor dem 1.1.1998 fertiggestellt worden ist (mit Beginn der Errichtung des Gebäudes vor dem 11.11.1993).

In diesen Fällen ist eine Option nur unter den Voraussetzungen des § 9 Abs. 1 UStG zulässig. Die Verwendung durch den mietenden Unternehmer ist nicht relevant, da dann § 9 Abs. 2 UStG nicht anzuwenden ist. 880

dd) Form und Frist der Option

Die Option zur Steuerpflicht nach § 9 Abs. 1, 2 UStG für Vermietungsumsätze braucht nicht gegenüber dem Finanzamt beantragt zu werden. Es reicht, wenn der Wohnungseigentümer (Vermieter) den Umsatz eindeutig umsatzsteuerpflichtig behandelt, was insbesondere durch den offenen Ausweis der Umsatzsteuer im Miet- bzw. Pachtvertrag (als „Rechnung“ i. S. des § 14 UStG) zum Aus- 881

688 Abschnitt 9.2 Abs. 3 UStAE. Dort wird u. a. das Beispiel dargestellt, dass ein umsatzsteuerpflichtig abrechnender Schönheitschirurg zu lediglich 3% Umsatzanteil auch steuerfreie Heilbehandlungen (§ 4 Nr. 14 UStG) erbringt.

druck kommt.[689] Zudem hat der Wohnungseigentümer als Unternehmer die Deklarationspflichten (Umsatzsteuererklärung) zu erfüllen.

ee) Widerruf der Option

882 Der Verzicht auf die Steuerbefreiungen (die Option) kann zurückgenommen werden, solange die Steuerfestsetzung für das Jahr der Leistungserbringung anfechtbar oder aufgrund eines Vorbehalts der Nachprüfung gem. § 164 AO noch änderbar ist.[690] Wie die Option selbst ist deren Widerruf (nachträgliche Rücknahme) an keine bestimmte Form gebunden. Durch den Widerruf entfällt zwar die reguläre Umsatzsteuer für den Wohnungseigentümer (Vermieter). Problematisch ist aber, dass eine Umsatzsteuerschuld nach § 14c Abs. 1 UStG entsteht, da der Mietvertrag mit Umsatzsteuerausweis als (nunmehr fehlerhafte) Rechnung gilt, die eine überhöhte Umsatzsteuer ausweist. Der Mieter/Pächter (Leistungsempfänger) verliert rückwirkend seinen Vorsteueranspruch. Die Berichtigung des zu hohen Steuerausweises ist aber möglich.[691]

d) Lieferung von Mieterstrom aus Photovoltaikanlage

883 Die Stromlieferung an den Mieter durch eine PV-Anlage des Vermieters ist keine Nebenleistung zur steuerfreien Wohnungsvermietung, sondern eine steuerpflichtige Hauptleistung „Stromlieferung“.[692] Dies gilt selbst dann, wenn der Vermieter über die Stromlieferung in der Nebenkostenabrechnung der Wohnungsvermietung mit dem Mieter abrechnet.[693] Sollte der Vermieter kein Kleinunternehmern (§ 19 UStG) sein, steht ihm daher (für Anschaffungen vor Geltung des § 12 Abs. 3 UStG) der Vorsteuerabzug aus der Anschaffung der PV-Anlage zu.

884 Da die PV-Anlage bei Wohnanlagen im Sinne des WEG aber i. d. R. im Eigentum der GdWE steht, ist in diesen Fällen auf die Behandlung durch die GdWE gegenüber dem jeweiligen Wohnungseigentümer (Vermieter) abzustellen.

689 Abschnitt 9.1 Abs. 3 Satz 7 UStAE.

690 BFH, Urteil v. 19.12.2013 - V R 6/12, BStBl 2017 II S. 837 EAAAE-66030.

691 Zu dem Verfahren Abschnitt 14c.1 Abs. 5 UStAE.

692 BFH, Urteil v. 17.7.2024 - XI R 8/21 RAAAJ-75956 = BFH/NV 2024 S. 1397.

693 FG Münster, Urteil v. 18.2.2025 - 15 K 128/21 U NAAAJ-89490.

e) Vorsteuerabzug aus Eingangsleistungen

aa) Abzugsfähige Vorsteuer (§ 15 Abs. 1 UStG)

Der Unternehmer (Wohnungseigentümer) kann die Umsatzsteuer für Lieferungen und sonstige Leistungen, die von einem anderen Unternehmer für sein Unternehmen ausgeführt worden sind, als Vorsteuer abziehen (§ 15 Abs. 1 Satz 1 Nr. 1 Satz 1 UStG). Eine ordnungsmäßige Rechnung (§ 14 UStG) ist dafür zudem erforderlich (§ 15 Abs. 1 Satz 1 Nr. 1 Satz 2 UStG). Nach Verwaltungsauffassung[694] ist der Vorsteuerabzug nur dann für den Besteuerungszeitraum des Leistungsbezugs zulässig, wenn der Leistungsempfänger auch innerhalb desselben Besteuerungszeitraums eine (ordnungsmäßige) Rechnung von dem leistenden Unternehmer erhalten hat. Dagegen muss es nach Auffassung des EuG[695] auf Grundlage der Mehrwertsteuersystemrichtlinie zulässig sein, dass die Vorsteuer für den Besteuerungszeitraum des Leistungsbezugs abgezogen werden kann, wenn der Leistungsempfänger die Rechnung zumindest bis zur Abgabe der entsprechenden Umsatzsteuervoranmeldung bzw. Umsatzsteuerjahreserklärung erhalten hat. 885

BEISPIEL „RECHNUNG": ▸ Die B-GmbH ist Inhaberin eines Sportartikelgeschäfts und Eigentümerin von Teileigentum, das am 20.2.2026 von Malermeister M tapeziert wurde. Die Rechnung über 1.000 € zzgl. 190 € Umsatzsteuer hat die B-GmbH am 5.3.2026 erhalten. Die B-GmbH reicht ihre Umsatzsteuervoranmeldung 2/2026 fristgerecht am 10.3.2026 beim zuständigen Finanzamt ein.

Die B-GmbH kann die Vorsteuer für die an sie erbrachte sonstige Leistung (Tapezieren) abziehen, da sie das Teileigentum für die Ausführung von steuerpflichtigen Ausgangsumsätzen nutzt (Einzelhandel). Nach Auffassung der Finanzverwaltung[696] ist der Vorsteuerabzug aber nicht bereits für den Voranmeldungszeitraum des Leistungsbezugs (Februar 2026) abziehbar, da die B-GmbH die dafür erforderliche Rechnung erst am 5.3.2026, also erst im nächsten Voranmeldungszeitraum (März 2026) erhalten hat. Dagegen ist es nach Auffassung des EuG[697] unionsrechtlich geboten, den Vorsteuerabzug bereits für 2/2026 zuzulassen.

Bei Anzahlungen oder Vorauszahlungen ist der darauf entfallende Umsatzsteuerbetrag bereits im Zahlungszeitpunkt abzugsfähig. Auch hierzu ist aber bereits eine (Vorauszahlungs-)Rechnung erforderlich (§ 15 Abs. 1 Satz 1 Nr. 1 Satz 3 UStG). Insoweit entfällt dann der Vorsteuerabzug aus der End-/Schlussrechnung (kein Doppelabzug). 886

---

694 Abschnitt 15.2. Abs. 2 Satz 6 UStAE.

695 EuG, Urteil v. 11.2.2026 - T-689/24 (I.S.A.), DStR 2026 S. 412.

696 Abschnitt 15.2. Abs. 2 Satz 6 UStAE.

697 EuG, Urteil v. 11.2.2026 - T-689/24 (I.S.A.), DStR 2026 S. 412.

bb) Abziehbare Vorsteuer aus steuerpflichtiger Vermietung

887 Typischerweise entstehen Vorsteuern aus den Betriebskosten und dem Erhaltungsaufwand für das Objekt. Vorsteuern auf Eingangsleistungen, die der Unternehmer (Wohnungseigentümer als Vermieter) zur Ausführung steuerfreie Umsätze verwendet, sind vom Vorsteuerabzug ausgeschlossen (§ 15 Abs. 2 Satz 1 Nr. 1 UStG). Der Wohnungseigentümer muss also nach § 9 Abs. 1, 2 UStG zur Umsatzsteuer (zulässig) optieren, damit er aus Eingangsleistungen die Vorsteuer abziehen kann.

888 Verwendet der Wohnungseigentümer die für sein vermietetes Wohnungseigentum gelieferten Gegenstände bzw. in Anspruch genommenen sonstigen Leistungen nur teilweise für Abzugsumsätze, ist der Teil der jeweiligen Vorsteuerbeträge nicht abziehbar, der den Ausschlussumsätzen wirtschaftlich zuzuordnen ist (§ 15 Abs. 4 Satz 1 UStG). Dies kann nach § 15 Abs. 4 Satz 2 UStG „im Wege einer sachgerechten Schätzung" ermittelt werden. Bei Wohnungseigentum wird das in aller Regel dem Verhältnis der Flächen entsprechen. Eine Aufteilung nach dem Umsatzschlüssel (nach den anteiligen Mieteinnahmen) ist nach § 15 Abs. 4 Satz 4 UStG ausnahmsweise und nur dann zulässig, wenn (wirklich) keine andere, präzisere wirtschaftliche Zuordnung möglich ist.[698]

889 Wenn die bezogenen Leistungen ertragsteuerrechtlich Erhaltungsaufwand darstellen oder mit dem Gebrauch oder der Nutzung des Gebäudes zusammenhängen, sind die bezogenen Leistungen vorrangig den vorsteuerunschädlich oder vorsteuerschädlich verwendeten Gebäudeteilen zuzuordnen.[699] Ist eine direkte Zurechnung des Erhaltungsaufwands oder der Aufwendungen im Zusammenhang mit dem Gebrauch zu bestimmten Gebäudeteilen nicht möglich, sind die Vorsteuerbeträge nach § 15 Abs. 4 UStG aufzuteilen.[700]

BEISPIEL „ERHALTUNGSAUFWAND": Die R-GmbH ist Eigentümerin von Teileigentum, welches flächenmäßig zu 60 % an einen Optiker und zu 40 % an einen Versicherungsvermittler vermietet ist. Die R-GmbH lässt die gemeinsame Fensterfront reinigen und im Kunden-WC der Versicherungsagentur einen neuen Spiegel anbringen.

---

698 Gesetz zur Modernisierung und Digitalisierung der Schwarzarbeitsbekämpfung v. 22.12.2025, BGBl 2025 I Nr. 369 v. 29.12.2025. Nach Art. 23 Abs. 1 des Gesetzes tritt die Regelung am Tag nach der Verkündung (diese war am 29.12.2025) in Kraft, also am 30.12.2025.

699 Abschnitt 15.17 Abs. 8 Satz 1 UStAE.

700 Abschnitt 15.17 Abs. 8 Satz 2 UStAE.

LÖSUNG: Die R-GmbH erbringt im Grundsatz steuerfreie Vermietungsleistungen nach § 4 Nr. 12 Satz 1 Buchst. a UStG. Eine Option ist nur gegenüber dem Optiker, aber nicht gegenüber dem Versicherungsvermittler (Ausschlussumsätze nach § 4 Nr. 11 UStG) möglich. Bei einer Option (Teiloption) gegenüber dem Optiker als Mieter der anteiligen Fläche ist die Vorsteuer aus der Fensterreinigung zu 60 % abziehbar. Die Vorsteuer aus dem neuen Spiegel im Kunden-WC ist direkt der Versicherungsagentur zuzuordnen und daher nicht abzugsfähig.

Wenn ein oder mehrere Wohnungseigentümer ihr Wohnungseigentum ver- 890
mieten, liefern die Fremdunternehmer (z. B. Energie- und Wasserversorger, Handwerker, Reinigungsunternehmen) zunächst an die GdWE eine Vielzahl an Leistungen, welche im zweiten Schritt dann „automatisch" an die jeweiligen Wohnungseigentümer geleistet werden (siehe →Rz. 1273 ff.). Die Wohnungseigentümer leisten wiederum als Vermieter an ihre Mieter. Die Leistungen der GdWE an die Wohnungseigentümer werden dabei nach § 4 Nr. 13 UStG steuerfrei gestellt (siehe →Rz. 1279 ff.).[701] Die GdWE (als eigene Unternehmerin) hat deswegen kein Recht auf einen Vorsteuerabzug aus diesen Leistungen. Jedoch kann die GdWE (nach entsprechendem Beschluss der Wohnungseigentümerversammlung) auf die Steuerfreiheit (entweder komplett oder punktuell für einzelne Wohnungseigentümer) nach § 9 Abs. 1 UStG verzichten, soweit es sich bei dem jeweiligen Wohnungseigentümer um einen Unternehmer (z. B. Vermieter) handelt. Dann kann die GdWE Vorsteuern aus ihren Eingangsleistungen abziehen (und diese in der Jahresabrechnung zugunsten der vermietenden Wohnungseigentümer berücksichtigen).

cc) Wechsel der Steuerschuldnerschaft aus Eingangsleistungen (§ 13b UStG)

Wenn im Ausland ansässige Unternehmer an den Wohnungseigentümer 891
Werklieferungen oder sonstige Leistungen erbringen, schuldet der Wohnungseigentümer die Umsatzsteuer (Wechsel der Steuerschuldnerschaft nach § 13b Abs. 1, Abs. 2 Nr. 1, Abs. 5 Satz 1, Abs. 7 UStG). Die Leistung wird dann „netto" (ohne Umsatzsteuer) abgerechnet. Der Wohnungseigentümer hat dann – anstelle des leistenden Unternehmers – die Umsatzsteuer (i. d. R. 19 % auf den Nettobetrag) an das Finanzamt abzuführen. Dies gilt auch dann, wenn die Leistung für den nichtunternehmerischen (privaten) Bereich des Wohnungseigentümers (Vermieters) bezogen wird (§ 13b Abs. 5 Satz 7 UStG).

Sofern der Eingangsumsatz für steuerpflichtige Vermietungsumsätze genutzt 892
wird, hat der Wohnungseigentümer (Vermieter) einen Vorsteuerabzug aus § 15 Abs. 1 Satz 1 Nr. 4 UStG.

701 Abschnitt 4.13.1 Abs. 2 Satz 4 UStAE.

BEISPIEL „AUSLANDSUNTERNEHMER": Die R-GmbH ist Eigentümerin von Teileigentum in Aachen (Deutschland), welches umsatzsteuerpflichtig an einen Blumenhandel vermietet ist. Die R-GmbH beauftragt den Handwerker H aus Maastricht (Niederlande) mit der Renovierung eines Raums.

LÖSUNG: Die Werkleistung (§ 3 Abs. 4 UStG) des H ist in Deutschland steuerbar und steuerpflichtig. Die R-GmbH schuldet die Umsatzsteuer (§ 13b Abs. 5 Satz 1 UStG) und hat daraus einen korrespondierenden Vorsteuerabzug (§ 15 Abs. 1 Satz 1 Nr. 4 UStG).

893 Die GdWE als Leistungsempfänger von Bauleistungen ist nicht Steuerschuldner nach § 13b UStG, wenn diese Leistungen als nach § 4 Nr. 13 UStG steuerfreie Leistungen „über" die GdWE an die einzelnen Wohnungseigentümer weitergegeben werden. Dies gilt auch dann, wenn die GdWE (auch) für diese Umsätze nach § 9 Abs. 1 UStG zur Steuerpflicht optiert.[702]

894 Die GdWE ist auch für Telekommunikationsdienstleistungen als Leistungsempfänger kein Steuerschuldner, wenn diese Leistungen als nach § 4 Nr. 13 UStG steuerfreie Leistungen der GdWE an die einzelnen Wohnungseigentümer weitergegeben werden.[703]

f) Vorsteuerberichtigung bei Nutzungsänderung (§ 15a UStG)

aa) Sofortabzug der Vorsteuer nach der Verwendung bei Leistungsbezug

895 Bei Vorsteuerbeträgen aus Eingangsleistungen ist sofort beim Leistungsbezug schon zu entscheiden, ob diese dem Unternehmen des Wohnungseigentümers zugeordnet werden (können) und in welcher Höhe die Vorsteuer nach der Verwendung (oder Verwendungsabsicht) tatsächlich abziehbar ist. Sollte sich später die Verwendung des Wohnungseigentums ändern, hat dies keine rückwirkende Auswirkung auf den ursprünglichen Vorsteuerabzug. Innerhalb des zehnjährigen Berichtigungszeitraums ist aber ggf. die Vorsteuer (zugunsten oder zulasten des Wohnungseigentümers) nach § 15a UStG zu korrigieren.

BEISPIEL „SINN DES § 15A USTG": Die T-GmbH ist Eigentümerin von Teileigentum, welches sie ab Fertigstellung des Gebäudes zulässig umsatzsteuerpflichtig (Option nach § 9 UStG) an einen Rechtsanwalt vermietet. Die Vorsteuern aus der Herstellung des Gebäudes hat die T-GmbH zutreffend als Vorsteuer abgezogen (§ 15 UStG). Zwei Jahre nach der Erstvermietung zieht der Rechtsanwalt aus und das Objekt wird nunmehr an die Praxis einer Zahnärztin vermietet, die das Teileigentum für steuerfreie Ausschlussumsätze (§ 4 Nr. 14 UStG) verwendet.

LÖSUNG: Der ursprüngliche Vorsteuerabzug aus den Gebäudeherstellungskosten nach § 15 UStG bleibt auch nach dem Mieterwechsel zutreffend. Selbst wenn das

702 Abschnitt 13b.3 Abs. 9 UStAE.

703 Abschnitt 13b.7b Abs. 8 Satz 1 UStAE.

Herstellungsjahr verfahrensrechtlich noch offen und nach § 164 Abs. 2 AO noch änderbar wäre, besteht kein rückwirkender Korrekturbedarf. Jedoch ist die Vorsteuer aus den Baukosten anteilig nach § 15a UStG wegen der Änderung der tatsächlichen Verhältnisse (Mieterwechsel) zurückzuzahlen.

bb) Berichtigung des Vorsteuerabzugs bei später geänderten Verhältnissen

Ändern sich bei einem Grundstück innerhalb von zehn Jahren ab dem Zeitpunkt der erstmaligen Verwendung die für den ursprünglichen Vorsteuerabzug maßgebenden Verhältnisse, ist dies für jedes Kalenderjahr der Änderung durch eine Berichtigung des Abzugs der auf die Anschaffungs- oder Herstellungskosten entfallenden Vorsteuerbeträge auszugleichen (§ 15a Abs. 1 UStG). Bei der Berichtigung ist für jedes Kalenderjahr der Änderung von einem Zehntel der auf das Grundstück entfallenden Vorsteuerbeträge auszugehen (§ 15a Abs. 5 Satz 1 UStG). 896

In der Praxis ergibt sich insbesondere aus den folgenden Situationen eine Änderung der Verhältnisse, die zu einer Vorsteuerkorrektur nach § 15a UStG führen kann: 897

- Durch den Wechsel des Mieters wird aus einer steuerfreien Vermietung eine steuerpflichtige Vermietung (= Vorsteueranspruch nach § 15a UStG zugunsten des Wohnungseigentümers).
- Durch den Wechsel des Mieters wird aus einer steuerpflichtigen Vermietung eine steuerfreie Vermietung (= Vorsteuerrückforderung nach § 15a UStG zulasten des Wohnungseigentümers).

cc) Berechnung des Korrekturbetrags

Die gesamte (ursprünglich abgezogene) Vorsteuer wird auf zehn Jahre linear verteilt und es wird für jedes Jahr geprüft, ob sich die Verhältnisse für den Vorsteuerabzug gegenüber dem Abzugsjahr geändert haben. Soweit sich eine Änderung ergibt, entsteht für dieses Jahr ein Rückzahlungsanspruch nach § 15a UStG, der in die Umsatzsteuerfestsetzung des jeweiligen Jahres einbezogen wird. 898

BEISPIEL „BERECHNUNG § 15A USTG": Die S-GmbH ist Eigentümerin von Teileigentum, welches sie ab Fertigstellung des Gebäudes (1.1.2023) umsatzsteuerpflichtig an einen Lebensmittel-Einzelhändler umsatzsteuerpflichtig (mit Option nach § 9 Abs. 1, 2 UStG) vermietet. Die Vorsteuern aus der Herstellung des Gebäudeteils (100.000 €) hat die S-GmbH zutreffend im VZ 2022 als Vorsteuer abgezogen (§ 15 UStG). Zum 1.1.2026 gibt es einen Mieterwechsel: Ab diesem Zeitpunkt mietet eine Versicherungsagentur das Objekt umsatzsteuerfrei.

LÖSUNG: Der ursprüngliche Vorsteuerabzug aus den Gebäudeherstellungskosten nach § 15 UStG bleibt auch nach dem Mieterwechsel zutreffend. Jedoch ist die Vorsteuer aus den damaligen Baukosten ab dem VZ 2026 zu je 1/10 (100.000 €/10 Jahre = 10.000 €) nach § 15a UStG zurückzuzahlen. Der Berichtigungszeitraum endet nach zehn Jahren zum 31.12.2032. Wenn die steuerfreie Vermietung so lange weitergeführt wird, muss für die VZ 2026–2032 (7 Jahre) jeweils 10.000 € p.a. (somit insgesamt 70.000 €) Vorsteuer zurückgezahlt werden. Erhalten bleibt die anteilig auf die VZ 2023–2025 entfallende Vorsteuer (insgesamt 30.000 €), die zeitanteilig auf die steuerpflichtige Vermietung entfällt.

899 Der Zehnjahreszeitraum ist monatsgenau zu berechnen. Endet der Zeitraum vor dem 16. eines Kalendermonats, bleibt dieser Kalendermonat für die Berichtigung unberücksichtigt. Endet er nach dem 15. eines Kalendermonats, so ist dieser Kalendermonat voll zu berücksichtigen (§ 45 UStDV).

dd) Berichtigungsobjekte bei Grundstücken

900 Die Anschaffung oder Herstellung des Wohnungseigentums ist der Grundfall eines „Berichtigungsobjekts“. Wenn und soweit Vorsteuern dabei abgezogen werden, läuft der zehnjährige Überwachungszeitraum nach § 15a UStG. Es kann aber noch weitere (eigenständige) Berichtigungsobjekte geben:

- Nachträgliche Anschaffungs- oder Herstellungskosten (§ 15a Abs. 6 UStG) für das Wohnungseigentum (z. B. ein Anbau) gelten als eigenes Berichtigungsobjekt, für das ein eigener Zehnjahreszeitraum läuft.
- Wenn ein Wirtschaftsgut nachträglich in das Wohnungseigentum eingeht und dieser Gegenstand dabei seine körperliche und wirtschaftliche Eigenart verliert (z. B. eine nachträglich eingebaute Klimaanlage),[704] gilt es ebenfalls als eigenes Berichtigungsobjekt (§ 15a Abs. 3 UStG).
- Auch sonstige Leistungen „mit Dauerwirkung“ (z. B. Beratungsleistungen) [705] können als Berichtigungsobjekt erfasst werden (§ 15a Abs. 4 UStG). Dies trifft i. d. R. aber nicht auf Erhaltungsaufwand zu, der sich sofort wirtschaftlich verbraucht (wie eine Fensterreinigung, Heizungswartung oder Gartenarbeit).[706]
- Werterhaltende (oder wertverbessernde) Arbeiten an der Substanz selbst (z. B. ein neuer Fassadenanstrich) unterliegen aber der Berichtigung nach § 15a Abs. 3 UStG.[707]

---

704 Abschnitt 15a.6 Abs. 1 Satz 6 Nr. 2 UStAE.

705 Abschnitt 15a.7 Abs. 1 Satz 2 Nr. 1 UStAE.

706 Abschnitt 15a.6 Abs. 6 Satz 4 UStAE.

707 Abschnitt 15a.6 Abs. 7 Satz 3 Nr. 1 UStAE.

ee) Geringfügigkeitsgrenzen

Eine Berichtigung des Vorsteuerabzugs nach § 15a UStG entfällt nach § 44 Abs. 1 UStDV, wenn die auf die Anschaffungs- oder Herstellungskosten eines Wirtschaftsguts entfallende Vorsteuer 1.000 € nicht übersteigt. Das ist bei Wohnungseigentum ein eher seltener Fall. Praxisrelevanter ist § 44 Abs. 2 Satz 1 UStDV. Danach entfällt bei einem Wirtschaftsgut die Berichtigung des Vorsteuerabzugs für ein Kalenderjahr, für das sich die für den ursprünglichen Vorsteuerabzug maßgebenden Verhältnisse um weniger als zehn Prozentpunkte geändert haben. Das gilt aber nicht, wenn der Berichtigungsbetrag für dieses Kalenderjahr über 1.000 € liegt (§ 44 Abs. 2 Satz 2 UStDV). 901

5. Eigenbetriebliche Nutzung von Wohnungseigentum

a) Grundstücke als betriebliche bzw. unternehmerische Wirtschaftsgüter

Wohnungseigentum kann (wie Grundstücke im Allgemeinen) nicht nur zu eigenen Wohnzwecken oder zur Vermietung, sondern auch für eigene betriebliche Zwecke verwendet werden. Hierbei gelten die allgemeinen umsatzsteuerrechtlichen Voraussetzungen und Folgen, wie dies auch – im Grundsatz – bei vermietetem Wohnungseigentum der Fall ist. Das Wohnungseigentum stellt bei der eigenbetrieblichen Nutzung ein Produktionsmittel eines Betriebs (Unternehmen) dar, das z. B. für die Herstellung oder den Handel von Waren oder der Erbringung von Dienstleistungen dient. Dabei wird mit dem Wohnungseigentum selbst i. d. R. nicht die Ausgangsleistung unmittelbar erbracht (wie bei der Vermietung des Objekts), sondern es ist oft die räumliche und funktionale Grundlage (insbesondere als Büro-, Verwaltungs-, Produktionsgebäude oder Werkstatt) des Unternehmens, um damit Ausgangsumsätze zu erbringen. Der Fokus liegt daher oft bei der Frage des Vorsteuerabzugs aus Eingangsleistungen für das Wohnungseigentum. 902

b) Vorsteuerabzug aus Eingangsleistungen für das Wohnungseigentum

Aus dem Erwerb (bzw. der Herstellung) und dem Unterhalt des Wohnungseigentums resultieren Vorsteuern aus Eingangsleistungen (z. B. Herstellungskosten des Gebäudes, Erhaltungsaufwand und laufende Betriebskosten). Nach den allgemeinen Grundsätzen für den Vorsteuerabzug kann der Unternehmer (Betriebsinhaber und damit Wohnungseigentümer) die Umsatzsteuer für sol- 903 che Lieferungen und sonstige Leistungen als Vorsteuer abziehen (§ 15 Abs. 1 Satz 1 Nr. 1 Satz 1 UStG).

BEISPIEL „VORSTEUER AUS BETRIEBLICHEM TEILEIGENTUM“: Die T-GmbH ist Eigentümerin von Teileigentum, welches sie für ihren Tischlereibetrieb nutzt. Aus der Herstellung des Gebäudes (Baukosten) und einigen laufenden Betriebskosten (z. B. Gebäudereinigung und Heizungswartung) entstehen der T-GmbH Vorsteuern.

LÖSUNG: Die T-GmbH kann die Vorsteuern im Zusammenhang mit dem Teileigentum nach § 15 UStG abziehen, sofern sie das Objekt ihrem Unternehmen zugeordnet hat (Regelfall).

904 Vorsteuern auf diese Eingangsleistungen sind vom Vorsteuerabzug ausgeschlossen, wenn der Unternehmer das betrieblich genutzte Wohnungseigentum zur Ausführung von „Ausschlussumsätzen“ verwendet. Das sind insbesondere steuerfreie Umsätze nach § 4 Nr. 8–29 UStG (§ 15 Abs. 2, 3 UStG).

BEISPIEL „VORSTEUERAUSSCHLUSS ODER -ABZUG BEI BETRIEBLICHEM TEILEIGENTUM“: Die X-GmbH ist Eigentümerin von Teileigentum, welches sie für

a) ihren Obsthandelsbetrieb nutzt, bei dem ein Teil der Waren nach § 4 Nr. 1 Buchst. a bzw. Buchst. b UStG (Ausfuhrlieferungen bzw. innergemeinschaftliche Lieferungen) steuerfrei ins Ausland geliefert wird;

b) ihr Unternehmen als Versicherungsmaklerin nutzt, die steuerfreie Leistungen erbringt (§ 4 Nr. 11 UStG).

Aus dem Unterhalt des Objektes entstehen der X-GmbH Vorsteuern.

LÖSUNG: Zu a) Die X-GmbH kann die Vorsteuern im Zusammenhang mit dem Teileigentum nach § 15 UStG abziehen. Die steuerfreien Umsätze nach § 4 Nr. 1 Buchst. a bzw. Buchst. b UStG sind für den Vorsteuerabzug unschädlich.

Zu b) Die X-GmbH kann keine Vorsteuern im Zusammenhang mit dem Teileigentum nach § 15 UStG abziehen. Die steuerfreien Umsätze nach § 4 Nr. 11 UStG sind für den Vorsteuerabzug schädlich.

905 Wenn der Betrieb (und damit auch das Wohnungseigentum) nur teilweise Abzugsumsätze ausführt, ist der Teil der Vorsteuer nicht abziehbar, der den Ausschlussumsätzen wirtschaftlich zuzuordnen ist (§ 15 Abs. 4 Satz 1 UStG). Dies kann nach § 15 Abs. 4 Satz 2 UStG „im Wege einer sachgerechten Schätzung“ ermittelt werden. Bei vermietetem Wohnungseigentum wird die Vorsteuer regelmäßig im Verhältnis der Flächen aufgeteilt. Bei einem „Mischbetrieb“ ist dies aber nicht so einfach, wenn das gesamte Wohnungseigentum (die gesamte Fläche) sowohl für Abzugs- also auch für Ausschlussumsätze verwendet wird. Dies ist gerade bei Büro- und Verwaltungsgebäuden problematisch. Eine Aufteilung nach dem Umsatzschlüssel (nach den anteiligen Erlösen) ist nach

§ 15 Abs. 4 Satz 3 UStG dann (ausnahmsweise) zulässig, sofern keine andere, präzisere wirtschaftliche Zuordnung möglich ist.[708]

6. Veräußerung von Wohnungseigentum

a) Wohnungseigentum im Unternehmen

906 Die Veräußerung von Wohnungseigentum fällt nur dann unter das Umsatzsteuergesetz, wenn es durch einen Unternehmer (§ 2 UStG) im Rahmen seines Unternehmens veräußert wird. Das Wohnungseigentum muss darüber hinaus beim Erwerb dem Unternehmen zugeordnet worden sein.

BEISPIEL „UNTERNEHMENSVERMÖGEN": Herr K betreibt selbständig einen Autohandel als Einzelunternehmer. Er ist zudem Eigentümer einer zu Wohnzwecken vermieteten Eigentumswohnung, die er an die Erwerberin E veräußert.

LÖSUNG: Herr K ist durch sein Autohandelsgewerbe Unternehmer i. S. des § 2 UStG. Die Vermietung ist ebenfalls eine Tätigkeit, die zur Unternehmereigenschaft führt. Die Veräußerung der Eigentumswohnung ist aber nur dann eine steuerbare Leistung im Sinne des Umsatzsteuergesetzes, wenn das Grundstück dem (gesamten) umsatzsteuerrechtlichen Unternehmen des K zugeordnet wurde. Dies wird oft schon deshalb nicht der Fall sein, weil das Wohnungseigentum ohne Vorsteuerabzugsrecht erworben wurde (z. B. bei einer Vermietung zu Wohnzwecken).[709] Es kommt daher auf den konkreten Sachverhalt an. Sofern Herr K das Grundstück nicht seinem Unternehmen zugeordnet hatte, ist die Eigentumswohnung kein Teil des Unternehmens (vermögens) und die Veräußerung findet nicht „im Rahmen seines Unternehmens" (vgl. § 1 Abs. 1 Nr. 1 Satz 1 UStG) statt.

907 Die Veräußerung von Wohnungseigentum aus der Unternehmenssphäre ist somit grds. als Leistungsaustausch umsatzsteuerpflichtig (Lieferung eines Grundstücks gegen Kaufpreis als Entgelt). Sofern es sich um eine „Geschäftsveräußerung" handelt, ist die Veräußerung aber nicht umsatzsteuerbar (§ 1 Abs. 1a UStG). Sonst ist die Grundstückslieferung im Grundsatz steuerfrei (§ 4 Nr. 9 Buchst. a UStG). Die Steuerfreiheit kann ggf. ausgeschlossen werden (Option nach § 9 Abs. 1 UStG).

708 Nach BMF, Schreiben v. 20.10.2022 - III C 2-S 7306/19/10001:003, BStBl 2022 I S. 1497 Rz. 20, z. B. bei Verwaltungsgebäuden, wenn diese den Umsätzen des gesamten Unternehmens dienen.

709 Zuordenbar wäre ein Grundstück aber gleichwohl beim Erwerb, auch wenn es (noch) keinen Vorsteuerabzug nach § 15 UStG erzeugt. Innerhalb der 10-Jahres-Frist des § 15a UStG könnte durch eine Zuordnung bei Erwerb (und Dokumentation gegenüber dem Finanzamt) ein nachträglicher (zeitanteiliger) Vorsteuerabzug generiert werden, wenn später umsatzsteuerpflichtig vermietet wird (z. B. bei einem Mieterwechsel).

908 Maschinen und sonstige Vorrichtungen aller Art, die zu einer Betriebsanlage gehören (Betriebsvorrichtung),[710] sind nicht Teil des grunderwerbsteuerrechtlichen Grundstücksbegriffs (§ 2 Abs. 1 Satz 2 Nr. 1 GrEStG) und unterliegen damit der Umsatzsteuer.

b) Grundsatz: Steuerfreiheit (§ 4 Nr. 9 Buchst. a UStG)

909 Die Veräußerung von Wohnungseigentum durch einen Unternehmer im Rahmen seines Unternehmens gegen Entgelt (Kaufpreis) stellt einen Leistungsaustausch (§ 1 Abs. 1 Nr. 1 UStG) dar. Sofern der Umsatz keine (nicht steuerbare) Geschäftsveräußerung i. S. des § 1 Abs. 1a UStG darstellt, ist der Umsatz im Grundsatz umsatzsteuerpflichtig.

910 Die Veräußerung von Wohnungseigentum ist jedoch grunderwerbsteuerbar (§ 1 Abs. 1 Nr. 1 GrEStG). Dadurch wird dieser Umsatz von der Umsatzsteuer befreit (§ 4 Nr. 9 Buchst. a UStG).

BEISPIEL „STEUERFREIE VERÄUßERUNG": Herr Q ist Eigentümer einer zu Wohnzwecken vermieteten Eigentumswohnung, die er an die Erwerberin E veräußert. Bei Erwerb hat Herr Q die Immobilie seinem Unternehmensvermögen zugeordnet.

LÖSUNG: Herr Q ist als Vermieter Unternehmer i. S. des § 2 UStG und hat das Wohnungseigentum seinem Unternehmen zugeordnet. Daher unterliegt die Veräußerung als steuerbarer Vorgang der Umsatzsteuer (§ 1 Abs. 1 Nr. 1 UStG). Die Vermietung ist ebenfalls eine Tätigkeit, die zur Unternehmereigenschaft führt. Die Veräußerung der Eigentumswohnung ist aber von der Umsatzsteuer befreit (§ 4 Nr. 9 Buchst. a UStG).

911 Die steuerfreie Veräußerung von Wohnungseigentum kann nach § 15a Abs. 8 UStG zu einer Vorsteuerkorrektur (anteilige Rückzahlung von Vorsteuern) führen.

BEISPIEL „VORSTEUERKORREKTUR": Frau W hat zum 1.1.2023 Teileigentum im Sinne des WEG mit Vorsteuerabzug (50.000 €) erworben, welches sie umsatzsteuerpflichtig an die Bäckerei B vermietet. Zum 1.1.2025 veräußert sie das Teileigentum nach § 4 Nr. 9 Buchst. a UStG steuerfrei an Frau C, die das Objekt (nach einem Umbau) zu eigenen Wohnzwecken nutzt (dann zivilrechtlich: „Wohnungseigentum").

LÖSUNG: Die steuerfreie Veräußerung innerhalb des zehnjährigen Berichtigungszeitraums (§ 15a Abs. 1 Satz 2 UStG) führt zu einer Änderung der Verhältnisse, die zu einer zeitanteiligen Vorsteuerkorrektur i. H. von 3/10 x 50.000 € = 15.000 € führt (§ 15a Abs. 8 UStG), die Frau W zurückzuzahlen hat.

912 Die zum Wohnungseigentum gehörenden Sondernutzungsrechte (z. B. eine alleinige Gartennutzung) stehen den Grundstücken gleich und unterliegen der

710 Für die Abgrenzung des Grundvermögens von den Betriebsvorrichtungen vgl. die Gleich lautenden Erlasse der Länder v. 5.6.2013, BStBl 2013 I S. 734.

Grunderwerbsteuer (§ 2 Abs. 2 Nr. 3 GrEStG) und sind damit von der Umsatzsteuerfreiheit des § 4 Nr. 9 Buchst. a UStG erfasst.

Mitveräußerte Betriebsvorrichtungen sind nicht nach § 4 Nr. 9 UStG steuerfrei, da diese nach § 2 Abs. 1 Satz 2 Nr. 1 GrEStG kein Teil des grunderwerbsteuerrechtlichen Grundstücksbegriffs sind.[711] 913

c) Option zur Umsatzsteuer (§ 9 Abs. 1 UStG)

Die nach § 4 Nr. 9 Buchst. a UStG steuerfreie Lieferung (insbesondere Verkauf) 914
von Wohnungseigentum kann als steuerpflichtig behandelt werden. Eine solche Option nach § 9 Abs. 1 UStG ist nur für Umsätze an einen anderen Unternehmer für dessen Unternehmen zulässig. Die Option zur Umsatzsteuerpflicht (d. h. der Verzicht auf die Umsatzsteuerfreiheit) ist oft für diejenigen Unternehmer relevant, bei denen der Berichtigungszeitraum für eine Vorsteuerkorrektur aus dem Grundstück nach § 15a UStG noch läuft und daher bei einer steuerfreien Veräußerung eine Vorsteuerrückzahlung ausgelöst würde. Sofern der Erwerber vorsteuerabzugsfähig ist, führt die Option für den Erwerber grds. zu keiner effektiven Mehrbelastung.

Es kommt für die Option bei einem Verkauf von Wohnungseigentum nicht 915
darauf an, für welche Umsätze der Erwerber das Wohnungseigentum verwendet (dies ist bei der Option zur steuerpflichtigen Vermietung von Wohnungseigentum anders, vgl. § 9 Abs. 2 UStG).

Eine Option ist unzulässig, wenn der leistende Unternehmer (Verkäufer) das 916
Wohnungseigentum nicht seinem Unternehmen zugeordnet hat oder zuordnen konnte.[712] Der Erwerber muss das Wohnungseigentum lediglich „für sein Unternehmen" (§ 15 Abs. 1 UStG) erwerben. Es kommt nicht darauf an, ob er es tatsächlich seinem Unternehmen auch wirksam zuordnet.

Die Option (Verzicht auf die Steuerbefreiung) muss in dem Notarvertrag zur 917
Grundstücksveräußerung (§ 311b Abs. 1 BGB) erklärt werden (§ 9 Abs. 3 Satz 2

711 Möglicherweise kann dies nach der Rechtsprechung des EuGH anders gesehen werden, vgl. Behrens, BB 2022 S. 162.

712 Abschnitt 9.1 Abs. 5 Satz 3 UStAE.

UStG).[713] Die Umsatzsteuer schuldet dann der Erwerber (§ 13b Abs. 2 Nr. 3 i. V. mit Abs. 5 Satz 1 UStG).

BEISPIEL „OPTION": Frau F veräußert ihr bisher eigenbetrieblich genutztes Teileigentum für (netto) 100.000 € an Frau C, die darin ein Sportgeschäft betreiben möchte. Im Notarvertrag wird zur Umsatzsteuer optiert.

LÖSUNG: Die Grundstückslieferung ist umsatzsteuerpflichtig (100.000 € x 19 % = 19.000 €). C schuldet als Leistungsempfängerin die Umsatzsteuer.

d) Geschäftsveräußerung (§ 1 Abs. 1a UStG)

918 Die Umsätze im Rahmen einer „Geschäftsveräußerung" an einen anderen Unternehmer für dessen Unternehmen unterliegen nicht der Umsatzsteuer. Diese sind nach § 1 Abs. 1a UStG nicht umsatzsteuerbar. Damit entsteht keine Umsatzsteuer und der „Nichtumsatz" hat für den Veräußerer keine negativen Konsequenzen. Eine Geschäftsveräußerung i. S. des § 1 Abs. 1a UStG verlangt die (entgeltliche oder unentgeltlich) Übertragung der wesentlichen Grundlagen eines Unternehmens oder eines gesondert geführten Betriebs an einen Unternehmer für dessen Unternehmen.[714]

919 Vermietetes Wohnungseigentum kann dabei als „Betrieb" oder als „ein in der Gliederung eines Unternehmens gesondert geführter Betrieb" i. S. des § 1 Abs. 1a UStG anzusehen sein. Die Veräußerung ist dann nach § 1 Abs. 1a UStG nicht umsatzsteuerbar. Dafür muss der Erwerber durch den mit dem Grundstückserwerb verbundenen Eintritt in den bestehenden Mietvertrag vom Veräußerer ein „Vermietungsunternehmen" übernehmen oder die Vermietungstätigkeit des Veräußerers durch eigene (neu abgeschlossene) Mietverträge fortführen.[715] Es ist sogar ausreichend, wenn eine einzige (vermietete) Eigentumswohnung veräußert wird.[716]

920 Bei der Veräußerung des vermieteten Objekts an den bisherigen Mieter zu dessen eigenen (weitergeführten) wirtschaftlichen Zwecken wird kein „Vermie-

713 Ein späterer Verzicht auf die Umsatzsteuerbefreiung ist unwirksam, auch wenn er notariell beurkundet wird (BFH, Urteil v. 21.10.2015 - XI R 40/13, BStBl 2017 II S. 852 JAAAF-18905). Der (zunächst fristgerechte und wirksame) Verzicht auf die Steuerbefreiung des § 4 Nr. 9 Buchst. a UStG kann aber nach BFH-Auffassung widerrufen werden, solange die Steuerfestsetzung für das Jahr der Leistungserbringung noch anfechtbar oder noch nach § 164 AO änderbar ist (BFH, Beschluss v. 2.7.2021 - XI R 22/19 NAAAH-93539 = BFH/NV 2021 S. 1624; a. A. Abschnitt 9.2 Abs. 9 Satz 3 UStAE).

714 Abschnitt 1.5 Abs. 1 Satz 1 UStAE.

715 Abschnitt 1.5 Abs. 2 Satz 1 UStAE.

716 Abschnitt 1.5 Abs. 4 Satz 3 UStAE.

tungsunternehmen“ fortgesetzt, so dass keine Geschäftsveräußerung angenommen wird.[717]

Eine Option zur Umsatzsteuerpflicht i.S.des §9 UStG ist in den Fällen einer Geschäftsveräußerung nicht zulässig. 921

Für Zwecke der Vorsteuerberichtigung nach §15a UStG tritt der Erwerber in den (weiterlaufenden) Berichtigungszeitraum ein (§15a Abs.10 UStG). 922

BEISPIEL „GESCHÄFTSVERÄUßERUNG“: Frau S hat zum 1.1.2021 Teileigentum mit Vorsteuerabzug (50.000€) erworben, welches sie umsatzsteuerpflichtig an die Bäckerei B vermietet. Zum 1.1.2023 veräußert sie das Teileigentum am Frau C, welche die Vermietung zunächst fortsetzt. Ab dem 1.1.2028 wird das Teileigentum an den Zahnarzt Z vermietet.

LÖSUNG: Die Veräußerung des Teileigentums zum 1.1.2025 ist nicht steuerbar (§1 Abs.1a UStG), da die Erwerberin das „Vermietungsunternehmen“ fortführt. Zum 1.1.2028 ist die Vorsteuer durch C nach §15a UStG i.H.von 10.000€ (zeitanteilig 2/10 von 50.000€) aus der Grundstücksanschaffung von S zu berichtigen. S ist verpflichtet, der Erwerberin C die für die Durchführung der Berichtigung erforderlichen Angaben zu machen (§15a Abs.10 Satz 2 UStG).

Wenn der Erwerber das Wohnungseigentum bisher selbst gemietet hatte und nach dem Erwerb als Eigentümer weiter nutzt, handelt es sich nicht um eine Geschäftsveräußerung i.S.des §1 Abs.1a UStG.[718] 923

7. Außerunternehmerische (private) Nutzung von Wohnungseigentum

a) Teilweise Privatnutzung (Nutzungsentnahme)

Wenn Wohnungseigentum dem Unternehmensvermögen zugeordnet wurde und vorübergehend außerunternehmerisch genutzt wird, stellt dies keine Entnahme aus dem Unternehmensvermögen, sondern ein unentgeltlichen Wertabgabe nach §3 Abs.9a Nr.1 UStG des Nutzungsvorteils dar (Nutzungsentnahme). 924

BEISPIEL „NUTZUNGSENTNAHME“: Herr H hat sein eigenbetrieblich genutztes Teileigentum (100 m²) bei Erwerb seinem Unternehmen zugeordnet. Für einen Monat nutzt seine Tochter Cecilie dort vorübergehend einen Raum (30 m²) für ihr Studium.

---

717 Abschnitt 1.5 Abs.2a Satz 3 UStAE.

718 BFH, Urteil v.24.9.2009 - V R 6/08, BStBl 2010 II S.315 EAAAD-37064 unter II.4. Der Erwerber führt nicht das „Vermietungsunternehmen“ fort.

LÖSUNG: Das Wohnungseigentum bleibt im Unternehmensvermögen und wird nicht (auch nicht teilweise) entnommen. Die außerunternehmerische Raumnutzung ist aber als unentgeltliche Wertabgabe zu besteuern (§ 3 Abs. 9a Nr. 1 UStG).

925 Die unentgeltliche Wertabgaben (§ 3 Abs. 9a Nr. 1 UStG) für die außerunternehmerische Wohnungsnutzung kann nicht analog § 4 Nr. 12 Buchst. a UStG als steuerfreie Vermietung beurteilt werden.

b) Entnahme des Wohnungseigentums

926 Wenn Wohnungseigentum dem Unternehmensvermögen zugeordnet wurde, kann ein Nutzungswechsel zu einer unentgeltlichen Wertabgabe der Sache selbst (Entnahme) führen (§ 3 Abs. 1b Satz 1 Nr. 1 UStG). Beispielsweise wird ein bisher für ein Gewerbe genutztes Wohnungseigentum nunmehr (dauerhaft) zu privaten Wohnzwecken genutzt.

927 Denkbar ist auch ein Eigentumswechsel, der nicht aus unternehmerischen Gründen erfolgt. Die unentgeltliche Übertragung (z. B. Schenkung an Angehörige) löst auch ohne einen Nutzungswechsel des Wohnungseigentums eine unentgeltlichen Wertabgabe aus. Da der Gegenstand aus dem Unternehmen wegen des Eigentumswechsels ausscheidet, wird er automatisch entnommen.

928 Die Gegenstandsentnahme ist jedoch nach Auffassung der Finanzverwaltung nach § 4 Nr. 9 Buchst. a UStG umsatzsteuerfrei.[719] Die Entnahme ist damit zwar nicht umsatzsteuerpflichtig, jedoch kann sie eine Vorsteuerkorrektur nach § 15a UStG auslösen. Eine Option zur Umsatzsteuer i. S. des § 9 Abs. 1 UStG ist aber nicht zulässig.[720]

BEISPIEL „GEGENSTANDSENTNAHME“: Anton hat sein bisher eigenbetrieblich genutztes Wohnungseigentum (Teileigentum) bei Erwerb zum 1.1.2021 seinem Unternehmen zugeordnet und dabei zutreffend Vorsteuer i. H. von 100.000 € abgezogen. Am 1.1.2026 zieht seine Tochter Cecilie dort ein und nutzt das Wohnungseigentum ab dann zu ihren eigenen Wohnzwecken.

LÖSUNG: Das Wohnungseigentum bleibt zwar im Eigentum von Anton, aber dieses wird umsatzsteuerrechtlich zum 1.1.2026 aus dem Unternehmensvermögen entnommen (§ 3 Abs. 1b Satz 1 Nr. 1 UStG). Diese unentgeltliche Wertabgabe ist (auch ohne Rechtsträgerwechsel) nach § 4 Nr. 9 Buchst. a UStG umsatzsteuerfrei. Jedoch ist die Vorsteuer aus der Anschaffung des Wohnungseigentums zum 1.1.2026 nach § 15a Abs. 8 UStG zeitanteilig zu korrigieren, da der zehnjährige Berichtigungszeitraum (§ 15a Abs. 1 Satz 2 UStG) noch nicht abgelaufen ist.

---

719 Abschnitt 4.9.1 Abs. 2 Nr. 6. UStAE.

720 Abschnitt 9.1 Abs. 2 Satz 3 UStAE.

8. Rechnungen (§ 14 UStG)

a) Recht oder Pflicht zur Rechnungsausstellung

Der leistende Unternehmer hat insbesondere bei steuerpflichtigen Umsätzen an unternehmerische Leistungsempfänger eine Rechnung auszustellen (§ 14 Abs. 2 UStG). Für die Umsätze, die nach § 4 Nr. 8 bis 29 UStG steuerfrei sind (also insbesondere auch Vermietungsumsätze nach § 4 Nr. 12 UStG), besteht keine Rechnungspflicht. Gleichwohl kann über eine solchen Leistung mit einer Rechnung abgerechnet werden. 929

b) Formell ordnungsmäßige Rechnung

Nach § 14 Abs. 1 Satz 1 UStG ist eine „Rechnung" im Sinne des UStG jedes (beliebig bezeichnete) Dokument, mit dem über eine Lieferung oder sonstige Leistung abgerechnet wird. Es muss also nicht zwingend wörtlich „Rechnung" darauf stehen. Eine Rechnung muss aber nach § 14 Abs. 4 Satz 1 UStG folgende Angaben enthalten: 930

1. Namen und Anschrift des leistenden Unternehmers und des Leistungsempfängers;
2. Steuernummer des leistenden Unternehmers (oder die ihm vom Bundeszentralamt für Steuern erteilte Umsatzsteuer-Identifikationsnummer);
3. Ausstellungsdatum der Rechnung;
4. Rechnungsnummer;
5. Menge und Art (handelsübliche Bezeichnung) der gelieferten Gegenstände oder Umfang und Art der sonstigen Leistung;
6. Zeitpunkt der Leistung;
7. Entgelt für die Leistung;
8. Steuersatz und Umsatzsteuerbetrag (bei Steuerbefreiung den Hinweis, dass eine Steuerbefreiung gilt);
9. Bei Werklieferungen oder sonstiger Leistung bei einem Grundstück in den Fällen des § 14b Abs. 1 Satz 5 UStG den Hinweis auf die Aufbewahrungspflicht des Leistungsempfängers;
10. Bei Rechnungsausstellung durch den Leistungsempfänger die Angabe „Gutschrift".

Eine Rechnung darf aus mehreren Dokumenten bestehen (§ 31 Abs. 1 UStDV). 931

932 Eine Rechnung bis 250€ (Kleinbetragsrechnung) muss nach §33 UStDV nur (mindestens) folgende Angaben enthalten:

1. Namen und Anschrift des leistenden Unternehmers,
2. Ausstellungsdatum der Rechnung,
3. Menge und Art der gelieferten Gegenstände oder Umfang und Art der sonstigen Leistung und
4. Entgelt und den darauf entfallenden Steuerbetrag sowie den anzuwendenden Steuersatz (oder im Fall einer Steuerbefreiung einen Hinweis darauf).

c) Rechnung als Voraussetzung für den Vorsteuerabzug

933 Die formal korrekte und inhaltlich zutreffende Rechnung ist vor allem deshalb für die Praxis so relevant, da der Leistungsempfänger ohne eine ordnungsmäßige Rechnung keinen Vorsteuerabzug erhält. Sie ist zwingende (materiellrechtliche) Voraussetzung nach §15 Abs.1 UStG.

d) Unvollständige Rechnungen

934 Eine formell unvollständige oder fehlerhafte Rechnung kann berichtigt werden. Dies ist z.B denkbar, wenn in der Rechnung nicht alle Pflichtangaben enthalten oder die dort erwähnten Pflichtangaben unrichtig sind (§14 Abs.6 Nr.5 UStG und §31 Abs.5 UStDV).[721]

e) Falscher Umsatzsteuerausweis in der Rechnung

935 Wenn der leistende Unternehmer in einer Rechnung eine zu hohe Umsatzsteuer ausgewiesen hat, schuldet er nach §14c Abs.1 UStG auch den unzutreffenden Mehrbetrag (unrichtiger Steuerausweis). Dies ist vor dem Hintergrund zu sehen, dass der Leistungsempfänger möglicherweise den ausgewiesenen (zu hohen) Umsatzsteuerbetrag unzutreffend als Vorsteuer geltend macht.

BEISPIEL „UNRICHTIGER STEUERAUSWEIS": Die H-GmbH vermietet Zimmer in einer Pension an Touristen, Messebesucher, Monteure und Geschäftsreisende. Sie rechnet unzutreffend mit 19% statt mit 7% ab (§12 Abs.2 Nr.11 UStG). Beispielsweise rechnet sie gegenüber dem Gast A mit 100€ zzgl. 19€ (19%) USt = 119€ ab.

LÖSUNG: Die zutreffende Umsatzsteuer berechnet sich nach dem vereinbarten Bruttoentgelt (119€). Daraus ergeben sich nur 119€/107% x 7% = 7,79€ Umsatzsteuer (7%). Die Differenz zur ausgewiesenen USt (19€ ./. 7,79€) i.H.von 11,21€ (unzutreffender Mehrbetrag) schuldet die H-GmbH nach §14c Abs.1 UStG.

721 Abschnitt 14.11. UStAE.

Die Rechnung (der Steuerbetrag) kann aber gegenüber dem Leistungsempfänger berichtigt werden. Dann entfällt zum Zeitpunkt der übermittelten Korrekturrechnung der Mehrbetrag (rechtstechnisch bleibt der Mehrbetrag zwar bestehen, aber bei Korrektur entsteht ein Erstattungsbetrag entsprechend § 17 Abs. 1 UStG). 936

Die Steuerschuld der in der Rechnung als Aussteller bezeichneten Person setzt voraus, dass diese an der Erstellung der Rechnung mitgewirkt hat. Ein vom Voreigentümer veranlasster unrichtiger Steuerausweis i. S. des § 14c Abs. 1 Satz 1 UStG kann dem Grundstückserwerber nicht nach § 566 Abs. 1 BGB zugerechnet werden.[722] 937

Sollte der überhöhte Umsatzsteuerausweis in einer Rechnung an einen privaten Endverbraucher gerichtet sein (der daraus ohnehin keine Vorsteuer abziehen kann), wird ausnahmsweise nur die materiell zutreffende Umsatzsteuer geschuldet.[723] 938

Ist die Umsatzsteuer in der Rechnung unzutreffend *zu niedrig* ausgewiesen, schuldet der Rechnungsaussteller gleichwohl die gesetzlich entstandene (volle) Umsatzsteuer. Für den unternehmerischen Leistungsempfänger ist dies nachteilig, da dieser trotzdem nur den in der Rechnung tatsächlich (zu gering) ausgewiesenen Umsatzsteuerbetrag als Vorsteuerabzug abziehen kann. 939

Sollte eine Rechnung mit Umsatzsteuer ausgestellt worden sein, obwohl der Rechnungsaussteller per se dazu gar nicht berechtigt ist (sog. unberechtigter Steuerausweis), schuldet diese Person den Umsatzsteuerbetrag (§ 14c Abs. 2 UStG). Dies gilt selbst dann, wenn der Rechnungsaussteller ein Nichtunternehmer ist. 940

f) Elektronische Rechnung

aa) Form der elektronischen Rechnung (Rechtslage ab 1.1.2025)

Ab dem 1.1.2025 gilt als „elektronische Rechnung" (E-Rechnung) das strukturierte elektronische Datenformat EN16931 (§ 14 Abs. 1 Satz 3, 6 UStG). Dies kann insbesondere durch einen Datensatz im XML-Format (XRechnung/Rechnung.xml) oder durch das ZUGFeRD-Format[724] erfolgen. 941

722 BFH, Urteil v. 5.12.2024 - V R 16/22, BStBl 2025 II S. 536 IAAAJ-86210.

723 BMF, Schreiben v. 27.2.2024 - III C 2-S 7282/19/10001:002, BStBl 2024 I S. 361.

724 Strukturierten Teil und Bildteil: Eine Rechnung im PDF/A3-Format (unveränderliches PDF-Dokument), der eine Rechnung im XML-Format angehängt ist.

942 Die Übermittlung der E-Rechnung muss nicht auf besonderem Wege erfolgen. Zulässig sind z. B.

- Versand per E-Mail,
- Bereitstellung mittels elektronischer Schnittstelle,
- Übergabe auf USB-Stick.[725]

943 Ein anderes Dateiformat (z. B. eine PDF-Datei ohne Datenzusatz) gilt wie eine Papierrechnung als „sonstige Rechnung".[726]

944 Für steuerfreie Leistungen nach § 4 Nr. 8–29 UStG ist keine E-Rechnung verpflichtend.

bb) Empfangspflicht für E-Rechnung

945 Jedes Unternehmen ist verpflichtet, eine E-Rechnung zu akzeptieren, da damit die Ausstellungspflicht des leistenden Unternehmers erfüllt wird. Eine „sonstige Rechnung" (z. B. eine einfache PDF als E-Mail) erfüllt aber solange die Anforderungen an eine Rechnung, bis der leistende Unternehmer zwingend nur noch eine E-Rechnung erteilen darf (spätestens ab 1.1.2028).

946 Für Empfang der E-Rechnung genügt schon ein „einfaches" E-Mail-Postfach. Es ist nicht erforderlich, ein gesondertes E-Mail-Postfach nur für den Empfang von E-Rechnungen einzurichten.[727]

cc) Ausstellungspflicht für E-Rechnung

947 Die Pflicht zur Ausstellung der E-Rechnung besteht für Leistungen zwischen Unternehmen (B2B-Bereich) für Leistungen im Inland ab dem 1.1.2027 (§ 27 Abs. 38 UStG). Wenn der Umsatz unter 800.000 € im Jahr 2026 liegt, dann beginnt die E-Rechnungspflicht erst ab dem 1.1.2028.

dd) Verträge als Rechnung

948 Verträge sind nicht ohne Weiteres (wie bisher)[728] als E-Rechnung möglich, da diesen Verträgen i. d. R. der erforderliche Datensatz fehlt. Als Vereinfachung reicht es aus, wenn für den ersten Zeitraum der Teilleistung (z. B. erster Mo-

725 BMF, Schreiben v. 15.10.2024 - III C 2-S 7287-a/23/10001:007, BStBl 2024 S. 1320 Rz. 36.
726 BMF, Schreiben v. 15.10.2024 - III C 2-S 7287-a/23/10001:007, BStBl 2024 S. 1320 Rz. 7.
727 BMF, Schreiben v. 15.10.2024 - III C 2-S 7287-a/23/10001:007, BStBl 2024 I S. 1320 Rz. 40.
728 Abschnitt 14.1 Abs. 2 UStAE.

nat der Vermietung) eine E-Rechnung ausgestellt wird, der der Vertrag beigefügt wird.[729]

Zudem gibt es eine Übergangsregelung: Für bestehende Altverträge bis 31.12.2026 gibt es keine Pflicht für eine (ergänzende) E-Rechnung, solange vertraglich nichts geändert wird.[730] 949

9. Leistung eines Wohnungseigentümers an die Gemeinschaft der Wohnungseigentümer

Wohnungseigentümer können in eigener Person gegenüber der GdWE als Unternehmer auftreten. So wäre es z. B. möglich, dass ein Wohnungseigentümer als Handwerker im Auftrag der GdWE das Gemeinschaftseigentum entgeltlich instand hält (z. B. die Fliesen in der Waschküche erneuert) und dies als Unternehmer abrechnet. Die Besteuerung erfolgt nach allgemeinen Grundsätzen (z. B. Kleinunternehmereigenschaft nach § 19 UStG des Wohnungseigentümers). 950

Übernimmt ein Wohnungseigentümer gegenüber der GdWE die Verwaltung der Wohnanlage, erbringt er damit eine nicht nach § 4 Nr. 13 UStG steuerbefreite sonstige Leistung gegenüber der GdWE als Leistungsempfängerin.[731] 951

10. Leistungen der Gemeinschaft der Wohnungseigentümer an den Wohnungseigentümer

a) Leistungen der Gemeinschaft der Wohnungseigentümer zur Unterhaltung des Wohnungseigentums an die einzelnen Wohnungseigentümer

Die GdWE ist nach Verwaltungsauffassung[732] Unternehmerin (§ 2 UStG), da sie fortlaufend ein Bündel von Leistungen an ihre Mitglieder (Wohnungseigentümer) erbringt. Es sind alles Leistungen, die zentral durch die GdWE bezogen und für die Wohnungseigentümer erbracht werden. 952

---

729 BMF, Schreiben v. 15.10.2024 - III C 2-S 7287-a/23/10001:007, BStBl 2024 I S. 1320 Rz. 45.

730 BMF, Schreiben v. 15.10.2024 - III C 2-S 7287-a/23/10001:007, BStBl 2024 I S. 1320 Rz. 46.

731 Sächsisches FG, Urteil v. 14.01.2009 - 2 K 1725/06 VAAAD-18249 = EFG 2009 S. 1344.

732 Die Finanzverwaltung setzt diese Sichtweise in Abschnitt 4.13.1 UStAE voraus. So auch Heidner in Bunjes, § 4 Nr. 13 UStG Rz. 1 (24. Aufl. 2025). Dagegen sieht Hummel in Rau/Dürrwächter, § 4 Nr. 13 UStG Rz. 128 (Stand: 6/2021) die jeweiligen Wohnungseigentümer als unmittelbare Leistungsbezieher, so dass z. B. eine Reinigungsleistung des Gemeinschaftseigentums direkt (und quotal) an die Miteigentümer und nicht in der Kette „durch" die GdWE erbracht (weitergeleitet) werde. Ebenso Merkel in Küffner/Zugmaier, UStG, § 4 Nr. 13 UStG Rz. 5 (Stand: 1.2.2021).

953 Typische Leistungen der GdWE an die Wohnungseigentümer sind insbesondere:[733]

- Lieferungen von Wärme (Heizung), Wasser und (Allgemein-)Strom,[734]
- Verwaltung der Anlage durch den Verwalter der GdWE,
- Hausmeister- und Reinigungsleistungen,
- Instandhaltung und Instandsetzung des gemeinschaftlichen Eigentums,
- Flur- und Treppenhausbeleuchtung,
- Wohngebäudeversicherung.

954 Der steuerbare Umsatz i.S.von §1 Abs.1 Nr.1 UStG ergibt sich aus den Leistungen der GdWE an die jeweiligen Wohnungseigentümer (z.B. Reinigung des Gemeinschaftseigentums und die Lieferung von Wärme) gegen die Vorschüsse (und der nachfolgenden jährlichen Abrechnungsspitze) als Gegenleistung der Wohnungseigentümer für die Leistungen der GdWE.[735] Die Kostenumlagen stellen somit das Entgelt für die steuerbaren Leistungen der Wohnungseigentümergemeinschaften an ihre Mitglieder dar.

b) Umsatzsteuerpflichtige Nutzung des Wohnungseigentums

955 Wenn ein Wohnungseigentümer seine Einheit für Ausgangsleistungen nutzt, die seinen Vorsteuerabzug nicht ausschließen, ist eine personenbezogene Option (Teiloption) nach §9 Abs.1 UStG der GdWE für die Leistungen an ihn oft sinnvoll. Dann werden die Leistungen der GdWE an ihn nicht nach §4 Nr.13 UStG als umsatzsteuerfrei behandelt, sondern sie sind insoweit umsatzsteuerpflichtig. Der betroffene Wohnungseigentümer kann diese Umsatzsteuer als Vorsteuer (§15 Abs.1 EStG) abziehen. Dadurch erreicht der Wohnungseigentümer eine Kostenentlastung in Höhe der Umsatzsteuer auf die Kostenumlage. Höhere Verwaltungskosten der GdWE (z.B. aus der Umsatzsteuerdeklaration gegenüber dem Finanzamt) würden dann aber individuell zu seinen Lasten gehen (und ihm in der Jahresabrechnung als Kosten zugewiesen).

733 Leistungskatalog angelehnt an Abschnitt 4.13.1 Abs.2 Satz 2 UStAE.

734 Stromlieferverträge für die einzelnen Wohneinheiten (Sondereigentum) werden regelmäßig direkt durch die Wohnungseigentümer als Vertragspartner mit dem Energieversorgungsunternehmen abgeschlossen, so dass insoweit keine Leistung durchgeleitet wird.

735 BGH, Urteil v.20.9.2024 - V ZR 195/23 UAAAJ-76094 = HFR 2025 S.289 unter II. 2 c).

Dabei handelt es sich insbesondere um zwei Fälle:[736] 956

- eigenbetriebliche Nutzung von Teileigentum für Abzugsumsätze;
- umsatzsteuerpflichtige Vermietung von Wohnungs- oder Teileigentum (dann kann auf die Befreiung von der Umsatzsteuerpflicht nach § 4 Nr. 12 Buchst. a UStG nur verzichtet werden, wenn der Mieter Unternehmer ist und das Wohnungseigentum für unternehmerische Abzugsumsätze verwendet).

BEISPIEL „OPTION BEI TEILEIGENTUM": Frau F nutzt ihr Teileigentum (Ladenlokal) als Imbissbetrieb. Auf ihren Wunsch hin hat die Wohnungseigentümergemeinschaft beschlossen, dass (nur) für die Leistungen der GdWE an Frau F nach § 9 Abs. 1 UStG zur Umsatzsteuer optiert wird, so dass die Leistungen insoweit nicht nach § 4 Nr. 13 UStG umsatzsteuerfrei sind.

LÖSUNG: Frau F kann die ihr von der GdWE in Rechnung gestellte Umsatzsteuer als Vorsteuer (§ 15 Abs. 1 UStG) abziehen. Für die übrigen Wohnungseigentümer bleibt es bei der Umsatzsteuerfreiheit. Dies führt dazu, dass Frau F wirtschaftlich nicht mit der Umsatzsteuer belastet wird, die externe Unternehmen an die GdWE berechnen.

Bei umsatzsteuerpflichtigen (i. d. R. gewerblichen) Mietverhältnissen ist dabei 957
das Zusammenspiel mit der Nebenkostenabrechnung (Betriebskostenabrechnung) des Teileigentümers gegenüber seinem Mieter zu beachten. Wurde vereinbart, dass der Mieter des Teileigentums die Umsatzsteuer auf Miete und Nebenkosten übernimmt (wenn diese anfällt), kann der Vermieter (Teileigentümer) die zusätzliche Zahlung des Umsatzsteuerbetrags nur dann vom Mieter verlangen, wenn er selbst tatsächlich umsatzsteuerpflichtig ist. Legt der zum Vorsteuerabzug berechtigte Teileigentümer (Vermieter) seiner Betriebskostenabrechnung umlagefähige Kosten zugrunde, die in der von der GdWE erstellten Jahresabrechnung nach § 28 Abs. 2 Satz 2 WEG enthalten sind, muss er diese nicht von den darin enthaltenen Umsatzsteueranteilen befreien, wenn die GdWE ihrerseits nicht auf die Steuerbefreiung nach § 4 Nr. 13 UStG verzichtet hat.[737] Wenn der Teileigentümer (Vermieter) seinerseits also nach § 9 Abs. 1 UStG zur Regelbesteuerung optiert hat, ist die Umsatzsteuer auf den gesamten

736 Zu sechs verschiedenen praxisrelevanten Fallkategorien siehe die ausführlichen und instruktiven Gestaltungshinweise von Wenke/Lüder, NWB 36/2025 S. 2475 AAAAJ-98617.

737 BGH, Urteil v. 15.1.2025 - XII ZR 29/24 ZAAAJ-86628 – BFH/NV 2025 S. 839. Dazu weitergehend Wenke/Lüder, NWB 35/2025 S. 2396, 2403 ff. FAAAJ-98047, und Heinrichshofen, UVR 2025 S. 313.

Umsatz – mithin auf die gesamte Miete einschließlich Nebenkosten – entstanden. Auch auf nicht mit Vorsteuer (z. B. Grundsteuer) oder mit dem ermäßigten Steuersatz (aktuell 7 %) belastete Beträge (Wasser) hat der Gewerberaummieter den Regel-Umsatzsteuersatz (aktuell 19 %) zu entrichten.[738]

738 Wohlfart, UStB 2025 S. 177.

XIII. Wohnungseigentum in der Erbschaft- und Schenkungsteuer

1. Grundlagen der Erbschaft- und Schenkungsteuer

a) Erwerb „von Todes wegen“ als Erwerbstatbestand

958 Wenn ein Mensch (eine natürliche Person) stirbt, geht ihr Vermögen (und ihre Schulden) in diesem Moment automatisch auf den oder die Erben über (Gesamtrechtsnachfolge i. S. des § 1922 BGB). Hieran knüpft das ErbStG an. Danach unterliegt der „Erwerb durch Erbanfall“ (§ 3 Abs. 1 Nr. 1 Alt. 1 ErbStG) als „Erwerb von Todes wegen“ (§ 1 Abs. 1 Nr. 1 ErbStG) der Erbschaftsteuer.

959 Erwerbe von Todes wegen sind aber auch der Erwerb eines Vermächtnisses[739] (§§ 2147 ff. BGB) oder eines (geltend gemachten) Pflichtteilsanspruchs[740] (§§ 2303 ff. BGB), die ebenfalls in § 3 Abs. 1 Nr. 1 ErbStG genannt sind.

b) Schenkung als Erwerbstatbestand

960 Die Schenkung von Vermögen zu Lebzeiten unterliegt als „Schenkungen unter Lebenden“ (§ 1 Abs. 1 Nr. 2 ErbStG) der Schenkungsteuer. Dies sind insbesondere „freigebige Zuwendungen unter Lebenden, soweit der Bedachte durch sie auf Kosten des Zuwendenden bereichert wird“ (§ 7 Abs. 1 Nr. 1 ErbStG). In der Praxis werden diese Voraussetzungen bei Schenkungen zwischen Angehörigen oft nicht zweifelhaft sein. Letztlich sind aber immer drei Voraussetzungen für eine Schenkungsteuerpflicht nach § 7 Abs. 1 Nr. 1 ErbStG erforderlich:[741]

1. Die begünstigte Person (Beschenkter) wird objektiv reicher (bereichert).
2. Die zuwendende Person (Schenker) wird auf Kosten des Beschenkten ärmer (entreichert).
3. Die zuwendende Person (Schenker) hat den subjektiven Willen zur unentgeltlichen und freigebigen Zuwendung an den Beschenkten.

---

739 Der Erblasser kann einer Person ein Teil seines Vermögens mit seinem Tod zuwenden, ohne dass diese Erbe wird. Rechtstechnisch gehört dieser Vermögensteil zunächst zur Erbmasse. Der Erbe oder die Erben müssen dann das Eigentum an diesem Vermögen rechtsgeschäftlich auf den Vermächtnisnehmer übertragen.

740 Sofern ein gesetzlicher Erbe durch den Erblasser (z. B. im Testament) kein Erbe erhält und damit „enterbt“ wird, kann dieser die Hälfte seines gesetzlichen Erbteils als „Pflichtteil“ von den Erben verlangen.

741 BFH, Urteil v. 3.7.2019 - II R 6/16, BStBl 2020 II S. 61 unter II. 1. b) GAAAH-32258 m. w. N.

c) Bereicherung und Bewertung des Vermögens

961 Um die Erbschaftsteuer- bzw. Schenkungsteuer festzusetzen, muss das erworbene Vermögen bewertet werden. Dabei ist Grundbesitz (§ 157 Abs. 1 Satz 1 BewG) mit dem nach § 151 Abs. 1 Satz 1 Nr. 1 BewG auf den Bewertungsstichtag (§ 11 ErbStG) festgestellten Wert anzusetzen (§ 12 Abs. 3 ErbStG).

962 Das geerbte Vermögen (§ 3 ErbStG) bzw. das zugewendete Vermögen (§ 7 ErbStG) gilt als „Bereicherung" (§ 10 Abs. 1 ErbStG). In Erbfällen sind von dem „Positivvermögen" noch die „mitgeerbten" Schulden und andere Nachlassverbindlichkeiten abzuziehen (§ 10 Abs. 5 ErbStG).

963 Wenn es mehrere Erben gibt, bilden diese eine Erbengemeinschaft. Jeder Erbe erwirbt dann wertmäßig ausgehend vom gesamten Erbe (Vermögen) nach der ihm zustehenden Erbquote (z. B. zu 1/2). Die gegenständliche Zuordnung durch die spätere Erbauseinandersetzung (Verteilung des Vermögens) hat regelmäßig keinen Einfluss auf die Bewertung.

d) Steuerbefreiungen und Freibeträge

964 Als „steuerpflichtiger Erwerb" gilt die Bereicherung des Erwerbers, soweit sie nicht steuerfrei ist (§ 10 Abs. 1 Satz 1 ErbStG). Dies sind insbesondere bestimmte sachliche Steuerbefreiungen nach § 13 ff. ErbStG (z. B. für Betriebsvermögen nach § 13a ErbStG) und persönliche Freiträge nach § 16 ErbStG (z. B. 500.000 € für Ehegatten/eingetragene Lebenspartner und 400.000 € für Kinder).

e) Steuersätze und Festsetzung der Erbschafts- bzw. Schenkungssteuer

965 Die Erbschaft- bzw. Schenkungsteuer bemisst sich nach dem steuerpflichtigen Erwerb als Bemessungsgrundlage, auf den ein bestimmter Steuersatz angewendet wird. Der Steuersatz ergibt sich aus der Tabelle in § 19 Abs. 1 ErbStG, die abhängig von der konkreten Höhe des steuerpflichtigen Erwerbs und der anzuwendenden Steuerklasse (§ 15 ErbStG) den jeweiligen Steuersatz vorgibt.

966 Die Erbschaftsteuer- bzw. Schenkungsteuer wird durch einen Steuerbescheid gegenüber dem Steuerschuldner festgesetzt. Steuerschuldner ist im Erbfall immer der Erwerber. Bei einer Schenkung ist aber zusätzlich auch der Schenker Steuerschuldner (§ 20 Abs. 1 Satz 1 ErbStG). Diese sind dann Gesamtschuldner

(§ 44 AO). Das zuständige Finanzamt wird in Schenkungsfällen i.d.R. den Steuerbescheid an den Beschenkten richten.[742]

2. Wohnungseigentum erben

Das vererbte Vermögen (Nachlass) kann u.a. aus Wohnungseigentum im Sinne des WEG bestehen. Die Erbschaft von Wohnungseigentum wird nicht als separater Erbschaftsteuerfall, sondern zusammen mit allem anderen erworbenen Vermögen (z.B. Bankguthaben, PKW, Betriebsvermögen) als Erbfall einheitlich nach § 3 Abs. 1 Nr. 1 ErbStG besteuert. Lediglich für die Wertermittlung (§§ 176 ff. BewG) und die verfahrensrechtliche Wertfeststellung (§ 151 Abs. 1 Nr. 1 BewG) wird Wohnungseigentum (als eigene wirtschaftliche Einheit i.S. des § 2 BewG) eigenständig behandelt. 967

Das Eigentum geht durch Gesamtrechtsnachfolge über (§ 1922 BGB), so dass danach im Wohnungsgrundbuch der neue Wohnungseigentümer (Erbe) einzutragen ist. 968

In Fällen des Erwerbs von Todes wegen durch eine Erbschaft entsteht die Erbschaftsteuer bereits mit dem Tod des Erblassers (§ 9 Abs. 1 Nr. 1 ErbStG). Im Gegensatz z.B. zur Einkommensteuer handelt es sich nicht um eine Jahressteuer (alle Einkünfte eines Veranlagungszeitraums), sondern um eine Stichtagssteuer (Vermögenserwerb an einem bestimmten Tag). Das konkrete Datum der Steuerentstehung (hier: Todestag des Erblassers) ist z.B. wichtig, um den Erbschaftsteuerbescheid zutreffend zu bezeichnen und damit wirksam bekanntzugeben.[743] 969

3. Schenkung von Wohnungseigentum

a) Schenkung und freigebige Zuwendung

Im Gegensatz zum Erbe von Wohnungseigentum ist die Zuwendung (Schenkung) von Wohnungseigentum kein Teil eines Gesamterwerbs, sondern immer auf das konkret geschenkte Wohnungseigentum als eigenen Schenkungsteuerfall bezogen. Jede Schenkung ist eine eigene Zuwendung nach § 7 Abs. 1 Nr. 1 ErbStG. Gleichwohl können durch eine notarielle Urkunde taggleich mehrere Immobilien übertragen (zugewendet) werden. 970

742 Sofern der Schenker die Steuer übernimmt (§ 10 Abs. 2 ErbStG), wird aber der Schenker als Steuerschuldner in Anspruch genommen.

743 Nach dem Tag der Steuerentstehung bestimmen sich aber noch andere Folgen, wie z.B. die Festsetzungsfrist (Verjährung) nach § 169 ff. AO.

971 Das Eigentum wird zivilrechtlich insbesondere durch einen Schenkungsvertrag (§ 516 BGB) und der nachfolgenden Eigentumsübertragung (§§ 873, 925 BGB) auf den Beschenkten übertragen.

b) Besteuerungszeitpunkt

972 Die Schenkungsteuer entsteht nach dem Wortlaut des § 9 Abs. 1 Nr. 2 ErbStG „mit dem Zeitpunkt der Ausführung der Zuwendung". Dies ist weder das Datum des notariellen Schenkungsvertrags noch der Zeitpunkt des Übergangs von Besitz, Nutzen und Lasten (wie bei der Ertragsteuer) und auch nicht der Zeitpunkt der Umschreibung im Wohnungsgrundbuch. Die Schenkung wird i. S. des § 9 Abs. 1 Nr. 2 ErbStG ausgeführt, sobald der Beschenkte in der Lage ist, jederzeit die Eigentumsänderung beim Grundbuchamt zu beantragen. Dies ist i. d. R. der Zeitpunkt, wenn die Auflassung (§ 925 BGB) beurkundet wurde und der Schenker die Eintragung der Rechtsänderung in das Wohnungsgrundbuch nach § 19 GBO bewilligt hat.[744]

c) Gemischte Schenkung

973 Nicht nur eine „einfache" Schenkung von Wohnungseigentum, sondern auch eine „gemischte" Schenkung führt zu einer Zuwendung nach § 7 Abs. 1 Nr. 1 ErbStG. Dies sind Schenkungen, die mit einer Gegenleistung verbunden sind, deren Wert unter dem Grundstückswert liegt. Dann besteht die steuerpflichtige Zuwendung in dem Saldo (Wertdifferenz). Dies sind z. B. Fälle, bei denen der Kaufpreis des Wohnungseigentums (deutlich)[745] unter dem Verkehrswert der Immobilie liegt. Denkbar ist auch die Übertragung von Wohnungseigentum, die mit der Übernahme einer Bankverbindlichkeit (z. B. einer Kaufpreisschuld des Schenkers) durch den Beschenkten verbunden ist.

d) Schenkung unter Auflage

974 Ähnlich zu der gemischten Schenkung ist die Schenkung unter Auflage zu beurteilen. Es sind Verpflichtungen, die an dem übertragenen Wohnungseigentum hängen und zu einer wertmäßigen Belastung führen.

744 BFH, Urteil v. 2.2.2005 - II R 26/02, BStBl 2005 II S. 312 unter II. 1. m. w. N.; R E 9.1 Abs. 1 Satz 1, 2 ErbStR.

745 Ohne eine eindeutige Wertabweichung kann der für § 7 Abs. 1 Nr. 1 ErbStG erforderliche Zuwendungswille (Bereicherungsabsicht) nicht ohne Weiteres unterstellt werden.

In der Praxis stellen 975

- Nießbrauch,
- Wohnrecht und
- Rentenverpflichtung

wichtige Anwendungsfälle für eine solche Schenkung unter Auflage dar.

Die Auflage mindert in Höhe ihres kapitalisierten Werts die Bemessungsgrundlage für die Erbschafts- und Schenkungsteuer, da insoweit wertmäßig nichts unentgeltlich übertragen wird. In Höhe des Werts der Auflage handelt es sich jedoch um eine Gegenleistung im Sinne der Grunderwerbsteuer, so dass insoweit z. B. die Übertragung des Eigentums an einer Eigentumswohnung grunderwerbsteuerbar ist. Der gesamte Wert der Eigentumswohnung wird somit letztlich „lückenlos" durch ein Zusammenspiel von der Erbschafts- und Schenkungsteuer sowie der Grunderwerbsteuer erfasst (besteuert).[746] 976

BEISPIEL „SCHENKUNG UNTER AUFLAGE": Herr H überträgt die von ihm zu Wohnzwecken genutzte Eigentumswohnung gegen die Einräumung eines Wohnrechts für ihn an seinen guten Freund F. Die Eigentumswohnung ist 300.000 € und das auf das Lebensalter von H kapitalisierte Wohnrecht 100.000 € wert.

LÖSUNG: Die Schenkung der Eigentumswohnung unter Wohnrechtsvorbehalt an F ist als Schenkung (unter Auflage) nach § 7 Abs. 1 Nr. 1 ErbStG schenkungsteuerpflichtig. Der Wert des Wohnrechts (100.000 €) ist abzugsfähig, so dass im Saldo Freund F mit 200.000 € bereichert wird. Zusätzlich unterliegt die Übertragung der Eigentumswohnung durch den Rechtsträgerwechsel der Grunderwerbsteuer (§ 1 Abs. 1 Nr. 1 GrEStG). Diese ist nur insoweit grunderwerbsteuerfrei, als die Eigentumswohnung wertmäßig geschenkt wird (200.000 €). In Höhe der Auflage (100.000 €) handelt es sich aus Sicht der Grunderwerbsteuer um eine entgeltliche Übertragung, die der Grunderwerbsteuer unterliegt (§ 3 Nr. 2 Satz 1, 2 GrEStG).

e) Mittelbare Schenkung

Nach der Rechtsprechung des BFH[747] wird durch die Schenkung von Geld mit der damit verbundenen (verbindlichen) Auflage zum Erwerb eines Grundstücks (oder der Errichtung eines Gebäudes auf einem dem Beschenkten bereits gehörenden Grundstück) schenkungsteuerrechtlich ein Grundstück geschenkt. Eine solche „mittelbare Grundstücksschenkung" setzt voraus, dass der Be- 977

746 Dazu weitergehend Bruschke, UVR 2025 S. 252, mit einer Fallstudie für eine Immobilienübertragung unter Rentenverpflichtung und Wohnrecht bei einer nachfolgenden Korrektur aufgrund des „frühen" Versterbens des Schenkers.

747 So z. B. BFH, Urteil v. 12.12.1979 - II R 157/78, BStBl 1980 II S. 260 VAAAB-01870 bei einer Eigentumswohnung.

schenkte nicht über das ihm übergebene Geld, sondern (erst) über das Grundstück verfügen kann. In diesem Fall ist der Beschenkte nicht um die Geldsumme, sondern erst um das mit den zur Verfügung gestellten Geldmitteln erworbene Grundstück bzw. errichtete Gebäude bereichert.[748]

978 Die mittelbare Grundstücksschenkung wurde vor allem bis zum Jahr 2008 als (legale) Steuergestaltung genutzt, um die damalige zu niedrige Grundstücksbewertung für Zwecke der Schenkungsteuer auszunutzen. Seit der Reform des Erbschaftsteuergesetzes zum 1.1.2009[749] hat die steuergestalterisch veranlasste mittelbare Grundstücksschenkung an Bedeutung verloren, da das Grundstück nicht mehr deutlich niedriger bewertet wird als eine direkte Geldschenkung.

4. Miterworbene Erhaltungsrücklage

979 Das Wohnungseigentum wird automatisch zusammen mit der damit verbundenen anteiligen Erhaltungsrücklage (§ 19 Abs. 2 Nr. 4 WEG) übertragen. Nach Auffassung der Finanzverwaltung[750] stellt das dem Wohnungseigentümer anteilig zustehende Guthaben aus der Erhaltungsrücklage entsprechend der BFH-Rechtsprechung zur Grunderwerbsteuer[751] auch bei der Erbschaft- und Schenkungsteuer eine mit einer Geldforderung vergleichbare Vermögensposition dar und ist als gesonderte Kapitalforderung (neben dem Grundstück als solchem) anzusetzen sowie nach § 12 Abs. 1 ErbStG i. V. mit § 12 Abs. 1 BewG mit dem Nennwert der anteiligen Kapitalforderung zu bewerten.

979/1 Dies gilt nach Verwaltungsauffassung auch für das übrige Gemeinschaftsvermögen (§ 9a Abs. 3 WEG) der GdWE, das sich nicht im Wert der Immobilie abbildet.

BEISPIEL „ERHALTUNGSRÜCKLAGE“: Herr H überträgt eine Eigentumswohnung (Wertermittlung nach §§ 176 ff. BewG und Wertfeststellung nach § 151 Abs. 1 Nr. 1 BewG: 300.000 €) auf seinen Enkel E. Herr H ist zu 1.000/10.000 Miteigentumsanteilen (10 %) Wohnungseigentümer und Mitglied der GdWE, die insgesamt im Schenkungszeitpunkt über Geldmittel von 22.000 € (Bestand auf Bankkonten) verfügt. Davon sind 20.000 € in der Erhaltungsrücklage gebunden.

748 BFH, Urteil v. 13.3.1996 - II R 98/93 LAAAB-37996 = BFH/NV 1996 S. 792 unter II. 1. b).

749 Gesetz zur Reform des Erbschaftsteuer- und Bewertungsrechts (ErbStRG) v. 24.12.2008, BGBl 2008 I S. 3018.

750 OFD Frankfurt a. M., Verfügung v. 9.6.2020 - S 3800 A - 036-St 710, UVR 2020 S. 368; ebenso Lehmann, DStR 2025 S. 2349; a. A. Drasdo, DStR 2026 S. 394: „Auf Grundlage des Zivilrechts des WEG kann Wohnungseigentum keine Forderung oder sonstige Vermögensposition aus einer Erhaltungsrücklage für die Erbschaft- und Schenkungsteuer vermitteln.“

751 BFH, Urteil v. 9.10.1991 - II R 20/89, BStBl 1992 II S. 152 NAAAA-93936.

LÖSUNG: Herr H schenkt Enkel E neben dem Wohnungseigentum als solchem (Wert: 300.000 €) auch die anteiligen Geldforderungen der GdWE gegenüber der Bank. Die Kapitalforderung entfällt zu 10 % (d. h. zu 2.200 €) auf H und wird schenkungsteuerrechtlich auf E übertragen.

Nach hier vertretener Auffassung ist zumindest in Schenkungsfällen aus dem zivilrechtlich einheitlichen Wohnungseigentum die anteilige Erhaltungsrücklage als separate Vermögensposition (neben dem Grundstück) schenkungsteuerbar. Die Erhaltungsrücklage (in Form von Bankguthaben) ist zwar unstrittig nur der GdWE als Vermögen (§ 9a Abs. 3 WEG) und damit nicht dem beschenkten Wohnungseigentümer als Bereicherung zuzurechnen. Zudem ist der Wohnungseigentümer auch nicht als Mitglied der GdWE mittelbar an dem Vermögen der GdWE beteiligt. Jedoch hat der Wohnungseigentümer gegenüber der GdWE einen Anspruch darauf, dass die von ihm (bzw. dem Rechtsvorgänger) eingezahlten und noch nicht verbrauchten Mittel irgendwann einmal für Erhaltungsaufwendungen eingesetzt werden. Spätestens wenn der beschenkte Wohnungseigentümer sein Wohnungseigentum wiederum an eine andere Person überträgt (veräußert, verschenkt, vererbt), wird die Höhe der Erhaltungsrücklage eine geldwerte Vermögensposition vermitteln, der – neben dem Sondereigentum und dem Miteigentum am Gemeinschaftsvermögen (Grundstück) – ein Wert beigemessen werden kann. Diese Rechtsposition des Wohnungseigentümers aus seiner Stellung als Mitglied der GdWE heraus könnte als „Beteiligung" an der GdWE – nicht an deren Vermögen, sondern an der Gemeinschaft selbst – eingestuft und mit dem gemeinen Wert (§ 9 BewG) in Höhe der eingezahlte (und noch nicht verbrauchten) Mittel in die Erhaltungsrücklage geschätzt werden. Vorzugswürdig ist der Ansatz als (Anwartschaft auf eine zivilrechtlich in der Folgezeit entstehende) Forderung[752] auf Bezahlung von Aufwendungen aus der Erhaltungsrücklage, die der Wohnungseigentümer dann nicht aus eigenen Mitteln leisten muss. Diese ist keine Kapitalforderung i. S. des § 12 Abs. 1 BewG, sondern wird als Anwartschaft auf eine zukünftige 980

752 Ertragsteuerrechtlich ist der Anspruch aus der Erhaltungsrücklage ohnehin ein eigenes Wirtschaftsgut, welches neben dem Gebäude und dem Grund und Boden aus dem zivilrechtlichen Wohnungseigentum resultiert, vgl. BFH, Urteil v. 15.1.2026 - IV R 19/23 YAAAK-10418 (juris) unter II. 1. a) zu einem Fall von Wohnungseigentum im Betriebsvermögen: „Die Beteiligung an einer [Erhaltungsrücklage] ... vermittelt einen geldwerten Anspruch des Wohnungseigentümers auf Bezahlung von Aufwendungen aus der [Erhaltungsrücklage]. Selbst wenn dieser Anspruch zivilrechtlich erst in der Folgezeit entstehen sollte, ist seine Entstehung zumindest hinreichend sicher [...]. Der Anspruch kann zusammen mit dem Betrieb des Wohnungseigentümers übertragen werden. In diesem Fall wird ein Erwerber des Betriebs der Beteiligung [...] einen eigenständigen Wert zumessen, da er in derselben Weise wie zuvor der Veräußerer von ihr profitiert und diesen Vorteil bei marktgerechtem Verhalten im Rahmen des Kaufpreises für den Betrieb abgelten würde.

Forderung nach § 9 BewG (gemeiner Wert) bewertet. Maßgebliches Bewertungskriterium ist dabei der Bestand der Erhaltungsrücklage.

BEISPIEL „EIGENE AUFFASSUNG“: Herr H überträgt eine Eigentumswohnung (Wertermittlung nach §§ 176 ff. BewG und Wertfeststellung nach § 151 Abs. 1 Nr. 1 BewG: 300.000 €) auf seinen Enkel E. Herr H ist zu 10 % Wohnungseigentümer und Mitglied der GdWE, die insgesamt im Schenkungszeitpunkt über Geldmittel von 22.000 € (Bestand auf Bankkonten) verfügt. Davon sind 20.000 € in der Erhaltungsrücklage gebunden.

LÖSUNG: Herr H schenkt seinem Enkel E zivilrechtlich Wohnungseigentum. Schenkungsteuerrechtlich bereichert er seinen Enkel E nach § 7 Abs. 1 Nr. 1 ErbStG aber mit zwei Gegenständen: Neben dem Grundstück (Sondereigentum und anteiliges Gemeinschaftseigentum mit einem Wert von 300.000 €) erhält Enkel E auch den Anspruch auf die künftige Mittelverwendung aus der Erhaltungsrücklage. Diese bereichert ihn schon bei der Schenkung, da er eine gesicherte Rechtsposition hat (Anwartschaft auf künftig sicher entstehende Forderung), durch die er zukünftig kein eigenes Vermögen verwenden muss, wenn Erhaltungsarbeiten am Objekt bezahlt werden müssen. Dies ist nach § 9 BewG mit dem gemeinen Wert anzusetzen und lässt sich nicht einfach als rechnerische Quote von 10 % des Geldbestands „ablesen“ (wie bei § 12 Abs. 1 BewG bei der Bewertung einer Kapitalforderung mit deren Nennwert). Sofern potenzielle Käufer des Wohnungseigentums den Bestand der Erhaltungsrücklage über den Kaufpreis für das Wohnungseigentum höher vergüten, ist dieser (zu schätzende) Betrag maßgebend.

5. Bewertung von Wohnungseigentum im Privatvermögen (Grundvermögen)

a) Grundlagen der Bewertung

981 Für die Bewertung von Grundstücken (auch des Wohnungseigentums) bei der Erbschaft- und Schenkungsteuer sind die Regelungen des Bewertungsgesetzes maßgebend (§ 12 Abs. 3 ErbStG). Für die Wertermittlung ist der Zeitpunkt der Steuerentstehung, d. h. der Todes- bzw. schenkungsteuerrechtliche Schenkungstag, maßgebend (§ 11 ErbStG).

b) Vermögensart

982 Wohnungseigentum wird nach dem Bewertungsgesetz grds. der Vermögensart „Grundvermögen“ zugeordnet (§ 176 Abs. 1 Nr. 3 BewG). Wenn das Wohnungseigentum als Betriebsgrundstück zu einem Gewerbebetrieb gehört (§ 99 BewG), ist es der Vermögensart „Betriebsvermögen“ zuzuordnen. Wirtschaftliche Einheiten des Grundvermögens (und Betriebsgrundstücke) sind nach den §§ 176 ff. BewG zu bewerten (§ 157 Abs. 3 Satz 1 BewG). Das Ergebnis der Be-

wertung ist der „Grundbesitzwert", welcher mit diesem konkreten Wert in die Bemessung der Erbschaft- bzw. Schenkungsteuer einbezogen wird.

c) Grundstücksart

Als (i.d.R. bereits) bebautes Grundstück (§ 180 BewG) ist Wohnungseigentum nach § 181 BewG einer eigenen Grundstücksart zugeordnet. Wohnungseigentum bzw. Teileigentum stellen nach § 181 Abs. 1 Nr. 2 i.V. mit Abs. 4 (Wohnungseigentum) bzw. Abs. 5 (Teileigentum) BewG eine eigene Kategorie „Wohnungs- und Teileigentum" dar. Aufgrund dieser Grundstücksart bestimmt sich das Bewertungsverfahren. Für Wohnungs- bzw. Teileigentum ist (vorrangig) das Vergleichswertverfahren anzuwenden (§ 182 Abs. 2 Nr. 1 bzw. 2 BewG). 983

Auch für vermietetes oder verpachtetes Wohnungseigentum ist im Vergleichswertverfahren zu bewerten. Das Ertragswertverfahren (§ 184 ff. BewG) ist zwar u.a. für „Mietwohngrundstücke" anzuwenden (§ 182 Abs. 3 Nr. 1 BewG). In § 181 Abs. 3 BewG wird Wohnungseigentum aber ausdrücklich davon ausgeschlossen. 984

Sind für das Wohnungseigentum ausnahmsweise weder ein Vergleichswert noch Vergleichsfaktoren ermittelbar, ist es stattdessen nach dem Sachwertverfahren zu bewerten (§ 182 Abs. 4 Nr. 1 BewG). Dies trifft in der Praxis nur auf wenige Fälle zu. 985

d) Vergleichswertverfahren

aa) Vergleichsgrundstücke

Das Vergleichswertverfahren ermittelt den Wert eines Grundstücks (Wohnungseigentum) durch Kaufpreise ähnlicher (hinreichend vergleichbarer) Grundstücke (§ 183 Abs. 1 Satz 1 BewG). Dabei werden in erster Linie die von den Gutachterausschüssen (§§ 192 ff. BauGB) veröffentlichten Vergleichspreise verwendet (§ 183 Abs. 1 Satz 2 BewG). Der Vergleichswert wird aus einer ausreichenden Zahl von geeigneten Vergleichspreisen ermittelt, die auf den Kaufpreisen von Grundstücken mit „hinreichend übereinstimmenden Grundstücksmerkmalen" basieren.[753] Eine hinreichende Übereinstimmung der Grundstücksmerkmale der Vergleichsgrundstücke liegt vor, wenn sie insbesondere hinsichtlich ihrer Lage, Art und ihres Maßes der baulichen Nutzung, Größe, Erschließungszustand, Gebäudeart und Alter des Gebäudes mit dem zu bewer- 986

753 R B 183 Abs. 2 Satz 1, 2 ErbStR.

tenden Grundstück weitgehend übereinstimmen bzw. die Abweichungen in sachgerechter Weise berücksichtigt werden können.[754]

BEISPIEL „VERGLEICHSPREISVERFAHREN": Herr T erbt von seiner Mutter eine vermietete Eigentumswohnung in Baden-Baden. Aus den Daten des zuständigen Gutachterausschusses kann wegen einer ausreichend hohen Zahl an Kaufpreisen von vergleichbaren Grundstücken (insbesondere nach Lage, Art, Größe und Alter des Gebäudes) ein Vergleichspreis i.S.des § 183 Abs. 1 BewG i.H.von 500.000 € abgeleitet werden. Herr T geht davon aus, dass die Eigentumswohnung wegen der Vermietung ein Mietwohngrundstück darstellt und daher bei der Bewertung der Eigentumswohnung das Ertragswertverfahren für Zwecke der Erbschaftsteuer anzuwenden ist.

LÖSUNG: Bei der Eigentumswohnung handelt es sich nicht um ein „Mietwohngrundstück" i.S.des § 181 Abs. 1 Nr. 2, Abs. 3 BewG. Da es sich bei der vererbten Immobilie um Wohnungseigentum im Sinne des WEG handelt, geht die speziellere Einstufung als „Wohnungseigentum" (§ 181 Abs. 1 Nr. 3, Abs. 4 BewG) vor. Daran ändert auch die tatsächliche Vermietung nichts. Die Eigentumswohnung ist daher im Vergleichswertverfahren zu bewerten (§ 182 Abs. 2 Nr. 1 BewG). Der Vergleichswert kann hier durch den Vergleichspreis von 500.000 € als Grundbesitzwert ermittelt werden.

bb) Kaufpreissammlungen

987 Soweit von den Gutachterausschüssen keine Vergleichspreise vorliegen, kann das Finanzamt geeignete Vergleichspreise aus anderen Kaufpreissammlungen (als die nach § 195 BauGB) berücksichtigen.[755]

cc) Vergleichsfaktoren

988 Wenn es keine solche Vergleichsdaten – und damit keine Vergleichsgrundstücke – gibt, können bestimmte Vergleichsfaktoren (z. B. Preis je m² Wohnfläche) berücksichtigt werden (§ 183 Abs. 2 Satz 1 BewG). Auch hierzu sind die Daten der Gutachterausschüsse maßgebend (§ 183 Abs. 2 Satz 3 BewG). Die Vergleichsfaktoren des Gutachterausschusses für die geeigneten Bezugseinheiten, z. B. die Wohnfläche (Gebäudefaktor) oder den erzielbaren jährlichen Ertrag (Ertragsfaktor), werden dann mit der Bezugseinheit vervielfacht, um daraus den Vergleichswert zu berechnen.[756]

754 R B 183 Abs. 2 Satz 3 ErbStR.
755 R B 183 Abs. 2 Satz 7 ErbStR.
756 R B 183 Abs. 3 Satz 1, 2 ErbStR.

dd) Vergleichsfaktoren für Wohnungseigentum

Bei den Vergleichsfaktoren für Wohnungseigentum sollten regelmäßig mindestens folgende Klassifizierungsmerkmale vorliegen:[757] 989

1. Baujahrsklasse,
2. Wohnungsgröße der Vergleichswohnung oder eine Wohnungsgrößenspanne,
3. Wohnlage.

BEISPIEL „VERGLEICHSFAKTORENVERFAHREN": Herr S erbt von seiner Mutter eine bisher von ihr selbstgenutzte Eigentumswohnung mit einer Wohnfläche von 100 m² in Krefeld. Aus dem Grundstücksmarktbericht des zuständigen Gutachterausschusses für Grundstückswerte kann u. a. nach Ausstattung, Alter und Lage der Eigentumswohnung ein Vergleichsfaktor von 6.000 € je m² ermittelt werden.

Die Mutter vererbt Wohnungseigentum (§ 181 Abs. 4 BewG). Daher ist die Eigentumswohnung im Vergleichswertverfahren zu bewerten (§ 182 Abs. 2 Nr. 1 BewG). Der Vergleichswert kann hier durch die Vergleichsfaktoren (§ 183 Abs. 2 BewG) ermittelt werden, da diese durch den Datenbestand des Gutachterausschusses bekannt sind. Danach ist für das konkrete Objekt ein Vergleichswert (auf Grundlage der Vergleichsfaktoren) von 6.000 € je m² anzunehmen. Daraus ergibt sich rechnerisch ein Grundbesitzwert i. H. von

100 m² (Wohnfläche) x 6.000 € (Quadratmetervergleichspreis) = 600.000 €.

ee) Tatsächlicher Kaufpreis des zu bewertenden Grundstücks als Vergleichspreis

Sollte es weder vom Gutachterausschuss ermittelte Vergleichspreise noch Vergleichsfaktoren geben, kann sich der Vergleichspreis nach § 183 Abs. 1 Satz 1 BewG auch aus einem zeitnah zum Bewertungsstichtag vereinbarten Kaufpreis für das zu bewertende Grundstück ergeben. Ein Vergleichspreis lässt sich sogar aus der Veräußerung nur eines einzelnen Grundstücks ableiten. Das gilt auch (und gerade) dann, wenn dieses Grundstück das zu bewertende Grundstück selbst ist.[758] 990

Als ein Vergleichspreis kann auch der für die zu bewertende wirtschaftliche Einheit tatsächlich innerhalb eines Jahres vor dem Bewertungsstichtag unter fremden Dritten erzielte Kaufpreis gelten, sofern zwischenzeitlich keine Änderungen der Wertverhältnisse eingetreten sind und dem Verkauf keine ungewöhnlichen oder persönlichen Verhältnisse zugrunde gelegen haben.[759] 991

757 H B 183 Abs. 3 „Vergleichsfaktoren" ErbStH.

758 BFH, Urteil v. 24.8.2022 - II R 14/20, BStBl 2023 II S. 693.

759 H B 183 Abs. 2 „Kaufpreis für das zu bewertende Grundstück als Vergleichspreis".

BEISPIEL „TATSÄCHLICHER KAUFPREIS DER EIGENTUMSWOHNUNG": Frau Z erbt von ihrer am 23.2.2026 verstorbenen Mutter eine vermietete Eigentumswohnung in Köln, welche diese erst ein halbes Jahr vor ihrem Tod für einen Kaufpreis von 400.000 € von dem „fremden" (nicht nahestehenden) Verkäufer V erworben hatte.

Die Eigentumswohnung wird im Grundsatz mit dem gemeinen Wert bei der Erbschaftsteuer angesetzt (§ 177 Abs. 1 BewG). Für das Vergleichswertverfahren können Verkäufe von vergleichbaren Objekten herangezogen werden (§ 183 Abs. 1 BewG). Hier ist der zeitnahe Verkauf zwischen nicht nahestehenden Personen im gewöhnlichen Geschäftsverkehr (§ 9 Abs. 2 BewG) für das zu bewertende Objekt geradezu ideal, um den Vergleichswert zu bestimmen. Der Grundbesitzwert beträgt daher 400.000 €.

e) Sachwertverfahren

992 Das Sachwertverfahren nach §§ 189 ff. BewG dient der Bewertung von Wohnungseigentum, wenn (ausnahmsweise) kein Vergleichswertverfahren nach § 183 BewG möglich ist. Hierbei werden typisiert Herstellungskosten für das Gebäude bestimmt und mit bestimmten Faktoren modifiziert. Das Verfahren ist wie folgt:[760]

1. Der reine Bodenwert (ohne Gebäude) wird nach § 189 Abs. 2 BewG wie bei einem tatsächlich unbebauten Grundstück nach § 179 BewG bewertet (Bodenrichtwert x Grundstücksfläche).
2. Der Gebäudesachwert wird unabhängig vom separat ermittelten Bodenwert berechnet (§ 189 Abs. 1 Satz 1 BewG). Hierzu werden „Regelherstellungskosten" nach der Anlage 24 zum BewG als durchschnittliche Herstellungskosten je Flächeneinheit bestimmt (§ 190 Abs. 1 BewG).
3. Zur Ermittlung des Gebäudesachwerts sind die durchschnittlichen Herstellungskosten des Gebäudes mit einem „Regionalfaktor" nach § 190 Abs. 5 sowie einem „Alterswertminderungsfaktor" nach § 190 Abs. 6 BewG zu multiplizieren (§ 190 Abs. 3 Satz 1 BewG).
4. Die durchschnittlichen Herstellungskosten des Gebäudes ergeben sich durch Multiplikation der so modifizierten Regelherstellungskosten mit der Brutto-Grundfläche des Gebäudes und dem Baupreisindex nach § 190 Abs. 4 BewG (§ 190 Abs. 3 Satz 2 BewG).
5. Das Ergebnis nennt man „Gebäudesachwert" (§ 190 BewG).

760 Ein ausführliches Beispiel für die Bewertung im Sachwertverfahren findet sich in Rz. 44 der Gleichlautenden Erlasse der obersten Finanzbehörden der Länder v. 20.3.2023, BStBl 2023 I S. 738.

6. Aus der Summe des Bodenwerts und des Gebäudesachwerts ergibt sich dann der „vorläufige Sachwert des Grundstücks" (§ 189 Abs. 3 Satz 1 BewG), der dann noch mit einer „Wertzahl" nach § 190 BewG zu multiplizieren ist (§ 189 Abs. 3 Satz 2 BewG).
7. Der vorläufige Sachwert des Grundstücks wird mit einer Wertzahl nach § 191 BewG multipliziert, die vorrangig von den Gutachterausschüssen bereitgestellt wird (§ 191 Satz 1 BewG) oder aus der Anlage 25 zum BewG ersichtlich ist (§ 191 Satz 2 BewG).
8. Das Ergebnis ist dann „der" (maßgebende) Sachwert (des Grundstücks) nach §§ 189–191 BewG.

f) Nachweis eines niedrigeren gemeinen Werts (§ 198 BewG)

Die Bewertungsmethoden nach § 176 BewG (für Wohnungseigentum nach dem Vergleichswertverfahren i. S. des § 183 BewG oder nachrangig nach dem Sachwertverfahren nach § 189 BewG) beruhen auf typisierten Werten. Der tatsächliche gemeine Wert des Wohnungseigentums entspricht nicht immer den durch diese Bewertungsmethoden ermittelten Werten. Dies ist aber grds. hinzunehmen. Die so ermittelten Werte können im Einzelfall (ggf. deutlich) über den „wahren" gemeinen Wert des Wohnungseigentums liegen. Als „Escape-Klausel" kann der Wohnungseigentümer daher dem zuständigen Finanzamt auf Grundlage des § 198 BewG nachweisen, dass der gemeine Wert des Wohnungseigentums (am Bewertungsstichtag) niedriger ist, als der nach Vergleichswertverfahren bzw. Sachwertverfahren ermittelte Grundbesitzwert. 993

Als Nachweis des niedrigeren gemeinen Werts kann regelmäßig ein Gutachten des zuständigen Gutachterausschusses (§§ 192 ff. BauGB) sowie von anerkannten Sachverständigen oder Gutachtern dienen (§ 198 Abs. 2 BewG). Dies ist mit Kosten verbunden, die der Wohnungseigentümer zu tragen hat. 994

Als Nachweis des niedrigeren gemeinen Werts kann auch ein (im gewöhnlichen Geschäftsverkehr) innerhalb eines Jahres vor oder nach dem Bewertungsstichtag zustande gekommener Kaufpreis über das zu bewertende Grundstück dienen, wenn die maßgeblichen Verhältnisse hierfür gegenüber den Verhältnissen am Bewertungsstichtag unverändert sind (§ 198 Abs. 3 BewG). 995

g) Feststellung des Grundbesitzwerts (Verfahrensrecht)

Der Grundbesitzwert wird durch das Lagefinanzamt des Wohnungseigentums gesondert festgestellt (§ 151 Abs. 1 Satz 1 Nr. 1 BewG). Diese Feststellung ist 996 verfahrensrechtlich für das Erbschaftsteuerfinanzamt bindend. Wenn der Wohnungseigentümer einen niedrigeren Wert für zutreffend hält, muss er daher gegen den Feststellungsbescheid Einspruch (§§ 347 ff. AO) einlegen oder einen Änderungsantrag nach den §§ 172 ff. AO stellen. Ein Einwand im Rahmen der Erbschaft- bzw. Schenkungsteuerfestsetzung wäre unzulässig (§ 351 Abs. 2 AO).

997 Steuerbefreiungen (z. B. nach § 13 Abs. 1 Nr. 4a–c ErbStG oder § 13d ErbStG) werden dagegen unmittelbar in dem Verfahren zur Erbschaft- bzw. Schenkungsteuerfestsetzung berücksichtigt und mindern daher weder „vorab" den Grundbesitzwert, noch wird er im Rahmen der Feststellung des Grundbesitzwerts nach § 151 Abs. 1 Satz 1 Nr. 1 BewG berücksichtigt.

6. Steuerbefreiung für das an den Ehegatten bzw. Lebenspartner geschenkte Familienheim (§ 13 Abs. 1 Nr. 4a ErbStG)

a) Selbstgenutzte Eigentumswohnung als Familienheim

998 Steuerfrei ist nach § 13 Abs. 1 Nr. 4a ErbStG die Schenkung (Zuwendungen unter Lebenden), mit denen ein Ehegatte bzw. Lebenspartner dem anderen Ehegatten bzw. Lebenspartner das Eigentum (oder das Miteigentum) an Wohnungseigentum verschafft, soweit darin eine Wohnung zu eigenen Wohnzwecken genutzt wird (sog. „Familienheim"). Eine Schenkung an Kinder, Enkel oder Lebensgefährten (ohne Heirat/Partnerschaft) ist nicht begünstigt.

999 Als Familienheim gilt Wohnungseigentum nur, soweit darin eine Wohnung nach der tatsächlichen Nutzung gemeinsam zu eigenen Wohnzwecken genutzt wird und sich darin der Mittelpunkt des familiären Lebens befindet.[761] Entscheidend ist die Nutzung durch die Eheleute und der zur Familie gehörenden Kinder. Die Mitnutzung der Wohnung durch Enkelkinder, Eltern oder Haushaltshilfen ist unschädlich.[762] Die Steuerbefreiung schließt auch Garagen, Nebenräume und Nebengebäude ein, die zum Wohnungseigentum gehören und mit der Wohnung gemeinsam genutzt werden.[763] Die Nutzung der Wohnung auch zu anderen Zwecken ist nur unschädlich, wenn sie von untergeordneter Bedeutung ist (z. B. ein Raum als Arbeitszimmer).[764] Bei einer entgeltlichen gewerblichen oder freiberuflichen Mitbenutzung der Wohnung oder bei einer

761 R E 13.3 Abs. 2 Satz 1, 3, 4 ErbStR.
762 R E 13.3 Abs. 2 Satz 6 ErbStR.
763 R E 13.3 Abs. 2 Satz 8 ErbStR.
764 R E 13.3 Abs. 2 Satz 9 ErbStR.

teilweisen Fremdvermietung ist nur der den eigenen Wohnzwecken dienende Teil der Wohnung steuerbefreit.[765]

BEISPIEL „FAMILIENHEIM": Herr A nutzt die ihm gehörende Eigentumswohnung zusammen mit seiner Frau A und den beiden Töchtern zu eigenen Wohnzwecken. Einen Raum nutzt er als Arbeitszimmer. Zum Wohnungseigentum gehören auch ein Kellerraum, ein PKW-Stellplatz sowie das Sondernutzungsrecht an einer Gartenfläche. Herr A schenkt Frau A den halben Miteigentumsanteil am Wohnungseigentum, so dass beide danach gemeinsam Wohnungseigentümer sind.

LÖSUNG: Die Schenkung der Eigentumswohnung ist dem Grunde nach zwar gem. § 7 Abs. 1 Nr. 1 ErbStG schenkungsteuerpflichtig. Da die selbstgenutzte Wohnung aber als Familienheim gilt, ist die Schenkung des Miteigentumsanteils nach § 13 Abs. 1 Nr. 4a ErbStG steuerfrei.

Ferien-, Wochenend- oder berufliche Zweitwohnungen (doppelte Haushalts- 1000
führung) sind nicht steuerbefreit.[766]

Auf den Wert des Grundstücks (Familienheims) kommt es nicht an. Auch sehr 1001
teure Wohnungen können steuerfrei zwischen Ehegatten bzw. Lebenspartnern verschenkt werden, sofern diese tatsächlich von den Ehegatten bzw. Lebenspartnern zu eigenen Wohnzwecken genutzt werden (keine Angemessenheitsprüfung).[767]

b) Vergleichbare Sachverhalte

Der Gesetzeswortlaut erlaubt nicht nur die steuerfreie „Direktschenkung" des 1002
Familienheims, sondern begünstigt auch folgende Gestaltungen:[768]

1. Übertragung des Alleineigentums oder Miteigentums an dem einem Ehegatten bereits gehörenden Grundstück;
2. Kauf oder Herstellung aus den Mitteln eines Ehegatten unter Einräumung einer Miteigentümerstellung des anderen Ehegatten;
3. Anschaffung oder Herstellung (ganz oder teilweise) durch einen Ehegatten aus Mitteln, die allein oder überwiegend vom anderen, zuwendenden Ehegatten stammen (mittelbare Grundstückszuwendung);
4. Tilgung eines im Zusammenhang mit dem Kauf oder der Herstellung des Familienheims von einem oder beiden Ehegatten aufgenommenen Darlehens aus Mitteln des zuwendenden Ehegatten;

765 R E 13.3 Abs. 2 Satz 10 ff. ErbStR.
766 R E 13.3 Abs. 2 Satz 5 ErbStR.
767 R E 13.3 Abs. 5 Satz 2, 3 ErbStR.
768 R E 13.3 Abs. 4 ErbStR.

5. Befreiung von einer Schuld des einen Ehegatten gegenüber dem anderen Ehegatten, die im Zusammenhang mit dem Kauf oder der Herstellung des Familienheims gegenüber dem anderen Ehegatten eingegangen wurde;
6. Begleichung nachträglicher Herstellungs- oder Erhaltungsaufwendungen am Familienheim aus Mitteln eines Ehegatten, wenn der andere Ehegatte Eigentümer oder Miteigentümer ist.

c) Verkauf des Familienheims und erneute Schenkung eines anderen Familienheims

1003 Die Steuerbefreiung unterliegt keinem „Subjektverbrauch“. Die Schenkung eines Familienheims ist auch dann steuerfrei, wenn der Schenker in der Vergangenheit schon einmal ein Familienheim (z. B. an den früheren Ehegatten) übertragen hatte. Nach einer Schenkung besteht auch keine Behaltenspflicht, so dass eine spätere Veräußerung oder eine Nutzungsänderung unschädlich ist.[769]

BEISPIEL „FAMILIENHEIM“: Herr A hatte seiner Frau die ihm gehörende und von den Eheleuten zu eigenen Wohnzwecken genutzte Eigentumswohnung geschenkt. Diese Eigentumswohnung verkaufte Die Ehefrau später und die Ehegatten zogen in ein anderes Objekt um, das dem Ehemann gehörte. Herr A schenkt auch dieses Objekt seiner Frau.

LÖSUNG: Auch das zweite Objekt kann nach § 13 Abs. 1 Nr. 4a ErbStG steuerfrei geschenkt werden.

1004 Ein Missbrauch von Gestaltungsmöglichkeiten (§ 42 AO) wäre gleichwohl in „Extremfällen“ zu beachten.

7. Steuerbefreiung für das vererbte Familienheim (§ 13 Abs. 1 Nr. 4b und 4c ErbStG)

a) Ehegatte oder Lebenspartner als Erbe

1005 Steuerfrei ist der Erwerb von Todes wegen von Eigentum oder Miteigentum an Wohnungseigentum durch den überlebenden Ehegatten bzw. Lebenspartner, das der Erblasser bis zum Erbfall zu eigenen Wohnzwecken (Familienheim) genutzt hat (§ 13 Abs. 1 Nr. 4b Satz 1 ErbStG). War der Erblasser aus zwingenden Gründen an einer Selbstnutzung zu eigenen Wohnzwecken gehindert (z. B. da er in einem Pflegeheim war),[770] ist der Erwerb ebenfalls begünstigt.

769 R E 13.3 Abs. 5 Satz 5 ErbStR.

770 R E 13.4 Abs. 2 Satz 3 ErbStR.

Wichtig für die Steuerfreiheit ist, dass der Erwerber die Eigentumswohnung 1006
nach dem Erbfall unverzüglich selbst nutzt, sofern er nicht schon bisher dort wohnt. Der Erwerber muss daher ggf. für die Steuerbefreiung zwangsläufig umziehen.

Die Steuerfreiheit ist für Ehegatten/Lebenspartner nicht auf einen bestimmten 1007
Wert oder die Wohnfläche gedeckelt (anders aber für Kinder/Enkel als Erwerber nach § 13 Abs. 1 Nr. 4c ErbStG).

BEISPIEL „FAMILIENHEIM": Herr A vererbt seiner Frau das ihm gehörende und von den Eheleuten zu eigenen Wohnzwecken genutzte Wohnungseigentum mit einem Grundbesitzwert von 1.200.000 € und einer Wohnfläche von 220 m².

LÖSUNG: Der Erwerb des Wohnungseigentums ist als Familienheim nach § 13 Abs. 1 Nr. 4b ErbStG für die Ehefrau komplett steuerfrei.

b) Kinder oder Enkel als Erben

Der Erwerb von Todes wegen eines Familienheims ist auch bei Kindern (im 1008
Sinne der Steuerklasse I Nr. 2) und Enkeln (Kinder verstorbener Kinder im Sinne der Steuerklasse I Nr. 2) steuerfrei, wenn der Erblasser die vererbte Eigentumswohnung bis zum Erbfall zu eigenen Wohnzwecken genutzt hat (oder bei der er aus zwingenden Gründen – z. B. Pflegeheim – an einer Selbstnutzung zu eigenen Wohnzwecken gehindert war). Wie beim Erwerb durch Ehegatten oder Lebenspartner muss auch der Erwerber (Kind bzw. Enkel) die Wohnung unverzüglich selbst nutzen.

Die Steuerfreiheit ist auf eine Wohnfläche der Wohnung von 200 m² gedeckelt 1009
(anders als bei Ehegatten oder Lebenspartnern).

BEISPIEL „FAMILIENHEIM": Frau A ist Witwe und vererbt das ihr gehörende und von ihr bis zu ihrem Tod zu eigenen Wohnzwecken genutzte Wohnungseigentum mit einem Grundbesitzwert von 1.200.000 € und einer Wohnfläche von 250 m² an ihre Tochter T.

LÖSUNG: Der Erwerb des Wohnungseigentums ist als Familienheim nach § 13 Abs. 1 Nr. 4c ErbStG für die Tochter T i. H. von 200 m²/250 m² (= 80 %) steuerfrei.

c) 10-Jahres-Frist der Selbstnutzung durch Erwerber

Die Steuerbefreiung fällt mit Wirkung für die Vergangenheit weg, wenn der 1010
Erwerber das Familienheim innerhalb von zehn Jahren nach dem Erwerb nicht mehr zu Wohnzwecken selbst nutzt (Nachversteuerungsvorbehalt nach § 13 Abs. 1 Nr. 4b bzw. Nr. 4c Satz 5 ErbStG).

Gibt der Erwerber die Selbstnutzung innerhalb des Zehnjahreszeitraums z. B. 1011
wegen Veräußerung, Vermietung oder „schlichte Nichtnutzung" auf, entfällt

die Steuerbefreiung rückwirkend, so dass der Schenkungssteuerbescheid nach § 175 Abs. 1 Satz 1 Nr. 2 AO zu ändern ist (Nachversteuerung).[771] Eine Ausnahme gibt es aber für den Fall, wenn der Erwerber aus zwingenden Gründen an einer Selbstnutzung zu eigenen Wohnzwecken gehindert ist (z. B. durch einen Umzug in ein Pflegeheim).

8. Steuerbefreiung für vermietetes Wohnungseigentum (§ 13d ErbStG)

1012 Wohnungseigentum ist nach § 13d ErbStG von der Erbschaft- bzw. Schenkungsteuer zu 10 % befreit bzw. nach der Gesetzesformulierung „mit 90 % ihres Werts anzusetzen", sofern es zu Wohnzwecken vermietet ist (§ 13d Abs. 3 Nr. 1 ErbStG). Dies gilt sowohl für Erbfälle als auch für Schenkungen.

1013 Zu den begünstigten Grundstücken gehört auch Wohnungseigentum.[772] Der Befreiungsabschlag von 10 % ist nicht für Wohnungseigentum zu gewähren, das nicht zu Wohnzwecken, sondern z. B. zu (fremden) gewerblichen oder freiberuflichen Zwecken genutzt wird (Teileigentum). Die Nutzung eines Raumes als Arbeitszimmer durch den Mieter ist unschädlich.[773]

1014 Maßgebend für die Befreiung sind die tatsächlichen Verhältnisse zum Besteuerungszeitpunkt. Ein Leerstand wegen Mieterwechsels oder Renovierung ist gleichwohl unschädlich (R 13d Abs. 6 ErbStR). Eine Behaltensverpflichtung oder Verpflichtung zur weiteren Vermietung zu Wohnzwecken besteht nicht.[774]

BEISPIEL „§ 13D ERBSTG": Herr H vererbt ein Teileigentum im Erdgeschoss (vermietet an Optikerbetrieb) und ein Wohnungseigentum im 1. OG (vermietet zu Wohnzwecken). Erbe E nutzt drei Monate nach dem Erbfall die Wohnung im 1. OG nach einer Eigenbedarfskündigung selbst.

LÖSUNG: Die Erdgeschosswohnung wird nicht zu Wohnzwecken vermietet und kann nicht nach § 13d EStG begünstigt werden. Die Wohnung im 1. OG ist im Besteuerungszeitpunkt (Todestag) zu Wohnzwecken vermietet (gewesen) und daher nach § 13d EStG begünstigt. Die spätere Nutzungsänderung (Selbstnutzung) ist unschädlich.

1015 Der 10%-Abschlag nach § 13d EStG ist vorrangig bei Privatvermögen (Grundvermögen) anzuwenden. In bestimmten Fällen kann aber auch vermietetes Wohnungseigentum eines Einzelunternehmens oder einer Personengesell-

771 R E 13.4 Abs. 6 Satz 4, 5 ErbStR.

772 R E 13d Abs. 6 Satz 1 ErbStR.

773 R E 13d Abs. 7 Satz 1 ErbStR.

774 R E 13d Abs. 2 Satz 2 ErbStR.

schaft (Mitunternehmerschaft) begünstigt sein.[775] Bei Kapitalgesellschaften ist es dagegen generell ausgeschlossen.[776]

9. Steuerbefreiung für Wohnungseigentum im Betriebsvermögen

a) Wohnungseigentum im Betriebsvermögen

Für (inländisches) Betriebsvermögen von Einzelunternehmen (§§ 95, 96 BewG) oder Mitunternehmerschaften (§ 97 Abs. 1 Satz 1 Nr. 5 BewG) ist auf den Bewertungsstichtag (§ 11 ErbStG) ein Wert zu ermitteln und anzusetzen (§ 12 Abs. 5 ErbStG). Dies gilt auch für Anteile an Kapitalgesellschaften (§ 12 Abs. 2 ErbStG). 1016

Der Wert von Anteilen an (nicht börsennotierten) Kapitalgesellschaften ist vorrangig aus Verkäufen unter fremden Dritten abzuleiten, die weniger als ein Jahr zurückliegen. Ansonsten ist der Wert „unter Berücksichtigung der Ertragsaussichten der Kapitalgesellschaft oder einer anderen anerkannten, auch im gewöhnlichen Geschäftsverkehr für nichtsteuerliche Zwecke üblichen Methode zu ermitteln" (§ 11 Abs. 2 Satz 2 BewG). Auf das „vereinfachte Ertragswertverfahren" (§§ 199–203 BewG) kann als gesetzlich typisiertes Regelverfahren zurückgegriffen werden, wenn nicht der Steuerpflichtige oder das zuständige Finanzamt ein anderes (besser geeignetes) Bewertungsverfahren verwenden (§ 11 Abs. 2 Satz 4 BewG). Die Summe der gemeinen Werte der zum Betriebsvermögen gehörenden Wirtschaftsgüter und sonstigen Aktiva abzüglich der Passiva (insbesondere Schulden) darf nach § 11 Abs. 2 Satz 3 BewG generell nicht unterschritten werden (sog. Substanzwert). 1017

Diese Bewertungsgrundsätze gelten für das Betriebsvermögen von Gewerbebetrieben (§ 95 BewG), von freiberuflichem Betriebsvermögen (§ 96 BewG) und für Anteile am Betriebsvermögen (Mitunternehmerschaften) nach § 97 BewG entsprechend (§ 109 BewG). 1018

Regelmäßig ist der Wert dieses Betriebsvermögens durch einen Feststellungsbescheid gesondert festzustellen (§ 151 Abs. 1 Satz 1 Nr. 2, 3 BewG). Sofern der Steuerpflichtige mit dem Wertansatz nicht einverstanden ist, muss dieser Feststellungsbescheid angefochten werden. Nur über die Steuerbefreiung für ein solches unternehmerisches Vermögen (§ 13a ErbStG) ist dagegen unmittelbar im Erbschaft- bzw. Schenkungsteuerbescheid zu entscheiden. 1019

775 R E 13d Abs. 4 ErbStR.
776 R E 13d Abs. 5 ErbStR.

1020 Eigenbetrieblich genutztes oder vermietetes Wohnungseigentum kann sich im Betriebsvermögen von Einzelunternehmen, Personengesellschaften (Mitunternehmerschaften) oder Kapitalgesellschaften befinden, bildet damit einen unselbständigen Teil der verschenkten bzw. vererbten wirtschaftlichen Einheit und ist (im Grundsatz) nicht separat zu bewerten. Da der Substanzwert als Untergrenze des Wertansatzes für den gesamten Unternehmenswert zu prüfen ist, wird vom zuständigen Finanzamt oft der Grundbesitzwert nach §151 Abs.1 Satz1 Nr.1 BewG gesondert festgestellt, was für diese Fälle zu einer zusätzlichen Einzelbewertung des Wohnungseigentums (für Zwecke der Substanzwertprüfung) führt.

BEISPIEL „WOHNUNGSEIGENTUM IM BETRIEBSVERMÖGEN": Frau F ist alleinige Anteilseignerin in der B-GmbH (Fahrschule), zu deren Vermögen u.a. die Schulungs- und Büroräume (Teileigentum im Sinne des WEG) gehören. Frau F verschenkt ihre Anteile an ihre Tochter T (vorweggenommene Erbfolge). Sofern das Finanzamt prüfen möchte, ob ggf. der Substanzwert anzusetzen ist, wird der Wert regelmäßig im Feststellungsverfahren (Grundbesitzwert) ermittelt.

1021 Wenn das Betriebsvermögen im vereinfachten Ertragswertverfahren (§199ff. BewG) bewertet wird und es sich bei dem Wohnungseigentum um „nicht betriebsnotwendiges Vermögen" (§200 Abs.2 BewG) handelt, ist es neben dem Ertragswert mit einem separat zu ermittelnden gemeinen Wert anzusetzen. Die unmittelbar mit diesem Wohnungseigentum in Zusammenhang stehenden Aufwendungen bzw. Erträge sind dann bei der Ermittlung der Betriebsergebnisse zu korrigieren (§202 Abs.1 Nr.1 Buchst.f und Nr.2 Buchst.f BewG).

BEISPIEL „NICHT BETRIEBSNOTWENDIGES VERMÖGEN": Zum Betriebsvermögen der X-GmbH & Co. KG (Maschinenbaubetrieb) gehört eine Eigentumswohnung, die zu Wohnzwecken vermietet ist.

LÖSUNG: Die Eigentumswohnung gehört zum nicht betriebsnotwendigen Vermögen i.S.des §200 Abs.2 BewG, da dieses Wirtschaftsgut aus dem Maschinebauunternehmen herausgelöst werden kann, ohne die eigentliche Unternehmenstätigkeit zu beeinträchtigen. Der Grundbesitzwert der Eigentumswohnung ist zu ermitteln und neben dem Ertragswert (§§199ff. BewG) zu erfassen. Dabei sind bei der Ertragswertermittlung die Mieteinnahmen zu kürzen (§202 Abs.1 Satz2 Nr.2 Buchst.f BewG) und die Gebäudeabschreibung, Versicherungsprämien und andere Grundstückskosten hinzuzurechnen (§202 Abs.1 Satz2 Nr.1 Buchst.f BewG).

1022 Innerhalb von zwei Jahren vor dem Bewertungsstichtag eingelegte (betriebsnotwendige) Wirtschaftsgüter (z.B. Wohnungseigentum) werden ebenfalls neben dem Ertragswert mit einem eigenständigen Wert angesetzt (§200 Abs.4 BewG).

BEISPIEL „EINGELEGTES WOHNUNGSEIGENTUM": Kommanditist K überträgt auf die Z-GmbH (Einzelhandelsgeschäft) zum 30.6.2025 das betrieblich genutzte Teileigentum (verdeckte Einlage).

LÖSUNG: Sofern bis zum 30.6.2027 (Zweijahresfrist) durch eine Schenkung oder einen Erbfall eine Bewertung des Vermögens der Z-GmbH nach den §§ 199 ff. BewG erforderlich ist, wird das eingelegte Grundstück neben dem Ertragswert separat bewertet (§ 200 Abs. 4 BewG).

b) Steuerbefreiung für Unternehmensvermögen (§ 13a ErbStG)

aa) Überblick über Steuerverschonungen

1023 Betriebsvermögen von gewerblichen oder freiberuflichen Einzelunternehmen oder Personengesellschaften, Betrieben der Land- und Forstwirtschaft und Anteilen an Kapitalgesellschaften werden unter bestimmten Voraussetzungen zu 85 % (§ 13a Abs. 1, 2 ErbStG; sog. Regelverschonung)[777] oder auf Antrag zu 100 % (§ 13a Abs. 10 ErbStG; sog. Optionsverschonung)[778] steuerbefreit.

1024 Die Steuerfreiheit gilt nur für das (anteilige) Vermögen, das kein „Verwaltungsvermögen" (§ 13b Abs. 4 ErbStG) darstellt.

bb) Regelverschonung (§ 13a Abs. 1, 2 ErbStG)

1025 Betriebsvermögen von gewerblichen oder freiberuflichen Einzelunternehmen oder Personen-gesellschaften, Betrieben der Land- und Forstwirtschaft und Anteilen an Kapitalgesellschaften werden zu 85 % steuerbefreit (sog. Verschonungsabschlag), wenn diese die Voraussetzung als „begünstigtes Vermögen" i. S. des § 13b ErbStG erfüllen (§ 13a Abs. 1 Satz 1 ErbStG).

1026 Zusätzlich zur 85%-Befreiung ist der danach verbleibende Teil des begünstigten Vermögens ebenfalls steuerfrei, soweit der Wert dieses Vermögens insgesamt 150.000 € nicht übersteigt (zusätzlicher Abzugsbetrag nach § 13a Abs. 2 ErbStG). Dieser Zusatzabzug von 150.000 € vermindert sich, soweit der Wert dieses Vermögens insgesamt 150.000 € übersteigt, um 50 % des diese Wertgrenze übersteigenden Betrags.

1027 Das Zusammenspiel von § 13a Abs. 1 ErbStG (85%-Steuerbefreiung) und § 13a Abs. 2 ErbStG (Abzugsbetrag) führt zu drei verschiedenen Verschonungsergebnissen:

777 R E 13a.1 Abs. 1 Satz 2 ErbStR.
778 R E 13a.1 Abs. 1 Satz 3 ErbStR.

1. Begünstigtes Vermögen von bis zu 1.000.000 € wird durch den Verschonungsabschlag und den Abzugsbetrag vollständig steuerbefreit.
2. Bei begünstigtem Vermögen über 1.000.000 € und unter 3.000.000 € wird der Abzugsbetrag verringert, der zusätzlich zur 85%-Steuerbefreiung angesetzt wird.[779]
3. Bei begünstigtem Vermögen ab 3.000.000 € wird kein Abzugsbetrag mehr gewährt, so dass lediglich die 85%-Steuerbefreiung angesetzt wird.

BEISPIEL „REGELVERSCHONUNG": Frau F erbt einen 100%-Anteil an der B-GmbH, die über kein Verwaltungsvermögen verfügt (nur begünstigtes Vermögen i. S. des § 13b Abs. 2 ErbStG), mit einem Wert von 800.000 €. Sie stellt keinen Antrag auf Optionsverschonung nach § 13a Abs. 10 ErbStG.

LÖSUNG: Der erworbene Anteil an der B-GmbH wird vollständig steuerbefreit. Nach § 13a Abs. 1 ErbStG werden 85 % (680.000 €) und nach § 13a Abs. 2 ErbStG wird der betragliche „Rest" von 120.000 € steuerbefreit.

cc) Optionsverschonung (§ 13a Abs. 10 ErbStG)

1028 Der Erwerber kann unwiderruflich erklären (beantragen), dass ihm statt der 85%igen Steuerbefreiung (nach § 13b Abs. 1 ErbStG) eine vollständige Steuerbefreiung (zu 100 %) gewährt wird (§ 13b Abs. 10 Satz 1 Nr. 1 ErbStG).

BEISPIEL „OPTIONSVERSCHONUNG": Frau C erbt einen 100%-Anteil an der D-GmbH mit einem Wert von 4.000.000 €. Das Verwaltungsvermögen (§ 13b Abs. 4 ErbStG) beträgt 100.000 €. Sie stellt einen Antrag auf Optionsverschonung nach § 13a Abs. 10 ErbStG.

LÖSUNG: Der erworbene Anteil an der B-GmbH wird vollständig steuerbefreit, soweit kein Verwaltungsvermögen vorhanden ist (3.900.000 €). Der betragliche „Rest" von 100.000 € (Verwaltungsvermögen) ist steuerpflichtig.

1029 Den Vorteil der vollen Steuerfreistellung „erkauft" sich der Erwerber mit Nachteilen bei den Lohn- und Behaltensfristen:

- Die Lohnsummenfrist (§ 13a Abs. 3 Satz 1 ErbStG) verlängert sich von fünf auf sieben Jahre (§ 13a Abs. 10 Satz 1 Nr. 2 ErbStG) und die (Regel-)Mindestlohnsumme (§ 13a Abs. 3 Satz 1, 4 ErbStG) erhöht sich von 500 % auf 700 %[780] (§ 13a Abs. 10 Satz 1 Nr. 3 ErbStG).

779 Vgl. das Beispiel in H E 13a.3 ErbStH.

780 Die Mindestlohnsumme für Betriebe mit weniger als 15 Beschäftigten erhöht sich für Fälle mit mehr als fünf, aber nicht mehr als zehn Beschäftigten von 250 % (§ 13a Abs. 3 Satz 4 Nr. 1 ErbStG) auf 500 % (§ 13a Abs. 10 Satz 1 Nr. 4 ErbStG) und für Fälle mit mehr als zehn, aber nicht mehr als 15 Beschäftigten von 300 % (§ 13a Abs. 3 Satz 4 Nr. 2 ErbStG) auf 565 % (§ 13a Abs. 10 Satz 1 Nr. 5 ErbStG).

- Die Behaltensfrist (§ 13a Abs. 6 ErbStG) verlängert sich von fünf auf sieben Jahre (§ 13a Abs. 10 Satz 1 Nr. 6 ErbStG).

Der Antrag auf Optionsverschonung ist nur für übertragenes Unternehmens- 1030
vermögen möglich, dessen Verwaltungsvermögen (§ 13b Abs. 3, 4 ErbStG) die Grenze von 20 % nicht überschreitet (§ 13a Abs. 10 Satz 2 ErbStG). Sollte sich nach dem Antrag herausstellen, dass die 20%-Grenze an Verwaltungsvermögen überschritten wurde, kann weder die Optionsverschonung (§ 13a Abs. 10 ErbStG) noch die Regelverschonung (§ 13a Abs. 1, 2 ErbStG) angesetzt werden. Diese „Optionsfalle" sollte beachtet werden.

dd) Großerwerbe über 26.000.000 €

Die Steuerbefreiung ist nach § 13a Abs. 1 Satz 1 ErbStG ausgeschlossen, wenn 1031
der Wert des erworbenen (begünstigten) Vermögens 26.000.000 € überschreitet (sog. Schwellenwert).[781] Es handelt sich nicht um einen Freibetrag, sondern um eine „Alles-oder-nichts-Grenze". Wenn der Schwellenwert auch nur geringfügig überschritten wird, ist man komplett aus der regulären Steuerbefreiung nach § 13a ErbStG „raus". Stattdessen kann für solche Großerwerbe nach § 13c ErbStG mit dem „Abschmelzungsmodell"[782] eine verminderte Regel- bzw. Optionsverschonung oder alternativ die „Verschonungsbedarfsprüfung" nach § 28a ErbStG als Steuererlass beantragt werden:

- Abschmelzungsmodell (§ 13c ErbStG): Die Steuerbefreiung sinkt (auf Antrag) für das begünstigte Vermögen für jede 750.000 € um einen Prozentpunkt, das den Schwellenwert von 26.000.000 € überschreitet. Bei einem Erwerb von z. B. 50.000.000 € würde sich die Steuerbefreiung somit um 32%-Punkte vermindern.[783]
- Verschonungsbedarfsprüfung (§ 28a ErbStG): Die auf das begünstigte Vermögen entfallende Erbschaft- bzw. Schenkungsteuer kann (auf Antrag) des Erwerbers erlassen werden, soweit er nachweist, dass er persönlich nicht in

781 R E 13a.2 Abs. 1 Satz 1 ErbStR.

782 R E 13c.1 Abs. 1 Satz 1 ErbStR.

783 Vgl. das Beispiel in H E 13c.1 ErbStH: Ein 50.000.000 €-Erwerb übersteigt den Schwellenwert von 26.000.000 € um 24.000.000 € und ist das 32-fache von 750.000 €. Die Regelverschonung sinkt von 85 % um 32 % auf 53 % bzw. die Optionsverschonung sinkt von 100 % um 32 % auf 68 %.

der Lage ist, diese Steuer aus seinem „verfügbaren Vermögen“ (im Sinne des Gesetzes) zu begleichen.[784] Dies ist also keine Steuerbefreiung, sondern ein Steuererlass.

1032 Das Abschmelzungsmodell und die Verschonungsbedarfsprüfung schließen sich gegenseitig aus, d. h. es ist nur eine Methode (antragsgemäß) zulässig.

ee) Nachlaufende Mindestlohnsumme (§ 13a Abs. 3 ErbStG)

1033 Die Steuerfreiheit nach § 13a ErbStG ist daran gebunden, dass die Löhne in bestimmter Höhe (weiterhin) bezahlt werden. Das gilt aber nicht für Betriebe bzw. Betriebsvermögen, die nicht mehr als fünf Beschäftigte haben oder die keine Löhne zahlen (§ 13a Abs. 3 Satz 3 ErbStG).

1034 Ausgangsbasis ist dabei die sog. Ausgangslohnsumme, welche den Jahresdurchschnitt der Löhne und Gehälter darstellt, die in den letzten fünf vor dem Zeitpunkt der Entstehung der Steuer endenden Wirtschaftsjahren gezahlt wurden (§ 13a Abs. 3 Satz 2, 6–13 ErbStG). Nach dem Erwerb darf nach § 13a Abs. 3 Satz 1 ErbStG die Summe der von dem erworbenen Unternehmen bzw. den Unternehmensanteilen gezahlten jährlichen Löhne der nächsten fünf Jahre (sog. Lohnsummenfrist) zusammengerechnet nicht unter 400 % dieser Ausgangslohnsumme fallen (sog. Mindestlohnsumme).

1035 Soweit die Mindestlohnsumme nach den fünf Jahren nicht erreicht wird, ist die Steuerfreiheit rückwirkend anteilig zu versagen (§ 13a Abs. 3 Satz 5 ErbStG).

BEISPIEL „MINDESTLOHNSUMME“: Die Geschäftsanteile an der W-GmbH (Schreinerbetrieb mit 20 Arbeitnehmern) werden vererbt. Die durchschnittlichen jährlichen Löhne und Gehälter der letzten fünf Jahre vor dem Erbfall beliefen sich auf 1.200.000 € im Jahr (Ausgangslohnsumme).

LÖSUNG: Die Mindestlohnsumme für die fünf Jahre nach dem Erbfall (Lohnsummenfrist) beträgt 1.200.000 € x 400 % = 4.800.000 €. Sollte die W-GmbH in den fünf Jahren nach dem Erwerb z. B. insgesamt 5.000.000 € Löhne und Gehälter zahlen, wäre die Mindestlohnsumme eingehalten, da dieser Betrag über 4.800.000 € liegt. Wenn aber z. B. insgesamt nur 4.000.000 € gezahlt werden, bleibt die Steuerfreiheit nach § 13a Abs. 1 ErbStG nur zu 83,3 % (4.000.000 €/4.800.000 €) erhalten bzw. wird zu 16,7 % rückwirkend versagt.

---

784 So hat z. B. im Jahr 2020 Friede Springer rund 15 % der Aktien an der Axel Springer SE an Mathias Döpfner geschenkt (vgl. Pressemitteilung der Axel Springer SE v. 24.9.2020). Für diese Schenkung im Wert von rund 1 Mrd. € wurde vermutlich die Verschonungsbedarfsprüfung genutzt, da Mathias Döpfner auch ein Aktienpaket von 4,1 % erwarb und er dadurch nach den Regelungen des § 28a ErbStG über kein Vermögen mehr verfügte, um die Schenkungsteuer für die geschenkten Aktien zu zahlen (vgl. Jirmann, Erneut Steuererlasse in Milliardenhöhe für Erben von Großvermögen; www.netzwerk-steuergerechtigkeit.de; letzter Abruf: 7.9.2025).

Bei Betrieben mit mehr als fünf, aber nicht mehr als zehn Beschäftigten beträgt die Mindestlohnsumme 250 % und bei Betrieben mit mehr als zehn, aber nicht mehr als 15 Beschäftigten beträgt die Mindestlohnsumme 300 % (§ 13a Abs. 3 Satz 4 ErbStG). 1036

ff) Behaltensfristen

Das begünstigte Vermögen muss nach § 13a Abs. 6 ErbStG mindestens fünf Jahre nach dem Erwerb im Eigentum des Erwerbers bleiben (sog. Behaltensfrist). Insbesondere die Veräußerung des Vermögens oder wesentliche Überführungen bzw. Entnahmen ins Privatvermögen innerhalb dieser Frist führen zu einem rückwirkenden Wegfall der Steuerfreiheit (Nachversteuerung). Je niedriger bzw. später über das erworbene Vermögen schädlich verfügt wird, desto geringer ist die anteilige Nachversteuerung (§ 13a Abs. 6 Satz 2, 3 ErbStG). 1037

BEISPIEL „BEHALTENSFRISTEN: Die gesamten Geschäftsanteile an der Y-GmbH werden am 1.1.2020 vererbt. Da das Vermögen der Gesellschaft ausschließlich aus begünstigtem Vermögen (§ 13b Abs. 2 ErbStG) besteht, findet die Regelverschonung (§ 13a Abs. 1, 2 ErbStG) Anwendung. Die Erbin veräußert diese Anteile zum 30.6.2023, da sie den Kaufpreis für den Kauf eines Wohnmobils benötigt.

LÖSUNG: Die fünfjährige Behaltensfrist für die Anteile an Kapitalgesellschaften (§ 13a Abs. 6 Satz 1 Nr. 4 ErbStG) endet mit Ablauf des 31.12.2024. Da die Erbin (Erwerberin) die Anteile bereits am 30.6.2023 veräußert, stellt dies einen Sperrfristverstoß für die Steuerfreiheit dar. Die Steuerbefreiung ist zeitanteilig zu 2/5 rückwirkend zu versagen, da sie die Anteile nur drei „volle" Jahre gehalten hat.

c) Begünstigungsfähiges Unternehmensvermögen (§ 13b ErbStG)

aa) Begünstigungsfähige Einheiten (§ 13b Abs. 1 ErbStG)

Es gibt drei Kategorien von „begünstigungsfähigem Vermögen" des Betriebsvermögens: 1038

1. Land- und forstwirtschaftliches Vermögen (in bestimmtem Umfang) nach § 13b Abs. 1 Nr. 1 ErbStG;
2. Betriebsvermögen beim Erwerb eines ganzen Gewerbebetriebs, Teilbetriebs oder Anteils an einer Personengesellschaft (Mitunternehmeranteil) nach § 13b Abs. 1 Nr. 2 ErbStG;
3. Anteile an einer Kapitalgesellschaft, wenn der Erblasser oder Schenker zu mehr als 25 % beteiligt war (§ 13b Abs. 1 Nr. 3 ErbStG).

1039 Der Gesetzgeber privilegiert nicht einzelne Wirtschaftsgüter, sondern Sachgesamtheiten, die als Einheit selbst oder zumindest als ein Teil davon als (fortbestehendes) Unternehmen angesehen werden können. Ob dieses Vermögen aber tatsächlich nach § 13a ErbStG steuerbefreit wird, hängt vor allem von dem Anteil an Verwaltungsvermögen (§ 13b Abs. 4 ErbStG) im Betriebsvermögen der übertragenen Einheit ab.

1040 Das gesamte begünstigungsfähige Vermögen i. S. des § 13b Abs. 1 Nr. 2 ErbStG (z. B. Betrieb oder Mitunternehmeranteil) muss zeitgleich übertragen werden. Es ist schädlich, wenn z. B. ein Grundstück früher oder später als das übrige Betriebsvermögen übertragen wird.[785]

bb) Verwaltungsvermögen (§ 13b Abs. 4 ErbStG)

(1) Sinn der Ermittlung des Werts des Verwaltungsvermögens

1041 In § 13b Abs. 4 ErbStG wird ein Katalog an bestimmten Wirtschaftsgütern aufgezählt, die als Verwaltungsvermögen gelten und daher nicht begünstigt sind. Hintergrund ist die Wertung, dass nur „Produktivvermögen" steuerbefreit werden soll und Vermögen aus einer Kapitalanlage (z. B. fremdvermietete Grundstücke) kein betrieblich notwendiger Teil des Unternehmens sind. Hiermit wird auch die Gestaltung verhindert, privates Vermögen vor dessen unentgeltlicher Übertragung in einen Betrieb einzubringen, um dieses Vermögen dann in Form von Anteilen an dem Unternehmensvermögen nach § 13a ErbStG steuerfrei zu verschenken oder zu vererben. Bei der Berechnung der Steuerbefreiung wird der – durch weitere Schritte noch zu modifizierende – Wert des Verwaltungsvermögens vom gesamten Unternehmenswert abgezogen, so dass nur der verbleibende Saldo als Produktivvermögen (Nicht-Verwaltungsvermögen) steuerfrei gestellt wird.

(2) Katalog des Verwaltungsvermögens

1042 In § 13b Abs. 4 ErbStG werden fünf Kategorien von Wirtschaftsgütern als Verwaltungsvermögen bestimmt:

1. Dritten zur Nutzung überlassene Grundstücke (§ 13b Abs. 4 Nr. 1 ErbStG);
2. Anteile an Kapitalgesellschaften, wenn die unmittelbare Beteiligung nicht mehr als 25 % beträgt (§ 13b Abs. 4 Nr. 2 ErbStG);[786]

785 FG München, Urteil v. 14.6.2023 - 4 K 1481/22 PAAAJ-72860 = EFG 2024 S. 309 (BFH-Rev.: II R 18/24).

786 Hier besteht eine systematische Parallele zu Anteilen an Kapitalgesellschaften als begünstigungsfähige Vermögenseinheit nach § 13b Abs. 1 Nr. 1 ErbStG, bei der die gleich Quote relevant ist.

3. Bestimmte (meistens) wertvolle und der privaten Lebensführung dienende Gegenstände (§ 13b Abs. 4 Nr. 3 ErbStG);[787]
4. Wertpapiere und vergleichbare Forderungen (§ 13b Abs. 4 Nr. 4 ErbStG);
5. Finanzmittel (insbesondere Bankguthaben; § 13b Abs. 4 Nr. 5 ErbStG).[788]

Geleistete Anzahlungen auf (noch nicht zuzurechnende) Wirtschaftsgüter sind jedenfalls dann keine „anderen Forderungen" i. S. von § 13b Abs. 2 Satz 2 Nr. 5 ErbStG und damit Verwaltungsvermögen, wenn sie nicht für den Erwerb von Verwaltungsvermögen geleistet wurden.[789] Geleistete Anzahlungen auf Wirtschaftsgüter des Verwaltungsvermögens sind jedoch nach Verwaltungsauffassung als Verwaltungsvermögen i. S. des § 13b Abs. 4 ErbStG anzusehen.[790] 1043

cc) Überlassene Grundstücke als Verwaltungsvermögen und deren Ausnahmen (§ 13b Abs. 4 Nr. 1 ErbStG)

(1) Grundstücksüberlassung als schädliche Verwendung

Nach § 13b Abs. 4 Nr. 1 Satz 1 ErbStG gehören zum Verwaltungsvermögen „Dritten zur Nutzung überlassene Grundstücke, Grundstücksteile, grundstücksgleiche Rechte und Bauten." 1044

Als „Grundstücke" sind die Grundstücke im Sinne des BGB und auch Wohnungseigentum im Sinne des WEG zu verstehen. „Grundstücksteile" sind flächenmäßig abgegrenzte Teile eines einheitlichen, zivilrechtlichen Grundstücks (z. B. ein vermieteter Raum). Das Erbbaurecht ist ein Beispiel für ein „grundstücksgleiches Recht". Mit „Bauten" sind die Gebäude auf fremden Grund und Boden (§ 195 BewG) gemeint. 1045

Der Grundbesitz muss nicht entgeltlich überlassen (d. h. vermietet) sein. Auch eine unentgeltliche Nutzungsüberlassung an Dritte ist schädlich.[791] 1046

787 In § 13b Abs. 4 Nr. 3 ErbStG werden ausdrücklich genannt: Kunstgegenstände, Kunstsammlungen, wissenschaftliche Sammlungen, Bibliotheken und Archive, Münzen, Edelmetalle und Edelsteine, Briefmarkensammlungen, Oldtimer, Yachten und Segelflugzeuge.

788 Die Finanzmittel werden um die Schulden des Betriebs gemindert, so dass nur die Nettofinanzmittel als Verwaltungsvermögen gelten. Davon gibt es dann noch einen Abschlag von 15 % in Höhe des anzusetzenden Werts des Betriebsvermögens des Betriebs. Wichtig: Die in den letzten zwei Jahren vor dem Besteuerungszeitpunkt eingelegten (abzgl. der entnommenen) Finanzmittel werden als „junge Finanzmittel" separiert und unterliegen keiner Steuerbefreiung nach § 13a ErbStG.

789 BFH, Urteil v. 1.2.2023 - II R 36/20, BStBl 2024 II S. 269 HAAAJ-39015 und Gleich lautende Erlasse der obersten Finanzbehörden der Länder v. 6.3.2024, BStBl 2024 I S. 382 unter Nr. 1.

790 Gleich lautende Erlasse der obersten Finanzbehörden der Länder v. 6.3.2024, BStBl 2024 I S. 382 unter Nr. 2.

791 R E 13b.13 Satz 2 ErbStR.

1047 Die Grundidee des Gesetzgebers ist es, vermögensverwaltende Personen- und Kapitalgesellschaften nicht bei der Erbschaft- und Schenkungsteuer nach §§ 13a, 13b ErbStG zu privilegieren, wenn diese Gesellschaften den Grundbesitz nicht für ihre eigenbetrieblichen Zwecke produktiv nutzen, sondern an andere Personen vermieten. Hintergrund ist die Gestaltungsmöglichkeit, vorab Immobilien in eine Gesellschaft zu übertragen und die Gesellschaftsanteile als unternehmerisches Vermögen steuerbegünstigt zu verschenken oder zu vererben. Es soll im Kern aber Produktivvermögen und kein (privates) Kapitalanlagevermögen begünstigt werden.

BEISPIEL „GRUNDSTÜCKSGESELLSCHAFT": ▸ Frau F überträgt drei Eigentumswohnungen auf die zu diesem Zwecke gegründete Immo-GmbH und schenkt die Geschäftsanteile ihrer Tochter T.

1048 Es werden nicht Grundstücke aus „echten" Missbrauchsfällen durch § 13b Abs. 4 Nr. 1 Satz 1 ErbStG als Verwaltungsvermögen beurteilt, sondern auch „normale" Grundstücksüberlassungen eines operativen Gewerbebetriebs.

BEISPIEL „GRUNDSTÜCKSVERMIETUNG": ▸ Die A-GmbH betreibt einen Schreinerbetrieb und vermietet eine ihrer (bis auf Weiteres für ihren Betrieb nicht gebrauchten) Lagerhallen an Privatpersonen, die dort ihre Wohnwagen unterstellen.

1049 Am Bewertungsstichtag noch nicht vermietete Grundstücke im Zustand der Bebauung sind nach Auffassung des FG Münster in den Urteilen v. 14.11.2024[792] kein Verwaltungsvermögen. Entscheidend sei die tatsächliche Nutzungsüberlassung an Dritte im Zeitpunkt der Steuerentstehung. Hierzu stellt sich die Folgefrage, ob es schlicht ausreicht, dass ein Grundstück im Besteuerungszeitpunkt tatsächlich nicht überlassen (vermietet) wird, was durch eine proaktive und vorübergehende Nichtvermietung vor einer Schenkung gezielt und steuergestalterisch herbeigeführt werden könnte (Leerstandsmodell).[793]

1050 Der Gesetzgeber versucht, einen gesetzlich normierten Kompromiss zu finden zwischen dem Grundsatz, dass eine Grundstücksvermietung schädlich ist (Verwaltungsvermögen), und einigen Ausnahmen, bei der die Grundstücksvermietung aus steuersystematischen oder betriebswirtschaftlichen Gründen sowie Gerechtigkeitserwägungen als akzeptabel und damit unschädlich angesehen wird. Durch § 13b Abs. 4 Nr. 1 Satz 2 ErbStG werden für bestimmte Grundstücksüberlassungen die negativen Folgen der Qualifikation als Verwaltungsvermögen für den Steuerpflichtigen (Ausnahme von der Steuerbegünstigung) wiederum

---

792 FG Münster, Urteil v. 14.11.2024 - 3 K 908/23 F RAAAJ-83333 = EFG 2025 S. 329 (BFH-Rev.: II R 38/24), und FG Münster, Urteil v. 14.11.2024 - 3 K 906/23 F HAAAJ-83332 = DStR 2025 S. 151 (BFH-Rev.: II R 37/24).

793 Stein/Dorn, GmbHR 2025 S. 275.

ausgenommen (Rückausnahme, d.h. es ist doch begünstigtes Vermögen). Diese „Regel-Ausnahme-Rückausnahme"-Konstruktion führt zwangsläufig zu Abgrenzungsproblemen.

(2) Einschränkende Auslegung für Hotel-, Pensions- und Campingbetriebe

Nach dem Gesetzeswortlaut wäre auch die Hotelzimmervermietung als Verwaltungsvermögen i.S.des §13b Abs.4 Nr.1 ErbStG zu beurteilen. Die Finanzverwaltung legt daher die Norm insoweit einschränkend aus: Werden neben der Überlassung von Grundstücksteilen (z.B. Zimmer) weitere gewerbliche Leistungen einheitlich angeboten und in Anspruch genommen, gehören die Grundstücksteile nicht zum Verwaltungsvermögen, wenn die Tätigkeit ertragsteuerlich als originär gewerblich einzustufen ist (z.B. bei Beherbergungsbetrieben wie Hotels, Pensionen oder Campingplätzen).[794] 1051

(3) Rückausnahme: Betriebsaufspaltung oder Sonderbetriebsvermögen (§13b Abs.4 Nr.1 Satz2 Buchst.a) ErbStG)

Für Fälle der Betriebsaufspaltung gibt es eine gesetzliche Rückausnahme, die dazu führt, dass der überlassene Grundbesitz begünstig ist und kein Verwaltungsvermögen darstellt. 1052

Wenn der Erblasser oder Schenker sowohl im überlassenden Betrieb als auch im nutzenden Betrieb allein oder zusammen mit anderen Gesellschaftern einen einheitlichen geschäftlichen Betätigungswillen durchsetzen konnte und diese Rechtsstellung auf den Erwerber übergegangen ist, wird nach §13b Abs.4 Nr.1 Buchst.a) ErbStG kein Verwaltungsvermögen angenommen. Der Maßstab für den „einheitlichen geschäftlichen Betätigungswillen" bestimmt sich nach den ertragsteuerlichen Grundsätzen.[795] 1053

BEISPIEL „BESTEHENDE BETRIEBSAUFSPALTUNG": Herr H ist Eigentümer von Wohnungseigentum (Teileigentum), das er der A-GmbH für deren Tischlerbetrieb überlässt. H ist Alleingesellschafter der A-GmbH.

Es ist notwendig, dass der Erblasser bzw. Schenker sowohl den überlassenden Betrieb (Besitzunternehmen) als auch den nutzenden Betrieb (Betriebsunternehmen) im Übertragungszeitpunkt beherrscht. Eine Beherrschung durch den Erwerber genügt nicht. Es reicht nicht aus, dass der Erwerber (erstmals) Besitz- und Betriebsunternehmen beherrscht. Wenn die Betriebsaufspaltung erst durch die Übertragung des Betriebs begründet wird, handelt es sich bei dem 1054

794 R E13b.13 Satz3 ErbStR.
795 R E13b.14 Abs.1 Satz4 ErbStR.

Grundstück um Verwaltungsvermögen, da schon vorher der Erblasser bzw. Schenker in seiner Person die personelle Verflechtung herstellen muss.[796]

BEISPIEL „BEGRÜNDUNG EINER BETRIEBSAUFSPALTUNG": Herr H ist Eigentümer von Wohnungseigentum (Teileigentum), das er als gewillkürtes Betriebsvermögen seines Sanitärbetriebs der T-GmbH für deren Tischlerbetrieb überlässt. Tochter T ist Alleingesellschafterin der T-GmbH. H schenkt seiner Tochter T das Wohnungseigentum.

LÖSUNG: Durch die Eigentumsübertragung entsteht erstmals eine Betriebsaufspaltung, da T ab diesem Zeitpunkt sowohl das Wohnungseigentum (Besitzgesellschaft) als auch die T-GmbH (Betriebsgesellschaft) beherrscht.

1055 Wenn ein Grundstück an eine Personengesellschaft nicht von dem Erblasser oder Schenker, sondern von einer anderen Personengesellschaft überlassen wird, greift die Rückausnahme nach § 13b Abs. 4 Nr. 1 Satz 2 Buchst. a) ErbStG selbst dann nicht, wenn der Erblasser Gesellschafter dieser Personengesellschaft ist.[797]

1056 Die Rückausnahme für Verwaltungsvermögen bezieht sich nur auf den überlassenen Grundbesitz. Die Anteile an der Betriebskapitalgesellschaft können gleichwohl und unabhängig davon Verwaltungsvermögen darstellen.

BEISPIEL „VERSCHENKTER ANTEIL AN BESITZ- UND BETRIEBSGESELLSCHAFT": Herr H ist zu einem Anteil von 20 % an der Besitz-KG beteiligt, die Wohnungseigentum (Teileigentum) an die T-GmbH für deren Tischlerbetrieb überlässt. Herr H ist auch an der B-GmbH zu 20 % als Anteilseigner beteiligt. Die übrigen 80 % hält jeweils sein Bruder B. Herr H schenkt seiner Tochter T sowohl seinen gesamten Anteil an der Besitz-KG als auch an der B-GmbH.

LÖSUNG: H und B beherrschen gemeinsam sowohl die Besitz-KG als auch die B-GmbH (Betriebsaufspaltung). Die Anteile an der B-GmbH gehören ertragsteuerrechtlich zum notwendigen Sonderbetriebsvermögen bei der Besitz-KG. Das Wohnungseigentum stellt kein Verwaltungsvermögen dar, da es im Rahmen einer Betriebsaufspaltung durch H übertragen wurde (§ 13b Abs. 4 Nr. 1 Satz 2 Buchst. a) ErbStG). Die Anteile an der Betriebsgesellschaft (B-GmbH) sind jedoch als Verwaltungsvermögen zu qualifizieren, da die Beteiligungsquote von H nicht mehr als 25 % beträgt (§ 13b Abs. 4 Nr. 2 Satz 1 ErbStG). Dies gilt für die Anteile unabhängig davon, wie hoch der Anteil des Verwaltungsvermögens im Betrieb der B-GmbH ist.

1057 Wenn der Erblasser oder Schenker als Gesellschafter einer Personengesellschaft (Mitunternehmerschaft) den Vermögensgegenstand der Gesellschaft zur Nutzung überlassen hatte und diese Rechtsstellung auf den Erwerber übergegangen ist, handelt es sich ebenfalls nicht um Verwaltungsvermögen. Dies betrifft die Fälle von Sonderbetriebsvermögen, das übertragen wird.

796 R E 13b.14 Abs. 1 Satz 9 ErbStR.

797 BFH, Urteil v. 16.3.2021 - II R 3/19, BStBl 2022 II S. 706 NAAAH-87114.

Wichtig ist sowohl bei der Betriebsaufspaltung als auch beim Sonderbetriebsvermögen, dass der Grundbesitz durch die Betriebsgesellschaft nicht an einen weiteren Dritten überlassen wird, sondern eigenbetrieblich genutzt wird. 1058

(4) Rückausnahme: Betriebsverpachtung (§ 13b Abs. 4 Nr. 1 Satz 2 Buchst. b) ErbStG

Die Überlassung von Wohnungs- bzw. Teileigentum im Rahmen der Verpachtung eines ganzen Betriebs stellt kein Verwaltungsvermögen dar, wenn bei einer Betriebsverpachtung im Ganzen der Verpächter bisher gewerbliche oder selbständige (freiberufliche) Einkünften erzielte und die Vermögensübertragung bestimmte Bedingungen erfüllt. Die erbschaftsteuerrechtliche Einordnung als Betriebsverpachtung im Ganzen richtet sich nach ertragsteuerrechtlichen Grundsätzen.[798] 1059

Gesetzlich werden zwei verschiedene Situationen definiert: 1060

- Verpachtung an einen zukünftigen Erben: Der Verpächter muss den Pächter im Zusammenhang mit einer unbefristeten Verpachtung durch eine letztwillige Verfügung oder eine rechtsgeschäftliche Verfügung als Erben eingesetzt haben (§ 13b Abs. 4 Nr. 1 Satz 2 Buchst. b) Doppelbuchst. aa) ErbStG).
- Verpachtung an einen Dritten (kein Erbe): Dies ist nur begünstigt, wenn der Beschenkte bei Steuerentstehung den Betrieb noch nicht führen kann und die Verpachtung auf höchstens zehn Jahre befristet ist. Sobald der Beschenkte 18 Jahre alt wird, beginnt die 10-Jahres-Frist zu laufen (§ 13b Abs. 4 Nr. 1 Satz 2 Buchst. b) Doppelbuchst. bb) ErbStG).

Daraus ergeben sich drei Konstellationen, die begünstigt sind (= kein Verwaltungsvermögen):[799] 1061

1. Der verpachtete Betrieb wird an den Pächter des Betriebs vererbt (Erbfall).
2. Bei einer Schenkung (i. d. R. vorweggenommene Erbfolge) hat der Verpächter den Pächter im Zusammenhang mit einer unbefristeten (nicht: unkündbaren) Verpachtung durch eine letztwillige Verfügung oder eine rechtsgeschäftliche Verfügung als (testamentarischen) Erben eingesetzt.
3. Bei einer Schenkung kann der Beschenkte zunächst den Betrieb noch nicht selbst führen, weil ihm dazu z. B. die nötige Berufsqualifikation fehlt und der Schenker im Hinblick darauf den verschenkten Betrieb für eine Übergangszeit von maximal zehn Jahren an einen Dritten verpachtet hat. Die

798 R E 13b.15 Abs. 2 Satz 1 ErbStR.
799 R E 13b.15 Abs. 1 Satz 1 ErbStR.

Verpachtung darf nicht über den 28. Geburtstag des Beschenkten hinausgehen, wenn das Vermögen einem minderjährigen Kind geschenkt wurde.

BEISPIEL „ENDE DER BETRIEBSVERPACHTUNG DURCH ERBFALL": Herr H verpachtet seinem Sohn S den von ihm früher selbst geführten Schreinerbetrieb. Als H stirbt, erbt Sohn S das verpachtete Vermögen. Die Verpachtung endet (zivilrechtliche Konfusion).

LÖSUNG: Soweit im vererbten Pachtbetrieb Grundstücke enthalten sind, stellen diese kein Verwaltungsvermögen dar (§ 13b Abs. 4 Nr. 1 Satz 2 Buchst. b) Doppelbuchst. aa) ErbStG).

1062 Zur Ausnahme vom Verwaltungsvermögen nach § 13b Abs. 4 Nr. 1 Satz 2 Buchst. b) Satz 1 ErbStG gibt es wiederum zwei Ausnahmen:

- Zum einen gilt die Ausnahme nicht für verpachtete Betriebe, die vor ihrer Verpachtung (also zu der Zeit als aktiver Betrieb) nicht die allgemeinen Voraussetzungen als begünstigtes Vermögen nach § 13b Abs. 2 Satz 1 ErbStG erfüllt haben (§ 13b Abs. 4 Nr. 1 Satz 2 Buchst. b) Satz 2 Alt. 1 ErbStG). Hierdurch soll vermieden werden, dass ein in der aktiven Zeit nicht begünstigtes Unternehmen über den Weg der Betriebsverpachtung in begünstigtes Vermögen umqualifiziert werden kann.[800] Hier ist es schädlich, wenn der vom Erblasser an den Erben verpachtete Betrieb bereits vor seiner Verpachtung über Verwaltungsvermögen i. S. des § 13b Abs. 4 Satz 1 ErbStG verfügte. Dabei spielt das (Vertrags-)Verhältnis des Verpächters zum Erben keine Rolle, sondern die allgemeinen Grundsätze des § 13b Abs. 4 EStG sind zu prüfen.[801]
- Zum anderen gilt die Ausnahme nach § 13b Abs. 4 Nr. 1 Satz 2 Buchst. b) Satz 2 Alt. 2 ErbStG nicht für verpachtete Betriebe, deren Hauptzweck in der Nutzungsüberlassung von Grundstücken an Dritte besteht, sofern diese keine Wohnungsunternehmen i. S. des § 13b Abs. 4 Satz 2 Nr. 1 Buchst. d) ErbStG sind.

800 R E 13b.15 Abs. 1 Satz 4 ErbStR.

801 Der BFH hat mit Urteil v. 28.2.2024 - II R 27/21, BStBl 2024 II S. 829 ZAAAJ-69751, bei einem verpachteten Parkhausbetrieb am Wortlaut orientiert geurteilt, dass die Stellplatzüberlassung an die parkenden Personen als die Überlassung von Grundstücksteilen (Parklätze) an Dritte i. S. des § 13b Abs. 4 Satz 1 ErbStG einzustufen ist, daher die Ausnahme nach § 13b Abs. 4 Nr. 1 Satz 2 Buchst. b) ErbStG für verpachtete Parkhäuser nicht anwendbar ist und es sich somit um Verwaltungsvermögen handelt (zustimmend insoweit Gleich lautende Erlasse der obersten Finanzbehörden der Länder v. 19.11.2024, BStBl 2024 I S. 1432).

(5) Rückausnahme: Konzernzugehörigkeit (§ 13b Abs. 4 Nr. 1 Satz 2 Buchst. c) ErbStG)

Es handelt sich nicht um Verwaltungsvermögen, wenn sowohl der überlassende Betrieb als auch der nutzende Betrieb zu einem Konzern i. S. des § 4h EStG gehören (§ 13b Abs. 4 Nr. 1 Satz 2 Buchst. c) ErbStG). Eine Weiterüberlassen an einen konzernfremden Dritten ist aber schädlich. 1063

BEISPIEL „KONZERNINTERNE VERMIETUNG": ► Die T-GmbH vermietet Wohnungseigentum an die S-GmbH für deren betriebliche Produktionszwecke. Beide Gesellschaften gehören zu demselben Konzern i. S. des § 4h EStG.

(6) Rückausnahme: Betriebliche Wohnungsvermietung als Hauptzweck (§ 13b Abs. 4 Satz 2 Nr. 1 Buchst. d) ErbStG)

Wenn die überlassenen Grundstücke zum Betriebsvermögen einer Personengesellschaft (Mitunternehmerschaft) oder zum Vermögen einer Kapitalgesellschaft gehören und der Hauptzweck des Betriebs in der Vermietung von (eigenen) Wohnungen i. S. des § 181 Abs. 9 BewG besteht, der einen wirtschaftlichen Geschäftsbetrieb (§ 14 AO) erfordert, handelt es sich nicht um Verwaltungsvermögen (§ 13b Abs. 4 Satz 2 Nr. 1 Buchst. d) ErbStG). 1064

Der Gesetzgeber privilegiert hiermit Vermögen der Wohnungswirtschaft, deren Bewirtschaftung und kaufmännische Betreuung über eine private Vermögensverwaltung deutlich hinausgeht. 1065

Es bestehen zwei gesetzliche Voraussetzungen: 1066

- Der Hauptzweck des Betriebs muss in der Wohnungsvermietung bestehen. Der Betrieb darf aber z. B. auch über gewerblich genutzte Immobilien verfügen und andere (untergeordnete) wohnungswirtschaftliche Zwecke verfolgen. Die Finanzverwaltung rechnet den Hauptzweck mathematisch nach einer 50%-Grenze aus: Solange die Summe der Grundbesitzwerte der Wohnimmobilien höher ist als die Summe der Grundbesitzwerte aller Immobilien, besteht ein wohnwirtschaftlicher (begünstigter) Hauptzweck.[802] Vorteilhaft für die Grundstücksgesellschaft ist dabei, dass auch solche Grundstücke kein Verwaltungsvermögen darstellen, die nicht zu Wohnzwecken, sondern z. B. zu gewerblichen Zwecken genutzt werden.[803]
- Die Wohnungsvermietung muss über die Vermögensverwaltung so weit hinausgehen, dass dafür ein wirtschaftlicher Geschäftsbetrieb (§ 14 AO) erforderlich ist. Für einen wirtschaftlichen Geschäftsbetrieb spricht insbeson-

802 R E 13b.17 Abs. 2 Satz 4 ErbStR.

803 R E 13b.17 Abs. 2 Satz 5 ErbStR.

dere der Umfang der Geschäfte, ein eigenes Büro, Buchführung (zur Gewinnermittlung), eine große Organisationsstruktur, Werbung für die Vermietung und Dienstleistungen gegenüber einer breiteren Öffentlichkeit.[804]

1067 Nach Auffassung des FG Münster im Urteil v. 10.10.2024[805] greift die Rückausnahme des § 13b Abs. 4 Nr. 1 Satz 2 Buchst. d) ErbStG nicht schon deshalb, weil das Vermietungsunternehmen optional angebotene Zusatzleistungen wie Stromlieferung, Mediendienstleistungen, Hausmeister- und Handwerkerleistungen und Reinigungsleistungen im Rahmen eines originär gewerblich tätigen Betriebes ausübt. Maßgeblich sei allein die Art und Weise der Vermietungstätigkeit als solche.

1068 Für die Praxis von großer Bedeutung ist, dass die Finanzverwaltung regelmäßig einen wirtschaftlichen Geschäftsbetrieb annimmt, wenn das Unternehmen mehr als 300 eigene Wohnungen hält.[806]

(7) Rückausnahme: Grundstücksüberlassung zur Verkaufsförderung (§ 13b Abs. 4 Nr. 1 Satz 2 Buchst. e) ErbStG)

1069 Wenn überlassene Grundstücke vorrangig den Zweck haben, im Rahmen von Lieferungsverträgen dem Absatz von eigenen Erzeugnissen und Produkten zu dienen, handelt es sich nicht um Verwaltungsvermögen (§ 13b Abs. 4 Nr. 1 Satz 2 Buchst. e) ErbStG). Hierunter fallen z. B. Brauereigaststätten, die von einer Brauerei an Dritte zusammen mit einem Getränkelieferungsvertrag verpachtet werden und in denen vorrangig das Bier der Brauerei ausgeschenkt wird, oder Mineralölunternehmen, die Tankstellengrundstücke zusammen mit Belieferungsverträgen über ihre Kraftstoffe verpachten.[807]

dd) Tatsächlich steuerschädlicher Betrag des Verwaltungsvermögens (§ 13b Abs. 6, 7 ErbStG)

1070 Der Gesamtwert des letztlich „schädlichen" (nicht begünstigten) Verwaltungsvermögens ist nicht einfach dadurch zu bestimmen, dass alle Wirtschaftsgüter auf der Aktivseite der Bilanz des Betriebs addiert werden, die nach dem Katalog des § 13b Abs. 4 ErbStG als Verwaltungsvermögen zu qualifizieren sind. Das ist zwar im Einzelfall schon aufwendig genug, aber der Gesetzgeber geht hier (u. a. aus systematischen Gründen zu Recht) noch weiter. Es sind insbesondere die

804 R E 13b.17 Abs. 3 Satz 1 ErbStR.

805 FG Münster, Urteil v. 10.10.2024 - 3 K 751/22 F VAAAJ-86424 = EFG 2025 S. 483 (BFH-Rev.: II R 39/24).

806 R E 13b.17 Abs. 3 Satz 2 ErbStR.

807 R E 13b.18 Satz 2, 3 ErbStR.

Schulden (Passiva) teilweise abzugsfähig und ein Teil des Verwaltungsvermögens wird pauschal zugunsten des Steuerpflichtigen rechnerisch in Produktivvermögen umqualifiziert. Die Reihenfolge der Ermittlungsschritte ist (vereinfacht dargestellt) wie folgt:

1. Zunächst werden die Wirtschaftsgüter des Verwaltungsvermögens nach § 13b Abs. 4 ErbStG (Aktiva der Bilanz) bestimmt und deren Summe gezogen (Bruttowert des Verwaltungsvermögens). Hierbei werden Schulden des Betriebs nur bei der Ermittlung der Finanzmittel (§ 13b Abs. 4 Nr. 5 ErbStG) unmittelbar berücksichtigt (saldiert).
2. Ausgesondert werden aus dem „normalen" Verwaltungsvermögen das „junge Verwaltungsvermögen" und die „jungen Finanzmittel" (§ 13b Abs. 7 Satz 2 ErbStG). Dieser Teil des Vermögens wird nicht nach § 13a ErbStG befreit.
3. Der Bruttowert des Verwaltungsvermögens (ohne junge Finanzmittel und junges Verwaltungsvermögen) wird nach § 13b Abs. 6 ErbStG teilweise um die Schulden gemindert, die nach der Saldierung mit den Finanzmitteln rechnerisch noch verblieben sind. Daraus ermittelt sich dann der „Nettowert des Verwaltungsvermögens". Wichtig ist hierbei, dass die Schulden (Verbindlichkeiten) nicht nach wirtschaftlichen Kriterien zugeordnet werden. Es kommt also z. B. nicht darauf an, ob ein Bankkredit für den Erwerb eines bestimmten Wohnungseigentums aufgenommen wurde, das als Verwaltungsvermögen zu qualifizieren ist. Vielmehr sind alle Schulden (die nach der Vorabsaldierung zur Ermittlung der Finanzmittel verblieben sind) im Verhältnis des Verwaltungsvermögen zum übrigen Vermögen (Produktivvermögen) aufzuteilen und damit anteilig vom Verwaltungsvermögen abzuziehen.
4. Der so ermittelte Nettowert des Verwaltungsvermögens wird pauschal um 10 % des Werts des Produktivvermögens gemindert (§ 13b Abs. 7 Satz 1 ErbStG).
5 Im Ergebnis verbleibt das „begünstigte Vermögen" (§ 13b Abs. 2 Satz 1 ErbStG), welches nach § 13a ErbStG unter bestimmten weiteren Voraussetzungen tatsächlich von der Erbschaftsteuer befreit werden kann.
6. Die jungen Finanzmittel, das junge Verwaltungsvermögen und das „normale" Verwaltungsvermögen bilden in der Summe somit das nicht begünstigte Vermögen. Hierfür sind aber andere Steuerbefreiungen denkbar, wie z. B. § 13d ErbStG für vermietetes Wohneigentum oder die persönlichen Freibeträge nach § 16 ErbStG.

10. Nießbrauchsrechte am Wohnungseigentum

a) Schenkung unter Einräumung eines Vorbehaltsnießbrauchs

1071 Wird Wohnungseigentum unentgeltlich auf einen anderen Eigentümer übertragen, aber an dem Wohnungseigentum ein Nießbrauch (§§ 1030 ff. BGB) eingeräumt, handelt es sich zivilrechtlich um eine Schenkung, die lediglich mit einer Auflage (Nießbrauch) verbunden ist. Die Zuwendung des Grundstücks stellt auch dann eine „reine“ Schenkung i.S.des § 7 Abs. 1 Nr. 1 ErbStG dar, wenn die Übertragung mit einer solchen Nießbrauchsbestellung verbunden ist.

1072 Ein Vorbehaltsnießbrauchs ist als Nutzungs- oder Duldungsauflage[808] vom steuerpflichtigen Erwerb abzugsfähig.[809] Wenn die vermietete Eigentumswohnung nach § 13d ErbStG nur mit 90 % anzusetzen ist (Steuerbefreiung), dann ist die Nießbrauchslast ebenfalls nur mit 90 % anzusetzen (§ 10 Abs. 6a ErbStG).

1073 Wenn bei der Bewertung des Wohnungseigentums nach § 198 BewG ein niedrigerer gemeiner Wert nachgewiesen wurde (regelmäßig durch ein Sachverständigengutachten), welcher die Nießbrauchsbelastung bereits berücksichtigt, ist kein (zusätzlicher) Abzug des Nießbrauchs möglich (§ 10 Abs. 6b ErbStG).

1074 Die Bemessungsgrundlage für den Abzug ermittelt sich nach dem Kapitalwert des Nießbrauchs. Dafür ist nach §§ 12 Abs. 1 i.V. mit 14, 15 BewG zur Ermittlung des Kapitalwerts von lebenslangen Nutzungen der Jahreswert der Nutzung mit einem von der Lebenserwartung des Berechtigten[810] abhängigen Vervielfältiger zu multiplizieren.

1075 **Berechnung:**

Jahreswert x Vervielfältiger = Kapitalwert des Nießbrauchsrecht

1076 Der Jahreswert (§ 15 Abs. 3 BewG) des Nießbrauchs eines vermieteten Grundstücks ermittelt sich im Grundsatz aus den Einnahmen aus Vermietung und Verpachtung abzgl. der vom Nießbraucher zu tragenden Aufwendungen. Welche Kosten im Einzelnen abzugsfähig sind und welcher Betrachtungszeitraum

---

808 BFH, Urteil v. 17.10.2001 - II R 60/99, BStBl 2002 II S. 165 YAAAA-89149 unter II.3.

809 Nach § 25 Abs. 1 ErbStG a. F. konnte ein Nießrauch für Erwerbe bis zum 31.12.2008 nicht abgezogen, aber die auf den Kapitalwert entfallende Steuer (bis zum Erlöschen des Nießbrauchs) zinslos gestundet werden. Diese Regelung wurde durch das Erbschaftsteuerreformgesetz v. 24.12.2008, BGBl 2008 S. 3018, aufgehoben.

810 Die Differenzierung der Sterbetafeln durch § 14 BewG nach männlichem und weiblichem Geschlecht ist zulässig, BFH, Urteil v. 20.11.2024 - II R 38/22 DAAAJ-89317 = DStR 2025 S. 831.

maßgebend ist, ist im Detail nicht vollständig geklärt.[811] Für die Praxis erscheint es sinnvoll, die (voraussichtlichen) Einkünfte aus dem Objekt als Maßstab für den Jahreswert anzunehmen und dessen Ermittlung dem zuständigen Finanzamt offenzulegen.

Wenn der Nießbraucher (Schenker) sämtliche Instandhaltungen und Renovie- 1077
rungen zu tragen hat (vertragliche Abweichung von der gesetzlichen Lastenverteilung nach §§ 1041 und 1047 BGB), kann der (voraussichtliche) zukünftige Belastungswert nach überwiegender Auffassung nicht mindernd (oder möglicherweise nur als separate Verbindlichkeit) berücksichtigt werden.[812]

Der Jahreswert unterliegt nach § 16 BewG einem Höchstwert, der sich am Wert 1078
des Grundstücks orientiert. Danach wird der tatsächliche (geschätzte) Jahreswert auf 1/18,6-tel des schenkungsteuerlichen Grundstückswerts begrenzt (Deckelung). Dem liegt die Überlegung zugrunde, dass die umfassende Nutzungsbefugnis an einem Wirtschaftsgut (hier: Grundstück) nicht höher bewertet werden kann als das (unbelastete) Eigentum selbst.[813] Dabei wird typisierend von einem Durchschnittsertrag von 5,5 % ausgegangen, aus dem sich ungefähr der gesetzliche Wert von 18,6 (100/5,5 %) rechnerisch ergibt.

Der Kapitalwert ist durch die Multiplikation des maßgebenden Jahreswerts des 1079
Nießbrauchsrechts auf die für die voraussichtliche Laufzeit maßgebenden Vervielfältiger zu berechnen. Die Vervielfältiger werden bei einem lebenslangen Nießbrauchsrecht nach der statistischen Sterbetafel des Statistischen Bundesamts ermittelt (§ 14 Abs. 1 BewG). Dazu veröffentlicht das BMF jährlich ein Schreiben, aus dem sich die maßgebenden Vervielfältiger nach Geschlecht und Lebensalter des Nießbrauchsberechtigten ergeben.[814]

BEISPIEL „NIEẞBRAUCH BEI SCHENKUNGSTEUER": Vater V ist 65 Jahre alt, als er seiner Tochter T zum 1.1.2025 eine vermietete Eigentumswohnung unter Vorbehaltsnießbrauch schenkt. Die jährlichen Mieteinnahmen betragen 12.000 € und die voraussichtlichen Bewirtschaftungskosten betragen ca. 2.000 €. Das zuständige Finanzamt stellt für die Eigentumswohnung nach § 151 Abs. 1 Nr. 1 BewG einen Bedarfswert i. H. von 200.000 € fest.

811 Zum Abzug von Schuldzinsen für ein zurückbehaltendes Grundstücksdarlehen siehe BFH, Urteil v. 28.5.2019 - II R 4/16, BStBl 2020 II S. 326 NAAAH-37571 m. w. N. zu dem gesamten Problemkreis.

812 Dazu ausführlich Stein, DStR 2025 S. 2115 m. w. N.

813 BFH, Urteil v. 9.4.2014 - II R 48/12, BStBl 2014 II S. 554 ZAAAE-65012 unter II.2.a).

814 Die Vervielfältiger für Bewertungsstichtage ab 1.1.2026 zur Bewertung einer lebenslänglichen Nutzung oder Leistung wurde vom BMF mit Schreiben v. 21.10.2025 - IV D 4-S 3104/00002/013/003, BStBl 2025 I S. 1830, auf Grundlage von § 14 Abs. 1 Satz 4 BewG veröffentlicht.

LÖSUNG: Die Schenkung der Eigentumswohnung ist nach § 7 Abs. 1 Nr. 1 ErbStG schenkungsteuerpflichtig. Von dem Wert der Wohnung (200.000 €) ist der Kapitalwert des Nießbrauchs abzuziehen. Dieser berechnet sich wie folgt: Der Jahreswert der Nutzung (§ 15 BewG) ist hier mit 10.000 € als Nettoertrag aus der Vermietung anzunehmen. Der Wert liegt unter dem Höchstbetrag nach § 16 BewG (200.000 €/ 18,6 = 10.753 €). Nach der Sterbetafel für Bewertungsstichtage ab dem 1.1.2025 beträgt der hier maßgebende Vervielfältiger für 65-jährige Männer 11,362. Somit beträgt der Kapitalwert der Nießbrauchslast 10.000 € x 11,362 = 113.620 €.

1080 Die Eigentumswohnung ist nach § 13d ErbStG nur mit 90 % anzusetzen. Die Nießbrauchslast ist ebenfalls nur mit 90 % anzusetzen (§ 10 Abs. 6 ErbStG). Die Bereicherung aus der Schenkung beträgt damit 90 % von 200.000 € abzgl. 90 % von 113.620 € = 77.742 €.

1081 Wenn keine Vorschenkungen (vgl. § 14 ErbStG) zu berücksichtigen sind, ist die Schenkung wegen des persönlichen Freibetrags (§ 16 Abs. 1 Nr. 2 ErbStG) von 400.000 € schenkungsteuerfrei.

1082 Der Rechtsträgerwechsel am Wohnungseigentum ist im Grundsatz auch grunderwerbsteuerpflichtig. Um eine Doppelbesteuerung des identischen Lebenssachverhalts mit Grunderwerbsteuer und Erbschaft- bzw. Schenkungsteuer zu vermeiden, wird jedoch die Grunderwerbsteuer nur auf den Kapitalwert des Nießbrauchs erhoben (§ 3 Nr. 2 Satz 2 GrEStG).

b) Vorzeitiger Verzicht auf den Nießbrauch

1083 Der vorzeitige und unentgeltliche Verzicht auf ein vorbehaltenes Nießbrauchsrecht ist als (neue) Zuwendung an den Wohnungseigentümer nach § 7 Abs. 1 Nr. 1 ErbStG steuerpflichtig.[815] Dabei ist der Kapitalwert des Nießbrauchsrechts im Verzichtszeitpunkt (nach dem aktuellen Jahreswert und der – nun nicht mehr einzuhaltenden – geplanten Restlaufzeit) zu besteuern.

c) Tod des Nießbrauchers

1084 Wenn der Nießbraucher stirbt, endet der Nießbrauch und das Wohnungseigentum wird „frei" von der rechtlichen Belastung. Dieser Todesfall löst keine Bereicherung bei dem Wohnungseigentümer aus, da die damalige Grundstücksschenkung die statistisch geschätzte Lebenszeit als wirtschaftliche Belastung schon berücksichtigte.

1085 Es kann aber durch den Tod des Nießbrauchers zu einer rückwirkenden Korrektur der damaligen Schenkungsteuer kommen, wenn dieser i. S. des § 14 Abs. 2

815 BFH, Urteil v. 17.3.2004 - II R 3/01, BStBl 2004 II S. 429 EAAAB-20257.

BewG „zu früh“ gestorben ist. Da die ursprüngliche Bemessung des Kapitalwerts des Nießbrauchs bei lebenslangen Nutzungen nach § 14 Abs. 1 BewG auf einer statistischen Sterbewahrscheinlichkeit beruht, wird gesetzlich vorgegeben, dass in bestimmten Fällen der Wert nach unten korrigiert wird. Dies ist z. B. bei einer 66-jährigen Person der Fall, wenn diese innerhalb von sechs Jahren stirbt.

d) Besteuerung des Zuwendungsnießbrauchs

Die Nießbrauchsbestellung des Wohnungseigentümers zugunsten einer ande- 1086
ren Person (Zuwendungsnießbrauch) ist nach § 7 Abs. 1 Nr. 1 ErbStG steuerpflichtig. Die Bemessungsgrundlage ermittelt sich nach dem Kapitalwert des Nießbrauchs (§§ 14, 15 BewG).

Dazu besteht das Wahlrecht, die Schenkungsteuer statt (einmal und abgel- 1087
tend) vom Kapitalwert vielmehr jährlich vom Jahreswert zu entrichten (§ 23 ErbStG).

XIV. Grunderwerbsteuer bei Wohnungseigentum

1. Grunderwerbsteuer durch Rechtsträgerwechsel an Grundstücken

1088 Der zentrale Anknüpfungspunkt für die Grunderwerbsteuer nach dem Grunderwerbsteuergesetz (GrEStG) ist der Rechtsträgerwechsel an einem Grundstück. Der in der Praxis häufigste Fall ist die Übertragung von Eigentum an Grundstücken (auch von Wohnungseigentum) aufgrund eines notariellen Kaufvertrags (§ 1 Abs. 1 Nr. 1 GrEStG). In § 1 GrEStG werden aber noch weitere rechtliche Transaktionen benannt, die zu einer geänderten Zuordnung von (inländischen) Grundstücken führen und dadurch Grunderwerbsteuer auslösen können. Daher unterliegen nicht nur Kaufverträge, sondern z. B. auch Tauschverträge und Schenkungsvereinbarungen über Grundstücke oder Umwandlungen von Gesellschaften mit Grundbesitz der Grunderwerbsteuer. Dabei gibt es aber bestimmte Ausnahmen und Steuerbefreiungen zu beachten (wie z. B. bei Erbschaften und Schenkungen, die vorrangig dem Erbschaftsteuergesetz unterliegen).

2. Wohnungseigentum als Gegenstand der Grunderwerbsteuer

a) Wohnungseigentum als Grundstück

aa) Grundstücke nach § 2 GrEStG

1089 Unter „Grundstücke" des Grunderwerbsteuergesetzes sind die Grundstücke im Sinne des BGB zu verstehen (§ 2 Abs. 1 Satz 1 GrEStG). Ein Grundstück ist jeder Teil der (inländischen) Erdoberfläche, der mit seiner konkreten Lage und Abmessung im Grundbuch unter einer eigenen Nummer eingetragen ist.

1090 Unter den Grundstücksbegriff des § 2 Abs. 1 Satz 1 GrEStG fällt auch das Wohnungseigentum.[816] Das Sondereigentum bildet dabei zusammen mit dem Miteigentum am Gemeinschaftseigentum als rechtliche Einheit das Grundstück im Sinne des GrEStG.[817] Erwerbe von Wohnungseigentum fallen damit unter das Grunderwerbsteuergesetz.[818] Nicht nur der Erwerb von schon vorhandenem Wohnungseigentum fällt unter den Tatbestand nach § 1 Abs. Nr. 1

816 So bereits BFH, Urteil v. 15.12.1954 - II 114/54 U, BStBl 1955 III S. 53 LAAAB-45830.

817 BFH, Urteil v. 16.2.1994 - II R 96/90 CAAAB-34713 = BFH/NV 1995 S. 156 unter II.1.

818 BFH, Urteil v. 30.7.1980, BStBl 1980 II S. 667 UAAAB-02034.

GrEStG, sondern auch erst künftig existierendes Wohnungseigentum (z. B. vor Teilungserklärung oder bautechnischer Fertigstellung).[819]

Jeder Erwerbsvorgang bildet einen eigenen Steuerfall, dessen gesetzliche Tatbestandsmerkmale (auch hinsichtlich eines Befreiungstatbestands) jeweils für sich gesondert zu würdigen sind.[820] 1091

BEISPIEL „GRUNDSTÜCK": Frau F ist Eigentümerin von zwei Eigentumswohnungen einer Wohnanlage im Sinne des WEG und verkauft beide Einheiten an den Erwerber E jeweils für einen Kaufpreis von 200.000 €.

Beide Eigentumswohnungen stellen als separates Grundstück i. S. des § 2 GrEStG jeweils ein Besteuerungsobjekt dar, das nach § 1 Abs. 1 Nr. 1 GrEStG der Grunderwerbsteuer (mit dem jeweiligen Kaufpreis als Gegenleistung) unterliegt. 1092

bb) Sondernutzungsrechte

Sondernutzungsrechte am Wohnungseigentum (z. B. an einem PKW-Stellplatz oder einem Teil des Gartens) werden in die Besteuerung einbezogen und bilden zusammen mit dem Sondereigentum und dem anteiligen Miteigentum am Gemeinschaftseigentum ein einheitliches Grundstück. Durch § 2 Abs. 2 Nr. 3 GrEStG wird dies für dinglich gesicherte (d. h. im Wohnungsgrundbuch verbindlich eingetragene) Sondernutzungsrechte ausdrücklich geregelt, da diese Sondernutzungsrechte keine zivilrechtlichen Bestandteile (§§ 93, 94 BGB) des Wohnungseigentums sind und damit nicht zum Grundstück im Sinne des BGB gehören. Bei einer Wohnungsveräußerung wird diese Rechtsposition gleichwohl (separat vom Wohnungseigentum) mitveräußert. Durch die ausdrückliche Definition des dinglichen Sondernutzungsrechts als „Grundstück" im Sinne des GrEStG besteht dann keine Besteuerungslücke für eine anteilig darauf entfallende Gegenleistung. Für die nicht dinglich gesicherten (d. h. lediglich schuldrechtlich bestehenden) Sondernutzungsrechte bedarf es keiner Norm für die Besteuerung, da diese (schwächere) Rechtsposition ohnehin zum Wohnungseigentum als „Grundstück" im Sinne des GrEStG gerechnet wird. Relevant wäre der Unterschied zwischen einem dinglichen und einem (nur) schuldrechtlichen Sondernutzungsrecht für den Ausnahmefall, dass diese Rechtsposition (zivilrechtlich wirksam) an eine andere Person (z. B. einem anderen Wohnungseigentümer) entgeltlich übertragen wird. Dann wäre nur der isolierte Erwerb eines dinglich gesicherten Sondernutzungsrechts ohne „dazu- 1093

819 BFH, Urteil v. 16.2.1994 - II R 96/90 CAAAB-34713 = BFH/NV 1995 S. 156.
820 BFH, Urteil v. 28.4.1970 - II 119/65, BStBl 1970 II S. 670 RAAAB-50506.

gehöriges Grundstück“ durch § 2 Abs. 2 Nr. 3 GrEStG grunderwerbsteuerbar. Die isolierte Übertragung eines schuldrechtlichen Sondernutzungsrechts ist hingegen nicht steuerbar, da dieses aufgrund seiner schwachen Rechtsposition nicht als eigenständiger Besteuerungsgegenstand anzusehen ist.[821]

BEISPIEL „SONDERNUTZUNGSRECHT“: Frau F veräußert eine Eigentumswohnung, zu der auch ein PKW-Stellplatz (Sondernutzungsrecht) gehört. Ein Gutachter schätzt den Preis für den Stellplatz auf 20.000 €.

1094 Die Gegenleistung für die Eigentumswohnung besteht auch aus dem anteiligen Kaufpreis für den Stellplatz. Für die Bemessung der Grunderwerbsteuer wird die Gegenleistung somit nicht um den Wert des Stellplatzes gemindert.

cc) Betriebsvorrichtungen

1095 Nicht zu den Grundstücken gehören „Maschinen und sonstige Vorrichtungen aller Art, die zu einer Betriebsanlage gehören“ (§ 2 Abs. 1 Satz 2 Nr. 1 GrEStG). Danach werden Betriebsvorrichtungen[822] von der Grunderwerbsteuer ausgenommen, sofern sie zivilrechtlich wesentliche Bestandteile des Grundstücks sind. Daraus folgt, dass z. B. bei einer Grundstücksveräußerung der anteilig auf die Betriebsvorrichtung entfallende Kaufpreis aus der Bemessungsgrundlage auszunehmen ist. Wenn die Betriebsvorrichtung als separate (vom Grundstück zivilrechtlich getrennte) Sache im Sinne des BGB zu werten ist, braucht es diese Ausnahme nicht, da dieses Wirtschaftsgut dann ohnehin nicht zum Grundstück i. S. des § 2 Abs. 1 Satz 1 GrEStG gehört.

BEISPIEL „BETRIEBSVORRICHTUNG“: Teileigentum im Sinne des WEG wird von einem Fischeinzelhändler (Ladengeschäft) genutzt. Ein Raum im Sondereigentum wird als Kühlraum genutzt, dessen technische Kühlausstattung (wesentlicher Bestandteil des Grundstücks) als Betriebsvorrichtung anzusehen ist. Der Teileigentümer veräußert das Teileigentum für einen Kaufpreis von 400.000 €, von dem ein Teilbetrag von 30.000 € auf die technische Ausstattung des Kühlraums entfällt.

LÖSUNG: Der Kaufpreis (400.000 €) ist als Bemessungsgrundlage für die Grunderwerbsteuer (Gegenleistung nach §§ 8 Abs. 1, 9 Abs. 1 Nr. 1 GrEStG) um 30.000 € zu mindern, da insoweit die Betriebsvorrichtung (Kühlraumausstattung) mitbezahlt wird. Diese technische Anlage wird zwar mitverkauft, stellt aber nach § 2 Abs. 1 Satz 2 Nr. 1 GrEStG keinen Teil des Steuergegenstands (Grundstück) dar.

---

821 BT-Drucks. 12/402 S. 14.

822 Vgl. § 68 Abs. 2 Nr. 2 BewG a. F. bzw. § 243 Abs. 2 Nr. 2 BewG n. F. Zur Abgrenzung der Betriebsvorrichtungen von den Gebäuden vgl. Gleich lautende Erlasse der obersten Finanzbehörden der Länder v. 5.6.2013, BStBl 2013 I S. 734.

dd) Inventar und Zubehör zum Wohnungseigentum

Wenn zusammen mit dem Wohnungseigentum gewerblich genutztes Inventar (z. B. Ladeneinrichtung bei Teileigentum), Zubehör[823] (z. B. Rasenmäher des Gemeinschaftsvermögens) oder bewegliche Gegenstände (z. B. eine Einbauküche,[824] Möbel oder ein an der Wand montierter TV-Bildschirm) veräußert werden, unterliegen diese Gegenstände nicht der Grunderwerbsteuer. Hier bietet es sich an, den darauf entfallenden Kaufpreis im notariellen Kaufvertrag zu vermerken, um die Trennung bei der Grunderwerbsteuer zu dokumentieren. 1096

ee) Photovoltaikanlagen

Zu den Grundstücken im Sinne des Grunderwerbsteuergesetzes gehören zunächst alle Bestandteile des zivilrechtlichen Grundstücks (§ 2 Abs. 1 Satz 1 GrEStG i. V. mit §§ 93–96 BGB). Dies schließt wesentliche Gebäudebestandteile – wie Wände, Decken, Dach, zentrale Heizungsanlage, die Sanitäreinrichtungen und die Versorgungsleitungen – mit ein. Dagegen werden Betriebsvorrichtungen (Maschinen und sonstige Vorrichtungen aller Art, die zu einer Betriebsanlage gehören) ausdrücklich nach § 2 Abs. 1 Satz 2 Nr. 1 GrEStG aus dem grunderwerbsteuerrechtlichen Grundstücksbegriff ausgenommen. Relevant ist diese Unterscheidung vor allem für die Bemessungsgrundlage bei der Grunderwerbsteuer. Nur soweit der Kaufpreis auf das Grundstück i. S. des § 2 GrEStG entfällt, gehört dieser zur Bemessungsgrundlage der Grunderwerbsteuer. 1097

Wenn die Wohnanlage im Sinne des WEG über eine PV-Anlage verfügt, ist diese i. d. R. kein wesentlicher Gebäudebestandteil, sofern sie z. B. mit einer Trägerkonstruktion auf dem Dach montiert ist und keine Dachabdeckung im eigentlichen Sinne darstellt. Zivilrechtlich handelt es sich dann regelmäßig um Zubehör des Wohnungseigentums, das dem Gemeinschaftseigentum zuzuordnen ist. Sofern die PV-Anlage sowohl die Wohnungen der Anlage versorgt (Eigenverbrauch) als auch Strom in das öffentliche Stromnetz einspeist (Lieferung an den zuständigen Netzbetreiber), handelt es sich um eine Betriebsvorrichtung, da mit der PV-Anlage Einkünfte aus Gewerbebetrieb (Stromverkauf an Netzbetreiber) erzielt werden. Damit ist eine solche PV-Anlage nach § 2 Abs. 1 Satz 2 Nr. 1 GrEStG kein Teil des Grundstücks i. S. des § 2 GrEStG. Dies hat zur Folge, dass der anteilige Kaufpreis der PV-Anlage nicht der Grunderwerbsteuer unterliegt. 1098

823 BFH, Beschluss v. 3.6.2020 - II B 54/19, BStBl 2020 II S. 586 OAAAH-54559.

824 Sofern die Einbauküche nicht im Einzelfall als wesentlicher Bestandteil des Grundstücks gilt und auch kein Inventar darstellt, vgl. dazu BGH, Urteil v. 20.11.2008 - IX ZR 180/07 EAAAD-03186 = NJW 2009 S. 1078 unter II.2.

1099 Unter bestimmten Umständen kann eine PV-Anlage aber zum Grundstück gerechnet werden (wenn z. B. der Strom nur für den Eigenbedarf produziert wird und die Anlage bautechnisch als wesentliches Dachelement einzustufen ist). Bei Solaranlagen für die eigene Wärmeversorgung (zur Erwärmung von Wasser oder zur Raumheizung) handelt es sich – ähnlich wie bei einer Heizungsanlage – immer um einen Grundstücksteil.[825]

b) Begründung von Wohnungseigentum

1100 Wohnungseigentum kann entweder dadurch begründet werden, dass die Miteigentümer eines Grundstücks die Umwandlung in Wohnungseigentum vertraglich vereinbaren (§ 3 WEG) oder ein Alleineigentümer die Teilung beschließt (§ 8 WEG). In beiden Fällen sind die dadurch entstehenden Wohnungseigentumseinheiten grunderwerbsteuerrechtlich nicht identisch mit dem vorher bestehenden (rechtlich ungeteilten) Grundstück. Dadurch würde eigentlich Grunderwerbsteuer entstehen, da die Wohnungseigentümer dadurch „rechtlich neue“ Grundstücke erwerben.

1101 Der Erwerb durch Miteigentümer (Fälle des § 3 WEG) wird von der Grunderwerbsteuer befreit, da in diesen Fällen § 7 Abs. 1 GrEStG anzuwenden ist.[826] Nach dieser Befreiungsnorm wird für eine flächenmäßige Teilung durch mehrere Miteigentümer die Grunderwerbsteuer nicht erhoben, soweit der Wert des erhaltenen Teilgrundstücks des jeweiligen Erwerbers dem Bruchteil entspricht, zu dem er als Miteigentümer am ungeteilten Grundstück beteiligt war. Die Aufteilung eines Grundstücks ist also im Grundsatz grunderwerbsteuerbar, aber insoweit befreit, als ein Eigentümer wertmäßig nicht mehr erhält als er bisher hatte.

1102 Eine Teilungserklärung durch einen Alleineigentümer (Fälle nach § 8 WEG) führt schon deshalb nicht zur Steuerbarkeit, da es insoweit an einem Rechtsträgerwechsel fehlt.[827]

c) Aufhebung von Wohnungseigentum

1103 Wohnungseigentum kann in bestimmten Fällen rechtlich aufgehoben werden. Dann endet die GdWE und es wandelt sich jedes Sondereigentum in Miteigentum. Damit wird das gesamte Grundstück zu „normalem“ Miteigentum aller bisherigen Wohnungseigentümer i. S. des § 1008 BGB (Bruchteilseigentum am

825 Dazu ausführlich FM Sachsen-Anhalt, Erlass v. 16.7.2025 - 43-S 4521-45, DStR 2025 S. 2087.

826 BFH, Urteil v. 30.7.1980 - II R 19/77, BStBl 1980 II S. 667 XAAAB-02007.

827 BFH, Urteil v. 16.2.1994 - II R 96/90 CAAAB-34713 = BFH/NV 1995 S. 156 Rz. 17.

gesamten Grundstück). Dies ist als Tausch nach § 1 Abs. 1 Nr. 1, Abs. 5 GrEStG zu werten, da der Erwerb des Miteigentums an dem ehemaligen Sondereigentum der anderen bisherigen Wohnungseigentümer zu einem Rechtsträgerwechsel führt.

Die Steuerbefreiung nach § 7 Abs. 1 GrEStG gilt nur für die Begründung von 1104
Wohnungseigentum. Auf die „Gegenrichtung“ (Aufhebung von Wohnungseigentum und Bildung von Miteigentum) kann nach der Rechtsprechung des BFH[828] die Norm nicht angewendet werden. Grund hierfür sei, dass es zu einer abweichenden Zuordnung der Flächen kommt, die bislang im Sondereigentum standen und nun den Miteigentümern gemeinsam gehören. Dagegen besteuert die Finanzverwaltung die Auflösung der GdWE nicht (sofern hierdurch keine Wertverschiebung eintritt), indem sie die Befreiung nach § 5 Abs. 2 GrEStG analog anwendet.[829]

3. Erwerb von Wohnungseigentum durch Kaufvertrag

a) Kaufvertrag über Wohnungseigentum

Der Grunderwerbsteuer unterliegt u. a. ein Kaufvertrag (§§ 433, 311b BGB) oder 1105
ein anderes Rechtsgeschäft, das den Anspruch auf Übereignung eines inländischen Grundstücks begründet (§ 1 Abs. 1 Nr. 1 GrEStG). Die Grunderwerbsteuer wird somit bereits durch den Kaufvertrag über ein inländisches Grundstück ausgelöst. Die nachfolgende tatsächliche Eigentumsübertragung unterliegt dann nicht zusätzlich der Grunderwerbsteuer.

BEISPIEL „KAUFVERTRAG“: Frau F veräußert durch notariellen Kaufvertrag (§§ 433, 311b BGB) ihre Eigentumswohnung an Erwerber E.

Der Kaufvertrag begründet den Anspruch auf Übereignung von Wohnungseigentum als einer Form des inländischen Grundstücks (§ 1 Abs. 1 Nr. 1 GrEStG). Der Kaufvertrag selbst (und nicht erst die daraus resultierende sachenrechtliche Grundstücksübertragung mit Eintrag in das Wohnungsgrundbuch) unterliegt der Grunderwerbsteuer.

Sollte es aus rechtlichen oder tatsächlichen Gründen später nicht zur Eigen- 1106
tumsübertragung kommen und wird der Erwerb rückgängig gemacht, kann unter bestimmten Voraussetzungen nach § 16 GrEStG die Grunderwerbsteuer aufgehoben werden.

Erwerben Ehegatten oder Lebenspartner als Miteigentümer Wohnungseigen- 1107
tum von einem Dritten, ergeben sich zwei Erwerbe. Erwerben z. B. Ehegatten

828 BFH, Urteil v. 31.7.2024 - II R 30/21 OAAAJ-80810 = BFH/NV 2025 S. 219 unter II. 1. b) bb) (3).

829 Gleich lautende Erlasse der obersten Finanzbehörden der Länder v. 5.3.2024, BStBl 2024 II S. 410 Rz. 7.

eine Eigentumswohnung, verwirklicht jeder Ehegatte für den von ihm erworbenen Miteigentumsanteil einen eigenständigen Erwerbsvorgang i.S.des §1 Abs.1 Nr.1 GrEStG. Er schuldet die Grunderwerbsteuer nur dafür, aber nicht auch für den von dem anderen Ehegatten verwirklichten Erwerb. Die Ehegatten sind als Miteigentumserwerber untereinander keine Gesamtschuldner i.S.des §44 Abs.1 AO i.V.mit §13 Nr.1 GrEStG. Die Grunderwerbsteuer wird daher in diesem Fall gegen jeden Ehegatten mit separatem Bescheid im Umfang des von ihm (ggf. in Summe) erworbenen Miteigentumsanteils festgesetzt (soweit der jeweilige Erwerbsvorgang nicht aus anderen Gründen steuerfrei ist).[830]

b) Bemessungsgrundlage der Grunderwerbsteuer

aa) Gegenleistungen für das Wohnungseigentum

1108 Die Grunderwerbsteuer „bemisst sich nach dem Wert der Gegenleistung" (§8 Abs.1 GrEStG). Der Kaufpreis wird ausdrücklich als Gegenleistung in §9 Abs.1 Nr.1 GrEStG erwähnt.

bb) Kaufpreis als Gegenleistung

1109 Die in der Praxis mit Abstand wichtigste Gegenleistung bei einer Grundstücksveräußerung ist der Kaufpreis des Grundstücks. Dieser ergibt sich i.d.R. aus dem notariellen Kaufvertrag.

1110 Der Kaufpreis unterliegt keiner Angemessenheitsprüfung. Selbst ein Grundstückskaufpreis von 1€ kann als Gegenleistung i.S.des §8 Abs.1 GrEStG angesetzt werden, wenn er ernsthaft vereinbart worden ist.[831]

cc) Andere Gegenleistungen

1111 Was sonst noch als Gegenleistung bei einem Grundstückskauf gilt, wird in §9 Abs.1 Nr.1 GrEStG näher beschrieben. Als Gegenleistung gelten danach (neben dem Kaufpreis) die „vom Käufer übernommenen sonstigen Leistungen und der dem Verkäufer vorbehaltenen Nutzungen".[832]

1112 Zu den „übernommenen sonstigen Leistungen" gehören alle weiteren Verpflichtungen des Käufers, die nicht unmittelbar als Kaufpreis für das Grundstück im bürgerlich-rechtlichen Sinne, aber gleichwohl als Entgelt für den Er-

830 LSF Sachsen, Verfügung v.4.7.2025 - 213-S 4535/1/2-2025/36171, UVR 2025 S.298.
831 BFH, Urteil v.12.7.2006 - II R 65/04 JAAAC-16046 = BFH/NV 2006 S.2128.
832 BFH, Urteil v.21.3.2007 - II R 67/05, BStBl 2007 II S.614 VAAAC-45799 unter II.1.

werb des Grundstücks anzusehen sind. Der Erwerb des Grundstücks und die Gegenleistung müssen kausal verknüpft sein. Dabei ist nicht ausschlaggebend, was die Vertragspartner als Gegenleistung für das Grundstück bezeichnen, sondern zu welchen Leistungen sie sich verpflichtet haben.[833] Das sind z.B. Bankschulden des Veräußerers im Zusammenhang mit dem Wohnungseigentum, die nach der vertraglichen Regelung im Notarvertrag vom Käufer übernommen werden. Zeitlich begrenzte[834] Belastungen des Grundstücks, wie ein Wohnrecht (§§ 1090, 1093 BGB) oder ein Nießbrauchrecht (§§ 1030 ff. BGB) für eine Person auf deren Lebenszeit, welche beim Erwerb übernommen werden, gehören ebenfalls zur Gegenleistung und erhöhen damit mit ihrem auf die Lebenserwartung des Berechtigten nach § 14 BewG kapitalisierten Wert die Bemessungsgrundlage der Grunderwerbsteuer nach § 9 Abs. 2 Nr. 2 Satz 1 GrEStG.[835]

Die vom Käufer getragenen Kosten der Beurkundung des Kaufvertrags (§ 448 Abs. 2 BGB) und der Auflassung, der Eintragung ins Grundbuch und der zu der Eintragung erforderlichen Erklärungen rechnen nicht zur Gegenleistung i. S. des § 9 Abs. 1 Nr. 1 GrEStG, denn diese Kosten schuldet der Käufer nicht dem Verkäufer, sondern Dritten (Grundbuchamt, Notar).[836] 1113

Zu den „dem Verkäufer vorbehaltenen Nutzungen“ des Wohnungseigentums i. S. des § 9 Abs. 1 Nr. 1 GrEStG gehören z. B. Mieten für Zeiträume nach dem Besitzübergang von vermietetem Wohnungseigentum, die nach der vertraglichen Vereinbarung noch dem Veräußerer zustehen. 1114

BEISPIEL „VORBEHALTENEN NUTZUNGEN“: Frau F veräußert ein vermietetes Ladenlokal (Teileigentum) an Erwerber E mit vereinbartem Besitzübergang zum 31.3.2025. Da E das Teileigentum selbst nutzen möchte, hatte F bereits vorher dem Mieter gekündigt, so dass der Mietvertrag zum 30.6.2025 endet. Die Miete für den Zeitraum nach dem Besitzübergang (1.4.2025 bis 30.6.2025) steht nach einem Zusatz zum Kaufvertrag noch F zu.

833 BFH, Urteil v. 10.5.2017 - II R 16/14, BStBl 2017 II S. 964 DAAAG-50620 unter II. 1. b).

834 Zur Gegenleistung gehören jedoch nach § 9 Abs. 2 Nr. 2 Satz 2 GrEStG nicht die auf dem Grundstück ruhenden dauernden Lasten, welche am Wohnungseigentum sachen-rechtlich gebunden sind und im Gegensatz zu einem persönlichen Wohn- oder Nießbrauchrecht prinzipiell nie enden (z. B. ein im Wohnungsgrundbuch dinglich eingetragenes Wegerecht zugunsten eines Nachbargrundstücks).

835 Das gilt auch, wenn im Zeitpunkt des Kaufvertrags ein Nießbrauchrecht (vgl. BFH, Urteil v. 22.10.2025 - II R 5/22 JAAAK-09536, juris) oder Wohnrecht (vgl. BFH, Urteil v. 22.10.2025 - II R 32/22 ZAAAK-09535, juris) noch nicht im Grundbuch eingetragen wurde (da es erst kurz vorher oder mit der Veräußerung bestellt wurde).

836 BFH, Urteil v. 17.4.2013 - II R 1/12, BStBl 2013 II S. 637 XXAAE-36625 unter II. 1 a).

Nach § 446 Satz 2 BGB stehen E (Käufer) ab der Übergabe des Wohnungseigentums dessen Nutzungen (z. B. Mieten) zu. Die der Verkäuferin (F) davon abweichend vereinbarte Zuordnung der Mieten stellt eine „vorbehaltene Nutzung" i. S. des § 9 Abs. 1 Nr. 1 GrEStG dar, da sie den Zeitraum nach dem Besitzübergang (31.3.2025) betreffen und somit die Bemessungsgrundlage für die Grunderwerbsteuer erhöhen.

1115 Die Zuordnung bzw. Übernahme der zu zahlenden Grunderwerbsteuer im notariellen Kaufvertrag hat keinen Einfluss auf die Höhe der Bemessungsgrundlage. Die zu entrichtende Grunderwerbsteuer wird der Gegenleistung weder hinzugerechnet noch von ihr abgezogen (§ 9 Abs. 3 GrEStG).

dd) Erhaltungsrücklage

1116 Der vereinbarte Kaufpreis als Bemessungsgrundlage der Grunderwerbsteuer ist nicht um die anteilige Erhaltungsrücklage zu mindern.[837] Wenn die Vertragsparteien im notariellen Kaufvertrag vereinbaren, dass ein konkreter Teil des Kaufpreises für die Übernahme des in der Erhaltungsrücklage angesammelten Guthabens geleistet wird, unterliegt daher gleichwohl der gesamte (ungeminderte) Kaufpreis der Grunderwerbsteuer.[838]

BEISPIEL „ERHALTUNGSRÜCKLAGE": Herr X verkauft an Frau Y eine Eigentumswohnung für einen Gesamtkaufpreis von 310.000 €. Im notariellen Kaufvertrag wird darauf hingewiesen, dass neben dem von den Parteien angesetzten Wert für die Eigentumswohnung von 300.000 € (laut Gutachten) der anteilig auf das veräußerte Wohnungseigentum entfallende Bestand der Erhaltungsrücklage von aktuell 10.000 € den gesamten Kaufpreis um diesen Betrag erhöhe.

LÖSUNG: Bemessungsgrundlage für die Grunderwerbsteuer ist nach der Rechtsprechung des BFH der gesamte Kaufpreis von 310.000 €. Der „mitverkaufte" Anteil an der Erhaltungsrücklage ist nicht abzugsfähig.

ee) Bebautes Grundstück als einheitlicher Erwerbsgegenstand

1117 Ein im Zeitpunkt des Abschlusses eines Grundstückskaufvertrags noch unbebautes Grundstück kann als bebautes Grundstück den Gegenstand des Erwerbs bilden. Demensprechend ist dann eine höhere Gegenleistung (für die Bebauung) zu besteuern. Dies setzt voraus, dass sich entweder der Veräußerer oder ein Dritter (in Abstimmung mit dem Veräußerer) dem Erwerber gegenüber verpflichtet, das Grundstück zu bebauen.[839] Bei mehreren Verträgen (bzw. Vertragspartnern) ergibt sich ein einheitlicher Erwerbsgegenstand, wenn zwi-

837 BFH, Urteil v. 16.9.2020 - II R 49/17, BStBl 2021 II S. 339 NAAAH-69239, für das Streitjahr 2016 zur Instandhaltungsrückstellung als Teil des Verwaltungsvermögens i. S. des § 10 Abs. 7 WEG a. F.

838 Lieber in Behrens/Wachter, GrEStG, 2. Aufl. 2022, § 2 GrEStG Rz. 11.

839 BFH, Urteil v. 27.10.2004 - II R 12/03, BStBl 2005 II S. 220 LAAAB-42567.

schen diesen Verträgen ein so enger Zusammenhang besteht, dass der Erwerber bei objektiver Betrachtung ein bebautes Grundstück erhält.[840]

BEISPIEL „EINHEITLICHER ERWERBSGEGENSTAND": Ein Investor erwirbt ein unbebautes Grundstück und schließt zwei Monate später einen Bauvertrag mit einem vom Verkäufer empfohlenen Bauunternehmen ab, auf dem bisher unbebauten Grundstück Wohnungseigentum in Form eines Gebäudes mit acht Wohnungen zu errichten.

LÖSUNG: Der Erwerb des unbebauten Grundstücks und dem daran anschließenden Bau des Gebäudes (Wohnungseigentum) wird als der Erwerb eines bebauten Erwerbsgegenstands beurteilt. Die Grunderwerbsteuer bemisst sich daher nicht nur nach dem Kaufpreis für den unbebauten Grund und Boden, sondern auch an den damit im Zusammenhang stehenden Baukosten für die Errichtung des Gebäudes.

ff) Aufteilung eines Gesamtkaufpreises

Wenn ein Grundstück zusammen mit anderen Sachen (z. B. Möbeln) erworben wird, die selbst nicht der Grunderwerbsteuer unterliegen, gehört der anteilige Kaufpreis nicht zur Gegenleistung (Bemessungsgrundlage) der Grunderwerbsteuer, da dieser Teil nicht für das Grundstück i. S. des § 2 GrEStG geleistet wird. Sofern im Kaufvertrag angemessene Teilkaufpreise vereinbart wurden, können diese ausgenommen werden.[841] 1118

Bei einem einheitlichen Verkauf mehrerer Sachen zusammen mit dem Wohnungseigentum (z. B. Zubehör zum Grundstück) ist eine Gesamtgegenleistung (§ 9 Abs. 1 Nr. 1 GrEStG) anzunehmen, wenn ein Gesamtpreis vereinbart wurde, aus dem sich kein genauer Einsatzpreis für einzelne verkaufte Sachen ergibt. Die Gesamtgegenleistung ist nach dem Verhältnis zu verteilen, in dem der Wert des Grundstücks (Wohnungseigentum) zum Wert der sonstigen Gegenstände steht. Dabei ist vom gemeinen Wert (§ 9 BewG) des Wohnungseigentums und der sonstigen Gegenstände auszugehen. Das Gesamtentgelt ist dabei mit dem gemeinen Wert des Grundstücks zu multiplizieren und durch die Summe des gemeinen Werts der sonstigen Gegenstände und des gemeinen Werts des Grundstücks zu teilen (Boruttau'sche Formel[842]).[843] 1119

840 BFH, Urteil v. 8.9.2010 - II R 3/10 XAAAD-58184 = BFH/NV 2011 S. 303.

841 BFH, Urteil v. 15.2.1989 - II R 4/86 YAAAB-30851 = BFH/NV 1990 S. 394.

842 Der dazu erforderliche mathematische Dreisatz wird nach Konrad in Behrens/Wachter, 2. Aufl. 2022, § 9 GrEStG Rz. 30, zur „Boruttau'schen Formel" überhöht.

843 BFH, Urteil v. 29.1.1992 - II R 36/89, BStBl 1992 II S. 418 BAAAB-04823.

c) Steuersatz

1120 Auf die Bemessungsgrundlage ist ein Prozentsatz (Steuersatz) anzuwenden, aus dem die konkrete Höhe der Grunderwerbsteuer errechnet wird. Nach § 11 Abs. 1 GrEStG beträgt der Steuersatz grds. 3,5 %. Die Bundesländer können aber den Steuersatz der Grunderwerbsteuer selbst bestimmen (Art. 105 Abs. 2a Satz 2 GG). Damit kann insoweit das Bundesrecht (§ 11 Abs. 1 GrEStG) durch Landesrecht ersetzt werden (Art. 125a Abs. 1 Satz 2 GG). Nur noch in Bayern gilt ein Steuersatz von 3,5 % bei der Grunderwerbsteuer. In allen anderen Bundesländern wurden höhere Steuersätze eingeführt.

1121 Die Steuersätze je Bundesland sind wie folgt (Stand: 31.12.2025):

- Baden-Württemberg: 5,0 %,
- Bayern: 3,5 %,
- Berlin: 6,0 %,
- Brandenburg: 6,5 %,
- Bremen: 5,5 %,
- Hamburg: 5,5 %,
- Hessen: 6,0 %,
- Mecklenburg-Vorpommern: 6,0 %,
- Niedersachsen: 5,0 %,
- Nordrhein-Westfalen: 6,5 %,
- Rheinland-Pfalz: 5,0 %,
- Saarland: 6,5 %,
- Sachsen: 5,5 %,
- Sachsen-Anhalt: 5,0 %,
- Schleswig-Holstein: 6,5 %,
- Thüringen: 5,0 %.

d) Steuerbefreiungen

aa) Erbschaft und Schenkung

1122 Der Erwerb von Wohnungseigentum durch Erbfall oder Schenkung im Sinne des Erbschaftsteuer- und Schenkungsteuergesetzes ist im Grundsatz von der Grunderwerbsteuer befreit (§ 3 Nr. 2 Satz 1 GrEStG). Dies vermeidet eine zweifache Besteuerung desselben Sachverhalts (Rechtsträgerwechsel am Wohnungseigentum).

Schenkungen unter einer Auflage (z. B. Nießbrauch oder Wohnrecht) unterliegen aber der Grunderwerbsteuer, soweit der Wert der Auflage bei der Schenkungsteuer abziehbar ist (§ 3 Nr. 2 Satz 2 GrEStG). Insoweit handelt es sich nicht um eine Schenkung, so dass systemgerecht diese Lücke geschlossen wird, indem der Rechtsträgerwechsel gegen eine Gegenleistung (z. B. Nießbrauch/Wohnrecht) bei der Grunderwerbsteuer besteuert wird. 1123

Wenn bei einer Erbauseinandersetzung Wohnungseigentum auf einen Miterben übertragen wird, unterliegt dies ebenfalls nicht der Grunderwerbsteuer (§ 3 Nr. 3 GrEStG).[844] 1124

bb) Erwerb durch Ehegatten oder Lebenspartner des Veräußerers

Der Erwerb von Wohnungseigentum durch den Ehegatten oder den Lebenspartner des Veräußerers ist nach § 3 Nr. 4 GrEStG befreit. Dies gilt auch für den Grundstückserwerb durch den früheren Ehegatten des Veräußerers im Rahmen der Vermögensauseinandersetzung nach der Scheidung (§ 3 Nr. 5 GrEStG). Der Grundstückserwerb durch den früheren Lebenspartner des Veräußerers im Rahmen der Vermögensauseinandersetzung nach der Aufhebung der Lebenspartnerschaft ist ebenfalls befreit (§ 3 Nr. 5a GrEStG). 1125

cc) Verwandte in gerader Linie

Der Erwerb von Wohnungseigentum ist von der Grunderwerbsteuer befreit, wenn die erwerbende Person mit dem Veräußerer in gerader Linie (z. B. Eltern zu Kindern) verwandt ist (§ 3 Nr. 6 GrEStG). 1126

e) Verfahren zur Festsetzung der Grunderwerbsteuer

aa) Entstehung der Grunderwerbsteuer

Die Grunderwerbsteuer entsteht bereits mit Abschluss des notariellen Kaufvertrags über das Wohnungseigentum. Nicht maßgebend ist dagegen der Eintrag 1127

844 Die Übertragung eines Grundstücks von einer Erbengemeinschaft auf eine Personengesellschaft bei Teilung des Nachlasses ist zu dem Anteil nach § 3 Nr. 3 GrEStG von der Grunderwerbsteuer befreit, zu dem ein Miterbe an der erwerbenden Personengesellschaft beteiligt ist. Die Steuerbefreiung ist aber insoweit nicht zu gewähren, als sich der Anteil des Miterben am Vermögen der Personengesellschaft innerhalb von fünf Jahren nach dem Übergang des Grundstücks auf diese vermindert (BFH, Urteil v. 4.6.2025 - II R 42/21 PAAAK-03050 = BFH/NV 2025 S. 1692).

des Eigentümerwechsels im Wohnungsgrundbuch. Nur wenn der Kaufvertrag ausnahmsweise unter einer aufschiebenden Bedingung[845] steht oder (gerichtlich oder behördlich) genehmigt[846] werden muss, ist der Zeitpunkt des Bedingungseintritts bzw. der Genehmigung maßgebend (§ 14 GrEStG). Die rechtlich „entstandene" Grunderwerbsteuer muss in einem Steuerbescheid gegenüber dem Steuerschuldner „festgesetzt" werden, damit eine konkrete Zahlungsverpflichtung entsteht und durchgesetzt werden kann.

bb) Steuerschuldner

1128 Steuerschuldner der Grunderwerbsteuer bei einem Verkauf von Wohnungseigentum sind „die an einem Erwerbsvorgang als Vertragsteile beteiligten Personen" (§ 13 Nr. 1 GrEStG). Dies sind der Verkäufer und der Käufer. Sie schulden zusammen als Gesamtschuldner die Grunderwerbsteuer. Dies bedeutet, dass die Schuld (die Grunderwerbsteuer) nur einmal an das Finanzamt zu zahlen ist, aber zunächst jeder dessen volle Höhe schuldet und das Finanzamt beide auf den vollen Betrag in Anspruch nehmen kann. Das Finanzamt fordert die Zahlung der Grunderwerbsteuer jedoch i. d. R. von der Person durch einen Grunderwerbsteuerbescheid ein, die nach dem notariellen Kaufvertrag die Grunderwerbsteuer im Innenverhältnis übernimmt.[847] Das ist regelmäßig der Käufer. Nur wenn dazu keine vertragliche Vereinbarung getroffen wird, richtet sich der Grunderwerbsteuerbescheid an den Käufer des Wohnungseigentums. Sollte die Grunderwerbsteuer nicht durch einen Steuerschuldner gezahlt werden (können), wird das Finanzamt den anderen Steuerschuldner (den anderen Vertragspartner) in Anspruch nehmen.

1129 Wenn Eheleute oder eingetragene Lebenspartner gemeinsam Wohnungseigentum erwerben, sind diese zueinander keine Gesamtschuldner. Aus Sicht der Grunderwerbsteuer handelt es sich um zwei „parallele" (separate) Erwerbe. Jeder Ehegatte/Lebenspartner erhält einen eigenen Grunderwerbsteuerbescheid für den jeweils erworbenen Anteil (i. d. R. die Hälfte) an dem Wohnungseigentum und schuldet nur die auf seinen Anteil entfallende Grunderwerbsteuer.

845 Z. B. eine noch zu erteilende Baugenehmigung des Bauamts zur Errichtung von Wohnungseigentum.

846 Z. B. bei einem Kauf/Verkauf durch minderjährige Personen, der danach durch das Vormundschaftsgericht genehmigt wird.

847 BFH, Urteil v. 2.7.2025 - II R 19/22, BStBl 2026 II S. 81 SAAAK-05327 unter II.1.

cc) Festsetzung der Grunderwerbsteuer

Der beurkundende Notar ist verpflichtet, das für die Grunderwerbsteuer zuständige Finanzamt über den Kaufvertrag zu informieren (§ 18 Abs. 1 Satz 1 Nr. 1 GrEStG). Das Finanzamt erhält in dem Zusammenhang auch eine beglaubigte Kopie des Kaufvertrags. Den Erwerber oder Veräußerer trifft im Grundsatz keine Pflicht, den Kaufvertrag dem zuständigen Finanzamt (zusätzlich) anzuzeigen. 1130

Das zuständige Finanzamt (Lagefinanzamt) setzt die Grunderwerbsteuer gegenüber dem Steuerschuldner (i. d. R. dem Erwerber des Wohnungseigentums) durch einen Grunderwerbsteuerbescheid fest. Die Grunderwerbsteuer wird innerhalb von einem Monat nach der Bekanntgabe des Grunderwerbsteuerbescheids fällig (§ 15 Satz 1 GrEStG). 1131

Der Erwerber des Wohnungseigentums darf erst dann als neuer Eigentümer in das Wohnungsgrundbuch eingetragen werden, wenn eine Bescheinigung des zuständigen Finanzamts vorgelegt wird, dass gegen die Eintragung keine steuerlichen Bedenken bestehen (§ 20 Abs. 1 Satz 1 GrEStG). Diese Unbedenklichkeitsbescheinigung hat das Finanzamt insbesondere dann zu erteilen, wenn die Grunderwerbsteuer entrichtet worden ist oder der Erwerb steuerfrei ist (§ 20 Abs. 2 Satz 1 GrEStG). Nach dem Zahlungseingang stellt das Finanzamt diese Bescheinigung aus und sendet sie an den beurkundenden Notar, der sie wiederum an das zuständige Grundbuchamt übersendet. Ohne Zahlung der Grunderwerbsteuer erfolgt keine Eintragung des Wohnungseigentums im Wohnungsgrundbuch. 1132

4. Unentgeltlicher Erwerb von Wohnungseigentum

a) Schenkung von Wohnungseigentum

Ein Rechtsträgerwechsel am Wohnungseigentum ist von der Grunderwerbsteuer befreit, wenn es sich um einen „Grundstückserwerb von Todes wegen“ (Erbfall) oder „Grundstücksschenkungen unter Lebenden“ (Schenkungsfall) im Sinne des Erbschaftsteuer- und Schenkungsteuergesetzes handelt (§ 3 Nr. 2 Satz 1 GrEStG). Diese Steuerbefreiung vermeidet die Doppelbesteuerung des identischen Lebenssachverhalts mit Grunderwerbsteuer sowie Erbschaft- bzw. Schenkungsteuer. Vorrangig ist somit die Erbschaft- bzw. Schenkungsteuer. 1133

b) Übertragung gegen Nießbrauchsvorbehalt

Wenn Wohnungseigentum unentgeltlich auf einen anderen Eigentümer unter Nießbrauchsvorbehalt (§§ 1030 ff. BGB) übertragen wird, handelt es sich zivil- 1134 rechtlich um eine Schenkung unter Auflage. Die Übertragung des Wohnungseigentums ist im Grundsatz von der Grunderwerbsteuer befreit, da es sich um eine „Grundstücksschenkung unter Lebenden" handelt, die unter die Schenkungsteuer fällt (§ 3 Nr. 2 Satz 1 GrEStG). Da jedoch Schenkungsauflagen (wie z. B. ein einzuräumender Nießbrauch) bei der Bemessung der Schenkungsteuer abgezogen werden können, sieht das Grunderwerbsteuergesetz insoweit eine Rückausnahme der Befreiung vor. Diese ist in § 3 Nr. 2 Satz 2 GrEStG geregelt. Danach unterliegen Schenkungen unter Auflage (nur) der Grunderwerbsteuer „hinsichtlich des Werts solcher Auflagen, die bei der Schenkungsteuer abziehbar sind".

1135 Die Bemessungsgrundlage für die Grunderwerbsteuer ermittelt sich nach den allgemeinen Grundsätzen für die Ermittlung des Kapitalwerts eines Nießbrauchs nach den §§ 14, 15 BewG. Im Unterschied zur Schenkungsteuer gilt die Begrenzung des Jahreswerts nach § 16 BewG nicht für die Grunderwerbsteuer (§ 17 Abs. 3 Satz 2 BewG). Der Wert des Nießbrauchs muss nicht bei der Schenkungsteuer und bei der Grunderwerbsteuer nach übereinstimmenden Maßstäben bewertet werden.[848]

1136 Wenn Grundstücke unter Nießbrauchsauflage zwischen nahen Angehörigen geschenkt werden, sind diese gleichwohl insbesondere bei zwei wichtigen Fallgruppen komplett grunderwerbsteuerfrei:

- Grundstückserwerb durch den Ehegatten oder den Lebenspartner des Veräußerers (§ 3 Nr. 4 GrEStG);
- der Erwerb eines Grundstücks durch Personen, die mit dem Veräußerer in gerader Linie verwandt sind (§ 3 Nr. 6 GrEStG).

BEISPIEL „NIEẞBRAUCH BEI GRUNDERWERBSTEUER": Vater V ist 65 Jahre alt, als er seiner Tochter T zum 1.1.2025 eine vermietete Eigentumswohnung in Köln unter Vorbehaltsnießbrauch schenkt. Die jährlichen Mieteinnahmen betragen 12.000 € und die voraussichtlichen Bewirtschaftungskosten betragen ca. 2.000 €.

LÖSUNG: Die Übertragung der Eigentumswohnung ist nach § 1 Abs. 1 Nr. 1 GrEStG im Grundsatz grunderwerbsteuerpflichtig (Rechtsträgerwechsel). Da die Erwerberin (Tochter T) aber in gerader Linie mit Vater V verwandt ist, wird diese Übertragung von der Grunderwerbsteuer nach § 3 Nr. 6 GrEStG ausgenommen.

ABWANDLUNG: V schenkt die Eigentumswohnung seinem Freund F unter Vorbehaltsnießbrauch.

848 BFH, Beschluss v. 9.2.2017 - II B 38/15 PAAAG-40089 = BFH/NV 2017 S. 617.

LÖSUNG ABWANDLUNG: Die Grundstücksübertragung ist nur teilweise nach § 3 Nr. 2 GrEStG steuerfrei. Der Kapitalwert des Nießbrauchs ist die Bemessungsgrundlage für die Grunderwerbsteuer. Dieser berechnet sich wie folgt: Der Jahreswert der Nutzung (§ 15 BewG) ist hier mit 10.000 € als Nettoertrag aus der Vermietung anzunehmen. Der Höchstbetrag nach § 16 BewG ist nicht zu beachten (§ 17 Abs. 3 Satz 2 BewG). Nach der Sterbetafel für Bewertungsstichtage ab dem 1.1.2025 beträgt der hier maßgebende Vervielfältiger für 65-jährige Männer 11,362.[849] Somit beträgt der Kapitalwert des Nießbrauch 10.000 € x 11,362 = 113.620 €. Bei einem Grunderwerbsteuersatz von z. B. 6,5 % – wie in NRW – beträgt die Grunderwerbsteuer 7.385 €.

5. Wohnungseigentum bei Personen- und Kapitalgesellschaften

a) Erwerb von Wohnungseigentum durch eine Personengesellschaft

aa) Übertragung von Alleineigentum auf eine Personengesellschaft

Geht Wohnungseigentum von einem Alleineigentümer auf eine Gesamthand (Personengesellschaft) über, wird keine Grunderwerbsteuer erhoben, soweit der Überträger am Vermögen der empfangenden Gesamthand (Personengesellschaft) beteiligt ist (§ 5 Abs. 2 Satz 1 GrEStG). Bei der Übertragung des Wohnungseigentums handelt es sich zwar um einen Rechtsträgerwechsel. Jedoch wird die Personengesellschaft dafür als transparent behandelt, so dass nur insoweit Grunderwerbsteuer erhoben wird, als wirtschaftlich betrachtet eine andere Person eine Mitberechtigung über die Personengesellschaft am Wohnungseigentum erhält. 1137

BEISPIEL „EINBRINGUNG ALLEINEIGENTUM IN PERSONENGESELLSCHAFT": Frau F ist Eigentümerin einer vermieteten Eigentumswohnung, die sie auf eine vermögensverwaltende GmbH & Co. KG überträgt, an der sie als Kommanditistin vermögensmäßig allein beteiligt ist.

LÖSUNG: Der Übertrag der Eigentumswohnung auf die GmbH & Co. KG ist als Rechtsträgerwechsel zwar grunderwerbsteuerbar. Da jedoch Frau F als bisherige Alleineigentümerin auch vermögensmäßig allein an der Personengesellschaft beteiligt ist, wird nach § 5 Abs. 2 Satz 1 GrEStG dadurch keine Grunderwerbsteuer ausgelöst.

bb) Übertragung von Miteigentum auf eine Personengesellschaft

Die Besteuerungsausnahme (Nichterhebung) für die Übertragung von Wohnungseigentum auf Personengesellschaften gilt nicht nur für Alleineigentum. Wenn Wohnungseigentum von mehreren Miteigentümern auf eine Personen- 1138

849 Anlage zu BMF, Schreiben v. 9.12.2024, BStBl 2024 I S. 1631.

gesellschaft übergeht, wird die Steuer ebenfalls nicht erhoben, soweit der Anteil der einzelnen Beteiligten an der Ziel-Personengesellschaft ihrem Bruchteil am übertragenen Wohnungseigentum entspricht (§ 5 Abs. 1 Satz 1 GrEStG).

BEISPIEL „EINBRINGUNG VON MITEIGENTUM AUF PERSONENGESELLSCHAFT": Frau F und Herr H sind hälftige Miteigentümer einer vermieteten Eigentumswohnung, die sie auf eine vermögensverwaltende GmbH & Co. KG übertragen, an der sie beide zu je 50 % als Kommanditisten vermögensmäßig beteiligt sind.

Der Übertrag der Eigentumswohnung auf die GmbH & Co. KG ist zwar als Rechtsträgerwechsel grunderwerbsteuerbar. Da jedoch Frau F und Herr H in der gleichen Höhe Miteigentümer waren, wie sie nach der Übertragung an der Personengesellschaft beteiligt sind, wird nach § 5 Abs. 1 Satz 1 GrEStG dadurch keine Grunderwerbsteuer erhoben.

1139 Decken sich die „Vorher-Nachher-Quoten" am Wohnungseigentum nicht, ist § 5 GrEStG insoweit nicht anwendbar, so dass für den Überhang Grunderwerbsteuer entsteht.

BEISPIEL „EINBRINGUNG VON MITEIGENTUM AUF PERSONENGESELLSCHAFT": Frau F und Herr H sind hälftige Miteigentümer einer vermieteten Eigentumswohnung, die sie auf eine vermögensverwaltende GmbH & Co. KG für deren Gründung übertragen. An dieser Personengesellschaft sind F und H zu je 33,3 % als Kommanditisten vermögensmäßig beteiligt. Der ebenfalls zu 33,3 % beteiligte Herr X bringt wertentsprechendes Bankguthaben in die Personengesellschaft ein.

Der Übertrag der Eigentumswohnung auf die GmbH & Co. KG ist als Rechtsträgerwechsel grunderwerbsteuerbar. Da Frau F und Herr H i. H. von jeweils 50 % Miteigentümer waren und an der empfangenden Personengesellschaft zu jeweils 33,3 % beteiligt sind, wird die Grunderwerbsteuer nur zu jeweils 16,7 % (insgesamt also zu 33,3 %) erhoben. Dies entspricht rechnerisch dem Anteil, den X vermögensmäßig über die GmbH & Co. KG an dem Wohnungseigentum erhält.

1140 Eine Steuerbefreiung nach § 3 GrEStG ist mit der Besteuerungsausnahme nach § 5 GrEStG kombinierbar.[850] Soweit ein Gesellschafter der übernehmenden Personengesellschaft mit dem Überträger des Wohnungseigentums in gerader Linie verwandt ist und vor der Übertragung nicht am Wohnungseigentum beteiligt war, greift eine grunderwerbsteuerliche Befreiung.

BEISPIEL „EINBRINGUNG IN PERSONENGESELLSCHAFT MIT KOMBINIERTER BEFREIUNG": Frau F ist Eigentümerin einer vermieteten Eigentumswohnung, die sie auf eine vermögensverwaltende GmbH & Co. KG überträgt, an der sie und ihre drei Kinder als Kommanditisten vermögensmäßig jeweils zu 25 % beteiligt sind.

Der Übertrag der Eigentumswohnung auf die GmbH & Co. KG ist als Rechtsträgerwechsel zwar grunderwerbsteuerbar. Da Frau F als bisherige Alleineigentümer zu 25 % vermögensmäßig an der Personengesellschaft beteiligt ist, wird insoweit nach

850 BFH, Beschluss v. 26.2.2003 - II B 202/01, BStBl 2003 II S. 528 JAAAA-89556.

§ 5 Abs. 2 Satz 1 GrEStG keine Grunderwerbsteuer erhoben. Die übrigen 75 %, die wirtschaftlich auf ihre Kinder als Gesellschafter übergehen, sind nicht nach § 5 GrEStG befreit. Die Kinder sind aber in gerader Linie mit Ihrer Mutter verwandt, so dass insoweit jeweils die Steuerbefreiung nach § 3 Nr. 6 GrEStG anzuwenden ist. Im Ergebnis entsteht keine Grunderwerbsteuer.

cc) Anwachsung von Vermögen von einer Personengesellschaft auf den letzten Gesellschafter bei Auflösung

Nach § 1 Abs. 1 Nr. 3 GrEStG unterliegt der Grunderwerbsteuer „der Übergang des Eigentums" an (inländischem) Grundbesitz, wenn „kein den Anspruch auf Übereignung begründendes Rechtsgeschäft vorausgegangen ist und es auch keiner Auflassung bedarf." Dies ist z. B. beim Austritt des vorletzten Gesellschafters einer Personengesellschaft der Fall. Verbleibt nur noch ein Gesellschafter, so erlischt die Personengesellschaft ohne Liquidation und das Gesellschaftsvermögen geht zum Zeitpunkt des Ausscheidens im Wege der Gesamtrechtsnachfolge auf den verbleibenden Gesellschafter über (§ 712a Abs. 1 BGB). 1141

BEISPIEL „ANWACHSUNG VON VERMÖGEN VON EINER PERSONENGESELLSCHAFT": Frau A ist alleinige Kommanditistin der A-GmbH & Co. KG, die über Wohnungseigentum verfügt. Die vermögensmäßig nicht beteiligte Komplementär-GmbH tritt aus der Gesellschaft aus. Das Gesellschaftsvermögen wächst daher Frau A an (§ 712a BGB).

LÖSUNG: Der Übergang des Eigentums kraft Gesetzes unterliegt nach § 1 Abs. 1 Nr. 3 GrEStG der Grunderwerbsteuer.

dd) Nachbehaltensfristen

Die Grunderwerbsteuer wird nachträglich (doch) erhoben, soweit sich der Anteil des Veräußerers des Wohnungseigentums an dem Vermögen der empfangenden Personengesellschaft innerhalb von zehn Jahren nach dem Übergang des Wohnungseigentums vermindert (§ 5 Abs. 3 Satz 1 GrEStG).[851] 1142

Durch die Sperrfrist sollen Steuergestaltungen verhindert werden, bei denen Grundstücke nicht direkt und grunderwerbsteuerpflichtig übertragen, sondern in einem ersten Schritt zunächst steuerneutral in eine Personengesellschaft eingebracht und in einem (späteren) zweiten Schritt in Form der Anteile an der Personengesellschaft unter bestimmten Voraussetzungen steuerbefreit teilweise weitergegeben werden.[852] 1143

851 Diese Frist wurde zum 1.7.2021 von fünf auf zehn Jahre verlängert durch das Gesetz zur Änderung des Grunderwerbsteuergesetzes v. 12.5.2021, BGBl 2021 I S. 986.

852 BT-Drucks. 14/265 S. 204 f.

BEISPIEL „EINBRINGUNG IN PERSONENGESELLSCHAFT MIT KOMBINIERTER BEFREIUNG": Frau F ist Eigentümerin einer vermieteten Eigentumswohnung, die sie zum 1.1.2025 auf eine vermögensverwaltende GmbH & Co. KG überträgt, an der sie als Kommanditistin vermögensmäßig allein beteiligt ist. Zum 30.6.2026 übertragt sie 80 % ihrer Kommanditanteile an Herrn X.

LÖSUNG: Da Frau F als bisherige Alleineigentümerin zu 100 % vermögensmäßig an der Personengesellschaft beteiligt ist, wird die Übertragung zum 1.1.2025 nach § 5 Abs. 2 Satz 1 GrEStG von der Grunderwerbsteuer befreit. Die spätere Übertragung der Kommanditanteile (80 %) zum 30.6.2026 liegt zwar unterhalb der 90%-Grenze i. S. von § 1 Abs. 2a GrEStG, so dass insoweit keine Grunderwerbsteuer ausgelöst wird. Jedoch stellt die Anteilsübertragung ein schädliches Ereignis innerhalb der 10-Jahres-Frist nach § 5 Abs. 3 Satz 1 GrEStG dar. Daher wird die Grunderwerbsteuer aus der Grundstücksüberragung auf die Personengesellschaft rückwirkend zu 80 % nacherhoben. Soweit Frau F weiterhin an der Personengesellschaft beteiligt ist (20 %) besteht die Steuerfreiheit weiter. Insoweit läuft auch die 10-Jahres-Frist weiter.

b) Erwerb von Wohnungseigentum durch eine Kapitalgesellschaft

1144 Wenn eine Kapitalgesellschaft Wohnungseigentum erwirbt, führt der Rechtsträgerwechsel am Grundstück zur Entstehung der Grunderwerbsteuer. Im Gegensatz zur Rechtslage bei Personengesellschaften gibt es für Kapitalgesellschaften keine Steuerbefreiung (vergleichbar mit § 5 GrEStG), wenn der übertragende Wohnungseigentümer Anteilseigner der übernehmenden Kapitalgesellschaft ist.

BEISPIEL „EINBRINGUNG IN KAPITALGESELLSCHAFT": Herr H ist Eigentümer einer vermieteten Eigentumswohnung, die er auf eine GmbH überträgt, an der er als alleiniger Anteilseigner beteiligt ist.

Der Übertrag der Eigentumswohnung auf die GmbH ist als Rechtsträgerwechsel grunderwerbsteuerbar. Eine Besteuerungsausnahme (vergleichbar mit § 5 GrEStG für Übertragungen auf Personengesellschaften) gibt es hier nicht.

c) Wirkung von Gesellschafterwechseln

aa) Übertragung von Anteilen an der Personengesellschaft

1145 Die Übertragung von Anteilen an grundbesitzhaltenden Personengesellschaften führen nicht zum Rechtsträgerwechsel am Grundstück, da die Personengesellschaft die Eigentümerin des Grundstücks bleibt. Der Grundtatbestand der Grunderwerbsteuerpflicht nach § 1 Abs. 1 GrEStG wird somit nicht ausgelöst. Dies könnte steuergestalterisch dazu genutzt werden, Grundbesitz wirtschaftlich betrachtet dadurch grunderwerbsteuerfrei zu übertragen, indem nicht das Grundstück selbst, sondern die Anteile an einer grundbesitzenden Personengesellschaft übertragen werden (Share-Deal statt Asset-Deal). Daher verhindert der zusätzliche Tatbestand nach § 1 Abs. 2a GrEStG diese Möglichkeit für bestimmte Konstellationen. Dieser Ergänzungstatbestand sieht vor, dass die Übereignung eines Grundstücks auf eine neue Personengesellschaft für Zwecke der Grunderwerbsteuer fingiert wird, wenn sich innerhalb von zehn Jahren der Gesellschafterbestand an einer grundbesitzenden Personengesellschaft so ändert, dass mindestens 90 % der Anteile am Gesellschaftsvermögen auf neue Gesellschafter übergehen (§ 1 Abs. 2a Satz 1 GrEStG).[853]

Es sind nicht nur unmittelbare, sondern bei mehrstufigen Beteiligungsverhältnissen auch mittelbare Änderungen im Gesellschafterbestand auf höheren Beteiligungsebenen relevant (§ 1 Abs. 2a Satz 1–5 GrEStG). Dies führt in komplexen Unternehmensstrukturen zu der im Einzelfall oft schwierigen Frage, ob der Tatbestand des § 1 Abs. 2a GrEStG erfüllt ist. 1146

BEISPIEL „ÜBERTRAGUNG VON ALLEN ANTEILEN AN EINER PERSONENGESELLSCHAFT": Herr H ist vermögensmäßig seit dem Jahr 2023 zu 100 % Kommanditist der V-GmbH & Co. KG, die Eigentümerin einer vermieteten Eigentumswohnung ist. Im Jahr 2026 überträgt Herr H alle Kommanditanteile auf Frau F.

Der Übertrag der Kommanditanteile ist mangels Rechtsträgerwechsels am Wohnungseigentum nicht nach § 1 Abs. 1 GrEStG grunderwerbsteuerbar. Da zum Vermögen der V-GmbH & Co. KG ein Grundstück (Eigentumswohnung) gehört und sich innerhalb von zehn Jahren der Gesellschafterbestand (hier: unmittelbar) in der Weise ändert, dass mindestens 90 % (hier: 100 %) der Anteile am Gesellschaftsvermögen auf Frau F als neue Gesellschafterin übergehen, gilt dies als ein auf die Übereignung eines Grundstücks auf eine neue Personengesellschaft gerichtetes Rechtsgeschäft (§ 1 Abs. 2a Satz 1 GrEStG).

Es handelt sich bei § 1 Abs. 2a GrEStG um einen „Bewegungstatbestand" zu Anteilsübertragungen auf einen oder mehrere neue Gesellschafter innerhalb von 10 Jahren und nicht um einen „Vereinigungstatbestand" der Anteile bei einem Gesellschafter von 90 % oder mehr. Die Anteilsvereinigung von mindestens 90 % der Anteile bei einem Erwerber an einer grundbesitzenden Personengesellschaft wird aber ebenfalls erfasst durch § 1 Abs. 3 Nr. 1 GrEStG. 1147

BEISPIEL „ÜBERTRAGUNG VON ANTEILEN AN PERSONENGESELLSCHAFT": Herr H und Frau F sind zu je 50 % Kommanditisten der im Jahr 2023 gegründeten V-GmbH & Co. KG, die Eigentümerin einer vermieteten Eigentumswohnung ist. Im Jahr 2026 überträgt Herr H seine Kommanditanteile auf Frau F, so dass diese 100 % der Kommanditanteile hält.

Der Übertrag der Kommanditanteile ist mangels Rechtsträgerwechsels am Wohnungseigentum nicht nach § 1 Abs. 1 GrEStG grunderwerbsteuerbar. Es ändert sich

853 Zum 1.7.2021 wurde durch das Gesetz zur Änderung des Grunderwerbsteuergesetzes v. 12.5.2021, BGBl 2021 I S. 986, die Frist von fünf auf zehn Jahre verlängert und die Quote von 95 % auf 90 % verringert.

nicht (innerhalb von zehn Jahren) der Gesellschafterbestand zu mindestens 90 %, da Frau F keine „neue" Gesellschafterin ist. Daher ist § 1 Abs. 2a GrEStG nicht erfüllt. Durch die Übertragung der Anteile von Herrn H auf Frau F vereinigen sich aber (hier: unmittelbar) mindestens 90 % der Anteile der V-GmbH & Co. KG in der Hand einer Erwerberin (Frau F). Insoweit kommt es nicht auf einen bestimmten Zeitraum, sondern auf den Zeitpunkt an, in dem die 90%-Quote erreicht (oder überschritten) wird. Die Anteilsübertragung[854] ist daher nach § 1 Abs. 3 Nr. 1 GrEStG grunderwerbsteuerbar.

bb) Übertragung von Anteilen an der Kapitalgesellschaft

1148 Parallel zur Rechtslage bei der Anteilsübertragung bei Personengesellschaften gibt es seit dem 1.7.2021 durch § 1 Abs. 2b GrEStG auch eine Regelung für grundbesitzende Kapitalgesellschaften.[855] Gehört zum Vermögen einer Kapitalgesellschaft ein (inländisches) Grundstück und ändert sich innerhalb von zehn Jahren der Gesellschafterbestand (unmittelbar oder mittelbar) dergestalt, dass mindestens 90 % der Anteile der Gesellschaft auf neue Gesellschafter übergehen, gilt dies als fiktive Übereignung des Grundstücks auf eine neue Kapitalgesellschaft (§ 1 Abs. 2b Satz 1 GrEStG).

BEISPIEL „ÜBERTRAGUNG VON ANTEILEN AN KAPITALGESELLSCHAFT": Herr H bringt eine 100%-Beteiligung an einer Grundstücks-GmbH in eine GmbH & Co. KG ein, an der er ebenfalls zu 100 % vermögensmäßig (als Kommanditist) beteiligt ist.

Der Gesellschafterbestand an der Grundstücks-GmbH ändert sich vollständig und es gehen alle Anteile auf eine (einzige) neue Gesellschafterin (der GmbH & Co. KG) über. Dadurch ist § 1 Abs. 2b GrEStG erfüllt, da die 90%-Quote überschritten wird. Es ist insoweit unbeachtlich, dass an der neuen Gesellschafterin (der GmbH & Co. KG) der Überträger (Herr H) allein beteiligt ist und wirtschaftlich betrachtet kein Dritter begünstigt wird.[856]

cc) Das Signing-Closing-Problem

1149 Wenn zum Vermögen einer Personen- oder Kapitalgesellschaft ein (inländisches) Grundstück gehört, unterliegen auch solche Rechtsgeschäfte der Grund-

854 Genau genommen ist nach § 1 Abs. 3 Nr. 1 GrEStG das Rechtsgeschäft (z. B. der Übertragungsvertrag) selbst steuerbar, welches den Anspruch auf Übertragung der Anteile der Gesellschaft begründet (Verpflichtungsgeschäft) und nicht erst die folgende dingliche (sachenrechtliche) Anteilsübertragung als Erfüllungsgeschäft.

855 Eingeführt durch das Gesetz zur Änderung des Grunderwerbsteuergesetzes v. 12.5.2021, BGBl 2021 I S. 986.

856 Eine Steuerfreiheit nach § 6a GrEStG greift hier wohl nicht ein, obwohl Herr H als „herrschendes Unternehmen" und die GmbH & Co. KG als „abhängiges Unternehmen" angesehen werden kann, wenn die Vorbehaltensfrist von fünf Jahren nach § 6a Satz 4 GrEStG nicht eingehalten wird. Wenn die GmbH & Co. KG zwar taggleich, aber nicht durch die Umwandlung selbst entstanden ist, hat das FG Nürnberg im Urteil v. 25.4.2024 - 4 K 990/22 SAAAJ-77366 (BFH-Rev.: II R 13/24) in einem vergleichbaren Fall die Anwendung von § 6a GrEStG abgelehnt.

erwerbsteuer, die den Anspruch auf Übertragung von Anteilen der Gesellschaft begründen, wenn dadurch mindestens 90 % der Anteile der Gesellschaft in der Hand des Erwerbers vereinigt werden (§ 1 Abs. 3 Nr. 1 GrEStG) oder bereits zu 90 % vereinigte Anteile auf einen Erwerber übertragen werden (§ 1 Abs. 1 Nr. 3 GrEStG). Vorrangig ist aber die Besteuerung nach § 1 Abs. 2a GrEStG (für Personengesellschaften) und § 1 Abs. 2b GrEStG (für Kapitalgesellschaften) anzuwenden, die § 1 Abs. 3 GrEStG jeweils verdrängen. Dies ergibt sich aus dem Wortlaut des § 1 Abs. 3 GrEStG. Danach wird nur dann nach § 1 Abs. 3 GrEStG besteuert, „soweit eine Besteuerung nach [... § 1 Abs. ...] 2a und 2b [GrEStG] nicht in Betracht kommt". Hierbei ergibt sich aber das Problem, dass die Besteuerung nach § 1 Abs. 3 GrEStG an den Abschluss des Übertragungsvertrags (Signing) und die Tatbestände nach § 1 Abs. 2a und 2b GrEStG an die Anteilsübertragung als Erfüllungsgeschäft (Closing) tatbestandlich anknüpfen. Sofern die Anteile taggleich mit dem Vertragsschluss übertragen werden, ergibt sich kein Konflikt. Da der Zeitpunkt der Anteilsübertragung (Closing) aber oftmals zeitlich erst nach dem Vertragsschluss (Signing) liegt (z. B. infolge einer aufschiebenden Bedingung), entstehen für einen einheitlichen Sachverhalt (Anteilsveräußerung) zwei separate Besteuerungszeitpunkte. Für diese Situation vertritt die Finanzverwaltung die Auffassung, dass zunächst mit dem Signing der Tatbestand des § 1 Abs. 3 GrEStG und beim späteren Closing zusätzlich der Tatbestand nach § 1 Abs. 2a GrEStG (Personengesellschaften) bzw. § 1 Abs. 2b GrEStG (Kapitalgesellschaften) realisiert wird. Die Zeitpunkte liegen gewissermaßen „umgekehrt" zu der vom Gesetz vorgesehenen Rangfolge. Dadurch würde eine Anteilsübertragung aus demselben Vertrag zweimal Grunderwerbsteuer auslösen („Einmal zweimal besteuern"). Die Finanzverwaltung sieht darin keine Doppelbesteuerung, sondern interpretiert dies als jeweilige Einmalbesteuerung von zwei getrennten Besteuerungstatbeständen („Zweimal einmal besteuern").

Wenn das Signing und das Closing somit auf denselben Tag fallen, ergibt sich 1150
kein Problem einer Doppelbesteuerung. Dann ist § 1 Abs. 2a oder 2b GrEStG vorrangig anzuwenden. Wenn es sich dabei aber um verschiedene Zeitpunkte handelt, wird die Finanzverwaltung zunächst auf Grundlage des § 1 Abs. 3 GrEStG Grunderwerbsteuer festsetzen, wenn bis zu einem Jahr nach dem Signing eine Verwirklichung des Tatbestands nach § 1 Abs. 2a oder 2b GrEStG (Closing) nicht zu erwarten ist.[857] Für den späteren Zeitpunkt des Übergangs der Anteile (Closing) wird dann die Grunderwerbsteuer zusätzlich nach § 1

857 Gleich lautende Erlasse der obersten Finanzbehörden der Länder v. 5.3.2024, BStBl 2024 I S. 383 Rz. 32.

Abs. 2a bzw. 2b GrEStG festgesetzt. Die Festsetzung nach § 1 Abs. 3 GrEStG (auf den Zeitpunkt des Signing) wird aber dann auf Antrag nach § 16 Abs. 4a GrEStG[858] aufgehoben. Dies gilt unter Berücksichtigung des § 16 Abs. 5 Satz 2 GrEStG jedoch nur, wenn die Erwerbsvorgänge fristgerecht und in allen Teilen vollständig angezeigt wurden.[859]

1151 Unstrittig ist zwar, dass die auf Grundlage eines Übertragungsvertrags (nachfolgende) Anteilsübertragung nach § 1 Abs. 2a bzw. 2b GrEStG der Grunderwerbsteuer unterliegt bzw. unterliegen soll. Es wird aber vom BFH[860] bezweifelt, ob die Auffassung der Finanzverwaltung zutreffend ist, dass eine zusätzliche Grunderwerbsteuer (ggf. nur vorübergehend) nach § 1 Abs. 3 GrEStG entsteht. Um die Signing-Closing-Problematik zu entschärfen oder bestenfalls ganz abzuschaffen, ist die Einführung von § 1 Abs. 3b GrEStG (Gesetzesentwurf)[861] geplant, der den bisherigen gesetzlichen Besteuerungsvorrang umdreht. Sollte diese Gesetzesänderung wie geplant im Juni 2026 (voraussichtlich mit Wirkung ab dem 1.9.2026)[862] umgesetzt werden, entsteht künftig die Grunderwerbsteuer bei einem „Share-Deal" über Anteile an einer grundbesitzenden Kapital- oder Personengesellschaft regelmäßig bereits abschließend mit dem Abschluss des schuldrechtlichen Rechtsgeschäfts (Signing) nach § 1 Abs. 3 GrEStG. Der für den Zeitpunkt des Closings prinzipiell anzuwendende § 1 Abs. 2a und Abs. 2b GrEStG ist nur insoweit und damit nachrangig anzuwenden, soweit ausnahmsweise nicht durch den vorrangigen § 1 Abs. 3 GrEStG besteuert wurde. Dies kann z. B. in den Fällen relevant sein, in denen ein Grundstück im Zeitraum zwischen Signing und Closing durch die Grundstücksgesellschaft hinzuerworben wurde.

858 Eingeführt durch das Jahressteuergesetz 2022 v. 16.12.2022, BStBl 2023 I S. 7.

859 Gleich lautende Erlasse der obersten Finanzbehörden der Länder v. 5.3.2024, BStBl 2024 I S. 383 Rz. 33.

860 BFH, Beschluss v. 27.10.2025 - II B 47/25 (AdV) OAAAK-03889 = BB 2025 S. 2709; BFH, Beschluss v. 16.9.2025 - II B 23/25 (AdV) RAAAK-02209 = DStR 2025 S. 2367; BFH, Beschluss v. 9.7.2025 - II B 13/25 (AdV) NAAAJ-96566 = BFH/NV 2025 S. 1388.

861 Gesetzentwurf der Bundesregierung v. 12.3.2026, BT-Drucks. 21/4550, eines Neunten Gesetzes zur Änderung des Steuerberatungsgesetzes und zur Änderung weiterer steuerrechtlicher Vorschriften.

862 Vgl. Wagner/Behrens/Krohn, DB 2026 S. 482, die auch Beispiele zur Auswirkung der geplanten Gesetzesänderung diskutieren.

d) Umwandlungen von Gesellschaften mit Wohnungseigentum

aa) Einbringung in Personen- oder Kapitalgesellschaften

1152 Wenn Betriebe mit Wohnungseigentum in eine Personen- oder Kapitalgesellschaft eingebracht werden, unterliegt der Rechtsträgerwechsel am Wohnungseigentum der Grunderwerbsteuer. Bei einer Einbringung durch Einzelrechtsnachfolge im Rahmen einer Sachgründung oder Sachkapitalerhöhung ergibt sich der Besteuerungstatbestand aus § 1 Abs. 1 Nr. 1 Alt. 2 GrEStG, da der Einbringungsvertrag ein „anderes Rechtsgeschäft“ (als ein Kaufvertrag) ist, das „den Anspruch auf Übereignung“ des Wohnungseigentums begründet.

BEISPIEL „EINBRINGUNG IN KAPITALGESELLSCHAFT“: Herr H bringt seinen Schreinerei-Einzelbetrieb (einschließlich dem Betriebsgrundstück) in eine neu gegründete Schreinerei-GmbH ein. Die Übertragung des Vermögens erfüllt die Verpflichtung aus dem Einbringungsvertrag auf Grundlage der Sacheinlagevorschriften des GmbHG.

Die Grundstücksübertragung auf die Schreinerei-GmbH ist nach § 1 Abs. 1 Nr. 1 Alt. 2 GrEStG grunderwerbsteuerbar.

bb) Verschmelzung und Spaltung von Gesellschaften

1153 Personenhandelsgesellschaften und Kapitalgesellschaften können nach §§ 2 ff. UmwG auf andere Rechtsträger verschmolzen werden. Wenn das Gesellschaftsvermögen auch aus Grundstücken (Wohnungseigentum) besteht, geht das Eigentum durch Gesamtrechtsnachfolge auf die Zielgesellschaft über. Auch dieser Rechtsträgerwechsel wird durch das Grunderwerbsteuergesetz besteuert. Nach § 1 Abs. 1 Nr. 3 GrEStG wird der Übergang des Eigentums am Grundstück besteuert, wenn „kein den Anspruch auf Übereignung begründendes Rechtsgeschäft vorausgegangen ist und es auch keiner Auflassung bedarf“. Ein Verschmelzungsvertrag ist zwar ein Rechtsgeschäft. Jedoch begründet dieser Vertrag keinen „Anspruch auf Übereignung“ des Vermögens, da dieses automatisch durch die Gesamtrechtsnachfolge mit Handelsregistereintrag (also ohne Übereignung) übergeht.

1154 Dies trifft auf die Verschmelzung von Gesellschaften nach dem UmwG zu, da das Grundstück nicht aufgrund der Verpflichtung aus dem Verschmelzungsvertrag durch einen separaten Rechtsakt noch übertragen werden muss, sondern das Eigentum durch den Eintrag der Verschmelzung in das Handelsregister automatisch übergeht (Gesamtrechtsnachfolge).

BEISPIEL „VERSCHMELZUNG VON KAPITALGESELLSCHAFTEN": Die T-GmbH ist Eigentümerin von Wohnungseigentum und wird auf die S-GmbH nach §§ 2 ff. UmwStG verschmolzen.

Die T-GmbH geht mit dem Handelsregistereintrag der Verschmelzung unter und überträgt ihr Vermögen (auch das Wohnungseigentum) automatisch durch Gesamtrechtsnachfolge auf die S-GmbH. Der Rechtsträgerwechsel am Wohnungseigentum unterliegt nach § 1 Abs. 1 Nr. 3 GrEStG der Grunderwerbsteuer.

1155 Vermögensteile von Personenhandelsgesellschaften und Kapitalgesellschaften können nach §§ 123 ff. UmwG auf andere Rechtsträger durch Spaltung übertragen werden. Wenn das dadurch übertragene Gesellschaftsvermögen auch aus Grundstücken (Wohnungseigentum) besteht, geht das Eigentum ebenfalls durch Gesamtrechtsnachfolge über. Auch dies unterliegt nach § 1 Abs. 1 Nr. 3 GrEStG der Grunderwerbsteuer.

cc) Formwechsel einer Gesellschaft

1156 Gesellschaften können nach den §§ 190 ff. UmwG identitätswahrend ihre Rechtsform wechseln. Dadurch wird kein Vermögen übertragen und es findet kein Rechtsträgerwechsel statt. Demensprechend wird der Formwechsel nicht als Besteuerungstatbestand in § 1 GrEStG normiert.

BEISPIEL „FORMWECHSEL IN PERSONENGESELLSCHAFT": Die A-GmbH ist Eigentümerin von Wohnungseigentum und wird nach § 190 UmwG in die A-OHG formgewechselt.

LÖSUNG: Der Formwechsel unterliegt nicht der Grunderwerbsteuer.

1157 Ein Formwechsel kann aber dann grunderwerbsteuerliche Konsequenzen haben, wenn dadurch eine Missbrauchsklausel verletzt wird, so dass rückwirkend eine Transaktion aus der Vergangenheit nachträglich grunderwerbsteuerpflichtig wird.

BEISPIEL „FORMWECHSEL ALS SPERRFRISTVERSTOSS": Am Vermögen der grundbesitzenden AB-OHG sind Frau A und Herr B zu jeweils 50 % beteiligt. Frau A überträgt im Jahr 2023 Wohnungseigentum auf die AB-OHG. Im Jahr 2026 wird die AB-OHG in die AB-GmbH formwechselnd umgewandelt.

LÖSUNG: Der Formwechsel selbst unterliegt zwar mangels Rechtsträgerwechsels nicht der Grunderwerbsteuer. Für die nach § 1 Abs. 1 Nr. 1 GrEStG steuerbare Grundstücksübertragung im Jahr 2023 wurde nach § 5 Abs. 2 GrEStG die Grunderwerbsteuer i. H. von 50 % (Quote des bisherigen Alleineigentums von Frau A) nicht erhoben. Durch die formwechselnde Umwandlung im Jahr 2026 geht aber die Beteiligung am Vermögen der Gesamthand verloren, da es sich nunmehr um eine Kapitalgesellschaft handelt. Die Steuervergünstigung ist daher rückwirkend nach § 5 Abs. 3 Satz 1 GrEStG zu versagen und die Festsetzung der Grunderwerbsteuer zu ändern.[863]

863 Vgl. dazu das Beispiel in den Gleich lautenden Erlassen der obersten Finanzbehörden der Länder v. 5. 3. 2024, BStBl 2024 I S. 410 unter Rz. 51 f.

e) Steuerbefreiung nach § 6a GrEStG bei Umstrukturierungen im Konzern

Wenn Wohnungseigentum durch die Umwandlung von Unternehmen einem anderen Rechtsträger zuzuordnen ist (z. B. durch die Verschmelzung einer Gesellschaft), entsteht im Grundsatz Grunderwerbsteuer auf diese Grundstückstransaktion. Unternehmen sollen nach Ansicht des Gesetzgebers[864] aber durch Umstrukturierungen flexibel auf Veränderungen der Marktverhältnisse reagieren können, ohne dass dadurch in jedem Fall Grunderwerbsteuer entsteht. Dies gilt gerade dann, wenn es sich um eine konzerninterne Umstrukturierung handelt, bei der kein Grundbesitz an außenstehende Unternehmen übertragen wird. Um dies zu erreichen, werden Grundstücksübergänge im Rahmen von Umstrukturierungen bei bestimmten Umwandlungen, Einbringungen und Änderungen des Gesellschafterbestands von Gesellschaften nach § 6a GrEStG von der Besteuerung ausgenommen, sofern einige Voraussetzungen erfüllt sind. 1158

Zunächst kommt es auf den „richtigen" Tatbestand des steuerbaren Erwerbs an. Es muss sich nach § 6a Satz 1 GrEStG um „einen nach § 1 Abs. 1 Nr. 3 Satz 1, Abs. 2–3 oder Abs. 3a [GrEStG] steuerbaren Rechtsvorgang" handeln. Damit ist der konzerninterne Verkauf von Wohnungseigentum nicht begünstigt, da sich dessen Tatbestand nach § 1 Abs. 1 Nr. 1 GrEStG richtet. Umwandlungsbedingte Grundstücksübertragungen sind dagegen weitgehend erfasst. Zusätzlich fordert § 6a Satz 1 GrEStG aber auch, dass der grunderwerbsteuerrechtliche Tatbestand „auf Grund einer Umwandlung im Sinne des § 1 Absatz 1 Nummer 1 bis 3 des Umwandlungsgesetzes, einer Einbringung oder eines anderen Erwerbsvorgangs auf gesellschaftsvertraglicher Grundlage" beruht. Dies deckt insbesondere Verschmelzungen und Spaltungen nach dem Umwandlungsgesetz ab. 1159

Zusätzlich ist eine längerfristige Verbindung der umgewandelten Gesellschaften zu einer Obergesellschaft erforderlich. Die grundstückshaltenden Gesellschaften werden als „abhängige Gesellschaften" bezeichnet, an denen ein „herrschendes Unternehmen" innerhalb von fünf Jahren vor dem Rechtsvorgang (Umstrukturierung) und fünf Jahren nach dem Rechtsvorgang (Umstrukturierung) unmittelbar oder mittelbar zu mindestens 95 % ununterbrochen beteiligt sein muss (§ 6a Satz 3, 4 GrEStG). Es gibt somit eine fünfjährige Vorbehaltensfrist als auch eine fünfjährige Nachbehaltensfrist an den beteiligten Gesellschaften durch einen gemeinsamen Obergesellschafter (herrschendes Unternehmen). 1160

864 BT-Drucks. 17/147 S. 10.

1161 Nur wenn und soweit durch die Umwandlung selbst die Vorbehaltens- oder Nachbehaltensfrist nicht eingehalten werden kann (weil z. B. ein Rechtsträger durch eine Verschmelzung untergeht), ist diese für die Verschonung nach § 6a GrEStG unschädlich.

1162 Auch die Ausgliederung eines Einzelunternehmens (mit Wohnungseigentum) auf eine zu diesem Zweck neu gegründete Kapitalgesellschaft kann nach § 6a GrEStG steuerbegünstigt sein.[865]

1163 Bei der Ausgliederung zur *Aufnahme* durch Übertragung eines Vermögensteils (mit Wohnungseigentum) auf einen bestehenden (übernehmenden) Rechtsträger nach § 123 Abs. 3 Nr. 1 UmwG (Spaltung) muss die fünfjährige Vorbehaltensfrist i. S. des § 6a Satz 4 GrEStG eingehalten werden.[866] Anders als bei der Ausgliederung zur *Neugründung* entsteht die ausgegliederte Gesellschaft nicht durch die Umwandlung neu, sondern bestand bereits vor der Umwandlung. Die Einhaltung der fünfjährigen Vorbehaltensfrist wäre daher faktisch möglich gewesen.[867]

BEISPIEL „SEITWÄRTSVERSCHMELZUNG“: Die M-AG ist sowohl an der T-GmbH als auch an der S-GmbH seit dem Jahr 2018 zu 100 % beteiligt. Im Eigentum der T-GmbH befindet sich Wohnungseigentum, als diese im Jahr 2026 auf die S-GmbH nach §§ 2 ff. UmwG verschmolzen wird.

Die T-GmbH geht mit dem Handelsregistereintrag der Verschmelzung unter und überträgt ihr Vermögen (auch das Wohnungseigentum) automatisch durch Gesamtrechtsnachfolge auf die S-GmbH. Der Rechtsträgerwechsel am Wohnungseigentum unterliegt zwar nach § 1 Abs. 1 Nr. 3 GrEStG der Grunderwerbsteuer. Da die M-AG aber innerhalb von fünf Jahren vor der Verschmelzung unmittelbar zu mindestens 95 % (hier: 100 %) ununterbrochen an der T-GmbH (verschmelzende Gesellschaft) und der S-GmbH (aufnehmende Gesellschaft) beteiligt ist (§ 6a Satz 3, 4 GrEStG), wird die Grunderwerbsteuer nicht erhoben (§ 6a Satz 1 GrEStG). Wichtig ist die fünfjährige Nachbehaltensfrist. Sollte die M-GmbH innerhalb von fünf Jahren nach der Verschmelzung die Anteile an der S-GmbH z. B. veräußern, entsteht rückwirkend Grunderwerbsteuer.

1164 Der nach § 1 Abs. 2a GrEStG steuerbare Wechsel im Gesellschafterbestand einer grundbesitzenden Personengesellschaft aufgrund einer Einbringung der Anteile an dieser Gesellschaft in eine Vorrats-GmbH kann nach § 6a GrEStG von der Grunderwerbsteuer befreit sein. Voraussetzung ist (nach § 6a Satz 3, 4 GrEStG), dass der Einbringende im Zeitpunkt der Einbringung mehr als fünf

865 BFH, Urteil v. 25.9.2024 - II R 2/22, BStBl 2025 II S. 253 LAAAJ-85733.

866 BFH, Urteil v. 21.5.2025 - II R 31/22 SAAAK-03049 = DB 2025 S. 2823.

867 BFH, Beschluss v. 3.5.2023 - II B 27/22 NAAAJ-67934 = BFH/NV 2024 S. 920; Gleich lautende Erlasse der obersten Finanzbehörden der Länder v. 25.5.2023, BStBl 2023 I S. 995 unter Tz. 3.2.2.1.

Jahre zu mehr als 95% an der Vorrats-GmbH beteiligt war. Auf die Einhaltung der Vorbehaltensfrist kann in diesem Fall nicht verzichtet werden.[868]

6. Überblick zu wichtigen Besteuerungstatbeständen

1165

Sachverhalt	Gesetzesnorm	Inhalt	Steuerschuldner
Kaufvertrag über Wohnungseigentum	§ 1 Abs. 1 Nr. 1 GrEStG	Vertrag über Wechsel des Rechtsträgers am Wohnungseigentum	Veräußerer und Erwerber als Gesamtschuldner (§ 13 Nr. 1 GrEStG)
Anwachsung von Personengesellschaft mit Wohnungseigentum	§ 1 Abs. 1 Nr. 3 GrEStG	Eigentumsübergang nach § 712a BGB durch Gesamtrechtsnachfolge auf den letzten Gesellschafter (d. h. ohne Anspruch auf Übereignung aus einem Rechtsgeschäft)	Erwerber (§ 13 Nr. 2 GrEStG)
Verschmelzung von Gesellschaft mit Wohnungseigentum	§ 1 Abs. 1 Nr. 3 GrEStG	Eigentumsübergang nach § 2 ff. UmwG auf anderen Rechtsträger durch Gesamtrechtsnachfolge (d. h. ohne Anspruch auf Übereignung aus einem Rechtsgeschäft)	Erwerber (§ 13 Nr. 2 GrEStG)
Gesellschafterwechsel bei Personengesellschaft mit Wohnungseigentum	§ 1 Abs. 2a GrEStG	Voraussetzung: Innerhalb von 10 Jahren mindestens 90% auf neue Gesellschafter. Folge: fiktive Grundstücksübertragung auf eine neue Personengesellschaft. § 1 Abs. 2a GrEStG geht § 1 Abs. 3 GrEStG vor.	Personengesellschaft (§ 13 Nr. 6 GrEStG)

868 BFH, Urteil v. 25.9.2024 - II R 46/22, BStBl 2025 II S. 329.

Sachverhalt	Gesetzesnorm	Inhalt	Steuerschuldner
Gesellschafterwechsel bei Kapitalgesellschaft mit Wohnungseigentum	§ 1 Abs. 2b GrEStG	Voraussetzung: Innerhalb von 10 Jahren mindestens 90 % auf neue Gesellschafter. Folge: fiktive Grundstücksübertragung auf eine neue Kapitalgesellschaft. § 1 Abs. 2b GrEStG geht § 1 Abs. 3 GrEStG vor.	Kapitalgesellschaft (§ 13 Nr. 7 GrEStG)
Anteilsvereinigung bei Personen- und Kapitalgesellschaften mit Wohnungseigentum	§ 1 Abs. 3 GrEStG	Voraussetzung: Vereinigung von mind. 90 % aller Anteile bei einem Gesellschafter. Folge: fiktive Grundstücksübertragung auf den Gesellschafter. § 1 Abs. 2a und 2b GrEStG gehen aber § 1 Abs. 3 GrEStG vor.	Erwerber (§ 13 Nr. 5 GrEStG)

XV. Grundsteuer bei Wohnungseigentum

1. Grundsätze zur Festsetzung der Grundsteuer

a) Grundlagen zum Grundsteuergesetz

Die Grundsteuer ist eine „Objektsteuer", welche das Grundstück als solches besteuert. Der Eigentümer ist lediglich der Steuerschuldner. Steuerobjekt der Grundsteuer ist daher der Grundbesitz, an den ohne Berücksichtigung der jeweils persönlichen Verhältnisse und Leistungsfähigkeit des Eigentümers (Steuerschuldners) und damit nur an dessen Wert angeknüpft wird (Sollertragsteuer).[869] Die mit dem Grundbesitz vermittelte Möglichkeit einer ertragsbringenden Nutzung (z. B. durch Vermietung) oder Eigennutzung (z. B. zu Wohnzwecken, so dass keine Miete gezahlt werden muss) begründet eine objektive Leistungsfähigkeit des Eigentümers.[870] 1166

Die aktuelle Rechtslage zur Grundsteuer geht auf einen Beschluss des BVerfG zurück.[871] Danach waren die bisher für die Grundsteuer anzusetzenden Einheitswerte verfassungswidrig und der Gesetzgeber musste die Grundstücksbewertung gesetzlich neu regeln. Durch das Grundsteuer-Reformgesetz v. 26.11.2019,[872] wurden §§ 218–266 BewG n. F. geschaffen, welche eine komplette Neubewertung aller Grundstücke auf den 1.1.2022 vorsehen. Erstmals anzuwenden sind diese Grundbesitzwerte für die Grundsteuer ab dem 1.1.2025. Viele Bundesländer sind von diesem „Bundesmodell" aber abgewichen und wenden eigene Landesgesetze an. 1167

Die Finanzverwaltung hat „Koordinierte Erlasse der obersten Finanzbehörden der Länder" v. 30.4.2025 zur Anwendung der Grundsteuer (AEGrStG 2025)[873] und zur Anwendung der Grundbesitzbewertung (AEBewGrSt 2025[874]) erlassen. 1168

b) Verfahrensrecht zur Grundsteuer

Das Verfahren zur Festsetzung der Grundsteuer ist in mehrere Stufen unterteilt: 1169

869 BT-Drucks. 19/11085 S. 84.

870 BFH, Urteil v. 12.11.2025 - II R 3/25 HAAAK-08689 = BB 2026 S. 347 unter B. II. 2. d) aa) (1).

871 BVerfG, Urteil v. 10.4.2018 - 1 BvL 11/14, BGBl 2018 I S. 531 MAAAG-80435.

872 Grundsteuer-Reformgesetz v. 26.11.2019, BGBl 2019 I S. 1794.

873 Koordinierte Erlasse der obersten Finanzbehörden der Länder v. 30.4.2025 (AEGrStG 2025), BStBl 2025 I S. 1296.

874 Koordinierte Erlasse der obersten Finanzbehörden der Länder v. 30.4.2025 (AEBewGrSt 2025), BStBl 2025 I S. 1226.

1. Auf Grundlage einer durch den Wohnungseigentümer einzureichenden Grundsteuererklärung berechnet das zuständige Finanzamt (Lagefinanzamt) einen „Grundsteuerwert“.
2. Das Finanzamt setzt den Grundsteuerwert durch einen Grundsteuerwertbescheid gegenüber dem Wohnungseigentümer fest.
3. Eine Steuermesszahl wird mit dem Grundsteuerwert multipliziert und daraus ein „Grundsteuermessbetrag“ berechnet, den das Finanzamt durch einen Grundsteuermessbescheid festsetzt.
4. Die Stadt bzw. Gemeinde, in der das Wohneigentum liegt, setzt dann ausgehend von dem für die jeweilige Kommune bzw. das konkrete Grundstück anzuwendenden Hebesatz die Grundsteuer durch einen Grundsteuerbescheid fest, aus dem die konkrete Zahlungspflicht der Grundsteuer resultiert.

BEISPIEL „VERFAHREN ZUR GRUNDSTEUER“: Herr H ist Wohnungseigentümer einer Eigentumswohnung in Aachen. Der Grundsteuerwert auf den 1.1.2022 beträgt 156.500 €. Der Hebesatz der Lagegemeinde beträgt 637 %.

Der Steuermessbetrag beträgt 156.500 € (Grundsteuerwert) x 0,031 % (Steuermesszahl) = 45,52 €. Die jährliche Grundsteuer beträgt 45,52 € (Steuermessbetrag) x 637 % (Hebesatz der Gemeinde) = 309,07 €.

1170 Die Feststellung des Grundsteuerwerts bindet auch den Rechtsnachfolger (z. B. Erwerber) des Wohnungseigentums (dingliche Wirkung). Die Wertfeststellung kann im Grundsatz nur bei einem geänderten Sachverhalt (z. B. einem Umbau) überprüft und ggf. nach § 222 Abs. 3 BewG geändert werden (Wertfortschreibung).

1171 Nach einer Veräußerung des Wohnungseigentums wird durch eine Zurechnungsfortschreibung (§ 222 Abs. 2 BewG) der (weiterbestehende) Grundsteuerwert einer anderen Person (dem neuen Wohnungseigentümer) zugerechnet.[875]

1172 Gegen die Feststellung der Höhe des Grundsteuerwerts durch die Bekanntgabe des Bescheids über den Grundsteuerwert kann innerhalb eines Monats Einspruch (§ 347 ff. AO) eingelegt werden. Durch eine inhaltliche Begründung wird dann der Bescheid geändert, sofern das Finanzamt dem folgt. Nach der Bestandkraft des Bescheids ist eine Änderung nicht mehr ohne Weiteres mög-

875 Sofern das Wohnungseigentum zwischen dem 2.1.2022 und dem 31.12.2024 veräußert wird, hat der festgestellte Grundsteuerwert für den Voreigentümer keine Relevanz für seine Grundsteuerfestsetzung, da für ihn noch die Einheitswertfeststellung maßgebend ist. Der Rechtsnachfolger wird aber durch einen (bestandskräftigen) Grundsteuerwert gebunden. Der Rechtsvorgänger darf daher nach Auffassung des FG Münster, Urteil v. 18.6.2025 - 3 K 6/25 F VAAAJ-97758 (juris) gegen den Grundsteuerwert Einspruch einlegen.

lich. Damit eine wertmäßig fehlerhafte Feststellung aber nicht „ewig" als Grundlagenbescheid dienen muss, kann der Grundsteuerwert auf einen späteren Zeitpunkt nach § 222 Abs. 1 BewG neu (zutreffend) festgestellt werden, wenn der zutreffende Wert von dem Wert des letzten Feststellungszeitpunkts nach oben oder unten um mehr als 15.000 € abweicht (fehlerbeseitigende Wertfortschreibung).

2. Bundesmodell und Landesmodelle für die Bewertung

a) Bundesmodell in elf Bundesländern

Im Grundsatz gibt es im Bewertungsgesetz für die Grundstücksbewertung besondere Regelungen in den §§ 218 ff. BewG für Zwecke der Grundsteuer. Ausgehend von bestimmten Faktoren (insbesondere Grundstückslage und -fläche, Bodenrichtwert, Gebäudeart, Nutz- oder Wohnfläche und Baujahr) wird dabei ein typisierter Wert ermittelt. Unter bestimmten Umständen kann aber durch ein Gutachten auf Kosten des Grundstückseigentümers von diesem Wert (nach unten) abgewichen werden. 1173

Das Bundesmodell wird von diesen elf Bundesländern (teilweise bei den Steuermesszahlen bzw. Steuerhebesätzen aber modifiziert) angewendet: 1174

- Berlin,[876]
- Brandenburg,
- Bremen,[877]

876 Im anzuwendenden Gesetz über die Festsetzung der Steuermesszahlen bei der Grundsteuer Berlin v. 27.6.2024, GVBl Berlin 2024 S. 422, wurde aber insoweit abweichend vom Bundesmodell eine Grundsteuermesszahl von 0,45 Promille für Nichtwohngrundstücke und unbebaute Grundstücke bestimmt. Diese landesrechtlich erhöhte Grundsteuermesszahl für Nichtwohngrundstücke ist nach Auffassung des FG Berlin-Brandenburg, Urteil v. 14.1.2026 - 3 K 3156/25 ZAAAK-10623, juris, verfassungsgemäß (BFH-Rev. zugelassen).

877 Das Bremische Gesetz über die Festsetzung der Steuermesszahlen bei der Grundsteuer v. 18.9.2024, Bremisches GBl S. 736, bestimmt aber insoweit abweichend vom Bundesmodell für Nichtwohngrundstücke und unbebaute Grundstücke eine höhere Steuermesszahl von 0,75 Promille.

- Mecklenburg-Vorpommern,
- Nordrhein-Westfalen[878],
- Rheinland-Pfalz[879],
- Sachsen[880],
- Sachsen-Anhalt[881],
- Saarland[882],
- Schleswig-Holstein[883],
- Thüringen.

b) Landesmodell in Hamburg

1175 In Hamburg gilt das Flächen-/Wohnlagemodell.[884] Wohngebäude werden vorrangig nach der Grundstücksfläche, der Gebäudefläche und ihrer Wohnlage in Hamburg bewertet.

1176 Dabei werden sowohl die Fläche des Grund und Bodens als auch die Fläche des Gebäudes mit einem wertunabhängigen Zahlenwert (Äquivalenzzahl) multipli-

---

878 Abweichend vom Bundesmodell wurde durch das Gesetz über die Einführung einer optionalen Festlegung differenzierender Hebesätze im Rahmen des Grundvermögens bei der Grundsteuer Nordrhein-Westfalen v. 5.7.2024, GV NRW S. 490, die Möglichkeit geschaffen, dass Städte und Gemeinden in Nordrhein-Westfalen unterschiedliche Hebesätze für Nichtwohngrundstücke bzw. unbebaute Grundstücke und Wohngrundstücke individuell festlegen können. Nach den Urteilen des VG Gelsenkirchen v. 4.12.2025 - 5 K 2074/25 (Stadt Essen), - 5 K 3234/25 (Stadt Bochum), - 5 K 3699/25 (Stadt Dortmund), - 5 K 5238/25 (Stadt Gelsenkirchen), juris, ist diese Regelung jedoch verfassungswidrig (BFH-Rev. jeweils zugelassen).

879 Nach dem Landesgesetz über die Einführung einer optionalen Festlegung differenzierender Hebesätze im Rahmen des Grundvermögens bei der Grundsteuer Rheinland-Pfalz v. 25.2.2025, GVBl S. 25, können die Kommunen in Abweichung vom Bundesmodell unterschiedliche Hebesätze für unbebaute Grundstücke, Wohngrundstücke und Nichtwohngrundstücke festlegen.

880 Durch das Sächsische Gesetz über die Festsetzung der Steuermesszahlen bei der Grundsteuer v. 21.12.2021, SächsGVBl 2022 S. 9, sind aber in bestimmten Fällen vom Bundesmodell abweichende Hebesätze zulässig.

881 Nach dem Gesetz über die Einführung einer optionalen Festsetzung differenzierender Hebesätze im Rahmen des Grundvermögens bei der Grundsteuer des Landes Sachsen-Anhalt v. 1.11.2024, GVBl LSA 2024 S. 312, können aber abweichende Hebesätze bestimmt werden.

882 Durch das Gesetz Nr. 2040 zur Einführung einer Landesgrundsteuer (GrStG-Saar) v. 15.09.2021 (Amtsbl. 2021 I S. 2372) werden aber abweichend vom Bundemodell bestimmte Steuermesszahlen für bestimmte Grundstücksarten bestimmt.

883 Abweichend vom Bundemodell können die Kommunen durch Gesetz über die Einführung einer optionalen Festlegung differenzierender Hebesätze im Rahmen des Grundvermögens bei der Grundsteuer Schleswig-Holstein v. 15.10.2024, GS Schl.-H. II, Gl.Nr. B 610-11, unterschiedliche Hebesätze für Nichtwohngrundstücke bzw. unbebaute Grundstücke und Wohngrundstücke bestimmen.

884 Hamburgisches Grundsteuergesetz (HmbGrStG) v. 24.8.2021, HmbGVBl 2021 S. 600.

ziert. Die Lage des Objekts nach einfacher oder guter Wohnlage wird dann zusätzlich berücksichtigt.

c) Landesmodell in Niedersachsen

Niedersachsen hat ein Flächen-Lage-Modell.[885] Dieses basiert auf den Flächen, 1177
die mit einem „innerkommunalen Lagefaktor" umgerechnet werden.

d) Landesmodell in Hessen

Beim für Hessen anzuwendenden Flächen-Faktor-Modell[886] ist die Fläche der 1178
entscheidende Maßstab für die Grundsteuer. Der tatsächliche Grundstückswert des Grund und Bodens ist nicht relevant. Es kommt dabei auf die Grundstücksgröße (Fläche des Grund und Bodens) und die Wohnfläche an. Dazu wird noch ein Lage-Faktor berücksichtigt.

e) Landesmodell in Baden-Württemberg

In Baden-Württemberg gilt ein modifiziertes Bodenwertmodell.[887] Die Berech- 1179
nung richtet sich nach der Grundstücksfläche und dem konkreten Bodenrichtwert (unabhängig von den Gebäuden).

f) Landesmodell in Bayern

Die Grundstücke werden in Bayern nach einem wertunabhängigen Flächenmo- 1180
dell[888] bewertet. Dabei werden Äquivalenzbeträge gebildet, die sich nach der Grundstücksgröße und der Gebäudeflächen sowie einer dafür maßgeblichen Äquivalenzzahl richten. Die Wertermittlung knüpft an die Grundstücks- und Gebäudeflächen und nicht an den Grundstückswert als Bemessungsgrundlage für die Grundsteuer an.

---

885 Niedersächsisches Grundsteuergesetz v. 7.7.2021, Nds. GVBl 2021 S. 502, i. d. F. des Gesetzes zur Änderung des Niedersächsischen Spielbankengesetzes, der Allgemeinen Gebührenordnung und des Niedersächsischen Grundsteuergesetzes v. 17.5.2022, Nds. GVBl 2022 S. 304.

886 Hessisches Grundsteuergesetz (HGrStG) v. 15.12.2021, GVBl 2021 S. 906.

887 Gesetz zur Regelung einer Landesgrundsteuer (LGrStG) v. 4.11.2020, GBl Baden-Württemberg 2020 Nr. 40 S. 974 v. 13.11.2020 i.d.F. v. Gesetzes zur Änderung des Landesgrundsteuergesetzes und zur Einführung eines gesonderten Hebesatzrechts zur Mobilisierung von Bauland v. 22.12.2021 verabschiedeten, GBl Baden-Württemberg 2021 S. 1029.

888 Bayerisches Grundsteuergesetz (BayGrStG) v. 10.12.2021, GVBl S. 638.

1181 Nach Auffassung des FG München[889] ist das Bayerischen Grundsteuergesetz (BayGrStG)[890] für das Grundvermögen (Grundsteuer B) verfassungsmäßig.

3. Wohnungs- und Teileigentum als Gegenstand der Bewertung (Bundesmodell)

a) Grundvermögen

1182 In § 243 Abs. 1 Nr. 3 BewG werden das Wohnungseigentum und das Teileigentum ausdrücklich als „Grundvermögen" im Sinne des Bewertungsgesetzes definiert. Damit wird zunächst aber nur die Vermögensart bestimmt.

b) Grundstücksbegriff des Bewertungsgesetzes für Zwecke der Grundsteuer

1183 Bei der Grundsteuer wird jeweils das einzelne „Grundstück" i. S. der §§ 243, 244 BewG als „Steuergegenstand" (§ 2 Nr. 2 GrStG) besteuert. Dies entspricht nicht dem Grundstück im Sinne des BGB. Durch § 244 Abs. 3 Nr. 3 BewG wird das Wohnungseigentum bzw. Teileigentum ausdrücklich als einzelnes „Grundstück" im Sinne des Bewertungsgesetzes definiert.[891]

c) Wohnungs- oder Teileigentum als wirtschaftliche Einheit

1184 Dies führt im Ergebnis dazu, dass nicht das gesamte Vermögen der Wohnungseigentümergemeinschaft als einheitliches Bewertungsobjekt (wirtschaftliche Einheit) gilt, sondern jedes Wohnungs- bzw. Teileigentum separat zu bewerten ist. Wenn einem Eigentümer mehrere Einheiten derselben Wohnungseigentumsanlage gehören, sind diese gleichwohl als eigene Grundstücke (eigene wirtschaftliche Einheiten) zu bewerten. Denkbar wäre es aber, dass zwei separate Wohnungen zivilrechtlich zu einem einzigen Wohnungseigentum gehören (z. B. zwei nebeneinander liegende Wohnungen in derselben Etage). Dann handelt es sich um zwei Grundstücke für Zwecke der Grundsteuer.[892] Sind aber zwei Wohnungen als zivilrechtlich selbständige Einheiten des Wohnungseigentums baulich miteinander verbunden sind (z. B. zwei übereinanderliegende

889 FG München, Urteil v. 25.6.2025 - 4 K 113/25 CAAAJ-99221 = EFG 2025 S. 1620 (rkr.), für den Fall einer Eigentumswohnung. Die vom FG München zugelassene Revision zum BFH wurde nicht eingelegt.

890 BayGrStG v. 10.12.2021, GVBl 2021 S. 638, BayRS 611-7-2-F.

891 In § 249 Abs. 5 BewG wird das „Wohnungseigentum" und in § 249 Abs. 6 BewG wird das „Teileigentum" entsprechend dem WEG ausdrücklich definiert.

892 A 249.5 Abs. 3 Satz 2, 3 AEBewGrSt.

Wohnungen, die durch eine Wendeltreppe verbunden sind), bilden sie im bewertungsrechtlichen Sinne ein einziges Grundstück im Sinne des BewG.[893]

Für jedes Wohnungs- oder Teileigentum (jede wirtschaftliche Einheit) ist eine eigene Grundsteuererklärung abzugeben. Für jede wirtschaftliche Einheit gibt es einen eigenen Grundsteuerwertbescheid (Wertfeststellung) und einen eigenen Grundsteuerbescheid. Die Steuerzahlung der Grundsteuer trifft den Wohnungseigentümer als Schuldner der Grundsteuer (§ 10 GrStG). 1185

d) Teilung in Wohnungseigentum

Zivilrechtlich entsteht das Wohnungseigentum zwar erst mit dem Eintrag in das Wohnungsgrundbuch. Dieser Zeitpunkt ist nach Verwaltungsauffassung aber nicht bewertungsrechtlich entscheidend. Vielmehr ist das Wohnungseigentum bereits dann entstanden, wenn die Teilungserklärung beurkundet ist und der Eintragungsantrag beim Grundbuchamt eingegangen ist.[894] 1186

Durch die Aufteilung eines bisher zivilrechtlich einheitlichen Grundstücks in Wohnungseigentum (durch eine Teilung nach §§ 3 oder 8 WEG) kann sich die Höhe der Bewertung aller entstehenden Einheiten im Vergleich zu dem bisher ungeteilten Grundstück deutlich unterscheiden. Dies betrifft z. B. Grundstücke mit mehreren Einheiten, die sowohl zu Wohnzwecken als auch zu gewerblichen oder freiberuflichen Zwecken genutzt werden und die vor der Teilung als einheitliches Grundstück als „gemischt genutztes Grundstück" i. S. des § 249 Abs. 8 BewG insgesamt im Sachwertverfahren bewertet wurde. Durch die Aufteilung in Wohnungseigentum – und damit in separate wirtschaftliche Einheiten – ist jedes Wohnungs- bzw. Teileigentum eigenständig im Ertragswert- bzw. im Sachwertverfahren zu bewerten.[895] 1187

BEISPIEL „TEILUNG IN WOHNUNGSEIGENTUM": Ein Grundstück mit dreigeschossigem Gebäude wird im EG (100 m²) als Versicherungsagentur, im OG (100 m²) als Zahnarztpraxis und im DG (100 m²) als Wohnung genutzt. Bisher ist das rechtlich ungeteilte Grundstück als eine einzige wirtschaftliche Einheit insgesamt nach § 250 Abs. 3 Nr. 2 BewG im Sachwertverfahren zu bewerten, da es sich um ein gemischt genutztes Grundstück (§ 249 Abs. 1 Nr. 7, Abs. 8 BewG) handelt.

Wenn das Grundstück in drei Einheiten nach dem WEG aufgeteilt wird, so dass das EG und das OG jeweils Teileigentum und das DG Wohnungseigentum darstellen, sind das EG und das OG jeweils im Sachwertverfahren und das DG im Ertragswertverfahren zu bewerten. Jedes Geschoss bildet eine eigene wirtschaftliche Einheit.

893 A 249.5 Abs. 3 Satz 4 AEBewGrSt.

894 A 249.5 Abs. 2 Satz 2 AEBewGrSt; a. A. Grootens/Bock, § 249 BewG Rz. 56.

895 Vgl. dazu ausführlich mit einem umfangreichen Berechnungsbeispiel Stöckel, NWB 21/2023 S. 1498 IAAAJ-40159.

4. Bewertung von Wohnungs- und Teileigentum (Bundesmodell)

a) Bewertung von Wohnungseigentum

1188 Durch § 249 Abs. 1 Nr. 4 i. V. mit Abs. 5 BewG wird das Wohnungseigentum als eigene „Grundstücksart“ (Bewertungskategorie) bezeichnet. Diese ist nach § 250 Abs. 2 BewG im Ertragswertverfahren nach §§ 252–257 BewG zu bewerten. Wohnungseigentum wird unabhängig von der Art der Nutzung, also sowohl bei eigener Wohnnutzung als auch bei vermieteten Eigentumswohnungen, nach demselben gesetzlichen Schema bewertet. Dabei kommt es teilweise nicht auf die tatsächlichen Werte des konkreten Objekts an, sondern es werden gesetzliche Pauschalen vorgegeben.

1189 Aus den folgenden Berechnungsschritten ergibt sich der Grundsteuerwert von Wohnungseigentum:

1. Gesetzlich durch Anlage 39 I zum BewG bestimmte monatliche Nettokaltmiete je m² Wohnfläche;
2. Zuschlag oder Abschlag durch Anlage 39 II des BewG für die jeweils gemeindebezogene Mietniveaustufe;
3. Multiplikation der so ermittelten Monatsmiete x 12 Monate zur Berechnung der Jahresmiete (Jährlicher Rohertrag);
4. Abzug von Bewirtschaftungskosten, die nach Anlage 40 zum BewG pauschaliert werden;
5. Zwischenergebnis: jährlicher Reinertrag;
6. Multiplikation des jährlichen Reinertrags mit einem Vervielfältiger nach Anlage 37 zum BewG (abhängig vom Gebäudebaujahr und Liegenschaftszins) zur Ermittlung des Barwerts des Gebäudes;
7. Ermittlung eines Bodenwerts durch Multiplikation der anteiligen auf das Wohnungseigentum entfallenden Bodenfläche mit dem tatsächlichen Bodenrichtwert;
8. Multiplikation eines Abzinsungsfaktors aus Anlage 41 des BewG mit dem Bodenwert zur Ermittlung des abgezinsten Bodenwerts;
9. Die Summe aus dem Barwert des Gebäudes (Schritt 6) mit dem abgezinsten Bodenwert (Schritt 8) ergibt als Endergebnis den Grundsteuerwert (im Ertragswertverfahren) für Wohnungseigentum.

BEISPIEL „BEWERTUNG IM ERTRAGSWERTVERFAHREN": Herr H ist Wohnungseigentümer einer selbstgenutzten Eigentumswohnung (Baujahr 1956, 124 m² Wohnfläche, 283 m² Bodenfläche) in Aachen. Der Grundsteuerwert auf den 1.1.2022 ermittelt sich wie folgt:

Die monatliche Nettokaltmiete beträgt 5,69 €/m² (Anlage 39 I zum BewG für NRW, Wohnfläche ab 100 m² für Baujahr 1949–1978). Darauf ist ein 10%-Zuschlag für die gemeindebezogene Mietniveaustufe 4 von 0,57 €/m² anzuwenden, so dass letztlich 6,26 €/m² maßgebend sind. Durch die Multiplikation mit der Wohnfläche von 124 m² ergibt sich eine monatliche Nettokaltmiete von 776,24 €. Die Monatsmiete für 12 Monate ergibt die Jahresmiete von 9.314,88 € (Jährlicher Rohertrag). Vom Rohertrag sind die Bewirtschaftungskosten (nach Anlage 40 zum BewG hier mit 29 % für eine Restnutzungsdauer von 20–39 Jahren) mit 2.701,32 € pauschaliert abzuziehen, so dass ein Reinertrag des Grundstücks von 6.613,56 € verbleibt. Durch die Multiplikation des jährlichen Reinertrags mit dem Vervielfältiger nach Anlage 37 zum BewG (für eine Restnutzungsdauer von 24 Jahren mit einem Liegenschaftszins von 3,0 %) von 16,94 ergibt sich ein kapitalisierter Reinertrag des Objekts von 112.033,71 €.

Zur Ermittlung des Bodenwerts wird die anteilige auf das Wohnungseigentum entfallende Bodenfläche von 283 m² zunächst mit dem Bodenrichtwert von 320 €/m² und dann mit dem nach Anlage 41 des BewG anzusetzenden Abzinsungsfaktor von 0,4919 multipliziert. Daraus ergibt sich ein abgezinster Bodenwert von 44.546,46 €. Die Summe aus dem Wert des Gebäudes (112.033,71 €) mit dem Bodenwert (44.546,46 €) ergibt als Endergebnis den Grundsteuerwert für das Wohneigentum von (auf volle 100 € abgerundet) 156.500 €.

b) Bewertung von Teileigentum (Bundesmodell)

Durch § 249 Abs. 1 Nr. 5 i. V. mit Abs. 6 BewG wird das Teileigentum als eigene „Grundstücksart" (Bewertungskategorie) bezeichnet. Es ist nach § 250 Abs. 3 BewG im Sachwertverfahren nach §§ 258–260 BewG zu bewerten. 1190

Aus den folgenden Berechnungsschritten ergibt sich der Grundsteuerwert von Teileigentum: 1191

1. Multiplikation der (nach dem Baupreisindex angepassten) Normalherstellungskosten des Gebäudes (nach Anlage 42 des BewG) mit der Brutto-Grundfläche des Gebäudes (§ 259 Abs. 1–3 BewG). Dies wird als „Gebäudenormalherstellungswert" bezeichnet.
2. Von dem Gebäudenormalherstellungswert wird eine Alterswertminderung abgezogen, die sich aus dessen Multiplikation mit dem Verhältnis des Alters des Gebäudes im Hauptfeststellungszeitpunkt (z. B. 1.1.2022) zur wirt-

schaftlichen Gesamtnutzungsdauer nach Anlage 38 zum BewG ergibt (§ 259 Abs. 4 Satz 1–2 BewG).[896]

3. Der nach Abzug der Alterswertminderung verbleibende Gebäudewert ist mit mindestens 30 % des Gebäudenormalherstellungswerts anzusetzen (§ 259 Abs. 4 Satz 4 BewG).
4. Zwischenergebnis: Es wurde der Gebäudesachwert ermittelt.
5. Zusätzlich ist der Bodenwert aus der Multiplikation der Grundstücksfläche mit dem Bodenrichtwert zu ermitteln.
6. Die Summe aus dem Gebäudesachwert (Schritt 4) und dem Bodenwert (Schritt 5) stellt den vorläufigen Sachwert dar.
7. Der vorläufige Sachwert ist mit der Wertzahl nach Anlage 43 des BewG zu multiplizieren. Das Ergebnis ist der Grundsteuerwert (im Sachwertverfahren) für Teileigentum.

BEISPIEL „BEWERTUNG IM SACHWERTVERFAHREN“: Frau F ist Eigentümerin von Teileigentum (Baujahr 2003), das als Lebensmitteleinzelhandel genutzt wird. Das Teileigentum hat eine Bruttogrundfläche von 1.000 m². Dazu gehört ein anteiliger Grund und Boden von 3.000 m². Zum Bewertungsstichtag 1.1.2022 beträgt der Bodenrichtwert 200 €/m² und der Baupreisindex 106,8 %.

LÖSUNG: Die Normalherstellungskosten betragen 742 €/m² (Anlage 42 zum BewG für „Verbrauchermärkte“ und Baujahr 1995–2004). Diese sind um den Baupreisindex von 106,8 % auf 792,46 €/m² zu erhöhen und mit der Brutto-Grundfläche (1.000 m²) zu multiplizieren. Die Normalherstellungskosten des Gebäudes betragen daher 792.460 €. Es wird eine Alterswertminderung abgezogen. Nach Anlage 38 zum BewG beträgt die wirtschaftliche Gesamtnutzungsdauer von „Verbrauchermärkten“ 30 Jahre und das Gebäude ist zum 1.1.2022 19 Jahre alt. Dies führt zu einer Minderung von 19/30 x 792.460 € = 501.891 €. Nach Abzug der Alterswertminderung (501.891 €) von dem Gebäudenormalherstellungswert (792.460 €) beträgt der Gebäudesachwert 290.569 €. Zusätzlich ist der Bodenwert als Multiplikation der Grundstücksfläche (3.000 m²) mit dem Bodenrichtwert (200 m²) zu ermitteln (= 600.000 €). Die Summe aus dem Gebäudesachwert (290.569 €) und dem Bodenwert (600.000 €) stellt mit 890.569 € den vorläufigen Sachwert dar, der mit der Wertzahl von 0,80 (Anlage 43 zum BewG für vorläufigen Sachwert bis 1.000.000 € und Bodenrichtwert bis 300 €) zu multiplizieren ist. Der Grundsteuerwert beträgt daher (auf volle 100 € abgerundet) 623.000 €.

---

896 Hat sich das Gebäude nach der Bezugsfertigkeit so verändert, dass sich dadurch die wirtschaftliche Gesamtnutzungsdauer des Gebäudes wesentlich verlängert hat, ist von einem entsprechend späteren Baujahr auszugehen (§ 259 Abs. 4 Satz 3 BewG).

5. Gutachtenwert als Ausnahme von der Regelbewertung

Durch ein Verkehrswertgutachten kann ein geringerer Wert nachgewiesen und als Grundsteuerwert angesetzt werden. Nachdem der BFH mit zwei Beschlüssen in vorläufigen Verfahren zur Aussetzung der Vollziehung v. 27.5.2024[897] die mangelnde gesetzliche Möglichkeit zur Minderbewertung kritisiert hatte, wurde § 220 Abs. 2 BewG entsprechend geändert.[898] 1192

Es besteht danach der Anspruch des Wohnungseigentümers auf den Ansatz eines niedrigeren Verkehrswerts für das Wohnungseigentum, wenn der von dem Finanzamt festgestellte Grundsteuerwert den nachgewiesenen (niedrigeren) gemeinen Wert um 40 % oder mehr übersteigt. 1193

6. Grundsteuer-Änderungsanzeige

Wenn sich die tatsächlichen Verhältnisse des Wohnungseigentums verändern (z. B. durch Baumaßnahmen), ist dies dem zuständigen Finanzamt (Lagefinanzamt) anzuzeigen, wenn sich die Höhe des Grundsteuerwerts, die Vermögensart oder die Grundstücksart ändern (§ 228 Abs. 2 Satz 1 BewG). Die Änderungsanzeige hat der Wohnungseigentümer unaufgefordert (d. h. auch ohne gesonderte Aufforderung des Finanzamts) einzureichen.[899] 1194

Alle relevanten tatsächlichen Veränderungen innerhalb eines Kalenderjahres sind (seit 2025)[900] bis zum 31.3. des Folgejahres anzuzeigen. Die Änderungsanzeige ist elektronisch zu übermitteln (§ 228 Abs. 6 Satz 1 BewG). 1195

BEISPIEL „ÄNDERUNGSANZEIGE": Durch einen Anbau im Flurbereich (Gemeinschaftseigentum) einer WEG-Anlage vergrößert sich die Nutzfläche des Gemeinschaftseigentums. Der Bauarbeiten wurden am 10.11.2024 begonnen und die Baumaßnahme wurde am 8.9.2025 fertiggestellt.

LÖSUNG: Die Wohnungseigentümer müssen bis zum 31.3.2026 eine Grundsteuer-Änderungsanzeige beim Lagefinanzamt einreichen, da die Veränderung (Baumaßnahme) im Jahr 2025 abgeschlossen wurde und die Anzeige innerhalb von drei Monaten nach Ablauf des jeweiligen Jahres einzureichen ist (§ 228 Abs. 2 BewG).

897 BFH, Beschluss v. 27.5.2024 - II B 78/23 (AdV), BStBl 2024 II S. 543 IAAAJ-68711, und BFH, Beschluss v. 27.5.2024 - II B 79/23 (AdV), BStBl 2024 II S. 546 SAAAJ-68712.

898 JStG 2024 v. 2.12.2024, BGBl 2024 I Nr. 387.

899 Vgl. dazu ausführlich von Cölln, NWB 17/2023 S. 1243 BAAAI-38100.

900 Vorher war grds. bis zum 31.1. des Folgejahres die Veränderung anzuzeigen, wobei jedoch in einigen Bundesländern abweichende Fristen galten.

1196 Wenn das Eigentum am Wohnungseigentum wechselt (z. B. Verkauf an einen anderen Eigentümer), muss dies nicht angezeigt werden. Die erforderliche Zurechnungsfortschreibung erfolgt durch das Finanzamt automatisch („von Amts wegen“).

7. Verfassungsmäßigkeit der Grundsteuerbewertung?

1197 Nach Auffassung des BFH ist das Bundesmodell zur Ermittlung des Grundsteuerwerts (§§ 218 ff. BewG)[901] verfassungsgemäß.[902] Dabei hat der BFH aber nur über Eigentumswohnungen geurteilt. Diese waren im Ertragswertverfahren zu bewerten. Die im Sachwertverfahren zu bewertenden Nichtwohngrundstücke (Teileigentum) waren nicht Gegenstand eines der Verfahren. Aufgrund der vom BFH dem Gesetzgeber zugestandenen Typisierungskompetenz ist aber wohl davon auszugehen, dass der BFH das geltende Sachwertverfahren ebenfalls für verfassungskonform halten wird.[903]

1198 Zu den Landesmodellen von Sachsen,[904] Hessen,[905] Hamburg[906] und Baden-Württemberg[907] sind Revisionsverfahren beim BFH anhängig.

901 Grundsteuer-Reformgesetz v. 26.11.2019, BGBl 2019 I S. 1794.

902 BFH, Urteile v. 12.11.2025 - II R 25/24 NAAAK-08687 = DStR 2026 S. 154, II R 31/24 XAAAK-08688 und II R 3/25 HAAAK-08689, vgl. BFH-Pressemitteilung Nr. 78/25 v. 10.12.2025. Der Bund der Steuerzahler Deutschland e. V. und der Haus & Grund Deutschland e. V. haben als Klagevertreter gegen die Entscheidung im Verfahren II R 3/25 Verfassungsbeschwerde beim Bundesverfassungsgericht eingelegt (Az.: 1 BvR 472/26).

903 Grootens, ErbStB 2026 S. 63, 65.

904 Sächsisches FG, Urteil v. 1.10.2024 - 2 K 737/23 VAAAJ-79134 = EFG 2025 S. 336, bei Eigentumswohnung (BFH-Rev.: II R 31/24) und Sächsisches FG, Urteil v. 15.1.2025 - 5 K 612/24 UAAAJ-95181 (juris) (BFH-Rev.: II R 11/25).

905 Hessisches FG, Urteil v. 23.1.2025 - 3 K 663/24 MAAAJ-87584 = EFG 2025 S. 645 (BFH-Rev.: II R 12/25).

906 FG Hamburg, Urteil v. 13.11.2024 - 3 K 176/23 WAAAJ-87585 = EFG 2025 S. 634 (BFH-Rev.: II R 15/25).

907 FG Baden-Württemberg, Urteil v. 11.6.2024 - 8 K 1582/23 ZAAAJ-77851 = EFG 2024 S. 1997 (BFH-Rev.: II R 26/24), und FG Baden-Württemberg, Urteil v. 11.6.2024 - 8 K 2368/22 SAAAJ-77849 = EFG 2024 S. 1984 (BFH-Rev.: II R 27/24).

XVI. Besteuerung der Gemeinschaft der Wohnungseigentümer

1. Stellung der Gemeinschaft der Wohnungseigentümer im Steuerrecht

a) Zivilrechtliche Unterscheidungen

Die GdWE als solche ist als rechtsfähiger Verband zivilrechtlich von ihren Mitgliedern (Wohnungseigentümern) zu unterscheiden. Die Wohnungseigentümer bilden zwar zusammen gesehen eine Bruchteilsgemeinschaft in Bezug auf das ihnen jeweils anteilig gehörende gemeinschaftliche Eigentum an der Wohnanlage (also alles, was nicht im Sondereigentum der Wohnungseigentümer steht). Das den Wohnungseigentümern (zusammen) gehörende gemeinschaftliche Eigentum gehört daher nicht der GdWE. Nur das Gemeinschaftsvermögen nach § 9a Abs. 3 WEG (z. B. die Bankkonten der GdWE, über die die laufenden Mittel und die Erhaltungsrücklage verwaltet werden) gehört der GdWE. Somit ist schon zivilrechtlich zwischen der GdWE und jedem einzelnen Wohnungseigentümer zu unterscheiden. 1199

b) Einzelne Wohnungseigentümer als Unternehmer

Auch steuerrechtlich wird zwischen der GdWE und den Wohnungseigentümern unterschieden. Jeder einzelne Wohnungseigentümer kann (für sich gesehen) z. B. Gewerbetreibender (§ 15 EStG) oder Unternehmer i. S. des § 2 UStG sein. So ist z. B. die Vermietung von Wohnungseigentum unternehmerisch und führt dazu, dass der Wohnungseigentümer als Unternehmer i. S. des § 2 UStG einzustufen ist. 1200

c) Bruchteilsgemeinschaft der Wohnungseigentümer als Unternehmer

Die Bruchteilsgemeinschaft der Wohnungseigentümer könnte zwar prinzipiell auch unternehmerisch tätig sein. Wenn aber z. B. ein Teil des Gartens (Gemeinschaftseigentum) an einen Dritten vermietet wird, tritt dafür die GdWE als Vermieterin und damit als Unternehmerin auf. Die Wohnungseigentümer überlassen dabei ihr Miteigentum an dem gemeinschaftlichen Eigentum an die GdWE. 1201

Die GdWE kann zwar eigentlich nur das ihr gehörende Gemeinschaftsvermögen (§ 9a Abs. 3 WEG) unternehmerisch nutzen. Das (ähnlich klingende) Ge- 1202 meinschaftseigentum gehört nicht der GdWE, sondern allen Wohnungseigentümer zusammen (als Bruchteilsgemeinschaft). Es besteht Identität der Mitglieder bzw. Teilhaber, aber es unterliegt gleichwohl einer getrennten rechtlichen Zuordnung. Gleichwohl kann die GdWE dieses Eigentum an Dritte (oder an einzelne Wohnungseigentümer) vermieten. Die ertragsteuerrechtlichen Folgen sind jedoch über die Bruchteilsgemeinschaft zu ziehen (Transparenzbetrachtung) und daraus deren Mitgliedern zuzurechnen.[908]

d) Gemeinschaft der Wohnungseigentümer als Unternehmer

1203 Die GdWE (als solche) kann in eigener Person unternehmerisch tätig und als Unternehmerin i.S.des §2 UStG anzusehen sein oder z.B. einen Gewerbebetrieb (§15 EStG) unterhalten.

1204 Wenn z.B. ein Laubbläser aus ihrem Gemeinschaftsvermögen an Nachbarn vermietet wird und daraus (nachhaltig) Einnahmen erzielt werden, ist dies eine unternehmerische Tätigkeit, für die aber die Kleinunternehmerregelung des §19 UStG (Umsätze bis 25.000€ im Vorjahr) die Umsätze regelmäßig steuerfrei stellt. Einkommensteuerrechtlich werden sonstige Einkünfte (§22 Nr.3 EStG) erzielt, für die aber eine Freigrenze von 256€ im Jahr gilt. Die Einkünfte erzielen die Wohnungseigentümer in ihrer Verbundenheit.

2. Steuerrechtliche Folgen der Begründung von Wohnungseigentum

a) Aufteilung eines Grundstücks in Wohnungseigentum nach dem WEG

1205 Grundsätzlich ist ein Grundstück mit dem darauf stehenden Gebäude auch dann eine einheitliche Sache im Sinne des BGB, wenn das Gebäude aus mehreren Wohnungen oder Gewerbeeinheiten besteht. Durch das WEG kann dieses Regeleigentum (Einheitseigentum) in einzelne Eigentumseinheiten umgewandelt werden. Dafür teilen entweder dessen Bruchteilseigentümer gemeinsam dieses Grundstück in Wohnungseigentum auf (§3 WEG) oder es gibt nur einen Alleineigentümer, der in diesem Fall Wohnungseigentum durch eine Teilungserklärung begründen kann (§8 WEG).

908 Dagegen kann nach Auffassung des V.Senats des BFH eine Bruchteilsgemeinschaft nicht Unternehmer sein (BFH, Urteil v.22.11.2018 - V R 65/17 QAAAH-06916 = BFH/NV 2019 S.359, und BFH, Beschluss v.28.8.2023 - V B 44/22 TAAAJ-48349 = BFH/NV 2023 S.1388). Es seien vielmehr anteilig erbrachte Leistungen durch die Gemeinschafter als jeweilige Unternehmer.

b) Auswirkung der Teilung bei der Einkommensteuer

Die Aufteilung eines Grundstücks in Wohnungseigentum ist nach hier vertretener Auffassung ertragsteuerrechtlich ein neutraler Rechtsakt. Es entstehen keine neuen Wirtschaftsgüter (in Form des Wohnungseigentums), die an die Stelle eines untergehenden Wirtschaftsguts (in Form des bisher ungeteilten Grundstücks) treten und deren Wechsel als veräußerungsähnliches Tauschgeschäft zu werten wäre, das durch eine gesetzliche Norm steuerneutral gestellt werden müsste. 1206

Bei einer Teilung durch einen Alleineigentümer treten die zivilrechtlich neu geschaffenen Einheiten an die Stelle des bisher ungeteilten Grundstücks. Die Anschaffungskosten setzen sich im Verhältnis der Miteigentumsanteile in den neuen Einheiten fort (z. B. bei vermieteten Objekten im Privatvermögen). Wenn das Grundstück im Betriebsvermögen gehalten wird, sind die Buchwerte auf die neuen Einheiten aufzuteilen und einzubuchen, während das bisherige Grundstück ausgebucht wird (steuerneutrale Umbuchung). 1207

Auch bei bisherigem Bruchteilseigentum durch mehrere Miteigentümer ändert sich zwar zivilrechtlich die Eigentumszuordnung. Steuerrechtlich behält aber jeder Bruchteilseigentümer sein Wirtschaftsgut, so dass kein Tauschgeschäft (Veräußerungsgeschäft) zu besteuern ist. 1208

BEISPIEL „TEILUNG IN WOHNUNGSEIGENTUM": Herr A und Frau B sind gemeinsam zu je 50 % Miteigentümer eines Grundstücks mit einem zweigeschossigen Gebäude im Bruchteilseigentum. Herr A nutzt das Erdgeschoss betrieblich als Einzelunternehmer und Frau B vermietet das Obergeschoss im Privatvermögen. A und B vereinbaren wirksam, das Grundstück in zwei gleich große Wohnungseigentumseinheiten nach dem WEG aufzuteilen. Herr A wird alleiniger Teileigentümer der Einheit im Erdgeschoss und Frau B wird alleinige Wohnungseigentümerin der Wohnung im Obergeschoss.

LÖSUNG: Sowohl für Herrn A als auch für Frau B stellte der 50%ige Miteigentumsanteil an dem gesamten ungeteilten Grundstück steuerrechtlich ein eigenes (separates) Wirtschaftsgut dar. Durch eine interne Gebrauchsüberlassung aus der Bruchteilsgemeinschaft wurden lediglich die Nutzungen zwischen A und B nach den Etagen (gerecht) aufgeteilt. Dies setzt sich nach der Teilung in Wohnungseigentum fort. Herr A und Frau B behalten ihr eigenes Wirtschaftsgut, welches nunmehr lediglich zivilrechtlich statt aus einem 50%igen Miteigentumsanteil an dem ungeteilten Grundstück nunmehr aus 100 % Alleineigentum (Sondereigentum mit anteiligem Miteigentum am gemeinschaftlichen Eigentum) an einer separaten Etage besteht. Steuerrechtlich ist dies nach hier vertretener Auffassung das identische Wirtschaftsgut. Es entsteht kein Tauschgeschäft zwischen A und B hinsichtlich der Hälfte des Grundstücks. A kann die Buchwerte und B die Anschaffungskosten fortführen.

c) Auswirkung der Teilung auf die Umsatzsteuer

1209 Jeder Miteigentümer tauscht faktisch seinen Miteigentumsanteil am gesamten ungeteilten Grundstück gegen sein erhaltenes Wohnungseigentum. Umsatzsteuerrechtlich ergibt sich daraus aber keine „Lieferung" der Miteigentumsanteile an die anderen Wohnungseigentümer. Die Aufteilung ist ein „Insichgeschäft" und nicht auf den Erhalt einer Gegenleistung in Form eines anderen Gegenstands gerichtet. Jeder Eigentümer behält seinen ihm schon gehörenden umsatzsteuerrechtlichen Gegenstand „Grundstück". Es werden daher nicht zwei umsatzsteuerrechtliche Gegenstände getauscht (wie z. B. bei zwei Grundstücken), sondern es werden lediglich an einem einzigen „Ausgangsgrundstück" die zivilrechtlichen Verhältnisse geändert (Aufteilung), ohne dass erstmals eine Verschaffung der Verfügungsmacht (vgl. § 3 Abs. 1 UStG) an dem „Endergebnis" (Wohnungseigentum) vorläge.[909]

1210 Die Unternehmereigenschaft (§ 2 UStG) des leistenden Miteigentümers wäre ohnehin eine weitere Voraussetzung für eine Steuerbarkeit.

1211 Sollte man annehmen, dass die Aufteilung eines Grundstücks in Wohnungseigentum als Grundstückslieferung der Miteigentümer (oder gar der gesamten Bruchteilsgemeinschaft) an den einzelnen Miteigentümer (Wohnungseigentümer) umsatzsteuerbar ist, wären diese Leistungen nach § 4 Nr. 9 Buchst. a UStG umsatzsteuerfrei (aber ggf. mit Option nach § 9 Abs. 1 UStG doch umsatzsteuerpflichtig gestaltbar).

d) Auswirkung der Teilung auf die Grunderwerbsteuer

1212 Bei der Teilung durch einen Alleineigentümer erhält dieser alle entstehenden Einheiten. Es kommt also nicht zu einem Rechtsträgerwechsel an Grundstücken, so dass dies nicht grunderwerbsteuerbar ist.

1213 Wird ein Grundstück durch Miteigentümer (Bruchteilsgemeinschaft) in Wohnungseigentum im Sinne des WEG geteilt, erwirbt aus Sicht der Grunderwerbsteuer jeder Wohnungseigentümer sein Wohneigentum in Höhe der restlichen Miteigentumsanteile an der konkreten Wohnung von den anderen Miteigentümer grunderwerbsteuerbar.[910] Nach § 7 Abs. 1 GrEStG wird aber keine Grunderwerbsteuer erhoben, soweit der Wohnungseigentümer keine höhere Beteiligung an dem WEG-Objekt (nach den Miteigentumsanteilen) erlangt, als

909 Nach Klenk in Rau/Dürrwächter, § 4 Nr. 9 UStG Rz. 48.3 (10/2011) „dürfte in diesem Fall keine entgeltliche Lieferung vorliegen".

910 BFH, Urteil v. 30.7.1980 - II R 19/77, BStBl 1980 II S. 667 XAAAB-02007.

ihm zuvor als Bruchteilseigentümer an dem ungeteilten Grundstück zustand (Besteuerungsausnahme).[911] Dies ist vergleichbar mit einer flächenweisen Teilung des Grundstücks unter den Miteigentümern.

e) Auswirkung der Teilung auf die Grundsteuer

Bei der Grundsteuer wird jeweils das einzelne Grundstück (§§ 243, 244 BewG) 1214
als Steuergegenstand (§ 2 Nr. 2 GrStG) besteuert. Bei einem zivilrechtlich ungeteilten Grundstück gibt es (bei einem Eigentümer) auch nur einen Grundsteuerwert und damit nur einen Grundsteuerbescheid.

Durch § 244 Abs. 3 Nr. 3 BewG wird das Wohnungseigentum bzw. Teileigentum 1215
ausdrücklich als einzelnes „Grundstück" im Sinne des Bewertungsgesetzes definiert. Durch die Aufteilung in Wohnungseigentum entstehen somit so viele Objekte bei der Grundsteuer, wie danach Einheiten vorhanden sind. Für jedes Wohnungseigentum erfolgt ein separater Grundsteuerbescheid. Die GdWE verwaltet somit nicht die Grundsteuer für die Wohnungseigentümer.

3. Steuerrechtlich relevante Nutzung von gemeinschaftlichem Eigentum

a) Erträge aus gemeinschaftlichem Eigentum

Das gemeinschaftliche Eigentum besteht aus den Grundstücksteilen, die nicht 1216
im Sondereigentum stehen. Es gehört den Wohnungseigentümern gemeinsam zu Bruchteilen. Dieses Vermögen kann zur Erzielung von Einnahmen eingesetzt werden, die steuerrechtlich relevant sind. Hier ist insbesondere die Vermietung von Grundstücksteilen denkbar.

Aus der Vermietung von gemeinschaftlichem Eigentum erzielen die Bruchteils- 1217
eigentümer gemeinsam Einkünfte aus Vermietung und Verpachtung nach § 21 Abs. 1 Nr. 1 EStG. Ihnen sind die Einkünfte zuzurechnen. Es kommt dafür nicht darauf an, ob alle Wohnungseigentümer in ihrer Eigenschaft als Bruchteilseigentümer den Mietvertrag schließen (unterschreiben) oder die GdWE (durch ihren Verwalter) als zuständiger Träger der Verwaltungsrechte an dem gemeinschaftlichen Eigentum (vgl. § 18 WEG) den Mietvertrag schließt. Sofern ein Wohnungseigentümer sein Wohnungseigentum vermietet, werden die Einkünfte nur ihm zugerechnet.

911 BFH, Urteil v. 12.10.1988 - II R 6/86, BStBl 1989 II S. 54 EAAAA-98339.

1218 Die Einkünfte sind verfahrensrechtlich gesondert und einheitlich festzustellen (§ 180 Abs. 1 Nr. 2 Buchst. a AO), sofern nicht eine Feststellung wegen der geringen Bedeutung und der einfachen Aufteilung der Einkünfte unterbleibt (§ 180 Abs. 3 Nr. 2 AO).[912]

1219 Umsatzsteuerrechtlich bildet dagegen die GdWE das vermietende Unternehmen.

BEISPIEL „VERMIETUNG VON GEMEINSCHAFTLICHEM EIGENTUM": Ein Gartenstück (gemeinschaftliches Eigentum) einer WEG-Anlage wird an einen Imker für 30 € im Monat vermietet.

LÖSUNG: Die Vermietung eines Teils des Gartens führt zu Einkünften aus Vermietung und Verpachtung (§ 21 Abs. 1 Nr. 1 EStG). Da es sich um gemeinschaftliches Eigentum handelt, sind die Einkünfte allen Wohnungseigentümern entsprechend ihrem Miteigentumsanteil anteilig zuzurechnen. Die Bruchteilsgemeinschaft könnte zwar – zumindest nach Verwaltungsauffassung[913] – insoweit selbst umsatzsteuerrechtlich die Unternehmerin (§ 2 UStG) sein.[914] Hier vermietet aber die GdWE den Grundstücksteil und ist als Unternehmerin anzusehen. Die Grundstücksvermietung ist aber ohnehin umsatzsteuerfrei (§ 4 Nr. 12 Buchst. a UStG). Bei einer umsatzsteuerpflichtigen Vermietung (z. B. von Parkplätzen) wären die Leistungen aber innerhalb der Grenzen der Kleinunternehmerregelung (25.000 € im Vorjahr, § 19 UStG) steuerfrei. Eine Option zur Regelbesteuerung (§ 19 Abs. 3 UStG) wäre aber – bezogen auf die GdWE als solche – zulässig.

1220 Die Vermietung von Gemeinschaftsvermögen der GdWE (z. B. ein Rasenmäher an Nachbarn) ist davon zu unterscheiden. Zwar erzielen die Wohnungseigentümer auch insoweit in eigener Person die Mieteinkünfte nach § 21 Abs. 1 Nr. 1 EStG. Umsatzsteuerrechtlich ist auch hier die GdWE ein separates Unternehmen. Dies wirkt sich z. B. bei einem Verzicht auf die Kleinunternehmerregelung (§ 19 UStG) aus. Die GdWE kann nach § 19 Abs. 2 UStG zur Regelbesteuerung optieren.

---

912 FG Köln, Urteil v. 22.1.2020 - 3 K 1065/16 MAAAH-57049 = DStRE 2021 S. 109.

913 Abschnitt 2.1 Abs. 2 UStAE.

914 Nachdem der BFH mit Urteil v. 22.11.2018 - V R 65/17 QAAAH-06916 = BFH/NV 2019 S. 359 entschieden hatte, dass eine Bruchteilsgemeinschaft nicht Unternehmer sein könne (sondern anteilig deren Gemeinschafter), wurde durch Art. 43 Abs. 6 i. V. mit Art. 16 Nr. 2 des Jahressteuergesetzes 2022 mit Wirkung zum 1.1.2023 der Wortlaut des § 2 Abs. 1 Satz 1 UStG um den Zusatz "unabhängig davon, ob er nach anderen Vorschriften rechtsfähig ist" ergänzt. Der BFH ließ in seinem Beschluss v. 28.8.2023 - V B 44/22 TAAAJ-48349 = BFH/NV 2023 S. 1388 unter II. 2. b) cc) mangels Entscheidungserheblichkeit offen, ob die Neuregelung zum 1.1.2023 möglicherweise leerläuft. Offenbar bezweifelt der BFH schon die erforderliche Zurechnung einer unternehmerischen Tätigkeit zu einer Bruchteilsgemeinschaft (setzt sie also als erforderlich voraus), so dass die gesetzliche Fiktion des § 2 Abs. 1 Satz 1 UStG (Unternehmereigenschaft auch ohne Rechtsfähigkeit) gar nicht angewendet werden kann.

b) Abgrenzung: Erträge aus Sondereigentum

Einkünfte bzw. Einnahmen aus der Nutzung von Sondereigentum sind dem Wohnungseigentümer individuell steuerrechtlich zuzurechnen. Ihm stehen die Erträge aus der Nutzung zu und er hat sie zu versteuern. 1221

BEISPIEL „VERMIETUNG VON SONDEREIGENTUM": Frau F (Wohnungseigentümerin) vermietet ihre Garage (Sondereigentum) an den Nachbarn N für 100 € im Monat.

LÖSUNG: Die Garagenvermietung durch Frau F ist ihr individuell zuzurechnen, da die Garage in ihrem Sondereigentum steht. Die anderen Wohnungseigentümer haben damit steuerrechtlich nichts zu tun. Sie erzielt insoweit „allein" Einkünfte aus Vermietung und Verpachtung (§ 21 Abs. 1 Nr. 1 EStG) und kann insbesondere die auf die Garage entfallenden Anschaffungskosten aus dem Erwerb ihres Wohnungseigentums im Wege der Gebäudeabschreibung (§ 7 Abs. 4, 5 EStG) als Werbungskosten (§ 9 Abs. 1 Satz 3 Nr. 7 EStG) abziehen. Die Garagenvermietung ist eine umsatzsteuerbare Tätigkeit ohne Steuerbefreiung. Die Vermietung von Plätzen für das Abstellen von Fahrzeugen ist nach § 4 Nr. 12 Satz 2 UStG von der Steuerfreiheit ausgenommen. Innerhalb der Umsatzgrenzen der Kleinunternehmerregelung (25.000 € im Vorjahr, § 19 UStG) ist die Vermietung aber steuerfrei.

c) Abgrenzung: Erträge aus Sondernutzungsrecht

An einem Teil des gemeinschaftlichen Eigentums kann für einen Wohnungseigentümer (z. B. an einer Fläche im Garten oder einer Terrasse) ein Sondernutzungsrecht bestellt werden. Damit bleibt dieser Grundstücksteil zwar im Miteigentum aller Wohnungseigentümer. Jedoch hat der begünstigte Wohnungseigentümer das exklusive Nutzungsrecht daran. Dem wird auch steuerrechtlich gefolgt. 1222

BEISPIEL „VERMIETUNG EINES SONDERNUTZUNGSRECHTS": Herr H (Wohnungseigentümer) vermietet seinen PKW-Stellplatz (Sondernutzungsrecht) an die Firma X für 50 € im Monat.

LÖSUNG: Der Stellplatz ist in dem geschilderten Sachverhalt nicht im Sondereigentum von H (was rechtlich aber nach § 3 Abs. 1 Satz 2 WEG möglich wäre), sondern im gemeinschaftlichen Eigentum aller Wohnungseigentümer. Er hat aber das alleinige Recht, diesen Stellplatz (z. B. durch Vermietung) zu nutzen. Daher sind Herrn H die daraus resultierenden Einkünften aus Vermietung und Verpachtung (§ 21 Abs. 1 Nr. 1 EStG) bzw. die Einnahmen aus der unternehmerischen Tätigkeit (§ 2 UStG) allein zuzurechnen.

4. Steuerrechtlich relevante Nutzung von Gemeinschaftsvermögen

a) Gemeinschaftsvermögen als eigenes Vermögen der Gemeinschaft der Wohnungseigentümer

1223 Das Gemeinschaftsvermögen nach § 9a Abs. 3 WEG ist das eigene Vermögen, welches der GdWE als rechtlicher Verband zugeordnet ist. Es umfasst z. B. Forderungen, Bankguthaben und bewegliche Sachen (z. B. einen Rasenmäher), die nicht gemeinschaftlich den Wohnungseigentümern gehören. Es ist abzugrenzen von dem (ähnlich klingenden) Gemeinschaftseigentum (§ 1 Abs. 5 WEG), was aber nur die Teile des Grundstücks meint, die nicht zum Sondereigentum gehören und im Bruchteilseigentum aller Wohnungseigentümer (und gerade nicht im Eigentum der GdWE) stehen. Das Gemeinschaftsvermögen dient der Verwaltung des gemeinschaftlichen Eigentums und soll helfen, die Aufgaben der Gemeinschaft zu erfüllen. Der wertvollste Teil des Gemeinschaftsvermögens ist i. d. R. der Geldbestand auf Bankkonten, die auf die Ansammlung der Erhaltungsrücklage zurückgehen.

1224 Aus dem Gemeinschaftsvermögen können Einkünfte erzielt werden (z. B. durch Vermietung). Steuersubjekt ist dabei nicht die GdWE, sondern deren Mitglieder (Wohnungseigentümer). Diese erzielen die Einkünfte. Die GdWE ist nur das Einkünfteerzielungssubjekt. Die Einkünfte sind grds. gesondert und einheitlich festzustellen (§ 180 Abs. 1 Nr. 2 Buchst. a AO).

1225 Da zu den Personen i. S. des § 34 Abs. 1 Nr. 1 AO auch der von der Wohnungseigentümergemeinschaft bestellte Vertreter gehören kann, ist dieser gegenüber den Finanzbehörden für die Abgabe der Feststellungserklärung zuständig. Dies gilt zumindest dann, wenn er als geschäftsführungs- und vertretungsberechtigtes Organ (für die Abgabe der Feststellungserklärung) auftritt.[915]

b) Erträge aus der Erhaltungsrücklage und Bankkonten

1226 Die GdWE unterhält schon allein wegen der laufenden Kosten zumindest ein Bankkonto. Aus diesem Kontokorrentkonto resultieren meistens keine Zinsen, so dass insoweit kein steuerrelevanter Sachverhalt entsteht.

1227 Die GdWE spart aber regelmäßig für die künftige Erhaltung und Instandsetzung des Grundstücks Gelder an, damit auch bei höheren Kosten (z. B. für eine Reparatur) tatsächlich ausreichende Mittel vorhanden sind. Im Rahmen

915 BFH, Urteil v. 20.9.2018 - IV R 6/16, BStBl 2019 II S. 160 QAAAH-04518.

der monatlichen Kostenumlagen (Vorschüsse) werden i. d. R. auch Beiträge (Zuführungen) zu einer solchen Erhaltungsrücklage an die GdWE gezahlt. Diese Finanzmittel werden oft auf einem Sparkonto oder Festgeldkonto angelegt, aus dem Zinsen erzielt werden.[916] Diese Erträge stellen Einkünfte aus Kapitalvermögen (§ 20 Abs. 1 Nr. 7 EStG) dar. Die Einkünfte sind den Wohnungseigentümern anteilig (entsprechend ihrem Miteigentumsanteil) steuerrechtlich zugerechnet. Erträge aus der Anlage der Erhaltungsrücklage gehören auch für diejenigen Wohnungseigentümer zu den Einkünften aus Kapitalvermögen, die ihre Eigentumswohnung vermieten.[917] Sollte das Wohnungseigentum (Teileigentum) zu einem Betriebsvermögen gehören, sind die Zinseinkünfte aber in gewerbliche Einkünfte umzuqualifizieren (§ 20 Abs. 8 EStG).

Denkbar ist auch, dass die Mittel der Erhaltungsrücklage in ein Aktiendepot investiert werden. Dann werden Gewinnausschüttungen (Dividenden) nach § 20 Abs. 1 Nr. 1 EStG oder Veräußerungsgewinne bzw. -verluste[918] (§ 20 Abs. 2 Nr. 1 EStG) erzielt. 1228

Die Banken sind dazu verpflichtet, von den Erträgen (i. d. R. Zinsen) Kapitalertragsteuer i. H. von 25 % nach den allgemeinen Grundsätzen einzubehalten (§ 43 ff. EStG). Die GdWE ist ein nicht körperschaftsteuerpflichtiger Personenzusammenschluss (wie z. B. auch eine GbR) und kann daher keinen Freistellungsauftrag erteilen.[919] Es kann auch keine Nichtveranlagungsbescheinigung nach § 44a EStG (NV-Bescheinigung) ausgestellt werden. Die Vereinfachungsregeln für „lose Personenzusammenschlüssen" (z. B. Konten einer Schulklasse), bei der auf einen Kapitalertragsteuerabzug verzichtet werden kann, wenn die Kapitalerträge höchsten im Jahr 300 € betragen und je Person nicht über 10 € liegen, sind nicht anzuwenden.[920] 1229

Im Grundsatz gelten diese Einkünfte zumindest für natürliche Personen i. d. R. wegen der Kapitalertragsteuer als abgegolten (Abgeltungsteuer). Für Pflichtveranlagungen dieser Einkünfte oder bei einem Interesse eines Wohnungseigentümers an der Anrechnung (oder Erstattung) der Kapitalertragsteuer bei der eigenen Einkommensteuer stellt sich für die Besteuerungspraxis dann das Pro- 1230

916 Zur sprachlichen Präzision ist zu betonen, dass die Erhaltungsrücklage selbst nicht angelegt werden kann, sondern nur die Geldmittel, die ihren Bestand repräsentieren. Bilanziell gedacht ist die Erhaltungsrücklage auf der Passivseite spiegelbildlich der Saldo einer Teilmenge eines Geldbestands der Aktivseite, welchen die Wohnungseigentümer (die GdWE) als Rücklage vorhalten.

917 R 21.2 Abs. 2 EStR.

918 Veräußerungsverluste aus Aktien unterliegen einem eigenen Verlustverrechnungskreis (§ 20 Abs. 6 EStG).

919 BMF, Schreiben v. 14.5.2025 - IV C 1-S 2252/00075/016/070, BStBl 2025 I S. 1330 Rz. 286.

920 BMF, Schreiben v. 14.5.2025 - IV C 1-S 2252/00075/016/070, BStBl 2025 I S. 1330 Rz. 291, 294.

blem, wie dieser Sachverhalt effizient besteuert werden kann. Oft werden nur relativ geringe Erträge erzielt und diese auf viele Wohnungseigentümer verteilt.

1231 Grundsätzlich sind die Einnahmen aus Kapitalvermögen zusammen mit der darauf entfallenden (anzurechnenden) Kapitalertragsteuer gesondert und einheitlich für alle Wohnungseigentümer festzustellen (§ 180 Abs. 1 Satz 1 Nr. 2 Buchst. a AO).[921] Die Feststellungserklärung ist vom Verwalter gegenüber dem Finanzamt einzureichen. Dies ist nach hier vertretener Auffassung nicht das Lagefinanzamt, sondern das Finanzamt, welches örtlich für den Ort zuständig ist, von dem aus das Wohnungseigentum verwaltet wird. Sollte kein Verwalter vorhanden sein, kann sich das Finanzamt an jeden Wohnungseigentümer halten.[922] Das zuständige Finanzamt hat auch die entrichtete und anzurechnende Kapitalertragsteuer zu ermitteln und den Wohnsitzfinanzämtern die auf den einzelnen Wohnungseigentümer entfallenden Steuerbeträge mitzuteilen. In diesem Fall ist die Original-Steuerbescheinigung dem Feststellungsfinanzamt einzureichen. Kopien der Steuerbescheinigung für die Wohnungseigentümer sind nicht erforderlich.[923] Die gesondert und einheitlich festgestellten Besteuerungsgrundlagen werden dann bei der Einkommensteuerveranlagung der einzelnen Wohnungseigentümer berücksichtigt.[924] Dort können die Zinsen und die Kapitalertragsteuer in die Günstigerprüfung für alle Kapitaleinkünfte (§ 32d Abs. 6 EStG) oder in die punktuelle Prüfung des Steuereinhalts (§ 32d Abs. 4 EStG) zur Berücksichtigung des Sparer-Pauschbetrags (§ 20 Abs. 9 EStG) angesetzt werden.

1232 Eine gesonderte und einheitliche Feststellung wird aber die Ausnahme sein. Im Regelfall ist nach § 180 Abs. 3 Satz 1 Nr. 2 AO von einer gesonderten und einheitlichen Feststellung der erzielten Zinsen aus der Anlage der Erhaltungsrücklage abzusehen. Es reicht dann aus, dass der Verwalter die anteiligen Kapitalerträge nach dem Verhältnis der Miteigentumsanteile rechnerisch aufteilt und dem einzelnen Wohnungseigentümer mitteilt.[925] Die Anrechnung der Kapitalertragsteuer bei dem einzelnen Wohnungseigentümer ist dabei nur möglich, wenn neben der Mitteilung des Verwalters über die Aufteilung der Kapitalerträge und der Kapitalertragsteuer eine Kopie der Steuerbescheinigung des

921 BMF, Schreiben v. 14.5.2025 - IV C 1-S 2252/00075/016/070, BStBl 2025 I S. 1330 Rz. 287.
922 BMF, Schreiben v. 14.5.2025 - IV C 1-S 2252/00075/016/070, BStBl 2025 I S. 1330 Rz. 288.
923 BMF, Schreiben v. 16.5.2025 - IV C 1-S 2401/00008/014/051, BStBl 2025 I S. 1388 Rz. 22.
924 BMF, Schreiben v. 14.5.2025 - IV C 1-S 2252/00075/016/070, BStBl 2025 I S. 1330 Rz. 289.
925 BMF, Schreiben v. 16.5.2025 - IV C 1-S 2401/00008/014/051, BStBl 2025 I S. 1388 Rz. 21.

Kreditinstituts vorgelegt wird.[926] Das Original der Steuerbescheinigung kann beim Verwalter verbleiben.

c) Vermietung von Gemeinschaftsvermögen

Ertragsteuerrechtlich ist es insoweit unerheblich, ob gemeinschaftliches Eigentum oder Gemeinschaftseigentum vermietet wird. In beiden Fällen erzielen die Wohnungseigentümer (gemeinsam) daraus Einkünfte. 1233

BEISPIEL „VERMIETUNG VON GEMEINSCHAFTSVERMÖGEN": Der zum Gemeinschaftsvermögen gehörende Aufsitzrasenmäher einer GdWE wird regelmäßig an die Bewohner von Nachbargrundstücken vermietet.

LÖSUNG: Aus der Vermietung des beweglichen Gegenstands erzielen die Wohnungseigentümer Einkünfte nach § 22 Nr. 3 EStG. Eine gesonderte und einheitliche Feststellung (§ 180 Abs. 1 Satz 1 Nr. 2 AO) ist nur durchzuführen, wenn es sich nicht um einen Fall von geringer Bedeutung handelt (§ 180 Abs. 3 Nr. 2 AO).

Umsatzsteuerrechtlich ist bei der Vermietung von Gemeinschaftsvermögen (§ 9a Abs. 3 WEG) die GdWE selbst die Unternehmerin (§ 2 UStG). Diese kann dabei z. B. die Option zur Regelbesteuerung aus der Kleinunternehmerregelung (§ 19 UStG) wählen. 1234

d) Unternehmerisches Gemeinschaftsvermögen

aa) Gewerbliche Tätigkeit mit Gemeinschaftsvermögen

Aus dem Gemeinschaftsvermögen der GdWE können auch gewerbliche Einkünfte erzielt werden. Wenn das Vermögen in einer Art und Weise genutzt wird, die über eine Vermögensverwaltung hinausgeht, kann dadurch die Grenze zur Gewerblichkeit überschritten werden. Nach der gesetzlichen Voraussetzung des § 15 Abs. 2 Satz 1 EStG ist dafür eine selbständige nachhaltige Betätigung mit der Beteiligung am allgemeinen wirtschaftlichen Verkehr und Gewinnerzielungsabsicht erforderlich. Praxisrelevant ist hierbei vor allem die Stromproduktion durch ein Blockheizkraftwerk oder eine PV-Anlage. Sollte die GdWE die Wärme bzw. den Strom nur für die Versorgung der Wohnungen der Wohnungseigentümer verbrauchen, ergäbe sich keine gewerbliche Tätigkeit. In dem meisten Fällen wird aber ein Stromliefervertrag mit einem Netzbetreiber geschlossen, der den überschüssigen (nicht selbst verbrauchten) Strom abnimmt und dafür eine Einspeisevergütung zahlt. Die Erzeugung und Vermarktung von Strom ist eine gewerbliche Tätigkeit i. S. des § 15 Abs. 2 EStG.[927] Es ist 1235

926 BMF, Schreiben v. 16.5.2025 - IV C 1-S 2401/00008/014/051, BStBl 2025 I S. 1388 Rz. 22.
927 BFH, Urteil v. 7.2.2018 - X R 10/16, BStBl 2018 II S. 630 WAAAG-83524.

unerheblich, dass im Regelfall der Stromliefervertrag aus energierechtlichen Gründen nur mit dem örtlichen Netzbetreiber geschlossen wird (bzw. werden kann). Eine Direktvermarktung an umliegende Verbraucher ist aber ggf. zulässig.

1236 Die GdWE ist nicht selbst mit dem Gewerbebetrieb (Stromproduktion) einkommen- oder körperschaftsteuerpflichtig. Vielmehr sind die Wohnungseigentümer in eigener Person einkommen- bzw. körperschaftsteuerpflichtig. Die GdWE bildet durch das Gewerbe eine Mitunternehmerschaft (§ 15 Abs. 1 Satz 1 Nr. 2 EStG) aus den Wohnungseigentümern. Die Mitglieder einer Wohnungseigentümergemeinschaft werden gemeinschaftlich unternehmerisch tätig, entfalten kumulativ Mitunternehmerinitiative und tragen Mitunternehmerrisiko.[928] Zwar ist die GdWE das „Einkünfteerzielungssubjekt". Jedoch werden die so erzielten Einkünfte durch § 15 Abs. 1 Satz 1 Nr. 2 EStG den Mitunternehmern (Wohnungseigentümern) mit ertragsteuerrechtlicher Wirkung zugerechnet.

1237 Die gewerblichen Einkünfte sind gegenüber den Wohnungseigentümern gesondert und einheitlich festzustellen (§ 180 Abs. 1 Satz 1 Nr. 2 Buchst. a AO). Der Verwalter wird als Person I. S. des § 34 Abs. 1 Nr. 1 AO gegenüber dem Finanzamt als Organ der GdWE für die Abgabe der Feststellungserklärung zuständig sein.

1238 Der von der GdWE unterhaltene Gewerbebetrieb unterliegt der Gewerbesteuer (§ 2 Abs. 1 Satz 1, 2 GewStG). Die GdWE ist die Schuldnerin der Gewerbesteuer (§ 5 Abs. 1 GewStG) und sie trifft die Pflicht zur Abgabe der Gewerbesteuererklärung (§ 14a GewStG). Wegen des Freibetrags i. H. von 24.500 € (§ 11 Abs. 1 Satz 3 Nr. 1 GewStG) ist die Gewerbesteuer in der Praxis aber regelmäßig bedeutungslos für Wohnungseigentümergemeinschaften.

1239 Umsatzsteuerrechtlich ist die GdWE selbst die Unternehmerin (§ 2 UStG), der die Einnahmen zuzurechnen sind und die im Grundsatz zum Vorsteuerabzug berechtigt ist. Regelmäßig ist die GdWE als Kleinunternehmerin (§ 19 UStG) im Ergebnis von der Umsatzsteuerpflicht befreit, sofern die Umsätze (im Vorjahr) nicht mehr als 25.000 € betragen.

bb) Betrieb eines Blockheizkraftwerks

1240 Durch ein eigenes Blockheizkraftwerk der GdWE können die Wohnungen mit Wärme und Strom versorgt werden. Der nicht für die eigenen Zwecke verbrauchte Strom kann an einen Netzbetreiber geliefert werden. Dies führt zu

928 BFH, Urteil v. 20.9.2018 - IV R 6/16, BStBl 2019 II S. 160 QAAAH-04518 unter III. 2. b).

gewerblichen Einkünften der GdWE als Mitunternehmerschaft (§ 15 Abs. 1 Nr. 2 Buchst. a EStG).[929]

cc) Betrieb einer Photovoltaikanlage

(1) Ertragsteuerliche und umsatzsteuerliche Auswirkung

Wenn die GdWE eine PV-Anlage anschafft (die im Regelfall auf der Dachfläche montiert wird), wird der damit aus dem Sonnenlicht produzierte Strom i. d. R. den Wohnungseigentümern (bzw. deren Mietern) und im Übrigen an den örtlichen Netzbetreiber geliefert. Dabei sind mehrere steuerrechtlichen Regelungen zu beachten, die darüber entscheiden, ob die GdWE steuerlich relevant tätig wird. 1241

Bei dem Betrieb einer PV-Anlage wird i. d. R. der nicht selbst verbrauchte Strom an den zuständigen Netzbetreiber geliefert (eingespeist). Aus der Einspeisevergütung erzielt der Anlagenbetreiber Einnahmen, die im Grundsatz zu gewerblichen Einkünften im Rahmen der Einkommensteuer sowie zu umsatzsteuerbaren Umsätzen führen: 1242

- Der Betrieb eine Anlage zur Erzeugung von Strom aus Sonnenenergie (PV-Anlage) erfüllt grds. die Kriterien für gewerbliche Einkünfte (§ 15 Abs. 1 Nr. 1, Abs. 2 EStG).[930] Zusätzlich ist die Gewinnerzielungsabsicht zu prüfen, für die es aber für bestimmte Altfälle vereinfacht geregelt wurden.[931] Aus den Einspeisevergütungen als Betriebseinnahmen (und ggf. Entnahmen) sind die Kosten des Betriebs als Betriebsausgaben (vor allem die Abschreibung der PV-Anlage) abzuziehen, um den Gewinn aus Gewerbebetrieb zu berechnen. Ab dem 1.1.2022 ist aber die Steuerfreiheit nach § 3 Nr. 72 EStG zu beachten.
- Bei der Umsatzsteuer begründet der Betrieb einer PV-Anlage unabhängig von der Höhe der erzielten Einspeisevergütung an den Netzbetreiber die Unternehmereigenschaft (§ 2 UStG), da eine Erzielung von Einnahmen (egal, ob mit Gewinn oder Verlust) ausreicht.[932] Die Umsatzsteuer aus der Stromlieferung oder Stromentnahme wird dabei von den Vorsteuern aus dem Betrieb (insbesondere aus der Anschaffung der PV-Anlage) gemindert. Durch die Kleinunternehmerregelung nach § 19 UStG fällt zwar keine Umsatzsteuer an. Da steuergestalterisch dies aber oft nicht angewendet wurde

929 BFH, Urteil v. 20.9.2018 - IV R 6/16, BStBl 2019 II S. 160 QAAAH-04518.

930 BFH, Urteil v. 17.10.2013 - III R 27/12, BStBl 2014 II S. 372 MAAAE-59404 = BFHE 243 S. 327.

931 BMF, Schreiben v. 29.10.2021 - IV C 6-S 2240/19/10006:006, BStBl 2021 I S. 2202.

932 Abschnitt 2.5 Abs. 1 Satz 2 UStAE.

(Option zur Regelbesteuerung), gilt es ab dem 1.1.2023, die vorsteuerfreie Anschaffung der PV-Anlage zu beachten (§ 12 Abs. 3 UStG), bei der eine Regelversteuerung normalerweise keinen Sinn mehr ergibt.

1243 Sofern die GdWE die PV-Anlage erwirbt, geht sie in das Gemeinschaftsvermögen (§ 9a Abs. 3 WEG) über. Dann ist die GdWE (bzw. deren Mitglieder als Mitunternehmer) der Betreiber der Anlage. Sofern die PV-Anlage nicht von der GdWE als solche, sondern von allen Wohnungseigentümern als Bruchteilsgemeinschaft erworben wird (die sie dann neben dem gemeinschaftlichen Eigentum am Grundstück halten), ergibt sich nur insoweit ein abweichendes Ergebnis bei der Umsatzsteuer, als nicht die GdWE, sondern die Bruchteilsgemeinschaft die Unternehmerin i. S. des § 2 UStG ist. Das gleiche Ergebnis würde sich nach hier vertretener Auffassung einstellen, wenn die PV-Anlage so mit dem Dach verbunden wird, dass sie als wesentlicher Bestandteil des Gebäudes gilt (§ 94 BGB) und damit vom Gemeinschaftsvermögen der GdWE zwangsweise in das Bruchteilseigentum der Wohnungseigentümer übertragen würde. In beiden Fällen wird aber davon auszugehen sein, dass sich die Wohnungseigentümer zumindest konkludent (stillschweigend) zu einer (vermögenslosen) GbR zusammengeschlossen haben, die im Außenverhältnis die Leistung erbringt. Das Bruchteilseigentum wird dabei als Sonderbetriebsvermögen durch die Wohnungseigentümer an die GbR überlassen.

1244 In jedem Fall ist die PV-Anlage steuerrechtlich als separates Wirtschaftsgut (Betriebsvorrichtung) anzusehen. Dies gilt auch dann, wenn die PV-Anlage zivilrechtlich im Eigentum des Gebäudes steht.

(2) Steuerfreier Betrieb einer Photovoltaikanlage

1245 Seit dem 1.1.2023[933] sind die Einnahmen und Entnahmen einkommensteuerfrei, sofern die PV-Anlage bestimmte Leistungsgrößen nicht überschreitet (§ 3 Nr. 72 EStG). Kosten der PV-Anlage (z. B. die Abschreibung der Anschaffungskosten) sind dann im Gegenzug nicht abzugsfähig (§ 3c Abs. 1 EStG). Dann braucht keine Gewinnermittlung abgegeben werden (§ 3 Nr. 72 Satz 2 EStG). Der Gewinn beträgt dann ohnehin 0 €. Im BMF-Schreiben v. 17.7.2023[934] äußert sich die Finanzverwaltung ausführlich zu den Voraussetzungen und Folgen der Steuerfreiheit.

933 Eingeführt durch das JStG 2022 v. 16.12.2022, BGBl 2022 I S. 2294.

934 BMF, Schreiben v. 17.7.2023 - IV C 6-S 2121/23/10001:001, BStBl 2023 I S. 1494.

Die Einnahmen (aus der Netzeinspeisung) und die Entnahmen (aus dem Eigenverbrauch) sind nach § 3 Nr. 72 Satz 1 EStG steuerfrei, wenn die Leistung[935] der PV-Anlage bis zu 30 kWp je Wohn- oder Gewerbeeinheit und insgesamt höchstens 100 kWp pro Mitunternehmerschaft (GdWE) beträgt. Zusätzlich muss die PV-Anlage „auf, an oder im" Gebäude (oder Nebengebäude) der WEG-Anlage vorhanden sein, was regelmäßig kein Problem darstellt. Es handelt sich um eine gebäudebezogene Größenbeschränkung. Die zulässige Leistung von 30 kWp multipliziert sich mit den Einheiten des Objekts. 1246

BEISPIEL „STEUERFREIE PHOTOVOLTAIKANLAGE": Die WEG-Anlage verfügt über einen Supermarkt im Erdgeschoss (Teileigentum) und zwei Wohnungen im Obergeschoss (Wohnungseigentum). Da die große Dachfläche (bis auf die Wohnungen) frei ist, hat die GdWE dort eine PV-Anlage mit einer Leistung von a) 60 kWp bzw. b) 95 kWp installiert und betreibt diese. Soweit der Strom nicht für eigene Zwecke verbraucht bzw. an die Wohnungseigentümer geliefert wird, wird der Strom an den Netzbetreiber geliefert.

LÖSUNG: Die Leistung der PV-Anlage darf bis zu 30 kWp je Wohn- oder Gewerbeeinheit betragen, was hier 3 x 30 kWp = 90 kWp sind. In Variante a) sind die Grenzen des § 3 Nr. 72 EStG nicht überschritten, da die Leistung nur 60 kWp beträgt. Die Stromlieferung ist steuerfrei, aber die Kosten der Anlage (insbesondere AfA) sind nach § 3c Abs. 1 EStG nicht abzugsfähig. In Variante b) wird die zulässige Leistung von 90 kWp überstiegen, da die Anlage eine Leistung von 95 kWp hat. Damit ist die Steuerbefreiung i. S. des § 3 Nr. 72 EStG ausgeschlossen. Die Einspeisevergütung ist Betriebseinnahme und die Kosten der Anlage sind abzugsfähig, da § 3c Abs. 1 EStG dann ebenfalls nicht anzuwenden ist.

Gedeckelt ist die Steuerbefreiung nicht auf das Gebäude, sondern auf den Betreiber (Steuerpflichtigen) bezogen. Diesem darf eine Leistung aus allen PV-Anlagen von maximal 100 kWp zuzuordnen sein. Betreibt ein Wohnungseigentümer außerhalb der GdWE eine andere (eigene) PV-Anlage, sind die Leistungen der GdWE (Mitunternehmerschaft) nicht in seine individuelle Prüfung der Leistung einzubeziehen.[936] Es kommt also nicht darauf an, ob Wohnungseigentümer noch eigene PV-Anlagen betreiben oder an anderen Wohnungseigentümergemeinschaften beteiligt sind. 1247

Für den Zeitraum 1.1.2023 bis zum 31.12.2024 waren PV-Anlagen bei Wohnungseigentum mit einer Leistung je Wohn- oder Gewerbeeinheit von nur bis zu 15 kWp steuerfrei (§ 3 Nr. 72 Satz 1 Buchst. b EStG a. F.). Insgesamt war die Begünstigung auf höchstens 100 kWp pro Mitunternehmerschaft (GdWE) gedeckelt. Begünstigt war demnach z. B. eine WEG-Anlage mit drei Einheiten auf drei Etagen: ein Ladengeschäft und zwei Wohnungen mit einer PV-Anlage mit 1248

935 Maßgebend ist die installierte Bruttoleistung (kWp) laut Marktstammdatenregister.

936 BMF, Schreiben v. 17.7.2023- IV C 6-S 2121/23/10001:001, BStBl 2023 I S. 1494 Rz. 16.

einer Leistung von 40 kWp, da für alle drei Einheiten 15 kWp x 3 = 45 kWp zulässig wären.[937]

1249 Umsatzsteuerrechtlich gibt es zwar keine Steuerbefreiung für Stromlieferungen aus PV-Anlagen. Seit dem 1.1.2023 entsteht aber beim Erwerb bestimmter PV-Anlagen nach § 12 Abs. 3 UStG keine Umsatzsteuer mehr, da der Steuersatz der dem Grunde nach steuerpflichtigen Lieferung bzw. deren Montage 0 % beträgt. Dies macht es nicht mehr attraktiv, auf die Kleinunternehmerregelung (§ 19 UStG) zu verzichten und zur Umsatzsteuerpflicht zu optieren, da keine Vorsteuer (mehr) aus der Investition in die PV-Anlage entsteht, die zu einer hohen Vorsteuererstattung führt (die in den folgenden Jahren dann ratierlich über die Besteuerung unentgeltlicher Wertabgaben aus dem Eigenverbrauch wieder anteilig nachzuzahlen war).

1250 Der „Nullsteuersatz" wird angewendet, wenn „die Photovoltaikanlage auf oder in der Nähe" von Privatwohnungen bzw. Wohnungen"[938] installiert wird (§ 12 Abs. 3 Nr. 1 Satz 1 UStG). Diese Voraussetzungen gelten bei einer installierte Bruttoleistung der PV-Anlage laut Marktstammdatenregister von bis zu 30 kWp als erfüllt (§ 12 Abs. 3 Nr. 1 Satz 2 UStG). Diese Regelung bietet den Vorteil, dass der liefernde Unternehmer für kleine und mittlere Anlagen erkennen kann, ob die Lieferung dem Nullsteuersatz nach § 12 Abs. 3 UStG unterliegt, ohne die Gebäudenutzung näher zu kennen. Daher fällt auch dann bei der Lieferung einer PV-Anlage mit einer Leistung von bis zu 30 kWp an eine GdWE keine Umsatzsteuer an, wenn Einheiten nicht zu Wohnzwecken, sondern gewerblich oder freiberuflich genutzt werden.

BEISPIEL „ERWERB PHOTOVOLTAIKANLAGE OHNE VORSTEUER": Eine WEG-Anlage verfügt über ein Versicherungsbüro im Erdgeschoss (Teileigentum) und zwei Wohnungen im Obergeschoss (Wohnungseigentum). Auf der Dachfläche wird zum 2.7.2025 eine PV-Anlage mit einer Leistung von 12 kWp installiert. Der ausführende Unternehmer berechnet für die Lieferung und Montage der PV-Anlage einen Betrag von 20.000 € (Lieferung Anlage) zzgl. 3.000 € (Montage) und weist auf die 23.000 € eine Umsatzsteuer von „0 €" aus.

LÖSUNG: Die Lieferung und Montage der PV-Anlage ist als Werklieferung (§ 3 Abs. 4 UStG) nach § 12 Abs. 3 Nr. 1 UStG mit einem Umsatzsteuersatz von 0 % zu berechnen, da die Leistung der Anlage (12 kWp) die Grenze von 30 kWp nicht überschreitet (§ 12 Abs. 3 Nr. 1 Satz 2 UStG). Es fällt aus Sicht des leistenden Unternehmers also keine Umsatzsteuer an, so dass bei der GdWE keine Vorsteuer entsteht.

---

937 BMF, Schreiben v. 17.7.2023 - IV C 6-S 2121/23/10001:001, BStBl 2023 I S. 1494 Rz. 4.

938 Ebenfalls begünstigt sind öffentliche und andere Gebäude, die für dem Gemeinwohl dienende Tätigkeiten genutzt werden.

(3) Steuerpflichtiger Betrieb einer Photovoltaikanlage

Einkommensteuer: 1251

Für Veranlagungszeiträume bis einschließlich 2022 galt noch nicht die Befreiung von Einnahmen und Entnahmen für bestimmte PV-Anlagen (§ 3 Nr. 72 EStG). Wenn die GdWE ausnahmsweise eine PV-Anlage betreibt, welche die gebäudebezogenen Leistungsgrenzen nach § 3 Nr. 72 Satz 1 EStG übersteigt, sind daher die gleichen einkommensteuerlichen Konsequenzen daraus zu ziehen wie bei allen PV-Anlagen bis zum Jahr 2022.

Aus dem Betrieb der PV-Anlage wurden bzw. werden dann Einkünfte aus Ge- 1252
werbebetrieb (§ 15 Abs. 1 Nr. 1 EStG) erzielt, sofern nicht die Gewinnerzielungsabsicht zu verneinen ist. Die Einspeisevergütung des Netzbetreibers und die Entnahme für den Selbstverbrauch stellen Betriebseinnahmen dar, während die Kosten der PV-Anlage (z. B. die Abschreibung der Anschaffungskosten) dann als Betriebsausgaben abzugsfähig sind.

Die Entnahme von selbst erzeugtem Strom ist mit dem Teilwert zu bewerten 1253
(§ 6 Abs. 1 Nr. 4 Satz 1 EStG). Es wird also nicht die PV-Anlage vorübergehend privat genutzt (wie z. B. bei einem vorübergehend privat genutzten Fahrzeug), sondern das durch die Anlage hergestellte Wirtschaftsgut „Strom" wird eine Sekunde nach dessen Produktion aus dem Betriebsvermögen für private Zwecke entnommen. Der Teilwert wird nach den Selbstkosten auf Grundlage der tatsächlichen Herstellungskosten des durch die PV-Anlage erzeugten Stroms angesetzt. Zu den Kosten gehören in erster Linie die Abschreibung der Anlage. Daraus wird errechnet, wie teuer eine kWh Strom in der Eigenproduktion ist. Aus Vereinfachungsgründen lassen die Finanzämter aber auch andere Berechnungen zu, wie den Strompreis des lokalen Grundversorgers (Stromlieferant) oder den Strompreis, der tatsächlich an einen Energieversorger für die Zeiten gezahlt wird, wenn die PV-Anlage nicht ausreichend Strom produziert und daher externer Strom bezogen werden muss. Von diesem Fremdpreis wird dann eine Gewinnmarge abgezogen, um den Selbstpreis zu schätzen (retrograde Teilwertermittlung).

Die Stromlieferungen der GdWE an die einzelnen Wohnungseigentümer (für 1254
den Verbrauch im Sondereigentum) ist ertragsteuerrechtlich als „regulärer" gewerblicher Geschäftsvorfall zu besteuern, soweit der Strompreis fremdvergleichsgerecht ist. Sollte der vereinbarte Preis zu gering sein, wird der anteilige Strom aus dem Betriebsvermögen von dem dadurch begünstigten Wohnungseigentümer entnommen. Sollte der Preis zu hoch sein, wird der anteilige Strompreis (das Geld) von dem dadurch benachteiligten Wohnungseigentümer in das Betriebsvermögen eingelegt.

1255 **Gewerbesteuer:**

Mit dem Betrieb der PV-Anlage ist die GdWE zwar sachlich gewerbesteuerpflichtig (§ 2 Abs. 1 GewStG). Sofern der erzielte Gewerbeertrag nicht den Freibetrag von 24.500 € (§ 11 Abs. 1 Satz 3 Nr. 1 GewStG) übersteigt, verbleibt kein gewerbesteuerpflichtiger Gewerbeertrag. Für die Jahre ab 2019 gibt es zudem nach § 3 Nr. 32 GewStG eine Gewerbesteuerbefreiung für bestimmte PV-Anlagen, die den Freibetrag übersteigen (Ausnahmefall).

1256 **Umsatzsteuer:**

Durch die Einspeisevergütung an den Netzbetreiber stellt der Betrieb einer PV-Anlage eine unternehmerische Tätigkeit dar. [939] In vielen Fällen wird die Umsatzgrenze der Kleinunternehmerregelung nach § 19 UStG (25.000 € im Vorjahr) nicht überschritten. Sollte es sich um eine Altanlage (Anschaffung bis zum 31.12.2022) handeln oder die Voraussetzungen des § 12 Abs. 3 UStG (insbesondere Leistung der Anlage über 30 kWp) nicht erfüllt werden, ist es oft im Interesse des Unternehmers, die Vorsteuer aus der Anschaffung der Anlage als Vorsteuer zunächst abzuziehen. Im Gegenzug wird dann die Stromentnahme für private Zwecke (Eigenverbrauch) als unentgeltliche Wertabgabe besteuert. Dafür wird dann auf die Kleinunternehmerregelung verzichtet (Option zur Regelbesteuerung nach § 19 UStG).

1257 Die Entgelte aus der Netzeinspeisung (an den Netzbetreiber) unterliegen dann der Umsatzbesteuerung. Der Netzbetreiber rechnet i. d. R. im Gutschriftverfahren ab und weist die zu zahlende Umsatzsteuer aus.

1258 Die außerunternehmerische Nutzung des erzeugten Stroms (private Verwendung für Eigenverbrauch) ist als unentgeltliche Wertabgabe (§ 3 Abs. 1b UStG) zu versteuern, wenn die PV-Anlage zum Vorsteuerabzug berechtigt hat. Ein Unternehmer konnte eine vor dem 1.1.2023 angeschaffte PV-Anlage seinem Unternehmen zuordnen.[940] Wenn er auf die Kleinunternehmerregelung (§ 19 UStG) verzichtet hatte, war er zum vollen Vorsteuerabzug aus der Anschaffung berechtigt (§ 15 Abs. 1 UStG). Der dezentral (privat) verbrauchte Strom unterliegt dann der Wertabgabenbesteuerung nach § 3 Abs. 1b Satz 1 Nr. 1 UStG, wodurch der zulässige Vorsteuerabzug systemgerecht nachgelagert ausgeglichen wird. Auch nach dem 31.12.2022 ist in diesen Altfällen wie bisher weiterhin eine unentgeltliche Wertabgabe zu besteuern.[941]

---

939 Abschnitt 2.5 Abs. 1 Satz 2 UStAE.

940 Abschnitt 2.5 Abs. 13 UStAE.

941 BMF, Schreiben v. 27.2.2023 - III C 2-S 7220/22/10002:010, BStBl 2023 I S. 351 Rz. 4.

Soweit die GdWE den Strom an die Wohnungseigentümer liefert, handelt es sich – wie bei der Lieferung an den Netzbetreiber – um einen regulären Umsatz. Es ist hierbei unbeachtlich, dass die GdWE gegenüber ihren Mitgliedern tätig ist, da § 2 Abs. 1 Satz 3 UStG klarstellt, dass dies die Unternehmereigenschaft nicht einschränkt. 1259

BEISPIEL „STEUERPFLICHTIGE PHOTOVOLTAIKANLAGE": Die GdWE hat im Jahr 2020 eine PV-Anlage (12 kWp) angeschafft und auf der Dachfläche installiert. Mit dem Netzbetreiber und den Wohnungseigentümern wird durch die GdWE jeweils ein Stromlieferungsvertrag geschlossen. Auf die Kleinunternehmerregelung hat die GdWE verzichtet (Option zur Regelbesteuerung nach § 19 UStG). Wegen einer positiven Gewinnprognose sind Einkünfte aus Gewerbebetrieb (§ 15 EStG) anzunehmen. Die WEG-Anlage besteht aus einem Versicherungsbüro im Erdgeschoss (Teileigentum) und zwei Wohnungen im Obergeschoss (Wohnungseigentum), die jeweils Herrn A, Frau B und Frau C als Wohnungseigentümern gehören.

LÖSUNG: Aus der Lieferung und Montage der PV-Anlage hatte die GdWE einen Vorsteuerabzug (§ 15 UStG), da § 12 Abs. 3 Nr. 1 UStG (Umsatzsteuersatz von 0 %) vor dem 1.1.2023 noch nicht anzuwenden war. Da die GdWE auf die Kleinunternehmerregelung verzichtet hat, konnte sie im Jahr 2020 durch die Regelbesteuerung die Umsatzsteuer aus der Lieferung der PV-Anlage abziehen. Die vom Netzbetreiber erhaltenen Einspeisevergütungen sind umsatzpflichtig. Unentgeltliche Wertabgaben ergeben sich nicht, da die GdWE selbst keinen Strom für eigene Zwecke „privat" verbraucht. Sowohl der Strom an die Wohnungseigentümer als auch der Strom für das Gemeinschaftseigentum (z. B. das Licht im Flur und Treppenhaus) werden entgeltlich an die Wohnungseigentümer geliefert (Leistungsaustausch). Soweit der Strom an die Wohnungen abgegeben wird, sind diese regulär umsatzsteuerpflichtig. Sofern der Strompreis nicht dem Fremdvergleichspreis entspricht und zu niedrig ist, greift die Mindestbemessungsgrundlage (§ 10 Abs. 4, 5 UStG). Die Stromnutzung für das Gemeinschaftseigentum (z. B. das Licht im Flur und Treppenhaus) unterliegt aber der Steuerbefreiung nach § 4 Nr. 13 UStG.

Ertragsteuerrechtlich ist das vorstehende Beispiel so zu beurteilen: Herr A, 1260
Frau B und Frau C bilden als Wohnungseigentümer eine Mitunternehmerschaft, die durch den Betrieb der PV-Anlage im Gemeinschaftsvermögen der GdWE begründet wird. Der Gewinn aus dem Betrieb ist den Wohnungseigentümern nach § 15 Abs. 1 Nr. 2 EStG zuzurechnen. Die Stromlieferung „an sich selbst" für deren Sondereigentum gehört zu den einzubeziehenden Geschäftsvorfällen. Nur bei dem Stromverbrauch für das Gemeinschaftseigentum (z. B. das Licht im Flur und Treppenhaus) handelt es sich um eine Entnahme des dabei verbrauchten Stroms durch alle Wohnungseigentümer.

5. Umsatzsteuer aus Leistungen an die Wohnungseigentümer

a) Unterscheidung der Gemeinschaft der Wohnungseigentümer von den einzelnen Wohnungseigentümern

aa) Problemstellung

1261 Auf den ersten Blick könnte es überraschend sein, über Umsatzsteuer nachzudenken zu müssen, die durch eine GdWE erzeugt werden könnte. Die steuerrechtliche Situation erscheint z.B. gerade dann unproblematisch, wenn das gesamte Wohnungseigentum zu eigenen Wohnzwecken genutzt wird und daher auf Anhieb gar keine unternehmerische Tätigkeit durch die GdWE erkennbar ist. Zwar bezieht die GdWE bestimmte Leistungen von externen Unternehmern für die Wohnanlage (z.B. Handwerker, Gärtner, Reinigung) oder Versorgungsleistungen (z.B. Wasser, Gas, Strom) sowie Entsorgungsleistungen (z.B. Müllabfuhr), die den Wohnungseigentümern zugutekommen. Leistung und Gegenleistung in Form eines umsatzsteuerrechtlichen Leistungsaustauschs ist dabei jedoch nicht ohne Weiteres erkennbar.

1262 So einfach liegen die Dinge hier umsatzsteuerrechtlich aber nicht. Die GdWE erbringt nämlich automatisch ein Bündel an Leistungen für die einzelnen Wohnungseigentümer, da regelmäßig die Leistungen für das WEG-Objekt gegenüber der GdWE erbracht werden und diese Leistungen dann automatisch durch die GdWE anteilig an die einzelnen Wohnungseigentümer weitergeleitet (geleistet) gelten. Die Kostenumlage der Wohnungseigentümer bildet dabei das Entgelt (Gegenleistung). Dies führt prinzipiell zu einer Doppelbelastung mit Umsatzsteuer, da sowohl die Leistung an die GdWE als auch die darauffolgende Leistung der GdWE an die Wohnungseigentümer der Umsatzsteuer unterliegen würde. Dieser Effekt wird aber durch die Steuerbefreiung nach § 4 Nr. 13 UStG ausgeglichen, nach der bestimmte Leistungen der GdWE an die Wohnungseigentümer steuerfrei sind.

1263

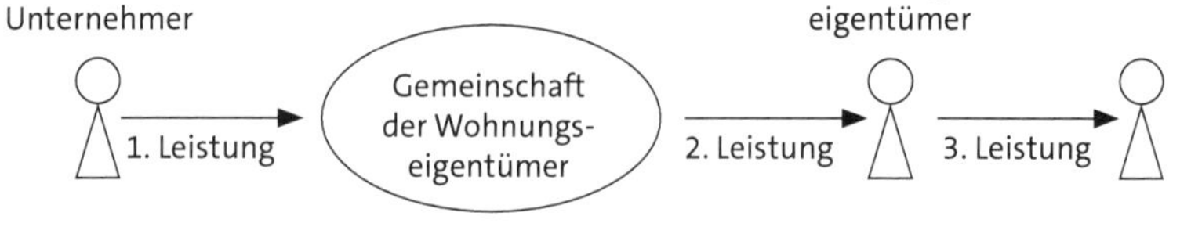

Es sind folgende Leistungsbeziehungen zu unterscheiden:

1. Leistungsbeziehung: Ein außenstehender Unternehmer (z.B. Handwerker) erbringt eine Lieferung oder sonstige Leistung gegenüber der GdWE als Auftraggeber. Abrechnungsgrundlage ist hierbei i.d.R. eine Rechnung des Unternehmers gegenüber der GdWE. Diese Leistung unterliegt nicht §4 Nr.13 UStG.

2. Leistungsbeziehung: Die GdWE erbringt eine (i.d.R. inhaltsgleiche) Lieferung oder sonstige Leistung gegenüber den jeweiligen Wohnungseigentümern. Abrechnungsgrundlage ist der Wirtschaftsplan bzw. die Jahresabrechnung. Diese Leistung unterliegt regelmäßig §4 Nr.13 UStG.

3. Leistungsbeziehung: Sofern Wohnungseigentümer ihr Wohn- oder Teileigentum vermieten, erbringen diese daraus keine inhaltsgleiche Lieferung oder sonstige Leistung, sondern eine Grundstücksüberlassung mit unselbständigen Nebenleistungen gegenüber dem jeweiligen Mieter. Abrechnungsgrundlage ist insoweit die Nebenkostenabrechnung. Diese Leistung unterliegt zwar nicht §4 Nr.13 UStG, aber kann nach §4 Nr.12 Buchst.a UStG steuerfrei sein.

BEISPIEL „LEISTUNGSKETTE": Die GdWE (vertreten durch den Verwalter) beauftragt einen Heizungs- und Sanitärbetrieb mit der Wartung der Gastherme. Frau F vermietet ihr Wohneigentum an den Mieter M.

LÖSUNG: Der Heizungs- und Sanitärbetrieb erbringt eine sonstige Leistung (Wartung) gegenüber der GdWE als Leistungsempfänger. Dies führt automatisch dazu, dass die GdWE quotal an alle Wohnungseigentümer (auch an Frau F) ebenfalls eine solche sonstige Leistung (Wartung) ausführt. Frau F erbringt aber keine sonstige Leistung in Form der Heizungswartung an ihren Mieter, sondern eine Grundstücksüberlassung (Vermietung von Wohnungseigentum) mit der Wartung der Gastherme als Nebenleistung.

bb) Zivilrechtliche Unterscheidung

Zunächst ist festzustellen, dass die GdWE als solche als rechtlicher Verbund 1264
schon zivilrechtlich von deren Mitgliedern (Wohnungseigentümern) zu unterscheiden ist. Die Wohnungseigentümer bilden zwar zusammen gesehen eine Bruchteilsgemeinschaft in Bezug auf das ihnen anteilig gehörende gemeinschaftliche Eigentum an der Wohnanlage (also alles das, was nicht im Sondereigentum der Wohnungseigentümer steht). Das den Wohnungseigentümern (zusammen) gehörende gemeinschaftliche Eigentum gehört daher nicht (!) der GdWE. Nur das Gemeinschaftsvermögen (z.B. die Bankkonten der GdWE, über das die laufenden Mittel und die Erhaltungsrücklage verwaltet werden),

gehört (nur) der GdWE. Somit ist schon zivilrechtlich zwischen der GdWE und jedem einzelnen Wohnungseigentümer zu unterscheiden.

cc) Jeweiliger Wohnungseigentümer als Unternehmer

1265 Auch umsatzsteuerrechtlich wird zwischen den Personen (Subjekten) unterschieden. Jeder einzelne Wohnungseigentümer kann (für sich gesehen) Unternehmer i.S.des §2 UStG sein. Diese Unternehmereigenschaft muss nicht einmal etwas mit dem Wohnungseigentum zu tun haben. So könnte z.B. ein Wohnungseigentümer in seinem Wohnungseigentum wohnen, aber gleichwohl als selbständiger Architekt (in einem anderen Objekt) unternehmerisch tätig sein. Es sind natürlich auch Fälle denkbar, in denen die unternehmerische Tätigkeit im Wohnungseigentum (Teileigentum) ausgeübt wird. So kann z.B. ein Teileigentümer seine Einheit im Erdgeschoss als Lebensmitteleinzelhandel unternehmerisch nutzen. Auch die Vermietung von Wohnungseigentum ist unternehmerisch und führt dazu, dass der Wohnungseigentümer als Unternehmern i.S.des §2 UStG einzustufen ist.

dd) Gemeinschaft der Wohnungseigentümer als Unternehmer

1266 Die GdWE (als solche) kann ebenfalls in eigener Person unternehmerisch tätig und als Unternehmerin i.S.des §2 UStG anzusehen sein. Dies wäre z.B. dadurch der Fall, dass ein Laubbläser oder ein Rasenmäher aus ihrem Gemeinschaftsvermögen regelmäßig an den Eigentümer eines Nachbargrundstücks vermietet wird und daraus (nachhaltig) Einnahmen erzielt werden. Bei einem Gesamtumsatz im (vorangegangenen) Kalenderjahr von bis zu 25.000€ sind solche Leistungen aber grds. steuerfrei (§19 Abs.1 Satz1 UStG), sofern die GdWE nicht freiwillig zur Umsatzsteuerpflicht optiert (§19 Abs.3 UStG). Somit spielen geringfügige unternehmerische Einnahmen (Umsätze) durch diese Kleinunternehmerregelung in der Praxis oft keine Rolle und führen zu keiner Umsatzsteuerpflicht für die GdWE.

ee) Bruchteilsgemeinschaft der Wohnungseigentümer als Unternehmer

1267 Die Vermietung von gemeinschaftlichem Eigentum führt eigentlich zur unternehmerischen Tätigkeit der Bruchteilsgemeinschaft der Wohnungseigentümer. Dies wäre z.B. der Fall, wenn ein Teil des Gartens (Gemeinschaftseigentum) an einen Dritten vermietet wird. Auch hierfür gilt die Kleinunternehmerregelung des §19 UStG, sofern der Umsatz nicht ohnehin nach §4 Nr.12 Buchst.a UStG steuerfrei ist.

Hier besteht aber die Besonderheit, dass die GdWE nach § 18 WEG das gemeinschaftliche Eigentum verwaltet und auch als Vermieterin auftritt. Die GdWE nutzt dann das ihr nicht gehörende Gemeinschaftsvermögen gleichwohl unternehmerisch und ist insoweit als eigenes Unternehmen (§ 2 UStG) anzusehen. 1268

b) Eingangsleistungen an die Gemeinschaft der Wohnungseigentümer

aa) Leistungen für das Objekt und dessen Nutzung

Wie alle Immobilien muss auch eine Anlage im Sinne des WEG laufend instandgehalten und ggf. instandgesetzt werden. Zudem gibt es Pflegeaufwand am Grundstück (z. B. für die Flur- und Treppenhausreinigung oder den Garten, Winterdienst). Für die Versorgung der Wohneinheiten besteht der Bedarf für die Lieferung von Strom, Wasser und Wärme (bzw. Öl oder Gas für die Heizungsanlage). Diese Leistungen werden i. d. R. von externen Unternehmern eingekauft (z. B. von Handwerksbetrieben oder Energieversorgern), welche dabei Umsatzsteuer berechnen. 1269

bb) Gemeinschaft der Wohnungseigentümer als Auftraggeber und Leistungsempfänger

Die Verwaltung des gemeinschaftlichen Eigentums obliegt zivilrechtlich der GdWE (§ 18 Abs. 1 WEG). Daher ist Auftraggeber und Vertragspartner für Lieferungen und sonstige Leistungen für das WEG-Objekt regelmäßig die GdWE (vertreten durch den Verwalter). Das ist auch sinnvoll, damit einheitliche Leistungen für das gesamte Objekt auch einheitlich beauftragt, überwacht und bezahlt werden. Dies bedeutet umsatzsteuerrechtlich, dass die GdWE der Leistungsempfänger ist. Die einzelnen Wohnungseigentümer oder die durch diese gebildete Bruchteilsgemeinschaft sind somit nicht die Vertragspartner und keine Leistungsempfänger. 1270

cc) Bauleistungen für das gemeinschaftliche Eigentum

Nach § 13b UStG kann in bestimmten Fällen die Steuerschuldnerschaft auf Leistungsempfänger übertragen werden (Reverse-Charge-Verfahren). Ursprünglich waren damit die Fälle ausländischer Unternehmer erfasst, die im Inland eine Leistung erbringen. Dies dient der Sicherung des Steueraufkommens, da der leistende Unternehmer ohne Umsatzsteuer (netto) abrechnet und stattdessen der inländische Leistungsempfänger die entstehende Umsatzsteuer auf die empfangene Leistung an das Finanzamt zu zahlen hat (Umkehr 1271 der Steuerschuld). In § 13b Abs. 2 UStG befindet sich inzwischen ein Katalog von verschiedenen Leistungen, die ebenfalls zu einer Umkehr der Steuerschuld führen. Dies gilt u. a. für Bauleistungen, die der Herstellung, Instandsetzung, Instandhaltung, Änderung oder Beseitigung von Bauwerken dienen, sofern der Leistungsempfänger selbst solche Bauleistungen erbringt (§ 13b Abs. 5 Satz 2 i. V. mit Abs. 2 Nr. 4 UStG). Für Personen, die solche Eingangsleistungen beziehen, ist daher entscheidend, ob sie diese Leistungen für eigene (selbst ausgeführte) Bauleistungen (weiter) verwenden. Sofern eine GdWE eine solche Handwerkerleistungen (Bauleistungen) beauftragt, würde dies daher dazu führen, dass die GdWE selbst als Bauleister gilt, da die Bauleistung automatisch die einzelnen Wohnungseigentümer mit ihrem anteiligen Gemeinschaftseigentum begünstigt.

1272 Die Finanzverwaltung schafft hierfür aber eine Vereinfachung: Die GdWE ist nicht Steuerschuldner nach § 13b UStG für Bauleistungen als Leistungsempfänger, wenn diese Leistungen als nach § 4 Nr. 13 UStG steuerfreie Leistungen der GdWE an die einzelnen Wohnungseigentümer weitergegeben werden (Regelfall).[942] Dies gilt aber auch dann, wenn die GdWE für derartige Umsätze nach § 9 Abs. 1 UStG zur Umsatzsteuerpflicht optiert.[943]

BEISPIEL „BAULEISTUNG": ▸ Nach dem Beschluss der Wohnungseigentümerversammlung beauftragt die GdWE (vertreten durch den Verwalter) das Heizungsbauunternehmen H, eine neue Heizungsanlage (Wärmepumpe) in den Keller der WEG-Anlage (Gemeinschaftseigentum) einzubauen.

LÖSUNG: ▸ Der Einbau der Heizungsanlage durch H ist eine unter § 13b Abs. 2 Nr. 4 Satz 1 und Abs. 5 Satz 2 UStG fallende Werklieferung. Diese wird an die GdWE als Auftraggeber und Werksvertragspartner (Leistungsempfänger) ausgeführt. Bereichert wird aber anteilig das jeweilige Gemeinschaftseigentum der Wohnungseigentümer, da die Heizungsanlage sachenrechtlich als wesentlicher Bestandteil des Gebäudes in das Bruchteilseigentum der Wohnungseigentümer übergeht. Damit leistet die GdWE unmittelbar nach dem Empfang der Leistung durch H (Einbau und Übergabe der Heizungsanlage) diese als Bauleistung umsatzsteuerrechtlich an die jeweiligen Wohnungseigentümer weiter. Obwohl die GdWE dadurch „zwangsweise" selbst zu einem Bauleister gegenüber den einzelnen Wohnungseigentümern wird, wechselt aus Vereinfachungsgründen nicht die Steuerschuldner nach § 13b UStG (Abschnitt 13b.3 Abs. 9 UStAE). Das Heizungsbauunternehmen rechnet daher regulär mit Umsatzsteuerausweis (brutto) gegenüber der GdWE ab.

942 Abschnitt 13b.3 Abs. 9 Satz 1 UStAE.

943 Abschnitt 13b.3 Abs. 9 Satz 2 UStAE.

c) Leistungen der Gemeinschaft der Wohnungseigentümer an die Wohnungseigentümer

Die GdWE ist zumindest nach Verwaltungsauffassung[944] schon deshalb Unternehmerin (§ 2 UStG), da sie fortlaufend ein Bündel von Leistungen an ihre Mitglieder (Wohnungseigentümer) erbringt. Dies sind alles Leistungen, die zentral durch die GdWE bezogen und für die Wohnungseigentümer erbracht werden. Leistungen der GdWE gegenüber dritten Personen sind dafür somit für deren Unternehmereigenschaft gar nicht erforderlich, denn nach § 2 Abs. 1 Satz 3 UStG ist auch jede nachhaltige Tätigkeit zur Erzielung von Einnahmen gewerblich (unternehmerisch), wenn dabei die Gewinnerzielungsabsicht fehlt oder eine Personenvereinigung nur gegenüber ihren Mitgliedern tätig wird. 1273

Typische Leistungen der GdWE an die Wohnungseigentümer sind insbesondere:[945] 1274

- Lieferungen von Wärme (Heizung), Wasser und (Allgemein-)Strom;[946]
- Waschküchen- und Waschmaschinenbenutzung (sofern nicht im Eigentum der Wohnungseigentümer);
- Verwaltung der Anlage durch den Verwalter der GdWE;
- Hausmeister- und Gärtnerleistungen sowie Reinigungsleistungen (z. B. der Flure und des Treppenhauses);
- Instandhaltung (z. B. Heizungswartung) und Instandsetzung (z. B. Reparatur des Daches) des gemeinschaftlichen Eigentums;
- Flur-, Keller und Treppenhausbeleuchtung;
- Schornsteinfeger und Brandstättenschau;
- Feuer-, Wohngebäude- und Grundbesitzerhaftpflichtversicherung;
- Müllabfuhr (Abfallentsorgung);
- Straßenreinigung und Winterdienst;
- Entwässerung (Abwasserentsorgung).

944 Die Finanzverwaltung setzt diese Sichtweise in Abschnitt 4.13.1 UStAE voraus. So auch Heidner in Bunjes, § 4 Nr. 13 UStG Rz. 1, 24. Aufl. 2025. Dagegen sieht Hummel in Rau/Dürrwächter, § 4 Nr. 13 UStG Rz. 128 (Stand: 6/2021), die jeweiligen Wohnungseigentümer als unmittelbare Leistungsbezieher, so dass z. B. eine Reinigungsleistung des Gemeinschaftseigentums direkt (und quotal) an die Miteigentümer und nicht in der Kette „durch“ die GdWE erbracht (weitergeleitet) werde. Ebenso Merkel in Küffner/Zugmaier, UStG, § 4 Nr. 13 UStG Rz. 5 (Stand: 1.2.2021).

945 Leistungskatalog angelehnt an Abschnitt 4.13.1 Abs. 2 Satz 2 UStAE.

946 Stromlieferverträge für die einzelnen Wohneinheiten (Sondereigentum) werden regelmäßig direkt durch die Wohnungseigentümer als Vertragspartner mit dem Energieversorgungsunternehmen abgeschlossen, so dass insoweit keine Leistung durchgeleitet wird.

1275 Der steuerbare Umsatz i. S. von § 1 Abs. 1 Nr. 1 UStG ergibt aus den Leistungen der GdWE an die jeweiligen Wohnungseigentümer (z. B. Instandhaltung und Reinigung des Gemeinschaftseigentums und die Lieferung von Wärme) gegen die Vorschüsse (und der nachfolgenden jährlichen Abrechnungsspitze) als Gegenleistung der Wohnungseigentümer für die Leistungen der GdWE.[947] Die Kostenumlagen stellen somit das Entgelt für die steuerbaren Leistungen der Wohnungseigentümergemeinschaften an ihre Mitglieder dar.

1276 Die GdWE überlässt den Wohnungseigentümern jedoch nach hier vertretener Auffassung nicht das gemeinschaftliche Eigentum, da dieses ihnen ohnehin schon als Teilhaber einer Bruchteilsgemeinschaft gehört. Insoweit leistet die GdWE nichts. Dagegen stellen alle Erhaltungs- und Erneuerungsarbeiten an dem gemeinschaftlichen Eigentum eine Leistung der GdWE an die Wohnungseigentümer dar, da die GdWE diese beauftragt und in eigener Person die Vertragspartnerin ist.

1277 Nach hier vertretener Auffassung erbringt die GdWE keine einheitliche Leistung, sondern erbringt parallel verschiedene trennbare Leistungen (als Leistungsbündel) gegenüber den Wohnungseigentümern. Eine Abgrenzung von Haupt- und Nebenleistung ergibt sich daher insoweit nicht, da jede Leistung eine eigene Hauptleistung darstellt.

1278 Sofern die Leistungen ausnahmsweise tatsächlich zu einer Umsatzsteuerbelastung der GdWE führen (sofern diese nicht nach §§ 4 Nr. 13 oder 19 UStG steuerfrei sind), sind die Leistungen näher zu qualifizieren und der Besteuerungszeitpunkt zu klären. Die GdWE erbringt keine (monatlichen) Teilleistungen (Teile einer wirtschaftlich teilbaren Leistung) i. S. des § 13 Abs. 1 Nr. 1 Buchst. a Satz 3 UStG. Die Leistungen werden in zeitlicher Hinsicht nach den jeweils maßgebenden Kriterien geliefert bzw. geleistet (bezogen). So gilt eine Stromlieferung regelmäßig mit dem Ende des Ablesezeitraums als geliefert und eine Dachreparatur mit der Abnahme. Die Umsatzsteuer entsteht dann jeweils nach (auf) dem danach maßgebenden Zeitpunkt, an dem für den jeweiligen Leistungszeitraum der Gegenstand der Leistung ausgeführt wurde (§ 13 Abs. 1 Buchst. a Satz 1 UStG). Durch die monatlichen Vorschüsse (Vorauszahlungen) nach dem WEG entsteht gleichwohl schon mit der Vereinnahmung (Zahlung) des Entgelts (Vorschüsse) durch die GdWE die Umsatzsteuer (Anzahlungsbesteuerung nach § 13 Abs. 1 Buchst. a Satz 4 UStG).

947 BGH, Urteil v. 20.9.2024 - V ZR 195/23, HFR 2025 S. 289 unter II. 2 c). Dagegen führen nach Stadie in Rau/Dürrwächter, § 2 UStG Rz. 512 (Stand: 10/2023), die Kostenumlagen nicht zu steuerbaren Leistungen.

d) Steuerfreiheit der Leistungen der Gemeinschaft der Wohnungseigentümer an die einzelnen Wohnungseigentümern nach § 4 Nr. 13 UStG

aa) Sinn der Steuerbefreiung

Durch § 4 Nr. 13 UStG werden bestimmte (typische) Leistungen der GdWE an die Wohnungseigentümer steuerfrei gestellt. Damit wird in erster Linie erreicht, dass der privatnutzende Wohnungseigentümer nicht mit einer doppelten Umsatzsteuer aus Eingangsleistungen an die GdWE belastet wird, die sonst als Alleineigentümer einer Immobilie nur einmal zu tragen wäre.[948] 1279

BEISPIEL „SINN DER STEUERBEFREIUNG": Ein Malerbetrieb streicht im Auftrag der GdWE die Hausfassade. Auf Frau F als Inhaberin einer Wohnung im WEG-Objekt entfallen von den Kosten rechnerisch anteilig 119 € (netto 100 € zzgl. 19 € Umsatzsteuer).

LÖSUNG: Die Malerleistung wird im ersten Schritt vom Malerbetrieb an die GdWE erbracht und im zweiten Schritt von der GdWE an die jeweiligen Wohnungseigentümer. Dadurch sind zwei Leistungsaustausche zu besteuern, die jeweils Umsatzsteuer auslösen. Bezogen auf Frau F bedeutet dies, dass die GdWE einmal Umsatzsteuer i. H. von 19 € als Teil des Werklohns an den Malerbetrieb zahlt und noch einmal 19 € Umsatzsteuer auf die Weiterleistung an Frau F an das Finanzamt zu zahlen hätte. Wenn Frau F alleinige Eigentümerin der Immobilien wäre (Regeleigentum außerhalb des WEG), hätte sie als unmittelbare Auftraggeberin des Malerbetriebs lediglich einmal 19 € Umsatzsteuer als Teil ihres Werklohns zahlen müssen. Durch § 4 Nr. 13 UStG wird daher die Leistung der GdWE an Frau F steuerfrei gestellt, so dass insoweit keine Umsatzsteuer entsteht. Die Leistung des Malerbetriebs an die GdWE unterliegt aber der regulären Umsatzsteuer, da darauf § 4 Nr. 13 UStG nicht anzuwenden ist.

Geht man allerdings davon aus, dass nicht die GdWE, sondern alle Wohnungseigentümer in ihrer Gesamtheit als Bruchteilsgemeinschaft die Leistungen beziehen und lediglich die angefallenen Kosten auf die Bruchteilseigentümer verteilt werden, gibt es keinen zwischengeschalteten Unternehmer. Dann fiele der vom historischen Gesetzgeber verfolgte Zweck in sich zusammen, da kein Leistungsaustausch entsteht, der steuerfrei gestellt werden müsste.[949] 1280

bb) Umfang der Steuerbefreiung

Die Umsatzsteuerbefreiung nach § 4 Nr. 13 UStG umfasst nicht jede Leistung einer GdWE. Entsprechend deren Sinn sind nur bestimmte Leistungen der GdWE an die Wohnungseigentümer umsatzsteuerfrei. Die Leistungen müssen 1281

948 BT-Drucks. V/1581 S. 12: „Eine Heranziehung dieser Leistungen zur Umsatzsteuer könnte dazu führen, dass die Wohnungseigentümer schlechter gestellt wären als Hauseigentümer und Mieter."

949 Ähnlich Hummel in Rau/Dürrwächter, § 4 Nr. 13 UStG Rz. 20 (Stand: 6/2021).

nach dem Gesetzeswortlaut „in der Überlassung des gemeinschaftlichen Eigentums zum Gebrauch, seiner Instandhaltung, Instandsetzung und sonstigen Verwaltung sowie der Lieferung von Wärme und ähnlichen Gegenständen bestehen". Danach können vier Kategorien von begünstigten Leistungen i.S.des §4 Nr.13 UStG unterschieden werden:

1. **Überlassung des gemeinschaftlichen Eigentums zum Gebrauch**

   Diese Kategorie läuft nach hier vertretener Auffassung weitgehend leer (oder ist nur klarstellend im Gesetz enthalten), da das gemeinschaftliche Eigentum nicht durch die GdWE zum Gebrauch überlassen wird. Das Gebrauchsrecht der Wohnungseigentümer ergibt sich schon aus deren Stellung als Miteigentümer an dem Grundstück.[950] Sofern man der Auffassung ist, dass die GdWE aus ihrem Verwaltungsrecht für das gemeinschaftliche Eigentum nach §18 WEG über das alleinige „Betretungsrecht" am Grundstück (gemeinschaftliche Eigentum) verfügt und sich dies für die Wohnungseigentümer daraus ableitet, mag dies als steuerfreie „Überlassung" des gemeinschaftlichen Eigentums i.S.des §4 Nr.13 UStG zu deuten sein. Da insoweit aber kein Entgelt gezahlt wird (und die Jahresabrechnung dazu auch zu Recht keine Kostenumlage vorsieht), wäre aber selbst dann eine Steuerfreiheit entbehrlich, sofern man aus der „kostenlosen Überlassung" keine unentgeltliche Wertabgabe (§3 Abs.9a UStG) konstruieren wollte.

   Ein denkbarer Anwendungsfall ist die bauliche Erweiterung des Gemeinschaftseigentums (z.B. ein nachträglich angebautes Vordach am Hauseingang). Dann könnte man umsatzsteuerrechtlich von einer Werklieferung des Bauunternehmens an die GdWE (als Auftraggeberin) und die sofortige und automatische Weiterlieferung an das Bruchteilseigentum der Wohnungseigentümer ausgehen. Die anteilige Kostentragung nach §16 WEG stellt dann das Entgelt dar, so dass ein Leistungsaustausch zwischen der GdWE und den Wohnungseigentümern zustande kommt, der nach §4 Nr.13 UStG umsatzsteuerfrei ist.

2. **Instandhaltung und Instandsetzung des gemeinschaftlichen Eigentums**

   Die Instandhaltung und Instandsetzung des gemeinschaftlichen Eigentums ist schon deshalb ein wichtiger Anwendungsfall nach §4 Nr.13 UStG, da es dabei oft um hohe Kosten geht, die sonst mit Umsatzsteuer doppelt belastet würden. Hierbei handelt es sich um alle Dienstleistungen und Bauleistungen, die der Reparatur und Erneuerung des Gebäudes im gemeinschaftlichen Eigentum dienen. Arbeiten am Sondereigentum (dem Gebäudeteil

950 So auch Hummel in Rau/Dürrwächter, §4 Nr.13 UStG Rz.35 (Stand: 6/2021).

der jeweiligen Wohnung) sind gesetzlich ausgeschlossen, da es kein gemeinschaftliches Eigentum darstellt.

3. **Sonstige Verwaltung des gemeinschaftlichen Eigentums**

   Alle Leistungen durch die GdWE, die der Verwaltung des gemeinschaftlichen Eigentums dienen, sind ebenfalls von der Steuerbefreiung nach § 4 Nr. 13 UStG umfasst. Dies betrifft alle Leistungen außerhalb der Bauleistungen und Wärmelieferungen für das Objekt bzw. für die Wohnungseigentümer wie z. B. Treppenhausreinigung.

4. **Lieferung von Wärme und ähnlichen Gegenständen**

   Die Lieferung von Wärme durch die GdWE an die jeweiligen Wohnungseigentümer ist ebenfalls nach § 4 Nr. 13 UStG umsatzsteuerbefreit. Dies betrifft den typischen Fall, dass die GdWE durch eine zentrale Heizungsanlage Wärme erzeugt und diese an die Heizkörper im jeweiligen Sondereigentum abgibt. Hier ist die Parallele zur Wohnungsvermietung erkennbar. Ein Vermieter vermietet i. d. R. eine warme Wohnung, so dass die Heizkörperwärme eine unselbständige Nebenleistung zur Grundstücksüberlassung (der Wohnung) darstellt und nach § 4 Nr. 12 Buchst. a UStG einheitlich steuerfrei gestellt wird.

   Hierbei ergibt sich regelmäßig ein Unterschied zwischen der von der GdWE bezogenen Eingangsleistung und der an die Wohnungseigentümer abgegebene Wärmeleistung. Wenn die Heizungsanlage über eine Ölheizung, Gastherme oder Wärmepumpe betrieben wird, bezieht die GdWE für die Wärmeproduktion entsprechend Heizöl, Gas oder Strom, die dann durch die Heizungsanlage technisch in Wärme umgewandelt werden. Nur bei einer Fernwärmeversorgung würde sich die Eingangs- mit der Ausgangsleistung technisch decken.

   Nicht klar ist, was unter „ähnlichen Gegenständen" zu verstehen ist, die der Wärme ähnlich sind. Hier geht es nach dem Sinn der Regelung wohl um eine absichernde Formulierung im Gesetz, dass alle Leistungen umfasst sind, die wie Wärme als übliche Nebenleistung des Wohnungseigentums dienen. Die Finanzverwaltung scheint darunter auch die Lieferungen von Wasser und Strom zu fassen.[951]

   Von der umsatzsteuerfreien Lieferung von Wasser ist sowohl kaltes als auch warmes Wasser umfasst. In beiden Fällen wird die GdWE das Wasser von einem Wasserversorgungsunternehmen beziehen und an die Woh-

951 In Abschnitt 4.13.1. Abs. 2 Satz 2 Spiegelstrich 1 UStAE wird die „Lieferungen von Wärme (Heizung) und Wasser und Strom" als eine Leistungsart dargestellt.

nungseigentümer weiterleiten. Bei der Lieferung von warmem Wasser (z.B. durch die entsprechende Einstellung an der Armatur im Bad oder der Küche) handelt es sich um die kombinierte Lieferung von Wasser, das durch eine Wärmelieferung der GdWE erwärmt (erhitzt) wird.

Auch die Lieferung von Strom ist nach §4 Nr.13 UStG steuerfrei, sofern dieser durch die GdWE von einem Energieversorger bezogen und an die Wohnungseigentümer weitergeleitet wird. Hier wird aber in aller Regel ohnehin ein separater Stromlieferungsvertrag zwischen dem Energieversorgungsunternehmen und dem einzelnen Wohnungseigentümer geschlossen, so dass die GdWE insoweit nicht beteiligt wird. Die strombetriebene Flurbeleuchtung ist keine Stromlieferung der GdWE an die Wohnungseigentümer, sondern eine sonstige Leistung in Form der Beleuchtung des gemeinschaftlichen Eigentums, die aber ebenfalls von §4 Nr.13 UStG erfasst wird.

Nicht von §4 Nr.13 UStG erfasst ist der zentrale Einkauf und Weiterverkauf von Brennstoffen (z.B. Öl, Briketts oder Gas) durch die GdWE, die erst durch eine eigene Heizungsanlage im Sondereigentum der Wohnungseigentümer in Wärme umgewandelt werden.[952] Auch für Gas ist diese Einschränkung nach hier vertretener Auffassung zutreffend, obwohl das Gas durch Gemeinschaftsleitungen in die Räume der Wohnungseigentümer fließt und dort in Wärme umgesetzt wird.[953] Es wird „Gas“ und nicht „Wärme“ geliefert.

BEISPIEL „STEUERBEFREIUNG“: Die GdWE rechnet in der Jahresabrechnung 2025 u.a. für die Wohnungseigentümerin Frau F über folgende Kostenpositionen ab:

- Heizung: 2.000€;
- Wasser: 500€;
- Allgemeinstrom Treppenhaus: 20€;
- Entgelt Verwalter: 300€;
- Gärtner Gemeinschaftsgarten: 60€;
- Reinigung Treppenhaus: 400€;
- Heizungswartung: 100€.

952 Entspricht Abschnitt 4.13.1. Abs. 2 Satz 6 UStAE.

953 Ausdrücklich a.A. Heidner in Bunjes, §4 Nr.13 UStG Rz. 2, 24. Aufl. 2025, der eine Analogie zu der Wärmelieferung der GdWE sieht, die auch durch die Gemeinschaftsrohre geleitet wird.

LÖSUNG: Allen aufgeführten Leistungen liegen Vertragsverhältnisse zwischen der GdWE und externen Unternehmen zugrunde. Dies gilt auch für die Leistungen des WEG-Verwalters. Alle Leistungen werden anteilig an Frau F durch die GdWE ausgeführt. Die auf Frau F entfallenden Kosten stellen deren Entgelt (Gegenleistung) dar. Es entsteht insoweit keine Umsatzsteuer, da die Leistungen der GdWE an Frau F nach § 4 Nr. 13 UStG steuerfrei sind.

Leistungen für das Sondereigentum sind von der Steuerbefreiung nach § 4 Nr. 13 UStG ausgeschlossen. Leistungen an die GdWE (von Versorgungsunternehmen oder Handwerkern) unterliegen generell nicht der Steuerfreiheit nach § 4 Nr. 13 UStG, so dass z. B. auch Leistungen des Wohnungsverwalters an die GdWE nicht dazugehören. 1282

BEISPIEL „LEISTUNGEN FÜR DAS SONDEREIGENTUM": Die GdWE beauftragt (vertreten durch ihren Verwalter) einen Hausmeisterservice, alle Rauchmelder in dem Objekt zu erneuern. Die Wohnungseigentümer sind einverstanden, dass nicht nur die Rauchmelder im Bereich des gemeinschaftlichen Eigentums (Flure, Treppen, Keller), sondern auch in den jeweiligen Wohnungen (Sondereigentum) ausgetauscht werden, da der Hausmeisterservice einen guten Gesamtpreis für den dadurch entstehenden Großauftrag angeboten hat. Die Wohnungseigentümer zahlen die anteiligen Kosten für die in ihren Wohnungen eingebauten Rauchmeldern an die GdWE. Die Kosten für die Rauchmelder im Bereich des Gemeinschaftseigentums werden nach den allgemeinen Grundsätzen nach Miteigentumsanteilen über die Jahresabrechnung abgerechnet.

LÖSUNG: Der Hausmeisterservice leistet zunächst insgesamt an die GdWE. Diese Leistung ist ohnehin nicht nach § 4 Nr. 13 UStG steuerfrei, da diese keine Leistungen an eine GdWE abdeckt. In einem gedanklich nachfolgenden Schritt leistet die GdWE an die jeweiligen Wohnungseigentümer sowohl für das Gemeinschaftseigentum als auch (individuell) für jedes Sondereigentum jeweils gegen die Kostenumlage (Gemeinschaftseigentum) und das Individualentgelt (Sondereigentum). Nur soweit die Rauchmelder im Bereich des Gemeinschaftseigentums angebracht werden, ist der Leistungsaustausch nach § 4 Nr. 13 UStG steuerfrei. Die im Sondereigentum angebrachten Rauchmelder unterliegen nicht dieser Steuerbefreiung. Regelmäßig stellt dies aber kein Problem dar, da die GdWE bei Umsätzen bis zu 25.000 € im (Vor-)Jahr als Kleinunternehmerin steuerfrei leistet (§ 19 UStG).

Leistungen der GdWE durch ihr Gemeinschaftsvermögen (§ 9a Abs. 3 WEG) sind nicht nach § 4 Nr. 13 UStG steuerbefreit.[954] Dies gilt selbst dann, wenn es sich um Leistungen an einzelne Wohnungseigentümer handelt (sofern es keine unselbständige Nebenleistung zu einer steuerfreien Hauptleistung darstellt). 1283

954 Bei Hummel in Rau/Dürrwächter, § 4 Nr. 13 UStG Rz. 38 (Stand: 6/2021), findet sich das schöne Beispiel einer „mobilen Tischtennisplatte", die eine GdWE erwirbt.

BEISPIEL „LEISTUNGEN AUS DEM GEMEINSCHAFTSVERMÖGEN": Die GdWE vermietet einen Aufsitzrasenmäher (Gemeinschaftsvermögen der GdWE) regelmäßig sowohl an einen Nachbarn des WEG-Objekts als auch an einen Wohnungseigentümer, der damit den Rasen eines anderen Grundstücks mäht, der in seinem Alleineigentum steht.

LÖSUNG: In beiden Fällen ist die Vermietung des Aufsitzrasenmähers nicht nach § 4 Nr. 13 UStG steuerfrei. Gleichwohl hilft hier in der Praxis bei geringen Entgelten die Steuerfreiheit als Kleinunternehmer nach § 19 UStG.

cc) Ist § 4 Nr. 13 UStG eine europarechtswidrige Steuerbefreiung?

1284 Es ist bisher noch nicht zweifelsfrei geklärt, ob die deutsche Steuerbefreiung für Wohnungseigentümergemeinschaften nach § 4 Nr. 13 UStG von den europarechtlichen Vorgaben gedeckt ist.[955]

1285 In einer Entscheidung des Europäischen Gerichtshofs v. 17.12.2020[956] zu einem Fall aus Deutschland hatte eine Wohnungseigentümergemeinschaft ein Blockheizkraftwerk unterhalten. Der erzeugte Strom wurde (unstrittig) umsatzsteuerpflichtig an einen Netzbetreiber geliefert. Die dabei entstandene Wärme wurde an die Wohnungseigentümer geliefert. Der EuGH[957] hat dazu entschieden, dass Art. 135 Abs. 1 der europäischen Mehrwertsteuersystemrichtlinie (MwStSystRL)[958] dahingehend auszulegen sei, dass er einer nationalen Regelung entgegensteht, nach der die Lieferung von Wärme durch eine Wohnungseigentümergemeinschaft an die Eigentümer, die Mitglieder dieser Gemeinschaft sind, von der Mehrwertsteuer befreit ist. Daraus wurde vielfach gefolgert, dass § 4 Nr. 13 UStG unionsrechtswidrig sei.[959] Teilweise wird aber mit beachtlichen Argumenten vertreten, dass der EuGH hier zwar im Ergebnis richtig liege (selbst produzierte Wärme unterliege keiner Umsatzsteuerbefreiung), aber der EuGH damit nicht über § 4 Nr. 13 UStG in Gänze und dessen angeblicher Unionsrechtswidrigkeit entschieden habe und die Entscheidung des EuGH daher überinterpretiert werde.[960]

1286 Bis auf Weiteres wendet die Finanzverwaltung § 4 Nr. 13 UStG weiterhin an. Die Steuerpflichtigen können sich zudem auf die Geltung des nationalen Rechts berufen, solange § 4 Nr. 13 UStG nicht wider Erwarten aufgehoben oder geändert werden sollte.

955 Widmann, UR 2021 S. 253.

956 EuGH, Urteil v. 17.12.2020 - C-449/19 (WEG Tevesstraße), BFH/NV 2021 S. 430.

957 EuGH, Urteil v. 17.12.2020 - C-449/19 (WEG Tevesstraße), BFH/NV 2021 S. 430.

958 Richtlinie 2006/112/EG des Rates v. 28.11.2006 über das gemeinsame Mehrwertsteuersystem in der durch die Richtlinie 2009/162/EU des Rates v. 22.12.2009 geänderten Fassung.

959 Küffner/Wernthaler, UR 2021 S. 103, 108; Widmann, UR 2021 S. 103, 109.

960 Hummel, UR 2021 S. 173.

Die GdWE können aber möglicherweise auch unter Berufung auf das davon abweichende EU-Recht von steuerpflichtigen Leistungen der GdWE gegenüber den Wohnungseigentümern ausgehen, wenn dies für sie wirtschaftlich günstiger ist, um z.B. einen hohen Vorsteuerabzug aus einer damit korrespondierenden Investition zu erhalten.[961] Hier sollten aber mit Vorsicht die steuergestalterischen Folgen für alle Wohnungseigentümer geprüft und die rechtlichen Erfolgsaussichten abgewogen werden. 1287

e) Option zur Umsatzsteuerpflicht durch die Gemeinschaft der Wohnungseigentümer nach § 9 UStG

aa) Wohnungseigentümer mit Interesse an Umsatzsteuerausweis wegen unternehmerischer Verwendung des Wohnungseigentums

Sofern Wohnungseigentümer (bzw. Teileigentümer) ihr Objekt für unternehmerische Zwecke nutzen, kann eine umsatzsteuerpflichtige Leistung der GdWE für sie wirtschaftlich vorteilhaft sein. Sofern der Wohnungseigentümer das Wohnungseigentum für Ausgangsumsätze verwendet, die den Vorsteuerabzug nicht ausschließen, wird dieser Wohnungseigentümer durch seinen Vorsteuerabzug letztlich nicht mit der Umsatzsteuer aus der Immobilie belastet. 1288

Dies wird durch eine Option nach § 9 Abs. 1 UStG der GdWE erreicht, mit der die Steuerfreiheit i. S. des § 4 Nr. 13 UStG für die Leistungen an den Wohnungseigentümer ausgeschlossen werden kann. Das ist nur für diejenigen Wohnungseigentümer möglich, die ihr Wohn- oder Teileigentum als Unternehmer nutzen. Die anderen Wohnungseigentümer werden dadurch finanziell (bis auf den höheren Verwaltungsaufwand) nicht benachteiligt, da die Umsatzsteuerschuld aus der Option mit einem Vorsteueranspruch in gleicher Höhe korrespondiert. Die GdWE hat eine Umsatzsteuererklärung (vertreten durch den Verwalter) beim zuständigen Finanzamt abzugeben. 1289

bb) Steuerrechtliche Voraussetzungen für die Option zur Umsatzsteuer

Nach § 9 Abs. 1 UStG kann der Unternehmer (hier: GdWE) u. a. einen Umsatz, der nach § 4 Nr. 13 UStG steuerfrei ist, als steuerpflichtig behandeln, wenn der Umsatz an einen anderen Unternehmer (hier: Wohnungseigentümer) für dessen Unternehmen ausgeführt wird. 1290

961 Schmidt, NWB 7/2021 S. 454 DAAAH-71590.

BEISPIEL „OPTION ZUR UMSATZSTEUER": Herr H nutzt sein Teileigentum als Elektronikfachhandel.

LÖSUNG: Die GdWE kann nach § 9 Abs. 1 UStG gegenüber Herrn H zur Umsatzsteuer optieren, so dass die Leistungen der GdWE an ihn nicht nach § 4 Nr. 13 UStG umsatzsteuerfrei sind.

1291 Es reicht aus (aber es ist auch erforderlich), dass der Wohnungseigentümer ein Unternehmer i. S. des § 2 UStG ist und das Wohnungseigentum auch unternehmerisch nutzt.

BEISPIEL „KEINE OPTION ZUR UMSATZSTEUER ZULÄSSIG": Herr H ist Einzelhändler für Elektronikartikel auf einem angemieteten Grundstück. Er ist auch Wohnungseigentümer einer WEG-Anlage, die er ausschließlich zu privaten Wohnzwecken nutzt.

LÖSUNG: Die GdWE kann nicht nach § 9 Abs. 1 UStG gegenüber Herrn H zur Umsatzsteuer optieren, da er zwar Unternehmer ist, aber das Wohnungseigentum nicht unternehmerisch nutzt. Die Leistungen der GdWE an ihn sind nach § 4 Nr. 13 UStG umsatzsteuerfrei.

1292 Die Begrenzung einer solchen Option nach § 9 Abs. 2 UStG (wie bei der Vermietung von Grundstücken nach § 4 Nr. 12 UStG), ist für den Verzicht auf die Steuerfreiheit nach § 4 Nr. 13 UStG nicht anzuwenden.

BEISPIEL „OPTION ZUR UMSATZSTEUER ZULÄSSIG": Herr Z ist als Zahnarzt in eigener Praxis in einem ihn gehörenden Teileigentum einer WEG-Anlage tätig.

LÖSUNG: Die GdWE könnte nach § 9 Abs. 1 UStG gegenüber Herrn Z zur Umsatzsteuer optieren, da Herr Z Unternehmer ist und das Teileigentum unternehmerisch nutzt. Die Einschränkung des § 9 Abs. 2 UStG sind nicht anzuwenden, so dass es unschädlich ist, dass Herr Z steuerfreie (vorsteuerabzugsschädliche) Leistungen nach § 4 Nr. 14 Buchst. a UStG erbringt. Eine Option macht aber regelmäßig keinen Sinn, da Herr Z die entstehende Umsatzsteuer nicht als Vorsteuer abziehen kann.

1293 Es ist zulässig, durch § 9 Abs. 1 UStG für jeden einzelnen Umsatz zur Steuerpflicht zu optieren (Teiloption). Diese Atomisierung geht wohl so weit, dass für jede Einzelleistung optiert werden kann. Dies ist für alle nicht mit Umsatzsteuer belasteten Eingangsleistungen relevant – etwa für die Gebäudeversicherung, Abfall- oder Abwasserentsorgung. Es empfiehlt sich, dass die GdWE lediglich für die steuerpflichtigen Eingangsleistungen – d. h. Wasser, Strom, Gartenarbeiten, Reparaturen etc. – die Option zur Steuerpflicht nach § 9 Abs. 1 UStG ausübt. Nicht umsatzsteuerbelastete Kosten – bspw. Versicherungsbeiträge oder Grundsteuer – sollten ohne Ausweis von Umsatzsteuer gegenüber den Wohnungs- oder Teileigentümern abgerechnet werden.[962]

962 Wenke/Lüder, NWB 35/2025 S. 2396, 2401 FAAAJ-98047.

Neben einer sachlichen (leistungsbezogenen) Option ist auch eine personelle (eigentümerbezogene) Option auf einzelne Wohnungs- bzw. Teileigentümer möglich, sofern diese Unternehmer i.S.des § 2 UStG sind. 1294

BEISPIEL „TEILOPTION": Wohnungseigentümer Anton ist mit 500/1.000 Miteigentumsanteilen Teileigentümer einer Erdgeschosswohnung, die er für seine Tätigkeit als Steuerberater nutzt. Die andere Wohnungseigentümerin Berta nutzt ihr Wohnungseigentum zu eigenen Wohnzwecken.

Durch eine Dachreparatur (Gemeinschaftseigentum) erbringt der Dachdecker gegenüber der GdWE eine Leistung für 100.000€ zzgl. 19.000€ Umsatzsteuer. Diese Leistung wird automatisch (gegen Kostenumlage) durch die GdWE an die beiden Wohnungseigentümer Anton und Berta „weitererbracht". Durch einen vorherigen Beschluss der Wohnungseigentümergemeinschaft verzichtet die GdWE durch eine Teiloption nach § 9 Abs. 1 UStG (nur) für die Leistung der Dachreparatur an Anton (nicht an Berta) auf die Umsatzsteuerfreiheit nach § 4 Nr. 13 UStG. Die GdWE kann die anteilige Vorsteuer des Dachdeckers zu 50 % (9.500€) abziehen. Anton kann die Vorsteuer aus der Leistung der GdWE an ihn (auch 9.500€) ebenfalls bei seiner Steuerberatungspraxis abziehen.

Sofern die GdWE nicht ausnahmsweise durch andere Umsätze an Dritte (z.B. durch die Vermietung ihres Gemeinschaftsvermögens) schon regelbesteuernde Unternehmerin ist, braucht es einer Doppeloption: 1295

Die GdWE muss gegenüber dem Finanzamt vom bisherigen Status als Kleinunternehmerin zur Regelbesteuerung wechseln (§ 19 Abs. 3 UStG). 1296

Die GdWE optiert gegenüber dem betroffenen Wohnungseigentümer zur Umsatzsteuerpflicht und wählt insoweit die Steuerfreiheit i.S.des § 4 Nr. 13 UStG ab (§ 9 Abs. 1 UStG). 1297

cc) Zivilrechtliche Voraussetzungen der Option

Die Option gehört nicht zu den Befugnissen des Verwalters und kann von diesem nicht selbständig ausgeübt werden. 1298

Hat ein Mitglied der Wohnungseigentümergemeinschaft z.B. gewerblich genutztes Teileigentum oder fremdvermietetes Wohnungseigentum, welches es aufgrund einer eigenen Option zur Steuerpflicht nutzt, kann es gegenüber der GdWE verlangen, dass für die ihm gegenüber erbrachten Leistungen (Umsätze) zur Steuerpflicht optiert wird. Einen Rechtsanspruch hat der Wohnungseigentümer aber nicht. Zur Ausübung der Option ist ein Beschluss der Eigentümer 1299 erforderlich.[963] Die Versammlung der Wohnungseigentümer muss daher vorher auf Antrag des jeweiligen Wohnungseigentümers mit einfachem Mehrheitsbeschluss (§ 25 Abs. 1 WEG) die Option beschließen. Nach einem (zustimmenden) Beschluss kann dann die GdWE (vertreten durch den Verwalter) steuerrechtlich wirksam nach § 9 UStG zur Umsatzsteuer optieren.

1300 Die Zustimmung zur Option darf nicht grundlos verweigert werden. Daher ist es aus zivilrechtlicher Sicht erforderlich, dass der Wohnungseigentümer die übrigen Wohnungseigentümer von wirtschaftlichen Nachteilen aus der Option freistellt.[964]

dd) Folgen der Option

1301 Die GdWE wird durch die Option für diese Leistungen umsatzsteuerpflichtig und muss die Ausgangsleistungen und die darauf entfallenden und abzugsfähigen Vorsteuern in der Umsatzsteuererklärung deklarieren und die Zahllast an das Finanzamt abführen.

1302 Die Kostenumlagen stellen die Gegenleistungen für die steuerpflichtigen Ausgangsleistungen dar. Bei einer personenbezogenen Teiloption (z. B. ist nur ein Wohnungseigentümer daran interessiert) ist der Vorsteuerabzug der GdWE nach § 15 Abs. 4 UStG i. d. R. nach dem Flächenverhältnis aufzuteilen und daher anteilig möglich.

ee) Zuführungen und Verwendung der Erhaltungsrücklage

1303 Die Zuführungen zur Erhaltungsrücklage führen noch zu keiner Umsatzsteuerpflicht. Es fehlt dann (noch) an der korrespondierenden Gegenleistung.[965] Diese wird erst bei der (künftigen) Mittelverwendung realisiert. Erst dann kommt der umsatzsteuerbare Leistungsaustausch zustande und die Umsatzsteuer entsteht.

BEISPIEL „ERHALTUNGSRÜCKLAGE": ▸ Die GdWE hat gegenüber Wohnungseigentümer A auf dessen Wunsch auf die Steuerfreiheit des § 4 Nr. 13 UStG durch die Option nach § 9 Abs. 1 UStG verzichtet. Aus der Jahresabrechnung für 2025 ergeben sich Kosten von insgesamt 5.000 € (netto) zzgl. eines Beitrags zur Erhaltungsrücklage von 800 €. Im Jahr 2027 wird für die Renovierung des Treppenhauses (auf A bezogen anteilig) 1.000 € aus der Erhaltungsrücklage durch die GdWE verwendet.

---

963 OLG Bayern, Beschluss v. 13.6.1996 - 2 Z BR 28/96, UR 1997 S. 481.

964 OLG Hamm, Beschluss v. 12.5.1992 - 15 W 33/92 IAAAH-13328 = UR 1993 S. 202.

965 Hummel in Rau/Dürrwächter, § 4 Nr. 13 UStG Rz. 226 (Stand: 6/2021).

LÖSUNG: Die 5.000 € Kostenumlage von A ergibt für das Jahr 2025 das Entgelt für die Leistungen der GdWE an A. Darauf sind 19 % Umsatzsteuer zu berechnen (sofern nicht die Lieferung von Wasser mit 7 % betroffen ist). Die Zuführung zur Erhaltungsrücklage 2025 (1.000 €) ist zwar Entgelt, aber noch ohne Leistung der GdWE. Erst wenn und soweit die Mittel der Erhaltungsrücklage entnommen und verwendet (ausgegeben) werden, wird die Verbindung zur Einzahlung geschlossen und es fällt (dann) Umsatzsteuer auf die entnommenen Mittel an.

f) Empfangene und versendete Rechnungen der Gemeinschaft der Wohnungseigentümer

aa) Eingangsrechnungen der Gemeinschaft der Wohnungseigentümer

(1) Vorsteuerabzug aus Rechnungen

Die GdWE wird viele Eingangsrechnungen von verschiedenen Unternehmern 1304
für Lieferungen und sonstige Leistungen erhalten. Sofern die GdWE nicht selbst umsatzsteuerpflichtige Leistungen erbringt und daher keinen Vorsteuerabzug aus den erhaltenen Rechnungen haben kann, sind die formalen und inhaltlichen Vorgaben des § 14 UStG an eine ordnungsgemäße Rechnung für die GdWE nicht entscheidend. Sollte die GdWE aber steuerpflichtige Ausgangsumsätze erbringen (z. B. wegen einer Option zur Umsatzsteuerpflicht nach § 9 Abs. 1 UStG gegenüber einem unternehmerischen Wohnungseigentümer), kann aus den Rechnungen ganz oder teilweise ein Vorsteuerabzugsrecht der GdWE bestehen. Daher ist es dann auch relevant, ob die erhaltene Rechnung nach § 14 UStG ordnungsgemäß ausgestellt wurde.

(2) E-Rechnungen

Seit dem 1.1.2025 sind elektronische Rechnungen (E-Rechnungen) als ord- 1305
nungsgemäße (Eingangs-)Rechnung für alle Empfänger zu akzeptieren. Zwar können die leistenden Unternehmer noch bis mindestens zum 31.12.2026 „sonstige Rechnungen“ (alle Rechnungen, die nicht den strengen Anforderungen der E-Rechnung entsprechen) rechtlich wirksam übersenden. Ein Vorsteuerabzug ist daraus auch unter den allgemeinen Voraussetzungen zulässig. Wenn ein Unternehmen aber gegenüber der GdWE als Leistungsempfängerin eine E-Rechnung ausstellt, ist diese auch verpflichtet, den technischen Zugang zu schaffen, dass diese auch rechtlich als entgegengenommen gilt. Dafür reicht aber bereits die Benennung einer eigenen E-Mail-Adresse aus. Für die GdWE sollte eine eigene E-Mail-Adresse eingerichtet werden, über die der Verwalter den Zugriff hat. Es ist aber vermutlich auch zulässig, wenn ein Verwalter für verschiedene von ihm betreute GdWE keine separate E-Mail-Adresse

einrichtet, sondern nur über eine zentrale E-Mail-Adresse für alle betreuten GdWE verfügt.[966]

1306 Es besteht keine Pflicht, dass die GdWE alle eingegangenen E-Rechnungen tatsächlich datentechnisch durch eine entsprechende Software auch elektronisch lesen, verarbeiten und speichern kann. Gleichwohl wäre es für den Vorsteuerabzug wichtig, durch den Einsatz geeigneter Software sicherzustellen, dass die E-Rechnung sowohl die inhaltlichen als auch die formalen Vorgaben erfüllt, die einen Vorsteuerabzug ermöglichen.

bb) Ausgangsrechnungen der Gemeinschaft der Wohnungseigentümer

(1) Pflicht zur Ausstellung einer Rechnung

1307 GdWE sind nicht umsatzsteuerpflichtig tätig, wenn sie lediglich steuerfreie Leistungen an die Wohnungseigentümer (durch die Grundstücksverwaltung und Wärmebeschaffung gegen die Kostenumlage) erbringen, die nach §4 Nr.13 UStG umsatzsteuerfrei sind. Dann besteht keine Pflicht, eine Rechnung auszustellen. Die GdWE hat aber gegenüber den Wohnungseigentümern eine ordnungsmäßige Rechnung nach §14 Abs.4 UStG zu erstellen, für die nach §9 Abs.1 UStG zur Umsatzsteuerpflicht optiert wurde.

1308 Auch für eine steuerpflichtige Vermietung von Gemeinschaftsvermögen (z.B. einer Bierzeltgarnitur an die Eigentümer eines Nachbargrundstücks) unterliegt im Grundsatz einer Rechnungspflicht. Eine wichtige Ausnahme ist die Eigenschaft als Kleinunternehmerin i.S.des §19 UStG.

(2) Ausstellung einer E-Rechnung

1309 Die Pflicht zur Ausstellung einer E-Rechnung besteht ohnehin nur in den Fällen, in denen die GdWE nach den allgemeinen Vorschriften zur Rechnungsausstellung hierzu verpflichtet ist. Somit trifft insbesondere keine GdWE eine Verpflichtung zur Ausstellung einer E-Rechnung, die nur steuerfreie Umsätze nach §4 Nr.13 UStG erbringt oder aber als Kleinunternehmerin (§19 UStG) anzusehen ist (§34a Satz4 UStDV).

1310 Unternehmer mit einem Gesamtumsatz von maximal 800.000€ im Jahr2026 dürfen auch im Jahr2027 noch sonstige Rechnungen erstellen (Übergangsregelung nach §27 Abs.38 Satz1 Nr.2 UStG). Da die steuerfreien Umsätze nach §4 Nr.13 UStG nicht zu den für die Umsatzgrenze maßgebenden Gesamtumsatz zählen, müsste die GdWE andere Umsätze von über 800.000€ erzielen, um

966 Schmidt, NWB17/2025 S.1168 EAAAJ-89843.

schon ab dem 1.1.2027 zwingend E-Rechnungen ausstellen zu müssen. In nahezu allen Fällen der Praxis wird die GdWE daher erst ab dem 1.1.2028 verpflichtet sein, eine E-Rechnung (statt einer sonstigen Rechnung z. B. im Papier- oder PDF-Format) auszustellen.

(3) Falscher Ausweis von Umsatzsteuer in Rechnungen

Der Unternehmer (die GdWE) hat in einer ordnungsgemäßen Rechnung die betraglich zutreffende Umsatzsteuer auszuweisen. Wenn die Umsatzsteuer (irrtümlich) zu hoch ausgewiesen wird, schuldet die GdWE auch den überhöhten Mehrbetrag (sog. unrichtiger Steuerausweis nach § 14c Abs. 1 Satz 1 UStG). Dies sind insbesondere Fälle eines Steuersatzfehlers (z. B. 19 % statt 7 %) und die umsatzsteuerpflichtige Abrechnung über eine umsatzsteuerfreie Leistung. Demgegenüber hat der vorsteuerabzugsberechtigte Wohnungseigentümer trotzdem nur einen Vorsteuerabzug aus dem niedrigeren Betrag der objektiv zutreffenden Umsatzsteuer.[967] Die GdWE kann aber die Rechnung auf den zutreffenden Betrag berichtigen, so dass die höhere Umsatzsteuer insoweit dann später (aber ohne Rückwirkung) wieder wegfällt (§ 14c Abs. 1 Satz 2 UStG). 1311

BEISPIEL „UNRICHTIGER STEUERAUSWEIS": Die GdWE erbringt typische grundstücksbezogene Leistungen (u. a. Erhaltung und Reinigung des Objekts und Lieferung von Wärme) an die Wohnungseigentümer, die alle ihre Einheit umsatzsteuerfrei zu Wohnzwecken vermieten. Diese Leistungen sind nach § 4 Nr. 13 UStG umsatzsteuerfrei. Die GdWE hat nicht gegenüber einzelnen Wohnungseigentümern zur Umsatzsteuer nach § 9 Abs. 1 UStG optiert und ist zudem Kleinunternehmerin i. S. des § 19 UStG. Gleichwohl weist sie in der Jahresabrechnung unzutreffend auf die gesamte Kostenumlage eine Umsatzsteuer von 19 % aus.

LÖSUNG: Die GdWE ist Unternehmerin (§ 2 UStG), da sie nachhaltig Leistungen an die Wohnungseigentümer erbringt. Sie darf darüber auch eine Rechnung i. S. des § 14 UStG erteilen. Jedoch muss sie dann auf die Umsatzsteuerfreiheit hinweisen.[968] Dagegen ist der Ausweis von (rechtlich nicht entstandener) Umsatzsteuer unrichtig und wird nach § 14c Abs. 1 UStG von der GdWE geschuldet. Die Norm trifft auch Kleinunternehmer.[969] Die Jahresabrechnung kann aber berichtigt werden (dann ohne Umsatzsteuerausweis), so dass die Umsatzsteuer (erst dann) wieder entfällt.

Von dem „unrichtigen" ist der „unberechtigte" Umsatzsteuerausweis abzugrenzen. Dies sind insbesondere Fälle, bei denen deshalb keine Rechnung mit Umsatzsteuer erstellt werden darf, weil der Rechnungsaussteller als Nichtunternehmer dazu schon dem Grunde nach nicht berechtigt ist. In diesen Fäl- 1312

967 BGH, Urteil v. 20.9.2024 - V ZR 195/23 UAAAJ-76094 = HFR 2025 S. 289 unter II. 2 c).

968 Abschnitt 14.7a Abs. 1 UStAE.

969 Abschnitt 14c.1 Abs. 2 Satz 1 UStAE.

len schuldet der Rechnungsaussteller den gesamten (unzutreffenden) Umsatzsteuerbetrag (§ 14c Abs. 2 Satz 1, 2 UStG). Dies betraf z. B. bis zum 31.12.2024 den Ausweis von Umsatzsteuer durch eine GdWE, die als Kleinunternehmerin (§ 19 UStG) dem Grunde nach nicht berechtigt war, Rechnungen mit Steuerausweis zu erteilen (§ 19 Abs. 1 Satz 4 UStG i. d. F. bis 31.12.2024).[970]

1313 Wenn ein Unternehmer aber über eine Leistung eine Rechnung mit einem unrichtigen Steuerausweis an einen Endverbraucher stellt, entsteht keine Umsatzsteuer nach § 14c Abs. 1 UStG.[971] Dies gilt auch für einen unberechtigten Steuerausweis nach § 14c Abs. 2 Satz 1 UStG. Unter „Endverbraucher" fallen Nichtunternehmer und Unternehmer, die nicht als solche handeln (insbesondere Unternehmer bei Leistungsbezug für ihren privaten Bereich oder für eine nichtwirtschaftliche Tätigkeit).[972] Dies geht zurück auf EuGH-Rechtsprechung.[973]

BEISPIEL „RECHNUNG AN ENDVERBRAUCHER": Eine GdWE ist Kleinunternehmerin (§ 19 UStG) und vermietet einen Aufsitzrasenmäher an einen Nachbarn (Privatperson), der diesen für seinen privaten Garten nutzt. Die GdWE erteilt gleichwohl eine Rechnung über 100 € zzgl. 19 € Umsatzsteuer.

LÖSUNG: Die GdWE ist Kleinunternehmerin und darf daher über die Vermietungsleistung nicht umsatzsteuerpflichtig abrechnen. Eigentlich entsteht daher nach § 14c Abs. 1 UStG (unrichtiger Steuerausweis) eine Umsatzsteuer von 19 €. Da der Nachbar aber ein Endverbraucher ist und keine Gefahr besteht, dass die Umsatzsteuer in einer Umsatzsteuererklärung als Vorsteuer geltend gemacht wird, entsteht diese (doch) nicht.

6. Lohnsteuer für Arbeitnehmer der Gemeinschaft der Wohnungseigentümer

1314 Eine GdWE ist verpflichtet, eine Lohnsteueranmeldung abzugeben und die einbehaltene Lohnsteuer abzuführen, wenn sie als Arbeitgeber (z. B. durch die Beschäftigung eines Hausmeisters oder einer Reinigungskraft) diese Verpflichtung nach §§ 38 ff. und 41a EStG trifft.

1315 Vielfach werden geringfügig entlohnte Arbeitnehmer (Minijobber) beschäftigt. Die GdWE kann dabei nicht am Haushaltsscheckverfahren teilnehmen, weil sie

970 Da seit dem 1.1.2025 die Leistungen der Kleinunternehmer nach § 19 Abs. 1 Satz 1 UStG n. F. als steuerfrei gelten (und nicht mehr als „nichterhoben"), sind dies nunmehr Fälle des unrichtigen Steuerausweises nach § 14c Abs. 1 UStG.

971 BMF, Schreiben v. 27.2.2024 - III C 2-S 7282/19/10001:002, BStBl 2024 I S. 361 Rz. 5.

972 BMF, Schreiben v. 27.2.2024 - III C 2-S 7282/19/10001:002, BStBl 2024 I S. 361 Rz. 9.

973 EuGH, Urteil v. 8.12.2022 - C-378/21 TAAAJ-29638 = BFH/NV 2023 S. 365, und nachfolgend EuGH, Urteil v. 1.8.2025 - C-794/23 TAAAJ-97173 = BFH/NV 2025 S. 1447.

selbst kein Privathaushalt ist. Die Anmeldung und Abführung der Abgaben erfolgt daher im gewerblichen Melde- und Beitragsverfahren über die Minijob-Zentrale. Hierdurch sind höhere pauschale Abgaben zu zahlen als bei Privathaushalten.

7. Bauabzugssteuer aus Bauleistungen an die Gemeinschaft der Wohnungseigentümer

a) Bauabzugssteuer für Gemeinschaftseigentum

Eine GdWE unterliegt grds. der Bauabzugssteuer nach § 48 Abs. 1 EStG, wenn sie von einem Unternehmer Bauleistungen für das gemeinschaftliche Eigentum beauftragt. In diesem Fall ist die GdWE als Leistungsempfänger verpflichtet, von der zu zahlenden Vergütung 15 % einzubehalten und an das Finanzamt abzuführen. Dies gilt aber nicht, wenn der leistende Bauunternehmer eine gültige Freistellungsbescheinigung (§ 48b EStG) vorlegt (Regelfall) oder wenn die Zahlungen je Bauleistenden und Kalenderjahr 5.000 € nicht übersteigen (§ 48 Abs. 2 EStG). 1316

Wichtig ist die Unterscheidung zwischen Gemeinschafts- und Sondereigentum. Bei einer Bauleistung für das Sondereigentum ist der jeweilige Wohnungseigentümer selbst der Leistungsempfänger (z. B. beim Umbau seines als Ladenlokal genutzten Teileigentums). Dann ist nicht die GdWE zum Steuerabzug verpflichtet. Nur bei Bauleistungen am Gemeinschaftseigentum (z. B. Dachdeckerarbeiten) ist die WEG als Auftraggeberin für die Einbehaltung der Bauabzugssteuer verantwortlich.[974] 1317

b) Bauabzugssteuer für Sondereigentum

Beim Leistungsbezug durch einen Wohnungseigentümer für sein Sondereigentum trifft ihn nur dann die Pflicht zur Bauabzugssteuer, wenn er ein Unternehmer nach § 2 UStG ist. Die Abzugsverpflichtung besteht demzufolge auch für Kleinunternehmer (§ 19 UStG) und Unternehmer, die ausschließlich steuerfreie Umsätze tätigen. 1318

Dazu gehören auch die Vermietung und Verpachtung von Grundstücken und Gebäudeteilen (wie z. B. Wohnungseigentum).[975] Vermietet der Leistungsempfänger Wohnungen, ist die Bauabzugsteuer für diese Wohnungen nicht 1319

974 BMF, Schreiben v. 19.7.2022 - IV C 8-S 2272/19/10003:002, BStBl 2022 I S. 1229 Rz. 19.
975 BMF, Schreiben v. 19.7.2022 - IV C 8-S 2272/19/10003:002, BStBl 2022 I S. 1229 Rz. 14.

anzuwenden, wenn er nicht mehr als zwei Wohnungen vermietet (§ 48 Abs. 1 Satz 2 EStG).

1320 Die Abzugsverpflichtung betrifft nur den unternehmerischen Bereich des Auftraggebers. Wird eine Bauleistung ausschließlich für den nichtunternehmerischen Bereich eines Unternehmers (z. B. für den Umbau des Badezimmers im selbstgenutzten Wohnungseigentum) erbracht, besteht keine Abzugsverpflichtung.[976]

1321 Wird keine Freistellungsbescheinigung (§ 48 EStG) vorgelegt, soll vom Steuerabzug auch dann abgesehen werden, wenn die Gegenleistung im laufenden Kalenderjahr den Betrag von 5.000 € voraussichtlich nicht übersteigen wird. Die Freigrenze von 5.000 € erhöht sich auf 15.000 €, wenn der Leistungsempfänger allein deswegen als Unternehmer abzugspflichtig ist, weil er ausschließlich steuerfreie Umsätze nach § 4 Nr. 12 Satz 1 UStG (= umsatzsteuerbefreite Vermietungsumsätze) ausführt. Die erhöhte Freigrenze von 15.000 € ist nicht anzuwenden, wenn der Unternehmer die nach § 4 Nr. 12 Satz 1 UStG steuerfreien Umsätze nach § 9 UStG als umsatzsteuerpflichtig behandelt (Option zur Umsatzsteuer). Erbringt der Leistungsempfänger neben steuerfreien Umsätzen nach § 4 Nr. 12 Satz 1 UStG weitere, ggf. nur geringfügige, umsatzsteuerpflichtige Umsätze, gilt insgesamt die Freigrenze von 5.000 €.[977]

976 BMF, Schreiben v. 19.7.2022 - IV C 8-S 2272/19/10003:002, BStBl 2022 I S. 1229 Rz. 14.
977 BMF, Schreiben v. 19.7.2022 - IV C 8-S 2272/19/10003:002, BStBl 2022 I S. 1229 Rz. 47.

XVII. Verwalter

1. Einkünfte aus der Wohnungsverwaltung

a) Wohnungsverwaltung als selbständige Einkünfte

Die Tätigkeit als Verwalter einer GdWE wird zivilrechtlich durch §§ 9b, 26, 26a, 27 WEG bestimmt. Einerseits ist der Verwalter dabei das Vertretungsorgan der GdWE (Außenverhältnis), kümmert sich um die Angelegenheiten des Objekts (Innenverhältnis) und wird dafür nach § 26 WEG bestellt. Andererseits erhält er regelmäßig dafür eine Vergütung auf einer vertraglichen Grundlage. Wie auch bei der Hausverwaltung für fremden Grundbesitz im ungeteilten Alleineigentum führt diese Tätigkeit zu sonstigen selbständigen Einkünften nach § 18 Abs. 1 Nr. 3 EStG.[978] Im Gegensatz zu gewerblichen Einkünften unterliegt der Verwalter damit weder der Gewerbesteuerpflicht noch der Bilanzierungspflicht. 1322

BEISPIEL „WOHNUNGSVERWALTUNG": Herr K ist hauptberuflich als angestellter Kfz-Mechatroniker und nebenberuflich als Hausverwalter tätig und betreut vier Objekte mit insgesamt 20 Wohneinheiten als „offizieller" Verwalter im Sinne des WEG und betreut zudem zehn Mehrfamilienhäuser im jeweiligen Alleineigentum des Vermieters (Regeleigentum).

LÖSUNG: Herr K erzielt aus der Verwaltertätigkeit sonstige selbständige Einkünfte (§ 18 Abs. 1 Nr. 3 EStG) und ist nicht gewerbesteuerpflichtig. Er kann den Gewinn durch Einnahme-Überschussrechnung (§ 4 Abs. 3 EStG) ermitteln.

Dies gilt auch für die Tätigkeitsvergütung eines Wohnungseigentümers, der von den übrigen Wohnungseigentümern als Verwalter im Sinne des WEG bestellt wird. Insoweit erzielt der verwaltende Wohnungseigentümer Einkünfte aus § 18 Abs. 1 Nr. 3 EStG. Abzugrenzen sind davon Vermietungseinkünfte dieses Wohnungseigentümers aus dem Objekt oder anderen ihm gehörenden Vermietungsobjekten. Die daraus erzielten Einkünfte sind solche aus Vermietung und Verpachtung (§ 21 Abs. 1 Nr. 1 EStG). 1323

BEISPIEL „EIGENVERWALTUNG": Herr A ist Eigentümer einer Wohnungseigentumseinheit eines WEG-Objekts, das er vermietet. Er wird von der GdWE als Verwalter im Sinne des WEG bestellt, da ihm noch andere vermietete Immobilien gehören und er sich mit wohnungswirtschaftlichen Dingen gut auskennt und die anderen Wohnungseigentümer ihm vertrauen. Er erhält von den anderen Wohnungseigentümern (über die Kostenumlage in der Jahresabrechnung) eine jährliche Pauschalvergütung von 1.000 €.

---

978 BFH, Urteil v. 25.11.1970 - I R 123/69, BStBl 1971 II S. 239 CAAAA-98733.

LÖSUNG: Herr A erzielt aus der Verwaltertätigkeit sonstige selbständige Einkünfte (§ 18 Abs. 1 Nr. 3 EStG). Die Vergütung von 1.000 € ist vollständig diesen Einkünften zuzuordnen, da sie für seine Verwaltertätigkeit gezahlt wird. Die von Herrn A aus der ihm gehörenden Einheit erzielten Vermietungseinkünfte sind davon zu trennen und auch nicht anteilig den sonstigen selbständigen Einkünften zuzuordnen. Soweit Herrn A Kosten für seine vermieteten Wohnungen entstehen, sind diese als Werbungskosten aus Vermietung und Verpachtung anzusetzen und nicht als Betriebsausgaben von den selbständigen Einkünften abzuziehen.

1324 Die Verwaltungstätigkeit darf nicht deutlich über die bloße Verwaltung von Immobilien hinausgehen, da sonst die Vermögensverwaltung überschritten wird und Einkünfte aus Gewerbebetrieb erzielt werden. Dabei kommt es nicht in erster Linie auf die Anzahl der betreuten Immobilien, sondern auf die Übertragung von qualifizierten Aufgaben auf eigene Angestellte oder beauftragte Unternehmer (ggf. Subunternehmern) an. In der Praxis wird eine sehr große Anzahl von Objekten schon aus Zeitgründen nicht von einer einzigen Person selbständig zu verwalten sein, so dass bei einer hohen Zahl betreuter Objekte wahrscheinlich ohnehin Personal angestellt oder Subunternehmer beschäftigt werden müssen. Eine zahlenmäßig genaue Grenze der Rechtsprechung zur Abgrenzung zwischen Vermögensverwaltung und Gewerblichkeit gibt es nicht.

1325 Gemischte Tätigkeiten sind regelmäßig auch dann getrennt zu erfassen, wenn zwischen ihnen wirtschaftliche Berührungspunkte bestehen. So können die Tätigkeiten als Versicherungsvertreter/Makler und Hausverwalter einkommensteuerrechtlich getrennt werden.[979]

BEISPIEL „WOHNUNGSVERWALTUNG VON 200 WOHNEINHEITEN“:[980] Herr H ist als Hausverwalter, Immobilienmakler und Versicherungsvermittler tätig. Er betreute 15 Objekte mit insgesamt 200 Wohneinheiten, bei denen es sich überwiegend um Wohneigentumsgemeinschaften im Sinne des WEG handelte (Gewinn im Jahr ca. 50.000 €). Als Makler vermittelt er zwei bis drei Immobilienverkäufe im Jahr (Gewinn jährlich ca. 8.000 €). Aus der Versicherungsvermittlung erzielt er einen Gewinn von ca. 3.000 € jährlich. Zu allen drei Tätigkeitsbereichen erstellt er separate Gewinnermittlungen und führt dazu auch getrennte betriebliche Bankkonten. Eine bei ihm angestellte Halbtagskraft unterstützt ihn bei Tätigkeiten wie Korrespondenzen, Telefonaten und Routinetätigkeiten. Alle wesentlichen Aufgaben der Hausverwaltung (vor allem die Handlung als Verwalter bei Wohnungseigentümerversammlungen, Überwachung von Handwerkern, Jahres- und Nebenkostenabrechnungen) erledigt er persönlich.

979 BFH, Urteil v. 18.3.1999 - IV R 5/98 KAAAA-63341 = BFH/NV 1999 S. 1456.

980 Beispiel angelehnt an den Fall des FG Niedersachsen, Urteil v. 23.3.2005 - 3 K 175/99, NZM 2006 S. 673 (rkr.).

LÖSUNG: Die Einkünfte aus den Tätigkeiten werden von Herrn H getrennt erzielt. Die Einkünfte aus der Immobilien- und Versicherungsvermittlung sind als solche aus Gewerbebetrieb (§ 15 EStG) und die Einkünfte aus der Hausverwaltertätigkeit sind als sonstige selbständige Tätigkeit gem. § 18 Abs. 1 Nr. 3 EStG einzuordnen.

b) Gewerbliche Wohnungsverwaltung

Die Hausverwaltertätigkeit führt zu gewerblichen Einkünften, wenn die Ver- 1326
mögensverwaltung einen Umfang angenommen hat, welche die Übertragung qualifizierter Aufgaben auf Angestellte oder Subunternehmer erforderlich macht bzw. die Beschäftigung von Hilfskräften für untergeordnete Arbeiten der Vermögensverwaltung nach dem Gesamtbild der Verhältnisse als gewerblich erscheinen lässt.[981]

Die Mitarbeit fachlich vorgebildeter Arbeitsnehmer ist für die Qualifikation als 1327
selbständige Einkünfte i. S. des § 18 Abs. 1 Nr. 3 EStG unschädlich, wenn der Verwalter als Berufsträger trotz solcher Mitarbeiter leitend und eigenverantwortlich die Immobilien verwaltet.[982] Dafür ist erforderlich, dass die Grundzüge der Organisation sowie die Planung, Überwachung und Entscheidung von Zweifelsfällen durch den Berufsträger in ausreichendem Maße gewährleistet sind. Nur unter diesen Voraussetzungen trägt die Arbeitsleistung – selbst wenn der Berufsträger (Verwalter) ausnahmsweise in einzelnen Routinefällen nicht mitarbeitet – den erforderlichen „Stempel der Persönlichkeit" des Verwalters.[983] Zukünftig wird sich immer mehr die Frage stellen, ob der Einsatz von künstlicher Intelligenz und die Auslagerung von (Vor-)Arbeiten auf selbständig entscheidende Systeme (KI-Agenten), die nur noch ausnahmsweise eine Zustimmung des (menschlichen) Berufsträgers erfordern, der leitenden und eigenverantwortlichen Arbeit (im herkömmlichen Sinne der Rechtsprechung) widersprechen.

981 FG Niedersachsen, Urteil v. 23.3.2005 - 3 K 175/99, NZM 2006 S. 673 (rkr.), nachfolgend zu BFH, Urteil v. 18.3.1999 - IV R 5/98 KAAAA-63341 = BFH/NV 1999 S. 1456, das die Sache an das FG zurückverwiesen hatte.

982 BFH, Urteil v. 26.1.2011 - VIII R 3/10, BStBl 2011 II S. 498 UAAAD-80476, für die Insolvenzverwaltertätigkeit als sonstige selbständige Arbeit bei Beschäftigung qualifizierter Mitarbeiter.

983 BFH, Urteil v. 27.8.2014 - VIII R 6/12, BStBl 2015 II S. 1002 YAAAE-84199 unter II. 2. a), für den Fall eines Insolvenzverwalters. Zu einem Hausverwaltungsfall mit 644 Wohnungen und mehreren Angestellten dagegen noch FG Berlin v. 19.1.1994 - VI 346/88, EFG 1994 S. 531 (rkr).

BEISPIEL „WOHNUNGSVERWALTUNG VON 800 WOHNEINHEITEN“: Herr G ist als Hausverwalter tätig. Er betreute 70 Objekte mit insgesamt 600 Wohneinheiten, bei denen es sich überwiegend um Wohneigentumsgemeinschaften im Sinne des WEG handelt. Er hat drei angestellte Vollzeitkräfte, mit denen sich Herr G die betreuten Objekte nach räumlichen Zuständigkeiten aufteilt. Nur die Handlung als Verwalter bei allen Wohnungseigentümerversammlungen erledigt er persönlich.

LÖSUNG: Herr G erzielt Einkünfte aus Gewerbebetrieb (§ 15 EStG), da seine Hausverwaltertätigkeit nicht als Vermögensverwaltung einzustufen ist. Er kann nicht alle Objekte hinreichend selbst betreuen. Die Teilnahme an allen Wohnungseigentümerversammlungen reicht nach hier vertretener Auffassung dafür nicht aus, da auch das wesentliche „Tagesgeschäft“ entscheidend ist.

2. Gewerbesteuer aus Wohnungsverwaltung

1328 Sofern die Wohnungsverwaltung zu sonstigen selbständigen Einkünften nach § 18 Abs. 1 Nr. 3 EStG führt, besteht kein Gewerbebetrieb i. S. des § 2 Abs. 1 GewStG, so dass dann keine Gewerbesteuerpflicht besteht.

1329 Bei einer gewerblichen Wohnungsverwaltung (i. d. R. bei vielen Objekten und der Aufgabenübertragung an Mitarbeiter) besteht eine Gewerbesteuerpflicht des Verwalters. Hier ist der Freibetrag nach § 11 Abs. 1 Nr. 1 GewStG (24.500 €) zu berücksichtigen.

3. Umsatzsteuer aus Tätigkeit als Wohnungsverwalter

1330 Die Wohnungsverwaltung ist als sonstige Leistung (§ 3 Abs. 9 UStG) eine unternehmerische Tätigkeit i. S. des § 2 Abs. 1 UStG, sofern die Verwaltungsaufgaben von der GdWE vergütet werden (Regelfall).

1331 Dabei kann die Kleinunternehmerregelung nach § 19 UStG angewendet werden, sofern die Umsatzgrenzen eingehalten werden (ab 2025: maximal 25.000 € im Vorjahr). Dann ist die Leistung umsatzsteuerfrei.

1332 Die Verwaltungsleistungen an die GdWE unterliegen nicht der Steuerfreiheit nach § 4 Nr. 13 UStG. Durch diese Vorschrift werden nur bestimmte Leistungen der GdWE an die Wohnungseigentümer steuerfrei gestellt.

BEISPIEL „WOHNUNGSVERWALTUNG“: Herr K betreut nebenberuflich sechs WEG-Objekte als Verwalter im Sinne des WEG und erzielt dabei einen Umsatz aus der Vergütung für seine Tätigkeit von 10.000 €.

LÖSUNG: Herr K ist aus der Verwaltertätigkeit unternehmerisch tätig (§ 2 UStG), da seine Leistungen im Leistungsaustausch (Vergütung als Gegenleistung i. S. des § 1 Abs. 1 Nr. 1 UStG) erbracht werden. Als Kleinunternehmer (§ 19 UStG) sind die Leistungen aber umsatzsteuerfrei (sofern er nicht freiwillig zur Umsatzsteuer nach § 19 Abs. 3 UStG optiert).

4. Verfahrensrecht für Steuern der Gemeinschaft der Wohnungseigentümer

a) Verwalter als berechtigte und verpflichtete Person der AO

Die GdWE wird durch den Verwalter gerichtlich und außergerichtlich vertreten 1333
(§ 9b Abs. 1 Satz 1 WEG). Als gesetzlicher Vertreter der GdWE als rechtsfähige Personenvereinigung (§ 14a Abs. 2 Nr. 3 AO) hat er deren steuerliche Pflichten zu erfüllen (§ 34 Abs. 1 Satz 1 AO). Dies betrifft insbesondere die Pflicht zur Abgabe der Steuererklärungen der GdWE (insbesondere Umsatzsteuererklärung und Lohnsteueranmeldung) und die Zahlung der fälligen Steuern aus dem Gemeinschaftsvermögen. Dazu gehört aber auch eine eventuelle Buchführungs- und Aufzeichnungspflicht für steuerrechtliche Zwecke (z. B. aus dem Betrieb einer PV-Anlage). Auf Anfrage des Finanzamts besteht auch eine Auskunftspflicht und eine daran gekoppelte Vorlagepflicht für Unterlagen.

Die von der GdWE zu erfüllenden steuerrechtlichen Pflichten, die der Verwalter 1334
zu verantworten hat, sind insbesondere Folgende:

- Steuererklärungspflichten (§ 149 AO i. V. mit Einzelsteuergesetzen);
- Aufzeichnungs- und Aufbewahrungspflichten (§§ 140 ff. AO, § 14b UStG);
- Zahlung der fälligen Steuern;
- Auskünfte erteilen und Unterlagen vorlegen (§§ 90 ff. AO).

Der Verwalter ist nur der Vertreter der GdWE. Er vertritt nicht die Bruchteils- 1335
gemeinschaft. Deshalb hat er z. B. keine Vertretungsmacht für das im Miteigentum stehende Grundstück (Gemeinschaftseigentum).[984] Sollte z. B. ein Grundstücksteil (z. B. Garten) gemeinschaftlich vermietet werden, soll die Bruchteilsgemeinschaft (nicht rechtfähige Personenvereinigung nach § 14a Abs. 3 Nr. 1 AO) einen gemeinsamen Empfangsbevollmächtigten bestellen, der alle Verwaltungsakte und Mitteilungen in Empfang nimmt, die mit der gesonderten und einheitlichen Feststellung der daraus resultierenden Einkünfte zusammenhängen (§ 183a AO).

984 Grziwotz in Erman, BGB, 17. Aufl. 2023, § 9b WEG Rz. 7.

b) Steuererklärungen

1336 Der Verwalter hat die Steuererklärungs- und Steueranmeldungspflichten für die GdWE zu erfüllen. Hierbei ist auf die konkrete Frist zur Abgabe der jeweiligen Steuerdeklaration zu achten (§ 149 AO):

- Umsatzsteuervoranmeldungen (§ 18 Abs. 1, 2 UStG): Bis zum 10. Tag nach Ablauf jedes Voranmeldungszeitraums ist eine Umsatzsteuervoranmeldung nach amtlich vorgeschriebenem Datensatz über die amtlich bestimmte Schnittstelle zu übermitteln, in der die Umsätze und Vorsteuern anzugeben sind und die danach zu entrichtende Steuer für den Voranmeldungszeitraum (Vorauszahlung) selbst zu berechnen ist. Voranmeldungszeitraum ist im Grundsatz das Kalendervierteljahr. Beträgt die Umsatzsteuer für das vorangegangene Kalenderjahr mehr als 9.000 €, sind die Voranmeldungen monatlich abzugeben. Beträgt die Steuer für das vorangegangene Kalenderjahr nicht mehr als 2.000 €, kann das Finanzamt den Unternehmer von der Verpflichtung zur Abgabe der Voranmeldungen und Entrichtung der Vorauszahlungen befreien.
- Umsatzsteuerjahreserklärung (§ 18 Abs. 3 UStG): Für jedes Kalenderjahr ist eine Steuererklärung nach amtlich vorgeschriebenem Datensatz über die amtlich bestimmte Schnittstelle zu übermitteln, in der die Umsätze und Vorsteuern anzugeben sind und die danach zu entrichtende Umsatzsteuer selbst zu berechnen ist (Steueranmeldung). Dies gilt unabhängig davon, ob diese Umsätze bereits in (monatlich oder quartalsweise abzugebenden) Umsatzsteuer-Voranmeldungen erklärt wurden.
- Gewerbesteuererklärung (§ 14a GewStG): Die GdWE hat für steuerpflichtige Gewerbebetriebe (z. B. eine PV-Anlage) jährlich eine Erklärung zur Festsetzung des Steuermessbetrags nach amtlich vorgeschriebenem Datensatz über die amtlich bestimmte Schnittstelle elektronisch zu übermitteln.
- Lohnsteueranmeldung (§ 41a EStG): Die GdWE hat als Arbeitgeber (z. B. für einen angestellten Hausmeister) spätestens am zehnten Tag nach Ablauf eines jeden Lohnsteueranmeldungszeitraums dem Finanzamt eine Lohnsteueranmeldung (Steuererklärung) nach amtlich vorgeschriebenem Datensatz elektronisch einzureichen. Lohnsteueranmeldungszeitraum ist grds. der Kalendermonat. Wenn die abzuführende Lohnsteuer für das vorangegangene Kalenderjahr zwischen 1.081 € und 5.000 € betragen hat, ist das Kalendervierteljahr der Anmeldungszeitraum. Wenn für das gesamte vorangegangene Kalenderjahr die abzuführende Lohnsteuer maximal 1.080 € betragen hat, ist das (gesamte) Kalenderjahr der Anmeldezeitraum.

Jede GdWE ist separat zu betrachten. Daher haben Verwalter für jede einzelne GdWE eigene Steuererklärungen abzugeben und können keine Besteuergrundlagen aus Vereinfachungsgründen bündeln.[985] 1337

c) Steuerbescheide

Steuerbescheide (z.B. zur Gewerbesteuer) für Steuern des GdWE als Inhaltsadressaten sind dem Verwalter bekanntzugeben. 1338

Hier ist es wichtig, dass der Inhalt der Bescheide geprüft wird und ggf. ein Änderungsantrag (§§ 172 ff. AO) oder Einspruch (§§ 347 ff. AO) eingelegt wird. 1339

d) Erhebungsverfahren

Der Verwalter hat die „Ansprüche aus dem Steuerschuldverhältnis" i.S. des § 37 Abs. 1 AO (Steuerzahlungen) aus dem Vermögen der GdWE zu erfüllen. Dies bedeutet insbesondere, dass die Steuerbeträge bei Fälligkeit geleistet werden, bei denen die GdWE Steuerschuldnerin ist (sofern kein SEPA-Mandat besteht, das dazu führt, dass das Finanzamt von sich aus die Steuern vom Bankkonto einzieht). 1340

e) Aufbewahrungspflichten

Das Steuerrecht normiert Aufzeichnungspflichten und daran anschließend Aufbewahrungspflichten u.a. bei kaufmännischen bzw. gewerblichen Einkünften für bestimmte steuerlich relevante Unterlagen (§§ 140 ff. bzw. 147 ff. AO; insbesondere Eingangs- und Ausgangsrechnungen). Die Fristen betragen i.d.R. sechs oder zehn Jahre. Dies kann eine GdWE z.B. dann treffen, wenn aus dem Gemeinschaftsvermögen Einkünfte aus Gewerbebetrieb (z.B. aus einer PV-Anlage) erzielt werden. 1341

Eingangsrechnungen an die GdWE (z.B. aus Handwerkerleistungen) sind davon unabhängig immer zwei Jahre aufzubewahren, auch wenn keine einkünfterelevante Tätigkeit durch die GdWE damit verbunden ist (§ 14b UStG). 1342

f) Haftung für Steuerschulden

Als gesetzlicher Vertreter der GdWE haftet der Verwalter gem. § 69 AO für deren Steuern, soweit diese infolge einer vorsätzlichen oder grob fahrlässigen 1343

985 So auch OFD Bremen, Verfügung v. 28.7.1997 - S 2376 - St 22, DB 1997 S. 1744, nach der für jede vom Verwalter betreute WEG eine gesonderte Lohnsteueranmeldung abzugeben ist.

Verletzung der ihm als Verwalter nach § 34 AO auferlegten Pflichten nicht (oder nicht rechtzeitig) festgesetzt oder erfüllt werden oder infolgedessen Steuererstattungen ohne rechtlichen Grund an die GdWE ausgezahlt werden. Der Verwalter haftet dabei mit seinem (privaten) Vermögen. Der Haftungsanspruch wird durch einen Haftungsbescheid (§ 191 AO) gegenüber dem Verwalter (in eigener Person) festgesetzt.

1344 Es geht hierbei um Steuerschulden der GdWE (z. B. Umsatzsteuer aus dem steuerpflichtigen Betrieb einer PV-Anlage im Gemeinschaftsvermögen). Der Verwalter ist dafür zwar nicht der Steuerschuldner. Er hat aber die Steuerschuld der GdWE als deren Verfügungsberechtigter über das Bankkonto der GdWE (für diese) zu zahlen. Sollte er dem nicht nachkommen, kann er deswegen unter Umständen vom Finanzamt in Haftung genommen werden. Dies ist aber nur dann der Fall, wenn er vorsätzlich oder grob fahrlässig die ihm auferlegte Pflicht zur zeitgerechten Steuerzahlung verletzt hat. Das wäre z. B. dann der Fall, wenn er die Zahlungspflichten nachlässig überwacht und damit grob fahrlässig handelt. Sollte in diesem Fall dann später das Gemeinschaftsvermögen nicht ausreichen, um die Steuern nachzuzahlen, haftet der Verwalter daher nach § 69 AO dafür mit seinem eigenen Vermögen.

1345 Sollte die GdWE nicht über ausreichende Mittel (auf ihrem Bankkonto) verfügen, um ihre fälligen Steuern (durch den Verwalter) zu zahlen, haftet der Verwalter hierfür nicht, sofern er diese Situation nicht beeinflussen konnte und nicht durch eine ordnungsgemäße Verwaltung hätte verhindern können (z. B. durch die Anforderung von Nachschüssen durch die Wohnungseigentümer). Hier besteht im Einzelfall im Haftungsverfahren mit dem Finanzamt Konfliktpotenzial hinsichtlich der Frage, worin die Ursache lag und wer diese zu verantworten hat.

1346 Von der Haftung der Vertreter (§ 69 AO) sind einzelne Haftungstatbestände abzugrenzen, die nicht unmittelbar den Verwalter, sondern zunächst die GdWE treffen. Hierbei handelt es sich um Fälle, bei denen die GdWE nicht die Steuerschuldnerin ist, sondern für den Einbehalt und die Abführung einer fremden Steuerschuld verantwortlich ist. Dies betrifft z. B. die Haftung als Arbeitgeber für nicht einbehaltene und abgeführte Lohnsteuer (§ 42d EStG). Hierbei ist der Arbeitnehmer der Steuerschuldner. Ebenfalls denkbar ist eine Haftung nach § 48a Abs. 3 Satz 1 EStG als Leistungsempfänger einer Bauleistung für einen nicht oder zu niedrig abgeführten Abzugsbetrag. Die GdWE (Leistungsempfängerin) haftet jedoch nicht, wenn ihr im Zeitpunkt der Gegenleistung eine Freistellungsbescheinigung (§ 48b EStG) vorgelegen hat, auf deren Rechtmäßigkeit sie vertrauen konnte (§ 48a Abs. 3 Satz 2 EStG). Auch diese Haftungsbeträge sind durch den Verwalter aus dem Vermögen der GdWE zu zahlen. Auch hier greift die Haftung für den Verwalter aus §69 AO, wenn diese Zahlungen schuldhaft nicht geleistet wurden (Haftung des Verwalters für Haftungsschuld der GdWE).

g) Steuerhinterziehung

aa) Verwalter als Vermögensverwalter mit steuerrechtlichen Pflichten

Der Verwalter ist dafür verantwortlich, dass die Besteuerungsgrundlagen zu- 1347
treffend in den Steuererklärungen und Steueranmeldungen der GdWE deklariert werden. Hierbei besteht dann die Gefahr, dass dem Finanzamt unzutreffende Besteuerungsgrundlagen mitgeteilt werden und dadurch eine zu geringe Steuer für die GdWE (für Umsatzsteuer aus dem Gemeinschaftsvermögen) festgesetzt wird. Dies kann sogar dazu führen, dass der Verwalter eine Steuerhinterziehung begeht. Dies gilt selbst dann, wenn er hieraus keinen wirtschaftlichen Vorteil zieht und nicht als Wohnungseigentümer an der GdWE beteiligt ist.

bb) Objektiver Tatbestand der Steuerhinterziehung

Die Voraussetzungen der Steuerhinterziehung sind in §370 AO normiert. Da- 1348
nach wird (mit bis zu fünf Jahren Freiheitsstrafe oder mit Geldstrafe) bestraft, wer den Finanzbehörden „über steuerlich erhebliche Tatsachen unrichtige oder unvollständige Angaben macht" (§370 Abs.1 Nr.1 AO) oder die Finanzbehörden „pflichtwidrig über steuerlich erhebliche Tatsachen in Unkenntnis lässt" (§370 Abs.1 Nr.2 AO).

Welche Tatsachen konkret steuerrechtlich relevant (erheblich) sind und ob 1349
durch eine Falschangabe (§370 Abs.1 Nr.1 AO) bzw. pflichtwidrige Nichtangabe (§370 Abs.1 Nr.2 AO) Steuern verkürzt werden, ergibt sich aus dem jeweils anzuwendenden Steuergesetz. Wenn z.B. das Gemeinschaftsvermögen vermietet wird (Tatsache) und nach dem Umsatzsteuergesetz daraus ein steuerbarer und steuerpflichtiger Leistungsaustausch resultiert, ist der Umsatz steuerrechtlich erheblich und in der Umsatzsteuererklärung (mit) zu berücksichtigen.

Der Verwalter macht keine falschen oder unvollständigen Angaben in der 1350
Steuererklärung, wenn er transparent eine für die GdWE günstige Rechtsauffassung vertritt, die sich später als unzutreffend herausstellt, sofern die steuerlich relevanten Tatsachen richtig und vollständig eingetragen werden und das zuständige Finanzamt dadurch in die Lage versetzt wird, durch eine da-

von abweichende steuerrechtliche Beurteilung die Steuern höher und damit zutreffend festzusetzen.[986]

cc) Subjektiver Tatbestand der Steuerhinterziehung

1351 Werden alle steuerrelevanten Tatsachen zutreffend und vollständig in der Steuererklärung angegeben, aber daraus dann in derselben Steuererklärung unzutreffende steuerrechtliche Folgen abgeleitet, werden damit keine Steuern nach § 370 AO hinterzogen. Problematisch ist hierbei jedoch, dass die amtlichen Vordrucke für die Steuererklärungen kaum Sachverhalte (Tatsachen), sondern in erster Linie Rechtsfolgen abfragen. Der Sache nach hat der Steuerpflichtige der Finanzverwaltung einen Subsumtionsvorschlag in Vordruckform zu unterbreiten.[987] Daher sollte darauf geachtet werden, dass Tatsachen zu zweifelhaften Rechtsfolgen dem Finanzamt (z. B. durch das Freitextfeld nach § 150 Abs. 7 Satz 1 AO) ausdrücklich offenbart werden.

1352 Sollte der objektive Tatbestand der Steuerhinterziehung erfüllt sein (unrichtige/fehlende Tatsachenkenntnis des Finanzamts führt zu einer zu niedrigen Steuerfestsetzung), ist für eine Steuerhinterziehung immer auch der „subjektive Tatbestand" (i. d. R. Vorsatz) erforderlich, Steuern zu hinterziehen. Für eine Strafbarkeit wegen Steuerhinterziehung (§ 370 AO) bedarf es keiner Absicht oder eines direkten Hinterziehungsvorsatzes, da es schon genügt, dass der Täter die Verwirklichung der Merkmale des gesetzlichen Tatbestands für möglich hält und billigend in Kauf nimmt.[988]

1353 Für den Verwalter – wie für jeden Steuerpflichtigen – ist es nicht bereits strafbar, objektiv unzutreffende Angaben zu machen. Zudem ist Vorsatz (oder grobe Fahrlässigkeit) erforderlich, damit daraus eine vorwerfbare Tat wird. Hier ist aber Vorsicht geboten. Ein schlichtes Bestreiten, dass man nicht gewusst habe, dass steuerrelevante Tatbestände verwirklicht wurden, sowie fehlende steuerrechtliche Kenntnisse reichen für sich genommen nicht aus, um eine Strafbarkeit zu vermeiden. So mag es sein, dass dem Verwalter ein „Tatbestandsirrtum" unterlaufen kann (der nach § 16 Abs. 1 Satz 1 StGB den Vorsatz ausschließt), wenn er irrtümlich annimmt, ein Steueranspruch der GdWE sei nicht entstanden. Hier besteht aber schon die Frage, ob der Verwalter dies tatsächlich nicht wusste und man ihm dies glaubt. Hält er einen Steueranspruch schon für möglich und lässt er das Finanzamt über diese Besteuerungsgrundlagen gleichwohl in Unkenntnis, handelt er dagegen ohnehin mit

986 BGH, Urteil v. 10.11.1999 - 5 StR 221/99, Stbg 2000 S. 412 unter II. 3. b).

987 So wörtlich Krumm, FR 2024 S. 241, 243.

988 BGH, Urteil v. 16.12.2009 - 1 StR 491/09 HAAAD-37277 = BFH/NV 2010 S. 1071.

bedingtem Vorsatz.[989] Hier gelten die Grundsätze des Strafverfahrens und damit das materielle und formelle Strafrecht.

Schon allein der Versuch einer Steuerhinterziehung ist strafbar (§ 370 Abs. 2 AO). Dabei handelt es sich um Fälle, in denen zwar bewusst eine inhaltlich unzutreffende Steuererklärung eingereicht wird, die zu einer zu niedrigen Steuerfestsetzung führen würde, das Finanzamt jedoch (ggf. nach weiteren Ermittlungen) die Steuer davon abweichend zutreffend (höher) festsetzt. Dann gibt es zwar keinen „Taterfolg" (Steuerschaden), aber gleichwohl ist schon dieser Versuch strafbar. 1354

dd) Nacherklärungspflicht und Selbstanzeige

Sollte der Verwalter nachträglich erkennen, dass die Besteuerungsgrundlagen in der Steuererklärung bzw. Steueranmeldung unzutreffend waren, sollte er dies aus eigenem Interesse gegenüber dem Finanzamt anzeigen und richtigstellen. Dazu ist er schon durch § 153 Abs. 1 AO verpflichtet. Zudem ist es in einzelnen Fällen zulässig, dass diese Korrektur als Selbstanzeige zur Straffreiheit führt, wenn die Anzeige in vollem Umfang die unrichtigen Angaben berichtigt, die unvollständigen Angaben ergänzt oder die unterlassenen Angaben nachholt (§ 371 Abs. 1 Satz 1 AO). Dabei sind aber hohe inhaltliche und formale Voraussetzungen zu erfüllen. Zudem wird die Straffreiheit versagt, wenn schon bestimmte behördliche Verfahren begonnen haben (§ 371 Abs. 2 AO). Jeder Verwalter sollte umgehend qualifizierten rechtlichen Rat suchen, sobald er vermutet, dass ihn eine solche steuerstrafrechtliche Situation betreffen könnte. 1355

989 BGH, Urteil v. 10.1.2019 - 1 StR 347/18 KAAAH-10958 = BFH/NV 2019 S. 670 unter IV.1.

XVIII. Zusammenfassung der Besonderheiten bei der Besteuerung von Wohnungseigentum (WEG) im Vergleich zum Regeleigentum (BGB)

1. Wohnungseigentum als Abweichung vom Regeleigentum nach BGB

1356 Beim „normalen“ Eigentum an Grundstücken i. S. des § 94 BGB (Regeleigentum) bestehen Gebäude zivilrechtlich auch dann aus der einheitlichen Sache „Grundstück“, wenn die Immobilien aus mehreren Wohnungen bestehen. Dagegen ist beim Wohnungseigentum i. S. des WEG ein bautechnisch einheitliches Gebäude in getrennte Eigentumseinheiten aufgeteilt. Rechtstechnisch bildet dabei die jeweilige Wohnung im Alleineigentum (Sondereigentum) zusammen mit dem Anteil an dem gemeinschaftlichen Eigentum an der übrigen Gebäudesubstanz und dem Grund und Boden (Gemeinschaftseigentum) das jeweilige Wohnungseigentum (§ 1 WEG). Gleichwohl wird Wohnungseigentum für steuerrechtliche Zwecke – soweit möglich – wie alle anderen Grundstücke behandelt (zu den Besonderheiten sogleich). So ist Wohnungseigentum z. B. ebenso ein Besteuerungsobjekt der Grunderwerbsteuer oder der Grundsteuer wie rechtlich ungeteilte Grundstücke.

1357 Aus ertragsteuerrechtlicher Sicht werden Grundstücke ohnehin nicht vorrangig nach ihrer zivilrechtlichen Struktur, sondern nach den in ihnen enthaltenen Wirtschaftsgütern klassifiziert und besteuert. Ein Grundstück wird ertragsteuerrechtlich in erster Linie zwischen dem Wirtschaftsgut „Gebäude“ und dem Wirtschaftsgut „Grund und Boden“ aufgeteilt. Das Wirtschaftsgut „Gebäude“ wird dabei unabhängig von der Zivilrechtsform besteuert. Soweit es gesetzestechnisch erforderlich ist, wird Wohnungseigentum den „Gebäudeteilen“ eines ungeteilten Grundstücks gleichgestellt (z. B. in § 7 Abs. 5b EStG für die Gebäudeabschreibung).

1358 Weitere Unterteilungen des Gebäudes bzw. Grund und Bodens sind nach der unterschiedlichen Nutzung möglich (z. B. wird ein Teil fremdvermietet und ein Teil eigengewerblich genutzt). Dies gilt für Wohnungseigentum ebenso. Dabei ist aber bei Wohnungseigentum eine weitere Aufteilung nach dessen verschiedenen Nutzungen seltener erforderlich als bei ungeteiltem Regeleigentum, da die einzelne Wohnung oder Gewerbeeinheit (Sondereigentum) meistens ohnehin nur für eine Nutzungsart verwendet wird. Wenn z. B. ein vierstöckiges Gebäude mit je einer Wohnung/Gewerbeeinheit je Etage jeweils für einen anderen Zweck genutzt wird (eigene Wohnzwecke, fremde Wohnzwecke, eigenbetrieblich, fremdbetrieblich), dann ist zivilrechtlich ungeteiltes Regeleigentum in diese verschiedenen Wirtschaftsgüter (nach Nutzungsart) zu zerlegen. Wenn es sich aber um Wohnungseigentum im Sinne des WEG handelt, bestehen schon zivilrechtlich separate Einheiten, deren Nutzungsart jeweils gleich ist.

Wohnungseigentum im Sinne des WEG besteht somit aus zwei Wirtschafts- 1359
gütern:

- Das Sondereigentum an der Wohnung und das anteilige Gemeinschaftseigentum an dem übrigen Gebäude bilden das Wirtschaftsgut „Gebäude".
- Das anteilige Gemeinschaftseigentum an dem Grund und Boden bildet das Wirtschaftsgut „Grund und Boden".

2. Einkünfte aus dem Wohnungseigentum

a) Nutzung des einzelnen Wohnungseigentums

Jeder Wohnungseigentümer kann sein Wohnungseigentum frei verwenden, 1360
sofern keine gesetzlichen Einschränkungen bestehen oder die Wohnungseigentümer gemeinsam bestimmte Nutzungen wirksam ausgeschlossen haben. Typischerweise wird Wohnungseigentum zu eigenen Wohnzwecken, zur Vermietung und für gewerbliche oder freiberufliche Zwecke genutzt. Daraus können Einkünfte resultieren (z. B. aus Vermietung und Verpachtung nach § 21 EStG oder gewerbliche Einkünfte nach § 15 EStG). Der Wohnungseigentümer nutzt (z. B. vermietet) dabei sein Wohnungseigentum als Inhaber des Alleineigentums an der Wohnung (Sondereigentum) zusammen mit dem Recht, das gemeinschaftliche Eigentum (z. B. Flur und Treppenhaus) mit den übrigen Wohnungseigentümern zu gebrauchen. Die daraus entstehende Einkommensteuer schuldet der Wohnungseigentümer. Die GdWE hat damit insoweit nichts zu tun. Den Wohnungseigentümer trifft die Steuererklärungspflicht und er erhält als Inhaltsadressat den Einkommensteuerbescheid.

b) Vermietung von Gemeinschaftseigentum

Alle Wohnungseigentümer sind am gemeinschaftlichen Eigentum des Grund- 1361
stücks (§ 1 Abs. 5 WEG) als Bruchteilseigentümer i. S. des § 1008 BGB beteiligt. Gleichwohl unterliegt dieses Miteigentum als Teil des Wohnungseigentums der Verwaltung durch die GdWE (§ 18 Abs. 1 WEG). Wenn Gemeinschaftseigentum vermietet werden soll (z. B. ein Teil der Hoffläche als Außenterrasse einer

benachbarten Gaststätte), ist ein Mehrheitsbeschluss[990] der Wohnungseigentümer erforderlich (Innenverhältnis). Der Mietvertrag wird durch die GdWE (vertreten durch den Verwalter) geschlossen (Außenverhältnis). Die daraus resultierenden Mieteinnahmen werden an die GdWE als Vermieterin gezahlt und gehört dann zum Gemeinschaftsvermögen i.S.des § 9a Abs. 3 WEG.[991] Über die Jahresabrechnung (§ 28 Abs. 2 WEG) wird der Erlös entsprechend dem Miteigentumsanteil auf die Wohnungseigentümer aufgeteilt (§ 16 Abs. 1 WEG).

1362 Obwohl zivilrechtlich die GdWE das gemeinschaftliche Eigentum vermietet, werden die Einkünfte aus Vermietung und Verpachtung (§ 21 Abs. 1 Nr. 1 EStG) den Miteigentümern (Wohnungseigentümern) anteilig zugerechnet. Dies resultiert nach hier vertretener Auffassung daraus, dass die Wohnungseigentümer ihr Bruchteilseigentum (gemeinschaftliches Eigentum) der GdWE zum Zwecke der Vermietung überlassen und durch die damit zusammenhängende Anrechnung der Mieterträge über die Jahresabrechnung (für die Nutzung ihres anteiligen gemeinschaftlichen Eigentums durch die GdWE) die Einkünfte in eigener Person erzielen. Die Wohnungseigentümer erzielen die Einkünfte gemeinsam, so dass diese Einkünfte nach § 180 Abs. 1 Satz 1 Nr. 2 Buchst. a) AO gesondert und einheitlich festgestellt werden[992] (sofern es nach § 180 Abs. 3 Satz 1 Nr. 2 AO kein Fall von geringer Bedeutung ist). Die Steuererklärungspflicht (Feststellungserklärung) trifft alle Wohnungseigentümer gemeinsam (und nicht die GdWE). Diese sind auch Inhaltsadressaten des Feststellungsbescheids. Da die Wohnungseigentümer (Feststellungsbeteiligten) durch ihr Bruchteilseigentum am gemeinschaftlichen Eigentum keine rechtsfähige Personenvereinigung bilden, sollen sie einen gemeinsamen Empfangsbevollmächtigten bestellen (§ 183a Abs. 1 Satz 1 AO). Dafür kann (muss aber nicht) der Verwalter bestimmt werden.

c) Einkünfte aus Gemeinschaftsvermögen

1363 Das Gemeinschaftsvermögen (§ 9a Abs. 3 WEG) ist als alleiniges Vermögen der GdWE von dem Gemeinschaftseigentum (§ 1 Abs. 5 WEG) aller Wohnungseigentümer abzugrenzen. Durch die ähnlichen Bezeichnungen besteht eine Verwechslungsgefahr. Das Gemeinschaftseigentum ist das Eigentum aller Wohnungseigentümer an den Grundstücksteilen, die nicht im Sondereigentum stehen (also z.B. das Treppenhaus und der gesamte Grund und Boden). Das

990 BGH, Beschluss v. 29.6.2000 - V ZB 46/99, NJW 2000 S. 3211.

991 Bartels in Drasdo/Elzer, Münchener Handbuch des Wohnungseigentumsrechts, 8. Aufl. 2023, § 6 Rz. 11.

992 FG Köln, Urteil v. 22.1.2020 - 3 K 1065/16 MAAAH-57049, juris.

Gemeinschaftsvermögen hat mit dem Grundstück selbst nichts zu tun. Es besteht vielmehr aus dem Vermögen (meistens Geld), das die Wohnungseigentümer als Vorschüsse für die laufenden Kosten und der Zuführung zur Erhaltungsrücklage an die GdWE zahlen. Dazu gehört aber z.B. auch ein Gartengerät, das aus den Mitteln der GdWE erworben wurde und für die Pflege des gemeinschaftlichen Gartens genutzt wird.

Einnahmen bzw. Einkünfte aus Gemeinschaftsvermögen (§ 9a Abs. 3 WEG) ent- 1364
stehen in der Praxis überwiegend (nur) durch Erträge aus Bankkonten der GdWE. Dies wird in aller Regel Zinsen aus der Anlage der Erhaltungsrücklage als Spar- oder Festgeldkonto betreffen. Aber auch alle anderen Kapitalerträge aus Konten bzw. Depots der GdWE sind prinzipiell vorstellbar. Nach h.M. sind diese Erträge als Einkünfte aus Kapitalvermögen (§ 20 Abs. 1 EStG) den Wohnungseigentümern zuzurechnen.[993]

Die Vermietung von beweglichen Gegenständen (z.B. eines Rasenmähers der 1365
GdWE an den Eigentümer eines Nachbargrundstücks) ist danach ebenfalls den Wohnungseigentümern zuzurechnen (z.B. als Einkünfte aus der Vermietung beweglicher Gegenstände nach § 22 Nr. 3 EStG).

Einnahmen bzw. Einkünfte aus Gemeinschaftsvermögen können auch durch 1366
den Betrieb einer PV-Anlage der GdWE (i.d.R. auf dem Dach des Objekts) erzielt werden, wenn der erzeugte Strom an den Netzbetreiber gegen eine Einspeisevergütung verkauft wird, soweit dieser nicht durch die Wohnungseigentümer selbst verbraucht wird. Durch diese gewerbliche Tätigkeit entsteht „über die GdWE" eine Mitunternehmerschaft der Wohnungseigentümer (§ 15 Abs. 1 Nr. 2 EStG).[994] Wenn die Einspeisevergütung umsatzsteuerpflichtig ist, trifft die GdWE (vertreten durch den Verwalter) insoweit die Steuererklärungspflicht, da diese selbst als Vertragspartnerin gegenüber dem Netzbetreiber auftritt.

3. Erhaltungsrücklage

a) Zivilrechtliche Einordnung

Die Ansammlung einer angemessenen Erhaltungsrücklage gehört zur ord- 1367
nungsmäßigen Verwaltung des Wohnungseigentums (§ 19 Abs. 2 Nr. 4 WEG). Daraus werden (zukünftige) Erhaltungsaufwendungen am Objekt vorrangig fi-

993 OFD Frankfurt a.M., Verfügung v. 9.11.2022 - S 2211 A-12-St 214 RAAAJ-32205 = DStR 2023 S. 281; BMF, Schreiben v. 14.5.2025, BStBl 2025 I S. 1330 Rz. 294; BMF, Schreiben v. 16.5.2025, BStBl 2025 I S. 1388 Rz. 21f.

994 BFH, Urteil v. 20.9.2018 - IV R 6/16, BStBl 2019 II S. 160 SAAAG-94894, zum Fall eines Bockheizkraftwerks mit Stromverkauf an die Stadtwerke.

nanziert. Jeder Wohnungseigentümer hat nach dem Wirtschaftsplan neben den Vorschüssen (für die laufenden Kosten) daher meistens auch einen monatlichen Betrag als Zuführung zur Erhaltungsrücklage an die GdWE zu leisten. Die Zuführungen mindern sich, wenn genug angespart wurde und keine größere Investition erforderlich war, bzw. erhöhen sich (wieder), wenn aus der Erhaltungsrücklage Mittel abgeflossen sind. Die Erhaltungsrücklage ist eine Teilmenge des Gemeinschaftsvermögens (§ 9a Abs. 3 WEG) und gehört der GdWE (siehe auch →Rz. 63 ff.).

b) Einkommensteuer

1368 Die Zahlungen der Wohnungseigentümer in die Erhaltungsrücklage sind zunächst nicht steuerwirksam (siehe dazu auch →Rz. 271 ff.). Es entstehen erst und nur insoweit Aufwendungen in Form von Steuerermäßigungen (selbstgenutztes Wohnungseigentum),[995] Werbungskosten (vermietetes Wohnungseigentum)[996] oder Betriebsausgaben (betrieblich genutztes Teileigentum),[997] wenn die GdWE aus der Erhaltungsrücklage entsprechende Mittel verwendet (d. h. Erhaltungsaufwand bezahlt).

1369 Dies gilt nicht nur für die selbst eingezahlten Mittel in die Erhaltungsrücklage, sondern auch nach dem Erwerb von Wohnungseigentum. Bei Anschaffung des Wohnungseigentums ist der anteilige Anspruch des erwerbenden Wohnungseigentümers aus der Erhaltungsrücklage von den Anschaffungskosten des Gebäudes bzw. Grund und Bodens abzuziehen. Beim Erwerber wird dieser „gespeicherte Aufwand" bei Mittelverwendung durch die GdWE steuerwirksam. Der Veräußerer des Wohnungseigentums verliert damit seine Berechtigung, aus der Erhaltungsrücklage zukünftig steuerrelevanten Aufwand zu generieren.

c) Grunderwerbsteuer

1370 Beim Erwerb von Wohnungseigentum ist der vereinbarte Kaufpreis als Bemessungsgrundlage der Grunderwerbsteuer nicht um die anteilige Erhaltungsrücklage zu mindern (siehe →Rz. 1116).[998]

995 BFH, Urteil v. 20.4.2023 - VI R 24/20, BStBl 2023 II S. 906 RAAAJ-43899, zur Steuerermäßigung nach § 35a EStG für haushaltsnahe Dienstleistungen und Handwerkerleistungen bei Mietern.

996 BFH, Urteil v. 14.1.2025 - IX R 19/24, BStBl 2025 II S. 291 UAAAJ-86018.

997 BFH, Urteil v. 15.1.2026 - IV R 19/23 YAAAK-10418, juris; BFH, Urteil v. 5.10.2011 - I R 94/10, BStBl 2012 II S. 244 NAAAE-00562.

998 BFH, Urteil v. 16.9.2020 - II R 49/17, BStBl 2020 II S. 339 NAAAH-69239.

d) Erbschaft- und Schenkungsteuer

In Erbschaft- und Schenkungsteuerfällen ist nach Auffassung der Finanzverwaltung[999] bei der Übertragung von Wohnungs- oder Teileigentum die Höhe der Erhaltungsrücklage zu ermitteln und neben dem übertragenen Wohnungs- bzw. Teileigentum als gesonderte Kapitalforderung zu erfassen (siehe →Rz. 979 ff.). 1371

4. Umsatzsteuer bei Vermietung von Sondereigentum, Gemeinschaftseigentum und Gemeinschaftsvermögen

a) Vermietung von einzelnem Wohnungseigentum

Wenn der Wohnungseigentümer sein Wohnungseigentum umsatzsteuerpflichtig vermietet, schuldet er als Vermieter (Unternehmer nach § 2 UStG) die Umsatzsteuer (siehe dazu auch →Rz. 836 ff.). Die GdWE hat damit insoweit nichts zu tun. Den Wohnungseigentümer trifft die Steuererklärungspflicht und er erhält als Inhaltsadressat den Umsatzsteuerbescheid.[1000] 1372

b) Vermietung von Gemeinschaftseigentum

Bei einer umsatzsteuerpflichtigen Vermietung des gemeinschaftlichen Eigentums (z. B. von Fahrzeugstellplätzen nach § 4 Nr. 12 Satz 2 UStG oder einer Option zur Umsatzsteuer an einen Unternehmer nach § 9 UStG) sind nicht die Wohnungseigentümer (als Bruchteilsgemeinschaft) umsatzsteuerpflichtig. Die GdWE selbst ist als Unternehmerin umsatzsteuerpflichtig, da sie den Mietvertrag schließt und als Vermieterin auftritt. Die Umsatzsteuererklärung hat die GdWE (vertreten durch den Verwalter) einzureichen. 1373

c) Vermietung von Gemeinschaftsvermögen

Die Vermietung von Gemeinschaftsvermögen der GdWE (§ 9a Abs. 3 WEG) ist ein praktischer Ausnahmefall (siehe auch →Rz. 1266 ff.). Bei einer darüber hinaus umsatzsteuerpflichtigen Vermietung muss es sich schon um einen relevanten Sachverhalt handeln, bei dem die Umsatzgrenzen der Kleinunternehmerregelung des § 19 UStG (25.000 € im Jahr) überschritten werden oder zur Umsatzsteuerpflicht aktiv optiert wird. Steuerschuldnerin (Unternehmerin 1374

999 OFD Frankfurt a. M., Verfügung v. 9.6.2020, ErbStB 2020 S. 353; a. A. Drasdo, DStR 2026 S. 394.

1000 Grundsätzlich ist die Umsatzsteuer aber eine Anmeldungsteuer nach §§ 167, 168 AO, bei der nur dann ein Bescheid ergeht, wenn vom Finanzamt von den erklärten Werten abgewichen wird.

i.S.des §2 UStG) ist dabei die GdWE, welche die Umsatzsteuervoranmeldungen bzw. -jahreserklärungen (vertreten durch den Verwalter) beim Finanzamt einzureichen hat.

d) Leistungen der Gemeinschaft der Wohnungseigentümer an die einzelnen Wohnungseigentümer

1375 Die GdWE ist nicht Eigentümerin des gemeinschaftlichen Eigentums am Grundstück. Vielmehr sind die Wohnungseigentümer zivilrechtlich die Miteigentümer daran (soweit die einzelnen Wohnungen nicht in ihrem Sondereigentum stehen). Durch §18 WEG liegt die Verwaltung des gemeinschaftlichen Eigentums aber bei der GdWE. Die Wohnungseigentümer haben daher nicht selbst das Recht, z.B. Wartungsverträge für das Grundstück abzuschließen. Dafür ist die GdWE (vertreten durch den Verwalter) verantwortlich. Dies wird nach überwiegender Auffassung umsatzsteuerrechtlich so beurteilt, dass Leistungsbezüge für das gemeinschaftliche Eigentum (z.B. Reparaturarbeiten, Gebäudereinigung, Gartenpflege) zunächst – umsatzsteuerrechtlich gedacht – durch die GdWE selbst bezogen und unmittelbar danach (gewissermaßen automatisch) an die einzelnen Wohnungseigentümer „weitergeleistet" werden (Leistungskette). Dieser „Zweitumsatz" würde zwangsläufig zu einer zusätzlichen Umsatzsteuerbelastung führen (siehe auch →Rz.1273ff.):

- erster Umsatz: Leistung des Dienstleisters an die GdWE;
- zweiter Umsatz: Leistung der GdWE an die Wohnungseigentümer.

1376 Daher regelt §4 Nr.13 UStG die Umsatzsteuerfreiheit für „die Überlassung des gemeinschaftlichen Eigentums zum Gebrauch, seiner Instandhaltung, Instandsetzung und sonstigen Verwaltung sowie der Lieferung von Wärme und ähnlichen Gegenständen" durch die GdWE an die Wohnungseigentümer (siehe →Rz.1279ff.). In bestimmten Fällen kann die GdWE (auf Wunsch des Wohnungseigentümers) aber auf die Steuerfreiheit verzichten (Option nach §9 UStG).

STICHWORTVERZEICHNIS

A

B

D

E

F

G

H